Panorama der neuen Religiosität

Sinnsuche und Heilsversprechen zu Beginn des 21. Jahrhunderts

Herausgegeben von:
Reinhard Hempelmann
Ulrich Dehn
Andreas Fincke
Michael Nüchtern
Matthias Pöhlmann
Hans-Jürgen Ruppert
Michael Utsch

im Auftrag der Evangelischen Zentralstelle
für Weltanschauungsfragen (EZW),
Berlin

Gütersloher Verlagshaus

Die Deutsche Bibliothek – CIP-Einheitsaufnahme

Panorama der neuen Religiosität : Sinnsuche und Heilsversprechen zu Beginn des
21. Jahrhunderts / hrsg. von Reinhard Hempelmann ... im Auftr. der Evangelischen Zentralstelle
für Weltanschauungsfragen (EZW). - Gütersloh : Gütersloher Verl.-Haus, 2001
   ISBN 3-579-02320-9

ISBN 3-579-02320-9
© Gütersloher Verlagshaus, Gütersloh 2001

Umschlaggestaltung: Init GmbH, Bielfeld
Satz: Weserdruckerei Rolf Oesselmann GmbH, Stolzenau
Druck und Bindung: Wiener Verlag GmbH, Himberg bei Wien
Printed in Austria

Besuchen Sie uns im Internet: http://www.gtvh.de

Inhalt

Abkürzungsverzeichnis

APrTh	Arbeiten zur praktischen Theologie 1991ff.
BBKL	Biographisch-bibliographisches Kirchenlexikon, hg. von Friedrich Bautz, 1970ff.
BenshH	Bensheimer Hefte
EAR[5]	J. Gordon Melton, Encyclopedia of American Religions, 5. Aufl., Detroit/New York/Toronto/London 1996
Eggenberger[6]	Oswald Eggenberger, Die Kirchen, Sondergruppen und religiösen Vereinigungen, 6. Aufl., Zürich 1994
EK	Evangelische Kommentare 1968-2000
EKL[3]	Evangelisches Kirchenlexikon, hg. v. E. Fahlbusch u.a., 5 Bde., 3. Aufl., Göttingen 1986-1997
EncRel(E)	Mircea Eliade (Hg.), The Encyclopedia of Religion, Bd. 1-16, New York 1987
EvErz	Der evangelische Erzieher 1949ff.
FSÖTh	Forschungen zur systematischen und ökumenischen Theologie 1962ff.
Gasper/Müller/Valentin[6]	Lexikon der Sekten, Sondergruppen und Weltanschauungen [1990], 6. durchges. u. überarb. Aufl., hg. v. Hans Gasper, Joachim Müller u. Friederike Valentin, Freiburg/Basel/Wien 2000
GMS	Reinhart Hummel, Gurus, Meister, Scharlatane, Freiburg/Basel/Wien 1996
GNT	Grundrisse zum Neuen Testament 1971ff.
Hauth[10]	... neben den Kirchen. Gemeinschaften, die ihren Glauben auf besondere Weise leben wollen [1979], 10. Aufl., begr. v. Hans-Diether Reimer u. Oswald Eggenberger, unter Mitarb. v. Wolfgang Behnk u. Michael Mildenberger aktual. u. neu hg. v. Rüdiger Hauth, Neukirchen-Vluyn 1995
HdR	Handbuch der Religionen 1997ff.
HerKorr	Herder Korrespondenz 1946/47ff.
HRGem[5]	Handbuch Religiöse Gemeinschaften und Weltanschauungen [1978], 5. Aufl., im Auftrag der Kirchenleitung der VELKD hg. v. Horst Reller, Hans Krech u. Matthias Kleiminger, Gütersloh 2000
HRWG	Handbuch religionswissenschaftlicher Grundbegriffe, hg. v. Hubert Cancik u.a. Stuttgart 1988ff.
HRGF	Handwörterbuch religiöser Gegenwartsfragen, hg. von Ulrich Ruh u.a., Freiburg i.Br.1986
HThG	Handbuch theologischer Grundbegriffe, hg. von Heinrich Fries, München 1-2 / 1962-63
Hutten[15]	Kurt Hutten, Seher, Grübler, Enthusiasten [1956], 15. Aufl., Stuttgart 1997
ImM	Imago mundi 1968ff.
KGE	Kirchengeschichte in Einzeldarstellungen, Regensburg 1948ff.
KuD	Kerygma und Dogma 1955ff.
KVRG	Kölner Veröffentlichungen zur Religionsgeschichte 1983ff.
LeRe	Lexikon der Religionen, hg. von Hans Waldenfels, Freiburg 1987
LM	Lutherische Monatshefte 1962-2000
LThK[3]	Lexikon für Theologie und Kirche, 3. Aufl., hg. v. Walter Kasper u.a., Freiburg/Basel/Wien 1993ff.
MDEZW	Materialdienst der EZW 1928ff.
MdKI	Materialdienst des Konfessionskundlichen Instituts Bensheim 1950ff.
NZM	Neue Zeitschrift für Missionswissenschaft 1945ff.
NZSTh	Neue Zeitschrift für systematische Theologie und Religionsphilosophie 1959ff.
Obst[4]	Helmut Obst, Apostel und Propheten der Neuzeit. Gründer christlicher Religionsgemeinschaften des 19. und 20. Jahrhunderts [1. Aufl. d. Neubearb. 1990], 4. stark erw. u. aktual. Aufl., Göttingen 2000
Oepen u.a.	Lexikon der Parawissenschaften, hg. v. Irmgard Oepen u.a., Münster 1999
RAT	Reihe Apologetische Themen, hg. v. Werner Thiede
RGG[4]	Religion in Geschichte und Gegenwart, 4. Aufl., hg. v. Hans Dieter Betz u.a., Tübingen 1998ff.
RM	Religionen der Menschheit 1961ff.
StZ	Stimmen der Zeit 1914ff.
ThLZ	Theologische Literaturzeitung 1876ff.
WdC	Wörterbuch des Christentums, hg. von Volker Drehsen u.a., Gütersloh/Zürich 1988
ZdZ/LM	Die Zeichen der Zeit/Lutherische Monatshefte 2000ff.
ZRGG	Zeitschrift für Religions- und Geistesgeschichte 1948ff.

Vorwort

Unter der programmatischen Aufgabenstellung, die religiösen und weltanschaulichen Strömungen der Zeit zu beobachten, arbeitet die Evangelische Zentralstelle für Weltanschauungsfragen (EZW) seit ihrer Gründung durch den Rat der Evangelischen Kirche in Deutschland (EKD) im Jahr 1960. Sie verfolgt diesen in die Weite gehenden Auftrag freilich in einer
bestimmten Perspektive: im Dialog und in kritischer Auseinandersetzung mit neuen religiösen Bewegungen, außerchristlichen Religionen, christentumskritischen Organisationen,
christlichen Sondergemeinschaften, esoterischer Religiosität und im Gespräch mit Menschen,
die Kurt Hutten in seinem umfänglichen Klassiker als »Seher, Grübler, Enthusiasten« bezeichnete. Das »Panorama neuer Religiosität« ist ein Beitrag zu dieser Aufgabenstellung. Es
bietet eine Zusammenschau verschiedener Bereiche der religiösen Gegenwartskultur und
gründet auf Erfahrungen und Einsichten, die der EZW in den Jahrzehnten ihres Wirkens
zugewachsen sind. In seiner inhaltlichen Ausrichtung ist es aus einem intensiven Diskussionsprozess des Kollegiums hervorgegangen.

Obgleich sich die religiöse Landschaft veränderte, die zu behandelnden Themen wechselten und die Veralterungsgeschwindigkeit neuer religiöser Bewegungen groß ist, gibt es
ein erstaunliches Maß an Kontinuität in Arbeitsweise und inhaltlicher Ausrichtung der EZW.
Sie versucht beides zusammenzuhalten: dialogische Offenheit und die Bereitschaft zur öffentlichen Rechenschaft des Glaubens, zur Unterscheidung, gegebenenfalls auch zum Protest gegenüber krankmachender und verletzender Religiosität.

An der Entstehung dieses Buches haben viele mitgewirkt: das Kollegium der EZW,
zahlreiche ehemalige Mitarbeiter, Religionswissenschaftler, Beauftragte für Religions- und
Weltanschauungsfragen in den zur EKD gehörenden Landeskirchen, Kollegen aus dem
Bereich der katholischen Kirche. Die Namen der Autorinnen und Autoren spiegeln die
Bandbreite oft langjähriger Arbeitsbeziehungen und die Bereitschaft, das eigene Arbeitsprofil in Kooperation mit anderen kirchlichen und wissenschaftlichen Stellen wie auch
gesellschaftlichen Initiativen zu entwickeln. Hans-Jürgen Ruppert hat innerhalb des Kollegiums besondere Verantwortung für die Durchführung des Projekts übernommen.
Annette Pöhlmann hat entscheidend dazu beigetragen, die unterschiedlichen Beiträge
redaktionell zu bearbeiten und zu vereinheitlichen. Die Mitarbeiterinnen der EZW in
den jeweiligen Sekretariatsbereichen waren behilflich beim Schreiben und Korrigieren der
Manuskripte. Christel Gehrmann und Hansjürgen Meurer vom Gütersloher Verlagshaus
standen uns in allen Phasen der Entstehung des Buches als kompetente und hilfreiche
Gesprächspartner zur Verfügung. Ihnen allen gebührt ein herzlicher Dank.

Möge das Buch für alle, die es benutzen, eine Hilfe zur sachlichen Information und Grundlage für eine differenzierende Urteilsbildung sein.

Berlin, im Sommer 2001   *Reinhard Hempelmann*

Reinhard Hempelmann:

Einführung

In dem vorliegenden Buch »Panorama der neuen Religiosität« wird der Blick in die Weite der Religionskultur gerichtet und die Vielgestaltigkeit religiöser Erscheinungen in säkularisierten westeuropäischen Gesellschaften in Blick genommen. Das Buch befasst sich u.a. mit religiösen Themen in Werbung, Kino, Kunst etc., mit weltanschaulichen Strömungen wie Anthroposophie und Theosophie, mit säkular-religiösen Mischformen, die im Umfeld der Gebrauchsesoterik und der Psychoszene vorkommen, mit biblizistisch und pentekostal ausgerichteten christlichen Bewegungen und mit Religionsgemeinschaften (Jehovas Zeugen, Mormonen etc.), die sich selbst im dezidierten Gegenüber zu den historischen Kirchen verstehen.

Zielsetzung des »Panoramas« ist es,

- einen repräsentativen Überblick über religiös-weltanschauliche Strömungen, Szenen und Gruppen zu geben;
- Wandlungsprozesse der religiösen Landschaft wahrzunehmen und das Augenmerk auf diejenigen Phänomene zu richten, die gegenwärtig besondere Anziehungskraft und Resonanz erlangen;
- religiöse Themen und Sehnsüchte aufzuspüren, die das Leben der Menschen in einem säkular geprägten Umfeld bestimmen;
- nach Ausdrucksformen und Entstehungsbedingungen des neu erwachten religiösen und spirituellen Interesses zu fragen;
- Unterscheidungs- und Beurteilungskriterien ins Spiel zu bringen, die zum Umgang mit religiöser und kultureller Vielfalt befähigen.

Beobachten, beschreiben, verstehen, deuten und aus der Perspektive eines christlichen Wirklichkeitsverständnisses beurteilen: dies sind grundlegende Schritte, die in den Darlegungen zum Panorama der neuen Religiosität zum Tragen kommen sollen. Das Buch möchte zu einer sachgemäßen Beschreibung und Auseinandersetzung mit neuer Religiosität und zur christlichen Orientierung im religiösen Pluralismus beitragen. Die Deutung von Einzelphänomenen und Einzelgruppen empfängt dabei wichtige Impulse durch die Wahrnehmung der die Gesamtsituation bestimmenden religiös-weltanschaulichen Strömungen und umgekehrt.

Ausprägungen neuer Religiosität

Religiosität gehört zur Natur des Menschen. Religion gibt es konkret nur in den Religionen. In der Religion wird Religiosität in Anspruch genommen und in intersubjektiven Lebensvollzügen geschichtlich-kulturell gestaltet.[1] Beides ist insofern zu unterscheiden und nicht gleichzusetzen. Religiosität besteht »im Zusammenspiel von radikaler Negativitätserfahrung und Transzendenzverwiesenheit«.[2] Religionen »gehen zurück auf Epiphanien eines Gottes oder einer göttlichen Macht«.[3] Hinter der Chiffre »neue Religiosität«

verbirgt sich hier allerdings nicht eine abstrahierende Reflexion auf anthropologische
Grundgegebenheiten. Vielmehr geht es um ein konkretes Phänomen unserer religiösen
und kulturellen Situation, das – reichlich unbestimmt – als »Wiederkehr der Religion«
oder als »religionsproduktive Tendenz« der so genannten zweiten Moderne bzw. der Postmoderne bezeichnet wird. Säkularisierungstheoretiker gingen davon aus, dass Religion
unausweichlich im Absterben begriffen sei und wir einem religionslosen Zeitalter entge-
gengingen. Sie meinten, Säkularisierung bedeute Entkirchlichung und Entchristlichung.
Dass diese Gleichung so nicht zutrifft und zumindest ergänzungsbedürftig ist, kann heute vielfältig beobachtet werden, auch im kontinentalen Europa. Seit den 70er-Jahren spricht
man vom Aufkommen neuer religiöser Bewegungen oder der Suche nach einer »neuen
Religiosität«. Säkularisierung ist offensichtlich nicht unausweichliche Folge von Modernisierung, wohl aber führen beschleunigte Modernisierungsprozesse zur Aufhebung religiöser Monopole und forcieren religiöse Pluralisierungsprozesse.

Das neue Interesse an Religion richtet sich gleichermaßen auf traditionelle Religionen
wie auf neue Ausdrucksgestalten von Religiosität. Auch die klassischen Sondergemeinschaften und esoterischen Systeme profitieren davon. Zu Beginn des 21. Jahrhunderts ist
unsere Situation durch fortschreitende Säkularisierung bei gleichzeitiger Revitalisierung
von Religiosität und Religion geprägt.[4] Nicht Säkularisierung allein, sondern die Entwicklung in Richtung eines religiösen Pluralismus ist der charakteristische Vorgang. Neue Religiosität ist Teil des heutigen religiösen Pluralismus. Sie wird nachfolgend beschrieben:
- in Tendenzen der Sakralisierung des Profanen (vgl. I.),
- in den Versprechen der Psychoszene (vgl. II.),
- in der postmodernen Bastelreligiosität esoterischer Strömungen (vgl. III.),
- in der Ausbreitung ostasiatischer Spiritualität im Westen (vgl. IV.),
- in biblizistischen und enthusiastischen Ausdrucksformen christlicher Frömmigkeit
  (vgl. V.),
- in christlichen Sondergemeinschaften und Neuoffenbarungsgruppen (vgl. VI.).

Die Begrifflichkeit »neu«, die ein »Schlüsselwort der kulturellen Selbstdeutungen der Gegenwart«[5] ist, deutet auf modernitätskonforme Ansprüche, die auch dann vorliegen können, wenn die zentrale Botschaft einer religiösen Bewegung rückwärts gewandt die Wiederherstellung einer wahren Gemeinschaft und Aufrichtung einer vergessenen, ursprünglichen Wahrheit im Blick hat. Zugleich gehört zum Bedeutungsgehalt des »Neuen« der
Protest gegen das »Alte«. In den vielfältigen Ausdrucksgestalten neuer Religiosität liegt
eine explizite oder implizite Abwehr und Kritik gegenüber institutionalisierten und etablierten religiösen Traditionen.

Das Profil des »Panoramas«

Das besondere Anliegen des »Panoramas« ist die konzentrierte Zusammenschau verschiedener Segmente der Religionskultur. Zum Themenbereich »Religion in der Kultur« existieren zahlreiche Einzeluntersuchungen, Beschreibungen und Auseinandersetzungen.
Handbücher und Lexika informieren über religiöse Sondergemeinschaften und alternative Weltanschauungen. Sie geben Hinweise für notwendige kritische Auseinandersetzungen und vermitteln Orientierungsperspektiven für kirchliches und gemeindliches Handeln. Über die so genannte Psychoszene und ihre Angebote, über zahlreiche Einzelthe-

men wie Scientology, ebenso über esoterische Spiritualität sind in den letzten Jahren zahlreiche populäre und wissenschaftlich orientierte Bücher erschienen. Auch die pentekostale Spiritualität ist inzwischen im deutschsprachigen Kontext Gegenstand wichtiger Veröffentlichungen geworden. Das »Panorama neuer Religiosität« behandelt diese unterschiedlichen Themen im Zusammenhang. Die Darlegungen sind jeweils auf das Wesentliche beschränkt. Wahrnehmung und Beschreibung der Phänomene neuer Religiosität haben Vorrang vor der Klärung ihrer Entstehungsgeschichte. Es finden sich in jedem Kapitel Hinweise zur vertiefenden Wahrnehmung und Auseinandersetzung mit den entsprechenden Gruppen, Strömungen und Themenbereichen:

- durch die in den Textfluss eingefügten Literaturverzeichnisse, die auch wichtige Internetadressen (Selbstdarstellungen von Organisationen wie auch kritische Außenperspektiven) enthalten;
- ebenso durch die Anmerkungen, die gebündelt am Ende des Buches zu finden sind.

Die Darstellungsprinzipien sind in den Kapiteln parallel angeordnet. Ein einführender Teil 1 beschreibt Voraussetzungen und Rahmenbedingungen religiöser Sinnsuche in den jeweiligen Segmenten der Religionskultur. Teil 3 greift theologisch-apologetische Fragestellungen auf und weist auf Themen hin, die im kritischen Dialog mit neuer Religiosität von Bedeutung sind. Diese Teile sind von jetzigen und früheren Mitarbeitern der EZW geschrieben worden. An den darstellenden Passagen (Teil 2) haben eine Reihe externer Koautoren mitgearbeitet. Zahlreiche kapitelübergreifende Themen verdeutlichen den inneren Zusammenhang der Kapitel. Das Register gibt Aufschluss über Themen und Namen, die zum Phänomen neuer Religiosität gehören.

Der Zugang zum Phänomen neuer Religiosität geschieht nicht lexikalisch, sondern orientiert sich an unterschiedlichen Themen- und Gegenstandsfeldern, die keineswegs einheitlich sind. Die Auswahl der Themen wurde durch die praktische Arbeit der EZW mitbestimmt. Zeitgeistkonformität, Attraktivität und Konfliktträchtigkeit einer religiös-weltanschaulichen Strömung oder Gruppe haben ihre Behandlung im »Panorama« zusätzlich nahe gelegt. Die ersten drei Kapitel des Buches behandeln Religionsformen, die im engen Zusammenhang mit fortschreitenden Säkularisierungsprozessen stehen. Um säkulare Formen von Religiosität wahrzunehmen, ist es notwendig, zumindest in heuristischer Absicht, auf einen funktionalen Religionsbegriff zurückzugreifen. Es ist unübersehbar, dass »Funktionen, die einst hauptsächlich vom Christentum gebündelt wahrgenommen wurden, heute von Instanzen, Institutionen und Akteuren erfüllt werden, die sowohl von ihrem Selbstverständnis her als auch im alltäglichen Bewusstsein nicht als ‚religiös‘ gelten«.[6] Die vakante Stelle der Religion bleibt nicht leer. Zwar kann eine funktionale Betrachtungsweise die Innenperspektive konkreter Religionen nicht erreichen; denn diese ist aufgrund ihrer unbedingten Bindung unverträglich mit der Suche nach funktionalen Äquivalenten. Sie verweist aber auf die Unabweisbarkeit der Religionsthematik im Leben der Menschen. Religion wird zwar einerseits zunehmend in den Bereich des Privaten abgedrängt, andererseits wird unsere Lebenswelt immer religiöser. Die fundamentale theologische Kategorie der Verheißung (promissio) findet Äquivalente in zahllosen Versprechen und Tröstungen säkularer Religiosität, die Weltbildfunktionen erfüllen und dem Bedürfnis nach Sinn und einer umfassenden Daseinsdeutung nachkommen. Religiöse Sprache, wie sie in der Säkularität begegnet, fordert zur Entzifferung heraus. Religiöses muss entdeckt werden (vgl. I., Nüchtern).

Zugleich wirkt sich der moderne Konsumismus und Eklektizismus auch in religiöser Hinsicht aus. Religiös-säkulare Mischphänomene werden marktförmig angeboten und teilweise hemmungslos kommerzialisiert. Religiöses wird säkular »verpackt«, beispielsweise als Entspannungstechnik oder Therapieangebot, oder Nichtreligiöses umgibt sich aus strategischen Gründen mit dem Schein des Religiösen (vgl. II., Utsch). Esoterische Systeme und Praktiken artikulieren sich innerhalb des abendländischen Kulturraums oftmals »antimodernistisch« und greifen bewusst auf vormoderne Traditionen zurück, bleiben freilich in ihrem Protest an die Determinanten der Moderne gebunden oder artikulieren sich als charakteristischer Ausdruck postmodernen Lebensgefühls (vgl. III., Ruppert).

Die folgenden drei Kapitel skizzieren eher feste Gruppenbildungen und Strömungen, meist solche, die jenseits des jeweiligen Hauptstroms der klassischen religiösen Gemeinschaftsbildungen liegen. Der Bezug auf das Umfeld von Säkularisierungsprozessen ist auch hier unverkennbar. Östliche Religiosität versteht sich als therapeutisches Angebot für den säkularisierten, spirituell verarmten Menschen westlicher Gesellschaften (vgl. IV., Dehn). Religiöse Sondergemeinschaften (Neuapostolische Kirche, Jehovas Zeugen etc.), sofern sie im Umfeld des Protestantismus entstanden sind, kritisieren dessen modernitätsverträgliche Auslegungen des Christlichen, insbesondere auf dem Felde der Eschatologie (vgl. VI., Fincke). Neuoffenbarungsgruppen lösen sich aus dem Umfeld ihrer »Herkunftsreligion« und suchen religiöse Autorität durch Berufung auf unmittelbare Kundgaben des Göttlichen neu aufzurichten (vgl. VI., Pöhlmann). Sie sind im Anschluss an den amerikanischen Soziologen Rodney Stark gesprochen keine »neue(n) Organisationen (bzw. Organisationsformen) eines alten Glaubens« (sect movements), sondern unterstützen Entwicklungen, die in Richtung neuer Religionsbildungen verlaufen (cult movements).[7] Pfingstler, Charismatiker, Evangelikale und christliche Fundamentalisten begreifen sich im Kontext eines dezidiert christlichen Selbstverständnisses und protestieren gegen die Bündnisse, die Kirche und Theologie mit der säkularen Kultur geschlossen haben (vgl. V., Hempelmann).

Die breitere Auswahl des Gegenstandsfeldes unterstreicht die Notwendigkeit, in der Diskussion über neue Religiosität zu differenzierenden Perspektiven und Urteilen zu kommen. Neue Religiosität, wie sie im vorliegenden Buch beschrieben wird, ist ein komplexes Phänomen, das sich einer geschlossenen Beurteilung entzieht. Die verschiedenen Segmente heutiger Religionskultur bedürfen jeweils gesonderter Wahrnehmung und lassen sich nicht über einen Kamm scheren. Es ist deshalb auch zu einfach, pauschal abgrenzende Perspektiven zu entwickeln. Die behandelten Beispiele pentekostaler und charismatischer Bewegungen (vgl. Teil V.) zeigen, dass von neuen religiösen Bewegungen berechtigte Fragen an die etablierten Kirchen gestellt werden.

Innerhalb der offenen und keineswegs eindeutigen Begrifflichkeit »neue Religiosität« ist im Einzelnen zu differenzieren: in historischer Perspektive zwischen Religionen und Neureligionen, in phänomenologischer Hinsicht zwischen religiösen Gemeinschaften und religionsartigen Erscheinungen, in theologischer Hinsicht zwischen Strömungen und Gruppen, die für sich selbst Christlichkeit beanspruchen und solchen, die sich dezidiert ohne Bezugnahme auf die christliche Tradition verstehen etc. Terminologien enthalten in der Regel beurteilende Perspektiven. In den Einführungen zu den Einzelkapiteln werden verschiedene Terminologien und Typologien vorgestellt, skizziert und diskutiert (vgl. besonders Dehn, Teil IV., Fincke, Teil VI.).

Geschichtlich gesehen hat das Aufkommen neuer Religiosität, wie sie insbesondere in den ersten Buchkapiteln beschrieben wird, seinen Grund in den Krisenphänomenen, die mit der wissenschaftlich-technischen Zivilisation zusammenhängen. Zwar hat die moderne naturwissenschaftlich und rational orientierte Weltauffassung einer mythologisch-religiösen Weltbetrachtung den Kampf angesagt, diese jedoch nicht überwinden und zu einer religionsgeschichtlich überholten Alternative machen können. Angesichts der ambivalenten und teilweise zerstörerischen Folgen des Fortschritts werden Wissenschaft und Technik in ihrem Anspruch auf Überlegenheit gegenüber archaischen Denkmustern und Weltanschauungen in Frage gestellt. Die Herrschaft der instrumentellen Vernunft mit ihrer Verdinglichungssucht provoziert den romantischen Gegenschlag. Zwar hat die Moderne nie ohne den Widerspruch zur Moderne existiert. Dieser Widerspruch führte aber ein Nischendasein. Erst der fortschreitende Modernisierungsprozess hat die »Dialektik der Aufklärung« offen gelegt und dazu geführt, dass Mythos und Magie neue Aktualität erlangen konnten. Nach der Aufklärung kommt die Romantik. Nach der Rationalitätsdominanz die neue Sehnsucht nach erlebbarer Transzendenz. Das, was vorher quasi in einer Subkultur präsent war, tritt jetzt mehr und mehr in den Mainstream der Kultur ein. Neue Religiosität kann begriffen werden als ein Protestphänomen gegen das geheimnislose Wirklichkeitsverständnis der Aufklärung. Gegenwärtig nährt der technisch-wissenschaftliche Fortschritt, zum Beispiel in den Biowissenschaften, freilich erneut optimistische Visionen von einer heilen Welt und einem unbeschädigten, von Krankheit und Leid verschonten Leben. Beides ist insofern charakteristisch für unsere Situation: die Fortschreibung religiös-säkularer Hoffnungen, die von Fortschrittserwartungen bestimmt sind, und die Skepsis gegenüber solchen Hoffnungen, die sich steigern kann zu einem apokalyptischen Weltpessimismus, der das Ende der Geschichte und des bisherigen Menschen proklamiert.

Themen und Organisationsformen

Mit gängigen Methoden religionswissenschaftlicher Forschung lassen sich zahlreiche Ausformungen neuer Religiosität nicht erfassen. Denn an zusammenhängenden religiösen Systemen, an verbindlich gestalteter Gemeinschaft und einer kontinuierlichen Glaubensvergewisserung durch symbolische Handlungen sind diese nicht interessiert. Charakteristisch ist vielmehr, dass einzelne religiöse Elemente und Rituale aus ihren ursprünglichen Zusammenhängen »entwendet« und in lebenspraktischer Hinsicht zeitweilig aufgegriffen und ausprobiert werden. Im Kontext neuer Religiosität begegnet Religion in vielfältigen »Zerstreuungen«.[8] Dabei wird vieles miteinander verbunden und vermischt: japanische und chinesische Heilungspraktiken, buddhistische Meditation, schamanistische Ekstasetechniken, mit religiösen Versprechen aufgeladene alternative Therapieangebote ... Zentrale Stichworte, die die Richtung der Suchbewegungen anzeigen, sind: außergewöhnliche Ergriffenheitserfahrungen, Kommunikation mit dem Göttlichen, Selbstfindung, Körpererfahrung, Bewusstseinserweiterung, Erleuchtung, Berührtwerden mit göttlicher Kraft und mit heilenden Energieströmen. Sie finden sich bezeichnenderweise in verschiedensten thematischen Zusammenhängen und können mit Hilfe des Registers in ihrer die einzelnen Kapitel überschreitenden Struktur ermittelt und aufgesucht werden. Die Heilungsthematik ist eine Ausdrucksform neuer Religiosität, die sich verdeutlicht in Körpertherapien, Ki-Bewegungen, im Positiven Denken, in der Christlichen Wissenschaft (Christian Science), in pfingstlich-charismatischer Spiritualität etc. Das Interesse an der eigenen Heilung ist für viele das entscheidende Tor des Eingangs in die Angebote neuer Religiosität.

Es ist ein esoterisch und synkretistisch geprägter Religionstyp, der gegenwärtig auf besondere Resonanz stößt und besonders das Bildungsbürgertum anzieht. Auf philosophischer Ebene artikuliert er sich u.a. als Kritik am Subjektbegriff, plädiert für radikale Vielfalt und votiert für die Nichtdarstellbarkeit des Absoluten. Religionen und Weltanschauungen werden eklektisch aufgegriffen und als Sprachspiele und Dialektvarianten aufgefasst, in denen sich die gleiche mystische Erfahrung verschlüsselt artikuliert. Religiöses Vagabundieren ist wichtiger Bestandteil neuer Religiosität. Vagabunden legen sich nicht fest. Sie bleiben auf Distanz und meiden das Sesshaft- und Heimischwerden. Auf der Suche nach unmittelbarer religiöser Erfahrung weichen sie vor endgültigen Festlegungen zurück und sind darauf aus, sich aus den Fesseln von Institution und Dogma zu lösen. Ihr Religionsvollzug ist wenig organisiert und überaus individuell geprägt. Sie greifen zur Weiterentwicklung ihrer Spiritualität in die verschiedensten »Ecken und Enden der Religionsgeschichte« ... »in die Fülle der Bemühungen der Menschheitsgeschichte, sich zu transzendieren«.[9]

Die Sozialgestalt, die zahlreiche Ausformungen neuer Religiosität bestimmt, zeigt sich weniger in festen Gruppenbildungen, sondern als Netzwerk, das nur lockere Verbundenheit ermöglicht (vgl. Utsch, II., und Ruppert, III.). Ein punktuelles Zusammenkommen, ein Kommen und Gehen ist kennzeichnend. Neue Religiosität hat teil an dem, was in der Soziologensprache »akzelerierende Verszenung und Eventisierung« der Gesellschaft heißt. Charakteristische Merkmale der Sozialform »Szene« sind unter anderem Partikularität, zeitliche Begrenzung, offene Zugehörigkeitsbedingungen, beschränkte Wahrheitsansprüche ... So spricht man von Psychoszene, Esoterik- und Okkult-Szene, Ufo-Szene, Meditations-Szene, etc. Zur Szene gehören Events. »Events werden als einzigartige Erlebnisse geplant und so – jedenfalls in der Regel – auch erlebt.«[10]

Neben der Wahrnehmung der fortschreitenden Verszenung des Religiösen gehen die Darlegungen aber auch auf feste Gruppenstrukturen ein (vgl. Dehn, IV., Hempelmann, V., Fincke/Pöhlmann, VI.). Zwischen beiden bestehen Zusammenhänge. Das Gemeinschaftsangebot von Szenen und Events einerseits und festen Gruppenstrukturen andererseits bezieht sich auf unterschiedliche Bedürfnisse. Religiöse Identitätssuche erfolgt in pluralistischen Gesellschaftskulturen nicht einlinig, sondern verläuft in mindestens zwei gegenläufigen Mustern:

- als Anpassung an Individualisierungsprozesse in Formen spiritueller Selbststeigerung mit einem konsumorientierten, wenig organisierten und synkretistisch geprägten Religionsvollzug (Typ 1),
- als Protest gegen die moderne Individualisierung, als Ich-Aufgabe und Ich-Verzicht, u.a. in vereinnahmenden religiösen Extremgruppen, die radikale Hingabe an religiöse Führergestalten und genormtes Verhalten von ihren Mitgliedern erwarten (Typ 2).

Diese gegenläufigen Muster kommen in den Darlegungen immer wieder zur Sprache, z. B. in der Unterscheidung zwischen dem »Streben nach Strenge und Struktur« einerseits und »Weite und Freiheit« andererseits (Dehn, IV.). Moderne Gesellschaften forcieren bei unterschiedlichen Menschen verschiedene Bedürfnisse. Einzelne neue religiöse Bewegungen (z. B. Rajneesh-Bewegung in ihren vielfältigen Weiterentwicklungen) und esoterische

Bastelreligiosität entsprechen dem Typ 1 und gehen auf die Sehnsucht nach Freiheit und Selbstbestimmung ein. Neureligionen (z.B. Vereinigungskirche), christliche Sondergemeinschaften (vgl. Fincke, VI.) und fundamentalistische Strömungen entsprechen dem Typ 2. Sie gehen auf die Sehnsucht nach starker Autorität, verbindlicher Gemeinschaft und Entscheidungsabnahme ein. Der eine Typ ist liberalistisch, monistisch-entgrenzend geprägt, der andere dogmatisierend, legalistisch, dualistisch abgrenzend. Übergänge von dem einen Typ zum anderen sind möglich.

Neue Religiosität und Kirchen

Was bedeutet neue Religiosität für die Kirchen? Wie kann eine sinnvolle kirchliche Reaktion aussehen: dialogisch und offen oder warnend und abwehrend? Ist es angemessen, neue Religiosität als Zeichen religiöser Produktivität der Moderne zu werten? Oder ist der »Drang zum Spirituellen« (Geoffrey K. Nelson) nur ein Strohfeuer, welches das Fortschreiten der Säkularisierungsprozesse nur vorübergehend aus dem Blickwinkel herausdrängt? Wie immer man auf solche Fragen antworten mag, offensichtlich ist, dass fortschreitende Säkularisierungsprozesse gegenläufige Bewegungen erzeugen. Der heutige Kontext für das christliche Zeugnis ist nicht allein eine säkulare, sondern auch eine von vielfältiger Religiosität bestimmte Welt. Es ist keineswegs nur der säkulare Zeitgenosse, auf den sich die Kommunikation des Evangeliums heute beziehen muss. Religiöse Vielfalt schafft für das christliche Zeugnis eine Vielfalt von Gesprächssituationen. Noch vor wenigen Jahrzehnten sah es so aus, als sei der säkulare Zeitgenosse der einzige Partner im theologisch-hermeneutischen Diskurs.

1. Die Annahme der pastoralen Herausforderung

Eine sendungs- und auftragsbewusste Kirche wird dem Dialog mit von neuer Religiosität begeisterten Menschen so wenig ausweichen wie dem Gespräch mit konfessionslosen, atheistischen oder postchristlichen Zeitgenossen. Die anhaltende Nachfrage nach spirituellen Erfahrungen deutet gleichermaßen auf elementare Bedürfnisse wie unübersehbare Defizite der modernen Kultur hin. Der weit gehende Ausfall einer gelebten christlichen Spiritualität unterstützt die Empfänglichkeit für religiöse Alternativen. »Auf dem langen Marsch in die Moderne hat gerade der Protestantismus, einschließlich seiner Geistlichkeit, viel an religiöser Praxis, religiöser Erfahrung und Kompetenz im Umgang mit religiösen Phänomenen verloren«.[11]

Allerdings ist Kritik an Heilungsverfahren, die mehr oder weniger für sich in Anspruch nehmen, über heilende Energieströme zu verfügen, geboten. Abgrenzung allein stellt aber keine ausreichende Reaktion dar. Noch weniger überzeugt freilich der Versuch, die eigene Aktualität sichern zu wollen zum Beispiel durch Aufnahme esoterischer Praktiken in kirchliche Bildungsprogramme oder durch den Aufruf, die Kirchen sollten ihren Sendungsauftrag ganz in den Dienst der Integration aller geistigen und religiösen Energien unserer Welt stellen.

Hinter den verschiedenartigen Phänomenen neuer Religiosität stehen unterschiedlich zu bewertende Ausdrucksformen menschlicher Sehnsucht und Transzendenzsuche: das ständige Suchen ohne Ziel, die Überzeugung von einem heilen Selbst, das durch Meditation und Therapie gefunden werden kann, Vertrauen auf apersonale kosmische Kräfte, Sehnsucht nach dialogischer Gotteserfahrung und Suche nach Wahrheit, Sinn und Heil. Neue Religiosität ist insofern eine seelsorgerliche Herausforderung. Sie erinnert die Kirchen an die Notwendigkeit ihrer eigenen religiösen Profilierung und unterstreicht die Aufgabe, suchende Menschen zu begleiten, unterschiedliche Motive und Gesprächssituationen wahrzunehmen, die hinter den Suchbewegungen stehen, und eigene spirituelle Kompetenz zu vertiefen. Auch wenn die Antworten neuer Religiosität christlich weithin nicht einholbar sind, sollte die Suche, die hinter ihr steht, dem kirchlichen Handeln zu selbstkritischer Prüfung Anlass geben.

Zur Annahme der pastoralen Herausforderung gehört auch, sorgfältig der Frage nach Entstehungsbedingungen, speziell nach kulturbedingten Ursachen nachzugehen. Offen und selbstkritisch ist über Versäumnisse der Kirchen nachzudenken. Mystik, religiöse Erfahrung, Meditation, Spiritualität, Kontemplation, Glaubensheilung, das sind Themen neuer Religiosität, zu denen aus christlicher Perspektive etwas gesagt werden kann und muss.

2. Aufklärung im Dienste des Evangeliums

Die theologische Auseinandersetzung mit neuer Religiosität wie sie im Teil 3 der jeweiligen Kapitel zum Ausdruck kommt, gewinnt ihre Kriterien aus einem christlichen Welt- und Daseinsverständnis. »Wir sollen Menschen und nicht Gott sein.« Dieser Satz artikuliert ein elementares Unterscheidungskriterium reformatorischer Theologie, das eine zentrale Orientierungsperspektive enthält. Menschenverachtende Ideologien, Versektungsprozesse religiöser Gemeinschaften und die Verharmlosung von Leiden, Sterben und Tod lassen sich im Kern auf Grenzüberschreitungen des Menschen zurückführen, die ihn gegenüber seiner Bestimmung, als Gegenüber zu seinem Schöpfer zu leben, entfremden. Wie wahrnehmungsfähig sind religiöse Orientierungen für die Grenzen und Gebrochenheit des Menschen? Am Umgang mit den Grenzen des Menschen scheiden sich die Geister. Die biblische Tradition und der sich von ihr her verstehende Gottesglaube wie auch die reformatorische Theologie wissen um die Zweideutigkeit der Religion, die unterdrücken und befreien, zerstören und heilen kann.[12] Zum kirchlichen Handeln gehört deshalb auch die Förderung einer Kultur der Aufklärung, eine religionskritische Aufgabe. Die wieder entdeckte Attraktivität von Mystik und Mythos, die Hypostasierung des Synkretismus, die Legitimierung von Okkultismus und Astrologie etc. provozieren die Frage, ob hier nicht eine relativistische, manchmal atheistische Perspektive das Feld für eine neue Religionsbegeisterung freigegeben hat. Der sich ausbreitende mystisch-esoterische Religionstyp ist nicht allein als »Sehnsuchtsreligion«[13], sondern auch in seiner Wendung gegen die Religion zu thematisieren. Eine selbst gebastelte Religion ist keine. Postmoderne Selbstrelativierungen, das ästhetische Collageprinzip sind kein Weg mit der Krise der Kirchen in der Krise der Moderne umzugehen. Sie haben eher eine Affinität zur nihilistischen Skepsis. Das Bündnis mit dem »postmodernen Lob der Vielfalt« und einem gönnerhaften Beliebigkeitspluralismus enthält keine Hilfe für Menschen, die in der Vielfalt von Orientierungsmöglichkeiten Entscheidungen treffen müssen und nach Kriterien fragen. Damit ist freilich kein Nein zu einem persönlichen religiösen Weg und einem individuellen Religionsvollzug gesagt; auch kein Votum gegen die Bereitschaft und Offenheit, von der Weisheit anderer Kulturen und Religionen zu lernen. Es gehört allerdings zu den Essentials christlichen Glaubens, dass der Mensch sich Sinn und Ziel des Lebens nicht selbst schaffen kann. Wenn es um die Erfahrung der göttlichen Gnade geht, ist er Empfangender. Dialog mit neuer Religiosität darf nicht Verzicht auf Auseinandersetzung und Kritik heißen. Widerspruch gegenüber Ausprägungen neuer Religiosität sind insbesondere nötig,

- wenn es zu überzogenen Heilungsversprechen und einer Verharmlosung der Gebrochenheit und Begrenztheit menschlichen Lebens kommt,
- wenn die Religiosität des Menschen nur individualistisch verstanden und die soziale und öffentliche Verantwortung ignoriert wird,
- wenn zwischen Heil und Heilung, zwischen Religion und Therapie nicht unterschieden wird,
- wenn alle Kräfte der Heilung und Erlösung im Menschen selbst liegen – vielleicht verschüttet –, so dass das Heil- und Ganzwerden zur eigenen Sache wird, machbar z. B. durch therapeutische und spirituelle Techniken,
- wenn Religion und Religiosität kommerzialisiert werden.

Religiöse Suche kann in Offenheit und Verschlossenheit gegenüber der göttlichen Wirklichkeit geschehen. Die Bibel und die christliche Tradition wissen etwas davon, dass auch der religiöse Mensch Gott verfehlen und im Vollzug seiner Religiosität bei sich selbst bleiben oder seine Freiheit verlieren kann, etwa durch die Hingabe an umstrittene religiöse Führergestalten. In der Begegnung mit neuer Religiosität sind Kirchen und Christen zur kritischen Stellungnahme herausgefordert, zu dem, was die Bibel »Unterscheidung der Geister« (1. Kor 12,10) nennt.

Zunehmende religiöse Pluralisierung macht die Artikulation des Elementar-Christlichen und des Unterscheidend-Christlichen zu einer zentralen Aufgabe. Gemeinden und Ausbildungsstätten sollten ihre Verantwortung ernst nehmen, Mitarbeiterinnen und Mitarbeiter für den Dienst in einer religiös pluralistischen Welt vorzubereiten. Dazu gehört auch, sich zu einem tieferen Verstehen und einer deutlicheren Artikulation des eigenen Glaubens herausfordern zu lassen. Christinnen und Christen, die den Sinn ihres Lebens im Vertrauen auf den dreieinigen Gott gefunden haben, können der Aufgabe des Umgangs mit religiöser Vielfalt nur aus der Mitte ihres eigenen Glaubens begegnen.

Das mit Recht beklagte Erfahrungsdefizit in theologischer Ausbildung und kirchlicher Praxis kann nicht so bewältigt werden, dass sich das individuelle und gemeinschaftliche christliche Leben kopflos unbestimmten religiösen Erfahrungen ausliefert, deren weltanschaulich-religiöse Implikationen vergleichgültigt werden. Ratio und Fides gehören zusammen. »Es gibt keinen intimeren Freund des gesunden Menschenverstandes als den Heiligen Geist und keine gründlichere Normalisierung des Menschen als die im Widerfahrnis seines Werkes«[14]. Die Unmittelbarkeit seines Wirkens bleibt vermittelt durch das Wort Gottes. Eine mystische Spurensuche im Protestantismus sollte deshalb nicht erinnerungslos sein im Blick auf die zentralen Anliegen reformatorischer Rechtfertigungsbotschaft und den Unterscheidungslehren evangelischer Theologie (zwischen Gott und Mensch, Gesetz und Evangelium, Person und Werk, Glaube und Liebe ...). Denn dienlich ist es dem Menschen, wenn er ein Wissen von seinen Grenzen behält und den Träumen vom Paradies auf Erden widersteht und so auch beiträgt zur Bewahrung der Humanität einer Gesellschaft.

Michael Nüchtern:

I. | Die Weihe des Profanen –
Formen säkularer Religiosität

1. Weder eindeutig religiös, noch rein profan

> »Was für gewöhnlich bloß für ein Symptom für den Rückgang des traditionellen Christentums gehalten wird, könnte Anzeichen für einen sehr viel revolutionäreren Wandel sein: die Ersetzung der institutionell spezialisierten Religion durch eine neue Sozialform der Religion.«[1]
>
> (Thomas Luckmann)

1.1 Religiöses – wo gibt es das?

Die entscheidende Weichenstellung bei der Wahrnehmung der religiösen Landschaft geschieht durch die Bestimmung des Gegenstandes. Worauf schaut, wer die religiöse Landschaft untersuchen will? Worauf achtet, wer Religiöses entdecken will:

- auf besondere Gemeinschaftsverbände und Organisationen,
- auf inhaltliche Motive,
- auf Funktionen, die erfüllt werden,
- auf das Selbstverständnis der Betroffenen oder
- auf in bestimmter Weise gedeutete Phänomene und gedeutetes Verhalten?

Man kann auch fragen: Ist Religion nur da, wo Religion auch daran oder darauf steht? Die Frage, was religiös oder Religion sei, stellt niemand, solange Menschen selbstverständlich ihre Religion leben oder eine einzige Institution, z. B. eine Kirche, in der Gesellschaft für Religion und Religionsausübung steht. Dies ist jedoch bei uns nicht (mehr?) der Fall. Es ist keineswegs eindeutig, was als Religion und auch was als religiös gelten kann. Die Frage, was religiös sei, setzt voraus, dass strittig ist, was als religiös bezeichnet werden kann und soll.

Zwar nicht unbedingt in der Bevölkerung, aber in der Forschung ist klar, dass Religiosität nicht mit Kirchlichkeit oder mit der Zugehörigkeit zu einer religiösen Gemeinschaft gleichgesetzt werden kann. Viele leben oder suchen ihre eigene Religion; manche Kirchenmitglieder behaupten, nicht religiös zu sein; andere nennen sich religiös, ohne einer bestimmten Religion zu folgen. Man spricht von Ideologien als »Quasi-« oder Ersatzreligionen und von der Religionsförmigkeit von Fernsehshows[2], Sportveranstaltungen und Unternehmensführungsstrategien[3]. Der Soziologe Michael Ebertz[4] analysiert eine »Dispersion des Religiösen«; Dispersion ist die feine Verteilung eines Stoffes. Trifft die Analyse zu, so gibt es den »Stoff« von Religion in der Gesellschaft nicht mehr nur »kompakt« in

Religionsgemeinschaften, sondern in Spuren an vielen Orten. Religion scheint nicht zerstört, sondern in unserer Alltagswelt zerstreut. Mit der »Zerstreuung des Religiösen« sind nicht die ethisch-kulturellen Wirkungen der christlichen Religion etwa im Sinne eines »Christentums außerhalb der Kirche« (Trutz Rendtorff) gemeint,[5] sondern ein an vielen Orten zu entdeckender religiöser Gestus, der sich in bestimmten Formen und Ansprüchen zeigt. Die feine Verteilung von Religiösem in der Gesellschaft macht es allerdings schwieriger, Religiöses wahrzunehmen und als solches zu identifizieren, als wenn es »gesammelt« und an einem Ort lebendig ist.

Religiöses bestimmt sich – allgemein gesprochen – durch etwas, das über den Alltag erhebt, das auf einen »Überort« (klassisch: Himmel) und eine »Übermacht« (herkömmlich als Gott bezeichnet)[6] ausgerichtet ist. Aber der heilige Ort, wo das Sehnen hingeht, kann auch diesseitig sein und anders heißen: Gourmettempel, Ferienparadies, »heilix Blechle«, Schrebergarten, Fankurve und Chefetage. Es gibt sehr weltliche Überorte und Übermächte. Die Übermacht kann in einem Sonnenaufgang, in Geld oder in der Musik erfahren werden. Je nach Alter, Geschmack oder Milieu werden es sehr verschiedene Formen der Musik sein: von Beethoven bis Beat, von Telemann bis Techno. Die Übermacht ist vielleicht etwas so Irdisches und Säkulares wie die Vitalität, die man durch Fitness und Diät erhalten, aber auch durch Genuss und Rausch erleben möchte. Für manche Menschen ist der Überort das eigene Selbst, ein Ideal-Ich, das man als Allerheiligstes schützen möchte, vielleicht gerade weil es als so gefährdet erlebt wird. Was jeweils Überort und Übermacht für die Einzelnen sind, vermittelt ein Selbstwertgefühl und gibt Teil an einer Lebenswahrheit und Lebensmacht. Es liefert die Formel für eine persönliche Bedeutungshierarchie der Dinge des Lebens und hilft so auch, mit Lebenskrisen umzugehen. Dass der jeweilige Überort und die jeweilige Übermacht gerade an dieser Aufgabe auch scheitern können, steht auf einem anderen Blatt. Es glaubt der Mensch, solang er lebt; das Religionsthema ist aus anthropologischen und sozialen Gründen nie als überholt anzusehen.

Vor allem zwei Sachverhalte machen die Identifikation und Definition von Religiösem gegenwärtig freilich schwierig und strittig: 1. das Vorkommen von Zitaten und Zeichen klassischer Religion in einem offensichtlich profanen Zusammenhang und 2. die Übernahme von Funktionen klassischer Religion durch profane Lebensbereiche.

1. Das Kreuz als Schmuckstück um den Hals weist nicht mehr eindeutig auf ein Bekenntnis zum Christentum hin. Ist es beliebiges Ornament oder doch uneingestandener bzw. individuell bestimmter Bedeutungsträger? Alternative Therapien und Angebote zur Lebensbewältigung nehmen religiöse Begriffe wie »Spiritualität« und Meditationsformen aus unterschiedlicher religiöser Herkunft auf und legen doch zum Teil Wert darauf, nichts mit Religion zu tun zu haben. Werbung, Mode und profane Architektur zitieren sakrale Zeichen. Kultisch-rituelle Elemente lassen sich im Tourismus[7] entdecken (s. u.). Ob die religiösen Elemente hier noch in irgendeiner Weise religiös verwendet werden, ob die Bereiche der Gesellschaft für die eine oder den anderen religiöse Funktionen erfüllen, ist damit noch nicht gesagt. Entscheidend ist zunächst das auffällige Phänomen, dass Motive, die aus den Traditionen einer bestimmten Religion bekannt sind, an vielen Orten der Gesellschaft begegnen. Der Nachweis von religiösen Splittern in der Alltagswelt reicht

gewiss nicht, um dort Religion zu identifizieren. Nicht alles, was Religion zitiert, ist deswegen schon Religion. Aber auch das Umgekehrte gilt: Was Religion nur zitiert, ist deswegen keineswegs schon automatisch als nicht religiös zu bezeichnen.

2. Was ehemals Lehren und Riten religiöser Systeme und Institutionen leisteten – Antworten auf die Sinnfragen des Lebens, Bewältigung von Schicksalsschlägen, die Bereitstellung und Vermittlung von Werten und einer grundlegenden Weltperspektive – bieten heute in gewissem Umfang auch Kunst, Konsum und andere Bereiche der Gesellschaft. Sie haben damit zum Teil Funktionen von Religion übernommen. Die Frage stellt sich: Kann man Religion identifizieren, wo Funktionen von Religion erfüllt werden? Die Kritiker eines ausschließlich funktionalen Religionsverständnisses verweisen darauf, dass der Religionsbegriff dann unscharf wird bzw. völlig verschwimmt. Ein undifferenzierter Religionsbegriff, nach dem jede Form der Kontingenzbewältigung schon religiösen Sinn bekommt, wäre die Folge. »Die Kontingenz- und Sinnproblematik lässt sich auf ganz unterschiedliche Weise bewältigen ... Die Religion bietet nur eine Problemlösung unter anderen.«[8] Inhaltliche Gesichtspunkte sind für die Bestimmung von Religion wichtig.

Nach Franz Xaver Kaufmann entscheidet sich, ob kulturelle Phänomene sich als religiös qualifizieren lassen, daran, ob sie mehrere Funktionen von Religion zugleich erfüllen: Identitätsstiftung, Handlungsorientierung, Kontingenzbewältigung, Sozialintegration, Weltdistanzierung und Kosmisierung.[9] Unstrittig sollte sein: Nicht alles, was für jemanden eine religiöse Funktion erfüllt, kann deswegen schon als Religion bezeichnet werden. Aber gleichwohl muss die Erfüllung einer religiösen Funktion durch Profanes auch wahrgenommen und benannt werden.

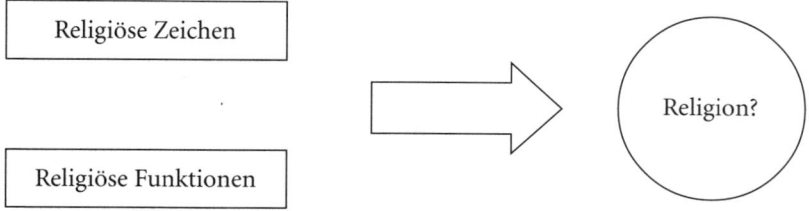

Von der christlichen theologischen Tradition her ist der Bereich von Religion und Nichtreligion – oder, wie es hier eher heißt: von Glaube und Aberglaube auf der einen und Profanität auf der anderen Seite – äußerlich nicht ein für alle Mal zu unterscheiden. Martin Luther beantwortet in der Erklärung zum 1. Gebot in seinem Großen Katechismus die Frage, was es bedeute, einen Gott zu haben, geradezu funktional: »Ein Gott heißet das, dazu man sich versehen soll alles Guten und Zuflucht haben in allen Nöten. Also dass ein Gott haben nichts anderes ist, denn ihm von Herzen trauen und gläuben, wie ich oft gesagt habe, dass alleine das Trauen und Gläuben des Herzens machet beide Gott und Abegott ... Worauf du nu (sage ich) dein Herz hängest und verlässest, das ist eigentlich dein Gott.«[10] Die katechetische Bildung prägt diese Überzeugung in unsere Kultur ein. Christoffel von Grimmelshausen z. B. hat die lutherische Linie in seinem Roman »Simplicius Simplicissimus« anschaulich aufgenommen. Er erzählt, wie sich seine Hauptfigur verwundert, dass in der Welt jeder seinen Nebengott hat: »... etliche hatten den ihren in der Geldkisten, auf welchen sie allen Trost und Zuversicht setzten. Andere hatten den ihrigen in ihrer Reputation und bildeten sich ein, wenn sie nur die selbige erhielten, so wären sie selbst auch halbe Götter; noch andere hatten den ihrigen im Kopf, nämlich diejenigen, denen der wahre Gott ein gesund Gehirn verliehen, also dass sie einige Künste und Wissenschaften zu fassen geschickt waren, sie setzten den gütigen Geber auf die Seite und verließen sich auf die Gabe in der Hoffnung, ihr Verstand würde ihnen alle Wohlfahrt verleihen; auch waren viele, deren Gott ihr eigener Bauch war, welchem sie täglich die Opfer reichten ...«[11] Luthers Erklärung zum 1. Gebot kann als Schlüssel zur Entdeckung von Religiösem in mancherlei Gestalt genutzt werden. Nahezu alles kann in dieser Perspektive für Einzelne die Bedeutung Gottes übernehmen. Der Ort der Religion ist hiernach nicht primär und schon gar nicht ausschließlich ein bestimmter äußerlich definierbarer Sektor der Gesellschaft, sondern die innere Landschaft des Menschen. Sie erschließt sich nur mit Berücksichtigung des menschlichen Herzens, das sich bezaubern lässt oder selbst Gegenstände der Verehrung, Orientierung und Vergewisserung wählt. In die Bestimmung von Religion kommt damit ein individuelles und subjektives Moment hinein. Sie bekommt in der Moderne den Charakter einer Option. Dies macht Religiöses von außen schwer bestimmbar. Wer nur auf objektive Merkmale achtet, verfehlt aber womöglich die Wirklichkeit des Religiösen.

Wo Zitate von Religion im Profanen begegnen, Funktionen von Religion von Profanem übernommen werden oder Profanes mit einem absoluten Bindungsanspruch auf das »Herz« von Menschen zielt, erscheinen Profanes und Religiöses in charakteristischer Weise uneindeutig und vermischt. Profanität heißt sozusagen das Vorzeichen vor der Klammer, in der alle hier zu beschreibenden religiösen oder religionsartigen Erscheinungsformen stehen. Freilich gilt auch umgekehrt: Sakralität ist das Vorzeichen vor der Klammer, in der alle hier zu behandelnden profanen Phänomene stehen. Profanes erscheint sakral, aber auch Sakrales profan. Diese Zweideutigkeit gehört zum Wesen des in diesem Kapitel zu Untersuchendem. Um diesen uneindeutigen Charakter des Gegenstandes hervorzuheben, kann man etwa von »Quasireligion« oder säkularer Religiosität sprechen. Ich sehe bei den Phänomenen einen aktiven Vorgang im Hintergrund und wähle daher den Begriff »Weihe des Profanen«. Um die Zweideutigkeit hervorzuheben, wird im Folgenden wechselweise auch der Begriff der »sakralen Säkularität« verwendet.

Von sakraler Säkularität und Religiösem in unterschiedlicher Dichte und Verteilung sollte Religion begrifflich unterschieden werden. Carsten Wippermann greift auf den Ausdruck »Weltanschauung« zurück, um den Religionsbegriff inhaltlich zu füllen. Er gilt ihm als Kern von Religion: »Nur wenn sich jemand mit seiner Weltanschauung aktiv auseinander setzt, d. h. über seine Weltanschauung (zumindest gelegentlich) nachdenkt, sie zur Quelle seiner Welt- und Selbstdeutung macht, soll er als religiös gelten.«[12] Aus religionswissenschaftlicher Sicht hat Hartmut Zinser[13] zur Bestimmung von Religion vier formale Kriterien aufgestellt: Es ist nur dann sinnvoll, von »Religion« zu sprechen, wenn es dem Selbstverständnis der Handelnden entspricht, wenn andere hierin auch Religion wiedererkennen, wenn die jeweilige Praxis und Haltung in einem Zusammenhang mit dem steht, was in der Tradition Religion war, und wenn es von einem profanen und alltäglichen Bereich des Lebens unterschieden wird. Zinser verweist damit bewusst auf den Traditionszusammenhang abendländischer Religionsgeschichte, für den eine Unterscheidung von »immanent« und »transzendent«[14] grundlegend ist. Karl Ernst Nipkow meint: »Man sollte nur dann eindeutig von ›Religiosität‹ bzw. ›Religion‹ reden, wenn eine die Totalität des Lebens umfassende Gesamtdeutung die Mitte bildet und dabei auf eine transzendente Macht über allem Seienden oder Sein verwiesen wird.«[15] Theo Sundermeier schlägt eine Definition von Religion vor, für die ähnlich wie bei Zinser der soziale Charakter von Religion grundlegend ist: »Religion ist die gemeinschaftliche Antwort des Menschen auf Transzendenzerfahrung, die sich in Ritus und Ethos Gestalt gibt.«[16] Je nachdem, wie weit man den Begriff »Transzendenzerfahrung« fasst, wie offen Ritus und Ethos verstanden werden, können Phänomene sakraler Säkularität zum Teil durchaus unter diesen Begriff fallen.

Dennoch: Wendet man die von Zinser, Nipkow, Sundermeier und Wippermann genannten Kriterien in strenger Auslegung auf die unten besprochenen Beispiele an, hätten die meisten, wenn nicht alle Beispiele sakraler Säkularität nichts mit Religion zu tun. Sie bleiben durchweg in der Immanenz, sie werden ja auch keineswegs von allen als etwas Religiöses bezeichnet und ausdrücklich und nachhaltig wie Religion als Quelle der Welt- und Selbstdeutung wahrgenommen. Das »zerstreute Religiöse« hat in jedem Fall einen anderen Charakter als gesammelte Religiosität. Sie verheißt ein gesteigertes Leben und Erleben. Die »andere Welt« ist ein Teil dieser Welt. Die Transzendenz ist immanent. Der säkulare Kontext macht auch Religiöses säkular. Der veränderte Ort lässt die Inhalte nicht unverändert. Umgekehrt lässt sich ein gewisser religiöser oder religionsartiger Charakter nicht absprechen, wenn »religiös« eine Chiffre für eine transzendierende Geste ist, die einen Überort und/oder eine Übermacht ins Spiel bringt und wenn die Funktion dieser Geste die ist, die sonst religiösen Systemen eigen ist: Leben über den Alltag zu erheben, zu orientieren, zu vergewissern und Gemeinschaft zu stiften. Die völlige Leugnung des zum Teil religiösen Charakters von Ideologien, Produktinszenierungen u. a. beraubt sich eines wesentlichen Schlüssels zu ihrem Verständnis.

Die Phänomene, in denen Religiöses und Religion vielfältig vermischt mit anderem begegnen, dürfen also weder übersehen noch vorschnell in religiösem Sinne gedeutet werden. Methodisch übersehen werden sie, wo ein ausschließlich inhaltlicher Religionsbegriff die Suche nach Religiösem bestimmt. In ihrer Uneindeutigkeit nicht wahrgenommen werden sie, wo ein rein funktionales Verständnis von Religion vorherrscht. Es ist beides nötig: einerseits die religiösen Motive in der Profanität zu entdecken und die religiöse Funktion wahrzunehmen, die – nicht nur gegenwärtig – Säkulares zum Teil übernommen hat, aber andererseits auch deutlich die Differenz zu markieren, die die sakrale Säkularität von klassischer Religion zumindest in unserem Kulturkreis unterscheidet: Es fehlt der Verweis auf eine die Immanenz in ihrer Totalität bestimmende transzendente Macht. Die sakrale Säkularität wird also vielleicht nicht religiös reflektiert, aber womöglich genutzt, als ob sie Religion wäre.

1.2 Typologie sakraler Säkularität

Die Phänomene sakraler Säkularität sind in unterschiedlicher Weise und Intensität religionsförmig oder religiös. Religionsförmigkeit kann sich auf ein rein äußerliches Vorhandensein von religiösen Zeichen beschränken, ohne dass irgendeine religiöse Verwendung intendiert oder ein religiöser Gebrauch erkennbar ist. Dieser völlig neutralisierten Form stehen zwei Formen gegenüber, in denen es tatsächlich um eine Weihe des Profanen geht. Das Subjekt, von dem die Weihe des Profanen ausgeht, kann das Individuum selbst sein oder etwas, das dem Individuum gegenüber tritt. Individuen können für sich etwas Profanes weihen, ihm den Charakter der Übermacht bzw. des »Überortes« verleihen, oder sie können etwas Profanem begegnen, das andere mit einer Weihe versehen und das nun wiederum ihnen mit dem Anspruch einer Übermacht oder eines Überortes erscheint. Sakrale Säkularität kann also

1. Zeichen und Motive verwenden, die aus bestimmten religiösen Traditionen stammen (z. B. in der Architektur, der Werbung);
2. von Menschen in der Weise geachtet und behandelt werden, wie es sonst bei Religionen geschieht (z. B. Geld, Sport, Kunst, Privatsphäre und Individualität);
3. selbst Autorität und Geltung beanspruchen, wie sie sonst bei Religionen üblich sind (z. B. politische Personen, staatliche Institutionen, ökonomische Organisationen, Weltanschauungen und Ideologien). Es lassen sich
   · religionsförmige Gestalt,
   · religionsförmiger Gebrauch und
   · religionsförmiger Anspruch

unterscheiden, wobei es charakteristische Überschneidungen und Schnittmengen gibt. Religionsförmige Gestalt kann, aber muss nicht mit religionsförmigem Gebrauch oder religionsförmigem Anspruch einhergehen. Religionsförmiger Gebrauch kann, aber muss nicht mit einer religionsförmigen Gestalt oder religionsförmigem Anspruch verbunden sein. Und auch religionsförmiger Anspruch kann, aber muss nicht bei allen mit religionsförmiger Gestalt und religionsförmigem Gebrauch gekoppelt sein. Religionsartige Inszenierungen von Firmen und auf Parteitagen werden z. B. von vielen Mitwirkenden und Teilnehmenden belächelt.

Neben dieser systematischen Übersicht bietet sich auch eine eher historische Perspektive an, die den Wandel einer religiös eher uniformen Gesellschaft zu einer pluralen grob beschreibt: Bis in die Zeit des Dreißigjährigen Krieges war die christliche Religion die allgemein und selbstverständlich akzeptierte lebensbestimmende Macht. Die Erfahrungen der konfessionellen Pluralität und vor allem die der Religionskriege schwächten und destabilisierten das vorhandene Ordnungs- und Sinngefüge. Das Vakuum wurde unterschiedlich und musste unterschiedlich gefüllt werden. Anderes erhob den Anspruch, den ehedem die Religion erhob. Sehr vereinfacht lässt sich folgende Übersicht historisch, zum Teil bis in die Gegenwart noch fortwirkender religionsartiger Höchstwerte[17] zwischen dem 17. und 20. Jahrhundert aufstellen:

· Politische Macht konnte sich als absolutistische Monarchie (nicht mehr von Gottes Gnaden) und als Herrscherkult inszenieren;
· Rationalität konnte sich zu einer Art Vernunftreligion in der Aufklärungszeit entwickeln,
· Persönlichkeitsentwicklung konnte sich in der Goethezeit zu einer Art Bildungsreligion steigern;

- Kunst wurde v. a. seit der Romantik zur ästhetischen Religion überhöht;
- Nationale oder sozialistische Bewegungen wurden im 19. und 20. Jahrhundert zu so genannten politischen Religionen.[18]

Die Bestimmung dieser Phänomene als »religiös« oder »religionsförmig« ist in jedem Fall ein Deutungsvorgang. Er muss im Einzelnen durch die Verwendung religiöser Zeichen und Codes sowie durch den Nachweis begründet werden, dass diese Bewegungen Funktionen und den Anspruch von Religion übernommen haben.

Dem historischen Vorgang einer Weihe des Profanen entsprechen Vorgänge von Entweihung im Verlauf der Geschichte. Historische Sakralisierungen wie auch absolutistischer Herrscherkult und politische Religionen wurden zurückgenommen und gewissermaßen säkularisiert. In der Gegenwart kommen in unserem Kulturkreis seit dem Ende des 20. Jahrhunderts verstärkt Formen einer Waren- und Unterhaltungsreligion hinzu, die unten detailliert dargestellt werden sollen. Sie knüpfen an bestimmte Entwicklungen an und lassen sich durchaus als popularisierte und trivialisierte Fortsetzungen einer ästhetischen Religiosität und einer Bildungsreligion interpretieren. Die religionsförmige Technikfaszination kann als Kind des Fortschrittsdenkens der Aufklärungszeit und von Formen ästhetischer Religion interpretiert werden.

1.3 Ursachen für die Weihe des Profanen

Die Ursachen für die Weihe des Profanen sind so vielfältig wie die Phänomene sakraler Säkularität. Wir konzentrieren uns im Folgenden auf zwei gegenwärtig besonders wirksame: Gründe für die Weihe des Profanen liegen einerseits in der allgemeinen Entwicklung der Religion in der Moderne, andererseits in sozialpsychologischen Ursachen. Gemäß der Unterscheidung zwischen den möglichen Subjekten der Weihe des Profanen können Ursachen für dessen Weihe

- in Bedürfnissen des Individuums identifiziert werden, die Profanes religiös gebrauchen, als auch sozusagen
- in Bedürfnissen von sozialen Organisationen, die einen religionsförmigen Anspruch erheben.

Individualisierung und Säkularisierung

Es wäre zu wenig, wollte man die Weihe des Profanen nur aus einem äußerlichen, ästhetischen Bedürfnis erklären. Sie wird von tieferen Quellen gespeist. Das Aufkommen und die Attraktivität der Weihe des Profanen ist mitbedingt durch einen vielschichtigen Kulturprozess, den man Individualisierung nennen kann.

Individualisierung heißt: Menschen gestalten ihr eigenes Leben nicht mehr in vorgegebenen Bahnen und Gewissheiten, sondern wollen und müssen es als Projekt begreifen. »... muss selbst den Weg mir weisen in dieser Dunkelheit«, singt der Wanderer im »Nachtlied« in Franz Schuberts »Winterreise«. Aus der Verwurzelung im Traditionellen wird der Auszug in neue Zusammenhänge, aus Vorgegebenem wird Aufgegebenes und selbst zu Gestaltenes. Wo eine Tradition war, tun sich viele Optionen[19] auf. Dieses neuzeitliche Grundmuster gilt nicht zuletzt für den Bereich der Religion und des Glaubens und kann hier durchaus positiv als Befreiung gewertet werden.

Ulrich Beck[20] erkennt in der modernen Individualisierung drei Schritte:

- »Herauslösung aus historisch vorgegebenen Sozialformen und -bindungen im Sinne traditionaler Herrschafts- und Versorgungszusammenhänge,
- Verlust von traditionalen Sicherheiten im Hinblick auf Handlungswissen, Glauben und leitende Normen ... und – womit die Bedeutung des Begriffes gleichsam in ihr Gegenteil verkehrt wird –
- eine neue Art der sozialen Einbindung.«

Beides – Ausgleich für den Verlust vorgegebener Ordnungen und Gewissheiten sowie eine neue Art sozialer Einbindung – bietet nun gerade die sakrale Säkularität in all ihren Formen, ob es sich um Formen ästhetischer, politischer oder um Unterhaltungsreligion handelt. Die Macht der Individualisierung löst nicht nur Orientierungen auf, sie schafft selbst auch neue. Der Platz, den der Rückgang kirchlicher Orientierung in der Neuzeit gelassen hat, bleibt nicht leer. Wo alte Gewissheiten als brüchig erlebt werden, schaut das Ich nach neuer Gewissheit und Erhebung. In der Gesellschaft werden gleichzeitig bestimmte Teilbereiche dominant, z. B. Politik, Kunst, Ökonomie oder die Medien; sie entfalten eine quasi-missionarische Kraft, fordern konfessorische Handlungen ein und bieten sich den Orientierung und Vergewisserung Suchenden als Bezugspunkt an. Die Veränderungen in der religiösen Landschaft lassen sich mit gleichem Recht als Abkehr von alten Gewissheiten wie als Hinwendung zu neuen Sinnstiftungen in vielerlei Gestalt erklären. Die Dinge des alltäglichen Lebens, Erlebens und Überlebens können bei manchen zur einzigen und ausschließlichen Orientierung werden. Die Faszination der Warenwelt kann Gewinn und Genuss in den Rang von letzten Wahrheitsfragen befördern.

Die/der Einzelne kann für sich und subjektiv nur auch objektiv schwach gewordene religiöse Orientierungen und Verhaltensweisen entmachten. Dass traditionelle religiöse Inhalte und Riten nicht mehr allgemein und selbstverständlich akzeptiert sind, sondern in das Belieben der Einzelnen gestellt werden, ist nicht denkbar ohne einen vorausgegangenen gewissen Säkularisierungsprozess. Er mindert einerseits die bestimmende Macht herkömmlicher religiöser Handlungsmuster und Vorstellungen und hebt andererseits die Eindeutigkeit religiöser Motive und Inhalte auf. Religiöse Motive werden so zur Verwertung und Verwendung freigegeben. Politik, Kunst und Ökonomie können sich die Bilder und Zeichen der christlichen Religion aneignen. Religiöses Gut wird ungeschütztes, sozusagen herrenloses Gut, dessen sich alle bedienen können und bedienen. Dies geschieht in der Weihe des Profanen. Begriffe und Wendungen mit einem religiösen Bedeutungs- und Assoziationsfeld werden in einen profanen Kontext übergeleitet und außerhalb des religiösen Bereichs verwendet, so dass dort religiöse Motive eigentümlich transformiert weiterwirken.

Der Begriff »Säkularisierung« bezieht sich bekanntlich auf drei unterscheidbare Prozesse:

1. die historischen Vorgänge, die zur Überleitung geistlicher Besitztümer in die Verfügungsmacht des Staates geführt haben;
2. den Prozess, der in der europäischen Neuzeit zu einer immer größeren Selbstständigkeit und Autonomie in der Lebensgestaltung gegenüber kirchlichen und religiösen Normen und Sinngebungen geführt hat, und
3. die Umformung und das Weiterwirken religiöser, ursprünglich christlicher Motive und Sinngehalte außerhalb des im engeren Sinne religiösen Bereichs.

Für die Dichtung der Neuzeit ist Säkularisierung als sprachbildende Kraft[21] differenziert und eindringlich beschrieben worden. Bei der Entstehung des bürgerlichen Konzerthauses im 19. Jahrhundert war eine Säkularisierung der kirchlichen und Demokratisierung der höfischen Musik sowie eine neue Weihe der profanen Musik gleichermaßen im Spiel. An der Front des Freiburger Universitätsgebäudes aus dem 19. Jahrhundert liest man den Satz aus Joh 8,32: »Die Wahrheit wird euch frei machen.« Im Treppenhaus der alten Heidelberger Universitätsbibliothek stehen groß die Worte aus 2. Kor 3,6 in griechischer Sprache: »Der Buchstabe tötet, der Geist aber macht lebendig.« Der »lebendige Geist« ist hier der der Wissenschaft, nicht unbedingt der des »neuen Bundes« (2. Kor 3,5). Freiheit vermittelt hier nicht die Religion, sondern die Einrichtungen von Bildung und Wissenschaft. Im selben Maße, in dem der profane Kontext die religiösen Zitate profanisiert, weiht das Zitat den säkularen Zusammenhang. Die Weihe des Profanen ist Säkularisierung und Sakralisierung zugleich.

Die drei Schritte des Individualisierungsprozesses gelten – wie die letzten Beispiele zeigen – nicht nur für Individuen, sondern analog auch für Organisationen und gesellschaftliche Bereiche. Sie lösen sich aus dem mittelalterlichen religiösen Ordnungszusammenhang, in dem idealerweise alles seinen Platz und seine Bedeutung hatte, sie verlieren damit Handlungssicherheit sowie Legitimation und müssen daher sowohl neue Normen und Ziele finden als auch ihre eigene Bedeutung für andere herausstellen. Mit der gewonnenen Freiheit und Entbindung stellt sich wie beim Individuum die Aufgabe der Selbstdefinition und der Entwicklung neuer eigener Bindungskräfte. Dazu greifen die Organisationen u. a. auf Muster des verlassenen religiösen Erbes zurück und eignen es sich selbst unmittelbar an.

Individualisierung und Vergewisserungsbedürftigkeit

Eine sozialpsychologische Bedingung dafür, dass Säkulares und heute besonders Waren mit Lebenswahrheiten und -werten verbunden werden, ist ein suchendes, ein unbeheimatetes Ich. Von Schicksals- und festen Rollenvorgaben befreit, aber auch nicht mehr entlastet, ist die Biografie umfassend zur Gestaltungsaufgabe geworden. Nachdem äußere, nicht subjektive Sicherheiten brüchig und fragwürdig geworden sind, steht jede und jeder Einzelne vor der Aufgabe, selbst seinem Leben Wert, Würde und Zugehörigkeit zu geben.[22] »Die Entscheidungen der Lebensführung werden ›vergottet‹. Fragen, die mit Gott untergegangen sind, tauchen nun im Zentrum des Lebens neu wieder auf. Der Alltag wird postreligiös ›theologisiert‹.«[23] Gesundheit und Fitness wie auch die Liebe können religiöse Züge annehmen, das heißt: »Man kann sie nach dem Muster einer Religion deuten, die aber jetzt nicht mehr eine Religion der Kirchen, sondern eine irdische Religion ist. Sie wird von Menschen praktiziert, ohne dass sie diese als Religion wahrnehmen.«[24] Das Ich findet den Ort nicht vor, wo es Identität erfahren kann, sondern muss ihn suchen oder erfinden. Was Wunder, dass als Ziel dieser Suchbewegungen sich sehr vieles anbietet, entdeckt und damit auch tendenziell »vergottet« wird.

Für die Weihe des Profanen wichtiger als die generelle Pluralisierung des Religiösen erscheint daher die Zunahme des Vergewisserungsbedürfnisses in Folge der Individualisierung. Sie bringt es mit sich, dass Religiöses gefragt ist bzw. dass säkulare Inhalte religiöse Funktionen übernehmen. Die Energien, die einmal kirchlich gebunden waren, verschwinden nicht, sondern haften an neuen Objekten. Wo bisher selbstverständlich akzeptierte Sinnhorizonte geschwunden sind, fügt sich der Einzelne Moden und Trends oder steht vor der Aufgabe, für sich selbst einen über den oft banalen Alltag hinausgehenden Sinnzusammenhang zu suchen und zu finden.

Der Abbruch von Traditionen, die rasante Beschleunigung gesellschaftlicher Veränderungsprozesse auf allen Ebenen, der Verlust lebensweltlicher Selbstverständlichkeiten, was Verhalten, Lebensorientierungen, private und berufliche Ziele betrifft, verunsichern und erfordern hohe Anpassungsleistungen der Menschen. Mit neuen Möglichkeiten individuellen Lebens haben zugleich Unsicherheiten und die Möglichkeiten des Scheiterns zugenommen. Es scheint, dass Situationen, durch die der Alltag bedroht ist, heute wenn nicht häufiger, so doch nachhaltiger erlebt werden als früher. Je unbefriedigender oder krisenhafter der Alltag erlebt wird, desto mehr entsteht Sehnsucht nach einem die Fülle der Einzelerfahrungen überwölbenden und integrierenden neuen und eigenen Sinnhorizont für das eigene Leben. Dieser ist nicht mehr durch Tradition und Konvention vorgegeben. Er muss von jedem Einzelnen – wie auch immer und wo auch immer – gefunden oder übernommen werden. Wo die Gesellschaft nur noch bestimmte Funktionen einfordert, scheint die Erfahrung von Identität und Personsein nicht mehr im Alltag gegeben, sondern als zusätzliche Leistung aufgegeben. Deswegen werden Angebote attraktiv, die die Erfüllung dieser Leistung versprechen.

So sehr die Bewegung »von der Tradition zur Option« mit einem Freiheitsgewinn verbunden ist, so sehr ist sie also auch mit neuartigen Belastungen und Unsicherheiten verknüpft. Es kommt zu einem »Optionsstress« für Biografie und Alltag in vierfacher Hinsicht:

- Nötigung zum Auswählen unter verschiedenen Optionen,
- Unsicherheit des Erreichens von Optionen (durch Konkurrenz, persönliches Versagen u. a.),
- Suche nach Entlastung, wenn Ziele nicht erreichbar oder sich als falsch herausstellten,
- Notwendigkeit, neu Motivationen und Energien zu gewinnen, um besser, effektiver auswählen und handeln zu können.

Das Ich im Optionsstress sucht und ist empfänglich für Selbstvergewisserung, Halt, Stärkung, Anerkennung und Trost. Dieselben gesellschaftlichen Prozesse, die traditionelle religiöse Orientierungen bedrohen und zerstören, verstärken andererseits die Suche nach religiösem oder religionsartigem Halt. Der Optionsstress kann einmal zu Überzeugungen führen, die die Welt der Optionen beseitigen, indem sie sich als einzig wahrer Weg und als Gegensatz zur verderbten Gesellschaft darstellen (Entlastung durch Regression), er kann aber auch zu Lehren führen, die die einzig wahre Fitness und Fähigkeit versprechen, im Lebenskampf siegreich zu sein und die Anforderungen der Gesellschaft optimal »handhaben« zu können (spirituelles Doping).

Der Lust, die eigenen Möglichkeiten zu verwirklichen, steht die Last gegenüber, dies auch ständig tun zu müssen. Lust wie Last bedient ein Markt. Da das Bedürfnis wesentlich religiös ist, verwundert es nicht, dass es auch mit religiösem Schein bedient wird. Die verstreuten religiösen Splitter in der Alltagskultur sind keineswegs nur beliebige Ornamente, sondern verweisen auf ein akutes Bedürfnis, sich seiner selbst zu vergewissern. Sakrales wird zu einem Mittel, das »Projekt vom eigenen Leben« (Ulrich Beck) zu realisieren. Unter solchen Voraussetzungen werden Produkte und Aktionen attraktiv, die mit dem Code eines Überortes und einer Übermacht versehen sind. Sie kommen sowohl dem Bedürfnis nach Selbststilisierung entgegen wie auch dem Bedürfnis nach Kompensation des uneigentlichen Lebens am Werktag. Wo die Zeit »religionsproduktiv«[25] ist, zeigt sich diese Religionsproduktivität in allen Bereichen der Lebenswirklichkeit und zumal in jenen, die durch die Erfüllung von Bedürfnissen Dinge verkaufen wollen. Religiösen Agenturen erwachsen Konkurrenten.[26] Es gibt eine heimliche Sehnsucht nach dem, was herkömmlich durch Religion vermittelt wurde. Die Zerstreuung von Religion zeigt nicht die Schwäche, sondern die große, oft unerkannte Lebendigkeit religiöser Bedürfnisse. Die Funktion und den Anspruch von Religion übernehmen verschiedene Bereiche der Gesellschaft. Sie bedienen sich dabei ungeniert aus dem Motiv- und Bilderschatz der Religionen. Vielleicht sind die Bedürfnisse, die herkömmlich von religiösen Institutionen befriedigt wurden, inzwischen so groß, dass die klassischen religiösen Institutionen als gar nicht hinreichend empfunden werden, für die Einzelnen religiöse Funktionen zu erfüllen.

Bedient die Weihe des Profanen beim Individuum den immensen Wunsch nach Selbstvergewisserung und Selbststilisierung, so dient sie bei Organisationen der Herstellung von Bindung in einer an sich unverbindlichen Gesellschaft. Der »Konfirmation« der Untertanen bzw. der Bürgerinnen und Bürger dienten schon die Inszenierungen des Herrscherkults wie die ideologische Aufladung der politischen Macht in den politischen Religionen des 20. Jahrhunderts. Zivilreligiöse Formen erbringen wichtige Integrations- und Legitimationsleistungen für die politische Ordnung.[27] Der Herstellung einer festen Beziehung, also einer Konfirmation, gelten auch die religionsförmigen Produktinszenierungen der Gegenwart. Der Bindung und der Motivationssteigerung der Mitarbeiter sollen schließlich die religionsförmigen Riten in Firmen dienen. Gewinnen religiöse Zeichen und Muster zivilreligiösen Charakter, wenn sie sich auf die Befestigung und Erneuerung der Legitimationsgrundlagen der politischen Ordnung beziehen, so gewinnen sie sozusagen neuerdings unternehmensreligiösen Charakter, wenn sie sich auf die Befestigung und Erneuerung der Unternehmensordnung beziehen.

Wo Selbststilisierungs- und Vergewisserungsbedürfnisse der Einzelnen und der Zwang der Organisationen, nicht selbstverständliche Bindungen herzustellen und zu sichern, zusammentreffen, entsteht ein fruchtbarer Boden für die Weihe des Profanen: Das Verbindliche, das Vergewissernde wird gesucht und angeboten. Keineswegs immer ist der

Bindungsversuch der Organisationen erfolgreich. Er ist in der Gegenwart pluralisiert und relativiert sich daher gegenseitig. Dennoch: »Der Zwang zur Häresie« (Peter Berger) und ein Zwang zur Konfessionalisierung, also der Versuch, konfessionelle Verbindlichkeiten im Profanen herzustellen, korrespondieren miteinander. Aus dem Zusammentreffen individueller Bedürfnisse und sozialer Notwendigkeiten entsteht die Lebendigkeit und Rationalität sehr unterschiedlicher religionsförmiger Entwicklungen in der Gesellschaft.

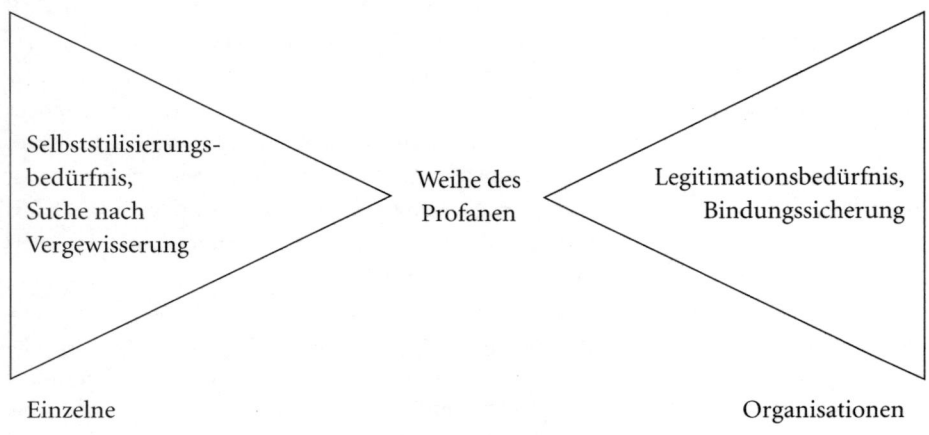

Selbststilisierungs-
bedürfnis,
Suche nach
Vergewisserung

Weihe des
Profanen

Legitimationsbedürfnis,
Bindungssicherung

Einzelne   Organisationen

Literatur: **Michael Ebertz**, Die Dispersion des Religiösen, in: Hermann Kochanek (Hg.), Ich habe meine eigene Religion, Zürich/Düsseldorf 1999, S. 210ff. · **Hans-Jochim Höhn**, Zerstreuungen. Religion zwischen Sinnsuche und Erlebnismarkt, Düsseldorf 1998 · **Thomas Luckmann**, Die unsichtbare Religion, Frankfurt/M. 1991 · **Arno Schilson**, Medienreligion. Zur religiösen Signatur der Gegenwart, Tübingen/Basel 1997 · **Hermann Vierling**, Die profane Alltagsreligion, Frankfurt/M. 1994

2. Beispiele sakraler Säkularität

»Die heutige Zivilisation ist erstmals in der Geschichte der Menschheit in ihrem Wesen atheistisch, es fehlt jede Beziehung zum Ewigen und Unendlichen. Deshalb fehlt nicht nur die Rücksicht darauf, was nach uns kommt, sondern auch auf das Allgemeinwohl.«[28]   (Vaclav Havel)

2.1 Präsentationen und Inszenierungen

»Religion ist in der modernen Welt unsichtbar geworden«, so lautet ein verbreitetes Urteil. Sie ist ein unbedeutender Sektor am Rand des modernen Lebens geworden. Jedermann kann leben, ohne einer religiösen Handlung oder der Aufforderung zu einer religiösen Entscheidung zu begegnen. Die Welt ist säkular und Religion Privatsache.

Gerade unter diesen Bedingungen tauchen Elemente oder Funktionen der verschwundenen Religion überraschend an Orten auf, wo sie niemand vermutete. Wer z. B. mit dem ICE fährt und das Magazin der Deutschen Bahn AG »Zug« (Heft 9, 1996) durchblättert, sieht in einem Artikel über die Instandsetzung von Bahnhofsbauten aus der Jahrhundertwende diese als »Hallen voller sakraler Majestät« tituliert. Im selben Heft wird für ein »westfälisches Abendmahl« geworben, das die MITROPA in ihren Zugrestaurants anbietet. Es handelt sich um westfälischen Knochenschinken, Pumpernickel und gesalzene Rollenbutter. Assoziationen an die Texte des Abendmahls können auch bei der Blutspendeplakataktion (1998 bis 2000) des Deutschen Roten Kreuzes aufkommen: Große Gesichter mit blassem Teint und dem Slogan »Mein Blut für dich« werben für die Blutspende. »Glaube – find your world«, »Hoffnung – find your world« oder »Kraft – find your world« stand auf einer Plakatserie von Peter Stuyvesant zu lesen: Eine schlanke weibliche Gestalt schwingt sich zum Stichwort »Glaube« an einem Seil über einen tiefen Abgrund. Tibetische Mönche blicken zur Überschrift »Kraft« sinnend in die Ferne. »Eternity« – also Ewigkeit – nennt der Modedesigner Calvin Klein ambitiös sein Eau de Toilette. Ikonengleich und nicht mehr ganz von dieser Welt schaut ein Paar auf einem der dazugehörigen Plakate durch die Betrachter hindurch. Dass eine Werbebroschüre des KaDeWe zur Weihnachtszeit behauptet: »Auch unser Service: himmlisch«, verwundert kaum. Ein eleganter weiblicher Engel lugt hinter einem roten Vorhang animierend hervor und stimmt den Lobgesang an: »KaDeWe – es gibt nur das eine.« Religiöses begegnet längst nicht mehr nur an den dafür vorgesehenen Orten, in Kirchen, Kulten oder Sekten, die am Rande der Gesellschaft existieren, sondern in unbestimmter und oft auch in unerkannter Weise mitten im eigentlich profanen Alltag. Wie bei einer Collage verwenden Bereiche der Gesellschaft auch religiöse Elemente im Präsentationsmix. Religiöse Traditionen sind nicht einfach abgebrochen, wie die gängige Rede vom Traditionsabbruch suggeriert. Religiöse Traditionen sind in unzählige Splitter zerbrochen und wirken in diesen Splittern – oft kaum erkannt – verändert fort.

Es lassen sich mindestens drei charakteristisch unterschiedliche Weisen der Verwendung religiöser Motive im Produktmarketing, das hier zunächst exemplarisch für Inszenierungen und Präsentationen mit religiösen Mustern steht, erkennen und unterscheiden:

1. Werbung zitiert spielerisch und mit Augenzwinkern religiöse Formeln und Bilder. Bekannt und beliebt sind Bier trinkende Mönche oder im Internet surfende Nonnen. Kesser ist die bibelzitierende bzw. -verfremdende Aktion der »Wirtschaftswoche«: »Du sollst begehren deines Nächsten Marktanteil.« Nach diesem Strickmuster verfährt auch die Pkw-Werbung, die – die Vaterunserbitte abwandelnd – uns auffordert: »... und fahre mich in Versuchung ...« Der Reiz, der schmunzeln und aufmerken lassen soll, liegt darin, dass die heilige Herkunft der Formeln irgendwie bekannt ist, aber Verwendung, Anspruch und Gebrauch nun gerade nicht mehr heilig sind. Die Werbung inszeniert einen kleinen Tabubruch. Die Zitate vermengen bewusst das Heilige mit dem Profanen zum Unheiligen, und darin liegt der angestrebte Witz. Das Produkt wird nicht als Kultgegenstand insze-

niert. Heilige Bilder und Worte werden ironisch gebrochen oder es wird eine unheilige Gesamtinszenierung verwendet. Das Religiöse wird säkularisiert, ohne das Säkulare zu sakralisieren.

2. Bei einem zweiten Typ tritt zu der Verwendung religiöser Motive eine kultische Präsentation. Das Produkt präsentiert und vermittelt durch seinen Namen und durch entsprechende Darstellungen überirdische Gaben. »Mars« – der römische Gott? Nein: der Schokoriegel gibt bekanntlich verlorene Energie zurück. Eine Sportartikelfirma gibt sich den Namen der griechischen Siegesgöttin (Nike). Für eine Großraumlimousine wird mit der Weitwinkelaufnahme einer gotischen Kathedrale geworben. »Kreativität macht Sinn« steht selbstbewusst und verheißungsvoll dabei. Jegliche Ironie liegt dieser Inszenierung fern. Religiöses dient der Steigerung des Produkts, seiner Verbindung mit einer Aura des Besonderen und Erhabenen und damit der Erhöhung seiner Attraktivität. Die religionsförmige Darstellung aktiviert immaterielle Bindungsfaktoren an das Produkt. Angesichts der Beliebigkeit und der Austauschbarkeit von Produkten ist die neue Herstellung von Verbindlichkeit geradezu notwendig. Religiöses kann dabei auch weniger über traditionelle religiöse Begriffe ins Spiel kommen als über die Form der Präsentation vermittelt werden. Teilhabe am Überirdischen soll das Produkt gewähren, ohne dass Assoziationen an bestimmte religiöse Inhalte aufkommen. Manches Produkt (»XY – Das einzig Wahre«) wird so als Offenbarung einer außeralltäglichen Welt oder als Repräsentanz von Überzeitlichkeit und Dauer präsentiert. Eine Uhr verspricht ihrem Träger »die Kunst, einzig zu sein«, und der Mantel des Herstellers »Amadeus« verleiht ein Gefühl des Auserwähltseins; dazu sieht man ein Model in einer Pose, die an einen barocken Apostel oder sogar an den Christus in Raffaels »Transfiguration« erinnert.

3. Die Zigarettenwerbung, die die Marke mit der Aufforderung und der Verheißung umgibt: »Glaube – find your world«, verheißt nicht nur Tabakgenuss, sondern vermittelt eine existenzielle Botschaft. Ähnlich gewichtige Sinnbotschaften, die wenig mit dem Produkt, dafür aber viel mit Verheißung erfüllten Lebens zu tun haben, tauchen in der Werbung immer wieder auf: »Vertrauen ist der Anfang von allem« oder »Wir glauben an die neue Generation«. Botschaften, die das Selbst und seine Werte in der sich rasch wandelnden Welt vergewissern sollen, würde man eigentlich in der gottesdienstlichen Predigt oder im Sinnspruch zur Konfirmation erwarten. Jetzt treten Firmen mit dem Anspruch auf, Lebensgewissheiten und -wahrheiten mit ihren Produkten darzustellen und zu vermitteln.

Diese drei Varianten
- religiöse Zitate in ironischer Präsentation,
- religiöse Motive in kultischer Präsentation und
- Sinnaussagen als Produktphilosophie und -botschaft

sind die Grundmuster für die Verwendung religiöser Motive in ursprünglich säkularen Zusammenhängen. Sie können sich zum Teil überschneiden. Ironie, aber auch einen gewissen sakralen Anspruch kennzeichnet z. B. die Inszenierung von Stars in Posen von Heiligenfiguren. »PopIkonen als Heilige: Kunst oder Kitsch?«, fragte eine Überschrift in BILD vom 2.8.1999. »Die modernen Götter heißen Michael Jackson, Naomi Campbell oder Diana. Millionen verehren sie wie Heilige ... Der Kult um die Stars – ist er die neue Ersatz-Religion?« Anlass für den Artikel in BILD war die Trendshow in der Düsseldorfer Kunsthalle »Heaven«, bei der 35 Künstler »das Religiöse auf Erden suchten«. Diese Form der Verweltlichung religiöser Motive ist in einem Zwischenbereich von Schmunzeln und Verehren angesiedelt. Das Schmunzeln kommt daher, dass der ursprüngliche sakrale Kontext noch irgendwie bekannt, die jetzige ganz anders geartete Verwendung bewusst ist und mit einem Augenzwinkern geschieht. BILD zeigt Prinzessin Diana als holzgeschnitzte gotische Madonnenfigur und Leonardo DiCaprio als Heiligen Sebastian, von Pfeilen durchbohrt. »Ein moderner Heiliger, von dem sich Millionen Teenies Erlösung ihrer liebeskranken Seelen erhoffen. Kunst oder Kitsch? Beides spendet Menschen Trost oder bringt sie zumindest zum Lachen.« Das Feuilleton des Berliner »Tagesspiegel« vom 4.8.1999 nimmt diesen Vorgang paradigmatischer: »Der Lifestyle hat die Religion ersetzt, aber das Religiöse hat ein wenig Mimikry geübt und ist geblieben.«

Die sakrale Säkularität in den genannten Beispielen und Inszenierungen ist keineswegs zu verwechseln mit jener sakralen Weihe, die auch heute noch als ein Überbleibsel längst vergangener Zeiten regierende Monarchinnen und Monarchen umgibt. Die priesterlichen und heiligen Funktionen und Würden, wie sie z. B. die Königin von England noch besitzt, stammen aus der Zeit vor der Säkularisierung. Sie sind Restbestände, die der gesamtkulturelle Prozess, der in der europäischen Neuzeit zu einer immer größeren Autonomie der Lebensgestaltung gegenüber kirchlichen und religiösen Ordnungssystemen geführt hat, noch übrig gelassen hat. Die sakrale Säkularität hingegen ist ein Phänomen der Postsäkularisierung. Sie gehört zur – tendenziell trivialen – Wiederverzauberung, die auf die Entzauberung folgt. Sie verwandelt das Restaurant in den Gourmettempel, den Filmpalast in das Kultkino, die Schauspielerin in die Diva und das Rockkonzert in den Ort, wo Ekstasen erlebt, Kerzen angezündet und zwar nicht das Krippenkind, wohl aber boy groups verehrt werden.

Das Neue der oben beschriebenen Phänomene sakraler Säkularität liegt darin, dass sie deutlich diesseits der Hochkultur als ein Massenphänomen auftritt und dem Verkauf von Produkten und Dienstleistungen im weitesten Sinne dient. Schon vor über 70 Jahren schrieb Walter Benjamin hellsichtig in seinem Essay »Paris, die Hauptstadt des XIX. Jahrhunderts«[29] über die damaligen Weltausstellungen und Einkaufsboulevards: »Weltausstellungen sind Wallfahrtsstätten zum Fetisch Ware ... Die Weltausstellungen verklären den Tauschwert der Waren. Sie schaffen einen Rahmen, in dem ihr Gebrauchswert zurücktritt ... Die Mode schreibt das Ritual vor, nach dem der Fetisch Ware verehrt sein will ...« Dass der schlichte Gebrauchswert einer Sache zurücktritt und einem anderen Wert des Produkts Platz machen muss, ist in der Öffentlichkeit der »Erlebnisgesellschaft«[30] kaum mehr die Ausnahme, sondern die Regel. Damit wird aber schlechthin jedes Ding bedürftig und fähig, verklärt und womöglich mit sakraler Weihe umgeben zu werden.

Sakrale Säkularität ist ein Phänomen der Ästhetik und der Kommunikation. Sie tritt also zweifach auf: als eine spezifische Weise der Darstellung und Inszenierung von Weltlichem sowie als eine Form der sprachlichen Kommunikation und Rezeption von eigentlich Säkularem. Beispiele solcher sakraler Säkularität finden sich gehäuft bei Bauten und in der Architektur. In der Skyline von Frankfurt überragen sinnfällig die Türme der Banken die des Domes. Museen und Messen, Einkaufspassagen und Entertainment-Hallen zitieren die Grundrisse oder einzelne Elemente antiker Tempel oder christlicher Kirchen. Sakrale Begriffe und Bedeutungsgehalte werden in der Kommunikation über diese Architektur bewusst gepflegt. »Der Hof der neuen Zentrale hat das Ausmaß des Kirchenschiffs von Notre Dame«, lautete eine zusammenfassende Zwischenüberschrift im Berliner »Tagesspiegel« über das Debis-Hochhaus auf dem Potsdamer Platz. Ein Film, der sich nicht nur als wirtschaftlicher Erfolg erweist, sondern zu dem Begeisterte zur seelischen Erhebung hinpilgern und zur Gemeinde werden, avanciert zum »Kultfilm«. Selbst wo die Sprache frei scheint von ausdrücklich religiösen Anklängen, kann dennoch die Funktion und die gewollte Wirkung eines bestimmten architektonischen oder dramaturgischen Arrangements sehr wohl religiös aufgefasst werden. In einem Konzeptionspapier für den Themenpark der Weltausstellung EXPO 2000 in Hannover hieß es: »Ein opulentes Bild von den großen Errungenschaften, Ereignissen und Eindrücken vergangener Weltausstellungen soll den Besucher empfangen, ihn aus seiner Alltagswelt entreißen und ihn auf das Staunen einstimmen, das der Themenpark in ihm auslöst.« Sehr schön ist hier zu sehen, wie die Weihe des Profanen mit einer Steigerung des Anspruchs des Profanen einhergeht.

Die Sakralisierung des Profanen ist nicht auf das Produktmarketing begrenzt, sondern ein Vorgang, der in der Darstellungsgesellschaft so weit reicht wie der Wille – oder der Zwang – zur Inszenierung, der Bindungskräfte und damit neue Zugehörigkeit herzustellen versucht, und das mit allen Mitteln. Wenn Bahnhöfe und Bankzentren sich sakral geben und entsprechend wahrgenommen werden, so können mit derselben Absicht auch andere gesellschaftlichen Bereiche den »Sacro-Stil« pflegen. Der Verklärung der Produkte analog sind die Verklärungen von Kunst-, Sport- und Unterhaltungsveranstaltungen. Denkt man an die Religionsdefinition von Theo Sundermeier (s. o., S. 25), so könnte man sagen: Die auf immanente Transzendenzerfahrungen zielenden Inszenierungen wollen stets ein bestimmtes Handeln, also ein »Ethos« bewirken.

2.1.1 Zum Beispiel Wirtschaftsunternehmen

1988 formulierte die Firma Breuninger in einer aufwendigen Broschüre ihre Unternehmensphilosophie. Auf der Titelseite war eine Spiegelfolie, die das Gesicht des jeweiligen Betrachters abbildete. Der Text selbst begann mit den feierlichen Worten: »Ich glaube an die Kraft des Einzelnen, an die überlegene Stärke der Gemeinschaft und daran, dass sich Würde und Respekt im Umgang miteinander nur in einer partnerschaftlichen und fairen Beziehung ausdrücken können.«

In einem Artikel über die Hamburger Modechefin Jil Sander in der Zeitschrift »Amica« (März 1996) finden sich so gehäuft religiöse Metaphern, dass dahinter kein Zufall, sondern bewusster Gestaltungswille gesehen werden muss. Das Mode-Imperium hat nämlich, so lesen wir, ein »Credo« und ein »Glaubensbekenntnis«, seine Leitsätze gelten als »Bibel«, die Kreativabteilung ist wie ein »Kloster«, die Mitarbeiter sind »Apostel mit strenger Askese« usw. Die Kultbegriffe verdanken sich der Strategie einer Stilisierung zum Besonderen, Erhabenen und Erhebenden. Dieser Vorgang ist ebenso für das Unternehmen selbst typisch wie für die Kommunikation über die Edelmode und den Verkauf. Ein ähnliches

Beispiel liefert die Berichterstattung über die VW-Produktionsstätte in Dresden, eine gläserne Fabrik zur Produktion edler Karossen. »Glaube, Liebe, Auspuff« titelt die Wochenzeitung DIE ZEIT vom 2.9.1999 dazu und schreibt: »Der VW-Konzern baut sich eine eigene Stadt und verklärt den Autokult zur Religion.«

Von der Verklärung des Produkts zu unterscheiden ist in Wirtschaftsunternehmen der Rückgriff auf religiöse Muster und Motive, die Ethos, konkret Bindungskräfte zwischen Mitarbeiterschaft und Firma sowie zwischen Firma und Kunden, aktivieren soll.[31] Das Unternehmen wird tendenziell zur Kommunität, zur Sinn- und Wertgemeinschaft, und die Arbeit zum umfassenden Dienst an einer Idee. Es übernimmt Funktionen von religiösen – und auch anderen – Institutionen. Firmen engagieren sich für den Umweltschutz, gegen Kinderarbeit und für das gesellschaftliche Miteinander. Sie erhoffen sich Erfolg, indem sie Aufgaben auszuüben versuchen, die andere Institutionen aus verschiedenen Gründen nicht mehr oder nur noch unzureichend praktizieren können. Die internationale Unternehmensberatungsfirma KPMG z. B. hat einen Song in Auftrag gegeben, der unter markanter Aufnahme religiöser Motive Mitarbeiterinnen und Mitarbeiter auf die Firmenphilosophie, die den Dienst an aller Welt beschreibt, einschwört:

Refrain: »KPMG we're strong as can be
a team of power and energy
we go for the gold
together we hold on to our
vision of global strategy

We create we innovate
we pass the ones that are late
a global team this is our dream
of success that we create
we'll be number one
with effort and fun
together each of us will run for gold
that shines like the sun in our eyes (Refr.)

The time is now to lead the way
we share the same idea that may
win by the end of the day
our strength is here to stay
identity one energy
one strategy with sympathy
these are the words that will
lead us into a new world« (Refr.)

Sport fand in der Antike in einem religiös-kultischen Rahmen statt. Es war eine Veranstaltung zu Ehren der Gottheit oder der Götter. Tempel und Stadien standen dicht nebeneinander. Freilich wurden schon in der Antike die Statuen der Sieger bald größer als die der Götter. Der Heros wurde mehr bewundert als der Heilige. Die christliche Kritik am Sport erklärte sich aus kultischen Gründen. Erst durch Zwingli, Comenius, vor allem aber im 19. Jahrhundert wurde der Sport christlich rehabilitiert, indem auf seine gesundheits- und gemeinschaftsfördernden Effekte hingewiesen wurde.

Die Emanzipation des Sports vom Heiligen und vom religiösen Kult hat ihn nicht gerade alltäglich gemacht, sondern zu neuen, unterschiedlichen Weihen geführt. Bekannt ist, dass Pierre de Coubertin mit der Neugründung der Olympischen Spiele einen humanistisch-ethischen Anspruch verband, der ihn formulieren ließ: »Das erste und das wesentliche Merkmal des alten wie des modernen Olympismus ist: eine Religion zu sein.«[32] So weit sich der Sport inzwischen vom Ethos des Neugründers der olympischen Spiele entfernt hat, so wenig hat der moderne Sport das Religionsartige abgestreift. Es zeigt sich heute nur anders. Die Ökonomisierung des Sports mithilfe der Medien bei Olympiaden und Weltmeisterschaften erfordert Heldinnen und Helden, deren Bilder attraktiv und erotisch sind, deren Leistung menschliches Maß übersteigt. Gerade im Zuge seiner Säkularisierung und Ökonomisierung wird der Sport wieder verzaubert. Der Leistungssportler wird zum Heros und die Sportlerin zur Diva – und sie stehen unter einem Zwang, so zu werden: sei es durch Doping, sei es durch deutlich zur Schau getragenen asketischen Verzicht. Die Extreme von Reinheit und Sünde berühren sich in den Heldinnen und Helden des Sports.

Aber nicht nur die Sportlerinnen und Sportler selbst erscheinen wie heldische Göttinnen und Götter; sportlichen Großveranstaltungen fällt die Rolle zu, emotionale Höhe- und Haltepunkte in einem umfassenden Unterhaltungsprogramm zu sein. Sport plus Massenmedien ergibt Kult. Wenn schon, wie die Berliner Fußballgemeinde bekennt, »Hertha Religion ist« (DIE ZEIT, 22.5.1997), um wie viel mehr sind es dann die großen Spiele, die Champions League, die Welt- oder Europameisterschaften. »Glaube. Liebe. Hoffnung. Live« – mit diesem halben Bibelspruch warb der TV-Kanal »Premiere« für seine Sportübertragungen. Das Fernsehen stilisiert Sportereignisse zu dramatischen Höhepunkten mit liturgischen Vorläufen zur Einstimmung der Gemeinde, zu Festen der Fitness und des Körperkults. Gesicht und Körper der Helden werden durch die Kamera fokussiert und können dann auch wie eine Ikone das Zimmer schmücken.

Besonders die Parallelen von Fußball und Religion sind oft beschrieben worden. Wallfahrtsähnlich reisen die Fans in Gruppen an. Die Gemeinde und die Priester kleiden sich in entsprechende liturgische Gewänder, bevor auf heiligem Rasen im Stadiontempel die alles entscheidende Zeit, wenn nicht auf Glockenschlag, so doch auf Pfiff beginnt. Die Vorgänge im Fußballstadion und in Sportschauen lassen sich durchaus religiös dekodieren. Was Responsorien in der gottesdienstlichen Liturgie sind, erklären manche Pfarrerin und mancher Pfarrer ihren Konfirmandinnen und Konfirmanden inzwischen mit Hinweis auf die entsprechenden Vorgänge im Stadion (Liturg: »Andy!« Gemeinde: »Möller!«). Die Fußballgemeinde erlebt eine tiefe Kommunion. Sie leidet und triumphiert mit,

erlebt das »Sterben« und das »Auferstehen« der Mannschaft oder der jugendlichen Götter, sie betritt oder verlässt bewegt oder sogar verwandelt das Stadionrund. Durch Verehrung und durch eine mit Fanartikeln gesicherte Teilnahme am Schicksal der Helden auf
dem Rasen wird auch der Fan zum Held: Wir haben gewonnen, sind Weltmeister, Euro-
pameister geworden oder haben zwar auf dem Rasen, aber nicht moralisch verloren.

Fangesänge enthalten religiöse Motive. »Leuchte auf, mein Stern Borussia, ich folge
dir, wohin du gehst ...« wird in Dortmund auf die Melodie von »Amazing Grace« gesungen. Der Fan bekennt sich zum Verein: »Borussia, du bist Leidenschaft, die verbindet und
Freunde schafft. Borussia, du verkörperst die Region, für manche von uns sogar Religion.
Zu dir schauen viele Menschen auf, du findest immer einen Weg, du stehst immer wieder
auf.« Was in den Stadien von FC Liverpool und St. Pauli gesungen wird, lässt sich als
Trostpsalm verstehen: »Geht weiter mit Hoffnung in euren Herzen, und ihr werdet niemals allein gehn. Wenn du durch Stürme gehst, so halte deinen Kopf hoch oben und
fürchte dich nicht vor der Dunkelheit.« In der Fangemeinde werden aus Fremden Freunde, hier ist nicht Armer und Reicher, nicht Mann und Frau, nicht Ausländer und Einhei-
mischer, sondern als Fan sind alle gleich.

Die Parallelen zwischen Fußballsport und Religion liegen nicht nur in den rituellen
Vollzügen, sondern auch in der mythischen Art des Erzählens, in der die jeweiligen Heils-
ereignisse wie das »Wunder von Bern« oder die »Schande von Wembley« vergegenwärtigt
werden: Schwächere siegten, Meister wurden vom Thron gestürzt, Sünder bestraft, Wunden geschlagen und überwunden, Mannschaftsgeist zahlte sich aus, Verschwörungen wurden entdeckt. Das Spiel mit dem Ball ist der Ort, wo elementare Erfahrungen des Lebens,
geradezu weisheitlich, formuliert werden: »Der Ball ist rund, das Spiel dauert 90 Minuten, und das nächste ist immer das schwerste.« Man kann unverdient verlieren, Glück
haben und ohne Schuld vom Platz gestellt werden. »Eine an ihren fundamentalen Ideologien unsicher gewordene Gesellschaft klammert sich an die Texte der großen Wettkämp-
fe, in denen das Einmalige garantiert zu sein scheint ... Die Sportshow wendet, wenn ihr
Ablauf innerhalb des gesetzten Rahmens bleibt, den Schrecken des Kampfes in die Erwartung einer das Chaos übertrumpfenden Ordnung.«[33]

Die Trivialität des Sports und seiner Heroen, das menschlich Allzumenschliche am Sport
muss hier nicht eigens betont werden. Inszenierte Shows, Selbstvergessenheit im Spiel
und Begeisterung sind Möglichkeiten des Lebens. Sport und Fußball sind auch immer
und hauptsächlich Spaß, Geschäft und Gesundheitsvorsorge. Gleichwohl lässt sich an ihnen die Dispersion des Religiösen zeigen.

2.1.3 Zum Beispiel Fernsehen

In einer viel beachteten Studie hat Günter Thomas[34] das Fernsehen als öffentliche Religion der Moderne identifiziert. Thomas geht dabei nicht vom Weiterwirken religiöser Motive aus, sondern im Wesentlichen von den religiösen Funktionen, die das Fernsehen übernommen hat. Er begreift das Fernsehen als »Erzählmaschine«, die Formen liefert, die in
»mythischer Narration« eine chaotische Welt ordnen; das Fernsehen schließt zu einer

affektiven und imaginierten Gemeinschaft zusammen und »ermöglicht eine Oszillation zwischen der Alltagswirklichkeit und der Erfahrung einer ... Gegenwelt« jenseits des Alltags, die den Alltag gleichwohl beleuchten und interpretieren kann. Mit Arno Schilson[35] lassen sich Spuren von Religion im Fernsehen v.a. in Folgendem entdecken:

- Serien begegnen wirksam der Erfahrung der Zerrissenheit des Alltags;
- Spiel und Unterhaltungsshows lassen eine »andere« Welt erfahren, und
- die berüchtigten Affekttalkshows bearbeiten – ob erfolgreich oder nicht, sei dahingestellt! – die Findung und Festigung eigener Identität: »Aus Randexistenzen werden Menschen im Scheinwerferlicht.«

Beim letzten Punkt scheint das funktionale Äquivalent von Fernsehen und religiösen Institutionen besonders ausgeprägt zu sein. Fernsehnutzer nutzen das Medium so, wie Menschen sonst Kirchen gebrauchten – als Forum für Schuldbewältigung, Neuanfang, Wunscherfüllung und Lebenssteigerung.[36] Kein Wunder, dass das Medium sich selbst mit heiligem Schein inszeniert und von dem Publikum mit gesteigerten Erwartungen umgeben wird. Eine Unzahl aufwendiger Programmzeitschriften informiert nicht nur über die Sendungen, sondern stilisiert Sendungen zu besonderen Erlebnissen und Moderatoren sowie Schauspieler zu Stars, um Bindungskräfte und Bedeutung des Mediums zu erhöhen.

2.1.4 Zum Beispiel Tourismus

Der Tourismus ist die zweit- oder mindestens die drittgrößte Wirtschaftsbranche der Welt. Etwa 800 Millionen Menschen unternehmen nach Schätzungen jährlich Ferienreisen. In Europa hängt mindestens jeder zehnte Arbeitsplatz vom Fremdenverkehr ab. Was treibt Jahr für Jahr Millionen von Menschen in die Ferne – scheinbar ohne sachlichen Zweck?

Mit Christoph Hennig kann der Tourismus als eine ausgeprägte Sehnsucht nach dem Erleben »nicht alltäglicher Wirklichkeiten« gedeutet werden. Die Rede von »Urlaubsparadiesen« und die Erwartungshaltung gegenüber den »kostbarsten Wochen des Jahres« zeigen religionsartige Erwartungen gegenüber dem Urlaub. Urlaubsziele versprechen die Verwirklichung von Träumen. »Wie in der Literatur, im Film, in der bildenden Kunst geht es im Tourismus ... wesentlich um das Erleben fiktiver Räume.«[37] Beim Bergwandern, Besichtigen und Baden suchen und erleben Menschen eine Transzendierung des Alltags. Hennig hat die Veränderung der Bewegungs- und Zeitrhythmen im Urlaub präzise beschrieben. »Es lösen sich ... die gewohnten Bewegungsrhythmen. An die Stelle sich wiederholender, genau bestimmter und eng umgrenzter Strecken – die Fahrt zwischen Wohnung und Arbeitsplatz, die Schritte zum nächsten Supermarkt ... – tritt im Urlaub ein sich scheinbar grenzenlos dehnender Bewegungsraum. Die von außen oft unsinnig erscheinende, häufig nahezu ziellose Freizeit- oder Erlebnismobilität hat in diesem Wunsch nach einem zwanglosen Verhältnis zum Raum ihren Ursprung.«[38]

Nicht nur das Verhältnis zum Raum ändert sich. »Es verändern sich auch die gewohnten Zeitrhythmen und das normale Zeitempfinden. Für einen Großteil der Reisenden stellen die Ferien die einmalige Gelegenheit dar, sich aus der Regelmäßigkeit alltäglicher

Abläufe zu lösen. Man kann ausschlafen, die Stunden der Mahlzeiten verschieben, die Nacht zum Tag machen.«[39] Damit einher geht eine Befreiung von den Normgefügen des Alltags und seinen Zweckausrichtungen. Ferienreisen repräsentieren das »andere Leben« und werden deswegen hoch geschätzt und teuer bezahlt. Die Loslösung von alltäglichen Orts-, Zeit- und Zweckbindungen erlaubt, dass sich regressive, ganzheitliche Bedürfnisse erfüllen können, aber auch hysterische Sehnsüchte. Hennig sieht hierin nicht eine Fluchtbewegung, sondern eine produktive menschliche Leistung, die neue Erfahrungen ermöglicht.

Das Italien, Indien aber auch die Nordsee und der Schwarzwald des Touristen sind nicht das reale Italien oder Indien, sondern eine imaginäre, fiktive Welt. Der Tourismuskomplex ist eine Traumfabrik. Wie in der Erlebniswarenwelt das Produkt zum Repräsentanten einer fiktiven Welt oder eines tiefen Bedürfnisses wird, so wird im Tourismus der Ort zur Projektionsfläche für eine außeralltägliche Traumwelt. Regressive Bedürfnisse, wie Schlaraffenland und Lebkuchenhaus, oder hysterische, wie Spaß und Spiel, Gaudi und »Ballermann«, fordern ihr Recht genauso wie die Sehnsucht, zu sich selbst zu kommen. Urlaub bedeutet Verheißung und Erlaubnis. Ich und Über-Ich schlafen. Hennig interpretiert den Tourismus als eine neuzeitliche Form des mittelalterlichen volkstümlichen Karnevals- oder Narrenfestes. In beiden Formen wird der Alltag transzendiert und man kehrt mit neuen Erfahrungen, rekreiert wieder in die Alltagswelt zurück.

Diesen Dreischritt – Bruch mit der Alltagswelt, Erreichen eines Ziels und innere Erneuerung – kennt auch die Pilgerreise des Mittelalters, ja jeder Initiationsweg. Insofern sieht Hennig auch deutliche Parallelen zwischen dem modernen Tourismus und religiösen Ritualen: »Der gemeinsame Nenner beider Formen ist der Bruch mit dem Alltagsleben ... Auf individueller Ebene suchen viele Menschen im Reisen bewusst oder unbewusst immer noch jene Erlösung, jene Transformation der Identität und inneren Erneuerung, die auch das Ziel der Pilgerreise darstellte.«[40] Auf der anderen Seite aber möchte er die Beziehungen nicht überstrapazieren. »Insbesondere der Bezug auf transzendente Mächte und Werte, der im Ritualbegriff mitschwingt ..., lässt sich auf den Urlaub nur mit äußerster Vorsicht anwenden.« In der Tat: Die Erfahrung von Außeralltäglichkeit ist im Urlaub von der Teilnahme an einem religiösen Kult gelöst. Das Paradies ist ein Ort auf der Landkarte, käuflich und in zwei Flugstunden erreichbar, kein gnadenvolles Geschenk. Das bleibt nicht ohne Folgen. Der Mietwagen für die Mobilität im Ferienparadies zeigt die Aporie: Im Erlebnisparadies ist man kaum angekommen, so will man im Grunde schon wieder weiter. Dies unterscheidet den Tourismus von der Pilgerreise. Das Gnadenbild ist am festen Ort, das Traumschiff ist unterwegs. Erlebnisorientierung hat als Schatten stets die Möglichkeiten der Enttäuschung oder des Abhängigwerdens bei sich, weil immer wieder neue Erlebnisse gesucht werden, aber keine äußeren Ziele erreicht werden.

2.1.5 Zum Beispiel Diana – eine profane Heiligengeschichte

Im Fernsehsender VOX (7. März 1998) schilderte ein Obdachloser aus London, wie ihn einmal zwei Kumpane fürchterlich verprügelt hätten. Da habe eine Nobelkarosse angehalten, die Prinzessin von Wales sei ausgestiegen und habe die Angreifer vertrieben und ihn gerettet. Auch wenn die Geschichte nicht wahr ist, so ist sie doch sinnreich erfunden. Von Not und Rettung der Unschuldigen erzählen die Legenden der Heiligen. Und umgekehrt wird mithilfe solcher Geschichten eine Person in den Stand einer »Heiligen« erhoben.

In den Heiligen bricht eine andere Welt in die alltägliche Welt ein. Heilige sind: das Ferne so nah und das andere machtvoll bei uns. Wunder sind für die katholische Kirche darum eines der Merkmale von Heiligen. Eine tiefe Bewegung und eine nie so ganz erklärliche Erschütterung ist die Folge der Begegnung mit Heiligem.

Beides ereignete sich zur Überraschung vieler als Reaktion auf den Unfalltod von Prinzessin Diana im Sommer 1997. Eine kollektive Trauer schien die Welt zu überschwemmen. Über 2,5 Milliarden Menschen nahmen am Bildschirm an der Trauerfeier in Westminster Abbey teil. Die in der Trauer erfahrene, überwältigende Macht wurde mit der Person Dianas selbst verbunden. Diana wurde »erhoben«: »Nun gehörst du dem Himmel, /und die Sterne buchstabieren deinen Namen«, sang Elton John in »Candle in the wind« bei der Trauerfeier. Es sollte die bis dahin erfolgreichste und meistverkaufte CD werden.

Diana als Heilige zu bezeichnen, und sei es in Anführungszeichen, ruft Widerspruch hervor. Die einen verweisen auf den Lebensstil der Jetset-Prinzessin und ihre Amouren, die so gar nicht zum oft asketischen Leben traditioneller Heiligen passen. Andere vermissen die Ausrichtung auf eine göttliche Macht, die ihrem Leben fehlte.

Diana war in der Tat nicht Mutter Teresa, die dem traditionellen Bild der Heiligen so viel eher entspricht. Dennoch tauchen im Zusammenhang mit der Trauer um Dianas Tod immer wieder Motive einer Heiligenverehrung auf: Ihre Bilder wurden aufgestellt, Kerzen angezündet; man verharrte in stillem Gedenken davor und schien sich ihrer Macht anzubefehlen. Offenbar greifen Menschen in emotional bewegenden Momenten auf Handlungen zurück, die in der Tradition fest mit Religion verbunden sind, aber heute frei zum Gebrauch zur Verfügung stehen.

Dass Diana zur »Heiligen« werden kann, ist nicht möglich ohne einen gewissen Säkularisierungsvorgang, der religiöse Muster und Handlungen aus dem Alleinbesitz einer Kirche löst und sie allen zur Verwendung und Verwertung gibt. Heiligsprechung ist darum auch kein Privileg der Kirche mehr, sondern eine Möglichkeit in der Profanität und nach Gesetzen und Bedürfnissen der Profanität.

Die Gesichter und Gewänder der Heiligen ändern sich dadurch. Strahlende Macher wie Franz Beckenbauer, denen mit leichter Hand alles gelingt, werden zu »Lichtgestalten«. Nach der Blamage der Europameisterschaft 2000 hieß es in BILD, nachdem er die Weltmeisterschaft 2006 nach Deutschland geholt hatte: »Franz, wir danken dir!« Die Erfindung solcher Heiligkeit setzt die »Entzauberung« der Welt (Max Weber) voraus, in der kein Platz ist für eine andere Wirklichkeit als die Alltagswirklichkeit und in der gerade deswegen die heimliche Sehnsucht nach einer Wiederverzauberung durch das Besondere, Schöne, Rettende oder auch schmerzlich alle miteinander Bewegende aufkommt.

Keine religiöse Institution hat Diana nach einem festgelegten Prüfverfahren in den Stand der Heiligen erhoben, sondern scheinbar spontan die erschütterte, trauernde Masse und die Medien. Diana verdankt die ihr zugeschriebene »Heiligkeit« charismatischer Macht (Max Weber), die aus der Beziehung einer Person zu ihrem Gegenüber in einer konkreten Situation erwächst.

Von daher ist überhaupt nicht zu erwarten, dass sich eine säkulare Heiligengestalt bruchlos in das kanonische Heiligenbild einer Religionsgemeinschaft einfügt, auch wenn Motive dieses Bildes ihr gleichwohl zugeeignet werden. In Diana begegnet ein transformiertes Heiligenbild. Es passt zu Bedürfnissen nach einem gemeinschaftlichen ozeanischen Gefühl, nach einem Ausdruck für Schmerz und Trauer sowie nach einer Transzendierung des Alltags. Die Geschichte von Diana und der Reaktion auf ihren Unfalltod ist nur ein Beispiel für den grundsätzlichen Vorgang, wie und warum im Profanen heute so etwas wie Heiligenverehrung entsteht.

»Das war Diana«. Unter diesem Titel brachte die Illustrierte »die aktuelle« unmittelbar nach dem Unfalltod der Prinzessin von Wales am 4. September 1997 ein Sonderheft heraus. Neben einem großen Bild, das Diana mit ihrem unvergleichlichen Augenaufschlag und einer Handhaltung zeigt, die an Dürers Bild »Betende Hände« erinnert, heißt es auf der letzten Seite der Zeitschrift: »Diana. Wie haben wir dich geliebt, verehrt, geachtet. In unseren Herzen lebst du weiter. Weil du uns so viel Wärme gegeben hast, so viel Stärke gezeigt, so viel Ehrlichkeit vorgelebt. Dein Lächeln hat uns verzaubert. Deine Tränen haben uns bedrückt. Du warst so weit weg und doch so nah bei uns. Wie viel haben wir von dir über das Leben gelernt! Du hast gezeigt, dass ein Traum auch zum Alptraum werden kann. Dass es Märchenprinzen nur im Märchen gibt. Dass Gold nicht Glanz bedeuten muss – und die Krone nicht immer strahlt. Wir sahen: Wer von allen geliebt wird, kann dennoch unsagbar einsam sein. Du warst auf dem Gipfel des Wohlstandes, aber hast deine Hand ganz nach unten ausgestreckt. Die gestreichelt, die kaum Wärme erfahren, die wir schon abgeschrieben haben, die dem Tod näher sind als dem Leben. Weil du wusstest, was Kälte heißt.«

Moderne Heiligengeschichten müssen massenmedienfähig und darum immer auch Bilder sein. Dianas Foto in der Illustrierten ist kein ursprünglich religiöses Bild, doch es kann und soll im Zusammenhang mit dem Text durchaus Assoziationen an Andachtsbilder der Tradition erwecken. Die Worte sind kein Gebet, so wie Diana keine Heilige der Kirche ist; doch die Worte klingen beinah wie ein Gebet. Es wird sehr emphatisch und bewegt gesprochen. Sei es instinktiv aus dem Gefühl, sei es bewusst, wird mit diesen Worten ein Mythos Diana wiedergegeben bzw. aufgebaut.

Um die Grammatik dieses Mythos zu erkennen, muss man sich die Abschiedsworte noch einmal genau ansehen. In ihnen sind vier Bausteine für eine Heiligengeschichte erkennbar, die miteinander und ineinander verfugt die »Heiligkeit« Dianas konstituieren. Unendlich variiert und mit unterschiedlichen Akzentuierungen kehrten im Dianagedenken in der ersten Zeit nach ihrem Tod immer wieder:

- die staunenswerte Nähe der Heiligen, die eigentlich fern sein müsste, weil sie das andere verkörpert,
- die Vorbildfunktion,
- die bewegende Macht und
- die bleibende Verehrung und Wirkung. »Du bleibst in unseren Herzen …«

Natürlich war die Verehrung der Prinzessin nicht nachhaltig. Sie war eine »Kurzzeit-Heilige«. Dennoch lohnt sich die Frage: Was war der Grund für die eigentümliche Dianaverehrung und die Fiktion einer Heiligengeschichte?

Man muss zunächst daran erinnern, dass Diana schon immer – als zukünftige Königin wie später als Prinzessin mit Affären – ein Medienliebling war. Der schreckliche, plötzliche Tod der schönen jungen Frau musste Resonanz hervorrufen. Doch solche Hinweise auf Berühmtheit, Schönheit, Jugend und Unfall genügen nicht. Sie erklären hinreichend weder das Ausmaß der Trauer noch die Idealisierung und Erhebung Dianas, die sich in der Trauer über Monate zeigten.[41]

Menschen trauern, wenn durch den Tod eines anderen zugleich in ihnen selbst etwas stirbt. Die Stärke der Trauer um einen anderen gründet in der Identifikation mit dem anderen. Die Identifikation muss im Falle Dianas hoch gewesen sein und das durch Dianas Ende in vielen Menschen Bedrohte besonders wertvoll. Dass es zu einem Dianakult kam, musste daran liegen, dass Menschen in Dianas Geschichte existenzielle Probleme sowie gelebte und ungelebte Möglichkeiten von sich selbst wieder erkannten. Das Ausmaß der Trauerreaktion lässt vermuten, dass es nicht nur äußere Probleme mit Kindern oder Partnern waren. Ich vermute, dass der Grund für Trauer und Verehrung darin liegt, dass Diana einerseits als Spiegel für einen breiten Fächer von Identitäts- und Rollenproblemen und andererseits als Person mit erwachtem Selbstbewusstsein wahrgenommen wurde. Diana existierte tatsächlich in Konflikten unterschiedlicher Rollen und Erwartungen. Sie ließ sich inszenieren und begreifen als schönes, edles Ich in Spannung zu Etikette und Ehemann auf dem Weg zu sich selbst. Eine widerständige Welt verwehrte die Erfüllung ihrer Lebensmöglichkeiten.

Diana – oder genauer: das inszenierte Dianabild – verkörperte den Schmerz unerfüllten Lebens und zugleich das Bestehen auf eigenen Möglichkeiten, das Unbehagen in der Kultur und zugleich den eigenen Weg in der widerständigen Welt. Diana – bzw. die inszenierte Dianagestalt – suchte das eigene Leben in einer Umgebung, deren Rollenerwartungen und -vorgaben sie nicht erfüllen wollte, weil sie sie vom eigenen Leben entfremdeten.

Diana schien deswegen als eine durch und durch moderne Gestalt, die nach einem Traditionsabbruch in der Unbehaustheit des Individualisierungsprozesses ihren Weg sucht. Diana bildet die Erfahrung ab, dass Individualisierung als Ausbruch aus traditionellen Rollen auch Verlust von Sicherheit und Geborgenheit zur Folge hat, doch zugleich mit der Verheißung verbunden ist, jenseits von Rollenerfüllungen neue Identität und wahres Leben zu finden. Diana war oder wurde – spätestens nach ihrem Tod – empfunden und erfunden als Ikone der Individualisierung, als die Heilige vom eigenen Leben. Die Trennung vom Ehemann, die Reisen und wechselnde Partner waren konstitutiv für diese Rolle.

Als Verdichtung der ambivalenten Erfahrungen des Individualisierungsprozesses ging Diana vielen nah. Es konnte mehr die depressive Seite oder die optimistisch-hysterische Seite auf dem Weg zum eigenen Leben akzentuiert und herausgestrichen werden. Die Trauer über Dianas Tod war dann zugleich der Schmerz und Schrecken, dass auch eigene Lebensmöglichkeiten unerfüllt sind, die eigene Identität nicht gelingen und durch einen unsinnigen Tod zunichte gemacht werden kann. Menschen weinten über Diana und dabei zugleich über sich selbst. Der plötzliche Tod Dianas ließ bei den Trauernden erlebte Kränkungen der Lebensgeschichte hervorbrechen. Es gibt offenbar ein immenses Bedürfnis nach Trauer – angesichts der Verluste, die heute Menschen erleben.

Die These lautet: Diana wurde wie eine Heilige verehrt, weil Menschen ihre eigene Geschichte im Hin- und Hergerissensein, in der geglückten und nicht geglückten Identi-

tätssuche der Prinzessin entdeckten. Diese Geschichte war ihnen heilig – die eigene zuerst
und deswegen auch die der Diana. Was die Therapieszene (s. u.) mit unendlich vielen
Methoden bearbeitet – das Problem der Identität und Selbstvergewisserung – das bot das
Schicksal Dianas als Geschichte. Mithilfe religiöser Muster wurde dabei das tragische
Schicksal Dianas bearbeitet und zum Positiven gedeutet, damit auch die Hoffnung auf
eine positive Bedeutung und Lösung der eigenen Geschichte nicht zu Schanden wird.

Es ist wichtig festzuhalten: Nicht nur einzelne Motive, auch die Funktion des Diana-
Mythos sind religiös. In der Gemeinschaft der Bewegten und Trauernden fühlte sich das
einzelne Ich aufgehoben, die kollektive Herausstellung der Bedeutung Dianas, ihre Erhebung in einen überirdischen Zustand oder ihre Idealisierung zur Powerfrau dienten der
Vergewisserung eines sich als unerfüllt und bedroht empfindenden Ichs.

2.1.6 Funktionen sakraler Inszenierungen

Unsere Beispiele zeigen profane Vorgänge und Dinge der Welt, die sich mit religiösen
Attributen umgeben. Durch religiöse Zeichen wird Profanem Bedeutung gegeben. Der
über die Erfüllung einer bestimmten Funktion hinausreichende mögliche Sinn eines Produkts oder Tuns wird verklärt. Diese Verklärung geschieht mit Motiven aus der Tradition
der Religionen. Um aus dem banalen Produkt etwas Heißbegehrtes zu machen, sind sakrale Muster und Bilder hoch willkommen. Soll Profanes gesteigert, als etwas Außeror-
dentliches erscheinen, wird dazu auf Motive aus der religiösen Tradition zurückgegriffen.
Diese signalisieren und konstituieren eine Differenz zum gewöhnlichen Alltag. Mit ihnen
kommt der Mehrwert eines irgendwie Heiligen auf den Plan. Die religiösen Begriffe und
Bilder sind Zitate und zugleich mehr als bedeutungslose Zitate. Weltliches – wie das Duftwasser, der Sport oder das Reisen – gibt sich überweltlich; Unheiliges scheint heilig. Eines
der (vielen) Gesichter der Säkularität ist ein schein-heiliges!

Religiöse Motive tauchen also in profanen Zusammenhängen auf, um eine Aura der
Besonderheit herzustellen. Das profane Produkt oder der säkulare Lebenszusammenhang,
die sich mit einzelnen religiösen Motiven schmücken, zehren von der erinnerten Differenz heilig und profan, die die religiösen Motive mit transportieren. Man muss fragen, ob
der Mehrwert des Heiligen durch den Säkularisierungsanteil der Weihe des Profanen nicht
allmählich verzehrt wird, indem das Heilige auf profane Produkte und Prozesse übertragen wird. Wenn bei »eternity« nur noch Duftwasser assoziiert wird, verklärt der Begriff
das Produkt nicht mehr.

Der Philosoph Norbert Bolz[42] schreibt über die »neuen Götter des Marktes«: »Der
Kult der kapitalistischen Religion dauert permanent an. Jeder Tag ist ein Festtag des Wa-
renfetischismus, und die Adepten zelebrieren den Kult unausgesetzt in äußerster Anspannung. Die kapitalistische Religion (hat) weder eine Dogmatik noch eine Theologie ...; sie
ist also, wie die Urformen heidnischer Religiosität, unmittelbar praktisch orientiert. Kapitalistische Religion ist neopagan, eine Form des Neuheidentums.« Bolz stellt fest: »Trends
... sind Religionen ohne Dogma. Sie ersparen uns die Last eines kohärenten Glaubenssystems und geben doch – rein formal – Bindung (religio). Um es paradox zu formulieren:
Trends sind Kurzzeitreligionen – sie füllen das Wertevakuum – ...«, die postmodernen Waren

(sind) Opium fürs Volk.«[43] Nach Bolz übernehmen »Trends« in gewissem Sinne Funktionen, für die traditionell die Religion in der Gesellschaft zuständig war. Sakrale Säkularität kann einerseits erkannt werden durch bestimmte religiöse Motive, die sich in der Profanität wiederfinden und andererseits durch bestimmte Funktionen, die Profanes übernehmen oder übernehmen können. Beide Weisen können, aber müssen sich nicht verbinden.

Die Weihe des Profanen verklärt zunächst das Produkt. Das verklärte Produkt soll Wirkung und Macht auf mögliche Kunden oder Teilnehmer ausüben, indem es emotionale Bindungen schafft. Die Verklärung des Produkts zielt damit aber auf die Weihe, die das Produkt den Konsumenten verheißt. Die Aneignung des verklärten Produkts oder die Teilnahme an der geweihten Inszenierung verspricht den betroffenen Personen Verklärung und Weihe. So werden drei Funktionen erfüllt, die aus der religiösen Welt bekannt sind:

- Es wird Zugehörigkeit zur Gemeinde derer vermittelt, die das Produkt (die Firma, die TV-Show) nutzen bzw. sich leisten können;
- Erhebung, weil sich das Produkt mit der Aura des Außeralltäglichen umgibt, und
- Wertgemeinschaft, weil Produkt oder Unternehmen für Werte stehen, die mit dem Produkt assoziiert werden und zu denen sich der Konsument bekennt: Seien es exklusive Einfachheit, Freiheit und Abenteuer, Rationalität und Großzügigkeit oder auch Heimat und Reinheit. Konsum wird zur Konfession.

Durch den Bezug auf die Sinnfragen verändern sich die Konsum- und Unterhaltungsangebote. Sie nehmen auf vielfältige Entfremdungserfahrungen Bezug. Deswegen enthalten die religionsförmigen Inszenierungen in der Regel Codeworte oder Bilder für vertrautes Leben und Erfahrungen heiler Welt. Die Suche nach Weihe in der Säkularität ist Hunger nach besonderen Erlebnissen; sie geschieht aus Sehnsucht nach anderem, danach, dass es doch noch mehr als den Alltag geben müsse.

Religiöse Zitate im Profanen sind selten nur schmückendes Beiwerk. Die Herkunft des Motivs verändert den Kontext. Die Weihe kann das Produkt oder den profanen Vorgang zu einer Art Sakrament machen. Die theologische Sakramentslehre liefert treffende Begriffe zur Beschreibung des Phänomens: Es wird nicht nur ein sichtbares Zeichen unsichtbarer Gnade, sondern eine Realpräsenz von Freiheit, Abenteuer und »paradise now«. Nicht der Priester in der Messe hebt die Hostie, sondern das Marketing hebt das Duftwasser empor und spricht: »Das ist Ewigkeit (eternity)!« Ohne diesen der Messliturgie analogen Sprechakt der »Wandlung« zu erkennen, kann man den religiösen Sinn ebenso wie den Vorgang der Säkularisierung, der sich hier ereignet, kaum angemessen einschätzen.[44] Sakrale Säkularität inszeniert einen profanen Gottesdienst, der auf den Vorgang einer Transsubstantiation konzentriert ist. Sie will das Büro in die Kathedrale, den Tabakgenuss in ein Sinnerlebnis und die teilhabenden Konsumenten damit in neue Menschen verwandeln. Kultmarketing gleicht einer immerwährenden Messliturgie mit der ständigen Aufforderung und Zusage, an der Verwandlung von altem Sein in neuen, heiligen Schein teilzunehmen.

Nicht nur die Kunden sind die Zielgruppe der religionsartigen Inszenierungen. Firmenphilosophien und Unternehmensethiken auf Glanzpapier haben die Funktion von Katechismen für die Mitarbeiter. Dass sich Mitarbeiter dem Bindungsanspruch durch

Konstituierung eines Privatlebens auch entziehen, ist ein Vorgang, der aus der Geschichte der Religionsgemeinschaften bekannt ist.

Wo das Religionsartige bei den Produkt- und Selbstinszenierungen betont wird, muss gleichzeitig noch einmal erinnert werden: Was wie Religiöses aussieht, muss nicht als Religiöses verwendet werden. Man wird unterscheiden können und müssen, ob Religiöses in der Absicht des Produkt- oder Projektmachers oder in der faktischen Wirkung auf den Konsumenten vorliegt. Die Antwort wird nicht eindeutig ausfallen. Säkularreligiöses schillert zwischen Kalkül und Kult, Geschäft und Geheimnis. Inszenierungen erstreben Absatz und ökonomischen Erfolg. Sie erstreben diese u. U. durch eine Bindung und eine Art, die auf Begeisterung zielt und Sehnsüchte nach einer »anderen Welt« anspricht. Von der Seite der Macher – könnte man meinen – ist diese Bindung nicht einfach als religiös zu bezeichnen, da sie nicht auf Verehrung und Anbetung, sondern auf Kauf und Konsum abzielt. Dennoch wird die Palette religiöser Zeichen eingesetzt, um Konsumenten durch religionsartige Inszenierung oder sogar das Ansprechen religiöser Bedürfnisse an die Produkte zu binden. Von der Seite der Konsumenten sind die Teilnahme an der Inszenierung oder der Konsum ähnlich schillernd. Religiöse Suche wird möglicherweise beantwortet, man findet zum Teil Religionsersatz und weiß doch zugleich, dass angesichts der Vielzahl ähnlicher Inszenierungen und Versprechen die Bindung nicht sonderlich nachhaltig ist und Darstellung und Versprechen übertrieben sind. Eine irgendwie unverbindliche Verbindlichkeit kennzeichnet die modernen Formen sakraler Säkularität. Die Waren- und Unterhaltungsreligiosität hat von daher eine natürliche Nähe zu ironischer Brechung – dies unterscheidet sie von den so genannten politischen Religionen der Vergangenheit.

Weihe des Profanen		
Absicht	→	Immanenter Zweck Profil, Profit, Publizität durch Zauber und Kalkül
	↗	religionsanaloge Bindung
Wirkung	→	Religionsersatz im immanenten Rahmen
	↘	Spaß, Erlebnis

Literatur: **Norbert Bolz/David Bosshard**, Kult-Marketing. Die neuen Götter des Marktes, Düsseldorf 1995 · **Michael Nüchtern**, Die (un)heimliche Sehnsucht nach Religiösem, Stuttgart 1998 · **Reiner Preul/Reinhard Schmidt-Rost** (Hg.), Kirche und Medien, Gütersloh 2000 · **Jo Reichertz**, Die Frohe Botschaft des Fernsehens, Konstanz 2000 · **Gerhard Schulze**, Die Erlebnisgesellschaft, Frankfurt/M. ⁵1995 · **Günter Thomas**, Medien – Ritual – Religion, Frankfurt/M. 1998 · **Ders.** (Hg.), Religiöse Funktionen des Fernsehens?, Wiesbaden 2000 · **Hartmut Zinser**, Der Markt der Religionen, München 1997

In der langen Geschichte des Kinos haben sich immer wieder magische, mythische und religiöse Elemente in die Unterhaltung der bewegten Bilder gemischt. Als die Brüder Skladanowsky 1895 im Berliner »Wintergarten« ihre ersten Filme vorführten, da war schon in den Presseberichten von einer »Nachschöpfung der Welt«, von einem Zugriff der Technik auf den Menschen die Rede, der auch religiöse Tabus betreffe. Die Kamera konnte nicht nur damit drohen, beinahe überall zu sein – in den Bereichen des Privaten, in den Bereichen des Gefährlichen – sie konnte ein prinzipielles Abbildungsverbot brechen und sich dem Menschen gegenüber sozusagen wie ein Schöpfergott verhalten.

Als dann in den ersten zehn Jahren des 20. Jahrhunderts in Europa und in den USA das neue Medium feste Häuser bekam, da lehnte man sich bei deren Gestaltung nicht nur an die überkommene Form des bürgerlichen Theaters an, sondern – besonders in Amerika – auch an sakrale Bauten; es entstanden Kinopaläste und Kinotempel, und in ihnen waren nicht nur architektonische, sondern auch rituelle Verwandtschaften mit wirklichen Kirchen von Anfang an mehr oder weniger bewusst angelegt. Bemerkenswerterweise befassten sich in der Frühzeit des Kinos mindestens so viele theoretische Abhandlungen mit der Pseudosakralität der Institution wie mit der rudimentären »Sprache« der bewegten Bilder. All die Vorgänge: das Verhängen und Enthüllen des Bildes durch den Vorhang, das Spiel von Dunkelheit und Licht, das immer wieder den Vorgang einer Art Offenbarung simuliert, die Art von Signalen, die die Wandlung einleiten, wie der Gongschlag, die Anordnung des Publikums, das Schweigegebot – all das ging stets um den entscheidenden Schritt über das vom bürgerlichen Theater Gewohnte hinaus. Während man ins Theater ging, immer auch ein wenig, um selbst gesehen zu werden und um an einem gesellschaftlichen Ereignis teilzuhaben, war das Kino von Anfang an eine Kunst, in der sich die Person in einer anonymen, aber sehr intimen Gemeinschaft verlor – in einem Zustand von Ich-Auflösung, innerer Ekstase, wenn man so will – und auch das erzeugte ein durchaus religiöses Empfinden.

Gemeinschaftlicher Traum

In den USA entstanden die Kinos überdies zunächst an den Orten, die man heute als soziale Brennpunkte bezeichnen würde. In den Arbeitervierteln, in denen ein am Existenzminimum lebendes Proletariat von sozialer und kultureller Verelendung bedroht war. Überdies herrschten untereinander durch unterschiedliche Emigrationsschicksale heftige Spannungen und Sprachlosigkeit. Die ersten Kinos gab es an den Ecken, wo sich die Branntweinschänken und Destillen befanden; wo sich die Männer Gesundheit und Menschlichkeit ruinierten und ihre Familien genauso vergaßen wie die bedrückenden Umstände ihrer Arbeit und ihres Lebens. Das Kino bot nicht nur für viel weniger Geld eine andere, weitaus gesündere Form des Vergessens, es diente auch dazu, diese vom endgültigen Auseinanderbrechen bedrohten proletarischen Familien wieder zusammenzuführen und sie sozusagen in einem gemeinschaftlichen Traum zu vereinen, der vielfältig genug war, um jedem seinen eigenen Stoff zu liefern. Neben einem eher anarchischen

Genre wie der Slapstickkomödie, in der sich das neue Tempo und die Aggressivität des Überlebenskampfes widerspiegeln, entstanden zwei weitere Genres, die sehr starke moralische und auch religiöse Impulse in sich bargen. Zum einen das Melodram mit seiner manichäischen Unterscheidung zwischen Gut und Böse, mit seinen verfolgten Jungfrauen und den sozialen Anklagen, in denen hartherzige Fabrikherren, Väter und Verführer durch die Unschuld der jungen Heldin verdammt werden, von der es etwa in David Wark Griffith' »Broken Blossoms« heißt: »Im Sterben noch schenkt sie der Welt, die so grausam zu ihr war, ein Lächeln.« Zum anderen der Western, sozusagen ein Nationalepos als »work in progress«, aber von Anbeginn auch ein religiöses Gleichnis auf die Christianisierung von »Gottes eigenem Land«. Billy Broncho, einer der ersten Stars dieses Genres, pflegte in seinen Filmen regelmäßig zwischen zwei Gunfights die Bibel aus der Satteltasche zu holen und auch das Publikum mit der einen oder anderen Textstelle in den Zwischentiteln zu erbauen.

In Italien entstand ungefähr zur selben Zeit die erste Monumentalproduktion mit dem Titel »Cabiria«. Eine wüste Fantasie von Kampf, Entführung und Opfer aus der Zeit des Dritten Punischen Krieges. Ein langlebiges Genre von Filmen, die sich entweder vage an biblische Geschichten anlehnten oder Legenden aus der Zeit des frühen Christentums und der Christenverfolgung aufgriffen. Schon 1912 gab es in den USA die erste Verfilmung des Neuen Testaments unter dem Titel »From the Manger to the Cross«. Ihr folgten unter vielen anderen Cecil B. de Milles »King of Kings« (1924), George Stevens »The Greatest Story Ever Told« (1965) und Martin Scorseses »The Last Temptation of Christ« (1993).

Von Anfang an ist das Verhältnis zwischen den christlichen Kirchen und dem Kino geprägt von einer Beziehung zwischen Konkurrenz, Misstrauen und Partnerschaft. Billy Graham schuf als eine der tragenden Säulen seiner Mission eine eigene Filmproduktion. Auf der anderen Seite ist die Geschichte des Films auch die Geschichte von Skandalen und religiösen Provokationen, die in bemerkenswerter Weise – abgesehen von den »Sex and Crime«-Filmen – zumeist von Filmemachern ausgelöst werden, die wie Theodore Dreyer, Robert Bresson, Ingmar Bergman oder Martin Scorsese selbst einen stark christlich geprägten Hintergrund haben.

Kino als »Kirche«

Nicht um das spannungsvolle Miteinander und Gegeneinander von Kino und Kirche soll es hier gehen, sondern um die Möglichkeit des Films, in seinen verschiedenen Formen religiöse Erfahrungen und Riten zu ersetzen. Das Kino, könnte man sagen, ist eine Kirche, die viel gibt und wenig fordert. Eine Kirche, die uns die Beichte in der unverfänglichsten Form abnimmt, die durch nichts als den gebannten Blick auf die Leinwand eine Gemeinschaft der Gläubigen schafft und die nicht nur für die Welt, sondern für das Universum gehalten wird. Eine Kirche, die stets vollständige Erklärungen der Welt, der Moral, der Sünde und der Erlösung liefert und sie gleichzeitig auch wieder wie Seifenblasen zum Platzen bringt, so dass die wahre Erlösung immer erst der nächste Film zu bringen verspricht.

Das Kino, wie wir es kennen, würde nicht funktionieren ohne seine Stars. Schon beim ersten Hinsehen fallen uns signifikante Verwandtschaften zwischen diesen Stars und antiken Göttern einerseits und christlichen Heiligen andererseits auf. Ein Filmstar ist etwas anderes als ein Schauspieler, der für eine Zeit in eine andere Identität und in eine andere Biografie schlüpft. Der Star ist stets auch immer vollkommen er selbst. Aus seiner eigenen Lebensgeschichte und den Rollen, die er spielt und die sich zu einer großen Geschichte zusammenfassen lassen, entsteht so etwas wie eine mythische Super-Biografie, die zugleich paradigmatisch ist. Ein Leben, das vielleicht nicht nur als Karriere beispielhaft ist und dem man – in bescheidenem Rahmen – nacheifern kann, sondern zugleich ein Leben, das reflexiv ist, das eine Passion, ein stellvertretendes Leiden darstellt. James Dean – um nur ein Beispiel zu nennen – ist ein Modell für jugendliches Verhalten, das Impulse der Rebellion ebenso beinhaltet wie Impulse der Suche nach Geborgenheit. Er ist aber auch – in seinen Filmgeschichten wie in seinem kurzen Leben – eine Opfergestalt. »James Dean died for our sins« heißt es in einem Pop-Song. In jedem großen Star des Kinos werden wir diese beiden Möglichkeiten finden. Gary Grant – um noch ein Beispiel zu nennen – ist nicht bloß der nette Junge und später der nicht mehr so junge, aber immer noch charmante Mann von nebenan; er ist das Idol einer besonderen Form des bürgerlichen Lebens. Zugleich muss er stellvertretend für uns immer wieder in die Abgründe dieses Bürgertums sehen und ist dazu verurteilt, seine eigene Passionsgeschichte von Misstrauen, Betrug und Mord zu durchleben, wie beispielsweise in den theologisch wie tiefenpsychologisch einer Betrachtung werten Filmen von Alfred Hitchcock.

Kinogeschichten als religiöse Gleichnisse

Wenn Stars zumindest mit einem Teil ihres Wesens so funktionieren wie Heilige, der Kinoraum zumindest in Teilaspekten so funktioniert wie ein sakraler Bau, dann werden wir wohl auch die Geschichten, die das Kino erzählt, als religiöse Gleichnisse verstehen können. Wenn wir die Struktur der Kinoerzählungen ansehen, so lassen sie sich in der Regel auf die Form eines dreiaktigen Dramas reduzieren: Zu Beginn geht es um eine Entzweiung, einen inhärent nicht lösbaren Konflikt, der den Helden oder die Heldin auf einen Weg durch mannigfache Gefahren und Prüfungen schickt und an der signifikanten Stelle das Opfer fordert, auf das am Ende schließlich die Erlösung folgt. Das heißt: In der Kinogeschichte – unabhängig davon, welches Genre wir betrachten – geht es in der Regel um zwei miteinander verbundene Ziele: einmal um die Erringung materieller Güter, um das Wiedereinsetzen einer rechtmäßigen Herrschaft, um die Heirat der richtigen Partner gegen alle Widerstände, um die Rettung der Ranch oder um den Sieg. Auf der anderen Seite aber auch um die moralische Läuterung, um das Lesen metaphysischer Zeichen, die den Weg weisen und um die Wiederfindung des Paradieses.

Beinahe jede Kinogeschichte lässt sich auf einer Ebene als mehr oder minder säkularisierte Form eines biblischen Gleichnisses lesen. So erzählen Dutzende von Filmen um die Tarzan-Gestalt die Geschichte von der Vertreibung aus dem Paradies, mit einer entscheidenden Inversion: Die Rolle der Schlange spielt in diesen Filmen in der Regel der Vertreter der modernen Zivilisation, Tarzan und Jane, alias Adam und Eva, müssen durch Aufbietung all ihrer Kräfte immer wieder erreichen, dass sie das Paradies doch erhalten. Eine ganze Reihe von Western erzählt die Geschichte der einander feindlichen Brüder, das Kain und Abel-Motiv, und auch hier gibt es entscheidende Inversionen. Der Gott, der das Opfer des einen der Brüder nicht annimmt, ist in dem patriarchalischen Herrscher, dem Ranchbesitzer und Vater gespiegelt, und Abel schafft es in der Regel, sich gegen Kains Mordimpulse zu wehren – ja dieser ist es am Ende, der durch seinen Tod das Opfer auf sich genommen und damit den neuen Frieden gestiftet hat. Eine Reihe von Sciencefiction-Filmen schließlich behandelt das Thema der Apokalypse, wenn auch das Erlösungsmotiv dabei nicht immer so deutlich ist wie in der Filmversion von »War of the Worlds«, die jedoch entscheidend von der literarischen Vorlage von H. G. Wells abweicht: Da ist von den ebenso bösen wie unpersönlichen Marsianern beinahe die ganze Menschheit ausgerottet worden. Als sich eine Handvoll Überlebender vor ihnen in eine Kirche flüchtet, werden sie gerettet, weil sich die außerirdischen Dämonen durch einen simplen Schnupfenbazillus den Tod holen.

Was an diesen Beispielen – zu denen es unzählige weitere gibt – auffällt, ist zugleich die Verwandtschaft mit religiösen Erzählungen und die Signifikanz der Unterschiede:

1. Die Erlösung – auch dort, wo es um einen Opfertod geht – ist keine rein transzendentale, sondern eine irdische Erscheinung. Sie ist im Leben selbst vorhanden.
2. Das wirkliche, das radikale Opfer wird in der Regel abgewendet. Der Held, der so oft Züge eines Erlösers trägt, wird durch ein Ersatzopfer entlastet (die meisten Westernhelden werden geradezu definiert durch das, was sie verloren haben: die Frau, den Besitz, die Heimat) oder durch ein symbolisches Opfer oder durch ein Opfer, das nicht bis zum Äußersten geht, etwa wenn der Held, wie man so sagt, halbtot geschlagen wird.
3. Die vollständige Entzweiung zwischen dem Menschen und Gott, die endgültige Vertreibung aus dem Paradies wird abgewendet; entweder kann das Paradies wieder durch das Opfer oder Ersatzopfer erhalten bleiben oder aber Held und Heldin finden ein neues Paradies.

Freilich gibt es zu allen diesen Formen auch Ausnahmen: In einem Film wie Sergio Corbuccis »Leichen pflastern seinen Weg« stirbt der Held in der angedeuteten Haltung des Gekreuzigten. Das Böse triumphiert, zumindest materiell, auf der ganzen Linie. Die letzte größere Version des Tarzan-Mythos in Hugh Hudsons »Greystoke – The Legend of the Ape Man« verweigert ihrem Helden beides, den Übertritt aus seinem natürlichen Paradies in die Welt der Zivilisation und die glückliche Rückkehr. Aber auch ein Western wie John Fords »The Searchers« beschreibt, dass der Mensch deshalb nicht in einem neuen Paradies zu Hause sein kann, weil ihm nicht verziehen wird und dass er es nur erringen kann, wenn er andere daraus vertreibt. Sciencefiction-Filme wie »Alien«, deren religiöse Motive von Fortsetzung zu Fortsetzung mehr hervortreten, wenden die apokalyptische Bedrohung nicht mehr ohne weiteres ab. Das geforderte Opfer, in dessen Brennpunkt nun interessanterweise eine Frau steht, ist gerade deshalb so hoch, weil das Böse von den Menschen selbst Besitz ergreift.

In der Regel funktioniert die Kinolegende unserer Traumfabrik im Sinne einer Materialisierung der christlichen Legende, in der zugleich das Schlimmste abgewendet wird und das Opfer oder Ersatzopfer nicht allein auf das Jenseits verweist, sondern auch im Diesseits wirkt. Darüber hinaus wirkt in dieser Legende, die von der profanen »Heiligkeit« des Stars getragen wird, stets auch so etwas wie ein Erwählungs- und Initiationsritus; auch hier halten sich Profanierung und Remythisierung die Waage. Dabei spielen Maskierung und Demaskierung eine bedeutende Rolle. Noch in der albernsten Schülerklamotte stecken die Gleichnisse von Initiation und Erkennen der für einen selbst bestimmten Zeichen und Losungen. Noch im banalsten Kriminalfilm gelingt die Demaskierung des Schuldigen bei allem Scharfsinn des Detektivs nicht ohne den entscheidenden Hinweis, der nicht selten als Fingerzeig Gottes gedeutet wird.

Ein Gutteil der Wirkung der Geschichten des populären Films entsteht, indem sie sich als Revisionen biblischer Gleichungen zu erkennen geben, als Versionen, die im Vergleich zu den Originalen Erhebliches an Entlastungen und moralischen Umdeutungen enthalten. Während das biblische Gleichnis, vielleicht wie jeder religiöse Text, die Lösung des Konfliktes am Ende immer auf den Leser selbst spiegelt – also in sich offen bleibt und nach Deutung und Klärung verlangt – erscheint die Kinostory als mehr oder weniger vollkommen gelöst oder verspricht doch wenigstens die vollkommene Lösung für die nächste Fortsetzung. Sie handelt davon, wie ein Erwählter oder eine Erwählte eine Aufgabe erfüllt, die auf drei Ebenen gleichzeitig funktioniert: erstens auf der kinematografischen Imitation einer konkreten materiellen Biografie, in der zum Beispiel alle Gesetze von Raum, Zeit und Person aus der alltäglichen Erfahrung in Kraft bleiben; zweitens auf einer moralisch-sozialen Ebene, also im Dienst einer Sache, einer Moral, einer Gemeinschaft, einer Gesellschaft usw. und schließlich drittens als symbolischer Akt, der immer auch transzendentale Elemente enthält. Ob wir uns nun den ewigen Cowboy wie in »Mein großer Freund Shane« ansehen oder das halb menschliche, halb maschinelle Wesen in »Der Terminator«: Stets vermischen sich bei unseren gewohnten Kinogestalten messianische und legendäre Züge. Einen »Savior in the Saddle«, einen Erlöser im Sattel, hat die amerikanische Kritik den mythischen Westernhelden genannt, und für den Terminator wurde der Begriff der »Erlösungsmaschine« geprägt.

Jedes Genre des populären Films bildet so etwas wie eine eigene Erlösungsmythologie, eine eigene pseudoreligiöse Ikonografie, einen eigenen Mystizismus und nicht zuletzt eine eigene Variation des Dekalogs aus. Diese schwierige Zusammensetzung ist in seiner naiven Vermischung von Erhabenem und Banalem unfreiwillig komisch, wie im Dekalog des Film-Cowboys, der in Hollywood während der dreißiger Jahre aufgestellt wurde und in dem es unter anderem heißt: Ein Cowboy ehrt den Namen Gottes und flucht nie. Ein Cowboy beschützt stets Frauen und Kinder. »Ein Cowboy tötet niemals außer in Notwehr. Und: Ein Cowboy hat immer kurz geschnittene Fingernägel.«

Aber es gibt in allen Genres so etwas wie letzte Gewissheiten. Wenn eine Safari durch den Todesdschungel marschiert, dann sterben ihre Mitglieder in der Reihenfolge ihrer moralischen Verwerflichkeit. In einem Teenager-Horrorfilm holen sich die Zombies und Monster in aller Regel zuerst die Drogensüchtigen, dann die Gewalttätigen, dann die Promiskuitiven; von Anfang an können wir sicher sein, dass als einziges Paar die eiserne Jungfrau und der strebsame Junge den dämonischen Spuk überleben werden und sich im entscheidenden Moment des einen oder anderen christlichen Symbols zu bedienen wissen. Im klassischen Horrorfilm werden Kreuze, Rosenkränze und Weihwasser ungefähr so verwendet, wie der Cowboy seinen Revolver benutzt. Doch der moderne Horrorfilm geht seit den siebziger Jahren mit christlichen Symbolen und Mythen oft sehr viel subtiler um. Zum Beispiel steht in neuen Vampirfilmen nicht mehr die Vernichtung des Blut saugenden Ungeheuers im Vordergrund, sondern seine Erlösung. Der Vampir ist nicht mehr so sehr und allein die Gestalt, die uns bedroht – der vorchristliche Dämon – vielmehr ist er uns nun in dieser Sehnsucht nach Erlösung ausgesprochen nah. In einem so explizit religiösen Werk wie Abel Ferraras »The Adiction« verwandelt sich ein weiblicher Vampir in einem Krankenhaus unter dem Zeichen des Kreuzes während eines qualvollen und doch ergreifenden Prozesses in eine reuige Sünderin. Hierin sind, unschwer zu erkennen, drei Sünden projiziert: das gleichgeschlechtliche Begehren, die Droge und die Sünde des bösen Wissens, der atheistischen Philosophie. Die Grundauseinandersetzung im Genre besteht jedoch stets zwischen Mächten der Finsternis und Mächten des Lichtes, zwischen dem formlosen Grauen und wohl definierten Zeichen. Schließlich könnte man in der Dämonologie des Genres stets auch eine Abhandlung darüber sehen, wie das Böse in der Welt wirkt und warum es das tut. So entsteht eine Art Theologie ex negativo, die der scheinbar willkürlichen Grausamkeit des Genres doch immer wieder ihren Sinn gibt.

Alle Handlungen, alle Zeichen und alle Wahrnehmungen im populären Film sind – im selbst gewählten Rahmen – sinnerfüllt. Was ich sehe, ist nicht die zufällig sich vor mir entfaltende, endlos suggestive Welt, sondern die vorformulierte Bedeutung. Jedes Ding hat seine Beziehung in seiner eigenen Mythologie und steht niemals einfach für sich. In einem deutschen Heimatfilm etwa steht der Berg für eine ewige Kraft, die den einzelnen Menschen in seiner Beschränktheit definiert; je höher seine Helden auf ihre Berge »hinaufkraxeln«, desto überlebensgrößer werden auch ihre Gefühle, Liebe ebenso wie Hass. In einem amerikanischen Actionfilm dagegen bedeutet ein Berg vor allem einen großen Haufen Probleme, die es zu überwinden gilt, aber auch in dieser pragmatischen Form ist er eine Figur der Bewährung. In einem Western von John Ford wiederum können die großen Tafelberge von Death Valley, auf die nie ein Mensch steigen wird, perfekte Bilder für die Verlorenheit der Menschen sein – »Kathedralen des Nichts« habe ich sie einmal genannt.[45] In dieser Sinnerfülltheit jedes Bildelements gleicht der populäre Film der klassischen sakralen Kunst, die in all ihren Abschweifungen und ihren fantastischen Ausschmückungen doch immer wieder auf die Konstruktion der eigenen Kosmologie zurückführt. Sie widerspricht entschieden ihrem Widerpart, einer naturalistischen oder analytischen Ästhetik, die sich für die Dinge der Welt interessiert, weil sie da sind, und nicht, weil sie bedeuten.

Man kann also im Grunde jedes Genre des populären Films als eine Ableitung christlicher Heilslehre betrachten, die einer bestimmten Form der Bearbeitung unterzogen worden ist. Zu deren Elementen gehören etwa das Vermeiden oder Ergänzen des Opfers, die Vergebung der Sünden noch auf ein Diesseits hin, die Vereinfachung und Deutung der Symbolik, die stellenweise Profanierung, die Verminderung des moralischen Drucks und vieles andere. Es ist eine Erzählform, die so gut wie keine christliche Verpflichtung enthält und auch für Nicht-Christen in einer Kultur funktioniert, deren Techniken und Wahrnehmungen über Jahrhunderte hinweg vom Christentum geprägt sind. Im Übrigen hat sich auch hier das Christentum missionarisch und keineswegs immer sympathisch über die Welt verteilt. Der Siegeszug etwa der chinesischen Actionfilme aus Hongkong hat erheblich damit zu tun, dass sich Autoren und Regisseure durchsetzten, die auf christlichen Schulen erzogen wurden und christliche Symbole und Mythen gegen die traditionellen konfuzianischen und taoistischen Werte setzten.

Heidenspaß

Und doch ist auf der anderen Seite das Kino auch immer ein »Heidenspaß«. Das heißt, mit seiner Hilfe gelangen wir auch in die Zeit und in den Zustand vor der Christianisierung zurück. Archaische und barbarische Formen der Beseelung, Totem und Tabu, die Naturbeseelung, der Fetisch sowie Vielgötterei können unseren Blick bestimmen. Das geht gewiss sehr viel tiefer als nur bis zur märchenhaften Herbeizitierung antiker Götter oder barbarischer Kulte. Wenn das Kino seine ureigene, mythische Erzählweise anwendet, dann verlässt es auf einer seiner vielen Erzählebenen definitiv die christliche Kosmologie. Statt sich auf den einen, ewigen und unfehlbaren Gott zu beziehen, schafft sich der mythische Held in seiner Reise, in seinem Kampf seine Götter selbst, die, wie der Held, stetem Wandel unterworfen sind. Überdies stellt der Mythos des Kinos der christlichen Vorstellung von der Organisation der Zeit eine eigene gegenüber. Die biblische Zeitrechnung ist vollkommen linear. Sie reicht, grob gesprochen, von der Erschaffung des Menschen nach dem Ebenbild Gottes bis zum Tag des Jüngsten Gerichtes, an dem wieder die Ewigkeit beginnt – oder anders gesagt, das Nichts. Und sie wird in jeder Biografie wiederholt in der Abfolge von Geburt, Leben (der »Durchquerung des Jammertales«, wie es filmisch heißen könnte) und Tod. Die christliche Biografie ist die Geschichte einer Prüfung, einer eindeutigen Entwicklung des Menschen von der Geburt bis zum Tod, eine Abfolge von einmaligen, unwiederbringlichen Entscheidungen, die seinen Wert vor dem Angesicht Gottes und für das Jenseits bestimmen, wenn auch im »neuen Bund« das Prinzip der Gnade in Konkurrenz zu dem Prinzip der mathematischen Aufrechnung von Schuld tritt. Dieser linearen Zeitauffassung, die sich in unserem Alltag ebenso widerspiegelt wie in der Organisation von Technik und Ökonomie, setzt die antike oder orientalische, die mythische Auffassung eine kreisförmige Organisation der Zeit, das Prinzip der ewigen Wandlung und ewigen Wiederkehr entgegen. Die Fantasie von der Reinkarnation ist dem Kino sozusagen schon von seiner Ästhetik und Technik her vertraut, und mit ihr gemeinsam entwirft das Kino seine eigene Religion: Es ist eine Welt, die von Halbgöttern und Dämonen bevölkert ist, in der es nicht die strikte Scheidung von Höllischem, Irdischem und Himmlischem gibt, sondern wo sich die Bereiche beständig vermischen. Wo die Eindeutigkeit der Biografie und der Person selbst, die die christliche Vorstellung als notwendiges Medium der Erlösung sieht, beständig in Frage gestellt und wo Spiegelbilder lebendig werden – ja Bilder wirklicher als ihre Originale sind und Sterben nichts unbedingt Endgültiges sein muss.

Die Genres des populären Films bilden Varianten aus, die christliche Paraphrasen bieten und die zugleich vor-christliche oder nicht-christliche religiöse Symbole und Fantasien genießen lassen. Dieser Vorgang ist keineswegs als revolutionär oder ketzerisch angelegt, denn unsere Kulturgeschichte handelt ja sehr stark davon, wie das Christentum andere Formen religiöser Weltvorstellungen erobert, überlagert, rationalisiert, aber nie vollständig eliminiert hat. Es kommt darin also viel weniger das Fremde als das Tieferliegende, das Verdrängte zum Ausdruck: eine Sehnsucht nach fundamentaleren, symbiotischen, wenn man so will auch kindlicheren religiösen Erfahrungen, und eine weniger komplexe Bedeutungslehre. Natürlich spielt dabei auch die kulturgeschichtliche Befindlichkeit eine Rolle. Ein Film wie »Excalibur«, der in die Artus-Sage die Trauer um den Verlust einer ganzheitlichen, mystischen Welterfahrung spiegelt und ein Unbehagen über das Heraufziehen der christlich-rationalistischen Weltsicht, wäre ohne die spirituellen und esoterischen Strömungen in unserer Kultur kaum denkbar. Das anhaltende Vergnügen des Kinos an Zeitreisegeschichten und ihren Paradoxien verdankt sich nicht zuletzt einem postmodernen Zweifel an der Eindeutigkeit von Biografie, Person und Raum/Zeit-Beziehung.

Im populären Kino begegnet uns also eine sich beständig wandelnde Welt, die sehr stark von christlichen Symbolen und Fantasien durchsetzt ist, die freilich in jeweils eigenen Kosmologien, Heilslehren und apokalyptischen Visionen eingebaut sind. Man könnte sagen, jeder Film, jedes Genre, jede Serie funktioniert im Grunde schon in sich wie eine Sekte. Nur baut der Film in der Regel das theologische Gebäude, das er errichtet, auch selbst wieder ab; ein Film – so könnte man sagen – ist ein religiöses Ereignis, an das man sich hinterher nicht mehr erinnert. Was verbirgt sich schließlich schon hinter Floskeln wie »man hat sich gut unterhalten«, »man war ergriffen oder fasziniert«? Das Happy End ist also auch in religiöser, nicht nur in moralischer Hinsicht, eine Art Notausgang für die Seele.

Diese Welt ist zugleich aber auch erfüllt von vorchristlichen und nichtchristlichen Elementen, nicht nur auf der Ebene des Gezeigten, also bei Symbolen, Riten, Mythen etc., sondern auch auf der Ebene des Zeigens selbst, als Überschreitung des Eindeutigkeitsgebots, als kreisförmiger statt linearer Erzählweise, als Enträumlichung der Passion.

Literatur: **Inge Kirsner**, Erlösung im Film, Stuttgart u.a. 1996 · **Jörg Herrmann**, Sinnmaschine Kino, Praktische Theologie und Kultur 4, Gütersloh 2001 · **Stephan Vasel**, Kultkino und Religion, in: MDEZW 12/2000, S. 411-428

2.3 Popmusik

(Gotthard Fermor)

Konzerte

Köln: Müngersdorfer Stadion. Aus überdimensionierten Lautsprecherboxen ertönt nach dem Abgang Michael Jacksons der Eingangschor aus Bachs Matthäuspassion: »Kommt, oh Töchter, helft mir klagen!« Ein nicht abreißender Pilgerzug bewegt sich unter diesen Klängen weg von der Stätte eines mobilen Kultdramas, als das ein Konzert von Michael Jackson heute anzusprechen ist: ein Gottesdienst in der Erlebnisgesellschaft. Ob man diesem Künstler nun den Titel eines selbst ernannten Messias, der nichts weniger will, als mit seinen Konzerten dazu beizutragen, die Welt zu retten, zuerkennt oder nicht: Ein Michael Jackson-Konzert hat scheinbar alles, was zu einer Liturgie dazugehört und noch vieles mehr. Michael Jackson inszeniert seine Konzerte als kultisch-rituelles Drama, das nicht selten in Analogie zum Kirchenjahr entworfen wird. Immer gibt es einen Advent, eine synästhetisch brillant gestaltete Epiphanie, immer gibt es die Elemente von Passion und Auferstehung, von Verhüllung und Offenbarung, immer gibt es die Predigt der vergemeinschaftenden Liebe, den Aufruf zur Rettung der Welt, immer gibt es den tröstenden Zuspruch des »I love you!«, immer erleben wir eine breit angelegte synkretistische Collage aus Zitaten verschiedener religiöser Traditionen (oft in den eingespielten Videoclips), und immer inszeniert er seinen Abgang mit besonderer religiöser Signifikanz: Sei es als Himmelfahrt (Abgang im Raketengefährt über den Köpfen der »Gemeinde«) oder mit Bachs Passionsmusik.

Die Herausforderung, die in der Religiosität solcher Popkonzerte beschlossen liegt, kann nicht hoch genug veranschlagt werden. Solchen Beispielen einer Erlebnisreligion fehlt kaum etwas an Themen, Traditionen, Inszenierungen, Rollen, Involvierungen, Vergewisserungen etc., so wie sie eine mehrdimensionale Religionsbeschreibung für das Label »Religion« einfordern würde, allerdings eben auch spezifisch zeit-religiös, d.h. erlebnisorientiert, ästhetisch, plural, entgrenzend. Vorwiegend auf das Erlebnis dieses Kultdramas im zwei- bis dreistündigen Konzert konzentriert, werden Traditionen eingeschmolzen und neu verarbeitet zu einem mitreißenden Erleben von Religiösem, das alle Sinne anspricht und dem trotz zahlreicher Michael Jackson-Hausaltäre die institutionelle Verankerung dieses Erlebens im Alltag nicht die erste Sorge gilt. Darf dies überhaupt als Religion bezeichnet werden? Wenn ja, was wäre sie dann wert?

Dennoch: Diejenigen Gruppen unserer Erlebnisgesellschaft, die dort das Gros der Besucher ausmachen (die 15- bis 45-Jährigen), die sich in einem offensichtlich religiös angelegten Kultdrama freiwillig (und teuer bezahlt) wiederfinden und dessen Rituale bzw. liturgische Elemente sicher und auswendig beherrschen, sind diejenigen, die sich den traditionell organisierten Angeboten von Religion immer weniger zuwenden.

Videoclips

Am Beispiel von zwei Videoclips der Künstlerin Madonna – der eine von 1989 (»Like A Prayer«) und der andere von 1999 (»Frozen«) – lässt sich aufzeigen, dass das Medium Videoclip erheblich zu einer modernen kreativ-synästhetischen Theologie beiträgt. Die bildliche »Erzählform« des Clips mit seinen Schnitten und übereinander gelagerten Ebenen bringt inhaltliche Traditionen in einen Fluss, die sonst wenig miteinander kommunizieren.

Im ersten Fall sind es die afroamerikanische Frömmigkeit der black churches (in solch einer Kirche spielt der Clip) mit ihrer Gospelmusik, die verbunden werden mit den Themen eines schwarzen Christus, einer südamerikanischen katholischen Volksfrömmigkeit (schwarze Heiligenfigur), Eros und Religion, Brautmystik und Stigmatisierung, Traum und Realität, schwarz und weiß, Rassendiskriminierung und Ku-Klux-Klan, Heimat und

Gebet. Wohl in keiner Dogmatik oder auch nur in einem theologischen Essay werden diese Traditionen (durchaus mit einer eigenen Aussagespitze) so verbunden.[46] Wie gesagt, es kommt in einen Fluss, auch in den Fluss der Wahrnehmung, der zunächst kein bewusst reflektierender sein muss.

Im zweiten Falle wird die im Text erflehte Herzensöffnung eines geliebten Gegenübers mit wiederum mehreren entgrenzten Traditionen verbunden. Die Themen Einsamkeit und Wüste, Dunkelheit und Nacht, die Farbe Schwarz, Sanskrit und Hennabemalungen, Schatten und Bewusstsein, mythologische Tierfiguren, multiple Identität, Herzsymbole und vieles mehr »erzählen« – in ihrer Schnitttechnik vorgetragen – von den Spiegelwelten einer mythologisch suchenden irdischen Religion der Liebe.[47] Es bleibt die Neugier (erst recht, wenn man darüber spricht), wohin diese Suche mit den Bildern Madonnas wohl gehen soll; man bekommt Geschmack, sie dabei zu begleiten oder aber man hält dies für hoffnungslos ästhetisiert ohne irgendeinen religiös zu nennenden Anspruch.

CDs

In Bezug auf das große Angebot der regelmäßig neu erscheinenden CDs ergibt sich ein ähnliches Bild: Das Thema Religion auch hier im Übermaß. Songtitel über Glaube, Gott, Engel, über die Liebe als die einzige wahre Religion, über Tod und ewiges Leben, über Schuld und Vergebung, die Frage nach dem Wozu und dem Sinn etc; Gebete in den Texten, Psalmen (nicht selten Klagepsalmen), Gespräche und Auseinandersetzungen mit Gott; religiöses Mulitkulti (d. h. Symbole und mythische Fragmente aller möglichen Religionsgemeinschaften) und Synkretismus in der Gestaltung von Covers und Booklets, inklusive ihrer religiösen Danksagungen. Ergebnis: Die Vielfalt ist nicht zu erfassen.

Und von Folgendem, was nur stichwortartig erwähnt werden kann, war noch gar nicht die Rede: vom Internet, der Gestaltung von jugendlichen Zimmern mit Hausaltären, von der Alltagsbegleitung der Popmusik (inkl. ihrer sozialisierenden Wirkung), von den Predigten bei der Loveparade, der rhythmisch involvierenden Ekstasereligion der Technoraver, Gothic und Satanismus, dem Vaterunser und Psalm 23 im Dancebeat oder vom Sänger der Gruppe »Faithless« (!), der im Video in einem Tanztempel zum Song »God is a DJ« in Gebärdensprache erklärt: »This is my church, this is where I heal my hurts.« Dass das wie auch immer theoretisch bestimmte Wort »Religion« in der Welt der Popmusik nahezu unausweichlich anzutreffen ist, ist wirklich nicht mehr zu übersehen.

Was ist religiös an der Popmusik?

Was vollzieht sich, wenn wir von solchen Phänomenen in der Popmusik reden? Was ist an den Konzerten, Texten, Videos, den verwendeten Symbolen, musikalischen Strukturen, den Rollenspielen, der Aufführungspraxis etc. »religiös«? Ist das alles postmodernes Spiel, eingebettet im kulturindustriellen Verkaufszirkel, der sich quasi-religiöser Gefühle bedient, um die Verkaufszahlen zu steigern? Oder spüren Produzenten und Rezipienten von Popmusik, dass sie durch die Art eines spezifischen Musikerlebens sozusagen auf Religion stoßen oder gestoßen werden, dass sie teilhaben an einem Erbe, das man getrost als religiös bezeichnen kann und dessen sie sich mehr oder weniger bewusst sind? Ganz so abwegig scheinen diese Fragen nicht mehr, wenn wir uns vor Augen führen, aus welchen Traditionen sich die Popmusik entwickelt hat. Sie entstammt musikalisch aus religiösen Traditionen: der verwickelten Geschichte der afroamerikanischen Musik zwischen Spirituals und Blues, zwischen ekstatischem Gemeindegottesdienst und ekstatischen Tanz- und Konzertabenden. Diese Spannung war ihr Ferment und ist bis heute ihr religiöses Erbe. Doch damit ist die Frage nach dem angemessenen Gebrauch des Begriffs »Religion« für die Phänomene der Popmusik nicht beantwortet.

Religion kann in der Popmusik aufgespürt, analysiert und als Herausforderung verstanden werden, wenn man zumindest drei Fragerichtungen berücksichtigt:

- Popmusik nimmt in einem erheblichen Maße in Texten, Musik und Bildinszenierungen auf geprägte Traditionsgehalte von Religionen und Religionsgemeinschaften selektiv-synkretistisch Bezug. Unter Traditionsgehalten sind hier Erzählungen, geprägte Begriffe, Symbole, Mythen, Bild- und Musikelemente zu verstehen.
- Lebensweltliche Phänomene kommen als »religiöse Phänomene« in heuristischer Perspektive in den Blick, wenn sie sich in besondere Organisationsformen (z.B. als Kult, Ritual, an »heiligen Orten«), zu besonderen Zeiten (Festzeit, Ritualzeit) und in besonderen Rollen (Priester, Schamane, Messias, Prophet, Stellvertreter) darstellen.
- Transzendenz kann in popmusikalischen Phänomenzusammenhängen als Schwellenerfahrung bestimmt werden. Phänomene in der Popmusik können als »religiös« bezeichnet werden, wenn sie als »liminale« Phänomene identifiziert werden können (von lat. limes = Grenze, Grenzwall).[48] Als religiöse Phänomene in der Popmusik sind somit also solche anzusprechen, die als Grenzerfahrung, als ent-grenzende Phänomene wahrgenommen werden können. Zu diesen Grenzerfahrungen gehört neben dem »liminalen« Potenzial auch die Wahrnehmung des transformierenden und integrierenden Moments (z. B. in Hinsicht auf eine Gemeinschaft und soziale Gestaltungen). Diese Entgrenzungserfahrung kann dann als eine transzendierende aufgenommen werden, wenn sie in der Beanspruchung kultureller Zeichen (also wie z. B. in der synästhetisch inszenierten Popmusik) auf ein Unverfügbares, in seiner Gestaltung nicht Einholbares, verweist.

Nicht in jedem Beispiel – aber sehr häufig – lassen sich alle drei Suchrichtungen zur Bestimmung der Religiosität von Popmusik positiv beantworten. Die dritte Perspektive ist dabei auch immer kritisch anzuwenden.

.

Die Religion in der Popmusik

Die Art und Weise der Thematisierung und Inszenierung von Religion in der Popmusik ist Bedingungen unterworfen, die die Popmusik mit den Kennzeichen der Lebbarkeit von Religion in der heutigen Erlebnis- und Mediengesellschaft insgesamt teilt. Diese Kennzeichen können hier nur in einigen wenigen Stichworten markiert werden. Zu nennen sind zumindest die Aspekte der Erlebnis- und Wahlreligiosität, der pluralen und synkretistischen Auffächerung sowie Aspekte der Individualisierung und Privatisierung von Religion. Funktionale Theorien ordnen Popmusikphänomenen vor dem Hintergrund solcher gesamtgesellschaftlichen Beschreibung dann den Status funktionaler Äquivalenzen zu, wobei man bei der Erklärung der Phänomene diese oft zu Koordinaten einer »Ersatzreligion« degradiert. Man kann allerdings bezweifeln, ob dieser Sprachgebrauch das Phänomen Popmusik trifft. Popmusik ist kein rein säkulares Unterhaltungs- und Erlebnis-Medium, dem Produzenten und Rezipienten bloß eine »religiöse Weihe« geben. Die Thematisierung und Inszenierung von »Religion« im Rahmen der Popmusik ist nur zum Teil »Weihe von Profanem«, da sich in der Musik selbst ursprüngliche religiöse Erfahrung manifestiert.

Den funktionalen Theorien ist vor allem entgegenzuhalten, dass auch die musikalischen Strukturen von Popmusik (im Verbund mit ihren musik- und religionsgeschichtlichen Traditionslinien) religionsproduktiv und -generierend wirken[49]: Weil Popmusik in ihren verschiedensten Kontexten am Erbe der afroamerikanischen ekstatischen Musikreligiosität partizipiert, ist Religion in ihr kein Zufallsprodukt. Die expressiven, performativen Gehalte der Stimmgebung, das Gemeinschaft bildende Call-and-response-Prinzip, die ekstatisch-transzendierende Wirkung des Rhythmus, das Paradox von Wiederholung und Ekstase in Melodik und Harmonik, der offen-entgrenzende, spielerisch-präsentative Charakter der Improvisationen – all dies sind musikalische Strukturen, die sich u. a. aus der afroamerikanischen Tradition entwickelt haben. Sie sind in der Popmusik traditionsbildend geworden und insofern religionsproduktiv, als »rhythmische Bewegung« (besonders im ekstatischen Ergriffensein) auch »meta-physisch« als ein Moment von »Transzendenz« verstanden werden kann – d. h. diese Musik hat das Potenzial in sich, über sich hinauszuweisen. Dieses Erleben bedarf dann auch der symbolischen Verarbeitung.

Somit ziehen die spezifischen musikalischen Strukturen und Erlebnisgehalte der Popmusik visuelle und sprachliche Manifestationen verschiedener religiöser Traditionen an. Dies erklärt die Häufigkeit der verwendeten Symbole, Bildwelten und Erzählungen aus religiösen Traditionen. Ebenso laden die kultischen und rituellen Inszenierungen, als die sich z. B. Popkonzerte präsentieren, dazu ein, diese transzendenzoffenen Gehalte sozial zu erleben und die dafür notwendigen Übergangsräume zu gestalten. Dieses Musikerleben bezieht seine Herkunft aus religiös-rituellen Kontexten und ist sich zumeist seines Erbes bewusst, ohne dessen institutionelle Aspekte mit zu übernehmen. In zahlreichen Selbstzeugnissen berichten Musiker/innen über ihre religiösen Interpretationen des eigenen Musikerlebens, das sie z. B. in Analogie zu Darstellungen kultischer Aspekte aus afrikanischer Musikreligiosität oder aus verschiedenen schamanistischen Praktiken beschreiben. Analogie heißt hier, dass Musik funktional nicht im gleichen Sinne Medium religiöser und kultischer Praxis ist, wie es in den Vergleichskontexten der Fall ist, sondern dass die musikalischen Erfahrungen die Suche nach religiösen Interpretationsmöglichkeiten initiieren und fördern kann – z. B. in der Frage: Wo kommen diese Erfahrungen her und wo hat es Vergleichbares schon gegeben? Diese interpretatorischen Bemühungen sind natürlich keineswegs zwingend, die ekstatischen Aspekte eines Popkonzerts können natürlich auch im hedonistischen Rahmen verbleiben.

Insgesamt kann man sagen, dass sich in der Popmusik Formen zeitgenössischer Religiosität wahrnehmen lassen, die ihr musikalisch-synkretistisches Erbe durch Zugriff auf einen Vorrat an multiplen Symbolen, Mythen, Erzählungen etc. verschiedener religiöser Traditionen so inszeniert (von der alltäglichen Begleitung des Discmans bis zur öffentlichen Liturgie des Popkonzerts im Stadion), dass Entgrenzung, Transformation und Integration Wirklichkeit werden kann. Ersetzt werden die traditionellen Institute gelebter Religion – Religion innerhalb dieser Suchbewegungen und Inszenierungen aber keineswegs.

Zum Schluss noch ein Wort zur kirchlichen Herausforderung: Gerade die von vielen als »postmodern« qualifizierte Entgrenzung von geprägten Traditionsgehalten birgt innerhalb der religiösen Inszenierungen der Popkultur auch ein enormes Potenzial an Entdeckungsmöglichkeiten. Dadurch, dass z. B. biblische Begriffe und Inhalte ihren angestammten Plätzen der Traditionsvermittlung entnommen werden, kommen sie – postmodern gesprochen – »in den Fluss«, und auch in theologischer Hinsicht »in Bewegung«. Der entgrenzende Umgang mit geprägten Traditionsgehalten ist insofern potenziell ideologiekritisch, als er der Festschreibung und Idolisierung dieser Traditionen entgegenwirkt und sie in ihrem Verweischarakter auf ein »Überschreitendes« (Transzendum) ernst nimmt. Gerade darin beweist er seine theologische Qualität.

Kritisch ist in Bezug auf die Erlebnisreligiosität der Popmusik der Zusammenhang von Leben und Erlebnis in den Blick zu nehmen. Dieser Traditionsschatz der christlichen Kirchen, für die Religion auch immer »religio« im Sinne der Anbindung an eine gelebte Gemeinschaft ist, ist in der Popkultur nicht unbedingt vorhanden. Das heißt, dass das eingangs vorgestellte Kriterium der Integration hier deutlich einzufordern ist, damit die entgrenzenden und transformierenden Potenziale der religiösen Erfahrungen in und mit Popmusik nicht wieder verspielt werden.

Literatur: **Peter Bubmann/Rolf Tischer** (Hg.), Pop und Religion, Stuttgart 1992 · **Gotthard Fermor**, Ekstasis. Das religiöse Erbe in der Popmusik als Herausforderung an die Kirche, Stuttgart u.a. 1999 · **Reinhard Flender/Hermann Rauhe**, Popmusik, Darmstadt 1989 · **Hans-Martin Gutmann**, Der Herr der Heerscharen, die Prinzessin der Herzen und der König der Löwen, Gütersloh 1998 · **Jan Koenot**, Hungry for Heaven. Rockmusik, Kultur und Religion, Düsseldorf 1997 · **Klaus Neumann-Braun** (Hg.), VIVA MTV! Popmusik im Fernsehen, Frankfurt/M. 1999 · **Matthias Schröder**, God is a DJ. Gespräche mit Popmusikern über Religion, Neukirchen-Vluyn 2000 · **Bernd Schwarze**, Die Religion der Rock- und Popmusik, Stuttgart u.a. 1997 · **Hubert Treml**, Spiritualität und Rockmusik, Ostfildern 1997 · **Peter Wicke**, Von Mozart zu Madonna: eine Kulturgeschichte der Popmusik, Leipzig 1998 · **Wieland Ziegenrücker/Peter Wicke**, Sachlexikon Popularmusik, Mainz/München ²1989

2.4 Jugendweihen

(Andreas Fincke)

Bei wenigen Themen wird die mentale Spaltung Deutschlands so deutlich, wie beim Thema »Jugendweihe«. Spricht man mit Westdeutschen, so muss man oft erklären, warum es die Jugendweihe noch gibt. Spricht man dagegen mit Ostdeutschen, so taucht häufig die

Frage auf, warum die »neue« Jugendweihe eben nicht nur eine lieb gewordene Familientradition verkörpert, sondern auch kritische Reflexionen verdient.

In den neuen Bundesländern sind die Jugendweihen bzw. Jugendfeiern ein beliebtes und weit verbreitetes Ritual. Man kann sagen, dass etwa 50 Prozent aller ostdeutschen 14-Jährigen die Jugendweihe besuchen, etwa 15 Prozent entscheiden sich für die Konfirmation und etwa jeder Dritte besucht keine Veranstaltung dieser Art. Glaubt man den Veranstaltern, so werden jährlich etwa 100.000 Jugendweihen durchgeführt. In den alten Bundesländern ist die Jugendweihe weitgehend unbekannt.

Die Jugendweihe hat eine wechselvolle Geschichte hinter sich. Ihre Wurzeln liegen in Mündigkeitsfeiern evangelischer Christen der 50er Jahren des 19. Jahrhunderts. Schon bald übernahmen freidenkerische bzw. freireligiöse Kreise diese Vorform der Jugendweihe und gestalteten sie neu. Ende des 19. Jahrhunderts hatte sich die Jugendweihe in freireligiösen bzw. freidenkerischen Gemeinschaften weitgehend durchgesetzt. Anfang des 20. Jahrhunderts entdeckte die Arbeiterbewegung die Jugendweihe für sich. Arbeiterlieder ersetzten die Volks- und Wanderlieder und es wurde großer Wert auf politische Bildung und Erziehung gelegt. In proletarisch geprägten Regionen erlangte diese Jugendweihe beachtliche Bedeutung: In Leipzig nahm beispielsweise Ende der 20er Jahre jeder dritte Schulabgänger an einer Jugendweihe teil.[50] Zentren dieser Jugendweihe waren Sachsen, Thüringen und Berlin – also Regionen, in denen die Freidenkerbewegung stark war. Nach der Machtergreifung Hitlers wurde die Jugendweihe unterdrückt. Später versuchten nun auch die Nazis, eine eigene, völkische Jugendweihe zu installieren. Nach 1945 erlebte die Jugendweihe besonders in der geteilten Stadt Berlin eine wechselvolle Geschichte zwischen Duldung und Verbot. In Teilen Westdeutschlands (Westberlin, Hamburg, Nürnberg, Ruhrgebiet usw.) etablierte sich eine kleine, der freidenkerischen Tradition verpflichtete Jugendweihe.

Im Osten Deutschlands nahmen die Dinge einen völlig anderen Verlauf: Nach anfänglichen Verboten wurde die Jugendweihe 1954 als Bekenntnis zum Sozialismus eingeführt. Flankiert wurden die Maßnahmen von atheistischer Propaganda und erheblichem Druck auf die Schüler, sich »freiwillig« zu melden. Vorerst blieb das Echo jedoch bescheiden: In den ersten drei Jahren nach ihrer Einführung nahmen nur etwa 20 Prozent der Jugendlichen an der Jugendweihe teil, was in etwa dem Anteil Konfessionsloser an der Bevölkerung entsprach. 1957 ging der Staat in die Offensive: Im September 1957 unterstrich Walter Ulbricht in der »Sonneberger Rede« den atheistischen Charakter der Jugendweihe, die immer mehr als ideologische Keule gegen die Kirchen benutzt wurde. Unter Anspielung auf Konfirmation und Firmung war von »überlebten, alten Glaubenssätzen« und von »gewissen Hirngespinsten« die Rede. 1959 nahmen bereits rund 80 Prozent der Jugendlichen an der Jugendweihe teil, zehn Jahre nach ihrer Einführung über 90 Prozent und in den letzten zehn Jahren der DDR etwa 97 Prozent der 14-Jährigen.

In den wenigen Jahren von 1955 bis 1961 ist es der SED gelungen, die DDR-Jugendweihe als atheistisches Weiheritual in Konkurrenz zur volkskirchlichen Konfirmation zu etablieren: Deren Zahlen gingen stetig zurück: von etwa 80 Prozent im Jahre 1950 auf knapp 15 Prozent im Jahre 1989. Die römisch-katholische Kirche war von diesen Problemen ähnlich betroffen. Die Konflikte wurden jedoch weniger deutlich sichtbar. Die Geschichte der DDR-Jugendweihe kann nicht erzählt werden, ohne an die mitunter verzweifelte Gegenwehr von Kirchenleitungen, Pfarrern und Gemeindegliedern zu erinnern. Tausende von Jugendlichen haben mitunter schwere berufliche Benachteiligungen in Kauf nehmen müssen, weil sie sich dem Zwangsritual einer Weihe auf den DDR-Sozialismus entzogen haben, und nicht wenige Familien sind vor dem Bau der Mauer auch wegen solcher Konflikte in den Westen geflohen. Die heute zu konstatierende Entkirchlichung Ostdeutschlands ist somit auch eine Folge der Jugendweihe.

Mit dem »Sieg« der DDR-Jugendweihe änderte sich jedoch auch deren Charakter: Sie verlor deutlich an atheistischem Profil und wurde zu einem janusköpfigen Massenphänomen: Einerseits war sie ein Unterwerfungsritual der Jugendlichen unter die Ideologie der SED, andererseits wurde die DDR-Jugendweihe ab Mitte der 70er Jahre auch immer mehr zu einem entpolitisierten Familienfest bzw. einer privaten Familientradition. Auffällig ist, dass die Jugendweihe wie kein zweites Fest immer wieder unter die ideologische Beeinflussung der jeweils Herrschenden geriet: Binnen weniger Jahrzehnte wurde aus einem Ritual, das freigeistigen bzw. aufklärerischen Idealen verpflichtet war, ein kleinbürgerliches Familienfest.

Mit dem Ende der DDR und mit der Wiedervereinigung 1989/90 überlagerten sich die beiden Jugendweihetraditionen: Die ehemals westdeutsche, überwiegend freidenkerisch geprägte Jugendweihe war 1989 quantitativ unbedeutend. Für die Veranstalter ergab sich die einmalige Gelegenheit, das Betätigungsfeld in die neuen Bundesländer auszuweiten und eine neue Klientel für ihre Jugendweihe zu finden. Völlig anders war die Situation für die früheren DDR-Jugendweiheveranstalter: Sie gerieten mit dem Untergang des SED-Staates in Legitimationsdruck. Es gehört zu den untersuchenswerten Aspekten der deutschen Wiedervereinigungsgeschichte, dass die inhaltsarme Jugendweihe sich dennoch vergleichsweise schnell neu positionieren konnte. Trotz anfänglicher Einbrüche in den Jahren 1990 bis 1993 gelang es den Veranstaltern, das Fest neu zu etablieren. Inhaltlich bot die Jugendweihe in diesen Jahren vielfach Ressentiments gegen die Wiedervereinigung sowie simple Kapitalismuskritik.[51]

Man kann in Deutschland zwei Jugendweihetraditionen feststellen: In den neuen Bundesländern ist die Jugendweihe ein eher entideologisiertes Fest mit familiärem Charakter, während die Jugendweihe in den alten Bundesländern eher ideologisch ausgerichtet ist. Sie steht freidenkerisch-kirchenkritischen bis antikirchlichen Positionen nahe und speist sich mitunter aus einer klassenkämpferischen Attitüde.

Die freidenkerische Tradition der Jugendweihe wird heute in erster Linie vom Humanistischen Verband Deutschlands (HVD) vertreten. Der HVD ist ein Dachverband, dem verschiedene freidenkerische und freigeistige Verbände angehören. Er versteht sich als »Interessenorganisation Konfessionsloser« und ist – da seine organisatorische Kraft begrenzt ist – nur in Ballungsgebieten wie Berlin und Brandenburg, in Nordrhein-Westfalen, in Niedersachsen, Sachsen-Anhalt sowie im Großraum Nürnberg tätig. Der HVD veranstaltet die so genannten »Jugendfeiern«, die in der eigenen Werbung auch als »die andere Jugendweihe« bezeichnet werden. Für das Jahr 2000 meldete er bundesweit etwa 12 000 Teilnehmer. Seine Jugendfeiern sind ohne Vorbereitungsstunden nicht denkbar. Vermittelt werden humanistische Werte und weltanschauliche Orientierung, die freilich religions- und christentumskritisch sind. Etwa jeder zweite Teilnehmer besucht solche Vorbereitungsstunden.

Der einflussreichste und wichtigste Anbieter von Jugendweihen in den neuen Bundesländern ist jedoch die so genannte »Interessenvereinigung für humanistische Jugendarbeit
und Jugendweihe«, die als Nachfolgerin des ehemaligen DDR-Jugendweiheausschusses
apostrophiert werden kann. 90 Prozent der ostdeutschen Jugendweihen werden von der
»Interessenvereinigung« veranstaltet. Im Jahr 2000 zählte sie rund 90.000 Teilnehmer. Die
»Interessenvereinigung« verfügt über eine hervorragende Infrastruktur in den neuen Bundesländern – sie ist praktisch flächendeckend aktiv. Obwohl es dem Auftrag zu weltanschaulicher Neutralität an Schulen widerspricht, werben in den neuen Ländern nach wie
vor Lehrer für die Jugendweihe und werden Elternabende mit Vorbesprechungen für die
Jugendweihe verbunden.

In sehr unterschiedlichem Maße nehmen die Jugendlichen die angebotenen Vorbereitungsstunden an. Zwar bemühen sich die Veranstalter um kontinuierliche Jugendarbeit, jedoch hört man auch immer wieder, dass viele Jugendliche keine einzige Vorberei-
tungsstunde besucht haben. Die »Interessenvereinigung« ist im Gegensatz zum HVD
weltanschaulich nicht klar verankert. Soweit politische Positionen erkennbar sind, liegen
diese eher im Umfeld der PDS als im bürgerlichen Milieu.

Für den Ablauf einer Jugendweihe/Jugendfeier lassen sich einige Gemeinsamkeiten
benennen: Die Feiern finden im Frühling (März bis Mai) statt. Je nach den örtlichen Möglichkeiten, werden repräsentative Orte (Klubhäuser, Theater, ein Schauspielhaus oder auch
nur die Schulaula) gewählt. Die Feier dauert ein bis zwei Stunden und wird von (klassischer und moderner) Musik, Wortbeiträgen (Lyrikrezitationen und jugendgemäßen Sket-
chen) sowie der eigentlichen Jugendweiherede umrahmt. Die Veranstaltungen haben zwei
emotionale Höhepunkte: den Einzug der Jugendlichen in den Festsaal und die eigentliche
»Weihe«, welche entweder in der Übergabe einer Urkunde oder aber darin besteht, dass
die Jugendlichen namentlich aufgerufen werden. Ein Gelöbnis ist derzeit nicht üblich.
Inhaltlich ist der Tenor der Veranstaltungen zukunftsfroh und optimistisch; die Zukunfts-
chancen und Gestaltungsmöglichkeiten der Jugendlichen werden betont.

Es gibt jedoch auch gravierende Unterschiede zwischen einzelnen Jugendweiheveran-
staltungen: Die Veranstaltungen des HVD in Berlin sind von hoher handwerklicher Pro-
fessionalität. Sie gleichen einer gut gemachten Show mit Nebelschwaden und Lichteffek-
ten. An solchen Großveranstaltungen nehmen bis zu 250 Jugendliche teil. Mit den anwesenden Freunden und Familien wird schnell eine Gesamtzahl von 2000 Gästen erreicht.
Ein individuelles Eingehen auf die Jugendlichen ist nicht möglich, dennoch beeindruckt
die künstlerische Qualität. Ein anderes Bild ergibt sich, wenn man – gerade in ländlichen
Regionen – eine Jugendweihe der »Interessenvereinigung« besucht. Hier ist die biedere
Kleinbürgerlichkeit oftmals mit Händen zu greifen.

Warum gibt es einen so großen Bedarf an der Jugendweihe? Offensichtlich bedient
die heutige Jugendweihe das Bedürfnis nach schön gestalteter Unverbindlichkeit. Die Jugendweihe zeigt, dass mit zunehmender Säkularisierung der Bedarf nach Erhebung und
feierlichen Zeremonien sich neue Ausdrucksformen sucht und diese auch findet. Vermutlich werden die Jugendweiheanbieter in den nächsten Jahren ihr Betätigungsfeld auf
andere säkulare Passageriten wie Beerdigungen, (homosexuelle) Trauungen, Taufen (»Namensgebung«), Scheidungs- und Trennungsrituale usw. ausweiten. Die Kirchen müssen
ihre Jugend- und Konfirmandenarbeit verbessern und erklären, warum ihre Rituale ein

guter Weg in bzw. durch das Leben sind. Wenig überzeugen können die bisher versuchten Alternativen zur Jugendweihe in Form einer kirchlichen Jugendfeier bzw. einer bürgerlichen Jugendweihe (z. B. »Maiglockenfeste«).

Literatur: **EKL**[3] 2, Sp. 900f. · **TRE** 17, S. 428-432 · **Albrecht Döhnert**, Jugendweihe zwischen Familie, Politik und Religion, APrTh 19, Leipzig 2000 · **Andreas Fincke**, Jugendweihe, Jugendfeier, Maiglocke, in: Zeitzeichen. Evangelische Kommentare zu Religion und Gesellschaft 3/2001, S. 36ff. · **Ders.**, Konfirmation, Jugendweihe, christliche Jugendfeier, in: Reinhard Hempelmann/Ulrich Dehn (Hg.), Dialog und Unterscheidung (FS Reinhart Hummel), EZW-Texte 151 (Sonderausgabe), Berlin 2000, S. 167-182 · **Rainer Liepold**, Die Teilnahme an der Konfirmation bzw. Jugendweihe als Indikator für die Religiosität von Jugendlichen aus Vorpommern, Frankfurt/M. 2000 · **Andreas Meier**, Jugendweihe – JugendFEIER, München 1998 · **Ehrhart Neubert**, Die postkommunistische Jugendweihe – Herausforderung für kirchliches Handeln, in: Evangelische Kirche in Deutschland – Studien- und Begegnungsstätte (Hg.), Zur Konfessionslosigkeit in (Ost-) Deutschland, Begegnungen 4/5, Berlin 1994, S. 34-86

Internet: www.jugendweihe.de · www.humanismus.de/hvd/jugendfeier/jugendfeier.htm · www.jugendfeier.de · www.maiglocke.de

2.5 Ideologien

(Gottfried Küenzlen)

Ideologien als säkulare Religion

Die Geschichte des 20. Jahrhunderts war wesentlich bestimmt von den säkularen Ideologien.[52] Die Wirkungsmacht des Liberalismus einmal zurückgestellt, sind insbesondere zu nennen: Nationalismus, Sozialismus und Kommunismus, Nationalsozialismus und Faschismus. In ihrem Namen wurden Kriege geführt, Staaten zerstört und neu geschaffen, alteuropäische geistig-kulturelle Herkunftstraditionen aufgelöst und neue Botschaften vom Menschen verbreitet. Man versteht die Geschichte des eben vergangenen Jahrhunderts nicht, wenn man sich nicht die grundstürzende Macht der säkularen Ideologien vor Augen stellt.

Dieses Jahrhundert war insbesondere ein Jahrhundert, das gezeichnet war von einer in der Menschheitsgeschichte so noch nicht gekannten Explosion von Gewalt: Kriege wurden als Vernichtungskriege begonnen und geführt, Genozide geplant und ausgeführt, in denen ganze Völker und Volksgruppen von Armenien bis Kambodscha ausgemerzt werden sollten und ausgemerzt wurden; insbesondere waren es die Vernichtungslager der totalitären Regime des 20. Jahrhunderts – Kommunismus und Nationalsozialismus – mit ihren Hekatomben von Opfern, die ein in der menschlichen Gewaltgeschichte bislang nicht gekanntes Maß kollektiver Vernichtung mit sich brachten.

So gewiss solche Gewaltausübung in ihrer qualitativ neuen Massenwirkung erst durch die modernitätstypischen technologischen Fortschritte machbar wurden, so gewiss ist aber auch: Immer waren es Ideen und davon hergeleitete Parolen, in deren Namen die sich vollzog.

Formiert und formuliert wurden diese wirkungsmächtigen Ideen und Parolen, die zu den modernen Ideologien zusammenschmolzen[53], im 19. Jahrhundert, das in diesem Fall von 1789 bis 1914 reicht. Hier bildeten sich jene Eigenart und jener Antrieb der modernen Ideologien, ohne die man deren Genese, Fortentwicklung und ihre schließlich geschichtsbestimmende Kraft nicht verstehen kann: Sie waren Ausdruck säkularer Religion.[54] Ohne diese säkular-religiöse Dimension hätten die modernen Ideologien ihre umwälzende Dynamik, die in den totalitären Regimen des 20. Jahrhunderts gipfelte, niemals entwickeln können. So konstatierte Eric Voegelin schon 1938: »Der politische Kollektivismus ist nicht nur eine politische und moralische Erscheinung; viel bedeutsamer erscheint mir das religiöse Element in ihm zu sein.«[55]

Unter Verzicht auf kultur- und religionstheoretische Erwägungen zum Begriff der säkularen Religion[56], ist vor allem jener ideen- und realgeschichtliche Vorgang zu nennen, der den modernen Ideologien ihren eigentümlichen säkular-religiösen Charakter verlieh: die Entwicklung eines Weltbildes, dem die innerweltliche *Geschichte* zum Faszinosum und Schicksal wurde. Fundament dieses Weltbildes war die immanente Fortschrittsgewissheit; ein immanent geschichtsprovidentieller Glaube an den *Fortschritt*, der ein qualitatives neues Verständnis der menschlichen Geschichte darstellt. Hier war der Fortgang der Geschichte nicht mehr eingebunden in einen kosmischen Kreislauf, wie im antik-griechischen Denken, auch nicht verankert in den christlich-heilsgeschichtlichen Kontext von Schöpfung, Inkarnation und Wiederkunft Christi, vielmehr: Geschichte war nun ausschließlich die weltimmanent vom Menschen herzustellende Fortschrittsgeschichte. Dieses Geschichtsdenken, das die Grundlage des neuen Glaubens säkular-religiöser Religion bildet, lässt sich – unter Verzicht auf die eigentlich nötigen historischen Differenzierungen – in seinen Umrissen zusammenfassen: Als der christliche Glaube an die Heilsgeschichte und Schöpfungsordnung, in denen der Einzelne sich aufgehoben wissen konnte, im Lauf der säkularen Diesseitsorientierung seine Kraft zunehmend verlor, blieb die reine Profangeschichte übrig, die nun selbst zum Ort säkular-religiöser Hoffnungen, Erlösungssehnsüchte und Heilserwartungen wurde. Mit dem Schwund des Jenseitsglaubens also wurde die immanente menschliche Geschichte, im Horizont der neuzeitlichen Fortschrittsidee, zum alleinigen Feld, in dem Heil oder Unheil, Verdammnis oder Erlösung sich entscheiden mussten und die Erwartung des Eschatons verankert war. Der bloßen Profangeschichte erwuchs in den säkularen Erlösungshoffnungen und Weltauslegungen, insbesondere in den Heilsversprechen ihrer Utopien, ihre neue Dimension. Sie wurde zur *säkularen Heilsgeschichte*. Nicht mehr das Buch der Offenbarung, schließlich auch nicht mehr das zu entschlüsselnde Buch der Natur, sondern das Buch der Zeit, der Geschichte also ist es, das zum Buch der Bücher der säkularen Religionsgeschichte wurde.

Politischer Messianismus

Die immanente Geschichte als Heilsgeschichte – dieses Weltbild schuf die Voraussetzung, dass die säkular-religiösen Heilslehren der modernen Ideologien durch *politisches* Handeln zu ihrer Verwirklichung drängten. Heil, Errettung und Erlösung sind dem menschlichen und damit im weitesten Sinn politischen Handeln überantwortet und können in der Konsequenz des beschriebenen Weltbildes auch nur politisch realisiert werden. Auch hier war es das 19. Jahrhundert, in dem sich solch politischer Messianismus bildete – zunächst als Konstruktion von Intellektuellen und dann als Parolen sozial-politischer Bewegungen. In seinen – bis heute bahnbrechenden – Arbeiten hat Jakob L. Talmon die Geschichte und Phänomenologie des politischen Messianismus beschrieben und wie folgt zusammengefasst: »Das Wesentliche an der Religion der *Geschichte*, die dem politischen Messianismus zugrunde liegt, ist der tiefe Glaube daran, dass die Abfolge der Zeiten gleichbedeutend sei mit einer ständig wachsenden Integration und Bindung menschlicher und gesellschaftlicher Inhalte, die ihrerseits ein immer größeres Maß an individuellem Selbstausdruck durch Aktivierung aller Kräfte des Menschen in einem harmonischen Ganzen ermöglichen. In dieser Hinsicht betrachteten alle messianischen Richtungen das Christentum, manchmal die Religion als solche, immer aber die historische Form des Christentums als den Erzfeind. Sie proklamierten sogar sich selbst triumphierend als Ersatz dafür. Ihre eigene Heilsbotschaft war gänzlich unvereinbar mit der grundlegenden christlichen Doktrin von der Erbsünde, mit ihrer Vision der Geschichte, als der Geschichte des Sündenfalls und ihrer Leugnung der Macht des Menschen, durch eigene Anstrengung zur Erlösung zu gelangen. Die Dichotomien von Theorie und Praxis, Seele und Körper, Geist und Materie, Himmel und Erde, Kirche und Staat, die alle von diesem ersten Grundsatz herrührten, wurden hinfällig vor der majestätischen Einheit des Lebens und der Geschichte sowie der Vision einer gerechten und harmonischen Gesellschaft am Ende der Tage.«[57]

Im Horizont eines solchen politischen Messianismus entwickelte sich auch das Programm der »Revolution«, das die modernen Ideologien nahezu durchweg prägte: Der innerweltlich-eschatologische Glaube an das diesseitige universale Glück der Menschheit – Kerndogma des politischen Messianismus – drängte zu seiner Verwirklichung; einer Verwirklichung, die nun selbst säkular-religiöse Dimension annehmen musste: die Religion der Revolution. Diese neuzeitliche Ausprägung von Revolution unterscheidet sich gerade deshalb von allen vormodernen Revolten, Aufständen und Putschen, weil in der modernen Revolution das heilsgeschichtliche Programm säkularer Theologie vollzogen wurde. Hier ist auch jener Anspruch begründet, der die moderne politische Revolution im Kern prägt: ihr Totalitäts- und Universalitätsanspruch.

Die revolutionären Akteure, als säkulare Priester, Mönche und Kreuzritter der Religion der Revolution, wussten sich auf der Seite der Geschichte, in der sich das universale Heil der Menschheit im revolutionären Prozess unaufhaltsam durchsetzte. Deshalb ist auch das revolutionär-eschatologische Zerstörungsmotiv ein integraler, ja notwendiger Bestandteil des revolutionären Prozesses: Die Losung der französischen Revolution: »Alles zerstören, um alles neu zu machen« (St. Etienne) setzte sich fort in der bolschewistisch-kommunistischen Losung: »Dann steigt aus den Trümmern der alten Gesellschaft die sozialistische Weltrepublik.« So versteht man auch die nationalsozialistische Vernichtungspolitik nicht, wenn man sie nur als Ausdruck atavistischer Barbarei sieht: Sie war ein *modernes* Projekt. Modern nicht nur in den technisch fortentwickelten Methoden, mit denen es durchgesetzt wurde; hinter ihm stand durchweg der modern säkular-religiöse Glaube, sich auf der Seite der Geschichte zu wissen und ausmerzen zu *müssen*, was ihren Fortgang hindert.

Man versperrt sich ein gültiges Verständnis der modernen säkularen Ideologien, gerade in ihren totalitären Ausformungen, die das 20. Jahrhundert weithin bestimmt haben, wenn man sie nicht als revolutionäre Bewegungen versteht, angetrieben und bestimmt von säkularen Glaubenskräften und Heilshoffnungen.

So erschließt sich die Eigenart und Dynamik des Nationalsozialismus letztlich erst dann, wenn man ihn vorrangig als revolutionär-politische Religion begreift[58]; einer säkularen Religion, deren Anhänger und deren Führer sich von ihren Anfängen an auf der Seite der Geschichte wussten. So Adolf Hitler: »Ich kann ... nur hinweisen auf den Schlusssatz meiner letzten Rede im großen Prozess im Frühjahr 1924: ›Die Richter dieses Staates mögen uns ruhig ob unseres damaligen Handelns verurteilen, die *Geschichte* als Göttin einer höheren Wahrheit und eines besseren Rechtes, sie wird dennoch dereinst dieses Urteil lächelnd zerreißen, um uns alle freizusprechen von Schuld und Fehle‹.«[59]

Man muss die Tagebücher eines Joseph Goebbels – auch in ihren vor 1933 verfassten Teilen – lesen,[60] um brennpunktartig alles zu finden, was den politischen Messianismus des Nationalsozialismus ausmacht: der Glaube an die Revolution, der Universalitäts- und Totalitätsanspruch der Mission, das Vernichtungsmotiv, die eschatologische, ja apokalyptische Naherwartung des neuen Reiches und eines neuen Menschen. Als nur ein Beispiel diene eine 1924 geschriebene Tagebuchnotiz, die zugleich die nervöse Fiebrigkeit deutlich macht, von der nicht nur Goebbels, sondern weite Teile der Kulturintelligenz in den 20er Jahren ergriffen waren: »Die Quintessenz des neuen Menschen stellen wir, wir jungen Männer ohne Tradition und [Familien-]Geschlecht, wir sind das Salz der Erde. Über Adel und Bourgeoisie hinaus ein neues Geschlecht. Wir dürfen nicht verzweifeln, das ist nicht anständig und zu leicht, keine Aufgabe für die Jugend Europas, die die schlimmste Zeit erlebte seit Menschengedenken ... Meine Zukunft liegt in undurchdringlichem Dunkel. Ich habe nichts zu hoffen und alles zu befürchten. Nichts worauf ich mich freute, wenn ich morgens erwache. Ich lebe in den Tag hinein, alle Wege sind mir verschlossen. Die Brust ist voll Sehnsucht, – und allenthalben überflüssig. Wo finde ich Rettung?«[61] Doch schon wenige Wochen später findet Goebbels seine Mission und seinen Glauben, der ihn bis zu seiner Selbstvernichtung nicht mehr verlassen sollte: »Ich suche das neue Reich und den neuen Menschen! Die finde ich nur im *Glauben*! Der Glaube an die Mission in uns führt uns zum letzten Siege! Heil!«[62]

Aber auch der Marxismus/Kommunismus ist in seinem Kern eben nicht nur eine politische Bewegung gewesen, die im Wesentlichen auf einer Theorie politischer Ökonomie ruhte, sondern er war das Programm einer säkularen Theologie, einer säkularen Religion, die schon Marx formulierte (»Der Kommunismus ist das aufgelöste Rätsel der Geschichte und weiß sich als dessen Lösung.«) und die Lenin und Stalin fortentwickelten und popularisierten. So war auch der Zusammenbruch des Kommunismus 1989 nicht nur der Zusammenbruch des maroden Wirtschaftssystems des real-existierenden Sozialismus; es war auch der Zusammenbruch eines politisch-religiösen Weltentwurfs, den – ohnedies schon lange verholzt – keine wirklichen Glaubenskräfte mehr trugen. So ist mit dem Ende des Kommunismus mehr zusammengebrochen als ein politisch-ökonomisches System, und auch die Folgen und Hinterlassenschaften dieses Zusammenbruchs sind nicht nur politisch-ökonomische. Der einmal mit dem weltweiten Anspruch einer neuen Erde und

eines neuen Menschen angetretene Kommunismus hat zuletzt durch den Zusammenbruch eines Weltbildes auch eine kulturelle, ja geradezu anthropologische Verwüstung
hinterlassen.

Die Sakralisierung der Politik

Es ist in Umrissen bekannt, und auch häufig beschrieben worden, dass die totalitären
ideologischen Systeme des 20. Jahrhunderts in ihrer Selbstinszenierung begleitet waren
von sakralisierenden Feiern, Ritualen und Liturgien. Hier muss man nur an die Gestaltung von Parteitagen, 1.-Mai-Feiern und andere Massenkundgebungen denken, in deren
Mitte in bewusst messianischer Überhöhung die charismatischen Heilsfiguren, so Hitler
und Stalin, standen, deren Erlösungskraft auf die Massen wirken sollte: Rituale einer säkular-religiösen Kommunion.[63] Dazu traten sakralisierende Elemente aus Musik, Kunst,
Sport und der Aufbau einer Erinnerungskultur, in deren Kalendern, Feiern und Festtagen
die an die Macht gekommene revolutionäre Bewegung sich selbst feierte. Dass dies selbstverständlich auch bewusst konstruierte und mit allen Mitteln moderner Ästhetik und
Technologie gesteuerte Inszenierungen waren, zeigen z. B. deutlich die einschlägigen Filme von Leni Riefenstahl.

Entscheidend ist aber die Einsicht, dass solche Sakralisierung der Politik, bei aller
Manipulation und bewusster Inszenierung, nicht ein nur äußerlich an die Ideologie he-
rangetragenes Phänomen war; es war dies ein integraler Bestandteil der säkularen Ideologien: Die säkulare Religion drängte zu ihrer Sakralisierung. Anders gewendet: So gewiss
die religiös überhöhten Rituale und Inszenierungen auch Instrumente zur Sicherung
von Herrschaft und Legitimation ihres Terrors waren, so sehr war solche Sakralisierung
der Politik der notwendige und konsequente Ausdruck der säkular-religiösen Ideologie.[64]

Sakralisierung der Politik als notwendiges Korrelat ihrer säkular-religiösen Herkunft nahm
ihren Anfang im 19. Jahrhundert. »Die charismatische Verklärung der ›Vernunft‹ (die
ihren charakteristischen Ausdruck in ihrer Apotheose durch Robespierre fand), ist die
letzte Form, welche das Charisma auf seinem schicksalsreichen Wege ... angenommen
hat.«[65] Diese »charismatische Verklärung der Vernunft«, nahm in der Französischen Revolution nicht nur ihren Anfang, sondern fand in ihr auch ihren triumphalistisch-ritua-
listischen Ausdruck: So zelebrierte die Commune 1793 in Nôtre Dame die »Fête de la
Raison«, bei der nach Zerstörung des christlichen Altars der »Tempel der Philosophen«
errichtet wurde. In ganz Frankreich wurden die Kirchen zu »Tempeln der Vernunft«
umgestaltet, in denen nun die Heiligkeit der Märtyrer der Revolution den Platz der christlichen Heiligen einnahm und junge Frauen als »Göttinnen der Vernunft« zelebrierten die
Gottesdienste der Vernunft, die an die Stelle der christlichen Messen traten.[66] Die religiös-
revolutionäre Fiebrigkeit in der Verbreitung dieses Kultes entwickelte eine derartige Intensität, dass Robespierre – auf den Weber im obigen Zitat verweist –, um die Stabilität
der Revolution zu sichern, den Kult des »höchsten Wesens« etablierte: ein Akt zentralis-
tisch-staatlich verordneter Zivilreligion, der die in ganz Frankreich auflodernden, nicht

mehr kontrollierbaren »religiösen« Energien des Vernunftkultes bündeln und der zentralen Staatsmacht einordnen sollte.[67]

Solche Sakralisierung der Politik, die in der Französischen Revolution begann und
schon dort – in schauerlichem Vorgriff auf das 20. Jahrhundert – nicht nur zur Legitimation des revolutionären Terrors diente, sondern dessen inhärenter Ausdruck war, setzte
sich im Laufe des 19. Jahrhunderts fort. Die säkular-religiösen Ideologien (insbesondere
Nationalismus, Sozialismus) formierten sich nun als Weltanschauungsparteien, »säkulare Kirchen« und davon sich abspaltende »Sekten«, die ihre Heiligen, Märtyrer, Priester,
Propheten, Häretiker und Apostaten fanden. Studiert man die Schriften und insbesondere Erinnerungen eines Herzen, Mazzini, Garibaldi, Marx, Bakunin, Kropotkin, Lagarde
und anderer Zeugen, Akteure und Propheten der Glaubensgeschichte der Moderne: Stets
ist die Sakralisierung ihrer politischen Mission, die nun zu säkularen Kreuzzügen wurden, mit Händen zu greifen. Als nur ein Beispiel mag die Erhöhung des Führers der deutschen Sozialdemokratie, Ferdinand Lassalle, zum Messias dienen:

»Ich glaube an Ferdinand Lassalle,
Den Messias des neunzehnten Jahrhunderts;
An eine sozialpolitische Wiedergeburt
Meines im Elend schmachtenden Volkes;
An die unumstößlichen Dogmen des Arbeiterstandes,
Gelehrt durch Ferdinand Lassalle,
Der geboren aus verachtetem Namen,
Gelebt im Herzen des Volkes,
Gelitten durch Bourgeoisie und Reaktion,
Gestorben durch meuchlerische Hand,
Auferstanden in der Brust treuer Jünger,
Aufgefahren in dem Geist des Arbeiter-Volkes,
Von dannen er kommen wird, zu richten,
Alle Feinde seiner Lehre.«
(Freundschuh)[68]

Schon die bisherige Herleitung hat gezeigt, dass solche Sakralisierung der Politik eine
moderne Erscheinung ist. Zwar haben sich Politik und staatliche Macht auch in vormodernen Epochen, von der griechisch-römischen Antike bis zum frühen und späten christlichen Mittelalter, immer wieder in Rituale, Symbole und Feiern gekleidet und dargestellt,
die dann aber sich anlehnten an die Symbole und Inhalte der jeweiligen, zumeist institutionalisierten kulturellen Herkunftsreligion. »Modern« an der neuzeitlichen Sakralisierung der Politik ist ihr innerweltlich-diesseitiger Charakter. In diesseitiger Transzendierung werden die »neuen Götter« und deren Ikonen gefeiert und angebetet, die »nunmehr
in Gestalt unpersönlicher Mächte aus ihren Gräbern steigen« (Max Weber): Rasse oder
Klasse, Nation und Vaterland, Proletariat oder Volksgenossenschaft, Menschheit, Gleichheit und Freiheit.

Freilich ist wenigstens anzumerken, dass auch die überlieferte Religion sich immer
wieder zu Allianzen mit den säkular-religiösen Botschaften bereit fand und mit dem Ar-

senal ihrer, auch liturgischen Herkunftstraditionen, zu deren Sakralisierung beitrug. Einen prägnanten Ausdruck findet solche sakralisierende Politisierung der Herkunftsreligion während des Ersten Weltkrieges. In fast allen beteiligten Ländern findet sich die Heiligsprechung des Krieges für das Vaterland im Namen des christlichen Gottes, auf dessen Seite man sich wusste. Hingabe und Opfer, Verabsolutierung der Kameradschaft, Heldentod, Mission des eigenen Volkes gegenüber dem antichristlichen Feind; hier vollzog sich ein Amalgam aus christlich verstandener und säkular-religiös gespeister Heiligung der Politik. Hinzuweisen wäre auch auf die im Sinn ihrer Agenten freilich nicht vollständig geglückten Versuche, durch die Konstruktion eines »deutschen Christentums« den Nationalsozialismus mit christlichen Weihen zu versehen, oder auf die Anstrengungen vor allem deutsch-protestantischer oder russisch-orthodoxer Theologen, sich mit Sozialismus und Kommunismus nicht nur zu arrangieren, sondern diese als christentumsnahe oder gar christentumsgemäße politische Ordnung zu proklamieren (»Christen für den Sozialismus«).

Doch solche und weitere Differenzierungen beiseite lassend, ist noch einmal festzuhalten: Sakralisierung der Politik in ihrer modernitätstypischen Ausprägung ist »die Entstehung einer religiösen Dimension der Politik ..., die klar abgegrenzt und autonom hinsichtlich der historisch gewachsenen und institutionalisierten Religionen ist.«[69] Emilio Gentile folgend, lassen sich folgende Merkmale generalisierend festhalten: »Eine politische Bewegung löst eine Sakralisierung der Politik aus, wenn sie:

- den Primat einer *weltlichen, kollektiven Einheit* heilig spricht und diesen in das Zentrum eines Systems von Überzeugungen und Mythen stellt, die Sinn und Zweck der sozialen Existenz definieren und die Unterscheidungskriterien zwischen Gut und Böse festlegen;
- dieses Konzept in einem Kodex von ethischen und sozialen Geboten formalisiert, die das Individuum an die sakralisierte Gemeinschaft binden, in dem sie ihm die Treuepflicht und Ergebenheit auferlegen;
- ihre Kämpfer als eine *Gemeinschaft der Auserwählten* betrachtet und die eigene politische Aktion als eine *messianische* mit dem Ziel der Vollendung einer Mission interpretiert;
- eine *politische Liturgie* entwickelt für die Anbetung der sakralisierten, kollektiven Einheit mittels des Kultes der Institutionen und der Bilder, in denen sie sich materialisiert, und mittels der mythischen und symbolischen Darstellung einer *heiligen Geschichte*, die von Zeit zu Zeit in einer rituellen Beschwörung der Heldentaten der Gemeinschaft der Auserwählten reaktiviert wird.«[70]

Aus der Fülle der Aspekte und empirischen Befunde der Sakralisierungsgeschichte der säkular-religiösen Ideologien sei abschließend nur eines der zentralen Merkmale und Motive herausgehoben: die Sakralisierung der Politik als Instrument zur Einbindung des Einzelnen in das kollektive Ganze. Auch hier sind es insbesondere die totalitären Regime des 20. Jahrhunderts, die geradezu angewiesen waren, den Einzelnen bis in sein Innerstes an sich zu binden. Das totalitäre System brauchte den totalen Zugriff auf den Menschen. In der Sakralisierung seiner selbst bemächtigte sich das System des Einzelnen. Dazu diente z. B. die Inszenierung der »rites de passage« und weiterer Rituale im Geiste der Ideologie, wie dies jüngst Hans-Ulrich Thamer herausgearbeitet hat: »Beide Diktaturen [Nationalsozialismus und Kommunismus] waren um so erfolgreicher, je mehr sie den Alltag des Einzelnen betrafen. Noch im zähen Nachleben der Jugendweihe der DDR wird dies sichtbar.«[71]

Zu welchen Graden an Einbindung des Individuums die totalitären Systeme fähig waren, zeigen eindrucksvoll, ja schauerlich die Moskauer Schauprozesse (1936-1938) gegen Bucharin und andere. Liest man deren Protokolle, versteht man die Logik des Totalitarismus und seiner politischen Religion: Die kommunistische »Selbstkritik« als säkular-religiös-totalitäre »Beichte« führt nicht zu Freispruch und Vergebung. Die »Erlösung« besteht im umfassenden Schuldeingeständnis, in dem die »Häretiker« (die freilich durchweg treu ergebene Parteigenossen waren) noch ihr Todesurteil selbst als »gerecht« geradezu einfordern: Ihr letzter Dienst an der Partei![72]

Ausblick

Zur Signatur der Gegenwart gehört, dass die säkularen Ideologien, ihre Heilshoffnungen und Erlösungsziele weithin zerronnen sind. Der Traum vom Sozialismus, mag er auch noch geträumt werden in den sektiererischen Zirkeln seiner ihm verbliebenen Anhänger, hat keine wirkliche öffentliche Bindungskraft mehr. Ebenso ist der gegenwärtig aufflackernde und publizistisch präsente Rechtsradikalismus weniger Ausdruck einer sich revitalisierenden nationalsozialistischen oder faschistischen Ideologie als vielmehr gesellschaftlich-kulturelles Krisensymptom. So ist auch der Glaube zerronnen, die Politik könne, über die Sicherung unserer äußeren Daseinsverhältnisse hinaus, in messianischer Kraft Glück, gar universales Heil schaffen. Der liberale Verfassungsstaat westlicher Demokratien, der sich heute ideell weltweit als alternativlos präsentiert, versteht sich nicht als auf einer säkular-religiösen Ideologie ruhende Heilsgemeinschaft, sondern als säkularer, weltanschaulich neutraler Rechtsstaat.

Im Kern bedeutet das Ende der säkularen Ideologien und ihrer politischen Religion, dass die einst mächtigen Hoffnungen des Glaubens an das politisch herstellbare regnum hominis, in dem das universale Glück der Menschheit sich realisiere, entkräftet sind. Die innerweltliche Geschichte als säkulare Heilsgeschichte hat ihre haltende und orientierende Kraft verloren; dies gilt insbesondere im Rückblick auf die Katastrophen des 20. Jahrhunderts, die im Namen säkular-religiöser Hoffnungen auf das regnum hominis ihren Anfang nahmen.

Ist auch der Fortschrittsglaube der säkularen Ideologien geschwunden, so gehört zur Diagnose gegenwärtiger Kulturverhältnisse sofort die weitere Einsicht hinzu: Der Fortschritt, durch Wissenschaft und die auf sie gründende Technik vorangetrieben, setzt sich als »progrès réel« (Georges Sorel) in dynamischer Weise fort. Dieser wissenschaftlich-technologische Fortschritt bestimmt in seiner alle Daseinsverhältnisse umwälzenden Unausweichlichkeit unsere gegenwartstypische Zeiterfahrung. »Der Fortschritt wird zu einer Art Naturprozess, zu einem Gefälle der geschichtlichen Wirklichkeit ..., zu einem Katarakt ..., der aufwärts stürzt ... [Man] müsste in das paradoxe Bild die ganze Dynamik eines kataraktischen Geschehens hineinnehmen: Teils Ströme, die abbiegen, dann aber mit um so größerer Wucht in das allgemeine Bett zurückfluten, Wirbel, die aber in die allgemeine Richtung einbezogen bleiben, Gischt, der aufschäumt, aber in den Sturz zurück sinkt – nur eben alles in der Richtung verkehrt, ein Sturz nach Oben.«[73]

Doch auch solcher progrés réel als »Naturgeschehen« sucht nach seiner sinnhaft-ideellen und vielleicht auch wieder ideologischen Interpretation. Denn dem Kulturwesen Mensch als dem »nicht festgestellten Tier« bleibt keine Wahl: Er muss sinnhaft zu seiner Welt Stellung nehmen. Deshalb wird die Geschichte der Ideen, der davon abgeleiteten Parolen und womöglich Ideologien weitergehen. Aber welche Götter dann sinnstiftend sein werden, nachdem zumindest im westlichen Europa das Christentum seine kulturprägende Kraft verloren hat und die Sinntraditionen säkularer Religion brüchig wurden, ist eine derzeit offene Frage.

Freilich scheint gegenwärtig, zumindest im westlichen Kulturraum, *eine* Ideologie kulturbestimmend: eine Ideologie der ökonomischen Rationalität, deren offenes oder geheimes Dogma der gesellschaftliche Nutzwert ist: der Triumph des Utilitarismus als Ideologie. Dies lässt sich gegenwärtig etwa an der Diskussion um die umwälzenden Entwicklungen der Bio- und Gentechnologie studieren. Es gehört zur Ironie der gegenwärtigen Diskussion, dass solche, auf den Nutzen als letzten Wert gegründete Ideologie sich heute selbst »Ideologiefreiheit« bescheinigt: »Ideologen« werden die genannt, die an dem alteuropäischen, in der Christentumsgeschichte entwickelten Verständnis vom Menschen als Person mit vorgängiger Würde und unverrechenbarem Wert festhalten. Es wäre eine eigene Studie wert, zu untersuchen, inwieweit die Ideologie des Nutzens schon anfängt, Elemente ihrer Selbstsakralisierung zu entwickeln.

So oder so: Alle Kultur muss zu einer Antwort finden auf die Frage, was ein Mensch ist. Die Antwort der säkularen Religion der politischen Ideologien ist zerschlissen. Unsere gegenwärtigen Antworten sind kulturell zersplittert, nicht zuletzt weil unsere Kultur weithin alle Bindungen zu ihrer Herkunft abgeschnitten hat. »Wir haben das Land verlassen und sind zu Schiff gegangen! Wir haben die Brücke hinter uns, mehr noch, wir haben das Land hinter uns abgebrochen! Nun Schifflein! Sieh dich vor! Neben dir liegt der Ozean ...«[74]

Literatur: **Said Amir Arjomand** (Hg.), The Political Dimensions of Religion, New York 1993 · **Alphonse Aulard**, Politische Geschichte der französischen Revolution, 2 Bde., München/Leipzig 1924 · **Claus Ekkehard Bärsch**, Erlösung und Vernichtung. Dr. phil. J. Goebbels. Zur Psychologie und Ideologie eines jungen Nationalsozialisten, München 1987 · **Ders.**, Die politische Religion des Nationalsozialismus, München 1998 · **Hans Barth**, Wahrheit und Ideologie, Zürich 1961 · **Ulrich Dierse**, Art. Ideologie, in: Geschichtliche Grundbegriffe, Bd. 3, Stuttgart 1982, S. 131-169 · **Joachim C. Fest**, Hitler: Eine Biographie, Frankfurt M./Berlin 1987 · **Hans Freyer**, Schwelle der Zeiten. Beiträge zur Soziologie der Kultur, Stuttgart 1965 · **Winfried Gebhardt/Arnold Zingerle/Michael Ebertz** (Hg.), Charisma. Theorie, Religion, Politik, Berlin/New York 1993 · **Emilio Gentile**, Die Sakralisierung der Politik, in: Hans Maier (Hg.), Wege in die Gewalt. Die modernen politischen Religionen, Frankfurt/M. 2000, S. 166-182 · **Joseph Goebbels**,

Tagebücher 1924-1945, hg. v. Ralf Georg Reuth, 5 Bde. (erw. Sonderausgabe), München 2000 · **Heiner Grote**, Sozialdemokratie und Religion, Tübingen 1968 · **Adolf Hitler**, Mein Kampf, 737. – 741. Aufl., München 1942 · **Lynn Hunt**, Symbole der Macht. Macht der Symbole. Die französische Revolution und der Entwurf einer politischen Kultur, Frankfurt/M. 1989 · **Jean-Pierre Sironneau**, Sécularisation et religions politiques, La Haye u.a. 1982 · **Gottfried Küenzlen**, Der Neue Mensch. Eine Untersuchung zur säkularen Religionsgeschichte der Moderne, Frankfurt/M. 1997 · **Ders.**, Das funktionale Religionsverständnis: Grenzen und Gefahren, in: Reinhard Hempelmann/Ulrich Dehn (Hg.), Dialog und Unterscheidung (FS Reinhart Hummel), EZW-Texte 151 (Sonderausgabe), Berlin 2000, S. 89-97 · **Helmut Kuhn**, Ideologie und Hydra der Staatenwelt, Köln 1985 · **Kurt Lenk** (Hg.), Ideologie, Ideologiekritik und Wissenssoziologie, Neuwied 1961 · **Michael Ley/Julius-H. Schoeps** (Hg.), Der Nationalsozialismus als politische Religion, Bodenheim 1997 · **Hans Joachim Lieber** (Hg.), Ideologie. Wissenschaft. Gesellschaft, Darmstadt 1976 · **Ders.**, Ideologie, Paderborn 1985 · **Johann Baptist Müller**, Die politischen Ideenkreise der Gegenwart, Berlin 1992 · **Michael Prinz/Rainer Zitelmann** (Hg.), Nationalsozialismus und Modernisierung, Darmstadt 1991 · **Klaus-Peter Riegel**, Konfessionsrituale im Marxismus/Leninismus, Graz u.a. 1985 · **Jakob L. Talmon**, Politischer Messianismus, Köln/Opladen 1963 · **Friedrich H. Tenbruck**, Die Glaubensgeschichte der Moderne, in: ders., Die kulturellen Grundlagen der Gesellschaft. Der Fall der Moderne, Opladen [2]1990, S. 126-142 · **Eric Voegelin**, Die politischen Religionen (1938), München [2]1996 · **Max Weber**, Wirtschaft und Gesellschaft, Tübingen [5]1976

2.6 Technik

(Hans-Dieter Mutschler)

Der Gegensatz zwischen Technik und Religion

Was ist eigentlich Technik? Die Frage scheint leicht zu beantworten: Ein Rasierapparat dient zum Rasieren, das Radio der Nachrichtenübermittlung, ein Auto, um von A nach B zu gelangen. All dies ist extrem geheimnislos und durchschaubar. Was wir technisch manipulieren, das beherrschen wir – so scheint es jedenfalls.

Im Gegensatz dazu hat Religion etwas Undurchschaubares, das sich dem Verstand nicht so leicht erschließt. Die Philosophen haben sich jahrtausendelang viel Mühe damit gegeben, die Existenz Gottes zu beweisen und sind daran gescheitert. Nach der Grundüberzeugung der christlichen Religion ist Gott überdies nicht manipulierbar. Das sieht man auch an den jeweiligen Sprachformen: Betriebsanleitungen für technische Geräte haben eine eindeutige Sprache, und wenn sie mehrdeutig sind, sind es schlechte Betriebsanleitungen. Für die religiöse Sprache ist das Symbol zentral. Symbole sind jedoch immer mehrdeutig. Deshalb ist es ja auch so schwer, die Bibel auszulegen. Von daher haben wir also durch die extrem verschiedenen Sprachformen im Bereich des Technischen und des Religiösen das große Problem der Übersetzbarkeit.

Es scheint aber, dass das nicht immer so war: Vor der Industriellen Revolution des 18. und 19. Jahrhunderts war alle Technik Handwerkstechnik. Zwar erstaunen uns heute die technischen Leistungen des Mittelalters, wie z. B. die gotischen Kathedralen mit ihren filigranen Türmen und durchbrochenen Wänden und es erscheint uns als ein Wunder, dass die Menschen früherer Zeiten solche Werke errichten konnten, ohne die dabei auftretenden Kräfte mathematisch berechnen zu können. In Wahrheit war aber diese mittelalterliche Technik eine bloße Technik des Know-how, des Herumprobierens, weshalb viele von diesen Kathedralen wieder einstürzten. Nur die solide gebauten sind übrig geblieben. Die traditionelle Handwerkstechnik hat Eigenschaften, die es in der modernen Technik so nicht mehr gibt. Handwerkliche Artefakte sind nichtstandardisierte Unikate. Sie haben keine glatten Oberflächen und sind schon von daher individuell.

Leider hat die moderne Technik die ältere Handwerkstechnik so weit verdrängt, dass wir kaum noch Zeugnisse einer solchen Technik vorfinden. Im Deutschen Museum in München gibt es allerdings noch alte Wassermühlen, wo alle bewegten Teile aus Holz sind. Dies ist eine sehr mühsame Technik, wenn man bedenkt, dass durch das Hintereinanderschalten von mehreren hölzernen Zahnrädern ein Großteil der Energie durch die Reibung wieder verloren geht.

Vorindustrielle Technik war also wenig effizient. Als Grundlage für Kraftmaschinen hatte man nur entweder Muskelkraft von Tier und Mensch oder Wind und Wasser für die entsprechenden Mühlen. Wind und Wasser waren dort oft nicht vorhanden, wo man sie brauchte. Zum Beispiel waren die Orte, wo es viel Erz in der Erde gab oft diejenigen, wo nicht genügend Wasser vorkam. Das Wasser brauchte man jedoch, um die Mühlen anzutreiben, die die Stollen leer pumpen sollten, weil sie sonst mit Grundwasser voll liefen. Unter solchen Umständen war an Massenproduktion von Metallen nicht zu denken. Die meisten Artefakte vor der Industriellen Revolution waren daher aus Holz gebaut.

Massivholz ist heute sehr wertvoll. Früher war es das gewöhnlichste Material überhaupt. Bis ins 19. Jahrhundert war Holz der häufigste Baustoff für Schiffe und Häuser. Bis in die zwanziger und dreißiger Jahre unseres Jahrhunderts waren sogar die Flugzeuge zum größeren Teil aus Holz. Der Übergang vom Holz zum Metall (noch mehr der zu Plastikwerkstoffen) entspricht dem von einer Handwerkstechnik zu einer wissenschaftlichen Technik. Man sollte diesen Übergang sehr ernst nehmen. Er hat nämlich unsere gesamte Grundbefindlichkeit verändert. Die Gegenstände, mit denen wir umgehen, färben auf unsere Weltwahrnehmung ab.

Alle vorindustrielle Technik hatte etwas Mühsames. Sie war jederzeit der Natur und ihren Wechselfällen ausgeliefert. Moderne Technik ist hingegen funktionstüchtig. Sie schiebt die Naturschranke kontinuierlich nach hinten, sodass wir manchmal sogar versucht sind, sie endgültig aufzuheben. Im Mittelalter hätte diese Illusion nicht entstehen können. Die traditionelle Handwerkstechnik war viel zu störanfällig. Zu jener Zeit gab es außerdem nur wenig technische Geräte. Das Technische war nicht, wie heute, eine Grundbefindlichkeit, die alles durchdringt und prägt. Dies hatte zur Folge, dass im Mittelalter Technik und Religion keine strengen Gegensätze bildeten. Zu jener Zeit wurde daher Gott oft als Techniker dargestellt, der mit Zirkel und Lineal hantiert. Es gibt mittelalterliche Tafelbilder, auf denen z. B. die Arche Noah oder der Turm zu Babel abgebildet sind. Auf diesen haben die Maler die jeweils neueste Technik ins Werk gesetzt. Mittelalterliche Malerei ist daher eine erstrangige Quelle für die Geschichte der Technik, was man bei solchen mythischen Sujets nicht vermuten würde.

Seit der Moderne sind wir daran gewöhnt, dass Technik und Religion Gegensätze bilden. Im Mittelalter war das ganz anders: Religion und Technik waren noch keine Gegensätze. Die Ursache war einfach die, dass diese ältere Technik in ihren Funktionen sehr sensibel abhängig blieb von der Natur, während sich moderne Technik zusehends von der Natur emanzipiert. Sie produziert, sie empfängt nicht. Wenn Empfangen der religiöse Grundakt ist, dann ergibt sich von daher leicht die Ursache für diesen Gegensatz. Der die Natur zurückdrängende Charakter der modernen Technik hat daher zu einer gewissen Entfremdung zwischen Religion und Technik geführt, der sich manchmal bis zur offenen Feindschaft steigert.

Dieses Gegensatzverhältnis hat seine Entsprechung im Verhältnis zwischen moderner Naturwissenschaft und traditioneller Metaphysik. Zum Beispiel war in der spätmittelalterlichen Metaphysik des heiligen Thomas von Aquin Gott als Systemabschluss ganz selbstverständlich enthalten. Moderne Naturwissenschaft hat aber einen anderen Charakter. Sie ist keine Wissenschaft des Abschlusses mehr, die auf ein Letztes, Unbedingtes ausgeht, sondern sie liefert nur noch hypothetisches Wissen der Art »wenn A, dann B«, wobei die Art, wie B auf A folgt, durch ein gesetzliches Schema beschrieben wird, das beliebige materielle Weltzustände miteinander verknüpft. In einer solchen Denkform kann Gott überhaupt nicht vorkommen, weil er kein endlicher Weltzustand ist und weil seine Existenz kategorisch und nicht nur hypothetisch gilt.

Die Weise, wie wir heute Wissen über die Welt erlangen, ist also – zumindest von der Methode her – »atheistisch«. Es ist also ein Faktum: Moderne Naturtheorie und eine darauf gegründete technische Praxis bilden einen scharfen Gegensatz zur traditionellen Religion. Das hat dazu geführt, dass moderne Naturwissenschaft, insbesondere aber moderne Technik, zu Berufungsinstanzen für den Atheismus wurden. Schlagend kommt dies z. B. zum Ausdruck in dem Lehrgedicht, das Bert Brecht über Charles Lindberghs Ozeanüberquerung geschrieben hat:

»Wenn ich fliege, bin ich
Ein wirklicher Atheist

Also kämpfe ich gegen die Natur und
Gegen mich selber.«

Und dann der Aufruf:

»Darum beteiligt euch
An der Bekämpfung des Primitiven
An der Liquidierung des Jenseits und
Der Verscheuchung jedweden Gottes, wo
Immer er auftaucht.

Unter den schärferen Mikroskopen
Fällt er.

Es vertreiben ihn
Die verbesserten Apparate aus der Luft.
Die Reinigung der Städte
Die Vernichtung des Elends
Machen ihn verschwinden und
Jagen ihn zurück in das erste Jahrtausend.

So auch herrscht immer noch
In den verbesserten Städten die Unordnung
Welche kommt von der Unwissenheit und Gott gleicht.
Aber die Maschinen und die Arbeiter
Werden sie bekämpfen, und auch ihr
Beteiligt euch an
Der Bekämpfung des Primitiven!«

Die Botschaft ist klar: Technik steht gegen Tradition, Natur und Gott. Offenbar ist Brecht nie, zumindest nie selbst, geflogen. Es gibt aber viele Zeugnisse aus der Geschichte der Fliegerei, und zwar angefangen von den antiken Mythen von Daidalos und Ikarus bis hin zu Otto Lilienthal, dem ersten Drachenflieger, aber auch bis hin zur Weltraumeroberung, wo das Fliegen als religiös-mythischer Vorgang erfahren wird.

Wie stellt sich also bis jetzt das Verhältnis zwischen Religion und Technik dar? Es wurde deutlich, dass sich moderne Technik erst einmal als Gegeninstanz zur Religion etablierte. Es scheint zunächst so, dass die zu Ende geführte Technik die Religion zum Verdampfen bringt. Je mehr die Technik »macht«, desto mehr Macht über die Welt verleiht sie uns; am Ende (davon träumen manche) werden wir allmächtig sein. Dieser Gegensatz zwischen Technik und Religion beruht jedoch auf einer Illusion. Wenn ich von einer Technik träume, die alles beherrscht, habe ich aus der Technik eine Religion gemacht. Es scheint fast, als wäre der mystische Impuls, der im Mittelalter zum Bau von Kathedralen, zu blutigen Kreuzzügen oder zur Askese zurückgezogener Mönche führte, heute in die Technik gefahren. Und dieser Impuls verwandelt die Technik in ein religiöses Unternehmen, wenn es erlaubt ist, den Begriff der »Religion« in einem sehr weiten Sinn zu nehmen. Danach ist jedes Verhalten religiös, das sich bemüht, die Grenzen des Endlichen zu sprengen.

Technik als Ersatzreligion in der Geschichte

Der Topos »Technik als Ersatzreligion« ist aus dem 19. Jahrhundert wohlbekannt. Zunächst verherrlichte man die Dampfkraft, später die Elektrizität. Symbol dieser Technik-Divinisierung sind viele damals erbaute Bahnhöfe, wie z. B. der Frankfurter Bahnhof von 1888, der gestaltet ist nach Maßgabe eines antiken Tempels. Auf der höchsten Spitze dieses Tempels thront der Gott Atlas und stemmt die Weltkugel. Dabei helfen ihm die personifizierten Götter des Dampfes und der Elektrizität. Manche Bahnhöfe, z. B. »St. Pancras Station« in London, sind im neugotischen Stil erbaut und sehen aus (und sollen aussehen) wie eine Kirche. Auch der Hauptbahnhof in Hamburg hat eine Art Kirchturm.

Als im 19. Jahrhundert die Elektrifizierung einsetzte, warben die Elektrizitätswerke mit Plakaten für die neue Energieform, auf der die Göttin der Elektrizität zu sehen war, wie sie triumphierend eine Glühbirne hält, die nicht nur die Wohnungen, sondern auch die Herzen der Menschen erhellte. Der Glaube an die höhere Bedeutung der Elektrizität klingt noch in Lenins bekanntem dictum nach, wonach der Kommunismus »Sowjetmacht plus Elektrizität« sei. Schon früher hatten Marx und Engels die Erwartung geäußert, dass die Einführung des elektrischen Stromes den Gegensatz zwischen Stadt und Land aufheben werde. Technische Weltbewältigung galt als Motor des Klassenkampfes und zugleich als moralischer Fortschritt.

Im Deutschen Museum in München kann man die erste Hochdruckdampfmaschine von Ernst Alban bewundern, die als ein griechisch-römischer Maschinentempel gestaltet ist. Im 19. Jahrhundert gab es Konstruktionsanweisungen zum Bau griechisch-römischer, aber auch christlich-gotischer Maschinen. All dies ist natürlich inzwischen aus der Mode gekommen und wirkt auf uns eher lächerlich. Aber das Leitmotiv »Technik als Ersatzreligion« ist auch im 20. Jahrhundert nicht wirklich außer Kraft gesetzt. Hier einige Beispiele, die zeigen, dass auch noch in der zeitgenössischen Technik die Idee einer progressiven Grenzüberschreitung steckt:

Eine der liebenswürdigsten deutschen Ingenieurgestalten war Carl Benz, ein großer Tüftler und Eigenbrötler. Ein solcher musste er auch sein, wenn er auf die merkwürdige Idee kommen konnte, ein Auto zu bauen, d. h. eine pferdlose Kutsche. Dieser Gedanke war zu seiner Zeit so exotisch, dass ihm die Banken keine Kredite gewährten. Man hielt die Konstruktion eines Autos für unmöglich und wenn für möglich, dann von der Art, dass niemand ein solches Gefährt kaufen würde. Carl Benz baute dennoch seine »pferdlose Kutsche« und stellte alle Einzelteile selbst her, mit Ausnahme der Räder, die vom Fahrrad genommen waren, weshalb diese frühen Automobile so merkwürdig aussehen. Der Wagen von Benz fuhr maximal fünf Kilometer pro Stunde, was den damaligen Zeitgenosse erschreckend viel vorkam, insbesondere, weil sie nicht von einem Pferd gezogen wurde. Die deutsche Regierung schrieb augenblicklich vor, dass 100 m vor dem Auto ein Mann mit roter Fahne einhergehen müsse, um die Passanten zu warnen.

Was hat diese eher nette und harmlose Geschichte mit der Idee einer progressiven Grenzüberschreitung durch Technik zu tun?

Die Grundüberzeugung von Carl Benz war die, den Menschen von den Fesseln des Raumes und der Zeit zu befreien. Die Dampflok war an die Schiene gebunden. Sie eroberte also nur die erste Dimension. Das Auto greift zusätzlich in die zweite Dimension: Der große Kulturfortschritt bei Erfindung des Automobils liegt laut Benz darin, »dass die motorgetriebenen Fahrzeuge mit ihrem freien, richtungsbestimmenden Können eine höhere Entwicklungsstufe darstellen auf dem Wege hinauf zur souveränen Beherrschung des Menschen von Raum und Zeit.«

»Souveräne Herrschaft des Menschen von Raum und Zeit«: Das war das eigentliche Motiv der Ingenieurtätigkeit von Carl Benz. Später, als 80-Jähriger erlebte er noch kurz vor dem Ersten Weltkrieg die Anfänge der Fliegerei. Über den fliegenden Menschen sagt er: »Tief unten lässt er triumphierend alle Erdenschwere. Abgestreift sind die angeborenen Fesseln des Raumes.« Dies ist ein Vers mit geradezu antiker Metrik. Inhaltlich könnte dieser Vers aus einem religiösen Text stammen. Zum Beispiel könnte man mit solchen Worten die Aufnahme Mariens in den Himmel beschreiben oder auch ein Gnostiker könnte so geredet haben, denn auch die Gnostiker gaben vor, die Menschen aus ihrer Verhaftetheit an Raum, Zeit und Materie zu befreien. Es ist jedoch darauf aufmerksam zu machen, dass Benz bei alledem ein äußerst nüchterner Mensch war. Das musste er auch sein, um seine neue Erfindung gegen die zahlreichen äußeren Widerstände durchzusetzen. Aber gerade dieser nüchterne Konstrukteur war erfüllt von einer alles Irdische transzendierenden Sehnsucht. Eine solche Sehnsucht gehorcht keinem praktischen Zweck mehr. Sie ist selbst Zweck genug und dieses Motiv findet sich immer wieder in der Geschichte der Verkehrstechnologie, bis hin zur Eroberung des Weltraums.

Otto Lilienthal zum Beispiel, der gegen Ende des 19. Jahrhunderts die ersten Gleit-, heute würden wir sagen Drachenflüge unternahm, war von der moralischen Bedeutung seines Tuns überzeugt. Fliegen würde zur Abschaffung des Krieges führen. Heute wissen wir es besser.

Um die Raketentechnik wob sich zu allen Zeiten eine regelrechte Mystik. Der Vater der Raketentechnik war Hermann Oberth, der in der Weimarer Republik die ersten Raketen baute. Er schrieb in den zwanziger Jahren ein später sehr berühmt gewordenes Buch: »Die Rakete zu den Planetenräumen«. In diesem Buch gibt er präzise technische Anweisungen, wie man den Weltraum erobern und die Erdanziehung überwinden könne. Die Veröffentlichung kam zunächst bei den Fachleuten nicht gut an, weil man sie für reichlich fantastisch hielt. Später dann wurde das Opus ein Klassiker. Oberth hat aber auch fantastische Literatur geschrieben. So z. B. sein Buch »Der Katechismus der Uraniden«, eine krause Mischung aus UFO-Glauben, Sciencefiction, Resten von Christentum und bürgerlichem Humanismus. Oberth gibt sich in diesem Buch als eine Art von Religionsstifter, der eine stark technizistisch geprägte Religion entwickelt. Dieser Versuch fällt in dieselbe Zeit wie Brechts Lehrgedicht über Charles Lindbergh. Fliegen muss also nicht notwendigerweise atheistisch machen.

Oberths Schüler, Wernher von Braun, glaubte, dass er vom Schicksal dazu ausersehen sei, der Menschheit den Weg in den Weltraum zu ebnen.[75] Von Braun war überzeugt, dass die Eroberung des Weltraums dem Menschen zugleich den Schlüssel zu den tiefsten Geheimnissen der menschlichen Existenz liefern werde: Weltraumfahrt als Sinnstiftung – der Raketenstart als Gebet. All dies entwickelte von Braun im Rahmen einer christlich-pantheistischen Mystik. Er sprach sehr oft von Gott, als dessen Technikprophet er sich sah. Als solcher wurde er vom Papst in Rom empfangen und arglose Pfarrer lasen seine Texte von der Kanzel, um zu beweisen, wie wenig sich christlicher Glaube und moderne Technik widersprechen.

Natürlich ereignen sich technologische Innovationen immer auch in wirtschaftlichen und politischen Zusammenhängen, von denen man sie nicht ablösen darf. Es gibt keine frei schwebende Technikreligiosität. Ganz generell gilt, dass die hier vertretene These vom kryptoreligiösen Charakter moderner Technik nicht etwa beinhaltet, dass man die Technikentwicklung statt von ökonomischen, politischen oder sozialen Hintergründen nun von einem rein religiösen Hintergrund her entschlüsseln sollte. Es geht hier nicht um sich ausschließende Alternativen. Politisch-ökonomische Hintergründe sind immer sehr bestimmend. Jedoch greift häufig durch solche politisch-ökonomischen Determinationen – besonders in innovativen Phasen – ein religiöses oder pseudoreligiöses Moment hinein, das man oft übersieht. Hermann Oberth ließ sich seine Raketenversuche durch die Militärs der Weimarer Republik finanzieren. Der Versailler Vertrag hatte den Deutschen weitere Aufrüstung untersagt, aber nicht von Raketen gesprochen, weil es sie noch nicht gab. Von Braun andererseits hat in Peenemünde jederzeit eng mit den Nazis zusammengearbeitet. Er war sogar Mitglied der SS und rekrutierte Zwangsarbeiter, die im unterirdischen KZ unter bestialischen Bedingungen V2-Raketen montieren mussten. Nach dem Zweiten Weltkrieg bagatellisierte er diese Verstrickungen oder leugnete sie rundweg. Durch neuere Untersuchungen ist jedoch klar geworden, dass sich von Braun außerordentlich tief auf das Naziregime eingelassen hatte. Andererseits waren die Motive der beiden, Oberth und von Braun, sehr verschieden von denen ihrer militärischen Auftraggeber. Beide wollten wirklich den Weltraum um seiner selbst willen erobern und nicht aufgrund praktisch-politischer Zwecke. Um dieses »idealistische« Ziel zu erreichen, nahmen sie jedoch sehr bedenkliche oder sogar verbrecherische Mittel in Kauf – der Zweck hatte sie geheiligt.

Den technischen Geschwindigkeitsrausch hatte schon vor dem Ersten Weltkrieg der faschistische Dichter Filippo Marinetti in seinem »futuristischen Manifest« besungen: »Ein Rennwagen, dessen Motorhaube mit Auspuffrohren wie mit feuerspeienden Schlangen geschmückt ist, so ein drohender Rennwagen, der wie ein Maschinengewehr ratternd dahinbraust, ist schöner als die geflügelte Nike von Samothrake.« Auch hier wird das Technische ästhetisch überhöht und zum Selbstzweck gesteigert. Solche Motive ziehen sich durch die Entwicklung der Verkehrstechnologie hindurch bis zum heutigen Tag. Sie lassen sich nachweisen bis in die höchsten Spitzen der amerikanischen Weltraumbehörde NASA; z. B. hat der deutschstämmige Jesco von Putkamer ein Buch geschrieben mit dem bezeichnenden Titel: »Der Mensch im Weltraum. Eine Notwendigkeit.« Nach von Putkamer muss der Mensch den Weltraum erobern, um sich von der Schwerkraft zu befreien, also ein ähnliches Motiv wie schon bei Carl Benz. Von Putkamer geht so weit, diesen transzendierenden Drang mit vorgeburtlichen Erfahrungen zu begründen. Wir hätten in einem solchen Zustand Erfahrungen mit Engeln und Dämonen gemacht, die der Schwerkraft nicht unterworfen seien. Und all dies sagt von Putkamer in einem »seriösen« Werk und nicht in einem Sciencefiction-Roman. Allerdings sind Sciencefiction-Romane in solchen Kreisen sehr beliebt und es ist wenig bekannt, dass es zwischen beiden Bereichen einen beständigen Transfer gibt. Sowohl Oberth, als auch von Braun und von Putkamer waren oder sind bei der Produktion von Sciencefiction-Filmen als Berater tätig. Der verbreitete Glaube an die durchgängige Rationalität der Technik ist eine Art, ihre durchgängige Irrationalität zu verdrängen.

Auch ist in den höchsten Spitzen der NASA bis heute eine pantheistische New-Age-Mystik sehr stark verbreitet, die die Arbeit dieser Ingenieure entscheidend bestimmt.[76] Solche überschwänglichen Motivationen begleiten gewöhnlich das Entstehen neuer Techniken und verschwinden dann wieder, weshalb man sie auch so schnell wieder vergisst.

Die Divinisierung des Dampfes und des elektrischen Stromes aus dem 19. Jahrhundert wirkt auf uns heute skurril, aber wir erleben gegenwärtig eine Divinisierung des Computers, die in 20 oder 30 Jahren nicht weniger skurril wirken wird.

Die Weltraumfahrt hat inzwischen viel von ihrer Faszination verloren. Die Amerikaner müssen schon einen John Glenn, der als erster Amerikaner 1962 die Erde umrundete, nach 36 Jahren nochmals in den Orbit befördern, um wieder etwas von der alten Weltraumbegeisterung hervorzurufen. Aber auch ein solcher PR-Gag hilft nicht mehr weiter. Die Unendlichkeiten des Weltraums sind nicht mehr anziehend genug. Was heute fasziniert ist die Unendlichkeit des Datenraums.

Die Entwicklung der Computertechnologie war in den letzten 30 Jahren in der Tat rasant. Pro Mikrochip steigerte sich die Anzahl der Bauteile nach folgendem Muster:

1970: hundert
1975: tausend
1980: fünfzigtausend
1985: eine Million
2000: rund eine Milliarde

Ein Sättigungspunkt in dieser Entwicklung ist noch nicht in Sicht. Womöglich wird es bald den »Quantencomputer« geben, der einzelne Quantenzustände codiert. Dann sind noch mehrere Zehnerpotenzen an Leistungssteigerung und Miniaturisierung möglich und wir können kaum erahnen, welche Chancen sich dann eröffnen werden.

Ein solches Transzendieren der informationstechnischen Grenzen führt oft zu religiös-mythischen Homunkulusfantasien: Kann man den Menschen nachbauen, überbieten, unsterblich machen? Solche Zielvorstellungen werden zusätzlich noch durch die Gentechnologie unterstützt. Schon ist man dabei, den »genetischen Schalter« zu finden, der die Alterungsprozesse steuert. Vielleicht werden wir bald den todlosen Menschen haben, der seine Todlosigkeit mit wahrer Unsterblichkeit verwechselt, als ob es genügte, nicht zu sterben, um unsterblich zu sein!

Noch radikaler sind manche Apostel der Cyberspacetechnik oder »virtual reality«: Sie glauben, dass wir durch immer exaktere Simulation von Wirklichkeit schließlich die Differenz zwischen Realität und Fiktion aufheben werden, um zu Schöpfern des Seins zu mutieren. Dann nämlich wären wir nicht nur, was früher beides Gott vorbehalten war, Herren über Leben und Tod, sondern auch über Sein und Nichtsein.

Heilserwartungen in die Computertechnologie

Die Theorie des Computers existiert seit den dreißiger Jahren. Der englische Mathematiker Alan Turing erfand damals die nach ihm benannte Maschine, die eigentlich keine Maschine, sondern ein Gedankenexperiment zur Lösung mathematischer Grundlagenfragen ist. Gleichwohl ist diese so genannte »Turingmaschine« der logische Bodensatz aller seitdem gebauten Computer. Im Zweiten Weltkrieg arbeitete Turing an den damals noch mit Röhren bestückten ersten Computern. Mithilfe eines solchen Computers in der Größe eines Dreifamilienhauses knackte er den Spionagecode der Deutschen, was dazu führte, dass die Alliierten fast alle deutschen U-Boote im Atlantik abschossen, weil sie ihren genauen Standort kannten. Heute findet ein solcher Computer auf einer Scheckkarte Platz.

Turing wurde für seine kriegsentscheidende Tat niemals geehrt, weil er ein höchst diffiziler Charakter war, mit dem die meisten Menschen nicht zurechtkamen. Wegen einer lieblosen Jugend und wegen seiner homosexuellen Veranlagung verhielt er sich im puritanischen England der dreißiger Jahre so wenig systemkonform, dass er zum genialen Außenseiter wurde.

Ein existenzieller Ausweg aus dieser Isolation war für Turing der Gedanke, er könne selbst ein Computer sein. Turing war nicht nur einer der wesentlichen Erfinder des Computers, sondern auch der erste, der den so genannten »Funktionalismus« vertrat; die Meinung nämlich, menschliche Bewusstseinszustände seien nichts anderes als funktionale Zustände der Neuronen im Gehirn, vergleichbar mit einem Computer, der verschiedene funktionale Zustände einnehmen kann.

In den USA ist dieser reduktionistische Funktionalismus inzwischen unter Philosophen, aber auch unter vielen Psychologen, herrschend. Der Mensch: nichts als ein Computer! Ein solcher Gedanke, so merkwürdig er zunächst anmuten mag, ist für den, der ihn fasst, handlungsentlastend. Das war schon so bei Alan Turing. Die Datenwelt ist in gewissem Sinne eine Idealwelt: Alles ist wiederholbar, es gibt keinen Schmerz, keinen Schmutz, kein Alter, keinen Tod, noch nicht einmal Staub. Die »Innenwelt« des Computers entspricht ziemlich genau der platonischen Ideenwelt. Auch Platos Ideenwelt war vom Ideal und der Präzision des Mathematischen her motiviert. Weil es hier einen sachlichen Zusammenhang gibt, sind viele Computerfreaks, Softwareentwickler oder Hacker Platoniker, mit der typischen Eigenschaft der Leibfeindlichkeit. Die Psychologin Christel Schachtner hat diesen Zusammenhang empirisch untersucht und in ihren Büchern dargestellt.

Am Massachusetts Institute of Technology (MIT) in den USA ist Marvin Minsky seit mehreren Jahrzehnten für »Künstliche Intelligenz« (KI) zuständig. Nach seiner Meinung ist es nur noch eine Frage der Zeit, bis der Computer den Menschen überholt haben wird. Auch der KI-Fachmann Hans Moravec vertritt eine ähnliche Idee: Er glaubt ebenfalls, dass die menschliche Intelligenz von ihrem Körpersubstrat ablösbar sei und dass wir sie ohne Verluste auf Computer laden können. Der Computer ist dann beliebig reparierbar, alterslos und in einem gewissen Sinne jetzt schon unsterblich.

Nach Moravec sind die Computer die nächste Stufe in der Evolution und werden – gut darwinistisch – den herkömmlichen Menschen ausrotten. Vielleicht werden sie noch einige von ihnen in Reservaten halten, wie wir heute Aborigines oder Nashörner in Reservaten halten, um sie zu bewundern oder zu belächeln, so wie KI-Fachleute heute schon herablassend statt von hard- oder software von der »wetware« des Menschen sprechen oder wie Moravec in einem Fernsehinterview bekannte, Essen sei ein steinzeitliches, ziemlich ekelhaftes Tun. Dem Menschen gemäßer sei es, an der Steckdose Strom zu tanken, wie jeder ordentliche Roboter und über Hirnsonden Lustgefühle anzuregen, wenn unser atavistisches Inneres danach verlangte.

Um die KI ist es inzwischen etwas stiller geworden, weil die klassischen Ansätze nicht in der Lage waren, alle menschlichen Intelligenzleistungen zu simulieren, geschweige denn zu überbieten. Doch schon gibt es die neuen Programmiertechniken des Artificial-Life-Konzepts (auch »Künstliches Leben« = KL genannt), wo man mithilfe von »genetischen Algorithmen« Evolutionsprozesse plastisch simuliert und auf diese Weise hoffen kann, dem Geheimnis des Lebens endlich auf die Spur zu kommen.

Roboter, die mit »genetischen Algorithmen« programmiert wurden, sind weitaus lern- und anpassungsfähiger als KL-gesteuerte. Ihre Bewegungs- und Verhaltensweisen wirken viel ›natürlicher‹ als etwa die der traditionell nach KI-Muster programmierten Industrie-roboter.

In Deutschland ist Josef Rademacher von der TU Ulm führend in der Robotik. Nach ihm haben auch Roboter Gefühle und Bewusstsein. Es gebe keine prinzipielle Differenz zwischen Mensch und Maschine. Psychologen wie Dietrich Dörner greifen diesen Ball auf und entwickeln eine Psychologie, die nur noch informationstheoretische Begriffe ent-hält. Menschliche Leistungen werden nur noch als Transformation von input- und out-put-Parametern interpretiert.

Der Wissenschaftsjournalist Stewart Brand hielt sich ein halbes Jahr am Massachu-setts Institute of Technology (MIT) auf und befragte die dort arbeitenden Ingenieure, insbesondere die am »Media Lab«, nach ihren leitenden Motiven und Zukunftsvisionen. An David Zeltzer, der am MIT zuständig ist für »Animation Research«, stellte Brand die Frage: »Warum schlagen Sie sich dann damit herum? ... Warum bleiben Sie nicht bei der Realität?« Darauf antwortete Zeltzer: »Weil man die Realität nicht automatisieren kann ... Juniorgötter wollen wir sein. Die Realität existiert zum größten Teil schon. Die virtuelle Realität lässt sich noch erschaffen.«

Und Jerome Wiesner vom selben Institut sagte: »Ich habe die vielleicht etwas roman-tische Vision, wir würden mit der Revolution der Informationstechnologien die Evoluti-on noch einmal rekapitulieren ... Ich glaube, der Prozess der Maschinenentwicklung wird zu Ergebnissen führen, die wir uns heute noch nicht vorstellen können. Ich werde wohl nicht unsterblich werden, aber vielleicht meine Kinder. Sie werden vielleicht aus einem anderen Stoff gemacht sein als ich.« (Wohlgemerkt, unter seinen »Kindern« versteht er die von ihm hergestellten Roboter!)

Nat Durlach, Kommunikationstheoretiker am MIT, sagte ohne jeden ironischen Un-terton: »Das Experiment Mensch weist noch einige störende Fehler auf, einige von ihnen vielleicht sogar verhängnisvoll, die irgendwie – und zwar möglichst bald – beseitigt wer-den müssen.« Es gehe darum, »uns selbst zu verändern, damit wir besser zu unseren Ma-schinen passen«.

Peter Schröder, Mathematiker und Informatiker am MIT, spricht unverhohlen von einer »Wiederbelebung des Magischen durch die Technologie« und formuliert auf klassi-sche Weise, was ich »das Apriori der modernen Industriegesellschaft« nennen würde: Mit der Fähigkeit etwas zu erschaffen, gehe der Wunsch einher, alles zu erschaffen, um auf diese Art die physikalischen Zwangsbedingungen aufzuheben. Nun, auch dies ist wieder ganz präzise das zentrale Motiv, auf das man immer wieder stößt, wenn man die Ge-schichte der Technisierung seit der Industriellen Revolution verfolgt, der Versuch näm-lich, das Technische in den Rang einer Religion zu erheben. Es ist allerdings zu erwarten, dass sich diese Computerallmachtsfantasien verflüchtigen werden wie die Divinisierung des Dampfes und des elektrischen Stromes im 19. Jahrhundert.

Es gibt nämlich eine gründliche wissenschaftliche und philosophische Literatur, in der herausgearbeitet wurde, dass Computer, wie sie heute gebaut werden, kaum Chancen haben, alle Leistungen des Menschen zu simulieren. Der Physiker Roger Penrose hat in verschiedenen seiner Bücher gezeigt, dass z. B. Mathematisieren jederzeit mehr ist, als Algorithmen abarbeiten, was das einzige ist, was ein Computer kann. Diese Argumentati-on ist deshalb besonders beeindruckend, weil sie zeigt, dass der Computer bereits dort gravierende Schwächen aufweist, wo wir ihn für besonders stark halten, nämlich auf dem Gebiet der Mathematik.

Philosophen wie Hilary Putnam und John Searle kritisierten den Funktionalismus mit sehr starken Gründen. Searle macht z.b. darauf aufmerksam, dass alle menschlichen Bewusstseinszustände durch Intentionalität gekennzeichnet sind, d. h. Bewusstseinszustände richten sich auf etwas. Das Gefühl ist z. B. das Gefühl von etwas, Angst ist die Angst vor etwas, ein Gedanke ist ein Denken an etwas usw. Computerzustände sind aber nur sie selbst und daher nicht intentional ausgerichtet. Folglich ist es unwahrscheinlich, dass ein Computer Bewusstsein haben wird.

Das Problem jedoch ist, dass Hardliner wie Rademacher, Minsky oder Moravec solche philosophischen Bücher nicht lesen. Es herrscht eine große Sprachlosigkeit zwischen Philosophen und Ingenieuren. Auch auf Kongressen bleiben die Reduktionisten meist unter sich. Da wir in Europa fast alles nachmachen, was in den USA Mode wurde, gibt es auch bei uns Apostel der Roboter-Revolution. So hat Gero von Randow ein Buch mit dem bezeichnenden Titel geschrieben:»Roboter, unsere nächsten Verwandten«, in dem er sich dazu versteigt, Menschen, die im Roboter nur einen Sklaven sehen, mit den Sklavenhaltern des 18. Jahrhunderts zu vergleichen.

Man muss sich einmal vor Augen führen, was das bedeutet: Ein führender Wissenschaftsjournalist, der regelmäßig in einem Blatt wie der ZEIT publiziert, dreht ohne hinreichende Begründung und offenbar ohne Kenntnis der relevanten philosophischen Diskussion die Beweislast um: Nicht wir, die wir davon überzeugt sind, dass Roboter reine Mittel zu extern gesetzten Zwecken sind, dürfen vom Robotiker eine Erklärung dafür verlangen, weshalb er den Menschen abschafft, sondern der Mensch, der an seiner Würde und seinem Selbstzweck festhält, wird mit den Sklavenhaltern des 18. Jahrhunderts verglichen!

Schon gibt es Theologen, die sich für besonders progressiv halten und diesem kollektiv sanktionierten Unsinn den kirchlichen Segen erteilen: In der ZEIT vom 29.9.1999 wird von der evangelischen Pastorin und Informatikerin Anne Foerst berichtet, dass sie sich am MIT darauf vorbereitet, den ersten Roboter zu taufen, der die Frage stellt »Woher komme ich?« Sie wird nicht lange darauf warten müssen.

Gentechnologie, Internet und Cyberspace

Die Unsterblichkeits- und Homunkulusfantasien, die durch die Computertechnologie und durch die Robotik angeheizt werden, finden zusätzlich Unterstützung auf dem Feld der Gentechnologie, deren Fortschreiten nicht selten durch die Hoffnung auf Unsterblichkeit motiviert war und ist. David Noble hat in seinem Buch über die »Erlösungsfantasien der Technologen« den religiösen oder pseudoreligiösen Hintergrund der Gentechnologie verdeutlicht. Danach schwärmten schon die Entdecker der DNA, James Watson und Francis Crick, von Unsterblichkeit, da sie ja davon überzeugt waren, das »Geheimnis des Lebens« gefunden zu haben. Von Crick und Watson an gibt es eine ununterbrochene Tradition von Wissenschaftlern, die an eine genetisch herstellbare Unsterblichkeit glauben. So hat z. B. der Direktor der University of California in Santa Cruz, der 1985 die erste

Konferenz zur Entzifferung des menschlichen Genoms leitete, erklärt, dass dieses Projekt sich einfüge in den ewigen Drang des Menschen, Grenzen zu überschreiten, was seiner Substanz nach zur Religion gehöre: »Als Galilei entdeckte, dass er die Bewegung der Körper mit einfachen mathematischen Formeln beschreiben konnte, hatte er das Gefühl, die Sprache gefunden zu haben, mit der Gott das Universum erschaffen hat. Heute könnten wir sagen, dass wir die Sprache entdeckt haben, mit der Gott das Leben erschaffen hat.« Es geht hierbei nicht um ein kontemplatives Naturverständnis der Bewunderung des uns Vorgegebenen, sondern – wie auch bei Galilei – um den Versuch, Natur zu beherrschen und – im Unterschied zu Galilei – die Position Gottes selbst einzunehmen.

Wie Noble berichtet, ist die religiös inspirierte Motivation unter Gentechnologen weit verbreitet, von einfachen Studenten bis hin zu den Chefs der großen Laboratorien. Nach Noble gibt es Genlaboratorien, in denen die Studenten in dem Glauben leben, einen direkten Draht und privilegierten Zugang zum göttlichen Wissen zu haben, das sie mit der Kenntnis der DNA identifizieren.

Solche überschäumenden Motive finden sich bis in die höchste Ebene. So ist z. B. der Leiter des »Human Genome Project«, Francis Collins, Angehöriger einer christlichen Gemeinschaft, in der die Entzifferung des menschlichen Genoms als religiöse Großtat angesehen wird. In solchen Kreisen ist nie von den Gefahren der Gentechnologie die Rede. Was Gott will, muss gut sein. Und wie immer, gibt es auch hier einen renommierten Fachtheologen, der den Missbrauch auch noch absegnet.

So hat der anglikanische Priester und Biochemiker Arthur Peacocke, der selbst an der Entzifferung der DNA mitwirkte, diesem Unternehmen den christlichen Segen erteilt. Peacockes Schriften zeichnen sich überhaupt dadurch aus, dass sie den wissenschaftlich-technischen Fortschritt uneingeschränkt gutheißen, ohne zu bemerken, dass Macht korrumpiert und dass das Christentum immer zugleich auch eine Kritik der Macht sein sollte und eine lebendige Erinnerung daran, dass Machen nicht alles ist und Empfangen die größere Macht als bloßes Machen.

Die größte Macht hätte der Mensch, wenn er alles manipulieren könnte. Solche Ideen werden heute von radikalen Cybernauten vertreten. Der Cyberspace – oder deutsch: der kybernetische Raum – bezeichnet im weitesten Sinne alle computergenerierten virtuellen Räume, also auch z. B. das Internet. In einem engeren Sinne spricht man von »Cyberspace« dort, wo ein Rechner dreidimensionale, interaktive Bilder des Realen erzeugt, die man durch Stereobildschirme betrachten kann und die im Betrachter nach einiger Zeit die Illusion erwecken, er befinde sich in einer Realität, die es an sich »gibt«.

Wie oft in der Technikgeschichte wurde auch der Begriff des »Cyberspace« von einem Dichter erfunden, nämlich von dem Sciencefiction-Autor William Gibson. In seinem Buch »Neuromancer« zeigte er im Voraus eine kybernetische, computererzeugte Welt, die sich mit der natürlichen so verbindet, dass beide ununterscheidbar werden. Man weiß nicht mehr, was real und was fiktiv ist. Zugleich wird dieser Cyberspace, wie einstmals der »absolute Raum« Newtons, mit Gott identifiziert. Überhaupt spielen bei Gibson religiöse Kategorien eine große Rolle. So identifiziert er z. B. auch den Cyberspace mit Teilhard de Chardins »Noosphäre«. Der katholische Priester und Paläontologe Teilhard de Chardin hatte ja schon in den sechziger Jahren vorhergesagt, dass die Menschheit auf eine neue Form der technikgestützten Einheit zulaufen werde, die alle individuellen Bewusstseinsformen in einem Superbewusstsein, namens »Noosphäre«, vereinigen werde.

Diese »Noosphäre«, die bei Teilhard zwischen Gott und Technik changiert, hat in der Computertechnologie Karriere gemacht und wird dort auch eine »transzendente Software-Realität« genannt. Die verschiedensten Autoren, nicht nur Gibson, können sich auf dieses Konzept einer technikinduzierten Religiosität einigen. Wer Zeugnisse dieser technikinduzierten Religiosität sucht, findet sie reichlich in den Büchern über Cyberspace-Technik, wie z. B. in denen von Rheingold oder Waffender.

Waffender hat z. B. den bekannten Cyberspacetechniker und Chef der Firma VPL, Jaron Lanier, interviewt, der den Cyberspace als Nachfolgeprojekt der Weltraumfahrt darstellt, was den Drang des Grenzüberschreitens anbelangt. Der Flug ins Weltall habe in einer kargen Landschaft geendet. Während wir in die Tiefen des Alls hinausflogen, hätten »wir uns die Zugänge zu den inneren Räumen des menschlichen Wesens durch sperriges Bewusstseinsmobiliar verstellt«. Nun gehe es um einen erneuten Weg nach innen: »Das Leben zu verschiedenen Zeiten in radikal anderer Form erfahren, durch Rituale oder sonstiges«, sei immer schon ein Bestreben des Menschen gewesen und könne heute durch Cyberspacetechnik erreicht werden. Da die Menschen an die herkömmlichen religiösen Rituale nicht mehr glauben, würden sie diese Technik eher annehmen, weil »die virtuelle Realität über Apparate läuft«, obwohl der Zweck derselbe sei.

Seinem Interviewer sagt Lanier, er wolle »ihm aus dem Nichts eine künstliche Welt bauen« mittels dem, was er seine »Heim-Realitätsmaschine« nennt. Dies sei die erste im Handel erhältliche »Welt in der Dose«, gleichwohl jedoch eine Welt ohne Grenzen, d.h. insbesondere ohne Schwerkraft, Staub, Schmerz und Tod. Und diese Kunstwelt sei zugleich genau so real wie die physische Welt und genauso objektiv, denn »was wir hier synthetisieren, ist die Wirklichkeit selbst und nicht bloß eine bestimmte isolierte Maschine«.

Wenn so die Differenz zwischen dem Gemachten und dem Gegebenen aufgehoben wird, wenn das Virtuelle real ist, wie die Realität sonst auch, dann rückt der Mensch an die Stelle Gottes. So wie er sich mittels Gentechnologie und Artificial Life schmeichelt, Herr über Leben und Tod zu sein, schmeichelt er sich hier, Herr über Sein und Nichtsein zu werden, um Welten aus dem Nichts ins Dasein zu rufen.

Gerade dieses Motiv findet sich oft in der Cyberspacetechnik. Der Datenraum, der sich uns schon im Internet in eine Unendlichkeit hinein ausbreitet, evoziert wie auch der Weltraum religiöse Kategorien. Heute gewinnt der kybernetische Raum die Qualität eines Gottesattributs. Und weil wir ihn selbst erzeugen können, scheinen wir zu Herren der Unendlichkeit geworden zu sein und über Sein und Nichtsein befehlen zu können.

Wie sehr dieses Bestreben, alle Grenzen zu sprengen, um alles zu manipulieren, unsere Kultur durchdringt, wird durch einen abschließenden Blick auf die strengste Wissenschaft, die Physik, deutlich. Der Physiker Paul Davies nennt in seinem Buch über eine »Vereinigte Feldtheorie« diese auch »Die große Dreieinigkeit« und glaubt, dass eine solche Theorie die traditionelle Differenz zwischen Modell und Wirklichkeit in sich aufheben werde, so wie die Cyberfreaks die Differenz zwischen Fiktion und Realität aufheben wollen. Wie diese versucht auch er, die göttliche »creatio ex nihilo« szientistisch einzuholen. Es sei aufgrund der projektierten Theorie damit zu rechnen, »daß sich die Welt irgendwann als eine Skulptur aus reiner Abwesenheit, als selbstorganisierte Leere erweisen wird«. Und weiter: »Wenn wir der Fantasie freien Lauf lassen, dann können wir uns eine Menschheit vorstellen, die eines Tages die Kontrolle über die Urkraft bekommt. Um dies zu erreichen, müssten wir die größte Kraft im Universum manipulieren, denn die Urkraft ist letztendlich dafür verantwortlich, alle Kräfte und alle physikalischen Strukturen hervorzubringen. Sie ist der Urquell aller Existenz. Wir wären dann wahrlich die Herren des Universums.«

Fazit

Ausgangspunkt dieser Untersuchung war ein vermeintlich scharfer Gegensatz zwischen Technik und Religion. Eine nähere Betrachtung zeigte jedoch: Der moderne Technisierungsprozess ist selbst von einer Art Kryptoreligiosität getragen, dem Bemühen nämlich, Grenzen immer weiter hinauszuschieben, bis hin zu regelrechten Unsterblichkeitsfantasien.

Es ist allerdings damit zu rechnen, dass das Motiv »Technik als Ersatzreligion« verschwinden wird und zwar verursacht durch die ökologische Krise. Die nichtmanipulierbaren Sekundäreffekte der Technik sind inzwischen oft negativer als ihr Nutzen. Hinzu kommt, dass bei wachsender Eingriffstiefe eventuelle Katastrophen immer schrecklicher ausfallen und Katastrophen lassen sich prinzipiell nicht vermeiden. Die Maxime, die seit dem 19. Jahrhundert »immer schneller, höher, weiter« hieß, lässt sich nicht ewig festschreiben.

Weiter kommt ein sehr nüchterner, aber entscheidender Grund hinzu: Die Großtechnologie wird irgendwann einmal unfinanzierbar werden. Es ist kein Zufall, dass die Amerikaner den Bau des so genannten »Supercollider«, des größten Elementarbeschleunigers aller Zeiten, gestoppt haben, nachdem schon mehrere Milliarden Dollar verbaut waren. Solche Projekte sind einfach nicht mehr bezahlbar. Ähnlich ist es mit der internationalen Weltraumstation »Freedom«, die gegenwärtig montiert wird. Dass die Amerikaner andere Nationen zu ihrem Bau einluden, hatte nicht die Ursache, dass sie plötzlich zur Weltverbrüderung neigen, sondern die viel schlichtere, dass sie diese Station allein nicht hätten bezahlen können. Und jetzt, da sie gebaut wird, ist der Unmut groß, weil viele der Beteiligten nicht mehr einsehen können, dass so riesige Summen (100 Milliarden) in ein Projekt gesteckt werden, die woanders fehlen, wobei sogar der wissenschaftliche Nutzwert dieser Station äußerst fraglich ist.

In Bezug auf die Computertechnologie greifen solche Argumente nicht, denn sie ist im Verhältnis ›billig‹ und erzeugt überdies keine Umweltschäden. Es ist jedoch die Frage, ob nicht die sozialen Veränderungen, die eine fortschreitende Computerisierung hervorrufen werden, solchen Umweltschäden die Waage halten. Wenn in Zukunft in jede Wohnung Glasfaserkabel verlegt werden, mit deren Hilfe sich 200 Satellitenprogramme empfangen lassen, dann stellt sich die Frage nach einem Informations-Overkill und einem neuen Video-Analphabetismus.

Vielleicht brauchen wir eine neue Einstellung zur Technik, eine weit nüchternere. Vielleicht sollte Technik überhaupt nur Mittel zu endlichen Zwecken sein und keine religiösen Inhalte transportieren.

Doch selbst dann würden diese Inhalte nicht einfach verschwinden. Es scheint, dass die Sehnsucht nach Überschreitung aller Grenzen im Menschen drinsteckt. Wenn sie sich nicht technologisch ausdrückt, dann eben anders. Die Säkularisierungsthese der Soziologen ist empirisch widerlegt. Nach dieser These sollte die Menschheit in ihrer Geschichte immer unreligiöser, unmetaphysischer, zweckrationaler und diesseitiger werden. Die Säkularisierungsthese wurde inzwischen von verschiedenster Seite her angegriffen, weil sie angesichts der realen geschichtlichen Entwicklung höchst unplausibel ist. Die ironischste Pointe ist aber, dass die Säkularisierungsthese gerade dort besonders schwach ist, wo sie ihre größte Stärke zu haben glaubte, im Bereich des technischen Fortschritts. Man ist fast versucht, von einem »Religionserhaltungssatz« zu sprechen, so wie es in der Physik einen »Energieerhaltungssatz« gibt. Dort bleibt die Summe aller Energie konstant und ändert nur ihre Form. In diesem Sinne scheint es auch eine religiöse Grundenergie im Menschen zu geben, die sich jeweils verschieden äußert, aber keine Anstalten macht, zu verschwinden. Dies zeigt nicht zuletzt ein Blick auf die Geschichte der Technik in aller Deutlichkeit.

Literatur: **Propyläen Technikgeschichte**, 5 Bde., Berlin 1997ff. · **William Gibson**, Neuromancer, München [8]1992 · **Bernd Guggenberger**, Das digitale Nirwana, Reinbek 1999 · **Werner Kinnebrock**, Optimierung mit genetischen und selektiven Algorithmen, München 1994 · **Ders.**, Künstliches Leben, München 1996 · **Christa Maar/Ernst Pöppel/ Thomas Christaller** (Hg.), Die Technik auf dem Weg zur Seele, Hamburg 1996 · **Hans Moravec**, Mind Children. Der Wettlauf zwischen menschlicher und künstlicher Intelligenz, Hamburg 1990 · **Hans-Dieter Mutschler**, Physik – Religion – New Age, Würzburg [2]1992 · **Ders.**, Die Gottmaschine. Das Schicksal Gottes im Zeitalter der Technik, Augsburg 1998 · **David F. Noble**, Eiskalte Träume. Die Erlösungsphantasien der Technologen, Freiburg i.Br. 1998 · **Roger Penrose**, Computerdenken, Heidelberg 1991 · **Ders.**, Schatten des Geistes. Wege zu einer neuen Physik des Bewußtseins, Heidelberg 1995 · **Hilary Putnam**, Repräsentation und Realität, Frankfurt/M. 1999 · **Gero von Randow**, Roboter, unsere nächsten Verwandten, Hamburg 1997 · **Howard Rheingold**, Virtuelle Welten, Hamburg 1992 · **Florian Rötzer/P. Weibel** (Hg.), Cyberspace, München 1993 · **Christina Schachtner** (Hg.), Technik und Subjektivität, Frankfurt/M. 1997 · **Teilhard de Chardin**, Der Mensch im Kosmos, München 1969

3. Weihe des Profanen und christlicher Glaube

> »Ein Christenmensch ist ein freier Herr über alle Dinge und niemandem untertan. Ein Christenmensch ist ein dienstbarer Knecht aller Dinge und jedermann untertan.«   (Martin Luther, Von der Freiheit eines Christenmenschen, 1520)

Der christliche Glaube ist gegenüber der Weihe des Profanen in einer anderen Position als gegenüber explizit religiösen Phänomenen. Er muss zunächst dem Eindruck mit Argumenten begegnen, die sakrale Säkularität sei frei von religiösen Dimensionen. Hinter diesem Eindruck steht eine bestimmte inhaltliche Vorstellung von Religiösem oder womöglich auch eine Abwehr. Das Gespräch über sakrale Säkularität erfordert eine Aufklärung[77] darüber, dass auch, wer nach seiner eigenen Überzeugung nichts glaubt, sehr wohl etwas glauben kann, und religiös sein kann, wer keine Religion hat. Erst von einer positionellen religiösen, gläubigen Haltung aus tritt dies in Erscheinung. Der »Abegott« (vgl. Luthers Erklärung zum 1. Gebot) wird im Licht der Zusage des 1. Gebotes erkannt.

Das postmoderne Oszillieren zwischen Spaß und Ernst, Kunst und Kult gehört gewiss vielfach zum Charakteristischen der Weihe des Profanen und muss deutlich wahrgenommen werden (s. o.). Über die Religionsförmigkeit entscheiden die verwendeten Codes und die beanspruchte und ausgeübte Macht der profanen Phänomene. Eine christliche Perspektive hat kein Interesse daran, möglichst viel Religiöses in der Weihe des Profanen zu identifizieren. Sie ist freilich sensibel für die Inszenierung von Übermacht und Überorten in eigentlich profanen Zusammenhängen. Christliche Apologetik weist auf unbegründete Machtansprüche oder brüchige Gewissheiten hin. Sie ist die dialogische und beziehungsorientierte Darstellung des Christlichen gegenüber anderen Gottes- und Weltverständnissen. Ihr geht es um die Freiheit des Menschen von falschen Abhängigkeiten und um nachhaltige Vergewisserung und Orientierung. Christliche Apologetik zielt gegenüber den Phänomenen sakraler Säkularität auf ein Doppeltes:

- Relativierung von Machtansprüchen und
- Prüfung der Orientierungs- und Vergewisserungsleistungen.

3.1 Gestaltwandel des Religiösen

Bei der Entzifferung der religiösen Dimension in der sakralen Säkularität entdeckt man: Religiös ist die sakrale Säkularität, insofern sie Elemente klassischer Religion zitiert, dadurch eine Welt jenseits der Alltäglichkeit darstellt und so einen besonderen Anspruch erhebt, dem sich Menschen z. T. unterwerfen. Sie will faszinieren, indem sie einen Überort oder eine Übermacht inszeniert, an dem teilzuhaben Wert und Bedeutung vermittelt sowie eine neue Gemeinschaft verspricht.

Die Dispersion, die Zerstreuung des Religiösen, macht Religiöses überall und nirgends präsent. Religiosität verwandelt sich von einer das Leben insgesamt bestimmenden Erfahrung der Zugehörigkeit und Bindung an eine transzendente Macht in eine mögliche Vielzahl von Bindungen an immanente Transzendenzen, die relativ beliebig und in großer Zahl geriert und inszeniert werden können. Das Heilige verweist nicht mehr auf dem Menschen Entzogenes, das gleichwohl »zufallen« kann, sondern auf gesteigerte Immanenz, die der Mensch durch bestimmte Leistungen besitzen kann. Heiliges wird zum Heldischen in sehr unterschiedlicher Gestalt, an das sich Menschen binden und das Menschen bindet; das Göttliche wird zum Übermenschlichen, das Menschen verehren und das einen Anspruch auf Verehrung erhebt.

Diese Verwandlung des Religiösen in den Phänomenen sakraler Säkularität ist in ihren Folgen hinsichtlich der Leistungen von Religiosität zu diskutieren:

1. Inwieweit kann die Weihe des Profanen ihre Versprechen einhalten und die klassischen Leistungen von Religion erfüllen?
2. Inwieweit verdient das Verehrte und Verehrung Beanspruchende wirklich Verehrung?

1. Der Soziologe Carsten Wippermann hebt hervor, dass die Pluralisierung und Erlebnisorientierung auf dem so genannten religiösen Markt der Funktionalität von Weltanschauungen und Religiösem eher hinderlich sind. »Die durch den Markt der Religion (und Ersatzreligion) verstärkte Unübersichtlichkeit erzeugt ... zunehmend synkretistische Weltanschauungskonstrukte, die für die praktische Lebensführung deshalb unerheblich sind, weil der Einzelne die weltanschaulichen Komponenten nicht mehr in ein konsistentes Ganzes integrieren kann.«[78] Die Pluralität der neuen heiligen Phänomene erweist sich als Problem. Durch ihre Vielfalt relativieren sie sich gegenseitig. Vergewisserungs- und Orientierungsleistungen können sie deswegen nicht nachhaltig erbringen. Der religiöse Markt bedient zwar religiöse Bedürfnisse, erschwert aber durch Pluralität und Angebotsorientierung, dass Religiöses für Identität und Lebensführung relevant wird. Religiöse Bedürfnisse werden zwar befriedigt, aber die Leistungen von Religion werden nach Wippermann nicht mehr in gleichem Maße erfüllt. Wippermann stellt in seiner empirischen Studie fest, dass nicht etwa bei den Subjektivisten, sondern vornehmlich bei den Anhängern der christlichen Weltanschauung (sie sind nicht mit Kirchenmitgliedern identisch) eine Bedeutung der Weltanschauung für Identität und Lebensführung festzustellen ist. Die modernen Phänomene sakraler Säkularität wollen gewiss manchmal, aber können nur selten Funktionen authentischer Religion nachhaltig erfüllen. Sie führen sozusagen zu impotenter und darum oft unglücklicher Religiosität.

2. Damit Weltanschauungen wirksam für die Bewältigung von Sinnkrisen und die ethische Orientierung bleiben, braucht es Reflexion über Religion. Kritische Reflexion über Religion macht Religiöses bewusst und verhilft dazu, begründete und unbegründete religiöse Ansprüche zu unterscheiden. Gerade auch sakrale Säkularität muss in die Reflexion über Religiöses einbezogen werden. Die Voraussetzung solcher Reflexion sind Lebensräume, in denen die Religion lebendig ist und in denen Kommunikation über religiöse Orientierungen möglich ist. »Eine Lösung der durch die Religionsvielfalt und Religionsfreiheit ausgelösten Ambivalenzen sowie der Defunktionalisierung bzw. der Umfunktionalisierung von Weltanschauung liegt zunächst darin, Anreize und Foren für den privaten Dialog zu schaffen ... Nur in Kommunikationen, in denen der Einzelne die Grundlagen seiner Lebenswelt und die existenziellen Fragen zu thematisieren bereit ist (und es ihm erlaubt ist), kann es gelingen, die Weltanschauungsfragmente auf logische Konsistenz zu prüfen und ihre Alltagstauglichkeit abzuschätzen.«[79] Kommunitaristische Sozialtheorien aufgreifend, fordert Wippermann auch hinsichtlich von Religion und Weltanschauung ein »magisches Dreieck« aus solitärer Reflexion des Individuums, privatem Dialog in der lokalen Lebenswelt und dem öffentlichen religiösen Diskurs in der Gesellschaft. Nicht allein Erlebnis und Erfahrung, sondern Dialog und kritischer Diskurs sichern die Lebendigkeit und die Tragfähigkeit von Religion.

Sakrale Säkularität ist nicht nur zu entdecken und hinsichtlich möglicher Leistungen von außen zu reflektieren, sondern dann auch kritisch, und das heißt von bestimmten Positionen aus, zu beurteilen. Christliche Theologie ist an einer klaren Unterscheidung von Heiligem und Profanem, von Gott und Welt interessiert. Christliche Apologetik versucht die guten Gründe für diese Unterscheidung darzulegen. Sie beantwortet damit die Frage nach dem rechten Stellenwert und der rechten Bedeutung des Weltlichen für den Menschen.

Von einem christlichen Standpunkt aus könnte man die Thesen von Bolz (s. o.) aufnehmen und wie der Prophet Elia im Namen des einen Gottes gegen die vielen Götter des Marktes zu Felde ziehen. Christliche Götzen- und Religionskritik dient der Befreiung von den ungerechtfertigten und hohlen Ansprüchen verklärter Profanität. Sie ist gegenüber Ideologien und allen anderen Absolutheitsansprüchen notwendig.

Eine Erinnerung an den biblischen Grundtext für das Verständnis von Apologetik (1. Petr 3,15) kann veranschaulichen, was damit gemeint ist. Reinhard Slenczka erinnert bei seiner Auslegung von 1. Petr 3,15 daran, dass 1. Petr 3,14 Jes 8,12 zitiert.[80] Deswegen sei die übliche Lutherübersetzung (»Fürchtet euch aber vor ihrem Trotzen nicht ...«) irreführend oder sogar falsch. Es müsse vielmehr heißen: »Fürchtet euch nicht vor dem, was sie fürchten.« Apologie beginnt also mit der Unterscheidung von Ängsten (und Ansprüchen). Sie ist eine Abkehr nicht allein von abstrakten Weltbildern oder Weltdeutungen, sondern von den Ängsten, die die Position des Gegenübers bestimmen. Im tiefsten Kern geht es daher in der Apologie und in der Apologetik um das 1. Gebot. »Vor Menschen und vor dem, wovor Menschen Angst haben, braucht sich der nicht zu fürchten, der Gott fürchtet und sein Vertrauen auf Jesus Christus setzt ... Vor dem Gericht der Öffentlichkeit braucht sich nicht zu fürchten, wer weiß, dass Gott Richter über alle Welt und jeden Menschen ist und dass er uns in Jesus Christus aus diesem Gericht retten will.«[81]

Für einen theologisch verantwortlichen Umgang mit den Phänomenen sakraler Säkularität bietet sich neben dem Muster »Elia und die Baals-Propheten«, das den göttlichen Anspruch der Baale bekämpft und bestreitet, auch das Modell »Paulus und das Götzenopferfleisch« (1. Kor 10) an, das einen etwas anderen Akzent hat: Es profanisiert Geweihtes und säkularisiert Sakralisiertes. Paulus mahnt primär diejenigen zur Rücksichtnahme, die am Verzehr des rituell geschlachteten Fleisches Anstoß nehmen, aber er »säkularisiert« auch vom Schöpfungsglauben her das den heidnischen Göttern geheiligte Fleisch. Profanes wird profan. Wo Säkulares manchen heilig wird, bleibt der christliche Glaube grundsätzlich an einer Entsakralisierung des Profanen interessiert. Dies ist eine Konsequenz des 1. Gebotes. Wo Diesseitiges sakral aufgeladen wird, besteht die Aufgabe, die religiöse Verklärung zu hinterfragen und für die Ursachen der Verklärung bessere Lösungswege zu überlegen. Die heiligen Produkte sollen unverbissen verweltlicht werden. Die Verweltlichung verdankt sich dem Glauben an den Schöpfergott. Der Schöpfungsgedanke leitet auch dazu an, die vielfältigen Bedürfnisse nach Genuss, Erlebnis und Erhebung, die hinter der Weihe des Profanen stehen, als wirklich menschliche, »vorletzte Dinge« einzuschätzen und ihnen den ihnen gebührenden Raum zu geben. Insgesamt fordern die Phänomene sakraler Säkularität also zu der heilsamen und weisen Unterscheidung zwischen »letzten und vorletzten Dingen«[82] heraus. Diese nimmt den Dingen der Welt den heiligen Schein und gibt ihnen ihren irdischen Glanz zurück. Weil es das Letzte gibt, werden von Heils- und Sinnfragen entlastete Bereiche des Vorletzten konstituiert: Politik, Ökonomie u. a. Hier gelten Rationalität und regelmäßige Überprüfung von Ansprüchen sowie Skepsis und eine kräftige Prise Humor. Die Unterscheidung von letzten und vorletzten Dingen verändert das oben (S. 32) entwickelte Schema der Entstehung der Weihe des Profanen:

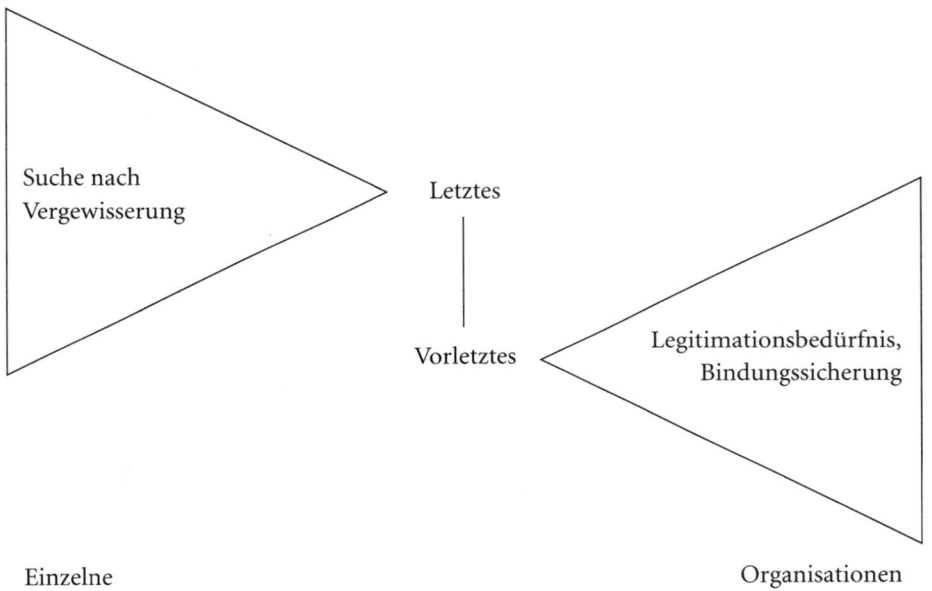

Die notwendige Entweihung des Endlichen soll nicht Freude und Genuss daran verderben, Ansprüche und Bindungen nicht auflösen, sondern relativieren. Das Staunen und die Freude über die Möglichkeiten der Welt raubt dem Schöpfer nichts von seiner Ehre. Der Glaube an die letzten Dinge führt zur Verweltlichung der vorletzten Ding. »Es gibt nicht nur eine Verweltlichung des Glaubens in dem Sinn, dass der Glaube seine Kraft verliert und gegenüber den Mächten der Entkirchlichung und Entchristlichung das Feld räumt. Sondern es gibt darüber hinaus eine Verweltlichung der Welt in dem Sinn, dass diese von aller Vergöttlichung befreit und in ihrem weltlichen Charakter anerkannt wird. Eine solche Verweltlichung der Welt ist ein ureigenes Anliegen des Christentums und zugleich eine Voraussetzung von Kultur im modernen Sinn des Wortes.«[83] Christentum und Säkularität verhalten sich daher nicht nur möglicherweise spannungsvoll zueinander. Sie können (auch) in einem tief begründeten Einklang zueinander stehen. Verweltlichung ist eine der Kulturwirkungen des biblischen Glaubens und des Christentums. Wo die kulturellen Wirkungen des Christentums schwächer werden, verlieren sich auch seine verweltlichenden Nebenwirkungen. Die Unterscheidung von Religion und Profanität verhilft dem Profanen und Endlichen zu einer eigenen Würde und einem eigenen Selbstverständnis.

Die Verweltlichung geschieht im christlichen Glauben aber nicht primär aus einem kulturellen Interesse, sondern aus einem theologischen. Schöpfer und Schöpfung, Geber und Gabe sollen nicht verwechselt werden. Der Kirchenvater Augustin hat bekanntlich Sünde als Vertauschung des Gegenübers der Haltungen von »frui« (verehren, genießen) und »uti« (gebrauchen) definiert. Der Sünder ist danach der, der das Endliche, die Dinge der Welt, absolut setzt, also mit ihnen so umgeht, als seien sie der Grund und der Boden seiner Existenz. Er vertraut dem, dem nicht zu trauen ist. Er vergewissert sich durch das Ungewisse und orientiert sich am selbst Orientierungsbedürftigen. Die Erkenntnis der Verkehrtheit solchen Umgangs mit dem Endlichen erschließt sich dem Glauben an den Gott, der unendliches Vertrauen beanspruchen kann, weil er die Totalität der Welt und ihrer Geschichte bestimmt.

Die Unterscheidung der letzten und der vorletzten Dinge setzt voraus, dass wirklich von den letzten Dingen geredet wird. Sakraler Säkularität lässt sich also nicht einfach durch rationale Aufklärung der irdische Glanz zurückgeben, sondern durch die Gleichnisse vom Himmelreich. Christen hoffen: »Dein Reich komme ...« und bringen so eine Transzendenz ins Spiel, die zur Immanenz noch hinzukommen kann und muss. Die Differenz von Kirche und Welt soll sich nicht so darstellen, dass die Kirche weltlich und die Welt sakral wird, sondern so, dass die Kirche der Raum ist, wo Gott ins Spiel gebracht wird. Das Bedürfnis nach Erhebung über den Alltag wird deswegen nicht durch Verächtlichmachung, sondern durch die Feier der »Erhebung zum Herrn« beantwortet; die fantastischen Transsubstantiationen des Kultmarketings fordern also zu einer sehr bewussten christlichen Feierkultur heraus, die das Brechen und Teilen des täglichen Brotes mit der Teilhabe an der Geschichte Jesu Christi verbindet. Ohne das in der Kultur wirkende Kraftfeld dieser spezifischen heiligen Geschichte wird das Bedürfnis, Säkulares unheilsam mit Schein-Heiligkeit aufzuladen, bestehen bleiben und in dem Maße noch zunehmen, in dem die kulturelle Wirksamkeit dieses Kraftfeldes geringer wird. Absolute Profanität ist auf Dauer nämlich offenbar nicht auszuhalten.[84]

Kirche und Theologie haben deswegen die religiösen und spirituellen Sehnsüchte der Menschen ernst zu nehmen. Das Bedürfnis nach Weihe, Feier und Erhebung braucht nicht theologisch entwertet zu werden. Es kann durch eine Spiritualität, die besser ist als die des Stylings und Marketings, aufgenommen und transformiert werden. Die seltsame Realität sakraler Säkularität ist ein Appell an die Kirchen, nicht säkular zu werden, sondern auf das Jenseits hinzuweisen, das nicht von dieser Welt, aber durchaus die »Kraft des Diesseits« (Ernst Troeltsch) ist.

Die ethische Dimension: Statt Alltagsflucht Annahme der Realität

Christliche Theologie wird auf den bedenklichen ethischen Nebeneffekt bei der Weihe des Profanen und der Sakralisierung von Säkularität aufmerksam machen. Wenn die Profanität sich mit religiösen Begriffen und Strukturen weiht, kehrt sie eine Bewegung, die vor allem für das Christentum grundlegend ist, um: Nicht der Göttliche entäußert sich seiner Göttlichkeit (Phil 2), wird menschlich und irdisch, sondern das Weltliche raubt das Göttliche; nicht das Göttliche wird weltlich, sondern Weltliches vergöttlicht. Nicht »in unser armes Fleisch und Blut verkleidet sich das ewig Gut«, sondern unser armes Fleisch und Blut verkleidet sich in ewig Gut. Sakralisierungen haben ethische Nebenwirkungen. Folgen »Gesinnung« (Phil 2) und Handeln der Bewegung des christlichen Gottesverständnisses, so werden Menschen an ihre irdischen und sozialen Verantwortlichkeiten erinnert; folgen sie der Bewegung des Kultmarketings, so werden sie gerade umgekehrt ihrer sozialen Verantwortlichkeiten enthoben. Das mag angesichts labyrinthischer Realität verlockend scheinen, ist aber nichts anderes als die Verheißung jeder Droge. So gesehen bekommt der Satz aus der Zigarettenwerbung »Glaube – find your world« einen bedenklichen Sinn. Er vermittelt dann nämlich das Versprechen, vom sozialen Alltag entrückt zu werden und eine Eigenwelt zu finden, in der nur das jeweilige Ich wirklich ist – in herrlicher und furchtbarer Isolation.

Im christlichen Glauben gibt es eine Heiligkeit des Profanen, die umgekehrt zur Bewegung des Kultmarketing verläuft. Sie ist keine Erhebung des Irdischen, sondern eine Erniedrigung des Himmlischen.[85] Gott wird Mensch und ist im Kind in der Krippe, in der Leidensgestalt des Gekreuzigten und in den Werken der Barmherzigkeit zu finden. Im Abendmahl gibt sich in den profanen Elementen von Brot und Wein Christus selbst seiner Gemeinde. Das Irdische wird gerade als Profanes, als ganz und gar Irdisches, heilig. Es gibt keinen christlichen Glauben ohne das Staunen über diese, dem Kultmarketing entgegengesetzte Heiligung des Profanen. Der Sünder wird gerechtfertigt.

Der schwerste Einwand des christlichen Glaubens gegen die Weihe des Profanen ist, dass sie der Rechtfertigungslehre geradezu entgegengesetzte Anschauungen befördert. Christliche Religion thematisiert die Erfahrung, dass Lebensmöglichkeiten verweigert und versagt werden: Ich verfüge nicht über mein Leben, ich kann nicht alles, ich bin auf Erden und nicht im Himmel. Ihre Grunderfahrung ist aber andererseits, dass jeder Mensch mehr ist, als in seinen eigenen überschaubaren Möglichkeiten beschlossen liegt (Dietrich Rössler). Überraschend und ungeplant kann es immer wieder zur Erfahrung erweiterten und neuerschlossenen Lebens kommen – in Bezug auf schöpfungsgemäßes Wohl wie endgültiges Heil. Solch erfülltes Leben ist nicht selbstverständlich. Die Weisheit der christlichen Frömmigkeit ist die Überzeugung, dass unentfremdetes Leben nicht herstellbar und nicht käuflich ist, aber sehr wohl erfahrbar – immer wieder. Das Glück fällt zu. Die religiöse Sprache würde nicht von Zufall, sondern von Gnade und Segen sprechen. Christliche Religion ist Raum für die Wahrnehmungen des Zufälligen. Sie drückt diese Erfahrungen in Riten und Festen der Freude wie der Klage und des Schmerzes aus. Anders ausgedrückt: Sie ist der Raum für die Wahrnehmung und Annahme der Endlichkeit des Menschen und schützt damit vor den Überforderungen und Normen des Vollkommenseinmüssens. Das Problem der säkular verzweckten Religiosität besteht darin, dass sie unfähig wird, Gnade und Geschenk auch wirklich als Gnade und Geschenk wahrzunehmen. Damit geht eine Dimension des Lebens verloren, für die der besondere, vom Alltag immer auch unterschiedene Bereich der Religion steht. Die Unterscheidung von Religion und Profanität sensibilisiert für die Unterscheidung zwischen dem Machbaren und dem beim Handeln

Erlebbaren, den Aufgaben des Lebens und dem, was einem dabei aufgehen kann. Bei Religion »geht es nicht um das, was wir pragmatisch beherrschen, technisch können und theoretisch wissen, sondern um die praktische Anerkennung der unverfügbaren Sinnbedingungen unserer Existenz« (Thomas Rensch). Gerade auch christlicher Glaube wird sich als die Ermöglichung von Freiheit angesichts der Erfahrung von Bedürftigkeit und Abhängigkeit verstehen können. Solche Freiheit braucht einen Ort, damit sie als Lebensressource erhalten bleibt. Religiöse Institutionen, Kirchen, so problematisch sie auch empfunden werden mögen, haben hierin ihren durchaus weltlichen Sinn.

Literatur: **Evangelische Kirche in Deutschland/Vereinigung Evangelischer Freikirchen**, Gestaltung und Kritik. Zum Verhältnis von Protestantismus und Kultur im neuen Jahrhundert, Hannover 1999 · **Reinhard Hempelmann**, Trends und Gegentrends, in: MD EZW 6/1999, S. 161-171 · **Michael Nüchtern**, Kirche in Konkurrenz. Herausforderungen und Chancen in der religiösen Landschaft, Stuttgart 1998 · **Matthias Petzoldt/Michael Nüchtern/Reinhard Hempelmann**, Beiträge zu einer christlichen Apologetik, EZW-Texte 148, Berlin 1999

Michael Utsch:

II. | Ekstase, Erfolg, Erneuerung, Orientierung – vier Versprechen der Psychoszene

1. Psychoszene: Entstehung, Eingrenzung und Problematik

1.1 Psychologie – eine populäre Heilslehre

> »Die Hobby-Freuds sind überall, man kann ihnen nicht entkommen. Schlimmer noch: Man ist selbst schon einer.«[1]

In allen persönlichen Lebensbereichen, aber auch in der Wirtschaft, der Politik und dem Sport sind heute psychologische Erklärungen maßgeblich. Psychologische Faktoren beeinflussen die Partnerwahl und das Bewerbungsgespräch, die Aktienkurse und den Wahlkampfausgang. An der mentalen Haltung vor dem Sportwettkampf wird intensiv gearbeitet, Manager buchen Selbsterfahrungsgruppen, und sowohl Versicherungsmakler als auch Pfarrer lassen sich psychologisch schulen. Psychologische Ratgeber für alle möglichen Lebenslagen sind eine der wenigen Wachstumsnischen auf dem angeschlagenen Buchmarkt. Wie Talkshows ohne psychologische Experten oder Zeitschriften ohne die einschlägige Ratgeberkolumne undenkbar geworden sind, kommen auch viele persönliche Gespräche nicht mehr ohne psychologisierende Deutungen aus.

Im Gefolge der beeindruckenden naturwissenschaftlichen Fortschritte hat sich bei vielen der Glaube eingenistet, dass wie in der Technik bald auch Regulations- und Kontrollmöglichkeiten für die Seele zur Verfügung stünden. Ausgehend von den technischen Errungenschaften werden in der Regel hohe Erwartungen an psychologische Maßnahmen und Behandlungen geknüpft. Die wissenschaftliche Psychologie müsse doch in der Lage sein, seelische Probleme wie Ängste, Unsicherheiten oder Zwangsvorstellungen nachhaltig zu beseitigen oder erwünschtes Verhalten gezielt hervorzurufen. Analog den umwälzenden Fortschritten in den Informationstechnologien (Telefon, Fernsehen, Computer, Internet), der Fahrzeugtechnik (Auto, Flugzeug, Eisenbahn) oder der Medizin (Ultraschall, Operationstechnik) werden ähnliche Gestaltungs- und Veränderungsmöglichkeiten auch von der Psychologie erwartet.

In der Tat bewirkte die Einführung wirkungsvoller Neuroleptika in den fünfziger Jahren die mit Abstand größte Veränderung in der Versorgung psychiatrisch Erkrankter. Ihre Behandlung ist durch die Weiterentwicklung in der Psychopharmakologie viel effektiver geworden. Dieser Fortschritt nährt nun aber die Hoffnung, dass es bald möglich sein könnte, durch Medikamente erwünschte Seelenzustände nach Belieben herzustellen – Glück auf Rezept.[2] Die Vorstellung ist weit verbreitet, dass sich der Mensch mit Hilfe geeigneter Psychotechniken umfassend ändern und von lästigen Schwächen und Fehlern befreien könne. Aber gibt es wirklich eine Art psychologischen Bypass für die dunklen Seiten der Seele?

Psychologische Einsichten und Erklärungen haben unser Bild vom Menschen verändert. Freud sprach von drei Demütigungen für die Menschheit – Galileis Entdeckung der Erdumlaufbahn um die Sonne, Darwins Evolutionstheorie und seine eigene Psychologie des Unbewussten. Demnach sei nicht das Ich Herr im Hause, sondern alles Denken, Fühlen und Handeln hänge mit unbewussten Wünschen und Motiven zusammen. In der Tat hat die Psychologie die Gegenwart nachhaltig geprägt. Psychologische Termini zählen heute wie selbstverständlich zum allgemeinen Sprachgut, vielfach ohne dass ihre Herkunft und genaue Bedeutung bekannt wäre. Frustration, unbewusst, Depression, neurotisch, Verdrängung, narzisstisch und viele weitere (tiefen-)psychologische Fachbegriffe gehören zur Umgangssprache. Damit sind ihre Sichtweise und in ihr transportierte Ideale – auch wenn sie vielfältig und widersprüchlich sind – zum Allgemeingut geworden.

Im Zeitalter der Individualisierung und Pluralisierung kommt der Psychologie, die als eigenständige Wissenschafts-Disziplin gerade einmal etwas mehr als hundert Jahre existiert, eine wachsende Bedeutung zu. Psychologische Überlegungen wären der Schlüssel, so meinen viele, um unter den verwirrend vielen, gleich gültigen Lebensstil-Optionen die individuell passende Variante herauszufinden. Von allen wissenschaftlichen Unternehmungen besitze die Psychologie die größte Tragweite, meint der amerikanische Wissenschaftspublizist John Horgan: »Selbst pseudowissenschaftliche Erklärungen der menschlichen Natur haben die Macht, den Lauf der Geschichte zu verändern. Die Bewegungen, die von Karl Marx und Sigmund Freud ins Leben gerufen wurden – oder auch von Jesus, Buddha und Mohammed, deren Theologien ebenfalls implizite Theorien über die menschliche Natur enthalten –, haben dies gezeigt«.[3] Weil die Psychologie als Lehre vom menschlichen Erleben und Verhalten bei Laien häufig die Hoffnung weckt, bald jegliche seelische Regung erklären, kontrollieren und verändern zu können, wird ihr häufig ehrfürchtig gegenübergetreten. Dagegen sind die Fachleute hinsichtlich der Vorhersag- und Steuerbarkeit seelischer Reaktionen skeptischer und bescheidener. Aus heutiger Sicht besitzt das komplexe Zusammenwirken von Anlage und Umwelt, Person und Situation, Genen und Gewohnheiten eine relativ stabile Eigendynamik und lässt sich psychologisch viel weniger beeinflussen, als man früher noch dachte.

Als die Epoche der ideologischen Weltverbesserer in den siebziger Jahren zu Ende ging, begann ein massenhafter Rückzug in die Innerlichkeit, ins eigene Ich. Nachdem sich gesellschaftliche Strukturen als schwer veränderbar erwiesen hatten, wurde innerseelisch nach dem wahren Lebensglück gesucht – bei der eigenen Wahrnehmung, dem Fühlen, Bewerten und Wollen. Peter L. Berger hat diese Wendung nach innen mit der Formel charakterisiert: »Aus Kosmologie wird Psychologie, aus Geschichte Biografie«. Nicht mehr die größere Gemeinschaft, sondern das individuelle Glück rückte ins Zentrum. »Therapie statt Politik« hieß die neue Losung, und an die Stelle der Befreiungsutopien trat der Psychoboom.[4] Die Suche nach dem wahren, unverfälschten Ich war das hohe Ziel, mit dessen Erreichung die Lösung aller Lebenskonflikte verbunden wurde.

Veränderte Wertvorstellungen und neue persönliche Entwicklungsziele wurden maßgeblich von populären psychologischen Konzepten geprägt. Personen, die den Anschein von Selbsterkenntnis, Echtheit (»Authentizität«) und Selbstverwirklichung glaubhaft vermitteln, übernehmen heute eine Leitbildfunktion. Als »moderne Tugenden« sind sie im Alltagsbewusstsein fest verankert. Dank psychologischer Tricks soll es nun für jede(n) möglich sein, diese gefragten Eigenschaften anwenden zu können.

Das Vertrauen in das psychologische Gestaltungsvermögen scheint ungebrochen. Mit einem populärpsychologisch (halb-)gebildeten Blick nach innen suchen viele Trost, Hoffnung, Halt und Orientierung bei psychologischen Erklärungen. Im Zuge dieses Wechsels werden für das Seelenheil der Menschen immer weniger die Pfarrer und Priester und immer mehr die Ärzte und Psychotherapeuten zu Rate gezogen. Die Psychologie übernimmt damit Aufgaben, die früher dem religiösen Glauben zufielen und vom kirchlichen Gemeindeleben übernommen wurden – viele sprechen ihr weltanschauliche Orientierungskompetenz zu.

Psychologie als weltanschauliche Ersatzbildung

Wie hoch der öffentliche Bedarf nach psychologischen »heiligen Texten« in der Öffentlichkeit ist, zeigen die Umsatzzahlen psychologischer Ratgeber und Selbsthilfebücher. Spezifische, populärpsychologische Kultbücher lassen sich für die vergangenen Jahrzehnte leicht finden. War es in den Siebzigern Jörg Andrees Eltens »Ganz entspannt im Hier und Jetzt«, in den Achtzigern Dale Carnegies »Sorge dich nicht, lebe« und in den Neunzigern vielleicht die »Fünf Tibeter«, wäre gegenwärtig beispielsweise Bodo Schäfers »Weg in die finanzielle Freiheit« zu nennen.[5] Obwohl seine eigene Firma Konkurs anmelden musste, verkauft er seine Erfolgstrainings an eine immer größer werdende Fangemeinde. Mit anderen Worten: Quasi-religiöse Inhalte und entsprechende Beziehungsangebote finden sich in der heutigen Seminarfülle der Psychoszene mit ihren weit verzweigten Schwerpunkten zuhauf.

Neben der Religion und der Naturwissenschaft ist damit »das psychosoziale System ein Grundbestandteil unserer Gesellschaft geworden, dessen Bedeutung und Ausdehnung eher wachsen als abnehmen wird: eine dritte Kirche«.[6] Der renommierte Zukunftsforscher Leo N. Nefiodow, der von so unterschiedlichen weltanschaulichen Milieus wie der Transpersonalen Psychologie und der evangelikalen Bewegung zu Rate gezogen wird, prognostiziert sogar einen weiter wachsenden Bedarf auf dem Gebiet der Beratung, Psychotherapie und der Personal- und Managementschulung. Nach seinen Recherchen sind in den letzten Jahren weltweit die meisten neuen Arbeitsplätze im Gesundheitswesen und in den Bereichen der psychologischen Fort- und Weiterbildung entstanden. Tatsächlich bieten ein gutes halbes Jahrhundert nach dem Kriegsdesaster und dem Wiederaufbau Deutschlands – gemessen an der Bevölkerungszahl – hier weltweit die meisten Psychotherapeuten ihre Dienste an. Bedarf und Nachwuchs erscheinen unerschöpflich zu sein. Ein weltweit einzigartiger (und in sich widersprüchlicher) »Facharzt für psychotherapeutische Medizin« hat darüber hinaus durch Übergangsregelungen auf einen Schlag zusätzlich 4000 Spezialisten bereitgestellt, die alle in Vollzeit psychotherapeutisch tätig sind.[7] Wenn damit wirklich der spätmodernen Erkrankung einer »neurotischen Störung« begegnet werden soll, müsste sie sich epidemieartig verbreitet haben. Vielleicht ist die enorme Nachfrage nach psychotherapeutischer Behandlung eher ein Hinweis auf das »Zeitalter des Narzissmus'«, zu dessen Ausbreitung und Verfestigung die Psychotherapie mit ihren Angeboten ungewollt beiträgt.

Die westlichen Gesellschaften haben in den letzten Jahrzehnten besonders durch die Säkularisierung und Individualisierung ein anderes Gesicht erhalten. Christliche Werte und Normen wurden durch andere Lebenskonzepte und Leitbilder in Frage gestellt und verloren an Bedeutung. Die rasche Popularität der jungen Sozialwissenschaft Psychologie beschleunigte diese Entwicklung, weil sie das Entwicklungspotenzial der einzelnen Person betonte und zum Teil überschätzte. Besonders die humanistische Psychologie mit ihrem Credo der vollständig entfaltbaren Persönlichkeit hat dazu beigetragen, dass zahlreiche Menschen sich auf den Weg der experimentellen Selbsterforschung begeben haben. Wie kann die Psychotherapie als notwendige Heilbehandlung von fehlgeleiteten Anwendungen einer kultischen Selbstverehrung unterschieden werden?[8]

1.2 Die Abgrenzung zwischen Psychotherapie und Psychoszene

> »Hundert Jahre Psychotherapie, und der Welt geht's immer schlechter.«[9]
>
> (James Hillman)

Jede Zeit und jede Kultur hat ihre spezifischen Ideale und Tabus. Die Psychologie übernahm ihr Leitbild vom Humanismus, der großen Aufklärungs- und Befreiungsbewegung des 18. Jahrhunderts. In dieser Zeit vollzog sich ein bemerkenswerter Wandel von der Magie zur Wissenschaft.[10] Für die körperliche und seelische Heilkunde hatte das zur Folge, dass sie ihre traditionellen mystischen und okkulten Anteile aufgab. Der »akademisch ausgebildete Arzt verdrängte den Heiler, der Operateur den Bader, die Bestrahlung das Brenneisen und das Gespräch die Beschwörung«.[11] In der modernen Gesellschaft tritt die Gesundheit an die Stelle des Heils, und das Medikament ersetzt die Hostie. Selbstbestimmung, Transparenz der Methoden und Theorien und rationale Kontrolle waren die Leitbilder, mit denen auch die Psychotherapie angetreten ist. Diese Auffassung ist geprägt vom positivistischen Glauben an die Lebenskraft von Naturwissenschaft und Technik.

Die Psychologie gründet damit auf den beiden Säulen der modernen Kultur: der Aufklärung und der Emanzipation. Bis heute tritt sie in ihrer klinischen Anwendung als Psychotherapie mit dem Anspruch auf, mehr Licht in die Abgründe des Seelenlebens zu bringen und dem Einzelnen zu helfen, besser mit bedrohlichen Gefühlen wie Angst, Trauer oder Wut umgehen zu können. Auch Sigmund Freuds Grundanliegen lassen sich auf diese beiden Motive zurückführen. Durch seine »Archäologie der Seele« wollte er menschliches Wünschen und Fürchten verstehen und die Person nicht mehr als Opfer seiner unbewussten Impulse wissen, sondern sie zu selbst bestimmtem Handeln befähigen.

Die Psychotherapie ist wie andere kulturellen Errungenschaften ein Kind ihrer Zeit und Spiegel der jeweiligen Gesellschaft. Mit gutem Grund hat die Sexualität einen zentralen Stellenwert in Freuds Gedankengebäude eingenommen, war das viktorianische Zeitalter doch von einer körperfeindlichen Haltung bestimmt. Davon ausgehend hat Freuds Gedankengebäude das intellektuelle Leben und die Kultur des 20. Jahrhunderts tief geprägt. Eine Auswertung von sozial- und geisteswissenschaftlichen Publikationen ergab, dass nur Lenin, Shakespeare, Platon und die Bibel dort häufiger zitiert werden als Freud.

Der Philosoph Richard Rorty hat das Ausmaß der Freud-Rezeption sogar mit derjenigen von Platon und Jesus gleichgestellt.

Seelische Erkrankungen werden heute in Westeuropa anders wahrgenommen und eingeschätzt als noch vor wenigen Jahrzehnten. Wurden früher damit »Verrückte« in geschlossenen Stationen der Landeskrankenhäuser in Verbindung gebracht, sind heute neurotische Störungen gesellschaftsfähig und sogar ein bisschen »chic« geworden – man denke nur an die Filme von und mit Woody Allen. Von manchen wird eine neurotische Besonderheit gar als herausragendes Merkmal der eigenen Individualität narzisstisch gepflegt. Laut einer bundesweiten EMNID-Umfrage halten 93 Prozent der Befragten es heute für angemessen, eine Psychotherapie aufzunehmen, wenn Probleme anders nicht zu lösen sind.[12] Das sind zum Glück noch keine amerikanischen Verhältnisse. Doch der Bedarf an fachlicher Hilfe bei Lebenskonflikten wächst. Eine groß angelegte Langzeitstudie hat für Westdeutschland nachgewiesen, dass neurotische und psychosomatische Störungen die am häufigsten genannten Leiden in unserer Gesellschaft sind.[13] Gesucht werden Konfliktlösungen und Kommunikationshilfen, Entwicklungs- und Entscheidungsperspektiven für eingefahrene Lebenssituationen, eine stützende, vertrauensvolle Beziehung oder seelische Nachreifung. Darüber hinaus sind Selbsterfahrung und Sinnfindung, Körpererleben und Selbstbehauptungstraining, Entspannungskurse oder »Gehirnjogging« sehr gefragt. Können die beiden genannten Bereiche der Konfliktlösung und der Selbsterfahrung voneinander abgegrenzt werden?

Ein wesentliches Kennzeichen des »alternativen Gesundheitsmarkts« besteht darin, dass hier Methoden angeboten werden, die angeblich symptomunspezifisch wirken und sehr allgemein Heilung, Persönlichkeitswachstum, Sinnfindung und spirituelles Wachstum versprechen.[14] Kennzeichnend für diesbezügliche Angebote ist ein Glaubenssystem, das sich deutlich von dem herkömmlichen, wissenschaftlich orientierten unterscheidet. Im Gesundheitsverhalten der Deutschen wurde eine zunehmende Bedeutung spirituell gefärbter Sinnsysteme und Erklärungsmuster festgestellt. Eine umfassende Untersuchung des so genannten alternativen Gesundheitssystems stellte bei ihren Nutzern eine deutliche Veränderung von einem bisher naturwissenschaftlich-rational gefärbten Weltbild hin zu subkulturellen, individualisierten Glaubenssystemen fest.[15] Die Resultate zeigen, dass der Entscheidung eines Patienten zwischen einem alternativen und einem konventionellen Kursangebot subjektive Auffassungen von Gesundheit zugrunde liegen, die sich im Zuge des New-Age-Paradigmas wesentlich verändert haben. In der Befragung von mehr als 1000 Teilnehmern alternativer Gesundheitsseminare wurde ein hohes Maß an magisch-esoterischen Glaubensüberzeugungen vorgefunden, die nach Einschätzung der Forscher denen schamanischer Kulturen entsprechen.

Mittlerweile sind im therapeutischen Milieu die verschiedensten weltanschaulichen Orientierungen vertreten: Obwohl manche nach wie vor eine streng naturwissenschaftliche Position vertreten, praktizieren zahlreiche Therapeut/innen Zen-Meditation, andere fühlen sich der Lehre von Rajneesh (Bhagwan/Osho) verbunden, andere finden sich in dem Weltbild von Rudolf Steiner wieder und stehen der Anthroposophie nahe, andere arbeiten ergänzend mit Naturheilverfahren, der Einbeziehung angeblich medialer Kräfte oder astrologischer Einsichten. In so genannten »Satsangs« (»Sitzen in Wahrheit«, »Herz-zu-Herz-Kommunikation«) bieten »erleuchtete Lehrer« ihre Weisheiten an. Religiöse

Unterweisung dient hier als Hilfe und Unterstützung zur Lebensbewältigung. Skeptiker stellen fest, dass der Bedarf an Gurus in der Psychoszene erheblich ist und die zum Teil obskuren Konzepte begierig und mit großer Naivität aufgenommen werden.[16] Es erfordert genaue Kenntnisse und klare Unterscheidungskriterien, um den weit verzweigten und unübersichtlichen »Therapiedschungel« zu erfassen und die Spreu vom Weizen trennen zu können.[17] Auch innerhalb der seriösen Therapieschulen gibt es zahlreiche Abweichler, die unter Erweiterung des wissenschaftlich fundierten Bodens Wildwuchs hervorgebracht haben.[18]

Ein erstes Zwischenfazit lautet: Der oder die Ratsuchende hat ein Recht darauf, die weltanschaulichen Grundlagen der Behandlung zu erfahren. Besonders wirksam ist eine psychotherapeutische Behandlung dann, wenn das Weltbild des Klienten dem des Therapeuten ähnelt. Deshalb ist eine diesbezügliche Klärung im Vorgespräch sinnvoll und weiterführend.

Das Problem der Vermischung

Es ist unübersehbar, dass sich neben den psychotherapeutischen Maßnahmen, die nach den streng definierten kassenärztlichen Richtlinien verfahren, ein weitaus größeres Feld »ganzheitlich« orientierter Therapie, Selbsterfahrung und Lebenshilfe entwickelt hat. Nach Schätzungen wird heute im Umfeld dieses Marktes dreimal so viel Geld umgesetzt wie in kassenfinanzierten Psychotherapien, Tendenz steigend. In der Therapieszene wird häufig vermischt, was früher strikt getrennt wurde: Wissenschaftliche Erkenntnisse mischen sich mit magischem Denken, harmlose Modetrends treten neben wahnhaften Ideologien auf, Unverbindliches erscheint neben Manipulativem. Alle Angebote lassen sich irgendwo in einem Feld zwischen folgenden vier Eckpfeilern als inhaltliche Schwerpunkte einordnen:

- Persönlichkeitsentwicklung, Selbst-Managementschulung, Kommunikationstraining;
- Krisenberatung/Lebenshilfe/ Seelische Nachreifung;
- Sinngebung, Bewältigung existenzieller Fragen, Spiritualität;
- Unterhaltung, Neugierde, Spaß.

Die Methoden sind vielfältig. Kaum ein/e Therapeut/in arbeitet mit nur einem Verfahren, kaum eine Methode ist rein und ungemischt anzutreffen. Alles, was in irgendeiner Weise therapeutisch wirken kann – Töpfern, Trommeln, Tauchen, bis hin zum Tanzen oder Träumen – wird als Mittel oder – wie man sagt – als »Weg« angeboten. Methoden und Ziele stehen selten in einem objektiven Zusammenhang, sondern sind nur als individuelle Erfahrung zugänglich: »Man kann es nicht beschreiben oder erklären, man muss es erleben!« Einige Beispiele, wie sehr sich weltanschauliche Voraus-Setzungen mit bewährten psychotherapeutischen Praxiselementen vermischen, folgen:

- Der ehemalige Ordensmissionar Bert Hellinger absolvierte verschiedene psychotherapeutische Ausbildungskurse, um dann seine eigene Methode des Familien-Stellens zu kreieren. Darin verbindet er familientherapeutische Kenntnisse mit traditionell-missionarischem Habitus und Vorgehen. Sein Ansatz wird von der wissenschaftlichen Familientherapie abgelehnt, hat aber in den letzten Jahren enormen Zulauf erfahren – er wird als Star der Psychoszene gefeiert.[19]

- Yoga als Entspannungs- und Konzentrationshilfe ist in Deutschland verbreitet. Nach Meinung des Berufsverbandes Deutscher Yogalehrer (BDY) dürfe der Yoga-Unterricht nicht mit patchwork-religiösen Inhalten überfrachtet werden, sondern müsse weltanschaulich neutral bleiben. Seit einigen Jahren bietet hingegen in Konkurrenz dazu der Verband der Yoga-Vidya-Lehrer (BYV) eine hinduistisch orientierte Yoga-Ausbildung mit spiritueller Zielsetzung an.[20] Nach eigenen Angaben hat der BYV mittlerweile mehr Mitglieder als der BDY. Auch die Yogaschule Heinz Grill ist ein Beispiel für eine problematische Vermischung. Sie will »Yoga in der Reinheit der Seele« vermitteln und verbindet meditative Körperhaltungen mit weltanschaulichen Einsichten von Rudolf Steiner und Sri Aurobindo[21] (vgl. VI. – 2.1). Die Psychologin Miriam Boeing hat ihre Zeit in der »Yogasekte« – wie sie es nennt – dokumentiert und bietet nun Ausstiegsberatung an.[22]
- »Hakomi« nennt sich eine aus Kalifornien stammende Körpertherapie, die Elemente aus verschiedenen humanistischen und transpersonalen Verfahren sowie der allgemeinen Systemtheorie mit Versatzstücken aus Buddhismus und Taoismus zu integrieren versucht. Ziel dieser Methode ist es, »einen Menschen so therapeutisch zu begleiten, dass er tiefste Entscheidungen über sich selbst, über das Leben und die Beziehung zu anderen Menschen erkennen und noch einmal überprüfen kann. Mit der Bezugnahme auf ein unzerstörbares, wissendes und mitfühlendes Selbst in uns allen, ermutigen wir in der Psychotherapie die Führung des Wesenskerns, der trotz schweren Schicksals wieder lebendig zum Ausdruck kommen kann.«[23]
- Ein Gründungsmitglied der Gesellschaft für wissenschaftliche Gesprächspsychotherapie (GwG) nach Carl Rogers plädiert für eine kombinierte Behandlung unter Einbeziehung des Schamanismus'. Persönliche Probleme sollten zunächst psychotherapeutisch behandelt werden, dann sei der Weg frei für eine Schamanenreise, um dabei spirituelle Erfahrungen zu machen. Als Geschenk dieser Reise »bringt der Schamane die Fähigkeit mit, heilen, sehen und vorhersehen zu können, außerdem Zufriedenheit, Ausgeglichenheit, ein neues Lebensgefühl«.[24] Diesbezügliche Ausbildungskurse finden sich beispielsweise im Fortbildungsprogramm 2001 für katholische Ehe- und Familienberater im Erzbistum Freiburg.

Ein grundlegender Unterschied zwischen wissenschaftlich begründeter Psychotherapie und ideologisch geprägter Psychoszene kann folgendermaßen beschrieben werden: Während es auf der einen Seite um eine präzise eingegrenzte Störungsbehandlung unter den wissenschaftlich gebräuchlichen Bedingungen geht (Gesundheits- bzw. Krankheitslehre, Diagnose, Behandlungsplan, Prognose), versprechen Seminaranbieter der Psychoszene schnelle und umfassende Persönlichkeitsänderungen durch universell wirksame Heilkräfte. Es muss aber betont werden, dass kassenfinanzierte Behandlungen ausschließlich für Krankheiten gewährt werden, nicht für Befindlichkeitsstörungen, Identitäts- und Beziehungskonflikte oder existenzielle Lebensfragen. Schon eine sorgfältigere Prüfung dieser Eingangsfrage würde manchen Behandlungswunsch unerfüllt lassen müssen.

Eine fachliche Psychotherapie ist damit deutlich von einer auf Glaubensüberzeugungen fußenden Behandlung abzugrenzen. Diese Aufgaben übernehmen Religionen und Weltanschauungen, »und darin können sie sinnvoll und nützlich sein. Nur: Psychotherapien sollten nicht die Qualität derartiger Glaubenssysteme haben und als solche fungieren. Da es um Gesundheit und Wohlbefinden von Menschen und um die Behandlung von Krankheit geht, besteht die ethische Verpflichtung, Heilverfahren zu entwickeln, deren Wirksamkeit wissenschaftlich überprüfbar ist und von deren Bonität man überzeugt sein kann, ohne an sie ›glauben‹ zu müssen. Psychotherapien sollten nicht – offen oder verdeckt – zu Ersatzreligionen werden.«[25]

Versuch einer Systematik

Das traditionelle psychotherapeutische Arbeitsfeld der psychischen Konflikte wurde auf zahlreiche andere Fragestellungen ausgedehnt. Immer häufiger werden unter dem Label Beratung oder Therapie auch religiös-spirituelle Themen verhandelt. Die herkömmliche Aufgabenstellung einer psychologischen Heilbehandlung entartet gelegentlich zu einer ideologischen Heilsvermittlung. Psychotherapie wird zum Religionsersatz, wenn sie existenzielle Lebensfragen nach Leid, Schuld, Sinn und Tod zu beantworten versucht oder spirituelle Erfahrungen verspricht.

Seit dem Beginn der systematisch reflektierten Psychotherapie durch Sigmund Freud vor gut hundert Jahren ist die Zahl psychotherapeutischer Verfahren auf über fünfhundert angewachsen. Trotz mancher Versuche fällt die Abgrenzung zwischen wissenschaftlicher und weltanschaulicher Begründung der Psychotherapie schwer. Sie ist aber notwendig und möglich. Die erste Therapieschule begann als abgekapseltes System, zu dem nur konforme Anhänger nach religiösen Weihen Zugang erhielten. Jahrzehntelang konnte jeder Therapeut »in dem sektenartig organisierten Therapieschulsystem ... seiner persönlichen Konfession frönen«.[26] Heutige Psychotherapeuten arbeiten vermehrt schulübergreifend und verwenden je nach Patient und Diagnose verschiedene Methoden.[27]

In der klinischen Psychologie hat sich aufgrund historischer und systematischer Überlegungen eine Vierteilung der Therapieschulen durchgesetzt, um die unterschiedlichen Richtungen zu gruppieren:

- psychodynamische (psychoanalytisch orientierte)
- verhaltenstherapeutische
- erfahrungsorientierte (humanistische, transpersonale, experimentelle Methoden)
- systemische Ansätze.

Im internationalen Kontext rufen die deutschen Begriffspaare Psychosekte oder Psychokult häufig Kopfschütteln hervor. In Verbindung mit Psycho- kommen die Begriffe Kult oder Sekte nicht vor. Angelsächsische Forscher sprechen eher von einer charismatischen Gruppe oder einem destruktiven Kult.[28] Es scheint eine deutsche Eigenart zu sein, dass hierzulande »Sekten und Psychogruppen« häufig in einem Atemzug genannt werden und der Begriff »Psychosekte« in den einschlägigen Nachschlagewerken über religiöse Bewegungen seit gut zwanzig Jahren vorkommt. Die in Deutschland besonders ausgeprägte

Sensibilität gegenüber psychologistischer Ideologie, die sich in diesen Begriffsschöpfungen niederschlägt, ist erst vor dem Hintergrund des deutschen Nationalsozialismus verständlich. Vielleicht haben bis heute nur wenige Deutsche das nationalsozialistische Trauma wirklich verarbeitet. Zu tief sitzt bei vielen noch die Scham, einer utopischen Ideologie, verführerischer (Groß-)Gruppendynamik und suggestiven Parolen unkritisch gefolgt zu sein. Nur so wird verständlich, dass sich hierzulande die einzigartige Bezeichnung »Psychokult« oder »-sekte« eingebürgert hat.

Die Begriffsschöpfung Psychosekte ist verwirrend, wird doch in vielen Sekten oder Kulten mit »psychotechnischer« Manipulation gearbeitet.[29] Es ist wenig plausibel, eine Sonderbezeichnung für eine Gemeinschaftsform einzuführen, die dieses Element in besonderem Maß vorweisen kann und die anderen typischen Merkmale wie Schwarz-Weiß-Denken, rettendes Konzept, Gruppenzwang oder die Bindung an den Leiter weniger ausgeprägt enthält. Es bedeutet zudem eine Abwertung der Psychologie, wenn die Gemeinschaftsform einer »Psycho«-Gruppe mit den Attributen vereinnahmend, manipulativ, totalitär, extremistisch, sektiererisch etc. verknüpft wird.

Dennoch hat sich der Begriff »Psychogruppe« in den letzten Jahrzehnten zur Bezeichnung der »vielfältigen psychologischen und pseudopsychologischen Angebote zur Lebenshilfe, Lebensorientierung und Persönlichkeitsentwicklung außerhalb der fachlichen Psychologie und des Gesundheitswesens«[30] verbreitet. Das Spektrum reicht von psychologischen Erfolgskursen für die Wirtschaft über esoterische Beratungsangebote zur Bewältigung von Geldproblemen bis hin zu medialen Kontakten zu außerirdischen Intelligenzen oder Rückführungen in frühere Leben.

Inhaltlich ergibt sich für die Psychoszene eine zweiteilige Systematik: Neben den Angeboten mit einer psychologistischen Ideologie stehen weltanschaulich begründete Verfahren, die entweder dem esoterisch-magischen Denken oder asiatischer Spiritualität in den Ausprägungen des Buddhismus oder Hinduismus verpflichtet sind.[31] Sowohl esoterisch-magisches Denken als auch asiatische Spiritualitätsformen – zum großen Teil in westlichen »light«-Versionen – haben sich in den letzten Jahrzehnten weit verbreitet und sind in Europa fest etabliert. Psychotherapie und Spiritualität sind zu einem Geschwisterpaar geworden. Westlich geprägte Wissenschaftlichkeit und östlich oder magisch-okkult geprägte Weisheit sind in der Psychoszene zu einer merkwürdigen Einheit verschmolzen.[32] Für die umfassenden Ziele werden eine Vielzahl von Methoden angeboten:[33]

- Methoden mit psychologistischer Ideologie:
  – bestimmte Körpertherapien (z. B. Primärtherapie, Rebirthing);
  – Einsatz von technischen Geräten (z. B. mind-machines);
  – Naturheilmethoden mit spirituellem Hintergrund (Aromatherapie, Bachblütentherapie);
- Methoden mit weltanschaulichem Hintergrund:
  – spirituelle Angebote mit therapeutischem Anspruch (z. B. Reiki, Reinkarnationstherapie);
  – magische und okkulte Praktiken (z. B. Telepathie, Astrologie, Pendeln, Tarot);
  – Naturreligionen und mystisch-spirituelle Traditionen (z. B. Schamanismus, Druidenkult).

Den unübersichtlichen Psychomarkt versucht das vorliegende Kapitel in vier »Abteilungen« abzubilden – natürlich ohne den Anspruch auf Vollständigkeit. Auswahlkriterium waren die Nachfragehäufigkeit in der weltanschaulichen Beratungstätigkeit und Popularität der beschriebenen Methoden:

1. Ekstase als dauerhafter Bewusstseinszustand wird in manchen neueren Körpertherapien und im Gewand populärer Tantra-Vorstellungen propagiert (2.1).
2. Erfolg steht als Credo über den Managementkursen und gilt als wichtigstes Motiv von Strukturvertrieben. Die Wirksamkeit mentaler Glaubenssätze wie im Positiven Denken und dem NLP werden dabei überschätzt (2.2).
3. Eine radikale Erneuerung der Gemeinschaft und der Beziehungen werden von manchen Gruppen und Personen versprochen (2.3).
4. Lebensorientierung – auch in spiritueller Hinsicht – bieten einige »Meister« auf dem Psychomarkt an. In wissenschaftlicher Sprache tendiert die transpersonale Psychologie in eine ähnliche Richtung (2.4).

Zuletzt und dennoch nachdrücklich: Mit der Bezeichnung »Psychoszene« soll keine Wertung ausgedrückt werden, obwohl sie in dieser Weise häufiger benutzt worden ist und dadurch vorbelastet wurde. Es gilt die Suchbewegungen auf diesem Sektor ernst zu nehmen und sich darauf einzulassen, sofern nicht sofort erkennbar ist, dass es hier um rein Kommerzielles geht oder riskant, willkürlich und unsachgemäß gefühls- und bewusstseinsmäßige Ausnahmezustände hergestellt werden sollen.

1.3 Die Psychoszene als Ort der Selbstinszenierung und -vergewisserung

Ich leide, also bin ich.

(Grafitti an einer Berliner Hauswand)

Selbstvergewisserung durch den Psychomarkt[34]

Religiös-spirituelle Sehnsüchte können heute von konkurrierenden Sinnangeboten vielfältig gestillt werden. Sowohl durch die Individualisierung als auch die Pluralität von Weltanschauungen sind unterschiedliche Lebenswelt-Milieus entstanden, die durch verschiedene Modelle von Sinngebung Zugehörigkeit und Geborgenheit vermitteln. Religiöses ist mittlerweile in den unterschiedlichsten Lebenszusammenhängen vorzufinden. Auch das Setting einer psychotherapeutischen Behandlung kann zu quasi-religiösen Zwecken verwendet und damit zweckentfremdet werden. Dies geschieht, wenn genuin religiöse Inhalte, die einen Transzendenzbezug voraussetzen, als immanent-psychologisch »machbar« dargestellt werden.

Grundsätzlich wird Religion im Zusammenhang mit dem Wunsch gesehen, sich als Einzelner in einem übergeordneten Sinnganzen wiederzufinden und in eine Beziehung zu dieser Wirklichkeit treten zu können. Die religiös begründete Vorstellung einer transzendenten Zugehörigkeit lieferte den Menschen jahrhundertelang Sicherheit, Trost und Sinn. Heute sind jedoch grundlegende Veränderungen bei der Suche nach einer über die eigene Person reichende, also »religiösen« Selbst-Vergewisserung festzustellen. Dabei wird zunehmend dem negativ besetzten Begriff der traditionell-dogmatischen Religion das Konzept einer individuellen Spiritualität gegenübergestellt. Eine religionswissenschaftliche Untersuchung fasst die Veränderungen der gegenwärtigen religiösen Situation zusammen und dokumentiert damit die Bedeutungsverschiebung von Religion zu Spiritualität: »Von der Religion als Getrenntsein zur Spiritualität als Einbezogensein in einen existenziell bewahrheiteten Sinnkosmos.«[35]

Eine als religiös gedeutete Erfahrung findet mittlerweile in fast jedem beliebigen Kontext statt und ist individuell geprägt: »Meine Religion mache ich mir selber.« Eine aktuelle Jugendstudie kam zu dem für die Autoren überraschenden Ergebnis, dass »die Individuen ihre Weltanschauung nach eigenen autonomen Regeln zusammensetzen, die nicht mehr der traditionellen Logik folgen«.[36] Obwohl das konstante Motiv einer Rückbindungs-Bemühung erhalten bleibt, hat sich das Objekt der Verehrung und Anbetung geändert: Nicht mehr die Gemeinschaft, sondern das eigene Ich steht im Mittelpunkt.

An die Stelle einer (religiösen) Gemeinschaft ist das Individuum getreten, das um seine bestmögliche Entfaltung kämpft. Unterstützung findet es durch die zahllosen Angebote von Lebenshilfe, die Unterstützung und Führung auf dem Weg zur vollkommenen Harmonie und Freiheit versprechen. Zweifellos ist es heutzutage schwierig, sich auf dem Psychomarkt bei den vielfältigen Angeboten und Erwartungen zurechtzufinden. Oft erliegt der Kunde »dabei den Preisungen eines lustbetonten Pseudoselbst«.[37] Im Zeitalter des Narzissmus' hält der »Tanz um das goldene Selbst« offensichtlich mit unverminderter Naivität an.[38]

Die häufig aufwühlenden Gefühlszustände bei der spirituellen Suche haben bei allem Risiko zumindest den positiven Effekt, sich über die eigene Lebendigkeit zu versichern. Die oft genug verzweifelte Suche nach dem Selbst wird durch die Erfolgs- und Lösungsaussichten der Psychoszene genährt. Dass Psychotherapie nicht die Grundbedingungen des Menschseins ändern und einen neuen Menschen schaffen kann, wird hier verkannt oder bewusst geleugnet.

Auch die Berliner Psychologin Eva Jaeggi verwehrt sich gegen den Anspruch vieler humanistischer Psychologen, in der Therapie das »falsche Selbst zu entlarven und zur Glück verheißenden Entdeckung des ›wahren Selbst‹ zu gelangen«.[39] Als allgemeine anthropologische Grundkonstante lässt sie die Vorstellung einer fiktiven Kernsubstanz, deren Freilegung zu großem Wohlgefühl oder Glück führen muss, nicht gelten. Vielmehr verweise dieses weit verbreitete Denken »wieder einmal auf die narzisstisch-individualistische Verengung moderner psychologischer Konzepte«.

Formen einer Religion des Selbst als »Kult ums eigene Ich« sind in unterschiedlicher Ausprägung und Intensität auf dem Markt psychotherapeutischer Angebote vertreten. Manche dieser Anbieter neigen dazu, utopische Veränderungsziele mit Absolutheitsanspruch durch magische oder manipulative Methoden als machbar darzustellen. Damit sollen religiöse Inhalte psychotherapeutisch verfügbar gemacht werden. Eine Gottesbegegnung, Heilung, Glück, Zufriedenheit oder Erleuchtung können selbstverständlich keine seriösen Therapieziele sein. Dennoch enthält jede psychotherapeutische Beratung oder Behandlung eine religiöse Dimension, die es wahrzunehmen und zu berücksichtigen gilt.

Indem beispielsweise in einer tiefenpsychologischen Therapie unbewusste Motive mit einbezogen werden, wird die Vergangenheit in einem neuen Licht interpretiert und möglicherweise ein neues Selbst-Verständnis geschaffen. In diesem Prozess spielt das Erleben der Bindung an den Therapeuten durch die Übertragungsbeziehung eine zentrale Funktion. Besonders die bisher oft unbekannte Erfahrung des vorbehaltlosen Angenommenseins trägt dabei religiöse Züge.

Für viele Nutzer psychologischer Beratung und Therapie übernimmt ein psychologisches Denk- und Deutungssystem die religiöse Grundfunktion der Selbstvergewisserung. Das Gefühl der inneren Kongruenz und eines verlässlichen Sinnzusammenhangs scheint heute, wo der rasche Wandel und große soziale und gesellschaftliche Veränderungen an der Tagesordnung sind, Orientierung und Halt zu vermitteln. Psychologische Reflexionen und Deutungen dienen dazu, um Bastelbiografien plausibel zu machen und einer Patchwork-Identität ein inneres Gerüst und Stimmigkeit zu verleihen. Eine Sinnstiftung durch psychologische Verknüpfungen von Motiven, Befindlichkeiten und Prägungen kann im Einzelfall hilfreich und notwendig sein. Dennoch liegt die Gefahr nahe, damit auch falsche Entscheidungen im Nachhinein zu erklären und zu rechtfertigen. Wenn alles Verhalten beliebig geworden ist, weil es mit Sicherheit irgendeine (pseudo-)psychologische Erklärung dafür gibt, ist der Willkür Tür und Tor geöffnet. Insofern passt eine das fragmentarische Selbst vergewissernde Psycholehre zur Epoche der so genannten Postmoderne, die durch Unbestimmtheit, Auflösung des Kanons, Verlust von Ich und Tiefe, durch Ironie und Gleichgültigkeit gekennzeichnet ist. Der früher häufig formulierte Anspruch, Psychotherapie könne zur Bildung stabiler Ich-Strukturen beitragen und die Konfliktfähigkeit und Frustrationstoleranz fördern, erscheint vielen heute unerreichbar und – zum Glück (?) – auch unzeitgemäß.

Psychologische Selbstinszenierung – die Psyche als Produkt

Neben der Selbstvergewisserung kreist das zeitgenössische, populär- psychologische Denken darum, das eigene Selbst bestmöglich zur Geltung zu bringen und für andere beeindruckend zu inszenieren und zu präsentieren. In einer Welt, in der die Medien maßgeblich die Meinungsbildung prägen, ist die Fähigkeit zur überzeugenden Selbstdarstellung unverzichtbar geworden. Je besser die Präsentation im privaten, gesellschaftlichen oder wirtschaftlichen Umfeld gelingt, desto mehr »narzisstische Zufuhr« erhält das unersättliche Ego. In einer Welt des bestmöglichen Scheins und perfekten Designs ist die Inszenierung der eigenen Befindlichkeit für viele zum Lebensinhalt geworden.

Auch bei den Psychotherapeuten ist eine Tendenz zur Vermarktung ihrer Angebote zu beobachten. Sie wenden sich neuen Arbeitsaufgaben und damit neuen Märkten zu, indem sie Industrie- und Managementtraining oder Organisationsberatung und Personalführungskurse anbieten. Ein Mode- und Schlüsselbegriff ist dabei »Coaching«. Ursprünglich aus dem Sport stammend, hat es sich in der Öffentlichkeit zum Sammelbecken für Kurse zur Persönlichkeitsentwicklung eingebürgert. Hier ist eine Tendenz abzulesen, die in den menschlichen Eigenschaften und Anlagen einen formbaren Rohstoff sieht. Kann jede ersehnte persönliche Eigenschaft wie Schlagfertigkeit, Selbstsicherheit, Kontaktfähigkeit oder Humor antrainiert werden? Sind alle erwünschten Seelenzustände als Ergeb-

nis einer gelungenen psychotherapeutischen Behandlung anzusehen? Die erschreckende
Vorstellung eines kommerziellen »Psychodesigns« liegt nahe, wenn man sich die gentech-
nischen Fortschritte vor Augen hält oder sich die beabsichtigte Klonierung eines Menschen vorstellt und ihre Folgen ausmalt.

Eine weitere, wichtige Einflussgröße auf die inszenierte (Pseudo-)Identität stellen die
Massenmedien, insbesondere das Fernsehen, dar.[40] Medienexperten bezeichnen die Talk-
und Gameshows sowie »daily soaps« als einen Identitätsmarkt, auf dem sich gerade junge
Menschen nach Vorbildern und neuen Symbolen umsehen. Die Generation, die mit dem
Fernsehen groß und von »Mutter Glotze« miterzogen wurde, zeige ein neues Verhalten
vor dem Bildschirm. Alltag und Medium würden verschwimmen, und Inszenierung und
Wirklichkeit gingen, so die Experten, neue und revolutionäre Mischverhältnisse ein. Einen Einschnitt hat nach Expertenmeinung die Sendung »Big Brother« markiert. Eine neue
Filmgattung sei entstanden, deren Ursprung nicht mehr in der Fernsehgeschichte, sondern im Internet und der Technik des Webcams liege. Die Bewohner im Container lassen
sich rund um die Uhr vom Internet aus beobachten, und die interessantesten Sequenzen
dokumentiert die abendliche Fernsehsendung. Dank dieser Besonderheiten erlaube die
Kultsendung nach Meinung der Medienforscher eine »geradezu geniale Mixtur aller möglichen Formen der Inszenierung des Authentischen«.[41]

Offenbar bediente »Big Brother« die Bedürfnisse des Zeitgeists und die Nachfrage auf
dem Identitätsmarkt. Durch das Internet werden die Heldinnen und Helden des Mediums zu Wahlnachbarn. Von ihren Selbstinszenierungstricks lässt sich etwas abgucken fürs
eigene Leben. Denn wie im Fernsehen geht es auch in Wirklichkeit um Anerkennung,
Zugehörigkeit und Beachtetwerden. Das Fernsehen belegt unmissverständlich, mit welcher Selbstinszenierung man überleben kann – an jedem Wochenende muss einer den
Wohnkäfig verlassen, bis ein Gewinner übrig bleibt. Die mediale Inszenierung, die Grenz-
verletzungen der Intimsphäre und psychische Schäden bewusst in Kauf nimmt, fördert
den Uniformitätsdruck und trägt zur Bildung von Pseudo-Identitäten bei. Medienforscher, die junge Zuschauer zwischen 17 und 31 Jahren befragten, waren von ihrer Lust am
psychologisierenden Deuten der einzelnen Akteure überrascht.[42] Denn es ging den Zu-
schauern nicht um die Frage, ob es wahr sei, was die Personen sagen, sondern ob es überzeugend dargestellt und glaubwürdig vermittelt wird.

Die Vermischung zwischen Inszenierung und Wirklichkeit wird von einer Psychologie gefördert, der es nicht um Aufklärung und Selbstbestimmung geht, sondern die sich
kommerziell instrumentalisieren lässt. Die Marktförmigkeit der Psychoszene unterstützt
diesen Trend zur Etablierung virtueller Realitäten. In der Spätmoderne wird die einheitliche Wirklichkeitsdeutung zugunsten einer konstruktivistischen Vielfalt aufgelöst. Die früher in der Adoleszenz zentrale Frage »Wer bin ich?« verkehrt sich in »Wer will ich heute
sein?« Wenn Wirklichkeit das ist, was mit psychologisch eingeübter Überzeugungskraft
möglichst glaubwürdig dargestellt wird, liegt langfristig die Gefahr des Identitätsverlusts
auf der Hand. Eine funktionierende Gemeinschaft benötigt aber ein Minimum an über-
einstimmender Wirklichkeitsdeutung und Identitätskonstanz, um verständlich und ver-
trauensvoll kommunizieren zu können. Die psychologistische Ideologie der Selbstinszenierung missachtet darüber hinaus die individuellen Voraussetzungen jeder Person, denn
angeborene Charaktereigenschaften sind unbestreitbar relativ stabil. Weiterhin verfehlt

dieses Konzept den unbegrenzten Horizont der individuellen Entwicklungsmöglichkeiten, wenn durch den aktuellen Trend vorgegebene, uniforme Verhaltensweisen als die einzig lebenswerten dargestellt werden.

1.4 »Psychotechnik«: Die Problematik seelischer Trainingsprogramme

> »Der hat den größten Heilerfolg, in den die Menschen das größte Vertrauen setzen.«
>
> (von Galen)

Hat die junge psychologische Forschung differenzierte Werkzeuge und Methoden hervorgebracht, um die Kontrolle und Steuerung über die eigene und fremde Seele(n) zu ermöglichen? Der Begriff »Psychotechnik« suggeriert dies. Wenn es solche gebe: Warum scheitern auch heute noch so viele Menschen daran, sich das Rauchen oder übermäßiges Essen abzugewöhnen, obwohl sie es sich fest vorgenommen haben? Was ist mit den vielen »austherapierten« und rehabilitierten Straftätern, die doch wieder rückfällig werden? Veränderungen des Denkens, Fühlens und Wollens folgen offensichtlich ganz eigenen und oft irrationalen Gesetzen. Weil sich Körper und Seele grundsätzlich unterscheiden, stellt sich die Lage in der Medizin anders dar. Dort verbessern sich beispielsweise durch immer differenziertere Forschungsergebnisse und den rasanten technischen Fortschritt die Behandlungsmöglichkeiten ständig. Die Kombination von immer genauerem Wissen in den medizinischen Grundlagenfächern mit den fortschreitenden technischen Neuerungen, insbesondere der Nanotechnologie, hat der Medizintechnik zu großer Bedeutung verholfen. Dank dieser Weiterentwicklungen sind die diagnostischen, prognostischen und behandlungstechnischen Möglichkeiten heute in der Regel um ein Vielfaches genauer, effizienter und schneller als früher. Dies ist in der Psychologie anders. Trotz der »Dekade des Gehirns« in den Neunzigern oder des derzeitigen »Jahres der Lebenswissenschaften« sind die komplexen Wahrnehmungs-, Verarbeitungs- und Deutungsprozesse im Menschen noch weitestgehend unbekannt. Zwar tauchen immer wieder einmal Sensationsmeldungen wie »Der fühlende Roboter« auf. Dennoch ist insbesondere unklar, welchen Einfluss das Geschlecht, die Sozialisation sowie die persönlichen Wert- und Moralvorstellungen auf Denken und Fühlen nehmen.

Ermöglichen »Psychotechniken« eine »Gehirnwäsche«?

Immer wieder wird gegenüber neuen religiösen Bewegungen der Vorwurf erhoben, sie würden unter Anwendung bestimmter »Psychotechniken« ihre Mitglieder seelisch manipulieren, ja sogar programmieren und damit gegen ihren Willen beeinflussen können. Prominenteste Vertreter und Protagonisten entsprechender Theorien sind die amerikanischen Forscher Margaret Singer und Robert Lifton.[43]

Dass mit Hilfe seelischer Beeinflussungsmethoden Fühlen, Wollen und Denken eines anderen Menschen nachhaltig verändert werden könne, ist ein weit verbreitetes Vorurteil. Das Konzept der Gehirnwäsche erlangte durch einen amerikanischen Journalisten vor fünfzig Jahren Bekanntheit. Obwohl diese heute als widerlegt gilt, wird dennoch von Bewusstseinskontrolle (mind control) oder »erzwungener Überzeugung« (coercive persuation) gesprochen, die aus einer Mixtur aus sozialem, psychologischem und physischem Druck besteht. Sie wird dazu verwendet, die Selbstwahrnehmung, Überzeugungen und Verhaltensweisen eines Individuums zu verändern. Allerdings trete sie nur – so betonten die Forscher – unter der notwendigen Voraussetzung eines physischen Elements wie Gefangenschaft oder Ähnliches auf.

Seelische Beeinflussung bis hin zur Abhängigkeit[44] ist also leichter möglich bei geschwächter körperlicher und seelischer Widerstandskraft, die zu einer verminderten Kritikfähigkeit führt. Eine derartige Herabsetzung natürlicher Grenzen kann durch Schlafentzug, Fasten, bestimmte Körperhaltungen und dergleichen erreicht werden – »Psychotechnik« als Bewusstseinstechnik. Noch häufiger wird sie als Milieu- und Sozialkontrolle eingesetzt – »Psychotechnik« als Beziehungstechnik. Nach wie vor unübertroffen ist aber die handlungsleitende Wirksamkeit von Glaubensüberzeugungen. Hier von »Psychotechniken« zu sprechen ist nicht angemessen, weil die Psychologie keine spezifischen Methoden der »Glaubwürdigkeitsvermittlung« entwickelt hat. Dennoch scheinen Glaubensüberzeugungen zu den wirksamsten »Psychotechniken« zu zählen, wie es die folgende Studie belegt. 1995 wurden Leser des Magazins einer großen amerikanischen Verbraucherorganisation nach ihren Erfahrungen mit Fachleuten für seelische Gesundheit gefragt. Etwa viertausend Leser antworteten, dass ihnen Psychotherapie generell geholfen habe, ihre persönlichen Konflikte zu meistern. Interessant war das Ergebnis hinsichtlich einer Bewertung der Therapiemethoden: Die Antworten ergaben unabhängig von der Methode annähernd ein gleiches Maß an Zufriedenheit, ganz gleich, ob sie von Sozialarbeitern, Psychologen oder Psychiatern behandelt wurden. Nur mit den Selbsthilfegruppen der Anonymen Alkoholiker waren die Befragten im Schnitt zufriedener als mit Fachleuten für seelische Gesundheit oder mit Medikamenten. Dieser Erfolg mag darauf zurückzuführen sein, dass bei den anonymen Selbsthilfegruppen ihre Mitglieder aufgefordert werden, sich einer »höheren Macht« zu unterwerfen. Mittlerweile existieren eine große Anzahl empirischer Studien, die auf die therapeutische Wirksamkeit von Glaubensüberzeugungen und der Religiosität hinweisen.[45]

Das bedeutet: eine »Gehirnwäsche« im landläufigen Sinne ist fachlich nicht begründbar. Viel häufiger spielen in diesem Zusammenhang manipulative Gruppen- und Beziehungstechniken eine Rolle, wie sie aktuell beispielsweise in manchen Führungsseminaren angeboten werden.[46] Die höchste Wirksamkeit besitzen Glaubensüberzeugungen, die sowohl durch Einsicht als auch durch außergewöhnliche persönliche Erlebnisse entstehen.

2. Vier Versprechen der Psychoszene

2.1 *Ekstatische Körpergefühle*

2.1.1 Körperorientierte Psychotherapien (Michael Utsch/Hansjörg Hemminger)

> »In der Mitte bin ich, rechts und links sind weit.
> Auf meinem Atem reite ich durch die Zeit.«[47] (Georg Deuter)

Welche Relevanz haben körperorientierte Behandlungsverfahren heute in der Psychotherapie? Durch den medizinischen Fortschritt der letzten Jahrzehnte wurde die Bedeutung des Zusammenspiels von physiologischen und psychologischen Faktoren bei Gesundungs- und Heilungsprozessen bekannt. Auch wenn viele Fragen noch ungeklärt sind, kann die psychosomatische Medizin ansehnliche Erfolge vorweisen.[48] Jedoch verbietet sich nach heutigem Wissensstand eine monokausale Krankheitserklärung: Weder Descartes' Zirbeldrüse noch Freuds Unbewusstes, weder Muskelverspannungen noch die »Nerven«, weder die Gene noch die Sozialisation sind als alleinige Ursache für Gesundheit und Krankheit anzusehen.

Bei der großen Differenziertheit, die ja allem Wissenszuwachs folgt, erstaunt es, dass besonders auf dem Sektor der körpertherapeutischen Angebote auch heute noch monokausale Erklärungen Konjunktur haben. So will eine »Strukturelle Körpertherapie« »durch massageähnliche Griffe am Bindegewebe mehr Struktur und damit neue Freiheiten und Perspektiven im Körper etablieren, um so Behandelten zu einer strukturellen Neuorientierung zu verhelfen ... Geführt von einem erfahrenen Therapeuten leiten achtsame Schritte ... zu evtl. vorhandenen einschränkenden Glaubenssätzen hin, die immer auch körperlich verankert sind.«[49] Durch die Auflösung körperlicher Blockaden und Spannungen würden gleichzeitig auch seelische Konflikte gelöst. Ziel sei es, »alte Traumata, die Körper und Seele haben erstarren lassen, wieder aufzulösen.«[50] Wie in dieser Selbstbeschreibung arbeiten erstaunlich viele am Körpererleben ansetzende Selbsterfahrungs- und Behandlungsansätze mit derartigen Verursachungsmythen und utopischen Heilungsversprechen.

In den letzten Jahren boomen ebenso Wohlfühl-Angebote wie warme Ölbäder oder Unterwassermassagen. »Aqua-Wellness« ist voll im Trend[51], Abkömmlinge nennen sich WatSu, Shiatsu in körperwarmem Wasser, und Wata, Wassertanzen.[52] Wer möchte nicht gerne von zwei tanzenden Frauen zu Trommelrhythmen zunächst sanft berührt und dann intensiv massiert werden, wie es in der »Hawaiian Healing Massage« praktiziert wird?[53]

Die meisten der körperorientierten Methoden gehen direkt oder indirekt auf Wilhelm Reich [1893-1957], einem abtrünnigen Schüler Sigmund Freuds, zurück. Er begründete die Vegeto- oder Orgontherapie (s.d.). Die bekannteste Schule in der Tradition Reichs, die Bioenergetik, wurde von seinem Schüler Alexander Lowen [geb.1910] entwickelt. Von ihr spaltete sich neben anderen John C. Pierrakos [geb. 1921] mit seiner Core-Energetik als einer typischen Körperbehandlungsmethode mit religiösem Anspruch ab. Über den Körper die spirituelle Dimension zu erreichen beabsichtigen ebenfalls die Erogenetik von Mona Lisa Boyesen [geb. 1945] und die Psychosynthese nach David Boadella [geb. 1931]. Die Reich nahe stehenden Schulen sind weltanschaulich auf seine materialistische, später esoterischmaterialistische Position festgelegt. Mittlerweile sind aber alle Grenzen fließend, und im transpersonalen oder humanistischen Kontext wird Reichs Position entsprechend umgedeutet. Viele Methoden werden neben den therapeutischen Selbsterfahrungszwecken zur Suche nach spirituellen Erfahrungen eingesetzt. Für die Praxis des Umgangs mit dem Körper lassen sich drei Quellen benennen:

- Heilmethoden aus der westlichen alternativen oder etablierten Medizin, meist Massagetechniken und Haltungsschulen, ebenso Methoden der Chiropraktik, Gymnastik usw.;
- energetische Praktiken, die sich aus Wilhelm Reichs Theorie der Orgonenergie ableiten, von der Massage bis hin zum Orgon-Akkumulator, mit denen versucht wird, Lebensenergie zu »tanken«;
- Heilmethoden aus östlichen Traditionen, u. a. aus dem Umkreis der Akupunktur und des Yoga, aber auch Kampftechniken, Bewegungsmeditationen und andere Meditationsformen, die – zum Teil nur im Westen – therapeutisch eingesetzt werden.

Neben praktischen Methoden benötigt jede Körpertherapie ein psychosomatisches Konzept, das heißt eine Theorie, die den Zusammenhang von Körper, Seele und unter Umständen zusätzlich geistig-spirituellen Kräften beschreibt. Dabei lassen sich ebenfalls drei Quellen unterscheiden:

- Die wichtigste Theorie bildet die tiefenpsychologische Traumatheorie in der speziellen Version Wilhelm Reichs. Nach ihr drücken sich frühkindliche Prägungen und Schädigungen in dem »Triebschicksal« körperlich aus und lassen sich durch Einwirkung auf den Körper auflösen. Der Persönlichkeitstypus soll am Körper abgelesen werden können. Oft ergänzen oder ersetzen Theoriebestandteile der Humanistischen Psychologie diese Traumatheorie. Durch die Aufarbeitung der frühkindlichen Traumata wird danach das eigentliche, reale Selbst freigesetzt. Die Selbstbestimmtheit und innere Führung des Therapieprozesses tritt stärker in den Vordergrund. Eine besonders enge Beziehung zu den Körpertherapien hat die von Fritz Perls [1893-1970] begründete Gestalttherapie.[54]
- Zunehmend wichtig sind medizinische und religiöse Ideen östlicher oder esoterischer Herkunft, z. B. die Vorstellung einer Lebensenergie, die im Körper fließt, die Vorstellung einer spirituellen Höherentwicklung im theosophischen Sinn oder die Idee der Erleuchtung im buddhistischen oder hinduistischen Sinn. Sie werden zum Teil direkt in das Menschenbild und unter die Therapieziele aufgenommen. Heute verbinden sich alle genannten Theorien und Methoden in vielfältiger Weise. Die Vorstellung einer feinstofflichen Körperenergie, die gleichzeitig auch den Kosmos erfüllt, nimmt dabei eine zentrale Stellung ein. Es wird Wert darauf gelegt, dass diese Energie zum Astralleib gehört und nicht, wie noch bei Wilhelm Reich, materiell oder physiologisch verstanden wird: »Die Sexual- oder ›Orgonenergie‹ ist genau das, was in anderen Kulturkreisen ebenfalls als entscheidende Kraft entdeckt wurde, die hinter einer ausgeglichenen körperlichen und geistigen Gesundheit steckt. Im japanischen Kulturkreis heißt diese Energie ›Ki‹ (siehe AiKiDo), bei den Chinesen wird sie ›Chi‹ genannt (siehe T'ai Chi), die Inder nennen sie ›Prana‹, Paracelsus sprach von ›Numia‹, Hippokrates von der ›Vis naturae‹, und die Russen gaben ihr das Etikett ›Bioplasmatische Energie‹. Alle Bezeichnungen beziehen sich auf das gleiche Phänomen – die feinstoffliche, anatomisch nicht nach-

weisbare, aber dennoch angeblich sehr wirkungsvolle Energie, die, wenn sie ausgewogen im Körper fließen kann, das physische und psychische Wohlbefinden des Menschen sicherstellt.«[55] Nach hinduistischer und buddhistischer Vorstellung sammeln, transformieren und verteilen die Chakren (wörtlich: Rad) die sie durchströmende Energie auf den Körper. Obwohl der wissenschaftliche Nachweis bisher nicht gelang, werden die Chakren als Umschlageplätze subtiler, feinstofflicher Energie in den Körper angesehen.

- Geschichtlich betrachtet wurde das Therapiezentrum Esalen (Kalifornien) in den 70er und 80er Jahren zum Brennpunkt des Versuchs, westliche Therapie und östliche Spiritualität in der »Körperarbeit« zu verbinden. Auch Wilhelm Reichs Lehre wurde dort aufgenommen und verändert. Alexander Lowen, Ida Rolf und Jack Painter trafen sich dort mit Fritz Perls schon um 1960. Die heutige Situation ergibt sich aus der mehr als ein halbes Jahrhundert umfassenden Entwicklung, die mit Wilhelm Reichs Auftritt in den USA ihren Anfang nahm und sich in Esalen fortsetzte. Dabei wurden auch ältere Methoden der Alternativmedizin reaktiviert und im neuen, ganzheitlich-spirituellen Kontext rehabilitiert. In den letzten beiden Jahrzehnten sind es häufig Rajneesh-Anhänger, die Ansätze alternativer Bewegungs- und Körpertherapien aufgreifen und in ihrem Kontext verwenden (vgl. die Abschnitte über Primärtherapie, Hara-Awareness oder Tantra).

Warum werden die körperzentrierten Schulen in der Psychotherapie immer beliebter? Auch andere Richtungen laden sich mit religiösen Vorstellungen auf und versprechen ein ganzheitliches Vorgehen. Es kann also nicht dieser Anspruch allein sein, der den Körpertherapien einen Vorsprung am Psychomarkt verschafft hat. Ein Teil der Antwort liegt sicher darin, dass das Interesse für den Körper allgemein steigt. Nicht nur die »Gesundheitswelle« spricht dafür, auch der enorm gestiegene Umsatz von Modekleidung, Parfums und »Frisörtempeln« belegen dies. Der Soziologe Peter Gross hat den gegenwärtig ausgeprägten Körperkult als »Anbetung des Fleisches« charakterisiert: »In der postmodernen Ich-Religion richten sich viele Menschen göttlich her und weisen ihrem Körper die Hauptrolle bei der Sinnfindung zu: Ob athletisch ›heiß‹ oder anorektisch ›kalt‹ – im alltäglichen Kampf um Anerkennung, Macht und Status wird der Körper immer stärker für individuelle Glücks- und Heilsversprechen instrumentalisiert.«[56]

Neben diesen kulturellen Trends stehen sicherlich handfeste soziale Bedürfnisse hinter der Vorliebe für Körpertherapien: Die soziale Vereinzelung vieler Menschen könnte den Wunsch wecken, sich Körperkontakte zu erkaufen. Das Leben in einer technisch-künstlichen Welt, einer Medienwelt mit verblüffend »echter« virtueller Realität, schafft ein Bedürfnis nach Authentizität, die man in der körperlichen Erfahrung zu finden hofft. Außerdem ist heute nicht die Zeit revolutionärer Experimente oder harter Arbeit in der Psychotherapie; die Stimmung lässt sich mit der während der Gruppendynamik-Welle oder der LSD-Welle in den sechziger und siebziger Jahren nicht vergleichen. Sanftheit und Innerlichkeit ist angesagt. Dem Gewaltsamen wird mittlerweile auch in der Psychotherapie misstraut. Heute sind Genießen, Verwöhnen-lassen und Wohlfühlen angezeigt. All dies begünstigt die Körpertherapien, sodass sich ihre Angebote und das durch sie vermittelte Menschenbild weiter ausbreiten wird.

Im Anschluss folgt eine Übersicht über einige populäre körpertherapeutische Angebote mit einem Schwergewicht auf den alternativen Richtungen. Wenn manche Richtungen zum

Teil nur kurz charakterisiert werden, soll dies nicht ihre Bedeutung widerspiegeln. Manche der hier aufgelisteten spirituell orientierten Verfahren werden aufgrund ihres östlichen Kontextes im Kapitel IV. erläutert, z.B. Reiki, Yoga oder Falun Gong.

Da es unzählige Abwandlungen aller Schulen gibt, ist es nicht möglich, eine vollständige Liste vorzulegen. Eine systematische Einteilung der unüberschaubaren Vielfalt an Körpertherapien ist nicht leicht, da im Zeichen der »Ganzheitlichkeit« alles mit allem gemischt wird.[57] Die folgende Einteilung der körpertherapeutischen Ansätze kann deshalb nur als grobe Erstinformation dienen. Wolf Büntig unterscheidet manipulierende (Rolfing, Trager, Shiatsu, Integrale Leibtherapie) und übende Verfahren (Eutonie, Feldenkrais, Kum Nye, Focusing) von Bewegungstherapien.[58] Mit Hilarion Petzold lässt sich eine Abgrenzung zwischen funktionalen und konfliktzentrierten Verfahren vornehmen.[59] Während die funktionalen Ansätze sich auf das »richtige« Atmen, Bewegen und Entspannen richten, geht es den konfliktzentrierten Ansätzen »um das Aufdecken im Körper verdrängten traumatischen Materials, das zu Blockierungen des vitalen Energieflusses, zur muskulären Panzerung geführt hat«.[60] Die reichianische Perspektive wird hier schon an der Wortwahl deutlich.

Die folgende Abbildung unterscheidet funktionale, ideologische und spirituelle Verfahren. »Funktional« bezieht sich auf Methoden zur Unterstützung und Verbesserung der natürlichen Körperabläufe. Als ideologisch werden Methoden bezeichnet, für deren Wirksamkeit eine bestimmte Glaubensüberzeugung und Weltanschauung nötig ist. Der Behauptung, »Körper und Geist sind nur durch unsere Weltanschauung – je nachdem, wie wir sie anschauen – zweierlei, im Grunde jedoch ein und dasselbe«,[61] wird durch diese Einteilung bewusst widersprochen. Wenn Körpermethoden seelische Befreiung versprechen, funktioniert das nur mit der dazu gehörigen Ideologie. Spirituelle Verfahren schließlich sind jene, mit denen religiöse Ziele verknüpft sind.

	funktional	*ideologisch*	*spirituell*
Wahrnehmungs-schulung	Hypnotherapie, Focusing, Alexander-Technik	Aura Soma; Synergetik	Hakomi Tibetan Pulsing
Ernährung	Heilfasten	strikte Veganer (www.vegan.de)	Lichtnahrung, (Maharishi-) Ayur-Veda
Berührungstherapien		Polarity, Craniosakrale Therapie, Hara Awareness	Reiki
Bewegungstherapien	FE, KBT, Eutonie, Feldenkrais	Bonding, Alta Major	Yoga; Falun Gong, T'ai Chi, Kum Nye, Qigong, Aikido, Biodanza
Massagetherapien	medizinische (Teil-) Massagen: Schulter, Nacken, Rücken; Tragering	Orgontherapie, Rebalancing, Shiatsu, Fußreflexzonentherapie, Rolfing	Tantra
Atemtherapien	Erfahrbarer Atem	Rebirthing	Holotropes Atmen; Yoga
Körperpsychotherapie	(Moser, Heisterkamp)[62]	Bioenergetik, Biodynamische Psychologie, Core-Energetik	Biosynthese, Integrale Leibarbeit

1. F. M. Alexander-Technik: von der Stimmschulung bis zur Haltungsänderung
(www.alexander-technik.de)

Begründet vom australischen Schauspieler Frederick Matthias Alexander [1869-1955],
nicht zu verwechseln mit dem Psychosomatiker Franz Alexander oder der Begründerin
der Eutonie, Gerda Alexander (s. d.). Die A. ist die älteste der heute angebotenen Körpertherapien und ursprünglich eine Haltungsschule, die allerdings nicht auf willentliche
Haltungsänderungen setzt, sondern eine gesündere Körperhaltung mit einer neuen inneren Haltung verbinden will. Dazu werden die alltäglichen Bewegungen analysiert und
korrigiert, sodass sie entspannter und freier ablaufen. Eine besondere Aufmerksamkeit
wird auf die Haltung des Kopfes gelegt. Man soll sich so bewegen lernen, dass man in
»seiner eigenen, senkrechten Körperachse ruht«. Typisch für die A. ist das langsame und
behutsame Vorgehen bei den Übungen; schnelle Bewegungen werden vermieden. Ein religiöser Hintergrund fehlt der A.; sie ist in ihrer ursprünglichen Form stark an der All-
tagserfahrung orientiert. Der Begriff »Technik« wird bewusst an Stelle von »Therapie«
benutzt, um diesen Punkt zu unterstreichen. Ein Alexander-Lehrer benötigt eine dreijährige hauptberufliche Ausbildung. Die Alexander-Technik ist in dreizehn Ländern durch
Berufsverbände (GLAT) vertreten.

2. Erfahrbarer Atem: Achtsamkeit und Hingabe (www.middendorf-institut.de)

1965 gründete Ilse Middendorf [geb. 1910] in Berlin das Ausbildungsinstitut für Erfahrbaren Atem. Von den beiden Atemformen der unbewussten und willentlichen Atmung
unterschied sie einen Erfahrbaren Atem. In den Kursen soll durch Achtsamkeit auf die
natürliche, unwillkürliche Atembewegung und Hingabe daran eine körperliche Empfin-
dungsfähigkeit herausgebildet werden, die sich stabilisierend und wohl tuend auf den
Anwender auswirkt. Die Ausbildungsinstitute in Berlin und Beerfelden (Odenwald) bieten berufsbegleitende Fortbildungen an. Manche Vertreter dieses Ansatzes überdehnen
den Anspruch dieses Verfahrens, wenn durch die richtige Atmung Lebenskonflikte gelöst
werden sollen. Nach Middendorf stehen aber nicht Krankheiten oder Symptome im Mittelpunkt der Behandlung, sondern die Selbsterfahrung und die Übernahme von Verantwortung für das eigene Wohlbefinden.

3. Eutonie: Gleichgewicht der Spannungen (www.eutonie.de)

Begründerin war Gerda Alexander [1908-1994], eine Berliner Rhythmik-Therapeutin nach
Emile Jaques-Dalcroze. Sie darf nicht mit dem Psychoanalytiker Franz Alexander und
dem Begründer der Alexander-Technik verwechselt werden (s. d.). Der Begriff setzt sich
aus griechisch »eu« (gut) und »tonos« (Spannung) zusammen. Die E. versteht sich als
Weg der Selbsterfahrung über den Körper und geht insofern über Entspannungstechniken hinaus. Sie ist sehr übungsintensiv, wird vor allem im pädagogischen Raum angeboten und findet eine breite medizinisch-psychologische Zustimmung. Der weltanschauliche Inhalt der E. ist zwar unspezifisch, Gerda Alexander hat jedoch einen umfassenden
Anspruch an die E. als »einen westlichen Weg zur Erfahrung der körperlich-geistigen Einheit des Menschen«. Sie sei »keinesfalls eine Methode im traditionellen Sinn, sondern

eine neue Haltung gegenüber den Menschen und dem Leben«. Die Ausbildung erfordert drei bis vier Jahre.

4. Feldenkrais: Bewusstheit durch Bewegung (www.feldenkrais.de)
Eine so genannte psychophysische Körpertherapie begründete Moshe Feldenkrais [1904-1984]. Durch Erspüren und Erleben von Haltungen und Bewegungen, darunter solche ungewöhnlicher Art, soll es zur ganzheitlichen Selbsterfahrung kommen. Es handelt sich ähnlich wie bei der Eutonie (s. d.) eher um eine pädagogische als um eine psychotherapeutische Methode, bei der die Selbsterziehung durch Bewegung im Mittelpunkt steht. Durch die Veränderung der Beweglichkeit eines Menschen verändert man auch sein Ich-Bild. Dabei soll die Veränderung lustbetont sein, die Beweglichkeit soll als Abenteuer erlebt werden. Eine bestimmte Dauer oder Anwendung der Methode ist nicht vorgesehen, die Einzelarbeit an persönlichen Beschwerden wird als Funktionale Integration bezeichnet, die Gruppenarbeit als Bewusstheit durch Bewegung. Die seit 1985 bestehende Feldenkrais-Gilde mit weit über 1000 Mitgliedern sichert Qualitäts-Standards. Trotz des unspezifischen weltanschaulichen Hintergrunds ist der Anspruch der Feldenkrais-Anhänger hoch. Die gesteigerte »Bewusstheit« soll umfassenden Erfolg in allen Lebensbereichen sicherstellen und letztlich die Evolution des Menschen vorantreiben. Kritik an der Feldenkraismethode richtet sich weniger gegen die Übungen selbst als gegen die sie begleitende Utopie.

5. Focusing: Problemlösungs- und Entscheidungshilfe (www.focusing.de)
Focusing wurde in den 60er Jahren von dem österreichisch-amerikanischen Psychologen und Philosophen Eugene T. Gendlin [geb. 1926] entwickelt. Es entstand vor dem Hintergrund der Gesprächspsychotherapie nach Carl Rogers [1902-1978]. Die Methode ist keine Körpertherapie im eigentlichen Sinne, sondern eine Entscheidungshilfe in psychotherapeutischen Prozessen unter Einbeziehung des Körpergefühls. Das Focusing-Modell hat eine Systematik entwickelt, wie eine Person mit ihrem inneren Erleben in Kontakt kommen und es so einsetzen kann, dass es zu einer merkbaren Veränderung kommt. »Focus« meint den Mittelpunkt der Aufmerksamkeit, in den ein Thema mit allen unklaren Aspekten gestellt wird. Focusing konzentriert sich auf die gefühlte Bedeutung (»felt sense«) eines Themas. Dieser intuitiven Wahrnehmung wird höchste Aufmerksamkeit gewidmet. Innere Bilder, Körperempfindungen und Emotionen sollen Hinweise darauf geben, ob etwas subjektiv stimmig oder nicht stimmig ist. Focusing ist eine Methode der Kreativitätsförderung und Problemlösung, die eine offene innere Haltung erfordert. Vor-Urteile und vorschnelles Wissen sollen abgelegt werden, und die Übereinstimmung zwischen Denken, Fühlen und Wollen wird auf der Grundlage aufmerksamer Körperwahrnehmung gefördert.

6. Funktionelle Entspannung (FE): gezielte Lockerung
Die Gymnastiklehrerin Marianne Fuchs [geb. 1908] entwickelte nach dem Zweiten Weltkrieg in Zusammenarbeit mit Victor von Weizsäcker, einem Begründer der psychosomatischen Medizin, Entspannungsübungen, die sich vor allem am Atemrhythmus orientieren. Die Methode bezieht das therapeutische Gespräch auf tiefenpsychologischer Grund-

lage ausdrücklich mit ein, so dass es sich nicht um eine reine Körpertherapie handelt. Die FE wird vor allem im Rahmen der fachlichen Psychotherapie benutzt, insbesondere bei Krankheitsbildern, die mit körperlichen Beschwerden einhergehen, z. B. funktionelle Störungen, psychosomatische Erkrankungen, Ängste und Depressionen. Ihre Praxis wirkt in der Regel weltanschaulich neutral. 1975 wurde die Arbeitsgemeinschaft FE mit derzeit etwa 250 Mitgliedern gegründet, die wissenschaftliche, therapeutische und didaktische Funktionen in diesem Bereich übernimmt.

7. Heilfasten: freiwilliger Verzicht (www.fasten-kolleg.de)

Richtige Ernährung ist heute zu einem Problem geworden. Fast Food und mangelnde Bewegung sind für viele Beschwerden mit verantwortlich. Das Essen als Ersatz für ungestillte Bedürfnisse kann zu süchtigem Verhalten führen – die Zunahme von Ess- und Magersüchtigen ist ein trauriger Hinweis darauf. Heilfasten erlebt in den letzen Jahren eine Konjunktur. Fasten ist an kein Alter gebunden und freiwillig – Kinder fasten bei Krankheiten instinktiv. Fasten führt zu einem aufmerksameren Umgang mit der Nahrung und dem eigenen Körper. Wesentlich ist das Verhalten nach dem Fasten. Noch wichtiger als die richtige Vorgehensweise beim Fasten sind gesunde tägliche Essgewohnheiten.

8. Hypnose/Hypnotherapie: die Vorstellungskraft nutzen (www.hypnose.de)

Die Hypnose ist das älteste psychotherapeutische Verfahren. Sie ist nur indirekt ein körpertherapeutisches Verfahren, weil sie über das Wort auf den Körper einwirkt. Durch gezielte Aufmerksamkeit und Vorstellung kann der Körper beeinflusst werden. Die intensive Vorstellung einer gelben, saftigen Zitrone kann den Speichelfluss anregen und einen sauren Geschmackseindruck vermitteln. Wohl die bekannteste Anwendung hypnotischer Technik ist die Entspannungstechnik des Autogenen Trainings – abgesehen von den bisweilen gefährlich verlaufenden Showhypnosen.[63] Die Deutsche Gesellschaft für therapeutische Hypnose (GTH) veranstaltet Fort- und Weiterbildungsseminare und steht in der Tradition der medizinischen Heilhypnose. Von der bildhaften Vorstellungswelt der Fantasie ist der Schritt in die Esoterik naturgemäß nicht weit, was eine neue Veröffentlichung eines bekannten Lehrers für Autogenes Training belegt.[64] Weiterhin waren die letzten beiden Jahrestagungen der GTH durch fachfremde Hauptvorträge über die alchemistische Wandlung, die Aura-Therapie, tantrische Sexualität, feministische Spiritualität, die Findhorn-Gemeinschaft, schamanistische Bewusstseinsekstase u. a. geprägt.

Stärker psychotherapeutisch ist die Hypnotherapie nach Erickson orientiert. Das Hilfsmittel der »therapeutischen Trance« wurde in den 70er Jahren durch den amerikanischen Psychiater Milton H. Erickson [1901-1980] wieder entdeckt. Erickson befreite die Hypnose von ihrem mystischen, obskuren Ruf und entwickelte sie zu einer heute respektierten Heilmethode. Der Trancezustand der Hypnotherapie ist dabei kein passiver, schlafähnlicher Zustand, sondern gekennzeichnet durch intensive Konzentration und Sammlung. Dieser besondere Körper- und Bewusstseinszustand wird zunächst eingeübt, bevor gezielt am Selbstvertrauen, kreativen Problemlösungen oder an der Kontrolle über Körperfunktionen – z. B. beim Schmerz – gearbeitet wird. Die Methode wird zunehmend präventiv in Zahnarztpraxen und im pädagogischen Bereich eingesetzt.

Die Milton-Erickson-Gesellschaft für Klinische Hypnose (M.E.G.) wurde 1978 gegründet, verfügt über bundesweit 15 regionale Ausbildungsstellen und verantwortet die Fort- und Weiterbildung. Ihr Informationsblatt erscheint halbjährlich mit einer derzeitigen Auflage von 35.000 Stück. Hypnotische Verfahren sind – wie alle psychotherapeutischen Verfahren – von klaren ethischen Standards der Anwender abhängig, weil die Tranceinduktion missbraucht werden kann. Darüber hinaus werden hier auch Brückenschläge zu fragwürdigen Verfahren gemacht: Auf der diesjährigen Jahrestagung der M.E.G. 2001 stellt Dietrich Klinghardt seine Psycho-Kinesiologie vor (s. d.).

9. Konzentrative Bewegungstherapie (KBT) (www.dakbt.de)
Von Elsa Gindler entwickelte Therapieform, in der durch Körpererfahrungen Assoziationsketten abgestoßen werden sollen, die in einer analytischen Einzel- oder Gruppentherapie aufzuarbeiten sind. In diesem Sinn dienen die körperlichen Erfahrungen und Übungen der Erweiterung der Selbstwahrnehmung. Die K. wird vor allem im Rahmen etablierter psychoanalytischer Praxis ausgeübt. Der Deutsche Arbeitskreis für Konzentrative Bewegungstherapie (DAKBT) wurde 1975 gegründet und betreibt hierzulande die Qualitätssicherung, er zählt über 500 Mitglieder. Historisch gesehen beeinflusste Elsa Gindler mit ihrer in den zwanziger Jahren entstandenen »Arbeit am Menschen« über ihre in den USA arbeitende Anhängerin Charlotte Selvers die gesamte Körpertherapie, u. a. Wilhelm Reich (durch dessen Frau Anna Reich) und Fritz Perls.

10. Tragering: Leichtigkeit der Bewegungen (www.trager.de)
Seit 1990 wird die von Tanz und Musikgymnastik abgeleitete Methode nach Milton Trager [1908-1996] in Deutschland unterrichtet und praktiziert. Sie will körperliche und seelische Anspannung durch rhythmische Bewegungen auflösen. Im Mittelpunkt der Trager-Prinzipien steht das Nachfragen: »Was könnte leichter sein, freier, sich noch leichter anfühlen?« Es wird in zwei verschiedenen Settings gearbeitet: Bei der Tischarbeit liegt der Klient auf einer Liege, und verspannte Körperteile werden »getragert« (sanft gedehnt und geschwungen), um den Bewegungsspielraum zu vergrößern. Bei den »Mentastics« (vom englischen »gymnastics«) soll dem Patienten durch bildhafte Vorstellungen (»Stell dir vor, deine Wirbelsäule ist eine Perlenkette«) eine entspannte und leichte Körperhaltung zukommen. Durch die Einbeziehung meditativer Elemente ist Tragering ein Verfahren auf der Grenze. Über Tragers Ehefrau bestand eine langjährige Verbindung zur Transzendentalen Meditation (TM). Heute spielt dieser Einfluss in Deutschland angeblich keine Rolle mehr.

Ideologische Ansätze

1. Akupressur: Energie in den richtigen Fluss bringen
Aus dem Lateinischen abgeleitetes Wort für eine Heilmethode, die als »sanfte« Form der Akupunktur entwickelt wurde. Die Akupunktur gehört zur traditionellen chinesischen Medizin (TCM), die in Europa seit einigen Jahren wachsenden Zuspruch findet.[65] Sie geht davon aus, dass auf der Körperoberfläche Energiepunkte netzartig verteilt sind, die mit inneren Organen in Verbindung stehen. Man kann also innere Organe durch Druck

auf bestimmte Körperstellen beeinflussen. Diese Stellen sind in diesem Modell zum Teil durch Linien verbunden, die so genannten Meridiane. In der A. werden Hunderte von Druckpunkten unterschieden, z. B. soll der Dickdarm mit einem Punkt der Hand zwischen Daumen- und Zeigefingeransatz in Verbindung stehen. Die nahe liegende Vorstellung, dass die A. auf freie Nervenendigungen der Haut wirke und dass Effekte durch einen Einfluss auf das vegetative Nervensystem zu erklären sind, wird von alternativen Therapeuten abgelehnt. Es handle sich um reine Energiepunkte und Energiebahnen der feinstofflichen, »astralen« Lebensenergie »Ki«, die vom Hauptenergiezentrum aus unterhalb des Nabels den Körper durchströmt (s. auch Hara Awareness). Eine Variante ist die Akupunktmassage nach Willy Penzel, in der die Massage mit einem Metallstäbchen, dem »Penzelstab«, durchgeführt wird. Er soll in Energieflussrichtung über die Meridiane geführt werden und einen Spannungsausgleich bewirken.

2. Alta-Major-Therapie: Körper und Geist aufrichten

Sonderentwicklung einer Haltungstherapie durch Divo Helche Köppen-Weber, einer Heilpraktikerin in München. Alta-Major-Punkt nannte die Theosophin Alice Bailey den Übergang der Wirbelsäule in den Schädel. Auch in der A. geht es um eine aufrechte Haltung, da man »die Haltung ist, die man einnimmt«. Eine geknickte Haltung hindert auch den Fluss »höherer Energien«, für die die oberen Halswirbel ein Tor bilden. Die A. wird stark von einem esoterischen Menschenbild bestimmt und zielt auf eine spirituelle Weiterentwicklung des Klienten.

3. Aura Soma: Aktivierung und Harmonisierung des feinstofflichen Energiekörpers
   (www.aurasoma.com)

Angeblich wurde Aura Soma 1984 von der erblindeten, »hellsichtigen« Engländerin Vikky Wall [1918-1991] medial »gesehen«. Die Kombination aus Farb-, Aroma- und Edelsteintherapie soll aktivierenden und heilenden Einfluss auf den Anwender ausüben. Es gibt drei verschiedene Flüssigkeitsqualitäten: 14 »Pomander« sollen zu Schutz- und Heilungszwecken dienen. Dazu nimmt man eine farbig gefüllte Flasche, z. B. »P9, Smaragdgrün, hilft bei Entscheidungen, gut bei Asthma, Herzbeschwerden und Bronchitis«, gibt drei Tropfen auf die Handinnenfläche und fächert diese dann über den Kopf und die »Aura« (s. u.) ein. 14 Meister-Quintessenzen werden auf den Puls der Handgelenke aufgetragen und ebenso eingefächert, sie sollen die Wahrnehmung öffnen, sensibilisieren und spiritualisieren. Die Kunden sollen sich intuitiv von den Farben anziehen lassen. In der unteren Hälfte der Flaschen in Parfumgröße sind sie mit einer öligen, farbigen Flüssigkeit gefüllt, in der oberen mit einer wässrigen. Ihre Zahl steigt stetig an – »zum Frühlingsanfang, am 21. März 2000, ist in Tetford Equilibrium B100, klar über dunkelmagenta, geboren worden. Es ist die siebte in der Reihe der Erzengel und ist Metatron gewidmet, dem Engel der Verheißung«.[66] Momentan bieten sich 101 Balanceöle in leuchtenden Farben als Orientierungspunkte an. Als ein Barometer des körperlichen und emotionalen Zustandes informieren die Öle angeblich über vergangene, gegenwärtige und zukünftige Ereignisse. Hat der Kunde intuitiv vier Flaschen ausgewählt, erfolgt die Deutung: die 1. Flasche offenbart das Potenzial, die 2. Flasche zeigt das größte Hindernis, das einer Verwirklichung des Potenzials entgegensteht, die 3. Flasche steht für die gegenwärtige Beziehung zum Potenzial, und die 4. Flasche weist auf die Energie hin, die aus der Zukunft kommt.[67]

Die »Aura« ist nach der hier vorherrschenden Überzeugung der feinstoffliche, unsichtbare Energiekörper, der jeden Menschen umgeben soll. In dieser Aura soll ein permanenter Energieaustausch zwischen menschlicher und kosmischer Energie stattfinden. Konkret finde dieser Austausch an den sieben sog. Chakren, den feinstofflichen Energiezentren des Körpers, statt. Die Aura-Soma-Flaschen sind nun farblich den Chakren zugeordnet und werden nach einem bestimmten Ritual auf die entsprechenden Körperbereiche aufgetragen: Mit der linken Hand werden die Flaschen am Deckel angefasst und geschüttelt, die erzielte Blasenbildung soll etwas über die gegenwärtige Befindlichkeit der Person aussagen. Erklärung: Durch das Schütteln werden »die in der Flasche enthaltenen Farb-, Pflanzen- und Edelsteinschwingungen aktiviert ... Man fühlt die Kraft der Schwingungen, die den Zugang zu höheren Ebenen öffnet und die Harmonie, die sich im Angebundensein an diese Ebenen ausbreitet.«[68] Aura Soma ist zweifellos ein sinnliches Ereignis, das nicht schadet, aber auch nicht billig ist und bestimmte Glaubensüberzeugungen voraussetzt.

4. Biodynamische Psychologie: Verspannungen lösen (www.biodynamik.at)
Begründet wurde diese Methode von Gerda Boyesen [geb. 1922 in Norwegen], Schülerin von Ola Raknes, der Freund und Mitarbeiter Wilhelm Reichs war. 1970 wurde das »Gerda Boyesen-Institute« in London gegründet, das heute Gerda Boyesen International Academy heißt. Eine Ausbildung dauert zwei Jahre. 1994 wurde in Deutschland der Berufsverband der BiodynamikerInnen gegründet.[69] Derzeit vertritt er über 200 Mitglieder.

Die B. erweitert die Reich'sche Idee des »Charakterpanzers«, der sich auf Energieblockaden der Willkürmuskulatur bezieht, um die Idee des »viszeralen Panzers«, also einer Blockade oder Verspannung der glatten Eingeweidemuskulatur. Seelischer Stress wird laut Boyesen durch die Tätigkeit des Darms, die Peristaltik, abgebaut. Wenn dies nicht geschieht, bleibt seelische Spannung übrig. Die Therapie beruht auf unterschiedlich intensiven Massagetechniken und Körperübungen, mit denen Verspannungen gelöst werden sollen. Dabei wird die Peristaltik des Darms mit Hilfe eines Stethoskops verfolgt und die Massage entsprechend ausgerichtet. Die B. gilt innerhalb der Reich'schen Tradition als »sanfter« Weg, da emotionale Grenzerfahrungen nicht gesucht werden, im Unterschied z. B. zur Bioenergetik (s. d.). Die Behandlung ist teurer als die meisten anderen Körpertherapien und erfordert relativ viel Zeit. Sie strebt auf eine Anerkennung innerhalb der etablierten Psychotherapie hin. Daher spielen religiöse Positionen eine geringe Rolle, der pseudo-physikalische Reich'sche Energiebegriff bleibt weitgehend erhalten. Eine spirituelle Weiterentwicklung dieses Verfahrens hat Gerda Boyesens Tochter Mona Lisa [geb. 1945] unter dem Namen Erogenetik vorgestellt.[70]

5. Bioenergetik: Energien ausdrücken und umsetzen (www.psy-net.de/mgba; www.bioenergetik-mahr.de)
Alexander Lowen [geb. 1910] war zunächst Wilhelm Reichs Patient, wurde dann von ihm ausgebildet und gründete 1956 ein Institut für Bioenergetische Analyse in New York. Die B. ist wahrscheinlich die einflussreichste und heute verbreitetste Form der Körpertherapie-

pie. Sie geht davon aus, dass man die seelische Geschichte eines Menschen, sein »Trieb-schicksal«, an seinem Körper ablesen kann. Diese von Reich stammende Idee wurde in der B. stark ausgebaut (»Body-Reading«). Man liest am Körper ab, wo der Fluss der Kör-per- oder Bioenergie durch Traumata der frühen Kindheit blockiert wurde. Dabei spielt die Blockade sexueller Energie (und der Orgasmus als ihre Entladung) eine wichtige, aber geringere Rolle als bei Reich selbst. Man versucht, die blockierte Energie durch verschie-dene Übungen wieder zum Fließen zu bringen. Diese verstärken z. T. die Spannungen oder lösen körperlichen Stress aus, z. B. das berühmt gewordene »Grounding«, eine an-strengende stehende Haltung. Durch diese Übungen sollen auch »alte Gefühle hochkom-men« und ggf. emotional abreagiert werden. Die B. verbindet daher körperliche und ka-thartische Methoden und steht der Tiefenpsychologie näher als z. B. die verwandte Bio-dynamische Psychologie (s. d.); die Kritik an tiefenpsychologischen Theorien trifft daher auch die B. Eine Therapie ist relativ teuer und oft langwierig, der weltanschauliche An-spruch ist hoch: Die völlige Entspannung wird als »Stand der Gnade« betrachtet und kann den Stellenwert eines Heilsziels erhalten. Es gibt vielfältige Abwandlungen und Er-weiterungen. 1987 wurde der Deutsche Verband für Bioenergetische Analyse (BVBA) mit derzeit etwa 350 Mitgliedern gegründet.

6. Biosynthese: Integration des Lebens

Die Biosynthese versteht sich als eine spirituelle und somatische Psychotherapie. Sie ist eine Abwandlung der Reich'schen Orgontherapie (s. d.) durch David Boadella [geb. 1931]. Er gehört zum vielfältigen Bereich der sog. Neo-Reichianer, die die Orgontherapie mit unterschiedlichen, anderen Ansätzen mischen, die meist aus der Humanistischen, hier stärker aus der Prä- und Perinatalen und insbesondere der Transpersonalen Psychologie stammen. Auch die B. beruht auf einer humanistischen Wachstumsvorstellung; im The-rapieprozess soll durch Ausgleich der seelischen Entwicklungsdefizite das eigentliche Selbst entstehen. Die Lebensenergie drückt sich nach Boadella dreifach aus: als Atemstrom (kör-perlich), Bewegungstendenz (emotional) und Kontaktwunsch (sozial). Das Zentrum des Menschen bildet nach Boadella ein transpersonales Kern-Selbst. Wird mit diesem Kern-Selbst oder der »Essenz« gearbeitet, sollen sich häufig »feine energetische Erlebnisse« einstellen. In der Behandlung geht es darum, sich den Prozessen und Qualitäten dieses essenziellen Kerns zu nähern, weil sie »Quellen der inneren Kraft und Nahrung ... und Ausgangspunkte körperlicher, psychischer und spiritueller Heilung«[71] sind. Das Interna-tionale Institut für Biosynthese (IIBS) befindet sich in Bodenseenähe in der Schweiz und ist das deutschsprachige Forschungs- und Ausbildungszentrum der Biosynthese.

7. Bonding/New-Identity-Process: Heilkraft der Nähe (www.zentrumimkraichgau.de)

Der »New-Identity-Process« (N.I.P.) wurde in den 60er und 70er Jahren von dem ameri-kanischen Arzt Daniel Casriel [1907-1983] entwickelt. Die »Neue Identität« bezieht sich auf einen Zugang zu tiefen Gefühlen, der Erarbeitung von positiven Einstellungen zu sich und anderen und der Entwicklung und Einübung von neuen Verhaltensweisen. Die Zunahme seelischer und psychosomatischer Störungen betrachtete Casriel als das Ergeb-nis einer kulturell bedingten Konditionierung. Durch sie werde dem Menschen ein le-benswichtiges Grundbedürfnis vorenthalten – innige Nähe und Bindung (Bonding). Als

Bonding bezeichnete Casriel ein angeblich biologisch verankertes Grundbedürfnis des
Menschen nach emotionaler Offenheit und körperlicher Nähe zu anderen Menschen.
Durch seine in Gruppentherapien angewandte Technik könne der Teilnehmer seine
Menschlichkeit wieder in Besitz nehmen. Von der Synanon-Gemeinschaft zur Rehabili-
tation von Drogenabhängigen in Kalifornien übernahm Casriel die Einbeziehung tiefer
Gefühlsentladungen. Er entwickelte die Bonding-spezifische Schrei-Übung sowie Methoden zur Einstellungsänderung. In den letzten Jahren seiner Arbeit betonte Casriel immer
mehr die heilende Kraft, die in der Erfüllung der Primärbedürfnisse nach menschlicher
Nähe (Bonding) liegt. Casriel, Bindung und der N.I.P. wurden durch Walter Lechler im
deutschsprachigen Raum bekannt. Als Chefarzt der psychosomatischen Klinik Bad Herrenalb in der Zeit von 1971 bis 1988 hat Lechler den N.I.P. als einen wichtigen Bestandteil
in die Lehr-Lern-Gemeinschaft der Klinik eingeführt und integriert. Gegenwärtig gibt es
in Deutschland mehrere Kliniken für Psychosomatik und Suchterkrankungen, die den
N.I.P. neben anderen therapeutischen Verfahren anwenden, sowie einige Zentren und
therapeutische Praxen, die mit dem N.I.P. arbeiten. Seit 1984 existiert die »International
Society for New Identity Process« (I.S.N.I.P.) mit regionalen Gesellschaften des N.I.P. in
den USA, Deutschland, Belgien, Schweden, Italien und der Schweiz.

8. Core-Energetik: Evolution des Energiekörpers
   (www.coredynamik.de; www.coreenergetics.de)
Entwickelt von John C. Pierrakos [geb. 1921], ebenfalls Schüler Wilhelm Reichs, der 1956
zusammen mit Alexander Lowen das »Institute for Bioenergetic Analysis« gründete, sich
aber später von Lowen trennte. Die C. behält das psychosomatische Konzept Reichs bei,
ersetzt das tiefenpsychologische Menschenbild aber weitgehend durch eine esoterisch interpretierte Chakrenlehre, nach der ein innerer Kern (engl. core) mit seiner kreativen
Lebensenergie und Heilkraft nach außen drängt und nach Verwirklichung des wahren
Selbst strebt. Heilung ist danach eigentlich Selbstheilung, indem der »Core-Energy« Wege
eröffnet werden. Weiterhin spielen esoterische und östlich-religiöse Konzepte in der C.
eine große Rolle; sie versteht sich als spirituelle Fortentwicklung der Bioenergetik (s. d.).
Mittels bioenergetischer Übungen könne das »spirituelle Selbst« frei gelegt und ein flie-
ßender Energieaustausch zwischen Mensch und Kosmos stattfinden. Seit 1991 bietet das
Coredynamik-Institut Freiburg eine dreijährige Aus- und Weiterbildung an.

9. Craniosacrale Therapie: ungestörter Energiefluss
   (www.cranio.-org; www.cranioverband.org)
Entwickelt wurde diese Massageform von William G. Sutherland (USA) auf der Grundlage der Chiropraktik, heutiger Hauptvertreter ist John Upledger (Florida). Die C. geht
davon aus, dass es einen langsamen Rhythmus der Hirn- und Rückenmarksflüssigkeit
gibt, dessen Art und Störung das körperliche und seelische Befinden widerspiegelt und
den der Therapeut durch leichte Druckberührungen (max. 5 Gramm) der Schädelkno-
chen beeinflussen kann. Vor allem soll deren rhythmische Beweglichkeit gegeneinander
gefördert werden. Neben der bewussten Einflussnahme durch die craniosacrale Behandlung werden angeblich auch Selbstheilungskräfte aktiviert, weil der Klient selbst »beziehungsweise ein unbewusster Teil in ihm genau wisse, was notwendig ist, um einen Schmerz

oder ein anderes Symptom loszulassen. Craniosacrale Integration nutzt die körpereigene Intelligenz des Klienten.«[72] Der Name C. bezieht sich auf den Fluss der Rückenmarks- und Gehirnflüssigkeit zwischen Schädel (Cranium) und Kreuzbein (Sacrum), dem hinteren Beckenknochen. Die C. soll 2-20 Sitzungen dauern, sie ist mit der Kinesiologie (s. d.) eng verwandt. Dem craniosakralen Rhythmus wird auch spirituelle Bedeutung zugeschrieben, psychotherapeutische Hilfen i.e.S. werden nur indirekt erwartet. Seit 1987 bietet ein Osho-Craniosacral-Institute Ausbildungen mit diesem Schwerpunkt an; auch das Osho-Uta-Institut in Köln hält eine derartige Weiterbildung vor.

10. Fußreflexzonenmassage (Reflexzonentherapie) (www.fussreflex.de)
Von Edwin Bowen, George Starrwhite und William Fitzgerald verbreitete, der Akupressur (s. d.) verwandte Methode, durch die Massage von »Reflexzonen« des Fußes die Körperorgane zu beeinflussen. Der gesamte Körper soll in einem Netz von Reflexpunkten auf den Fußsohlen seine Entsprechung haben; wenn ein Organ krank ist, setzt sich am entsprechenden Reflexpunkt ein Granulat von Harnsäure ab. Dieses wird behandelt. Die Methode soll schon um die Jahrhundertwende entstanden sein, und zwar angeblich unabhängig von östlichen Heilmethoden, und seit 1930 habe die Masseurin Eunice Ingham das Wissen systematisch vermittelt. Vermutlich geht die Methode in Wirklichkeit auf die erste Welle des Interesses an östlichen Methoden am Ende des 19. Jahrhunderts zurück. Die Reflexzonenmassage ist keine eigentliche Psychotherapie, jedoch im alternativen Bereich weit verbreitet, und zwar als Massageangebot und zur Selbstbehandlung. Vor über dreißig Jahren wurde in Königsfeld/Schwarzwald von Hanne Marquard eine »Hauptlehrstätte« für Reflexzonentherapie gegründet, dort und in zwölf weiteren autorisierten Lehrstätten im In- und Ausland seien inzwischen Tausende ausgebildet worden.

11. Hara-Awareness-Massage: punktuelle Massage unterhalb des Bauchnabels
(www.hara-network.de)
Anando Würzburger, ausgebildet in Primärtherapie, Rebirthing und Shiatsu, gründete Anfang der 90er Jahre die Osho-Hara-Awareness-Massage und leitet seitdem die gleichnamige Abteilung des Osho-Uta-Instituts in Köln. Hara bedeutet im Japanischen »Bauch«. Dieser als Energiezentrum bezeichnete Punkt befindet sich vier fingerbreit unterhalb des Bauchnabels, entspricht dem 3. Chakra und wird von Vertretern dieser Schule als »Quelle universeller Lebenskraft« und »magischer Kraftplatz« bezeichnet.[73] Durch einfache Berührungen und Energieübertragungen sollen Körper und Seele gereinigt und der Weg zur eigenen Quelle geebnet werden. Dazu begibt sich der Anwender in einen tranceähnlichen Zustand. Angeblich verteilt sich vom Hara die Lebensenergie Ki auf den ganzen Körper, weil dieser Punkt als die Verbindungsstelle zur kosmischen Energie angesehen wird und somit das »Tor zum Universum« darstellt (vgl. IV.-2.3). Die Massage unterstütze das Ziel, mehr Bewusstsein in das Hara zu lenken, um den Behandelnden wieder an die Quelle der Lebensenergie anzuschließen.

12. Posturale Integration (P.I.)
Dem Wortsinn nach eine Vervollständigung oder Vereinheitlichung der Haltung (vom englischen »posture«), wobei sowohl Körperhaltung als auch innere Haltung gemeint sind.

Der Gründer Jack Painter [geb. 1933], ein Schüler Ida Rolfs, mischte Elemente des Rolfing (s. d.), der Orgontherapie (s. d.) und der Gestalttherapie mit dem Anspruch, den ganzen Menschen mit Körper, Gefühl und Intellekt zu erfassen. Entsprechend wird die Idee des »Körperpanzers«, in dem sich frühkindliche Traumata ausdrücken, auf eine rigide geistige Haltung und emotionale Stumpfheit ausgedehnt. Es werden Massagetechniken des Rolfing, Haltungsübungen ähnlich der Bioenergetik (s. d.) und Atemübungen benutzt, um die Energieblockaden auf allen Ebenen aufzuheben. Hinzu kommen wie in der Bioenergetik intensive Gefühlserlebnisse mit dem Ziel des Ausagierens und der Entspannung. Die P.I. ist dem Menschenbild der Humanistischen Psychologie verpflichtet; sie hat auch Beziehungen zur Primärtherapie (s.d.) und entstand in Kalifornien parallel zu ihr. Die Ziele sind umfassend und orientieren sich am Ideal des therapeutisch zu erzeugenden »neuen Menschen«.

13. Rebalancing: die Seele über den Körper ins Gleichgewicht bringen
  (www. oshorebalancing.de)

Vorformen der Rebalancing-Behandlung entstanden gegen Ende der 70er Jahre in dem indischen Ashram Bhagwan Shree Rajneeshs (vgl. 2.4). Dort haben viele verschiedene Körpertherapeuten ihre Erfahrungen miteinander geteilt und verschmolzen. Es wird berichtet, dass dort neben Rolfing, Feldenkrais, Trager, Postural Integration, Biodynamischer und Psychischer Massage auch Therapeuten der Alexander-Technik, Osteopathie, Polarity, Shiatsu und Akupunktur vertreten waren. Die von Rajneesh-Anhängern praktizierten Formen des Rolfing (s. d.) und der Posturalen Integration (s. d.) wurden aus urheberrechtlichen Gründen in Rebalancing umbenannt. 1981 wurde zum ersten Mal eine Rebalancing-Ausbildung durchgeführt. Mittlerweile gibt es angeblich etwa 2000 ausgebildete »Rebalancer«. Unter ihnen sind Physiotherapeuten, Heilpraktiker, Sportler, aber auch viele Menschen, die überhaupt keine Vorerfahrungen hatten. Wie viele dieser Ausgebildeten auch tatsächlich Rebalancing ausüben, ist nicht bekannt, da z. B. Physiotherapeuten und Heilpraktiker in ihren Praxen bzw. Kliniken nicht gezielt mit diesen Namen werben.

Die Ausbildung erfolgt an der »Osho International Academy of Healing Arts« in Poona (Indien) der Rebalancing-Schule in München[74] und anderen Orten. Die Methoden sind eklektisch und sollen es sein, da es laut Rajneesh nur auf den Fluss der Liebesenergie zwischen Therapeut und Klient ankommt. Der Unterschied zur Posturalen Integration liegt u.a. in der Rajneesh-Bindung.

Angeblich sind im Schnitt zehn Sitzungen nötig, um den »aus dem Gleichgewicht gefallenen« Körper wieder etwas von seiner natürlichen Balance zurückzugeben. Die schrittweise Wiederherstellung des Körpergleichgewichts soll sich regulierend auf Seele und Geist auswirken. Auf dem Weg zur Herstellung dieses metaphorisch zu verstehenden Gleichgewichts werden verschiedene Techniken angewandt: das Körperlesen (body-reading), die tiefe Bindegewebsmassage, Gelenklockerungen, die Schulung des Körperbewusstseins, die Arbeit mit Gefühl und Gefühlsausdruck sowie Meditation. Rebalancing geht davon aus, dass die Erlaubnis, sich von einem anderen Menschen berühren zu lassen, einen Heilungsprozess in Gang setzen kann. Dem Rebalancing liegt eine Haltung zugrunde, nach der ein Mensch – so wie er in der Tür erscheint und sich auf die Liege legt –

einfach vollkommen ist. Liebe soll die Basis sein, »weil jegliche Spannungen verschwinden, wenn ihnen mit Liebe begegnet wird«.[75]

14. Rebirthing: durch die Atmung die Seele befreien (www.rebirthing.exit.de)
Rebirthing ist die bekannteste Atemtherapie der alternativen Psychoszene. Sie wurde in den 70er Jahren von Leonard Orr entwickelt. 1974 eröffnete er in San Francisco das erste Rebirthingzentrum. Nach seiner Meinung verhindern innere Blockaden ein natürliches und tiefes Atmen. Als Ziel beschreibt der bekannte Rebirther Konrad Halbig[76] den ungehinderten Fluss des Atems und damit verbunden der Lebensenergie. Eine besondere Technik soll das Ein- und Ausatmen ohne Pause miteinander verbinden. Die zugrunde liegende Ideologie wird an dem »Feindbild« des Rebirthing deutlich, den »Ursachen der inneren Blockaden«, die angeblich das freie und natürliche Atmen verhindern. Dazu zählen das Erleben des Geburtstraumas, die Missbilligung der Eltern und die negativen Programme der Gesellschaft. Die Philosophie des Rebirthing basiert auf dem Prinzip der Umwandlung von Energien. Das Rebirthing lehrt nicht den Triebverzicht oder seine Umwandlung, sondern »dass Jetzt der Himmel ist und wir selber Göttinnen und Götter«.[77] Eine Weiterentwicklung von Orrs Ansatz verfolgen die Niederländer Tilke Platteel-Deur und Hans Mensink, die ein Institut für Ganzheitliche Integrative Atemtherapie betreiben.[78]

15. Kinesiologie (angewandte Kinesiologie, Edu-Kinesthetic, Touch for Health)
(www.dgak.de)
Von Georg Goodheart (Detroit) aus der Chiropraktik entwickelte Methode, den Spannungszustand der unterschiedlichen Muskeln zu testen und daraus Schlüsse auf seelische Blockaden usw. zu ziehen. Es soll ausdrücklich nicht die physikalische Kraft der Muskeln, sondern ihr »Energiezustand« im Sinn der feinstofflichen, spirituellen Energievorstellung gemessen werden. In der Regel dienen die chinesische Lebensenergie »Chi« und die Meridiane, entlang derer sie durch den Körper fließt, als Grundlage des psychosomatischen Konzepts. Verschiedene einfache Übungen, aus der Akupressur (s. d.) entnommene Berührungen, Massagen usw. sollen die Energie-Blockaden aufheben und die linke und rechte Gehirnhälfte zur harmonischen Zusammenarbeit bringen. Die K. ist einem ganzheitlich-östlichen Menschenbild und der humanistischen Psychologie verpflichtet, allerdings auf theoretisch einfachem Niveau und ohne tiefenpsychologische Sichtweise. Die K. wird in mehreren Varianten angeboten;[79] als Einstieg dient die Selbsthilfe-Methode »Touch for Health«, die seit 1990 von dem International Kinesiology College (IKC) mit Sitz in Zürich verbreitet wird.[80] Die »Edu-Kinesthetik« wurde 1980 in Kalifornien von Paul Dennison gegründet, bezieht sich speziell auf die Pädagogik und Heilpädagogik und verbreitet sich zur Zeit sehr schnell. Sie tritt mit einem, gemessen an den einfachen Methoden und Theorien, stark überzogenen Hilfsanspruch auf und transportiert ein unspezifisches esoterisches Menschenbild auf östlicher Grundlage. Die Psycho-Kinesiologie von Dietrich Klinghardt, ein in den USA praktizierender deutscher Arzt, bezieht hypnotische und taoistische Elemente mit in die Arbeit ein.[81]

16. Orgontherapie: Energieaufladung (www.orgon.de)
Vielfältig abgewandelte Körpertherapie in der Gefolgschaft von Wilhelm Reich bzw. des von Reich autorisierten Schülers Elsworth Baker (ursprünglich: Vegetotherapie, bio-

energetische Analyse, Neo-Reichianische Analyse). Nach Reich hängt die seelische Gesundheit von der »orgastischen Potenz« ab, das heißt vom Ausmaß der Hingabe- und Erlebnisfähigkeit beim Orgasmus. Fast alle Menschen leiden unter orgastischer Impotenz, wodurch die biologische Energie (Orgon-Energie) angestaut wird und seelische Störungen verursacht. Damit radikalisiert und ideologisiert Reich die Libido-Theorie seines Lehrers Sigmund Freud. Die Blockaden der Orgon-Energie entstehen durch frühkindliche Ängste, die sich im Zustand der Muskulatur ausdrücken (Körperpanzer, Charakterpanzer). Diese Blockaden sollen abgebaut werden, indem sie bewusst gemacht werden, aber auch durch Berührung, Massagen usw. Emotionale Erlebnisse (Rückerinnerungen) werden anders als in der Bioenergetik (s. d.) nicht provoziert; die tiefenpsychologische Suche nach frühkindlichen Traumata läuft eher in der Art psychoanalytischer Durcharbeitung ab. Eine aggressive Deutungspraxis kommt allerdings vor. Weiterhin gehört es zur Behandlung, sich selbst in einem Orgon-Akkumulator mit Energie aufzuladen. Es handelt sich um einen Kasten, dessen Wände aus verschiedenen Schichten bestehen (Holz, Wolle, Blech, Glasfieber, Leder), die Orgon-Partikel nach innen lassen, aber sie nicht mehr herauslassen. Die Orgon-Energie wird also durch eine Art Treibhaus-Effekt angesammelt. Diese Vorstellung und genauso der Versuch, die Orgon-Energie technisch nachzuweisen, ist äußerst spekulativ. Reich wurde ihretwegen in den USA als Kurpfuscher verurteilt. Im alternativen Gesundheitsbereich wird meist die materialistisch-physikalische Vorstellung geändert, die Reich von der Sexualenergie hatte. Es wird gesagt, er habe eigentlich die feinstoffliche, kosmische Lebensenergie »Ki« gemeint; es komme auch nicht auf den Orgasmus selbst an, sondern auf deren harmonisches Strömen allgemein. Damit wird Reichs Position aber esoterisch umgedeutet, und von seiner marxistischen Philosophie wird abgesehen. Es gibt ein autorisiertes Ausbildungszentrum in Princeton (USA), das nur Ärzte ausbildet; diese nennen sich Orgontherapeuten (»American College of Orgonomy«). Dagegen bieten sehr viele so genannte Neo-Reichianer ihre Seminare an, die O. mit anderen Verfahren mischen. Ein aktuelles Beispiel ist die Fischer-Orgon-Technik, eine Verbindung zwischen Orgontherapie und Channeling.[82]

17. Polarity-Massage: den Energie-Kreislauf schließen (www.polarity.de)
Der englische Naturheilarzt Randolph Stone [1890-1981] entwickelte in den USA eine Massagetechnik auf der Grundlage des Mesmerismus, der Lehre vom tierischen Magnetismus von Franz Anton Mesmer [1734-1815]. Der Körper hat demnach wie ein Magnet einen positiven Pol, den Kopf, und einen negativen, die Füße. Was die Körperseiten betrifft, ist die linke negativ und die rechte positiv geladen. Zwischen den Polen fließt elektro-magnetische – heute als feinstofflich betrachtete – Energie von Plus nach Minus und lädt dabei die Körperzellen mit Lebenskraft auf. Krankheiten, negative Einstellungen, falsche Ernährung usw. blockieren die Energie. Diese wird durch verschiedene Methoden wieder zum Fließen gebracht, u. a. indem der Masseur seine Hände »auflädt« und mit ihnen »den Stromkreis schließt«. Dabei kommt es nicht unbedingt auf die Berührung an, die Hände können auch nur in die Nähe des Körpers gebracht werden. Häufig werden der Lebensenergie nach der 5-Elemente-Lehre des indischen Ayurveda fünf Aspekte zugeschrieben, die z. B. durch die Ernährung beeinflussbar sind. Es gibt einige Abwandlungen, z. B. »Polarity Synergy« mit taoistischen Elementen. Die Ansätze von Stone wurden

von Wilfried Teschler aufgegriffen und zur Polarity Körperenergiearbeit weiter entwickelt,[83] in der mentale Methoden und Meditationen mit einfließen und den Behandelten versprechen, sie »damit von Krankheiten, Schwierigkeiten, Problemen, ja letztendlich von allem, was nicht zu ihrem ureigenen Wesen gehört, zu befreien«.[84]

18. Primärtherapie: der Weg des Fühlens (www.primaertherapie.de)

Eine ursprünglich auf Arthur Janov zurückgehende, eher kathartische als körperorientierte Methode, die heute ähnlich wie das Rebirthing (s. d.) Körperprozesse mit einbezieht. Nach dieser Lehre sind ungestillte Primärbedürfnisse im Körper und Nervensystem als Erinnerungskreis gespeichert und wirken sich als undefinierte Anspannung aus. Angeblich können derart blockierte Menschen nur unvollständig empfinden und leiden darunter. In der Therapie sollen die Gefühle vollständig empfunden und ausgelebt werden, um den gesunden, ursprünglichen Zustand zurückzugewinnen. Dies sei nur durch das Wiedererleben der frustrierenden Erlebnisse von Zurückweisung und Enttäuschung möglich. Dadurch könne die Verbindung zu abgespaltenen Gefühlen wieder hergestellt werden. Heute wird die Primärtherapie nur noch vereinzelt und in Mischformen angeboten, z. B. in der Rajneesh-Variante.[85]

19. Rolfing: Schwerkraft im Gleichgewicht (www.rolfing.de)

Der Name bezieht sich auf die Amerikanerin Ida Rolf [1896–1979], die davon ausgeht, dass der Mensch dann im seelischen Gleichgewicht ist, wenn sein Körper zur Schwerkraft in harmonischer Beziehung steht. Bei aufrechter Haltung kann die Schwere-Energie nur dann ungehindert fließen, wenn die Körperteile sich harmonisch entlang des Gravitationsfeldes anordnen. Es gibt eine »vollendete Linie« der Körperhaltung, bei der der Körper die aufrechte Haltung mit geringstem Kraftaufwand einhält, eine »ideale Statik« des Körpers. Verkrampfungen und Verschiebungen sollen durch die manuelle Behandlung der Bindegewebsstrukturen gelöst werden. Dadurch, auch durch den eventuell ausgelösten Schmerz, sollen emotionale Blockaden sich lösen. Die Methode wird als tiefe, strukturelle Bindegewebsmassage bezeichnet, da man annimmt, Abweichungen von der Ideallinie hängen mit verklebtem, verkürztem, gedehntem oder verhärtetem Bindegewebe zusammen. Im Unterschied zur Reich'schen Tradition orientiert sich das R. also nicht primär an der Spannung der Willkürmuskulatur, sondern an der Anordnung der Körperteile. Obwohl die Abweichungen von der Ideallinie gemäß der tiefenpsychologischen Tradition auf frühkindliche Traumata zurückgeführt werden, werden diese weder bewusst gemacht noch besprochen, vielmehr wird ausschließlich mit Druck bzw. Massage gearbeitet; seelische Heilung wird indirekt erwartet. Im alternativen Bereich gilt R. als eher harte Yang-Methode ohne starken spirituellen Akzent und als besonders körperkonzentriert. Eine Behandlung besteht aus zehn Sitzungen, der Anspruch an die Heilmöglichkeiten ist trotz des beschränkten Inventars sehr hoch, die Ausbildung dauert ca. zwei Jahre und ist sehr teuer. Es gibt einige Abwandlungen, evtl. auch der hohen Ausbildungskosten wegen, bzw. weil R. als Begriff geschützt ist. Nach eigenen Angaben wurden bis heute mehr als 1.000 Rolfer ausgebildet.

  (www.synergetik-therapie.de)

Der Physik-Ingenieur Bernd Joschko [geb. 1951] entwickelte aus Elementen der Chaos-theorie, einfachen Entspannungsübungen unter Verwendung von Musik und Geräuschen und NLP-Techniken, eine von ihm selbst als Synergetik-Therapie bezeichnete Behand-lungsmethode. In geleiteten Fantasiereisen sollen innere Konflikte aufgespürt werden. In der Auseinandersetzung damit und »zur Unterstützung bzw. Provokation kann der Syn-ergetik-Therapeut auch Schritte einspielen, um z. B. einen inneren Helfer auftauchen zu lassen. Durch die innere Konfrontation, die in manchen Fällen auch mit Hilfe eines Dhyan-dos (Schlagstock) erfolgt, lassen sich Symbolbilder ... verändern.«[86] In einer eigenwilli-gen Erklärungskombination von neuronaler Informationsverarbeitung und psychologi-schen Spekulationen wird erwartet, dass durch diese Behandlungsform ein mentaler Selbstorganisationsprozess mit Selbstheilungseffekten einsetzt. Nach eigenen Angaben absolvierten bisher über 100 Personen die Ausbildung in Joschkos Ausbildungsinstitut »Kamala« in der Rhön, das auch Lizenzen zur Eröffnung einer Praxis für Synergetik-Therapie ausstellt.[87]

Spirituelle Verfahren

1. Aikido: meditative Kampfkunst (www.eichenlaub.net/aikido/)
Aikido ist eine japanische Kampfkunst, die Anfang des 20. Jahrhunderts von dem Japaner Morihei Uyeshiba entwickelt wurde. Die Techniken sind vom Schwertkampf geprägt. Ty-pisch sind kreisrunde und spiralförmige Bewegungen, mit denen die Angriffsenergie des Gegners nutzbar gemacht und verstärkt auf den Angreifer zurückgeführt werden soll. Ursprünglich versteht sie sich als ein spiritueller Weg zwischen hartem Militarismus und aufopferndem Pazifismus. In Deutschland werden aber mehrheitlich nur die Bewegungs-techniken ohne den spirituellen Überbau in lokalen Kampfsport-Schulen vermittelt. Ai steht für Freundschaft und Harmonie, Ki für Energie, Geist, Wille, und Do für den Weg bzw. für die Philosophie. Werte wie Liebe und Mitgefühl sollen durch harmonische Be-wegungen den Körper lockern und den Geist befreien.

2. Biodanza: religiöse Selbsterfahrung (www.biodanza-center.at)
Biodanza lässt sich mit »Tanz des Lebens« übersetzen. Die Natur wird als Lehrmeisterin für sinnvolles Leben angesehen. Vor über dreißig Jahren wurde diese Tanzform von dem chilenischen Psychologen, Anthropologen und Künstler Rolondo Tor-Araneda entwi-ckelt.[88] Getanzt wird in Gruppen. Eine etwa zweistündige Tanzeinheit steht immer unter einem bestimmten Motto, das sich an den fünf Erlebensbereichen Vitalität, Sexualität, Kreativität, Affektivität, Transzendenz und noch einmal unterteilt an den vier Elementen Erde, Feuer, Wasser, Luft orientiert. Es wird bequeme Gymnastikkleidung getragen und barfuß getanzt, alleine, in Paaren und oft im gesamten Gruppenkreis. Um regressive Pro-zesse zu fördern, sollen die Augen häufig geschlossen werden. Ziel ist, die Verbindung zu sich selbst, zum anderen und zum Universum/Göttlichen zu schaffen. Die freien Bewe-gungsformen dieses Tanzes verstehen sich als Mittel zu religiöser Selbsterfahrung. Seit 1984 wird Biodanza in Deutschland gelehrt, als Dachorganisation fungiert das Biodanza-

Center in Hamburg. Die dreijährige Ausbildung in Wochenendkursen wird zu 80 Prozent von Frauen wahrgenommen, die meistens aus pädagogischen Berufen stammen.

3. Hakomi-Therapie: innere Achtsamkeit (www.hakomi.de)

Gegründet von Ron Kurtz [geb. 1934] unter Berufung auf die New Age-Bewegung; H. soll ein Wort der Hopi-Indianer sein, das »wer bist du?« bedeutet. Die H. will die »innere Achtsamkeit« für das eigene Wesen stärken, vor allem die Achtsamkeit für die sonst unbeachtet bleibenden Haltungs- und Bewegungsgewohnheiten. Sie dienen als Ausgangspunkt für die Bewusstmachung unbewusster Motive und Antriebe, die im Sinn der Tiefenpsychologie in der frühen Kindheit vermutet werden. Dabei geht Kurtz von einer in Anlehnung an tiefenpsychologische Autoren entworfenen Typenlehre aus. Die Bewusstwerdung der seelischen Struktur soll zu einer zwanglosen, organischen Veränderung führen. Die H. verbindet ein buddhistisches bzw. taoistisches Menschenbild (Achtsamkeitsübung, Gewaltlosigkeit) mit der tiefenpsychologischen Charaktertheorie nach Wilhelm Reich und bildet damit eine spekulative Variante der vielen, zum Teil hochreflektierten Bemühungen, eine Verbindung zwischen westlicher Tiefenpsychologie und Buddhismus zu schaffen. Allerdings wird in der Psychosomatik das Energiemodell Reichs unter Berufung auf die Systemtheorie im New Age (Fritjof Capra, Gregory Bateson) durch kybernetische Strukturmodelle ersetzt. Diese Modernisierung spielt für die Praxis aber keine wesentliche Rolle. Die Theorie der H. ist kompliziert, z. T. ein Ergebnis des Anspruchs, verschiedene Schulen ganzheitlich aufzunehmen. Da meditative und tiefenpsychologische Elemente hervortreten, handelt es sich (ähnlich wie bei der Orgon-Therapie und der Bioenergetik, s. d.) um eine körperzentrierte Therapie, aber nicht um eine reine Körpertherapie. Der weltanschaulich-spirituelle Anspruch der H. ist hoch und ist der New Age-Orientierung verpflichtet.

4. Holotropes Atmen: das Bewusstsein erweitern (www.breathwork.com)

Der 1935 in Prag geborene Psychiater Stanislav Grof experimentierte zunächst mit LSD und anderen bewusstseinserweiternden Drogen. Zusammen mit seiner Frau Christina entwickelte er in den siebziger Jahren in den USA die holotrope Atemtherapie. »Holotrop« bedeutet »auf das Ganze zielend« und will den Menschen auch in seiner spirituellen Dimension erreichen. Durch beschleunigte Hechelatmung und laute, dynamische Musik sollen energetische und emotionale Blockaden gelöst und transpersonale Erfahrungen gemacht werden. Die medizinisch bedenkliche Atemtechnik erzeugt in Verbindung mit der Musik erweiterte Bewusstseinszustände, die in der Regel intensive Gefühle (re-)aktivieren. Die Spannungen im Körper können sich durch Ausagieren oder körperliche Reaktionen wie Zittern, Husten, Würgen und sogar Erbrechen entladen. Blockierte Emotionen sollen durch Stöhnen oder Schreien ausgedrückt werden. Das therapeutische Potenzial wird in dem angestrebten »Durchbruch« gesehen: Teilnehmer an Atem-Workshops »schlossen mit Depressionen ab, konnten sich von irrationalen Gefühlen befreien und veränderten ihr Selbstvertrauen und Selbstwertgefühl radikal zum Positiven hin.«[89] Darüber hinaus begründet Grof: »Durch die erhöhte Blutzirkulation heilen auch organische Krankheiten wie chronische Infektionen im Hals- und Nasenbereich, psychosomatische Krankheiten wie Migräne und psychogenes Asthma komplett.«[90]

Die holotropen Atemtherapeuten sollen die Erlebnisse der Teilnehmer nicht interpretieren. Sie verstehen sich als Begleiter, die für einen sicheren Rahmen des Atemprozesses zu sorgen haben. Bei Wochenend-Workshops finden mehrere der zwei- bis vierstündigen Atemsitzungen statt. Falls erforderlich, soll durch Körperkontakt emotionale Unterstützung in schwierigen Arbeitsphasen gegeben werden. Ansonsten wird den Selbstheilungskräften der atmenden Person und dem in ihr wirksamen »inneren Heiler« vertraut.

Die Atemsitzungen können gesundheitlich gefährlich werden – nicht umsonst fehlt in Deutschland ein Dachverband mit Qualitätsstandards. Wenn eine Technik statt Beziehung angeboten wird, rät Hilarion Petzold zu Vorsicht: »Therapeutische und lehrreiche Beziehungen erfordern Konstanz und tragfähige Zuwendung, die in einem Drei-Tage-Workshop nicht ausreichend gegeben werden können.«[91]

5. Initiatische Leibarbeit: der Alltag als Übung (www.ruette-forum.de)

Die initiatische Leibarbeit wurde 1951 von Karlfried Graf Dürckheim und Maria Hippius-Gräfin Dürckheim in Todtmoos-Rütte im Hochschwarzwald als zentraler Bestandteil der Initiatischen Therapie (I.T.) begründet. Von 1983 bis 1992 war das Ausbildungszentrum für I.T. der »Existentialpsychologischen Bildungs- und Begegnungsstätte« angeschlossen, danach erlangte es als Rütte-Forum unter der Leitung von Pieter Loomans [geb. 1954] seine Selbständigkeit. Neben der Initiatischen Leibarbeit verwendet die gleichnamige Therapie verschiedene kreative Methoden wie geführtes Zeichnen, Töpfern, Tanzimprovisation u. a. Die I.T. will über die herkömmliche psychotherapeutische Zielsetzung hinaus spirituelle Wegbegleitung anbieten, um »durch Initiation und Individuation, Erlebnis und Wandlung durchlässiger zu werden für das dem Menschen innewohnende Wesen und einen mehr dauerhaften Bezug zur immanenten Transzendenz zu gewinnen«.[92] Gemeint ist damit, dass eine »Seinserfahrung« im Sinne eines besonderen religiösen Erlebnisses den Beginn umfassender Selbstwerdung – der Individuation im Sinne C.G. Jungs – markiert. Eine Seinserfahrung wird häufig als eine bewusstseinserweiternde Wahrnehmung und durchdringendes Einheitsgefühl mit dem Kosmos beschrieben. Ziel der initiatischen Therapie ist »die Verwirklichung eines dauerhaften Bezugs zur Transzendenz«.[93]

In der initiatischen Leibarbeit werden eine vorbereitende, prozesshafte und transzendente Phase unterschieden. Zunächst soll die Wahrnehmung weg von einem funktionalen Körpergefühl hin zu einer Durchlässigkeit im Leib für die »immanente Transzendenz« eingeübt werden. In dieser ersten Phase wird vor allem das Hara-Zentrum berücksichtigt, um den Ki-Kraftfluss zu aktivieren (vgl. Hara Awareness). In der daran anschließenden »Prozessarbeit« soll der Leibtherapeut anhand von vorliegenden Träumen und Zeichnugen die dort thematisierten Konflikte durch Berührungen verstärken. Dies kann deshalb gelingen, weil sich konfliktreiche Erinnerungen angeblich körperspezifisch manifestieren. In der dritten Phase der Transzendenz soll der »Kristallleib« solange behandelt werden, bis »die feinstofflichen Ebenen und der grobstoffliche Leib (sich) miteinander im Einklang befinden«.[94] Wie bei den meisten spirituell orientierten Körpertherapien ist auch hier die Vermischung zwischen Therapie und Religion problematisch.[95]

6. Lichtnahrung: Energie aus dem Kosmos (www.elraanis.de)

Die Australierin Ellen Greve [geb. 1956], Mutter zweier Töchter, propagiert unter ihrem esoterischen Pseudonym Jasmuheen seit einigen Jahren auch in Deutschland »Askese total«: Innerhalb von drei Wochen könne die Fähigkeit zu dauerhafter Nahrungslosigkeit erlernt und »spirituelle Meisterschaft« mit »physischer Unsterblichkeit« verbunden werden. Nach eigenen Angaben isst und trinkt Frau Greve seit 1993 nichts mehr und lebe ausschließlich von »Licht«. Nur aus »sozialen Gründen« trinke sie gelegentlich eine Tasse Tee oder »nasche etwas Schokolade«. Ihr Erstlingswerk, 1997 ins Deutsche übersetzt, beinhaltet einen genauen Verlaufsplan der dreiwöchigen Fastenkur, die sich durch ihre Radikalität von anderen Angeboten unterscheidet: Kategorisch wird gefordert, in den ersten sieben Tagen sowohl auf feste Nahrung als auch auf Flüssigkeit gänzlich zu verzichten. Das sei die Voraussetzung dafür, dass die »himmlische Bruderschaft der Aufgestiegenen Meister« das Körpersystem dahingehend verändere, dass man sich künftig direkt von kosmischer Energie ernähren könne. Danach könne man schluckweise Wasser oder stark verdünnte Säfte zu sich nehmen. Die Aufnahme der »kosmischen Lichtnahrung« erfolge natürlicherweise über die Atmung. Bei einer hinreichenden Reinigung der Chakren und feinstofflichen Energiebahnen, so stellt Frau Greve in Aussicht, vermöge der Mensch sich in einem derartigen Ausmaß an »Prana« zu laben, dass jede weitere Nahrungsaufnahme eine bloße Beschwernis sei. Der Radikalentzug von fester Nahrung und Wasser gleich zu Beginn helfe dem Geist, keine Kompromisse einzugehen und den Körper zu besiegen. Das Ziel des dreiwöchigen Prozesses besteht in der kompletten Stilllegung des Verdauungstraktes. Solange der Mensch esse und trinke, bleibe er mit seinem Denken und Empfinden im Körper verhaftet. Die göttlichen Kräfte würden behindert, das menschliche Bewusstsein sei nicht auf Empfang eingestellt. Erst bei hinreichend gereinigtem Leib begännen die Energien zu fließen und die Durchsagen »Aufgestiegener Meister« einzuströmen. Das gelte es zu verwirklichen, bis zu dem höchsten Ziel, selber ein solcher Meister zu werden.[96] Mehrere tausend Menschen sollen nach Angaben des Verlags, der auch Kontakte zu erfolgreichen Absolventen des Prozesses vermittelt, im deutschsprachigen Raum diesen Einführungskurs bislang mitgemacht haben. Dennoch sind die meisten Teilnehmenden nach eigenen Angaben nach dem 21-Tage-Prozess zur Umstellung auf »Prana-Ernährung« wieder zu den alten Essgewohnheiten zurückgekehrt.

Im deutschsprachigen Europa wird »Jasmuheen« von dem Berliner Rebirthinglehrer Konrad Halbig vermarktet. Auf Jasmuheens deutschsprachiger Internetseite[97] wird deutlich, dass sich mittlerweile ein Sammelsurium unterschiedlichster spiritueller Angebote um die »Lichtnahrung« gruppiert hat. Für die nächsten zwölf Jahre hat »Jasmuheen« das Seminar-Projekt »Universal Dances« angekündigt.[98] In jedem Jahr soll ein spezielles Seminar mit Workshops, Vorträgen, Konzerten und Ausstellungen stattfinden, dazwischen sollen Verbindungen geknüpft und Gemeinschaften und Netzwerke geschaffen werden.

7. Maharishi-Ayur-Veda: Wissen um ein gesundes, langes Leben
   (vgl. www.ayurveda-gesellschaft.de)

Diese angeblich älteste Heilkunde der Menschheit, die aus Indien stammt, kann mit »Wissen vom Leben« übersetzt werden. Angeblich wurde im Gesundheitsansatz von Maharishi Mahesh Yogi das uralte indische Wissen der Veden oder »Veda« vom langen und gesunden Leben (»Ayur«) wieder neu belebt, das auch im heutigen Indien nicht mehr verfügbar war (vgl. IV.-2.2). Hierbei geht es um ein Wiederherstellen eines umfassend verstandenen Gleichgewichts. Dazu sollen alle Bewegungsabläufe des Körpers – das Nervensystem, der Kreislauf, die Atmung, die Verdauung – und auch die Aktivitäten des Geistes optimiert werden. In der Behandlung stellt ein Arzt zunächst das genaue Verhältnis der »Doshas« (Grundkräfte) und das Störungsmuster des Patienten fest. Das Heilsystem basiert auf der Vorstellung, das alles im Universum aus Schwingungen besteht. Durch die Übungen soll ein Gleichgewicht dieser Schwingungen wiederhergestellt werden. Zentral dabei ist ein geregelter Tagesablauf mit genau dosierter Nahrung und gezielten Bewegungs- und Meditationsübungen.

Von einer Gruppe engagierter Ärzte wurden 1983 die »Deutsche Gesellschaft für Ayurveda« mit Sitz in Traben-Trabach gegründet, die gut 100 Mitglieder zählt. Im Zuge der Wellness-Bewegung liegen Ayur-Veda-Kuren voll im Trend.[99] Nicht alle sind verdeckte Werbung für die Transzendentale Meditation, sondern vermitteln nur deren Gesundheitsprogramm. Wo die TM als Träger fungiert, soll nicht nur der Körper, sondern auch die Seele nach spezifischen Vorstellungen gereinigt werden (vgl. IV.-2.2).

8. Qigong und T'ai Chi: Bewegungsharmonie (www.linc.de/Netzwerk)
Diese Bewegungsübungen sind eine »härtere« und »sanftere« Form chinesischer Gesundheitspflege, die auf den Taoismus zurückgehen. Beide Methoden leiten sich vermutlich von rituellen Tänzen ab und verwenden Atemtechniken, Bewegungsfolgen sowie meditative Elemente. In China sind sie Bestandteil der Alltagskultur, im Westen überwiegen esoterische Deutungen. Die Pflege des Ki' nennt man im Chinesischen »Gong«. In dem Übungssystem soll bei einer aufrechten und entspannten Körperhaltung die Atmung, die Funktion der inneren Organe, die Durchblutung und die körpereigene Energie gestärkt und harmonisiert werden. Das Ungleichgewicht von Yin, dem weiblichen Pol, und Yang, dem männlichen Pol, gilt in der chinesischen Medizin als Ursache von Krankheit.

9. Tibetan Pulsing Yoga (www.pulsing.net)
Der Texaner »Dheeraj« [gest. 1999], Sohn eines hochrangigen US-Generals und Ex-Junkie, entwickelte in Poona in den 80er Jahren eine eigenwillige Diagnose- und Heilungsmethode, die Elemente tibetischer Heilkunst mit seinen eigenen Einsichten und Erkenntnissen der Bioelektrizität verband. Nach Berichten zählten seine Gruppen zu den beliebtesten des Rajneesh-Ashrams (vgl. 2.4). Er entwickelte eine umfassende Typenlehre, die den Menschen in 24 Kategorien einteilt und ihn durch 96 Sphären bewussten und unbewussten Handelns erschließt. Der Pulsschlag, mit dem die »Pulser« arbeiten, ist für sie gleichermaßen Medizin wie Meditation. Der Pulsschlag des Herzens übermittle die Bioelektrizität, durch die angeblich alle Körperregionen erreicht werden können. Ebenso wird die Iris zu Diagnosezwecken einbezogen. Unbewältigte Traumata der Vergangenheit werden als Elektroblockaden verstanden, die in einer Folge von mehreren Sitzungen »eingeschmolzen« werden sollen.

10. Kum Nye (www.t-online.de/home/kumnye)

Übungen zur Stärkung der Lebensenergie (hier: Prana) durch Atemübungen u. a. Körperübungen, Massage- und Entspannungstechniken sowie Mantra-Meditation. Die Übungen sind die tibetanische Variante des Qigong (s. d.). K. wird auch zusammen mit Nyingma-Meditation angeboten. Gelehrt wird die Methode an Tarthang Tulks »Nyingma-Institute« in Berkeley, Kalifornien. Tarthang Tulk ordnet sich selbst in die New Age-Bewegung ein, in die er das Erbe des tibetischen Buddhismus einbringen will.

11. Shiatsu: japanische Fingerdruckmassage (www.shiatsu-gsd.de)

Der Akupressur (s. d.) sehr ähnliches Verfahren aus der japanischen Tradition; der Begriff bedeutet »Fingerdruck«. Der Behandler orientiert sich an den so genannten Meridianen – spekulativen Energiebahnen im Körper –, um sanfte Druckmassagen durchzuführen. Dadurch soll die Lebensenergie Ki wieder ungehindert strömen können (vgl. IV.-2.3). Nach Auffassung von Shiatsu-Behandlern ruft unausgeglichenes, blockiertes oder stagnierendes Ki Erkrankungen hervor. Selbstbewusst wird behauptet: »Jedes Symptom kann durch unausgewogenes Ki erklärt werden.«[100] Shiatsu beansprucht, die Energiebahnen zu reinigen, Lebensenergie wieder zu aktivieren und das Wohlbefinden zu verbessern. Es wird bei seelischen und körperlichen Anspannungen und Fehlhaltungen, aber auch akuten Schmerzen angewendet und möchte zu einer erhöhten Selbstwahrnehmung und einem verfeinerten Körpergefühl hinführen. Die Behandlung findet im traditionell östlichen Stil am Boden statt. Ein Europäisches Shiatsu-Institut (E.S.I.) mit 20 Lehrenden bietet Ausbildungen in Berlin, Heidelberg, Münster und München an.

Quellen: **David Boadella**, Wilhelm Reich, Bern 1996 · **Wolf Büntig**, Körperpsychotherapie, in: Roland Asanger/Gerd Wenninger (Hg.), Handwörterbuch der Psychologie, Heidelberg 1992, S. 345-352 · **Georg Downing**, Körper und Wort in der Psychotherapie, München 1996 · **Ulfried Geuter**, Bibliographie Körperpsychotherapie, Berlin 1998 (Lit.) · **Alexander Lowen**, Bioenergetik, Hamburg 1983 · **Fritz S. Perls**, Das Ich, der Hunger und die Aggression, Stuttgart 1978 · **Hilarion Petzold** (Hg.), Die neuen Körpertherapien, München 1992 · **Wilhelm Reich**, Charakteranalyse, Frankfurt 1975 · **Susanne Seiler**, Die richtige Therapie finden (Übersicht), München 1995 · **Edith Zundel/Pieter Loomans** (Hg.), Im Energiekreis des Lebendigen, Freiburg 1995

Zeitschriften: Energie und Charakter (engl. seit 1970, dt. seit 1990), halbjährlich hg. von Sylvia und David Boadella/Biosynthese-Institut, CH-9410 Heiden) · Forum für Bioenergetische Analyse (halbjährlich)

Literatur: **Metzler Lexikon Religion**, Bd. 2, S. 236-241 · WdC, S. 715-716 · HThG, Bd. 1, S. 30-37 · **Krista Federspiel/Ingeborg Lackinger Karger**, Kursbuch Seele, Köln 1996 · **Stiftung Warentest** (Hg.), Die andere Medizin, Berlin ⁴1996

Internet: www.koerpererfahrung.de · www.wave77.de · www.sht-forum.de · www.orgon.de · www.zenorgon.de · www.linc.de · www.somatics.de

> »Kern der tantrischen Lehren ist die Ansicht, dass die Wirklichkeit, das heißt alle Er-
> scheinungen der Welt, nicht getrennt voneinander existieren, sondern auf einer höhe-
> ren Ebene miteinander verwoben sind. Als wichtigstes Symbol dieser Einswerdung
> gilt die Verbindung der männlichen und weiblichen Energien, die im Tantrismus als
> kosmische Energien betrachtet werden.«[101]   (Doro Kurig und Jochen Tetzlaff)

Die Entstehung und bevorzugte Anwendung »neuer« psychotherapeutischer Methoden
lässt sich vom jeweiligen zeitgeschichtlichen Kontext ableiten. Sigmund Freuds Primat
des Sexuellen in seiner Motivationslehre wird besser verständlich, wenn man sich das
intellektuelle Klima des ausgehenden viktorianischen Zeitalters und die durch den naturwissenschaftlichen Erkenntnisfortschritt geprägte Aufbruchsstimmung zu Anfang des letzten Jahrhunderts vor Augen hält. Bei der Entwicklung und Ausdifferenzierung des psychoanalytischen Lehrgebäudes wurden Freuds Gedanken zur Sexualität später »entmy-
thologisiert« und den veränderten gesellschaftlichen Bedingungen angepasst.

Einige Jahrzehnte später haben Viktor Frankls leidvolle Erfahrungen in verschiedenen
Konzentrationslagern und die massiven existenziellen Bedrohungen als verfolgter Jude
dazu geführt, dass der Umgang mit Sinn-, Leid- und Schuldfragen und die »Trotzmacht
des Geistes« zu den Säulen der Logotherapie und Existenzanalyse wurden. Er distanzierte
sich von Freuds Forschungsansatz, zu dessen aktivem Kreis er kurzzeitig zählte, mit einer
gesellschaftlichen Begründung: Seien zu Freuds Zeiten die sexuellen Frustrationen Ursache für neurotische Erkrankungen gewesen, würden heutzutage die Menschen an der Sinnlosigkeit des Daseins leiden – sie seien existenziell frustriert und erkrankten an einer »noo-
genen« (=geistig bedingten) Neurose.

Im Gefolge der kulturellen Umwälzungen gegen Ende der 60er Jahre gewann die Erweiterung des Selbsterfahrungsraums und die Befreiung von erziehungsbedingten Grenzen und Tabus stark an Bedeutung. Mit dem Aufkommen der Körperpsychotherapie spielte
die mystifizierte Befreiung des sexuellen Erlebens eine immer wichtigere Rolle. Mit dem
Ziel einer besseren körperlichen Selbstwahrnehmung und der Verwirklichung sinnlicher
Bedürfnisse wurden verschiedene Verfahren entwickelt, die allesamt am Körpererleben
einsetzen: Wilhelm Reichs Theorie vom Charakterpanzer, Fritz Perls' Gestalttherapie, Alexander Lowens Bioenergetik, David Boadellas Biosynthese, Gerda Boyesens Biodynamische Psychologie – um nur die bekanntesten zu nennen.[102] Historisch gesehen kann eine
Entwicklungslinie von reichianischen Körpertherapien über Bhagwan/Osho-Meditatio-
nen hin zur populären Tantra-Szene gezogen werden. Hier dominieren die Angebote der
Schüler Rajneeshs. Dies wird verständlich, wenn man die folgende, provozierende Behauptung Rajneeshs berücksichtigt: »98% aller Geisteskrankheiten und aller Neurosen
gehen auf die Verdrängung des Sexus zurück.«[103]

Warum sind Tantra-Workshops heute so populär? Die gesellschaftliche Lage ist durch
eine große Widersprüchlichkeit geprägt. Die sexuelle Libertinage hat sich über die Massen ausgebreitet und wird gnadenlos vermarktet – »sex sells«. Erotische weibliche Darstellungen sind aus der Werbung nicht mehr wegzudenken und produzieren ein Frauenbild, das die sexuelle Befreiung eigentlich überwinden wollte: die Abspaltung des weibli-

chen Körpers von ihrer Person, der Körper als Lustobjekt und Menschen, als käufliche Ware. Die immer weiter auseinander klaffende Schere zwischen Fiktion und Realität wird verständlicher, wenn man sich die Chronik der sexuellen Revolution vergegenwärtigt. Das Anliegen dieser Bewegung, das Intimleben von Ängsten und Vorurteilen zu befreien und damit die Gesellschaft zu erneuern, muss als gescheitert betrachtet werden.[104] Mit den Kinsey-Reporten begann sie zunächst als Erfolgsstory, gehören sie doch zu den bekanntesten wissenschaftlichen Publikationen des zwanzigsten Jahrhunderts. Der Trick der Studien bestand darin, »sich als vorurteilsfreie empirische Erhebung des amerikanischen Sexualverhaltens auszugeben und die Wirklichkeit über ihre angebliche Widerspiegelung zu verändern«.[105] Gerade die Medien haben zu unmenschlichen Sexualitätsvorstellungen beigetragen und in zwischenmenschlichen Beziehungen Schaden angerichtet.

Das Feindbild einer krank machenden Sexualität durch kirchlich unterdrückende Moralvorstellungen muss aus heutiger Sicht hinterfragt werden. Folgt man neueren empirischen Untersuchungen, wird zwar wie nie zuvor die Sexualität dargestellt und über sie geredet, aber immer seltener praktiziert. Große Teile der Bevölkerung sind demnach sexuell inaktiv. Das größte Stück vom statistischen Kuchen bekommen noch diejenigen ab, die in festen Zweierbeziehungen leben. Eine neuere Untersuchung studentischen Sexualverhaltens kommt zu dem Ergebnis, dass neunzig Prozent aller heterosexuellen Geschlechtsakte von Studentinnen und Studenten in festen Beziehungen stattfinden. Temporär oder dauerhaft Alleinlebende schneiden schlecht ab: »Singles produzieren mit viel Aufwand wenig Sexualität, die zudem weniger befriedigend ist.«[106] Die auf privaten Fernsehkanälen, in Männermagazinen und Werbespots suggerierte ständige Verfügbarkeit von Sexualpartnern, die nur noch per Terminkalender, Handy und mit der Unterstützung von Fitnessprogrammen und Viagra zu bewältigen erscheint, ist »einer der großen Mythen der dauererregten Erlebnisgesellschaft«.[107]

Ohne Zweifel hat die Missachtung körperlicher Bedürfnisse und eine fehlende Theologie des Genießens in manchen kirchlichen Traditionen auch Schaden angerichtet. Was allerdings heute in den Medien als zeitgemäßes Sexualverhalten dargestellt und propagiert wird, trägt genauso zu seinem Misslingen bei. Dort wird der Eindruck vermittelt, alle erdenklichen sexuellen Praktiken und alle denkbaren Konstellationen von Liebespartnern seien wünschenswert und bereichernd. Es klingt beschwörend und wirkt zynisch, wie der 6. Teil der Bildzeitungs-Serie »Tantra – das sanfte Geheimnis der Liebe« im Oktober 2000 beginnt: »Sex ist allgegenwärtig: Schließlich hat die sexuelle Revolution in den 60er Jahren uns von der Unterdrückung unserer Triebe befreit.« Hier irrt der Autor und lässt sich von seinem Wunschdenken leiten: Nach Befragungen sind über die Hälfte aller Männer und Frauen auch Jahrzehnte nach der so genannten sexuellen Revolution mit ihrer eigenen Sexualität unzufrieden.

Der Yoga- und Tantra-Lehrer Lucian Loosen, dessen Arbeit die sechsteilige Serie vorstellte,[108] bedient das Klischee weiter, wenn er unter der Zwischenüberschrift »Wahre Liebe kennt keine Tabus« rät: »Auf dem Tantra-Weg ist es wichtig, sich seiner Tabus bewusst zu werden, sie in Frage zu stellen und dann und wann welche zu brechen. Denn Begrenztheit nimmt uns die Lebensfreude.« Für Loosen, ein Tantra-Schüler von Margot Anand, besitzt praktizierte Sexualität medizinische Qualitäten. Für ihn ist Sex ein Allheilmittel, das (fast) jede Krankheit besiegt.[109] Ob Asthma, Depressionen, Migräne oder Herz-Kreis-

lauf-Krankheiten – tantrischer Sex übe eine heilsame Wirkung auf alle Körpersysteme
aus und eigne sich präventiv gegen Krampfadern und Zellulitis. Auch ein »Karrierestau«
ließe sich damit vermeiden: »Sex macht scharf, geistreich und programmiert für den Erfolg. Sex steigert das Reaktionsvermögen. Sex macht genial. Den ganz großen Sprung
nach vorne schaffst du nur, wenn du am entscheidenden Morgen ein Sex-Frühstück hast.
Siegertypen erwachen mit einer Zunge, nicht mit einem Telefonhörer im Ohr.«[110] Solche
pubertären Fantasiegebilde haben mit dem religiösen Ursprung des Tantrismus nichts
mehr gemeinsam.

Historische Skizze der Tantras in Hinduismus und Buddhismus

Die Ursprünge des Tantrismus liegen in schamanistischen Fruchtbarkeitsriten, die der
Verehrung der großen Muttergottheit dienten. Magische, auch sexualmagische Vorstellungen haben sich verbunden mit Denkansätzen der Upanishaden und des Mahayana,
wobei es in Tibet durch Verschmelzung mit der Bon-Religion zur Ausbildung des Vajrayana im 6. Jahrhundert n. Chr. kam. Im Hinduismus wie im Buddhismus bildete sich ein
linkshändiges und ein rechtshändiges System heraus. Der Unterschied zwischen diesen
mehr orthodoxen und eher heterodoxen Richtungen liegt in der unterschiedlichen Bewertung der Sexualität sowie der Anbetung entweder des weiblichen oder männlichen
Prinzips. Für den linkshändigen Zweig hat sich auch die Bezeichnung Shaktismus eingebürgert. Typisch für den Shaktismus ist der Doppelcharakter der meisten Gottheiten,
welche einen freundlichen und Furcht erregenden Aspekt besitzen. Die Furcht erregenden Formen, wie z. B. Kali als dunkle Seite von Parvati, werden mit destruktiven Kräften
in der Natur assoziiert, mit der Vergänglichkeit, schwarzer Magie, Tieropfern und grausa-
men Ritualen. Die persönliche Einweihung und die Unterwerfung unter einen Lehrer/
Guru war die Voraussetzung, um an der weitgehend geheimen Überlieferung partizipieren zu können.

Weitgehende Übereinstimmung besteht in der Literatur[111] darin, dass die tantrischen
Methoden in der Intonation und Rezitation von Zaubersprüchen (Mantras), der Ausführung ritueller Handbewegungen (Mudras), dem Entwurf magischer Diagramme (Mandalas), der Erlernung magischer Kräfte (Siddhis), der Betonung einer ätherischen Physiologie
(Chakren), der Praxis mantischer und divinatorischer Techniken, der Beherrschung des
Atemrhythmus und der Selbstidentifikation mit auserwählten Gottheiten durch Visualisie-
rung bestanden. Für den linkshändigen Tantrismus sind die fünf Makaras charakteristisch,
die – innerhalb des Chakrapujarituals – wörtlich in die Tat umgesetzt und genossen werden: Es sind jeweils mit dem Buchstaben »M« beginnende Elemente, nämlich Madya oder
Wein, Mamsa oder Fleisch, Matsya oder Fisch, Mudra oder Getreidewaffel und Maithuna
oder sexuelle Vereinigung. Innerhalb des rechtshändigen Tantrismus stehen die Makaras
für symbolische Formen der Erkenntnis, der Konzentration und der Vereinigung.

Die dionysische Verehrung des Weiblichen im Rausch dient ebenso wie der Glaube an
die Existenz von Dämonen auf der konventionellen Ebene nur mittelbar der Befriedi-
gung der Sinne, sie ist primär soteriologischer Natur. Innerhalb des nördlichen Buddhismus wurde die Sutrensammlung der Prajnaparamita, die die Vollkommenheit der Weisheit symbolisiert, als weibliche Gottheit über Buddha gestellt. Obwohl sie in der Yab-

Yum, der Vater-Mutter-Stellung personifiziert wird, ist es dem tibetischen Tantriker klar, dass vom Gesichtspunkt der höchsten Wahrheit aus betrachtet alles Geschlechtliche, alles Göttliche wie auch alles Dämonische ohne jede Substanz und Wirklichkeit aus sich selbst ist.

Damit stellt sich die Frage nach dem tantrischen Realitätsbegriff. Das empirische Dasein ist die Welt von Raum, Zeit, Kausalität, Subjekt und Objekt. Jenseits der Begrenzungen von Sein und Nicht-Sein liegt nach buddhistischer Auffassung die absolute Existenz. Das Wort absolut ist buchstäblich zu verstehen, d. h. losgelöst von Entstehungsbedingungen und Wirkungszusammenhängen, die unsere Alltagswelt ausmachen. Der Weg dorthin ist äußerst schwierig und entbehrungsreich. Es gibt jedoch eine Abkürzung, die allerdings voller Risiken und Gefahren ist. Und dies ist die tantrische Wirklichkeit. Diese Wirklichkeit ist sozusagen eine Etappe zwischen Samsara und Nirvana, zwischen vergänglichem Diesseits und absolutem Jenseits. Symbolisiert wird die tantrische Realität im Mandala, also der Umgebung tantrischer Gottheiten. Mandalas sind der Versuch, etwas mit den Mitteln unserer Realität zu beschreiben, was nicht an diese Realität gebunden ist.[112]

Es wird deutlich, dass die Auflösung der Ego-Illusion im tibetischen Buddhismus auf dem Weg der »Reinigung« und der Beseitigung falscher Einstellungen über den Geist sich grundlegend von der angeblichen Ego-Zertrümmerung bei Osho/Rajneesh durch die orgiastische Verschmelzung im realen Geschlechtsakt unterscheidet. Die neotantrischen Übungen von Osho und seinen Schülern und Schülerinnen bestehen in erster Linie aus Prozessen der »Wahrnehmung, Sortierung und Wertung von massiven Reizen im Hinblick auf das Wohlergehen und die Sicherheit«[113] des sie erlebenden Egos. Diese Aktivitäten beanspruchen das Ego derart, dass der angestrebte ego-lose Zustand Wunschdenken bleibt. Nach buddhistischer Auffassung ist Egozentriertheit die unbefreite Existenz als solche. Auch wenn gute Ansätze und redliche Motive vorhanden sind, führt keine Ausrede an der Tatsache vorbei, dass die ego-zentrischen Konzepte sich quasi in einer Endlosschleife in uns bewegen. Auch derjenige, der vorgibt, noch so erleuchtet zu sein, ist von ihnen infiziert.

Damit aus der stark begrenzten Realitätswahrnehmung des Alltags die erwünschte tantrische Sicht wird, ist eine gründliche Vorbereitung über viele Jahre hin erforderlich. Dies schließt eine disziplinierte Praxis, regelmäßige Übungen der Achtsamkeit wie die Beobachtung des Atems und andere Formen der Geistesschulung ein. In Rajneesh-Kreisen hingegen wird genau das, was innere Arbeit, Ausdauer und Anstrengung verlangt, als etwas eingestuft, was nicht von den tantrischen Traditionen übernommen werden kann.[114] Gesucht wird dort vielmehr eine Art »Instant-Samadhi«, die der Ex- und Hopp-Mentalität der westlichen Konsumwelt entspricht. Gepflegt wird die Erwartung schneller Ergebnisse. Für den Tibeter Dagyab Rinpoche ist Neo-Tantra die kultivierte Jagd nach tollen Erfahrungen. Die Sensibilisierung der Genussfähigkeit soll uns das im Übermaß bescheren, was alle wünschen: angenehme Emotionen.[115] Im tibetischen Tantra jedoch geht es um die Bewusstheit des unendlichen Potenzials, das mit den Gestaltungskräften unserer Persönlichkeit zusammenhängt. Daher kritisiert Dagyab Kyabgön Rinpoche: »Der Zynismus, mit dem tantrische Inhalte vermarktet werden, ist teilweise nicht mehr zu überbieten ... Jeder, dem der konventionelle Sex nicht mehr den rechten Lustgewinn verschafft, kann sich durch ein bisschen Tantra, Chakren, Energieströme aufpulvern lassen. Sich die angenehmen Gefühle mit diesem Tantra-Abklatsch zu verschaffen, ist ziemlich teuer, aber man gönnt sich ja sonst nichts.

(Ich) kann ganz klar sagen, dass Tantra-Imitationen, die mit dem Konsum von Sex und Power und besonderen Feelings in Verbindung mit einem spirituellen Touch stehen, nichts mit dem echten Tantra zu tun haben, das ein äußerst anspruchsvoller geistiger Übungsweg ist.«[116]

Besonders gewarnt wird vor den Gefahren des leichtfertigen Umgangs mit der Kundalini-Kraft. Gemäß esoterischer Yoga-Physiologie soll sich ein nichtmaterieller Kanal mit sieben Zentren vom Anus und den Geschlechtsorganen bis zum Scheitel hinaufziehen. Für Rajneesh bietet dieses Chakra-Modell die Gewähr, sexuelle Energie in spirituelle zu transformieren, um im Gehirn-Orgasmus die Einheit mit der Existenz zu fühlen. Der literarische Befund darüber ergibt nun das verwirrende Ergebnis, dass kaum ein Chakren-Lageplan mit einem anderen kongruent ist. Allein ihre Zahl variiert zwischen vier und zwölf. Das heute verbreitete Konzept von sieben Chakren wird z. T. als »neumodischer Unsinn«[117] bezeichnet. Am ehesten besteht noch Übereinstimmung darin, die vermeintlich mit Chakren verbundenen Wahrnehmungen von Tönen, Farben und Gefühlen als subjektiv und imaginär einzuschätzen.[118] Die Verwirrung bezieht sich einerseits auf Anordnung und Anzahl der Zentren, andererseits auf die Methode zu ihrer Erweckung, also die Kundalini-Kraft. Nach einem Tantriker namens Mookerjee kann es gelingen, »dass man durch Meditation über einen bestimmten Gegenstand außerhalb des Ich zu diesem Gegenstand werden kann ... und dies ist die Art, die zusammengerollte Energie des Kundalini zu erwecken«.[119]

Mit anderen Worten: Das kreative Potenzial der Psyche deutet gewisse Erfahrungen im Licht einer Theorie – in diesem Fall der Chakren – so, dass sie in einer bestimmten Lebenswelt – in diesem Fall der esoterischen Szene – kompatibel und subjektiv plausibel sind. Unabhängig davon, ob die Zentren tatsächlich oder nur in der Einbildung existieren, bedeutet die Konzentration auf den Genital- und Schließmuskelbereich die Gefahr einer unkontrollierbaren Überaktivierung. Viele Prominente in der Szene weisen auf die unüberschaubaren Funktionsstörungen durch Erweckung der Kundalini hin. Shree Purohit Swami entdeckte, »dass er als Folge von zu viel Kundalini-Yoga weder sitzen noch stehen konnte«.[120] Für Gopi Krisha, den vielleicht bekanntesten Autor auf diesem Gebiet, führt die extensive Praxis zu einem »quälenden Druck auf die Fortpflanzungsorgane«.[121] Kundalini, aber auch das Verlassen der konventionellen Wirklichkeit überhaupt, ist eine Erfahrung, die den Menschen zutiefst erschüttert. Nur die psychisch robusten und stabilen Naturen können das Erlebnis extremer Unsicherheit verkraften.

Die Gemeinsamkeiten von Neo- und tibetischem Tantra sind lediglich terminologischer und formaler Art. In der Madhyamaka Philosophie von Nagarjuna wird die Identität von absoluter und relativer Wirklichkeit, von Nirvana und Samsara, postuliert. Die relative Wirklichkeit des Samsara wird konstituiert durch Polaritäten. Die Verschmelzung der Polaritäten, symbolisiert durch die Yab-Yum-Stellung, führt zur Erfahrung der Einheit von Samsara und Nirvana. Doch Vorsicht: Nicht jeder Rollentausch von Shiva und Shakti in der westlichen Tantrawelt führt zum Erlebnis der Identität von empirischer und absoluter Wirklichkeit. Gegenüber den intensiven, z. T. jahrzehntelangen Vorbereitungen vor allem buddhistischer Tantriker, strebt die Neo-Tantra-Szene die typisch westliche Erleuchtung im Schnellverfahren an. Verwendet werden dabei riskante Techniken, die bei selbstunsicheren Personen zu erheblichen negativen Konsequenzen führen können. Der angeblich kosmische Orgasmus entpuppt sich häufig als bloße Steigerung eines diesseitigen Vergnügens, das besonders dann gesucht wird, wenn Sexualität nicht befriedigend gelebt werden kann. Tibetisches Tantra zielt demgegenüber auf eine Steigerung der Wirklichkeitswahrnehmung, nicht auf eine Intensivierung sexueller Gefühle ab. Neo-Tantra, wie es in Europa angeboten und praktiziert wird, muss daher häufig als amerikanisiertes Schein-Tantra bewertet werden.

Neo-Tantra – sex sells

Die kommerzielle Verwertung ursprünglich religiöser Lebenshilfe treibt auf dem neotantrischen Angebotsmarkt auffällige Blüten. Das Magazin »connection«, die Hauszeitschrift der von Rajneesh inspirierten Schüler, trug bis Ende 1995 den Untertitel »Liebe Sexualität Bewußtsein«. Jährlich veröffentlicht der Verlag ein Tantra-Sonderheft, das die Angebotsvielfalt darstellen will. Allerdings verschwindet der informative Charakter der Berichte wegen ausschließlich werbender Belobigungen zunehmend. In den letzten Tantra-Sonderheften wird auf der einen Hälfte der Druckseite eine Methode kurz erläutert, die andere Hälfte ist mit Werbeanzeigen der diesbezüglichen Ausbildungsinstitute und Anbieter gefüllt. Kritische und sachliche Information ist bei einer derartigen Verflechtung zwischen Anzeigenkunden und Berichterstattung schwierig. Auf diesen Spannungsbogen weisen folgende Annoncen beispielhaft hin: Das »connection-special«-Heft 50 wirbt auf einer viertel Seite für einen Satsang-Wecker »Das-bist-Du™«, der dem Geräusch einer heiseren Krähe nachempfunden sei. Eine andere Annonce weist auf eine Weiterbildung zum Satsang-Lehrer hin, wo betretenes Schweigen und die Kunst des leeren Geredes gelernt sowie Aufbaukurse in kosmischem Gelächter belegt werden können – »weitere Infos unter www.allesegal.com« (S. 57 bzw. S. 91).

Die Verbindung zwischen psychologisch orientierter Lebenshilfe und sexuellen Erlebnisangeboten lässt sich vielfach belegen – zum Beispiel am Weiterbildungs- und Beratungsangebot von »Genese«, einem Verein für Erwachsenenbildung und Gesundheitsfürsorge. Er bietet das tantrische Jahrestraining »Bodymeeting« an und wirbt damit, dass dort »Begegnungen in einem Klima der Absichtslosigkeit jenseits von Anspruch und Erwartungen« möglich seien.[122] Schon diese Aussage ist aus psychologischer Sicht problematisch, weil in jede neue zwischenmenschliche Begegnung frühere Beziehungserfahrungen einfließen und gespeicherte Gefühle reaktiviert werden. »Bodymeeting« hingegen geht davon aus, dass sich in einer sinnlich-meditativen Verbindung spirituelle Energie und sexueller Eros ergänzen und die Teilnehmenden ihre »tiefste Wesensnatur« erfahren könnten. Als »spiritus rector« bezeichnet sich der Krankenpfleger und Heilpraktiker Dieter Jarzombek, der seit 1994 im Genese-Seminarhaus »Refugium« mit einigen seiner Schüler lebt und arbeitet. Refugium versteht sich selber als ein Zentrum für transpersonale Psychologie, Spiritualität und soziales Bewusstsein, ohne jedoch transpersonale Methoden im engeren Sinne anzuwenden oder in einer spirituellen Tradition zu stehen.

Über die Internet-Seite »refugium-online.de« erfährt man unter der Rubrik »Freunde« von drei schillernden Verbindungen Jarzombeks: einmal zu der New Yorker Performance-Künstlerin und Pornodarstellerin Annie Sprinkle, die sieben Begegnungen mit Jarzombek beschreibt, d. w. zur Supervisions- und Coaching-Praxis Erbskorn/Fettweis in

Hamburg, die sich betont professionell präsentiert und zu deren Beraterteam Jarzombek gehört, und zu einem Meditationslehrer und Reikimeister »Randophar«, der sich als Schüler Jarzombeks bezeichnet.

»Gay Spirits« ist ein weiteres Projekt des gemeinnützigen Vereins Genese. Diese Gruppe will Raum für neue Erfahrungen, Träume, Sehnsüchte, Fragen und Begegnungen schaffen. Nach eigenen Angaben ist »Gay Spirits« eine offene Gruppe unter Jarzombeks Leitung, die sich regelmäßig für gemeinsame Wochenenden trifft und eine Mischung aus schwulem Freizeitspaß und Anleitungen zur Weiterentwicklung der Persönlichkeit anbietet. Sie will Impulse zu bewussterer schwuler Lebensgestaltung geben und verbindet Lebenshilfe, Spiritualität, Sexualität und Freizeitgestaltung. Zusätzlich gibt es die bei der Internet-Präsentation nicht näher bezeichnete »Gay Moslems«, eine Gruppe homosexueller Moslems.

Margot Anand wird als die »Mutter« des modernen, westlichen Neo-Tantrismus angesehen. Inspiriert durch Osho/Rajneesh passte sie die für diese Bewegung typische Verquickung hinduistischer Tantra-Ideen mit Methoden der humanistischen Psychologie an die westliche Konsumkultur an. Für Anand sind die christlichen Kirchen schuld an der Abwertung der Sinnlichkeit und Sexualität.[123] Wie viele andere erliegt sie einem Vorurteil und übersieht, dass die Spaltung zwischen Körper und Geist auf Platon zurückgeht und Erbe der griechischen Philosophie, nicht aber des Christentums ist. Sie hat die »Sky-Dancing-Tantra«-Methode und ein »Training Ekstase und Liebe« (T.E.L.) entwickelt. T.E.L. ist in mehrere Schritte gegliedert: sich selbst lieben lernen; Schuldgefühle fallen lassen; Spontaneität genießen; Lust pflegen; Meditation entdecken; Zielorientierung aufgeben und Hingabe zulassen. Auf diese Schlüsselbegriffe reduziert, scheint T.E.L. eine akzeptable Technik zu sein. Beim genaueren Hinsehen ergibt sich jedoch ein eher ambivalentes Bild.[124]

Sexualität wird bei T.E.L. hauptsächlich unter dem Blickwinkel des genitalen Funktionierens betrachtet. Dies bedeutet aber die biologistische Verkürzung eines im wesentlichen sozialen Geschehens. Denn der einzige Faktor, der den Partnerbezug thematisiert, vollzieht dies unter der Maßgabe, wie sich der Teilnehmer stärker behaupten kann. Auch der Begriff und die Praxis des Selbstlieberituals muss hinterfragt werden, das im Kern eine Masturbationstechnik vor dem Partner bzw. der Gruppe darstellt. Anand behauptet: »Sich selbst lieben heißt erkennen, dass Sie die Erfahrung der Ekstase verdienen, es heißt auch, dass Sie gerade beim Sex nicht bereit sind, Kompromisse einzugehen oder sich mit weniger abzufinden als mit dem, was Sie sich von ganzen Herzen wünschen.«[125] Was bedeutet dies für eine Beziehung, in der einseitig der Wunsch nach Gruppensex, sadomasochistischen Praktiken oder Ekel erregende Techniken wie Sodomie ausgelebt werden wollen? Im T.E.L. fehlen konkrete Hinweise in Bezug auf Fürsorge, Verantwortlichkeit und Respekt gegenüber dem Partner.

Eine Bewertung aus christlicher Sicht

Die meisten Praktiken scheinen vom narzisstischen Zeitgeist angesteckt zu sein. In erster Linie sollen die libidinösen Kräfte dem Ich zugewendet werden. Wie dadurch der angestrebte ego-lose Zustand erreicht werden kann, bleibt rätselhaft. Sexuelle Erregung und

Lusterzeugung wird hier über weite Strecken zum Selbstzweck, wodurch ein Entfremdungsprozess eingeleitet wird. Lust bedeutet nicht nur Trieberfüllung. Sie bildet einen wichtigen Aspekt meines Menschseins, ist aber mit anderen Bereichen untrennbar verwoben. Sie liefert einen Baustein zum eigentlichen Ziel, der gelungenen zwischenmenschlichen Beziehung. Der eigentliche Zweck, die geglückte Beziehung, wird mit dem Mittel, der Sexualität, oft verwechselt. Können die beschriebenen Techniken verhindern, promisk süchtig zu werden? Oder verlangt das tantrische Ritual nicht etwa die periodische Wiederholung der zur sexuellen Erregung führenden Situationen und Szenen? Sofern der Sexualgenuss mit Wiederholungszwang und Unaufschiebbarkeit verbunden ist, liegt die Gefahr der suchtartigen Entwicklung auf der Hand. Generell wird hier das anthropologisch vorgegebene Spannungsverhältnis von Realitäts- und Lustprinzip einseitig verschoben und damit einer illusionären Interpretation von Wirklichkeit Vorschub geleistet.

Darüber hinaus können sexuelle Bindungen missbraucht werden, wie es die Interviews von zwei Frauen belegen. Zeitgleich mit drei anderen Frauen unterhielten beide drei Jahre lang körperliche Beziehungen zu dem selbst ernannten Tantra-Lehrer Barry Long.[126] Nach seiner Meinung ist es ein Unterschied, ob er als Tantra-Meister eine Frau liebt, oder ob irgendein anderer Mann dies tut. Denn ihm als Tantra-Meister »wurde durch Gnade die göttliche Kraft gegeben, die Frau zu einer größeren Erkenntnis der Liebe zu Gott oder dem Ewigen zu bringen, indem er sie körperlich liebt«.[127] Long, 1926 in Sydney geboren, war erfolgreich darin, es diesen fünf Frauen als eine spirituelle Aufgabe zu vermitteln, sich mit ihrer Eifersucht auseinander zu setzen und ihn nicht alleine haben zu wollen. Eifersucht scheint aber für Long selber ein Problem zu sein. Wie sonst ist es zu erklären, dass er eine ganzseitige Anzeige schaltete und weitschweifig erklärte, dass nur er allein ein tantrischer Meister sei?[128]

Selbstliebe wird mit Formen der Selbstsucht und des Narzissmus verfehlt. Nach Erich Fromm ist Selbstsucht vielmehr der Mangel an Selbstliebe, denn die Liebe zu anderen und die Liebe zu mir selbst sind untrennbar miteinander verbunden.[129] Die Voraussetzung für das eigene Glück und die eigene Freiheit besteht darin, das Lieben unter Berücksichtigung von Grenzen zu lernen. Dabei spielt die Übernahme von Fürsorge, Verantwortlichkeit und Respekt eine große Rolle. Bestimmte Bereiche wie gegenseitige Beglückung, Verlässlichkeit und Treue kommen beim T.E.L. oder Barry Long zu kurz. Menschliche Sexualität ist auch durch Intelligenz und Einstellung zu steuern. Auch wenn Osho/Rajneesh anderes suggerieren wollte: Menschen haben kein unveränderliches Triebschicksal wie Tiere.

Weil besonders die bei sexuellem Verhalten aktivierten physiologischen Vorgänge Momente ekstatischen Erlebens und der Bewusstseinsveränderung hervorrufen, sind neotantrische Verfahren beliebt und gefragt. Gemeinsam streben sie die Transzendierung der Körpergebundenheit an. Damit soll die schmerzlich erlebte Leib-Seele-Spaltung überwunden und eine Verbundenheit mit der Natur und dem Universum ermöglicht werden: durch Sex zum kosmischen Bewusstsein. In der Tat sind Sexualität und Spiritualität zwei Wege, um die alltägliche körperliche Realität zu transzendieren. Folgerichtig skizziert der Computerexperte und Intelligenzforscher Ray Kurzweil die Psyche als eine sinnliche und spirituelle Maschine, die in wenigen Jahren durch dreidimensionale Virtual-Reality-Displays und später durch neuronale Computer-Chip-Implantate erwünschte Seelenzustände beliebig und willkürlich herstellbar macht.[130] Diese jedoch als eine dauerhafte Lebensmöglichkeit zu propagieren, verkennt die menschliche Grundverfassung des Dialogischen und die Angewiesenheit auf Beziehung.

Entgegen dem triebhaften Monopol des Sexus würdigt und betont das christliche Menschenbild die Willens- und Entscheidungsfreiheit. Demnach befindet sich der Mensch nicht unter der Diktatur seiner Hormone und Empfindungen, sondern ist konstitutiv mit der Möglichkeit des Verzichts und des Nein-Sagen-Könnens ausgestattet. Langfristige Partnerschaft gründet auf der Kompromissfähigkeit des Einzelnen und dem Zurückstellen eigener Bedürfnisse. Das christliche Menschenbild stellt eine gelingende Beziehung über den subjektiven Lustgewinn. Denn Gewinn will vermehrt werden und führt zu einem Leistungsdruck, der die gewünschte Entspannung und das Genießen verhindert.

Tantra gibt vor, verbreitete Hemmungen gegenüber der Sexualität abzubauen und die eigene sexuelle Natur annehmen zu lernen. Ist aber das hemmungslose Ausagieren von Fantasien wirklich dazu geeignet, Freundschaft mit sich und dem eigenen Körper zu schließen? Kann ungezügelte, gruppendynamisch verstärkte Sexualität nicht zu Erfahrungen (ver-)führen, die alte Wunden verstärkt und neue Traumatisierungen nach sich zieht? Sich vor einer Gruppe als sexuelles Wesen zeigen zu müssen, verletzt natürliche Schamgrenzen und kann bleibende Schäden hinterlassen.

Die meisten Neo-Tantra-Kurse sollen bestehende Partnerschaften vertiefen helfen. Häufig führen aber Tantra-Seminare beliebige Menschen zusammen. Wie kann sich dort eine angstfreie Zärtlichkeit und unvoreingenommene Offenheit ohne innere Nötigung entwickeln? Christlich verstandene Sexualität ist eingebettet in eine ganzheitlich erlebte Partnerschaft. Wer Sexualität intensiv erlebt, findet Ähnlichkeiten zu religiös-mystischen Erfahrungen. Tantrismus wird in dieser Hinsicht auch als göttliche Sexualität bezeichnet. Dieses Dogma unterscheidet den Tantriker vom Christen. Für den Christen »ist Sexualität nicht göttlich, sondern geschöpflich, eine der schönsten Gaben Gottes an den Menschen, aber nicht Gott selbst«.[131] Es ist ein Hauptanliegen gesunder christlicher Sexualethik, diese göttliche Gabe ins Ganze des Menschseins zu integrieren. Tantrisch-vergöttlichte Sexualität passt nicht in das immer unvollkommene und heilungsbedürftige Menschsein. Sie weckt menschlich unerreichbare Erwartungen, die den Bedingungen des Menschseins widersprechen. Verabsolutierte, ideologisch erhöhte Sexualität ist unmenschlich, weil sie nicht zum unvollkommenen menschlichen Alltag passt. Wenn Christen in der Sexualität eine gute Gabe an den Menschen sehen, kann es gelingen, menschlich mit ihr umzugehen: sie weder zu überschätzen noch zu verachten, sondern sie als ein Geschenk ins Ganze des Lebens einzubinden.

Quellen: **Margot Anand**, Tantra oder Die Kunst der sexuellen Ekstase, München 1996 · **Osho**, Tantra – Spiritualität und Sex, München 1999 · **Michael Plesse/Gabrielle St.Clair**, Feuer der Sinnlichkeit, München 1995

Zeitschriften: jährlich ein Tantra-Sonderheft als »connection special« (Niedertaufkirchen) · Yabyum (halbjährlich, Zürich, Online-Fassung unter www.yabyum.ch)

Internet: Advaita-Tantra: *Advaita Maria Bach;* www.advaita-tantra.de · Diamond Lotus Tantra (ehem. Antinous): *Andro, Devatara;* www.Diamond-Lotus.de · Erospirit: *Lucian & Carola Loosen;* www.welt-des-tantra.de · Orgoville: *Michael Plesse/Gabrielle St. Clair;* www.orgoville.de · SkyDancing Tantra: *Margot Anand Naslednikov;* www.SkyDancingTantra.de · The Art of Being: *Alan Lowen/S. Matthias & N. Gabriele Riek;* www.art-of-being.de

2.2 Psychologische Erfolgsutopien

2.2.1 Scientology – Inbegriff eines Psychokults   (Hansjörg Hemminger)

> »Eine 40 cm starke Panzerplatte kann unmöglich eine Idee aufhalten.«
>
> (L. Ron Hubbard)

Gründer und Gründungsgeschichte

Scientology ist das Werk von Lafayette Ronald Hubbard, der 1911 in Tilden (Nebraska) geboren wurde. Er wurde nach gescheiterten Studienversuchen Western- und Sciencefiction-Autor und diente im Zweiten Weltkrieg in der U.S.-Marine. Dabei lernte er militärische Befehlsstrukturen kennen. Er interessierte sich für Okkultismus und für bewusstseinsverändernde Techniken. 1945 trat er dem neo-satanistischen Ordo Templi Orientis in Kalifornien bei. 1950 publizierte er das erfolgreiche Buch »Dianetik – Die moderne Wissenschaft von der geistigen Gesundheit«, das in den USA zum Startpunkt für die Gründung einer eigenen Organisation wurde. Der Kunstbegriff Dianetik lässt sich als »durch den Geist« wiedergeben. Das Ziel seiner auf der Dianetik beruhenden Psychotechnik war der völlig befreite Mensch, der »Clear«. Nach seiner Ansicht konnte nur die Dianetik die Welt retten: »Clear the Planet« hieß von Anfang an das Ziel:

»Nun, was wir nicht vergessen wollen ist die Tatsache, dass wir eine Basis haben. Und diese Basis heißt Erde ... Und wir wollen auch nicht, dass dieser Basis genau bewusst ist, was mit ihr geschieht bzw. dass sie als Basis gilt, sodass sie sich dagegen auflehnen könnte ... Wir sind nicht an Geld interessiert, wir sind nur an dem Planeten interessiert ... Wir haben also hier einen Plan. Ein internationales Ziel ist die Bezeichnung für den Plan insgesamt, und der Plan selbst ist International City, was nichts anderes heißt als Regierung der Erde.«[132]

Ab 1953 versuchte Hubbard, seine Lehre als Religion zu etablieren, 1956 entstand die »Church of Scientology of California«. Der Begriff Scientology wurde von Hubbard übernommen und kann als »Lehre vom Wissen« übersetzt werden. Die Umwidmung der angeblichen Wissenschaft Dianetik zur Religion »Scientology« hatte rechtliche Gründe: Hubbard wollte die Einnahmen der Organisation dem Zugriff der Steuer entziehen und die Privilegien von Religionsgemeinschaften in Anspruch nehmen. 1959 wurde das englische Schloss Saint Hill (Sussex) zum Hauptquartier von Scientology, hinzu kam ein Schiff als Trainingszentrum (Flag). Ab 1968 leitete Hubbard seine Organisation von Schiffen aus. Darin liegt der Ursprung für den späteren Elite-Orden »Sea Org«, der heute die Entscheidungsgremien der Organisation beherrscht. Der Grund für den Rückzug in internationale Gewässer war wohl der politische Widerstand in Großbritannien und den USA.

Im Jahr 1970 wurde in Deutschland in München die erste »Org« gegründet. Auch hier kam es nach kurzer Zeit zu heftigen Konflikten mit Selbsthilfe-Gruppen von Betroffenen, mit Behörden und Kirchen. Die von Hubbard auf die Verhältnisse in den USA abgestellten, aggressiven Ausbeutungs- und Unterdrückungsmethoden gegen die eigene Anhängerschaft, die mit schmutzigen Mitteln vorgenommenen Einschüchterungsversuche gegen äußere Kritik usw. riefen starken Widerstand hervor. Die zum Teil mit kriminellen Mitteln geführten Kämpfe gegen Aussteiger, kritische Medien, kirchliche Beratungsstellen und Behörden begleiteten deshalb die Geschichte von Scientology in Europa und in den USA von Anfang an. Dabei gelang es der Organisation nie, in europäischen Staaten eine ähnliche Machtstellung zu erreichen wie in den USA. Dort gründete Hubbard 1976 die United Church of Florida in Clearwater, die zur so genannten Flag-Landbasis der Organisation wurde.

Anfang der achtziger Jahre verschwand L. Ron Hubbard immer mehr aus der Öffentlichkeit, schließlich wurde sein Tod 1986 offiziell bekannt gegeben. Ein junger Mann aus dem innersten Machtzirkel der Organisation, David Miscavige, übernahm nach heftigen internen Kämpfen die Führung der Organisation. Alle Rechte und Lizenzen, die eine Hauptfinanzquelle bilden, lagen danach beim »Religious Technology Centre« in Los Angeles. Sowohl die straff hierarchische Befehls- und Gehorsamsstruktur im Innern als auch die Aggressivität nach außen, nahmen unter Miscavige noch zu. In Los Angeles bzw. auf einem nahe gelegenen Gelände (Base) befindet sich heute das Hauptquartier des weltweit agierenden Psycho-Konzerns. Die Verwaltungszentrale (Flag Land Base) befindet sich in Clearwater (Florida).

Scientology heute

Die vielen Unter- und Front-Organisationen machen den Konzern trotz seiner straffen Hierarchie unübersichtlich. Die eigentliche »Church« wird durch das Sozialunternehmen ABLE (Association for Better Living and Education) sowie die Wirtschaftsorganisation WISE (World Institute of Scientology Enterprises) ergänzt. Alle bieten so genannte Hubbard-Technologie für Privatpersonen, für soziale Zwecke und in der Wirtschaft zu hohen Preisen an. Dabei unterscheiden sich die Missionen (kleinste Einheit) von den »Orgs« und den »Celebrity Centres«, die Hubbard'sche »Tech« auf höherer Stufe anbieten. Die obersten Stufen der Ausbildung sind in Deutschland nicht zu haben, sondern in Saint Hill, in Kopenhagen und schließlich in den USA (Clearwater) bzw. sogar nur auf der Freewinds, dem Kreuzschiff der Sea Org.

Kopenhagen ist auch das Verwaltungszentrum für Europa, in Deutschland sind die »Orgs« in Hamburg und München am wichtigsten. Neben diesen offiziellen Einrichtungen gibt es vielfältige Teilorganisationen, die eher als Lobby-Gruppe arbeiten, zum Beispiel die Kommission für Verstöße der Psychiatrie gegen die Menschenrechte (KVPM). Sie greift vor allem die medizinische Psychiatrie an, da zu L. Ron Hubbards Lehre eine skurrile Verschwörungstheorie gehört: Nach seiner Ansicht gehen alle Übel der jüngeren Geschichte, auch Hitler und der Zweite Weltkrieg, auf Machenschaften der Psychiater zurück. Wie alle Ideen ihres Gründers, gilt auch diese bei den Scientologen bis heute als unbezweifelbare Wahrheit. Die Namen und Betätigungsfelder der Teilbereiche von ABLE, WISE und der »Church« sowie deren Frontorganisationen wechseln oft rasch:

In letzter Zeit trat zum Beispiel eine Gruppe namens World Literacy Crusade (WLC) in Erscheinung, die Alphabetisierung von Menschen aus Randgruppen mit Hilfe der so genannten Hubbard-Technologie anbietet. Damit versucht sich die Organisation Zugang zu bisher kaum erreichten, gesellschaftlich randständigen Menschen zu erschließen und gleichzeitig einen positiven PR-Effekt zu erzielen.

Das Erscheinungsbild der Organisation wird weiterhin von einem starken Konformitätsdruck nach innen, von internen Spitzel- und Strafsystemen geprägt, bis hin zu eigenen Straflagern mit dem Namen Rehabilitation Project Force (RPF). Diese Straflager nehmen an Scientologen, die zu wenig Leistung bringen oder sonstwie gegen die interne »Ethik« verstoßen, eine brutale Gehirnwäsche vor, indem sie diese entwürdigenden Arbeits- und Gehorsamsbedingungen aussetzen. Manche Personen wurden auch gegen ihren Willen in RPFs festgehalten.

Dem Leistungsdruck der Organisation auf die Mitarbeiter steht deren fanatisches Elitebewusstsein gegenüber. Unzählige Spezialausdrücke aus der Hubbard'schen Vorstellungswelt sorgen dafür, dass Uneingeweihte der Sprache der Insider kaum mehr folgen können. Besondere Sprachformen dienen dabei der Rechtfertigung von Moral- und Gesetzesverstößen und der Abwertung der Außenwelt: Kritiker sind »unterdrückerische Personen« oder sogar Kriminelle, Nicht-Scientologen werden als »Barbaren« abqualifiziert, »Ethik« ist das Verhalten, das der Scientology-Organisation nützt usw. Auch abgesehen von der Psychiatrie werden extreme Feindbilder gepflegt:

»Es sind nicht einfach nur die Politiker, die Soldaten, die Militaristen, die Leute, die die großen Raketen bauen und die Zeitungsreporter, die eine bedrohliche Umwelt schaffen. Es gibt viele, die ihr ganzes Leben als berufsmäßige ›Chaos-Händler‹ verbringen, indem sie einfach alle Leute um sich herum zu Tode ängstigen. Der Prozentsatz ist wahrscheinlich 20 Prozent – jeder Fünfte ist also ein ›Chaos-Händler‹. Sie verbreiten Verwirrung und Unruhe.«[133] »Anscheinend sind etwa 15 bis 20 Prozent der menschlichen Rasse geisteskrank ...«[134] Hier erübrigt sich jeder Kommentar.

In den USA hat sich Scientology trotz heftiger öffentlicher Kritik etabliert und konnte sich nach langem Kampf den Status der Gemeinnützigkeit sichern. Der Einfluss der Organisation auf Wirtschaft und die Politik ist erheblich und wird von den USA aus für eine bereits seit Jahren anhaltende Anti-Deutschland-Kampagne benutzt, die sich zunehmend auch gegen andere europäische Staaten richtet. In Europa, auch in Deutschland, trifft die Organisation dagegen auf wirksamen politischen und juristischen Widerstand; in Griechenland wurde die Vereinszentrale in Athen zeitweise geschlossen, in Deutschland beobachtet sie derzeit der Verfassungsschutz, in Frankreich gilt den Scientologen nach mehreren Strafprozessen hohe Aufmerksamkeit, ähnlich ist die Situation in Italien und Spanien. In Osteuropa scheint die ab 1990 vorangetriebene Ausbreitung – nach anfänglichen großen Erfolgen – ebenfalls auf immer mehr Widerstand zu treffen. Von daher reagieren Staat und Gesellschaft in Deutschland auf die Organisation nicht nur – wie schon seit

Jahrzehnten – mit Maßnahmen des Verbraucherschutzes. Zunehmend wird Scientology zum politischen Problem, das Maßnahmen gegen seinen politischen Extremismus herausfordert und sogar die außenpolitischen Beziehungen zu den USA negativ beeinflusst.

Ideen, Methoden, Effekte

Was glauben die einzelnen Scientologen, was ist ihr Antrieb, sich bis zur Selbstverleugnung für ihre Organisation zu engagieren? Es geht ihnen um die Hoffnung, durch die Hubbard-Technologie unvergleichliche Macht und Stärke zu gewinnen und in dem großen Spiel ums »Überleben« (ein Schlüsselwort Hubbard'scher Ideen) auf das richtige Los zu setzen, ja letztlich zum unsterblichen, übermenschlichen Geistwesen zu werden. Obwohl also die Organisation keine Merkmale einer Religionsgemeinschaft aufweist und die scientologische Psychotechnik als okkulte Pseudowissenschaft einzustufen ist (s.u.), klingen in den Motiven der Einzelnen religiöse Urmotive an: die magische Verwandlung des defizitären Menschen in den vollkommenen, neuen Menschen, die Befreiung von allen geschöpflichen Grenzen, selbst der Grenze des Todes, die Gottwerdung.

Wie soll all dies erreicht werden? Die so genannte »Brücke zur Freiheit« ist ein kompliziertes Schulungs- und Kurssystem, das Scientologen bis zum Heilsziel »Operierender Thetan« zu durchlaufen haben. Dafür muss zuerst der »analytische Geist« des Menschen von allen Belastungen befreit werden, die sein Funktionieren behindern, und die angeblich in einem »reaktiven Geist« gespeichert sind. Am Anfang der Brücke stehen Kommunikationskurse und Ähnliches, mit denen Durchsetzungsfähigkeit – aber auch ein roboterhaft starres Agieren und Reagieren – trainiert werden. Weiterhin wird zu Anfang mit starren, automatenhaften Lerntechniken in die Hubbardsche Sprach- und Ideenwelt eingeführt. Außerdem gibt es einen so genannten Reinigungs-Rundown, eine Art Sauna, verbunden mit der Einnahme hoher Vitamindosen.

Auf den folgenden Ebenen des Kurssystems nimmt jedoch die Technik des Auditierens eine Schlüsselrolle ein. Auditiert wird heute (noch nicht in der ursprünglichen Dianetik) mit Hilfe des E-Meters, eines primitiv konstruierten Geräts zur Messung des elektrischen Hautwiderstands. Dabei werden – grob gesprochen – Gefühlsregungen und Stressreaktionen des Klienten gemessen. Die Scientologen glauben allerdings, damit die »Masse« von geistigen Belastungen, von so genannten Engrammen, messen zu können. Fachlich gesehen beruht die Methode jedoch nicht auf dem E-Meter, das man auch weglassen kann, sondern auf einer laienhaften Analyse des Unbewussten mit Hilfe eines suggestiven Dialogs. Durch ihn sollen laut Hubbard die Engramme nicht nur erkannt, sondern auch entladen (entfernt) werden.

Der Auditor versucht durch Fragen, deren Effekte er mit dem E-Meter kontrolliert, den Engrammen auf die Spur zu kommen. Neben echten Erinnerungen, zum Teil auch echten Traumata, kommen dabei selbstverständlich viele Fantasien zum Vorschein, daneben gibt es wohl auch schlichtes Fabulieren. Von einer psychologischen Aufarbeitung der Biografie eines Menschen kann also keine Rede sein. Außerdem ist das Ergebnis durch den Auditor leicht manipulierbar und wird nicht nur auf der »Brücke zur Freiheit«, sondern auch zur Kontrolle und zur Disziplinierung eingesetzt. Die Erlebnisse beim Auditieren werden von Scientologen als biografische Wahrheit genommen. Sie meinen, man könne damit ihren geheimsten Regungen – auch Verstößen gegen die Scientology-Disziplin – auf die Spur kommen. Dadurch verfügen die Kontrolleure, die »Ethik-Offiziere«, über ein mächtiges Kontrollinstrument. Auf der »Brücke zur Freiheit« soll durch diese Technik allerdings als erstes Zwischenziel auf dem Weg zum Übermenschen ein »Clear« entstehen, ein Mensch, der seinen »analytischen Geist« unbeschränkt nutzen kann.

Auf den Stationen oberhalb des »Clear« geht es schließlich darum, die Geistseele des Menschen, den so genannten Thetan, von den Belastungen zu befreien, die sich während vieler Reinkarnationen über Milliarden Jahre ansammelten. Das letzte Ziel ist, wie gesagt, der Operierende Thetan (OT), der volle Verfügung über MEST (Materie, Energie, Raum, Zeit) hat. Die Geschichte des Kosmos, wie sie auf den OT-Stufen vermittelt wird, weist allerdings Züge trivialer Sciencefiction-Literatur auf und wirkt auf Außenstehende lächerlich. Auf der Stufe OTIII muss man zum Beispiel Erfahrungen loswerden, die 75 Millionen Jahre zurückliegen:

Ein galaktischer Fürst namens Xenu löste das Problem der Überbevölkerung mit mörderischer Gewalt. Die Bevölkerung wurde von Söldnertruppen niedergemetzelt und die Thetanen, bevor sie entweichen konnten, in den Leichen eingefroren. Dann wurde das Tiefkühlgut in Kisten verpackt und in Flugzeugen, die der DC 9 ähnelten, auf die Erde geschafft. Die hieß damals Teegeack. Die Kisten wurden um Vulkane herum gestapelt, dann wurden die Vulkane mit Wasserstoffbomben in die Luft gejagt. Die Thetanen wurden dabei aus den Körpern freigesetzt und zu »clustern« verklebt ... usw.

Die vom werdenden OTIII beim Auditieren zu durchlebende Story geht noch weiter, ohne plausibler zu werden, allerdings auch ohne ihre unfreiwillige Komik einzubüßen. Wie ist es möglich, dass intelligente und gebildete Menschen diese Weltsicht akzeptieren können? Dazu eine Stimme aus der Werbung für die OT-Grade I bis V:

»Als ich OTIII begann und die ersten Daten las, war es wie eine Erkundung durch mein ganzes Universum. Mit der Wahrheit konfrontiert zu werden, warf mich beinahe aus meinem Stuhl ... Auf einem sehr sorgfältig angelegten Gradienten wurde ich mit dem großen Geheimnis konfrontiert, das uns alle für eine sehr lange Zeit ruiniert hat ... Es war das erste Mal, dass ich erkennen konnte, wie enorm die Macht eines Thetan ist und was er zu tun in der Lage ist. Ich fühle nun wirkliches ARC auf allen Dynamiken und werde meinen Teil dazu beitragen, den Planeten zu klären und andere auf die Spitze der Brücke zu bringen.«[135]

Die Antwort ist eindeutig: Die Sehnsucht nach Macht fegt die kritische Vernunft und alle Zweifel hinweg. Man kann daher Scientology als eine Organisation bezeichnen, die sich im Kern dem Gewinn und der Verehrung von Macht verschrieben hat.

Zur Einschätzung

Weltanschaulich ist Scientology als okkulte und pseudowissenschaftliche Ideologie mit kultisch-weltanschaulichen Zügen einzustufen. Ihre Ethik kann man als sozialdarwinistisch bezeichnen. An religiöse Verhaltensweisen erinnern zwar die Heilshoffnungen der individuellen Anhänger, ihre Hingabe und ihre Glaubensbereitschaft. Organisation und Lehre können entgegen eigenen Ansprüchen jedoch nicht als Religion angesehen werden.

Es überwiegen die Züge eines skrupellos agierenden Wirtschaftsunternehmens einerseits, die einer machtorientierten politischen Kaderorganisation andererseits. Da von der Führung Macht angestrebt wird mit dem Ziel die Welt umzugestalten, handelt es sich aus politischer Sicht um eine neuartige Form eines anti-demokratischen Extremismus. Beide großen Kirchen in Deutschland stellten die Unvereinbarkeit von Scientology und christlichem Glauben öffentlich fest. In der Tat gibt es kaum einen größeren Gegensatz zur Nachfolge Jesu als die »Brücke zur Freiheit« der Scientologen.

Quellen: **New Era Publications International**, Was ist Scientology? Kopenhagen 1993

Zeitschrift: Freiheit

Literatur: **Deutscher Bundestag** (Hg.), Endbericht der Enquete-Kommission »Sog. Sekten und Psychogruppen«, Neue religiöse und ideologische Gemeinschaften und Psychogruppen in der Bundesrepublik Deutschland, Bonn 1998 · **Freie und Hansestadt Hamburg – Behörde für Inneres – Arbeitsgruppe Scientology und Landeszentrale für politische Bildung**, Gehirnwäsche im Rehabilitation Project Force (RPF) der Scientology-Organisation, Hamburg 2000 · **Friedrich Wilhelm Haack**, Scientology – Magie des 20. Jahrhunderts, München 1995 · **Hansjörg Hemminger**, Scientology – Kult der Macht, Stuttgart 1997 · **Ilse Hruby**, Meine Ehe mit einem Scientologen, Gütersloh 2000 · **Thomas Kruchem** (Hg.), Staatsfeind Scientology? München 1999

Internet: www.lronhubbard.com · www.AGPF.de (kritisch)

2.2.2 »Denk' dich gesund« – die Überschätzung mentaler Glaubenssätze: Positives Denken und NLP (Hansjörg Hemminger)

> »Was Sie geistig ausstrahlen, kommt in genau gleichem Maß auf Sie zurück.«
>
> (Vincent Peale)

Positives Denken: Der amerikanische Traum als Weltanschauung

Kern des Positiven Denkens ist die Idee, dass Gedanken Macht über die Dinge haben und dass sich das, was der Mensch sich zum Guten und Bösen vorstellt, in der Praxis verwirklicht. Daher zielt das Positive Denken auf die Kontrolle von Bewusstseinsinhalten:

»Aus der Pflege glücklicher Gedanken und Gewohnheiten entsteht auch ein glückhaftes Leben. Glückliche Gewohnheiten entspringen einem befreiten und glücklichen Denken. Machen wir uns eine Erinnerungsliste Glück bringender Gedanken und werfen wir täglich mehrmals einen Blick darauf. Wenn unzufriedene und düstere Gedanken Einlass begehren, müssen wir sie augenblicklich und mit Entschiedenheit abweisen und – das ist wichtig – durch einen guten, glücklichen und zufriedenen Gedanken ersetzen.«[136]

Positives Denken bezeichnet also nicht eine optimistische Lebenseinstellung. Vielmehr geht es um einen »kosmischen Mechanismus«. Der Mensch bzw. sein Unterbewusstsein bzw. sein höheres Selbst werden mit positiven Gedanken programmiert, von denen man glaubt, dass sie die Realität nach sich ziehen. Es handelt sich um ein Glaubenssystem, dessen Wurzeln im Idealismus und Okkultismus des 19. Jahrhunderts liegen,[137] das sich aber im Jahr 2001 immer noch als erstaunlich vital erweist. Ein Beispiel dafür sind die Bücher des bereits 1970 verstorbenen Napoleon Hill, der altmodischste und amerikanischste unter den Autoren des Positiven Denkens. Reichtum, Macht und Ruhm, soziales Ansehen und privates Glück sind für ihn verschiedene Seiten des »amerikanischen Traums«, die sich aufgrund derselben Geistesmagie ergeben, die er als magischen Schlüssel bezeichnet. Der Begriff Glaube, der bei den religiöseren Vertretern (z. B. Dale Carnegie, s. u.) anders besetzt ist, bedeutet bei Napoleon Hill einen kraftvollen Zustand des menschlichen Geistes, der Reichtum garantiert. Um dem Kosmos den einem zustehenden Reichtum abzuringen, muss man mit Disziplin und Ausdauer einfache Regeln befolgen:

»Entfalten Sie Ihre ganze Willenskraft und ergreifen Sie die uneingeschränkte Herrschaft über Ihren Geist! Es ist Ihr Geist! Er wurde Ihnen geschenkt als ein Diener, der Ihre Wünsche zu erfüllen hat. Niemand darf in Ihren Geist eindringen oder ihn auch nur im geringsten beeinflussen, ohne dass Sie zustimmen ...«[138]

Als weitere klassische Vertreter wären beispielhaft zu nennen: Joseph Murphy und Dale Carnegie (»Sorge dich nicht – lebe!«), als moderne Epigonen Og Mandino und Nikolaus B. Enkelmann sowie Roland Arndt. Die Wirkungsgeschichte des Positiven Denkens reicht jedoch weit darüber hinaus. Der gegenwärtige Erfolgsglaube, der sich in »Motivationstagen« und »Reichtumsanleitungen« manifestiert, verdankt sich zu einem erheblichen Teil dieser Tradition (s. das folgende Kapitel). Der Gedankenmagie des Positiven Denkens entspricht ein idealistisches Menschenbild. Von Nikolaus Enkelmann und Roland Arndt wird in typischer Argumentation festgestellt:

»Bei unserer Geburt waren wir eine für diesen Zustand vollkommene Persönlichkeit und erst später bekamen wir unsere Macken, Ecken und Kanten. Aber nicht nur durch unsere Eltern, sondern durch Nachbarn, Bekannte, Verwandte, Arbeitskollegen und Fremde.« Die beiden Autoren verstehen deshalb wie viele andere ihre Lehre als einen Weg aus der Entfremdung vom eigentlichen, erfolgreichen Selbst: »Wir haben dieses Erfolgssystem für Menschen entwickelt, die Veränderungen einleiten und durchsetzen wollen ... Es ist ein System für Menschen mit einer positiven Einstellung zum Leben und zur Welt. Mit der Fähigkeit, so vorzugehen wie es beschrieben steht, werden Sie alles erreichen, was ein Mensch hier auf Erden erreichen kann.«[139]

Positives Denken ist deshalb sowohl ein »Lernen am Modell«, nämlich am Beispiel erfolgreicher Personen, als auch eine Anleitung zur suggestiven Fremd- und Selbstbeeinflussung. Die Programmierung des Denkens soll einerseits auf dem Weg der Selbsthilfe möglich sein, indem Regeln oder Gesetze gelernt und im Leben umgesetzt werden. Die Gültigkeit dieser Regeln wiederum wird von Personen verbürgt, die Erfolg hatten (oder dies glaubwürdig behaupten). Die tägliche Praxis wird durch Hilfsmittel unterstützt. Es gibt Kalender für Manager mit dem täglichen positiven Sinnspruch. Über Telefon ist es möglich, einen positiven Impuls für den Tag zu bekommen; Subliminaltonträger sind im Angebot, deren unterschwellig aufzunehmende Botschaften Erfolge bringen sollen (z. B.: »Mehr erledigen in weniger Zeit«), Audio- und Videokassetten dienen der Suggestion mit technischen Mitteln usw.

Es ist kaum notwendig zu betonen, dass das Positive Denken weder in der Fachpsychologie noch in anderen Humanwissenschaften einen Anhalt besitzt. Trotzdem hat es einige günstige Auswirkungen, allerdings nicht aus geistesmagischen Gründen. Wichtigster Grund ist der Mechanismus der »self-fulfilling prophecy«. Was man erwartet, hat die Tendenz einzutreten, da man sich häufig so verhält, dass man das erhoffte oder gefürchtete Ereignis fördert. Daher hat es günstige Auswirkungen, wenn man – auf welchen Wegen auch immer – Zuversicht vermittelt und die Willenskraft stärkt. Zukunftsorientierung ist hilfreicher als ein Grübeln über die Vergangenheit usw. Hinzu kommt der Stressabbau durch die kontemplativen Übungen, die mit dem Positiven Denken verbunden sind. Dabei kommt es jedoch nicht auf die Inhalte an, sondern auf die Ruhepausen, die Stille und die Aufmerksamkeit für das eigene Innere. Sven Tönnies meint sogar: »Die konstruktiven Änderungen, die durch das positive Denken zu erreichen sind, können demnach nicht auf die affirmativen Selbstsuggestionen zurückgeführt werden. Die treten auch ohne diese, allein infolge der Entspannung ein.«[140]

Die günstigen Effekte erklären den – subjektiv meist ehrlichen – Eindruck vieler Anhänger, Positives Denken habe ihnen geholfen. Allerdings handelt es sich um kurzfristige und alltägliche Effekte, die sich verlieren, besonders wenn man sie zu häufig in Anspruch nimmt. Daher berichten viele ehemalige Anhänger von einer anfänglichen Euphorie, die später der Ernüchterung oder sogar einem deprimierenden Absturz wich.

Die Risiken des Positiven Denkens kann man mit dem Stichwort Realitätsverlust zusammenfassen. Zum einen tritt dann Realitätsverlust ein, wenn man die Ziele so hoch ansetzt, dass sie unerreichbar sind. Dann werden Lebensentscheidungen gefällt, die in die Verschuldung führen, menschliche Beziehungen belasten usw. Die Gründe brauchen hier nur angedeutet zu werden: Das Positive Denken berücksichtigt weder die unterschiedlichen Fähigkeiten der Menschen, noch ihre unterschiedliche Persönlichkeitsstruktur, noch die Wechselwirkung zwischen der individuellen Psyche und deren sozialer Umgebung. Außerdem gibt es für das Positive Denken angeblich keine unlösbaren Probleme, nichts was auszuhalten oder als unabänderlich anzunehmen wäre. Damit wird ein Teil der Kompetenz, mit Problemen umzugehen, gerade nicht entwickelt. Krank machend wirkt es, wenn Versagen, Unglück und Leid als vom Menschen selbst verschuldet gesehen werden. Dann hat man als erfolgloser oder leidender Mensch die Methode falsch angewandt, man war nicht eifrig genug, nicht konsequent genug usw. – jedenfalls war man selbst an allem schuld.[141]

Neurolinguistisches Programmieren: Unsinn ausmerzen?

Das Neurolinguistische Programmieren (NLP) entstand in den 70er Jahren in den USA. Soweit es sich um eine fachlich vertretbare Form handelt, gehört es zu den kognitiven Psychotherapien. Im Zentrum steht eine konstruktivistische Theorie des Denkens: Danach baut sich aus den Sinneserfahrungen, eine »Innenwelt« auf, an der sich unser Denken – und damit unser Handeln – orientiert. Um die Sinneseindrücke zu einer inneren Repräsentation der Welt verarbeiten zu können, müssen sie »gefiltert« werden. Biologische Mechanismen, aber auch soziale Erwartungen, wirken deshalb auf die Entwicklung der Innenwelt ein.[142] Ihre Struktur kann man wahrnehmen, nämlich als innere Bilder, als einen inneren Dialog usw.

Alle Denkvorgänge lassen sich laut NLP als eine Abfolge innerer Repräsentationen beschreiben, wobei verschiedene Menschen Eindrücke bevorzugt visuell, auditiv, kinästhetisch usw. repräsentieren. Jede dieser inneren Konstruktionen kann jedoch auch defizitär sein. Dann bewirkt sie problematisches Denken und Handeln bzw. Fehlanpassungen. Der Kern der NLP-Methode liegt in der Annahme, man könne die innere Konstruktion des Selbst- und Weltbilds mit Hilfe der Sprache, auch durch einige Übungen, in Richtung besseren Problemlösens, besserer Anpassung, besserer Effizienz usw. verändern.

Nach eigenen Angaben entstand das NLP, indem Richard Bandler und John Grinder drei erfolgreiche Therapeuten verschiedener Schulen beobachteten und ihre wirkungsvollsten Techniken herausfilterten. Dies waren Fritz Perls (Gestalttherapie), Virginia Satir (Familientherapie) und Milton H. Erickson (Hypnotherapie). Daraus entwickelte sich das NLP angeblich in einem jahrelangen Forschungsprozess.[143] Diese Ursprungslegende ist jedoch nicht plausibel, da ihre angebliche Analyse therapeutischer Interaktionen von Bandler und Grinder nirgends dokumentiert wurde. Wahrscheinlich war es eher so, dass Bandler und Grinder, inspiriert von den eindrucksvollen Arbeiten von Satir und Erickson, eine eigene Interpretation therapeutischer Prozesse entwickelten. Die Vermutung einer Legendenbildung liegt auch deshalb nahe, weil das Werk Bandlers und Grinders von Behauptungen wimmelt, man habe Sachverhalte (zum Beispiel neurophysiologische) festgestellt, für die es in Wirklichkeit keine empirische Grundlage gibt (s. u.). Die Stärke des NLP liegt eindeutig nicht in der Theorie, sondern in der Praxis.

»Ich bin sehr gut darin, Unsinn auszumerzen«, behauptet Richard Bandler.[144] Die vom NLP bewirkte Veränderung wird als Umprogrammierung neuronaler Verknüpfungen verstanden. »Wenn jemand meint, in einer verfahrenen Situation zu sein, und keinen Ausweg sieht, so könnte das an seinem inneren Atlas liegen, mit dem er sich selbst den Weg verstellt.«[145] Man meint also durch sprachliche Interventionen den »inneren Atlas« vervollständigen zu können: »Ziel ist dabei, die ›krank machende‹ Sprache, die Veränderungen verhindert, zu erkennen und damit zusammenhängende negative Grundüberzeugungen umzuwandeln.«[146]

Entscheidend ist folglich die Analyse der kognitiven Strukturen, die mit dem Problem des Klienten zu tun haben. Dies geschieht durch eine Analyse sprachlicher Äußerungen und anderer Verhaltensweisen, zum Beispiel der Augenbewegungen. Eine nach oben weisende Augenposition zeigt danach an, dass wir uns mit inneren Bildern, dem sog. visuellen Repräsentationssystem beschäftigen, eine mittlere steht in Zusammenhang mit auditiven Repräsentationen. Eine untere Blickrichtung soll – meist nach unten rechts – mit Gefühlen, auch mit Geruchs- und Geschmacksrepräsentationen zu tun haben, während wir angeblich nach unten links blicken, wenn wir mit einem inneren Dialog beschäftigt sind. Diese Zusammenhänge können zum »Umprogrammieren« benutzt werden: Man unterstützt zum Beispiel lebhafte Vorstellungsbilder zukünftiger Situationen, wenn man präsentiert.

Eine Persönlichkeitsdiagnostik oder eine Störungsdiagnostik gibt es beim NLP jedoch nicht. Alle Probleme lassen sich durch Einwirkungen auf die kognitive Repräsentation von Selbst und Welt lösen. Das NLP bietet dafür eine Reihe von Interventionen an, die schnell zu erlernen sind. Praktisch vielleicht am wichtigsten ist eine dialogische Fragetechnik, mit der versucht wird, die »innere Repräsentation der Wirklichkeit« im Denken eines Klienten konstruktiv zu erweitern. Die Betrachtungsweise solcher Aussagen als »Unsinn« (Bandler) führt zu Rückfragen, durch die in diesem Fall Generalisierungen und Tilgungen im Denken revidiert werden sollen: Beispiele: »Wer ist man ...? Wann und wo genau war jemand gegen Sie? Warum gegen Sie und nicht gegen andere?« usw.

Durch das rein kognitive Einwirken entgehen den NLP-Anwendern allerdings leicht die emotionalen Unterströmungen einer Aussage, und sie haben ihre eigene Emotionalität zu wenig im Blick. Ansonsten ist diese Fragetechnik in der Psychotherapie alles andere als originell, kann aber helfen, gezielt zum Kern eines Problems zu kommen. Ebenfalls schon lange bekannt ist das »Reframing«, das Umdeuten eines Sachverhalts in positive Richtung. Man versucht, aus einer unangenehmen Situation günstige Möglichkeiten herauszulesen und Schwächen auch als Stärken zu interpretieren. Zum Beispiel ist es denkbar, eine Neigung zum Flunkern als lebhafte Fantasie zu deuten. Man nimmt das »Reframing« zum Anlass um zu überlegen, wie die guten Seiten einer Sache besser zum Tragen kommen können, während Nachteile vermieden werden sollen.

Zwei Kommunikationstricks des NLP heißen »Pacing« und »Leading«. Beim »Pacing« nimmt der Helfer dieselbe Körperhaltung ein wie der Klient, bewegt sich im selben Rhythmus usw. Dadurch spiegelt er dem Klienten dessen innere Haltung zurück und kann sie selbst besser wahrnehmen. Wenn der Helfer die Körpersignale verändert, um über ein »Modeling« eine andere Haltung zu vermitteln, spricht man von »Leading«. Diese Vorgänge, die in Beratungsgesprächen usw. ständig ablaufen, werden im NLP bewusst wahrnehmbar. Andere Schulen, zum Beispiel fast alle Körpertherapien, lehren solche Vorgehensweisen ebenfalls.

Unter »Ankern« versteht man das Verknüpfen von Stimmungen und Haltungen mit bestimmten Signalen, mit denen man sie angeblich auslösen kann. Zum Beispiel soll man Prüfungsangst dadurch bekämpfen können, dass man sich ein angenehmes, erfolgreiches Prüfungsgespräch vorstellt und dabei seine Stirn berührt. Wenn man dann vor der Prüfung nervös wird, soll das Berühren der Stirn die gute Stimmung wieder wachrufen. Andere Methoden, wie das »Chunking«, das »Kalibrieren« usw. seien nur erwähnt. Sie sind ähnlich nützlich wie das »Pacing« usw., allerdings auch (unter anderen Namen) ähnlich allgemein verbreitet. Ebenso nützlich ist die Regel, dass jeder NLP-Arbeit eine Zielbestimmung vorangehen sollte. Auch dieser Punkt (zum Beispiel die Klärung des »Auftrags« in einer Beratungsbeziehung) gehört zum Standard-Repertoire fachlicher Methoden.

Das soziale Umfeld eines Menschen und seine Beziehungsstruktur kommen im NLP nur am Rand vor. Zum Beispiel wird angestrebt, in jeder menschlichen Beziehung eine win-win-Situation zu erzeugen, d.h. eine Situation, in der beide Seiten profitieren können. Dass eine solche Situation in den meisten Fällen erreichbar sei, wird schlicht behauptet. Weiterhin gibt es den sog. Öko-Check im Rahmen der Zielfestlegung einer NLP-Arbeit. Das heißt, es wird geprüft, ob das angestrebte Ziel in das Umfeld des Klienten passt oder nicht, und wie es sich auswirken wird. Doch das ist nicht viel. Der fast vollständige Verzicht auf Diagnostik und Sozialpsychologie führt dazu, dass menschliches Fühlen, Denken und Verhalten nur so weit erfasst wird, als es den Regeln der kognitiven Informationsverarbeitung folgt. Es ist ein Verdienst dieser Methode – aber auch anderer, z. B. der Kurztherapie – demonstriert zu haben, wie viel selbst auf dieser Basis erreicht werden kann. Andererseits gibt es Problem- und Konfliktlagen, in denen ohne Psychopathologie, ohne Persönlichkeitsdiagnostik oder ohne eine Analyse von Beziehungssystemen nicht auszukommen ist.

Schnell Helfer werden, schnell Erfolg haben?

Die NLP-Ausbildung stellt sich als ein international organisiertes Unternehmen mit standardisierter Zertifikationspraxis dar. Die erste Stufe bildet der »Practitioner«, den man an 9 Wochenenden erwerben kann. Die nächste Stufe ist der »Master«, die letzte der »NLP-Trainer«, beide erfordern einen drei- bis vierwöchigen Intensivkurs. Richard Bandler beansprucht ein Urheberrecht für das NLP, das er jedoch außerhalb der USA nicht durchsetzen kann. Seit einiger Zeit existiert eine deutsche Dachorganisation, die »German Association for NLP« (GANLP), die Bandler kritisch gegenübersteht.[147] Auch sonst gibt es unter NLP-Anwendern selbstkritische Diskussionen, allerdings überwiegen die unkritischen Darstellungen bei weitem. Nimmt man die publizierte Kritik als Grundlage, kann festgestellt werden, dass die neurophysiologischen Vorstellungen des NLP falsch sind. Die kognitive Verarbeitung von Sinneserfahrungen ist viel komplizierter, als das NLP annimmt. Der Zusammenhang zwischen Denken und Sprache ist ebenfalls viel komplizierter, als es die NLP-Theorie will. Zum Beispiel gibt es für die angebliche Bedeutung von Augenbewegungen keinen empirischen Beweis. Dem Fazit von Rupprecht Weerth ist nichts hinzuzufügen: »Die NLP-Theorie ist lückenhaft und z.T. wissenschaftlich nicht haltbar ... Die NLP-Techniken sind zum großen Teil anderen Therapie-Methoden entnommen und in der angewendeten Form anfechtbar, die behauptete durchgreifende Wirkung ist nicht genügend belegt ... Das NLP-Modell weist Widersprüche auf und beinhaltet Gefahren ...«[148]

Da das NLP oft von Personen benutzt wird, die sonst keine therapeutischen Kenntnisse besitzen, besteht die Gefahr der Selbst- und Methodenüberschätzung. Gegen Machbarkeits- und Größenideen ist das NLP seiner theoretischen Schwäche wegen nur unzureichend abgesichert. Da es sich um eine ausgesprochen direktive Methode handelt, entstehen dadurch Gefahren für die Klienten.

Eine Ideologiehaltigkeit des NLP wird von Befürwortern dagegen heftig bestritten, man bevorzugt das Bild eines »neutralen Werkzeugs«.[149] Aber unbefangenen Betrachtern und sogar internen Kritikern fallen Ideologieelemente auf: Zum einen wird NLP für sämtliche Probleme des menschlichen Lebens empfohlen, sodass der Eindruck eines Allheilmittels entsteht. Kaum ein NLP-Vertreter informiert darüber, wann man statt mit NLP besser mit einem tiefenpsychologischen Ansatz, mit einem klassisch seelsorgerlichen Ansatz, mit einer Persönlichkeitsdiagnostik usw. operieren sollte. Dieser Tendenz zum Allheilmittel entspricht ein optimistisches Menschenbild, nach dem der Mensch an sich im-

mer gut und kompetent sei, auch wenn seine »Ergebnisse« derzeit nicht gut sein sollten.
Kürzlich betonte Richard Bandler: »Das Stärkste am NLP ist eine geistige Haltung, die
sagt, dass alles besser werden kann.«[150] In der Tat spielen so genannte starke Glaubenssätze eine wichtige Rolle: »Jedes Verhalten hat eine positive Absicht« oder »Jeder hat alle
Fähigkeiten, die er braucht, in sich«. Solche positiven »beliefs« sind wohl christlich noch
einholbar. Die Vorstellung, dass es für jeden menschlichen Konflikt eine win-win-Situation gebe, ist dagegen falsch. Von daher muss ein realistisches Menschenbild auf jeden Fall
über das NLP hinausgehen. Das gilt noch mehr für die in der Werbung vorherrschende,
mehr oder weniger schrille Glücks- und Erfolgsideologie.

»Wir alle glauben etwas. Was wir glauben, beeinflusst unseren Erlebnis- und Hand-
lungsspielraum. Erleben Sie, welche Horizonte sich öffnen, wenn Sie einschränkende Glaubenssätze über sich selbst ablegen«, hieß es in der Werbung für einen NLP-Kompaktkurs.
Weiter las man: »Der höchste Glückswert aus Ihrer Quelle soll Ihnen zur Verfügung stehen, wann immer sie ihn brauchen. Lernen Sie diesen Zustand abrufen, damit Sie ihn
auch bei einem Geschäftstermin oder in der überfüllten U-Bahn aufrechterhalten können.« Die Schlussfolgerung, dass Glück eine Frage der richtigen Psychotechnik sei, lässt
sich kaum vermeiden. Erst im Kurs erfährt man, dass ein simpler Psychotrick wie das
Anchoring gemeint war, und dass Glück nur »gute Laune« bedeutet.

Viele NLP-Anbieter entwerfen ein äußerst erfolgsgläubiges Bild vom »guten Leben«,
das auch ihre Praxis bestimmt, wie Erfahrungsberichte belegen.[151] Wer das besonders hemmungslos tut, wie der Superstar der Management-Trainings in den USA, Anthony Robbins,
ruft sogar Unbehagen in den eigenen Reihen hervor.[152] Nun kann man eine Figur wie
Anthony Robbins nicht dem NLP insgesamt anlasten. Trotzdem kommt es in der Praxis
zur Konkurrenz zwischen einer christlichen Lebensorientierung und einer, die im NLP-
Umfeld überwiegende Geltung besitzt. Die Tatsache, dass solche Lebensorientierungen
meist nicht als ausformuliertes Glaubenssystem auftreten, sondern als praktische Entwürfe für den Alltag, ändert daran nichts. In einer individualistischen und erlebnisorientierten Gesellschaft wirken praktische Beispiele und charismatische Präsentationen stärker als intellektuelle Argumente.

Unbestreitbar gilt: Das NLP hat wie jede andere psychotherapeutische Methode nicht
nur psychologische Effekte, sondern führt zum Ideen- und Ideologietransfer: Deutungen
für Probleme, Werte, Lebensziele, Lebensentwürfe werden vermittelt. Diese können sich
als unrealistisch herausstellen und zu einem Wirklichkeitsverlust beitragen. Die Gefahren
sind zwar im Fall des NLP nicht so stark wie im Positiven Denken. Doch sie sind dann
gegeben, wenn die Glückszusagen der NLP-Ideologie einen zu hohen Stellenwert erhalten:
Unrealistische Glücks- und Erfolgshoffnungen werden verfolgt, man überschätzt sich selbst,
alte Beziehungen werden auf der Jagd nach dem neuen, besseren Leben geopfert usw. Immer wieder beobachtet man nahezu klassische Konversionsmuster, die zeigen, wie sehr die
Ideen und Erfahrungen des NLP existenzielle Hoffnungen an sich binden können. Auch
ein beruflich und persönlich problematischer »Missionseifer« kann dann auftreten.

Mentale Magie – eine Kritik

Aus christlicher Sicht ist dem Positiven Denken ebenso wie dem ideologisierten NLP ein
realistisches Menschenbild entgegenzuhalten. Der menschliche Geist hat keine kosmi-

sche Schöpferkraft, er ist und bleibt Teil der Schöpfung und damit an die Bedingungen biologischen, sozialen und geschichtlichen Lebens gebunden. Die Vorstellung, der Kosmos schulde dem (richtig instruierten) Menschen Glück, ist absurd und kann nur als eine weltanschauliche Überhöhung einer – in sich legitimen – politischen Idee verstanden werden, nämlich dem in der amerikanischen Verfassung verankerten Recht, das eigene Glück zu suchen (»pursuit of happiness«). Doch ein bürgerliches Recht ist kein kosmisches Gesetz. Was der freiheitliche Verfassungsstaat zu ermöglichen (nicht einzulösen) verpflichtet ist, bindet weder Gott noch die Naturgesetze. Daher reduziert sich das Schicksal des Menschen nicht auf Auswirkungen seines Denkens, wie das NLP tendenziell behauptet. Allerdings muss gesagt werden, dass diese Idee im NLP nicht annähernd so sehr im Mittelpunkt steht wie im Positiven Denken.

Eine christliche Anthropologie orientiert sich demgegenüber an den drei miteinander verschränkten Bezügen menschlicher Existenz: Gottesliebe, Nächsten- und Selbstliebe. Diese gilt es in allen Lebenssituationen auszubalancieren. Obwohl im Positiven Denken häufig biblische Begriffe angesprochen werden, bleibt deren Deutung an der Oberfläche oder ist irreführend.[153] Gott wird als Erfüllungshelfer für eigene Wünsche, Visionen und Ziele verstanden. In Wirklichkeit bewirkt die Gottesbeziehung keinesfalls Erfolg im Sinn des Positiven Denkens. Vielmehr wird zugesagt, dass Gott den Menschen durch Höhen und Tiefen begleitet. Er erbarmt sich des Menschen und will seine Erlösung. Darin liegt auch ein Versprechen der Heilung von Beziehungen, sei es die zum Mitmenschen, sei es die zu sich selbst. Wenn und wo eine therapeutische Methode dem dient, widerspricht sie dem Glauben nicht – auch durch NLP und selbst durch Positives Denken sind heilende Anstöße möglich.

Doch menschlicher Selbstüberschätzung widersteht der Glaube. Seines eigenen Glückes Schmied zu sein, ist nur begrenzt möglich. Wir sind nicht nur auf uns selbst, sondern auf die Gemeinschaft mit anderen Menschen angewiesen. Der geradezu besessene Individualismus, der Positives Denken und NLP-Ideologie verbindet, steht in krassem Widerspruch zum christlichen Menschenbild. Versuche, Positives Denken und Christentum bruchlos zu einer Lebensorientierung zu verbinden, überzeugen deshalb nicht.[154] Zwischen der Einübung in den christlichen Glauben und einem Erfolgsdenken, das vor allem an sich selbst glauben will, bleiben tiefe Unterschiede.

Quellen: **Ronnie Amsler**, Unsinn mit Unsinn kurieren, ManagerSeminare 38/1999, (Interview mit Richard Bandler), S. 85-87 · **Roland Arndt**, Das neue Zeitbewußtsein – Wie Sie mit der richtigen Strategie und Motivation jedes Ziel erreichen, Bonn 1992 · **Gabriele Birker/Klaus Birker**, Was ist NLP? Grundlagen und Begriffe des Neurolinguistischen Programmierens, Reinbek 1997 · **Dale Carnegie**, Durch Menschenführung zum Erfolg, Bonn 1993 · Ders., Sorge dich nicht – lebe! (amerikan. Orig. 1944), München 1949 · **Nikolaus Enkelmann/Roland Arndt**, Der erfolgreiche Weg, Begleitbuch zu Video- und Audiokassetten, Bonn 1996

Zeitschriften: MultiMind (zweimonatlich, Auflage 5.500 Stück, vgl. www.multimind.de)

Literatur: **Hansjörg Hemminger/Joachim Keden**, Seele aus zweiter Hand, Stuttgart 1997 · **Hansjörg Hemminger**, NLP in der Kirche? MDEZW 7/2000, S. 219-237 · **Beate Henes-Karnahl**, Wundermittel NLP? Neurolinguistisches Programmieren, ManagerSeminare 38/1999, S. 76-84 · **Simone Zillich-Limmer**, Auf der Suche nach neuen Möglichkeiten – oder: Kirche und NLP, NLP aktuell 1/1997, S. 24-29

Internet : www.nlp.de

2.2.3 Selbst erschaffene Wirklichkeiten: Avatar® und Athanor Europe

(Gabriele Lademann-Priemer)

> »Das Universum entsteht durch die Wahrnehmung – und nicht umgekehrt.«[155]
>
> (Harry Palmer)

Neue Psychotechniken versprechen ihren Teilnehmern und Teilnehmerinnen die Erkenntnis der Wirklichkeit, frei von Projektionen, Prägungen oder Machtverhältnissen. Die Person soll »sie selbst« werden. Der »zu sich selbst befreiten« Person soll darüber hinaus wirtschaftlicher Erfolg sicher sein. Die für beide Ziele benötigten Techniken hat die alternative Psychoszene aus einem Gemisch von Esoterik, religiösen Vorstellungen und Fragmenten der humanistischen Psychologie hervorgebracht. Vermarktet werden sie im Rahmen einer hierarchisch strukturierten Organisation. Lizenzgebühren werden an das jeweilige Vertriebssystem in den USA abgeführt. Zwei Beispiele sind Avatar und Athanor Europe.

Avatar und Star's Edge International

Im Hinduismus ist der Avatar eine Inkarnation des Gottes Vishnu. Der »Avatar« des Psychoangebots von Harry Palmer beinhaltet, dass der Mensch in »reiner Aufmerksamkeit auf den Boden kommt« und als »schöpferisches Wesen« eigene »Kreationen« verkörpern kann. Harry Palmer ist der Gründer von Avatar und Präsident von »Star's Edge International« mit Sitz in Altamonte Springs/USA. Für ihn kommen am »Sternenrand« Kosmos und Bewusstsein zusammen. Palmer wurde 1944 geboren. Nach einem abgebrochenen Ingenieurstudium hat er sich für Philosophie, Erziehungspsychologie und Sprachen interessiert. Die Begegnung mit einem indischen Swami (Mönch) soll für ihn entscheidend gewesen sein.

Nach eigenen Angaben hat er bewusstseinserweiternde Erfahrungen unter LSD-Einnahme und im Samadhi-Tank gemacht, in dem man von allen Außenreizen isoliert wird. Dort habe er die »Auflösung der Trennung von Erkennendem und Erkanntem« erlebt. Außerdem verbrachte Palmer elf Jahre bei Scientology (vgl. 2.2). Auf der scientologischen Entwicklungsstufe OT III (operating thetan der 3. Stufe) erlebte er in der »firewall«-Imagination das »menschheitliche Urtrauma«. Seine Skepsis machte es Palmer möglich, sich vom geforderten Verhalten zu distanzieren. Daher begründet sich seine Lehre von der freien Entscheidung des Menschen.

»Star's Edge International« ist das Vertriebssystem von Avatar. Rechtlich sind die Avatar-Master, d.h. die Anbieter von Avatar-Kursen, in diesem System selbständig, sie sind Palmers Lizenznehmer. Das Unternehmen arbeitet gewinnorientiert. Seit 1987 werden »Avatar«-Kurse angeboten. In ihnen werden zukünftige »Avatare« und Master geschult, um wiederum Avatar vertreiben zu können. Es gibt 2.500 autorisierte Avatar-Master und ca. 50.000 Kursusabsolventen (2000). Es wird berichtet, dass Trainer von Star's Edge einmal jährlich aus den USA nach Deutschland kommen, um für die hiesigen Avatar-Master »Supervision« durchzuführen.

In etwa 60 Ländern ist Avatar etabliert, die Unterlagen sind in ca. 14 Sprachen übersetzt, darunter Chinesisch, Japanisch und Russisch. Avatar-Zentren gibt es in vielen großen Städten und in deren Nähe, u. a. in Großhansdorf bei Hamburg und in Worpswede bei Bremen. Zudem werden Avatar-Kurse auf Bali durchgeführt.

Das Training gliedert sich in drei Kurse, die ihrerseits in Unterkurse aufgegliedert sind. Der Abschluss des 3. Teiles des 1. Kurses ist die Einweihung zum »Avatar«, der Aufbaukurs offeriert den Abschluss »Avatar-Master«, und den Abschluss bildet der Wizard-Kurs. Alle Teile sind überaus kostenintensiv. Im 1. Kursus geht es um Wahrnehmungsübungen, der Mensch soll sich seiner selbst und seiner »Kreationen« bewusst werden. Eigene Vorstellungen und Zielsetzungen sollen überprüft werden. Die Kursunterlagen sind im Buchhandel erhältlich. In den Kursen 2 und 3 sind die Unterlagen geheim. Im 2. Kursus werden angeblich »unerforschte Bewusstseinsgebiete« erkundet, im 3. Kursus sollen Körpergefühle, Beziehungsgeflechte, Abhängigkeiten wahrgenommen und transformiert werden, der Mensch soll befähigt werden, Verantwortung zu übernehmen. Der Mensch könne nun »körperunabhängig« funktionieren und das »kollektive Lebensbewusstsein« unterstützen.

Lehre

Palmer meint, dass alle Wahrheit vom eigenen Standpunkt abhängig ist. Angeblich ist das Bewusstsein aus dem Nichts entstanden. Die Welt und die Beziehungen sind daher eigene »Kreationen«. Im Mittelpunkt steht der Schöpfergedanke. Überzeugungen gelten als veränderbar, der Mensch erschaffe sich seine eigene Wirklichkeit. So ist er Schöpfer und unterliegt gleichzeitig der Selbsttäuschung, sofern er seine »Kreation« für wahr hält. Trotz der Benutzung religiöser Begriffe wie »Avatar« und »Einweihung« betont Palmer, mit Religion habe das alles nichts zu tun. Dennoch gibt sich »Avatar« als Neuauflage der Veden, ohne dass auf die Veden Bezug genommen wird. Religiöse Systeme seien »fressende Tiger« und für unmenschliche Kriege verantwortlich. Dennoch taucht der Tiger in den Unterlagen der Avatar-Kurse als positives Symbol für Macht auf!

Alle Religionen sind für Palmer im Avatar-System aufgehoben. Es gibt ein weltumspannendes »Heilsversprechen«: »Wenn genügend Menschen erkennen können, dass die einzigen wirklichen Unterschiede zwischen uns die Ideen und Überzeugungen sind, die wir kreieren, dann wird ein spontanes, weltweites Erwachen stattfinden zu der Tatsache, dass wir ein untrennbares Schicksal miteinander teilen«, so lautet ein Zitat aus dem Master-Kurs. Der Wizard-Kurs verspricht die Fähigkeit, die Gesellschaft zu transformieren. Eine »erleuchtete planetarische Zivilisation« soll ermöglicht werden.

Werbung

Die Werbung für Avatar unterstreicht: »Es gibt keinen Fortschritt um uns ohne Fortschritt in uns ... Der Avatar-Kurs ist ein intensives Programm zur Bewusstseinsentwicklung und führt schnell in große geistige Freiheit. In einer Synthese von ältester Weisheit und modernstem Wissen lehrt das Training den Ausstieg aus behindernden Glaubensstrukturen und unbewussten Programmierungen.« Die Schlüsselbegriffe sind »Kreieren« (Schaffen) und »Diskreieren« (Löschen). Alte Strukturen und Traumata können »diskreiert« und das eigene Leben und die Zukunft »kreiert« werden. Diese Fähigkeit sollen die Teilnehmenden in den Kursen erlernen. Teilnehmer berichten, der Kernsatz lautet: »Du bist der Ursprung.«

Die wahrscheinlich wirksamste Werbung geschieht durch gute Freunde und Bekannte. Manche Diplom-Psychologen und -Psychologinnen sind Avatar-Master. Sie betonen zwar, dass sie ihre therapeutische Praxis und die Avatar-Tätigkeit auseinander halten können, es ist jedoch zu vermuten, dass auch hier für Kurse geworben wird. Ferner wird für Avatar regelmäßig in esoterischen Anzeigenblättern und Zeitschriften geworben, so z.B. in KGS (Körper, Geist, Seele) oder in der Zeitschrift »connection«. Viele Menschen haben sich vor ihrem Avatar-Kurs mit fernöstlicher Weisheit und Esoterik befasst. Manche treibt geistige und psychologische Neugier, manche sind erfolgsorientiert und möchten ihren Gewinn maximieren, es gibt aber auch viele, die mit Krankheit, Sorgen und persönlicher Not belastet sind. Die Avatar-Werbemappen aus Hochglanz und mit zahlreichen Bildern versehen enthalten überschwängliche Dankesbriefe derer, die Krankheit, Leiden und Probleme mit Hilfe von Avatar überwunden zu haben angeben.

Zur Einordnung

Obwohl sich Palmer von Scientology distanziert, ist die inhaltliche Nähe zum scientologischen Denken unverkennbar. Die Vergangenheit des Menschen wird abgewertet zugunsten seiner geistigen Schöpferkraft. Die Schöpfung ist jedoch der Abfall von der »reinen Gewahrsamkeit«. Wenn alles nur die Kreationen des Individuums sind, endet er als »Solipsist«. Das buchhalterische Karmadenken, das in den Kursen vermittelt wird, lehrt den Menschen, dass jede Handlung auf ihn zurückfällt. Neben denen, die Avatar anscheinend nicht genug loben können, gibt es diejenigen, die durch Avatar in eine Krise geraten sind. Sie haben besonders unter dem Satz »Du bist der Ursprung« gelitten, dem gemäß ein Mensch der Ursprung aller seiner »Kreationen« ist, denn dazu gehören auch Krankheiten, Probleme, Widerfahrnisse. Dem Menschen wird für alles, was ihm begegnet, die Verantwortung aufgehalst. Der Mensch soll sich entscheiden, ob er mit seiner »Kreation« leben will oder nicht.

Die Einweihung nach dem Avatar-Kurs können Betroffene nicht beschreiben. Mit ihnen ist irgendetwas geschehen, aber sie können nicht beschreiben, was es ist. Es wird als eine Art »Ritual mit hypnotischem Charakter« bezeichnet. Die Ungreifbarkeit macht den Vorgang unheimlich und problematisch. Ehemalige Teilnehmer fühlen sich nicht nur tiefer in ihre Lebensprobleme gestürzt, sondern leiden auch unter der Angst, mental verfolgt zu werden. Wizards haben angeblich paranormale Fähigkeiten. Sie bestreiten das zwar, aber dennoch fürchten sich ehemalige Teilnehmer davor. Sie haben sich in den Seminaren und Kursen sehr weit geöffnet und gezeigt, was in ihnen vorgeht. Nun befürchten manche, dass dieses Wissen mental gegen sie verwendet werden könnte.

Nach dem Avatar-Training müssen die Menschen wieder lernen, zu unterscheiden zwischen dem, wofür sie verantwortlich sind, und dem, was sie nicht zu verantworten haben. Der Grundsatz, jeder schaffe, »kreiere«, sich sein Leben und seine Wahrheit selber, entspricht dem scientologischen Welt- und Menschenbild. Mit dem christlichen Glauben lässt sich Avatar trotz gegenteiliger Beteuerungen nicht vereinbaren. In dem christlichen Verständnis vom Menschen hat jede individuelle Lebensgeschichte mit ihren Begrenzungen, dem Scheitern und Unvollkommenen ihre Berechtigung, ihren Wert und Sinn.

Quellen: **Harry Palmer**, Kreativismus. Die Kunst bewußt zu leben, Gräfelfing 1991 · **Harry Palmer**, Avatar – die Kunst befreit zu leben, Bielefeld 1995 · **Harry Palmer**, Resurfacing – Techniken zur Erforschung des Bewußtseins, Bielefeld 1998

Zeitschriften: »Avatar – Journal« (vierteljährlich) · »Inside Avatar« (vierteljährlich) · News-Brief »Expansion« (monatlich)

Literatur: **Irene Dalichow**, Von Null zur Göttlichkeit in sieben Tagen?, esotera 3/1991 · **Gabriele Lademann-Priemer**, Avatar® Von der Leichtigkeit, das Leben erfolgreich zu gestalten, in MDEZW 5/2000, S. 165-170 · **Franz Schlenk**, Das Avatar-Training von Harry Palmer, von der Homepage der Infostelle Greifensee 1999, www.relinfo.ch. · **Udo Schuster**, Stichwort: Avatar Star's Edge-Erstinformation, Berliner Dialog 1/1998

Internet: www.avatarch.ch · www.avatar-forum.de

The Event, Athanor Europe

Athanor Europe ist nicht mit der Kulturwerkstatt Athanor der Neuen Akropolis zu verwechseln. Das Wort Athanor stammt aus dem Arabischen: »at – tannur«, der Bäckerofen. Im Englischen des späten 15. Jahrhunderts wurde »athanor« zum Schmelzofen der Alchemisten. Soll der Name bedeuten, dass die Teilnehmer/innen durch einen »Schmelzprozess« gehen? Materialien über Athanor Europe sind schwerer zugänglich als Avatar-Material.

Purna Steinitz ist der Name des Begründers von »Athanor« und »The Event«. Nach eigenen Angaben hat er in den USA, Kanada und Europa als Berater gearbeitet und vielfältige Themen gelehrt. Dabei werden aufgeführt: »Traditionen der östlichen und westlichen Persönlichkeitsentwicklung«, »verpflichtete Beziehungen« oder »zeitgenössische Entwicklungen in der amerikanischen Wirtschaftswelt«.

Vertrieb und Training

Das Unternehmen hat seinen Sitz in Prescott/Arizona und verkauft Lizenzen ins Ausland. In Norddeutschland gibt es eine »Gesellschaft bürgerlichen Rechts«, die (1996) das alleinige Recht für die Vermarktung von Athanor in Europa hatte. Regelmäßig werden Lizenzgebühren an Athanor Inc. in die USA gezahlt. 1996 gab es noch keine voll ausgebildeten Athanor-Trainer in Deutschland, drei Deutsche befanden sich in der Ausbildung zu Trainern. Bei Event-Veranstaltungen wurden 1996 Trainer aus den USA eingesetzt.

Der Event ist ein 2-tägiger Kursus, auf dem die Teilnehmenden ihr »In-Ordnung-Sein« entdecken sollen. Dort werden sie angeblich ihre »wahre Stimme«, ihre »wahren Gefühle« u.ä. entwickeln. »Unvollständige Ereignisse der Vergangenheit« werden das »jetzige Leben nicht länger beeinträchtigen.« Es gibt sowohl gemischte als auch nach Frauen und Männern getrennte Events und Gesprächsgruppen. »Vimana« nennt sich das Frauentraining, »Men's Room« das Seminar für Männer.

An den Event schließt sich die Teilnahme an »Support Groups« an. Die »Support Groups« werden von einem »Spaceholder« organisiert, der für die Bereitstellung des Raumes zu sorgen hat. Die Leitung der Gruppe liegt bei jemandem aus dem Athanor-Trainings-Programm. Drei Monate lang dauert die »Support Group«. Hier werden Texte aus verschiedenen religiösen und psychologischen Traditionen gemeinsam studiert. Die »Studienblätter« sollen fünf bis siebenmal wöchentlich gelesen werden. Die Diskussion dieser Blätter sowie die Bearbeitung eines persönlichen Problems bilden den Inhalt der »Support Group«.

Neben dem Event wird eine »Camp-Ausbildung« angeboten, sie dauert 18 Monate und geschieht jeweils abends und an Wochenenden. Wöchentliche Gespräche mit einem »Mentor« über auftauchende Schwierigkeiten sind vorgesehen. Nach Angaben ehemaliger Teilnehmer/innen besprechen die Mentoren den Inhalt der Gespräche mit »vorgesetzten Stellen«. Dies setzt die Gruppenteilnehmer/innen unter Druck. Die Camp-Ausbildung ist die Voraussetzung dafür, Athanor-Trainer zu werden. »Campfire« heißt die Gruppe, die die Teilnehmer/innen am Camp in ihrer jeweiligen Region unterstützen soll.

Lehre

Im Hintergrund von Athanor scheint Lee Lozowick eine Rolle zu spielen, der mit »Silva-Mind-Control«, einer autosuggestiven Meditationstechnik, in Verbindung stand.[156] Athanor bedient sich nach eigenen Angaben nicht der Silva-Mind-Control-Methode,[157] jedoch wird Lozowick an zentraler Stelle zitiert mit dem Satz: »Du bist bereits das, was du zu werden suchst. Der Druck, das zu finden, was du bereits bist und das zu bekommen, was du bereits hast, ist das Problem; du bist nicht das Problem.«[158] Athanor will die »grundlegende Veränderung der Lebensperspektive ermöglichen«, »die Vision des Lebens verwirklichen« sowie eine »einzigartige, praxisorientierte Technologie« anbieten, die die Art, wie Menschen in der »Geschäftsumgebung kommunizieren(,) verwandelt«. So können Firmen angeblich ihre Effektivität optimieren.[159]

Athanor versteht sich ausdrücklich als nicht-religiös. »The Event ist kein Seminar oder Workshop, in dem irgendwelche Konzepte, Philosophien, Religionen oder Positives Denken propagiert werden.« Neue »Möglichkeiten des Seins« sollen erlernt werden, dazu gehören »kraftvolle Übungen« sowie Texte, die das Spektrum verschiedener Philosophien und Religionen spiegeln. »Zeitgenössische Einweihungsriten« werden angeboten. Auch die Riten sind laut Angabe als nicht-religiös zu verstehen.

Werbung

Athanor betont ausdrücklich, dass durch »Mundpropaganda« geworben werden solle. Außer der Werbung im Bekanntenkreis bekommen die Teilnehmenden eine Liste für telefonische Kontakte. Es sollen auch Geldspenden eingebracht werden, um andern Menschen die Teilnahme am Training zu ermöglichen. In den Athanor-Prospekten werden Aussagen begeisterter Athanor-Anhänger zitiert: »Ich kann Liebe geben, auch wenn ich nie Liebe bekommen habe« oder »Ich habe viel Stärke von den Frauen bekommen, was mir hilft, selbst Frau zu sein ...« Menschen, die für esoterische und psychologische Fragen offen sind sowie eine gehobene Vorbildung haben, können für das Athanor-Training oder den Event ansprechbar sein.

Zur Einordnung

Ehemalige Kursusteilnehmerinnen äußerten Bedenken über die Weitergabe von Informationen durch den Mentor. Schweigepflicht und Geheimhaltung sind ein Problem. Menschliche Beziehungen können belastet werden, denn in den Athanor-Kreisen herrscht offenkundig Elitebewusstsein. Wer sich von Athanor trennt, verliert umgekehrt auch den menschlichen Kontakt zu den Mitgliedern. Der Inhalt von Kursen und Materialien soll geheim gehalten werden, wodurch sich viele Menschen unter Druck gesetzt fühlen. Der Begriff »zeitgenössische Riten« ist verwaschen, die Grenzen zwischen psychologischer Technik und Religion oder Weltanschauung sind unklar.

Sowohl bei Avatar als auch Athanor sind die »selbst erschaffenen Wirklichkeiten« trügerisch. Das Elitebewusstsein kann zum Verlust der vertrauten menschlichen Umgebung, zu sich selbst und den persönlichen Problemen führen. Eine Frau klagte, sie habe gehofft, ihre Lebensprobleme zu bewältigen und sich selbst zu finden, aber sie habe sich eigentlich verloren – und viel Geld noch dazu. Eine andere Frau ärgerte sich darüber, dass ihr »Probleme gemacht« wurden, die sie überhaupt nicht hatte, die Trainer hätten jedoch beharrlich darauf bestanden, das »wirkliche Problem« zu kennen. Dass eine solche Haltung von Trainern mehr das Ausspielen von Macht als eine seriöse Methode darstellt, liegt auf der Hand. Bestenfalls sind solche Angebote ein Umweg auf dem Weg zu sich selbst, nämlich sofern die Menschen spüren, dass sie ihre Probleme ernsthaft und möglicherweise mit professioneller Hilfe angehen müssen.

Solche Psychotechniken stehen zum verantwortungsbewussten psychotherapeutischen Umgang mit Menschen im Widerspruch, aber auch zum christlichen Glauben aufgrund ihrer umfassenden, bisweilen weltumspannenden Versprechen.

2.2.4 Persönlichkeitsentwicklung und Managertraining (Hansjörg Hemminger)

> »Die Psychologie der Erfolgskonditionierung:
> Wie Sie Träume zur Realität werden lassen.«[160]   (Anthony Robbins)

Erfolgskurse zwischen Fortbildung und Ideologie

Erfolg – gemessen an Einkommen und sozialem Ansehen – rückt immer mehr in den Mittelpunkt der Lebenshoffnungen und damit der Lebensplanung. »Wenn man Geld hat, hat man alles« lautet die Überschrift eines Artikels über die Lebensorientierung Jugendlicher.[161] Neu ist dabei nicht das Besitzstreben an sich, sondern die Unbefangenheit, mit der es als unkritisierbar betrachtet wird. Sowohl die biblischen Warnungen vor dem Götzen Mammon als auch die sozialistische Vision scheinen auf die junge Generation keine Wirkung mehr zu haben. Auf der Skala der Fähigkeiten, die man erwerben möchte, stehen die erfolgsträchtigen denn auch ganz oben. In der Lektüre junger Leute kehren die Benimm-Bücher früherer Zeiten wieder, und Kurse zur Vermeidung gesellschaftlicher Faux-Pas haben Zulauf.

Zahlreiche Bücher und Kurse versprechen dem Einzelnen mehr berufliche Kompetenz. Noch mehr wollen das Bewusstsein durch Energiezufuhr auf Reichtum einstellen und die Persönlichkeit erfolgstauglich machen. Andere Angebote zielen auf den Umgang mit Geld, auf Reichtum durch Aktienspekulation usw. Solche Kurse werden sowohl auf eigene Kosten wahrgenommen, als auch von Firmen für ihre Führungskräfte aquiriert. Da dabei nicht nur praktische Fertigkeiten vermittelt werden, sondern Ideen und Werte, haben diese Angebote eine – je nach den Umständen mehr oder weniger ausgeprägte – weltanschauliche Seite, die sich zur Ideologie verdichten kann (vgl. I.-2.5). Dem steht allerdings auch eine praktische Seite gegenüber, nämlich die Vermittlung von »soft skills«:

In der Dienstleistungswirtschaft gewinnen soziale Fertigkeiten und Kommunikationsgeschick an Bedeutung. Die Fähigkeit, mit Kunden und Kollegen umzugehen, wird ebenso wichtig wie fachliche Kompetenz. Daher sind viele Firmen bereit, Kommunikationskurse und Maßnahmen zur Entwicklung der Persönlichkeit durchzuführen. Das Spektrum reicht vom Üben kommunikativer Fähigkeiten (besserer Führungsstil, erfolgreichere Kundengespräche usw.) über eine Nachsozialisation (»Legen Sie ihre Angst vor der Kooperation mit anderen ab! Viele Köpfe sind besser als einer!«) bis zum Versuch, die Strukturen des Fühlens, Handelns und Denkens bei einem Menschen umzubauen. Bei letzteren Kursen gehen Ideologietransfer auf der einen und Fortbildung auf der anderen Seite eine enge Verbindung ein – Persönlichkeitsentwicklung ohne Wertewandel ist kaum denkbar. Welche Werte vermittelt werden, bestimmt dann häufig das vorherrschende Erfolgsdenken.

Auf der gesellschaftlichen und politischen Ebene verläuft die Entwicklung parallel: Für Staat und Kirche wird die kapitalistische Betriebswirtschaft zu einer Art Leitwissenschaft des Denkens und Handelns. Begründende und rechtfertigende Argumente stützen sich zunehmend auf (tatsächliche oder behauptete) ökonomische Vor- und Nachteile. Ältere Plausibilitätsstrukturen werden sowohl für die Einzelnen als auch für Organisationen relativiert und zum Teil ersetzt, zum Beispiel solche aus Psychologie und Politikwissenschaft. Im kirchlichen Raum treten »Erfolgsargumente« immer häufiger zu theologischen und ethischen Begründungen in Konkurrenz.

Der Ideologiecharakter dieses Erfolgsdenkens zeigt sich sogar darin, dass sich gegen seine Vorherrschaft ideologischer und politischer Widerstand formiert: Als Reaktion auf die gesellschaftlichen Folgen eines »magisch-religiösen Kapitalismus« bildete sich eine anders als bisher fundamentierte Kritik heraus, die nicht mehr in frühere politische Schemata (links – rechts, kapitalistisch – sozialistisch) einzuordnen ist. Sie wurde z. B. während des Weltwirtschaftsgipfels in Seattle öffentlich, als ein Bündnis von Umweltschützern und Gewerkschaftlern gegen die vollständige Ökonomisierung der Politik und gegen die (behaupteten oder wirklichen) Zwänge der Globalisierung auf die Straße gingen. Der politischen Idealisierung der USA und ihrer Wirtschaftspolitik wurde ein dämonisierendes Bild entgegengehalten. Der aggressive Aktionismus dieser neuen Koalition überraschte alle Beteiligten durch seine Dynamik und Breitenwirkung.

Persönlichkeitswandel und Aktienhandel

Die Lebensorientierung am ökonomischen Erfolg hat einen realistischen Hintergrund: Die Globalisierung der Weltwirtschaft und die damit verbundene Deregulierung der internationalen Finanzmärkte einerseits, die Innovationswelle und das Gründungsfieber bei Bio- und Kommunikationstechniken andererseits. Der »Neue Markt« schafft in einer globalisierten Wirtschaft weltweite Verdienst- und Aufstiegschancen, primär allerdings für Kapitalgeber und diejenigen, die fachliche Kompetenzen haben. Man kann die Teilnahme von Menschen, auf die beides nicht zutrifft, an Erfolgs- und Reichtumstrainings daher auch als einen Versuch deuten, am Boom teilzunehmen, ohne über Kapital zu verfügen oder ohne technisch qualifiziert zu sein. Jedenfalls steht dieses Motiv hinter dem hektischen Interesse an den Aktien neuer Technologiefirmen. Mit »Persönlichkeitswandel und Aktienhandel« fasste das »Sonntagsblatt« das Erfolgsstreben deshalb treffend zusammen.[162]

Aktienspekulation ist für viele ein Versuch, vom Wachstum der Zukunftstechnologien zu profitieren und dadurch ihr Lebensziel »Reichtum« zu erreichen. Da die Kurse jedoch zum großen Teil gerade von solchen Zukunftserwartungen abhängen, führt die zunehmende private Spekulation automatisch zu einer Konjunktur von Zukunftsdeutungen, denen die (großenteils sachunkundigen) Anleger vertrauen. Die Methoden der Anlage-Gurus reichen von technischen Analyseverfahren (Chart-Interpretationen) bis zum Erstellen von Horoskopen. Okkultisten aller Couleur eröffnen sich dadurch neue Betätigungsfelder.

Auch das öffentliche Auftreten von »Erfolgslehrern« hat immer weniger mit Fortbildung in der Sache zu tun, es nimmt eher kultische Züge an. Die Entwicklung verläuft vom Erfolgstraining im engeren Sinn, in dem sich sachliche Fortbildung und Ideologieübermittlung verbinden, zu Erfolgsfeiern, wie sie zum Beispiel von Jürgen Höller oder Vera Birkenbihl[163] zelebriert werden. Bei solchen Festen wird der Erfolg nur mehr beschworen und verehrt.[164] »Erfolgreiche« Menschen treten gegen hohes Honorar auf, stellen sich selbst dar und lassen sich bejubeln. Außer Motivation im weitesten Sinn wird kein praktisches »Produkt« mehr geliefert. Gleichzeitig schieben sich banale oder gar absurde Reichtumsrezepte in die Bestsellerlisten, meist Rezepte für den Umgang mit Geld, wie sie zum Beispiel Bodo Schäfer vor seinem Konkurs im Sommer 2000 unters Volk brachte.[165] Auch Strukturvertriebe und Geldspiele werden als Wege zum Instant-Vermögen angeboten und haben am Erfolgskult teil (s. das folgende Kapitel).

Im Rahmen dieser Entwicklung wird Geld als abstrakte Größe zum Symbol und Maßstab eines Erfolgs, der immer selbstverständlicher auch für Lebenssinn steht. Eine ethische und/oder kosmische Begründung ist für diese Sinngebung nicht mehr nötig. Darin liegt ein Unterschied zum älteren Positiven Denken, zu dem sonst Kontinuität besteht (s. das vorherige Kapitel). Von Autoren wie Dale Carnegie und Joseph Murphy wurde noch eine moralische oder gar theologische Begründung des Erfolgsstrebens – so platt sie auch ausfiel – für nötig gehalten. Es gibt allerdings eine isolierte, moralische Rechtfertigung, die gebetsmühlenhaft benutzt wird: Der Erfolg Einzelner schaffe Arbeitsplätze für andere Menschen.

Wenn man die Wortführer selbst befragt, wird Erfolg von ihnen allerdings nicht mit Reichtum gleichgesetzt. Vielmehr wird die Denkfigur benutzt, dass es eine persönliche »Erfolgsgestalt« des Lebens gibt, die jeder Mensch für sich selbst finden müsse.[166] Das könne eine künstlerische oder humanitäre Aufgabe usw. ebenso sein wie Gelderwerb. Das Erreichen der eigenen Ziele sei jedenfalls »Erfolg und Erfüllung«, so Alfred Stielau-Pallas. Dieser Autor umreißt die Erfolgsgestalt des Lebens folgendermaßen: »Erfolg bietet dir die Möglichkeit, dein Leben auf der Sonnenseite zu verbringen. Er bietet dir die Chance, von den Abhängigen zu den Unabhängigen zu gelangen. Er bietet dir die Chance, von den Unfreien zu den Freien zu gelangen. Er bietet dir die Chance, dir selbst zu helfen, damit du anderen zeigen kannst, wie sie sich selbst helfen können.«[167]

Die meisten Erfolgslehrer betonen unter den Stichworten »Glück und Erfüllung« ebenso wie Stielau-Pallas, dass Hilfsbereitschaft und Großzügigkeit Teil des erfolgreichen Lebens sind. Anders gesagt versprechen sie ihrer Anhängerschaft nicht nur finanziell ein Leben »auf der Sonnenseite«, sondern sie empfehlen nachdrücklich, dass es an diesem angenehmen Ort mit gutem Gewissen und mit Rücksicht auf moralische Werte gelebt werden sollte. Man kann ihnen sicherlich zustimmen, dass dieser Aspekt zum Glück hinzugehört. Man muss jedoch ebenso vermerken, dass es sich um eine »nachgereichte Moral« handelt: Reichtum und Ansehen sind Grundlagen des Glücks und gehen vor. Dass moralische Werte und das Streben nach Reichtum in der Praxis häufig – wenn nicht sogar meistens – in Konflikt geraten, will man nicht wahrhaben. Im Übrigen ist dies ein zentrales Thema nicht nur der biblischen, sondern jeder religiösen Moral.

Wie sieht die Praxis aus?

Erfolgsorientierung bedeutet in der Praxis die Lektüre von Erfolgsbüchern ebenso wie die Teilnahme an Kursen und Seminaren, in denen das erfolgstaugliche Gedankengut vermittelt und zur Umsetzung motiviert wird. Sie bedeutet die Verehrung von Vorbildern, denen nachgeeifert wird, den Erwerb von »Devotionalien« wie Erfolgskalendern und Suggestionskassetten, die Teilnahme an Erfolgs-Festen, die durchaus an religiöse Anlässe erinnern können, das Abhören von »Hotlines« usw. Folgender Text stammt aus einem Kursangebot von Stielau-Pallas:

»1982 konzipierten wir bereits das heute so bekannte Seminar-System ›Die Spielregeln des Erfolgs‹, basierend auf der Grundlage unserer Interviews, die wir Ende der 70er Jahre mit prominenten Persönlichkeiten durchgeführt hatten. Es ging uns also nicht um irgendwelche Überzeugungen, sondern um genau die Faktoren, mit denen es auch die wirklich Erfolgreichen geschafft haben, ihr Leben auf die Sonnenseite zu stellen.«[168]

Die Seminare umfassen Themen wie »Zeitmanagement – wofür überhaupt?«, »Ein neuer Mensch in 3 Tagen?«, »Die Erfolgs-Botschaft«, »Kein Geld?« oder »Die Erfüllungs-Botschaft«. Diese Mischung praktischer und ideologischer Elemente ist typisch. Folgende Merkmale des Erfolgsdenkens lassen sich aufgrund von solchen Angeboten und Erfahrungsberichten verallgemeinern:

- Die Praxis orientiert sich am personifizierten Ideal. Die Meister, die »es geschafft« haben, leben den Erfolg vor, predigen ihn und werden von ihrer Anhängerschaft gefeiert.

- Erfolgshindernisse beim Einzelnen sind prinzipiell persönliche, innerliche Defizite: falsches Bewusstsein, falsche Leitbilder, falsche Vorlieben und Abneigungen, schlechte Gewohnheiten, unangezapfte innere Kraftquellen usw. Andere Menschen kommen nur als Quelle von positiver oder negativer Energie in den Blick. Ihnen gegenüber hat man die Verantwortung, sich von negativen Beziehungen zu lösen und positive zu knüpfen.
- Erfolg ist immer der Verdienst des Meisters und seiner Methode. Misserfolg ist immer die Schuld der Anhänger. Sie haben die Methode falsch benutzt, sich nicht genügend bemüht, haben falsche Beziehungen gepflegt usw.
- Der Anspruch des Erfolgsdenkens ist universal:»Jeder kann Erfolg haben.« Dass dies aller Lebenserfahrung widerspricht, braucht nicht eigens begründet zu werden.
- Erfolgsdenken und tatsächlicher Erfolg gehören nicht zusammen, vielmehr zeigt kritikloses Erfolgsstreben und die Teilnahme an Erfolgsfeiern oft den praktischen Misserfolg eines Menschen an. Wer sich auf seine Kompetenz verlassen kann, wird wenig Neigung zu Erfolgsritualen und zur Bindung an eine Meistergestalt haben. Unsicherheit und Angst liefern dagegen Motive, den Erfolg magisch zu beschwören und die Verantwortung dafür an eine »Überperson« abzutreten.

Die konkreten Methoden der Persönlichkeitsentwicklungs- und Erfolgskurse unterscheiden sich nur wenig von denen der Psychoszene. Sie werden lediglich für eine karriereorientierte, ökonomisch ausgebildete Zielgruppe umgewidmet. Folgende, fachlich nicht oder nur teilweise anerkannte Methoden sind derzeit in vielen Mixturen besonders verbreitet:

- Positives Denken (z. B. Dale Carnegie Training, Leonard Coldwell, Phoenix Seminare);
- Neurolinguistisches Programmieren (NLP) (z.B. Anthony Robbins, Thies Stahl, Winners Edge);
- Selbst konstruierte Außenseiter-Psychologien (zum Beispiel PLEA-Psychologistik, Enneagramm, Herrmann-Dominanz-Modell);
- Klassische Esoterik (z. B. Pro Genius, Kurt Tepperwein, Orenda, Gerd Gerken[169], Three I. Academy);
- Meditationen nach unterschiedlichen fernöstlichen Techniken;
- Grenz- und Extremerfahrungen, Sonderbelastungen (Feuerlaufen, Klettern, Bungee-Jumping usw.);
- Methoden extremer Psychogruppen (z. B. Scientology, Landmark Education, Avatar, Fittkau-Garthe[170]).

Riskante Einwirkungen?

Die Beratungspraxis zeigt, dass »Erfolgskurse« und Seminare zur Persönlichkeitsentwicklung auch negative Effekte haben können. Einige der Probleme hängen mit einem ideologisch verfestigten Erfolgsdenken zusammen: Die Teilnehmerinnen und Teilnehmer setzen sich unrealistische Ziele, verlieren an Selbsterkenntnis, anstatt Einsicht in ihre Persönlichkeit zu gewinnen. Sie treffen unvorsichtige berufliche Entscheidungen, die zum Scheitern und in die Verschuldung führen können. Häufig werden die bisherigen menschlichen Beziehungen großen Belastungen ausgesetzt oder gar zerstört. Die Ehepartner, die

Freundin oder der Freund, die Bekannten werden – wie das ganze bisherige Leben – durch die Ideologie entwertet. Oder sie werden zum Bestandteil der – oft realitätsfremden – Erfolgsstrategien gemacht und fallen gelassen, wenn sie sich dagegen sträuben. Nicht selten beobachtet man nach einem solchen Kurs ein Verhalten, das eher zu einer religiösen Konversion als zu einer Fortbildungserfahrung passen würde.

Wenn der Kurs von vereinnahmenden Gruppen wie Landmark oder Avatar angeboten wird, kann es zu einer radikalen Lebenswende kommen. Man wechselt vom Status des Klienten in den des Anbieters über und macht sich (je nach Gruppe mehr oder weniger) von den Führungsgestalten der Organisation und ihrer Lehre abhängig. Die Loyalität zur Firma, die ggf. die Kursteilnahme bezahlte, wird durch die Loyalität zu Gruppe und Meister ersetzt. Weiterhin kann es in allen Kursen, in denen psychisch auf Klienten eingewirkt wird, zu einer seelischen Destabilisierung kommen. Da dieser Effekt nicht nur von den Methoden und Qualifikationen der Anbieter, sondern vor allem auch vom Befinden des Klienten abhängt, ist er im Einzelfall kaum vorhersehbar. Welche Einwirkungen – über den Ideologietransfer hinaus – riskant sind und welche nicht, lässt sich daher schwer allgemein sagen. Generell ist jedoch vor hohem Gruppendruck und hohem Konformitätszwang zu warnen. Besonders wenn entwürdigende Methoden benutzt werden, um den »Gruppenzusammenhalt« zu sichern, ist Vorsicht geboten. Hinweise darauf können bereits die Vertragsbedingungen und die Selbstdarstellungen der Anbieter geben. Vorsicht,

- wenn der Veranstalter sich von allen rechtlichen Forderungen im Voraus entbinden lässt;
- wenn er sich die psychische Belastbarkeit der Teilnehmer durch eine Selbsteinschätzung oder einen Arzt bestätigen lässt, besonders wenn die Bestätigung ohne Wissen über den Umfang und die Art der Belastung ausgestellt werden soll;
- wenn man nur über ein Patensystem oder auf Empfehlung eines »Ehemaligen« an dem Seminar teilnehmen kann;
- wenn es im Voraus keine Informationen über den Ablauf, die Rahmenbedingungen und die Methoden des Kurses gibt;
- wenn die psychologischen und/oder pädagogischen Qualifikationen der Trainer im Angebot nicht genannt werden, wenn keine Qualifikation vorliegt, mit therapeutischen Prozessen umzugehen und mit psychischen Krisen fertig zu werden.

Die konkreten Erfahrungen in einem Seminar geben weitere Hinweise. Vorsicht,

- wenn Teilnehmer einem Schweigegebot unterworfen werden;
- wenn persönliche Dinge (Ausweis, Medikamente, Uhr) abgegeben werden müssen;
- wenn die Ernährung kärglich ist und die Mahlzeiten streng reglementiert werden;
- wenn zu lange Arbeitsphasen und zu wenig Schlaf und Ruhepausen vorgesehen sind, wenn körperlich ermüdende Übungen dazukommen;
- wenn rigide Pünktlichkeit gefordert und aufdringlich geweckt wird, wenn Versäumnisse öffentlich bestraft und Bewegungsfreiheiten behindert werden;
- wenn ein Kommunikationsverbot nach außen erlassen wird (kein Telefon, keine Post);

- wenn zur Denunziation anderer Teilnehmer wegen Regelverletzungen ermuntert wird (»Wir sind alle füreinander verantwortlich ...«) und wenn Trainer oder Teilnehmer Dinge in die Gruppe bringen, die ihnen unter vier Augen mitgeteilt wurden;
- wenn Mitarbeit erzwungen wird (der Trainer »ruft auf«);
- wenn kritische Teilnehmer vom Trainer gruppenöffentlich schlecht gemacht und in eine Außenseiter-Rolle gedrängt werden;
- wenn auch berechtigte Einwände als Problem des Kritikers dargestellt werden;
- wenn es verboten wird, sich Notizen zu machen oder sich mit anderen Teilnehmern über die Erfahrungen auszutauschen;
- wenn frühere Teilnehmer als Meinungs- und Stimmungsmacher in der Gruppe platziert werden;
- wenn die Gruppen zu groß sind (weit über ein Dutzend Personen pro Trainer).

Ob die Verwendung spezieller Techniken wie Meditation, Hypnose oder Gruppentechniken vertretbar sein kann oder nicht, lässt sich nur fachlich und im Einzelfall beurteilen. In jedem Fall sind solche Methoden riskant, wenn sie von unqualifizierten Trainern benutzt werden. Auch harmlos wirkende Gruppentechniken (»hot seat«) können sich bei unsensibler Benutzung verheerend auf einzelne Teilnehmer auswirken.

Deutung und Kritik

Einige Deutungen der derzeitigen Erfolgsideologie gehen davon aus, dass in ihnen die magisch-religiöse Seite des Kapitalismus (oder auch die »imaginäre« Seite des Kapitalismus) zum Vorschein kommt.[171] Die Verehrung des »Geld heckenden Geldes« (Karl Marx) gelte nicht dem konkreten Gewinn, sondern einer unerreichbaren Utopie, dem »absoluten Reichtum«, und sei deshalb ein ins Nichts laufender Traum. In der Praxis führe die Utopie zu »Armut im Überfluss« und zum Abbau sozialer Solidarität. In der Tat geht die sinnhafte Überhöhung von Reichtum und Ansehen mit neoliberalen und antisozialistischen Positionen Verbindungen ein. Eine Politik mit »Laptop und Lederhosen« – wie sie für Bayern karikierend beschrieben wird – ist nicht so inkonsistent, wie sie auf den ersten Blick wirkt. Vielmehr signalisiert sie eine Umorientierung von einer sozialen Marktwirtschaft zu einem kapitalistischen Neoliberalismus. Dabei werden bisherige Positionen einer humanen Politik mehr oder weniger ausdrücklich zurückgenommen.

Zum Beispiel tut es der Bewunderung für den wirtschaftlichen Erfolg der USA kaum Abbruch, dass dort seit 10 Jahren das Realeinkommen für 80 Prozent der Bevölkerung sinkt oder höchstens gleich bleibt. Vom Aufschwung profitierten nur die obersten 20 Prozent der Einkommensskala.[172] Noch vor 20 Jahren hätte ein solcher Sachverhalt die politische Diskussion nachhaltig geprägt – heute spielt er in der Öffentlichkeit kaum eine Rolle. Mit dem Aufstieg des apolitischen, individualisierten Erfolgsdenkens ist daher der Abstieg von Werthaltungen, politischen Ideen usw. verbunden, die in der Nachkriegszeit unter dem Stichwort »soziale Marktwirtschaft« verhandelt wurden und die sich durch die 68er-Bewegung als Kapitalismus-Kritik gesellschaftlich etablierten. Diese Entwicklung prägt sich bis in die Innenlagen der Individuen hinein als veränderte Lebensorientierung aus. Der einzelne Mensch wird in der Logik dieser Orientierung radikal auf eine selbst zu findende Sinngebung verwiesen. Er wird zum Glück verpflichtet und für den Mangel an

Glück persönlich verantwortlich gemacht. Eine soziale und geschichtliche Einbindung der Existenz gibt es nicht mehr. Leidvolle Widerfahrnisse, an denen nichts zu ändern ist, Alter, Krankheit und Tod gibt es anscheinend auch nicht mehr.

»Du bist Schöpfer deines Lebens« verkündigt der Erfolgstrainer Jürgen Höller. Diese Last dürfte nun allerdings für jeden Menschen zu schwer sein. Daran ändern auch die »an Gottesdienste erinnernden« Töne nichts, die Werner Küstenmacher bei den Erfolgstrainern zu hören glaubte.[173] Allerdings findet sich bei Küstenmacher keineswegs der einzige (und nicht der platteste) Versuch, christliche Lebensentwürfe mit den Plausibilitäten des Erfolgsdenkens zu vereinbaren. In ihnen wird die Erwerbstätigkeit oder die Weltgestaltung insgesamt, wie in früheren calvinistischen Lehren, als Erprobung des Individuums durch Gott verstanden. Dem Menschen werde von Gott ein Lebensziel und ein Lebensthema vorgegeben, dem es zu entsprechen gelte. »Erfolg bedeutet, dieses eigene Ziel zu erkennen ... und alles daran zu setzen, um es zu erreichen.«[174]

Der Erfolg ist von daher ein Erweis göttlicher Zuwendung und Beleg dafür, auf dem rechten Weg zu sein. Die ältere, eher moralische Sichtweise, die Reichtum oft sehr allgemein auf Fleiß zurückführte, und Armut auf Faulheit, passt auf das Erfolgsstreben durch »Persönlichkeitswandel und Aktienhandel« nicht. Stattdessen geht es in neuen »Erfolgstheologien« um die positive Einstellung zum Reichtum als Gabe Gottes, um die Öffnung für die erfolgswirksame Kraft des Geistes usw. In der Werbung für den Managerkurs eines der Pfingstbewegung nahe stehenden Trainers heißt es sogar: »Der Segen des Herrn macht reich ohne Mühe (Sprüche 10, 22). Alle, die sich bisher verzweifelt bemühten, ihre Existenz zu sichern und doch immer tiefer in Schwierigkeiten kamen, dürfen nun durch Gehorsam und durch Glauben an das Wort Gottes erleben, wie Segen kommt und allen Mangel behebt.«[175] Dass die christliche Lebensführung hier faktisch zu einer frommen Variante des Positiven Denkens wird, ist offenkundig.

All diesen Entwürfen – je einseitiger desto mehr – fehlt es an der für die Reformation grundlegenden Entlastung des Individuums durch seine Rechtfertigung vor Gott. Deshalb muss ihnen entgegengehalten werden: Wie ein Mensch seinen von Gott gewollten Weg und sein von Gott gewolltes Wesen trifft oder verfehlt, hat schließlich wenig Bedeutung angesichts der Frage, ob sein Glaube die aufsuchende Liebe Gottes ergreift oder nicht. Nur diese Einsicht befreit zu der Erkenntnis, dass ein nach den Normen »Reichtum und Ansehen« gelungenes Leben höchst bruchstückhaft sein kann und ein verfehltes Leben zum Heil führen kann. Die Denkfigur vom göttlich vorgegebenen Ziel, an dem sich gelingendes Leben misst, muss nachhaltig relativiert werden, wenn nicht die »Freiheit eines Christenmenschen« auf der Strecke bleiben soll. Es fehlt ihr an christlichem Realismus, und dieser Mangel wird nicht dadurch geheilt, dass schließlich alles als Erfolg definiert wird, was man früher als »Heiligung« bezeichnet hätte.

Den Erfolgstheologien fehlt auch das Wissen um die Gemeinschaft als Ort und Medium des Glaubens. Wenn überhaupt, dann findet sich im Neuen Testament nicht ein »Erfolgsmodell« des individuellen Christenlebens, sondern eines der Gemeinde. Auch die gesellschaftliche Manifestation des christlichen Glaubens, die zum Wesen der Kirche gehört, wird aufgrund der individuellen Engführung des Erfolgsdenkens nicht mehr bedacht. Die Idee, dass es den Versuch geben müsse, Gesellschaft und Kultur christlich zu prägen, kommt nicht mehr vor. Deshalb wird nicht über das Individuum hinaus darüber nachgedacht, wie christliche Weltgestaltung in der Wirtschaft aussehen könnte. Vielmehr werden die Gegebenheiten der globalen Welt- und Finanzwirtschaft wie Naturgesetze akzeptiert und ihre Nutzung gelehrt. Damit kann sich eine christliche Kirche aber keineswegs zufrieden geben.

Quellen: **Vera Birkenbihl**, Das Birkenbihl Alpha-Buch, Neue Ein-Sicht-en gewinnen, Landsberg 2000 · **Jürgen Höller**, Sag ja zum Erfolg – der Weg zu Reichtum und persönlicher Freiheit, München 2000 · **Bodo Schäfer**, Der Weg zur finanziellen Freiheit, Frankfurt/M. 1998

Zeitschrift: Noch erfolgreicher!

Literatur: **Gernot Böhme**, Philosophie und Esoterik – Konkurrenten um die geistige Orientierung der Zukunft, in: Norbert Bolz/W.v.Reijen (Hg.), Heilsversprechen, München 1998, S. 11-24 · **Christoph Deutschmann**, Die Verheißung des absoluten Reichtums. Zur religiösen Natur des Kapitalismus, Frankfurt/M. 1999 · **Hansjörg Hemminger**, Eine Erfolgspersönlichkeit entwickeln? EZW-Texte 132, Berlin 1996 · **Gottfried Küenzlen**, Religion und Kultur in Europa, in MDEZW 4/1999, S. 62, S. 97-107 · **Werner Lell**, Das Forum – Protokoll einer Gehirnwäsche, München 1997 · **Frank Nordhausen/Liane v. Billerbeck**, Psycho-Sekten – die Praktiken der Seelenfänger, Frankfurt/M. 1998 · **Bärbel Schwertfeger**, Der Griff nach der Psyche, Frankfurt/M. 1998 · **Maria Widl**, Sehnsuchtsreligion – neue religiöse Kulturformen als Herausforderung für die Praxis der Kirchen, Frankfurt/M. 1994

Internet: www.noch-erfolgreicher.com

2.2.5 Strukturvertriebe und Geldspiele   (Hansjörg Hemminger)

> »500 Prozent Wachstum innerhalb der nächsten fünf Jahre für Network Marketing in Deutschland!«[176]
>
> (Edward Ludbrock)

Strukturvertriebe: Multi-Level Marketing, Network Marketing

Was haben Firmen wie Amway, Herbalife, NSA, PTI in einem Werk über neue Religiosität zu suchen? Sie vertreiben Kosmetika, Diätnahrung, Wasserfilter, Handys und vieles andere, was zwar zu einem Kult der Modernität gezählt werden könnte, wohl kaum aber zur Religion. Gemeinsam ist diesen Firmen weniger eine Weltanschauung als eine Organisationsform. Sie sind so genannte Strukturvertriebe, sie betreiben »Multi-Level Marketing« (MLM) beziehungsweise »Network Marketing«. Für Firmen dieser Art gibt es inzwischen einen deutschen Dachverband und eine Zeitschrift.[177] Wenn überhaupt, wären sie also unter wirtschaftlichen, rechtlichen und politischen, nicht unter religiösen Gesichtspunkten zu betrachten.

Wirtschaftlich ist die Bedeutung der Netzwerke in einigen Branchen erheblich, zum Beispiel bei den Finanzdienstleistern. Die DVAG setzt in der BRD zweistellige Milliardenbeträge im Jahr um, andere Großfirmen sind AWD, OVB, Bonnfinanz usw. Demgegenüber sind die bekannteren Vermarkter von Waren wie Amway und Herbalife zumindest in Deutschland keine Umsatzriesen – wohl aber zum Teil in den USA. Der Unterschied zwischen einem Strukturvertrieb und normalen Vertreternetzen (auch solchen für Direktvertrieb) liegt vor allem darin, dass jeder Verkäufer versucht, neue Verkäufer vertraglich an die Firma zu binden, da ihm ein Anteil von deren Verkaufsprovisionen zufließt. Die jeweils höhere Ebene in der Pyramide verdient an den Erlösen der von ihr eingeworbenen niederen Ebene automatisch mit. Dadurch entsteht das typische hierarchische Verkäufer- und Provisionssystem, von dem die obersten Ebenen am meisten profitieren.

Die Konsequenz ist, dass beim eigentlichen Verkauf bzw. bei der eigentlichen Dienstleistung ein Großteil der Provisionen nicht bei denen verbleibt, die die Arbeit tun, sondern an die oberen Ebenen abgegeben werden muss. Da die Provisionen nicht beliebig größer werden können – schließlich konkurriert auch der Strukturvertrieb mit anderen Anbietern – erhalten die Vertreter oder Agenten im Multi-Level-Marketing weniger Provision pro Geschäft als in herkömmlichen Vertretungen. Umso größer ist der Druck, entweder sehr viel zu arbeiten oder in der Hierarchie aufzusteigen. Das heißt, das Multi-Level-Marketing baut einen zum Teil rabiaten Erfolgsdruck bereits in seine Struktur ein, zwischen Aufstieg und Scheitern gibt es keine Mittelwege. Dem steht oft eine Werbung gegenüber, die das Geldverdienen im System als leicht und nebenher machbar darstellt, der nötige Einsatz wird gezielt verschwiegen. Man setzt auf Reichtums-Fantasien gerade bei sozial schwachen und nicht erfolgsgewohnten Menschen, mit dem vorhersagbaren Ergebnis einer Selektion, die viele Verlierer erzeugt und nur wenige Gewinner zulässt.

Wenn man in der Pyramide aufsteigt, indem sie nach unten weiterwächst, gewinnt man also mehr, wie wenn man Waren absetzt. Wie viel mehr, hängt von den Einzelheiten des Systems ab. In jedem Fall steht dadurch schon systemimmanent – ohne besondere Inszenierungen – die Firmenideologie und das Beschwören des Erfolgs mehr im Vordergrund als die Merkmale der Waren selbst. Mit anderen Worten, man »verkauft« eher die Firma und ihre angeblich immensen Erfolgsmöglichkeiten als Wasserfilter oder Finanzberatungen. Da die »Schneeballwerbung« verboten ist (s.u.), bewegt man sich damit allerdings schnell am Rand der Legalität. Auch davon abgesehen gibt es unter rechtlichen Gesichtspunkten Kritik an den Netzwerken. Zum Beispiel wird immer wieder von systematischen Verstößen gegen das Recht auf Datenschutz berichtet. Arbeits- und gewerberechtlich ist bedenklich, dass die Vertreter nicht angestellt, sondern selbständig (eher scheinselbständig) sind, d.h. sie sind trotz ihrer Abhängigkeit von der Firma freie Unternehmer. Sie müssen Geld für Waren vorlegen und tragen das Risiko des Absatzes, auch die Produkthaftung liegt bei ihnen. Tragische Beispiele für Fälle, in denen sich unerfahrene Personen auf dieses fragwürdige Geschäft einließen und scheiterten, gibt es genug. Man kann zwar vor allem bei den größeren Firmen durchaus Geld verdienen, wenn auch mit enormem Einsatz, aber es gibt systembedingt immer viele Verlierer. All das gehört jedoch, wie gesagt, in die Grauzone des Wirtschaftslebens und nicht zur Religion. Warum wurde dann für zumindest einige dieser Firmen in den USA der Begriff des »commercial cult« geprägt?

Firmen als kultische Gemeinschaften?

Zum Beispiel fallen Strukturvertriebe immer wieder als Veranstalter von Massenritualen auf, in denen die Mitarbeiter auf die »Firmenideologie« und auf den persönlichen Erfolg eingestimmt werden, und die im Ablauf an religiöse Veranstaltungen erinnern. Von Masseneuphorie der Teilnehmerinnen und Teilnehmer, von ekstatischen Selbstverpflichtungen, von Aufrufen zur Hingabe und von regelrechten Konversionserlebnissen wird berichtet. Die Hierarchie wird oft mit kultischem Glanz ausgestattet. Bei Amway steigt man von der silbernen Auszeichnung zur goldenen Auszeichnung auf, dann folgt die Ernennung zum Direktberater, zum Rubinberater, zum Perlenberater usw., bis zur Diamantstufe. Strub weist mit Recht darauf hin, »welchen Einfluss und welche Faszination die Einbindung in dieses unendliche, stets von persönlichem Engagement abhängige Aufstiegswesen auf die Betroffenen ausüben kann ...«.[178]

Je weniger der Profit im System durch den Vertrieb entsteht und je mehr durch Mitarbeiter-Aquirierung, desto stärker ist auch der Zwang zur Expansion. Bei den so genannten Pyramiden- und Kettenspielen (s.u.) wird diese Tendenz auf die Spitze getrieben: Es wird kein Produkt, sondern nur noch eine Gewinnerwartung verkauft, was nur durch Dauerexpansion – und auch dann nur theoretisch – funktionieren kann. Umgekehrt ist in der Regel das Network Marketing von Waren und Dienstleistungen umso seriöser, je eher man auch vom regulären Verkauf der Produkte Profit zu erwarten hat. Das ist zum Beispiel bei Amway der Fall, da man dort durch das Aquirieren neuer Mitglieder auch die Waren billiger bekommt: Der Rabatt hängt vom Umsatz aller in der Hierarchie untergeordneten Verkäufer ab. Trotzdem liegt auch in solchen Fällen ein Zwang zur Glorifizierung des Unternehmens bereits im System, dazu kommt häufig eine ausformulierte Erfolgsideologie. Sie stützt sich meist auf das US-amerikanische Positive Denken (vgl. 2.2) oder auf christliche »Erfolgstheologien« wie im Fall von Amway. Berufliche und ideologische Bindung gehen bei den Angehörigen der Firma dann diffus ineinander über. In solchen Fällen führt das Erscheinungsbild der Firma fast mit Notwendigkeit zu einem Sektenverdacht und zur Wahrnehmung von außen als »commercial cult«: »MLM-Systeme versprechen den finanziellen Erfolg unter Einhaltung der wesentlichen, von ihnen vermittelten Verhaltensregeln. Sie richten den Blick des Einzelnen ganz auf diese weltanschauliche Mitte, den finanziellen Erfolg, aus. Geld verdienen wird zum Heilsversprechen ... Die ganze MLM-Firma erhält dabei ein starkes pseudoreligiöses Gewicht.«[179]

Geldspiele: Wundersame Gewinnvermehrung im Schneeball-System

Während Strukturvertriebe teilweise am Rand der Legalität operieren, sind Pyramidenspiele, die wie bei Kettenbriefen Gewinn durch ständige Expansion versprechen, im Prin-

zip seit 1986 verboten. Die so genannte Schneeball-Werbung oder progressive Kunden-
werbung wird mit erheblichen Strafen bedroht.[180] Trotzdem werden sie immer wieder –
zum Teil von den selben Leuten unter neuen Namen – in Gang gesetzt: »Für knapp 6.000
Mark kauft sich der Kunde in die Firma ein und erwirbt das ›Recht‹, Zertifikate für ›Po-
wer-Seminare‹ zu verkaufen... Diese Seminare werden am Wochenende in Hotels abge-
halten und dienen allein dem Zweck, neue ›Kunden‹ zu gewinnen. Pro Erfolg erhält der
Werber eine Provision von 1.500 Mark, den Rest von knapp 4.500 Mark sacken die Hin-
termänner ein. Bevorzugte Opfer sind Arbeitslose und jüngere Menschen mit geringem
Einkommen, die oft einen Kredit aufnehmen.«[181]

Ähnlich funktionierte das frühere Kettenspiel »Life«, ebenso Titan oder Takeoff u.a. Man
zahlt bei diesen Spielen eine gewisse Summe ein und muss viele andere Leute werben, die
ebenfalls einzahlen – dann hat man nach der Logik des Schneeball-Systems enorme Ge-
winne zu erwarten. Dass diese Erwartung letztlich immer daran scheitert, dass die Expansion des Systems aufhört, muss nicht weiter begründet werden, ebenso wenig, dass in aller
Regel nur die Initiatoren massiv profitieren. Warum jedoch schreckt dieser offensichtliche Sachverhalt die Teilnehmerinnen und Teilnehmer nicht ab? Es gibt wohl kaum eine
andere Erklärung, als dass der moderne Erfolgsglaube dem Geld eine eigene Magie zuzuschreiben geneigt ist, der man auch gegen alle Zahlenlogik und Lebenserfahrung eine
helfende und rettende Macht zutraut. Die betrügerischen Macher nutzen also diejenigen
Reichtums- und Glücksfantasien aus, die unsere Kultur nur allzu üppig hervorbringt.

Literatur: **Wolfgang Dahm**, Beraten und verkauft – die Methoden der Strukturvertriebe,
Wiesbaden 1996 · **Kim Feldmann**, Der Traum vom schnellen Geld – wie »Strukturvertriebe« wirklich arbeiten, Berlin 1993 · **Peter Weghorn / Lothar Lachner**, Die Rattenfän-
ger in Designer-Klamotten – wie Strukturvertriebe arbeiten, Wien 1996

Zeitschrift: Network Press (zweimonatlich, im gut sortierten Buchhandel erhältlich)

Internet: www.networkpress.de

2.3.1 Das Heil liegt in der Gruppe: die DAP

(Hansjörg Hemminger)

> »Befreit für Begegnungen im eigenen Menschsein, Androgynien –
> wo Liebe Liebe ist und nicht eine Verzweiflungstat der Einsamkeit.«[182]
>
> (Günter Ammon)

Gruppentherapie als Utopie

Der Aufstieg der Gruppentherapie zu einem utopischen Lebensentwurf (unter anderem) für das gebildete Bürgertum der sechziger und siebziger Jahre des letzten Jahrhunderts, gelegentlich sogar zur Heilslehre, ist nur im Rahmen der kulturrevolutionären Grundstimmung der 68er-Bewegung verständlich. Diese Stimmung richtete sich im Namen der Humanität nicht nur gegen politische Strukturen, sondern führte auch zu einer Selbstverpflichtung, sich in der Gruppe der Gleichgesinnten, in der Gruppe derer mit einem fortschrittlichen politischen Bewusstsein, von den Prägungen durch eine bürgerliche Erziehung und eine repressive Moral zu befreien. Dabei spielte eine »progressive« Tiefenpsychologie – neben Angeboten der humanistischen Psychologie – von Anfang an eine zentrale Rolle, zuerst als Instrument der Selbst- und Gesellschaftsanalyse (Ludwig Marcuse), dann aber vor allem als Methode der Gruppenerfahrung. Während die politischen Impulse der 68er auf längere Sicht nahezu wirkungslos blieben, entwickelten die therapeutischen Befreiungsvisionen eine eigene Dynamik und führten in den siebziger Jahren zum »Psychoboom« unter progressiven Intellektuellen. Sensitivity Groups, Encounter Groups, Selbsterfahrungsgruppen aller Art (Transaktionsanalyse, später Gestalt usw.) schossen wie Pilze aus dem Boden, begleitet von seriösen Propagandisten wie Horst Eberhard Richter mit dem Bestseller »Die Gruppe, ein neuer Weg, sich und andere zu befreien«. Man kann davon sprechen, dass die »gegenkulturelle« 68er-Bewegung teilweise von einer Psychobewegung fortgesetzt wurde.

Das Menschenbild der Psychobewegung lässt sich u.a. als »therapeutische Generalisierung« kennzeichnen,[183] also als eine Ausweitung des Therapiebegriffs, sodass »meine Therapie« schließlich für Lebensbewältigung im Allgemeinen stehen konnte, für Sinngebung und für die Identitätssicherung bei Angehörigen des gebildeten Mittelstands. Ein zeitgenössisches Zitat von Josef Rattner verdeutlicht dies: »Der psychisch gesunde Mensch ist die Ausnahme, der Neurotiker ist – in dieser Kultur – die Regel. Der Gesunde ist die ideale, kaum erreichbare Norm, der neurotische Mensch die faktische Realität. So wie die Dinge heute liegen, gelangt kaum ein Kulturmensch zum Entwicklungsziel der umfassenden Beziehungsfähigkeit, zu der unseres Erachtens der Mensch von Natur aus in seinen Möglichkeiten angelegt ist. Die Erziehung und die Umwelt machen aus dem Menschen von heute einen seelischen Krüppel, eine Karikatur dessen, was er sein könnte.«[184]

Hier wird Tiefenpsychologie zur radikalen Kulturkritik und zur Utopie eines durch Therapie von allen Verformungen befreiten Menschen, der als gut in umfassendem Sinn gedacht wird, nämlich beziehungsfähig, liebesfähig, gewaltlos handelnd und dem Wohl der Gemeinschaft verpflichtet. Latent spricht diese Utopie von einem durch Psychologie zu schaffenden »neuen Menschen« und von einer zukünftigen, besseren Welt. Die Umsetzung dieser Vision in die Lebensführung verlangt allerdings eine praktische, durch verlässliches Wissen und Therapeutenautorität verbürgte Methode, sich selbst zum Neuen Menschen umzuformen bzw. umformen zu lassen. Diese Methode biete – so glaubte man in zahlreichen Therapiegemeinschaften – die tiefenpsychologische bzw. humanistisch arbeitende Gruppe.

Bei mehreren Meistergestalten entwickelte sich allerdings die Therapiegemeinschaft gerade nicht zur Offenheit und Autonomie hin. Vielmehr wuchs die Exklusivität der Gruppe, ihr Sendungsbewusstsein und ihre vereinnahmende Tendenz an: Die Therapiegemeinschaft wurde zur allzuständigen Instanz der Sinngebung für den Einzelnen und ließ nur noch existenzielle Bindungen an Gruppe und Meister gelten, bis hin zur seelischen Abhängigkeit. Auf dem linksextremen politischen Flügel war dies z. B. bei der Marx-Freud-Reich-Gruppe, oder »Bund gegen Anpassung«, der Fall, der als »Bunte Liste« politisch aktiv wurde und heute noch als »Rotes Forum« oder »Neue Linke« ein sektiererisches Eigenleben führt. Bis zum kriminellen Extrem demonstrierte die Aktionsanalytische Organisation AAO die Entwicklung von einer emanzipatorisch bewegten Therapiegemeinschaft zu einer fanatischen, vom therapeutischen Meister Otto Mühl abhängigen Psychosekte. Als politisch rechtsstehendes Gegenstück zu AAO und »Bund gegen Anpassung« kann der viel größere und gesellschaftlich besser angepasste Verein zur Förderung der psychologischen Menschenkenntnis (VPM) gelten.[185]

Andere, weniger radikale, Gemeinschaften sind heute nur noch in Restbeständen bzw. als kulturelle Auslaufmodelle mit einem Bruchteil ihrer früheren Ausstrahlung aufzufinden, z. B. die behavioristischen Utopisten von Les Horcones (Mexiko), die B. F. Skinners Vision der durch Lerntheorie befreiten Gesellschaft (Walden Two) in die Realität umsetzen wollten. Eine noch existierende Gruppe dieser Art, die Deutsche Akademie für Psychoanalyse (DAP), soll im Folgenden behandelt werden. Doch zuerst zur Frage, warum die therapeutischen Utopien der 68er-Zeit heute an Bindungskraft verloren haben, warum sie nur noch in kulturellen Nischen und sektiererisch geschlossenen Gemeinschaften Wirksamkeit entfalten:

Zum einen entstammen diese Gruppen wie ihre Utopien der Zeit vor der Wende 1989, vor dem Zerfall des Kommunismus und dem schrankenlosen Siegeszug des westlichen Kapitalismus. Mit der Plausibilität des real existierenden Sozialismus löste sich auch die Faszination der westlichen Parallel- und Gegenentwürfe auf. Derzeit sind keine auch nur annähernd vergleichbaren politisch-emanzipatorischen Utopien auszumachen. Und die therapeutischen Suchbewegungen nach dem von der repressiven Kultur emanzipierten Menschen, deren Plausibilität von der entsprechender gesellschaftlicher Utopien abhing, verloren ebenfalls ihre Bedeutung. Heute dominiert vielmehr ein weithin apolitischer Individualismus, der sich in persönlichen Erfolgs- und Glücksvisionen äußert. »Therapie als Lebensentwurf« heißt nun weithin die Umformung der Person zur schrankenlosen Glücks- und Erfolgsfähigkeit, die Selbstveränderung zum inflationären Nutznießer der Angebote einer Erlebnis- und Leistungsgesellschaft. Neurolinguistisches Programmieren, Positives Denken und Kinesiologie sind angesagt, nicht Gruppenerlebnisse und die tiefenpsychologische Entwicklung von Gemeinschaftsgefühl.

Es gibt jedoch einen weiteren Grund für den Geltungsverlust aller Gruppenutopien: ihre katastrophale Erfolglosigkeit, die oft genug zur Selbstwiderlegung geriet. Die Extremfälle AAO, BGA und VPM wurden genannt, aber auch andere Gruppen, darunter die DAP (s.u.) produzieren das Gegenteil dessen, was sie propagieren: nicht den autonomen, den gemeinschaftsorientierten, sondern den abhängigen Menschen. Auch wo solche Fehlentwicklungen vermieden wurden, beschränkten sich die Erfolge – wenn überhaupt – auf psychotherapeutische Normalität. Sie ergaben nicht den Neuen Menschen, sondern im besten Fall den seelisch reiferen Menschen, oft nicht einmal das. Selbst wenn also die Diagnose des menschlichen Elends als kulturell und familiär erzeugte psychische Verformung richtig gewesen sein sollte – was fraglich erscheint – erwies sich jedenfalls die Heilmethode als unrealistisch insoweit, als sie sich nicht zum Heilsweg ausweiten ließ. Der alte Mensch ließ sich nicht therapeutisch erneuern, die Gemeinschaften der Therapierten gerieten nicht menschlicher (manchmal viel weniger menschlich) als andere Gruppen.

Günter Ammon: die Gruppe und der Narzisst

Die 1969 gegründete »Deutsche Akademie für Psychoanalyse« (DAP) war die wichtigste unter den zahlreichen Organisationsgründungen des Arztes und Psychoanalytikers Günter Ammon [1918-1995], mit denen er seine gruppenanalytisch orientierte »Dynamische Psychiatrie« und seine »humanstrukturelle Psychoanalyse« fachlich und praktisch zu etablieren suchte. Bis heute besteht neben einem Institut in Berlin als wichtigstes Zentrum verbliebener Aktivitäten die 1979 gegründete Dynamisch-Psychiatrische Klinik Menterschwaige in München. Verschwunden sind dagegen die zahlreichen Ausbildungsinstitute in deutschen Großstädten, z.B. in Düsseldorf und Freiburg, sowie mit ihnen der größte Teil der ehemaligen Anhängerschaft. Die verbliebene Gruppe hält auch nach Ammons Tod und gegen die Tendenz der Forschung an seiner Lehre fest und befindet sich inzwischen – nach der Klärung innerer Machtverhältnisse – wieder im Aufwind: »Die dynamische Psychiatrie versteht die Entstehung psychischer Krankheiten vorwiegend aus psychosozialen Bezügen, d.h. aus den Beziehungsdynamiken der die Patienten in frühester Kindheit umgebenden Gruppen, besonders der Familiengruppe. Gruppen können Menschen krank machen, in der Gruppe kann der Mensch wieder genesen.«[186]

Dies bedeutet, dass mit psychoanalytischen Gruppen und Großgruppen auch psychotische Störungen, schwere Depressionen und so weiter zu behandeln sind, und dass – was von großer Bedeutung für die Zukunft der Patienten sein kann – der Herkunftsfamilie die moralische Verantwortung für die Erkrankung auferlegt wird. Fachlich berief sich Ammon dabei vor allem auf seine Zeit als Psychiater bei der Menninger Foundation in Topeka, USA, von 1956 bis 1965 sowie auf das Werk von William Menninger. Aber nicht nur psychisch Erkrankte benötigten aus der Sicht Ammons Therapie, vielmehr betrachtete er – wie Josef Rattner – die seelische Verformung des Menschen als ein unausweichliches Schicksal. Allerdings fiel seine Zeitanalyse noch bedrohlicher aus. Er sprach von der »Borderline-Gesellschaft« innerlich leerer und verlassener Menschen, die nur mühsam eine äußere Fassade aufrecht erhalten können. Die DAP, die er als rettende Insel im psychisch gestörten Völkermeer betrachtete, wurde dadurch umso stärker glorifiziert.[187] Von daher erklärt sich die folgenträchtige DAP-Doktrin, alle Therapeuten und

Patienten befänden sich in einem gemeinsamen Therapieprozess und hätten sich ohne Rangunterschiede bei ihrer Persönlichkeitsfindung zu helfen. Es war jedermanns Ziel und Pflicht, sich »im Kern erreichen zu lassen« und seine seelischen Defekte nicht nur einzusehen, sondern sie zur Behandlung der Gruppe zur Verfügung zu stellen: »Nicht die Symptome sind die eigentliche Krankheit, sondern das dahinter liegende Leid des Patienten in Verbindung mit einer bereits in frühester Kindheit begonnenen Entwicklungsarretierung verschiedener Persönlichkeitsbereiche und damit einhergehend unbewusste arretierte Beziehungskonflikte im Rahmen des so genannten Symbiosekomplexes.«[188] In der Praxis bewirkte die Verwischung der Symptomatiken und Befindlichkeiten, der Persönlichkeitstypen und sozialen Rollen Angst und Unsicherheit. Die Rollen von Therapeuten und Patienten vermischten sich und waren jederzeit austauschbar. Distanz zwischen ihnen gab es nicht mehr: Man besuchte sich gegenseitig zu Hause, Patienten übernahmen Dienste in Institut und Klinik, hielten Vorträge in Lehrveranstaltungen für angehende Therapeuten usw. Auch im kollegialen Umgang wurde ständig diagnostiziert und gedeutet – die immerwährende Therapie wurde zum Lebensraum für alle Beteiligten. Da allein Ammon davon ausgenommen war, hing es von seinem Urteil ab, ob jemand Therapeut sein durfte, ob jemand aus Amt und Würden in den Patientenstatus zurückbefördert wurde (was oft genug geschah) oder sich gar stationär in der Klinik behandeln lassen musste. Von therapeutischer Verschwiegenheit konnte keine Rede mehr sein, da die intimen Probleme selbst der leitenden Therapeuten (oder was Ammon zu ihrem Problem erklärte) in Großgruppen besprochen wurden. Durch die zum Teil aggressiv vorgenommene Trennung von der Herkunftsfamilie wurde die Therapiegemeinschaft zum neuen, oft zum exklusiven, sozialen Bezugssystem, zur Heimat. Und das bedeutete auch den Zwang, sich Ammons Autorität zu fügen.

Ammon pflegte gruppenöffentlich in demütigender Form zu deuten, eine Praxis, die »Konfrontation« genannt wurde. Die Methode, (tiefenpsychologisch gesprochen) die Abwehr in einer Analyse gewaltsam zu durchbrechen, gilt als einer der schlimmsten Fehler, die man begehen kann – in der DAP wurde er im Gefolge der therapeutischen Befreiungsideologie Ammons und durch seine Allmachtsansprüche zur Regel. Es kam zu Übergriffen, die öffentlich bekannt wurden und zum Teil Gegenstand von Gerichtsverfahren waren. Einer Patientin, die nach der Geburt eines schwer behinderten Kindes an Depressionen litt, habe Ammon mit folgenden Worten konfrontiert: »... schließlich haben Sie Ihrem Mann einen Frankenstein vorgesetzt.« Zwei leitende Mitarbeiter wurden während einer »Konfrontation« von Ammon angespuckt, ein weiterer Mitarbeiter wurde in der Wut von ihm getreten. Diese und weitere Vorfälle sind gerichtsfest belegt. Der narzisstische Machtrausch, in den Ammon immer mehr verfiel, bewirkte zahlreiche Ausstiege aus der DAP, bei anderen jedoch eine ambivalente Bindung an Ammon, in der tiefe Ängste und Heilssehnsüchte zusammentrafen.[189] Nach außen hin häuften sich die Konflikte: Bereits 1975 trug Ammon eine heftige Fehde mit der international bekannten Analytikerin Annemarie Dührssen aus, die seine akademische Karriere in Berlin beendete. Die »Deutsche Gesellschaft für Psychotherapie, Psychosomatik und Tiefenpsychologie« distanzierte sich öffentlich von ihm.

Der »Spiegel«, die »Süddeutsche Zeitung« und andere brachten kritische Artikel, die sich auf die moralischen Exzesse Ammons konzentrierten und zu einer Anzahl von Rechtsstreitigkeiten führten. Im Gegenzug gründete Ammon eine »Bürgerinitiative für Günter Ammon und sein Wirken für die Menschenrechte in der Psychiatrie«, mit der er seine Kritiker an den Pranger zu stellen hoffte. Es folgten Konflikte mit den Münchner Gesundheitsbehörden usw., die zum Niedergang der DAP beitrugen. Als Günter Ammon 1995 starb, war von seiner Anhängerschaft zahlenmäßig nur noch ein Teil übrig, der ein psychoanalytisches Sondermilieu um das Berliner Institut und die Klinik Menterschwaige herum bildet. Präsidentin der DAP ist heute die Diplom-Psychologin Maria Ammon (früher Maria Berger), die Witwe des Gründers. Präsident der »World Association for Dynamic Psychiatry« (WADP) ist der St. Petersburger Professor Modest M. Kabanov. Weiterhin existiert – wenigstens dem Namen nach – immer noch die Deutsche Gesellschaft für psychosomatische Medizin (DGPM), der Pinel-Verlag und ein psychoanalytischer Kindergarten in München.

Nach neuen Insider-Berichten hat sich in der DAP intern nicht allzu viel geändert, sie versteht sich noch immer als Arbeits- und Lebensgemeinschaft für Therapeuten und Patienten. Die immerwährende Therapie bleibt deshalb die Lebensform ihrer Anhängerschaft. Damit wird auch der ständige Verstoß gegen die therapeutischen Regeln der Kunst (Abstinenz, Rollenklarheit, Vertraulichkeit usw.) fortgeschrieben. Frau Ammon regiert die Gruppe ebenso autoritär wie früher ihr Mann, allerdings ohne dessen moralische Exzesse und deshalb von der Öffentlichkeit weitgehend unbemerkt. Da die DAP nach dem Psychotherapeutengesetz in München und Berlin eine Anerkennung als Ausbildungsinstitut erreichen konnte, ist damit zu rechnen, dass sie wieder expandiert, sollten die Gesundheitsbehörden an ihrer Entscheidung festhalten.

Quellen: **Günter Ammon**, Dynamische Psychiatrie, München 1980 · **Ders.**, Der mehrdimensionale Mensch, München 1986

Zeitschrift: Dynamische Psychiatrie (in den letzten Jahren jährlich eine Doppelnummer)

Literatur: **Hansjörg Hemminger**, Das therapeutische Reich des Dr. Ammon, Stuttgart 1989

Internet: www.dynpsych.de

2.3.2 Ordnungen der Liebe: Hellingers Familienaufstellungen

»Wir brauchen eine Psychotherapie, die sich der religiösen Hintergründe von Krankheit und Heilung bewusst ist und sie durchschaut. Die nicht versucht, die Wirklichkeit von Tod, Schuld und Schicksal magisch zu bannen, sondern sie behutsam hinführt zu einer religiösen Haltung, die sich diesen Wirklichkeiten fügt und gerade dadurch zurück zum Eigenen findet.«[190]

(Bert Hellinger)

Das systemische Familien-Stellen ist eine Form intensiver Kurzzeittherapie. Sie arbeitet mit Elementen der Mehrgenerationen-Familientherapie und hat eigene therapeutische Interventionen entwickelt. Hellinger behauptet, besondere Ordnungen und Gesetzmäßigkeiten entdeckt zu haben, die sich über ein eng verknüpftes Netz von Beziehungen und Bindungen über mehrere Generationen erstrecken. Weil diese sehr konservativ anmutenden Ordnungen und Regeln heute kaum noch beachtet würden, seien viele Beziehungssysteme gestört und erkrankt. Durch das Befolgen von Hellingers Regeln könne »die Liebe wieder fließen«, oder in Konflikte verstrickte Geschäftspartner könnten wieder konstruktiv miteinander arbeiten.

Biografisches und die Institutionalisierung der Arbeit

Suitbert Hellinger wurde 1925 in Leimen geboren und besuchte nach der Volksschule das Aloysianum der Mariannhiller Missionare, um Missionar zu werden. Nach dem Krieg studierte er Theologie und Philosophie und wurde 1952 zum Priester geweiht. Ein Jahr später ging er zu den Zulus nach Südafrika. Dort erfolgte ein Lehrerstudium, und zwischen 1955 und 1968 war er in Südafrika als Rektor einer Schule, Missionar und Pfarrer tätig. 1968 wurde er nach Deutschland zurückversetzt und war bis 1970 Rektor des Priesterseminars der Mariannhiller Missionare in Würzburg. Er begann eine Psychoanalyse und besuchte psychologische Vorlesungen. 1971 trat Hellinger aus dem Missionarsorden aus, heiratete und arbeitete selbständig als Psychotherapeut. Von 1974 bis 1979 besuchte er verschiedene therapeutische Fortbildungen in Gruppendynamik, Primärtherapie, Transaktionsanalyse und Hypnotherapie. Eine regelrechte Ausbildung mit anerkanntem Abschluss absolvierte er nicht. Seit 1993 veröffentlicht er mit wachsendem Erfolg seine Bücher, die kein systematisches Lehrwerk enthalten, sondern eher meditative Einsichten vermitteln und Fallbeispiele darstellen. Seitdem hat sich diese Methode weit ausgebreitet. Manche Osho-Zentren bieten mittlerweile Familienaufstellungen an, einige NLP-Institute auch, von der freien Szene ganz zu schweigen. Um die Aufstellungsarbeit in einen professionellen Rahmen zu stellen, hat seit 1996 die »Internationale Arbeitsgemeinschaft Systemische Lösungen nach Bert Hellinger« (IAG) jährlich Tagungen durchgeführt, um gemeinsam zu beraten und zu erarbeiten, wie die Ausbreitung und Fortentwicklung dieses Ansatzes auf eine angemessene, achtsame Weise gefördert werden könnte. Weil Hellinger das therapeutische Lager in Befürworter und Gegner seiner Methode spaltet, sollte auch die Auseinandersetzung mit der Kritik ein Fokus der Gruppe sein. Die dreißig Mitglieder der Arbeitsgemeinschaft wollen zunächst ihren Kreis nicht erweitern, um einen intensiven Austausch pflegen zu können, und richteten Ende 2000 im Internet ein virtuelles Bert-Hellinger-Institut ein.[191] Dort werden grundlegende Informationen über die Arbeitsweise des Familien-Stellens gegeben und eine Liste von ihrer Ansicht nach kompetenten Aufstellern veröffentlicht. Als Kriterien zur Listenaufnahme hat die IAG u.a. folgende Voraussetzungen genannt:

- eine therapeutische Grundausbildung mit Berufserfahrung,
- Seminarbesuch bei Hellinger oder erfahrenen Aufstellern und darin Aufstellung der eigenen Familie,

- mindestens 20 Tage Fortbildung bei Hellinger oder erfahrenen Aufstellern (der IAG-Liste),
- zwei Referenzschreiben von Personen der IAG-Liste,
- Durchführung eigener Aufstellungen: pro Jahr wenigstens drei mehrtägige Seminare,
- Jahresgebühr nach Selbsteinschätzung zwischen 500 und 1.500 DM. Wird ein Link von der offiziellen Hellinger-Homepage zur eigenen gewünscht, werden jährlich 300 DM fällig.

Die hauseigene Zeitschrift »Praxis der Systemaufstellung« erscheint ab 2000 und will die hellingersche Perspektive und Vorgehensweise verbreiten und professionalisieren. Ab 2001 finden eine dreijährige Weiterbildung, Supervisionsseminare, Workshops und darüber hinaus Seminare zur Organisationsberatung statt.[192] Hellinger selber will sich angeblich, wie er allerdings schon vor Jahren sagte, aus dem »Tagesgeschäft« zurückziehen und schwerpunktmäßig auf den internationalen Workshops der IAG in Erscheinung treten.

Die Vorgehensweise

Ein Klient führt seine Aufstellung am fruchtbarsten in einer Gruppe durch. Für die Aufstellung benötigt er oder sie ein klares Anliegen. Zunächst nennt er Informationen über wesentliche Fakten seiner Familie in den letzten zwei bis drei Generationen. Dann sucht er sich Gruppenmitglieder als Stellvertreter aus für Eltern, Geschwister und sich selbst, eventuell auch noch für andere wichtige Mitglieder der Familie. Auch tote Personen werden mittels Stellvertreter aufgestellt. Der Klient gibt den Stellvertretern auf einer freien Fläche spontan und konzentriert einen Platz und eine Blickrichtung und stellt sie so in Beziehung zueinander auf. Danach wird er zum Zuschauer. Der Therapeut befragt die Stellvertreter nach ihren Gefühlen und Wahrnehmungen. Anschließend schlägt er ihnen häufig entweder Sätze vor, die sie nachsprechen, oder Plätze, die sie einnehmen. Die Stellvertreter haben angeblich ein feines Gespür dafür, ob die Sätze stimmig sind und wie sich ein Gefühl durch einen neuen Platz verändert. Oft werden weitere Personen aus der Familie (Onkel, Großmutter usw.) hinzugenommen und auf die Wirkung auf die anderen geachtet. Eine Aufstellung dauert im Regelfall zwischen 15 Minuten und einer Stunde, aber auch kürzere und längere Aufstellungen kommen vor. Der Therapeut beendet die Aufstellung, entweder wenn sich jeder wohl an seinem Platz fühlt oder wenn eine emotional brisante Situation in der Familie aufgedeckt worden ist.

Über die angeblich klare und eindeutige Wahrnehmung der Stellvertreter soll dem Klienten auf eine schnelle und präzise Art deutlich gemacht werden, von wem in der Familie Gefühle und Verhalten übernommen worden sind. Überraschenderweise seien das oft längst verstorbene Mitglieder aus vergangenen Generationen, die bislang fremd oder kaum bekannt waren. Der Klient soll durch die Aufstellung erkennen, woher bisher unverständliche Gefühle wie Depressionen oder Schuldgefühle kommen oder weshalb Beziehungen in seiner Familie gestört sind. Verborgene Bindungen, die sich angeblich bislang negativ auswirkten, sollen ans Licht gebracht und aufgelöst oder umgewandelt werden. Die Plätze der Ausgangstellung werden verändert, um ein neues, spannungsfreies Bild der Familie entstehen zu lassen. Dieses Bild soll der Klient in sich aufnehmen und seine heilende Wirkung entfalten lassen.

Nach Hellinger herrschen in Familien bestimmte Ordnungen und Gesetzmäßigkeiten. Das Wissen darum habe sich aus den langjährigen Erfahrungen mit Aufstellungen entwickelt und bestätige sich immer wieder. Die äußeren Ereignisse über mehrere Generationen sind bei Hellinger zentral. Ihre Wirkung durch die Generationen hindurch könne sichtbar gemacht werden. Wichtig sei: Wer ist früh gestorben (jünger als etwa 25 Jahre)? Gibt es Verbrechen und schwere Schuld in der Familie? Gab es frühere Beziehungen der Eltern oder Großeltern? Gibt es darüber hinaus besondere Schicksale (Behinderung, Auswanderung, nichteheliche Geburt, Adoption u.ä.)? Demgegenüber spielen bei diesem Ansatz – anders als in der traditionellen Familientherapie – gefühlsmäßige Beziehungen, Sympathien und Antipathien eine geringe Rolle.

Das »wissende Feld«

Stellt ein Klient seine Familie spontan und gesammelt auf, dann nehmen nach Hellinger die Stellvertreter an ihren Plätzen Gefühle der Familienmitglieder wahr, die sie vertreten. Die Stellvertreter hätten angeblich Zugang zu einer tieferen Schicht oder Wahrheit der Beziehungen in dem fremden System – ein bisher unerklärliches Phänomen. In der praktischen Arbeit mit Aufstellungen lerne der Therapeut, immer mehr diesem Phänomen zu vertrauen und sich von ihm leiten zu lassen. Neuerdings werden Verbindungen zu Rupert Sheldrakes »morphogenetischen Feldern« geknüpft, die ein vergleichbares Phänomen in der Biologie darstellen würden.[193] Hellinger vermutet rätselhafte und geheimnisvolle Verknüpfungen, die starke Bindungen über die Generationen erzeuge. Angeblich wirken Aufstellungen auch auf Familienmitglieder, die keine Ahnung davon haben, dass ihre Familie aufgestellt wurde.

Der englische Biologe Rupert Sheldrake hat die Theorie der morphogenetischen Felder entwickelt. Diese Theorie besagt, dass Vererbung nicht nur über Gene, sondern über morphische Felder erfolgt. Durch diese Felder existiert eine Art kollektives Gedächtnis der jeweiligen Art. Das Feld wird durch jedes Individuum der Art bereichert und umgekehrt ist jedes Individuum an dieses Gedächtnis »angeschlossen«. Diese Theorie soll nun als Erklärung dafür dienen, dass die Stellvertreter in der Aufstellungsarbeit durch ihre repräsentierende Wahrnehmung Zugang zum Wissen des Familiengedächtnisses erfahren.

Menschen hätten das unbewusste Bedürfnis, sich dem Leiden ihrer Vorfahren anzugleichen. Ein Beispiel: »Präsident John F. Kennedy trug zu seiner Ermordung bei, indem er – trotz ernsthafter Warnungen – am 22. November 1963 im offenen Wagen durch die Menge fuhr. Sein Urgroßvater Patrick starb im Alter von 35 Jahren ebenfalls an einem 22. November.«[194]

Therapeutische Intervention durch ritualisierte Sätze

Aufgabe des Therapeuten sei es, aufzudecken und eine gute Ordnung zu suchen, bei der sich jeder an seinem Platz der Aufstellung wohlfühle. Dabei soll er oder sie die Aussagen Hellingers über die in Familien herrschenden Ordnungen nutzen. Durch die Reaktionen der Stellvertreter erkenne er, ob er auf dem richtigen Kurs ist. Wegen des Zugangs zu der angeblich tieferen Wahrheit verwenden Hellinger und seine Schüler eine Sprache, die sehr klar und einfach ist. Oft wirken die Sätze rituell, z.B. »Ich achte deinen Tod und dein Schicksal«, wenn jemand früh verstorben ist. Angeblich spüre der Stellvertreter genau, ob ein solcher vorgeschlagener Satz in dem Augenblick richtig und angebracht ist. Auch heftige Emotionen, die bei den Stellvertretern auftreten, werden nicht kathartisch ausgelebt, sondern in einfachen Worten ausgedrückt. Einige zentrale Ordnungen und Gesetzmäßigkeiten Hellingers lauten:

Jedes Mitglied einer Familie gehört in gleicher Weise zur Familie.
- Jede Familie habe einen festen inneren Zusammenhalt, ganz gleich, wie zerrissen sie äußerlich scheinen mag. Jedem, der zur Familie gehört, gebühre Achtung. Wird jemand aus der Familie ausgeschlossen, werde er durch ein später geborenes Mitglied vertreten, das sich ein ähnliches Schicksal auferlegt.

Der frühe Tod eines Mitglieds hat eine starke Wirkung auf das Gesamtsystem.
- Insbesondere ein Tod in jungen Jahren habe auf die gesamte Familie eine starke Wirkung. In den Geschwistern des Toten entstehe ebenfalls eine Neigung zum Tod, der durch den Satz ausgedrückt wird: »Ich folge dir nach.« Wenn jemand auf diese Weise belastet sei und später selbst Kinder bekommt, spürten die Kinder diese Last und wollen sie abnehmen (»Lieber ich als du«). Die Neigung zum Tod äußere sich in schweren Krankheiten, in lebensgefährlichem Verhalten wie Extremsportarten oder auch in exzessivem Drogengebrauch.

Kinder sind ihren Eltern treu und wollen sie lieben.
- Kinder wagten es selten oder nie, ein erfüllteres, glücklicheres Leben zu führen als ihre Eltern. Aus der Treue zu ihren Eltern wiederholten sie ähnliche Schicksale und ähnliches Unglück.

Kinder übernehmen im Familiensystem Gefühle von anderen Mitgliedern.
- Das geschehe in zwei Formen: Entweder teilten sie starke Gefühle von Anverwandten, oder sie übernähmen nicht ausgelebte Gefühle. Ein Beispiel: Da gibt es die immer friedliche Großmutter mit ihrem aggressiven, sie schlagenden Ehepartner. Sie hat eine Enkelin, die immer wieder grundlos zornig auf ihren Mann ist. Die Aufstellung ergebe, dass die Enkelin den Zorn der Großmutter trägt.

Es gibt Ordnungen im Familienleben, die zu achten sind.
- Wer zuerst kommt, sei es als Geschwister oder als Partner, nehme den ersten Platz ein. Danach folgten die anderen in ihrer zeitlichen Reihenfolge. Diese Plätze müssten geachtet werden, ohne dass darin ein Wertung mitenthalten sei. Aus dieser Rangfolge ergäbe sich eine gute räumliche Grundordnung, bei der sich alle Familienmitglieder wohl fühlten, nachdem bestehende negative Verbindungen aufgelöst seien. Dabei stünden meist die Eltern den Kindern gegenüber, der Vater an erster Stelle, dann im Uhrzeigersinn die Mutter. Gegenüber stünden die Kinder ebenfalls im Uhrzeigersinn dem Alter entsprechend, der Älteste, Zweitälteste usw.

Grundlage des Familienstellens bilden die von Hellinger formulierten Gesetzmäßigkeiten einer Familie und die von ihm vorgeschlagenen »Lösungen« von Beziehungskonflikten. Die »Ordnungen der Liebe«[195] fußen auf traditionellen, tugendhaften Werten wie Achtung, Ehre, Gewissen, Demut, Unschuld oder Bindung. Diese Ideale werden durch direktive Lösungsvorschläge des Therapeuten auf die jeweilige Familiensituation angewendet. Der Glaube an die Harmonie als Voraussetzung für ein funktionierendes Familiensystems ist dazu nötig.

Die Ordnungen und Gesetze, nach denen das Familienstellen »funktioniert«, entstammen möglicherweise nicht einer neuen, streng phänomenologischen Sichtweise, sondern der spezifischen, lebensgeschichtlich geprägten Wahrnehmungs- und Deutungsperspektive Hellingers. Für ihn mögen sich dadurch konfliktreiche Beziehungskonstellationen entschlüsseln können. Zu wenig zu hören ist aber bei den Aufstellungen von handfester Beziehungsarbeit, dem langsamen Herantasten an verschüttete und verdrängte Emotionen und dem oft mühsamen und schmerzhaften Prozess des Abschiednehmens von illusionären Wünschen, narzisstisch geprägten Wahrnehmungen oder idealisierten Übertragungen.

Damit ist aber auch ein möglicher Grund für die enorme Popularität Hellingers angedeutet. Es sind »die einfachen Antworten in einer komplexen Welt, die Hellingers Seelsorge so attraktiv machen«.[196] Wo die zeitgenössische Psychotherapie begrenzte Lösungsvorschläge ohne Pauschalantworten und Werturteile macht, die sich im Alltag bewähren müssen, will Hellinger den Gordischen Knoten ein für allemal lösen. Setzen Psychotherapie und Psychiatrie auf die Eigenverantwortlichkeit des Patienten, auf seine Entscheidungen und den unbedingten Respekt vor dem Patienten, weiß Hellinger die richtigen Lösungen. »Bizarre Theorien über die Pathogenese komplexer Erkrankungen und rigide Ordnungen für alle Lebensfragen ersetzen die Notwendigkeit, sich selbst um individuelle Lösungen für das eigene Leben bemühen zu müssen.«[197]

Gefahr der Willkür und Beliebigkeit

Immer wieder hat Hellinger betont, dass er keine »Lehre« oder Theorie schaffen wollte, sondern phänomenologisch und pragmatisch arbeite. Den Beginn einer stärker fachlich orientierten Vorgehensweise markierte die Gründung des Wieslocher Instituts für Systemische Lösungen (»wisl«), das 1999 seine Ausbildungs- und Forschungstätigkeit für Hellingers therapeutische Vorgehensweise aufgenommen hat. Ihr Leiter Gunthard Weber möchte dort das verwirklichen, was er in dem von ihm mitgegründeten, renommierten Ausbildungsinstitut für Familientherapie nicht durfte: die wissenschaftlich anerkannte, systemisch-konstruktivistische Familientherapie im Sinne Helm Stierlins mit der »systemisch-phänomenologischen« Vorgehensweise Bert Hellingers zu verbinden. Die Zukunft muss erweisen, wie weit das Institut diesen Anspruch einlösen kann. Allerdings ist zu vermuten, dass beispielsweise die Person des Stellvertreters mehr Einfluss auf den Aufstellungsverlauf nimmt, als dass dem Aufsteller recht ist. Tauschte man einen Stellvertreter aus – wohl kaum könnte er oder sie in gleicher Weise die spezifischen »Beziehungswahrheiten« in der Familiendynamik erspüren und die Stellvertreter dementsprechend umplatzieren. Weil bei den Stellvertretern subjektive und damit »feldunabhängige« Faktoren Einfluss nehmen, liegt die Gefahr der Willkür und Beliebigkeit auf der Hand.

Riskante und reduktionistische Deutungen

Die von Hellinger formulierten Gesetzmäßigkeiten und Regeln sind nur eine Deutung von vielen möglichen. Es ist problematisch, die Störung oder Erkrankung einer Person gänzlich auf die Familiendynamik zurückzuführen. Wesentliche andere Einflussgrößen bleiben dort unberücksichtigt. Dennoch ist der Erfolg Hellingers nicht von der Hand zu weisen. Das lässt den Schluss zu, dass gerade heute Leitpersonen mit Autorität und einfachen Lösungen gefragt sind. Aufstellungen unter den Bedingungen einer Großgruppe können weiterhin gewaltige seelische Energien freisetzen. Der Rollentausch durch die Stellvertreter schafft eine große emotionale Dichte, die nur von sehr erfahrenen Therapeuten kontrolliert und hilfreich eingesetzt werden können. In manchen Fällen ist der Schaden größer als der Nutzen.

Jeder Mensch lebt mit seelischen Wunden aus der Vergangenheit. Jede Mutter oder Vater stellt fest, dass es unmöglich ist, an den eigenen Kindern nicht schuldig zu werden. In der Regel verändert, sich die Beziehungen zu den Eltern, wenn man eigene Kinder hat – nicht nur durch die »Gabe« eines Enkelkindes, sondern auch durch die neuen Erfahrungen der Elternschaft, durch die Vater und Mutter noch einmal aus einer anderen Warte beurteilt werden können. Mit Recht warnt ein erfahrener Aufsteller seine Kollegen: »Ein allzu forsches Auftreten führt uns bei dieser Arbeit in Bereiche, die wir nicht mehr kontrollieren können.«[198] Gunthard Weber, der »Nachfolger« Hellingers, hält ebenfalls den inflationären Gebrauch der Methode für fragwürdig: »Dass inzwischen alles aufgestellt wird, was nicht niet- und nagelfest ist, betrachte ich eher mit Skepsis.«[199]

Religiöse Psychotherapie

Auf subtile Weise vermischen sich bei Hellinger psychotherapeutische Techniken mit Religion. Er verkörpert das religiöse Urmotiv der »geistlichen Führung« (»spiritual direction«): ein weiser alter Mann im Besitz der Wahrheit. Das Heilsversprechen »ich bringe in Ordnung« nährt bei Therapeuten Allmachtsfantasien. Der spezifische weltanschauliche Kontext rückt dabei in den Hintergrund, entscheidend ist die Deutungsautorität des Aufstellungs-Leiters. So erklärt sich, dass in unterschiedlichen weltanschaulichen Milieus Familienaufstellungen nach Hellinger Konjunktur haben: in kirchlichen Kreisen und Bildungseinrichtungen, bei den Anthroposophen, der transpersonalen Psychologie, besonders auch in der Rajneesh/Osho-Bewegung.

Der Anspruch des Therapieschulengründers Hellinger auf (Er-)Lösung ist fachlich unangemessen. Die Vorstellung von geheimnisvollen und wirkmächtigen Bindungen, die durch eine gelungene Aufstellung in kurzer Zeit aufgelöst werden könnten und auch nicht beteiligte Personen verändern könnten (Fernheilung?), erfordert ein magisches Weltbild. Nicht von ungefähr wird Hellingers Ansatz in Aufsätzen der institutseigenen Zeitschrift zunehmend in Verbindung mit Reinkarnation (Einbeziehung von Toten in die Aufstellungsarbeit), Channeling (Hören auf die »wissende« Stimme) oder Esoterik (Sichtbarmachung einer unsichtbaren Wirklichkeit) gebracht. Es ist zu vermuten, dass diese Tendenz sich verstärkt und damit noch deutlicher das zugrunde liegende magische Denken hervortritt.

Quellen: **Bert Hellinger**, Ordnungen der Liebe, Heidelberg 1993 · **Ders.**, Familien-Stellen mit Kranken, Heidelberg 1995 · **Ders.**, Schicksalsbindungen bei Krebs, Heidelberg 1997, · **Ders.**, Psychotherapie, Religion, Seelsorge, Gesammelte Aufsätze, Müchen 2000 · **Thomas Schäfer**, Was die Seele krank macht und was sie heilt, München 1998 · **Bertold Ulsamer**, Ohne Wurzeln keine Flügel, München 1999 · **Gunthard Weber** (Hg.), Zweierlei Glück, Heidelberg 1993 · **Gunthard Weber** (Hg.), Praxis des Familien-Stellens, Heidelberg 1998

Literatur: **Andreas Fincke**, Die systemische Familientherapie nach Hellinger, in: MD-EZW 2/1998, S. 54-58 · **Ulrich Freund**, Konservative Ordnung als therapeutisches Sicherheitssystem. Hypnose und Kognition 14 (1997), S. 113-120 · **Ursula Nuber**, Eine unheimliche Ordnung, in: Psychologie Heute 7/1995, S. 17-21 · **Anton Retzer/Fritz B. Simon**, Bert Hellinger und die systemische Psychotherapie. Zwei Welten, in: Psychologie Heute 7/1998, S. 65-69 · **Micha Hilgers**, Alte Ordnungen, in: Deutsches Allgemeines Sonntagsblatt Nr. 40 (6.10.2000), S. 28f.

Internet: www.hellinger.com · www.familienaufstellung.de · www.familien-stellen.de

2.4 Orientierung durch den Meister

2.4.1 Jenseits des Verstandes – Bhagwan Rajneesh und die Folgen

> »Erlaube der Natur, von dir Besitz zu ergreifen. Sei keine Persönlichkeit. Wenn du dir selbst gegenübertrittst, enthüllt sich der Buddha in dir.«[200]
>
> (Bhagwan Shree Rajneesh)

In den siebziger Jahren schlugen die Wogen weltweit hoch, als rot gekleidete junge Menschen demonstrierend durch die Innenstädte zogen und eine neue Lebensphilosophie von Befreiung, grenzenloser Selbstentfaltung und freier Liebe proklamierten. Eine neue Lebensform machte von sich reden, die Ashram oder Kommune hieß und sich in vielen Städten etablierte. Hier lebten Menschen zusammen, die das Ideal eines »Neuen Menschen« anscheinend ohne Einschränkungen verwirklichten.[201] Auch heute lädt das internationale Osho-Zentrum in Poona noch zu dem Experimentierfeld Kommune ein, wo der neue Mensch Gestalt annehmen könne, um mit sich und seiner Umgebung in Harmonie zu leben, um sich frei von allen Ideologien und Glaubenssystemen grenzenlos entfalten zu können. Wie hat sich diese auch von den Medien stark beobachtete Bewegung bis heute weiterentwickelt?

Ekstase, Erfolg, Erneuerung, Orientierung – vier Versprechen der Psychoszene

1931 Rajneesh Chandra Mohan wird als ältestes Kind einer Kaufmannsfamilie in Mittelindien geboren.

1958-1966 Nach dem Philosophie-Studium ist Rajneesh als Dozent an der Universität von Jabalpur tätig.

1970 Die »Dynamische Meditation« wird in Bombay eingeführt (abrupter Wechsel zwischen Phasen intensiver Körperbewegungen und meditativer Stille), und die Initiation der ersten sechs Schüler findet statt.

1974 Rajneesh gründet in Poona ein Meditationszentrum (»Poona I«), das sich mit Hilfe westlicher Therapeuten zu einem Therapiezentrum mit vorwiegend westlicher Anhängerschaft entwickelt.

1981-1985 Rajneesh baut eine zweite Kommune in Oregon/USA auf, nach Meinung von Kritikern aus Gründen der Steuerflucht. In der spirituellen Kommune »Rajneeshpuram« soll der neue Mensch entstehen. Die Gemeinschaft ist streng hierarchisch organisiert. Rajneesh zieht sich zurück und hält zwischen 1981 und 1984 keine öffentliche Rede, seine Mitarbeiterin »Sheela« übernimmt die zentrale Leitungsfunktion. Der Zulauf ist enorm, und im Westen entstehen zahlreiche Meditationszentren nach gleichem Muster. Nach kriminellen Machenschaften und internen Machtkämpfen kommt es im September 1985 zum Zerwürfnis zwischen Sheela und Rajneesh und dem Zusammenbruch der Kommune. Rajneesh will die USA heimlich verlassen, wird aber für knapp drei Wochen inhaftiert und dann ausgewiesen. Sheela wird in Deutschland verhaftet und büßt eine mehrjährige Haftstrafe ab.

1986 Rajneesh versucht in diversen Ländern eine Aufenthaltserlaubnis zu bekommen – ohne Erfolg.

1987-1990 Rajneesh kehrt trotz Protesten von Anwohnern und fundamentalistischen Hindus nach Poona zurück (»Poona II«). Die Reglementierungen sind jetzt weniger streng, und die Ausbildungsvielfalt in alternativen Therapieformen und esoterischen und okkulten Praktiken wächst beständig.

1990 Kurz vor seinem Tod übergibt Rajneesh die Führung der Kommune einem 21-köpfigen Leitungskreis (»Inner Circle«), die alle Entscheidungen einstimmig und geheim treffen sollen. Heute (August 2000) sind nur noch 6 der ursprünglichen Mitglieder darin tätig.

1993 Eine Splittergruppe um den Meditationslehrer Chaitanya Bharti wird wegen Kritik aus der Kommune ausgeschlossen.

1994 Medien berichten über Drogengeschäfte und Geldwäsche in der Kommune. Westliche Reisende werden verhaftet, der »Inner Circle« ergreift Disziplinarmaßnahmen.

1996 Rajneeshs frühere Mitarbeiterin »Sheela« Birnstiel, die heute ein kleines Altersheim in der Nähe Basels leitet, veröffentlicht ihre Erinnerungen und erhebt schwere Vorwürfe gegen Schüler Rajneeshs und auch gegen ihren früheren Chef, den sie aber immer noch als ihren persönlichen Meister verehrt.

1998 Die Bild- und Tonrechte von Rajneeshs Werken und der Name »Osho« werden im Herbst von der New Yorker »Osho Foundation«, einem Ableger der OIF (»Osho International Foundation«) in Zürich, markenrechtlich geschützt. Ein Führungstrio des »Inner

Circle« erklärt sich zu alleinigen Inhabern aller Copyrights und versendet Mahnbescheide an andere Bhagwan-Zentren, die verlegerisch tätig sind.

1999 Der Israeli Tyohar lebte fünf Jahre in Poona, bevor er die Kommune mit einer stattlichen Zahl Schüler verlässt. Er gründet eine eigene spirituelle Gemeinschaft in Costa Rica.[202] Heftige interne Konflikte um die »wahren geistigen Erben« Rajneeshs irritieren und schwächen die Gemeinschaft.

2000 Weitere Erbstreitigkeiten: Ma Yoga Neelam, langjährige Mitarbeiterin und Vertraute von Rajneesh und bis Februar 2000 zehn Jahre lang Mitglied im »Inner Circle«, wendet sich nach Konflikten mit den Co-Leitern an die Presse und wirft dem Führungstrio diktatorisches Verhalten vor. Neelams Lebensgefährte, der ein Meditationszentrum in Neu Delhi leitet, erhält von der OIF eine Klage wegen Missbrauchs des Namens »Osho« in seiner Internet-Adresse »oshoworld.com«. Ein amerikanisches Schiedsgericht weist die Klage mit der Begründung ab, »Osho« könne kein rechtsgültiges Markenzeichen sein.

Lehre

Das Ego kann nur mit Hilfe eines Meisters transformiert werden, davon war Rajneesh überzeugt. Deshalb verlangte er Unterwerfung: »Du bist nicht wirklich! Ich werde dich töten, zerstören, damit deine alte, vergängliche Persönlichkeit zur ewigen Existenz wird.« Der heutige Mensch, so Rajneesh, sei gebunden durch längst überholte Weltbilder und Traditionen und belastet durch die Ängste des modernen Lebens, so dass er einen tiefen Reinigungsprozess durchmachen müsse, um in den Zustand der völlig entspannten, von allen Gedanken befreiten Meditation gelangen zu können.

Rajneesh hat keine systematische Darstellung seines Denkens hinterlassen, zumal er sich immer gegen Strukturen, Ordnungen und Dogmen gewendet hat. Dennoch verbindet er das Entwicklungsideal der humanistischen Psychologie, die Selbstverwirklichung, mit Wirklichkeitsvorstellungen östlicher Religionen, besonders mit der vom göttlichen Wesenskern des Menschen.[203] Mystik und Spiritualität werden so als »Psychologie der Buddhas« in den Dienst einer tiefer verstandenen Therapie gestellt.[204] Die Fesseln des Ich-Bewusstseins sollen »aufgesprengt« und dadurch die göttliche Wesensnatur des Menschen zugänglich werden. Die hier zum Vorschein kommende spirituell-psychologische Synthese will die anthropologischen Zielvorgaben einer Buddha-Natur mit Hilfe von Therapietechniken der humanistischen Psychologie umsetzen. Mit Hilfe körperorientierter Übungen sollen die Dominanz des Verstandes und der primär intellektuellen Wahrnehmung und Bewertung gebrochen werden und ein Zugang zum angeblich unverfälschten Wesen geschaffen werden. Das angestrebte befreite Leben erfordert die Überwindung gesellschaftlicher Konditionierungen durch die Auflösung des Egos.

Eine zentrale Rolle spielt bei Rajneesh die Sexualität – nicht umsonst provozierte er die bürgerliche Moral der siebziger Jahre und wurde als der »Sex-Guru« in den Medien vermarktet. Das Überschreiten gesellschaftlicher und persönlicher Grenzen war Programm. Dabei sollte gerade der Sexualtrieb nicht unterdrückt, sondern in »Göttlichkeit« verwandelt werden: »Sexualität und Spiritualität sind zwei Enden der einen Energie.«[205] Liebe zum Meister und Hingabe an ihn sollten zu einem »kosmischen Sex« führen, zu einer echten religiösen Erfahrung.

Nach Meinung der Schüler Rajneeshs hat ihr Meister 1990 nur seinen Körper verlassen, lebe aber in ihnen weiter fort. Bis heute wird in Poona zu Beginn jeder religiösen Unterweisung der speziell für Rajneesh angefertigte, überdimensionale Sessel »wie eine Reliquie feierlich in die Buddhahalle hereingetragen«.[206] Ebenso wird das Ritual, das Rajneesh zuletzt favorisierte, als Feier- und Gedächtnisstunde weltweit in allen Osho-Zentren um 19 Uhr Ortszeit durchgeführt. Diese »Osho White Robe Brotherhood« genannte Veranstaltung – alle sind möglichst in weiß gekleidet – dauert ungefähr 90 Minuten und besteht aus den folgenden drei Phasen: Tanzen zu »High-Energy«-Musik (schnell, laut, rhythmisch), Stille und anschließende Videoaufführung eines Osho-Diskurses. Den kultischen Höhepunkt der Veranstaltung bildet die Anrufung Rajneeshs, indem die Teilnehmer ihre Arme emporstrecken und dreimal laut »Osho!« rufen.

Das Schillernde und schwer Greifbare dieser Gruppierung lässt sich schon an den sich ändernden Selbstbezeichnungen ihres Gründers erkennen. Rajneesh ließ sich zunächst als Bhagwan anreden, was eigentlich eine Bezeichnung für Buddha war und im Hinduismus »Gott« bedeutet. In seinen letzten beiden Lebensjahren ließ er sich »Osho« nennen. Bewusst wird die Bedeutung dieses Namens offen gehalten, um erwünschte Projektionen nicht zu verhindern. Heute von seinen Schülern oft mit »erhabener Meister« übersetzt, ist es eigentlich das japanische Wort für einen buddhistischen Priester. Rajneesh selbst hat die Selbstbezeichnung »Osho« angeblich von William James' Begriff »ozeanisch« abgeleitet und es mit der Bedeutung »sich im Ozean auflösen« versehen.

Von einer einheitlichen Bhagwan-/Osho-Bewegung kann seit seinem Tod nicht mehr die Rede sein. Die jüngsten Streitigkeiten in Poonas Leitungsgremium um die Vermarktungsrechte an Bhagwans Schriften, Kassetten und Videos haben aller Welt deutlich gemacht, dass niedere Motive wie Neid und Habgier auch dieser spirituellen Erneuerungsbewegung zusetzen. Selbstsüchtiges Machtstreben und andere menschliche Bedürfnisse machen auch vor Gemeinschaften nicht Halt, die sich spirituell geben und eine nachhaltige Transformation des Menschen versprechen – dies belegt die Religions- und Kirchengeschichte. Sollten sich auf Rajneesh berufende Gruppierungen noch längerfristig existieren, werden auch sie sich einer Institutionalisierung und damit »Verkirchlichung« nicht entziehen können. Erste Schritte in diese Richtung sind durch jüngste Entwicklungen bereits erfolgt.

Neben den Erbstreitigkeiten wird die Frage der »Treue zum Meister« intern intensiv diskutiert. Die Nachfolger Rajneeshs haben sich in unterschiedliche Richtungen weiterentwickelt. Zwar sprechen immer noch viele Seminarleiter und Gesundheitslehrer, die heute ihre Dienste auf dem alternativen Selbsterfahrungs- und Lebenshilfemarkt anbieten, mit Hochachtung von ihrem Meister. Dennoch ist unübersehbar, dass sich die Bhagwan-Anhänger auf dem alternativen Therapiemarkt auch aus anderen Quellen reichlich mit Nahrung versorgen. Eine bekannte Therapeutin beschreibt, dass sie sich nach ihrer Einweihung durch Rajneesh immer wieder von neuen therapeutischen Methoden faszinieren ließ, z. B. von Quadrinity,[207] Avatar oder Miracle of Love. Und sie begründet: »Um erleuchtet zu werden bzw. zu sein, brauchst du einen lebenden Meister.« Insbesondere Harry Palmers »Avatar«-Kurssystem, eine krude Mischung aus naivem Positivem Denken und esoterischen Spekulationen, findet als Referenzausbildung bei immer mehr ehemaligen Bhagwan-Therapeuten Anklang.[208] Ein ehemaliger Schüler Rajneeshs stellt Palmer sogar auf seiner Internet-Seite neben den bekannten indischen Gurus Ramana Maharshi und Sai Baba als seinen spirituellen Lehrer vor – und »Osho« fehlt.

Die Anwendung neuerer Bewusstseinstechniken in der Rajneesh-Bewegung hat aber auch Widerstand hervorgerufen. Als ein Therapeut in der Hauszeitschrift »Osho-Times« einen Brückenschlag zwischen den autoritär vorgehenden Familienaufstellungen nach Bert Hellinger und Rajneeshs Vision von Befreiung herstellte, hagelte es Proteste. Den Redakteuren wurde der Vorwurf gemacht, sie hätten unterschwellig bestimmten Ideologien Raum gegeben – und das in der »Osho-Times«! Aller Kritik zum Trotz bieten immer mehr Bhagwan-Therapeuten Familienaufstellungen nach Hellinger an.

Unter den Anhängern Rajneeshs werden zunehmend kritische Töne laut, z. B. von dem Freiburger Heilpraktiker, Tantralehrer und distanzierten Sannyasin Saleem Matthias Riek: »Der gute Osho muß eine ganze Menge innerer Konflikte gehabt haben … Wir alle werden von egoistischen Motiven getrieben – auch Osho war davor nicht gefeit. Kaum einer hat virtuoser und mit mehr Inbrunst auf dem Klavier des Ego gespielt als er«.[209] Heute wird die herausragende Position des rebellischen Gurus der siebziger Jahre durch andere Meister in den Schatten gestellt, denn der Markt der spirituellen Lehrer boomt weiter. Rajneesh ist zu einem unter vielen geworden und gerät mehr und mehr in Vergessenheit. Man kann die Satsang-Bewegung, die im folgenden Abschnitt vorgestellt wird, als eine Weiterführung der Rajneesh-Schule verstehen.

Rajneeshs Vision wird von vielen als Utopie bezeichnet, zumal das Kommune-Experiment in Poona 1985 scheiterte. Dennoch ist die Sehnsucht und Suche nach derart authentischem Leben in Gemeinschaft so groß, dass ein harter Kern von heute etwa 5.000 Mitgliedern weiter dieses Ideal verfolgt.

Bekannte Seminarleiter, die zunächst bei Rajneesh in die Schule gingen bzw. sich von seinen Gedanken inspirieren ließen und sich dann selbständig weiter entwickelten, sind:

- Paul Lowe (»Theerta«), Amerikaner, bekannter Poona-Therapeut, gründete und leitete das Zentrum »Quaesitor« in England und »The International Academy of Meditation« in Italien. Seit einigen Jahren reist er mit seiner Partnerin ohne festen Wohnsitz als Gruppenleiter durch Europa.
- Michael Barnett (»Somendra«), Jg. 1930, Engländer, acht Jahre Schüler Rajneeshs, gründete 1982 die »Wild Goose Company« (Zentrum erst in der Schweiz, dann in Frankreich, heute in Freiburg).[210]
- Denny Yuson (»Veeresh«), Jg. 1938, Amerikaner, Gründer und Leiter einer niederländischen Ausbildungsstätte (www.humaniversity.nl).
- Sam Golden (»Samarpan«), Jg. 1941, Amerikaner, lebt in Frankfurt, seit Jahren erfolgreicher Satsang-Lehrer (www.samarpan.de).
- Alan Lowen gründete eine eigene Tantra-Schule (www.theartofbeing.com).
- Michael Crawford (zunächst »Anamo«, dann »Mikaire«), Jg. 1955, Neuseeländer, heute als Satsang-Lehrer aktiv (www.mikaire.com).
- Margot Anand Naslednikov wird als die Mutter des modernen, westlichen Neo-Tantrismus angesehen. Inspiriert durch Rajneesh entwickelte sie spezielle Methoden und Tantra-Institute in der ganzen Welt (www.SkyDancingTantra.de).

- Gerd B. Ziegler schrieb mehrere Tarot-Bücher und begründete Tantra-Ausbildungen (»Vision der Freude«, »Transzendenzprozess«[211]).
- Burkhardt Kiegeland, Jg. 1943, gründete den Verein »Der weiße Lotus« in Salzburg.[212]
- Michael Plesse, Jg. 1945, gründete 1991 das Netzwerk »Orgoville International« mit lokalen Tantra-Schulen,[213] außerdem bildet er transpersonale Psychotherapeuten aus.[214]
- Kabir Jaffe, nach angeblich 18 Jahren in Indien gründete der Psychologe und passionierte Astrologe die »International University of Consciousness and Inner Sciences« (IUCIS) auf Hawaii. Dort bietet er pseudoakademische Abschlüsse an, in Deutschland bietet er Module und ein »Essenz-Training« in Zusammenarbeit mit dem »Frankfurter Ring« an.[215]

Verbreitung

Es ist erstaunlich, dass die Rajneesh-Bewegung trotz aller Skandale, Intrigen und Widersprüchlichkeiten bis heute lebendig geblieben ist. Wenn sie neue Elemente integriert, wie es beispielsweise das Osho-UTA-Institut in Köln tut, indem esoterische Trends und aktuelle alternative Therapieformen »bhagwanisiert« werden, scheint dies zu helfen und auch eine Expansion zu ermöglichen – das Kölner »Buddhafield« musste ihr Raumangebot erweitern. Ein anderes Beispiel ist die Erhöhung der Auflage der Zeitschrift »connection« auf 15.000 Exemplare ab 2001. Dieses Magazin greift aktuelle Tendenzen der alternativ spirituellen Therapieszene auf und hat beispielsweise in den letzten Jahren genau die wachsende Popularität der Satsang-Bewegung verfolgt bzw. unterstützt.

Die Veränderungen in den an Bhagwan Rajneesh orientierten Gemeinschaften sind groß. Während im Adressen-Teil der »connection«-Sonderausgabe zum 10-jährigen Todestag Oshos 1999 bundesweit 25 Osho-Zentren aufgelistet sind, werben ein Jahr später in einer Gemeinschaftsanzeige nur noch 14 mit eigenen Informations- und Meditationsveranstaltungen.[216] Ein einziges Zentrum in Deutschland scheint groß, lebendig und besonders aktiv zu sein – das Osho-UTA-Institut in Köln. Es wirbt damit, dass es sich in den letzten 18 Jahren zu einem der größten spirituellen Wachstumszentren in Europa entwickelt habe und neben Poona das weltweit größte Osho-Institut sei.

Vielleicht liegt die Attraktivität des UTA-Instituts aber gar nicht im spirituellen, sondern im materiellen Bereich. Das »Buddhafield« Köln besteht aus einer florierenden Gewerbe-Kooperation selbständiger Sannyasins, wobei insbesondere der alternative Gesundheitsmarkt vielfältig vertreten ist. Aber auch andere Dienstleistungen (z. B. Druck- und Grafik-Büros, Restaurants) sind vorhanden und scheinen zu prosperieren. Andere Osho-Zentren sind eher kleinere Meditationstreffpunkte und Informationsstellen oder neue Projekte, die ihrer Vision erst Gestalt geben und sie im Alltag erproben müssen. Andere, etablierte Zentren mussten wegen interner Streitigkeiten aufgegeben werden – zuletzt das in 12 Jahren gewachsene Osho-Parimal Zentrum in Gut Hübenthal. Der neue Vereinsvorstand entschied, dass in dem neuen, großen Anbau nun auch Tagungen und Seminare von Gruppen stattfinden können, die nicht von Sannyasins geleitet werden – die Gebäude müssen genutzt und dadurch finanziert werden.

Auch spirituelle Bewegungen scheinen sich der Macht des Geldes nicht entziehen zu können. In der Osho-Szene jedenfalls tobt ein Machtkampf um Marktanteile. Dass sich der amerikanische Verein »Osho International« die Rechte-Verwaltung für Osho™ juristisch hat erstreiten müssen, belegt den Ausverkauf des spirituellen Anspruchs eindrücklich und hat der Bewegung mit Sicherheit geschadet.

Spiritualität und Geld – ein heikles Thema auch für Osho-Anhänger. Bhagwan Shree Rajneesh wollte neue Menschen mit humaneren Wertvorstellungen schaffen. Ichbezogenheit und die Verhaftung ans Materielle sollte dabei überwunden werden, und auch gesellschaftliches Engagement im Sinne einer spirituellen Ökologie war angestrebt. Heute sind andere Töne maßgebend: »Die Zeit, in der Sannyas als Lebensstil mehr und mehr zu einer bloßen inneren Erfahrung geworden ist, dokumentiert, dass die Verbindung von Meditation und Marktplatz durchaus kein unüberwindbarer Spagat ist.«[217] Einige Sannyasins geben heute unumwunden zu, als Versicherungsmakler und Börsenspekulanten ihr tägliches Brot zu verdienen.

Zunehmend hat die Osho-Bewegung ihren revolutionären Anspruch verloren und ist größtenteils nur noch durch ihre Selbsterfahrungs-, Therapie- und Meditationsmethoden bekannt. Dabei mischen sich typische Osho-Methoden wie die »Dynamische Meditation« mit allem, was auf dem alternativen Gesundheitsmarkt gerade aktuell ist. Schwerpunktmäßig sind die Angebote immer noch körperorientiert, aber auch rein kognitiv arbeitende wie das NLP (Neurolinguistisches Programmieren) nehmen in der Osho-Szene zu. Alle modischen Therapie-Angebote werden auch von Sannyasins eingesetzt – gegenwärtig zum Beispiel häufig das Familienstellen nach Hellinger und neuerdings auch Channeling. Mit alternativen Gesundheitsangeboten kann man heute einen beachtlichen Umsatz machen, weil sich Spiritualität und Körperbewusstsein gut verkaufen lassen. Davon profitiert die Bewegung, und das erhält sie am Leben.

Rajneesh kann als ein Pionier für den wachsenden Einfluss östlicher Denkmodelle und Weltbilder auf die westliche Psychologie angesehen werden. Geht die Osho-Bewegung mittlerweile im alternativen Gesundheitsmarkt auf? Dass eine naht- und kritiklose Verbindung zwischen beiden Milieus auch zu Problemen führen kann, belegt der Konkurs der 17 Thalamus-Heilpraktikerschulen. Die zweitgrößten Anbieter zur Vorbereitung auf den Heilpraktikerberuf wurden von den Anhängern Rajneeshs dem »Buddhafield Germany« zugerechnet, und viele Ausbilder waren zumindest Rajneesh-Sympathisanten. Nach eigenen Angaben haben die hohen Kosten für die Verwaltungszentrale der Schulen in Freiburg zu dem Konkurs geführt, nun erfolgte ein Neubeginn mit selbständigen Partnern ohne zentrale Leitung.[218]

Zur Einordnung

Im Rückblick lassen sich insbesondere drei Strömungen ausmachen, die von Rajneesh ausgingen bzw. nachhaltig gefördert wurden:

- Die Verbindung zwischen *Therapie und Religion* –Theorie und Praxis einer spirituellen Therapie: Nach der Tiefenpsychologie, die von der neurotischen Störung ausgeht, und nach der humanistischen Psychologie, der es um die bestmögliche Selbstverwirklichung geht, richtet sich Rajneeshs »Dritte Psychologie« mit spezifischen Techniken an die Überwindung des Egos und an die Verwirklichung der angeblichen Buddha-

Natur des Menschen. Die Therapie sei eine notwendige Vorstufe zur Meditation. Erst nach dem Ablegen gesellschaftlicher Konditionierungen und einengenden Normen könne Erleuchtung erlangt werden.

- Die Verbindung von *Sexualität und Spiritualität* – Neo-Tantrismus als Therapietechnik: Rajneeshs ganzheitliche Therapiekonzeption bezieht den Körper radikal mit ein. In den berühmt-berüchtigten Gruppenmarathons (»Encounter«) und bei der Entwicklung von Tantragruppen wurde mit dem Körper experimentiert, um die Erstarrung von Teilnehmern aufzubrechen. Rajneesh war der Wegbereiter für die populären Tantra-Angebote, die seitdem im Westen boomen.

- Die Verbindung zwischen *Meister und Schüler* – der Therapeut als Guru: Neben den psychotischen und neurotischen Störungen berichten Psychotherapeuten von einer Zunahme an existenziellen Sinnkrisen und den an sie gerichteten Orientierungswünschen. Rajneesh bot sich als »erleuchteter Meister« an, folgewilligen Schülerinnen und Schülern den Weg zur angeblichen Harmonie mit sich selber zu weisen. Mit Recht tituliert Hummel ihn als den Guru der Psychoszene. In der Kombination von religiösem Lehrer und radikalem Therapeuten kann er als ein Pionier der Psychoszene angesehen werden, dem darin allerdings auch missbräuchliche Übergriffe vorzuwerfen sind.[219]

Die Rajneesh-Bewegung spiegelt unterschiedliche Facetten wider, wie sie Hummel herausgearbeitet hat:[220] von außen betrachtet eine psycho-religiöse Bewegung, der es nur um Selbsterfahrung und Therapie zu gehen scheint; genauer hingeschaut der Kult um einen »erleuchteten Meister«, der andere zur Erleuchtung führen könne. Aus größerer Distanz erscheint die Bewegung als ein wachsendes Wirtschaftsunternehmen mit lukrativen Erträgen – Heilung, Sinnfindung und ganzheitliche Gesundheit sind wieder zu wichtigen Gütern der Überflussgesellschaft geworden.

Aus religionswissenschaftlicher Perspektive hat Rajneesh die Grundregel des indischen Asketentums, die Besitzlosigkeit, verletzt. Neben Rajneesh wurden die Transzendentale Meditation des Maharishi Mahesh Yogi und die ISKCON-Bewegung[221] als Geschäftemacher mit hinduistischer Spiritualität bezeichnet. Allen drei Organisationen ist nämlich gemeinsam, dass sich ihre Gründer als religiöse Lehrer verehren ließen und lassen, die in ihrer traditionellen Funktion eigentlich die Tugend des »Nicht-Raffens« an den Tag legen müssten.[222] Alle drei Firmengründer sind jedoch »mit ihrem Meditationsgeschäft schwerreich geworden; sie verzichten nicht, sondern schwimmen im Geld. Man sollte ihr Geschäft deshalb auch nicht als ›Guruismus‹ bezeichnen – wie es bisweilen geschieht – sie sind keine Gurus oder weisen Seher, sondern clevere Geschäftsleute.«[223]

Wie immer man die Bewegung um Rajneesh einordnet, auch aus anderen Gründen bleiben kritische Anfragen zurück. Die Abwertung, manchmal sogar die Ablehnung des Denkens ist ein Kennzeichen sannyatischer Lebensweise. Damit wird ein Merkmal des Menschen, seine Rationalität, in Miskredit gebracht oder gar geleugnet. Die Absolutsetzung der emotionalen Erfahrung führt aber zu einer verzerrten Realitätswahrnehmung. Die Widersprüchlichkeiten des Alltags erfordern eine Zusammenarbeit von Herz und Kopf und die Bereitschaft und Fähigkeit, Kompromisse zu schließen, Frustrationstoleranz zu entwickeln und eigene Wünsche und Ziele zu relativieren. Wie sieht es um höhere, z. B.

gemeinschaftliche Werte aus? Wahrscheinlich nicht zufällig entscheiden sich auffallend viele Sannyasins gegen eigene Kinder, weil diese den individuellen Erleuchtungsweg behindern könnten.

Dient die intensive Beschäftigung mit dem eigenen Ego trotz des hohen Ziels seiner Überwindung nicht letztlich doch dem Lustgewinn und der eigenen Selbstdarstellung? Jedenfalls charakterisiert die religionswissenschaftliche Untersuchung von Fritz Huth das psychologische Profil Rajneeshs als narzisstisch, obwohl er als Erleuchteter von anderen Eigenschaften geprägt sein sollte.[224] Kategorisch urteilt ein anderer Religionswissenschaftler und Psychologe: »Wo die Integrität anderer Menschen gefährdet wird – und das war bei Rajneesh in Oregon eindeutig der Fall –, hat ein Guru seine Legitimation verspielt.«[225] Die intensive Bindung in der Meister-Schüler-Beziehung verführt den Lehrer zu Allmachtsfantasien. Wie die Religionsgeschichte mit reichlichen Beispielen belegt, sind nur wenige spirituelle Lehrer in der Lage, angemessen mit den extremen Idealisierungen, sehnsüchtigen Wünschen und riesenhaften Projektionen ihrer Schülerinnen und Schüler umzugehen – Rajneesh bestätigt mit seinem Versagen die Regel.

Die ständigen und intensiven Gefühlsprovokationen in den Meditationsgruppen können bei den Schülern rauschhafte Wirkungen herbeiführen und als Mittel zur Alltagsflucht missbraucht werden. Echte religiöse Erfahrung ist auch nicht durch besondere Therapietechniken herstellbar. Die Erleuchtung ist nicht verfügbar oder käuflich, was manche Sannyas-Seminare suggerieren.

Entgegen dem simplifizierenden Monismus eines Aufgehens im Nichts muss aus psychologischer Sicht betont werden, dass es gerade nicht zu einer gelingenden Alltagsbewältigung beiträgt, Grenzen zu sprengen, sondern sie zu akzeptieren und mit ihnen umgehen zu lernen. Dazu gehört das Arrangieren mit Vorläufigem, das Verarbeiten von Enttäuschungen und der Umgang mit Krisen und Rückschlägen. Auch solche Erfahrungen gehören essenziell zum Leben dazu – es ist ungesund und unmenschlich, sie eliminieren zu wollen.

Quellen: **Osho**, Esoterische Psychologie, Zürich 1991 · **Ders.**, Das orangene Buch, Köln 1994 · **Ders.**, Das Buch der Heilung, München 1995 · **Ders.**, Jenseits der Grenzen des Verstandes, Köln 1997

Literatur: **Eggenberger**[6], S. 259ff. · **Gasper/Müller/Valentin**[6], S. 859ff. · **Handbuch**[5], S. 719ff. · **Hummel**, S. 82ff. · **Klöcker/Tworuschka**, VIII-8 · **Metzler Lexikon der Religion**, Bd. II, S. 630-632 · **Jörg Andrees Elten**, Ganz entspannt im Hier und Jetzt, Reinbek 1982 · **Sheela Birnstiel**, Tötet ihn nicht! Basel 1996 · **Fritz-Reinhold Huth**, Das Selbstverständnis des Bhagwan Shree Rajneesh in seinen Reden über Jesus, Frankfurt/M. 1993 · **Gunther Klosinski**, Warum Bhagwan? München 1985 · **Ulrich Müller/Anne-Marie Leimkühler**, Zwischen Allmacht und Ohnmacht, Regensburg 1992 · **Ingrid Riedel/Michael Mildenberger**, Bhagwan Shree Rajneesh, Nr. 78 der EZW Information, Stuttgart 1980 · **Joachim Süss**, Bhagwans Erben, München 1996

Internet: www.osho.com · www.oshouta.de · www.meditate-celebrate.com · www.connection-medien.de

> »Verwirklichung ist bereits da. Der Zustand, der frei von Gedanken ist, ist der einzig wirkliche Zustand. Das Radio singt und spricht, aber wenn es geöffnet wird, ist niemand drin. So ist es mit der Existenz: Obgleich der Körper spricht wie ein Radio, ist niemand als ein Handelnder darin.«[226]   (Ramana Maharshi)

Die gegenwärtige Popularität von Satsang-Veranstaltungen lässt sich am besten vor dem Hintergrund der Rajneesh-Bewegung verstehen.[227] In ihrer Anfangszeit – auch als »Poona I« bezeichnet – wurden hauptsächlich konfrontative und expressive Therapietechniken eingesetzt. Gefühlsausbrüche, Aggressionen und sexuelle Praktiken waren in diesen Gruppen an der Tagesordnung.[228] Durch Marathonsitzungen und spezielle Fragetechniken sollte bei den Teilnehmenden der Verstand ausgeschaltet werden und eine intensive Gefühlsbegegnung erfolgen. Unterdrückte Emotionen sollten wahrgenommen und ausgelebt werden und zu einer tiefen Katharsis, einer umfassenden inneren Reinigung führen. Später standen sanfte Bewegungs- und Massagetechniken im Vordergrund, die das Wohlgefühl steigern, die Energie fließen und letztlich den Weg zum »göttlichen Selbst« frei machen sollten.

Neben den harten und weichen körperlichen Selbsterforschungstechniken und -gruppen sind in der jüngeren Entwicklung der sich auf Rajneesh beziehenden Personen und Gruppen so genannte Satsang-Veranstaltungen populär geworden. Sie werden neuerdings als ein weiteres Instrument der Persönlichkeitsveränderung eingesetzt. Derart rein mentale Verfahren, die sich eindeutig auf eine spirituelle Tradition beziehen, haben in der Psychoszene im Moment Konjunktur. Das Osho-UTA-Institut in Köln bietet im Jahresprogramm 2001 erstmals eine vierteilige Ausbildung in »Channeling« an. Den Menschen, die schon im Bereich von Psychotherapie, Körperarbeit oder Kommunikation arbeiten, eröffne diese Methode »eine neue Ebene feinstofflicher Sensibilität und Intuition« mit der Ankündigung: »Jeder Teilnehmer lernt für sich selbst zu channeln.«[229] Dabei sei das Ziel des Trainings die Selbsttransformation. Durch die Erforschung der Chakren, Energiezentren und des feinstofflichen Körpers können angeblich alte Wunden heilen: »Mit Hilfe emotionaler Klärung, durch Trance- und Energiearbeit und das Empfangen von Botschaften aus den Dimensionen des Seins können diese heilen.«[230] So wie hier an esoterisches Gedankengut angeknüpft wird, stehen auch Satsang-Veranstaltungen in einer spirituellen Tradition. Sie beziehen sich auf ein großes System der hinduistischen Philosophie, den Vedanta.

Lehre

Vedanta bedeutet das Ende (Sanskrit »anta«), aber auch die Vollendung der Veden, der ältesten Texte der indischen Literatur, denen ein orthodoxer Hindu göttlichen Ursprung und Autorität zuschreibt. Die phänomenale Welt als Täuschung und Schein zu betrachten ist der Grundgedanke des Vedanta. Als ihr bedeutenster Gelehrter gilt Shankara [788–820]. In dieser Tradition erkennt das absolute, unveränderliche Bewusstsein die Welt der

Dinge, Personen und Ereignisse als unwirklich an (»Maya«): »Es gibt nichts außer Bewusstsein.« Dadurch wird die vermeintliche Vielheit der Erscheinungswelt zur Illusion, und alles ist Ausdruck eines einzigen (Bewusstseins-)Prinzips, nach dem es keinen Gegensatz oder Widerspruch gibt. Die Wirklichkeit wird monistisch gedeutet, wonach eine Nicht-Dualität zwischen Seele und Welt herrsche (»A-Dvaita«). In Wahrheit sei alles eins, was in so genannten »Großen Sätzen« formelhaft zum Ausdruck gebracht wird, z. B. »das bist du« (tat tvam asi) und anderen.

Das Ziel des spirituellen Weges besteht darin, die letztliche Übereinstimmung der individuellen Person mit Brahman, dem Unendlichen (Bewusstsein) oder der kosmischen Schöpferkraft zu erkennen. Die Erlösungslehre des Vedanta besagt, dass diese »in der Meditation der Identität von Atman und Brahman, von Individualseele und Universalseele, realisiert wird«.[231] Demnach besteht die Erlösung aus einem Erkenntnisakt. Die zur Erlösung oder Erleuchtung benötigten Einsichten sollen in den so genannten Satsang-Veranstaltungen vermittelt werden. Erkenntnis darf hier aber nicht ausschließlich kognitiv verstanden werden, sondern in einer geheimnisvoll umfassenden, »ganzheitlichen« Weise. Das Verstehen ist an die erwartungsvolle Beziehung zum Meister geknüpft – nur in der richtigen Haltung zu ihm oder ihr kann eine Erleuchtung passieren.

Der Begriff »Satsang« stammt aus dem Hinduismus. »Sangha« bedeutet Gruppe oder Gemeinschaft, »sat« das Existenzprinzip, übersetzt etwa »Sein« oder »Wirklichkeit«. Satsang steht damit für die Gemeinschaft mit dem Göttlichen, mit der Gegenwart eines Heiligen oder Weisen, der verkörperten Wahrheit.[232] Die Methode des »Sitzens bei der Wahrheit« ist natürlich schon viel älter. Die zentrale hinduistische Textsammlung der Upanishaden geht von der Notwendigkeit einer intensiven Schüler-Lehrer-Beziehung aus: Upa-ni-sad meint zu den Füßen des Meisters sitzen.[233] Nach einer alten, aus Indien stammenden spirituellen Tradition, die sich heute in einer populären Version auf den Guru Ramana Maharshi bezieht, scharen sich bei den »Satsang« genannten Veranstaltungen spirituell Suchende um einen Menschen, der aus ihrer Sicht ein völlig verwandeltes, »erleuchtetes« Bewusstsein hat. Phasen des Schweigens wechseln dabei mit Abschnitten ab, in denen Fragen aller Art gestellt werden können. Der Grundgedanke lautet, dass es möglich ist, einen besonderen Selbst-Zustand unabhängig vom Körper und jeglicher Subjekt-Objekt-Wahrnehmung zu realisieren. Die Wahrnehmungen der Alltags-Wirklichkeit werden zu Illusionen. Die vermittelbare Erfahrung eines vollkommenen, absoluten Bewusstseins brächte alle Dualitäten, Widersprüchlichkeiten und Konflikte zum Verschwinden und Schweigen. Als Entwicklungsziel wird eine reine Stille ohne Begierden, Wünsche oder Absichten beschrieben.

Advaita-Vedanta will die menschliche Grunderfahrung der Gegensätzlichkeit und Getrenntheit und damit die Konflikthaftigkeit von Beziehungen und die Ambivalenz von Entscheidungen überwinden. Diese Philosophie geht davon aus, dass es letztlich keine selbständig handelnde Person gibt, sondern alles nach einem festgelegten Plan abläuft. Im Zentrum dieses Denkens steht, dass der Gedanke eines unabhängigen Ichs die Quelle allen Leidens sei.[234] Demnach gilt es allein anzuerkennen und sich damit einzurichten, was ist. Mit den Worten Shankaras: »Wenn alle Unterschiede, die von der Maya (Illusion) geschaffen werden, zurückgewiesen sind, dann bleibt etwas Selbst-Leuchtendes, das ewig ist, makellos, unermesslich und unzerstörbar: die höchste Wahrheit, die absolutes Bewusstsein ist, in dem der Erkennende, das Erkannte und das Erkennen vereinigt sind, unendlich und unwandelbar.«[235] Der als Befreiung verstandene Prozess einer Loslösung von der persönlichen Individualität, metaphorisch beschrieben als kosmische Verbundenheit, Auflösung im Nichts, ozeanische Verschmelzung oder Begegnung mit dem Unendlichen, ist ein Kennzeichen der traditionellen Hindu-Philosophie, die sagt, dass der aufrichtig Suchende selber jenes unsterbliche, absolute Selbst ist.

Wie mit einem Brennglas fokussieren Satsang-Veranstaltungen auf Fragen der Welt- und Selbsterkenntnis. Häufig münden die Diskurse in die spirituellen Grundfragen »Wer bin ich? Was will ich? Was ist wirklich?« Diese rational unlösbaren Fragen meinen Vertreter dieser Lehre beantworten zu können. Jede Frage weisen sie zurück auf das Bewusstsein des Fragenden: Für wen existiert dieses Problem? Wer ist es, der diese Frage jetzt stellt? Das Ziel besteht darin, die Anhaftung mit Problemen, Krankheiten oder Leid und generell eine Identifizierung mit der eigenen Person zu überwinden. Die persönliche Identität wird als eine illusionäre Vorstellung und Fata Morgana abgetan: »Es gibt nichts Persönliches. Erst durch die Vorstellung, dass dieses Ich ein persönliches Ich ist, welches persönlich handelt und persönlich für etwas verantwortlich ist, entsteht Abtrennung und Leiden.«[236] Obwohl Vertreter dieser Richtung es strikt ablehnen, scheint das suggestive und stereotype Rückfragen als Methode angewandt zu werden, um Abstand von sich selbst zu erlangen und sich frei, unschuldig und makellos zu fühlen. Die Replik »Wer ist es, der jetzt fragt?« lenkt die Aufmerksamkeit von der persönlichen Betroffenheit und subjektiven Bedeutsamkeit eines Problems zu einer unlösbaren menschlichen Grundfrage hin. Die Gefühlsqualitäten der Wahrnehmung, das Eingebundensein in zwischenmenschliche Beziehungsgeflechte und die körperlich spürbaren Erfahrungen menschlichen Leidens werden damit übergangen.

Vorgehensweise

Im Laufe der Weiterentwicklung der Rajneesh-Bewegung haben sich die Selbsterfahrungs- und Therapiemethoden und damit auch die angebotenen Veranstaltungsformen verändert. Immer neu hat Rajneesh seine Auftritte in besonderer Weise inszeniert und bestimmte Rituale kreiert. Spektakulär war das so genannte »Drive-by«, das Rajneesh in der Oregon-Phase praktizierte: Von 1981 bis 1984 hielt er keine Diskurse, sondern zeigte sich nur schweigend, z. B. während der »Drive-by«-Parade, wenn er sich in einem seiner 93 Rolls-Royce-Fahrzeuge in der Hauptstraße von Rajneeshpuram feiern ließ. Die normalerweise vormittags stattfindende religiöse Unterweisung benannte Rajneesh in dieser Zeit in »Satsang« um – ein »stilles Miteinander des Meisters mit seinen Schülern, eine Kommunikation von Herz zu Herz in der Sprache der Existenz«.[237]

Konfrontative »harte« Methoden sind bei Rajneesh zugunsten »sanfter«, körperorientierter Verfahren gewichen und stehen heute nur noch bei einzelnen Zentren im Mittelpunkt.[238] Nicht mehr die Katharsis, sondern »Transformation« lautet das Ziel der jüngeren Behandlungsverfahren, die nach dem Scheitern des Kommune-Experiments in Oregon ab 1986 am meisten verwendet werden. Sanfte Massagetechniken und Wohlfühlangebote sollten nun die Wahrnehmung schärfen und Brücken zum eigentlichen Wesenskern des Menschen bauen. Damit entstand eine große Nähe zum alternativen Gesundheitsmarkt, und viele Anbieter dieser Seminarszene sind oder waren deshalb

Sannyasins, also Schüler Rajneeshs, auch wenn das häufig nicht publik gemacht wurde und wird.

Die meisten Satsang-Lehrer und Lehrerinnen verwenden bei ihren Veranstaltungen neben der Lehrrede und/oder der Beantwortung von Fragen Musik – live oder von einer CD. Mantras, d.h. eine Silbe(nfolge) in Sanskrit, die den Namen einer Gottheit oder Energie bezeichnet. Gesänge, die kosmischen Kräften Ausdruck verleihen sollen, wurden im Osten schon lange vor Christi Geburt gesungen. Sie erfreuen sich bei den heutigen Satsang-Veranstaltungen großer Beliebtheit. »OM«, das Urmantra, wird gemeinsam angestimmt – entweder nur auf einem Ton, oder – in Verbindung mit weiteren Sanskritworten wie »Shanti« (Friede sei mit Dir) – als einfache Melodie gesungen. Bei vielen Veranstaltungen dienen ausgewählte, meditative Musik-CDs in der ersten halben Stunde der Einstimmung oder Auflockerung der Lehrreden. Bei manchen nimmt das gemeinsame Singen, Musizieren und Anbeten des Universums sogar die Hälfte des Abends ein. Die gefragtesten und bekanntesten Satsang-Musiker sind Miten und Deva Premal. Die Deutsche und der Engländer begegneten sich 1990 in Poona und reisen seitdem als spirituelle Musiker mit großem Erfolg um die Welt.[239]

In der Regel werden keine konkreten Techniken für das »Erwachen« vorgehalten oder angeboten. Auf die unterweisende Lehrrede, die auf Außenstehende durchaus wie ein belangloses Gerede über Gott und die Welt wirken kann, folgen »Dialoge zur Selbsterforschung«: Der Satsang-Meister beantwortet Fragen oder fragt zurück. Satsang ist nach Meinung derer, die es anbieten, weit mehr als eine Methode. Das bedingungslose Zusammensein in der Wahrheit – d. h. mit dem erleuchteten Lehrer – sei »wie ein unendlicher offener Raum, der jedem, der zu einem formellen Satsang kommt, angeboten wird. Inwieweit du diesen Raum nutzt oder möglicherweise sogar missbrauchst, ist deine Angelegenheit.«[240] Dennoch wird »Erleuchtung« von manchen Satsang-Anbietern als ein herstellbarer Bewusstseinszustand beschrieben. Religionsgeschichtlich ist dieses Vorgehen unhaltbar: »Der Lehrer kann den Schüler nur bis zur Schwelle des Allerheiligsten führen, die Einheitserfahrung kann er ihm nicht vermitteln, sie ist nicht Sache menschlicher Unterweisung, sie ist ein Geschenk; darauf muss der Schüler so lange warten, bis es über ihn wie ein Blitz aus heiterem Himmel kommt«,[241] unterstreicht der Religionswissenschaftler Peter Gerlitz.

Die Instant-Mentalität dieser Veranstaltungen hat dazu geführt, dass spirituell Suchende in diesen Veranstaltungen eine Möglichkeit sehen, sich dort ihrer persönlichen Lebenskonflikte entledigen zu können und auf einfache Weise endgültige Befreiung und einen radikalen Neuanfang zu erleben. Die Wirkung eines Satsangs beschrieb ein Besucher so: »Als all diese Drogen und Schlafmittel keine Wirkung mehr zeigten, gab es plötzlich eine neue Modedroge: Satsang. Die Wirkung war prompt und doppelt wirksam. Kurz vor, während und kurz nach dem Satsang dieses Gefühl von Wachsein, Frieden und als Zugabe die spirituelle Beruhigungspille, endlich auf dem richtigen Trip zu sein.«[242] Im Juni 2000 fand ein Treffen der in Deutschland aktiven Satsang-Lehrer statt, die damit verbundene Fragen unter dem Thema »Korruption des Satsang« diskutiert haben. Manche Anbieter sind deshalb auch dazu übergegangen, ihre Veranstaltungen nicht mehr als Satsang, sondern neutraler als »Meeting« zu bezeichnen.

Vertreter neuzeitlicher hinduistischer Spiritualität wie die Inder Ramana Maharshi [1879-1950] und Nisargadatta Maharaj [1897-1981] mit ihren jeweiligen Nachfolgern Poonjaji [1910-1997] und Ramesh Balsekar [geb. 1917] haben dem durch Satsang-Veranstaltungen transportierten Advaida-Gedankengut im Westen durch ihre Nachfolger (s. u.) zu hoher Popularität verholfen.

Die Verbreitung von Satsangs im Westen ging ursprünglich stark von Rajneesh-Anhängern aus. Nach dem Tode ihres Gurus im Jahre 1990 suchten seine Schüler eine neue Leitfigur und fanden sie in Poonjaji. Dieser war Schüler des legendären Ramana Maharshi gewesen, wohl der einflussreichste Advaita-Vedanta-Lehrer der Gegenwart. Im Todesjahr Rajneeshs ließ sich Poonjaji in Lucknow (Nordindien) nieder und scharte sofort eine große Zahl westlicher Schüler um sich. Während die Lehren Bhagwan Rajneeshs bei vielen seiner Schüler den Eindruck hinterlassen hatten, der Zustand der Erleuchtung sei praktisch unerreichbar, war hier auf einmal ein Lehrer, der den Suchern mitteilte, dass sie in Wirklichkeit schon erleuchtet seien, und dass es möglich sei, sofort mit der Suche aufzuhören. Allerdings bieten heute schon zahlreiche Rajneesh-Schüler Satsang-Veranstaltungen an, ohne sich auf eine der beiden prominenten Traditionslinien Maharshi-Poonjaji oder Nisargadatta-Balsekar zu berufen. Dazu zählen der Neuseeländer Michael Crawford (»Mikaire«, vgl. www.mikaire.com), der Österreicher Udo Kolitscher (»Yod«, vgl. www.yodsatsang.com) oder der Israeli »Tyohar« (vgl. www.tyohar.org).

Als ein weiterer »erwachter Lehrer der Nicht-Zweiheit« wird Ramesh S. Balsekar beschrieben. Der 1917 geborene Inder war früher angeblich Präsident der Bank of India und von 1978 bis 1981 Schüler von Nisargadatta Maharaj und nach seinem Tod dessen Nachfolger. Seit vielen Jahren lädt er zu Diskursen in seine Privatwohnung nach Bombay ein. Seit 1998 reist er trotz seines hohen Alters jährlich einmal nach Bayern, um dort auf einem alten Gutshof 100 Kilometer östlich von München Satsangs anzubieten.[243] Eine »erwachte Schülerin« von Ramesh Balsekar, bei der die Überzeugung, eine selbständig handelnde Person zu sein, ebenfalls verschwunden sei, ist neben anderen Elke von der Osten.[244]

Als besonders aktive Schüler von Poonjaji reisen Andrew Cohen und Antoinelle Varner (»Gangaji«, Jg. 1942)[245] seit einigen Jahren durch Europa. Die beiden Amerikaner zählen zu den bekanntesten Satsang-Lehrern. Cohen hat die internationale Gemeinschaft »Impersonal Enlightenment Fellowship (IEF)« gegründet und gibt die Zeitschrift »Was ist Erleuchtung?« heraus,[246] die auch kritische Aspekte dieses Milieus behandelt. Auf Varner beziehen sich der in Frankfurt ansässige ehemalige Rajneesh-Schüler und jetzige Satsang-Lehrer Sam Golden (»Samarpan«, Jg. 1941) und der Hamburger Cedric Parkin.[247] Parkin will in einem durch einen Autounfall verursachten komatösen Zustand Maharshi begegnet sein und leitet heute die expandierende »Satang-Allionce« in Hamburg, die eine eigene Zeitschrift herausgibt. Lehrreden von weiteren in Europa aktiven Advaita-Vertretern werden zunehmend gedruckt und per Videos angeboten[248] – der Markt dafür ist vorhanden und wächst.

Der Wunsch nach einer innigen Verbindung zum Göttlichen ist älter als die verfassten Religionen und erlebte auch im Christentum verschiedene Blüten.[249] Ekstatische Erfahrungen des unmittelbaren Einsseins mit Gott oder dem göttlichen Seinsgrund werden klassisch seit Dionysius Areopagita »unio mystica« genannt.[250] Im Zuge des Erlebnis-Booms in der Gesellschaft ist in den Kirchen seit vielen Jahren ein neues Fragen nach authentischen Gotteserfahrungen zu beobachten. Pietistisch geprägte Religionsgemeinschaften haben davon profitiert, und der hohe Zulauf zu pentekostal orientierten Freikirchen ist ebenso ein Hinweis dafür (vgl. V.-2.4). Manche extreme Vertreter eines charismatischen Frömmigkeitsstils behaupten, dass ein ständiger, intensiver Gotteskontakt möglich sei.[251] Jedoch belegt die biblische und kirchengeschichtliche Überlieferung, dass jeder Mensch an der Selbstverfehlung durch die Sünde krankt und die Versuchung bis zum Tod ein ständiger Begleiter ist.

Andere Autoren empfehlen zur Vertiefung der christlichen Gotteserfahrung asiatische Meditationsmethoden und votieren für eine stärkere Vernetzung zwischen christlicher und hinduistischer oder buddhistischer Mystik,[252] verstanden als eine »das gewöhnliche Bewusstsein und die verstandesmäßige Erkenntnis übersteigende, unmittelbare Begegnung mit der göttlichen Wirklichkeit«.[253] Bei aller Sympathie für die Mystik anderer Religionen, denen sich manche christliche Autoren heute bis zur Aufgabe ihrer eigenen Herkunft annähern, sollten elementare Unterschiede nicht verwischt werden. Die Gottesbegegnung nach christlichem Verständnis kennt sehr wohl das unbeschreibliche Ergriffensein, die Sprachlosigkeit und die innige Verschmelzung mit Gott. Eine an Aktualität gewinnende Frömmigkeitsform ist das Herzensgebet der Ostkirche, das Elemente monistischer Wirklichkeitsdeutung enthält: »Auf den höheren Ebenen der Kontemplation schwindet das Bewusstsein der Subjekt-Objekt-Unterscheidung; an ihre Stelle tritt ein Gefühl einer allumfassenden Einheit.«[254] Dennoch versucht die christliche Lehre der Gottesbegegnung, »das Geheimnis mystischer Erfahrung stets in seiner Spannung zu vermitteln, der Spannung von Nähe und Distanz, von Verschmelzung und Selbstand, von Kontemplation und Aktion«.[255] Außerdem kann diese besondere Gotteserfahrung »nicht für sich allein erstrebt werden; sie setzt vielmehr die verschiedenen Aspekte des christlichen Lebens voraus: Glauben an die Dogmen der Kirche, liturgisches Beten, die Sakramente, die Schriftlesung, die Beobachtung der Gebote, Dienen und praktisches Mitfühlen mit dem Nächsten. All das bildet eine organische Einheit.«[256]

Satsang hingegen beinhaltet den unbändigen Wunsch nach Erleuchtung, nach »vollkommener Befreiung von der dem menschlichen Zustand innewohnenden Abtrennung vom göttlichen Selbst, dem Ursprung«.[257] Das Gedankengebäude fußt auf der unüberprüfbaren Voraussetzung, dass der menschliche Wesenskern göttlich und ein Zugang zu dieser »wahren Seinsnatur« möglich sei. Aus psychologischer Sicht und aus der Perspektive westlich-kultureller Prägung und Bildung ist es unhaltbar, dass die ambivalent-konflikthafte Grundstruktur des Menschen durch regelmäßige Unterweisung und Meditation nachhaltig und dauerhaft überwunden werden kann.[258] Das permanent angeführte Argument, ein spontanes »Erwachen« könne man rational nicht erklären und beschreiben, sondern nur erleben, ist nicht stichhaltig. Damit wird ein konstitutiver Aspekt des

Menschen, nämlich seine Reflexivität, übergangen. Reines Bewusstsein im Sinne einer ungefilterten, direkten Erfahrung ist dem menschlichen Wahrnehmungsapparat nicht zugänglich. Alle fühlenden, denkenden und handelnden Impulse und insbesondere eine hochkomplexe Tätigkeit wie das Sprechen sind an funktionierende Gehirntätigkeit gebunden. Bewusstheit ohne Denken ist ein neurophysiologischer Widerspruch.

Aus christlicher Perspektive erscheint die Auflösung der Persönlichkeit, die eine Satsang-Unterweisung beabsichtigt, unmenschlich und vermessen (vgl. III.-3). Die Einzigartigkeit und Würde jeder Person wird damit in Frage gestellt. Nicht umsonst wirken manche selbst ernannten Erleuchteten seltsam blutleer, kalt und unwirklich. Bei ihren egoistischen Bemühungen, sich des lästigen Selbst zu entledigen, entpuppen sich diese als eine spirituell getarnte Variante des gewöhnlichen Narzissmus. Denn das indische Verständnis von Spiritualität, auf dem die Satsang-Bewegung beruht, setzt eine besondere »Stabilität im persönlichen Lebensstil und ein Wissen um die eigenen Schwächen voraus. Sonst besteht die Gefahr einer narzisstischen Selbstüberhöhung, eines Erleuchtung-Wahns, wo in Wirklichkeit doch nur eine Verschleierung der eigenen Unfähigkeit zum Dialog stattfindet.«[259]

Kritisch merkt auch der Satsang-Lehrer Andrew Cohen an, dass »die Betonung der illusorischen Natur aller körperlichen Existenz bei Advaita möglicherweise einen Freibrief für menschliche Schwäche und Genuss-Sucht bietet ... Der Nondualismus besitzt ein enorm hohes Potenzial, zu einer Weltsicht anzuregen, die in gefährlicher Weise von jeglichen Werten entleert ist.«[260] Wer ist verantwortlich für meine Fehler, mein Versagen und meine Schuld, wenn es nach vedantischer Lehre keinen wirklich Handelnden gibt? Wenn »selbst Hitler nur ein Werkzeug war, durch welches die schrecklichen Dinge, die geschehen mussten, geschahen«,[261] kommen gesellschaftsgefährdende Tendenzen zum Vorschein, die als ein Freibrief für Willkür und Beliebigkeit missverstanden werden können.

Der amerikanische Religionswissenschaftler Nelson stellte fest, dass sich die nonduale Lehre des Advaita-Vedanta in keiner Weise mit den ethischen oder moralischen Fragen des alltäglichen Lebens beschäftigt habe. Religionsgeschichtlich sei dies plausibel, weil diese Lehre niemals für die Allgemeinheit, sondern nur für Angehörige der höchsten Priesterkaste bestimmt gewesen sei, die bereits die erforderliche moralische und ethische Eignung dafür besessen hätten.[262] Völlig anders gestaltet sich die Situation auf dem postmodernen spirituellen Markt, und sie wirft für die Advaita-Lehre ernst zu nehmende Fragen auf. Religionshistorisch ist es einzigartig, dass heute das, was früher als die höchste esoterische Lehre galt und »nur denjenigen offenbart wurde, die sich vorbereitet und der unvorstellbaren Tiefe und Differenziertheit als würdig erwiesen hatten«,[263] nun jedermann zur Verfügung steht, der einen Internetzugang besitzt oder durch einen esoterischen Buchladen schlendert. Mit Recht fragt Cohen: »Sind die meisten Suchenden wirklich auf den psychologischen Umbruch und die Welten zerschmetternde Veränderung der Wahrnehmung vorbereitet, die ein Vordringen in das Absolute entfesselt?«[264]

Manche spirituelle Schulen müssen sich dem Vorwurf stellen, »ein Ideal aufzustellen, dem nicht einmal ihre eigenen autorisierten Lehrer gerecht werden«.[265] Manche Vertreter dieser Richtung relativieren ihren Anspruch, indem sie einschränken, dass die allermeisten spirituellen Lehrer nur teilweise erleuchtet seien, was sich insbesondere im Bereich der Sexualität zeige.[266] Ohne Zweifel belegt die Religionsgeschichte, dass auch große spirituelle

Lehrer zeitweise ein Verhalten an den Tag gelegt haben, das mit einem erleuchteten Bewusstsein absolut unvereinbar ist. Der Vermittlungsvorschlag, dass Erleuchtung nicht etwas sei, das man dauerhaft besitzen könne – »es gibt nur erleuchtetes Handeln und keine erleuchteten Menschen«,[267] widerspricht dem radikalen Anspruch der Advaita-Satsang-Lehre und würde sicher von den meisten ihrer Vertreter abgelehnt werden. Allerdings macht er deutlich, wie wirklichkeitsfremd und alltagsfern derartige Versprechen sind.

Indische Spiritualität – sowohl in ihrer hinduistischen wie buddhistischen Ausprägung – ist darauf angelegt, Leiden zu überwinden und die phänomenale Welt als Illusion (»Maya«) zu erkennen. Das individuelle Selbst löse sich demnach im kosmischen Bewusstsein auf. Der Gedanke der wesenhaften Gleichheit zwischen individuellem und göttlichem Selbst ist dazu die Voraussetzung. Die Annahme eines »göttlichen Selbst« widerspricht der biblischen Lehre vom Menschen. Es geht nicht darum, durch die Ausschaltung des Denkens Zugang zur unsichtbaren Wirklichkeit des Geistes oder des reinen Seins zu bekommen. Jesus hat seinen Jünger nicht das Himmelreich auf Erden versprochen, sondern festgestellt, dass die Erfahrung der Gottesnähe gerade in dem Leiden und in Verlassenheitsgefühlen stattfindet. Das Leiden soll nicht überwunden, sondern kann integriert werden. »Der Mut zum Unvollkommenen, zum Vorläufigen fehlt in der Spiritualität des Vedanta. Mir scheint, dass die Anfälligkeit des Hinduismus für narzisstisch überhöhte Gurus in dieser Tatsache begründet liegt«,[268] gibt ein Kenner dieser Richtung zu bedenken.

Während es der Satsang-Bewegung um die Leidensfreiheit und die Überwindung des Ich-Verhaftetseins geht, proklamieren Jesus und seine Nachfolger den Beginn des Gottesreiches in aller Schwachheit, Verzagtheit und allem Zweifel. Nach christlichem Verständnis geht es nicht um die Ich-Auflösung, sondern um eine persönliche Gottesbeziehung von einer fehlbaren und sterblichen Person zu dem ewigen und barmherzigen Gott. In dieser lebendigen Beziehung findet eine fortlaufende Veränderung der menschlichen Person statt. Dieser Prozess gestaltet sich aber individuell sehr verschieden und betont insbesondere die eigene Entscheidungsfreiheit und Verantwortlichkeit des Einzelnen.

Quellen: **Lucy Cornelssen**, Ramana Maharshi und die Suche nach dem Selbst, Interlaken 1985 · **Cederik Parkin**, Die Geburt des Löwen, Freiburg 1998 · **Raphael** (Hg.), Shankara – Unterscheidung zwischen Selbst und Nicht-Selbst, Interlaken 1992 · **Pyar Troll**, Reise ins Nichts, Bielefeld 2000 · **Heinrich Zimmer**, Der Weg zum Selbst, München 1991

Zeitschriften: Was ist Erleuchtung? Köln (Andrew Cohens Zeitschrift) · Advaita-Journal, Hamburg (OM C. Parkins Zeitschrift)

Videos: Ein führender Anbieter ist Bliss-Video aus Lindau (www.w-4.de/-bliss): **Poonjaji**, Satsangs aus Lucknow · **Maria**, Satsang 2000

Literatur: connection special Nr. 50, Advaita-Satsang-Erwachen, München 2000 · Was ist Erleuchtung? Nr. 3/1, Köln 2000 · **Felix Helg**, Psychotherapie und Spiritualität, Düsseldorf 2000 · **Han F. de Wit**, Kontemplative Psychologie, Gütersloh 1993

Internet: www.satsang.de · www.was-ist-erleuchtung.de · www.satsang-allionce.de · www.advaita.org

»Die humanistische Psychologie ... (ist eine) ... Vorbereitung für eine noch höhere ›Vierte Psychologie‹, die überpersönlich und transhuman ist, ihren Mittelpunkt im All hat, nicht in menschlichen Bedürfnissen und Interessen ... Ohne das Transzendente und Transpersonale werden wir krank, gewalttätig, nihilistisch oder sogar hoffnungslos und apathisch.«[269]   (Abraham Maslow)

Die Forschungsrichtung der Transpersonalen Psychologie entstand gegen Ende der sechziger Jahre im kalifornischen Therapiezentrum Esalen. Begründer waren die humanistischen Psychologen Anthony Sutich und Abraham Maslow sowie der Mediziner Stanislav Grof, der durch seine bewusstseinserweiternden Forschungen mit LSD bekannt geworden war. Diese Richtung misst der spirituellen Dimension der Psyche eine zentrale Bedeutung zu, ohne sich auf eine bestimmte religiöse Richtung festzulegen.[270] Ihr Anspruch geht so weit, spirituelle und religiöse Erfahrungen mit in die Forschung und in die therapeutische Praxis einzubeziehen. Dabei beruft sie sich auf die zahllosen Erfahrungsberichte, nach denen das einzelne, individuelle Ich über sich hinaus zu weisen scheint.[271] Dazu zählen insbesondere außergewöhnliche Bewusstseinszustände, wie sie durch Meditations- oder Trancetechniken induziert oder durch spontane Ereignisse wie Nahtoderfahrungen auftreten können.[272]

Transpersonal meint dementsprechend »das Persönliche überschreitend«. So will die Transpersonale Psychologie die Beziehung zur Ganzheit, zum existenziellen Seinsgrund, zum Religiösen und Spirituellen untersuchen. Sie will die personale Einzigartigkeit genauso wie die transpersonale Verbundenheit berücksichtigen, die über das Ich hinausreicht. Sie versteht sich als Bindeglied zwischen der herkömmlichen Psychologie, dem religiös-spirituellen Kulturwissen und den Weisheiten der philosophischen Erkenntniswege. Gerne beruft sie sich als auf einen Pionier auf Carl Gustav Jung [1875-1961], der von vielen postmodernen Strömungen als geistiger Vater reklamiert wird, obwohl neuere Untersuchungen auch dunkle Schattenseiten dieses Forschers in die Öffentlichkeit gebracht haben.[273] Als weitere europäische Vorläufer werden die Anthroposophie Rudolf Steiners [1861-1925], die »Initiatische Therapie« Karlfried Graf Dürckheims [1896-1952] und die »Psychosynthese« Roberto Assagiolis [1888-1974] in eine Traditionslinie gestellt. Die Transpersonale Psychologie ordnet sich historisch selber als »vierte Kraft« neben dem Behaviorismus, der Psychoanalyse und der Humanistischen Psychologie ein.

Bis heute existiert keine allgemein akzeptierte Definition dieser Forschungsrichtung. Ihr Gegenstand wird vage als »die Erforschung des höchsten Potentials der Menschheit sowie die Erkenntnis, das Verständnis und die Verwirklichung vereinigender, spiritueller und transzendenter Bewusstseinszustände« umschrieben.[274] Ihr gemeinsamer Nenner scheint mehr ein Interesse an all diesen Themenbereichen als eine einheitliche Theorie oder eine verbindliche Methodologie zu sein. Die transpersonale Psychologie ist durch einen starken Pluralismus der Meinungen und Methoden gekennzeichnet, die spirituell-religiöse Erfahrungsinhalte von Menschen und deren Relevanz für Wissenschaft und Lebenspraxis untersucht. Im Gegensatz zur Religionspsychologie interessiert sich die Trans-

personale Psychologie weniger für die seelischen Einflussfaktoren bei religiös oder spirituell motiviertem Handeln oder für die Genese bestimmter Glaubensüberzeugungen als
für die Erfahrungen selbst.

Transpersonale Psychologie widmet sich dem Studium und der Verwertung solcher
Erfahrungen, die über das biologische und materielle Selbst hinausführen. Noch in den
Kinderschuhen, bezieht sie stark Anregungen aus älteren spirituellen Traditionen mit ein.
Sie geht davon aus, dass für eine gesunde Persönlichkeitsentwicklung Folgendes möglich
und nützlich ist:[275]

- »Eine enorme Erweiterung des Selbst und des Bewusstseins, die das einfache Bewusstsein als vergleichsweise sehr enge und begrenzte Manifestation einer größeren Gesamt-
  heit des Selbst erscheinen lässt.
- Amüsierte und liebende Toleranz gegenüber der Anmaßung des einfachen Selbst, sich
  als die höchste Manifestation von Intelligenz zu verstehen.
- Verschiedene Arten neuen Wissens, ein ›transzendentes Wissen‹, welches herkömmliches Wissen relativiert. Diese transzendenten Wissensarten sind oft zustandsspezifisch,
  d. h. sie werden im einfachen Bewusstsein nicht sehr gut erinnert oder verstanden,
  machen aber vollkommen Sinn in den veränderten transpersonalen Zuständen der
  Transzendenz. Ein Beispiel hierfür ist die Überzeugung, die von vielen Menschen mit
  einer Nahtoderfahrung zurückgebracht wurde, dass der wichtigste Lebenszweck das
  Lernen von Liebe ist.
- Absolut überzeugendes Wissen, dass das Universum als geistige Dimension – obwohl
  Materielles als Teilmenge beinhaltend – ein intelligenter lebender Organismus ist. Diese Intelligenz macht das Universum von Natur aus liebend und bedeutungsvoll, trotz
  der offensichtlichen Schrecken auf der herkömmlichen Bewusstseinsstufe. Menschen
  sind ein natürlicher Teil dieser Intelligenz und kein sinnloser Zufall.«

Diese Ausführungen weisen auf spezifische Glaubensüberzeugungen hin, die der Transpersonalen Psychologie zugrunde liegen. Unübersehbar vermischen sich hier der evolutionäre Fortschrittsoptimismus der humanistischen Psychologie, der Selbstermächtigungs-
wunsch magischen Denkens und die buddhistische Nicht-Ich-Lehre. Den akademischen
Wissenschaftskanon haben ihre Vertreter damit verlassen.

Ken Wilber, der Vordenker dieser Richtung, hat ein evolutionäres Modell der Bewusstseinsentwicklung skizziert. Darin unterscheidet er die Stufen des Praepersonalen, des Personalen und des Transpersonalen.[276] Während sich die ersten Stufen an der psychoanalytischen Persönlichkeitslehre orientieren (praepersonal = praeödipal), umfasst die postulierte dritte Stufe mystische Einheitserlebnisse mit dem Kosmos. Im ich-losen mystischen
Erleben eines »überindividuellen« Bewusstseinszustands könne der Mensch die Grenzen
der Alltagswahrnehmung überschreiten.

1968 wurde von einem Schüler Sri Aurobindos das »California Institute of Integral
Studies« in San Francisco gegründet, das heute mit 1.000 Studierenden das wichtigste
transpersonale Ausbildungsinstitut darstellt. Im Jahr 2000 hat Ken Wilber in Boulder/
Colorado sein »Integral Institute« gegründet, das sich als ein Forschungsnetzwerk versteht. Ganz grundsätzlich geht es ihm um die Integration der vier »Quadranten« Geist,

Materie, Individuelles und Kollektives auf allen Entwicklungsstufen. »AQAL – all quadrats, all levels« lautet das englische Schlagwort dafür.[277] In interdisziplinären Arbeitskreisen sollen die Gedanken Wilbers weiterentwickelt werden – erhebliche Spendengelder sollen dafür bereit gestellt worden sein.

Nach Vorstellung der Transpersonalen Psychologie besteht das menschliche Entwicklungsziel in der evolutionären Transformation des Bewusstseins. Dazu will sie einen maßgeblichen Beitrag leisten. In Erweiterung des naturwissenschaftlichen Weltbildes sollen die biologischen und psychischen Grenzen überschritten werden. Wenn der Selbsterfahrungsprozess im Personalen weit genug fortgeschritten sei, könne durch meditative Methoden wie z.B. die holotrope, d.h. auf das »Ganze« zutreibende Therapie nach Stanislav Grof – einer Kombination von medizinisch bedenklicher Atemtechnik und Musikbeeinflussung – im transpersonalen Bewusstseinsbereich die »Einswerdung« von und mit allem erlebt werden.[278] Für die Forschung plädiert z. B. der Psychologie-Professor Wilfried Belschner für eine »integrale Forschungsmethodik«, wo z. B. durch veränderte Bewusstseinszustände des Forschers bei der Interpretation von Daten neue Einsichten in die Leib-Seele-Geist-Zusammenhänge zu erwarten seien.

Verbreitung

Das Rütte-Forum im Südschwarzwald, ehemals Wirkungsstätte von Graf Dürckheim, ist heute ein Zentrum der transpersonalen Bewegung in Deutschland. Dort in Todtmoos leben und arbeiten Menschen zusammen, die dem ganzheitlichen Ansatz und der Spiritualität der Transpersonalen Psychologie und einem individuellen meditativen Weg verpflichtet sind.[279] Hier befindet sich auch das organisatorische Zentrum der spirituellen Krisenbegleitung S.E.N., die ein bundesweites Netzwerk transpersonal orientierter Therapeuten darstellt.[280] Seit 1994 richtet das S.E.N. in Zusammenarbeit mit dem Rütte-Forum alle zwei Jahre im September internationale Tagungen mit in der Regel 300 bis 400 Teilnehmenden aus.

Ein »Deutsches Kollegium für Transpersonale Psychologie und Psychotherapie« (DKTP) wurde 1999 gegründet und versucht laut Selbstdarstellung, Einsichten der transpersonalen Perspektive im deutschen Sprachraum aufzugreifen, an den Hochschulen durch Forschung und Lehre präsent zu halten und akademisch zu durchdringen und zu integrieren. 2000 und 2001 fanden die ersten Tagungen des DKTP in Oldenburg und Freiburg statt,[281] und durch diese Gruppe gewinnt die Transpersonale Psychologie auf wissenschaftlichem Terrain an Boden.[282] Neben unzähligen kurzfristigen Workshopangeboten existieren mittlerweile auch ambitionierte Ausbildungskurse: Im Juni 1999 begann der erste, vierjährig konzipierte Weiterbildungslehrgang von dem Institut für transpersonale Studien (»TransIT«) in Bad Kissingen unter Leitung von Joachim Galuska. Im Januar 2000 starteten Ingo Jahrsetz und Brigitte Ashauer eine dreijährige Weiterbildung der »Schule für transpersonale Psychologie und Psychotherapie« in Freiburg.

Zur Einordnung

Ohne Zweifel hat die Transpersonale Psychologie zu einer Trendwende in der Psychologie beigetragen, weil »Spiritualität« zu einem psychologischen Forschungsgegenstand gewor-

den ist. Dies belegen die neutrale psychiatrische Diagnose-Kategorie »Religiöses oder spiri-tuelles Problem« (V 62.89 im DSM-IV), die früher unter Wahnerkrankungen fiel, und dieneue Krankheitsklassifikation »Trance und Besessenheitszustände« unabhängig von Psycho-sen und Hirnverletzungen (ICD-10, F 44.3). Allerdings scheinen die Grenzen psychologi-scher Aussagen hinsichtlich spiritueller Erfahrungen oft nicht klar zu sein bzw. verwischt zuwerden. Manche transpersonalen Versuche wirken anmaßend, dem Geheimnis und der Wuchteiner Gottesbegegnung auf die Spur kommen und in ein Denksystem einzwängen zu wollen– nicht umsonst sprach der Religionswissenschaftler Otto vom »Tremendum« des Religiösen!

Häufig haben gerade Menschen mit einem fragilen Selbstbild und wenig gefestigter
Identität einen direkten Zugang zur spirituellen Ebene. Sie suchen in der Meditation oder
besonderen spirituellen Erlebnissen Lösungen für ihre Persönlichkeits- und Lebenskonflikte. Hier stellt die Spiritualität eine willkommene Fluchtmöglichkeit dar, die mühsame
Heilbehandlung gegen ein schnelles Heilsversprechen und intensives Gruppenerleben ein-
zutauschen. Nicht viele Meditationslehrer sind diagnostisch so versiert und finanziell so
unabhängig wie Graf Dürckheim es gewesen ist, der manche seiner Schüler mit dem Auftrag abgelehnt hat, zunächst etwas mehr ihre neurotischen Konflikte zu bearbeiten und
erst dann wieder zu seinen Meditationskursen zurückzukommen.

Das S.E.N. muss sich der Frage stellen, inwiefern es seinem Anspruch einer spirituellen Krisenbegleitung gerecht wird. Treten derartige Zustände neben spontan ausgelösten
nicht häufig durch unsachgemäße spirituelle Techniken, falsch eingeschätzte oder gänzlich übersehene individuelle Risikofaktoren oder psychedelische Suggestionsverfahren und
Trance-Induktionen auf? Ist es sinnvoll und hilfreich, derartige Störungen spirituell zu
behandeln? Geht es hier nicht vielmehr um eine »Erdung« und Festigung des Realitäts-
kontakts? In existenziellen Krisensituationen spirituelle Hilfe anzuwenden, kann die Lage
noch verschlimmern.

Psychologisch ist hinsichtlich der Transpersonalen Psychologie einzuwenden, dass
empirische Belege für die Existenz eines »transpersonalen Bewusstseinsraumes« fehlen,
von dem die Transpersonale Psychologie ausgeht. Die wissenschaftstheoretischen Grundlagen, wie sie Wilber beschrieben hat, sind spekulativ und gemäß dem gegenwärtigen
Konsens unwissenschaftlich, weil sich eine empirisch überprüfbare Theoriebildung und
religiöse Weisheitslehren vermischen. Die Transpersonale Psychologie geht von einem
monistischen Weltbild mit der Subjekt-Objekt-Trennung als Illusion aus, das dem indischen Kulturkreis entstammt und sich nicht sozialwissenschaftlich abbilden lässt. Die von
Wilber vertretene Vorstellung eines linearen Entwicklungsprozesses bringt darüber hinaus die Gefahr mit sich, dass die »unteren« Ebenen zu wenig Aufmerksamkeit erhalten
und nicht integriert werden, weil die höhere, spirituelle Ebene wichtiger sei.

Bewusstsein ist nach Auffassung transpersonaler Psychologen ein evolutionäres Geschehen. Dieser Entwicklungsprozess werde durch das gesteuert, was Stanislav Grof den
»inneren Heiler« genannt hat. Damit »ist eine tiefere innere Intuition des Menschen gemeint, die immer weiß, was gut und heilend im entsprechenden Moment ist. Wir gehen
davon aus, dass jeder Mensch über eine solche Intuition verfügt und dass die Menschheit
als Ganzes gut beraten ist, wenn jedes einzelne Individuum die Wahrnehmung dieser
tiefen inneren Weisheit schärft.«[283] Aus christlicher Sicht verkennt die hier ausgedrückte

Haltung die Gebrochenheit der menschlichen Person. Zumindest geht sie von der Annahme eines höheren, göttlichen Selbst in jeder Person aus, die geglaubt, nicht aber wissenschaftlich erfasst werden kann.

Aus neuropsychologischer Sicht lässt sich der transpersonale Wirklichkeitsbegriff widerlegen. Auch mystisches Einheitserleben ist an die Gehirnfunktionen gebunden. Jede Wahrnehmung wird von einem realen, individuellen und autonomen Gehirn erzeugt. Jede Wahrnehmung eines »höheren Selbst«, »göttlichen Lichts« oder von Botschaften aus dem Übersinnlichen wird im Gehirn konstruiert und ist kein Beleg für deren Wirklichkeit. Diese Grenzen der menschlichen Wirklichkeitserkenntnis sind eng gesteckt und definitiv vorgegeben, nur ihre Interpretation eröffnet ein weites Spektrum an Deutungen. Das Anliegen der Transpersonalen Psychologie wirkt darüber hinaus in manchem widersprüchlich: Einerseits will sie sich als eigenständige Forschungsrichtung im psychosozialen Wissenschaftsbetrieb etablieren, andererseits sprengt sie mit ihren Grundannahmen und Forschungsinteressen die Erkenntnismöglichkeiten einer empirischen Sozialwissenschaft.

Dennoch: Mit ihrem Interesse an mystischen Erfahrungen ist die Transpersonale Psychologie ein wichtiger Gesprächspartner für an intensiven Gotteserlebnissen interessierte Christen. Theologische Kritik richtet sich allerdings gegen die zeitgemäße »Erlebnissüchtigkeit«, die auch in manchen transpersonalen Seminaren bedient wird. Christliche Glaubenserfahrung geschieht demgegenüber in der Regel nicht spektakulär und unter Begleitung von parapsychologischen Phänomenen, sondern vollzieht sich in der Gestaltung des Alltags, in subtilen Veränderungen und neuen Haltungen gegenüber den kleinen, alltäglichen Herausforderungen. Kritisch grenzt sich der christliche Glaube auch von einer psychotechnischen Machbarkeit spiritueller Erfahrungen ab. Christlicher Glaube spricht vom unverfügbaren Handeln Gottes und macht sich nicht abhängig von emotionalen Erlebnissen.

Quellen: **Stanislav Grof**, Die Welt der Psyche, München 1993 · **Ders.**, Kosmos und Psyche, Frankfurt/M. 1997 · **Ken Wilber**, Die drei Augen der Erkenntnis, München 1988 · **Ders.**, Eros, Kosmos, Logos, Frankfurt/M. 1997 · **Edith Zundel/Peter Loomans** (Hg.), Psychotherapie und religiöse Erfahrung, Freiburg 1994 · **Ingo Jahrsetz**, Holotropes Atmen – Psychotherapie und Spiritualität, Stuttgart 1999 · **Rüdiger von Roden**, Das Erleben erweiterten Bewußtseins, Paderborn 1997

Zeitschriften: Transpersonale Psychologie und Psychotherapie, erscheint halbjährlich seit 1996, Verlag via nova · Psychische Studien, Online-Quartalsschrift seit 2000, www.psychische-studien.de

Literatur: **Johannes Heinrichs**, Transpersonale Psychologie, in: Siegfried R. Dunde (Hg.), Wörterbuch der Religionspsychologie, Gütersloh 1993, S. 330-338 · **Felix Helg**, Psychotherapie und Spiritualität, Düsseldorf/Zürich 2000 · **Christian Scharfetter**, Der spirituelle Weg und seine Gefahren, Stuttgart 1997 · **Hans-Willi Weis**, Exodus ins Ego, Zürich/Düsseldorf 1998 · **Martin Seelig**, Transpersonale Psychologie im Dialog mit Theologie und Religionswissenschaft, in: Religion heute, 33/1998, S. 46ff. · **Ken Wilber/ Bruce Ecker/Dick Anthony**, Meister, Gurus, Menschenfänger, Frankfurt/M. 1998

Internet: www.transpersonal.com · www.transpersonal.de

Die vier Versprechen der Psychoszene – Ekstase, Erfolg, Erneuerung und Orientierung – können nur sehr bedingt eingelöst werden. Die engen Grenzen einer psychotherapeutischen Veränderbarkeit der Person und die Unkontrollierbarkeit vieler anderer bedeutsamer Einflussgrößen werden in der Regel zu wenig berücksichtigt. Dass Glück und Zufriedenheit vielleicht eher im Loslassen von zu hohen Zielen und im Akzeptieren von Einschränkungen und Grenzen zu finden sind, wird übersehen.

Psychologische Deutungen können eine quasi-religiöse Funktion erfüllen. In dem Maße, in dem sie als sinn- und bedeutungsstiftendes Interpretationsgerüst einer oftmals verworrenen persönlichen Lebensgeschichte Richtung und Profil verleihen, verwandeln sich psychologische Aussagen in heilige Texte. Es stimmt: Wenn die Ursachen eines verwickelten Konflikts durch eine psychologische Erklärung entschlüsselt und analysiert werden können, ist die Grundlage für einen möglichen Klärungsprozess gelegt. Wenn durch eine stimmige psychologische Deutung eine unverständliche Partnerreaktion plausibel gemacht wird, hilft das zum besseren Verstehen und kann eine Brücke zum Gespräch bilden. Nur ist es vermessen zu glauben, für alle Verhaltensweisen gebe es eine psychologische Begründung und Erklärung. Dazu sind die Deutungsansätze der verschiedenen psychologischen Schulen zu vielfältig und widersprüchlich. Darüber hinaus sind die Motive menschlichen Handelns so komplex und häufig irrational, dass eine einzige, monokausale psychologische Erklärung den Reichtum seelischen Erlebens kaum hinreichend abbilden kann. Selbstkritisch hinterfragte Alfred Adler beispielsweise seine Erklärungen immer wieder mit der Formel: »Es kann alles auch ganz anders sein.«[284]

Diese für psychologische Deutungen wichtige kritische Distanz und permanente Realitätsprüfung entfällt, wenn Führung und persönliche Leitung gesucht wird. Wenn die Beraterin Entscheidungen übernimmt oder der Therapeut Antworten auf existenzielle Fragen gibt, sind die Grenzen einer professionellen psychotherapeutischen Beziehung überschritten. Viel Selbsterfahrung und Wissen um die eigenen Grenzen sind nötig, um mit den häufig anzutreffenden Orientierungswünschen und Führungserwartungen von Klienten angemessen umzugehen. Die Verführbarkeit durch Unterordnungs- und Abhängigkeitswünsche in der Psychotherapie erfordern bei den Beratern und Therapeuten eine hohes Maß an Disziplin und ethischer Verpflichtung. Sonst bekommen die Worte des Therapeuten eine göttliche Autorität, der Ort des Geschehens wird mit einer sakralen Aura wahrgenommen, und beim regelmäßigen Gang zum Therapietermin entstehen rituelle und kultische Gewohnheiten. Zweifelsohne nutzen manche Berater und Therapeuten diesen Wunsch nach Unterwerfung und Lebensorientierung aus.

Können psychologische Theorien wirklich eine weltanschauliche Orientierungsfunktion übernehmen? Der Erklärungsreichtum psychologischer Theorien führt in die Beliebigkeit und macht es möglich, den Einzelnen aus der Verantwortung für sein Handeln zu entheben. Im Zeitalter der unbegrenzten Möglichkeiten ist es sehr schwer geworden, die »richtige«, zu den persönlichen Voraussetzungen und Grenzen passende Entscheidung zu treffen. Mit der Optionsvielfalt ist der Fehlerquotient in die Höhe geschnellt. Psychologische Deutungen können zweckfremd dazu eingesetzt werden, die Konsequenzen eigenen Handelns abzuwälzen und in »die Unzurechnungsfähigkeit zu flüchten«.[285] Man ist es eigentlich nicht selbst gewesen, wenn es zu zeigen gelingt, dass entweder die Triebnatur oder aber die Gesellschaft und das Milieu als quasi autonome Kräfte in einem selbst tätig und damit verantwortlich waren. Erfolge werden als persönliche Leistung verbucht, Fehler und Misserfolge mit dem individuellen »Sozialisationsschicksal« erklärt.

Heute sorgt der erbarmungslose ökonomische Druck der überall wirksamen, gewinnoptimierenden Marktgesetze dafür, dass exzessiver Egoismus über Loyalität gestellt wird. Manche »psychologischen Wissenschaftler, unterstützt von cleveren Journalisten, geben zu verstehen, dass wir uns wegen solch narzisstischen Verhaltens nicht sonderlich zu schämen oder Schuld empfinden brauchen, da ja das gleiche Verhalten jeden Tag im Tierreich zu beobachten sei«.[286] Der berühmte Entwicklungspsychologe Jerome Kagan hält es für einen Irrtum, dass jede menschliche Ethik sich eindeutig von irgendeinem tierischen Verhalten herleiten ließe. Er hält die Dominanz des Lustprinzips für einen Grundirrtum der Psychologie und folgert aus seinen jahrzehntelangen Studien, dass die überwiegende Mehrheit der täglichen Entscheidungen mit dem Ziel getroffen werden, sich moralisch selber achten zu können und ein Gefühl der Tugendhaftigkeit zu erlangen oder zu erhalten. Die Herausbildung eines ethisch-moralischen Rückgrats und eines sicheren weltanschaulichen Standpunktes ist zu einer wichtigen Aufgabe im neuen Jahrtausend geworden, der sich gerade Christinnen und Christen selbstbewusst stellen können, weil sie über eine orientierende Werteordnung verfügen.[287]

Die überzogenen Erwartungen an die Psychologie bedient der umfassende Deutungsanspruch mancher Theoriesysteme perfekt. Als prominentestes Beispiel ist hier die Psychoanalyse zu nennen, die von manchen einer weltanschaulichen Ersatzbildung verdächtigt wird. Freud selber verstand sich als Vater einer neuer Wissenschaft vom Menschen. Ein Freud-Kritiker sieht in ihm den Schöpfer einer weltlichen Heilslehre. In der theoretischen Kathedrale der Psychoanalyse »feiern die Gläubigen die Wiederkehr altvertrauter Kirchenbräuche und Glaubensinhalte in säkularisierter Form, doch komplett mit Ohrenbeichte, Absolution und einem Messias, der innere Einkehr als Pfad zur Läuterung und zum Seelenfrieden predigt«.[288] Obwohl er sich selber als den schlimmsten Feind der Religion gesehen hat, ist der Wiener Nervenarzt gleichsam zum Religionsstifter einer spirituellen Weltbewegung geworden. Für jede Seelenregung liefere die von Freud konstruierte »totalitäre Interpretationsmaschine« eine Erklärung. Kein Winkel von Kultur und Gesellschaft bleibt von der psychoanalytischen »imperialistischen Definitionsmacht« verschont, meinen ihre Kritiker.[289]

Eine »Taschenbuch-Ratgeber-Psychologie« mit dem universellen Anspruch, das komplexe Seelenleben systematisch verstehen und erklären zu können und damit eine Gebrauchsanweisung für gelingendes Leben liefern zu können, existiert an den Universitäten nicht. Vielmehr wurde dort der Deutungs- und Erklärungsanspruch der Psychologie zunehmend reduziert. Anders stellt sich die Lage in der Öffentlichkeit dar. Durch die zahllosen populärwissenschaftlichen Veröffentlichungen wie »Denken Sie sich gesund« oder »Der Weg zum Glück/Selbst/Erfolg/Reichtum« wird der Eindruck geschürt, als könne die Psychologie alle wichtigen Lebensfragen beantworten. Für viele erfüllt sie die Funktion einer visionären Heilslehre. Manche psychologischen Methoden verheißen die Befreiung von bedrückenden Erinnerungen, die Kontrolle über unberechenbare Gefühle und die Erlösung von lästigen Angewohnheiten. Durch Psychologie sei es möglich, die bedrückende Konflikthaftigkeit des Daseins und die Spannungen zwischen Wunsch und Wirklichkeit, Fühlen und Denken oder Unbewusstem und Bewusstem ein für alle Mal zu überwinden. Hier stünden endlich probate Hilfsmittel zur Verfügung, um zweifelsfrei eindeutige Lösungen zu ermitteln und damit sicher die richtige Entscheidung treffen zu können. Hilfen zur Entscheidungssicherheit sind heute wichtiger denn je. Dass die Möglichkeiten der Psychologie für eine weltanschauliche Orientierung überschätzt werden und ein diesbezüglicher Ratschlag nicht der wissenschaftlichen Redlichkeit, sondern subjektiver Willkür zuzuschreiben ist, wird verkannt.

Die Ausbreitung einer Psychologisierung und Pathologisierung aller möglichen Lebensbereiche erweckt Unbehagen. Der »wohlmeinende missionarische therapeutische Imperialismus« der Psychologie führe dazu, so der Freiburger Psychosomatiker Michael Wirsching, dass »der therapeutische Lösungsversuch unmerklich zum Teil des nun noch komplizierteren Problemsystems geworden ist«.[290] Manche werfen der Psychologie sogar »Beihilfe zum Selbstbetrug« vor und unterstellen einer Mehrheit der Bevölkerung eine kollektive Verblendung durch Psychologie.[291] Die Psychotherapie findet nach Meinung von Kritikern deshalb einen derartigen Anklang und eine große Verbreitung, weil sie die Entzauberung der äußeren Natur durch die Technik durch die Verzauberung der inneren Natur ersetze. Selber gebe sie sich aufklärerisch, in Wahrheit erfinde sie aber neue Mythen.[292] Wenn psychologische Veränderungsversprechen an den beiden Menschheitsträumen der Unverwundbarkeit und der Machbarkeit aller Wünsche anknüpfen, ist ungeteilte öffentliche Aufmerksamkeit und großes Interesse garantiert.

Ein zentraler Mythos der gegenwärtigen Gesellschaft ist der einer psychischen Gesundheit. Carl Rogers, eine Gründerfigur der humanistischen Psychologie, hat beispielsweise das Leitbild einer »fully functioning person« geprägt. Das Ideal der vollständig zur Entfaltung zu bringenden Anlagen, Neigungen und potenziellen Eigenschaften kann zu einem notorisch-neurotischen Veränderungsbemühen führen und den Adepten unter einen enormen Entwicklungsdruck setzen. Kritisch bleibt zu fragen, ob der Patient unter derartigen Vorgaben »nicht im Dienste fragwürdiger Normalität funktionalisiert wird und ob er die Möglichkeit erhält, zu seiner Wahrheit und seinen Formen von Gesundheit zu finden oder auch seine Formen von Krankheit zu leben – in Wachheit und Bezogenheit sein Leben zu leben«.[293]

Wenn ein zentrales Ziel der Psychotherapie in der Selbstbestimmung und der Mündigkeit des Ratsuchenden besteht, muss dort Freiraum für einen ganz individuellen Entwurf der Lebensgestaltung sein, auch wenn dieser von gesellschaftlichen Normen abweicht. Jede psychologische Vorgabe eines Leitbildes und die Festschreibung eines bestimmten menschlichen Entwicklungsziels läuft Gefahr, zu einer Ideologiebildung beizutragen. Wenn nicht die individuellen Wert- und Moralvorstellungen, sondern gesellschaftliche Modetrends maßgeblich sind, wird die individuelle Vielfalt einer uniformen »Idealpersönlichkeit« geopfert. »Charakter« meint jedoch das lebensgeschichtlich geprägte – auch verwundete und vernarbte – Profil einer einzigartigen, unersetzbaren Person, die aus dem persönlichen Umgang mit den Widerwärtigkeiten und Chancen des Lebenslaufs ihre unverwechselbare Schönheit erhält. Die jeweilige Biografie hat einen Menschen zur Person gemacht. Dass die maßgeblichen Einflussgrößen dieses Entwicklungsgeschehens außerhalb der menschlichen Kontrolle liegen, sollte jeden Psychologen demütig machen.

In Bezug auf die neurobiologische Machbarkeit bestimmter Gefühlszustände ist es nicht mehr übertrieben, von der Gefahr eines »Psychodesigns« zu sprechen. Durch gezielt dosierte Medikamente ist es heute theoretisch schon möglich, erwünschte Gemütszustände künstlich herbeizuführen. Was dabei geschehen kann, beschreibt eine amerikanische Psychologin in ihrem »Prozac-Tagebuch«. In einer Krise bekommt sie ein Präparat verschrieben – in Deutschland ist das Medikament unter dem Namen Fluctin ein bewährtes Antidepressivum – und erlebt nach der Einnahme »gruselige Erleichterung«. Sie fragt sich nach kurzer Zeit, wer eigentlich »sie selbst« ist – die Frau mit oder ohne Drogen? Und ob eine Gesellschaft, die sich ausschließlich glücklicher, klüger, tapferer macht, sich nicht aller Tiefe und Würze im Leben beraubt? »Sind wir nicht dabei, unsere Spezies zu einer grässlichen Gesundheit zu verdammen?«[294]

Gesundheit, Heilung und Heil sind etymologisch verwandte Begriffe. Das englische »health« (Gesundheit) hat als Wurzel das Wort »hale«, das mit »whole« (ganz) und dem deutschen »heil« verwandt ist. Die Sehnsucht nach Ganzheit, Vollkommenheit, Ungebrochenheit und Unversehrtheit ist eine urmenschliche. Aber die Wachstums- und Sterbeprozesse in der Natur erinnern daran, dass alles Leben der Vergänglichkeit unterworfen ist. Genauso sind Körper und Seele verletzbar und einem unvermeidlichen Abbau-, Alterungs- und Sterbeprozess ausgesetzt. Wunden können zwar heilen, aber Narben bleiben zurück, und die Verwundbarkeit an solchen Stellen ist höher. Das, was »Heilung« häufig suggeriert – eine vollkommene Wiederherstellung – ist schon im körperlichen Bereich nicht möglich. Noch weniger ist seelische Vollkommenheit oder Ganzheit als ein dauerhafter Zustand realisierbar.

Wenn eine psychologische Beratung oder Behandlung Wege zum Lebensglück oder Sinn verspricht, werden Therapien zum Religionsersatz. Sie locken mit schnellen und zum Teil utopischen Heilsversprechen und verweigern die mühevolle und immer auch enttäuschende, weil begrenzte Heilbehandlung. Eine professionelle Behandlung zielt demgegenüber auf klar umrissene Veränderungen statt auf transformative Quantensprünge: »Die bewußte Verständigung auf ein begrenztes, überschaubares Ziel hat in der Regel eine paradoxe, viel stärker verändernde Wirkung, die neue Entscheidungs- und Entwicklungsmöglichkeiten eröffnet, als jede unreflektierte Veränderungs- und Behandlungswut, die zu Verschlimmerungskrisen, Behandlungsabbrüchen, letztlich zu therapeutischer Resignation, zu ›unbehandelbaren‹ Fällen führt.«[295]

Ein weiterer wesentlicher Kritikpunkt an dem Deutungsanspruch der Psychologie betrifft den Mythos eines frühkindlichen Traumas. Diese Kritik ist nicht neu, hat aber in den letzten Jahren neue Unterstützer gefunden.[296] Die Vorstellung mangelnder Zuwendung und traumatischer Erlebnisse, die charakteristisch für jede Kindheit sind, kann dahingehend überhöht interpretiert werden, dass alle persönlichen Schwächen und Defizite damit erklärt und entschuldigt werden. Sicherlich vermag der Blick zurück im Zorn, wahrgenommene Wut und ausgedrückte Enttäuschung am Anfang eines therapeutischen Prozesses für manchen hilfreich und notwendig sein. Auf jeden Fall aber sollte die Anklage eine zeitlich begrenzte Phase sein und nicht ein Selbstläufer werden. Sonst kann das Lamentieren vom Schicksal der eigenen Kindheit dazu umfunktioniert werden, mehr Aufmerksamkeit und Anerkennung einzufordern: »Die Inszenierung des eigenen, individuellen Leidens … sind die wirkungsvollsten und nach wie vor erfolgversprechensten Strategien, sich im eigenen sozialen Feld ins Spiel zu bringen.«[297]

Anstelle der Opferrolle ist Eigenverantwortlichkeit gefragt. Nicht Selbstmitleid, sondern Selbstverantwortung wird sich als hilfreich und befreiend herausstellen. Die Psychotherapie muss in ihren Behandlungszielen bescheidener und präziser werden, will sie nicht weiter utopische Machbarkeitsfantasien nähren. Der Psychotherapieforscher Klaus Grawe fordert eine patientenorientierte Psychotherapie, die primär an der Stärkung der Autonomie des Einzelnen anzusetzen habe. Um das zu verwirklichen, wäre es allerdings notwendig, dass die einzelnen Therapieschulen ihre »ideologischen Überzeugungen ablegen, denn diese sind das größte Hindernis für eine patientenorientierte Therapie«.[298] Dieses wird möglich, wenn die Unterschiede zwischen wissenschaftlicher und ideologischer Psychologie und Psychotherapie deutlicher herausgestellt werden.

Das Fazit nach gut einem Jahrhundert wissenschaftlicher Psychologie und drei Jahrzehnten ungezügelten Psychobooms mahnt zur Bescheidenheit. Viele der erträumten psychologischen und psychotherapeutischen Ziele wurden nicht erreicht. Bei allen nützlichen Teilerkenntnissen muss klar bleiben, dass der Mensch als Ganzes psychologisch nicht erklärt oder »gedeutet« werden kann. Diese sachangemessene Bescheidenheit fehlt der Psychoszene besonders.

III. | Suche nach Erkenntnis und Erleuchtung –
moderne esoterische Religiosität

1. Begriff und Erscheinungsformen von Esoterik

Im Kontext der »neuen Religiosität« taucht seit den 80er Jahren des 20. Jahrhunderts verstärkt das Stichwort »Esoterik« auf und wird seitdem immer mehr zur Chiffre religiöser Individualkultur überhaupt. Im populären Wortgebrauch gilt »Esoterik« daher geradezu als Inbegriff des die »neue Religiosität« weithin kennzeichnenden religiösen Subjektivismus, Eklektizismus und Individualismus nach dem Motto: »Meine Religion mach ich mir selbst!« Esoterik erscheint so vielen als typischer Ausdruck des postmodernen »Cocktailglaubens« mit seinem Mix aus religiös-weltanschaulichen Versatzstücken verschiedenster Herkunft, obwohl das traditionelle esoterische Schrifttum aus religionswissenschaftlicher Sicht eher die Züge moderner »säkularer Religiosität« widerspiegelt.

Als reine Worthülse für den kaum kaschierten religiösen Subjektivismus tritt Esoterik vor allem auf der Publikums- und Konsumentenebene in Erscheinung. Man muss damit rechnen, dass jemand sagt, alles was andere als »Esoterik« bezeichnen, habe gar nichts mit dem zu tun, was er selbst dafür hält. Verallgemeinernde Thesen über Esoterik oder Kritik versucht man damit abzuwehren, sie entsprächen nicht der »eigenen Erfahrung«. Esoterik ist dann nur eine Worthülse für die absolut gesetzte »eigene religiöse Erfahrung«, die man jedoch ebenso gut mit jedem anderen beliebigen Schlagwort bezeichnen könnte. Wegen seines verbreiteten Missbrauchs als »Containerbegriff« sind daher begriffsgeschichtliche Überlegungen für die Aufhellung des Phänomens Esoterik notwendig. Im Unterschied zu seinem populären Ge- bzw. Missbrauch gehen die folgenden Überlegungen daher von der (religions)-wissenschaftlichen Verwendung des Begriffs aus. Zu berücksichtigen sind dabei zwei Bedeutungsvarianten – je nachdem, ob man vom Adjektiv »esoterisch« oder vom Substantiv »Esoterik« ausgeht.

Das Adjektiv »esoterisch« leitet sich ab vom griechischen »esôterikós« mit der Bedeutung: »zum inneren Kreis gehörig«[1]. Es wurde bereits in der Antike verwendet für nur einem »inneren« (griech.: esôteros = innerer) Kreis zugängliche Lehren – allerdings weniger Lehren esoterischer Art im heutigen Sinn, sondern ganz allgemein für das »Insider«-Wissen griechischer Philosophenschulen. Die Vertreter eines Verständnisses von Esoterik im Sinne von »inneren Wegen spiritueller Erfahrung« beziehen sich zwar häufig auf den Wortsinn des Adjektivs (»innen«, »innerlich«), übersehen dabei aber, dass dieses keineswegs ursprünglich auf romantische Innerlichkeit verweist, sondern auf die Geheimhaltung von »Lehren«.

Im Unterschied zu dem bereits in der Antike belegten Adjektiv »esoterisch« (zuerst im 3. Jahrhundert n. Chr. bei Lukian) ist das davon abgeleitete Substantiv »Esoterik« ziemlich junger Herkunft und bezeichnet ursprünglich dasselbe wie das zur gleichen Zeit – Ende des 19. Jahrhunderts – aufkommende Wort »Okkultismus«: Als Sammelbegriff für die verschiedenen überlieferten okkulten und magischen Praktiken und Anschauungen – von Astrologie und Alchemie über Magie und Mantik bis Hexentum, Rosenkreuzertum und Theosophie – gibt es wenig her für die sich vom Adjektiv vermeintlich herleitende »Innerlichkeit«. Als Erster verwendete vermutlich der Franzose Eliphas Lévi [Alphonse-Louis Constant, 1810-1875] das Substantiv »Esoterik« (frz.: l'ésotérisme), der auch als Erfinder des Begriffs »Okkultismus« (frz.: l'occultisme) gilt.[2] Dieser »Hegel des Okkulten«[3] begründete damit zugleich eine neue Phase in der Begriffsgeschichte von »esoterisch«/»Esoterik«, die seither eng mit den Bezeichnungen »okkult«/»Okkultismus« verbunden ist: 1883 begegnet das Substantiv »occultism« auch in englischer Form bei dem Theosophen Sinnett, und von da an breiten sich beide Substantive »Esoterik« und »Okkultismus« vor allem über die angloindische Theosophie weiter aus: Helena Blavatsky gründete 1888 eine Esoterische Sektion der Theosophischen Gesellschaft, und der posthum hinzugefügte dritte Teil ihrer »Geheimlehre« trägt die Überschrift »Esoterik«.

Gegenwärtig werden die beiden Bedeutungsvarianten von »Esoterik« und »esoterisch« recht willkürlich verwendet: Die sich am Wortsinn des Adjektivs (»innen«, »innerlich«) orientierende Variante vertreten vor allem mit der Jung-Schule sympathisierende Autoren. So versteht etwa Georg Schmid unter Esoterik »die Liebe zum überall verborgenen inneren Geheimnis alles Wirklichen bzw. zur Innenseite aller Dinge«.[4] Dementsprechend versucht man weitgehend, die genuine Beziehung zum Begriff »Okkultismus« zu bestreiten und zwischen »neuer« und »klassischer Esoterik« zu unterscheiden. Demgegenüber orientiert sich der Esoteriker Hans-Dieter Leuenberger stärker an der auf Lévi zurückgehenden Begriffsvariante, indem er Esoterik als »das Wissen um eine Energie, die in allem vorhanden ist«, definiert[5], d. h. als Äquivalent zum modernen monistischen Okkultismus.

- »New Age«, der Begriff, unter dem in den 80er Jahren des 20. Jahrhunderts erstmals wieder seit dem »Okkult-Boom« vor dem Ersten Weltkrieg esoterische Welt- und Menschenbilder in breitem Strom in die säkulare westliche Gesellschaft einbrachen, bezeichnet nichts anderes als die Zukunfts- und Erlösungshoffnung der modernen Esoterik: die Prophezeiung vom Kommen eines »neuen Menschen« in einem neuen, besseren Zeitalter, dem »Zeitalter des Wassermanns«. In der Esoterik wird der Begriff »Erlösung« allerdings nur selten gebraucht – dafür werden Ziel und Vollzug der Erlösung durch viele andere, häufig auch östlichen Religionen oder der modernen Psychokultur entstammende Begriffe umschrieben, die dem esoterischen Welt- und Menschenbild besser entsprechen: Aufstieg, Transformation, Bewusstseinserweiterung, Erlangung des kosmischen Bewusstseins, Vereinigung mit dem Höheren Selbst, mit dem Kosmos, Selbstfindung, Finden des »Gottes in mir« – vor allem aber: Erleuchtung sowie Evolution sind die Zauberwörter der Erlösungshoffnung moderner Esoterik.[6] Dabei gilt Erleuchtung durch das esoterische Wissen nicht nur als Zukunftsziel der künftigen Menschheitsevolution, sondern liegt als Erleuchtungswissen der Eingeweihten schon für die jetzige Menschheit sozusagen »abrufbar« in den esoterischen Lehren und Praktiken vor.[7]
- »Okkultismus« ist ein heute kaum noch gebräuchlicher Begriff für die Wiederentdeckung der esoterischen Tradition in der Moderne. Man muss unterscheiden zwischen okkulten Praktiken und okkulter Weltanschauung.[8] Kurt Hutten unterschied auf dem

Suche nach Erkenntnis und Erleuchtung – moderne esoterische Religiosität

Gebiet des modernen Okkultismus bzw. der Esoterik vier große »Konfessionen« oder Grundmodelle:[9]

– Spiritismus (s. u. 2.2.1)
– UFO-Bewegung (s. u. 2.2.3)
– Astrologie (s. u. 2.1.3)
– Gnostisch-esoterische Weltdeutung (Theosophie, Anthroposophie, Rosenkreuzer; s. u. 2.2.2).

Dies ist eine Differenzierung moderner esoterischer Strömungen nach ihren Glaubens-überzeugungen und weltanschaulichen Lehren.

Man kann solche Strömungen aber auch im Blick auf ihre gesellschaftlichen Hintergründe und Erscheinungsweisen betrachten. Spiritistische, astrologische, theosophische oder ufologische Elemente kommen nämlich in durchaus verschiedenen Erscheinungsformen und sozialen Kontexten vor. Und sie mischen sich auch, wie z. B. im so genannten »UFO-Spiritismus« oder in der esoterischen (v. a. theosophisch beeinflussten) Astrologie. Vor allem aber sind sie ein Bestandteil der modernen, säkularen Welt und trotz ihrer vielfach archaischen oder exotischen Erscheinungsweisen auf dem Boden dieser modernen säkularen Welt und Gesellschaft entstanden.

Von religionswissenschaftlicher Seite aus versteht man heute die im 19. Jahrhundert entstandene Esoterik (bzw. den Okkultismus) als Versuch der Anpassung der vormodernen esoterischen (bzw. okkulten) Tradition an die »entzauberte« moderne Welt.[10] Das »alte Wissen« der Esoterik wird im Spiegel der großen Themen der modernen, säkularen, entzauberten Welt seit der Aufklärung – Wissenschaft, Evolution, Psychologie – neu reflektiert und damit ein alternatives esoterisches Verständnis dieser großen Themen begründet, die bis heute auch die übrige Gesellschaft tief greifend bewegen.[11] In immer neuen Schüben – zunächst unter Leitbegriffen wie Okkultismus, Geheimwissenschaft, Theosophie, seit etwa 1960 New Age – wird seit dem 19. Jahrhundert versucht, die esoterischen Traditionen der Antike und des Mittelalters der modernen Welt anzupassen, um diese mithilfe einer gleichsam »esoterisch erweiterten Vernunft« umzugestalten. Das ist der Kern ihrer so genannten »Wiederverzauberung«. Von daher erscheinen der moderne Okkultismus bzw. die moderne Esoterik als zweite große Gegenströmung gegen die Aufklärung neben der Romantik. Auf der Basis solcher Überlegungen entstanden in den letzten 150 Jahren ein reiches esoterisches Schrifttum, aber auch vielfältige Formen eines alternativen esoterischen »Lebenshilfe«-Angebots und eine Reihe esoterischer Weltanschauungsgemeinschaften.

In diesem Sinn kann man heute vor allem folgende drei gesellschaftliche Erscheinungsformen von Esoterik unterscheiden:

Esoterik als Trend

Die populärste Erscheinungsform von Esoterik am Beginn des 21. Jahrhunderts ist ihre Verbreitung als gesellschaftlicher Trend in der heutigen Erlebnisgesellschaft: Esoterik ist für viele attraktiv als trendhafte Erscheinung unserer Zeit. Nach Bolz sind Trends »Rituale

Bindung (religio).«[12] Was die Anhänger der Esoterik als Trend zusammenhält, ist die diffuse Überzeugung, dass jenseits der sich ihrer Grenzen bewussten Wissenschaft und jenseits der dezidierten Glaubensbereitschaft der Anhänger traditioneller Religionen ein geheimes »Überwissen« existiere.[13] In dieser Überzeugung lebt die ursprüngliche Absicht ihrer Begründer in populärer Form fort, ein okkultes Wissen als Alternative zu den Dogmen der christlichen Religion und zur Rationalität der modernen Wissenschaft zu etablieren.

In zahlreichen esoterischen Werken auf dem Buchmarkt oder in anderen Offerten des Esoterik-Marktes (s. u. 2.1) findet diese Haltung »zwischen Wissenschaft und Religion« ihre heutige Aktualisierung und breite Akzeptanz, wie z.B. der Erfolg von Autoren wie Erich von Däniken zeigt. Oft verbindet sich diese Überzeugung auch mit regelrechten Verschwörungstheorien, wonach die »Wahrheit« von den »Mächtigen« in Kirche, Staat und Gesellschaft »unter Verschluss« gehalten werde. Daraus entstand geradezu ein eigenes literarisches Genus esoterischer Verschwörungsliteratur.[14]

Esoterik als Trend ist schließlich auch unmittelbar in Form von »Waren« auf dem kapitalistischen Markt unübersehbar präsent (vgl. 2.1): Dass 1996 der Umsatz in der Esoterik-Branche 18 Milliarden DM betrug, ist natürlich Ausdruck des Trendhaften der Esoterik; die relativ wenigen festen Mitglieder organisierter esoterischer Gemeinschaften sind für sich genommen kein kommerzieller Faktor von vergleichbarer Bedeutung, allenfalls als Angehörige begüterter Gesellschaftsschichten.

Esoterik als Klientenreligion

In der modernen Waren- und Erlebnisgesellschaft bilden sich bestimmte Vermarktungsformen von Esoterik und kommerzielle Angebote heraus, die über die Ebene eines »Publikums-Kults« von passiven Konsumenten derselben Videos, Bücher usw. hinaus festere Strukturen annehmen: Esoterik wird verbreitet in Form von Seminaren, Kursen, Workshops, Reisen u.a.m. (vgl. 2.1). Der Nutzer dieser Angebote ist nicht mehr nur »Kunde«, sondern »Klient«, von dem ein größeres zeitliches und finanzielles Engagement erwartet wird. In dieser Form ist Esoterik heute das typische Beispiel einer »Klientenreligion«[15].

Esoterische Weltanschauungsgemeinschaften

Von allen Trends abgehoben, haben sich in den letzten 150 Jahren mehr oder weniger fest organisierte esoterische und okkulte Weltanschauungsgruppen mit eingetragenem Mitgliederbestand formiert. Im Unterschied zum »Esoterik-Publikum« oder zur »Esoterik-Klientel« werden ihre Mitglieder – in meist subtiler Weise – auf ein genau definiertes Glaubenssystem und bestimmte religiös-esoterische Führergestalten festgelegt. Neben den verschiedenen Abspaltungen von der Theosophischen Gesellschaft Helena Blavatskys, aus der 1912/13 auch Rudolf Steiners Anthroposophische Gesellschaft hervorging, sind bei uns vor allem spiritistische und so genannte Neuoffenbarungsgruppen aktiv. Da diese »cult movements« Heils-Versprechungen in Form von umfassendem esoterischem Wissen, Gnosis und Sinnorientierung durch die z.T. eindrucksvollen Gedankensysteme ihrer Gründergestalten bieten, spricht man diesbezüglich auch von »System-Esoterik« – im Unterschied zur »Auswahl«- und »Gebrauchs-Esoterik« der esoterischen Publikums- und Klientenreligion.[16]

Viele esoterische Gemeinschaften sind als para-religiös[17] einzustufen, d. h. sie nisten sich im Umkreis großer Religionen ein und beanspruchen, deren Essenz oder »Ur-Weisheit« zu repräsentieren.

Während die trendhaften Erscheinungsformen der Esoterik postmoderne Züge tragen, indem sie den postmodernen Beliebigkeitspluralismus von Werten, Stilen, Lebensmustern und subjektiven Wahrheiten[18] widerspiegeln, ist die System-Esoterik eindeutig ein modernes Phänomen, das zentralen Fragestellungen der Moderne verpflichtet ist und diese auf eine eigene, esoterische Weise reflektiert.[19] Nur von dieser wichtigen Differenzierung aus kann man dem überaus komplexen Erscheinungsbild heutiger Esoterik zwischen Moderne und Postmoderne eine gerechte Beurteilung zukommen lassen. Vielleicht gehört es aber auch zur Postmoderne, dass hier Unverbindlichkeit und subjektive Beliebigkeit neben fundamentalistischer Festlegung und Indoktrination stehen und koexistieren.

Auf der Ebene der System-Esoterik tritt jedenfalls der eigentliche lehrhafte Dogmatismus esoterischer Einweihungswege sowie die Autoritätsgläubigkeit an die Offenbarungen der Gründer dieser Gemeinschaften deutlicher hervor als auf der durch die Beliebigkeit und Unverbindlichkeit der Angebote gekennzeichneten Publikums-Ebene. Schon die Titel der klassischen Werke der Esoterik und die für Außenstehende oft durchaus anmaßend klingenden Selbstbezeichnungen ihrer Führungspersonen lassen deren doktrinären Charakter erahnen: Da wimmelt es nur so von »Göttlichen *Prinzipien*«, »Geheim-*lehren*«, »Geheim-*wissenschaften*«, »*Botschaften* aus anderen Welten«, »Göttlichen *Belehrungen*« usw. »Welten-*lehrer*«, »*Erleuchtete*«, »Geist*führer*«, »Kosmo*biologen*« usw. verkünden ihre Weisheiten vor allem einem festen Anhängerkreis der auf sie eingeschworenen Personen. Einer nannte sich sogar kurz und bündig »*Daskalos*« – »der Lehrer«. Und eine »*Lehr*prophetin« aus Würzburg (vgl. VI-2.4.1) bezeichnet sich selbst rundweg als »das *absolute Gesetz*«! (Zu den »Okkult-Konfessionen« der System-Esoterik im Einzelnen s. u. Spiritismus, Theosophie, Anthroposophie, Rosenkreuzer, Ufo-Bewegungen.)

Quellen: Neue Wege zu einem anderen Bewusstsein. Ein Katalog der Buchhandlung Hugendubel, München 1998 (Lit.) · **Thorwald Dethlefsen**, Schicksal als Chance, München 1979 · **Hans-Dieter Leuenberger**, Das ist Esoterik, Freiburg [6]1993 · **Bozenka Venediger**, Einweihung in die esoterischen Lehren, Freiburg 1994

Zeitschriften: esotera (jetzt: Die neue esotera) · Die Andere Realität · KörperGeistSeele (Kostenloser Veranstaltungskalender für Berlin und Umland)

Literatur: EncRel (E) 5, S. 156ff. · EncRel (E) 11, S. 36ff. · TRE 25, S. 216ff. (Lit.) · HRWG 1, S. 345f. · RGG[4] 2, Sp. 1580f. · **Christoph Bochinger**, »New Age« und moderne Religion, Gütersloh 1994 · **Antoine Faivre**, Esoterik im Überblick, Freiburg 2001 · **Antoine Faivre/Jacob Needleman/Karen Voss** (Hg.), Modern Esoteric Spirituality, New York 1992 (rez. v. Wouter J. Hanegraaff in: Syzygy, Bd. 3, 1-2/1994, S. 170ff.) · **Marco Frenschkowski**, Lebende Religion dokumentieren: ein lexikographisches Gespräch mit J. Gordon Melton, in: ThLZ 125, 7-8/2000, Sp. 695-712 · **Bernhard Grom**, Esoterik heute, in: StZ 6/1986, S. 363-374 · **Wouter J. Hanegraaff**, New Age Religion and Western Culture. Esotericism in the Mirror of Secular Thought, Leiden u.a. 1996 · **Julia Iwersen**, Was ist New Age? Was ist Esoterik?, in: ZRGG 52, 1/2000, S. 1-24 · **Monika Neugebauer-Wölk** (Hg.), Aufklärung und Esoterik, Hamburg 1999 · **Andreas Resch**, Welt- und Menschenbilder der Paranormologie, in: ders., Die Welt der Weltbilder, Innsbruck 1994, S. 43ff. · **Hans-Jürgen Ruppert**, Esoterik heute. Altes Wissen auf neuen Wegen, in: MDEZW 9/1998, S. 257-273 · **J. Schroth**, Bücher zum Glück, in: Börsenblatt des Deutschen Buchhandels 166 (1999), Nr. 36, S. 24-26 · **Rodney Stark/William S. Bainbridge**, The Future of Religion, Berkeley 1985 · **Werner Thiede**, Esoterik – die postreligiöse Dauerwelle, RAT 6, Neukirchen-Vluyn 1995 · **Hartmut Zinser**, Der Markt der Religionen, München 1997

Internet: **Ulrich Kaiser**, Esoterik im Internet, München 1997 · www.spiritweb.org.

2. Altes Wissen auf neuen Wegen: Esoterik in der modernen Gesellschaft

Wenn Trends nach Bolz die »Rückkehr von Magie« in die moderne Zivilisation bedeuten, so verwundert es eigentlich nicht, dass man sich in der modernen Erlebnis- und Trendgesellschaft auch der echten Zauberer nicht mehr schämt und ihre magischen Praktiken gefragt sind. Ihre Rückkehr wird jedoch in einer durchaus ambivalenten Weise begrüßt: einerseits als Überwindung der »Entzauberung« der modernen Welt durch die Technik, als »*anderes* Wissen«, zugleich aber eben doch als »*Wissen*«, als neuer Impuls für das eigene Selbstermächtigungsstreben, das die Moderne charakterisiert: Der Magier erscheint auch da noch als der Mächtige, wo moderne Wissenschaft, Medizin und Technik zu versagen scheinen.[20] Die Boulevardpresse bringt dies unverblümt zum Ausdruck: So druckte die BILD-Zeitung im Sommer 2000 unter der Überschrift »Körper, Geist & Seele« serienweise ein ganzes »Lexikon vom anderen Wissen« ab. Am 3. Juli 2000 wurde z. B. Visualisieren als »machtvolle Technik« vorgestellt, »sein Bewusstsein zu beeinflussen«: »Bei magischen Ritualen wie Geld- oder Liebeszauber oder der Anrufung bestimmter Kräfte im Wicca-Kult wird visualisiert. Aber auch beim so genannten ›positiven Denken‹ stellt man sich eine gewünschte Zielsituation bildlich vor, um das Unterbewusstsein mit entsprechenden Bildern zu füttern, damit es daran arbeitet, sie Wirklichkeit werden zu lassen.«

Während magische Praktiken (vgl. 2.1.2) mehr den Erlebnissektor (z. B. Erlebnis von Macht durch Bewusstseinserweiterung und Erleuchtung) betreffen, trifft man mantische Praktiken (vgl. 2.1.3) immer häufiger auch im Beratungssektor der modernen Gesellschaft.

2.1 Der Esoterik-Markt und seine Offerten

2.1.1 Übersicht

Die meisten Offerten des Esoterik-Markts stammen aus dem Kontext von Magie und Mantik. Einen magischen Einschlag haben auch viele der Heilungsofferten (s. u. 2.1.4) auf diesem Markt. Das ist nicht zuletzt für ihre Bewertung von zentraler Bedeutung (s. u. 3.), vor allem im Hinblick auf die Frage nach dem Wesen der »neuen Religiosität« und der Wandlungsprozesse von Religion durch ihre Verhandlung auf einem »Markt religiöser bzw. magischer Angebote«[21] bzw. durch deren »kultische Inszenierung« (Bolz).

Magische und mantische Offerten repräsentieren sozusagen die praktische Seite der Esoterik. Damit ist ihre erhöhte Verwertbarkeit im kommerziellen Sinn verbunden, sodass sich ein regelrechter »Markt« gebildet hat, dessen Angebote in erster Linie in Methoden und Praktiken aus Magie und Mantik bestehen, in zweiter Linie aber auch esoterisches Überwissen oder Gnosis als die andere Erscheinungsform der Esoterik (s. u. 2.2.2) bieten. Immerhin sind 32 Prozent der Bevölkerung nach einer Marketing-Umfrage an esoterischer Literatur interessiert, aber selbst hier rangiert die Lösung praktischer Lebensprobleme weit vor der bloß theoretischen Auseinandersetzung mit »Grenzwissenschaften« oder östlicher Weisheit.[22]

Während die Werbebranche unverblümt »magic« zum Mode- und Werbebegriff hochstilisiert hat, der Urlaubsprospekt von Bad Gastein im Frühjahr 1995 zum Beispiel »Magic Moments« verheißt oder das DSF eine Fernseh-Reihe »Magic Sports« betitelt[23], ist es allerdings in der Esoterik-Szene selbst – von Ausnahmen abgesehen – nicht populär, ihre Offerten als »Magie« oder »Mantik« zu präsentieren: Man verwendet dafür lieber eine eigene, neue, »wissenschaftlich« klingende Begrifflichkeit, die der Ernsthaftigkeit ihrer Suche nach Erkenntnis angemessener erscheint. Während sich also gegenwärtig die säkulare Welt »esoterisch-magisch« stilisiert, als habe es nie eine neuzeitliche Aufklärung gegeben, verpassen Esoteriker ihren Anliegen ein »säkular-wissenschaftliches« Aussehen. Dennoch ist schon von der Wortbedeutung des Begriffs »Magie« her deutlich, dass hier ein enger Zusammenhang mit dem Ziel aller Esoterik vorliegt: Macht zu gewinnen – »Macht durch Erleuchtung«.

- »Magie« (von iran.-altpers.: magu[s], urverwandt mit indogerm. magh-: können, vermögen[24]) hängt nämlich begrifflich mit »Macht« zusammen und besagt nach Andreas Resch sowohl die besondere Zuschreibung von Mächten und Kräften als auch das Verfügbarmachen dieser Kräfte durch besondere Handlungen oder Kenntnisse. Resch plädiert dafür, Magie und Religion nicht zu weit auseinander zu reißen, denn »Magie kann im weitesten Sinne auch als Einbruch der Transzendenz in den kausalempirischen Bereich und als Aufstieg des empirischen Bereiches in die transzendente Dimension verstanden werden«.[25] »Der wesentliche Unterschied zwischen Magie und Religion kann ganz allgemein darin gesehen werden, dass bei der Transzendenz der Religion die jeweilige transzendente Wesenheit in personaler Freiheit in die Empirie und den Lebensvollzug des Menschen einwirkt, auch auf Wunsch des Menschen, während in der Magie durch die magische Handlung die gewünschte Wirkung gleichsam erzwungen wird. In der Religion stehen Gott und Gnade im Mittelpunkt, in der Magie der Mensch und die von ihm gesetzte magische Handlung.«[26] Resch unterscheidet vier Formen der Magie: offizielle, private, schwarze und weiße Magie.
- »Mantik« (von griech.: mantike; lat.: divinatio) bedeutet Wahrsagekunst und Zukunftsschau unter Verwendung bestimmter Techniken und Riten. Resch unterscheidet drei Formen: intuitive, induktive und künstliche Mantik.[27]

Magische und mantische Handlungen und Praktiken kommen auch außerhalb der Esoterik bzw. des Okkultismus vor. Man braucht nur daran zu denken, welche Rolle sie schon immer bei so genannten Naturvölkern spielen. Das zeigt zugleich: Magie ist älter als Okkultismus und moderne Esoterik. Und auch heute ist es so: Der Fußballtorwart z. B., der sich ein Maskottchen ins Tor legt, um Schaden von seiner Mannschaft abzuwehren, ist wohl nur in den wenigsten Fällen auch Esoteriker!

Trotzdem wäre es falsch, Magie, Okkultismus und Esoterik allzu weit auseinander zu rücken. Sie haben nämlich dieselbe weltanschauliche Grundlage: ein Weltbild der »Allverbundenheit« und der »Sympathie« aller Dinge. »Magie ist die Umsetzung eines auf Entsprechungen und Sympathien gegründeten Weltbilds in die Praxis«, definiert Hans Biedermann.[28] Konstitutiv für magische Praktiken sind dabei folgende weltanschauliche Vorgaben:

- die Vorstellung vom Zauber als »*Kraft*« oder »Kraftwirkung«,
- die Vorstellung eines *Sympathiezusammenhangs* der Welt und
- die Vorstellung der Möglichkeit einer *Kraftübertragung*.[29]

Es geht bei magischen Praktiken also vor allem um die Steuerung geheimnisvoller »Kräfte« bzw. von »Energien«, wie man in der Esoterik- und Psychoszene lieber sagt. »Energie« wurde geradezu zum Zauberwort einer alles vereinheitlichenden Sicht von Esoterik, Psychotherapie und magischen Vorstellungen, die fließend ineinander übergehen. In dem Buch »Die geheimnisvollen Kräfte der Pyramide« wird z. B. auf die der Verwandtschaft der modernen Körpertherapien zu Grunde liegenden Idee der »Bioenergie« mit ähnlichen Vorstellungen aus verschiedensten alten Kulturen und dem modernen Okkultismus hingewiesen: »Die Idee von der Bioenergie ist gar nicht so neu. Die alten Chinesen lehrten, dass der Mensch in Verbindung mit der Lebensenergie steht, die das ganze Universum ausfüllt. In Indien nennt man diese Kraft ›Prana‹ ... Mesmer nannte sie ›animalischen Magnetismus‹. Reichenbach nannte sie ›Od-Kraft‹ und Blondot ›N-Strahlen‹. Sowjetische Wissenschaftler bezeichnen sie als ›bioplasmatische Energie‹ und tschechische als ›psychotronische Energie‹.«[30]

Die Vertriebswege des »alten« oder »anderen Wissens«, das hinter Magie und Mantik steht, entsprechen den neuen Wegen und Methoden des modernen Marktes: An oberster Stelle stehen die so genannten *Esoterik-Messen*, das sind »Märkte des Übersinnlichen«, die seit vielen Jahren in allen größeren Städten veranstaltet werden. Hier wird man bekannt gemacht mit den verschiedensten Angeboten des Esoterik-Marktes. Auf der als »Begleitausstellung zu den 17. Basler Psi-Tagen« firmierenden Esoterik-Messe »Aura« im November 1999 wurden die Angebote der rund 100 Aussteller z. B. in folgende sechs »Kategorien« eingeteilt: 1. Zeitschriften, Bücher, Verlage; 2. Kurse, Seminare; 3. Gesellschaften, Vereine; 4. Beratungen; 5. Gesundheitsprodukte; 6. Sonstiger Verkauf. Daneben lief ein Vortragsprogramm: »Aura«-Podien I und II, bei dem die Aussteller das Publikum – insgesamt 6.000 Besucher an drei Messe-Tagen – eingehender über ihre Produkte, Kurse, weltanschaulichen Theorien und Gemeinschaften informieren und dafür werben konnten. Nach Zinsers Grobeinteilung[31] kann man die verschiedenen Angebote auf solchen Messen auch nach folgenden Kategorien untergliedern:

Die Angebote umfassen das ganze Spektrum der unten erwähnten magischen und mantischen Praktiken (s.u. 2.1.2 u. 2.1.3) und darüber hinaus auch noch vieles aus dem Kontext östlicher Religionen oder »primitiver«, archaischer Kulturen, also vor allem Reiki und Schamanismus. Die esoterische These von der ursprünglichen Einheit aller Religionen und Kulturen in ihrer Wurzel kommt in diesem Angebot voll zum Ausdruck, das vor allem »Heil« und »Heilung« durch die Rückkehr zu diesem »alten Wissen« und seiner Verheißung der Wiederherstellung der »Ganzheitlichkeit« und »Harmonie« von Körper, Seele und Geist verspricht.

Esoterische Reisen

Die Weltmacht Tourismus hat auch ihre andere, alternative Seite: »Magisch reisen« heißt eine Reihe von esoterischen Reiseführern zu magisch besonders interessanten »Kraftplätzen« oder »Orten der Kraft«.[32] Kraft – Macht – Erleuchtung, das ist auch hier ein Hauptmotiv solcher Angebote. Zu den ersten Reisezielen von Esoterikern gehörten schon in den 70er Jahren Flugreisen zu den philippinischen Geistheilern. Lange Zeit galt das »Etora«-Zentrum auf Lanzarote als erste Adresse für den Esoterik-Urlaub.[33] Inzwischen gehören Esoterik-Reisen zu alten Inka-Kraftplätzen im Amazonas-Urwald Perus oder zu den ägyptischen Pyramiden schon zum Tourismus-Alltag jener Schichten, die mühelos 5.000 DM für eine solche Reise hinblättern können. Und auch die Marktführer auf dem Touristik-Sektor nehmen schon seit einigen Jahren Rücksicht auf die veränderten »spirituellen« oder meditativen Bedürfnisse ihrer Kunden: »Der Zeitgeist spukt durchs Clubprogramm: Bauchtanz, Ayurveda, autogenes Training, Bioenergetik, Heilmeditation, Rhetorik-Kurse und Ausflüge ins Traumreich sollen das Mittelschicht-Publikum bei Laune halten … Sogar eine Pyramide fehlt nicht, in der New-Age-Jünger mental abheben können«, berichtete die Illustrierte »stern« schon vor einigen Jahren über die »Robinson Clubs« von TUI[34], was die endgültige Etablierung der Esoterik in der Hauptkultur dokumentiert.

Bücher, Kassetten, Videos

Meist bieten die Veranstalter an speziellen Büchertischen die Buch-Publikationen sowie die Vortrags-Kassetten und -Videos der Referenten an. Der Verkauf ist von speziellen Firmen professionell organisiert, sodass man schon wenige Minuten nach den Vorträgen »Livemitschnitte« käuflich erwerben kann – zum Teil zu beträchtlichen Summen: 130 sFr z. B. für eine Videoaufzeichnung des Seminars »Stirb und Werde – Vom Sinn des Wandels« auf den Basler »Psi-Tagen« 1999. Audio-Kassetten der Vorträge wurden für 20 sFr angeboten.

Schmuck, Okkult-Devotionalia, Kultutensilien

Auf der Basler Esoterik-Messe »Aura« wurde 1997, wie auch in den folgenden Jahren, ein breites Angebot an magisch-esoterischen Produkten vorgestellt, bei denen sich ebenfalls fast alles um die Bereiche Gesundheit und Heilung bewegte – von indianischen Edelstei-

nen über Pyramiden aus Draht, Blech oder Holz (64 bis 380 sFr) bis zu Auraschutzme-
daillons (168 sFr) oder Amuletten aus »Feng Shui Energie« (in Gold: 300 sFr). Ein für 170
sFr angebotenes »Kinesiometer« soll mithilfe von »archetypischen Urinformationen in
den Zellen aus terrestrischen und kosmischen Energien« anzeigen, ob Nahrungsmittel
oder ein Gedanke gut oder schlecht auf den Benutzer wirken.

Esoterische Dienstleistungen

Nach Zinsers Beobachtungen nehmen unter den Dienstleistungen »die verschiedensten
Formen von Lebensberatung den größten Umfang ein und darunter wiederum die ...
Astrologie«.[35] Auf der Basler Esoterik-Messe z. B. bieten schon seit vielen Jahren zahlreiche Wahrsager, Kartenleger und »Aura-Visionsberater« in kleinen Kabinen ihre Künste
für bis zu 300 sFr an.

Werbung esoterischer und neureligiöser Zentren

Auch einige esoterische und neureligiöse Gemeinschaften treten auf Esoterik-Messen mit
eigenen Ständen in Erscheinung. Nach Feststellungen Zinsers sind es meist etwa drei bis
fünf Gruppen pro Veranstaltung, darunter häufig: Fiat Lux, Universelles Leben, Eckankar,
Brahma Kumaris, ISKCON, Fundament für höheres geistiges Lernen (Universale Kirche),
Satsang Thakar Singh und Unity of Man, Sant Kirpal Singh[36], dazu noch Sahaja Yoga und
die Bruno-Gröning-Freundeskreise um Grete Häusler. Bei der Basler »Aura«-Messe 1997
wurde am Stand der Sahaja Yoga-Gruppe unentwegt vor dem Bild Nirmala Devis für die
Weckung der Kundalini-Energie meditiert. Hare-Krishna-Anhänger verabreichten dem
flanierenden Publikum vegetarische Kost. Der Bruno-Gröning-Freundeskreis warb für
den berühmten »Wunderheiler«, und Anhänger des »Metharia«-Vereins aus Eckernförde
versprachen Kontakt zu »außerirdischen Santinern«.

Quellen: »Aura« 99 – Begleitausstellung zu den 17. Basler Psi-Tagen

Zeitschriften: esotera (jetzt: Die neue esotera) · Die Andere Realität · KörperGeistSeele
(Kostenloser Veranstaltungskalender für Berlin und Umland)

Literatur: **Oepen u.a.** · TRE 21, S. 686-703 · **Gasper/Müller/Valentin**[6] Sp. 618ff.;
Sp. 632ff. · **Gerald L. Eberlein** (Hg.), Kleines Lexikon der Parawissenschaften, München
1995 · **Eduard Gugenberger,** »Mystic Journeys«: Spiritueller Ausverkauf im New Age-
Supermarkt, in: MDEZW 1/1995, S. 11-18 · **Hansjörg Hemminger** (Hg.), Die Rückkehr
der Zauberer, Reinbek 1990 · **Ders.,** Der Markt des Übersinnlichen. Hoffnung auf Lebenshilfe im New Age, EZW-Texte, Impulse Nr. 31, Stuttgart 1990 · **Adolf Köberle,** Der
magische Weltaspekt und seine religiöse Bedeutsamkeit, in: ders., Heilung und Hilfe,
Moers 1985, S. 43-55 · **Hartmut Zinser,** Der Markt der Religionen, München 1997

Internet: www.esoterikmesse.de

Vor allem im Kontext der »neuen Religiosität« der New-Age-Bewegung der 80er Jahre des 20. Jahrhunderts vollzog sich eine erstaunliche Rückkehr magischer Vorstellungen und Praktiken in den westlichen Kulturkreis. Vertreter magischer Traditionen, wie echte oder selbst ernannte Schamanen oder aus exotischen Ländern eingeflogene Medizinmänner, bewegten sich – wie »Die Welt« (17.10.1985) leicht ironisch formulierte – auf New-Age-Kongressen »so selbstverständlich, wie Ministerialräte auf Verbandstagungen«. Ihr Selbstbewusstsein hat seither eher noch zugenommen!

Ganz neu ist diese »Rückkehr der Zauberer« allerdings nicht: Viele magische und mantische Praktiken sind seit Jahrhunderten im Rahmen des so genannten Volksaberglaubens der Alltagsmagie (s. u.) überliefert. Andere sind erst in den letzten Jahrzehnten dazugekommen und haben ihren Sitz im Leben in der so genannten »City Religion«[37], sind also nicht mehr beschränkt auf die ländlichen Randzonen, sondern mitten in unserer technischen Zivilisation geradezu etwas Allgegenwärtiges.

Obwohl eine verbreitete Kleinschriftenliteratur noch voll derartiger Beispiele ist, ist es wenig wahrscheinlich, dass dem Seelsorger oder Berater von heute (selbst auf dem Lande) noch ein leibhaftiger »Hexenbanner« oder eine »Warzenbesprecherin« begegnen. Ebermut Rudolph, der Hunderte so genannte »Spruchheiler« befragt hat, stellte bereits 1987 beim »Wiener Dialog für Ganzheitsmedizin« fest, dass in fast allen Gegenden »mit einem sehr starken Rückgang in allernächster Zeit zu rechnen« ist.[38]

Dafür kann der Pfarrer vielleicht feststellen, dass seine Konfirmanden durch das Fernsehen bestens über die neuesten Auftritte von Uri Geller oder Elizabeth Teissier orientiert sind, und per Postwurfsendung kommt der Bezugsschein für den »magischen Ring« ins Haus, dessen Besitz den nächsten Lottogewinn garantieren soll. Das Biorhythmus-Gerät an der Ecke, der Astro-Computer, beim Schulfest als Unterhaltungsmittel geschickt aufgestellt, ohne dass sich noch ein Lehrer darüber aufregt, der Feuerlauf-Workshop oder auch – die Plage des Küsters – das Reiskörnerwerfen beim Traugottesdienst – all das hat mit einer neuen Qualität von Magie und Mantik zu tun.

Alltagsmagie und abergläubisches Brauchtum

Magische Praktiken haben seit jeher zwei Hauptzielrichtungen: auf magische Weise Böses abzuwehren (präventiv) oder Gutes herbeizuzwingen (aktiv). Sie lassen sich dementsprechend in die beiden Gruppen des Abwehrzaubers und des Aneignungszaubers einteilen:

Schutz- und Abwehrzauber
Die vor allem in der Alltagsmagie sehr verbreiteten Hilfsmittel, um Böses abzuwehren, bezeichnet man überwiegend als *Amulette*. Aus der unübersehbaren Fülle der Angebote in einschlägigen Annoncen oder in Esoterik-Läden kann man schließen, dass moderner Fetischismus einen enormen Bedarf an derartigen »Macht-« und »Kraftträgern« hat, bei denen es sich allerdings weniger um Mittel zur spirituellen »Erleuchtung« als vielmehr um Hilfsmittel zur Erreichung ganz vordergründiger, materieller Ziele handelt.

Eine überaus verbreitete, oft gedankenlos dahergesagte Beschwörungsformel der Alltagsmagie ist das »*Toi, toi, toi!*« – eigentlich ein Abwehrzauber gegen das Berufen. Das Aussprechen dieser Wörter soll davor schützen, dass ein Glück zerstört wird, nachdem jemand darüber gesprochen hat (daher auch: »unberufen toi, toi, toi!«). Es handelt sich nicht um eine Abkürzung von »Teufel«, sondern um eine Lautnachahmung des Spuckens, das im alten Volksglauben (ähnlich wie das Klopfen auf Holz) als magisches Hilfsmittel gegen das Berufen galt.

Das »*6. und 7. Buch Mosis*« ist ein mehrfach variiertes Sammelsurium von ägyptischen, kabbalistischen und arabischen Beschwörungen, gotteslästerlichen Gebetszwängen, Heil- und Wundermitteln. In der okkulten Tradition gilt Moses, in Anlehnung an Ex 7,8-12 oder 17,5-6, seit jeher als Zauberer, sodass man ihm auch noch ein achtes, neuntes, zehntes und elftes Buch Mosis zuschrieb.

Aneignungszauber (Glücksbringer)

Während Amulette vorwiegend zur Abwehr gegen böse Kräfte gehören, werden *Talismane* und *Maskottchen* überwiegend eingesetzt, um Gutes zu erzwingen. Dazu bedienen sich Geschäftemacher auch der esoterischen Grundanschauung, indem sie den Talisman z.B. als »Akkumulator positiver Strahlen« ausgeben, dessen »Kraft« z. B. Geld, Liebe, Glück oder Gesundheit »anziehe«.

Letzteres zeigt zugleich aber auch, dass es sich sowohl beim überlieferten abergläubischen Brauchtum der Alltagsmagie wie überhaupt beim Aberglauben als Grundmuster menschlichen Verhaltens um etwas von der modernen esoterischen Religiosität prinzipiell Verschiedenes handelt.[39] Es sind zwar weithin die aus alten Zeiten bekannten magischen oder mantischen Praktiken, die von modernen Esoterikern im Kontext ihres Weltbilds und der modernen Gesellschaft rezipiert werden; anders als die Esoterik verfolgt der Aberglaube aber definitiv keine religiösen Ziele, sondern repräsentiert sozusagen ein allgemeinmenschliches Verhaltensmuster: »Ich verhalte mich dann abergläubisch, wenn ich es eigentlich besser wissen müsste, als auf diese oder jene geheimnisvolle Hilfe zu bauen, und wenn ich trotzdem darauf baue, um einen unmittelbaren und für mich nahe liegenden Zweck zu erreichen.«[40] Damit ist allerdings klar, dass sich auch der Esoteriker »abergläubisch« verhalten kann.

Magische Praktiken in der Esoterik- und Psychoszene

Seit der »Rückkehr der Zauberer« in die moderne Industriegesellschaft erhalten magische Praktiken einen neuen »Sitz im Leben«, der mit einer Veränderung ihrer Erscheinungsform selbst verbunden ist: ihrer Rezeption im Kontext einer »neuen, esoterischen Religiosität«, die ihren alten Sitz im Kontext volkstümlichen Brauchtums in einer bäuerlichen Lebenswelt fast völlig verdrängt hat. Hans-Joachim Höhn hat diese neuen Formen als »City Religion« charakterisiert – jenen »Markt« religiöser und esoterischer Offerten, auf die man vor allem in den Zentren unserer Großstädte trifft und die dort sozusagen im Vorübergehen, ohne größere Verbindlichkeit konsumiert werden, wie andere Produkte des Marktes auch.

Oft wird der ursprüngliche Sinn einer magischen Praktik durch den neuen Sitz im Leben völlig verändert. Magische Angebote wie Neo-Schamanismus, Feuerlauf u. a. oder mantische Praktiken wie das I Ging-Orakel oder der Tarot (s. u. 2.1.3) spielen in der »neuen Religiosität« aber deshalb eine so große Rolle, weil »Religion« und »Religiosität« in der modernen Gesellschaft selbst in einem Wandlungsprozess begriffen sind, der magische, okkulte und esoterische Elemente absorbiert und selbst (wieder) stärker magische Züge annimmt. Ganze Neureligionssysteme, wie die von L. Ron Hubbard für seine rein profane Ziele verfolgende »Scientology«-Organisation entwickelte Sciencefiction-artige Weltanschauung, beruhen auf Magieglauben.[41]

Neoschamanismus

Hartmut Zinser hat die Szene des Neoschamanismus intensiv erforscht und u.a. im »Materialdienst der EZW«[42] eine eingehende Charakteristik und Bewertung vorgelegt. Bei aller Anerkennung des bekanntesten Forschers auf dem Gebiet des Schamanismus, Mircea Eliades [1907-1986], fasst Zinser den Begriff enger: Nach Eliade ist »der Schamanismus überhaupt die archaischste und am weitesten verbreitete okkulte Tradition«. Er beruht gewissermaßen auf der Idee des »geheilten Heilers«. Schamanismus ist für Eliade im strengen Sinn »Ekstasetechnik«, die in verschiedenen religiösen Kontexten auftaucht. In diesem Verstehensansatz des Schamanismus als »Technik« der Bewusstseinserweiterung steckt nun ein wichtiger Ansatzpunkt für die Universalisierung dieses Begriffs in der neureligiösen Szene des Neo-Schamanismus, d.h. für die Tendenz, alle ekstatischen Elemente aus archaischen Religionen oder vorindustriellen Gesellschaften, ja sogar alle Mittel, die den normalen Gedankenstrom und Gefühlsablauf unterbrechen (so Holger Kalweit, ein typischer Vertreter dieser Richtung), als Schamanismus auszugeben. Zinser hält Eliade entgegen, dass dieser bei seiner Theorie des Schamanismus als Ekstasetechnik allzu sehr von den konkreten Verhältnissen abstrahierte, unter denen in Sibirien Schamanismus hervortrat. Am Beispiel der Schilderung einer »neoschamanistischen Seance« heutiger New-Age-Vertreter hat Zinser seine These, dass es sich dabei gar nicht um wirklichen Schamanismus handelt, auch durch das Argument bekräftigt, dass hier völlig gegensätzliche Intentionen vorliegen:

Die Teilnehmer begeben sich zuerst auf eine *Fantasiereise* in die »andere Wirklichkeit« der Schamanen. Unter Trommelschlägen sollen sie sich vorstellen, sich langsam durch einen Tunnel vorwärts zu bewegen. Danach sollen sie sich ihres *Krafttiers* oder *Hilfsgeists* versichern und sich einen *Medizinbeutel* zulegen, in dem mit »Kraft« und »Energie« geladene Gegenstände aufbewahrt werden.

Während es im sibirischen Schamanismus um die Bewältigung schwieriger Situationen des Alltags (Krankheit, Jagdglück, Tod) geht, stellt die typische Seance im Neoschamanismus geradezu eine Flucht aus dem Alltag in außergewöhnliche Bewusstseinszustände, in ein »Jenseits« zur sozialen Wirklichkeit mit ihren Problemen dar, in die die Teilnehmer dann wieder zurückkehren. Nach Zinser handelt es sich bei den neoschamanistischen Seancen um eine Regression in eine Wunschwelt und um gezielt herbeigeführte Tagträume.

Der Schamanismus-Boom scheint auch am Beginn des 21. Jahrhunderts ungebrochen, wie ein dieser Thematik gewidmetes »*connection special*«-Heft vom Juni/Juli 2000 mit dem Titel »Comeback der Schamanen« zeigt. Die neoschamanistische Ausweitung des Begriffs findet darin ihre Fortsetzung bis hin zur Feststellung schamanischer Elemente in »Familienaufstellungen« nach Hellinger[43] oder zur Vereinnahmung von »Techno« als »moderner Version der Schamanentrommel«[44]. Eine für Oktober 2000 unter dem Motto »Wanderer zwischen den Welten« im Kongress-Zentrum Garmisch-Partenkirchen geplante Konferenz sollte die derzeitige Prominenz des Neoschamanismus samt bekannter Experten versammeln.

Schamanismus-Angebote sind zugleich ein wichtiger Bestandteil des Dienstleistungs-Sektors »Esoterischer Reisen« (s.o.): Ausdrücklich für Menschen, die keine andere Sorge haben, als ihrer »Winterdepression« zu entfliehen, bietet z. B. der Veranstalter »Earth Oasis. Ganzheitliche Reisen & Seminare« im November/Dezember 2000 eine »Schamanistische Erlebnisreise« nach Brasilien an.[45] Und selbst der gastronomische Sektor ist von dieser Dispersion des Religiös-Magischen betroffen: Die Bar des Berliner Restaurants »Goa« nahe der EZW bietet u.a. Cocktails nach Rezepturen von Medizinmännern und Schamanen.[46]

Feuerlauf-Seminare

»Beim Feuerlauf wird ein Glutteppich von mehreren Metern Länge barfuß überquert. Die Temperatur beträgt zwischen 500 und 700 Grad. Es kommt in aller Regel zu keinen Verbrennungen, da die Fußsohle zu dick und der Moment, den der Fuß die Glut berührt, zu kurz ist. Als Mittel der spirituellen Reinigung gibt es dieses Ritual in verschiedenen Kulturen, in Europa noch in Nordgriechenland. Bei uns ist diese Mutprobe ein Mittel, das bei alternativen Workshops, aber auch zum Managertraining eingesetzt wird. Die Überwindung der Angst soll sich positiv auf die allgemeine Lebensbewältigung auswirken.« Mit diesen Worten fasst die BILD-Zeitung vom 19. Juni 2000 unter Angabe einer Internet-Adresse (www.feuerlauf-seminar.de) das Wesen des »Feuerlaufs« für den Leser zusammen.

Die Problematik der entsprechenden Angebote bleibt dabei allerdings im Dunkeln, insbesondere die große Bedeutung des »Vorbereitungszeremoniells« für die Überwindung der Angst vor dem Feuer. Für heutige Esoterik gilt das Feuerlaufen als weiterer Beweis für ihre Grundthese von der Überlegenheit des Bewusstseins (Geistes) über die Materie. Es gilt als Demonstration der »Macht des Bewusstseins«. In Wirklichkeit haftet daran nichts Magisches, wie schon Anfang der 80er Jahre eine Studie des Max-Planck-Instituts für Verhaltensphysiologie nachwies: Da die Glutbetten nicht so heiß sind wie oft angegeben und die Hornhaut isolierend wirkt, schließt die Studie, »dass ein schadloses Überqueren der Holzkohlenglut ohne Vorbereitungszeremoniell, ohne jegliche psychophysische Ausnahmezustände, ohne Verknüpfung·mit religiösen Glaubensinhalten, ohne spezielle Gehtechnik und andere Hilfsmittel barfuß in normaler Alltagsverfassung möglich ist«.[47] Das Feuerlaufen belegt also höchstens, dass in der Erfahrung überwundener Angst eine befreiende Wirkung liegen kann, nicht jedoch, dass »geistigen Energien« bei speziellem Training eine besondere »Macht« über die Materie zukommt.

Geld-Seminare

Die Attraktivität von magischen Praktiken – im Unterschied zu echter Religion – beruht nach Höhn darauf, dass sie erlauben, »mit der gleichen Trimm-dich-Mentalität Anschluss an die kosmische Urenergie zu gewinnen«, mit der man auch ein Fitness-Studio für den rein physischen Körperkult betreibt. Diese Art von »Religiosität« wendet sich ja gerade »nicht an Menschen mit einem körperlichen oder seelischen Leiden, sondern an alle, denen (noch) nichts fehlt und die gesund bleiben möchten«.

Man muss sich nur einmal in den einschlägigen Werbeprospekten dieser Angebote umschauen, um zu erkennen, von wem hier an welche Instinkte appelliert wird: So stellte sich vor einigen Jahren auf einem Werbezettel, mit dem der »Optimisten Club Nürnberg e.V.« für ein Abendseminar »Geld liebt glückliche Leute« (Eintrittspreis: 50 DM) warb, der Seminarleiter und »Geldtrainer« E.S. wie folgt vor: »Das Entscheidende ist für mich meine bedingungslose Liebe zu mir selbst, zu ausnahmslos jedem anderen Wesen, zu jedem Ding, zu allem, was ich tue – zu Gott. Seit ich Geld nicht mehr brauche, um mich gut zu fühlen, strömt es im Überfluss in mein Leben. Meine Arbeit ist, meine innere Kraft ›Liebe‹ und meine äußere Kraft ›Geld‹ in die besten Ideen zu investieren, die ich mir vorstellen kann.«

Zu derartigen Offerten der »City Religion« wurde treffend bemerkt: »Mit frühkapitalistischen Methoden wird hier nur zu oft die sublimste Form der Ausbeutung praktiziert – diejenige, bei der sich die Ausgenutzten auch noch der Nutzlosigkeit der bezahlten Sinntherapien freuen. Für den, der daran verdient, scheint es nicht nur ein Geschäft, sondern auch ein Heidenspaß zu sein.«[48]

Positives Denken

Die soeben erwähnten magischen Praktiken beziehen ihre Ideen häufig aus einer geistigen Richtung, die man auch als »Positives Denken« bezeichnet. Man kann auch umgekehrt sagen: Das »Positive Denken« sensu stricto ist eine magische Praktik, die auf der Manipulation der »*Gedankenkraft*« beruht. Worum geht es dabei?

Während die Ritual- und Zeremonialmagie vor allem in okkultistischen und neosatanistischen Zirkeln gepflegt wird, die kaum an die Öffentlichkeit treten, bekommt man es in der neureligiös-esoterischen Szene vor allem mit solchen Formen der Magie zu tun, bei denen es um die Manipulation der »Gedankenkraft« geht, die aber in der Esoterik viele Namen hat, wie »*Unterbewusstsein*«, »*Wunschkraft*« (so der fünfmalige »Mister Universum«, Arnold Schwarzenegger) oder – was am meisten zur Verwirrung beiträgt: »*Glaube*«! Durch die Aktivierung dieser »Kraft« soll der Mensch schneller zu Glück, Reichtum, Zufriedenheit, ja: All-Macht kommen.

Auf den Bestseller-Listen befinden sich seit vielen Jahren die Schriften eines gewissen Dr. Joseph Murphy [1895-1981], der auch als »einer der zweitausend erfolgreichsten Menschen« bezeichnet wird. Bereits in seinen in der Nachkriegszeit bei uns bekannt gewordenen Schriften – zum Beispiel: »Kernreligion« (Eschwege 1965) – führt er eine enorme Begriffsverwirrung ein, indem er als »Religion« bezeichnet, was in Wirklichkeit eine magische Praktik ist: die Erweckung der angeblich in jedem Menschen liegenden *Kraft der Allmacht*.[49] »Die Kern-Religion (nuclear religion!)«, so Murphy, »befasst sich mit der einen *Universalkraft* in allen Menschen.«[50] Das Wort »Magie« fällt auch hier nicht, und es ist stattdessen bei Murphy immer von der »Macht« die Rede, z. B. im Titel seines mit über 1 Million Exemplaren wohl verbreitetsten Buches »Die Macht Ihres Unterbewusstseins«[51].

Als Voraussetzung magischer Machtwirkung wird auch hier angenommen, dass der Mensch mit dieser Lebenskraft (die bei Murphy das Unterbewusstsein ist und mit »Gott« gleichgesetzt wird) in Verbindung tritt, um sie sich dienstbar zu machen.[52] Ein »Gott außerhalb ihres Selbst« wird als Erfindung »primitiver Menschen« diffamiert.[53] Leiden ist selbst verschuldet, sofern der Mensch »die Macht über sein Unterbewusstsein verschenkt«.[54] »Positives Denken« heißt also: Aufhören, die »göttliche Energie« oder »Kraft« in uns zu blockieren[55] und nur noch positive Suggestionen zuzulassen, z. B. »Meine Wünsche sind Gottes Wünsche« (Erhard F. Freitag). So behauptet Murphy, eine Frau habe allein mit dieser »Kraft« des Unterbewusstseins einen Lastwagen hochgehoben.

Bei uns tritt das »Positive Denken« Murphys u. a. nur als »Publikums-Kult« in Erscheinung, indem sich z. B. »Murphy-Freundeskreise« bildeten, die sich mit seinen Schriften befassen. In den USA aber ist es auch auf der Ebene der »cult movements« regelrecht institutionalisiert, d. h. in Gestalt von »Kirchen«: Dies hängt mit den Wurzeln Murphys in der so genannten »New Thought-Bewegung« – auf Deutsch: Neugeist-Bewegung – zusammen, aus der auch die Zeitschrift »esotera« hervorging. Die wichtigsten »Neugeist«-Richtungen in den USA sind: »Divine Science«, »Religious Science« und »Science of Mind«. Verwandte Anschauungen vertreten: »Unity« und »Christian Science« (vgl. VI.-2.1.3). Der im Prominentenwohnort Beverly Hills (Kalifornien) residierende Joseph Murphy war, wie viele andere Autoren des Positiven Denkens, ordinierter Lehrbeauftragter (»minister«) der »Church of Divine Science« in Los Angeles. Die Prinzipien der 1914 gegründeten »International New Thought Alliance« entsprechen den in den Büchern Murphys u.a. zum Ausdruck kommenden Ansichten: »Gott ist ... die unendliche Intelligenz in Ihrem Unterbewusstsein.« »Gott ist die universelle Macht und Weisheit – allen Menschen verfügbar gemäß ihrem Glauben ...«[56] Auf diese Weise werden Begriffe wie Glaube, Gebet, Heilung u. a. in angeblich unwiderstehliche Erfolgsmethoden pervertiert und auf dem esoterischen Buchmarkt oder in der gehobenen Managerausbildung vermarktet. Neben Murphy wurden auf dem deutschen Buchmarkt am bekanntesten: Ernest Holmes [1887-1960], Dale Carnegie [1888-1955] und Norman Vincent Peale [1898-1994], die zum Teil ebenfalls Funktionsträger amerikanischer Neugeist-»Kirchen« waren, sowie der Münchner »Hypnosetherapeut« und »Murphy-Schüler« Erhard F. Freitag [geb. 1940].

Quellen: **Lynn Andrews**, Die Medizinfrau. Der Einweihungsweg einer weißen Schamanin, Reinbek 1986 · **Walter Andritzky**, Schamanische Heilgeheimnisse. Die Wiederentdeckung der magischen Medizin, Reihe Atlantis, Bergisch Gladbach 1999 · **Irene Dalichow**, Krafttiere – Boten der Göttin. Mit Krafttieren zu Energie und Heilung, München 1999 · **Gary Doore** (Hg.), Opfer und Ekstase. Wege der neuen Schamanen, Freiburg 1989 · **Felicitas Goodman**, Wo die Geister auf den Winden reiten. Traumreisen und ekstatische Erlebnisse, Freiburg 1989 · **Joan Halifax**, Die andere Wirklichkeit der Schamanen, München 1985 · **Michael Harner**, Der Weg der Schamanen. Ein praktischer Führer zu inneren Heilkräften, Reinbek 1986 · **Holger Kalweit**, Traumzeit und innerer Raum, München 1984 · **Astrid u. Joachim Knuf**, Amulette und Talismane. Symbole des magischen Alltags, Köln 1984 · **Joseph Murphy**, Die Macht Ihres Unterbewusstseins, Genf 1976 · **Paul Uccusic**, Der Schamane in uns: Schamanismus als neue Selbsterfahrung, Hilfe und Heilung, Genf 1991

Zeitschriften: Anubis. Zeitschrift für praktische Magie und Psychonautik · connection · connection special 6-7/2000 · Mescalito. Sprung in die Unmöglichkeit. Magazin für Magie und Schamanismus · Unicorn. Magie, Schamanismus, Wege zur Erde

Literatur: **Mircea Eliade**, Schamanismus und archaische Ekstasetechnik, Frankfurt/M. ³1982 · **Hansjörg Hemminger/Bernd Harder**, Was ist Aberglaube? Bedeutung, Erscheinungsformen, Beratungshilfen, Gütersloh 2000 · **Hans-Joachim Höhn**, Passagen und Passanten – oder: Religion in der City, in: H. W. Dannowski (Hg.), Religion als Wahrheit und Ware, Hamburg 1991, S. 25ff. · **Rudolf Lang**, Positives Denken, Schriftenreihe Grenzgebiete 15, Öhringen ²1993 · **Hans-Jürgen Ruppert**, Die Wiederkehr der Schamanen, in: Werkmappe »Sekten, religiöse Sondergemeinschaften, Weltanschauungen« Nr. 54, Wien 1989 (Lit.) · **Günter Scheich**, »Positives Denken« macht krank, Frankfurt/M. 1997 · **Hartmut Zinser**, Traumreisen und Schamanisieren. Beobachtungen zum »New Age«-Schamanismus, in: MDEZW 9/1988, S. 249-260

Internet: www.feuerlauf-seminar.de

2.1.3 Mantische Praktiken – die Wiederkehr der Orakel (Wolfram Janzen/H.-J. Ruppert)

Mantische oder wahrsagerische Praktiken haben anscheinend in unsicheren oder bedrohlich wirkenden Zeiten, in Krisen- und Umbruchzeiten eine besondere Konjunktur. Dies war in den zwanziger Jahren des vergangenen Jahrhunderts, in der Zeit nach dem Zweiten Weltkrieg und ist in der Gegenwart, am Beginn eines neuen Jahrtausends, der Fall. In der Vergangenheit verblieb Mantik allerdings weitgehend in einer Dunkel- und Schweigezone, in der maßgeblichen Gesellschaftskultur fand sie kaum Beachtung, so verbreitet sie auch sein mochte. Sie galt als volkstümlicher »Aberglaube«, als Ausdruck eines rückständigen, regressiven, irrationalen, unaufgeklärten Bewusstseins.

Das hat sich seit dem Aufkommen und der Verbreitung dessen, was als »neue Religiosität«, als »New-Age-Denken«, als moderne »Esoterik« bezeichnet wird, geändert. Es bereitet offenbar gebildeten und gesellschaftlich gut placierten Menschen keinerlei Schwierigkeiten mehr, sich in Fernsehsendungen dazu zu bekennen, dass sie die Dienste von Wahrsagern und Astrologen in Anspruch nehmen oder sich selbst mantischer Praktiken bedienen. Sie können darin durchaus einen Ausdruck zeitgemäßen, alternativ-fortschrittlichen Bewusstseins sehen. Ein unübersehbares Indiz für die gestiegene gesellschaftliche Anerkennung und Wertschätzung mantischer Praktiken ist, dass sie öffentlich angeboten und verbreitet werden: in den Medien, in Bildungseinrichtungen.

Fraglich mag sein, was das Wiederaufleben mantischer Praktiken mit Religion und der »neuen Religiosität« zu tun hat. In der Tat gibt es das Bestreben, Lebensberatung mithilfe so genannter nicht anerkannter Deuteverfahren ohne große weltanschauliche und religiöse Voraussetzungen zu praktizieren. Es gibt auch hier den »Techniker«, der mithilfe von Formeln, Mathematik und Computerprogrammen zu Ergebnissen zu gelangen sucht. Nicht selten findet man dies unter Astrologen. Auf Seiten der nicht-professionellen Anwender gibt es den spielerischen, experimentellen Umgang mit mantischen Praktiken, bei dem der esoterische Unter- oder Überbau unwichtig ist.

Orakel stammen jedoch aus einem religiösen Umfeld und beruhen auf religiösen Überzeugungen. Das haftet ihnen auch heute noch an und sie können das auch in einem säkularen Kontext nicht ganz abstreifen.[57] Zudem werden sie heute meistens im Rahmen eines esoterischen Verständnishorizonts mit bestimmten weltanschaulichen und religiösen Überzeugungen ausgeübt, auch wenn professionelle Anbieter in dieser Hinsicht nicht immer ihre »Karten« offen auf den Tisch legen. Vielfach werden diese Praktiken als Bestätigung und Erfahrungsnachweis für esoterische Grundannahmen gesehen. Man kann sagen, dass mantische Praktiken – neben Formen der Meditation und Magie – sozusagen die praktische Seite, die »Rituale« und »Zeremonien« der heutigen Esoterik darstellen (sofern diese nicht in festen Gruppen organisiert ist).

Orakel und Wahrsagemethoden

Orakelbefragung und Wahrsagen gehören in einen Bereich menschlicher Betätigung, die als Mantik (Wahrsagekunst) bezeichnet wird. Orakel sind nichtrationale Mittel und Wege, um Auskünfte über Lebensfragen und die Zukunft zu bekommen. Die Vielfalt der Orakel lässt sich ordnen. Die Religionswissenschaft unterscheidet induktive und intuitive Mantik:

Die *induktive Mantik* verwendet gegenständliche Hilfsmittel, so genannte Induktoren. Sie »zeigen« Antworten auf Fragen an. Solche Induktoren sind z. B. Lose (Knochen, Steine, Stäbe, u. a.), Karten, Pendel, Kristall- oder Glaskugeln. Einfache *Losorakel* verknüpfen eine Frage mit der Antwort Ja oder Nein, die durch Orakelinstrumente angezeigt wird. Aus den einfachen Losorakeln haben sich kompliziertere Formen entwickelt, z. B. das »Bücherstechen« oder das »Kartenlegen«. Beim Bücherstechen wird ein Buch (nicht selten die Bibel) durch Einstechen mit einer Nadel oder durch zufälliges Aufschlagen geöffnet. Eine so gefundene Stelle wird als Antwort auf eine Frage genommen. Auch das chinesische I Ging-Orakel ist ein Buchorakel. Hier werden die einzelnen Textabschnitte durch Werfen von Münzen oder Schafgarbenstengeln gefunden.

Beim Kartenlegen hebt man Karten ab und legt sie in Reihen aus (dafür gibt es verschiedene Methoden). Die Kartenbilder haben eine bestimmte Bedeutung und ergeben in Verbindung mit den Legeorten Antworten auf Fragen. Zum Kartenlegen werden verschiedene Kartenspiele verwendet, am häufigsten Skat- und Tarotkarten.

Orakel dieser Art beruhen objektiv gesehen auf dem Zufallsprinzip. Der Orakelnehmer rechnet aber damit, dass dem Zufall Sinn innewohnt. Die Karte, die gezogen wird, hält genau die Antwort bereit, die der Fragende braucht. Ohne den Glauben an »sinnvolle Zufälle« sind solche Orakelspiele sinnlos.

Eine weitere Art induktiver Orakel sind die *Zeichenorakel*. Sie beruhen auf »Zeichen«, die an Objekten und Geschehnissen entdeckt werden können. Es gibt »Seh-Zeichen«, die auf Knochen, Eingeweiden, in der Hand, an Steinen, im Feuer, im Lauf und in der Gestalt von Gestirnen usw. gefunden werden. Es gibt aber auch »Hör-Zeichen«: die Rufe von Vögeln, das Rauschen von Blättern, der Klang von Gongs u. a. Hier wird Strukturen, Formen und Qualitäten der Orakelmittel oder Geräuschen, die sie erzeugen, eine besondere Bedeutung zugemessen. Daraus wird die Orakelantwort »gelesen«. Vielfach ist Fantasiearbeit nötig, um die »Zeichen« zu erkennen. Die Deutung verlangt Erfahrung und Kenntnisse.

Zu den Zeichenorakeln gehört die »Chiromantie«, die Handlesekunst. Aus Farbe, Form sowie Linien der Hand und der Finger wird auf den Charakter und das Schicksal des Handeigners geschlossen.

Auch die Astrologie hat sich aus den Zeichenorakeln entwickelt. Sie geht davon aus, dass es einen Zusammenhang zwischen Gestirnkonstellationen am Himmel und irdischem Geschehen gibt. Der Stand von Planeten (samt Sonne und Mond) und Tierkreiszeichen zum Zeitpunkt der Geburt eines Menschen zeigt seine Wesenskräfte und Schicksalstendenzen an. Spätere und aktuelle Bewegungen im astrologischen »Kosmos« deuten auf Schicksalsveränderungen hin.

Zeichenorakel beruhen auf der »Entsprechungslehre«. Man nimmt an, dass sich Wesen und Schicksal von Menschen in äußeren symbolhaften Entsprechungen, eben im »Zeichen«, abbilden und zeigen. Ohne den Glauben an solche rational und wissenschaftlich nicht erklärbaren Entsprechungen haben Chiromantie und Astrologie wenig Sinn.

Eidetische und *visionäre Orakel* bilden den Übergang zur *intuitiven Mantik*. Bei ihnen »sieht« der Mensch im oder an Gegenständen (Kaffeesatz, Bleigussformen, Spiegel, Wasser, Kristallkugel u. a.) innere Bilder. Sie werden in den Gegenstand »projiziert«. (Beim Kaffeesatzlesen und dem Bleigießen haben die inneren Bilder allerdings noch Anhalt an den äußeren Formen.)

In der intuitiven Mantik ist der Mensch das wichtigste Orakelinstrument. Meist in außergewöhnlichen Bewusstseinszuständen (Trance, Ekstase, Traumschlaf) sieht er Bilder (Visionen, Träume), hört er Stimmen (Auditionen) oder er hat Eingebungen.

Nach Ansicht früherer Zeiten beruht intuitive Mantik auf der Verbindung mit der göttlichen Welt (oder mit Dämonen). In psychologischer Betrachtungsweise geht sie auf die Tätigkeit des Unbewussten zurück.

Wahrsager – »alternative« Lebensberatung

Wer sich mit dem Thema »Wahrsagen« beschäftigt, wird darauf stoßen, dass erstaunlich viele Frauen und Männer die »Beratungs«-Dienste von Personen in Anspruch nehmen, die traditionellerweise als »Wahrsager« bezeichnet werden. Heute firmieren sie aber oft unter seriöser klingenden Bezeichnungen wie: »Hellseher«, »Parapsychologe«, »Mediale Lebensberaterin« u. a. Es sind Menschen aller sozialen Schichten und Bildungsgrade, die die Praxen solcher Berater aufsuchen. Was erwarten Klienten von Wahrsagern?

Wenn ein Ratsuchender die Hürde der ersten Kontaktaufnahme übersprungen hat, geht der Besuch bei einer Wahrsagerin oder einem Wahrsager meist rasch, unkompliziert und ohne Formalitäten vor sich. Man ruft an, wird nach seinem Anliegen gefragt, erhält einen Termin, wird diskret empfangen und ebenso verabschiedet. Den Kontakt mit einem Wahrsager kann man jederzeit wieder abbrechen. Es findet keine soziale Kontrolle statt. Man kann sagen, was man will und wird nicht ausgefragt. Ohnehin erwartet der Klient – und erlebt es auch meist – dass der Wahrsager die Fragen, die ihn bewegen, erkennt und anspricht. Im Vergleich zur professionellen und anerkannten Lebensberatung ist also der Gang zum Wahrsager relativ anonym, unverbindlich und mit geringem Aufwand verbunden – mit Ausnahme der finanziellen Seite: Die Honorare von bekannten Wahrsagern liegen weit über dem, was Psychotherapeuten üblicherweise nehmen.

Die Besucher von Wahrsager-Praxen erwarten, dass sie ihre ganz alltäglichen Sorgen aussprechen können und damit akzeptiert werden. Im Vordergrund stehen Partner- und Familienkonflikte, gesundheitliche Probleme und wirtschaftliche Fragen. Die Klienten von Wahrsagern suchen keine komplizierten Analysen ihrer Situation oder langwierige Aufarbeitungen ihrer Konflikte. Sie wollen auch nicht mit psychologischem Fachwissen, mit kirchlichen Glaubenssätzen und Moral konfrontiert werden. Was sie wünschen sind klare, konkrete und praktikable Ratschläge, also nützliche Tipps statt einer Erhellung der Zusammenhänge ihres eigenen Lebens.

Umso erstaunlicher ist es, dass die Besucher von einem Wahrsager dennoch ein besonderes Wissen über ihre Situation und Zukunft erwarten. Sie rechnen damit, dass der Wahrsager aufgrund besonderer Begabungen mehr als sie selbst über ihren Lebensweg und Schicksalslauf weiß und sieht. Nicht selten erwarten Klienten auch, dass Wahrsager Beziehungen, Ereignisse, Lebensumstände mithilfe von magischen Anrufungen, Ritualen, Amuletten, Heilmitteln und psychokinetischen Fähigkeiten zum Positiven hin beeinflussen können. In der Sprache der wissenschaftlichen Parapsychologie: Wahrsager sollen zu *Telepathie* und *Präkognition* (Hellsehen) fähig sein. Diese Erwartungen der Klienten lassen bereits auf die große Bandbreite der Arbeitsweise von Wahrsagern schließen.

Bekannte Wahrsager begeben sich auch auf »Gastspielreisen«. Sie präsentieren sich auf esoterischen Messen, Kongressen, Tagungen, in esoterischen Läden und Zirkeln. Erfolgreich sind jene, die nicht nur einen isolierten »Blick in die Zukunft« werfen, sondern umfassende Lebensberatung oder eingehende Konsultation in Einzelfragen anbieten.

Wahrsager arbeiten sehr stark auf der Empfindungs- und Gefühlsebene. Viele greifen auf Orakel als Hilfsmittel zurück, um zu Aussagen zu kommen. Die häufigsten dieser nicht anerkannten Deuteverfahren sind:

- Kartenlegen, Glaskugelschau, Pendeln, astrologische Symbole.
- Andere glauben, solcher Hilfsmittel nicht zu bedürfen, weil sie ihr Wissen von »jenseitigen Geistern« beziehen – angeblich.
- Manche verlassen sich nur auf ihre Intuition.
- Durchweg stellen Wahrsager eine Atmosphäre her und bauen eine emotionale Beziehung zu den Klienten auf, die die Arbeit mit ihren Mitteln begünstigt. Es gibt sogar Wahrsager, die sich einige Elemente moderner Beratungs- und Therapieverfahren angeeignet haben und in den Beratungsverlauf einbauen.
- Darüber hinaus behaupten manche, auch über eine paranormale Wahrnehmungsfähigkeit zu verfügen, über ein besonderes Wissen von verborgenen Verhältnissen der Vergangenheit, Gegenwart und Zukunft.

Damit stellt sich die Frage nach der Wirklichkeit des Paranormalen, mit der sich die wissenschaftliche *Parapsychologie* beschäftigt: »Im heutigen Verständnis wird unter Parapsychologie die Erforschung psycho-physischer Anomalien verstanden, die Psychologie, Biologie und Physik gleichermaßen betreffen«[58] – also Phänomene wie z. B. Gedankenübertragung, Zweites Gesicht, Spuk, Wahrträume oder Präkognition. Diese paranormalen Vorgänge fasst man auch unter dem Begriff »Psi« zusammen und teilt sie in die beiden Gruppen der »*Außersinnlichen Wahrnehmung*« (ASW: Telepathie, Hellsehen, Präkognition) und der »*Psychokinese*« (PK) ein. Die wissenschaftliche Parapsychologie versucht, Erklärungsmodelle für diese Psi-Phänomene zu finden, wozu auch »natürliche« Erklärungen wie Zufall oder Betrug gehören. Auch die neureligiös-esoterischen Weltanschauungen stellen bestimmte Erklärungs- oder Deutemodelle paranormaler Vorgänge (z. B. als Einwirkung nichtmenschlicher, jenseitiger Wesenheiten, von »Geistern«, statt als ungewöhnliche »Leistung« der Psyche jetzt lebender Menschen) dar, die man historisch zuerst mit dem Begriff »Okkultismus« bezeichnete. Die Parapsychologie versucht ihre Modelle aber im Gegensatz dazu auf die wissenschaftlich allgemein anerkannten akademischen Forschungsmethoden zu stützen: Dabei bedient sie sich neben der Feldforschung auch kontrollierter Laborexperimente. Eberhard Bauer fasst den heutigen Forschungsstand folgendermaßen zusammen: »Es gibt auf phänomenologischer Ebene ›Psi-Anomalien‹, die sich bisher nicht mit konventionellen Hypothesen erklären lassen ... ›Psi-Effekte‹ ... scheinen eher von psychologischen Faktoren (etwa Persönlichkeitsmerkmalen wie Extraversion/emotionale Stabilität oder Einstellungen) abzuhängen als von physikalischen Größen, ohne dass sie steuerbar oder trainierbar wären; veränderte Bewusstseinszustände (Meditation, Hypnose, Entspannung, Reizentzug) scheinen ihr Auftreten zu begünstigen.« Man geht davon aus, »dass Psi-Anomalien das etablierte naturwissenschaftliche Weltbild nicht widerlegen, sondern durch ausdrückliche Einbeziehung des menschlichen Bewusstseins (›Beobachter-Effekt‹) in anthropologisch bedeutsamer Hinsicht eher erweitern.«[59] Vieles, was dem Klienten beim Besuch eines Wahrsagers als außergewöhnlich, paranormal erscheint, erweist sich dabei als durchaus normaler psychischer Prozess:

So betrachten Parapsychologen, die sich wissenschaftlich mit dem Paranormalen befassen, wie der frühere Direktor des Freiburger »Instituts für Grenzgebiete der Psychologie und Psychohygiene«, Hans Bender, das Kartenlegen, die Kristallkugelschau, das Pendeln als »Steigrohre für das Unbewusste«. Pendel, Kugel, Karten usw. fördern Bilder, Vorstellungen, Erwartungen, Wünsche, Ängste, Informationen und Einfälle aus unbewussten Bereichen der Psyche zu Tage. Auch der behauptete Kontakt eines Wahrsagers mit »Jenseitigen« ist psychologisch als Symbolisierung für den Rückgriff auf Bereiche des Unbewussten zu betrachten.

Parapsychologische Forschungen[60] deuten darüber hinaus aber auch darauf hin, dass Telepathie (Fernwahrnehmung) und Präkognition (Hellsehen in die Zukunft) möglich sind und dass es Menschen mit solchen paranormalen Fähigkeiten gibt. Der Philosoph Ernst Bloch bescheinigte auch der Stammmutter der modernen Esoterik, Helena Blavatsky, eine »atavistische Fähigkeit zu parapsychischen Erscheinungen«[61]. Viele der von Wahrsagern benutzten Methoden und Praktiken spielten auch in ihrer »okkulten Karriere« vom Spiritismus zur Theosophie ein Rolle.[62] Ob allerdings auch Wahrsager, die sich außergewöhnliche Fähigkeiten zuschreiben, zu den Menschen mit paranormalen Fähigkeiten gehören, lässt sich nicht von vornherein sagen. Deshalb ist angesichts solcher Zuschreibungen besondere Vorsicht angebracht. Von den meisten sind jedenfalls allein schon aufgrund ihrer vollmundigen Versprechungen solche Fähigkeiten auch gar nicht zu erwarten:

Forschungen von Tenhaeff und Bender mit echten Sensitiven, wie dem Holländer Croiset, haben nämlich auch gezeigt, dass diese *nicht beliebig* außergewöhnlich erscheinende hellseherische Leistungen erbringen können. Ein ungewöhnlich erscheinendes Vorauswissen scheint vor allem dann zu Stande kommen zu können, wenn Wahrsager mit ihren Bezugspersonen verwandte Gefühls- und Erlebnisbereiche haben: Croiset, dessen Angaben besonders im Blick auf Vermisste, die ertrunken waren, überdurchschnittlich zutrafen, war selbst als Achtjähriger von Kameraden ins Wasser gestoßen worden![63] Es ist für Wahrsager auch schwierig, das Hellseherische von ihren Fantasien und Projektionen zu unterscheiden. Ein hellseherischer »Treffer« zeigt sich immer erst im Nachhinein. Dabei ist auch das bekannte Phänomen der »sich selbst erfüllenden Prophetie« zu berücksichtigen: Gebannt von einer bestimmten Erwartung führen Menschen unbewusst selbst die Erfüllung herbei.

Wahrsager arbeiten in erster Linie mit einer geschärften Wahrnehmung und ihrer Intuition. Manche sind wahre Genies der einfühlenden Intuition. Gelegentlich erzielen sie auch hellseherische Treffer. Aber meistens »zapfen« sie das Unbewusste ihrer Klienten an und spiegeln ihnen deren Vorstellungen, Erwartungen, Wünsche, Ängste und Hoffnungen wider. Es kann aber auch sein, dass sie (und oft dann auch der Klient) einer Gegenübertragung zum Opfer fallen und ihre eigenen Wünsche und Ängste auf den Klienten übertragen.

Klienten tun also gut daran, Wahrsagern nicht blindlings zu folgen. Wahrsager haben in der Regel keine beraterische und psychologische Schulung durchlaufen. Dafür können sie spontan, gefühlsmäßig und intuitiv aus dem Unbewussten heraus reagieren. Aber eben diese Stärken bringen die Gefahr mit sich, dass sie sich selbst ihren Fähigkeiten und Einfällen gegenüber unreflektiert verhalten. Umgekehrt neigen ihre Klienten zu einer unkritischen, »gläubigen« Haltung ihnen gegenüber. Wenn dies zusammenkommt, ist die Beratung mit großen Risiken verbunden.

Welchen ethischen und weltanschaulich-religiösen Bezugsrahmen Wahrsager heute haben, lässt sich nicht generell sagen, weil Untersuchungen darüber fehlen. Man kann vermuten, dass die meisten ihre Tätigkeit auf dem Hintergrund »esoterischer« Vorstellungen verstehen. Es ist jedenfalls beraterisch nicht verantwortbar, wenn der Wahrsager unreflektiert oder gar manipulativ diese Voraussetzungen in den Beratungsprozess einbringt. Umgekehrt sollten Klienten prüfen, auf welchen ethischen, religiös-weltanschaulichen Bezugsrahmen sie sich einlassen. Notwendig wäre eine »Ethik der Beratung«, der Wahrsager ihre behaupteten oder tatsächlichen außergewöhnlichen Fähigkeiten und Kräfte unterwerfen.

Der Pendel – spricht er die Wahrheit?

Wahrsager benutzen gern den Pendel, um »Verborgenes« herauszufinden. Aber nicht nur in Praxisräumen von Wahrsagern, sondern auch in manchen Wohnzimmern wird gependelt, um Antworten auf Zukünftiges zu finden. Das Pendeln hat eine alte Tradition, die bis in die Antike nachweisbar ist.

Heute wird beim Pendeln meist ein kleiner, spitzzulaufender Pendelkörper aus Metall oder Mineralien benutzt. Der ca. 20 bis 30 cm lange Faden, an dem der Pendel hängt, wird mit aufgestütztem Ellbogen locker zwischen Daumen und Zeigefinger gehalten. Der Pendler entspannt sich und hält die Hand ruhig. Alsbald wird der Pendel beginnen, sich sacht zu bewegen. Nun werden Fragen gestellt, die das Gerät mit bestimmten Schwingungen beantworte. Es werden Vorlagen mit dem kreis- oder halbkreisförmig angeordneten Alphabet und zusätzlichen Zeichen (Zahlen, Ja/Nein, Ende u. a.) unterlegt. Es gibt auch Pendeltafeln mit vorgefertigten Antwortmöglichkeiten aus verschiedenen Lebensbereichen. Es kann aber auch frei, ohne Vorlage, mit dem Pendel gearbeitet werden. Dabei wird mit ihm die Bedeutung bestimmter Schwingungen »ausgemacht«. Traditionellerweise werden bestimmten Schwingungsbildern gewisse Deutungen zugeordnet. Der erfahrene Pendler hütet sich, den Pendel willentlich zu beeinflussen. Er wird sich auch darum bemühen, den Geist von bewussten Vorstellungen und Vorerwartungen hinsichtlich der Antworten frei zu halten. Der Pendel würde das sofort aufnehmen. Es geht aber darum, mit »höheren Wesen« oder tiefen Schichten der Psyche zu kommunizieren. Deshalb wird meist mit einem Ritual oder einer meditativen Einstimmung begonnen, die den Geist für eine »nicht alltägliche Wirklichkeit« oder einen außergewöhnlichen Bewusstseinszustand aufschließen soll.

Der Pendel und ähnlich wirkende Verfahren (das Glas- und Tischrücken; das »Ouija-board« mit der »Planchette«, einem Anzeigegerät) werden in spiritistischen Kreisen für den »Jenseitsverkehr« verwendet. Hier geht es vor allem um den Kontakt mit Verstorbenen und anderen jenseitigen Wesen und die Erforschung der Jenseitszustände. Nicht selten werden die Verfahren aber auch in diesem Rahmen als Orakel benutzt.

Die genannten Techniken werden aber nicht nur innerhalb des spiritistischen Deuterahmens betrieben. In der Psycho- und Esoterik-Szene benutzt man sie auch, um »Antworten aus dem Unbewussten« (Jürgen vom Scheidt) zu erhalten. Der Pendel ist hier ein beliebtes Orakelgerät zur Beantwortung von Lebensfragen, zur Lebensberatung, zur Zukunftserkundung, zur Bestimmung von Krankheiten und Heilmitteln und (wie die Wünschelrute) zum Auffinden von Wasseradern und »Störzonen«.

Die Wirkungsweise dieser Verfahren ist gut erforscht und in der Parapsychologie bekannt. Pendel, Wünschelrute, Glas, Tischchen, Planchette werden von feinen, unwillkürlichen, vom Bewusstsein nicht wahrgenommenen Muskelregungen in Bewegung gesetzt. Die Muskelbewegungen werden durch unbewusste Impulse gesteuert. Die Gegenstände wirken als Indikatoren für Mitteilungen aus unter- und unbewussten Bereichen der Psyche. Was dabei zu Tage gefördert wird, ist unterschwellig Wahrgenommenes, sind innere Vorstellungen, Vergessenes und Verdrängtes, verborgene Ängste und Erwartungen, geheime Wünsche, intuitive Einfälle und manchmal Paranormales, vor allem telepathisch »Abgezapftes«. Die in unbewussten Bereichen wirkenden Komplexe von Strebungen und Kräften sind zu kreativen intelligenten Leistungen fähig und haben die Tendenz zu personhaften Gestaltbildungen – wahrnehmbar z. B. in Traumerscheinungen. Da die Impulse über die Induktoren ohne Steuerung des bewussten Ichs erfolgen – gleichsam automatisch – erwecken sie oft den Eindruck, als ob sie von fremden Intelligenzen kämen.

Für manche Menschen kann der Pendel tatsächlich eine Möglichkeit sein, um Antworten aus dem Unbewussten zu erhalten und einen Dialog mit tieferen Schichten der Psyche zu führen. Aber weil die Mitteilungen in entfremdeter Gestalt erscheinen, besteht die Gefahr, dass sie unreflektiert als »höhere Offenbarungen« genommen werden. Sie werden dann nicht kritisch verarbeitet und in das Bewusstsein des Urhebers reintegriert. Unter diesen Umständen kann es bei häufigem Gebrauch von Pendel, Glas usw. dazu kommen, dass sich psychische Komplexe abspalten, selbständig machen und als Störung im psychischen Haushalt wirken.

Der Pendel ist sozusagen ein Resonanzkörper, der in der Regel nur das wiedergibt, was im Pendler, in dessen Gegenüber oder in einer Gruppe steckt. Meistens sind keine allzu differenzierten Ergebnisse zu erwarten, oft kommt Triviales oder Neurotisches heraus. Auch das Verfahren mit Buchstabentabellen begünstigt undifferenzierte und missverständliche Resultate. In Gruppen werden über den Pendel und die Deutung der Ergebnisse oft gruppendynamische Vorgänge und Konflikte »ausagiert«. Da dies verdeckt und symbolisch geschieht, ist es nur schwer durchschaubar. Die Person, die die Rolle des Interpreten einnimmt, hat viele Möglichkeiten der unbewussten und bewussten Manipulation. So ist der Gebrauch von Pendel, Glas usw. ohne kompetente Begleitung und Aufarbeitung mit großen Risiken verbunden.

Tarot – Spiegel des Lebens

Das Tarot-Spiel besteht aus 78 Karten. Diese teilen sich in 22 »Große Arkana« oder Trümpfe und in die »Kleinen Arkana« oder »Farbkarten« auf. Die Kleinen Arkana sind in vier Serien gegliedert: Schwerter, Stäbe, Kelche, Münzen/Scheiben. Die Serien/Farben sind in »Hofkarten« (Page/Bube, Ritter, Königin, König) und in Zahlenkarten (Ass/1 bis 10) unterteilt.

Bei den Großen Arkana (Arkana = Geheimnisse) hat die Karte »Der Narr« die Ziffer 0. Sie ist als eine Art »Wanderkarte« zu verstehen: Der »Narr« ist sozusagen immer im Spiel und kann sich zur Geltung bringen. Die Karte mit der Bezifferung I ist »Der Magier/Gaukler«. Er symbolisiert die schöpferische Kraft, die alles in Bewegung setzt und hält, auch die Kraft der Wandlung. Am Ende der Großen Arkana steht die Karte »Die Welt« (XXI). Sie zeigt eine nackte, weibliche Figur in tänzerischer Haltung inmitten eines ovalen Siegeskranzes, die »Frau Welt«. Die Gestalt wird in den Bildecken von den vier, den Thron Gottes umgebenden Wesen (Hes 1; Offb 4), die auch als Symbole der Evangelisten gelten, umgeben. Die Karte symbolisiert die Vollendung des Menschen und seiner Welt, die Integration seiner Kräfte zur Ganzheit und seine Integration in das Weltganze. Zwischen den Karten I und XXI bewegt sich ein Kosmos menschlicher Gestalten oder Rollen, grundlegender Lebenssituationen, elementarer Weltkräfte und wichtiger menschlicher Strebungen. Die Figuren und Situationen, die Symbole und die Bildgestaltungen der älteren Tarotkarten sind der Gesellschaft und Kultur des Spätmittelalters und der Renaissance entnommen. Sie sind aber so archetypisch, dass sie auch den heutigen Menschen ansprechen.

Es ist ein irdisch-menschlicher oder auf den Menschen bezogener Kosmos, den die Tarotkarten zeigen. Aber in dieses Welttheater, in dessen verschiedenen Szenen der Hauptakteur Mensch in unterschiedlichen Rollen auftritt, wirken Mächte hinein, die auf Transzendentes hinweisen: das »Rad des Schicksals« (Karte X), »Der Tod« (XII), das »Gericht«, »Der Teufel« (XV), der vom Blitz zum Einsturz gebrachte »Turm« (XVI). Verborgen in Anspielungen und kleinen Symbolen, aber auch deutlicher in der Gestalt von Engelwesen, meldet sich das Göttliche. Der »Magier« trägt auf seinem Kopf einen geschwungenen Hut, in dem das Zeichen der Unendlichkeit (Lemniskate) erkennbar ist. Hintergründig spielt diese Figur auf die Schöpfertätigkeit Gottes an. Die Tugend der »Mäßigkeit« (XIV) erscheint in menschlicher Gestalt, aber mit Engelsflügeln. Dies weist darauf hin, dass sie eine menschliche Kraft, aber auch eine Gabe und in der Schöpfung wirkende Kraft Gottes ist.

Die Großen Arkana zeigen die grundlegenden menschlichen Lebensmöglichkeiten, Lebenssituationen und -aufgaben. Man kann in ihnen einen menschlichen Entwicklungsweg sehen: von der kindlichen Ursprünglichkeit und Unbekümmertheit des Narren bis hin zur »höheren Naivität« des Menschen, der zur Ganzheit gefunden hat und der in Übereinstimmung mit sich selbst, der Welt und dem Göttlichen lebt (Karte »Die Welt«).

Die Großen Arkana beziehen sich mehr auf die existenziellen Grundsituationen des Tarotbenutzers, die Kleinen Arkana auf das alltägliche Leben und seine Begebenheiten. Letztere zeigen in den älteren Spielen – bis auf die Hofkarten – nur Symbole. Ursprünglich sind die Symbole Gebrauchsgegenstände aus dem mittelalterlichen Alltag gewesen. Sinnbildhaft bezeichnen sie die vier mittelalterlichen Stände und ihre Tätigkeiten: Adel – Schwerter; Geistlichkeit – Kelche; Bauern – Stäbe; städtische Bürger – Münzen. In der heutigen Verwendung des Tarot symbolisieren sie Lebensenergien, Lebensrichtungen und Lebensbereiche, die sich im Alltag zeigen. Die Schwerter z. B. repräsentieren Machtstreben und die Fähigkeit zum Kämpfen, das Feld der Entscheidungen, die Sphären des Einflusses, der Autorität, des Rechts und der Ordnung, des scharfen, rationalen Denkens. Die Zahlenkarten der jeweiligen Serien weisen auf Erlebnisse und Ereignisse im Alltag hin, die mit diesen Personenkräften und Lebensbereichen zu tun haben (Beginn/Ende; Spannung/Harmonie; Niederlage/Erfolg usw.).

Die Hofkarten gehen ursprünglich auf das Modell des vornehmen Lebens im Mittelalter und der Renaissance zurück, den Hof des Regenten. Die Karten bilden aber auch familiäre Verhältnisse ab: Vater, Mutter, Dienerschaft, Kinder. Im divinatorischen Tarotgebrauch verweisen die Karten auf die Person des Fragenden oder auf Personen seiner Umgebung bzw. zukünftige Begegnungen. In der psychologischen Auslegung des Tarot repräsentieren die Figuren Anteile der Person des Kartenbenutzers.

Tarotkarten werden heute hauptsächlich für Orakelzwecke benutzt. Bis ins 19. Jahrhundert hinein wurden sie aber in erster Linie als Kartenspiel verwendet (im Deutschen als »Tarock« bezeichnet). Ende des 19. Jahrhunderts begannen Esoteriker und Okkultisten auf die Karten aufmerksam zu werden. Während die Kirchen sie als »Gebetbuch des Teufels« verdammten, entdeckten Häretiker die geheime Weisheit des Spiels. Sie sahen Beziehungen zu traditionellen Geheim- und Okkultlehren wie der Hermetik, der Kabbala, der Alchemie, der Astrologie und verbanden den Tarot mit den eigenen okkult-esoterischen Entwürfen. In diesem Zusammenhang entstanden die Ursprungssagen, die sich heute noch beharrlich in der esoterischen Literatur halten:

Der Tarot soll auf altägyptische Tempel- oder Grabbilder zurückgehen und die verschlüsselte und komprimierte Weisheit der Ägypter enthalten, er wird auf Gnostiker, Katharer oder Templer zurückgeführt, er sei von den Zigeunern aus Indien mitgebracht worden und dergleichen mehr. All dies sind Spekulationen, die entweder keinen Anhalt im Tarot haben oder sich geschichtlich nicht belegen lassen. Der Ursprung der Karten liegt im Dunkeln. So wie sie auf uns gekommen sind, atmen sie den Geist des Spätmittelalters und der Renaissance. Die ältesten erhaltenen Karten stammen auch aus dem 15. Jahrhundert, bezeichnenderweise entstanden sie an italienischen Fürstenhöfen. Sprachlich kommt sowohl das französische »Tarot« als auch das eingedeutschte »Tarock« von der italienischen Bezeichnung »tarocchi« für die ersten 22 Karten. Dies wiederum geht wohl auf das arabische »taraha« = »entfernen, beseitigen« zurück.

Durch die Verbindung mit der synkretistischen, d.h. verschiedene religiöse Traditionen vereinigenden Esoterik erhielt der Tarot geradezu Offenbarungsqualität. Er wurde zu einer Art Ur-Offenbarung hochstilisiert, die das »gesamte Urwissen der Menschheit« enthalte. Eine solche Behauptung hält keiner kritischen Prüfung stand. Die durchgehende Interpretation des Tarot durch die traditionellen esoterischen Systeme überfrachtet den alten Bildbestand der Karten.

Aus der Verbindung mit okkult-esoterischen Entwürfen entstanden neue Tarotkarten. In ihnen werden die alten Bilder und Symbole im Sinne von Okkultlehren umgestaltet und ergänzt. Die berühmtesten dieser Tarotdecks sind der »Rider-Waite-Tarot« und der »Crowley-Tarot«. Das erste konzipierte der britische Esoteriker, Theosoph und Freimaurer Arthur Edward Waite und ließ die Karten von der amerikanischen Künstlerin Pamela Colman Smith malen. Der Rider-Waite-Tarot wurde 1910 von der Firma Rider & Son auf den Markt gebracht und ist wohl das verbreitetste Tarot-Deck. Der Crowley-Tarot geht auf den englischen Magier und Okkultisten Aleister Crowley (vgl. 2.2.4) zurück und wurde 1938-1943 von Lady Frieda Harns gestaltet.

Nicht nur von Esoterikern, sondern auch von Psychotherapeuten, vor allem aus der Schule C.G. Jungs, erfuhr der Tarot Hochschätzung. Denn die Tarotkarten sollen der Begegnung mit seelischen Tiefenschichten dienen. Die Kartenbilder stellen Aspekte des Selbst, die Folge der Großen Arkana den Weg der Selbstfindung dar.

Es kommt also sehr darauf an, wie mit den Karten umgegangen wird. Das Spiel lässt die wahrsagerische »Kartenschlägerei« einer Jahrmarktswahrsagerin genauso zu wie die Wahrheitssuche eines Esoterikers. Es ist nicht gleichgültig, von wem man sich die Karten legen lässt oder bei wem man einen Tarotkurs besucht. Es ist auch nicht unerheblich, welche Karten beim Tarotlegen benutzt werden. Immer werden die Motive, aber auch die weltanschaulichen und therapeutischen Voraussetzungen, die den Karten und dem Umgang mit ihnen zu Grunde liegen, hereinspielen.

Beim Tarot-Orakel sind als Antworten überindividuelle Bilder vorgegeben. Sie prägen die Frage- und Antwortrichtung. Dabei geht der Tarotbenutzer davon aus, dass sich die rechten Schlüsselbilder für seine Situation einstellen – wie auch immer das zu Stande kommen mag. Die Bilder und Symbole des Tarot sind zumindest in den alten Decks relativ offen und lassen Raum für persönliche Assoziationen. Es ist nicht sinnvoll, feste Deuteschemata anzuwenden. Wichtig sind persönliche Einfälle und Deutungen des Benutzers bzw. Klienten. Aber auch die kunsthistorische und tiefenpsychologische Symbolkunde kann eine Hilfe für die persönliche Bedeutungserhellung sein. Eine objektivierende und konkretistische Auslegung, auch konkrete Zukunftsprognosen, entsprechen nicht dem Wesen des Tarot-Orakels. Seine Stärke liegt darin, dass es spielerisch Selbsterkenntnis und Einsichten in übergreifende und alltägliche Entwicklungsprozesse fördert. In diesem Sinne kann es einer Lebensberatung dienen, die die individuelle Sinnsuche unterstützen will.

Dabei können sich viele Möglichkeiten für Meditationen und Gespräche über Lebens- und Glaubenswege eröffnen.

I Ging – Stimme der Weisheit

In der uns vorliegenden Form ist das I Ging ein Buch mit 64 Orakelbescheiden. Jeder Bescheid hat eine fünffache Struktur. Er setzt sich zusammen aus einem Gefüge von zwei mal drei, also insgesamt sechs durchgezogenen und/oder unterbrochenen »Linien«. Das Gefüge ist in seinen Einzelheiten mit Bedeutungen verknüpft und weist als Ganzes auf ein Symbol, ein »Zeichen« für eine menschliche Situation hin. Zu dem »Zeichen« tritt ein Orakelspruch, das »*Urteil*«, das Handlungsanweisungen für die Situation enthält. Dazu wird ein »*Bild*« gestellt, das die mit dem »Zeichen« verbundene Bildvorstellungen aufnimmt und eine weitere Handlungsanweisung aus sich entlässt. Weiterhin gibt es »*Linientexte*«, die die Bedeutung der einzelnen »Linien« erläutern und das Grundurteil auf unterschiedliche Lebensumstände hin differenzieren. Ein Orakelwurf ergibt meist zwei Bescheide, einen für die Gegenwart des Orakelnehmers (Anfangssituation) und einen für die Zukunft (Endsituation).

Die Abfassungszeit des I Ging erstreckt sich von der frühen Chou-Zeit an (ab ca. 1100 v. Chr.) über Jahrhunderte bis zum Beginn unserer Zeitrechnung und darüber hinaus. Wie Baumringe haben sich die einzelnen Elemente des I Ging vom Kern her, den »Linien« und »Zeichen«, im Laufe der Zeit angelagert. Zu der aus früheren Zeiten stammenden Sammlung der »Linien« und ihrer Interpretation durch »Zeichen« wurden in der frühen Chou-Zeit die »Urteile« angefügt (und darin liegt wohl der Anfang zum I Ging als Buch). Dann traten die »Linientexte« hinzu. In der konfuzianischen Zeit kamen die »Bilder« dazu. Schließlich lagerten sich die grundlegenden Kommentare, die »Zehn Flügel« an. Sie verbinden das I Ging mit einer mystischen und lebenspraktischen Weltordnungslehre und entfalten seine spirituellen Komponenten. So wurde aus einem Zeichenorakel ein Textorakel, aus einer Sammlung von Orakelsprüchen ein Weisheitsbuch.

Die beiden größten chinesischen Denker, Lao-tse (6. Jahrhundert v. Chr.) und Kung-tse (Konfuzius) [551–479 v. Chr.], sind ohne das I Ging nicht denkbar. Umgekehrt haben sie und ihre Schulen das I Ging und sein Verständnis geprägt. In der jetzt vorliegenden Gestalt zeigt das I Ging unverkennbar die Züge konfuzianischer Bearbeitung und gehört zu den kanonischen Schriften des Konfuzianismus. Immer wieder hat das chinesische Denken sich um das »Buch der Wandlungen« bemüht und von ihm Impulse empfangen. Die traditionelle chinesische Kultur ist in ihren Leistungen stark vom I Ging beeinflusst worden.

Nach chinesischer Tradition hat das I Ging Offenbarungscharakter. Nach Auffassung der Kommentare haben sich die »heiligen Weisen« des Altertums in Übereinstimmung mit dem »*Tao*«, dem Weltgrund und Weltsinn, gebracht. So entdeckten sie die »Ordnung der Außenwelt« und das »Gesetz des eigenen Innern« und legten es im I Ging nieder. Das I Ging dient auch der weiteren Offenbarung des Tao. Es hilft dem Fragenden, sein Tao, seinen Weg zu finden und die Schritte zu tun, die vom Walten der Weltordnung her für ihn sinnvoll sind.

Das I Ging will das abbilden, was zwischen Himmel und Erde vorgeht – das auf den Menschen bezogene Weltgeschehen. Dabei stellt es dieses nicht in seiner Mannigfaltigkeit dar, sondern reduziert es auf seine Wurzeln und Grundelemente. Wenn man so will, stellt das I Ging eine Art Modell des Menschenkosmos dar. Es bildet aber die Verhältnisse nicht in einem statischen Sosein ab, sondern in ihrem Werden und in ihrer Veränderung. Das I Ging will dasjenige Handeln auffinden lassen, das menschlichem Leben Förderung und Dauer verleiht.

Im Weltbild des I Ging konstituieren *drei Grundmächte* das Weltgeschehen:

- Kien – der »Himmel«, das Göttlich-Kreative;
- Kun – die »Erde«, das Empfangend-Gebärende und
- der Mensch, der seinen Weg zwischen Himmel und Erde sucht.

Das menschliche Schicksal bildet sich aus dem Zusammenwirken dieser drei Komponenten. Sie sind in jeder Situation des Weltgeschehens enthalten und so werden sie auch in jedem der sechszeiligen Orakelzeichen abgebildet.

Himmel und Erde haben sechs weitere *Urkräfte* im Gefolge, die im Weltgeschehen wirken:

- Dschen – das Erregende;
- Kan – das Abgründige;
- Gen – das Stillhalten;
- Sun – das Sanfte;
- Li – das Haftende;
- Dui – das Heitere.

Alle zusammen bilden die acht »(Ur-)Zeichen«. Sie werden im System der »Linien« mit drei Linien dargestellt, die voll oder durchbrochen sein können (sog. Trigramme). Im Kreis grafisch angeordnet stellen die Zeichen das Kräftepotenzial des Kosmos und seine Dynamik dar. Die Zeichen werden unter Bildern aus der sichtbaren Welt dargestellt. Die Bilder sind nicht mit den Kräften identisch, aber entsprechen ihrer Art. So wird z. B. Gen, das Stillhalten, die Urkraft, die Ruhe bewirkt, unter dem Bild »Berg« vorgestellt. Das Ensemble der Urkräfte und ihr Zusammenspiel wird in den Kommentaren auch als kosmisches »Hauswesen«, als »Familie«, mit Vater, Mutter, Söhnen und Töchtern dargestellt. Die acht Urkräfte wirken nicht nur in der äußeren Welt, sondern auch im Menschen und aus ihm heraus. Die Urkräfte sind nicht als statische Zustände zu fassen, sondern es herrscht die Anschauung eines ständigen Übergangs von einem in das andere.

Die Urkräfte stehen untereinander im Verhältnis der Anziehung und der Spannung. Die uranfängliche Polarität ist die zwischen Kien und Kun. Die vom Himmel ausgehende schöpferische Aktivität und die Bereitschaft der Erde, den himmlischen Impulsen Raum und Gestalt zu geben, setzen das Rad des Weltgeschehens in Bewegung. Im Grund enthält dieses uranfängliche Geschehen auch das Wechselspiel des Lebens. In jeder weiteren Urkraft, in jeder Weltsituation ist ein himmlisches und ein irdisches Element enthalten.

Die Kommentare und die spätere chinesische Philosophie haben aus der Interaktion des Paares Kien und Kun die Lehre von »Yin« und »Yang« entwickelt. Yin, das Schattenhafte, Empfangende, Weibliche und Yang, das Lichte, Zeugende, Männliche sind die polaren Urprinzipien, die in allem Geschehen wirken und seinen ständigen Wechsel hervorrufen. Sie werden in dem bekannten Symbol des hellen und dunklen »Doppelfisches« im Kreis dargestellt (chin.: »T'ai Chi« = der »Große Uranfang«). Diese Lehre ist entgegen den üblichen Darstellungen nicht im eigentlichen I Ging enthalten (aber in ihm angelegt). Genauso ist die Lehre vom Tao nicht im Text des I Ging zu finden, hingegen in den Kommentaren. Das Tao, die ewige Einheit, der uranfängliche unwandelbare Grund, aus dem alles quillt, gibt dem Weltgeschehen Richtung und Sinn.

Die acht Kräfte oder Zeichen stehen nicht nur in Spannungs-, sondern auch in Attraktionsverhältnissen zueinander. Sie gehen Koalitionen ein und interagieren miteinander. Paarweise treten sie zusammen (sie können sich allerdings auch selbst verdoppeln) und werden im Orakelsystem als Sechszeiler (Hexagramme) dargestellt.

Es gibt 64 Kombinationen, eben die 64 Grundbescheide des I Ging. Die 64 Hexagramme werden analog den Kräften, die in ihnen wirken, mit 64 grundlegenden Lebenssituationen verbunden (»Die Anfangsschwierigkeit«, »Die Jugendtorheit«, »Das Warten«, »Der Streit« usw.). Das I Ging will es möglich machen, dass diese Situationen nicht einfach blindlings überstanden oder resigniert hingenommen werden müssen. Der Fragende soll die in den Situationen enthaltenen Kräfte und ihre Entwicklungstendenzen erkennen können. So vermag er, sich diesen Kräften anzupassen, kann sich auf Entwicklungen einstellen und weiß zur rechten Zeit in das Geschehen einzugreifen und es zu beeinflussen. Vor allem ist das möglich, wenn der erste, unmerkliche Beginn der Bewegung und Wandlung erkannt wird. Das Orakel – als Resonanzkörper der Situationsverhältnisse und der Intuition – vermag unter Umständen sensibler und früher zu reagieren als das Bewusstsein des Fragenden.

Das I Ging beantwortet also nicht nur die übliche Orakelfrage: »Was wird (möglicherweise) geschehen?« Es geht darüber hinaus auf die Frage ein: »Was kann ich in dieser Situation tun?« Dabei spricht es die Person als bewusst und realitätsbezogen handelndes Ich an und gibt alltagsbezogene Ratschläge. Aber nun kommt noch etwas Besonderes hinzu, was das I Ging auszeichnet. Die meisten Orakel enthalten sich einer sittlichen Beurteilung des Handelns des Fragenden. Das I Ging spricht ihn aber als sittliches Wesen an. Es wendet sich an den »Edlen«, der den »Gemeinen« in sich überwinden soll. Das I Ging spricht den Menschen aber auch darauf an, dass er auf Gott bezogen ist und will ihn zur rechten Haltung vor Gott anleiten. Diese Haltung ist durch Wahrhaftigkeit, Ehrfurcht, Demut und Mitgehen mit Gott gekennzeichnet. So enthält das I Ging auch eine Führung zur spirituellen Lebensgestaltung.

Das I Ging ist ein Orakel, das Ansprüche an den stellt, der sich ihm zuwendet. Es erfordert zunächst einmal das Sicheinlassen und die Auseinandersetzung mit Texten einer fernen Zeit, Kultur und Religion. Es bietet auch keine schnellen Lösungen für Lebensprobleme, sondern verlangt eigene Überlegungen und Entscheidungen. Es will zur Selbsterziehung in allen Bereichen der Existenz, zur Selbstprüfung und zur Prüfung der Umstände einer Situation anregen. Es appelliert und rät, aber schreibt nicht vor. Das I Ging bietet den Dialog mit einer – auch kultur- und zeitübergreifenden – Weisheit, in die Jahrhunderte menschlicher Erfahrungen eingeflossen sind. Es ist nicht sinnvoll, es bei jeder Gelegenheit und allen möglichen Alltagsproblemen als eine Art von Rezeptbuch für Lebensverlegenheiten zu befragen. Wird das I Ging als totale Daseinsbewältigungsstrategie verwendet, ist es nicht hilfreich, sondern schädlich. Es verstärkt dann Zwanghaftigkeit, Entschlussschwäche, Unselbständigkeit und begünstigt Fehlentscheidungen.

Der religiöse Hintergrund des I Ging ist nicht christlich, aber es gibt Berührungspunkte zwischen I Ging und Bibel, zwischen chinesischer und christlicher Spiritualität. Der Theologe Richard Wilhelm weist in seiner Übersetzung darauf hin, z.B. bei Hexagramm 41 (Die Minderung) auf Mk 12,41-44 oder bei Hexagramm 33 (Der Rückzug) auf Mt 5,39. Wer sich als Christ auf den Dialog mit dem I Ging einlässt – dabei muss er es nicht als Orakel benutzen – wird Gemeinsamkeiten und Verschiedenheiten entdecken und kann daraus bereichert hervorgehen.

Astrologie – Zeichen am Himmel

Grundsätzlich sollte man bei der Betrachtung der Astrologie die »Trivialastrologie«, wie sie sich in den Horoskop-Spalten von Zeitungen, Illustrierten und populären einschlägigen Heften zeigt, von einer fachlich ausgerichteten Astrologie unterscheiden. Erstere beruht – wenn sie überhaupt astrologisch zu Stande kommt – auf den Sonnenstandszeichen (Fische, Widder usw.). Dies genügt aber ernsthaften astrologischen Ansprüchen nicht. Fundierten astrologischen Aussagen liegt ein ausführliches Geburtsbild zu Grunde, wozu wesentlich mehr astrologische Daten erforderlich sind. Ein solches *Geburts-* oder *Radixhoroskop* zeigt in grafisch-symbolischer Darstellung die teils astrologische, teils astronomische Konstellation der Gestirne zum Zeitpunkt einer Geburt an, und zwar vom Geburtsort aus gesehen. Die Darstellung der Elemente eines Horoskops erfolgt heute in einem Kreisbild. Ein solches Horoskopbild setzt sich hauptsächlich aus folgenden Elementen zusammen:

Im äußeren Kreis ist die Stellung der *Tierkreiszeichen* zu sehen. Sie stellen zwölf Abschnitte der (scheinbaren) Sonnenlaufbahn um die Erde dar. Diese Abschnitte sind nach den zwölf Sternbildern des Zodiaks benannt, entsprechen aber nicht mehr deren heutigem Stand am Himmel. Die Tierkreiszeichen und ihre Stellung im Horoskopbild zeigen die innere Wesensanlage eines Menschen an, seine Grundstimmung, in der er die verschiedenen Lebenssituationen erlebt und wie er in ihnen reagiert. Wichtig ist hier der »Aszendent«, das Zeichen, das zum Zeitpunkt der Geburt am Horizont aufging. Der Aszendent ist das eigentliche Sternzeichen, das einen Menschen charakterisiert. Aber auch das »Sonnenstandszeichen«, das Zeichen, in dem die Sonne – Symbol der Ich-Werdung – zum Zeitpunkt der Geburt stand, ist von Bedeutung.

Weiterhin wird im Horoskopbild die Stellung der »*Planeten*« (astrologisch gehören Sonne und Mond dazu) und ihre Winkelbeziehungen untereinander (»*Aspekte*«) eingetragen. Die Planeten symbolisieren die Grundkräfte, mit denen Menschen ausgestattet sind, um die Lebenssituationen bestehen zu können. Die Stellung und Beziehung der Planeten im Horoskopbild sagt etwas über die Ausprägung dieser Kräfte aus und die Lebensbereiche, in denen sie vor allem zur Geltung kommen.

Der Horoskopkreis wird vom Aszendenten aus – gegen den Uhrzeigersinn – in zwölf Felder oder »*Häuser*« eingeteilt. Sie umschließen die Grundsituationen, in denen sich menschliches Leben abspielt (traditionell: »Charakter«, »Vermögen«, »Geschwister«, »Eltern« usw.). Die Besetzung der Häuser durch Tierkreiszeichen und Planeten zeigt Tendenzen der Lebensgestaltung und des individuellen Schicksals an.

Die Häuser zeigen auch einen Entwicklungsgang des Menschen von der Entfaltung der Ego-Kräfte (1. Haus) bis zu ihrer Transformation in das höhere Selbst (12. Haus). Das Horoskopbild wird von der Horizontlinie (Anfangspunkt: Aszendent) und dem Meridian, der »Himmelslinie« kreuzförmig aufgeteilt. Die Achsen teilen die Darstellung in eine »Tag«- und »Nacht«-Seite – sie bezeichnen die unbewussten und die bewussten Regionen – sowie in eine Ich- und Du-Hälfte.

Zur Berechnung von Zukunftstendenzen dienen vor allem »*Direktionen*« und »*Transite*«. Die Direktionen sind Gestirnstände in der ersten Zeit nach der Geburt, die über das Grundhoroskop gelegt werden. Man geht davon aus, dass dies Hinweise auf den weiteren Lebensweg des Geborenen ergibt. Transite sind aktuelle oder zukünftige »Übergänge« von Planeten über die Plätze und Aspekte von Planeten im Geburtshoroskop. Transite zeigen »Auslösungen« an, d.h. von im Geburtshoroskop angelegten Konstellationen.

Das grundlegende Prinzip, auf das die Astrologie aufbaut, ist das der »Entsprechung« von (astrologischen) Himmelskonstellationen und irdischem Leben: »*Wie oben, so unten*«. Nach Auffassung der heute vorherrschenden »revidierten« Astrologie wird dieses alte hermetische Prinzip heute aber nicht mehr im Sinne kausaler »Wirkungen« von Gestirnen interpretiert. Es sind nicht die Gestirne, deren Strahlen oder sonstigen »Einflüsse« Charakter und Schicksal *bewirken*. Es besteht vielmehr eine rational nicht erklärbare sinnvolle *Korrespondenz, Koinzidenz* oder »*Synchronizität*« (C.G. Jung) zwischen Gestirnkonstellation und irdischem Leben. Die jeweilige Himmelskonstellation – und damit das individuelle Horoskop – stellt einen sinnvoll angeordneten Zeichen- oder Symbolzusammenhang für ein menschliches Leben dar. Nach dem Astrologen Thomas Ring [1892-1983] geht es in der heutigen »revidierten Astrologie« also nicht um die Behauptung strahlungsförmiger Gestirneinflüsse zwecks Wahrsagerei, sondern um *Bilder* der Beziehung zwischen Mensch und Gestirn.[64] Astrologie wird zur »Astropsychologie« oder »symbolischen Astrologie« als »astrologische Menschen- und Charakterkunde« – einer anderen Form der Tiefenpsychologie. Diese Überlegung bietet den Ansatz dafür, das Horoskop als Mittel der psychologischen Persönlichkeitsanalyse und Lebensberatung einzusetzen.

Ein Horoskop wird als eine Art grafische »Chiffre« für einen Menschen verstanden, die das körperliche, psychische und geistige Kräftepotenzial und die damit verbundenen Gestaltungstendenzen anzeigt. Der astrologische Deuter tritt über die Chiffre des Horoskopbilds in Kontakt mit einem Menschen und beschäftigt sich intensiv mit ihm. Das Horoskopbild ist eine Art von Konzentrationshilfe, die Einfühlung und Intuition begünstigen. Die manchmal überraschend zutreffenden Aussagen von Astrologen kommen weniger aufgrund vorgegebener astrologischer Befunde zu Stande, sondern mehr durch Menschenkenntnis, Empathie und Intuition. Von daher sind »Blindhoroskope«, die ohne Kontakt mit dem Horoskopeigner erstellt werden, fragwürdig. Ein Horoskopbild ist wegen seines symbolischen Charakters vieldeutig und die Gefahr von Fehldeutungen ist groß. Wenig Wert haben auch Computeranalysen (obwohl der Computer bei der Erstellung von Horoskopbildern ein nützliches Hilfsmittel sein kann). Die fortgeschrittene Kommerzialisierung und Technisierung unter Astrologen mit der Tendenz, den Kunden schnell und billig zu beliefern, verstärkt die Tendenz, auf eine verantwortungsbewusste beraterische Wahrnehmung des Klienten zu verzichten. Wenn zum Beispiel »Wirtschaftsastrologen« mittels so genannter »astrologisch-börsentechnischer Verfahren« im Internet sogar Prognosen für Börsenkurse anbieten[65], so ist dies zugleich ein weiterer Endpunkt der Säkularisierung der Astrologie.

Das Horoskop ist nicht geeignet, konkrete Vorkommnisse eines Lebenslaufs zu prognostizieren. Die Beschäftigung mit dem Horoskop ist ein Mittel zur Auseinandersetzung mit sich selbst, ein Mittel zur Selbsterkenntnis, zur Erkenntnis eigener Entwicklungsmöglichkeiten, aber auch Grenzen. Tiefenpsychologisch-beratende Astrologie stellt den Menschen vor die eigene Person, das eigene Schicksal, das ihm teils vorgegeben ist, das er aber auch mitgestaltet und für das er Verantwortung trägt. Aber Astrologie geht darin nicht auf.

Sie geht über psychologische Persönlichkeitsberatung hinaus davon aus, dass der Mensch mit seiner Person und seinem Schicksal in den Kosmos eingebunden ist. Die »Zeichen am Himmel« und im Horoskopbild repräsentieren ja auch kosmische Kräfte. Astrologie weist auf eine sinnvolle Weltordnung und damit auf eine Macht hin, die menschliche Verfügung über das Leben transzendiert. Astrologie hat von ihrer Geschichte und von ihren Grundlagen in babylonischer Astralmythologie her eine Nähe zur Religion.[66] Dies ist auch der tiefere Grund, weshalb Christentum und Kirche immer ein ambivalentes Verhältnis zur Astrologie hatten. Astrologie steht stets in der Gefahr, zum Aberglauben abzugleiten. Die Grenze zum Aberglauben liegt da, wo Menschen ihr Leben vom Horoskop abhängig machen.

Es gibt darüber hinaus innerhalb der modernen Esoterik auch noch eine andere Art der »Astrologiegläubigkeit«: Astrologie wird zum »Urwissen« erklärt und wieder – wie in alten Zeiten – in den Sinnzusammenhang eines religiös-esoterischen Gesamtverständnisses von Welt und Mensch gestellt. »Esoterische Astrologie« scheint den Säkularisierungstendenzen der Astrologie in ihren symbolisch-tiefenpsychologischen Richtungen auf den ersten Blick entgegenzuwirken. Aber in Wirklichkeit handelt es sich bei der neuen esoterischen Religiosität nur um einen anderen Aspekt der Säkularisierung: »Nicht Astrologie wird hier zur Religion, sie wird aber zum *Ausdruck* von Religion. Es ist jene synkretistische *religio occulta*, die sich in den letzten Jahren neben, aber auch innerhalb des kirchlichen Christentums verbreitet hat. Sie kann heute neben dem kirchlichen Christentum und dem reinen Säkularismus als *dritte geistig-religiöse Orientierung* in den westlichen Ländern bezeichnet werden.«[67]

Ausblick und Bewertung

In der modernen Esoterik- und Psycho-Szene bekommen altüberlieferte Praktiken aus Magie und Mantik wieder Geltung, die versprechen, auf nichtrationale Weise Zugang zu Informationen zu gewähren. Intuition und paranormale Wahrnehmung haben in esoterischer Sichtweise einen hohen Stellenwert. Das ist als Gegenbewegung und als ein Kompensationsversuch zum übermäßigen Zuwachs rational-wissenschaftlichen Denkens und rechnerisch-technischer Informationsbeschaffung in der heutigen Welt zu sehen. Ohne Zweifel ist eine rein wissenschaftlich-technische Weltsicht und -haltung einseitig, und ein

Menschenbild, das den Menschen nur unter rational-funktionalen Gesichtspunkten sieht, eindimensional. Aber die gegenläufigen Bewegungen stehen in Gefahr, eine »neue Irrationalität«, die verhängnisvoll sein könnte, zu sanktionieren.

Im Zusammenhang der heutigen »neuen esoterischen Religiosität« werden alte Traditionen der Religionsgeschichte und auch religiös begründete Anschauungen wieder aufgenommen. Am Beispiel der Wiederbelebung mantischer Praktiken lässt sich beobachten, dass eine Tendenz besteht, die alten Traditionen aus ihren historischen und religiösen Kontexten zu lösen und zu modernisieren. Dabei ist ein Zug zur Säkularisierung bemerkbar – ein Beispiel ist die Psychologisierung der Orakel. Auch eine synkretistische Tendenz ist auffällig: In Orakeln aus ganz unterschiedlichen Traditionszusammenhängen wie dem Tarot, dem I Ging und der Astrologie sieht man die Prinzipien einer Kulturen, Religionen und Zeiten verbindenden Esoterik am Werk. Dabei wird dann das der säkularisierenden Tendenz zuwiderlaufende Bestreben einer Remythologisierung und Überhöhung der Orakel bemerkbar. Man meint, in ihnen ein umfassendes »Urwissen« der Menschheit (das erstaunlicherweise neuzeitlichen esoterischen Systemen gleicht) zu entdecken. Ursprungsmythen der Orakel, die historisch nicht haltbar sind, schließen sich an. Orakel rücken so bedenklich in die Nähe von Heils- und Offenbarungsträgern.

Theologisch lassen sich drei Deutungsmuster oder Modelle des Umgangs mit mantischen (wie auch mit magischen) Praktiken im kirchlichen Bereich und darüber hinaus feststellen:[68]

1. Eine vor allem in evangelikalen und fundamentalistischen Kreisen verbreitete *dämonistische Interpretation* alles Magischen und Mantischen im Sinne einer »okkult-dämonischen« Wirklichkeit steht vor dem Hintergrund apokalyptischer Weltsicht.

2. Eine vor allem in Juristenkreisen beheimatete *liberal-rationalistische Deutung* des Magischen und Okkulten als »Betrug«, »Wahnidee« oder »(krimineller) Aberglaube« zeitigt ebenfalls Wirkungen bis in pastoralen Umgang mit Betroffenen. Ihre theologische Absegnung erhielt diese rationalistische Ablehnung vor allem durch eine Theologie der »Entmythologisierung« der Bibel, die im Glauben an magische und dämonische Kräfte den Ausdruck eines überholten mythischen Denkens sah.

3. Ganz anderer Ansicht ist demgegenüber ein *schöpfungstheologischer Ansatz* in der Theologie (Adolf Köberle u. a.), der auch den paranormalen Aspekt der Wirklichkeit in die Schöpfung mit einbezieht und daher das Gespräch mit der modernen Parapsychologie sucht. Diesbezüglich glaubte zum Beispiel Kurt Hutten, der frühere Leiter der EZW, dass die Parapsychologie noch wesentliche Beiträge »für die Vertiefung unserer Wirklichkeitserkenntnis« liefern werde[69] und er förderte solche Gespräche über viele Jahre hinweg. Ernst Benz[70] wies in diesem Sinne insbesondere auf Analogien zwischen paranormalen Phänomenen und so genannten »Charismen« hin, d. h. Geistesgaben, von denen der Apostel Paulus vor allem in den Korintherbriefen berichtet und die z. T. in außergewöhnlichen Kräften bestanden.

Allgemein kann man feststellen: In der Bibel werden *paranormale* Kräfte und Fähigkeiten als Medien der Offenbarung nicht generell abgelehnt, während *Magie* und *Mantik* von Anfang an durchaus kritisch betrachtet werden.[71]

Magische und mantische Praktiken werden insbesondere verworfen, wenn sie im Zusammenhang heidnischer Kulte stehen (Lev 19,26.31; Dtn 18,9-14). Einzelne, auf außergewöhnlichen oder paranormalen Fähigkeiten beruhende Formen der Zukunftsschau wie die Traumbotschaft oder die prophetische Vision und Weissagung werden dagegen als durchaus legitim anerkannt (vgl. die Josephsgeschichte in Gen 37ff.; Jes 6; Hes 1; König Salomo in 1. Kö 3,5-15; Dan; Hiob 33,13ff.).

Ähnlich verhält es sich bei Jesus, im Neuen Testament und der frühen Christenheit: Jesus standen nach den Evangelien außergewöhnliche Kräfte zur Verfügung, wenn er Menschen durchschaut (Joh 2,24f.; Mk 2,8), Zukünftiges voraussieht (Mt 17,27; Mk 11,2; 14,15.18.30; Lk 5,4ff.; Joh 4,17) oder Naturelemente beeinflusst (Mk 11,12-14.20ff.; 4,35ff.). Auch »die Jesusbewegung«, so der Neutestamentler Gerd Theissen, »glaubte an Wunder ... Sie hatte Wunder erlebt. Denn es steht außer Zweifel, dass Jesus über paranormale Fähigkeiten verfügte. Und mehr noch: Dass er die Gabe besaß, in anderen Menschen solche Fähigkeiten zu wecken.«[72] Petrus werden z. B. telepathische Gaben zugeschrieben (Apg 5,1-11), er heilt (3,1-11; 9,32ff.) und weckt sogar Tote auf (9,36ff.). Paulus war selbst prophetisch und visionär begabt (1. Kor 14,18; 2. Kor 12,12), den Jüngern Jesu werden exorzistische Gaben und Gaben der Heilung zugeschrieben (Mk 6,7ff.; Lk 10,19).

Erst zu Beginn der Neuzeit verengte sich das Wirklichkeitsverständnis so sehr, dass all diese Erscheinungen und Fähigkeiten als *para*-normal aus einer »vernünftigen« Betrachtung der Wirklichkeit ausgegrenzt wurden. Auch innerhalb von Theologie und Kirche wurde vergessen und verdrängt, dass es ungeachtet der prinzipiellen Abgeschlossenheit der Offenbarung in der Selbsterschließung Gottes in Jesus Christus auch auf außergewöhnlichem, paranormalem Wege erworbene Erkenntnisse im Glauben geben kann (Visionen; Privatoffenbarungen u. a.), die als Hinweise oder Erklärung der grundlegenden Selbstoffenbarung Gottes dienen können. Ein schöpfungstheologischer Ansatz erkennt die Ergebnisse der wissenschaftlichen Parapsychologie daher als nützlich an bei der Überwindung von Glaubenshindernissen, die sich aus einem zu engen Wirklichkeitsverständnis ergeben – gemäß dem christlichen Bekenntnis zu Gott als dem Schöpfer des Sichtbaren *und des Unsichtbaren,* also auch der rationalem Begreifen unzugänglichen Dimension der Wirklichkeit.

Grundsätzlich gehören aber die paranormalen Phänomene zur *geschöpflichen Wirklichkeit* und sind nicht Gegenstand des Glaubens, sondern einer »erweiterten Vernunft«. Das Paranormale kann auch zum Glaubenshindernis werden, wenn man versucht, die Wahrheit des Glaubens durch die paranormale Wirklichkeit zu demonstrieren. Überhaupt ist der Wille zur Macht, das Sein-wollen-wie-Gott und damit der Verstoß gegen das 1. Gebot die Hauptursache für abergläubischen Missbrauch von Magie und Mantik. Sein Glücks- und Machtverlangen kann einen Menschen allerdings auch dazu verführen, mithilfe eines Gebets oder anderer christlicher Symbole Gott seinen eigenen Willen aufzwingen zu wollen. Isoliert vom biblischen Kontext und der Gemeinschaft der Glaubenden können daher auch auf paranormalem Weg vermittelte – und deshalb das menschliche Bewusstsein besonders faszinierende – »Botschaften« zur »schleichenden Perversion« der zentralen Glaubensinhalte beitragen[73] und ins Sektierertum führen.

Die Wahrheit von Offenbarungen, die auf außergewöhnlichem, paranormalem Wege erworben wurden (z.B. durch Visionen) muss daher nach Karl Rahner[74] immer so bestimmt werden, »dass sie sich in diese endzeitliche Heilssituation einfügen«, wie sie im Christusgeschehen ihre unüberholbare und definitive Phase erreicht hat. Nachchristliche Prophezeiungen sind nach Rahner also gerade deshalb und in dem Maße glaubwürdig und wahr, als sie uns »über die Zukunftsdeutung (hinaus), die die Schrift gibt, nichts wesentlich Neues sagen«, sondern die alte Wahrheit nur je und je neu bezeugen. Das ist bei dem rein parapsychologischen (Hell-)Seher nach Rahner aber nicht der Fall: »Diese parapsychologischen Gesichte ... sehen ein kleines Stück zufälliger Art aus der Zukunft, gewissermaßen einen kleinen Ausschnitt aus einem langen Film ohne Einordnung in ein großes, sinnhaft geschlossenes Geschehen ... Der parapsychologische Seher erhascht ... einen kleinen Fetzen der Zukunft, der ihm irgendwie ›zufällig‹, sinnlos und blind in den Bereich der Erkenntnis hineingeweht wird.« Seine Mitteilungen tragen daher häufig den »Stil eines mirakulös in die Zukunft sich versetzenden Reporters«[75] und orientieren sich inhaltlich meist an vordergründigen Bedürfnissen menschlicher Sensations- und Unterhaltungslust.

Was die Aussagen von Wahrsagern und Astrologen angesichts des von Rahner genannten theologisch ausschlaggebenden Kriteriums für die Wahrheit nachchristlicher Offenbarungen wert sind, ist unmittelbar deutlich: Einerseits halten sie zwar bei vielen Menschen in der säkularen Gesellschaft das Bewusstsein wach, dass es »mehr Dinge gibt im Himmel und auf Erden, als eure Schulweisheit sich träumen lässt« (Hamlet); andererseits sind sie aber dem säkularen Zeitgeist so tief verhaftet, dass sich für sie selbst – wie auch für ihre Klientel – entweder die Frage der christlichen Heilssituation (Rahner) überhaupt nicht stellt[76], oder sie interpretieren ihre Aussagen selbst definitiv in einem fremdreligiösen oder esoterischen Kontext (z. B. als Ausdruck des Kommens des »Wassermannzeitalters«, des okkulten Übermenschen u. a.), der dann gewissermaßen als Surrogat für die verlorene christliche Orientierung dient.

Quellen: **Der Anonymus D'Outre Tombe** (= Valentin Tomberg), Die Großen Arkana des Tarot. Meditationen, 4 Bde., Freiburg 1983 · **I Ging**, Texte und Materialien (Übers. Richard Wilhelm), Köln [13]1986 · **Georg Kirchner**, Pendel und Wünschelrute, Genf 1977 · **Hans-Dieter Leuenberger**, Schule des Tarot, 3 Bde., Freiburg [5]1988 · **A.T. Mann**, Prophezeiungen zur Jahrtausendwende. Eine Gesamtschau der Voraussagen von Propheten, Weisen, Sehern, Schamanen und Astrologen für das neue Jahrtausend (1992), München 1996 · **Sallie Nichols**, Die Psychologie des Tarot, Interlaken 1984 · **Peter Niehenke**, Astrologie. Eine Einführung, Stuttgart 1994 · **Thomas Ring**, Astrologische Menschenkunde, 4 Bde., Freiburg 1985 · **Bettina Tegtmeier**, Orakel, München 1990 · **Ralph Tegtmeier**, Tarot. Geschichte eines Schicksalsspiels, Köln 1986 · **Jürgen vom Scheidt**, Antworten aus dem Unbewussten (1980), Freiburg 1995

Zeitschriften: Astrologie heute · Meridian

Literatur: **Gasper/Müller/Valentin**[6], Sp. 632ff. · **LThK**[3] 7, Sp. 1374-1378 · **TRE 4**, S. 277-315 · **TRE 25**, S. 221-239 · **Hans Bender**, Parapsychologie. Ihre Ergebnisse und Probleme, Frankfurt/M. 1982 · **Siegfried Böhringer**, Astrologie, Reihe Unterscheidung, Mainz/Stuttgart 1990 · **Kurt Hutten**, PSI und der christliche Glaube, in: esotera 12/1975, S. 1089-1095 · **Wolfram Janzen**, Wahrsagen, Reihe Unterscheidung, Mainz/Stuttgart 1994 · **Ders.**, Okkultismus, Reihe Unterscheidung, Mainz/Stuttgart 1988 · **Ders.**, Astrologie oder christlicher Glaube? Astrologie und Religion in einer nachchristlichen Gesellschaft, in: Hermann Kochanek (Hg.), Horoskop als Schlüssel zum Ich. Christlicher Glaube und Astrologie, Leipzig 1995, S. 105-121 · **Bernulf Kanitscheider**, Steht es in den Sternen? Astrologie in wissenschaftstheoretischer Perspektive, in: Universitas 4/1989, S. 330-341 · **Wilhelm Knappich**, Geschichte der Astrologie (1967), Frankfurt/M. ³1998 · **Karl Rahner**, Visionen und Prophezeiungen. Zur Mystik und Transzendenzerfahrung, Neuausgabe der 2. Aufl., Freiburg 1989 · **Winfried Rorarius**, Parapsychologie – im Dienste der Religion?, in: Wort und Dienst NF 13 (Bethel 1975), S. 123-147 · **Winfried Rorarius/Helmut Aichelin**, Parapsychologie und Theologie, Information Nr. 67 der EZW, Stuttgart 1977 · **Hans-Jürgen Ruppert**, Der christliche Glaube und das Paranormale, in: Andreas Resch (Hg.), Aspekte der Paranormologie, ImM 13, S. 589-620 · **Ders.**, Vom Sternenkult zum Computerhoroskop. Weltanschauliche Deutungsansätze der Astrologie, EZW-Texte 150, Berlin 1999 · **Edgar Wunder**, Ist Astrologie Glaubenssache? Neue international vergleichende Bevölkerungsumfrage zur Astrologie, in: Meridian 6/2000, S. 36-40

Internet : www.astrology-online.com · www.dav-astrologie.de

2.1.4 Heilungspraktiken

Eine besonders große Rolle auf dem »Esoterik-Markt« spielen Heilungsofferten verschiedenster Art. Diese sind zugleich ein wichtiges Beispiel für die »Verteilung« (Dispersion) des Religiösen in der heutigen Gesellschaft – nämlich für die Ausbreitung neureligiös-esoterischer Angebote im Gesundheitssektor. Mit Norbert Bolz kann man heute von der »kultischen Inszenierung der Gesundheit« sprechen, vergleichbar der Inszenierung von Jugend als »Kultwert«.[77] Dies ist gewissermaßen der »Trendaspekt« der Verwendung esoterischer Heilmethoden und -praktiken im Kontext »profaner Religiosität«, im Unterschied zu ihrer Verwendung bei Mitgliedern traditioneller esoterischer Gruppen: Wenn sich das Gesundheitsverständnis der säkularen Gesellschaft insgesamt wandelt und auch immer mehr Nicht-Esoteriker solche Praktiken in ihre Auswahlkriterien mit einbeziehen, so hat das ein ganz anderes Gewicht, als wenn Anthroposophen vorzugsweise anthroposophische Heilmittel verwenden oder Astrologen sich selbst nach astromedizinischen Prinzipien richten.

Bernhard Grom erschien es gegen Ende des Jahrtausends, als würde sich »die Esoterik- und Alternativkonjunktur der 80er Jahre seit einiger Zeit in einer Gesundheitswelle fortsetzen«[78]: Gesundheit wird zu einem neuen Höchstwert – vor dem Hintergrund der Leistungs- und Erlebnisgesellschaft, die jederzeitige Fitness und das Wohlbefinden ihrer Mitglieder fordert. Es scheint, als ob die Konjunktur esoterischer Heilungsangebote vor allem vor dem Hintergrund dieser gesellschaftlichen Tendenzen zu deuten ist und bis auf weiteres die Esoterik-Welle in besonderer Weise prägen wird. Und hier spielen neben alternativen Entspannungs-, Ernährungs- und Bewegungsmethoden (Yoga, Demeter-Kost, Kinesiologie u. a.) vor allem esoterisch geprägte Glaubensvorstellungen eine wichtige Rolle. Dazu gehört insbesondere der Glaube an eine – in den verschiedensten esoterischen Kontexten immer wieder unter anderen Bezeichnungen begegnende – *universelle Lebenskraft* oder *Heilkraft*.

Aus der unüberschaubaren Fülle aktueller esoterischer Heilmethoden – von »Aroma«- und »Edelstein«- bis zu »Reinkarnationstherapie«[79] – soll hier als typisches Beispiel aus dem Bereich esoterischer Pflanzenheilkunde nur auf die so genannte hingewiesen werden. Ihr Schöpfer, der englische Arzt Edward Bach [1886-1936], war von Haus aus Esoteriker. Er arbeitet mit 38 Blütenessenzen, die 38 negativen Gemützuständen zugeordnet werden. Nach Bachs esoterischem Weltbild kommt die unsterbliche Seele des Menschen mit bestimmten *Energiepotenzialen* in die Welt. Handelt der Mensch diesen zuwider, so bilden sich aus den Disharmonien *negative Gemützustände* oder *Charakterschwächen*, in denen Bach wiederum die *Ursache der Krankheiten* beim Menschen erblickt. Die Therapie setzt nun bei der Behandlung der Gemützustände an, z. B. Lärche gegen mangelndes Selbstvertrauen oder Stechginster gegen Hoffnungslosigkeit. Die Herstellung der Essenzen erfolgt, indem »die in der reifen Blüte konzentrierte Wesensenergie der Pflanze auf das Quellwasser« (Mechthild Scheffer) übertragen wird, in das man sie legte. Anschließend wird die Flüssigkeit mit Alkohol versetzt und verdünnt. Ähnlich wie bei der Homöopathie »wirken« nicht die materiellen Bestandteile der Pflanzen, sondern deren »feinstoffliche« Essenz, sodass sich der Verdacht des Placebo-Effekts der tropfenförmig einzunehmenden Blütenessenzen ergibt.

Risiken für den Heilungssuchenden resultieren eher aus den weltbildhaften Prinzipien von Bachs Karma-Denken sowie aus der Übernahme von Bachs Allmachts-Fantasien: Bach hält die Macht seiner Pflanzenessenzen für unwiderstehlich und alle Krankheiten für heilbar. In Umkehrung der Täter-Opfer-Relation wird in einem Bach-Blüten-Buch behauptet, Alkoholismus, Vergewaltigungen oder Misshandlungen könnten »durch unbewusste Programmierungen aus der astralen Ebene herangezogen werden«.[80]

Von den Welt- und Menschenbildern der modernen Esoterik her ist auch der Bereich der so genannten »Geistheilung« zu verstehen:

Geistheiler

»Geistheiler« sind weniger »Geist-Heiler« im Sinne von »Christian Science«: »Heilung durch den *Geist*«, als vielmehr »*Geister*-Heiler«: Heilung mithilfe von »Geistern«, die von dem Heiler Besitz ergreifen (z. B. »Geister« verstorbener Ärzte wie des »Dr. Fritz« bei dem brasilianischen »Trancechirurgen« Dr. med. Edson Queiroz[81]) oder als deren »Kanal« sich der Heiler bei der Weitergabe des »Heilstroms« versteht. Die meisten gehören in den Kontext des Spiritismus (vgl. 2.2.1) und sind an dieser Stelle nur wegen ihrer Bedeutung für den Gesundheitssektor eingefügt: In England sollen Geistheiler sogar schon an Krankenhäusern aktiv sein. Dies zeigt, wie neureligiös-esoterische Vorstellungen sich immer weiter in früher eher religiös neutrale Bereiche der Gesellschaft verteilen.

Ein wichtiges Forum der Geistheiler-Szene sind die Basler »Psi-Tage«, in deren Rahmen seit 1992 so genannte »Weltkongresse für Geistiges Heilen« stattfinden. Der fünfte in dieser Reihe ist für 2001 geplant. In Deutschland wurde 1995 ein »Dachverband Geistiges Heilen e.V.« vom Amtsgericht Heidelberg als gemeinnützig anerkannt, in deren Vorstand auch umstrittene Personen und Gruppierungen mit Sitz und Stimme vertreten waren,[82] wie die so genannten

Diese Gruppe um Grete Häusler, einer pensionierten Lehrerin und früheren Mitarbeiterin des »Wunderheilers« Bruno Gröning (eigentlich: Grönkowski [1906-1959]), von dem sie auch geheilt wurde, umfasst weltweit ca. 30.000 Anhänger (in Deutschland: ca. 12.000 in 193 Gemeinschaften). Sie kann als aktuelles Beispiel dafür gelten, wie sich um eine Heiler-Persönlichkeit sektiererische Formen bilden können, die über den Gesundheits-Sektor hinaus möglichst alle Lebensvollzüge eines Individuums im Sinne einer »totalitären Ganzheitlichkeit« zu regeln beanspruchen.

Gröning sorgte in der Zeit nach dem Zweiten Weltkrieg durch »Massenheilungen« für Aufsehen, bei denen Hunderte von Teilnehmern die so genannten »Gröning-Kugeln« in der Hand hielten – Staniolkugeln, die wie eine Art Akkumulator den göttlichen »Heilstrom« übertragen sollen. Der wegen Verstoßes gegen das Heilpraktikergesetz verurteilte Gröning starb noch während des Revisionsverfahrens 1959 in Paris. Während Gröning selbst von einem schlichten Gottesglauben geprägt zu sein schien, setzen sich in der Häusler-Gruppe immer stärker neureligiös-esoterische Vorstellungen und Begriffe (Reinkarnation, Prana, Chi u.a.) durch. Die heute von seinen Anhängern praktizierte Heilmethode besteht in einer Art Gruppenheilung, die als »Einstellen« auf den »Heilstrom« Grönings bezeichnet wird, der das Böse aus dem Körper vertreiben soll. Durch »Schulungsbriefe« wird Gröning den Anhängern, vor allem auch Kindern (!), als eine Art Übermensch dargestellt. Die darin abgedruckten »Erfolgsberichte« spiegeln eine geradezu abergläubische Verehrung Grönings wider, der verantwortlich gemacht wird für praktisch alles und jedes: So soll das bloße Denken an Gröning vor Blitzschlag, Autounfall oder beim Finden eines Kindergarten- oder Arbeitsplatzes geholfen haben. Fotos mit Grönings Portrait werden von den Anhängern wie eine Heiligen-Ikone überall mitgeführt oder gezeigt. Die Befestigung eines solchen Fotos an der Ferse soll vor Blasenbildung bei Bergwanderungen helfen. »Ich werde nicht tot sein. Wenn mich jemand rufen wird, komme ich und helfe weiter« – mit diesen Worten hatte Gröning den Kult um seine Person kurz vor seinem Tod selbst initiiert.[83]

Quellen: **Walter Andritzky**, Alternative Gesundheitskultur – Eine Bestandsaufnahme mit Teilnehmerbefragung, Berlin 1997 · **Andreas J. Obrecht**, Die Welt der Geistheiler – Die Renaissance magischer Weltbilder, Graz 1999 · **Ders.** (Hg.), Die Klienten der Geistheiler, Graz 2000 · **Ebermut Rudolph**, Die geheimnisvollen Ärzte. Von Gesundbetern und Spruchheilern, Olten/Freiburg i.Br. [2]1977 · **Harald Wiesendanger**, Das große Buch vom geistigen Heilen. Die umfassende Darstellung sämtlicher Methoden, Krankheiten auf geistigem Wege zu erkennen und zu behandeln, München 1995 · **Ders.**, Geistiges Heilen für eine neue Zeit. Vom »Wunderheilen« zur ganzheitlichen Medizin, München 1999

Zeitschriften: Der Heiler

Literatur: **Oepen** u.a., S. 40f. · **HRGem**[5], S. 258ff. · **Alexander Ernst**, New Age – ein neuer Weg zu körperlicher und seelischer Gesundheit?, in: MDEZW 1/1991, S. 15-25 (Lit.) · **Elisabeth Nüchtern**, Was Alternativmedizin populär macht, EZW-Texte 149, Berlin 1998 · **Michael Nüchtern**, Medizin, Magie, Moral, Reihe Unterscheidung, Mainz/Stuttgart 1994 ·

Hans-Jürgen Ruppert, Esoterik, New Age, Medizin. Kritische Anmerkungen, in: MDEZW 6/1994, S. 167-172 · Ders., Bruno Gröning-Anhänger im Aufwind, in: MDEZW 5/1996, S. 139-144 · Michael Shermer/Lee Traynor, Heilungsversprechen, Skeptisches Jahrbuch 3, Aschaffenburg 2000 · Stiftung Warentest (Hg.) in Zus.arbeit mit Krista Federspiel/Vera Herbst, Die andere Medizin. Nutzen und Risiken sanfter Heilmethoden, Berlin ⁴1994 · Zentrum zur Dokumentation für Naturheilverfahren e.V./Forschungsinstitut Freie Berufe, Dokumentation der besonderen Therapierichtungen und natürlichen Heilweisen in Europa, 5 Bde., Essen 1991-1992

Internet: http://ourworld.compuserve.com/homepages/bach_centre/homepage.htm · http://ngwwmall.com/frontier/chris//uk_spiritual_healers_network/.

2.2 Weltanschauungsgemeinschaften und Strömungen

2.2.1 Spiritismus

> »Die Zeit ist erfüllt, sagen die Geister,
> der Fortschritt muss beschleunigt werden.«[84]   (Allan Kardec)

Unter den »Okkult-Konfessionen« der Gegenwart ist der Spiritismus die historisch weitaus bedeutendste und weltweit größte:

Als das Geburtsjahr des modernen Spiritismus gilt allgemein das Jahr 1848, als Marx und Engels ihr »Kommunistisches Manifest« veröffentlichten. Damals wurde der moderne Spiritismus als Massenbewegung ausgelöst durch die Vorgänge um einen Klopfgeist im Haus des methodistischen Farmers John Fox in Hydesville im Staat New York: In der Nacht zum 1. April 1848 vernahmen die Töchter Margaret (12 Jahre) und Kate (9 Jahre) merkwürdige Klopfgeräusche. Eine Untersuchungskommission, der auch der »Lederstrumpf«-Autor Fenimore Cooper [gest. 1851] angehörte, konnte die Klopflaute von Hydesville nicht »natürlich« erklären. Durch Erfindung eines »Klopf-ABCs«, wonach beim Aufsagen des ABCs beim richtigen Buchstaben das Klopfen erfolgte, konnte Verbindung mit dem Klopfgeist hergestellt werden, die zu einem Skelett-Fund im Keller des Hauses führte. Karl Marx nimmt noch im 1. Kapitel seines »Kapitals« von 1867 ironisch Bezug auf den Spiritismus-Boom nach der 48er Revolution im Zusammenhang mit seiner Theorie vom Doppelcharakter der Ware als »sinnlich übersinnliches Ding« (= Einheit von Gebrauchswert und Tauschwert): »Man erinnert sich, dass China und die Tische zu tanzen anfingen, als alle Welt still zu stehen schien.«[85]

Religiös-weltanschaulich bedeutsamer ist aber der andere Wurzelstrang des modernen Spiritismus: »Die Entstehung des modernen Spiritismus«, so der Kirchenhistoriker Ernst Benz, »hängt unmittelbar mit dem Mesmerismus zusammen, jener großen Bewegung der Heilung, die auf Franz Anton Mesmer [1734-1815], den Entdecker des animalischen Magnetismus, zurückgeht.«[86] Mit Mesmer und seinen Schülern entstand eine Art »Proto-Spiritismus«[87]: Anhänger Mesmers beschäftigten sich auch mit parapsychologischen Phänomenen, insbesondere im Zusammenhang mit den so genannten »somnambulen Trance-zuständen«, bei denen ein zweites Ich in die in Trance befindliche Person einzuziehen scheint. Als »Somnambulismus« (Schlafwandeln) bezeichnet man einen veränderten Bewusstseinszustand mit Verlust des Tagesbewusstseins, der durch die mesmerische Behandlungstechnik des »Magnetisierens«, einer Vorform der Hypnose, hervorgerufen wird.

Bei einer Somnambulen, einem Pariser Medium, offenbarten sich auf diese Weise auch die »Geister« verstorbener Ärzte oder auch Mesmers selbst mit medizinischen Diagnosen. Einige von Mesmers Schülern gingen dazu über, durch solche Medien mit der Geisterwelt in Verbindung zu treten. Im Jahr 1856 wurde ein gewisser Hippolyte Léon Denizard Rivail in den Kreis der Pariser Mesmer-Anhänger eingeführt. Rivail [1804-1869], ein Schüler Johann Heinrich Pestalozzis, fasste 1857 die von seinen Medien erhaltenen Offenbarungen in seinem »*Buch der Geister*« (»Le livre des esprits contenant les principes de la doctrine spirite«) zusammen. Seine Hauptaussage lautet: Der Spiritismus lehrt nur Vernünftiges, dient dem moralischen Fortschritt und wird die Menschheit vereinigen![88] Sein nachfolgendes »*Buch der Medien*« enthält den experimentellen Teil seiner Lehre. Seitdem ihm auf einer Sitzung sein »esprit protecteur« mitgeteilt hatte, er sei ihm bereits in früheren Zeiten in Gallien unter dem Namen »*Allan Kardec*« begegnet, führte Rivail diesen Namen, unter dem er berühmt wurde.

Die Bewegung in den USA erhielt vor allem durch den medial veranlagten Mesmer-Anhänger Andrew Jackson Davis [1826-1910] weiteren Auftrieb, der bereits 1847 »im mesmerischen Schlaf sein erstes Buch diktiert« hatte: »*The Principles of Nature*«.[89] 1851 folgte »*The Philosophy of Spiritual Intercourse*« – eine Art »Bibel des Spiritismus« mit Mitteilungen über das Geisterland und Kommunikationstechniken mit dem Jenseits. Obgleich selbst mesmerisiert, orientierte sich dieser Vater des modernen Spiritismus stärker an Swedenborg und Jung-Stilling, was anthropologisch von großer Tragweite war: Wie Swedenborg und Jung-Stilling lehnte Davies die Reinkarnationsidee ab, was die Spiritisten bis heute in zwei Lager spaltet. Dementsprechend unterscheidet man auch zwischen einem »angloamerikanischen«, den Davis begründete, und einem »romanischen Spiritismus«, dessen Vater Allen Kardec ist.

Zahlreiche populäre Persönlichkeiten der Literaturgeschichte bekannten sich in der Folgezeit zum Spiritismus, z. B. der Literaturnobelpreisträger William Butler Yates, Sir Arthur Conan Doyle oder Karl May[90], experimentierten mit spiritistischen und okkulten Praktiken (Victor Hugo, Bulwer-Lytton, Strindberg) oder nahmen sich dieser Themen besonders an (Baudelaire, Bergengruen, Hesse). Die Beziehung der künstlerischen Avantgarde vor dem Ersten Weltkrieg zu dieser Thematik dokumentierte 1995 die Ausstellung »Okkultismus und Avantgarde. Von Munch bis Mondrian« in Frankfurt am Main. Auch in liberal-sozialreformerischen Kreisen vor allem Englands und Frankreichs sowie bei manchen Vertretern eines politischen Radikalismus findet sich seit dem 19. Jahrhundert eine Neigung zum Spiritismus.

Vor allem in Brasilien entwickelte sich der »wissenschaftliche Spiritismus« Allan Kardecs zu einer bedeutenden gesellschaftlichen Strömung, deren Zentren in einer »Spiritistischen Föderation« mit eigenen Verlagen, Rundfunkstationen, Schulen, Krankenhäusern und sozialen Einrichtungen zusammengeschlossen sind.[91] Gleichzeitig wurde er zu einer synkretistischen Neureligion umgeformt, indem ihn Anhänger afro-brasilianischer Kulte in den unteren Volksschichten aufgriffen und sich fortan ebenfalls als »spiritistisch« bezeichneten:

»Dieser populäre Spiritismus afrikanischer und indianischer Wurzel, aber mit einem starken Einschlag des modernen Spiritismus« wird nach Ernst Benz vor allem durch den »*Umbanda-Kult*« repräsentiert.[92] Die Ausbildung des modernen Spiritismus zu solchen Neureligionen ist jedoch nur eine mögliche Erscheinungsform des Spiritismus in der Gegenwart:

Die allgemeine Einteilung der Esoterik nach ihren Erscheinungsformen (s. o. 1.) lässt sich im Besonderen auch auf den Bereich des Spiritismus anwenden: Hier trifft man sowohl auf eher trendhafte Erscheinungsformen eines »Vulgärspiritismus«, als auch auf Formen eines (seminar- oder studienförmigen) »Offenbarungsspiritismus« bis hin zu spiritistischen Weltanschauungsgemeinschaften und Neureligionen (s. u. S. 253ff):

Vulgärspiritistische Praktiken

Man zählt dazu vor allem den so genannten »Verstorbenen-Kontakt-Spiritismus« und den »Jugendspiritismus«. Es handelt sich dabei um spiritistische Praktiken Einzelner oder von informellen Gruppen oder jugendlichen Cliquen ohne dauerhafte Organisationsstruktur, die sich zuweilen epidemisch ausbreiten. Immer geht es darum, dass durch so genannte »psychische Automatismen« (Glasrücken, Pendeln u. a.) erzielte Gedankeninhalte (z. B. Todesankündigungen und andere Zukunftsvorhersagen) »spiritistisch«, als Produkte von »Geistern« gedeutet werden. Sie erhalten dadurch eine für den Ratsuchenden z. T. gefährliche religiöse Überhöhung, die ihnen an sich nicht zukommt.

Vor allem im Rahmen des »Jugendspiritismus« sind spiritistische Experimente und damit die Frage nach ihren religiös-weltanschaulichen Hintergründen und Deutungsmodellen in den letzten Jahren zu einem unübersehbaren Faktor des religiösen Panoramas geworden. Das Phänomen ist statistisch gut belegt.[93] Solche Trends verschwinden aber ebenso schnell wieder, wie sie gekommen sind.

Offenbarungsspiritisten, Sterbe- und Jenseitsforscher, Channeling

Schon früh trat der Spiritismus als eine Art Klientenreligion in Erscheinung und nahm damit schon im 19. Jahrhundert heutige Formen eines alternativen esoterischen Angebots an unkonventionellen Formen der Heilung und der Beratung vorweg.

Im Unterschied zu dem vor allem praktisch orientierten »Vulgärspiritismus«, der sich mit der Kontaktaufnahme zu *verstorbenen Menschen* begnügt, verfolgt der »Offenbarungs-Spiritismus« definitiv höhere *ethische* und *religiöse* Ziele, die für den »Gläubigen« nur durch die Kontaktaufnahme zu Geistern *berühmter Persönlichkeiten,* zu hohen *Engelwesen,* ja zu »*Jesus Christus*« oder *zu* »*Gott Vater*« über einen »Kontrollgeist« oder »Kommunikator« und dessen Offenbarungen erlangt werden können. Der Offenbarungsspiritismus kann sich nicht nur in Formen einer beratenden Klientenreligion, sondern auch in dauerhaften religiösen Gemeinschaften (s. u. S. 253ff) manifestieren.

Ein neueres Beispiel eines »beratenden« Offenbarungsspiritismus ist der so genannte

- *Tonbandstimmen-Spiritismus,*
  der sich inzwischen auch unter der Sammelbezeichnung »instrumentelle Transkommunikation« (ITK) ausbreitet, weil »Jenseitige« nicht nur von ihnen bespielte Tonbän-

der als Kommunikationsmittel benutzen, sondern sich auch über Computer, die plötzlich wie von selbst zu laufen anfangen, mitteilen, wie der Mainzer Professor Senkowski weiß. Inhaltlich kommen ihre »Botschaften« freilich oft kaum über »Grüße der verstorbenen Großmutter« aus dem Jenseits (Adorno) hinaus, die mithilfe der einfachen »psychischen Automatismen« des »Verstorbenen-Kontakt-Spiritismus« erzielt werden.

Bis in die kirchliche Sterbebegleitung und Beratung hinein macht sich inzwischen der Einfluss spiritistischer
- *Sterbe- und Jenseitsforscher* geltend, die auch als »Thanatologen« bezeichnet werden: Hier ist in erster Linie an den Erfolg der Bücher von Raymond Moody, Kenneth Ring und Elisabeth Kübler-Ross zu denken, die sich im Sinne eines technizistischen spiritistischen Weltbilds über das »Leben nach dem Tod« äußerte: »Wie der Hund eine Hundepfeife hört und Sie nicht, so ist das ein Leben auf einer anderen Wellenlänge.« Das »Sterbeerlebnis«, so Kübler-Ross, »ist eine Geburt in eine andere Existenz, die ganz, ganz einfach bewiesen werden kann ... Für mich ist es nicht mehr eine Sache des Glaubens, sondern eine Sache des Wissens.«[94] 1980 wurde in den USA eine »Internationale Vereinigung für Nah-Todesforschungen« (IANDS) mit Kenneth Ring als erstem Präsidenten gegründet.[95] Auf Möglichkeiten eines konstruktiven Umgangs mit dem Thema »Nahtod-Erfahrungen« durch eine naturwissenschaftlich begründete Sichtweise in Alternative zu esoterischer Vereinnahmung dieser Erfahrungen hat neuerdings der Mathematiker Günter Ewald mit seinem Buchtitel »Ich war tot. Ein Naturwissenschaftler untersucht Nahtod-Erfahrungen« (Augsburg 1999) aufmerksam gemacht.[96] Der Luckmann-Schüler Hubert Knoblauch sieht aufgrund empirischer Erhebungen einer bundesweiten Umfrage in Nahtod-Erfahrungen einen weiteren Beleg für den Prozess zunehmender (religiöser) Individualisierung in der Gesellschaft.[97]

Die aktuellste Form des Offenbarungsspiritismus ist das so genannte
- *Channeling*, d. h. »Kanal sein« für die »Durchgaben« höherer Geistwesen. Eine unüberschaubare Fülle solcher Kundgaben aus den letzten Jahren liegt vor allem aus den USA vor: Die Bewegung des »Channeling« umfasst sowohl Einzelpersonen, trendartige Erscheinungen und Phänomene einer Klientenreligion als auch fester organisierte Gemeinschaften.[98] Allein im Gebiet von Los Angeles soll es schon vor zehn Jahren über 1.000 praktizierende »channels« gegeben haben. Ob man die übermittelten Inhalte nun als Ausdruck »säkularer Religion« oder »profaner Magie« definiert – sowohl die Fragen der Klienten als auch die »Botschaften« der Channel-Medien bleiben meist völlig im Rahmen der Profanität:
  - »*Lazaris*« ist eine von Jach Pursel »gechannelte« Wesenheit, deren Botschaften mit den Mitteln modernster Technik von einem Anwesen in Fairfax (Kalifornien) aus vermarktet werden: Diese Wesenheit scheint genau zu wissen, welches die Bedürfnisse ihrer Klienten sind. Die Themen des von ihr geleiteten Videoprogramms könnten dem »Positiven Denken« eines Dr. Joseph Murphy entnommen sein. Das Vertriebssystem des »Lazaris«-Programms sorgt dafür, dass man ihm nicht nur in Buchform, per Video oder auf öffentlichen Veranstaltungen begegnet – sogar per Kre-

ditkarte kann man die Geisterbotschaften empfangen, indem man sich telefonisch unter Angabe der eigenen Kreditkartennummer zum Preis von 53 Dollar für 30 Minuten persönlich mit »Lazaris« in Verbindung setzt. In Deutschland ist der Esoterik-Anbieter Dietrich von Oppeln aus Gütenbach (Schwarzwald) – Verfasser mehrerer Bücher über den versunkenen Kontinent »Lemuria« – als Anhänger Pursels hervorgetreten (www.lemuria-land.com).

- »*Ein Kurs in Wundern*« ist ein Phänomen im Übergang vom trendhaften Publikumskult zur Klientenreligion: Es gibt für diese von der amerikanischen Psychologin Helen Cohn Schucman [1909-1981] empfangenen Botschaften einer Stimme, die sich »Jesus« nannte, inzwischen Studiengruppen in mehreren Ländern. Aus dem ursprünglichen Kurs in Buchform wurde inzwischen eine von einer »Foundation for A Course in Miracles« organisierte Klientenreligion mit Lehr- und Heilungszentrum, Akademie und »Retreat-Center«[99].

- »*Seth*«, eine von Jane Roberts [1929-1984] unter Mithilfe ihres Ehemanns Robert Butts seit 1963 gechannelte Wesenheit, wurde auch bei uns vor allem durch die in Taschenbuchform publizierten »Seth-Materialien« bekannt. Auch hier haben sich Lese- und Studienkreise gebildet. Im Internet verbreitet ein »Seth Network International« Hinweise auf Workshops und weitere Materialien rund um dieses »mysteriöse Energiewesen«[100] (www. efn.org/-sethweb).

Neben diesen Erscheinungen einer Publikums- oder Klientenreligion ist das Channeling auch in esoterischen Weltanschauungsgemeinschaften verbreitet, insbesondere den so genannten »*Aufgestiegene-Meister-Gruppen*« aus der theosophischen Tradition (s. u. Theosophie): Die Führerin der »Church Universal and Triumphant«, Elizabeth Clare Prophet (»Guru Ma«), behauptet z. B., aus der angloindischen Theosophie und I AM-Bewegung bekannte »aufgestiegene Meister« wie Saint Germain, Kuthumi, Djwhal Kul, aber auch »Jesus Christus« und »Maria« zu channeln.

Auch die berühmte New-Age-Kommune »*Findhorn*« in Schottland gehört in den Zusammenhang des »Channeling«: Die Bewohner führten das wunderbare Wachstum ihrer Gärten nicht nur auf den Kontakt zu Geistwesen zurück. Sie veröffentlichten auch Offenbarungen (»Du kannst mit Engeln reden«). Die 1978 unter dem Titel »*New Age*. Die Geburt eines Neuen Zeitalters« vom Fischer Taschenbuchverlag veröffentlichten Offenbarungen zweier Wesenheiten, die sich »Grenzenlose Liebe und Wahrheit« und »Johannes« (John) nannten, an den Autor David Spangler machten überhaupt das Phänomen des »New Age« erstmals in Deutschland bekannt. Die »erste Übertragung« einer dieser Wesenheiten vom 31. Juli 1970 beginnt folgendermaßen: »Ich bin Grenzenlose Liebe, und mit anderen fördere ich die Entfaltung dieses Zentrums [sc. Findhorns]. Findhorn ist eine direkte Folge der Offenbarung, eine Fortsetzung meiner Wesensstruktur.«[101] Findhorn repräsentiert also eine Form der Bewegung des Channeling, die bereits zu den fester organisierten spiritistischen Vereinigungen von größerer Dauer gehört, wie sie weltweit lange vor dem heutigen Channeling entstanden.

Im Rahmen der spiritistischen Bewegung entstanden auch im deutschen Sprachraum seit dem 19. Jahrhundert zahlreiche spiritistische Gruppen und Vereinigungen. Von Anfang an wurde versucht, die Weltanschauung des Spiritismus mit dem christlichen Glauben und der Bibel zu harmonisieren. Die Gemeinschaftsbildung in diesem Bereich des so genannten »christlichen Spiritismus« stagniert aber im Zeitalter einer »neuen Religiosität«, die weniger von der Frage christlicher Identität, als vielmehr von synkretistischen und esoterischen Einflüssen geprägt ist. Von den vier wichtigsten in Mitteleuropa entstandenen Gemeinschaftsbildungen eines »christlichen Spiritismus« spielt über die Horpeniten, die Greber-Bewegung mit ihren Gemeinschaften und die Geistige Loge Zürich hinaus nur noch die Johannische Kirche (vgl. VI.-2.2.2) eine Rolle:

- Die *Horpeniten* (eigentlich: »Bund der Kämpfer für Glaube und Wahrheit«) waren eine von Max Däbritz und Emil Bergmann 1899 gegründete »christlich-spiritualistische« Vereinigung, die zeitweilig 10.000 Mitglieder umfasste. Sie wurde von den »Bombastuswerken« in Freital-Zauckerode (Sachsen) finanziert, in denen kosmetische Artikel nach medial offenbarten Rezepten hergestellt wurden.
- Die *Greber-Bewegung* ist eine aus verschiedenen christlich-spiritistischen Splittergruppen bestehende Strömung, die die so genannte »Greber-Bibel« verwenden – eine spiritistische »Übersetzung« des Neuen Testaments durch den ehemaligen katholischen Priester und Reichstagsabgeordneten Johannes Greber [1876-1944]. Zum Zweck der Abgrenzung vom Vulgärspiritismus und Aberglauben wurden von ihnen auch neue Selbstbezeichnungen eingeführt wie »Geistchristentum«, »christlicher Spiritualismus«, »Offenbarungs-Spiritualismus«, um das bei vielen negativ besetzte Wort »Spiritismus« zu vermeiden.
- Die *Geistige Loge Zürich (Pro Beatrice),* der wohl bedeutsamste Versuch einer »geistchristlichen« Vereinigung im deutschen Sprachraum, führte sich ebenfalls auf Greber zurück. Zwischen 1950 und 1983 trafen sich die Anhänger dieser zeitweilig bis zu 3.000 Mitglieder starken Gemeinschaft an jedem Samstagabend im großen Saal des Zürcher Musikkonservatoriums zu »Gottesdiensten mit medialer Ansprache Geistlehrer Josefs durch Tieftrance-Medium Beatrice«. Die Belehrungen »Geistlehrer Josefs« durch das Medium Bertha (»Beatrice«) Brunner wurden – insbesondere von dem Göttinger Orientalisten und Vorstandsmitglied Professor Walther Hinz – zu einem umfassenden Gedankensystem des »christlichen Spiritualismus« zusammengestellt und in der Zeitschrift »Geistige Welt« veröffentlicht. Nach dem Tod des Mediums spaltete sich die Gemeinschaft und zerrieb sich in Urheberrechtsstreitigkeiten.

Seit der kulturrevolutionären Wende von 1968 kommen neue spiritistische Einflüsse fast nur noch aus den USA und anderen außereuropäischen Ländern. Originelle spiritistische Gemeinschaften entstehen kaum noch (abgesehen von Channeling und UFO-Spiritismus) und die alten sterben aus. Die wenigen religiösen Vereinigungen mit spiritistischen Elementen, die sich im deutschen Sprachraum behaupten konnten, nehmen bezeichnenderweise neureligiös-esoterische Einflüsse stark auf, z. B. der Orden Fiat Lux (s. u.), die

Ökumenische St. Michaelsvereinigung oder das Universelle Leben (s. u.). Massimo Introvigne zählt Neuoffenbarungsgruppen wie Fiat Lux oder die Michaelsvereinigung zu den »post-spiritistischen Kulten«, während er die Geistige Loge Zürich noch dem »klassischen Spiritismus« zuordnet.[102]

Es fällt auf, dass schon seit den Anfängen des Spiritismus vor allem Frauen als »Medien« oder Mittlerinnen des verborgenen, höheren Wissens in Erscheinung treten, allen voran die »Sphinx des modernen Okkultismus« – Helena Blavatsky: im Bereich des Offenbarungsspiritismus und des Channeling z. B. Jane Roberts (»Seth«), Helen Schucman (»Jesus«), Rosemary Brown (»Chopin«, »Liszt« u. a. Geister berühmter Komponisten), Eileen Caddy, J.Z. Knight (»Ramtha«: Berater der Filmschauspieler Richard Chamberlain, Shirley MacLaine u. a.[103]; im Bereich esoterischer Weltanschauungsgemeinschaften z. B. die »Prophetin« Gabriele Wittek (Universelles Leben), das »Trieftrance-Sprachrohr« Uriella (Fiat Lux) oder Beatrice Brunner (Geistige Loge Zürich/Pro Beatrice), Maria Gallatti (St. Michaelsvereinigung), Christel Zahnd-Kuhlenkampf (Bieberauer Schule), Antje Amelung (Gemeinschaft »Quelle des Friedens«) u. a.

Im 19. Jahrhundert gab es vor allem in England und Frankreich auch eine liberalsozialreformerische Richtung des Spiritismus: »Sie führte das utopische Erbe des utopischen Sozialismus, eines Fourier, Saint-Simon und Owen fort und projizierte die politisch gescheiterten Gleichheits- und Freiheitsideen, einschließlich der Gleichberechtigung der Geschlechter und der ›Freien Liebe‹, in die jenseitige Welt eines paradiesischen ›Sommerlandes‹.«[104]

Zu den »post-spiritistischen Kulten« kann man nach Introvigne auch die »spirituelle Gemeinschaft« *Damanhur* mit ihrem berühmten unterirdischen »Tempel des Menschen« im Valchiusella bei Turin zählen, die 1977 in der typischen New-Age-Atmosphäre von dem »Pranatherapeuten« Oberto Airaudi [geb. 1950] gegründet wurde.[105] Hauptzweck der zahlreichen spirituellen Techniken, die in diesem »italienischen Mekka des Wassermannzeitalters«, einer über 700 Bewohner zählenden Stadtkommune mit eigener Währung, Schule und Tageszeitung, gelehrt werden, ist die »Kunst des Sterbens«, um sich auf die nächste Inkarnation vorzubereiten und schließlich den Zyklus der Reinkarnationen zu überwinden. Es handelt sich bei Bewegungen wie Damanhur um den Typus einer »Magie des Lebens« mit dem Ziel, die Macht zur Programmierung der künftigen Wiederverkörperungen zu erlangen, den Tod zu besiegen und sich der Unsterblichkeit zu versichern.[106]

Eine besondere Rolle spielt der

- *UFO-Spiritismus.* Dabei handelt es sich um Vereinigungen, die »Kontakt« zu übermenschartigen »UFO-Besatzungen« halten, von denen sie höhere Offenbarungen empfangen (s. u. 2.2.3)

Im Weltmaßstab bedeutungsvoller sind die *synkretistischen spiritistischen Neureligionen,* vor allem

- der *umbandistische Spiritismus* (Brasilien: 8-9 Millionen[107]) und
- der *Caodaismus* (Vietnam: 3-10 Prozent der Bevölkerung[108]).
- Der *kardecistische Spiritismus* in Brasilien lehnt dagegen Synkretismen mit afro-amerikanischen Kulten ab.[109]

Nach Schätzungen der lateinamerikanischen katholischen Bischofskonferenz sollen schon 1984 zwischen 30 und 35 Millionen Menschen in Brasilien Anhänger spiritistischer Bewegungen gewesen sein, wobei man nach Introvigne drei Hauptrichtungen unterscheiden kann: Kardecisten, Rationalisten und Umbandisten.[110] Die Strömung der »Rationalisten« konstituierte sich erstmals 1910 als »Rationaler und wissenschaftlicher (christlicher) Spiritismus« und identifiziert sich in Lateinamerika weitgehend mit dem »Trincadismus«, zu dessen Anhängern auch der nicaraguanische Revolutionär Sandino gehörte.[111]

- Die Anhängerschaft des *nordamerikanischen Spiritismus* geht ebenfalls in die Millionen. Die größte Vereinigung ist die 1893 gegründete »National Spiritualist Association of Churches«, zu der im Jahr 1992 nach Melton[112] 144 Vereinigungen und »spiritualistische Kirchen« in den USA gehörten.
- Ebenso begann die »*Vereinigungskirche*« des San Myung Moon als spiritistische Neuoffenbarungsreligion vor dem Hintergrund des koreanischen Schamanismus. Die »Göttlichen Prinzipien« Moons gelten als abschließende Neuoffenbarung, die Durchgaben des verstorbenen Moon-Sohnes Heung-Jin aus der Geisterwelt genießen eine besondere Autorität.

Quellen: **Andrew Jackson Davis**, Die Prinzipien der Natur (1847), Leipzig ²1889 · **Allan Kardec**, Das Buch der Geister (1857), Freiburg 1987 · **Ders.**, Das Buch der Medien (1861), Freiburg 1964
Zu »Vulgärspiritistischen Praktiken«: **Eberhard Bauer**, »Okkultpraktiken bei Jugendlichen«. Sucht nach Thrill, Suche nach Sinn oder Mittel zur Selbstverwirklichung?, in: Andreas Resch (Hg.), Aspekte der Paranormologie, Innsbruck 1992, S. 445-468 · **Johannes Mischo**, Okkultismus bei Jugendlichen. Ergebnisse einer empirischen Untersuchung, Mainz 1991 · **Hartmut Zinser**, Okkultismus in Ost und West, München 1993
Zu »Offenbarungsspiritisten, Sterbe- und Jenseitsforscher, Channeling«: **Friedrich Jürgensohn**, Sprechfunk mit Verstorbenen, Freiburg 1967 · **Jon Klimo**, Channeling, Freiburg 1989 · **Kenneth Ring**, Den Tod erfahren – das Leben gewinnen, Bergisch-Gladbach 1988 · **Hildegard Schäfer**, Brücke zwischen Diesseits und Jenseits. Theorie und Praxis der Transkommunikation, Freiburg 1989 · **Ernst Senkowski**, Instrumentelle Transkommunikation. Ergebnisse und Probleme der medial-technischen Verwirklichung au- dio-visueller Kontakte mit autonom erscheinenden intelligenten Strukturen aus unbe-kannten Seinsbereichen, Frankfurt/M. 1989
Zu »Spiritistische Vereinigungen und Neureligionen«: **Johannes Greber**, Der Verkehr mit der Geisterwelt, seine Gesetze und sein Zweck, New York ²1937 · **Walther Hinz**, Geborgenheit, Zürich 1971 · **Peter Michel**, Das Geistchristentum, Forstinning o.J.

Literatur: **Gasper/Müller/Valentin**[6], Sp. 974-982 · **HRGem**[5], Sp. 389ff., 636ff. · **Hutten**[15], S. 720ff. · **EAR**[5], S. 141ff.; 641ff. · **RGG**[4] Sp. 37f. · **Eberhard Bauer**, Spiritismus und Okkultismus, in: Schirn Kunsthalle Frankfurt/V.Loers (Hg.), Okkultismus und Avantgarde. Von Munch bis Mondrian 1900-1915, Ostfildern 1995, S. 60ff. · **Ernst Benz**, Gebet und Heilung im brasilianischen Spiritismus, in: ders., Parapsychologie und Religion, Freiburg 1983, S. 106-127 · **Werner F. Bonin**, Lexikon der Parapsychologie und ihrer Grenzgebiete, Frankfurt/M. 1981 · **Robert Darnton**, Der Mesmerismus und das Ende der Aufklärung in Frankreich, Frankfurt/M. 1986 · **Günter Ewald**, »Ich war tot«. Ein Naturwissenschaftler untersucht Nahtod-Erfahrungen, Augsburg 1999 · **Bernhard Grom**, Spiritismus – Lebenshilfe oder Selbsttäuschung?, in: H. M. Baumgartner (Hg.), Verführung statt Erleuchtung. Sekten, Scientology, Esoterik, Düsseldorf 1993, S. 55-66 · **Wilhelm Horkel**, Spiritismus. Geheimnisse des Jenseits, Stuttgart 1987 · **Massimo Introvigne**, Il Cappello del Mago. I nuovi movimenti magici, dallo spiritismo al satanismo, Mailand 1990, S. 45-138 · **Hubert Knoblauch**, Berichte aus dem Jenseits. Mythos und Realität der Nahtoderfahrungen, Freiburg 1999 · **Ulrich Linse**, Geisterseher und Wunderwirker. Heilssuche im Industriezeitalter, Frankfurt/M. 1996 · **Ders.**, Art. Spiritismus, in: Metzler Lexikon Religion, Bd. 3, Stuttgart/Weimar 2000, S. 355-359 · **Matthias Pöhlmann**, Kommunikation mit dem Göttlichen? Zum Phänomen »Channeling«, in: MDEZW 10/2000, S. 339-354 · **Hans-Jürgen Ruppert**, Okkultismus. Geisterwelt oder neuer Weltgeist?, Wiesbaden/Wuppertal 1990 · **Diethard Sawicki**, Die Gespenster und ihr Ancien régime: Geisterglauben als ›Nachtseite‹ der Spätaufklärung, in: Monika Neugebauer-Wölk (Hg.), Aufklärung und Esoterik, Hamburg 1999, S. 364-398 · **Werner Thiede**, Die mit dem Tod spielen. Okkultismus, Reinkarnation, Sterbeforschung, Gütersloh 1994

Internet: www.mcn.org/findhorn/home.html · www.spiritweb.org/Spirit/channelings.html · www.damanhur.it

2.2.2 Neugnosis   (Hans-Jürgen Ruppert/Jan Badewien)

Auch die wichtigste und fruchtbarste Vereinigung der modernen Neugnosis – die Theosophie – hat sich ursprünglich aus dem Spiritismus herausentwickelt, wie aus der Biografie ihrer Gründer, Henry Steel Olcott und Helena Blavatsky, hervorgeht:

Theosophie

> »Von unserem Standpunkt aus ist der innere Mensch der einzige Gott, von dem wir irgendeine Kenntnis erlangen können.«[113]   (Helena Blavatsky)

Die Mitbegründerin der »Theosophischen Gesellschaft«, Helena Blavatsky [1831-1891], war ursprünglich ein spiritistisches Medium. Als sich ihr New Yorker Spiritisten-Zirkel (»Miracle Club«) im Jahr 1875 einen neuen Namen geben wollte, um ihren höheren Ambitionen damit Ausdruck zu verleihen, stieß man beim Durchblättern eines Wörterbuchs auf den Namen »Theosophie« und fand ihn geeigneter als die ebenfalls erwogenen Bezeichnungen »hermetische«, »ägyptologische« oder »rosenkreuzerische Gesellschaft«. Diese Herkunft sowie die spätere Vermischung mit hinduistischen und buddhistischen weltanschaulichen Vorstellungen zeigt schon, dass diese »Theosophie« mit der herkömmlichen christlichen Theosophie (Hildegard von Bingen, Böhme, Solowjow[114] u. a.) nur wenig gemeinsam haben kann.

Durch ihren Übertritt zum Buddhismus 1880 wurde die Entwicklung der Theosophischen Gesellschaft zu einer synkretistischen parareligiösen Neubildung eingeleitet. Dies spiegelt sich auch in den beiden Hauptwerken Blavatskys wider: Während die »*Entschleierte Isis*« von 1877 noch das dreigliedrige spiritistische Menschenbild ohne allgemeines Reinkarnationsgesetz voraussetzt, beinhaltet die 1888 veröffentlichte »*Geheimlehre*« ein siebengliedriges pseudohinduistisches Menschenbild mit der für die moderne Esoterik – von wenigen Ausnahmen abgesehen[115] – seitdem maßgeblichen Reinkarnations- und Karmavorstellung.[116]

Der theosophische Synkretismus war in der Folgezeit äußerst fruchtbar für die Entwicklung der modernen Esoterik bis in die Gegenwart: Aus der »Theosophischen Gesellschaft« Blavatskys gingen nicht nur zahlreiche *Abspaltungen* verschiedener »Theosophischer Gesellschaften« in der ganzen Welt hervor, sondern auch weitere theosophische *Neu-* und *Fortbildungen,* wie die Alice Bailey-Bewegung, die I AM-Bewegung, die Roerich-Bewegung (Welt-Spirale; Agni-Gesellschaft), die »Universale Kirche« u. a. Für die »New Age«-Bewegung waren vor allem die Werke der Theosophin Alice A. Bailey wichtig. Die Bedeutung der theosophischen Literatur, insbesondere der Schriften Blavatskys, für das Welt- und Menschenbild der modernen Esoterik kann nicht hoch genug eingeschätzt werden, auch wenn dies vielen trendhaften Erscheinungen heutiger Esoterik nicht mehr bewusst ist. Auch über die Esoterik hinaus war der kulturelle Einfluss der Theosophie in Kunst, Wissenschaft oder Pädagogik beträchtlich: Nicht nur der Begründer der Waldorfschulen, Rudolf Steiner (s. u.), sondern auch Maria Montessori war von ihr beeinflusst.[117]

Die für den deutschen Sprachraum wichtigste Abspaltung erfolgte 1912/13 mit der Gründung der »Anthroposophischen Gesellschaft« durch den damaligen Generalsekretär der »Theosophischen Gesellschaft in Deutschland (Adyar)«, Rudolf Steiner.

Quellen: **Helena P. Blavatsky**, Collected Writings. Vol. I-XV, Wheaton u.a. 1985 · **Dies.,** Der Schlüssel zur Theosophie (1889), Satteldorf ³1995 · **Dies.,** Die Geheimlehre (1888), Studienausgabe, Satteldorf 1999 · **Peter Michel**, Die Botschafter des Lichtes, 2 Bde., Forstinning 1983/Grafing 1984

Zeitschriften: Informationsblatt über Theosophie in Deutschland (Theosophische Informationsstelle Frankfurt/M.) · Theosophie heute (TG in Deutschland e.V.) · Sunrise (TG Pasadena) · Theosophical History (kritisch; Hg. J. Santucci/J. G. Melton)

Literatur: HRGem⁵, S. 656ff. · **Johann Figl**, Die Mitte der Religionen, Darmstadt 1993, S. 13-31 · **Marco Frenschkowski**, Okkultismus und Phantastik. Eine Studie zu ihrem Verhältnis am Beispiel der Helena P. Blavatsky, in: Das schwarze Geheimnis. Magazin zur unheimlichen und phantastischen Literatur 4 (FS Kalju Kirde), Kerpen 1999, S. 53-104 · **Ulrich Linse**, Art. Theosophie/Anthroposophie, in: Metzler Lexikon Religion, Bd. 3, Stuttgart/Weimar 2000, S. 490-495 · **Hans-Jürgen Ruppert**, Theosophie – unterwegs zum okkulten Übermenschen, RAT 2, Konstanz 1993 · **Ders.**, Helena Blavatsky – Stammutter der Esoterik, EZW-Texte 155, Berlin 2000

Internet: www.theosophische-informationsstelle.de · www.theosophy.org · zeta.cs.adfa.oz.au/KeyToTheosophy/index.html · www.helena-blavatsky.de · www.azstarnet.com/~blafoun (= Blavatsky Foundation) · www.prime.net.com~wtmtn/HPB.HTML

Anthroposophie

(Jan Badewien)

»Anthroposophie ist ein Erkenntnisweg, der das Geistige im Menschenwesen zum Geistigen im Weltenall führen möchte.« [118] (Rudolf Steiner)

Tradition und Quellen

Die Anthroposophie wurde begründet von Rudolf Steiner [1861-1925]. Bis 1900 wirkte Steiner im Rahmen des allgemeinen wissenschaftlichen und kulturellen Lebens: Er studierte Naturwissenschaften, wirkte an der kritischen Edition der naturwissenschaftlichen Schriften Goethes in Weimar mit, scheiterte an der Universitätslaufbahn (seine Schrift: »Philosophie der Freiheit« wurde in Jena als Habilitation abgelehnt), war einige Jahre Mitherausgeber einer literarischen Zeitschrift (»Magazin für Litteratur«) und unterrichtete an der Arbeiterbildungsschule in Berlin. Kurz nach der Jahrhundertwende wandte er sich der Theosophischen Gesellschaft zu und wurde Generalsekretär der deutschen Sektion, trennte sich 1913 von der Theosophie, als dort Krishnamurti zum reinkarnierten Christus proklamiert wurde und gründete die Anthroposophische Gesellschaft. Die bis heute grundlegenden Werke der Anthroposophie stammen großenteils aus Steiners theosophischer Zeit: »Wie erlangt man Erkenntnisse der höheren Welten«, »Geheimwissenschaft im Umriss«, »Theosophie«, »Aus der Akasha-Chronik«. Sie lehnen sich in weiten Teilen an die Schriften Helena P. Blavatskys an, unter Hinzufügung christlicher Elemente, philosophischer Ansätze Goethes und des deutschen Idealismus sowie der Evolutionslehre Darwins und Haeckels. Steiner selbst gibt als Hauptquelle seine eigenen »Schauungen« in der »geistigen Welt« an. Während des Ersten Weltkriegs errichtet Steiner in Dornach bei Basel das »Goetheanum«, einen Holzbau, der in der Neujahrsnacht 1922/23 Opfer einer Brandstiftung wird. Nach dem Ersten Weltkrieg beginnt die Entfaltung der praktischen Lebensformen der Anthroposophie: 1919 Gründung der ersten Waldorfschule in Stuttgart für die Arbeiterkinder der Waldorf-Astoria-Zigarettenfabrik, seit 1920 Grundlegung zur anthroposophischen Medizin und Pharmakologie, 1921/22 Priesterkurse zur Gründung der Christengemeinschaft. 1923 Gründung der »Freien Hochschule für Geisteswissenschaft« in Dornach, im gleichen Jahr Auflösung der Anthroposophischen Gesellschaft und Gründung der »Allgemeinen Anthroposophischen Gesellschaft«. 1924 Kurse zur »Biologisch-dynamischen Wirtschaftsweise« (»Demeter«-Produkte). 1925 stirbt Steiner in Dornach.

Die Anthroposophie befasst sich seither mit seinen Schriften und Vorträgen, die in einer umfangreichen Gesamtausgabe von derzeit ca. 350 Bänden zugänglich sind. Steiner gilt bis heute als einzige Autorität, die zahlreichen anthroposophischen Veröffentlichungen bleiben Interpretation und vorsichtige Erweiterung in praktischen Fragen. Eine kritische Haltung zur eigenen Tradition – und das heißt vor allem: zum Gründer Rudolf Steiner – ist bislang noch nicht sichtbar. Hier liegt ein Hauptproblem der heutigen Anthroposophie.

Anthroposophie als »Geisteswissenschaft«

Steiner bezeichnet Anthroposophie als einen Erkenntnisweg, »der das Geistige im Menschenwesen zum Geistigen im Weltenall führen möchte« (s. o.) Steiner erhebt den Anspruch der Wissenschaftlichkeit, da die »Forschung« in der »übersinnlichen Welt« in methodischer Weise durchgeführt werde. Daher nennt er Anthroposophie »*Geheimwissenschaft*«: als Wissenschaft von dem, was dem Außenstehenden, der diesen Erkenntnisweg nicht gegangen ist, geheim, »okkult«, verborgen ist, oder auch »*Geisteswissenschaft*«: als Wissenschaft von der (übersinnlichen) »geistigen Welt«, die über die Grenzen bisherigen Erkennens hinausführen soll. Steiner hat dazu einen siebenstufigen Erkenntnisweg beschrieben. Von der Information über Erkenntnisse der bereits Eingeweihten (»Unterrichte dich zunächst durch die Mitteilungen anderer«[119]), über Initiation, Imagination, Inspiration bis zur Intuition. Dabei erlangt der Schüler die Fähigkeiten, in der »geistigen Welt« tiefe Erkenntnisse zu machen – über die eigene Rolle im Weltgeschehen und über die Ziele der kosmischen Evolution.

Steiner behauptet, auf diesem Weg Einblicke in die sogenannte »Akasha-Chronik« erhalten zu haben. Sie soll als ein geistiges Weltengedächtnis in der Ätherwelt (sanskr.: akasha = Äther) alle Ereignisse der Geschichte, alle Taten Worte und Gedanken der Menschheit enthalten, die jetzt dem »Geistesforscher« zur Verfügung stünden. Dieser übersinnlichen Forschung verdankt er – nach eigenen Aussagen – seine Anthroposophie: »Meinen Schauungen in der geistigen Welt hat man immer wieder entgegengehalten, sie seien veränderte Wiedergaben dessen, was im Laufe älterer Zeit an Vorstellungen der Menschen über die Geist-Welt hervorgetreten ist ... Meine Erkenntnisse des Geistigen, dessen bin ich mir voll bewusst, sind Ergebnisse eigenen Schauens.«[120] Und in seinen Vorträgen über das Lukas-Evangelium konkretisiert er – nicht nur im Blick auf die Christosophie – »Das müssen wir uns immer wiederum vor die Seele stellen, dass wir nicht aus Urkunden schöpfen, sondern dass wir schöpfen aus der geistigen Forschung selbst und dass wir dasjenige, was aus der Geistesforschung geschöpft wird, in den Urkunden wieder aufsuchen ... Was heute erforscht werden kann ohne eine historische Urkunde, das ist die Quelle für das anthroposophische Erkennen.«[121] Menschen- und Weltbild sowie ihre Konkretionen in Pädagogik, Landwirtschaft und Medizin, aber auch im Gottes- und Christusverständnis entspringen dieser eigenen Quelle.

Steiners Weltbild ist geprägt von der Polarität von Geist und Materie mit einer deutlichen Präferenz des Geistes vor allem Materiellen. Die Evolution führt aus dem Materiellen zum Geistigen, der Mensch kann mithilfe anthroposophischer Erkenntnis diesen Weg bewusst gehen und erringt damit einen Vorsprung vor den Nicht-Wissenden. Dennoch betont Steiner, dass sein Weltbild grundsätzlich monistisch ist: hinter der Dipolarität steht die Einheit, auch Materie ist eine Erscheinungsweise des Geistes, wenn auch eine sehr schattenhafte. Doch in der letzten Perspektive wird auch sie in die geistige Welt und ihre Entwicklung einbezogen werden.

Menschenbild

Anthroposophie versteht sich als »Weisheit vom Menschen«. Sie entfaltet ein hochdifferenziertes Menschenbild, eingefügt in eine komplexe Kosmosophie. Schlüssel zum Verständnis ist die Evolution: Der Mensch steigt als rein geistiges Wesen aufgrund höherer Notwendigkeiten in die materielle Welt hinab. Über zahlreiche Entwicklungsstufen arbeitet er sich mitsamt den im Erdendasein angezogenen niederen Wesensgliedern wieder in die geistige Welt hinauf.

In diesem Evolutionsprozess ist der Mensch nicht Spätform, sondern er steht am Anfang. Seine Entwicklung ist Movens und Ziel des ganzen Entwicklungsgeschehens: »Der Mensch als Geist-Wesen ist älter als alle anderen Lebewesen«, der, »um seine gegenwärtige physische Gestalt anzunehmen, sich aus einem Weltenwesen herausgliedern musste, das ihn und die andern Organismen enthielt. Diese sind somit Abfälle der menschlichen Entwickelung.«[122]

Gegenwärtig hat der Mensch vier Wesensglieder:

- den physischen Leib, der ihn mit dem Mineralreich verbindet,
- den Ätherleib, der die Verbindung zum Pflanzenreich darstellt. In ihm vollziehen sich die grundlegenden Lebensprozesse.
- den Astralleib, der den Menschen mit dem Tierreich verbindet. In ihm sind Begierden und Leidenschaften verortet.
- das Ich (Ewige Individualität), das den Menschen aus allen Naturreichen heraushebt und ihn mit der geistig-göttlichen Welt verbindet.

So versteht Steiner den Menschen als Zwischenglied zwischen den Naturreichen und der übersinnlichen Welt. In den zukünftigen Evolutionsschritten soll der Mensch die niederen Wesensglieder vergeistigen, um die Engelstufe zu erreichen. Die Wesensglieder sind dem Menschen in einem gewaltigen kosmischen Prozess nacheinander zugewachsen: in den früheren Inkarnationen jenes Planetenwesens, das jetzt Erde heißt und die Steiner als Saturn, Sonne und Mond bezeichnet. Die Entwicklung auf der Erde vollzieht sich in sieben Zeitaltern, die jeweils von einer »Wurzelrasse« geprägt werden. Die Erdentwicklung begann mit einer polarischen und hyperboräischen Zeit, es folgten Lemurier und Atlantier. Derzeit leben wir im fünften Erdzeitalter, der »nachatlantischen Zeit«, die von der arischen Wurzelrasse geprägt wird: nacheinander von den Rishis in Indien, von Zarathustra, von Chaldäern und Ägyptern, Griechen und Römern und von den Germanen. Die anderen Kulturen und Völker spielen in der geistigen Evolution keine entscheidende Rolle. Diese Theorie (nebst vielen Einzeläußerungen Steiners) führt in der gegenwärtigen Diskussion zum Vorwurf des Rassismus in der Anthroposophie.

Die menschheitliche Evolution wird im Heranwachsen des Einzelnen nachvollzogen: Im Rhythmus von »Jahrsiebten« entwickeln sich jeweils die Wesensglieder – eine Theorie, die in der Waldorfpädagogik eine wichtige Rolle spielt.

Die vier Wesensglieder werden zusammengebunden in der Dreigliederung des menschlichen Organismus: das »Nerven-Sinnes-System« umfasst primär Kopf und Nerven. Polar dazu liegt das »Stoffwechsel-Gliedmaßen-System«, vermittelnd dazwischen das »rhythmische System«. Die Systeme entfalten ihre besondere Bedeutung vor allem in der anthroposophischen Heilkunde.

Der Mensch ist den geistigen Gesetzen von Reinkarnation und Karma unterworfen. Reinkarnation wird positiv gesehen: Sie ermöglicht der einzelnen Individualität die Teilnahme am Evolutionsprozess bis hin zur Vergeistigung, der in einem einzigen Erdenleben nicht vollendet werden kann. Dabei gilt: Wer einmal die Menschenstufe erreicht hat, verlässt sie nicht wieder, ein Mensch wird immer als Mensch wiedergeboren. Zwischen den Inkarnationen liegen lange Zwischenzeiten (Arupa-Devachan), in denen das Ich in der geistigen Welt lebt und von höheren geistigen Wesenheiten weitergebildet wird. Es erhält dort Einsicht in seine vergangenen und zukünftigen Leben und begibt sich aus freiem Entschluss wieder auf den »physischen Plan«. Es durchwandert dabei die Astralwelten und formt sich einen Astralleib, verbindet sich im (selbst gewählten) Mutterleib mit Ätherleib und physischem Leib. Im Schlaf wandern Astralleib und Ich in die geistigen Welten. Im Tod trennen sich alle Wesensglieder vom physischen Leib, der allein nicht existieren kann und daher zerfällt. Der Ätherleib geht in den Weltenäther ein, der Astralleib in die astralen Zonen, das Ich kehrt zurück in die geistige Heimat.

Das Gesetz des Karma steht für Kausalität und Gerechtigkeit. Es bewirkt, dass weder Zufall noch ein willkürlich handelnder Gott das Schicksal bestimmen, sondern dass jeder einzelne Mensch allein Ursprung seines Geschicks ist. Es bedeutet, »dass unser Schicksal, dasjenige, was wir im Leben erfahren, nicht ohne Ursache ist, sondern dass unsere Taten, unsere Erfahrungen, unsere Leiden und Freuden in einem Leben abhängen von den vorhergehenden Leben, dass wir uns in den verflossenen Lebensläufen unser Schicksal selbst gezimmert haben. Und so, wie wir jetzt leben, schaffen wir uns die Ursachen für das Schicksal, das wenn wir wiederverkörpert werden, uns treffen wird.«[123] Damit sind Abhängigkeit und Gestaltungsfreiheit beschrieben. Karma führt nicht zum Fatalismus, denn »es steht mir frei, der Wirkung entgegenzuarbeiten, eine andere Handlung zu schaffen, die in gesetzmäßiger Weise etwa schädliche Folgen der früheren Handlung aufhebt.«[124] Da der Mensch die Chance zur Verbesserung hat, »kann das Karmagesetz selber der Quell sein einer Tröstung. Die Tröstung wäre nicht da, wenn wir uns gewöhnten, ein Ereignis nur an das Ende und nicht an den Anfang einer Erscheinungsreihe zu setzen.«[125] Positive Wirkung auf das Karma hat die Anteilnahme am Geschick anderer. Damit das Leben zur Bildung von positivem Karma optimal genutzt werden kann, ist Schulung durch Eingeweihte erforderlich, die entsprechende Gesetzmäßigkeiten kennen.

Negatives Karma, persönlich zu verantwortende Schuld muss vom freien Menschen abgearbeitet werden. Niemand und nichts nimmt ihm dies ab. Es geschieht dadurch, dass der Mensch in späteren Leben in entsprechende Situationen geführt wird, in denen er zeigen kann, dass er Fortschritte gemacht hat.

Das Karmagesetz ermöglicht, das jeweilige Schicksal eines Menschen zu erklären und für gerecht zu halten, ist es doch selbst bewirkt. Es gibt Anreize zu ethischem Handeln, weil dadurch negatives Karma in positives verwandelt werden kann.

Eine Besonderheit anthroposophischer Karmalehre besteht darin, dass jede Handlung auf doppelte Weise Karma bildet: Sie geht ins Karma des Handelnden ein und zugleich in das »Weltenkarma«, das alle Menschen betrifft. Diese Unterscheidung hat besondere Bedeutung im Blick auf die Christosophie.

Gotteslehre

Steiners Gottesbild ist vielfältig formuliert, enthält in der Fülle der Ausdrücke viele Unklarheiten. Kaum einmal spricht er personal von Gott, eher vom Göttlichen, vom »Vatergöttlichen«, von den »Vätern in den Himmeln«, von der »großen Mutterloge der Menschheit« oder – zarathustrisch – von Ahura Mazdao. Dieser Gott ist einerseits den Menschen fern, ist andererseits aber im Prinzip kein Gegenüber zum Menschen, sondern der Mensch hat durch sein Ich, einen göttlichen Funken und damit Anteil an Gott, der sich zum Ich des Menschen verhält wie der Ozean zum Tropfen. Darum führt auch Selbsterkenntnis zur Gotteserkenntnis. Nur in einer Zeit, in der diese Selbsterkenntnis noch nicht ausgereift war, waren Offenbarungen von außen erforderlich, jetzt werden sie aber nicht mehr benötigt. Das Vatergöttliche durchwebt als höchste geistige Wesenheit den Kosmos. Er wird deutlich getrennt vom Vatergott der Juden und Christen, »den man noch dazu mit dem Jahvegott – der der jüdische Volksgott ist – verwechselt«.[126] Jahwe hat nur die Funktion im Rahmen der Heilsgeschichte das Volk der Israeliten darauf vorzubereiten, den Christus in sich aufzunehmen Jahwe hat seinen Wohnsitz auf dem Mond, daher feiern Juden Mondfeste. Aber darin zeigt sich zugleich seine begrenzte Vollmacht: »Wie das Mondenlicht das Sonnenlicht zurückstrahlt, so strahlt Jahve die Wesenheit, die dann im Christus lebte, zurück.«[127] Gegenspieler von Ahura Mazdao ist Ahriman, der das schlechthin Böse verkörpert. Von ihm unterscheidet Steiner Luzifer, der als »Lichtträger« den Menschen vom Geistigen wegführt in eine materiell-technisch ausgerichtete Intellektualität.

Christosophie

Das Christusbild nimmt einen großen Raum in Steiners Schriften und Vorträgen ein. Es stammt in seinen wesentlichen Teilen nicht aus dem Neuen Testament, sondern aus der »Akasha-Chronik«, der Steiner ein »Fünftes Evangelium«[128] entnimmt. Steiner trennt den Menschen Jesus von Nazareth und den Christus als die höchste geistige Wesenheit strikt voneinander. Typisch dafür ist der Vortragszyklus »Von Jesus zu Christus« (Gesamtausgabe 131). Damit der Sonnengott Christus sich mit dem Menschen Jesus verbinden konnte, war eine komplexe Vorbereitung des Jesus erforderlich. Sie gipfelte in der Geburt zweier Jesusknaben zur Zeitenwende. Der eine, von dem Matthäus spricht, war eine Reinkarnation des Zarathustra, der Lukas-Jesus wurde umschwebt von der Aura des Buddha. Im 12. Lebensjahr des Lukas-Jesus verlässt Zarathustra den Matthäus-Jesus, der daraufhin stirbt und geht auf den Lukas-Jesus über. Buddhismus und Zarathustrismus verbinden sich und werden künftig im Christentum enthalten sein. Vor seinem 30. Lebensjahr wird Jesus in heidnische Religionen (u. a. Mithras-Kult) eingeführt. Bei der Johannes-Taufe verlässt ihn das Zarathustra-Ich und die Christus-Wesenheit senkt sich in ihn hinein, zwischen Taufe und Tod lebt nun Christus in Jesus. Beim »Mysterium von Golgatha« kommt es zur Trennung: Jesus stirbt, sein Leib wird von der Erde aufgenommen, Christus geht in die Erdenaura ein, wird vom Sonnengott zum Erdengott und wirkt in der Folgezeit als Christus-Impuls unter den Menschen.

Christus nimmt das Weltenkarma auf sich, das kein Mensch abtragen könnte – aber nicht jenen Teil menschlicher Schuld, der in das Karma des Einzelnen übergeht. Er stärkt die geistigen Kräfte, so dass der Mensch fähig wird, sich zum Geistig-göttlichen hinauf zu entwickeln.

Lebenspraxis

Aus der Anthroposophie sind zahlreiche praktische Einrichtungen hervorgegangen: Schwerpunkte sind die Bereiche Pädagogik, Medizin und Pharmakologie und Landwirtschaft, aber auch Theater, bildende Kunst und Architektur.

- *Waldorfpädagogik:* Die aus der »Akasha-Chronik« geschöpfte Menschenkunde bildet die Grundlage der Waldorfpädagogik, die in Kindergarten, 12-klassiger Schule und heilpädagogischen Einrichtungen ausgeübt wird. Die Waldorfschulen arbeiten nach einem eigenen Lehrplan, der im Wesentlichen auf Steiner zurückgeht. Die Schulen beanspruchen zwar, keine Anthroposophie zu lehren und keine Weltanschauungsschule zu sein, der Geist der Anthroposophie steckt jedoch in allen Details des Schulalltags, in der Ausgestaltung der Schule und in vielen Elementen des Unterrichts. Derzeit gibt es ca. 170 Waldorfschulen in Deutschland mit ca. 110.000 Schülern. Daneben sind zahlreiche Einrichtungen entstanden, in denen Behinderte (»Seelenpflegebedürftige«) in Dorfgemeinschaften und Höfen betreut werden. Gerade hier wird von Angehörigen das große Engagement der Anthroposophen hervorgehoben.
- *Medizin und Pharmakologie:* In Arztpraxen, eigenen Kliniken und sogar einer medizinischen Fakultät der Privatuniversität Herdecke wird anthroposophische Medizin gelehrt und praktiziert, die sich als Zusatz zur Schulmedizin versteht und nicht als ihr Ersatz. Die Grundlagen wurden von Rudolf Steiner und der Ärztin Ita Wegmann entwickelt. Spezielle Medikamente werden vor allem in den Werken Weleda und Wala hergestellt.
- *Landbau:* Biologisch-dynamische Produkte werden unter der Marke »Demeter« gehandelt. Zusätzlich zum kontrollierten biologischen Anbau sind »dynamische« Einflüsse zu beachten: kosmische Energien, Mondphasen, Planetenkonstellationen usw.

Die aus anthroposophischem Geist wirkende religiöse Erneuerungsbewegung, die unter tätiger Mithilfe Steiners gegründet wurde, ist die »*Christengemeinschaft*« (s. u. VI-2.1.4) Sie war von Anfang an eine selbständige Institution, jedoch mit vielen Verflechtungen zur Anthroposophie.

Institutionalisierungsgrad, Verbreitung, Organisation

Die »Allgemeine Anthroposophische Gesellschaft« hat ihr Zentrum im Goetheanum in Dornach bei Basel. In den einzelnen Ländern arbeiten Landesgesellschaften, die wiederum örtliche Zweige bilden. In Deutschland gibt es ca. 20.000 Mitglieder, der Einfluss reicht jedoch weit über die Mitgliederzahl hinaus – nicht zuletzt durch die vielen Kindergärten, Schulen, Krankenhäuser, Verlage und Buchhandlungen. Deutsches Zentrum ist Stuttgart, dort wirkt auch der »Bund Freier Waldorfschulen«. Anthroposophie und Waldorfpädagogik sind in vielen Ländern der Welt verbreitet, Schwerpunkt ist der deutschsprachige Raum.

Glaubwürdigkeit und Kritikfähigkeit
In den praktischen Einrichtungen gibt es viele engagierte Befürworter, die bemüht sind, ihr Leben nach anthroposophischen Grundlagen auszurichten. Ein großer Anteil Ehrenamtlicher zeigt, dass solche Authentizität attraktiv ist. Wieweit die Person des Gründers selbst glaubwürdig ist, lässt sich ohne Einsicht in den Nachlass schwer beurteilen. Brüche in seiner Biografie lassen gewisse Zweifel aufkommen.

In den letzten Jahren ist die Anthroposophie häufiger Gegenstand der Kritik gewesen. Die Auseinandersetzungen haben gezeigt, dass im Raum der Anthroposophie kaum Bereitschaft vorhanden ist, eine kritische Haltung gegenüber Person und Werk Steiners einzunehmen. Der Anspruch des Geistesforschers auf zeitenübergreifende Schau ist so mächtig, dass auch heute kaum Ansätze zu finden sind, die starke Zeitbedingtheit vieler seiner Vorträge anzuerkennen.

Quellen: **Adressverzeichnis Anthroposophie** 1999/2000, Frankfurt/M. [4]1999 · **Ausbildungsverzeichnis Anthroposophie.** Verzeichnis anthroposophischer Ausbildungs- und Studienstätten 1999/2000, Frankfurt/M. 1999 · **Stefan Leber,** Die Pädagogik der Waldorfschule und ihre Grundlagen, Darmstadt 1983 · **Christoph Lindenberg,** Rudolf Steiner, eine Chronik, Stuttgart 1988 · **Ders.,** Rudolf Steiner in Selbstzeugnissen und Bilddokumenten, Stuttgart 1992 · **Rudolf Steiner,** Gesamtausgabe (GA), Dornach 1962 ff. **Gerhard Wehr,** Rudolf Steiner. Wirklichkeit, Erkenntnis und Kulturimpuls, München 1982 · **Ders.,** Kontrapunkt Anthroposophie. Spiritueller Impuls und kulturelle Alternative, München 1993

Zeitschriften: Das Goetheanum. Wochenschrift für Anthroposophie · Die Drei. Zeitschrift zur Erneuerung von Wissen, Kunst und sozialem Leben · Erziehungskunst. Monatsschrift zur Pädagogik Rudolf Steiners · Info 3. Anthroposophie heute

Literatur: **Jan Badewien,** Die Anthroposophie Rudolf Steiners, München 1994 · **Peter Bierl,** Wurzelrassen, Erzengel und Volksgeister. Die Anthroposophie Rudolf Steiners und die Waldorfpädagogik, Hamburg 1999 · **Barbara Burkhard,** Anthroposophische Arzneimittel, Eschborn 2000 · **Lothar Gassmann,** Das anthroposophische Bibelverständnis, Wuppertal/ Zürich [2]1994 · **Richard Geisen,** Anthroposophie und Gnostizismus, Paderborn u.a. 1992 · **Bernhard Grom,** Anthroposophie und Christentum, München 1989 · **Klaus Prange,** Erziehung zur Anthroposophie, Bad Heilbrunn 1985 · **Franco Rest,** Waldorfpädagogik, Reihe Unterscheidung, Mainz/Stuttgart 1992 · **Heiner Ullrich,** Waldorfpädagogik und okkulte Weltanschauung, Weinheim 1986 · **Klaus von Stieglitz,** Die Christosophie Rudolf Steiners, Witten 1955 · **Ders.,** Einladung zur Freiheit. Gespräch mit der Anthroposophie, Stuttgart 1996 · **Juliane Weibring,** Die Waldorfschule und ihr religiöser Meister, Oberhausen 1998 ·

körperung im Dialog mit der Theologie, Paderborn u.a. 1995

Internet: www.goetheanum.ch/ag5.htm · www.anthroposophy.com ·
www.waldorf.net

Rosenkreuzer

> »Der Taoismus, der Brahmanismus, der Buddhismus und das Christentum sind we-
> sentlich, als Befreiungslehre und Befreiungsweg, eins in der Gnosis.« [129]
>
> (Jan van Rijckenborgh)

Die Legende von einem zwischen 1378 und 1484 lebenden »Christian Rosencreutz« und
einer von ihm gegründeten »Brüderschaft des R.C.« diente schon vor der Entstehung der
modernen Esoterik immer wieder als Grundlage für die Bildung von Rosenkreuzer-Gemeinschaften. Denn erfunden wurde sie außerhalb des esoterischen Kontextes im heutigen Sinn – in einem Tübinger Studentenkreis um den späteren württembergischen Hof-
prediger Johann Valentin Andreae [1586-1654]. In zwei kurz vor Beginn des Dreißigjährigen Krieges erschienenen Manifesten wird gegenüber einer erstarrten protestantischen
Orthodoxie zu einer »Generalreformation« und zum Beitritt der Gelehrten Europas zu
der 1604, nach Wiederauffindung des Grabes von Christian Rosencreutz, angeblich an
die Öffentlichkeit getretenen Bruderschaft aufgerufen. Basis der zu schaffenden christlichen Gesellschaftsordnung sollte vor allem die Harmonie zwischen (Renaissance)-Wis-
senschaft und christlichem Glauben im Sinne der »Pansophie« sein, wie man sie bei Paracelsus u.a. fand. Sowohl Luther als auch Andreae selbst trugen in ihrem Wappen die Rose
und das Kreuz. Während Zeitgenossen wie Comenius und Descartes mit der Rosenkreu-
zerbewegung sympathisierten, distanzierte sich Andreae selbst schon 1619 im Vorwort
seines utopischen Staatsromans »Christianopolis« wieder von ihr. Im Unterschied zur
späteren esoterischen Rezeption des Mythos spricht man auch vom »älteren Rosenkreuzertum«.

Bei der modernen esoterischen Rezeption des Rosenkreuzer-Mythos (»jüngeres Rosenkreuzertum«) lassen sich zwei Modelle unterscheiden: Das eine Rezeptionsmodell zen-
triert die gesamte esoterische Tradition auf die Rosenkreuzer als *dem* »westlichen esoterischen Weg« zur »Erleuchtung« schlechthin (im Unterschied zu den östlichen Wegen; vgl.
IV.). In diesem Sinne verstand z. B. Rudolf Steiner seine Anthroposophie als »erneuertes
Rosenkreuzertum«. Seinen Niederschlag findet dieses Modell vor allem in der esoterischen Rosenkreuzer-Literatur, in der die Idee des Rosenkreuzertums zum spirituellen Weg
für den Einzelnen wird – ohne Bindung an eine bestimmte Rosenkreuzer-Organisation,
was geradezu als Widerspruch zum Weg individueller »Gottwerdung« betrachtet wird
(z. B. bei dem Neugeist-Autor K.O. Schmidt [»Hilarion«] oder dem Theosophen Demeter Georgiewitz-Weitzer [»G.W. Surya«] mit seinem Roman »Moderne Rosenkreuzer«).

Die straff organisierten und hierarchisch aufgebauten rosenkreuzerischen Okkult-
Orden rezipieren die Rosenkreuzer-Überlieferung in neureligiös-esoterischer Umdeutung
so, als ob es sich dabei um das esoterische Wissen eines in höheren geistigen Sphären

bestehenden geheimen Ordens handele. Sie selbst beanspruchen, ihre Mitglieder grad-weise in das Wissen dieser geheimen Organisation »einzuweihen«, als deren »sichtbarer« Bereich sie sich zum Teil verstehen. Die wichtigsten dieser esoterischen Rosenkreuzer-Gemeinschaften sind:

- die »*Societas Rosicruciana in Anglia*« (S.R.I.A.), gegr. 1866 von Robert Wentworth Litt-le [1840-1878];
- der daraus hervorgegangene »*Hermetic Order of the Golden Dawn*« (gegr. 1888);
- »*The Rosicrucian Fellowship*« (»Rosenkreuzer-Gemeinschaft e.V.«), gegr. 1909 von Carl Louis Frederik Graßhoff alias »Max Heindel« [1865-1919];
- der »*Alte Mystische Orden vom Rosenkreuz*« (»Antiquus Mysticus Ordo Rosae Crucis« = A.M.O.R.C.), gegr. 1915 von Harvey Spencer Lewis [1883-1939] und
- die »*Internationale Schule des Goldenen Rosenkreuzes – Lectorium Rosicrucianum (LR)*« , 1935 unter Jan Leene alias »Jan van Rijckenborgh« [1896-1968] aus der niederländi-schen Abteilung von Heindels »Rosenkreuzer-Gemeinschaft« hervorgegangen; bis 1997 »Internationale Geistesschule des Rosenkreuzes«.

Letztere verbindet neureligiös-esoterische Anschauungen mit manichäischen und neo-gnostisch-neokatharischen, was – im Gegensatz zur originären weltoffenen, reformori-entierten Rosenkreuzertradition – zu einem weltabgewandten Dualismus führt. Die bei-den davor erwähnten Gemeinschaften sind stärker von der angloindischen Theosophie beeinflusst.

Im Unterschied zum älteren Rosenkreuzertum ist bei den esoterischen Rosenkreuzer-Gemeinschaften die Vorstellung von der Wiederverkörperung des Menschen verbreitet. Vor deren Hintergrund wird ein den historischen Rosenkreuzermanifesten ebenfalls völ-lig fremder Prozess der »Einweihung« oder »Transfiguration« im Sinne eines viele Wie-derverkörperungen umfassenden geistigen Entwicklungsprozesses gelehrt, der zur »Erleuchtung« und »Gottwerdung« führt. Jesus Christus wird als einer der »Älteren (Rosenkreuzer-)Brüder«, als »Eingeweihter« oder Religionsstifter neben anderen einem Religionssynkretismus untergeordnet, der auf okkult-theosophische Quellen zurückgeht. Teilweise wird in gnostischer Tradition auch seine personale bzw. historische Existenz bestritten, was den unüberbrückbaren Gegensatz zwischen dem neureligiös-esoterischen und dem an die Bibel und die lutherische Reformation gebundenen ursprünglichen Ro-senkreuzertum unterstreicht.

Quellen: 1. Urschriften: **Johann Valentin Andreae**, Fama Fraternitatis (1614). Confessio Fraternitatis (1615). Chymische Hochzeit: Christiani Rosencreutz. Anno 1459. (1616). Eingel. u. hg. v. Richard von Dülmen (= Quellen zur Württ. Kirchengeschichte Bd.6), Stuttgart 1973.
2. Esoterische Rezeption: **A.M.O.R.C.** (Hg.), Die Rosenkreuzer. Wege zu einer höheren Lebenserfahrung, Baden-Baden 1995 · **Max Heindel** (eigentl. Carl Louis Fredrik Graß-hoff), Die Weltanschauung der Rosenkreuzer oder mystisches Christentum, Darmstadt ³1991 · **Hilarion** (= K.O. Schmidt), Bücher des flammenden Herzens, Bd. 1-5, Pfullingen

[3]1961 · **K.O. Schmidt**, Sei du selbst! Der Rosenkreuzerweg zur Selbstverwirklichung, Engelberg/Schweiz u. München 1976 · **Rudolf Steiner**, Die Theosophie des Rosenkreuzers (1907), Dornach [7]1985

Zeitschriften: Pentagramm (Lectorium Rosicrucianum) · Rosicrucian Digest (AMORC) · Strahlen vom Rosenkreuz (Rosenkreuzer-Gemeinschaft)

Literatur: EncRel (E) 11, S. 476f. · **Gasper/Müller/Valentin**[6], Sp. 919ff. · **HRGem**[5], S. 606ff. · **Roland Edighoffer**, Die Rosenkreuzer, München 1995 · **Karl R.H. Frick**, Licht und Finsternis. Gnostisch-theosophische und freimaurerisch-okkulte Geheimgesellschaften bis an die Wende des 20. Jh., Graz 1978, S. 344ff. · **Carlos Gilly**, Comenius und die Rosenkreuzer, in: Monika Neugebauer-Wölk (Hg.), Aufklärung und Esoterik, Hamburg 1999, S. 87-107 · **Monika Hauff**, Der Mythos der Rosenkreuzer, Stuttgart 2000 · **Massimo Introvigne**, Il Cappello del Mago, Mailand 1990, S.184-215 · **Harald Lamprecht**, Die neue Gnosis im Zeichen des Rosenkreuzes. Ausbreitung und Wirken des Lectorium Rosicrucianum, in: MDEZW 3/2001, S. 84-90 · **Hannelore Schilling**, Im Zeichen von Rose und Kreuz. Historische und moderne Rosenkreuzer, Information Nr. 71 der EZW, Stuttgart 1977 · **Rudolf Schlögl**, Von der Weisheit zur Esoterik. Themen und Paradoxien im frühen Rosenkreuzerdiskurs, in: Monika Neugebauer-Wölk (Hg.), Aufklärung und Esoterik, Hamburg 1999, S. 53-86 · **Richard van Dülmen**, Die Utopie einer christlichen Gesellschaft. Johann Valentin Andreae (1586-1654), Teil 1, Stuttgart-Bad Cannstatt 1978 · **Frances A. Yates**, Aufklärung im Zeichen des Rosenkreuzes, Stuttgart 1975

Internet: http://amorc.org · www.medienhandel.de/amorc · www.ilk.de/rosenkreuzer · www.cts.com/~rofshp

2.2.3 UFO-Bewegungen

(Andreas Grünschloß)

»Wenn Sie das Material auf dieser Webseite studieren, werden Sie hoffentlich unsere Freude verstehen, aber auch den Zweck unseres Aufenthalts auf dieser Erde. Vielleicht finden Sie sogar Ihre ›Bordkarte‹, um uns während dieses vorübergehenden ›Fensters‹ bei der Abreise zu begleiten.«

(Internetseite von »Heavens's Gate«, Startseite 1997)

Einleitung

Das Spektrum der heutigen ufologischen Diskurse ist sehr breit gefächert.[130] Es reicht von eher nüchtern-wissenschaftlichen Überlegungen zur Möglichkeit oder Wahrscheinlichkeit außerirdischer Lebensformen (sowie zu Voraussetzungen intergalaktischer Raumfahrt, zur Existenz multidimensionaler Universen usw.)[131] bis hin zu millenaristisch akzentuierten religiösen Heilshoffnungen, die sich auf – direkte oder medial vermittelte – Kontakte mit angeblichen Insassen von UFOs (Unidentified Flying Objects) stützen. Im Panorama alternativer Religiosität spielen vor allem die letzteren Varianten eine wichtige

Rolle. Durch die Berichte von so genannten »Kontaktlern« (contactees) ergaben sich viele ufologisch-esoterische Lesezirkel, aber auch mehr oder weniger verbindliche Formen religiöser Gruppenbildung, die in den UFO-Sichtungen während der letzten fünfzig Jahre meist deutliche Anzeichen einer nahenden »Endzeit« sehen. Aber auch im parawissenschaftlichen Gewand einer »fantastischen Wissenschaft«[132] wie bei Erich von Däniken hat der UFO-Glaube meist unmittelbare Implikationen für das religiöse Weltbild, wenn es in Dänikens reduktionistischer Erklärung der irdischen Religionsgeschichte etwa heißt: »Die Götter unseres Altertums waren fremde Astronauten. – Weiter nichts!«[133] – Die staunenden Menschen hätten demnach die außerirdischen Kulturbringer mit ihrer überlegenen und unverständlich scheinenden Technologie immer wieder zu Göttern hochstilisiert. Mit diesem ufologischen Euhemerismus[134] sollen die alten religiösen Überlieferungen der Menschheit vor allem »modern interpretiert und technisch verständlich gemacht«[135] werden. Aber auch heutige UFO-Sichtungen, geheimnisvolle Kornkreisfelder und Tierverstümmelungen sowie angebliche Entführungen im UFO können in der Weiterführung dieses Astronautengötter-Mythologems entsprechend gedeutet werden: »Die ›Götter‹ der Vorzeit sind in unseren Tagen zur Erde zurückgekehrt und experimentieren wieder mit Mensch und Tier.«[136]

Erich von Dänikens Mythologem von der außerirdischen Herkunft der irdischen Religionen erfreut sich nicht nur in der breiteren Bevölkerung großer Beliebtheit, wie die internationale Karriere des Autors und seiner Thesen auf zeitgenössischen Büchertischen zeigt (vgl. auch die 1973 gegründete »Ancient Astronaut Society«), sondern es findet sich auch in vielen dezidiert religiösen Repräsentationen oder Dimensionen des UFO-Glaubens wieder. Und diese stehen im Zentrum des folgenden Überblicks.[137]

Zwar gibt es ideengeschichtliche Vorläufer zum modernen UFO-Glauben,[138] der Beginn der ufologischen Aufbruchsstimmung im engeren Sinn lässt sich jedoch ziemlich exakt auf den Sommer des Jahres 1947 mit den ersten Zeitungsberichten von so genannten »fliegenden Untertassen« datieren: Auf Kenneth Arnolds Sichtung eines rasanten Formationsflugs von neun geheimnisvollen Flugobjekten sowie auf den mittlerweile legendären angeblichen UFO-Absturz in der Nähe von Roswell/New Mexico folgten dann v.a. seit Beginn der fünfziger Jahre eine Vielzahl fantastischer Schilderungen von Begegnungen mit extraterrestrischen Humanoiden seitens der ersten Kontaktler (George Adamski, Daniel Fry, Orfeo Angelucci u. a.)[139]. Aber nicht nur direkte Begegnungen, auch mediale Kontakte zu ätherischen Wesen aus dem Weltraum werden hier berichtet, wobei die Kommunikation durch automatisches Schreiben, Telepathie oder Channeling geschieht. Erstaunlicherweise gibt es trotz aller Unterschiede viele konstante Elemente im religiösen UFO-Glauben – von Kontaktlern wie George Adamski oder George Van Tassel über ufologische Motive bei L. Ron Hubbard und Scientology bis hin zur Aetherius Society oder Fiat Lux.

»Durchsagen« der Raumbrüder in der Kontaktler-Ufologie

Ein grundlegendes Motiv aller religiösen Ufologien ist der Versuch, den Graben zwischen moderner Technik/Wissenschaft und Religion/Spiritualität zu überwinden – sei es religionskritisch durch eine ufologische »Erklärung« der irdischen Religionsgeschichte analog zu von Däniken oder vermittels einer neuen esoterischen Religiosität, die sich mit dem modernen Weltbild des Raumfahrtzeitalters kompatibel erweisen möchte. Im Fall der esoterischen Ufologien treten meist verschiedene extraterrestrische Weltenlehrer mit ihren »Durchsagen« an die Stelle traditioneller Engellehren und esoterischer Angelophanien, und sie erweisen sich als besorgte Schutzgeister für eine bedrohte Erde und Menschheit. Bei näherem Hinsehen weisen die angeblich extraterrestrischen Botschaften dieser »Raumbrüder« und »Sternengeschwister« von der »Galaktischen Föderation« allerdings immer wieder auffällige Familienähnlichkeiten mit bereits real existierenden irdischen Religionstraditionen aus Esoterik und Theosophie auf.

Als international bekanntester Kontaktler aus der Frühzeit gilt George Adamski [1891–1965], der sich vor seinen ufologischen Visionsberichten schon längere Zeit mit Traditionen der US-amerikanischen Theosophie beschäftigt hatte und die Kontaktler-Szene trotz des mitunter heftigen Streits um die Echtheit seiner Berichte bis heute nachhaltig beeinflusst hat. In seiner Buchpublikation »Im Innern der Raumschiffe« berichtet er beispielsweise von fantastischen Begegnungen mit außerirdischen Meistern in Raumschiffen von Venus, Saturn und Mars im Jahr 1953, allerdings erinnern deren langatmige Unterweisungen nicht von ungefähr an herkömmliches theosophisches Traditionsgut. Auch im Falle des Italo-Amerikaners Orfeo Angelucci, der in seinem Buch »Geheimnis der Raumschiffe« ausführlich von seinen ufologischen Berufungsvisionen aus dem Jahr 1952 erzählt, sind die Ähnlichkeiten mit theosophischen Lehren unverkennbar. Immer wieder geht es den außerirdischen Humanoiden um die Erkenntnis des Menschen als einen letztlich unzerstörbaren spirituellen Kern, der in einem fleischlichen Körper fest gehalten und dadurch in die irdische Welt verstrickt ist: »Loslösung« aus dem Geburtenkreislauf und »Aufstieg« (ascension) des geistigen Selbst in höhere Sphären, Dimensionen und Schwingungsfrequenzen werden im Stil eines gnostischen Erlösungsprozesses als Heilsweg angeboten, in dessen Verlauf sich u.a. auch verschiedene paranormale Fähigkeiten manifestieren (Erinnerungen an frühere Leben, Astralreisen, out of body experiences, Telepathie etc.).

Anstelle der »Aufgestiegenen Meister« der Theosophie erscheinen nunmehr ufonische Lichtgestalten, bisweilen tauchen sogar Repräsentanten aus dem traditionellen numinosen Personal der Theosophie auf – vor allem die esoterische Christusgestalt »Sananda«. Kein anderer als dieser Lord Sananda war es beispielsweise, der sich schon »Mrs. Keech« (Pseudonym) und ihrer UFO-Gruppe aus der berühmten sozialpsychologischen Studie »When Prophecy Fails« Anfang der 50er Jahre offenbart hat und eine nahe bevorstehende Evakuierung im Raumschiff verkündete. Auch in den heute international verbreiteten, lose organisierten UFO-Gruppen des »Ashtar Kommandos« (Ashtar-Command), die sich – im Gefolge der medial vermittelten Durchsagen an den ursprünglichen Ashtar-Kontaktler George Van Tassel – auf einen extraterrestrischen Raumflottenkommandeur und Weltenlehrer namens »Ashtar« (bzw. »Ashtar Sheran«) beziehen, spielt dieser Sananda-Christus meist eine besonders prominente Rolle.

In einer Schrift von Walter und Theres Gauch-Keller heißt es über diesen esoterisch-ufologischen Christus u. a.: »Lord Sananda wird bei den Raumbesatzungen auch ›Orthon‹ genannt. In seiner letzten Verkörperung hier auf der Erde trug er den Namen Jesus, der

Sohn des Zimmermanns, auch Jesus der Nazarener genannt. Sananda ist sein geistiger Name. Nennen wir ihn aber ruhig so, wie Er uns bisher bekannt war, denn Er selbst hat mehrfach in Durchsagen mitgeteilt: ›Ich habe viele Namen; Ihr kennt mich unter dem Namen Jesus, andere unter dem Namen Buddha und wieder andere unter dem Namen Orthon oder Sananda, doch immer bin ich die gleiche Wesenheit!‹ Jesus-Sananda hat das höchste Bewusstsein allen Lebens erreicht und wird nun, wie Er selbst gesagt hat und es in vielen Prophezeiungen geschrieben steht, am Ende der Zeit ›in den Wolken‹ oder ›wie ein Blitz‹ (Lichtstrahlschiffe) wiederkommen, um Sein Werk, das Er vor rund 2.000 Jahren begonnen hat, zu beenden (s. Mk 13,26; Mt 24,27; Lk 17,24). Erst danach wird Er diese Erde seinem Nachfolger übergeben und endgültig zum Vater aufsteigen.«

Der Weltenlehrer Ashtar und die apokalyptische Evakuierung

Als Grund für das plötzliche Interesse der außerirdischen Heilsbringer wird immer wieder mitgeteilt: Die Erde ist in Gefahr, und die Menschheit steht vor dem Untergang! – In der ufologischen Gründerzeit der 50er Jahre war es neben der allgemeinen materiellen Orientierung und spirituellen Verarmung der Menschheit vor allem die Entdeckung der Atomkraft, deren zerstörerisches Potenzial den Außerirdischen angeblich große Sorgen bereitete.[140] In der heutigen Zeit sind dagegen verschiedene globale ökologische Bedrohungen von »Mutter Erde« in den Vordergrund getreten: Berichte von Natur- und Umweltkatastrophen, Kriegen usw. werden daher oft im Sinne von »Wehen der Endzeit« in das Szenario einer eschatologischen Zuspitzung der Welt- und Menschheitsgeschichte eingeordnet (vgl. hierzu auch »Uriellas« Offenbarungen). Gleichsam wie »Engel in Raumanzügen« (Jerome Clark) werden die Sternengeschwister der bedrohten Menschheit in ihrer schwersten Stunde beistehen und mit ihrer riesigen Raumflotte gegebenenfalls sogar eine große Evakuierung (Big Beam) organisieren, bevor die endgültige Transformation der Erde einsetzt.

Den irdischen »Lichtarbeitern«[141] und »Star seeds« (inkarnierte Seelen aus anderen Galaxien) obliegt die Aufgabe, die Nachrichten der außerirdischen und höherdimensionalen Heilslehrer auf der Erde zu verbreiten: Sie bilden gleichsam das »Bodenpersonal«[142] bei der bevorstehenden Landung der Sternengeschwister, die mit Millionen von Raumschiffen bereits (unsichtbar) in Wartestellung um die Erde verharren. Ashtar, Heraldatron, Lord Monka, Lord Metatron und all die anderen ufonischen Lichtgestalten werden die Menschheit schon bald auf eine neue Evolutionsstufe heben. Technologischer Fortschritt und spirituelle Bewusstseinserweiterung gehen dabei Hand in Hand, wenn die Erde endgültig in einen »Himmel auf Erden« verwandelt wird.

Über Ashtar Sheran wird z. B. auf einer Internetseite des »Ashtar-Kommandos« vom März 1997 mitgeteilt: »Er ist ein Weltraumbruder aus dem Sonnensystem des Alpha Centauri. Er ist der technische und spirituelle Leiter des ›Göttlichen Plans‹, die Erdenmenschheit in eine höhere Evolutionsstufe zu begleiten. Die technische Leitung besteht darin, dass er die Weltraum Strahlschiff-Flotte leitet, die diese Erdenmenschheit evakuieren wird, wenn der Zeitpunkt dafür gekommen ist. Jeder Mensch, der den ›Göttlichen Funken‹ in sich nährt und der den freien Willen dazu kundtut, wird vorübergehend von diesem Planeten evakuiert werden, wenn er nicht mehr bewohnbar sein wird für einen bestimmten

Zeitraum ... Jeder Mensch wird durch die Evakuierung in eine höhere Schwingungsfrequenz gebracht. Die Vorbereitungen hierfür haben bereits begonnen, dadurch, dass seit Ende Mai 95 ein Lichtgürtel um diesen Planeten gelegt worden ist.«

Eine große Reinigung steht bevor, und während dieses Umwandlungsprozesses müssen die Menschen vorübergehend mit kleinen Evakuierungsschiffen an Bord gigantischer »Mutterraumschiffe« gebracht werden. Extraterrestrische Trainingsprogramme und technologische Errungenschaften werden binnen kürzester Zeit »Vollbewusstsein« und paranormale Fähigkeiten hervorrufen. Danach findet die Wiederbesiedelung des Planeten Erde statt, der mittlerweile ein »galaktisches Prunkstück« geworden ist. Ob in diesem Prozess die gesamte Menschheit gerettet wird oder nur ein Teil, wird von den einzelnen Gruppen und Prophet(inn)en unterschiedlich beantwortet. »Uriella« geht beispielsweise davon aus, dass nur ein Drittel der Menschheit überleben wird; noch pessimistischer war die kalifornische »Heaven's Gate«-Gruppe, die im März 1997 ihre eigene Apokalypse inszenierte und – gleichsam als heiliger Rest der Menschheit – den Absprung auf die »Übermenschliche Ebene« (Level Above Human) durch kollektiven Suizid zu realisieren meinte, bevor die Erde endgültig »umgegraben« und »recycelt« wird.

Der Ablauf der endzeitlichen Ereignisse wird aber meist in ähnlicher Weise beschrieben. Typisch ist zunächst die zweifache Vorstellung von kleinen »Miniaturraumschiffen« und großen »Mutterraumschiffen«, die bereits seit Adamskis angeblichen Kontakt-Berichten (und seinen in ihrer Echtheit ebenfalls stark angezweifelten UFO-Fotografien) die Ufologie begleiten. In Gauch-Kellers esoterisch-ufologischer Missionsbroschüre »Aufruf an die Erdbewohner« wird die Evakuierung detailliert beschrieben: »Zur Zeit sind für die bevorstehende Evakuierung mehrere Millionen Lichtstrahlschiffe (über 17 Millionen) abholbereit um unsere Erde stationiert. Sie sind in einem ätherischen Zustand, einer höheren Schwingung, die vom menschlichen Auge nicht wahrgenommen werden kann. Diese Schiffe stehen Tag und Nacht bereit, um diejenigen zu evakuieren, die gewillt sind, sich retten zu lassen. Unsere Sternengeschwister werden den Beginn der Evakuierung, die während der Katastrophen durchgeführt wird, kurzfristig mittels Radio, TV, Funk oder Telepathie, bekannt geben ... Kurz darauf werden wir sehen, wie Millionen von Lichtstrahlschiffen, einen weißen Lichtstrahl (Levitationsstrahl) aussendend, blitzschnell zur Erde gleiten. Da diese Lichtstrahlschiffe nicht zwingend landen müssen, was schon aus Zeitgründen kaum möglich sein wird, können wir gleich dort in die Levitationsstrahlen eintreten, wo wir uns gerade befinden. Dadurch werden Menschen auch aus den für sie unglaublichsten Situationen gerettet ... Die Rettungsschiffe bringen uns in die Mutterschiffe hinauf, die weit über der Erde stationiert warten. In diesen Mutterschiffen, aber auch auf den Planeten, auf die wir Evakuierten während der Zeit der Umwandlung gebracht werden, eignen wir uns ein höheres, geistiges und technisches Wissen an, um anschließend die gereinigte, umgepolte Erde wieder neu zu besiedeln. Während dieser ›Lernzeit‹ unterzieht sich die Erde einer Gesamtreinigung durch Feuer, da Feuer das mächtigste Element ist, das Negatives auflösen kann. Die ganze Erde wird brennen, und nichts wird anschließend noch so aussehen, wie wir es heute kennen.« (50ff.)

Diese und ähnliche Szenarien werden nicht nur von »Ashtar-Command«-Gruppen vertreten, sondern auch von Uriella und ihrem Orden »Fiat Lux« (ca. 750 Mitglieder, davon 50 im engeren Kreis). Der starke millenaristische Schwerpunkt dieser Gruppe findet vor allem in den apokalyptischen Prophezeiungen des »einzige(n) Sprachrohr(es) Gottes« seinen Ausdruck, wonach die »absolute Endphase« aber bereits für 1998/99 erwartet wurde. In Gottesdiensten, Pressemitteilungen sowie in der Ordenszeitschrift »Der heiße Draht« wurden die bevorstehenden Stationen der »Umwandlung« angekündigt, die in der Art einer »großen Drangsal« über die Menschheit hereinbrechen sollten (Weltwirtschaftskrise, Kriege, Hungersnöte, Seuchen, Naturkatastrophen, Vulkanausbrüche, Meteoriteneinschläge etc.). Uriellas Ermahnungen, umfangreiche Notvorräte anzuschaffen und Sicherheitsvorkehrungen zu treffen, wurden durchaus auch im weiteren ufologisch interessierten Sympathisantenkreis beherzigt.[143] Das bisherige Ausbleiben der großen Katastrophe wurde von Fiat Lux z. T. als Auswirkung der eigenen Gebete um einen Aufschub gedeutet. Am Ende können nur noch diejenigen gerettet werden, die spirituell vorbereitet und »in der entsprechenden Schwingung« sind – und dies gilt natürlich in erster Linie für Fiat-Lux-Mitglieder, denn es heißt: »Rechnet nie mit der Allbarmherzigkeit und dem Erbarmen Gottes!«[144] Lediglich ein Drittel der Menschheit wird durch Evakuierung in Raumschiffen gerettet werden; dann wird die Erdachse um 180° kippen, eine schwere Läuterung der restlichen Seelen oder sogar eine »evolutionäre Rückversetzung, z. T. bis ins Algen- oder Mineralreich« wird stattfinden sowie Kontinentverschiebungen und eine neue Umlaufbahn.[145] Erst nach der Neubesiedelung der Erde wird ein »Goldenes Zeitalter« anbrechen, und zwar mit konkreten Heilserwartungen wie:

- einer Epoche des Friedens, der Harmonie und der solidarischen Einheit mit allen Schöpfungsteilen;
- der Wiederkunft Christi, mit innigem, z. T. sichtbarem Kontakt mit Ihm, Maria, den Engeln und Naturgeistwesen;
- der Regentschaft Mariens, Gleichgewicht von Yin und Yang;
- Schulungen, Einweihungen; rapide geistige Aufwärtsentwicklung;
- der Förderung und dem Durchbruch von Schöpfungskräften, den zwölf Sinnen, der Emanationen sowie Talenten, die zu Glanzleistungen in Musik, Malerei, Bildhauerei, Architektur, Tanz etc. führen werden;
- dem Wiederaufstieg von Atlantis mit seinen Tempeln und Pyramiden aus dem Meer;
- einer völlig neuen, reichhaltigen Flora in goldenem Kleid mit wundervollen, riesigen Blüten und Früchten, sowie einer Fauna mit neuen, unbekannten Tieren, die einander nicht töten;
- gänzlich neuen, umweltfreundlichen Technologien sowie Energien und dem
- Verschwinden aller Krankheiten und einem Lebensalter von mehreren hundert Jahren. (Der heiße Draht Nr. 76/77, 1998, S. 71)

Vor allem diese konkreten Endzeitvorstellungen vom »Goldenen Zeitalter« oder vom »Himmel auf Erden« erweisen viele ufologische Gruppen als millenaristisch ausgerichtete religiöse Bewegungen: Heil und Trost wird in der allernächsten Zukunft, in einem paradiesischen Äon erwartet, der im völligen Gegensatz zur diesseitigen Welt der Gegenwart steht und weiteres Engagement in der Welt als unnütz verblassen lässt. Die christliche Symbolik vom »Tausendjährigen Reich«, in das der heilige Rest der »144.000« Gerechten entrückt wird, steht im Hintergrund Pate für das ufologisch reinterpretierte Millennium, in dem endlich ein schlaraffenlandartiger Überfluss möglich sein wird, nachdem das Durchgangsstadium der endzeitlichen Geburtswehen überstanden ist: Eine perfekte, geradezu hedonistische Harmonie von Technik, erleuchtetem Bewusstsein (mit entsprechenden paranormalen Fähigkeiten), ökologischem Gleichgewicht und globalem bzw. intergalaktischem Frieden wird in Aussicht gestellt.

In Gauch-Kellers »Aufruf an die Erdbewohner« heißt es dazu: »Mit Hilfe der Sternengeschwister und mit den neu erlernten Techniken, der Materialisation, Dematerialisation, Präzipation usw., werden wir neue Siedlungen, Schulen und alles, was für das Leben nötig ist, aufbauen. Die Telepathie wird zur Alltagssprache und die Zeit, wie sie heute auf der Erde bekannt ist, wird keine Gültigkeit mehr haben, da sich die irdische von der kosmischen total unterscheidet. Wir werden neben den erwähnten Techniken auch den planetaren, den interplanetaren, sowie den intergalaktischen Raumflug erlernen und betreiben können. Wir werden lernen, mit der frei zur Verfügung stehenden kosmischen Energie umzugehen und durch Gedankenkraft Gegenstände, Nahrungsmittel usw. zu manifestieren. Alles wird möglich sein, sofern wir nach den kosmisch/göttlichen Gesetzen leben und dementsprechend handeln ... Es wird eine lange Zeit des Friedens, der Liebe und Harmonie anbrechen (Tausendjähriges Reich), denn in der neuen Schwingung können keine Kriege und auch keine destruktiven Gedanken den Menschen mehr beherrschen.« (55f.)

In Analogie zu den pazifischen »Cargo-Kulten« des 20. Jahrhunderts, deren Heilshoffnung sich auf den bald bevorstehenden Erwerb der (in den Augen der Einheimischen) höchst erstaunlichen und wunderbaren Waren- und Werkzeugladungen (Cargo) der Kolonialisten konzentrierte, setzten viele UFO-Gläubige ihre Hoffnung auf den endzeitlichen Transfer außerirdischer Cargos auf diese Erde. Denn erst mit der Intervention der extraterrestrischen Kulturbringer, die als engelgleiche Gottesboten erscheinen und eine weit überlegene Spiritualität und Technologie mit sich führen, kann endgültiges und unzweideutiges Heil zuteil werden. Insofern präsentieren sich viele ufologische Heilshoffnungen, die im Kontext moderner Industriegesellschaften entstanden, geradezu als eine westliche Variante der millenaristischen Cargo-Kulte. Wie in den angesprochenen Beispielen bereits mehrfach deutlich wurde, verknüpft sich dabei die Hoffnung auf eine überlegene, umweltangepasste und perfekte Technologie mit der Hoffnung auf spirituelle Perfektion.

Dieser Grundtenor ist auch Scientology zu Eigen, denn diese Organisation ist religions-geschichtlich zunächst im Sciencefiction- und UFO-Boom der 50er Jahre anzusiedeln. Eine der ersten Veröffentlichungen von Hubbards Therapiekonzept »Dianetik« erschien in John W. Campbells Sciencefiction-Magazin »Astounding Science Fiction«, in dem bereits zwischen 1938 und 1950 einige seiner frühen Sciencefiction-Romane publiziert worden waren. Und im therapeutischen Prozess des scientologischen »Auditings« werden immer wieder fantastische oder Sciencefiction-artige Erzählstrukturen reproduziert. Scientology erweist sich insofern geradezu als Beispiel für die Durchlässigkeit zwischen literarischen (bzw. filmischen) Formen von Fantastik oder Sciencefiction und real existierenden religiös-weltanschaulichen Heilshoffnungen.[146]

Dies gilt zunächst für die anthropologische Basis von Scientology und ihre mythologische Letztbegründung: Anstelle von »star seeds« (»implants« oder »walk-ins«) ist es bei Hubbard der so genannte »Thetan«, der die eigentliche Personmitte darstellt und den »inneren Menschen« als unsterbliches geistiges Wesen bezeichnen soll. Dieser Thetan »trägt« momentan – während seiner irdischen Existenzreihen – einen Körper und einen Verstand. Aber eigentlich stammt er wie die »star seeds« esoterischer Ufologien aus einer weit entfernten Region und Zeitdimension des Universums, hat bereits unzählige »frühere Leben« (so der scientologische Terminus technicus für Reinkarnation) hinter sich und wurde im Verlauf einer kontinuierlichen Degeneration und Umprogrammierung fast bis zur völligen Bewusstlosigkeit in die materielle Welt verstrickt. Um wieder ein freier, »operierender Thetan« zu werden, bedarf es einer besonderen Therapie: eine »religiöse Technologie« (sic!) die L. Ron Hubbard als erster entdeckt und unter der urheberrechtlichen Obhut seines Religious Technology Centers allgemein zur Verfügung gestellt hat. Auf diese Weise ist es möglich, nicht nur aufgestaute traumatische »Engramme« aus diesem Erdenleben (à la Freud), sondern auch aus intergalaktischen früheren Leben durchzuarbeiten – und den Thetan aus seiner Gefangenschaft zu befreien.

Die ufologische Mythologie, die dieser Thetan-Konzeption zu Grunde liegt, unterliegt zwar der Geheimhaltung (Arkandisziplin), sie gelangte aber durch Ex-Scientolog(inn)en, Gerichtsverfahren und Scientology-kritische Publikationen immer wieder an die Öffentlichkeit: Ein böser Weltraumfürst namens »Xenu« habe die Thetane einst auf die Erde verfrachtet und in einen Vulkan gesteckt. Diesen Xeno-Mythos hat Hubbard 1976/79 zudem in Gestalt des SF-Romans *Revolt in the Stars* ausgearbeitet, der bislang zwar noch nicht offiziell publiziert worden ist, jedoch bereits in unautorisierten Kopien im Internet zirkulierte. Aber auch in den stärker »mythologischen« Publikationen Hubbards »Scientology – A History of Man« (1952) und »Haben Sie vor diesem Leben gelebt?« (1960) sowie in seinen veröffentlichten Tonbandvorträgen über die Vorgeschichte (time track) des Thetans werden immer wieder Sciencefiction-artige Mythologeme deutlich (Hubbard spricht hier selbst von »Space opera«). Das erste Werk kartografiert die paradigmatischen Vorkommnisse aus der »Gesamtzeitpur« (theta-line incidents), die nahezu idealtypische strukturierende Raster für die fantastischen (Re-)Produktionen während des scientologischen Auditings darstellen. Im zweiten Werk hat Hubbard gleichsam »klinische Fallbeispiele« aus der Auditing-Praxis zusammengestellt, die von irdischen Präexistenzen der Thetane bis hin zu Berichten aus den entlegensten Regionen und Zeiten des Universums reichen und die Realität früherer Leben beweisen sollen.[147]

Ähnlich wie in esoterischen Ufologien spielen die »out of body experiences« eine wichtige Rolle auf dem Weg zum »operierenden Thetan« – ja, sie sind geradezu empirische Belege für die Unabhängigkeit des geistigen Prinzips vom Körper (»Exteriorisation« in der Scientology-Terminologie). Aber auch andere paranormale Fähigkeiten werden dem befreiten Thetan wieder zur Verfügung stehen, wenn er sich aus seinem irdischen Gefängnis befreit hat, denn ein wichtiges Resultat des scientologischen Weges, der Brücke zur Freiheit, ist eine deutliche »Bereicherung an Fähigkeiten und Bewusstsein.« Dies schließt z. B. übersinnliche Wahrnehmungen ausdrücklich ein: »Wenn man exteriorisiert ist, kann man ohne die physischen Augen sehen, ohne die physischen Ohren hören und ohne die physischen Hände fühlen. Früher war dem Menschen diese Trennung seines ›Ichs‹ von seinem Verstand und Körper völlig fremd. In Scientology jedoch kann man die Exteriorisation erreichen und dadurch die Gewissheit erlangen, man selbst zu sein und nicht sein Körper.«[148]

Hubbard vergleicht die Situation des Thetans mit der Rolle eines Gefangenen oder eines Königs: Der Thetan muss sich die vergessene Freiheit des Königs, der seine Umgebung willentlich kontrollieren kann, erst wieder neu aneignen[149]. Man könne Hubbard zufolge aber »... tatsächlich demonstrieren, dass ein Thetan durch Wände und Hindernisse geht, Raum verschwinden läßt, beliebig irgendwo in Erscheinung tritt sowie andere erstaunliche Dinge tut«.[150]

Dies erweist die für Scientology typischen Repräsentationen ufologischer Motive, wenngleich der Heil(ung)sweg hier nicht über die Durchsagen extraterrestrischer Kulturbringer beschritten wird. Deren Funktion wird de facto von Hubbard eingenommen, der offenbar selbst mit der Vorstellung gespielt hat, sich – dem (zukünftigen) Buddha gleich – als erleuchtetes Wesen und Heilsbringer für die ganze Menschheit zu präsentieren (»Bin ich Metteyya?«):[151] Seine »Technologie« stellt das nunmehr klar kodifizierte Vermächtnis oder den Leitfaden zur Freiheit dar. Faktisch will Scientology bereits verwirklichen, was die esoterischen Ufologien erst im Verlauf einer extraterrestrischen Intervention zu erreichen hoffen: die technologisch kontrollierte Induzierung spiritueller Freiheit und Erleuchtung. So präsentiert sich Scientology (der Name ist Programm!) geradezu als Integralwissenschaft inklusive ihrer eigenen technologischen Realisierung und kommerziellen Vermarktung. Wo esoterische Ufologien auf die »Zeichen der Endzeit« warten und eine selektive Rekombination esoterischer, theosophischer, christlicher oder asiatischer Vorstellungsgehalte vornehmen, will Scientology das dort meist als endzeitlich anvisierte Heilsziel bereits hier und jetzt vollenden: Eine wissenschaftlich-technologisch kontrollierte Form erleuchtender Therapeutik, deren mythologische Letztbegründung aber nach wie vor ufologisch bzw. prä-astronautisch motiviert ist.

Heaven's Gate: die inszenierte Apokalypse

Eine andere, ebenfalls häufige Form der mythologischen Deutung irdischer Religionen im Kontext der Ufologie bedient sich ebenfalls des Astronautengötter-Mythologems, allerdings unter umgekehrten Vorzeichen: An die Stelle von engelgleichen Ufonen treten bösartige, teuflische Aliens, die sich selbst als Götter aufspielen – gleichsam »Dämonen in Raumanzügen«. Diese dämonologische Interpretation erfreut sich nicht nur bei konservativen und fundamentalistischen christlichen Kritikern der Ufologie immer wieder großer Beliebtheit, sie hat die Ufologie vielmehr von Anfang an begleitet.[152] Auch die wegen ihres spektakulären Suizids weltweit bekannt gewordene neureligiöse Bewegung »Heaven's Gate« interpretierte die irdische Religionsgeschichte sowie die rivalisierenden esoterischen Ufologien in diesem Sinn: Neben dem göttlichen »Level Above Human« (LAH) existieren abgefallene »Teuflische Außerirdische« (Luciferian space aliens), die sich seit Urzeiten mit sabotierenden Absichten auf der Erde einmischen und dabei auch »Religionen« gründen und sich als Götter ausgeben, Menschen manipulieren und entführen (usw.). Entsprechend wurde daher auch die Vorstellung eines ufologisch herannahenden »Himmels auf Erden« von Heaven's Gate ausdrücklich verworfen. Das hier entworfene apokalyptische Szenario beruhte strikt auf der Vorstellung, dass das Himmelreich des LAH »nicht von dieser Welt« ist: Nur wer sein Leben jetzt bewusst verliert, wird das ewige Leben gewinnen können – denn die Erde wird in Kürze »umgegraben« werden. Im Gegensatz zu den sons-tigen esoterischen Ufologien wurde in dieser millenaristischen Gruppe daher auch kein weltveränderndes außerirdisches »Cargo« erwartet: Die in Applewhites »classroom« gereinigten Seelen sind das einzig Wertvolle, das auf die »Übermenschliche Ebene« zu retten ist. Abgesehen von einem letzten Versuch, auch über das Internet Missionsarbeit zu leisten und mögliche Konvertiten zu gewinnen,[153] bereitete man sich in der letzten Zeit auf das endgültige »Diskarnieren« vor.[154]

Auf der Internetseite von Heaven's Gate (Startseite; 1997) war beispielsweise zu lesen: »Alarmstufe Rot! – Mit Hale-Bopp kommt die Schließung der Himmelspforte! So wurde es prophezeit: Die Schlüssel zum Himmel sind in Ti und Do (›the UFO Two‹) wieder hier – wie vor 2.000 Jahren in Jesus und seinem Vater. Ob Hale-Bopp einen Begleiter hat oder nicht, ist für uns irrelevant. Seine Ankunft ist für uns bei ›Heaven's Gate‹ jedoch von erfreulicher, großer Bedeutung. Die Freude besteht darin, dass unser Älteres Mitglied in der Evolutionären Übermenschlichen Ebene (dem ›Königreich des Himmels‹) uns erklärt hat, dass die Ankunft von Hale-Bopp das ›Zeichen‹ darstellt, auf das wir gewartet haben: der Zeitpunkt für die Ankunft des Raumschiffs aus der Übermenschlichen Ebene, das uns nach Hause in ›Ihre Welt‹ bringen wird – buchstäblich in den Himmel. Unsere zweiundzwanzig Jahre als Schulklasse (classroom) auf der Erde kommen endlich zum Abschluss: ›Schulabschluss‹ von der Menschlichen Evolutionsstufe. Wir sind in freudiger Erwartung, ›diese Welt‹ mit Tis Besatzung zu verlassen. Wenn Sie das Material auf dieser Webseite studieren, werden Sie hoffentlich unsere Freude verstehen, aber auch den Zweck unseres Aufenthalts auf dieser Erde. Vielleicht finden Sie sogar Ihre ›Bordkarte‹, um uns während dieses vorübergehenden ›Fensters‹ bei der Abreise zu begleiten.«

Wie in einem kosmologischen Computerspiel geht es dabei um eine spirituelle »Datenrettung« der Seelen-Software auf den nächsthöheren Level – das »Raumschiff unseres Vaters«. »Alles andere hier wird zusammenbrechen, wenn das holografische Programm [die Erde] neu ›gebootet‹ wird«, meint das Gruppenmitglied Anlody im

Online-Book der Bewegung, und: »Das Angebot, die Erde zu verlassen, ist für uns daher eine Einladung nach Hause.« Im Vertrauen auf die geöffnete »Himmelspforte« sind 39 Heavensgater(innen) im März 1997 dieser Einladung endgültig gefolgt. Diese radikale Entscheidung ist nur vor dem Hintergrund verständlich, dass das zurückgezogene Gemeinschaftsleben dieser Gruppe jahrelang rigoros durchstrukturiert und bis in kleinste Tätigkeiten hinein verbindlich organisiert war. Die daraus resultierende Gruppenkohäsion und beständige Bekräftigung der millenaristischen Interpretationsperspektive durch den social support der Gruppe erscheint von außen zwar als ein gigantischer Realitätsverlust, für die meist langjährigen Mitglieder bewirkte sie jedoch einen absolut verbindlichen und verlässlichen Lebensraum.

Für die Fiat Lux-Gemeinschaft lässt sich eine ähnliche Strategie der religiösen Sinnstiftung feststellen, denn auch hier kommt es zu einer Abwertung der empirischen Welt, wie sie für stark millenaristisch akzentuierte Bewegungen typisch ist: Dem Leben wird ein neuer und ausschließlicher Sinn vermittelt, indem nur noch das kommende Heil gesucht und allein aus Gottes Hand erwartet wird.[155] Das Nichteintreten der konkreten Endzeittermine 1998/99 könnte bei Fiat Lux zukünftig allerdings auch zu spiritualisierenden Reinterpretationen der Endzeit führen – es sei denn, Uriella weiß weiterhin derart konkrete Termine anzugeben, mit der die apokalyptische Spannung weiter geschürt und die Differenz zur irdischen Welt nach wie vor dramatisiert wird.

Allerdings sollte betont werden, dass es auch ufologisch motivierte Religionsgemeinschaften gibt, in denen die Naherwartung trotz mancher apokalyptischer Themen keine besonders ausgeprägte Rolle spielt, wie z. B. in der von dem Engländer George King 1955 gegründeten »Aetherius Society« oder in der von Norman Paulsen 1993 neugegründeten »Solar Logos Foundation«, eine Nachfolgegemeinschaft seiner früheren »Sunburst Community« oder »Brotherhood of the Sun« (Kalifornien):[156] In beiden Fällen stehen v. a. New-Age-Versionen yogischer Meditation im Vordergrund, die sich allerdings auch auf die alte Tradition früherer »Astronautengötter« berufen.

Klonen wie die Astronautengötter: die Raelistische Religion

Eine besonders auffällige, weil dezidiert scientistisch und atheistisch akzentuierte Religionsgemeinschaft ist die Rael-Bewegung oder Raelistische Religion, die in der jüngsten Zeit v. a. wegen ihres menschlichen Klonprojekts »Clonaid« in die Schlagzeilen geriet. Der 1946 unter dem bürgerlichen Namen Claude Vorilhon in Frankreich geborene »Rael« (bzw. Raël), ein ehemaliger Sportjournalist und Rennfahrer, hatte angeblich während einer Wanderung in der Nähe von Clermont-Ferrand eine Begegnung mit einem grünhäutigen außerirdischen Humanoiden erlebt. Bei einem späteren Mitflug im UFO wurde er auf einen weit entfernten Planeten gebracht, wo er u. a. auch den früheren irdischen »Propheten« begegnete. Die Botschaft, die ihm von den Aliens anvertraut wurde, bildete den Grundstock für eine von ihm Mitte der siebziger Jahre gegründete UFO-Gruppe. Die internationale »Raelistische Religion« hat nach eigenen Angaben mittlerweile zwischen 40.000 und 55.000 Mitglieder und ist über die Adressen »www.rael.de« und »www.rael.org« auch über das Internet erreichbar. Ein wichtiges Zentrum der Bewegung liegt seit einiger Zeit in Kanada.

Ihre Glaubensvorstellungen enthalten auffällige Erich-von-Däniken-Motive: Weit überlegene extraterrestrische Wissenschaftler, die so genannten »Elohim« gemäß der Überlieferung des Gottesnamens in der hebräischen Bibel, hätten die Menschen einst in gentechnologischen Labors aus DNA gezüchtet und dann auf die Erde »verpflanzt«. Immer wieder seien Propheten oder Botschafter entsandt worden, die jeweils aus einer Verbindung genialer Aliens mit menschlichen Frauen hervorgingen (Moses, Buddha, Jesus, u. v. a.). Rael versteht sich demnach sogar als ein Halbbruder Jesu, da er im Dezember 1945 direkt von Jahwe – dem ältesten der unsterblichen Aliens – im UFO gezeugt wurde.[157]

Das ursprüngliche »Terraforming«-Projekt der Außerirdischen erreiche jetzt allmählich sein Ziel: Als letzter Prophet in einer langen Kette sei es nunmehr die Aufgabe Raels, die Menschheit auf das seit 1945 einsetzende »Zeitalter der Apokalypse« vorzubereiten, in der die bisherigen Religionen endgültig durch eine überlegene »Wissenschaft« abgelöst würden. Ein sorgenfreies, hedonistisches Leben, in dem die Menschen u. a. von genetisch konstruierten Replikanten »bedient« würden, stehe kurz bevor. In der apokalyptischen Vorstellungswelt der Rael-Bewegung werden der Fortschrittsoptimismus und die technologischen Machbarkeitsfantasien westlicher Industriegesellschaften besonders deutlich fortgeschrieben (in Gestalt einer »fantastischen Wissenschaft«) und mit einer schlaraffenlandartigen, endzeitlichen Paradiesvision verschmolzen.

Doch nur ein kleiner auserwählter Teil der Menschheit (Selektion durch Geniokratie) soll an allen Segnungen dieses ufologischen Millenniums teilhaben können, wenn das planetarische Bewusstsein erleuchtet ist und die Wissenschaft an den Stand der außerirdischen Kulturbringer von einst angeglichen wurde. Dann aber werden die Menschen buchstäblich sein wie die Götter: Sie werden in der Lage sein, durch den Weltraum zu fliegen oder unbesiedelte Planeten mit Lebewesen »nach dem eigenen Bilde« zu bevölkern. Die anthropologische Konsequenz aus diesen Vorstellungen lautet: Wenn die Menschen letztlich selbst nichts anderes sind als vor Urzeiten gentechnologisch konstruierte »Maschinen« oder »Roboter« ohne Seelen, was sollte sie daran hindern, auch wieder ihresgleichen künstlich zu erschaffen und zu modifizieren.[158]

Die Gründung der gentechnologischen Firma »Clonaid« im Jahr 1997 war demnach ein buchstäblich nahe liegendes Anliegen: Sie erscheint geradezu als ein notwendiges Zeichen der angebrochenen Endzeit, denn das »Klonen von Menschen« ist nach den Pressemitteilungen von Rael nur »als erster Schritt in Richtung des ewigen Lebens« zu werten, »das wissenschaftlich gesehen für alle Menschen möglich ist«. So stelle auch das »Übertragen von Erinnerung und Persönlichkeit« nach den fantastischen Aussagen auf der Clonaid-Homepage (www.clonaid.com) irgendwann keine Schwierigkeit mehr dar: »Man wird nach dem Tod in einem brandneuen Körper aufwachen wie nach einem guten nächtlichen Schlaf«, schließlich war nach Raels Meinung auch schon die Auferstehung Jesu nichts anderes als ein Vorgang extraterrestrischen Klonens.[159]

Zusammenfassung und abschließende Überlegungen

Nach dem Abflauen des ursprünglichen UFO-Booms erfreuten sich ufologische Motive in der letzten Dekade vor dem Jahrtausendwechsel wieder zunehmender Beliebtheit, was sich z.B. am Büchermarkt leicht ablesen lässt. Abgesehen von der Akzeptanz ufologischer

Elemente in der breiteren Bevölkerung (ca. 25 Prozent glauben in Deutschland an UFOs; in den USA sind es ca. 50 Prozent) kann man aber auch beobachten, dass manche neureligiösen Bewegungen mittlerweile dazu übergehen, ihre Eschatologie ufologisch neu zu formulieren bzw. zu reinterpretieren (z. B. Bruno-Gröning-Freundeskreis, Universelles Leben). Dies entspricht der weitgehenden Akzeptanz, die der ufologischen Thematik im Spektrum der Esoterik entgegengebracht wird (vgl. Internetseiten wie www.spiritweb.org oder esoterische Publikationsorgane wie »Magazin 2000«, »esotera« usw.).

1. Die grundlegende Plausibilität ufologischer Deutungsangebote ist in dem ständig wiederkehrenden Motiv von der anzustrebenden Einheit zwischen Wissenschaft (bzw. Technik) und Religion zu sehen: Es muss »eine neue Wissenschaft kommen, etwas, was über das derzeitige Niveau hinausgeht«[160] – eine letztgültige »Synthese von Geist und Wissenschaft«[161]. Dieses Motiv zieht sich von der Prä-Astronautik Erich von Dänikens bis zu Scientology, Fiat Lux oder Heaven's Gate durch. Und wie in den »fiktiven Religionen« von Sciencefiction[162] und Fantastik lebt die Ufologie mit ihrer »fantastischen Wissenschaft« oder »religiösen Technologie« vielfach vom »erklärten Übernatürlichen« (vgl. z. B. die massiven Däniken-Motive in dem Film »Stargate«). Analog zu der Fernsehserie »Akte X« (X-Files) geht es, ausgehend von einer vagen religiösen Sehnsucht (»Ich möchte glauben«) und einer Bereitschaft für Verschwörungstheorien (Maxime: »Traue niemandem«), um die Suche nach eindeutigen Beweisen für religiöse Mythen und Offenbarungen, denn »die Wahrheit ist irgendwo da draußen«.[163] Wer »den Helden von ›Akte X‹ folgt‹, bekommt beides – Offenbarung durch seinen Glauben und handfeste ›Beweise‹. Beweisbare Offenbarung: Darin liegt das Erfolgsgeheimnis dieses Genres«[164] – aber auch das der Ufologie.

2. Diese Suche nach einer neuen »Einheit der Wirklichkeit« im Kontext des Raumfahrtzeitalters wird häufig auf dem Weg einer mehr oder weniger apokalyptischen Verschmelzung von wissenschaftlich-technologischem Fortschrittsoptimismus und religiösen Paradiesvorstellungen verwirklicht. Technologische und spirituelle Perfektion gehören im ufologischen Kontext stets zusammen, und nicht nur bei Scientology träumt man vom Ideal einer »religiösen Technologie«. Die UFO-Piloten, aufgestiegenen Meister und außerirdischen Weltenlehrer gelten im Rahmen einer umfassenden Cargo-Hoffnung als die neuen bzw. zurückgekehrten alten Kulturheroen (vgl. den Topos der »versunkenen Kontinente« Atlantis und Mu), die diesen Fortschritt (wieder) bewerkstelligen werden (vgl. Rael). Das Resultat lautet: Spiritueller Fortschritt, Bewusstseinserweiterung und Erleuchtung werden (zumindest teilweise) technologisch machbar, und das endzeitliche Paradies umfasst einen Äon spiritueller, technologischer, sozialer und ökologischer Harmonie. Je stärker die Gruppen millenaristisch akzentuiert sind, desto eher kann es hierbei zu problematischen Vermeidungsstrategien kommen, in denen die ufologische Zukunftshoffnung auf Kosten eines realistischen Weltbezugs radikalisiert wird (der kollektive Suizid von Heaven's Gate markiert hier eine extreme Option). Wie das Beispiel des scientologischen Auditings zeigt, kann die »therapeutische« Produktion ufologischer Fantasien aber auch unter nichtmillenaristischen Vorzeichen an die Stelle des »Durcharbeitens« realer Probleme treten (obwohl ihnen mitunter auch eine gewisse therapeutische Funktion zukommen könnte).

3. Die außerirdischen Weltenlehrer und ufonischen Lichtgestalten stehen in ihrer Funktion als Schutzgeister aber auch für eine Wiederverzauberung des Himmels und eine Wiederkehr der Engel. Das kalte, unpersönliche und unbehagliche Universum des modernen

wissenschaftlichen Weltbildes erscheint plötzlich wieder mit Engeln bzw. »Engeln in Raumanzügen« bevölkert, die sich liebevoll um die Menschheit kümmern (»Guardians of Earth« laut Mrs. Keech) und deren spirituellen und technologischen Fortschritt aufmerksam und hilfsbereit begleiten. Motivgeschichtlich ließe sich dies als ein volkstümlicher »Ersatz« für die weithin marginalisierte Angelogie in der kirchlichen Verkündigung deuten; [165] auch die dämonologischen Interpretationen bestätigen dies, wenn auch unter negativen Vorzeichen (»gefallene« Engel bzw. »Dämonen in Raumanzügen«). In religionsgeschichtlicher Hinsicht werden in der Ufologie aber auch esoterische Angelophanien (vgl. Newbroughs mystische Bibel Oahspe, 1882) und theosophische Traditionen der »I AM«-Bewegung weiter fortgeschrieben.

4. Als typisch postmoderne Versuche, durch einen selektiven Bezug auf unterschiedlichste Wissensbereiche in einem pluralistischen Horizont neuen Sinn zu konstituieren, gewähren die religiösen Ufologien mit ihrer auf privilegierter (außerirdischer) Information beruhenden Gnosis eine große Aufwertung für die Einzelpersönlichkeit, die sich nun als star seed, light worker oder Thetan über den Widerfahrnissen und Verstrickungen der Materie stehend weiß (»Aufstieg«, »Freiheit«) und besonders unter millenaristischer Akzentsetzung eine entlastende oder sogar weltvermeidende Neukonstitution der eigenen Existenz angesichts des kommenden Reiches erfährt: Wer zur spirituellen Elite der ufologisch Eingeweihten gehört, er oder sie »weiß« bereits um die herannahenden apokalyptischen Ereignisse, den Zuwachs an übermenschlichen Fähigkeiten und kann sich und die Menschheit – gleichsam als auserwähltes Bodenpersonal – auf die bevorstehende Landung der Götter bzw. die Entrückung in die Raumschiffe der Sternengeschwister vorbereiten. In unübersichtlichen »bürgerlichen« Kontexten, die von relativer Ohnmacht, soziokultureller Bedeutungslosigkeit oder auch persönlichen Leidenserfahrungen gekennzeichnet sind, können gerade die Versprechen einer bevorstehenden paranormalen Machtfülle besonders attraktiv wirken: Der darin enthaltene (kompensatorische) Wertzuwachs für die Persönlichkeit erscheint keineswegs untypisch für ein Zeitalter des Narzissmus[166], er wahrt außerdem die Kontinuität mit den technologischen Machbarkeitsfantasien und dem Fortschrittsoptimismus moderner Industriegesellschaften.

5. Insofern stellen die vielfach belächelten esoterisch-religiösen Ufologien ein durch und durch kontextuelles Produkt der nachaufklärerischen westlichen Industriegesellschaft dar, weil sie mit ihren ufologischen Erklärungen und Wiederverzauberungen unmittelbar auf die moderne Entzauberung und Technisierung der Welt reagieren. Viele der Ufologien haben nur bedingt zu einer kultischen und sozialen Institutionalisierung geführt und sie erscheinen deshalb oft von vager religiöser Natur, wenn Rituale und verbindliche Gemeinschaftsformen fehlen oder wenn sich das »Religiöse« nur in modern-wissenschaftlicher Brechung präsentiert (vgl. Rael) – bzw. im Stil einer betonten »Möchte-gern-Religiosität« wie bei Scientology. Unterschiedliche religiöse Traditionselemente werden dann zwar mit Emphase selektiv zitiert, sie werden u. U. aber nicht mehr zu einem konsolidierten religiösen Gesamterleben integriert; bisweilen scheint Religion direkt mit der Produktion von Sciencefiction bzw. Fantastik identifiziert zu werden.

6. Die offensichtliche und anscheinend zunehmende Plausibilität ufologischer Themen in einer breiten Öffentlichkeit, die sich nicht zuletzt auch in einem Boom entsprechender Sciencefiction-Filme und Mystery-Serien zeigt, lässt die Vermutung zu, dass zu

Beginn dieses Jahrtausends noch weitere ufologisch motivierte Gruppierungen wie Scientology, Ashtar Command, Aetherius Society, Heaven's Gate, Rael oder Fiat Lux entstehen dürften, die sich zum Teil wieder einer eindeutigen Subsumierung unter den traditionellen Religionsbegriff entziehen, weil sie vermutlich erneut polymorphe Phänomene darstellen und die empirisch beweisbare Wahrheit von »Religion« ebenfalls »irgendwo da draußen« suchen werden. Auf dem Weg ins neue Jahrtausend stellt sich allerdings die Frage nach einer kosmologischen Integration von Religion und Wissenschaft auch den klassischen religiösen Traditionen, wie christlicher Kirche und Theologie, in gleicher Weise. Ob man dafür in unmittelbarer Adaptation ufologischer Themen nach einer christlichen »Exo-Theologie« und entsprechenden theologischen »Spekulationen über außerirdisches Leben« rufen muss,[167] sei dahingestellt. Die Suche nach einer plausiblen theologischen Integration des Sinnhorizonts von religiösen und wissenschaftlichen Weltdeutungen sollte jedenfalls kein ausschließliches Refugium für religiöse Randgruppen darstellen, denn die zunehmende Beliebtheit ufologischer Themen verweist auf die tief gehende Sehnsucht nach einer diesbezüglichen religiös-theologischen Orientierung, die eine plausible Perspektive auf die »Einheit der Wirklichkeit« zu leisten vermag.

Quellen: **George Adamski**, Im Innern der Raumschiffe (1955), Gütersloh ⁴1995 · **Orfeo M. Angelucci**, Geheimnis der Untertassen (1955), Wiesbaden ²1983 · **Walter und Theres Gauch-Keller**, Aufruf an die Erdbewohner. Erklärungen zur Umwandlung des Planeten Erde und seiner Menschheit in der ›Endzeit‹, Ostermundingen/CH 1992 · **Ethyl P. Hill**, Ashtar: In kommenden Tagen ... Alarmierende Botschaften von Weltraum-Piloten, Gütersloh 1994 · **L. Ron Hubbard**, Haben Sie vor diesem Leben gelebt? Eine wissenschaftliche Untersuchung. Eine Studie über den Tod und den Nachweis früherer Leben (1960), Kopenhagen 1979 · Ders., Scientology – A History of Man (1952), Kopenhagen 1988 · **Walter-Jörg Langbein**, Götter aus dem Kosmos, Rastatt 1998 · Ders., Astronautengötter. Die Chronik unserer fantastischen Vergangenheit. Frankfurt/M. 1995 · **G. S. Leona/Karl und Anny Veit**, Evakuierung in den Weltraum. Außerirdische Raumschiffe im Einsatz am Ende der Zeit, Gütersloh ⁴1996 · **Karl L. Veit/Jürgen Gottsleben**, Außerirdische Weltraumschiffe sind gelandet. Umwälzende Ereignisse, Gütersloh ¹¹1996 · **Tuella**, Projekt: Welt-Evakuierung. Diktiert vom Ashtar–Kommando, Wiesbaden/Gütersloh 1989 · **Rael** (= Claude Vorilhon), Das wahre Gesicht Gottes. Kein übernatürlicher Gott, keine Evolution – Die Wahrheit über unseren außerirdischen Ursprung, o.O. 1998 · Ders., Die sinnliche Meditation. Die Erweckung des Geistes durch die Erweckung des Körpers, Weiden 1994 · **Erich von Däniken**, Erinnerungen an die Zukunft. Ungelöste Rätsel der Vergangenheit (1968), München 1992 · Ders., Auf den Spuren der Allmächtigen, München 1993.

Zeitschriften: Cosmic Voice (Publikationsorgan der Aetherius Society) · Der heiße Draht (Ordenszeitschrift von Fiat Lux) · Journal für UFO-Forschung (Zeitschrift der Gesellschaft zur Erforschung des UFO-Phänomens GEP) · Le Raelian. Apocalypse (Zeitschriften der Raelistischen Religion) · Sagenhafte Zeiten (Zeitschrift der AAS-Forschungsgesellschaft für Archäologie, Astronautik und SETI; vgl. im Internet unter www.aasfg.org/sz/) · Magazin 2000 · UFO-Nachrichten · Zeitschrift für Anomalistik

Literatur: **Hutten**[15], S. 761-795 · **Ernst Benz**, Außerirdische Welten. Von Kopernikus zu den Ufos, Freiburg 1990 · **Jerome Clark**, The UFO Encyclopedia, Vol. 1 u.2, Detroit [2]1997 · **Lars A. Fischinger / Roland M. Horn**, UFO-Sekten, Rastatt 1999 · **Sergius Golowin**, Götter der Atom-Zeit. Moderne Sagenbildung um Raumschiffe und Sternenmenschen (1965), Bern [2]1980 · **Andreas Grünschloß**, »When we enter into my Father's spacecraft« – Cargoismen und millenaristische Kosmologien im Kontext neuer religiöser UFO-Bewegungen, in: D. Zeller (Hg.), Religion im Wandel der Kosmologien, Frankfurt/M. u.a. 1999, S. 287-305 · **Ders.**, Wenn die Götter landen ... Religiöse Dimensionen des UFO-Glaubens, EZW-Texte 153, Berlin 2000 · **Carl Gustav Jung**, Geheimnisvolles am Horizont. Von Ufos und ähnlichen Phänomenen, Olten/Freiburg i.Br. 1992 · **James Lewis** (Hg), The Gods Have Landed. New Religions from Other Worlds, Albany/New York 1995 · Ders., UFOs and Popular Culture. An Encyclopedia of Contemporary Myth, Santa Barbara/CA 2000 · **Markus Pössel**, Phantastische Wissenschaft. Über Erich von Däniken und Johannes von Buttlar, Reinbek 2000 · **Brad Steiger/Hayden Hewes**, Inside Heaven's Gate. The UFO Cult Leaders Tell Their Story in Their Own Words, 1997

Internet: www.uni-marburg.de/fb03/religionswissenschaft/journal/mjr/ufo_link.html (Links und Suchstation zum Thema UFO-Glaube von A. Grünschloß; für das MJR 1998) · www.spiritweb.org · www.alien.de (deutscher UFO-Server mit vielen weiteren Links) · www.ashtar.org, · www.rael.de, www.rael.org (internationale Raelistische Religion) · www.daniken.com · www.mysterypark.ch (Erich v. Däniken und sein Mysterypark) · www.relinfo.ch · www.uni-mainz.de/~gruensch/UFO (zus. online-Materialien auf meiner Homepage)

2.2.4 Neuheiden, Hexen, Satanisten (Matthias Pöhlmann)

> »Die alten Götter und Göttinnen haben eine Weile geschlafen und erwachen nun wieder ... Wir glauben, dass in der Vergangenheit und in unseren alten Göttern der Schlüssel zum Verstehen der Zukunft liegt.«[168]
> (Vivianne Crowley)

Anfang 1999 fragte »Magie & Mythos«, die »Zeitschrift für Spiritualität, Naturreligion und Heilkunde«: »Heidentum in unserer Zeit? Die heidnische Religion basiert auf Lehren, die über Jahrtausende hinweg in Mythen, Sagas durch die Generationen weitergegeben wurden. Heidentum ist nie erloschen ... Während wir uns dem neuen Jahrtausend nähern, erleben wir eine Wiedergeburt der alten spirituellen Traditionen. Überall in ganz Europa, Nordamerika, Australien und Neuseeland erwacht der alte Glaube.«[169] Mit der Wiederkehr des »alten Glaubens« bzw. der »alten Religion« ist die Renaissance des Neuheidentums, des Druiden- und Keltentums, des Neugermanentums und des neuen Hexentums mit seinen vielfältigen Erscheinungsformen und Richtungen gemeint. In seiner heutigen Ausprägung handelt es sich um ein neues Phänomen und muss daher im Kontext neuer Religiosität verstanden werden.

Das Wort »Heide« als Fremdbezeichnung mag zunächst abwertend klingen. Doch

Anhänger dieser Richtung greifen diesen Begriff positiv auf und verstehen darunter eine »vorchristliche Naturreligion«. Geza von Nemenyi, Vorsitzender des Godenrates der »Germanischen Glaubens-Gemeinschaft«, leitet das Wort »Heide« von einer Religionsform her, die in der freien Natur, »auf der Heide« praktiziert wurde. Diese Naturreligion basiert nach eigenen Angaben auf jahrtausendalter mündlicher Überlieferung, Erfahrung und Tradition: »Der Kult stammt direkt von den Göttern einer längst vergangenen Zeit.«[170] Neuheiden sind davon überzeugt, dass ihre Glaubensüberzeugungen (Naturreligion, Paganismus) angeblich in der ältesten Religion, der »Ur-Religion« wurzeln.[171] Zwischen neuem Hexentum und Neugermanentum, die im Folgenden näher beleuchtet werden sollen, gibt es zwar erkennbare Unterschiede (z. B. hinsichtlich der politischen Orientierung), doch lassen sich auch Gemeinsamkeiten feststellen:

- das offene Bekenntnis zum Heidesein;
- ein magisches Naturbewusstsein;
- der Rückgriff auf eine angeblich uralte vorchristliche religiöse Tradition, einerseits auf Germanenkult (Neugermanen), andererseits auf die Urreligion der Großen Göttin (neue Hexen);
- eine kulturpessimistische und zivilisationskritische Grundhaltung, die sich auch gegen das Christentum und gegen die Kirchen richtet.[172]

Das Neuheidentum kommt mit der Rekonstruktion angeblich alter, archaischer Kulturen der tiefen Sehnsucht des modernen Menschen nach einer Wiederverzauberung der Welt, nach Mythen, nach Naturreligiosität und nach einer natur- und erdverbundenen Lebensweise, aber auch dem neuen Interesse an Magie und Esoterik entgegen.

Unter Neuheidentum können moderne religiös-weltanschauliche Strömungen und Gruppen verstanden werden, die sich von christlicher Religion und Kultur durch die bewusste Rückkehr zu vor- und außerchristlichen Werthaltungen und Glaubensvorstellungen abzugrenzen versuchen.[173] Gleichzeitig zeigen sich innerhalb des Neuheidentums (Neopaganismus) verschiedene Richtungen, die zum Teil miteinander kooperieren, sich zum Teil aber auch voneinander abgrenzen: Druiden, neugermanisch-heidnische Vereinigungen, neue Hexen bzw. Wicca-Bewegung.[174] In Großbritannien, von wo die stärksten Einflüsse ausgehen, zeichnet sich offensichtlich ein neuer Trend ab: Demnach sollen 50 Prozent der Mitglieder der »Pagan Federation« sich mehr zum allgemeinen Paganismus zugehörig fühlen als zu einer spezifisch paganen Glaubensform.[175]

- Als Dachverband der Paganen in Europa bzw. in Deutschland fungieren die »Pagan Federation« und die »Fellowship of Isis«[176] mit den Schwesterorganisationen »Dana Clan« und dem »Orden der Ritterinnen und Ritter von Tara«.
- Als »intereuropäisches Netzwerk« versteht sich »Der Steinkreis – Pagan Network e.V.« (gegr. 1992) mit Sitz in Kempten/Allgäu, der sich u. a. »die nationale und internationale Verständigung zwischen Gruppen verschiedener naturreligiöser und artverwandter Anschauungen und Glaubensrichtungen«[177] zum Ziel gesetzt hat.
- Als »Arbeitskreis der Heiden in Deutschland« wurde 1994 der Verein »Rabenclan« gegründet.

- Der »Hexenkreis Yggdrasil« (gegr. 1987) ging aus dem 1974 entstandenen Verein für Urgestaltung hervor und versteht sich als »Gemeinschaft für Keltisch-Germanische Naturreligion«.[178]

Neugermanen

> »Wie der Schläfer am Morgen erwacht, um das Leben der Vortage fortzusetzen, den Notwendigkeiten des Tages Rechnung tragend, ganz so setzen wir das Armanentum, die uralte Tradition unserer germanisch-keltischen Vorfahren nach dem Wiedererwachen erneut in Kraft.«[179]
> (Armanen-Orden)

Der Versuch, an angeblich alte germanische Glaubensvorstellungen und Praktiken anzuknüpfen, ist kein neues Phänomen. Bereits im 19. Jahrhundert und Anfang dieses Jahrhunderts kam es – insbesondere im Zusammenhang mit der völkischen Bewegung[180] – zu Gründungen neugermanischer Gruppen und Gemeinschaften. Die Religion wurde zur Kulturkritik,[181] zur Kritik an der Moderne, indem man auf Mythen, Sagen und Romantik zurückgriff und sie einer von menschlicher Ratio und Fremdeinflüssen dominierten Gesellschaft gegenüberstellen wollte. Bereits in den 70er Jahren des 20. Jahrhunderts kamen im deutschen Sprachgebiet, vor allem in der Bundesrepublik, vermehrt Vereinigungen auf, die alte heidnische, germanische und darüber hinaus keltische Glaubensrituale pflegen wollten. In Wirklichkeit handelt es sich dabei um ein neukonstruiertes Germanentum, da die ursprüngliche germanische Religion und Religiosität sich aus heutiger Sicht aufgrund der dürftigen Quellenlage nur sehr schwer definieren und beschreiben lässt.[182]

Zu den heute wichtigsten neugermanischen Gemeinschaften zählen:

- 1951 gründete Wilhelm Kusserow die »Artgemeinschaft – Germanische Glaubensgemeinschaft wesensgemäßer Lebensgestaltung e.V.« mit Sitz in Berlin. Derzeitiger Vorsitzender ist Jürgen Rieger, Hamburg. Sie zählt zu den derzeit aktivsten Gruppen. Eigenen Angaben zufolge stellt sie die größte heidnische Gemeinschaft dar und soll 1.000 Mitglieder zählen.[183] Der Verfassungsschutzbericht des Landes Nordrhein-Westfalen von 1999 gab ihre Zahl mit 140 an und kam zu dem Ergebnis: »Als völkisch geprägte Gemeinschaft mit religiösem Einschlag besitzt sie Integrationsfunktion nicht nur für germanophile ›Heiden‹, sondern auch für Rechtsextremisten, die in der Betonung der nordischen Rasse ihre völkische Ideologie praktizieren können.«[184]
- Der 1976 vom Ehepaar Sigrun und Adolf Schleipfer neu gegründete »Armanen-Orden« mit Sitz in Köln repräsentiert nach eigenen Angaben »das gesamte Germanen- und Keltentum in seiner geistigen, seelischen und körperlichen Eigenart«. Außerdem verkörpert er – laut Satzung – »die wahre Erkenntnis der Göttlichen Weltordnung auf der Grundlage des germanischen und keltischen Weistums, dessen Religions- und Kultform die einheimischen Göttermythen bilden«.[185]
- Die »Arbeitsgemeinschaft naturreligiöser Stammesverbände Europas« (ANSE): Den Vorsitz des 1989 gegründeten Vereins mit Sitz in Ammerland hat Sigrun Schleipfer (Pseudonym: Freifrau von Schlichting) inne. ANSE versteht sich als »Netzwerk von

Heidengruppen« und »nimmt Gruppen und Einzelpersonen als Mitglieder auf, um sie naturreligiös, kulturell und mythologisch auszubilden und ihnen dadurch den Zugang zu den Traditionen ihrer Vorfahren zu vermitteln«.[186] Dies geschieht über die Zeitschrift »Huginn und Muninn« sowie über so genannte »Stammestreffen« in verschiedenen Regionen Deutschlands.

- Die »Germanische Glaubens-Gemeinschaft« (GGG), die auf den Maler Ludwig Fahrenkrog zurückgeht, wurde 1991 von ehemaligen Mitgliedern – wie Geza von Nemenyi [geb. 1958] – der Heidnischen Gemeinschaft in Berlin (gegr. 1983) wiederbelebt. Sie versteht sich als »die »älteste heidnisch-germanische Religionsgemeinschaft der Welt« und lehnt eigenen Angaben zufolge »jede Form des politischen Extremismus und Rassismus ab«.[187]

Weitere neugermanische Vereinigungen und Bewegungen sind u.a. Asgard-Bund (gegr. 1980), Bund für Gotterkenntnis (Ludendorff-Bewegung), Deutschgläubige Gemeinschaft, Der Deutsche Bund e.V. (gegr. 1994), Vereinigung Die Goden e.V. und die Heidnische Gemeinschaft.

Bei aller Differenz teilen die Anhänger neugermanischer Religiosität, die auch als »Diesseitsglaube« betrachtet wird, folgende Grundüberzeugungen:[188]

- Antichristliche Grundhaltung: Das Christentum gilt als Fehlentwicklung, als giftiges Unkraut, als vorderasiatische Religion eines Wüstendämons, als künstlich geschaffener, mit allen Schwächen und Irrtümern behafteter religiöser Mythos, der die Zerstörung aller Lebensbedingungen und der Natur verursacht habe. Man ist davon überzeugt, dass die christlichen Missionare den Germanen ein fremdes religiöses Denkgebäude aufgezwungen hätten, das nicht ihrer Art entsprochen habe. Die Mission sei ein Verbrechen an der germanischen Seele gewesen. Der Armanen-Orden ist der Meinung, das Christentum habe als fremde Geistesmacht Europa ein Jahrtausend in Gefangenschaft gehalten und den »armanischen Geist« verdunkelt. Die Goden streben eine Religiosität an, »die unserer wesensgebundenen Prägung entspricht und uns auch ganz zu eigen ist.«[189] Während der Armanen-Orden sich zur germanischen Göttermythologie bekennt, sind für die Deutschgläubige Gemeinschaft die Götter lediglich »Steigerungsformen der Menschen, höchste Ausformungen der dem Volke heiligen Lebensmacht«. Andere sehen in ihnen »natürliche oder kosmische Kräfte«, die sich im Irdischen als Kraft hinter den Naturerscheinungen offenbaren würden. Die Germanische Glaubens-Gemeinschaft bekennt: »Ein Gott schafft Einfalt, viele Götter schaffen Vielfalt.«[190]
- Magisches Naturbewusstsein: Viele Neugermanen sind davon überzeugt, dass die sichtbare Welt von einer ihr innewohnenden göttlichen Kraft beseelt sei. Sie könne vom Menschen wahrgenommen und erfahren werden. Zudem äußere sich die göttliche Kraft in der Natur. Deshalb ist oft die Rede von besonderen »Kraftorten«.[191] Weithin ist in neugermanischen Kreisen auch die Reinkarnationsvorstellung verbreitet. Insgesamt geht es um das Gefühl des Eingebettetseins und Sich-Einfühlens mit der Natur, also um ein eigenverantwortliches Leben »ohne Erlöser, Erbsünde und Höllenfurcht«. Zum

Grundbestand neugermanisch-heidnischen Glaubens gehören die Stichworte »nordischer Mensch« bzw. »germanische Rasse« und »Artgemäßheit«. Das Göttliche offenbare sich angeblich im »nordischen Menschen« (Asgard-Bund), deshalb sei ihm auch die Weiterentwicklung der Menschheit, besonders im religiösen Bereich, anvertraut, denn nur Träger des »wahren Blutes« könnten auch eine »wahre Religion« hervorbringen. Innerhalb des Neugermanentums gibt es auch Distanzierungen von solchen rassistischen Vorstellungen.

Die Praxis der Neugermanen wird vor allem durch kultische Aktivitäten bestimmt. Sie sind auf das Naturerleben ausgerichtet und konzentrieren sich auf »germanische Familientreffen«, Vollversammlungen, so genannte Things und Amtshandlungen. Sippenfeste werden im Zusammenhang mit Geburts-, Jugend- und Ehefeiern veranstaltet. Hinzu kommen zahlreiche Naturfeste im Jahreslauf: Opferfeste, Ernte- und Sonnwendfeiern, Frühjahrs- und Herbstfeste.

Die öffentliche Diskussion über den Rechtsextremismus in der Bundesrepublik hat die Frage aufgeworfen, inwieweit manche Vertreter der neuheidnischen Szene bzw. der so genannten rechten Esoterik[192] sich eines Mythenfundus bedienen, der schon im Nationalsozialismus eine Rolle spielte.[193] Kritiker sehen die neuheidnischen Gruppen zwischen »Esoterik und Rechtsradikalismus«.[194] Ein Indiz für die Zunahme der Anhänger scheint die Vielzahl neuheidnischer Zeitschriften zu sein.[195] Dort finden sich viele Hinweise auf Kontaktadressen und kleinere Zirkel. Auch das Internet bietet die Möglichkeit zur Selbstdarstellung, zum Austausch und zur Vernetzung der Szene.[196] Die Zahl der Anhänger neugermanischer Religiosität lässt sich nur schätzen. Neuere Angaben gehen in Deutschland von 5.000 bis 25.000 Anhängern aus.[197] Oft sind die Kreise sehr klein, je nach Einzelfall mit weniger als 100 Mitgliedern. Weitaus größer dürfte allerdings die Zahl der Sympathisanten sein. Neuerdings zeichnet sich eine Vernetzung der Szene ab, die sich über personelle Verflechtungen bis in das politisch-rechtsextremistische Lager bzw. über die Musikszene bis hin zum Satanismus (s.u.) erstreckt. Dies hat auch damit zu tun, dass die politischen Gemeinsamkeiten stärker hervorgehoben werden als die jeweiligen weltanschaulichen Unterschiede.

Neue Hexen

»Schließlich akzeptiere ich, dass ich eine spirituell begabte Frau bin, also eine Hexe. So werden solche Frauen wie ich nun mal genannt. Ich stehe zu dem Wort ›Hexe‹, ich trage es vor mir her wie eine Siegesfahne.«[198]   (Hexe Sandra)

So sieht es Sandra, 1940 in Prag geboren, Mutter von drei Kindern. Sie arbeitet als Hexe in München, wo sie auch einen eigenen Laden für magische Utensilien betreibt. Die englischen Wicca-Anhänger Janet und Stewart Farrar sind davon überzeugt: »Die moderne Hexenzunft ist eine Tatsache, sowohl in Europa als auch in Amerika. Sie ist nicht länger ein Relikt im Untergrund. Sie ist nicht länger das Steckenpferd einer Handvoll Wirrköpfe. Sie ist ausgeübte religiöse Praxis einer beträchtlichen Zahl von Leuten.«[199]

Gegenwärtig wird das Bild der neuen Hexen maßgeblich von Frauen und Männern bestimmt, die sich in kleinen Gruppen treffen, um magische Übungen oder Rituale zu praktizieren. Bekannt wurde das Phänomen nicht zuletzt durch das Buch von Gisela Graichen, die zahlreiche Gespräche mit neuen Hexen in ihrem Buch vorgelegt hat.[200] 1999 erschien die Taschenbuch-Neuausgabe mit neuem Vorwort. Die Autorin Graichen ist – wie sie selbst einräumt – davon überrascht, dass sie als Reaktion auf die Erstauflage »Hunderte von Zuschriften«, überwiegend von Männern, erhalten habe: »Fast alle wollten Kontakt zu Hexenzirkeln, wollten, dass ihre Briefe an die für das Buch Interviewten weitergeleitet wurden. Die baten recht bald, ihnen nichts mehr zuzuschicken.«[201] Zwar seien die Zuschriften weniger geworden, aber sie erreichten die Autorin immer noch – 13 Jahre nach Erscheinen der Erstausgabe! Die heutigen Aussagen damaliger Interviewpartnerinnen deuten für Graichen darauf hin, dass es die neuen Hexen noch immer gebe: »Kontakt zur Hexenszene suchen viele, doch die meisten haben nach wie vor Furcht, dies zuzugeben oder sich gar öffentlich dazu zu bekennen.«[202] Dass dies nicht immer so sein muss, beweisen im Internet einschlägige Einladungen zu Hexenstammtischen in über drei Dutzend deutschen Städten.[203] Fast immer geht es um Magie, »Weistum«, Neo-Schamanismus und um die Rückkehr zu naturnahen Lebensweisen. In einer Protesthaltung gegen die moderne, rationale Welt kommt es zum Rückgriff auf angeblich uraltes Menschheitswissen, auf Mythen und Esoterik. Die Zahl moderner Hexen soll sich in Deutschland auf 20.000 bis 30.000 belaufen.[204] In den USA gehen Schätzungen von etwa 100.000 praktizierenden Hexen und 500.000 dem Paganismus zuzurechnenden Personen aus.[205] Doch sollte man mit solchen Zahlenangaben vorsichtig sein. Man muss sich vor Augen führen, dass die neuen Hexen keine einheitliche, überschaubare Bewegung bilden. Oft sind die Kreise sehr klein, und ihre Mitglieder treten in der Regel nicht mit speziellen Angeboten an die Öffentlichkeit. Auch innerhalb der Hexenszene sind keine genauen Zahlen bekannt.[206]

Der Begriff »Hexe«, der für Frauen und Männer verwendet wird, stammt aus dem mittelhochdeutschen Wort »hagazussa« (Zaunreiterin); ursprünglich bezeichnete er ein mythisches Wesen, »das auf der Grenze zwischen dem umzäunten Innenbereich (haga = hegen) als Symbol für Ordnung, Kultur und Ratio und dem wilden, chaotisch-intuitiven Außenbereich existierte. So erhielt der Terminus ›Hexe‹ wahrscheinlich seine negative Bedeutung, da er auf die Bedrohung des umhegten Lebens anspielte.«[207]

Anfang der 70er Jahre wurde der Begriff »Hexe« von der feministischen Bewegung für die heutige Zeit entdeckt und von einem Teil der Feministinnen zur positiven Selbstbezeichnung verwendet. Die »Neuen Hexen« verstehen sich als Protestbewegung, als weibliche Kritik an einer von ihnen als patriarchalisch empfundenen Gesellschaft. Insgesamt gesehen hat der Begriff der Neuen Hexe einen Wandel erfahren. Galt er in den 70er und 80er Jahren als Protestmittel, mit dem Frauen ihre Unterdrückung in einer patriarchalischen Gesellschaft artikulierten, so dient der Begriff, mit esoterischem Gedankengut unterfüttert, als Bezeichnung für die weise Frau, die Kräuterkundige, die Heilerin, die durch die historischen Verfolgungen verschüttetes Wissen und damit Stärke und Macht in sich hat, die es jetzt zu entdecken gilt. Gleichzeitig ist festzustellen, dass der Rückgriff auf altes, verschüttetes Wissen, auf Magie und Mythos, feministisches Gedankengut mit neuheidnischen Vorstellungen vermengt. Diese sind seit den 70er Jahren aus England und den USA verstärkt nach Deutschland eingedrungen. An die Stelle der bisherigen Religionen wird eine archaische Göttinnenreligion, eine neo-schamanistische Religion gesetzt, in der esoterische und magische Techniken eine Rolle spielen. Nach Stefanie von Schnurbein dienen sie dabei oft als Ausgleich für »reale Ohnmachtserfahrungen in einer patriarchalen Gesellschaft und für Erfahrungen des Scheiterns in der politischen Frauenbewegung«.[208] Innerhalb des neuen Hexentums, das sich scharf gegenüber Satanismus und schwarze Magie abzugrenzen sucht, gibt es verschiedene Richtungen und Facetten:

- Hexesein als Chiffre zur Wiedergewinnung weiblicher Macht und Spiritualität: Über die Frauenbewegung fand Luisa Francia [geb. 1949], Filmemacherin, Malerin, Autorin, zur Magie ihrer Kinderzeit zurück. Schon früh soll sie magische Fähigkeiten besessen haben.[209] Mit ihren Workshops für Frauen versucht sie diese aus ihren Verkrustungen und Verkrampfungen zu holen. Durchzogen ist das Werk vom Protest gegen die patriarchalischen Religionen. Frauen sind für Francia die Hoffnungsträgerinnen der Erde: »In Frauen schlummert heute das größte Energiepotenzial dieser Erde.«[210] Die US-amerikanische Feministin und Friedensaktivistin Miriam Simos alias »Starhawk« versteht den »Hexenkult als Ur-Religion der Großen Göttin«, der jahrtausendelang existiert hatte und während der Hexenverfolgungen als Geheimreligion in den Untergrund ging. Seither habe er »verborgen in unbewussten Erinnerungen« weiter existiert. Die von ihr begründete Tradition, in der magische Übungen, Rituale und Anrufungen eine wichtige Rolle spielen, geht angeblich bis zur »Feentradition der Steinzeit«[211] zurück.
- Hexe als Container-Begriff für esoterische Vorstellungen und Praktiken: Meist handelt es sich um Einzelgänger/innen, die vor allem mit esoterischen Lebenshilfeangeboten in Erscheinung treten. »Weiße Magie« dient als Schutz vor gefährlicher Beeinflussung. Diese Personen profitieren vom allgemeinen Interesse an Esoterik und magischen Praktiken.
- Organisiertes magisch-rituelles Hexentum – Wicca-Bewegung: Theorie und Praxis der Wicca-Bewegung ist maßgeblich in Großbritannien entwickelt worden.[212] Die Wicca-Anhänger Janet und Stewart Farrar haben in den letzten Jahren eine Vielzahl von Büchern vorgelegt, die Einzelthemen von Lehre und Praxis der Wicca-Bewegung populär machten: Das Spektrum reicht von der Hexenbibel über magische Anrufungen bis hin zu Heilungskonzepten.[213] Als prägende Gestalten für die Ausformung der beiden Hauptrichtungen des Wicca – die so genannten Gardnerians und Alexandrians – gelten Gerald B. Gardner [1884-1964], der auch mit den sexual-magischen Praktiken Aleister Crowleys in Berührung kam, ohne sie jedoch ganz zu übernehmen[214], und Alex Sanders [1916-1988].

Nach Auskunft von Wicca-Anhängern kann der alexandrische Zweig als »Nebenzweig des gardnerischen Wicca« betrachtet werden. Beide verwenden für ihre Rituale in der Regel das gleiche Material. Unterschiede zwischen beiden bestünden lediglich hinsichtlich des Stils und der Gestaltung der jeweiligen Rituale: »Alexandrische Hexen sind eher an ritueller Magie interessiert, während gardnerische Hexen mehr zur Praxis heidnischer Folklore neigen.«[215] Doch auch Mischformen sind anzutreffen: So zählen sich Janet und Stewart Farrar, die von Alex und Maxime Sanders in London initiiert wurden, sich von ihnen

trennten und 1976 nach Irland übersiedelten, zur reformiert-alexandrischen Richtung.[216]
Daneben gibt es Dianic Witchcraft, die im Unterschied zum herkömmlichen Wicca-Kult, der von der Polarität der Gottheit ausgeht, nur die Göttin Diana verehrt.[217]

Im Wesentlichen handelt es sich bei Wicca um einen Mondkult. Der Mond in seinen drei Erscheinungsformen (zunehmend, voll, abnehmend) wird mit einer Frau in ihren drei Lebensphasen verglichen (Jungfrau, Mutter, Greisin).[218] Hexentreffen finden bei Vollmond statt, insgesamt 13-mal im Jahr. Die Zahl der Mitglieder eines Hexenzirkels (Coven) darf dementsprechend die Zahl 13 nicht überschreiten. Herkömmlich besteht ein Coven aus Hohepriesterin, Hohepriester, Maid (als Assistentin der Hohepriesterin zu rituellen Zwecken), einigen Arbeitsgemeinschaften und ein oder zwei partnerlosen Mitgliedern. Die Initiation erfolgt in der Regel über drei Grade:[219] (1) Einweihung in den Hexenkult – (2) Erlangung des Status eines Hohepriesters bzw. einer Hohepriesterin mit der Berechtigung, Rituale zu leiten und Hexen des ersten Grades zu unterweisen – (3) In der Regel Initiation eines Paares: Befähigung eines Hohepriesters und einer Hohepriesterin, »einen Coven zu leiten und die Verantwortung für die Initiation anderer zu übernehmen.«[220] Im Zentrum der kultischen Feiern und okkulten Rituale stehen acht so genannte Hexensabbate: Imbolg (2. Februar), Frühlingstagundnachtgleiche (21. März), Beltane (1. Mai), Mittsommer (22. Juni), Lughnasadh (31. Juli), Herbsttagundnachtgleiche (21. September), Samhain (31. Oktober), Jul (22. Dezember).[221] Bei aller Differenz teilt die Wicca-Bewegung in der Regel mit anderen neuheidnischen Vereinigungen folgende Glaubensüberzeugungen:

- Polytheismus: Das Göttliche manifestiert sich in vielerlei Gottheiten.
- Pantheismus/Monismus: Das Göttliche ist in der Natur und im Menschen.
- Das Prinzip der Polarität: Das Göttliche verkörpert sich in Göttin und Gott.
- Pagane Ethik: »Tue, was du willst, aber schade niemandem.«[222]

Satanismus

> »Eine neue Religion ist notwendig, eine, die auf den natürlichen Trieben des Menschen basiert. Diese Religion hat einen Namen. Sie heißt Satanismus.«[223]
>
> (Anton Szandor LaVey)

In Deutschland ist der Satanismus in den letzten Jahren zu einem Phänomen geworden, das die Öffentlichkeit zunehmend beunruhigt. Einschlägige Veröffentlichungen suggerieren, es handle sich dabei um eine »unterschätzte Gefahr« für unsere Gesellschaft.[224] Gleichwohl darf nicht übersehen werden, dass der Satanismus im Bereich der Weltanschauungen nach wie vor ein – wenngleich in seinen destruktiven Formen nicht zu unterschätzendes – Randphänomen darstellt. Mit der Popularisierung ist auch die Kriminalität in Verbindung mit Satanismus-Fällen in den letzten Jahren gestiegen. Vergehen und Straftaten von Jugendlichen mit einem satanistischen Hintergrund reichen von Graffitis mit Satanssymbolen, Friedhofsschändungen, Kircheneinbrüchen und Zerstörungen, Brandstiftung bis hin zu Mord mit oder ohne spezifisch satanistischen Ritualen. Auch Suizidhandlungen, vor allem in Verbindung mit spiritistischen Praktiken, in denen Satan angerufen wird, lassen einen satanistischen Hintergrund erkennen. Die sächsische Polizei bezifferte allein den zwischen Oktober 1995 und September 1996 durch satanistische Schändungen von Kirchen und Friedhöfen angerichteten Schaden im Freistaat auf 1,2 Millionen Mark.[225] Als häufige Motive werden u. a. Hass auf die Gesellschaft, auf das Christentum und die Kirchen genannt. Ruppert spricht von einem »Satanismus-Syndrom«: »Einflüsse nihilistischer, anarchistischer oder freireligiöser Provenienz vermischen sich im gesellschaftlichen Untergrund mit okkulten, magischen und fernöstlichen Tendenzen sowie mit einer Neigung zu Blasphemie, Sexismus, Hedonismus und Perversitäten aller Arten zu einem ›Syndrom‹, d. h. einem ›Krankheitsbild‹, das ebenso schwer zu diagnostizieren ist, wie die Involvierten zu therapieren sind!«[226]

In den letzten Jahren sind mehrere Typologien des Satanismus vorgeschlagen worden (z. B. von Ingolf Christiansen[227] und Massimo Introvigne[228]), um die Vielschichtigkeit dieses Phänomens zu dokumentieren. So lässt sich der so genannte Ordens-Satanismus von ungebundenen Formen des neuen Satanismus unterscheiden. Zu ihm zählen insbesondere der mehr oder weniger spontan auftretende Jugendsatanismus sowie der kulturelle Satanismus, der in engem Zusammenhang mit der Popularisierung okkulter und satanistischer Vorstellungen in der modernen Unterhaltungsindustrie (Film, Musik) zu sehen ist.

Kultureller Satanismus

Darin artikuliert sich Protest, aber auch die Sehnsucht nach Macht angesichts eigener alltäglicher Ohnmachterfahrungen. Auch Teile der Musikszene spielen bei der Verbreitung satanistischer Überzeugungen eine Rolle: Einschlägige Liedtexte mit antichristlichem und gewaltverherrlichendem Inhalt im Bereich von Dark Wave, Black Romantic, Gothic Rock, Pagan Metal, Black oder Death Metal dienen oft als wichtiges Transportmittel neosatanistischen Gedankenguts und zur Rekrutierung neuer Anhänger. Seit den 90er Jahren lässt sich eine zunehmende »Verdüsterung« der Szene feststellen: Die Liedtexte werden noch schauriger und zum Teil noch brutaler. Damit einher gehen ein wachsender Glaube an die Autonomie des Bösen und eine gezielte Herabsetzung bzw. Umwertung aller christlichen Werte. Daniela Tandecki weist in ihrer Untersuchung über »Grauzonen und Braunzonen in der schwarzen Musikszene« auch auf die inhaltliche Nähe zu rechtsradikalen bzw. neuheidnischen Vorstellungen hin: »Alle Wonnen stehen nur dem Starken zu. Schwäche und Labilität gehören zum Christentum und sind in allen Formen verächtlich ... Diese Ideologie des Starken schließt eine Orientierung in rechte Gefilde nicht aus.«[229]

Ritueller Satanismus

So genannter Ordenssatanismus oder ritueller Satanismus formiert sich in logenartigen Okkultorden, die in Deutschland allerdings kaum noch Bedeutung haben, wie etwa in den USA – z. B. Church of Satan (Anton Szandor LaVey), Temple of Set (Michael M. Aquino). Für Aufsehen sorgte der 1982 in Berlin von Michael D. Eschner [geb. 1949] gegründete Thelema-Orden des Argentum Astrum e.V. Nach dessen Selbstauflösung im Jahr 1985 treten seine Anhänger seither unter der Bezeichnung Netzwerk Thelema (Zentrum in Bergen/Dumme) auf. In der Vergangenheit kam es zu »rituellem Missbrauch« mit Körperverletzung und zwei Vergewaltigungen, wofür Eschner zu einer sechsjährigen Haftstrafe verurteilt wurde. Wie Ehemalige berichteten, mussten sie – unter Betäubung mit Wodka und als »Ausbildungsabend« oder »Ekeltraining« deklariert – Kot und Urin konsumieren. Die heutige Sympathisantenszene ist netzwerkförmig organisiert. Jede satanistische Gruppe pflegt ihre »Arkandisziplin«. Eingeweihte Mitglieder dürfen bei Strafandrohung keine Informationen über Interna (Gruppenstruktur, Rituale) nach außen, d.h. an Nicht-Eingeweihte, weitergeben. Die Schwarze Messe, die gefeiert wird, soll den christlichen Ritus bzw. die römisch-katholische Messe pervertieren. Schwarzes Tuch, Paramente und Messbücher finden Verwendung.[230]

Das Menschenbild des Satanismus ist maßgeblich geprägt worden vom Gedankengut des Okkultisten und Magiers Edward Alexander (Aleister) Crowley [1875-1947]. Es geht um die »Verherrlichung des Menschen – einschließlich der niederträchtigsten Seiten seines Wesens«.[231] Diese Einstellung spiegelt sich in Crowleys Buch »Liber Al vel Legis« (Buch des Gesetzes), einer Grundschrift des modernen Satanismus, wider. Das Gedankengut speist sich aus unterschiedlichen religiösen Traditionen: aus gnostischem Geheimwissen, altägyptischen Vorstellungen und indisch-theosophischen Überzeugungen. Für Crowley ist der Mensch Gott dieser Welt und nur seinem eigenen Willen als einzigem Gesetz unterworfen: »Es ist kein Gott außer dem Menschen. Der Mensch hat das Recht, nach seinem eigenen Gesetz zu leben ... Der Mensch hat das Recht, all diejenigen zu töten, die ihm diese Rechte zu nehmen suchen. Die Sklaven sollen dienen. Wir haben nichts gemein mit den Ausgestoßenen und den Unfähigen; lass sie sterben in ihrem Elend. Denn sie fühlen nicht. Mitleid ist das Laster von Königen; tritt nieder die Elenden und die Schwachen. Das ist das Gesetz der Starken: Dies ist unser Gesetz und die Freude der Welt.«[232] Für Crowley neigt sich das alte christliche Zeitalter dem Ende zu – und damit auch die lebensverneinende und weltfeindliche Religion. Erwartet und propagiert wurde von Crowley der neue Mensch, der sich mithilfe von magischen Praktiken aus seinen Beschränkungen befreien kann. Der Weg ist gekennzeichnet durch die Beseitigung überkommener Moralvorstellungen und Gesetze, um die Menschheit auf eine neue Bewusstseinsebene zu führen. Letztlich geht es dem Satanismus Crowleyscher Prägung um eine Umwertung aller bisher bestehenden Werte. Im Zentrum dieser »Power-Religiosität« steht die totale Autonomie des Menschen.

Die Formel »Tue, was du willst, sei das ganze Gesetz« – das so genannte »Thelemitische Gesetz« – kann als Schlüsselsatz für den neosatanistischen Glauben betrachtet werden. Diese Einstellung teilen viele thelemitisch orientierte Okkultorden und Neosatanisten.

Crowleys Gedanken wurden und werden noch heute rezipiert. Für viele okkulte Gruppen wurde der Okkultist zum Ideenlieferanten einer neuen »Diesseitsreligiosität«, die auf Macht und absolutes Durchsetzungsvermögen angelegt ist.

Das Glaubenssystem des Satanismus geht von folgenden Denkvoraussetzungen aus:

Zu Grunde liegt immer magisches Denken, verbunden mit der Erwartung eines persönlichen Machtzuwachses für den Einzelnen ebenso wie für die Gruppe. Die Grenzen des eigenen Ichs sollen überschritten werden, um ein neues Bewusstsein zu erlangen.

Der Satanismus produziert eine Gegenwelt, eine Gegenreligion, in der der Einzelne die zentrale Rolle spielt. In der Antihaltung zur Welt und zum sozialen Umfeld wird die

Person scheinbar gestärkt. Das wirkt auf Jugendliche attraktiv. Indem man sich provozierend von seiner Umwelt abgrenzt, weiß man, wer man ist. Daraus resultiert vielfach ein Gefühl der eigenen Überlegenheit. Zu erkennen gibt sich im Satanismus auch ein antiinstitutioneller Affekt: Es handelt sich dabei meist um ein gefühlsmäßig übersteigertes Misstrauen gegenüber großen Institutionen, vor allem gegenüber den Kirchen. Nach der Beobachtung von Experten[233] spielen Neugier, die Lust am Experimentieren und das Ausleben sexueller Fantasien und Perversitäten eine wichtige Rolle. Der Satanismus ist eine Männerdomäne, Frauen übernehmen fast ausschließlich die Rolle von Sexualobjekten.

Die entsprechende Musik dient als Ausdrucksmittel bzw. als Möglichkeit zur Opposition gegen eine auf Leistung und Erfolg ausgerichtete Erwachsenenwelt. Hier können Gefühle scheinbar grenzenlos ausgelebt werden. Oft spielt auch das Gruppenzugehörigkeitsgefühl bzw. Gefühl der Geborgenheit beim Besuch einschlägiger Konzerte eine wichtige Rolle.

Die Intensität der Hinwendung zum Satanismus hängt von den individuellen sozialen Voraussetzungen und der persönlichen Disposition ab. Minderwertigkeitsgefühle, Ohnmachtsgefühle, der Hang zu magischem Denken, das in vielen Menschen angelegt ist, offene oder verdrängte Konflikte mit Eltern und Autoritäten, Konflikte in Schule und Beruf sowie Zukunftsängste können anfällig machen für satanistisches Gedankengut. Hinzu kommen auch noch die verdeckten Werbeaktivitäten satanistischer Gruppen im Okkultismus- und Esoterik-Bereich (Tarot-Karten). Deutlich wird auch das konfliktträchtige Potenzial, das der Satanismus in sich trägt. Er bietet für Orientierungslose hier scheinbar einfache Lösungen: Macht wird durch Magie herstellbar; Autoritätskonflikte werden durch magische Rituale »gelöst« oder dadurch, dass sie einfach für nichtig erklärt werden. Beziehungen werden wertlos (brutaler Sex), der Sinn des Lebens besteht in bloßer Triebbefriedigung. Ziel ist die narzisstische Aufwertung des Ichs durch Einheit mit Satan. Dabei ist die Frage, ob Satan im Crowleyschen Sinne als kosmisch-göttliches Prinzip oder mehr im pervertierten christlichen Sinn als persönliches, gegen Gott rebellierendes Wesen gedeutet wird. In solchen Fällen fühlt man sich mit der göttlichen Macht eins, hat an ihrer »Göttlichkeit« Anteil, oder man erlebt Satan als Identifikationsfigur im Kampf gegen jegliche Autorität und gegen die herkömmliche Religionskultur. Somit ist in der kritischen Auseinandersetzung mit dem modernen Satanismus zweierlei gefragt: zum einen ihn als gesellschaftliches Phänomen »zwischen Religion und Kriminalität« wahrzunehmen und zum anderen sein Menschenbild und die damit zusammenhängende Ethik zu problematisieren. Vor diesem Hintergrund ist es nötig, den Satanismus als Problemfall jugendlicher Subkultur ernst zu nehmen – ohne ihn zu verharmlosen oder zu dramatisieren.

Quellen zu »Neuheidentum«: **Vivianne Crowley**, Naturreligion, München 1998 · **Prudence Jones/Nigel Pennick**, Heidnisches Europa, Engerda 1997 · **Neuheidnische Gemeinschaften**, Berlin 1993 (Ms.) · **Geza von Nemenyi**, Heidnische Naturreligion, Bergen-Dumme 1993

Zu »Neue Hexen«: **Vivianne Crowley**, Wicca. Die Alte Religion im Neuen Zeitalter, Bad Ischl 1993 · **Gisela Graichen**, Die neuen Hexen. Gespräche mit Hexen, München 1999 (TB-Neuausgabe) · **Stefan Paech**, Hexenfibel, Holdenstedt 2000 · **Starhawk**, Der Hexenkult als Ur-Religion der Großen Göttin. Magische Übungen, Rituale und Anrufungen, München 1992

Zu »Satanismus«: **Aleister Crowley**, Das Buch des Gesetzes. Liber Al Vel Legis, Basel [4]1993 · **Anton Szandor LaVey**, Die satanische Bibel (1969), Berlin [2]1999 · **Ders.**, Die Satanischen Rituale (1972), Berlin 1999

Literatur zu »Neuheidentum«: EKL[3] 3, Sp. 681-683 · HRGem[5], S. 550-573 · LThK[3] 7, Sp. 760-761 · **Harald Baer**, Arischer Rassenglaube – gestern und heute. EZW-Texte, Information Nr. 129, Stuttgart/Berlin 1995 · **Otto Bischofberger/Peter Hölzle/Stefanie von Schnurbein**, Das neue Heidentum. Freiburg/Schweiz 1996 · **Joanne Pearson u. a. (Hg.)**, Nature Religion Today, Edinburgh 1998 · **Stefanie von Schnurbein**, Göttertrost in Wendezeiten. Neugermanisches Heidentum zwischen New Age und Rechtsradikalismus, München 1993 · **Ulrich Andreas Wien**, Neues Heidentum am Beispiel der Germanischen Glaubensgemeinschaft, in: MDEZW 4/1997, S. 106-121

Zu »Neue Hexen«: Gasper/Müller/Valentin[6], Sp. 463-466 · HRGem[5], S. 588-605 · **Hans-Jürgen Ruppert**, Die Hexen kommen. Magie und Hexenglaube heute, Wiesbaden 1987

Zu »Satanismus«: HRGem[5], S. 628-635 · **Ingolf Christiansen**, Satanismus. Faszination des Bösen, Gütersloh 2000 · **Hans-Jürgen Ruppert**, Satanismus. Zwischen Religion und Kriminalität, EZW-Texte 140, Berlin 1998

Internet zu »Neuheidentum«: www.isis-kolleg.de · www.pagan-federation.de · www.nordzeit.de (Homepage der Artgemeinschaft) · www.gggev.com · www.hexenkreis-yggdrasil.de

Zu »Neue Hexen«: www.hexe.org · www.wicca.de

Zu »Satanismus«: www.churchofsatan.com · www.fraternitas.de · www.music-sites.net/666

3. Esoterische Religiosität auf dem Prüfstand

> *»Der Versuch, den Himmel auf Erden zu errichten, produzierte stets die Hölle.«* [234]
>
> (Karl R. Popper)

Von ihren Ursprüngen im 19. Jahrhundert her kann man die heutige Esoterik als eine *freireligiöse* Strömung beurteilen.[235] In solchen Strömungen schlägt sich seit jeher ein beträchtliches Potenzial an »Kirchenfrust« und Kirchenkritik nieder. Dies muss allerdings nicht immer zu organisierten Formen »alternativer Religiosität« führen, sondern kann sich auch in diffusem Unbehagen gegenüber Kirche und Welt oder in stillem Rückzug des Einzelnen auf eine rein subjektive Religiosität äußern. Generell aber hat sich Esoterik, mehr oder weniger stark organisiert, als »religionsartige Daseinsinterpretation«[236] dauerhaft in der religiösen Gegenwartskultur etabliert. Esoterische »Spiritualität« ist kein »postreligiöser« Fall der Pseudo-Sakralisierung des Immanenten im Sinne einer »Weihe des

Profanen« (s. o. I.), sondern – wie sich nach Wouter J. Hanegraaff speziell an der »New-Age-Spiritualität« zeigt – Ausdruck eines historisch neuen »säkularen Typs von Religion« im Rahmen der Transformation von Religion durch die modernen Säkularisierungsprozesse. Das Neuartige dieses religiösen Transformationsprozesses ist die Verselbständigung von »Spiritualität« gegenüber traditionellen Religionen mittels einer privaten Symbolik, die nicht mehr in die kollektive Symbolik einer traditionellen Religion, sondern *direkt in die säkulare Kultur* eingebunden ist.[237]

Die Klagen eher randständiger esoterischer Zeitungen über Leserrückgang in letzter Zeit[238] sind weniger Widerlegung als Bekräftigung dieser These einer dauerhaften kulturellen Etablierung von Esoterik, sofern man unterscheiden muss zwischen der Krise der Esoterik-Bewegung und der Einstellung der gesamten Bevölkerung[239] zur Esoterik: Esoterische Annahmen sind längst in breitem Umfang von der Hauptkultur rezipiert, wie z.B. die enorme Verbreitung der Reinkarnationsvorstellung oder astrologischer Überzeugungen zeigt, sodass das »kultische Milieu« der Esoterik-Szene im engeren Sinn für die Vermittlung solcher Vorstellungen schließlich an Bedeutung verliert. Nach Beobachtungen des Soziologen Hubert Knoblauch galt dies bereits für den »New-Age-Komplex« der 80er Jahre: Die Zahl der New-Age-Aktivisten war nie besonders groß und lag damals in den USA oder im deutschsprachigen Raum bei vier Prozent der Bevölkerung, aber: »So gering diese Zahlen der aktiv Beteiligten anmuten mögen, so weit scheinen die Glaubensinhalte des New Age verbreitet zu sein.« Wenn Jugendlichen die Bedeutung des Yin-Yang-Symbols vertrauter ist als die des christlichen Kreuzes, weil »Bravo« ausführlich darüber berichtet, bedarf es keines »kultischen Milieus« oder spezieller »Esoterik-Traktate« mehr, die ihnen diese erläutern!

Insgesamt ist nach Knoblauch »ein sehr hoher Prozentsatz an einzelnen New-Age-Glaubensvorstellungen und Überzeugungen in der Bevölkerung nachgewiesen, selbst bei kirchlich gebundenen Menschen.«[240] Man identifiziert sich mit den Inhalten, aber nicht mit einer »Bewegung« – ein typischer Ausdruck einer religiös-individualistischen Grundhaltung.

3.1 Orientierungs- und Sinngebungsleistung der modernen Esoterik

Anspruchsvollere System-Esoterik tritt seit den Tagen Blavatskys, Kardecs oder Steiners – aus der Außenperspektive – als »Alternative« zu akademischer Wissenschaft und traditioneller Religion in Erscheinung. Ihr Orientierungsangebot beansprucht aber weit mehr als einen bloß alternativen Status gegenüber den akademischen Diskursen: Es leitet sich aus der Überzeugung des Heraufkommens eines »neuen Weltbilds« schlechthin ab, das durch die Einheit von Geist und Materie, die Einheit der Menschheit, die Einheit der Religionen und die Einheit von Wissenschaft und Religion gekennzeichnet ist. Mit diesem Anspruch auf weltanschauliche Orientierung beeinflusst sie zwar kaum den wissenschaftlichen Diskurs oder die traditionellen religiösen Institutionen, und »esoterische Lehren präsentieren sich auch nicht in jedem Fall als Weltbild, sondern in der Regel nur als *Therapie*.«[241] Vor allem unter dem Stichwort der »Ganzheitlichkeit« beeinflussen »esoterische Therapien« aber zunehmend z. B. den Erlebnis- und den Beratungssektor der modernen säkularen Gesellschaft. Von daher kann der »Dialog« mit moderner Esoterik nicht nur »akademisch« sein, indem »Lehren« und »Weltanschauungen« auf Übereinstimmung und Dissens hin untersucht werden. Vielmehr geht es auch um eine Prüfung der Tragweite der esoterischen Religiosität für die religiöse und gesellschaftliche Praxis.

Im Blick auf die Verbreitung esoterischer Heilweisen im Gesundheitssektor wird dies unmittelbar greifbar: Mit Recht sieht die Studie einer Arbeitsgruppe der anglikanischen Kirche »A Time To Heal« in dem neuen Gesundheitsbewusstsein vieler Menschen, in der Konjunktur von Begriffen wie »Wholeness« oder »Wellness«, mehr als nur einen modischen Trend (wie es für die kommerziellen Vermarkter dieses Bewusstseins vordergründig auch der Fall sein mag), nämlich den Ausdruck eines tief verwurzelten spirituellen Heilsverlangens des Menschen in der modernen Gesellschaft.[242]

Von esoterischen Welt- und Menschenbildern geht heute eine starke orientierende Wirkung aus, die angesichts ihres alternativen Status und der nur geringen Mitgliedschaft neureligiöser außerkirchlicher Gruppen leicht unterschätzt wird.[243] Der Einfluss und die Tragweite der esoterischen Religiosität für die Praxis lässt sich ermessen an der Plausibilität ihrer Verheißungen für die Zukunftsgestaltung – an der Überzeugungskraft ihrer »Botschaft« oder ihrer »Visionen« für die Gestaltung menschlicher Zukunft.

Dabei erscheinen vor allem zwei »Visionen« als zentral für die Zukunftsgestaltung aus der Sicht der modernen Esoterik, die zugleich über die Esoterik hinaus für die gesamte Menschheit Orientierung zu geben versprechen:

- die Vision eines »Paradigmenwechsels« in der *Wissenschaft,* der esoterisch vor allem im Übergang zu einer »holistischen« Weltsicht gesehen wird, die sich selbst als naturwissenschaftlich begründet versteht (Fritjof Capra u. a.) und die Welt nicht mehr als einen reinen Mechanismus betrachtet, sondern holistisch als einen lebendigen, »geistigen« Organismus, in dem alles mit allem »vernetzt« ist.

Esoterik stellt sich unter diesem Aspekt als »ökologisch-ganzheitliches Paradigma« dar, das gewissermaßen die »Wissenschaft der Zukunft« repräsentiert. Der Anspruch auf Wissenschaftlichkeit wurde allerdings in der Geschichte der modernen Esoterik von Anfang an erhoben: Unter immer wiederkehrenden Bezeichnungen wie «Geheimlehre« (Blavatsky[244]), »Geheimwissenschaft« (Steiner[245]), »Geisteswissenschaft« (Steiner[246]), »Esoterisches Wissen«[247], »anderes Wissen«[248], »Urwissen der Menschheit« (Dethlefsen[249]), »neues Denken« (Capra[250]) usw. haben Vertreter esoterischer Weltbilder immer wieder den Anspruch auf gültiges »Wissen« für ihre esoterischen Erkenntnisse und Theorien reklamiert.[251] Auf diese Weise aktiviert Esoterik auch gegenwärtig wieder den in der Spätmoderne immer mehr angezweifelten säkularen Glauben an die Wissenschaft als »umfassende Legitimationsinstanz der säkularen Moderne«,[252] die mehr und mehr den Platz der alten Religion einnahm und diese als maßgebliche Instanz menschlicher Orientierung in der Welt ablöste. Dabei überbietet sie sogar noch den umfassenden Orientierungsanspruch der säkularen Kulturmacht »Wissenschaft« durch ein sich über deren strenge Kriterien hinwegsetzendes esoterisches »Überwissen«: Was kein Wissenschaftler von irgendeinem seiner Werke behaupten würde: Es enthalte die »zeitunabhängige«, der Menschheit jemals zugängliche

»Summe des Wissens« über das Universum – das immerhin beansprucht ein Dethlefsen[253] für die »heilige Lehre« der Esoterik!

Damit begründet Esoterik zugleich ein alternatives Orientierungsmodell zur aufklärerischen Religionskritik und ihrer Überzeugung vom Verschwinden der Religion im Prozess wissenschaftlichen Fortschritts sowie zu der in der westlichen Kultur geltenden strengen Unterscheidung von Wissen und Glauben. Der Fortschritt in der Wissenschaft drängt esoterisch gesehen heute nicht mehr zur Ausgrenzung von Religion, sondern zu einer Synthese mit Religion und Spiritualität, womit das bereits 1888 im Untertitel von Blavatskys »Geheimlehre« formulierte Programm einer »Synthese von Wissenschaft, Religion und Philosophie« wieder aufgegriffen wird. So erfährt der »säkulare Wissenschaftsglaube« nach Gottfried Küenzlen z. B. im esoterischen New-Age-Denken einerseits seine Fortsetzung, gleichzeitig in gewisser Weise aber auch »seine Überhöhung in der These, dass nun die Wissenschaft selbst in eine religiöse Dimension führe«.[254] Diese Synthese ist nach Capra z. B. auf der Basis einer (Quanten-)Physik und östlicher Mystik gemeinsamen Sicht des Universums möglich,[255] nach Marilyn Ferguson u. a. bestätigt die Wissenschaft heute, »was die Menschheit seit Beginn der Geschichte intuitiv gewusst hat«.[256] Unter diesem Aspekt wird das esoterische »Wissen« seit Blavatsky auch als ursprüngliche »Weisheit(slehre)« oder »Ur-Weisheit« in den Religionen der Menschheit bezeichnet. Damit kommt zugleich die zweite große Vision der Esoterik in den Blick, in deren Kontext diese Vorstellung beheimatet ist:

• die Vision einer *religiösen und spirituellen Vereinheitlichung* der Menschheit auf der Grundlage »uralter« esoterischer Weisheit.

Esoterik stellt sich unter diesem Aspekt als *universalreligiöse Bewegung* dar – auf der Basis der Vorstellung, dass allen historischen Religionen eine geheime »Ur-Weisheit« zu Grunde liege, und dass sich durch die Wiederbesinnung auf diese ursprüngliche Einheit der Religionen in einem gemeinsamen »Ur-Wissen« auch eine künftige Religionseinheit im Zeitalter der Globalisierung begründen und gestalten ließe.

Während sich die erste Vision also vor allem auf eine Veränderung der Grundlagen von Wissenschaft und Weltanschauung (»Paradigmenwechsel«) bezieht, gilt die zweite vor allem den Veränderungen in der Welt der Religionen. Letztlich aber bildet die *Synthese* von Wissenschaft und Religiosität auf dem Weg zur »Erleuchtung« der ganzen Menschheit den zentralen Inhalt der Zukunftsvisionen der modernen Esoterik.

In der Praxis zielen ihre Visionen auf eine Lebens- und Zukunftsgestaltung durch *mystische Erfahrung* oder *Erleuchtung* ab, wie dies z. B. im populären »Wassermann-Song« des Musicals »Hair« auf die Formel gebracht wurde: »*Mystik wird uns Einsicht schenken.*« Wenn das Wesen der Esoterik und des New Age in einer »Wiederverzauberung der Welt« besteht, so kann man die Umsetzung ihrer Erlösungshoffnungen und Handlungsorientierungen als den mystischen Vollzug dieser »Wiederverzauberung«[257] im Rahmen eines »pädagogischen Evolutionismus« ansehen: Durch »Bewusstseinsveränderung« des Einzelnen mittels ihrer spirituellen Praktiken bis hin zur »Erleuchtung« (s. u. 3.2.2) ließe sich gemäß diesem »mystischen Utopismus« der Esoterik auch die entscheidende Veränderung des menschlichen und gesellschaftlichen Seins, ja endgültiges Heil und Erlösung bewirken.

3.2.1 Aus der Sicht der Wissenschaften

Vertreter von Philosophie, Wissenschaftstheorie, Soziologie, Psychologie, Kultur- und Religionswissenschaften haben sich in den letzten Jahren in zahlreichen Beiträgen mit dem Phänomen der Esoterik und ihren Visionen auseinander gesetzt, nachdem diese sich immer mehr zu einem unübersehbaren Bestandteil der religiösen Gegenwartskultur entwickelt hat. Die Beiträge reichen von esoterikkonformen Stellungnahmen aus der Religionswissenschaft, die darin eine zukunftsträchtige Wiederherstellung der Sinngebungsleistung traditioneller Religion erblicken (Julia Iwersen[258]) bis zu engagierter Kritik vornehmlich durch Natur- und Gesellschaftswissenschaftler, die Skeptiker-Organisationen nahe stehen (Martin Lambeck[259]), wobei die wissenschaftliche Seriosität beanspruchenden Auslassungen des Psychotherapeuten Colin Goldner zu Esoterik und Psychoszene (»Schwachsinn«, »Unfug«, »Hirngespinste« usw.)[260] eher »Schlägen unter die Gürtellinie« gleichen. Die Vielfalt der durch die moderne Esoterik aufgeworfenen Fragestellungen und Probleme erfordert jedenfalls für künftige Forschungen einen interdisziplinären Zugang.

Zwischen Moderne und Postmoderne

Das ambivalente Verhältnis der Esoterik zur Moderne manifestiert sich, wie dargestellt (s. o. 1.), in ihrem multidimensionalen Erscheinungsbild, das von den großen Entwürfen der System-Esoterik als typischem Ausdruck der »säkularen Religionsgeschichte« der Moderne bis hin zu trendhaften, postmodernen Erscheinungen vor allem auf dem »Esoterik-Markt« reicht.

Aber auch in den Visionen und Gestaltungsvorschlägen der System-Esoterik zeigt sich das ambivalente Verhältnis zur Moderne nochmals von einer anderen Seite, indem deren Wertvorstellungen und Plausibilitäten zwar nicht in Richtung postmoderner Beliebigkeit und Pluralität aufgelöst werden, wohl aber durch eine Art »alternativer Moderne« – man spricht auch von der »Rückseite der Aufklärung«[261] – in Frage gestellt und kritisch überwunden werden sollen. Das lässt sich insbesondere an der esoterischen Umdeutung der Reinkarnationsvorstellung zu einer neuen Variante des modernen Fortschrittsglaubens zeigen: Während für die postmoderne Haltung alle innerweltlichen Heilsangebote brüchig geworden sind und der Pessimismus zunimmt, der bezweifelt, ob Geschichte überhaupt einen »Sinn« hat, universales Glück durch politisches Handeln herstellbar und die Menschheit vor dem Untergang zu retten ist, bieten die großen esoterischen Systeme mit ihrem »pädagogischen Evolutionismus« (Kurt Hutten) ein esoterisches Fortschrittsmodell an, das die herkömmliche säkulare Fortschrittshoffnung nicht einfach negiert, sondern beerbt.

Im Vergleich zu pessimistischen, oft zynischen postmodernen Haltungen scheinen Esoteriker daher heute zu den wenigen Optimisten zu gehören, die noch an einem für die Moderne ursprünglich charakteristischen, aber in die Krise gekommenen »Fortschrittsglauben« in Form einer innerweltlichen Erlösungshoffnung festhalten: »Die Zeit ist erfüllt, sagen die Geister, der Fortschritt muss beschleunigt werden«, wie Allan Kardec als einer der Väter moderner Esoterik in klassischer Weise die völlig modernitätskonforme esoterische Neuinterpretation des Fortschrittsglaubens zum Ausdruck brachte. Heute gilt dies z.B. von einem einfachen »positiven Denken« im Sinne Uri Gellers: »Wer immer an sich selbst glaubt« – so Geller während eines Auftritts bei den Basler »Psi-Tagen« 1999 – »der wird es schon schaffen, seine Ziele zu verwirklichen« – bis hin zur Befähigung zu paranormalen Leistungen, die Geller als Konsequenz dieser Lebenseinstellung für sich in Anspruch nimmt. Vor allem aber repräsentiert das für Esoteriker weithin selbstverständliche »Wissen« um die Reinkarnation als Mittel der Selbstvervollkommnung, der Höherentwicklung und des geistigen Fortschritts der Menschheit so etwas wie »die Fortsetzung des säkularen Fortschrittsgedankens in neuer religiöser Umformung«.[262] In einer Zeit des Zukunftsverlusts und der Katastrophenängste bedeutet das Bewusstsein des Eingebettetseins in den ins »Neue Zeitalter« führenden Evolutionsprozess eine zentrale Möglichkeit, menschliche Erlösungshoffnung auch innerweltlich-säkular wieder neu zu verankern.[263]

Geist und Natur

Aus philosophischer Sicht reflektiert Gernot Böhme das für ihr Verständnis wichtige Verhältnis von modernen und postmodernen Anteilen an der Esoterik-Bewegung: Postmoderne Anteile sieht auch er vor allem in ihrem bunten Erscheinungsbild, während das Streben nach einem »neuen Weltbild« Verbindlichkeit und Handlungsorientierung impliziert, wie sie der Postmoderne gerade fremd sind und eher an den Fundamentalismus erinnern.[264] Welche Orientierungsleistung aber kann Esoterik damit erbringen?

In ihrer Vision eines »neuen, holistischen Weltbilds« ist nach Böhme bereits unmittelbar auch das zentrale Defizit der modernen Esoterik enthalten: Ihre Zuordnung von Geist und Materie zu einem holistischen Geist-Monismus, wie er von Blavatsky über Steiner bis zu Capra und anderen New-Age-Vordenkern das grundlegende weltanschauliche Prinzip moderner System-Esoterik darstellt, erscheint angesichts der durch die *moderne Technik* entstandenen Orientierungsdefizite und der daraus resultierenden neuen Fragestellungen und Gefährdungen für den kulturellen Prozess als Orientierungshilfe schlechthin überholt.

Die technische Entwicklung lässt ein umfassendes Orientierungsdefizit entstehen, indem sie *das menschliche Selbstverständnis überhaupt* in Frage stellt.[265] Dieses war bisher dadurch bestimmt, dass »Natur« etwas Gegebenes ist und »Kultur« und »Natur« aufeinander bezogen sind, indem Kultur »die dem Menschen gemäße Form ist, die Natur zu bearbeiten«.[266] Wenn aber die monistischen Entwürfe der Esoterik als ihre eigentliche Orientierungsleistung die gegenseitige Durchdringung von »Geist« und «Natur «mit dem Ziel der völligen »Vergeistigung« der Natur hervorheben, ist es nach Böhme die Frage, ob Esoterik überhaupt das Problem, aus dem die «Orientierungsdefizite« in der modernen Gesellschaft entstehen, verstanden oder in den Blick bekommen hat – nämlich aus der Infragestellung des menschlichen kulturellen Selbstverständnisses durch die Entwicklungen der modernen Technik:[267]

»Vergeistigung« der Natur bedeutet für die Esoterik, dass »der kulturelle Prozess als ganzer zur *Aufhebung seiner Naturbedingungen*« führt und der Mensch sich durch diese »Vergeistigung« selbst vergöttlicht, wie z. B. Steiner in seiner Rekonstruktion der Kul-

turgeschichte in »Die Geheimwissenschaft im Umriß« (1910) zu zeigen versucht.[268] Die
Naturbedingungen des kulturellen Prozesses könnten durch den »overkill« moderner Technik jedoch in einer ganz anderen Weise «aufgehoben« werden als durch einen Prozess der Vergeistigung oder geistigen Entwicklung des Menschen, wie es Esoteriker als Zweck ihrer Rituale oder die großen Entwürfe der System-Esoterik als Ziel der Menschheitsentwicklung vorstellen. Durch die moderne Technik ist nämlich nach Böhme »die Grenzlinie zwischen gegebener Natur und Selbstbestimmung des Menschen beliebig verschiebbar« geworden und es ist fraglich, ob man überhaupt noch von einer »Natur des Menschen« als »*gegebener*«, »kulturinvarianter Ausstattung« sprechen kann.[269] Mit anderen Worten: Der Mensch wird sich mittels der modernen Technik längst auf andere Weise an das Projekt seiner »Selbst-Erschaffung« und »Vergeistigung« begeben haben, *bevor* er nach Steiners kulturgeschichtlichem Schema in unvorstellbar ferner Zukunft der Evolution (»Vulkanzustand«) seinen »Kehlkopf« so völlig »vergeistigt« hat, dass er sich durch bloßes »Aussprechen« selbst erschaffen kann![270] Der rasante Prozess gentechnischer Verfügbarkeit lässt es jedenfalls als illusorisch erscheinen, dass der geistig-kulturelle Orientierungs- und Reifungsprozess der Menschheit und ihrer Vergeistigung mit ihrer Reproduktion und Selbst-Erschaffung auf technischem Wege Schritt hält. Allerdings haben Esoterik und moderne Technik etwas gemeinsam: Im Unterschied zur traditionellen Religion schrecken beide nicht davor zurück, die »Gegebenheit« oder »Geschöpflichkeit« des Menschen zum »Projekt seines Handelns« zu machen![271]

Nach Böhme löst moderne Technik die Vorgegebenheit der Natur aber nicht nur durch eine »Vergeistigung« ganz anderer Art, als es sich Esoteriker in ihren Entwürfen vorstellen, immer mehr auf: Gleichermaßen wie mit den Ressourcen der Natur verfährt Technik auch mit den Ressourcen der Kultur selbst, indem – wie Böhme konkretisiert – eine Aufzehrung der »traditionalen Ressourcen« kommunikativer Vergesellschaftung – Familie, unbezahlte Arbeit, Solidarität – im Prozess der Technisierung der Gesellschaft in der Spätmoderne erfolgt.[272] Immer neue technische Möglichkeiten der Information und Unterhaltung für den Einzelnen (z. B. durch die Wahl zwischen immer mehr Fernsehkanälen) oder der Ökonomisierung der Lebensverhältnisse, von den Möglichkeiten der Gentechnik ganz zu schweigen, hebeln als technologisch machbare und lebensbestimmende Mächte diese traditionelle *kulturelle* Basis der Vergesellschaftung menschlicher Individuen aus, ähnlich wie die technischen Möglichkeiten der Naturbeherrschung die *natürlichen* Ressourcen der Menschheit aufzehren. Eine von Seiten der Esoterik weithin vertretene monistische Identifizierung von Geist und Materie oder das Bauen auf die »Selbstorganisation« des Kosmos verfehlen damit nach Böhme das gestellte Problem einer Behebung der tatsächlichen Orientierunsgdefizite der modernen, technologisch geprägten Gesellschaft, »insofern die Technikentwicklung ja gerade die menschliche *Natur* gefährdet und in Frage stellt, was ja im Zuge langfristiger Vergeistigung eher funktional wäre ... Es könnte ja sein, dass die Vergeistigung des Menschen tatsächlich jenseits des Menschen, nämlich in technischen Systemen, stattfindet[273] und der weitere technische Fortschritt keineswegs eine weitere Demokratisierung im Sinn einer kommunikativen Vergesellschaftung zustande bringt, sondern vielmehr eine durchweg technische Integration von zu Anschlüssen reduzierten Individuen.«[274] Immerhin werden solche Herausforderungen der Esoterik durch die moderne Technik z.B. im anthroposophischen Kontext diskutiert, während die von dem Unternehmensberater und »Trendforscher« Gerd Gerken prognostizierte »Vermählung von Elektronik und Esoterik« im New Age[275] genau dem von Böhme formulierten Defizit einer rein technischen Integration der Gesellschaft entspricht.

Pseudoempirizität und Subjektivismus

Der Soziologe Gerald L. Eberlein weist auf fehlende Rationalitätskriterien als Defizit der modernen Esoterik hin und empfiehlt ihren Vertretern eine »Verwissenschaftlichung« ihrer »parawissenschaftlichen« Theorien sowie ein Ausscheiden irrationaler Vorstellungen, um zum wissenschaftlichen Konsens zurückzukehren.[276] Abgesehen von der Frage, was unter postmodernen Bedingungen noch »wissenschaftliche Konsensfindung« wäre, wenn eine Pluralität der Wertorientierungen und Lebensstile auch irrationale, parawissenschaftliche Überzeugungssysteme als gleichberechtigte Orientierungsagenturen toleriert, könnte man demgegenüber darauf hinweisen, dass die wissenschaftstheoretischen Defizite von Weltanschauungen wie der modernen Esoterik weniger in mangelnder Rationalität bestehen, sondern vor allem aus ihrer »Pseudoempirizität« resultieren.

Damit ist gemeint: Der Esoteriker beschreibt unsichtbare, empirisch nicht fassbare Gegenstände, als ob es sich um sinnlich erfahrbare handelt. Steiner möchte nach seiner grundlegenden Schrift über »Reinkarnation und Karma« von 1903 diese Ideen darstellen als »vom Standpunkt der modernen Naturwissenschaft notwendige Vorstellungen.«[277] Er fingiert damit Empirizität, als ob sich die Wiederverkörperung des menschlichen Ichs naturwissenschaftlich-experimentell überprüfen und darstellen ließe. Grundlage seines anthroposophischen »Schulungs- und Erkenntniswegs« ist ein »geistiger Evolutionismus«, analog zum modernen entwicklungsgeschichtlichen Denken in der Naturwissenschaft und als eine Art pseudoempirische »Erweiterung« desselben – mit dem Ziel, »geistige Organe« zur Erfahrung höherer geistiger Wirklichkeiten auszubilden. In einem seiner Berliner »Architektenhaus-Vorträge« – »Haeckel, die Welträtsel und die Theosophie« (1905) – postuliert er: »Es ist möglich, dass sich Organe, *Geistesaugen* entwickeln in ähnlicher Weise, wie sich in diesem physischen Leibe Sinnesorgane, Augen und Ohren entwickelt haben.«[278]

Der fehlende allgemeine Geltungsanspruch solcher pseudoempirischer, durchaus rationaler (!) Konstruktionen soll durch die Berufung auf ein subjektives Moment ausgeglichen werden: Der große »Meister« ist dem »Schüler« natürlich an »Erfahrung« voraus, und nur wer *selbst* diese «Erfahrung« macht, kann ihm überhaupt folgen! Das ist eine Argumentationsstruktur, die einen weiterführenden kritischen Diskurs wie auch einen Dialog mit Esoterikern letztlich unmöglich macht, aber auch Menschen, die sich auf diese Erfahrungen einlassen, oft nur schwer wieder aus diesem Zirkel freikommen lässt.

Von solchen Überlegungen her kann auch den als empirisches »Wissen« verbreiteten weltanschaulichen Vorstellungen von Esoterikern über eine zunehmende »Vergeistigung«, eine »Selbstorganisation« oder eine mystische Identität oder Einheit aller Gegensätze des Kosmos, wie sie z. B. bei Capra u. a. direkt aus der Physik abgeleitet werden,[279] nur der Status der Pseudoempirizität zuerkannt werden.

Der mit pseudoempirischen Behauptungen verbundene Subjektivismus der Esoterik tritt noch deutlicher hervor, wenn man sich die in der Esoterik gängige Hochschätzung der *persönlichen* »Erfahrung« als Wahrheitskriterium vergegenwärtigt, worin diese sogar eine besondere Stärke ihrer Orientierungsleistung zu erkennen meint. Der Esoteriker sagt: »Durch ›eigene Erfahrung‹ kann der Einzelne die Wahrheit des esoterischen Wissens nachprüfen.« Da es sich dabei aber nicht um ein auch für den Nicht-Esoteriker prinzipiell durch die Vernunft zugängliches oder um ein wissenschaftlich-experimentell reproduzierbares Wissen handelt, ist die Empirizität oder Erfahrbarkeit dieses Wissens nur fingiert – was z. B. unmittelbar deutlich wird, wenn sich diese Erfahrbarkeit auf einen viele Inkarnationen umfassenden geistigen Entwicklungsprozess einer Menschenseele erstrecken soll, der naturgemäß empirisch gar nicht nachprüfbar ist, auch wenn dies so genannte »Reinkarnations-Forschungen« von Esoterikern immer wieder versuchen.[280]

Der Philosoph Edmund Runggaldier hat die nachhaltige Berufung auf »Erfahrung« in der Esoterik noch in einer weiteren Hinsicht einer kritischen Betrachtung unterzogen: im Blick auf ihre Verwendung als eine Art »Totschlagsargument« gegenüber Kritik vor allem auf der Publikums- und Konsumentenebene. Da sich Esoterik nicht selbst definiert, sondern der Begriff ursprünglich ein Konstrukt aus der Außenperspektive der Forschung ist,[281] braucht sich niemand an eine bestimmte Definition zu halten, sondern kann rein subjektiv und eklektisch feststellen, was er für »Esoterik« hält. Jeglicher Beurteilung oder Kritik an der Esoterik begegnet man von da aus mit der »Argumentation«, sie entspräche nicht der »eigenen Erfahrung«. Nur wer es selbst »erfahren« habe, könne sich überhaupt ein Urteil bilden! Dieser Subjektivismus vieler Anhänger der Esoterik, die die »eigene Erfahrung« absolut setzen, ihr subjektives Erleben als alleiniges Wahrheitskriterium gelten lassen und sich damit auch weigern, sich irgendeiner historischen Beschreibung von Esoterik zuordnen zu lassen – oft auch mangels eigener Kenntnis von »Klassikern« wie Steiner oder Blavatsky – macht sie für Kritik scheinbar unangreifbar: »Es ist so, weil ich es so erfahren habe!« Andererseits vereitelt eine derartige Haltung aber auch einen wissenschaftlichen Diskurs als Mittel der Wahrheitsfindung.[282]

»Esoterik« in diesem Sinne ist zugleich Symptom einer gewissen Schizophrenie:[283] Die Aufspaltung zwischen beruflicher Alltagsexistenz, in der der Einzelne eine wissenschaftliche Weltsicht vertritt, und privater Erlebniswelt, in der er die Ansichten der Esoterik für wahr hält, ist so groß, dass derselbe Mensch in seinem individuellen Bewusstsein miteinander inkompatible Weltanschauungen einfach kompiliert – wie ein bekannter Filmschauspieler, der ankündigte, seinen Sohn zugleich katholisch taufen und einem indianischen Ritual unterziehen zu lassen.

3.2.2 Aus kirchlich-theologischer Sicht

Die beiden grundlegenden »Visionen« der modernen Esoterik (s. o. S. 295f) beinhalten aus apologetischer Sicht eine Fülle von Problemen und Herausforderungen auch für Kirche und Christentum, von denen hier nur eine kleine Auswahl angesprochen werden kann:

Schwierigkeiten des Dialogs mit der Esoterik

Ähnlich wie für die Wissenschaft stellen sich auch für den christlichen Glauben die Zukunftsvisionen der Esoterik als alternative religiöse Projekte dar. Dass diese nicht ohne weiteres christlich »eingeholt« werden können, liegt an ihrem »nach-christlichen« Charakter: Auf dem Boden der säkularen Religionsgeschichte der Moderne erwachsen, liegen sie, wie es Karl Rahner überzeugend am Beispiel nach-christlicher Prophezeiungen aufgezeigt hat (s. o. 2.1.3), außerhalb des heilsgeschichtlichen Orientierungsrahmens der Bibel als entscheidendem Kriterium des christlichen Offenbarungsglaubens und der prinzipiellen Abgeschlossenheit der Offenbarung (vgl. VI-2.3). Wo sich esoterische Strömungen von sich aus auf biblische oder christliche Glaubensinhalte beziehen oder sie zu vereinnahmen versuchen – vor allem mit dem Ziel, sich selbst im abendländischen Kulturraum als »christlich« zu profilieren und zu präsentieren[284], vielfach aber auch mit dem Ziel, das Christentum regelrecht zu »enteignen«[285] – führt dies in der Regel zu einer »Achsenverlagerung« (Rudolf Otto) des Zentrums dieser Inhalte, zu ihrer Aushöhlung und Verfremdung:[286] Christus, der Mittelpunkt der Heilsgeschichte, wird, vor allem von theosophischen Strömungen, relativiert zu einem Religionsstifter unter vielen oder zu einem »Avatar« oder »Weltlehrer« nur für eine bestimmte Zeitepoche; die christliche Erwartung der endzeitlichen Wiederkunft Christi zum Gericht wird von dem Esoterik-Autor Paco Rabanne in sein evolutionäres Schema eingeordnet und zu einem innergeschichtlichen Vorgang umgedeutet – dem »Aufstieg [der Menschheit] in die Siebte Vibrationsebene« oder Kulturepoche[287] usw. Schon Helena Blavatsky formulierte in ihrer Zurückweisung der Kritik des Philosophen Solowjow an ihrer Theosophie das relativistische Prinzip des Umgangs der Esoterik mit der Bibel geradezu klassisch: Sie gibt an, alle Lehren der Bibel zu vertreten, *sofern diese mit den Überlieferungen anderer Religionen übereinstimmen* – eine besonders subtile, weil Teile der Bibel vereinnahmende Außerkraftsetzung des Schriftprinzips![288] Eine ähnliche Relativierung der Heiligen Schrift aus einer »höheren Warte«, nämlich durch ihre synkretistische Vereinnahmung für die von ihm konstruierte Geschichte der Evolution des menschlichen Bewusstseins, nimmt auch Ken Wilber vor.[289] Derartige Enteignungs-, Vereinnahmungs-, Umdeutungs- und Relativierungsversuche zentraler biblischer, christlicher Wahrheiten oder der Heiligen Schrift insgesamt gehören seitdem zum festen Bestand der Plausibilisierungsstrategien von Esoterik-Autoren.

Eine Schlüsselstellung für die Entstehung dieser neuartigen außerkirchlichen esoterischen Religiosität in der säkularen Gesellschaft der Moderne, insbesondere auch für die Formierung einer alternativen »säkularreligiösen Heilsgeschichte«[290], bildet der schwedische Naturwissenschaftler und Visionär Emanuel Swedenborg [1688-1772] (vgl. VI-2.3). So sehr dieser zunächst auch noch mit seinen Vorstellungen und Überzeugungen im Rahmen christlicher Tradition bleibt, so stellt er mit seiner Botschaft vom Beginn des »Neuen Zeitalters« einer »Neuen Kirche« im Jahr 1757, die alle vorausgehenden »Kirchen« und »Zeitalter« dispensiert, einen religionsgeschichtlichen Wendepunkt dar. Und zwar, weil mit Swedenborgs Dispensationalismus die gesamte Christentumsgeschichte zu einer *überholten Stufe* in einem religionsgeschichtlichen Prozess wird, der auf die »Neue Kirche« hinführt, die mit dem endzeitlich vom Himmel herabsteigenden Neuen Jerusalem (Offb 21) identifiziert wird, die ganze Menschheit umfasst und die endgültige geistige Menschheitsreligion darstellt.

Damit bahnt sich das grundsätzlich »Neue« an, das neureligiöse, insbesondere esoterische Bewegungen unter den Bedingungen der Säkularität kennzeichnet – ihr Rationalismus und ihr religiöser Universalismus. Kurt Hutten charakterisierte die Schriften Swedenborgs zu Recht einmal als »Aufklärungswerke.«[291] Stimmen doch deren Botschaften aus der »Geisterwelt« in vieler Hinsicht inhaltlich nicht zufällig mit jenen säkularen Glaubensannahmen überein, die auch die irdischen Aufklärer seiner Zeit vertraten! Esoterische Religiosität folgt bis heute weitgehend diesem Schema, und die Fülle »göttlicher Belehrungen aus dem Jenseits«, die sie seit Swedenborg hervorgebracht hat, zeigt, dass selbst die Geister der Verstorbenen im »Jenseits« die Unterrichtung in den säkular-religiösen Glaubensannahmen der Moderne nachholen!

Vor allem aber wirkt Swedenborgs Modell im Bereich moderner esoterischer Religiosität bei den Gemeinschaften fort, die die eigene religiöse Neubildung als Ausdruck einer die Wahrheit aller Religionen umfassenden »universalen Religion«, als Repräsentantin der universalen Menschheitsreligion betrachten. Über die moderne Theosophie wirkt dieser religiöse Universalismus – verstärkt durch Einflüsse des religiös-inklusivistischen Neohinduismus – in zahlreichen universalreligiösen Bewegungen der Gegenwart fort, die große Hoffnungen in religiös interessierten Kreisen auf eine künftige einheitliche Religionskultur wecken.

Unter »universalreligiösen Bewegungen« sind nach dem Religionswissenschaftler Johann Figl solche neureligiösen Bewegungen zu verstehen, die beanspruchen, im Kern alle Weltreligionen zu umfassen und damit den Schlüssel zu einer künftigen Kultur- und Religionssynthese zu besitzen.[292] Neben neobuddhistischen und neohinduistischen Gruppierungen sowie Bewegungen mit islamischem Hintergrund (Baha'i-Religion und Sufi-Bewegung, Letztere auch in der Esoterik-Szene vielfach auftauchend) stellt er in seinem Buch »Die Mitte der Religionen« vor allem auch esoterische Bewegungen als modellhafte Beispiele für heutige universalistische Tendenzen vor, insbesondere die Theosophie Helena Blavatskys.

Die Schwierigkeiten des Dialogs mit universal- bzw. transreligiösen Bewegungen dieses neohinduistischen Typs und der damit verwandten Esoterik resultieren zum einen aus der inklusivistischen Tendenz, den Dialogpartner synkretistisch zu vereinnahmen für den eigenen neureligiösen »Ökumenismus« und zum anderen aus dem utopischen Charakter des neureligiös-esoterischen »Ökumenismus.«[293]

Eine »pluralistische Religionstheologie« ist hier meist hilflos und kann sich kaum gegenüber Vereinnahmungstendenzen durch die Esoterik abgrenzen, auch wenn sie selbst keine »Welteinheitsreligion« konstruieren will, sondern eher einen religiösen Relativismus vertritt:[294] die eine Wahrheit nicht »über« (wie bei den Theosophen), sondern »in« den verschiedenen Religionen. Oft empfindet man diese Vereinnahmungstendenz innerhalb der Esoterik selbst als störender als in den Kirchen, wie z. B. die Kritik von Esoterikern wie Gustav Meyrink, Georg von Langsdorff oder Rudolf Passian am »Alleinseligmachungsanspruch« der Blavatsky-Theosophie zeigt.[295] Durch die Teilnahme oder gar Förderung von interreligiösen Kongressen universalreligiöser esoterischer Bewegungen geraten Kirchenvertreter leicht in Gefahr, für eine esoterisch bestimmte interreligiöse »Ökumene des Wassermann-Zeitalters« vereinnahmt zu werden. Schlecht beraten im Blick auf solche Vereinnahmungstendenzen wären sie daher, wenn sie etwa den Ausführungen des Theologen Michael von Brück über den »Religionsbegriff in der pluralistischen Gesellschaft« in seinem Hauptreferat bei der Arnoldshainer Tagung »Wahrnehmung und Beurteilung heutiger Religionskultur« (1996) folgen würden. Von Brück spricht darin de facto allen ein »umfassendes interreligiöses Verstehen« oder interreligiöse Praxis ab, die nicht der »Kultivierung« einer *mystischen, inklusivistischen* Geisteshaltung folgen[296] – als ob man nicht auch ohne diese »mystische Einheitserfahrung« die *Andersheit* des anderen ernst nehmen und einen Dialog mit ihm führen könnte! Er geht schließlich so weit, das s. E. in der »neuen Religiosität« vorherrschende Verständnis des Gehorsams gegenüber Gottes Geboten *als »Entsprechung mit dem Ganzen«* als eine legitime Umformung traditioneller christlicher Frömmigkeit zu interpretieren[297] – eine synkretistische Vereinnahmung für einen interreligiösen Ökumenismus, mit dem wohl beide betroffenen Seiten schwerlich einverstanden sein könnten!

Ausführungen wie diese sind aber auch insofern kontraproduktiv für den kirchlichen Dialog mit der Esoterik, weil durch die Absegnung solcher Vereinnahmungstendenzen hingenommen wird, dass der kirchliche Dialogpartner relativiert und sein unterschiedlicher Glaube nicht ernst genommen und nicht geachtet wird. Was Reinhart Hummel im Blick auf neue religiöse Bewegungen aus Asien feststellt, gilt auch im Blick auf den Dialog mit der Esoterik: »Die Bereitschaft, den Glauben des anderen von innen her zu erfahren, ist kaum von Bewegungen zu erwarten, die sich im Besitz der Urerfahrung aller Religionen und damit auch der christlichen Glaubenserfahrung dünken.«[298] Nach Hans Waldenfels gehört zum Dialog mit solchen Strömungen, die den Glauben des anderen relativieren oder gar nicht wirklich erfahren wollen, immer auch der Protest. Vielleicht sollte man in diesem Fall auch gar nicht von »Dialog« sprechen, sondern von der »Begegnung« mit Andersglaubenden.

Die Begegnung oder der Dialog mit der modernen Esoterik steht letztlich auch deshalb vor unüberwindlichen Schwierigkeiten, weil sich in den universalistischen Zukunftsentwürfen neureligiös-esoterischer Strömungen für eine Religionsökumene und Einheitskultur ein religiöses Menschenbild zu Wort meldet, das sich kaum von dem Autonomiestreben der säkularen Moderne unterscheidet, in der Esoterik und in neureligiösen Bewegungen verwurzelt ist, und das ihre Formierung unter den Bedingungen der Säkularität deutlich widerspiegelt.[299] Zur Neuartigkeit dieser Strömungen gehört insbesondere auch, dass sie, als Ergebnis der säkularen Religionsgeschichte der Moderne, auch *inhaltlich* einen »anderen Glauben«, eine andere, vornehmlich innerweltlich-diesseitig gewendete Religiosität repräsentieren, mit eigenen »säkularen Glaubensannahmen« über Sinn und Erlösung (s. u. S. 307ff.: »Erleuchtung«!), die sich von den großen religiösen Traditionen deutlich unterscheiden. Schon bei Swedenborg findet sich eine heftige Kritik an der »unvernünftigen« Rechtfertigungslehre des Apostels Paulus und Luthers, die seitdem viele neureligiös-esoterische Nachfolger gefunden hat. Auch die zentrale Vorstellung des esoterischen Religionsökumenismus von einer gemeinsamen »Ur-Weisheit« der Menschheit ist letztlich eine Neuauflage der Idee der Aufklärung und des Deismus von einer allen »vernünftigen« Menschen gemeinsamen Urreligion.[300] Das Gespräch mit Vertretern neureligiöser Bewegungen und der Esoterik gehört daher nach Hummel auch nicht zum »interreligiösen Dialog«, sondern zum Dialog mit der »säkularen Gesellschaft«.[301] Denn nach der von einer Arbeitsgruppe von VELKD und Akf unter Vorsitz der Theologen Ratschow und Sundermeier erarbeiteten Religions-Studie von 1991 handelt es sich bei den neureligiösen Bewegungen des 20. Jahrhunderts – im Unterschied zu den klassischen Religionen – um eine Religiosität, die von anthropologischen Größen wie der Nichtigkeitserfahrung oder dem Selbstermächtigungsstreben des modernen Menschen bestimmt wird, also um religiöse Bewegungen, in die »ein Gott nicht eintritt«, da hier der Mensch sich selbst das

Höchste Wesen bleibt.[302] Das »Erleuchtungsverständnis« der modernen esoterischen Spiritualität (s. u.) kann die Richtigkeit dieser Einschätzung nur erhärten!

305

Esoterische Religiosität auf dem Prüfstand

Defizite des Menschenbilds

Wie sehr das Selbstermächtigungsstreben der Moderne in neu- und säkularreligiösen Phänomenen der Gegenwartskultur eine Wiedergeburt feiert, wird nicht nur von kirchlich-theologischen Dokumenten wie der VELKD/Akf-Studie festgehalten. Auch neutrale Wissenschaft kommt zu einer ähnlichen Einschätzung der sich in diesen kulturellen Phänomenen manifestierenden Veränderungen der religiösen Substanz selbst und der davon betroffenen Anthropologie:

Der Religionswissenschaftler Hartmut Zinser stellt die Frage, ob das noch »Religion« sei, was auf dem Esoterik-Markt verhandelt wird und weist auf verschiedene Defizite hin, die durch die Pluralisierung, Individualisierung und vor allem »Vermarktung« des Religiösen entstanden sind: »Der Markt löst das Absolute der Religion auf und verwandelt es in ein Relatives.«[303] Vor allem aber: »Die Religion des Marktes kennt nur die Moral des Marktes.«[304] Wenn sich damit aber Religion kaum noch von anderen Kulturschöpfungen des Menschen unterscheidet, hat das unabsehbare Konsequenzen für das Grundrecht der Religionsfreiheit, das voraussetzt, dass bestimmt ist, was »Religion« ist. Wenn dies aber unklar ist, werden sich nach Zinser die Fälle häufen, in denen »die Berufung auf die Religionsfreiheit zur Umgehung anderer Rechtsnormen oder sozialen Pflichten vorgeschoben« wird.[305]

Der Kultursoziologe Gottfried Küenzlen betont die entscheidende Bedeutung des Menschenbilds für die künftige Kulturentwicklung und somit auch für die Beurteilung der Zukunftsvorstellungen der modernen Esoterik. Aus christlicher Sicht ist das Bild vom Menschen entscheidend durch das Bewusstsein seiner »Unverfügbarkeit« gekennzeichnet, wie sie auch in Art. 1 des Grundgesetzes der Bundesrepublik Deutschland festgehalten wird und kulturprägend wurde, während »im Zentrum der Heilsversprechen säkularer Religion der Moderne immer wieder seine Verfügbarkeit, Programmierbarkeit, Herstellbarkeit stand«.[306] Die Menschenbilder neuer religiöser Bewegungen, insbesondere aus der »Psychoszene« (vgl. II.), oder die Versuche heutiger Gebrauchsesoterik, die Verfügungsmacht des Menschen über sich selbst und die Welt durch eine »Wiederverzauberung der Welt«, durch die Anwendung schamanistischer, magischer und mantischer Praktiken (s. o. 2.1) immer noch mehr auszuweiten, als es moderne Technik sowieso im Überfluss leistet, liefern hierfür mannigfaltiges Anschauungsmaterial. Dass an dieser Ausweitung menschlicher Verfügbarkeit über die geschöpflichen Vorgaben des Lebens hinaus in der Gesellschaft offenbar ein großer Bedarf besteht, zeigt das ungewöhnliche Interesse an einem der verbreitetsten Esoterik-Bücher überhaupt: »Die Fünf ›Tibeter‹«, die sich jahrelang ganz oben auf den Bestsellerlisten hielten. Dieses fachlich eher einer »Primitiv-Esoterik« zuzurechnende Buch[307] verheißt dem Menschen durch simple Yoga-Übungen nicht nur größere Fitness, sondern so etwas wie die Erlangung »ewiger Jugend«, also einen alles Irdische transzendierenden Zustand der Vollkommenheit. In diesem Kontext gehören auch die auf dem Esoterik-Markt seit Jahren angebotenen »Unsterblichkeits-Trainings«, bei denen Menschen, gegen gutes Geld, nicht nur erfahren können, dass sie unsterblich, weil selbst »göttlich« seien, sondern dass sie auch die Verfügungsmacht darüber besäßen, »auf ewig im Körper zu bleiben«.[308]

Im Blick auf derartige Formen der Gebrauchsesoterik gibt es – vor dem Hintergrund gemeinsamer abendländischer Kulturauffassungen bezüglich religiöser Zwecke – zwischen staatlicher, juristischer und kirchlicher Einschätzung zahlreiche Konvergenzen. So hatte das Finanzgericht Baden-Württemberg bereits 1988 hinsichtlich der Anerkennung der Gemeinnützigkeit religiöser Zwecke rechtskräftig entschieden: Ein esoterischer Verein betreibt in diesem Sinne mit Vortrags- und Kursangeboten zu bestimmten Bereichen der Esoterik – ausdrücklich genannt werden: Astrologie, Tarot, Heilmeditation und Reinkarnationsvorstellungen – »weder eine Förderung der Religion noch der Bildung«. Die für die Anerkennung der Gemeinnützigkeit erforderliche »konsequente Unterstützung einer bestimmten religiösen Richtung« sei »nicht beabsichtigt, ebenso wenig das systematische Lehren, vergleichbar mit einer Glaubenslehre des esoterischen Gedankenguts i. S. einer Religion«.[309]

Esoterisch-elitäres Selbstermächtigungsstreben und seine Übermensch-Utopien enthält jedoch auch ein gefährliches »manipulatives Potenzial«[310], das in Krisenzeiten von Personen mit entsprechenden Fähigkeiten zur Auslösung von Gewalt und Aggression benutzt werden kann. Der kollektive Selbstmord von 39 Mitgliedern der kalifornischen Computer-Sekte »*Heaven's Gate*« kurz vor Ostern 1997 mit dem Ziel, sich an Bord eines UFOs zu beamen, das sie im Schweif des Kometen »Hale Bopp« vermuteten, ist einer der spektakulärsten Fälle aus jüngerer Zeit (s. o. 2.2.3). Es ist kein Zufall, dass ein weiteres Beispiel für das manipulative Potenzial in esoterischen Utopien ebenfalls aus dem Bereich der UFO-Kulte kommt: die *Rael-Bewegung,* die ein Bild vom Menschen propagiert, das – im Namen der Züchtung eines Übermenschen – seine totale (gen)technische Verfügbarkeit und Manipulierbarkeit beinhaltet und an dessen tatsächlicher Umsetzung arbeitet! Und auch ein drittes Beispiel – die insgesamt 74 Opfer fordernden Mord- und Selbstmordaktionen im esoterischen *Sonnentempler-Orden* in der Schweiz, Frankreich und Kanada in den Jahren 1994, 1995 und 1997[311] – steht im Zusammenhang mit apokalyptisch-esoterischen Heilserwartungen sowie Grundüberzeugungen säkularer Religion von einer Verfügbarkeit und Programmierbarkeit des Menschen, deren sich die Führergestalten skrupellos bedienten. Der »Transit« der Sonnentempler zum Sirius wurde apokalyptisch-elitär damit begründet, dass ein Überleben in dieser Welt und in einer Gesellschaft von Nicht-Erleuchteten nicht mehr möglich sei: Die »Weiße Großloge des Sirius« habe deshalb die letzten Träger esoterischer Weisheit auf Erden »zurückberufen«![312] Eine weitere geplante Selbstmordaktion einer Gruppe um die Hamburger Psychologin *Heide Fittkau-Garthe* auf Teneriffa konnte Anfang 1998 von der Polizei im letzten Moment verhindert werden.[313] Der Nachahmungseffekt bei derartigen Selbstvernichtungsaktionen sollte nicht unterschätzt werden, sind doch solche tödlichen Selbstinszenierungen gleichsam der »letzte Ausweg« für sonst wenig beachtete »okkulte Übermenschen«, die Aufmerksamkeit einer Weltöffentlichkeit auf sich zu ziehen und dadurch die Illusion ihrer Auserwählung und Bedeutsamkeit zu bekräftigen.[314]

Doch nicht nur diese erschreckenden, wenn auch zum Glück seltenen Vorgänge zeigen: Esoterische Menschenbilder und Zukunftsprojektionen sind weithin Ausdruck des modernen Autonomiestrebens bis hin zu einem technizistischen Machbarkeitsdenken. Die Autonomie oder Selbstermächtigung des Menschen bezieht ihre Zukunftshoffnung aber nach dem Scheitern des neomarxistischen Utopismus und seiner Gesellschaftskritik nun aus einer Art »mystischem Utopismus« (Rupert Hofmann): dem Versuch einer Veränderung des menschlichen Seins durch eine Bewusstseinsveränderung des Individuums. Nach dem Soziologen Hubert Knoblauch steht im Zentrum des New-Age-Komplexes als typischer Ausprägung moderner Esoterik eine »Spiritualität des Selbst« (P. Heelas) mit eigenen Bewusstseins-»Techniken« zur Fortentwicklung des menschlichen Selbst – »doch bleibt das Heil an die eigene Leistung des Menschen gebunden, die durch die genannten Techniken erbracht wird«.[315] Wenn Religion nach Thomas Rentsch »Aufklärung über sinnkonstitutive Unverfügbarkeit«[316] ist, dann ist esoterische Religiosität im Sinn dieses mystischen Utopismus der Selbst-Verwirklichung denkbar weit davon entfernt.

Freiheit durch »Erleuchtung«?

Einsichten neutraler Wissenschaft wie diese sollten auch die christlichen Kirchen aufhorchen lassen. Sie könnten sie darin bestärken, sich im Dialog oder im Konflikt mit Vertretern esoterischer Strömungen auf die theologische Basis des Rechtfertigungsglaubens zu besinnen: dass der Mensch vor Gott nicht durch eigene Leistung, sondern allein im Glauben an Christus sein Heil finden kann. Dies entlastet ihn zugleich von den Zwangsvorstellungen des Selbstermächtigungsstrebens, sich selbst oder auch andere Menschen befreien oder erlösen zu müssen, mit anderen Worten von der »Häresie des Utopismus«.[317] Das Bekenntnis, dass allein in Christus das Heil des Menschen liegt, entlarvt alle anderen autonomen Machtansprüche auf die Gestaltung seines Lebens und macht den Menschen davon frei.[318] Ein Pfarrer als »Reiki-Meister«, als Anthroposoph oder als Astrologe mag zwar, wenigstens solange der Zeitgeist in diese Richtung weht, ein gewisses Publikum anziehen; ob er damit ein richtiges Signal gibt und der christlichen Sache dient, darf eher bezweifelt werden, wenn durch sein Engagement die christliche Freiheit durch neue weltanschauliche Bindungen und Zwänge beeinträchtigt wird (vgl. Gal 5,1[319]). Kann doch das Vertrauen auf die Effektivität solcher Praktiken auch zum Hindernis auf dem Weg zum Glauben und Vertrauen in den Schöpfer werden und den Blick auf das Geschenk und die Möglichkeiten christlicher Freiheit gerade verbauen, das durch keinerlei Bewusstseinstechniken und Trainings gewonnen werden kann.[320] Dieser Glaube besitzt geradezu eine, wenn auch viel zu wenig beachtete, präventive Bedeutung für die Praxis: Wie viele Opfer solcher Techniken wären erst gar nicht in die Kurse der Esoterik-Gurus gegangen, hätten sie die Botschaft von der befreienden Gnade Gottes deutlich genug heraushören können aus der Fülle kirchlicher Verlautbarungen zu allen möglichen anderen gesellschaftspolitischen Problemen der Gegenwart! Doch die pastorale Dimension der Apologetik ist von den Kirchen selbst erst in ihrer immensen praktischen Bedeutung zu erkennen.

Auch der zentrale Topos der esoterischen Zukunftsvisionen und Erlösungsvorstellungen überhaupt – *Erleuchtung* als Heilsziel (s. o. 1.) – steht in einem unauflösbaren Widerspruch zum christlichen Freiheitsverständnis auf der Basis des Rechtfertigungsglaubens, sowohl was das Verständnis als auch was die Realisierung von »Erleuchtung« betrifft:

»*Erleuchtung*« als letztes Ziel menschlichen Strebens »*ist ein Zustand, der ... der Energie erlaubt, durch jeden und in jeder Situation harmonisch zu fließen*« – so beschreibt

Edmund Runggaldier zusammenfassend das Erleuchtungsverständnis der modernen Esoterik als »Ausdruck eines harmonischen energetischen Gleichgewichts«.[321] Realisiert werden soll dieser Zustand durch eine unüberschaubare Fülle esoterischer Praktiken, die alle dem einen Zweck dienen: diesen für das Heil des Menschen notwendigen »harmonischen Fluss der Energien« herzustellen, damit er sich schließlich mit den höchsten kosmischen oder (!) göttlichen Energien vereinigen kann. Der esoterische Weg zur Erleuchtung wird daher auch als Rückkehr zum »Höheren Selbst« beschrieben.[322] Dieser Weg besteht in einer »Bewusstseinserweiterung« durch »Transformierung« (d. h. Steigerung oder Verfeinerung) der verschiedenen Bewusstseinszustände oder feinstofflichen »Energiezentren« (»Chakren«) im Menschen, die sukzessive »geöffnet« werden. Denselben Prozess können auch die Ursymbole des Tarot bewirken.[323] In der modernen »Hexenreligion« spricht man nach Starhawk statt von »Energie« auch von »Macht« oder »Kraft«, deren unversiegbare Quelle in jedem Menschen selbst liege, häufig aber nicht »angezapft« werde.[324] Mit anderen Worten: Heilwerden durch »Erleuchtung« besteht letztlich in einer »Selbst-Verwirklichung«, bei der der Mensch selbst zum »Höheren Selbst« *wird*. Diesen Prozess aber muss jeder Mensch von sich aus bewirken, indem er sich in Übereinstimmung mit den in ihm selbst und im Kosmos schwingenden Energien bringt.[325]

Runggaldier weist auf die Verwandtschaft wichtiger Aspekte dieses esoterischen Heilsverständnisses mit dem stoischen hin: »Stimmen wir dem ewigen zyklischen Fluss der Energie zu, sind wir innerlich frei.« Für den Esoteriker besteht – wie besonders Dethlefsen in radikaler Weise hervorhebt – wahre Freiheit in dieser Freiheit der Zustimmung oder Unterordnung unter die Gesetzmäßigkeiten des Kosmos.[326] Man könnte im Blick auf dieses »energetische« Heils- und Erleuchtungsverständnis aber auch von einer Verwandtschaft mit neuheidnischen Weltanschauungen[327] sprechen, wie bei der Rezeption solcher Vorstellungen durch die moderne Hexenreligion unmittelbar deutlich wird. Schon unter diesem Gesichtspunkt wird der fundamentale Unterschied zur christlichen Heilslehre deutlich, in der – was heute fast in Vergessenheit geraten ist – in sehr differenzierter Weise auch von »Erleuchtung« die Rede ist:

Der Unterschied besteht weniger darin, dass z. B. bei den altprotestantischen Dogmatikern die »Erleuchtung« nicht als höchstes Heils- und Erlösungsziel gilt, wenngleich dem Begriff eine prominente Stelle auf einem abgestuft vorgestellten Heilsweg des Christen (ordo salutis) eingeräumt wird – nämlich als zur Erkenntnis und Aneignung des Heils führende »Erleuchtung«, zwischen den Stufen der »Berufung« und der »Bekehrung«. Jedoch die *Erlösung* selbst – ob man den Heilsweg nun in einer solchen Stufenfolge darstellt oder nicht – wird völlig anders begründet als in der modernen Esoterik: Nach Luthers »Kleinem Katechismus«, zugleich einer Bekenntnisschrift der lutherischen Kirchen, wird der Glaube an Christus durch den Heiligen Geist *geschenkt*, der durch das Evangelium »beruft« und »mit seinen Gaben *erleuchtet*«.[328] Diese pneumatologische Dimension der Erleuchtung als Gabe des Heiligen Geistes, die Existenzwandel und Glaubensgewissheit bewirkt, liegt völlig außerhalb des Horizonts esoterischer Theorien und somit auch der geschenkhafte Charakter der Erlösung überhaupt – im Gegenteil: Die Erleuchtung wird in höchstem Maße menschlicher Verfügbarkeit unterworfen, worin sich wiederum das moderne Selbstermächtigungsstreben der Esoterik unzweideutig manifestiert:

Im Rahmen einer Analyse der New Age-Bewegung als »neognostischer« Strömung bezieht sich Hans Joachim Türk auch auf dieses mit dem Christlichen völlig inkompatible »Verständnis der Erlösung als Erlebnis der Erleuchtung« sowie auf ihre religiös ganz andere Realisierung, »die durch Ritualien, Methoden und Techniken erreicht wird«. Die »Erfahrung der Erleuchtung« beinhaltet in Esoterik und New Age einerseits einen religiösen Dualismus zwischen »geistig-göttlich Erleuchteten« und »welthaft verbliebenen Unerleuchteten«, der aus dem christlichen Glauben nicht zu begründen ist. Zum anderen aber erscheint der Heilszustand der Erleuchtung in der Esoterik nach Türk als »das Werk menschlich gelungener Bewusstseinserweiterung, ja sogar technisch-methodischer Praktiken«. Diesem Verständnis ihrer Realisierung sei am entschiedensten zu widersprechen, denn der Geist Gottes entzieht sich jeder Verfügungsgewalt des Menschen: »Für den christlichen Glauben liegt die Heilsinitiative immer aufseiten Gottes. Die Gnade wird von Gott geschenkt. Das Reich Gottes bricht mit Macht von ›oben‹ her an – allerdings nicht, ohne dass der Mensch zustimmt und das ihm Mögliche unternimmt.«[329]

»Macht durch Erleuchtung« – das Heilsversprechen der Esoterik scheint im Kontext des Panoramas neuer Religiosität besonders populär zu sein. Nicht nur aus christlicher Sicht freilich wurde dieser Weg zum »okkulten Übermenschen« oft als verhängnisvoll empfunden.

Ulrich Dehn:

IV. | Suche nach der eigenen Mitte –
östliche Religiosität im Westen

1. Allgemeine Einführung

Seit mehreren Jahrzehnten verschaffen sich spirituelle Bewegungen verschiedener religiöser Intensität und Inhalte aus Asien Einfluss im Westen, so auch in Deutschland. Das Wort »Spiritualität«[1] gewinnt hierbei eine stetig zunehmende Bedeutung, sowohl im Bereich der östlich orientierten Bewegungen als auch innerhalb der christlichen Kirchen. Damit zeigt sich eine Tendenz, die sich bis in die neunziger Jahre hinein beinahe dramatisch zuspitzte: Religion wurde nicht mehr als schicksalhafte Sozialisationskomponente betrachtet, sondern immer mehr als religiöse Option, als Resultat einer bewussten Wahl. Lebenszusammenhänge entstanden, in denen nichts mehr selbstverständlich war, sondern ein Ergebnis von Optionen unter Bedingungen der »Häresie«. Diese Wirklichkeit, die besonders von Peter L. Berger beschrieben worden ist, trifft allerdings nach wie vor nur auf ein, wenn auch wachsendes, Minderheitssegment der Bevölkerung zu, das weithin der intellektuellen Mittelschicht zuzurechnen ist.

In diesem Zusammenhang jedoch wird Spiritualität wichtig, es wird nach »echter« Religion gesucht, in der gelebte Spiritualität zu finden ist. Sie wird gleichzeitig gar zum Synonym für die neue separierte Welt; so findet sich in manchen neureligiösen Bewegungen der Unterschied zwischen bürgerlichen und »spirituellen« Namen. »Spiritualität« wird zum Gegenbegriff für verkrustete, zeremonialisierte Volkskirchlichkeit. Im esoterischen Jargon wird gar die »spirituell interessierte Welt« zur Chiffre für die esoterische Klientel und zum Kontrast zu einer säkularisierten oder »nur« kirchlich-christlichen Welt. Der christliche Autor Norbert Copray versucht eine Schneise in den inflationären Gebrauch des Begriffs zu schlagen und beharrt auf einer Ankoppelung an religiöse Dimensionen sowie einer Unterscheidung zwischen echter und »esoterisierter« Spiritualität (»Quasi-spiritualität« im Dienste einer »Aufblähung des Narzissmus«). Er schlägt folgende Definition vor: »Spiritualität sei hier ganz allgemein – vorab spezifischer Ausprägungen in unterschiedlichen Religionen, Kulturen und gesellschaftlichen Strömungen – verstanden als Achtsamkeit für die Dimensionen des Lebens, die über den Einzelnen hinausgeht, die Erde umfängt und in der persönlichen Tiefe des Einzelnen präsent ist. Es gibt keine ›Spiritualität an sich‹, sondern Spiritualität ist stets die emotionale und rationale Wahrnehmung einer transzendenten Dimension in der Selbstwahrnehmung eines Menschen oder einer Gruppe. Spiritualität ist Erlebnis und Praxis der Geistigkeit eines Menschen oder einer Gruppe, sofern unter Geist das im Menschen und in Gruppen präsente kommunikative Prinzip des Lebens zu verstehen ist.«[2] Hier sind wiederum, im Widerspruch zum eigenen Anspruch Coprays, gewisse banalisierende Formulierungen enthalten, die zu einer Ablösung von jeglicher religiösen Tradition tendieren und auf »erhöhte Sensibilität« und »Kommunikativität« hinauslaufen. Nach dem Verständnis des Gebrauchs im Bereich

der christlichen Ökumene wäre jedenfalls dem Verweis auf das »kommunikative Prinzip
des Lebens« allemal der Aspekt der Leitung durch den Geist Gottes bzw., um auch für den
außerchristlichen Bereich zu sprechen, die eine unmittelbare Erfahrung überschreitende
Ganzheitswahrnehmung oder wie auch immer geartete transzendente Dimension hinzuzufügen – eine Dimension, die offenbar von der neureligiösen Klientel in der »Volkskirche« nicht gefunden wird.

1.1 Wie kam und kommt östliche Religiosität in den Westen?

In diesem Zuge fassen auch neue hinduistische, buddhistische (und islamische) Gruppen
im Westen Fuß. Diese Dynamik hatte sich allerdings schon seit mehr als hundert Jahren
angekündigt, seit der junge Swami Vivekananda 1893 auf dem Weltparlament der Religionen gesprochen und vier Jahre später die Ramakrishna-Mission gegründet hatte. Damit
fing, von unbedeutenden Vorläufern abgesehen, die Westmission östlicher Religionen in
größerem Stil an: Aus missionsgeschichtlicher Vogelperspektive war dies ein Vorgang, der
als Reaktion der asiatischen Religionen auf die Mission des Christentums betrachtet werden konnte, und bereits seit Ende des 19. Jahrhunderts ließen sich christliche Stimmen
vernehmen, die hier eine Bedrohung des »christlichen Abendlandes« sahen.[3]
     Eine deutliche Wahrnehmbarkeit neureligiöser asiatischer Aktivität in Deutschland
setzt jedoch erst in den sechziger und siebziger Jahren ein: 1969 wird der deutsche Zweig
der Internationalen Gesellschaft für Krishna-Bewusstsein (ISKCON) gegründet, dies aufgrund der Missionstätigkeit des Amerikaners Samuel Greer, der, aus den USA von Srila
Prabhupada entsandt, nach erfolgloser Tätigkeit in Britannien, in Deutschland Fuß fassen konnte. Bereits 1960 etabliert sich die Transzendentale Meditation mit einer ersten
Landesgruppe in Deutschland, damals noch als Spiritual Regeneration Movement (SRM)
– dies aufgrund einer missionarischen Blitzreise des Gründers Maharishi Mahesh Yogi,
ebenfalls auf dem Umweg über die USA. Maharishi Mahesh Yogi gehört zu den wenigen
indischen Gründerfiguren, die ihren endgültigen Sitz nach Westeuropa verlegt haben. Zu
Beginn der siebziger Jahre unternimmt der blutjunge Guru Maharaj Ji seine ersten Missi-
onsreisen in den Westen, das »Ashram in Poona« des Sri Bhagwan Rajneesh macht von
sich reden: In den siebziger Jahren reisen zahlreiche Amerikaner und Westeuropäer auf
spiritueller (und sexueller) Abenteuersuche nach Poona, »nehmen Sannyas« (Einweihungs-
ritual der Osho-Bewegung) und kehren in den Westen zurück. Meditationsgruppen der
Radhasoami-Satsang-Meister werden durch die Auslandsreisen des Kirpal Singh erstmals
auch im Westen sesshaft und etablieren sich durch die intensive Missionstätigkeit der
beiden derzeit prominentesten Meister Thakar Singh und Rajinder Singh in den neunziger Jahren auch verstärkt in Deutschland. Die Self-Realization-Fellowship-Bewegung des
Paramahamsa Yogananda wurde seit dem Tod des Meisters 1952 zu einer rein amerikanischen Angelegenheit, breitete sich jedoch auch diskret in Deutschland aus, und zwar in
Gestalt von Lesezirkeln der Schriften Yoganandas, insbesondere seiner einflussreichen
Autobiografie[4]. Der aus Auroville, dem Aurobindo-Ashram in Pondicherry hervorgegangene Sri Chinmoy und seine »Friedensbewegung« sind ebenfalls deutlich US-zentriert
und in Deutschland nur in kleinen Zahlen vertreten. Yoga-Gruppen verschiedenster Pro-

venienz und diverse andere kleinere Bewegungen wären zu nennen. Auch in anderen als den aufgezählten Fällen ist der Umweg über die USA der häufigere – Reiki, das seinen Weg über Hawaii und die USA nahm, kann fast als amerikanische Bewegung mit ostasiatischem Einschlag betrachtet werden.

Aufgrund von Digitalisierung und Globalisierung der Kommunikation sind die Ausbreitungswege der östlichen Strömungen und Gruppen noch zahlreicher geworden. Die Falun-Gong-Bewegung ließ den Mythos entstehen, es gelänge ihr aufgrund ihrer Internet-Kommunikation, trotz eines niedrigen Organisationsgrades massenhaft zu agieren. Jedoch ist selbst im Zeitalter der elektronischen Mitteilungen deutlich zu beobachten, dass die Verbreitung und die Missionserfolge von Gruppen, sofern sie sich als nachhaltig erwiesen, weiterhin auf persönlichen Beziehungen beruhen. Migrant(inn)en aus den betreffenden Ländern leisten Aufbauarbeit, weiteres geschieht durch Flüsterpropaganda und gezieltes und direktes persönliches Ansprechen in vorhandenen Beziehungsgefügen: Das war am Ende des 19. Jahrhunderts so und ist heute nicht anders.

1.2 Zum Begriff »Neue religiöse Bewegungen«

Die hier zu bedenkenden Gruppen und Bewegungen stellen einen großen Teil dessen dar, was heute als Neue religiöse Bewegungen (NRB) bezeichnet wird. Die Bezeichnung NRB ist definitorisch nicht viel klarer als »Sekte« oder das englische Pendant »(destructive) cult«, aber sie hat den Vorteil, abgesehen von den Assoziationen, die ihr Gebrauch bereits mit sich bringt, weniger Vorverurteilungen zu transportieren. Bereits das Präfix »neu« deutet darauf hin, dass der Begriff immer nur zeitweilige Gültigkeit haben kann: Alles, was neu ist, ist dies irgendwann nicht mehr und wird allenfalls, so »neu« wie es einmal geheißen hat, zum Gegenstand der Wissenschaftsgeschichte. So beginnt etwa die japanische shintôistische Religionsgemeinschaft Tenrikyô, die 1838 gegründet und normalerweise als »Neureligion« bezeichnet wurde, in letzter Zeit das Präfix abzuschütteln. Oft wird der Ausdruck NRB einfach als geadelte Version des Ausdrucks »Sekte« benutzt, ohne dass die Bedeutungsfelder wirklich deckungsgleich wären. Hier soll versucht werden, NRB in Einschränkung auf den Bereich der nichtchristlichen Bewegungen zu diskutieren (für eine weitere Diskussion vgl. VI-1.1). Joachim Piepke fasst neue religiöse Bewegungen, neue religiöse Gemeinschaften, Jugendreligionen, Psychokulte und andere Weltanschauungsgemeinschaften zusammen, die einige Elemente einer Sekte im umgangssprachlichen Sinne, d. h. im Sinne der Verletzung von Menschenrechten, aufweisen können, in ihrer Herkunft und Ausprägung aber so vielfältig sind, dass sie nicht mehr unter einen einheitlichen Sektenbegriff gefasst werden können. Ihr Ursprung sei weitgehend nicht christlich, der Gemeinschaftscharakter oft nicht erkennbar bzw. nicht verbindlich und religiöse Heilsvorstellungen durch innerweltliche abgelöst.[5] Er erwähnt ferner aus dem Vorschlag Hemmingers[6] zum Sektenbegriff die Elemente: fehlende Ökumene(bereitschaft) und radikale Exklusivität. Ferner seien Absolutheitsanspruch auf das Heil, missionarisch-aggressives Auftreten gegenüber den Großkirchen, klare Grenzen zwischen Innen- und Außenwelt und zentralistische Machtstrukturen sowie ein »plausibel simplifizierendes Lehrsystem« die wichtigsten Kriterien für eine Sekte. Abgesehen vom simplifizierenden Lehrgebäude sind die meisten dieser Charakterzüge zumindest für die neuen religiösen Bewegungen in unserem Bereich in den letzten Jahren verblasst und andere typische Elemente paradigmatisch wichtiger geworden. Auch die klassische Definition Max Webers, der es weitgehend bei der formalen Unterscheidung von Freiwilligkeit (Sekte) und obligatorischem Charakter (Kirche) beließ, hilft heute nur noch begrenzt weiter, zumal sie auf den im weiteren Sinne christlichen Bereich gemünzt war.[7] Einige der Beobachtungen Webers mögen noch heute zutreffen, etwa was den internen ethischen Anspruch einiger Weltanschauungsgemeinschaften betrifft. Seine Analyse des sozialen und ökonomischen Auffangnetzes einer Sekte ist nur noch bedingt zutreffend, nämlich dann, wenn von einer gewissen Stärke und Stabilität und damit einer selbst erstellten Infrastruktur der Sekte ausgegangen werden kann. Er legt einen eher statischen Sektenbegriff an, auch wenn er ihn eigentlich historisch akzentuieren will. Eine »geadelte« Transformierung in den Begriff der NRB ist hier nicht sinnvoll. Die Brockhaus-Enzyklopädie legt in ihrer 20. Auflage zunächst eine formale Definition für »neue Religionen« zu Grunde, wenn sie von religiösen Bewegungen spricht, »die eine von bestehenden Traditionen mehr oder weniger unabhängige neue Lehre verkünden, einen in dieser Lehre begründeten neuen Kult leben und eine um Kult und Lehre zentrierte neue Gemeinschaft bilden«. Sie schreibt das Aufkommen solcher neuen Religionen gesellschaftlichen Krisensituationen, Säkularisierungsprozessen und der Auflösung weltanschaulicher Verbindlichkeiten zu, durch die traditionelle Religionen an Einfluss und Geltung verlören. Der Bogen des Begriffs »neue Religionen« wird gespannt von klassischen christlichen Sondergemeinschaften über weltanschauliche Strömungen (Theosophie, Anthroposophie) bis hin zu den NRB im hier zu behandelnden Sinne. Damit jedoch wird die Bezeichnung eindeutig überstrapaziert und auch die völlig unterschiedlichen Entstehungsbedingungen nicht genügend berücksichtigt.

In ihrem Buch »Understanding Cults and New Religions« bieten Irving Hexham und Karla Poewe eine kulturell-zeitgeistige Deutung an. Sie kommen in einer eher zynischen Analyse zu dem Schluss, dass neureligiöse Bewegungen weder besonders neu noch sonderlich religiös seien, sondern sich vielmehr im Rahmen einer bestimmten nachchristlichen populären Mythologie als in erster Linie magische und therapeutische Bewegungen etablieren. Die meisten von ihnen eigneten sich ein konservatives bis reaktionäres Weltbild an und versuchten, politisch hinter die demokratischen Errungenschaften der westlichen Welt zurückzufallen. Gemeinsam sei ihnen folgendes Klischee: »Mythische Strukturen, wie die Strukturen von Träumen und Fantasien, erscheinen ebenso fixiert wie die instinktiven Verhaltensmuster von Tieren auf niedrigen Stufen der evolutionären Leiter. Fantasien, Träume, Mythen und Sciencefiction-Stories werden mit bunten Inhalten gefüllt, ein eklektisches Karussell von Uniformen, versinnlichter high technology, greller Dunst und alte Rituale, die mitunter gewaltsam, oft pornografisch, und immer primitiv, repressiv und bar jeder Vernunft und kritischen Sinnes sind. Die neuen Mythenschöpfer wollen uns glauben machen, dass dieser Inhalt ultramodern ist, aber das Gegenteil ist der Fall«.[8] Die Charakterisierung trifft eher auf synkretistische Endzeitgruppierungen wie Fiat Lux und Universelles Leben als auf die im engeren Sinne neureligiösen Bewegungen zu und dürfte mit der karikaturistischen Überzeichnung über das Ziel hinausschießen. Auch lässt sie historische Komponenten vermissen, wie sie bereits 1980 bei Hummel in der Veröffentlichung seiner Heidelberger Habilitationsschrift zur Anwendung kamen. Er ordnete das Entstehen neureligiöser Bewegungen indischer Herkunft sowie ihr Vorkommen im Westen in einen globalen langfristigen Prozess ein, innerhalb dessen gleichsam eine Antwort auf die christlich-westliche Expansion nach Asien zu identifizieren sei. Er unterscheidet das diffuse Aufnehmen östlicher Strömungen (Yoga) und die gezielte, organisierte Mission indischer Gemeinschaften, wovon Letzteres in den vergangenen zwanzig Jahren deutlich dem Ersteren gewichen ist. Hummel setzt sich teilweise scharf von der bisherigen sektenkritischen Literatur und insbesondere von dem Begriff »Jugendreligionen« ab, den er als »religionswissenschaftlich unbrauchbar« bezeichnet, und kritisiert auch die inhaltlichen Implikationen, die insbesondere die Herkunft der Gruppen nicht berücksichtige und wahrscheinlich auch ihre Merkmale falsch einschätze.[9] Hummel formulierte besonders seit Mitte der neunziger Jahre seine Beobachtungen hinsichtlich eines »Entsektungsprozesses«, nämlich Entwicklungen einiger Gruppen auf größere Offenheit, Transparenz und Demokratisierung hin und eine stärkere Akklimatisierung an westliche Gesellschaften. Seine Vorschläge, anstelle von Begriffen wie »Sekte«, »destruktiver Kult« oder »Jugendreligion« von »konfliktreichen religiösen Bewegungen« oder »konfliktträchtigen Bewegungen« zu sprechen, konnten sich im allgemeinen Sprachgebrauch nicht nachhaltig durchsetzen, wohl aber der Sache nach.[10] Ebenfalls nicht durchgesetzt hat sich der u.a. von Frank Usarski vorgetragene Vorschlag, von Neuen Spirituellen Bewegungen zu sprechen: Diese Sprachregelung käme dem Anliegen vieler der Gruppen und Bewegungen entgegen, »Religionshaltigkeit« und – wie auch immer verstandene –Spiritualität voneinander zu trennen.[11] Sie würde auch den expliziten Widerstand einiger Gruppen, insbesondere der Transzendentalen Meditation, gegen die Behauptung ihrer Religionshaltigkeit berücksichtigen, scheint aber einen zu »positiven« Klang zu haben, der die Potenz zu Konflikten mit Menschenrechten nicht ausreichend berücksichtige. In der Regel ist die seriöse Religionswissenschaft bereit, differenzierende Bezeichnungen einschließlich NRB zu verwenden, während, vor allem bei den Massenmedien, Begriffe wie »(destruktiver) Kult« oder »Sekte« entgegen auch den Empfehlungen der Bundestags-Enquetekommission nicht auszumerzen sind.

1.3 Typologie und Erscheinungsformen

Unter den religionssoziologischen Bedingungen damaliger Zeiten waren es überwiegend junge Menschen in Lebensphasen der Umorientierung, die sich solchen neuen Bewegungen zuwendeten – Jugendliche, Schüler, Studenten und andere Menschen in einer ersten »Enthausung« und Suche nach einem neuen geistigen und geistlichen, durchaus auch leiblichen Zuhause. So wurde ihnen die Gattungsbezeichnung »Jugendreligionen« zuteil.[12] Orientierungssuche ist nunmehr, in Anbetracht stetiger gesellschaftlicher Individuationsprozesse, eine lebenslange Aktivität. Neuzugänge zu neureligiösen Bewegungen finden in allen Altersstufen statt – wie Untersuchungen gezeigt haben, schwerpunktmäßig jedoch nach wie vor unter jüngeren Menschen in den Zwanzigern.[13] Bei dem Besuch einer Esoterik-Messe war zu beobachten, »dass sich zu einem Großteil Frauen mittleren Alters für die Angebote interessieren, die hohen Kosten für Workshops und Seminare lassen vermuten, dass finanziell besser Gestellte angesprochen werden (sollen)«. Alleinstehende seien eine bevorzugte Zielgruppe.[14] Dies gilt ebenfalls für einen großen Teil der hier zu behandelnden Strömungen, insbesondere die Ki-Bewegungen.

Neben »Spiritualität« wurde »Ganzheitlichkeit« zu einem Zentralbegriff, zumindest das Klischee von Ganzheitlichkeit asiatischer Religiosität, das im Westen herrschte und herrscht: Seele und Leib als eine Einheit in ihrer gegenseitigen Bezogenheit.

Attraktiv wurde nun eine religiöse Praxis, die unmittelbar an die jeweilige Struktur gebunden ist: Guru-Orientierung, klare Lebensregeln, die meist dem asketischen oder halb-asketischen Hinduismus entlehnt sind, d.h. eine Verbindlichkeit, die im Volkskirchentum vermisst werden mag, konnte man hier finden. Auch ist offenkundig in der Aufbruchstimmung der sechziger und siebziger Jahre die Komponente der asiatischen, insbesondere indischen Exotik wichtig. Allerdings verstärkte gerade dieser Aspekt das kulturelle Entfremdungssyndrom und trug umso mehr zur gesellschaftlichen Isolierung der Gruppen bei. Selbst in einer Zeit, in der viele dieser Gruppen einen gesellschaftlichen Anpassungskurs fahren, bleibt das Klischee der safranfarben gewandeten Hare-Krishna-Jünger als typischer »Sektenmitglieder«.

Das Paradigma dieser Gruppen, die als guruorientierte Organisationen mit fester Mitgliedschaft und Initiationen und fest umschriebenen Lebensregeln wahrnehmbar sind, ist heute nicht mehr das beherrschende. Es ist in den neunziger Jahren überlagert worden von der Attraktivität chinesischer Strömungen, die nur in Ausnahmefällen organisatorisch verbindlich sind. Es ist eine Tendenz von der Gruppe zur Bewegung, von der Organisation zum Angebot beobachtbar. Dies kommt der von Berger attestierten »häretischen« Stimmung entgegen: Selbst wenn es den gerne in der neueren Debatte an die Wand gemalten, wöchentlich etwas Neues auf dem religiösen »Markt«[15] Ausprobierenden so nicht oder nur als Minderheit geben mag, so erweitert sich doch die Klientel derer, die sich ungern an eine bestimmte weltanschauliche Gruppe binden lassen: Eine Initiation in den ersten oder zweiten Grad von Reiki, Kriya-Yoga nach Paramahamsa Yogananda und regelmäßige Teilnahme im Fitness-Zentrum an einem T'ai-Chi-Kurs schließen sich nicht gegenseitig aus, dies alles möglicherweise bei gleichzeitiger Mitgliedschaft in einer der beiden großen christlichen Kirchen.

Versuch einer Mentalitätstypologie

Bei Menschen, die Gebrauch von derzeitigen Angeboten aus dem neureligiösen Bereich machen, sind bestimmte Typen von Mentalität festzustellen, die sie empfänglich für Angebote machen, zugleich aber in dialektischer Weise auch den neureligiösen und esoterischen Anbietern zu einem Parameter werden, wie sie sich auf dem »Markt der neureligiösen Dienste« zu präsentieren haben. Diese Mentalitäten können sich wiederum übereinander und ineinander schieben. Mit dieser »Mentalitätstypologie« lehnen wir uns inhaltlich an die Terminologie der »Passung« an, die im Umfeld der Enquetekommission des Bundestages »Sogenannte Sekten und Psychogruppen« benutzt wurde.[16]

Es kann von folgenden Typen ausgegangen werden:

1. Das Phänomen derer, die gleichzeitig an verschiedenen Angeboten partizipieren, ist ja nur möglich aufgrund eines pragmatisch orientierten weltanschaulichen Oberflächen-

konsums, der den Eisberg unterhalb der Wasseroberfläche nicht beachtet. Reiki und T'ai Chi überführen streng genommen die uralte taoistisch-buddhistische Tradition in eine moderne Light-Version. Diese kommt, wenn sie bis ins Detail hinein ernst genommen wird, in Konflikte – sowohl mit großen Teilen des klassischen Yoga als auch mit dem Christentum, wenn wir bei unserem obigen Beispiel bleiben wollen. In der Regel wird in den betreffenden Bewegungen auch die Vereinbarkeit etwa mit dem evangelischen Christentum behauptet. So ist aus dem Reiki-Spektrum oft zu hören, es gehe doch nur um Händeauflegen, eine Praxis, die Jesus bereits geübt habe. Die taoistischen, yogischen und buddhistischen Elemente von Reiki, die in ihrer Zusammenführung das Handauflegen überhaupt erst wirken lassen (dies entgegen der Behauptung einer »objektiven Wirksamkeit«), werden geflissentlich unterschlagen. T'ai Chi sei eine reine Atem- und Bewegungstherapie, die jedem – auch in normalen Fitness-Studios – zugänglich sei. Ähnlich wie bei Reiki ist auch in dieser werbenden Behauptung der gesamte Hintergrund bzw. Untergrund unter der Wasseroberfläche nicht mitbenannt. Dies führt auch zu einer Verflachung des weltanschaulichen Wissens: Heutige Kinder erfahren bei Mandalas meist nichts über den buddhistischen Hintergrund, sondern nur, dass es sich um runde Ausmalbilder handele, sofern die entsprechende Lehr- bzw. Erziehungskraft sie nicht auch noch mit einem esoterischen Ambiente für den Hausgebrauch konfrontiert, das allenfalls, unter Wahrung der pädagogischen Distanz, in den Religionsunterricht gehören würde. Begriffe mit religionsgeschichtlicher Tiefe verflachen hier zu Instrumenten einer koketten sprachlichen Aufpolierung des Alltagsjargons. Die »Osho Times« teilt Angelegenheiten, über die die Redaktion den Kopf schüttelt, in einer Kolumne »Koan« mit, fernab der Bedeutung, die der Begriff »Koan« im japanischen Zen-Buddhismus hat. Beides ist eben irgendwie rätselhaft.

2. Hand in Hand mit dem weltanschaulichen Pragmatismus geht ein gegenseitiges Verschwimmen von Grenzen. Regelmäßige Meditationen evangelischer oder katholischer Christen, Yoga-Übungen bis hin zu entsprechenden Kursangeboten in kirchlichen Gemeindezentren und Ähnliches zeigen: Wie beim Ineinanderfließen von Farbfeldern bei einem aufweichenden Wasserfarbenbild gibt es zunehmend gegenseitige Öffnungen, ein Verwischen der Grenzen zwischen christlicher Identifikation und asiatischen Einflüssen, eine fortschreitende weltanschauliche Beliebigkeit sowie eine fortschreitende gegenseitige Ähnlichkeit von Strömungen und Klientel. Dieser Typ ist insbesondere im Rahmen dessen zu beobachten, was unten unter 2.3 zu behandeln ist, partiell aber auch im Abschnitt 2.1. Mitunter ist auch von einer »Dispersion des Religiösen« die Rede (vgl. I.).

3. Dieser Beliebigkeit steht mitunter ein bekenntnishafter Glaube selbst bei Religionen gegenüber, die in asiatischen Ländern nicht mit exklusivem Glauben oder gar Bekenntnis verbunden sind. Vom 1985 formulierten Bekenntnis der Deutschen Buddhistischen Union bis hin zum Sendungsbewusstsein einiger indischstämmiger Gruppen findet sich hier eine religiöse Mentalität, die deutlich aus dem westlichen Umgang mit Religionen stammt. Sie ist besonders bei in Abschnitt 2.2 genannten Gruppen zu beobachten.

Endzeiterwartungen – oder allgemein gesprochen: Zeiteinteilungsvorstellungen – sind Stichworte, die im Zusammenhang mit dem mythifizierten Jahr 2000 auftauchen. Sie sind keine typische Ausdrucksform der in diesem Kapitel zu behandelnden Religiosität, von

Ausnahmen wie der Vereinigungskirche/Familienföderation für Weltfrieden und Vereinigung u.a. abgesehen. Waren solche Vorstellungen vorhanden, so haben sie sich bei manchen Organisationen in den letzten Jahren abgeschwächt, wie dies etwa bei den Zeugen Jehovas (vgl. VI-2.1) der Fall ist. So ist eine gewisse Korrespondenz zwischen interner Strenge und fehlender Transparenz einerseits und starrer Endzeitvorstellung andererseits nachweisbar, bzw. im Gegenzug eine Liberalisierung und Öffnung nach außen im Falle eines Aufweichens von Endzeiterwartungen. Diese Beobachtung spielt jedoch im Bereich der östlichen Religiosität nur am Rande eine Rolle.

Kleine Typologie neureligiöser Bewegungen

Sechs wichtige Merkmale der östlichen Gruppen und Strömungen sollen eingehender behandelt werden:

1. Mythenbildung:[17] Für viele (ost)asiatisch orientierte Gruppen und Bewegungen (sowie auch manch andere) ist die Anhänglichkeit an eine Gründer-, Führer- oder Stiftergestalt typisch, die mit hagiografischen Elementen tradiert wird. Biografisch holprige Entwicklungen werden eingeebnet oder zu notwendigen spirituellen Reifungsperioden erklärt, von Wunderheilungen oder sonstigen Wundern wird berichtet. Mythen werden gebildet und dienen zur Affirmation eines Zusammenhörigkeitsgefühls, insbesondere dann, wenn dies organisatorisch nicht unbedingt gewährleistet wird. Gründermythen können auch eine Eigendynamik gewinnen und zur Herausbildung von Konkurrenzmythen herausfordern, wie im Falle von Reiki geschehen.

Veranschaulichen lässt sich dies an den Gründergestalten Dr. Mikao Usui von Reiki und Li Hongzhi von Falun Gong. In beiden Fällen scheinen die jeweiligen Hagiografien in den betreffenden Bewegungen eine so wichtige Rolle zu spielen, dass sie fast ausnahmslos in jeder Publikation wiedergegeben werden. Im Schrifttum von Falun Gong jeweils in detailgetreuer Übereinstimmung, da es hier offenbar noch keine zerfasernde Schulbildung gegeben hat, bei Reiki mit zahlreichen Modifikationen bis hin zu einem Konkurrenzmythos, der aber in sich wiederum die außerordentlich hohe identitätsstiftende Funktionalität des »Usui-Mythos« bestätigt.

In beiden Mythen werden Strukturelemente der betreffenden Bewegung konfiguriert, von (Heilungs-)Wundern wird berichtet, Erleuchtungserlebnisse und stetige spirituelle Fortschritte spielen eine Rolle. Im Falle Reiki findet ein Mythenwechsel statt vom Kyoto-zentrierten Usui zum Tokyo-Usui, von einem wundersamen Gutmenschen zum erfolglosen Geschäftsmann, dem »Mensch-wie-du-und-ich-Typ«, und deshalb umso verehrungswürdiger. Es zeigt sich beispielhaft das gemeinschaftsstiftende Element in der allgemeinen Akzeptanz, zugleich ist das deutliche antirationale Element bemerkenswert, das zu der legendenhaften Ausschmückung geführt hat.

Der Ägyptologe Jan Assmann hat eine Einteilung verschiedener Typen des Mythos vorgenommen, die wir hier benutzen wollen: die Assmannsche Typologie des Mythos unterscheidet einen polemischen Begriff, der Mythos als ein »überwundenes Stadium kulturhistorischer Entwicklung« betrachtet (M1) und Mythos als historisch-kritischen Begriff als differenzierte Variante von M1 (M2); mit dem funktionalistischen Mythos-

Begriff M3 wird Mythos als kultureller Leistungswert verstanden, er besteht als »fundierende, legitimierende und weltmodellierende Erzählung«. Er soll »die vielfältigen Ordnungen des sozialen Lebens verbindlich ... regeln«. Die Alltagsmythen (M4) beschreiben mentalitätsspezifische Leitbilder und prägen kollektives Handeln und Erleben. Schließlich bleiben der narrative Mythenbegriff (M5) als integrale Erzählung mit strukturierenden Konstituenten und der literarische (M6) mit Bezug auf die europäische Mythentradition, die die abendländische Schriftkultur entscheidend mitgeprägt hat. Bei M7 ist von Ideologien und großen Erzählungen als nichtnarrativen Mythen auszugehen, und zwar Individualschöpfungen, wie sie etwa in Hegels Weltgeist, Spenglers Untergängen, Jaspers' Achsenzeit oder der Bedeutung des Marxismus-Leninismus für Osteuropa bis 1989 vorliegen.[18]

In unserem Fall scheint ein Schillern vorzuliegen zwischen einem funktionalen Mythos (M3), der in erster Linie fundierend und legitimierend wirken soll, und – aufgrund der erzählerischen Aspekte – dem narrativen Typ M5.

Zur Veranschaulichung kann das literarische Beispiel des Mythos »Memed« dienen, den der türkische Schriftsteller Yasar Kemal aufgreift und in einer Roman-Trilogie literarisch ausgestaltet hat.[19] Der anatolische Dorfjunge Ince Memed, dessen Leben sich unter den feudalen Landverhältnissen am Übergang des Osmanischen Reichs zur Türkei des Mustafa Kemal Pascha, genannt Atatürk, abspielt, wird zum Mythos der unterdrückten Kleinbauern. Aus ihm schöpfen sie in hoffnungslosen Situationen Kraft und finden aus der sozialen und seelischen Zerrüttung zur Gemeinschaft zurück. Er ist Tyrannenmörder, Robin Hood und messianische Erlösergestalt in einem. Sein reales Leben besteht darin, dass er in die Berge flieht, in das Leben eines »Räubers« und »Rebellen« untertauchen muss und gelegentliche Raubzüge unternimmt, deren Beute er an die Armen verteilt; durch wenige gut vorbereitete und gezielte Morde an tyrannischen feudalen Großgrundbesitzern wird der Mythos weiter genährt und erhalten, der ihm unzählige solcher Aktionen nachsagt. Die Diskrepanz zwischen der Realität des sanften und körperlich eher schmächtigen Memed und dem Mythos des übergroßen Kriegshelden, dem allenfalls eine halbe Armee gewachsen ist, spiegelt sich satirisch in Romanfiguren, die dem wahren Memed begegnen und sich dem Dilemma aussetzen, von dieser Begegnung schweigen zu müssen, um den Mythos nicht zu gefährden bzw. ihre Erwartungen an Memed herantragen, das dieser dem Mythos gerecht werde.

Im Memed-Mythos wird Gemeinschaft und Orientierung gestiftet, es findet der stetige Rückbezug auf das Hoffnungsmoment und zugleich die Eskalation mythischer Ausschmückungen statt. Hoffnungsstiftende Gründermythen mit wundersamen Elementen sind auch aus dem Bereich der großen Weltreligionen bekannt: Das Majjhima Nikaya des Pali-Kanons spart nicht mit Ausschmückungen der Biografie des Buddha, insbesondere seiner Kindheits- und Jugendgeschichte. Ähnlich ist es mit Mohammed-Biografien, mit dem sagenumwobenen Zarathustra und den Evangelienberichten über Jesus. Die Mythifizierung charismatischer Stifter- und Gründergestalten gehört zu den häufigsten Phänomenen in diesem Zusammenhang und hat besonders starke identitätsstiftende Funktion. Darauf weist auch Peter Nemeshegyi hin.[20]

Auch für Mythen weniger dramatischer Art ist die östlich-esoterische Szene aufgeschlossen, etwa für die Rezeption der Geschichte des chinesischen Kaisers Fu Hsi, der vor

6.000 Jahren am Ufer des Po-Flusses saß und meditierte und eine Schildkröte dabei beobachtete, wie sie aus dem Fluss an Land kroch. Auf ihrem Panzer identifizierte Fu Hsi in bestimmter Weise vertikal, horizontal und diagonal angeordnete Punkte in Gruppierungen von 1 bis 9 mit der Fünfergruppe im Mittelpunkt, ein Arrangement, das heute im Feng-Shui-Milieu als »magisches Quadrat« bezeichnet wird.[21] Auch hier finden wir den Typ M3 wieder.

Hinzu treten Mythen anderen Typs wie der »Maharishi-Effekt« der Transzendentalen Meditation, dem zufolge ein meditierendes Prozent der Bevölkerung in der Lage sein wird, die übrigen 99 Prozent zu »retten« bzw. für sie eine friedliche Welt zu bewirken: Hier liegt der ideologische Mythos vom Typ M7 vor, ähnlich wie dies der Fall ist mit der messianischen Endzeitrolle des Ehepaars Moon für die Vereinigungskirche/Familienföderation.

Mythos stiftet Selbstbewusstsein, er erlaubt Distanz zur übrigen Welt, die den Glauben an diesen Mythos nicht teilt. Im Falle von Fu Hsi oder »Dr. Usui« spielt der Charakter des Ursprungsmythos, der Rückversicherung an einen verlässlichen und legitimierenden Anfang eine bedeutsame Rolle.

2. Methodisierung des Heilswegs: Typisch für die meisten hier zu verhandelnden Gruppen und Bewegungen ist die Methodisierung des Heils- bzw. Erleuchtungsweges, die mit einem regelmäßigen religiösen Vollzug verbunden ist: Diese kann in täglicher Meditation oder in mantrischer Praxis (»Chanten«) bestehen, in den vorgeschriebenen Übungen einer Ki-Bewegung oder in der regelmäßigen Tekazashi-Praxis (Praxis des Erteilens von Lichtenergie aus den Händen) des japanischen Mahikari. Hier bildet sich ein deutlicher Kontrast zum fast völligen Verschwinden religiöser Praxisvollzüge in den säkularisierten Formen des westlichen Christentums und in der psychosozialen Unverbindlichkeit, die sich damit einstellen kann. In den meisten östlichen neureligiösen Traditionen begegnet uns ein durchgeformter Weg, der meist unter der Anleitung eines erfahrenen Meisters/Gurus/Lehrers begangen werden kann. Das Erreichen des Zieles wird nicht ausschließlich von der Gnade eines transzendenten Gegenübers erwartet; es liegt in der konkreten Übung des Weges. Fortschritte werden gegengeprüft.

Seien es die Einweihungsgrade bei Reiki, seien es die Kultivierungsstufen im Übungssystem von Falun Gong, sei es das siebenstufige Eingangssystem der Transzendentalen Meditation oder yogische Übungen verschiedener Yoga-Wege. In der Regel ist von einer klar definierbaren Methodik auszugehen. Mangelnder Fortschritt wird mitunter explizit auf die unzureichende Offenheit oder schlechte Disposition des Übenden zurückgeführt. Wegphasen oder das Erreichen des Zieles werden durch einen Lehrer bzw. »Meister« bestätigt. Diese Tradition ist nicht auf neureligiöse Bewegungen beschränkt, sie ist weithin bekannt aus hinduistischen asketischen bzw. allgemein monastischen Zusammenhängen sowie aus dem Zen-Buddhismus: Spirituelle Fortschritte auf der Basis der Meditation werden im Gespräch berichtet, beurteilt und bestätigt. Hierzu bedarf es eines tiefen und unverbrüchlichen Lehrer-Schüler-Verhältnisses, das unter süd- und ostasiatischen Mentalitätsbedingungen leichter zu akzeptieren ist als unter westlichen.[22]

3. In diesem Zusammenhang ist für viele Gruppen die Verbindlichkeit wichtig (»Strenge und Struktur«). Nachdem viele neureligiöse Bewegungen in der Religionsgeschichte auf-

brachen, um gegen Klerikalismus, Verkrustung und Zeremonialismus für eine Demokratisierung anzutreten (Buddhismus, Jesus-Bewegung, japanischer Reine-Land-Buddhismus, europäische Reformation u. a.), ist es in der Gegenwart eher die Rückkehr zur Verbindlichkeit und Struktur gegen die Anonymität und Beliebigkeit des traditionell Religiösen. Peter Nemeshegyi bezeichnet dies unter den Stichworten »morality, ceremonies and organization«.[23]

4. Säkularisierung und Erfahrbarkeit des Heils: Schließlich kann von einer Umgewichtung des Heils-Zieles von transzendenter Orientierung hin auf Säkularisierung und Erfahrbarkeit gesprochen werden. Transzendente Elemente im engeren Sinne werden weitgehend abgestreift, wenngleich gerade die Beliebtheit des Begriffs der Spiritualität mit bestimmten Konnotationen eine spezifische Form der Transzendenz durch die Hintertür wieder einzuführen scheint.

Insbesondere im reformatorischen Christentum gehen wir von einer nicht verfügbaren Beziehungsstruktur zwischen dem glaubenden Menschen und dem sich liebend und rechtfertigend erweisenden und offenbarenden Gott aus. In den drei monotheistischen, abrahamitischen Religionen Judentum, Christentum und Islam ist der Beziehungsaspekt zwischen Gott und Mensch die über Heil und Unheil, Errettung und Verdammnis, Liebe und Verurteilung entscheidende Komponente. Dem gegenüber ist es, abgesehen von theistisch orientierten Bewegungen wie der ISKCON, im Fall der östlichen Bewegungen die Kosmizität, das Zu-sich-selbst-Kommen, die definitive Aufhebung gerade jenes Gegenübers von Gott und Mensch.[24] Damit wird der Beziehungsaspekt nicht aufgelöst, sondern universalisiert, damit aber zugleich so abstrakt, dass eine Beziehung im eigentlichen Sinne nicht mehr möglich und erfahrbar ist. Die Unterscheidung von Beziehungsaspekt und Kosmizität halte ich für tragfähiger als die von Heteronomität und Autonomität durch Joachim Süss, zumal die von Süss beabsichtigte Typenunterscheidung von traditionellen und neuen Religionen mit diesem Begriffspaar nicht durchzuhalten ist.[25]

Hier wird aber »Ganzheitlichkeit« zum Schlüsselbegriff, der zudem auch keine strenge Trennung zwischen Säkularität und Religiosität bzw. Religionshaltigkeit mehr zulässt: daher die oft fruchtlosen Debatten darüber, was an den betreffenden Bewegungen eigentlich Religion und was spirituell akzentuiertes ganzheitliches Wohlsein oder Heilung sei. Aus verschiedenen Gruppen und Bewegungen gibt es Zeugnisse darüber, dass das Leben nach der Hinwendung zu dieser Gruppe einen positiven Verlauf genommen habe. Äußerungen dieser Art lassen auf eine direkte Erfahrbarkeit eines sichtbaren Heilsweges schließen, fernab jeglicher »Jenseitsvertröstung«.[26]

5. Viele neureligiöse Bewegungen beziehen sich auf eine (universale) Lebenskraft, eine kosmische Energie, die den Menschen und seinen Lebensraum bis in das Universum hinein am Leben erhält. In Mahikari ist es das (wahre) Licht, in den chinesischen Bewegungen ist es Ki bzw. Qi oder Chi, in einigen neubuddhistischen Bewegungen Japans wird von Lebenskraft (seimei) in einem kosmisch-energetischen Sinne gesprochen, und auch der neuere Shintô hat sich diesen Gedanken zu Eigen gemacht. Peter Nemeshegyi spricht mit ähnlichen Akzenten vom »vitalistic world-view«.[27] Die umfassende Re-Aktualisie-

rung dieser Lebensenergie schafft und erhält Beziehungen und führt zu allgemeinem Wohlbefinden, Erfolg und Gesundheit.

6. Den meisten neureligiösen Bewegungen ist der Heilungsaspekt zentral. Er stellt einen substantiellen Teil der persönlichen Motivations- und Legitimationsstruktur der Mitglieder oder Anhänger dar, sei es in der Verknüpfung von traditionell exorzistischen und schamanistischen Elementen, sei es vor dem Hintergrund taoistischer Energieübertragungen und -aktivierungen.

Für alle hier ausgeführten Charakteristika ist eher von graduellen als wirklich qualitativen Merkmalen der neuen religiösen Bewegungen östlichen Typs zu sprechen, aber immerhin scheinen sie uns doch so signifikant, dass ihre Charakterisierung zu einer Wahrnehmungshilfe werden sollte.

Keine Typologie ist jedoch vor Ausnahmen gefeit – ja, sie wird durch Ausnahmen geradezu interessanter, und sie kann leicht durch Weiterentwicklung des neurelgiösen Milieus überholt werden. Mit neuen psychosozialen Dynamiken der Gesamtgesellschaft ändert sich auch die Klientel der neureligiösen und esoterischen Angebote, und es werden sich langfristig die Paradigmen ändern, die wir oben zu skizzieren versucht haben. Auf der anderen Seite werden die meisten der oben genannten Merkmale und Typisierungen längst auch in die großen Kirchen hineingetragen, es verschwimmen, wie erwähnt, die »Farbfelder«, »Dispersionen des Religiösen« sind erkennbar, und allerorten gibt es Begriffs- und Methodenübernahmen bis hin zu weltanschaulichen Einflüssen. Dies ist einer der Gründe, warum die verbreitete Unterscheidung zwischen Religion(en) und Religiosität überarbeitungsbedürftig sein dürfte.[28]

Viele der in diesem Abschnitt zu behandelnden Bewegungen, allen voran wohl die Ki-Bewegungen und die Mahikari-Gruppen, benutzen das Argument der Inter- oder Überreligiosität. Durch die in ihnen vermittelte Erfahrung sei schon mancher zum besseren Christen, Muslim etc. geworden. Es würden Elemente zu Tage gefördert und erneut zur Anwendung gebracht, die es in den alten religiösen Traditionen gegeben habe, die nun aber verschüttet seien. Solche Argumente haben einiges an Wahrheit und fordern die Lernfähigkeit der traditionellen Religionen heraus, zumal wenn es gilt, Verkrustungen aufzubrechen. Sie dürfen aber nicht überstrapaziert werden, indem etwa neureligiöse und esoterische Autoren interpretatorisch in die Traditionen ihrer Gesprächspartner eingreifen und offenkundige Vereinnahmungsversuche vornehmen.[29] Hier sind die jeweiligen Grenzen und der Respekt vor dem Selbstverständnis des Gesprächspartners zu wahren (vgl. 3.).

2. Gruppen, Strömungen, Techniken

In diesem Kapitel geht es in drei Abschnitten um den Versuch, den Bereich der nicht-christlich-neureligiösen Bewegungen in Kategorien zu erfassen, die die Erscheinungsweisen und Komponenten ihrer Inhalte kombinieren. Zunächst (2.1) sollen Strömungen behandelt werden, die ursprünglich als eindeutige religiöse Traditionen identifiziert werden konnten. Ihnen gemeinsam ist die Entwicklung im Westen zu Querschnittsthemen und spirituellen Zeitgeistmentalitäten. So ist etwa der Buddhismus mit ca. 170.000 Gläubigen auf deutschem Boden in den Medien fast ebenso präsent wie der demografisch fast 20-mal stärkere Islam. Auch Yoga und Reinkarnation sind zu allgegenwärtigen Themen, Vorstellungen und Praktiken geworden. Abschnitt 2.2 (Streben nach Strenge und Struktur) hingegen behandelt überwiegend klar definierbare Gruppen und Organisationen mit kleinen Mitgliederzahlen (wie Mahikari) und Gruppen größerer Dimension, wie die Transzendentale Meditation. Der Abschnitt 2.3 (Die Weite von Harmonie und Freiheit) wiederum ist Strömungen gewidmet, die als Ki-Bewegungen bezeichnet werden und im Wesentlichen auf einem taoistischen Hintergrund basieren, auch wenn das jeweilige Profil sich unterscheidet. Ki (Qi, Chi), die universelle Lebensenergie, verbreitet sich neben Yin-Yang-Gedankengut und »Chakrenarbeit« zunehmend als spirituelle Größe in der im weiteren Sinne esoterischen Szene.

2.1 Neue Ufer in mir?

2.1.1 Reinkarnation

Wo komme ich her, wo gehe ich hin? Diese uralte Frage erhält, seitdem die Menschheit über ihre Existenz nachdenkt, immer neue Antworten. Gibt es nur dies eine Leben, das ich jetzt gerade lebe, gab es andere Leben vorher, und wird es spätere geben? Wie sieht ein Jenseits aus, in das ich oder meine Seele eingehen könnten? Gibt es dort mehrere Stadien? Können wir darüber etwas wissen? Mit diesen und vielen anderen Fragen über das Leben und den Tod gehen die verschiedenen Varianten des Reinkarnationsglaubens um. Auch im Bereich des Glaubens an Wiedergeburten werden eine Reihe verschiedener Antworten gegeben: zum einen in der östlichen, düsteren Vision der Wiedergeburt als Strafe für noch immer vorhandenes schlechtes Karma bzw. als dessen automatische Folge, zum anderen in der westlichen, positiven Vorstellung von Wiedergeburt als Chance und als menschheitsgeschichtliche Notwendigkeit, klassisch formuliert von Lessing in seiner »Erziehung des Menschengeschlechts«. Dieser Widerspruch von Strafe und Chance ist zum Klischee geronnen, das in fast jedem Text über Reinkarnation wiederholt wird,[30] und wir werden uns der Frage widmen müssen, ob hier nicht zwei Seiten derselben Medaille zu sehen sind. Wir werden uns die Schattierungen hier und dort ansehen müssen, die das Kontrastklischee aufweichen. In einigen Bereichen ist der Glaube an die Wiedergeburt weitgehend von der Karmatheorie losgelöst: In der »Reinkarnationstherapie« wird – abgesehen von pädagogischen Fortschrittsaspekten – (fast) nur noch von der Tatsache der Reinkarnation ausgegangen. Der Verweis auf die Karmalehre erscheint in diesen Zusammenhängen oft logisch schwer verdaulich.

Im Zuge der Popularität des Wiedergeburtsglaubens im Westen legte es sich immer näher, da etwas zu beweisen, wo in Asien niemand Beweise für notwendig erachtet hatte. So hatte der tibetische Gelehrte und Rigpa-Meister Sogyal Rinpoche noch in früheren Interviews den Reinkarnationsglauben als nicht hinterfragbar bezeichnet. In seinem Werk

»Das tibetische Buch vom Leben und vom Sterben« greift er jedoch selbst westliche »Wiedergeburtsbeweise« aufgrund von »anamnetischen« Gesprächen auf.[31] Bis heute gibt es keine stichhaltigen Nachweise dessen, dass solche Anamnesen auf mehr als auf geschickter Suggestion bzw. Autosuggestion beruhen. Zu fast jedem »Beweis« gibt es die Gegenanalyse: Die Frage, ob es Wiedergeburt gebe oder das Leben einmalig sei, wird eine solche der Weltanschauung bzw. des Glaubens bleiben. Gleichwohl wird etwa in der Reinkarnationstherapie mit Selbstbewusstsein behauptet, die Wiedergeburt sei nunmehr als Faktum anzusehen, dies insbesondere, seitdem Ian Stevenson mit seinem zweibändigen Werk »Reincarnation and Biology« (1997) von der Wahrscheinlichkeit zur Sicherheit der Reinkarnation vorgedrungen sei.[32] Stevensons Bücher wurden in ihren deutschen Übersetzungen als »Reinkarnationsbeweise« rezipiert, obwohl sein 1966 auf Deutsch erschienenes Werk »Reinkarnation. Der Mensch im Wandel von Tod und Wiedergeburt. 20 überzeugende wissenschaftlich bewiesene Fälle« im amerikanischen Originaltitel nur von »twenty cases suggestive of reincarnation« sprach. Auch in »Reincarnation and Biology« spricht Stevenson, selbst wenn er persönlich von der Reinkarnation überzeugt zu sein scheint, als Wissenschaftler nur von einer Hypothese.[33]

Reinkarnation ist ein Querschnittsthema, das eigentlich quer durch viele in diesem Buch behandelten Weltanschauungsbereiche hindurchgeht. Von fast allen frühen Kulturen und der asiatischen Religiosität (seit den Upanishaden), über griechische Philosophen wie Pythagoras, Platon und Plotin, bis hin zu Scientology, zur »Psychoszene« und zum populären Volksglauben sowie in die weit verbreitete Romanliteratur hinein finden wir Elemente der »Seelenwanderung«. Goethe konnte der Idee Attraktivität abgewinnen: »Des Menschen Seele / Gleicht dem Wasser: / Vom Himmel kommt es, / Zum Himmel steigt es, / Und wieder nieder / Zur Erde muss es, / Ewig wechselnd«, so heißt die erste Strophe des »Gesangs der Geister über den Wassern«.[34] Astrid Lindgren verwendete die Idee in ihrem Roman »Die Brüder Löwenherz«. Und mit dem ihm eigenen Humor hat auch Wilhelm Busch sich des Gedankenguts bedient.

Auch die Ansicht, dass es insbesondere seit Origines bis zu den Verwerfungen der ostkirchlichen Synode zu Konstantinopel 543 n.Chr. reinkarnatorisches Gedankengut im Christentum gegeben habe, ist bisher ihren zahlreichen Widerlegungen nicht gewichen.[35] Ist Reinkarnation die Antwort auf die gleiche Frage, auf die Christen mit dem Glauben an die Auferstehung von den Toten antworten?

In diesem kurzen Kapitel können allerdings nur kleine repräsentative Eindrücke vermittelt werden. Tiefere Einblicke ermöglicht die zum Kapitel empfohlene Literatur – oder ein Blick in das Internet-Angebot: Im Februar 2000 verzeichnete die Suchmaschine MetaGer der Universität Hannover alleine 7733 Einträge zum Stichwort »Reinkarnation«, Tendenz steigend.

Die Facetten des Reinkarnationsdenkens

Der Glaube an Reinkarnation ist weiter verbreitet und älter als der an die Einmaligkeit des Lebens. Alte Zeugnisse aus fast allen Kulturen belegen dies, von den alten Maya über die Ägypter zu den Germanen und dem, was wir mit vertrauter kolonialer Sprache als die Religiosität der »Indianer« bezeichnen; und schließlich die Vorstellungswelt, die zur Wiege auch des westlichen Reinkarnationsdenkens wurde: das alte indische Schrifttum mit der upanishadischen wie auch der buddhistischen Tradition, oder, wie Helmut Zander es ausdrückt: »... Europäer (holten sich) von dort Nachhilfeunterricht in Wiedergeburtsfragen«.[36] Im Westen sind neben reinkarnationstherapeutischen Ansätzen die theosophische und anthroposophische Version der Wiedergeburt am prominentesten geworden. Notwendig wird es aber auch sein, auf verschiedene Versuche der »Entmythologisierung der Wiedergeburt« einzugehen. Gemeint ist die Idee, dass mit Wiedergeburt keineswegs eine neue biologische Geburt der wandernden Seele gemeint sei, sondern die metaphorische Wiedergeburt des Menschen zu einem (spirituell) »neuen Leben« – gegen die dann auch der Apostel Paulus nichts einzuwenden hätte.

In zahlreichen alten Zeugnissen findet sich der lapidare Gedanke einer Wiederkehr des Menschen, ohne dass dies mit karmischem Gedankengut verbunden wäre, d. h. mit einer ethischen Bedingtheit der neuen Existenz durch die frühere. Die Wand zwischen Lebenden und Toten war dünn. Die Wiederkehr konnte auch in Gestalt der (unerwünschten) »Wiedergängerei« ohne den Gedanken einer Seelenwanderung erfolgen, und die alten Germanen kannten einige Methoden zur Verhinderung von Wiedergängerei bzw. zur Herbeiführung des definitiven »Wiedertodes«.[37] Hier liegt eine Vorform und Voraussetzung des Reinkarnationsdenkens vor, die zunächst einmal den Tod nicht als endgültige Grenze betrachtete. Der Verstorbene ging in ein Totenreich ein, das mitunter entsprechend architektonisch ausgestaltet wurde. Weit verzweigte Totenreiche in Gestalt der Pyramiden bauten die Ägypter, die weit reichende Vorstellungen über die Reise des Verstorbenen, über Totenreich und Unterwelt entwickelten – niedergelegt u.a. im Ägyptischen Totenbuch und den Unterweltsbüchern. Dass damit bei den Ägyptern auch der Gedanke der Reinkarnation verbunden war, ist unwahrscheinlich. Dieser ist jedoch im Totenbuch der Maya zu finden, und zwar als buchstäbliches Wiedererscheinen des Verstorbenen, nicht als Resultat einer Wanderung der Seele in einen anderen Körper. Hier besteht ein enger Kontakt zwischen der Welt der Lebenden und der der Toten; der Seher-Schamane Chilam-Balam geleitet die Toten mit Hilfe und Fürbitte und kann auch zum Wiedergeburtshelfer werden: Hier haben wir eine positive und erfreuliche Funktion, die also weit entfernt ist vom indisch-upanishadischen Gedanken des Wiedergeburtskreislaufs in der Unerlöstheit. Überliefert sind diese Vorstellungen in Abschriften aus dem Beginn des 16. Jahrhunderts (Chilam-Balam, der letzte große Maya-Prophet, lebte zu dieser Zeit), sie können aber auf sehr alten Traditionen beruhen.[38]

Indische Traditionen

Sehen wir uns zunächst die »klassischen« Versionen des Reinkarnationsdenkens im upanishadischen Schrifttum und im Buddhismus an. Hier gibt es zahlreiche Ausgestaltungen und Variationen, die oft nur wenig außer dem begrifflichen Skelett gemeinsam haben. Schon in frühen Zeiten wurden der Wiedergeburts- und der Wasserkreislauf miteinander in Verbindung gebracht. Der Indologe Erich Frauwallner hat auf die Benutzung der Wassermythologie für die Veranschaulichung der Seelenwanderung hingewiesen: Das Wasser kommt vom Himmel, sorgt auf der Erde für Leben und erhält den Menschen, wird in der Zeugung weitergegeben und kehrt bei der Verbrennung der Leiche wieder zum Himmel zurück. Der Mond wird als die Quelle des Wassers betrachtet: Er sei gefüllt mit einem berauschenden Göttertrank. So ist es in einer Passage des Kaushitaki Upanishad der Mond, der über Wiedergeburt oder Eintritt in die Himmelswelt entscheidet; er lässt die, die seine Prüfungsfragen nicht beantworten können, auf die Erde »zurückregnen«.[39] Das Rigveda, die wichtigste Schrift aus dem vedischen Schrifttum, weist im Unterschied dazu zwei Wege der Seelen der Verstorbenen auf: den in die Welt der Götter und den in die Welt der Väter. In den Upanishaden findet eine weitere Erläuterung der Wege statt: Diejenigen, die sich im Wald einem asketischen Leben gewidmet haben, erreichen die Welt des Brahman, die sich jenseits der Sonne befindet. Sie kehren nicht zurück, während die, die im Rahmen eines weltzugewandten Lebens Opferriten und gute Taten vollbracht haben, nach ihrem Tod den Weg der Väter gehen und zum Mond gelangen. Verschiedene Wege zum Mond sind möglich: vom Feuer in den Rauch, in die Nacht, in den Tag, vom Tag in den Mond. Hier bringt die Seele einige Zeit zu, um die Früchte ihres Karma zu ernten, und kehrt dann zur Erde zurück. Dieser Weg gestaltet sich folgendermaßen: Die Seele kommt durch den Regen an die Pflanzen und haftet an ihrem Saft, wird zur Nahrung für Menschen und Tiere, erreicht den männlichen Samen, kommt in den Mutterleib und wird als Mensch oder Tier wiedergeboren. Nach der Katha-Upanishad ist auch eine Wiedergeburt als Baum oder Pflanze möglich, eine alte Vorstellung, die von späteren Hindu Denkern gerne ignoriert wurde und vom Buddhismus weithin abgelehnt wird. Wesentlich und gemeinsam ist die Erkenntnis, dass die Qualität der Reinkarnation sich aus dem Karma bestimmt, den guten und schlechten Taten. Bei gutem Karma ist Wiedergeburt in einer der drei oberen Kasten möglich (Brahmanen, Kshatriyas, Vaishyas), bei schlechtem Karma die als Hund, als Schwein oder als Chandala (niedrigste Kaste aus Kastenmischlingen wie etwa von einer brahmanischen Mutter und einem Sudra-Vater).[40] Das Sanskrit-Wort »samsara« bezeichnet diese Dynamik, die ohne Anfang ist, d. h. unendlich viele Wiederverkörperungen bis zur Erlösung beinhaltet. Sie beruhen auf der Unwissenheit, die Leidenschaften auf den Plan ruft: Begehren (raga) und Abneigung, Hass (dvesa). Jedoch ist der Ausdruck »Seelenwanderung« nicht angebracht, da die Seele als allgegenwärtig betrachtet wird. Vielmehr »verbindet« sie sich immer wieder mit einem neuen Körper, und es »wandert« der psychische Organismus (manas, suksmasarira), der die Seele bis zur Erlösung begleitet. Er wird auch als »Feinkörper« vorgestellt, der wiederum Träger des Karma ist. Tod ist mithin die Trennung des Feinkörpers vom Körper und Wiedergeburt die erneute Zusammenfügung des Feinkörpers mit einem neuen Körper. Gerne wird mit Bildern gearbeitet: Im Brhadaranyaka-Upanishad wird das Bild der Raupe benutzt, die das Ende eines Grashalms erreicht und sich zu einem neuen Grashalm fortbewegt, oder das Ausziehen von alten und Anlegen neuer Kleider. Eine Fortentwicklung dieses Gedankens, die nicht einfach nur eine »wandernde Seele« annehmen möchte, findet sich in der Vorstellung der verschiedenen Körper (kosha), die die Seele (atman) umgeben. In der Theosophie wurde dann bildlich von »Handschuhen« gesprochen, die die Hand nach dem Tode, einen nach dem anderen, abstreift. Grundlegend ist die Unterscheidung zwischen dem grobstofflichen, physischen Körper und dem feinstofflichen, die seelisch-geistigen Kräfte des Individuums tragenden Körper. Der feinstoffliche Körper kann wiederum in den Vitalkörper, den Geistkörper und den Erkenntnis- oder Bewusstseinskörper unterschieden werden. Hinzu kommt der Kausalkörper, der sich unmittelbar um den Atman legt. Die Zahl der »Körper« hat sich in der esoterischen Rezeptionsgeschichte weiter vermehrt, was mit der immer detaillierteren Selbstbeobachtung und Beobachtung von Bewusstseinszuständen und der Ausdifferenzierung der Meditation zusammenhängt. Im Zuge der nachtodlichen Zwischenstadien und der Wiedergeburten findet ein sukzessives Abstreifen und Wiederaneignen der Körper statt. Das Karma wurde zunächst als eine feinstoffliche Substanz gedacht, die dem Atman anhaftet und es durch die Zwischenzustände und in weitere Geburten hinein begleitet. Sekundär ist die Definition, die von Helmuth von Glasenapp formuliert wurde: automatisch funktionierende Vergeltungskausalität der Taten.[41] Unter Abstreifen vieler mythisch-metaphorischer Elemente ist die vedisch-upanishadische Samsara-Lehre zur Grundlage der meisten Reinkarnationstheorien geworden. Auch der Buddha Gautama behielt sie bei, obwohl er sich vehement gegen ein substanzielles Kontinuum zwischen den Geburten wandte. Wenn denn die empirische Realität als »maya«, als Illusion und vergänglich betrachtet werde, müsse dies grundsätzlich auch für den so genannten »Personkern« gelten, für eine wie auch immer vorzustellende Seele. Es könne nur von einem Bedingungsgefüge, von einem Konditionalnexus gesprochen werden, der eine neue Verkörperung aus der vorherigen disponiere. Zentrale Funktion haben die fünf skandhas (Wahrnehmungen, Wirkungen), die sich das neu geborene Bewusstsein jeweils neu aneignet, weshalb in der Forschung oft von fünf »Aneignungsgruppen« gesprochen wird. Der Mensch stellt eine vorübergehende Manifestation dieser fünf skandhas dar. Es sind dies Körper/Körperlichkeit (rupa), Empfindung/Gefühl (vedana), Wahrnehmung (samjna), Einprägungen (samskara) und Erkennen/Bewusstsein (vijnana). Die hier benutzten Metaphern sind deshalb eher energetischer als substanzieller Art. Es wird von dem Anstoßen einer Billardkugel durch eine andere gesprochen und die dadurch bedingte Bewegung der weiterrollenden Kugel, von dem Weitergeben der Flamme von einer Kerze zur nächsten. Die fünf skandhas machen den Menschen nicht aus, und ein Selbst oder eine Seele existieren nicht: Dies ist die An-Atman- (oder Anatta-) Lehre (Nicht-Seele-Lehre) des Buddha. Erlösung ist die Freiheit vom Durst/Gier (trsna) nach Werden und vom Karma. Aufgrund der Anatta-Lehre und des Schweigens des Buddha zu einem »Personkern« ist es eher problematisch, hier überhaupt von Reinkarnation zu sprechen: Auch die Rede vom Bewusstsein als Reinkarnationsträger ist eher als Behelf zu betrachten. Tatsächlich besteht das Kontinuum der Wiedergeburt nur im Bedingtsein, nicht in einer wie auch immer gedachten Substanz, wie z.B. einer Seele. Von einer »Seelenwanderung« kann nicht gesprochen werden. Dies versucht die Lehre vom »Bedingten Entstehen« (pratityasamutpada) zu erklären.[42]

Diese Probleme bei der Identifizierung eines Wiedergeburten-Kontinuums im Buddhismus werden in der gegenwärtigen westlich-buddhistischen Szene gerne übersehen, wenn ein allzu bereitwilliger Rückbezug auf frühere Leben bis hin zu »präzisen« Anamnesen geboten wird. Die Gebrochenheit des frühbuddhistischen Kausalnexus-Denkens (so H. W. Schumann) wird von der Vulgäresoterik unserer Tage verdeckt.

Das Tibetische Totenbuch – Bardo Thödol

Wichtig für das westliche Reinkarnationsdenken unserer Tage ist auch das »Tibetische Totenbuch«[43], das, seitdem es 1927 erstmalig ins Englische übersetzt wurde, zu einem der beliebtesten buddhistischen Literaturwerke im Westen avancierte. Seine Grundelemente gehen auf Padmasambhava (8. Jahrhundert) zurück, den geistigen Vater des Nyingma-Buddhismus, der ältesten der vier großen tibetischen Schulen des »Diamant-Fahrzeuges«. Es entstand aber über einen Zeitraum von einem halben Jahrtausend hinweg. Das Bardo Thödol (= Befreiung durch das Hören im Zwischenzustand), wie es eigentlich heißt, bietet unter Rückgriff auf die alte schamanistische Tradition Tibets ein Szenario zur Begleitung der Seele eines Verstorbenen durch den Lama/Schamanen. Während die Seele durch die bardos wandert, werden 49 Tage lang Wege angeboten, auf die Möglichkeit des Heils durch den Abbau von karmischen Rückständen hingewiesen und verschiedenste Ausfahrten und abgestufte Heils- und Unheilsoptionen vorgeschlagen. Von insgesamt sechs bardos sind einschließlich des bardo des Augenblicks vor dem Tod drei Bardos zu durchschreiten: das bardo des Dharmata (allem zu Grunde liegende Essenz) und das bardo des Werdens.[44] Bemerkenswert ist, dass hier der Determinismus der Karma-Lehre durch die Wahl- und Beeinflussungsmöglichkeiten in den »Zwischenräumen« aufgeweicht wird, eine Konstruktion, die gerne von der heutigen Reinkarnationstherapie aufgegriffen wird. Die zahlreichen verschiedenen Ebenen der Karmatheorie, die sich in der indischen Literatur finden, schlagen sich auch in der esoterischen Glaubenswelt nieder: von der gesellschaftlichen Determinierung der Geburt in eine bestimmte Kaste hinein bis hin zur rein ethischen Definition unabhängig vom gesellschaftlichen Status, einschließlich der damit verbundenen Kurzschlüsse auf unmittelbar verfolgbare »Ursachen« und darauf aufbauende »Wirkungen«.

Reinkarnation in Theosophie und Anthroposophie

In Theosophie und Anthroposophie sind die hinduistischen Traditionen wirksam geworden und ausgebaut worden; sie sind in der westlichen Reinkarnationsszene meist überhaupt nur noch in dieser Brechung bekannt und zugleich hierdurch auch popularisiert worden. Während das Werk »Entschleierte Isis« (1877) der Gründerin der Theosophischen Gesellschaft, Helena Petrowna Blavatsky, die Reinkarnationslehre ablehnte, wandte sie sich ihr später positiv zu und ließ sie gar zum Markenzeichen der Theosophie werden. Spätestens Blavatskys Hauptwerk »Geheimlehre« (1888) ist deutlich vom Einfluss asiatischen Denkens gekennzeichnet, der aus der »Adyar«-Zeit (seit 1878) der Autorin rührt.[45] Blavatsky bettet hier die Reinkarnationslehre ein in einen Pantheismus, d.h. die Vorstellung »einer fundamentalen Identität aller Seelen mit der universellen Oberseele« und geht im evolutionstheoretischen Sinne von stetig aufsteigenden Wiedergeburten aus, d.h. ein Abstieg des Menschen zum Tier ist, entgegen indischem Denken, nicht möglich. Hier stellt sich also noch deutlicher als in der bisherigen westlichen Geistesgeschichte der Fortschrittsgedanke als spezifisch westliches Element im Reinkarnationsdenken heraus. Schon Lessing war in seiner »Erziehung des Menschengeschlechts« (1780) davon ausgegangen, dass der Mensch vieler Wiedergeburten bedürfe, um progressiv am Fortschritt der Menschheit teilnehmen zu können, Johann Gottfried Herder verlegte kurz darauf (1782, Brief an Johann Georg Schlosser) die Wiedergeburt des Menschen um einer Weiterentwicklung willen auf andere Planeten: Die Erde sei dafür eine »zu enge Sphäre«. Blavatsky benutzt die Metapher der Schauspielermaske: »Eng, oder vielmehr unauflöslich verbunden mit Karma ist sodann das Gesetz der Wiedergeburten, oder der Reinkarnation derselben geistigen Individualität in einer langen, nahezu grenzenlosen Reihe von Persönlichkeiten. Die letzteren sind wie die verschiedenen, von demselben Schauspieler dargestellten Rollen, mit denen sich jeder Schauspieler identificiert, und vom Publikum identificiert wird, für den Zeitraum einiger Stunden. Der innere oder wirkliche Mensch, welcher in jenen Rollen auftritt, weiß die ganze Zeit, daß er Hamlet bloß für die kurze Zeit von ein paar Akten ist, welche jedoch auf der Ebene der menschlichen Illusion das ganze Leben des Hamlet darstellt. Er weiß auch, daß er in der vorhergehenden Nacht König Lear war, seinerseits die Umwandlung des Othello einer noch früheren vorhergehenden Nacht. Und obwohl der äußere, sichtbare Charakter scheinbar in Unkenntnis dieser Thatsache ist, und im thatsächlichen Leben ist diese Unkenntnis unglücklicherweise nur allzu wirklich, so ist doch die dauernde Individualität sich dessen vollbewußt, aber infolge der Verkümmerung des ›geistigen Auges‹ im physischen Körper kann sich jenes Wissen nicht dem Bewußtsein der falschen Persönlichkeit einprägen«.[46]

An das evolutionäre Gedankengut der Theosophie und der vorherigen deutschen Geistesgeschichte knüpft Rudolf Steiner, der Gründer der Anthroposophischen Gesellschaft, an. Er nimmt eine lebenszeitliche Differenzierung der Leiberlehre vor und teilt ein in »physischen Leib« (Ausformung in den ersten sieben Lebensjahren), »Ätherleib« (7. bis 14. Lebensjahr), »Astralleib« (14. bis 21. Lebensjahr). Er schreibt dem Ätherleib die Funktionen von Temperament und Charakter zu, dem Astralleib Begierden und Leidenschaften, die aber nur einer falschen geistigen Einstellung entspringen und vom Leib nur Gebrauch machen. Über den Tod hinaus bleibt der Astralleib erhalten, er löst sich aber in die Astralwelt hinein auf und lässt den Menschen in das »Geisterreich« eingehen. Dieses kann mit dem »Bardo« im tibetischen Denken verglichen werden: Der Mensch arbeitet hier an sich, blickt zurück auf vergangene Leben und voraus auf künftige Leben, es erfolgt eine Karma-Analyse. Nachdem das Karma erschöpft ist, baut sich das Ich-Subjekt seine Existenz vom Astralleib über den Ätherleib zum physischen Leib schrittweise wieder auf.

Steiner denkt an ein Gefüge karmischer Strukturen, das sich auch durch die Folge mehrerer Leben hindurch erhält: Es wird zum Kontinuitätselement zwischen den reinkarnierten Existenzen. Auch eine Begegnung im nachtodlichen Fegefeuer (kamaloka) ist nicht auszuschließen. Im Laufe seiner Wiedergeburten wird der Mensch immer mehr zum Herr seiner Geschicke und in kosmische Zusammenhänge eingebunden.

Steiners Denken, das gewissermaßen eine Synthese des Reinkarnationsdenkens in der westlichen Geistesgeschichte und des aus der Theosophie rezipierten indischen Erbes darstellt, ist tonangebend geworden für westliche Reinkarnationsvorstellungen. Wir finden hier wiederum, wie bereits im Bardo Thödol, die Kombination aus den deterministischen Anteilen der karmischen Bestimmtheit des kommenden Lebens wie auch den Vorgang des karmischen »Abarbeitens« im Zwischenreich und damit eine erhebliche Abschwächung des Determinismus. Zugleich nimmt Steiner die Fortschrittselemente auf, wie sie am prägnantesten Lessing formuliert hatte: Reinkarnation ist hier definitiv nur in aufsteigender Linie denkbar. Steiner denkt seinen Ansatz in stetiger Bezogenheit auf naturwissenschaftliche Erkenntnisse und zugleich in einer individuell-subjektiven Zuspitzung, indem die eigene Erfahrung zur objektiven Tatsache wird. Er versteht sich damit selbst eindeutig als europäischer Denker des Reinkarnationsglaubens, wenngleich zahlreiche Elemente seines Denkens ohne den asiatischen Hintergrund, und sei es dessen Bre- 329 chung im theosophischen Gedankengut, nicht einleuchten wären.[47]

Exkurs: Reinkarnationstherapie

Die Reinkarnations- oder Rückführungstherapie macht sich viele weltanschauliche Versatz-stücke aus Theosophie und Anthroposophie zu Eigen. Sie setzt im Wesentlichen voraus, dass körperliche oder seelische Leiden auch auf einem Trauma in einem früheren Leben beruhen können und dass erst durch das Wiedererleben dieses ursächlichen Traumas eine Heilung und weitere Reifung erfolgen kann. Ihre heutigen Methoden der »Rückführung« lassen sich grob in drei Gruppen aufteilen:

- Körperlich orientierte Techniken, etwa das »Rebirthing« (Leonhard Orr) oder verschiedene Massagearten,
- hypnotische Rückführungen, so etwa von Thorwald Dethlefsen oder Helen Wambach an-gewendet, sowie
- nicht-hypnotische Methoden, stark direktiv (Morris Netherton) oder eher assoziativ wie die »time-lapping technique« von Bryan Jameison.[48]

Die Reinkarnationstherapie ist eng verbunden mit dem Anliegen auf der Basis von Ge-sprächsprotokollen, die in mittlerweile unzähligen Rückführungsexperimenten und ent-sprechenden Berichten Reinkarnation zu beweisen sucht. Ende der sechziger Jahre trat der Deutsche Thorwald Dethlefsen mit Rückführungsexperimenten hervor, deren Berichte er später veröffentlichte.[49] Bei dem Versuch von Stichproben historischer Überprüfung fiel diese meist negativ aus, etwa wenn von Christenverfolgungen zur Zeit des römischen Kaisers Augustus die Rede war oder eine Klientin sich daran erinnerte, ein Klavierstück von Robert Schumann als dessen Zeitgenossin gespielt zu haben, vier Jahre bevor es komponiert wurde.

Prominent geworden ist ebenfalls der US-amerikanische Parapsychologieprofessor Ian Stevenson, der durch die Veröffentlichung von anamnetischen Berichten seiner Ansicht nach die Reinkarnation hypothetisch wahrscheinlich macht. Zu fast jedem dieser Berichte gibt es, wie auch bei Dethlefsen, den entsprechenden Gegenbeweis,[50] was den Berliner Rückfüh-rungstherapeuten Trutz Hardo nicht daran hindert, die endgültige Anerkennung der Reinkar-nation als Faktum zu fordern. Schwer zu leugnen ist, dass es Berichte von überraschender Überzeugungskraft gibt, die jedoch alle, wenn sie in das Licht der Öffentlichkeit treten, be-reits durch die vermittelnde und erfolgsorientierte Redaktion des reinkarnationsbeweisen-den Autors gegangen sind, von der Möglichkeit der (Auto-)Sugges-tion ganz zu schweigen. Eine Reihe von Details werden widerlegt. Viele Berichte suggerieren bereits vom Wortlaut her die nachträgliche Konstruktion.[51] Immer wieder wird auch durch Rückführungstherapeuten darauf hingewiesen, dass der Erfolg der Heilung wesentlich sei; dieser jedoch kann ebenso gut durch eine konkurrierende konventionelle Methode der Psychotherapie oder Psychoanaly-se erreicht werden.

Der auch psychotherapeutisch qualifizierte Religionswissenschaftler Karl Hoheisel ver-mutet: »So genannte Rückführungen fördern ungeachtet der suggerierten Vergangenheitsperspektive für das Ich bestenfalls unbewusste Vorgänge des augenblicklichen Lebens zu Tage«.[52] Aber auch von einem kundigen Kritiker wie Hansjörg Hemminger wird zugegeben: »Wissenschaftliche Beweise für den Reinkarnationsglauben gibt es nicht ... Allerdings lässt sich der Reinkarnationsglaube auch nicht wissenschaftlich widerlegen, er ist eine mögliche (wenn auch nicht die plausibelste) Erklärung für die Erfahrungen, die bei Rückführungen gemacht werden«.[53]

Einige Schlussgedanken

Das Progressionsdenken findet sich in einigen esoterischen Gruppen wie auch im ideologischen Gebäude von Scientology wieder. In der Reinkarnationstherapie wird es meist zum reinen karmisch bedingten Wiedergeborenwerden verkürzt. In der Plumpheit mancher reinkarnationstherapeutischer Modelle gerinnt die karmische Argumentation zur Erklärungsfigur für Verhaltensweisen oder psychische Probleme aufgrund angeblicher entsprechender Dispositionen in früheren Leben. Anamnetische Berichte und Erinnerungserzählungen aus »Rückführungsmaßnahmen« überfluten den Büchermarkt. Shirley MacLaine, der Schauspielerin und erfolgreichen Esoterik- und Reinkarnationsautorin, gelang es, sich wieder an ihr früheres Leben zu »erinnern« und sie fand heraus, dass sie mit einem britischen Politiker verheiratet war, demselben Mann, mit dem sie in ihrem jetzigen Leben heimlich liiert war. Aufgrund dieser Einsicht brach sie die heimliche Beziehung ab.[54] Weitere spektakuläre Einzelfälle, wie die angebliche Reinkarnation der Anne Frank, machten Schlagzeilen.

In Asien ist der Glaube an Reinkarnation ein selbstverständlicher Bestandteil des weltanschaulichen Lebens, der mit größerer oder geringerer Intensität vertreten wird. Einen beispiellosen Boom konnte erst seine westliche Variante verzeichnen, weil er hier zur Identitätsfindung beiträgt, zur Beantwortung von Unerklärlichkeiten, zur Orientierung, zur Determinierung von losen Lebens- und Erfahrungselementen. Ob der Glaube an die Karmalehre im Unterschied zum christlichen Glauben an einen liebenden und richtenden Gott die Autonomie des Individuums gewährleistet und bestärkt, mag sowohl logisch als auch theologisch bezweifelt werden. Eher scheinen die Ergebnisse aus der Kontinuität der »aufeinander folgenden Leben« heraus eine wichtigere Rolle zu spielen als die angebliche Möglichkeit, dass der Mensch qua Ursache-Wirkung-Zusammenhang sein Leben gestalten kann. Diese Gewissheit und Einsicht bedürfte ja einer stetigen Berücksichtigung in jeder einzelnen Entscheidungssituation – ein Gedanke, der das Individuum in seinem Lebensablauf völlig überfordern würde – sie kann letztendlich eher zu einer Belastung als zu einer Befreiung führen. Im Vergleich zum christlichen Glauben würde sie insbesondere am reformatorischen Hinweis scheitern, dass der Mensch immer schon, wie »karmisch belastet« er denn auch sein mag, von Gott angenommen und genau so, wie er bereits ist, geliebt ist und nicht erst, nachdem er eventuell in einem nächsten Leben noch mehr an sich hat arbeiten können. Die »Chance« des nächsten Lebens ist in Variationen ein den östlichen und westlichen Vorstellungen gemeinsames Element. Ein Hindu niederer Kaste wird im Rahmen der grundsätzlich unerwünschten und unerlösten Wiedergeburt diese als Chance sehen, seine nächste Wiedergeburt, dann in eine höhere Kaste, vorzubereiten – im Unterschied zu seinen fortschrittsgläubigen westlichen Glaubensgenossen mit dem Risiko des gegenteiligen Resultats. Die allgemeine Vorstellung, dass sich dieses nächste Leben so unmittelbar an das jetzige anschließt, dass es die Fortführung aller jetzt liegen gebliebenen Anliegen und die Erfüllung der jetzt unerfüllt gebliebenen Sehnsüchte gestattet, gehört dabei sicherlich eher in das Reich der westlich-esoterischen Missverständnisse. Der Glaube an eine Kontinuität in diesem engen Sinne stellt eher eine Projektion des menschlichen Defizitbewusstseins im jetzigen Leben dar und kann in Gefahr geraten, zu einer neuen Art »Opium fürs Volk« zu werden: diesmal kein »schönes Jenseits«, sondern ein »etwas besseres Diesseits«.

Das menschliche Leben zwischen Geburt und Tod ist aus christlicher Sicht ernst zu nehmen als einmaliges und als solches in sich rundes und sinnvolles Geschenk Gottes. Es ist zugleich als geschichtlich zu denken in Verantwortung gegenüber den Gewesenen und den in Zukunft Lebenden. Diese Verantwortung in Gestalt von Reinkarnationsvorstellungen zu konkretisieren ist eine Option, die nie schlüssig wird widerlegt werden können, aber vom christlichen Glauben her weder akzeptabel noch logisch erforderlich ist.

Literatur: **Jan Badewien**, Reinkarnation, Konstanz 1994 · **Reinhart Hummel**, Reinkarnation. Der Glaube an die Wiedergeburt, Freiburg i.Br. 1999 · **Hermann Kochanek** (Hg.), Reinkarnation oder Auferstehung, Freiburg i.Br. 1992 · **Rüdiger Sachau**, Westliche Reinkarnartionsvorstellungen, Gütersloh 1996 · **Helmut Zander**, Geschichte der Seelenwanderung in Europa, Darmstadt 1999

2.1.2 Yoga

(Harald Baer)

Yoga und seine Rezeption im Westen

Die Verbreitung asiatischer Religiosität im Westen ist von Friedli (1974) im Kontext religiöser Globalisierung als »kulturelle Zirkulation« beschrieben worden. Der Begriff des Zirkels besagt, dass es sich beim Austausch religiöser Kulturen nicht um Einbahnstraßen-Kommunikation handelt. In der Tat wäre die neohinduistische Yoga-Deutung z.B. eines Radhakrishnan nicht ohne westlichen Einfluss denkbar. Die Pionierarbeiten zu dieser Rezeptionsgeschichte im Allgemeinen sind von Reinhart Hummel (1980) geleistet worden. Was die besondere Geschichte des Yoga im Abendland betrifft, so haben die Referenztexte von Christian Fuchs (1990) und Karl Baier (1998) eine Vorreiterfunktion.

Yoga bedeutet heute für die meisten Menschen: Körperübungen, Atempraktiken und Entspannungsmethoden. Die Konzentration auf alltagspraktische Fertigkeiten, die sich durch eine psychospirituelle Disziplin erreichen lassen, ist jedoch keine Erfindung europäischer Rezipienten der Moderne, sondern nach Oberhammer (1982) bereits Kennzeichen des Yoga der Samkhya-Periode aus der Zeit um 200 v. Chr. bis 200 n. Chr. Neben der Initiationsstruktur, also der engen Verbindung von Lehrer und Schüler in der Weitergabe sowie in der systematischen Stufenfolge der Yoga-Techniken sieht auch der Berufsverband der Yogalehrenden in Deutschland (BDY) im Vorrang der Praxis und nicht der weltanschaulich-dogmatischen Fixierung die Grundprinzipien des (alt-)indischen Yoga (Chr. Fuchs 1999). Der klassische

Weg des Samkhya-Yoga ist meditativer Heilsweg sowie konkreter Lebensvollzug und nicht zuerst als kognitive Auslegung des Weltgeschehens zu verstehen. Die eigentliche Samkhya-Kosmologie ist in gleicher Weise wie das Yoga-Weltbild Bestandteil der sechs klassischen Systeme hinduistischer Philosophie: Advaita-Vedanta (Monismus), Mimamsa (Ritualphilosophie), Nyaya (Logik), Vaisheshika (Atomismus), Samkhya (Dualismus) und Yoga (Yoga-Sutra des Patanjali).[55] Die etymologische Wurzel des Begriffs Yoga ist die Sanskrit-Silbe »yui« in der doppelten Bedeutung von »anschirren«, »ins Joch spannen« und »verbinden«, »vereinigen«. Damit ist einerseits der Aspekt der Anstrengung, im Sinn von physischer und psychischer Beherrschung, und andererseits das religiöse Ziel der unio mystica verbunden.

Yoga in der Moderne

Wenn unter Yoga jede Askesetechnik und jede Methode der Meditation[56] verstanden wird, dann ist diese weite Definition die begriffliche Entsprechung der quantitativen Verbreitung des Yoga allein im heutigen Deutschland. Chr. Fuchs geht von über 3 Millionen Yoga-Praktizierenden, davon ca. 80 Prozent Frauen mit höherer Bildung, und ca. 10.000 Yoga-Lehrern in der Bundesrepublik im Jahr 2000 aus. Die Methodenvielfalt einschließlich der Betonung des Gesundheits- und Körpertrainings ist die Voraussetzung für den Zugang zu weltanschaulich neutralen Institutionen wie Volkshochschulen und zu kirchlichen Einrichtungen wie Exerzitien- bzw. Bildungshäusern. Der Preis für die geradezu flächendeckende Anwendung ist die »Säkularisierung oder Utilisierung« des Yoga (Chr. Fuchs), d. h. der Verzicht auf den ursprünglich mystischen Anspruch der Vereinigung mit dem personal oder apersonal vorgestellten Göttlichen. Dieser Preis erscheint manchen zu hoch und wahrscheinlich werden künftig verstärkt gegenläufige Tendenzen oder Inkulturationsprozesse in Form von Alltags-Synkretismen angetroffen. Die Transformation von Religion wird dadurch beschleunigt, dass sie auf die Bereitschaft westlich sozialisierter Männer und vor allem Frauen trifft, die Anregungen für die Veränderung christlicher Glaubens- und Gottesvorstellungen suchen.

Den Individualisierungs- und Pluralisierungsmechanismen zufolge wird durch die Integration des Yoga im Westen sowohl traditionelle indische als auch christliche religiöse Praxis aufgeweicht, ohne dass es zu einer Konversion vom Christentum zum Hinduismus et vice versa kommen muss. Diese individuell neuinterpretierte Religiosität lebt stark von der Einbeziehung persönlicher Bedürfnisse und der Beschäftigung mit lebensgeschichtlichen Erfahrungen. Biografie und Gruppe sind die entscheidenden Bezugspunkte moderner Religion, wie es im Untertitel eines religionssoziologischen Standardwerkes heißt.[57] Daher hat die Psychologisierung und Therapeutisierung des Yoga in (Frauen-)Gruppen sowie in der »unsichtbaren«, im Privaten gelebten Religionsform einen hohen Stellenwert im Sinne der Aufarbeitung der eigenen Lebensgeschichte und der Akzentuierung persönlicher Autonomiebestrebungen.

Indischer Yoga

In der Literaturgattung der Upanishaden (ca. 600 v. Chr. bis 200 v. Chr.) ist die Spekulation über die Identität von individuellem und kosmischem Selbst, von »atman« und »brahman« und damit die Lehre der Nicht-Zweiheit (Advaita-Vedanta) das vorherrschende Thema. In der Svetasvatara Upanishad finden sich genaue Hinweise auf die einzelnen Stufen des Yoga-Weges, die in der Maitrayani Upanishad stark an die systematisch-ausdifferenzierte Form der Yoga-Sutras des Patanjali erinnern. Patanjali übernimmt in seinen Sutras den metaphysischen Dualismus (Dvaita) von Natur (Prakriti) und Bewusstsein (Purusha) des Samkhya und geht von der Existenz eines persönlichen Gottes aus.

Gemäß der Samkhya-Kosmologie entsteht das Universum durch das Ausfließen subtilster Bereiche wie Bewusstsein, Denksubstanz und Sinnesorgane aus der Natur (Prakriti), bis sich diese schließlich in der grobstofflichen Welt der sichtbaren Dinge mit den Eigenschaften des Trägen, Beweglichen und Seienden (Tamas, Rajas und Sattva) manifestiert. Das ist ein Prozess zunehmender Verdichtung der Materie. Der Purusha, der Geist oder Mann, existiert unberührt von all diesen Emanationsvorgängen (Psyche und Physis). Genauer gesagt gibt es nicht einen Purusha, sondern viele Purushas, die gleich, aber nicht identisch sind,[58] was den Unterschied zur Advaita-Philosophie ausmacht. Aus diesen beiden Urprinzipien, der aktiven Materie einschließlich der Psyche und dem unbeweglichen Geist, besteht auch der Mensch. Das Leiden entsteht durch das Zusammentreffen von Geist und Materie, wodurch der Geist gefesselt wird. In der Beschreibung der kosmogonischen Elemente des Samkhya herrscht weitgehend Übereinstimmung – Differenzen sind besonders dort festzustellen, wo über die Befreiung des Menschen innerhalb des Samkhya nachgedacht wird. Ist es ein Vorgang der Erkenntnis des Scheincharakters der leidvollen Verbindung von Geist und Materie[59] oder die Umkehrung des Prozesses der Weltentstehung[60], indem von der grobstofflichen Materie in immer feinere Bereiche »zurückgekehrt« wird? Die Schritte zur Befreiung (Mukti) liefert in jedem Fall der Yoga.

Yoga-Sutra des Patanjali

Die Verschränkung von Yoga und Samkhya ist so intensiv, dass das Yoga-Sutra als Verkündigung des Samkhya bezeichnet wurde.[61] »Yogas citta-vritti-nirodhah«, d.h. »Yoga ist die Unterdrückung der Funktionen der Denksubstanz«, so lautet das im Sutra (I,2) von Patanjali definierte Programm der methodischen Beherrschung der inneren Welt. Nicht nur die Aktivitäten des Bewusstseins, auch die im Unterbewusstsein vorhandenen Komplexe (Vasana) müssen kontrolliert und aufgelöst werden. Dieses Ziel soll über einen acht Glieder (Astangas) umfassenden Vorgang der Disziplinierung und der gestuften Konzentration erreicht werden. Dieser Weg ist häufig übersetzt und beschrieben worden.[62] Auf den letzten drei Stufen (Dharana, Dhyana, Samadhi) können paranormale Phänomene (Vibhuti) und okkulte Fähigkeiten (Siddhi) auftreten, welche nicht nur in der neohinduistischen Interpretation der Sutras als Hindernis zur Erreichung der Vereinigung mit dem Göttlichen (Samadhi) angesehen werden.

Der große Botschafter des Neohinduismus im Westen, der Advaita-Mönch Vivekananda [1863-1902], schrieb u.a. einen Kommentar zu Patanjalis Astanga-Yoga (Vivekananda o. J.). Er vertritt die Auffassung, dass die Sutras in das Samkhya-System eingebettet sind und der höchste Zustand (Kaivalya), die Befreiung des Purusha auch aus den subtilsten Einflüssen der Prakriti, durch Auflösung der Qualitäten in ihrer umgekehrten Reihenfolge geschieht. Der eigentliche Sinn von Pratyahara, dem Zurückziehen der Sinne von den Objekten der Außenwelt, ist das Rückgängigmachen des Emanationsvorgangs der materiellen Verdichtung, um die illusionäre Identifikation des Purusha mit der Prakriti aufgeben zu können. Vivekananda hat keinen Zweifel daran gelassen, dass die moralische Grundlage der zwei Yoga-Wege (Yama und Niyama) des von ihm Raja-Yoga genannten Sutra unverzichtbar ist. Die Gesunderhaltung des Körpers war ihm lediglich Mittel zum Zweck, kein Selbstzweck. Folglich wird auch der Hatha-Yoga auf Körperhaltungen (asanas) verkürzt. Darin drückt sich eine gewisse Einseitigkeit aus, die dem damaligen Zeitgeist entsprach, aber nicht die Schärfe der Theosophen hatte.

Yoga in der Bhagavad Gita

Die ca. 300 v. Chr. entstandene Bhagavadgita (BG) spricht von drei Hauptarten des Yoga: Bhakti-, Karma- und Jnana-Yoga. Bhakti-Yoga gilt als der Weg des Herzens und der liebenden Hingabe an einen persönlichen Gott, d.h. an ein persönlich erwähltes Ideal (Ishta-Deva). Der Karma-Yoga (Yoga der Tat) sucht Erlösung durch die gewissenhafte Erfüllung der täglichen Pflichten und begreift Arbeit als Gottesdienst. Jnana-Yoga (»Erkenntnis-Yoga«) ist der abstrakt-intellektuelle Vorgang der Unterscheidung zwischen dem Absoluten und dem Relativen, die Reflexion über Wirklichkeit oder Unwirklichkeit der Welt, letztlich ist es der Weg des Monisten. Keine Frage: Einzelne Passagen in der BG sind von der Einheitsphilosophie des Vedanta geprägt, aber ihre eigentliche Botschaft ist der Bhakti-Weg (Bhakti-Marga) und der Yoga der Tat. Alle Heilswege ergänzen sich. Der effektivste ist jedoch die Hingabe an das höchste theistische Prinzip, nämlich die göttliche Inkarnation Krishna. Da jede Form des Handelns, auch die gute, an das Rad der Wiedergeburten fesselt, fand die BG eine Lösung, um den Massen, die sich nicht in die Einsiedelei zurückziehen können, ebenfalls die Befreiung zu ermöglichen. Das ist der Weg des Karma-Yoga-Übenden (Yogin), der handelt um des Handelns willen und nicht, um die Resultate für sich in Anspruch zu nehmen. Zwar kommen die Begriffe des Yama und Niyama nicht in der BG vor, aber das ethische Fundament (z. B. Wahrhaftigkeit) ist Voraussetzung für die weiterführenden Übungen und die Vereinigung mit Gott als Person.

Tantrismus und Hatha-Yoga

Gegenüber dem bislang skizzierten ethisch-mystischen Yoga-Verständnis der brahmanischen Zeit stellt der ab 600 n. Chr. einsetzende Tantrismus eine Zäsur dar. Es kommt zu einer Bedeutungsverschiebung: Nicht mehr die asketische Beherrschung der Triebnatur, sondern Genuss (Bhoga) und Hedonismus werden im dunklen Kali-Yuga, dem Zeitalter der Entfremdung, als Wege der Erfahrung des göttlichen Seins proklamiert. Die Vereinigung der polaren Kräfte des Männlichen und Weiblichen, symbolisiert in Siva und Shakti, werden im sog. rechtshändigen Tantra imaginiert und im linkshändigen (Vamachara) in Riten zelebriert. Auch über diesen Yoga erschien eine große Zahl von Publikationen.[63]

In der Tradition des Tantra steht der Hatha-Yoga (ab ca. 900 n. Chr.), der dessen Chakra-Physiologie einschließlich der Kundalini-Vorstellung übernommen hat. Aber auch einzelne Elemente der Upanishads, des Samkhya und der Yoga-Sutras Patanjalis tauchen in den Texten des Hatha-Yoga auf (asanas, pranayamas etc.). In Basistexten finden sich alchemistische, sexuelle und magische Anspielungen bis hin zu dem Anspruch, körperliche Unsterblichkeit zu erreichen, weshalb dieser Yoga lange Zeit als unseriöses Produkt der Verfallszeit galt. Die verschiedenen Traditionsströme sind jedoch noch nicht hinreichend erforscht (Schreiner). Unumstößlich ist die Tatsache, dass dem Körper ein vorher nicht gekannter Stellenwert zugemessen wurde,[64] was sich vor allem in der systematischen Entfaltung der Asanas zeigt. Aus dem ursprünglich festem Sitz bei Patanjali wurden 15 Asanas in der Pradipika des Hatha-Yoga und schließlich 300 Asanas bei dem neuzeitlichen Lehrer Iyengar. Die bewusste Ausführung der Asanas bedeutet eine Steigerung der Sensibilität auch gegenüber den Funktionen des eigenen Körpers. Das konzentrierte und dabei gelassene An- und Entspannen der Muskeln kann zu einer gesteigerten Wahrnehmung von Herzschlag, Atmung und Muskeltonus führen, deren Wirkung im Kapitel »Psychologie und Medizin« beschrieben ist (s. u.).

Buddhistische, taoistische und andere nichtbrahmanische Varianten des Yoga (Dehn, 1999) können hier nicht berücksichtigt werden. Stattdessen nachfolgend einige Beispiele der Wirkungsgeschichte des Yoga im Westen.

Neuzeitliche Yoga-Rezeption in Europa

Spätestens seit Anquetil Duperron 1775 eine persische Ausgabe der Upanishads unter dem Titel Oupnek'hat erhielt und zuerst in französischer und dann in lateinischer Übersetzung (1801) herausgab, war indische Philosophie und damit Yoga Untersuchungsgegenstand von Indologen, Philologen und vornehmlich deutschen Philosophen. Die zum Teil muslimisch gedeutete Upanishad-Ausgabe Duperrons hat Schopenhauer maßgeblich beeinflusst, wobei die islamischen Interpretamente ihn nicht mehr gestört haben als es eine christliche Übersetzung getan hätte.[65] Wichtiger war für Schopenhauer das, was er für das »naturverwandte Dasein« des Oupnek'hat hielt: »Und o, wie wird hier der Geist rein gewaschen von allem früh eingeimpften jüdischen Aberglauben.«[66] Schopenhauers antisemitische Auslegung des Vedanta sollte sich später in der Theosophie und vor allem in der Ariosophie zur Rassenhetze steigern und zum Grundgedanken rassistischer Yoga-Rezeption werden. Wie wenig freilich Schopenhauers Denken auf antijüdische Elemente reduziert werden kann, zeigt Paul Deussens Deutung indischer Metaphysik in der Überlieferung von Schopenhauer. Hatte Hegel den Yoga als »abstrakte Andacht« und sinnlose Leerheit einer ebenfalls für die Folgezeit verheerenden nihilistischen Bewertung unterzogen, wird für die Brüder Schlegel Indien zur Chiffre für die Tiefe des eigenen Wesens und zur Heimat der Religion.[67] Schellings Ausführungen zum Karma-Yogin befinden sich in großer Nähe zu den Intentionen der Bhagavadgita, die dem heutigen Stand der indologischen Forschung weitgehend gleichen.[68] Für Deussen [1845-1919] ist der Atman der Upanishaden das seiner selbst bewusste Subjekt des Erkennens und Handelns, dem im Gegensatz zum Samsara, der Welt der sichtbaren Dinge, Realität zukomme. An die Stelle des Hegel'schen Seins, dem Inbegriff aller Abstraktion, tritt ein Subjekt, das durch den Schopenhauer'schen Willen sowohl Bejahung als auch Verneinung in sich enthält. So wird auch der Yoga im Sinne der Verneinung der empirischen Welt und Zuwendung zum Atman verstanden. Seine höchste Stufe (Samadhi) ist demnach das, was in der Sprache der neuzeitlichen Philosophie das

»Wesen der ästhetischen Kontemplation« ausmacht, wo Subjekt und Objekt in eins fallen.[69]

Yoga in Theosophie und Ariosophie

Entscheidende Impulse zur Verbreitung und Popularisierung des Yoga gingen von der theosophischen Bewegung Ende des 19. Jahrhunderts aus, z.B. durch die erste Übersetzung der Sutren des Patanjali in die deutsche Sprache. Aber von wenigen Ausnahmen abgesehen,[70] wird auch von Yoga-Praktizierenden[71] die theosophische Yoga-Version vor allem aus zwei Gründen abgelehnt. Bei Blavatsky und allen namhaften Theosophen der Frühzeit findet sich eine schroffe Zweiteilung von gutem und schlechtem Yoga: »Der sog. Hatha ward und wird noch von den Arhats missbilligt. Er ist der Gesundheit schädlich und kann allein sich niemals zu Raja-Yoga entwickeln.«[72] Die Abwertung des körperlichen Hatha-Yoga wird mit dem Hinweis auf den auserwählten Kreis von Heiligen (Arhats) legitimiert: Er eigne sich nur für Wesen auf der untersten Stufe der karmischen Evolution. Dem steht die Aufwertung des angeblich rein geistigen Raja-Yoga gegenüber, der wie bei Vivekananda mit Patanjalis Sutra identifiziert wird. Die Polarität von schädlichem und nützlichem Yoga ist die praktische Fortsetzung der theoretischen Polarität von böser Materie und gutem Geist, bzw. von niederen und höheren Sphären. Dabei wird jedoch von Theosophen übersehen, dass auch der geistige Raja-Yoga körperliche Elemente (asanas, pranayama) enthält[73] und der Hatha-Yoga – im Unterschied zur bloßen Gymnastik – die Dimension der geistigen Aufmerksamkeit kennt. Doch in jüngerer Zeit hat C. Fuchs (1990) Veränderungsprozesse beobachtet, die auf eine aufgeschlossenere Haltung der theosophischen Szene im Blick auf den Hatha-Yoga schließen lassen.

Noch schwerwiegender als die Trennung in gut und schlecht ist die Einbeziehung der Yoga-Lehre in die Rassentheorie. Hatte Blavatsky es noch in »Entschleierte Isis« offen gelassen, ob die Juden von den »Chandalas des alten Indien« oder den »Hyksos des Josephus« abstammen,[74] so ist in der späteren »Anthropogenesis« aus der Potentialität die Aktualität geworden, indem behauptet wurde, dass der Ursprung der Juden in den außerhalb der Kasten stehenden (verachteten) Chandalas der Nicht-Brahmanen zu finden ist.[75] »Entartet in Geistigkeit und vervollkommnet in Stofflichkeit« sind die Juden durch Bastardisierung die Verbindung mit anderen Völkern eingegangen. Obwohl sich Blavatsky formal gegen Antisemitismus (und Anarchie) ausspricht, hat sie inhaltlich den dezidierten Rasse-Esoterikern der Ariosophie die entscheidenden Schlagworte von der Rassenvermischung geliefert.[76] Jörg Lanz (von Liebenfels) hat in der »Theozoologie« 1904 die Weltverschwörungstheorie weiter ausgewalzt, dass die blonden Helden von Atlantis/Thule von den dunkelrassigen Tschandalen überrannt wurden, die durch das biologische Verbrechen der Kreuzung von Menschen und Tieren entstanden seien. Die schwarzmagischen Gene der tierartigen Untermenschen würden noch heute im Blut der Juden toben, die deshalb versklavt werden müssten. Damit wurde Lanz zu einem geistigen Wegbereiter von Zwangssterilisierung und Eliminierung vorgeblich rassisch Minderwertiger im Dritten Reich.[77]

Die Theosophin Alice Bailey [1880-1949] hatte den Hatha-Yoga als den Übungsweg der »sehr niedrigen, von Tieren erzeugten Unterrasse« der Lemurier beschrieben, während

die Arier mithilfe des Raja-Yoga die Kontrolle des Denkens erreichen würden.[78] Ernst
Issberner-Haldane, Schüler von Lanz, hält »Yogha-Lehren« für die Bedingung zur geistigen Höherentwicklung, um »die bevorstehenden Wiedergeburten an Zahl zu vermindern«.[79] Seine Variante »der (sic) germanischen, ario-christlichen Yogha« liest sich wie folgt: »Jedem das Seine! Aber nicht jedem das Gleiche.«[80] Yogha erfordere eine durch Rasse bedingte Grundlage. Theosophie und arisches Christentum seien keine Lehren für Neger und Halbneger (Juden), ebenso wenig aber für Bastardmenschen im Sinne der Rassenmischung. Aufgrund seiner »Blutsart« würde ein Jude, Neger oder Bastard nie ein Yoghi sein können. Schon den alt-arischen Völkern (Germanen, Indern ...) sei bewusst gewesen, dass Niederrassige keinen spirituellen Sinn entwickeln könnten, weshalb diese auch nicht in Mysterien eingeweiht wurden. Die durch Manu verhängte Todesstrafe auf den Verrat geistiger Geheimnisse wurde in der Jetztzeit nicht mehr befolgt, weshalb Niederrassige ihrem dämonischen Ziel, den wirklichen Edelmenschen zu vernichten, ein Stück näher gekommen seien. Deshalb dürfe man mit Niederrassigen kein Mitleid haben. »All das ist ario-christliche Yogha.«

Nach 1945 brachte Issberner-Haldane eine »entnazifizierte« Fassung seiner Yoga-Schulung mit dem Titel »Kosmische Religion« und angepassterem Vokabular heraus. So wurde z. B. der »Niederrassige« gegen den »Primitiven« ausgetauscht.[81]

Yoga in Psychologie und Medizin

Mit den Begriffen der Autosuggestion und Hypnose versuchen Forscher der Frühzeit rätselhafte Yoga-Phänomene zu erklären. Für Schmitz (1923), Schüler von C.G. Jung und Graf Keyserling, haben diese Deutungsmuster große Relevanz. Er spricht sich für eine Verbindung von Psychoanalyse und Yoga aus, die sich in ihrer Gegensätzlichkeit ergänzen sollten. Dadurch könnten die Gegenkräfte des Unbewussten, die die Praktizierenden an der letzten Vertiefung hinderten, aus dem Weg geräumt und die Einzelerkenntnisse zu einem neuen Ich integriert werden. Der Ansatz der Autosuggestion, der Versenkung in die Vorstellung des Selbstseins war umstritten. Auch wenn Schriftsteller wie Hermann Hesse mit ihm sympathisierten, so wurde er doch vom Gros der klassischen Analytiker der Schule Sigmund Freuds mit der These »Tiefenpsychologie anstelle von Yoga«[82] abgelehnt. Im Anschluss an Heiler wird Yoga von orthodoxen Freudianern als mystische Psychotechnik und Hatha-Yoga als hypnotische Methode interpretiert, die eine Ähnlichkeit mit den Kunststücken der Fakire aufweise.

C.G. Jung (1936) warnt den westlichen Menschen davor, indische Übungen wie Yoga kritiklos zu übernehmen, denn aufgrund der kulturellen und seelischen Differenz zwischen Ost und West sei falscher Gebrauch die zwangsläufige Folge. Obwohl Jung dem Yoga eine »Philosophie von unerhörter Tiefe« zugesteht, sei er »Gift« für den Europäer. Er würde durch Kontrolle und Macht seine »verstümmelte Natur« noch weiter unterdrücken, anstatt die Rückkehr zu derselben zu erreichen. Der Yoga hat die Funktion der Befreiung von Triebkräften und inneren Zwängen, eine Aufgabe, die der des Therapeuten sehr ähnlich ist. Aber der Yoga wende sich nach Jung an das Bewusstsein und den Willen, nicht an das Unbewusste. Dieses sei aber beim willensorientierten Europäer sehr stark entwickelt, weil er vieles verdränge, was seine Macht desillusionieren könnte. Deshalb seien nicht nur alle Anstrengungen erfolglos, sondern würden das Gegenteil des Beabsichtigten bewirken. Stattdessen weist Jung darauf hin, dass yogaähnliche Systeme im Westen bereits bestehen. Dazu zählt er das Autogene Training und die Psychoanalyse, welche er als »konsequente Weiterentwicklung der Beichtpraxis« versteht.

C.G. Jungs Einwände werden auch heute von Yoga-Rezipienten ernst genommen: Sie finden Kritik und Zustimmung. Kritisiert wird an Jung eine selektive und falsche Quellenbenutzung[83] sowie die Fehleinschätzung des Hatha-Yoga als Turnübung. Mit der pauschalen und polarisierenden Bewertung des Ostens und Westens verstoße Jung gegen eigene Konstrukte der kulturellen Unabhängigkeit (kollektives Unbewusstes). Die Kritik Jungs am irrationalen Eskapismus der Theosophen, zum anderen an der auf »repressiver Selbstdisziplinierung und Autosuggestion beruhende(n), psychotechnische(n) Variante« (Baier) des Yoga von Keyserling und Schmitz findet Zustimmung, dürfe aber nicht generalisiert werden. Das reflektierte Problembewusstsein Jungs gegenüber einer blinden Yoga-Euphorie und seine Warnungen vor einem leichtfertigen Gebrauch durch vulnerable Persönlichkeiten (Unger/Hofmann-Unger 2000) werden als realitätsbezogen charakterisiert.

Im Unterschied zu Jung wird von den zuletzt genannten Yoga-Dozenten (Unger/Hofmann-Unger) der Anteil der vorgeschädigten Persönlichkeiten an den Übenden als sehr gering angesehen und es macht den wissenschaftlichen Standard von ihren und anderen Trainingsangeboten aus, dass sie mit den Indikationen zugleich die Kontraindikationen angeben. Eine große Zahl von Untersuchungen belegen den präventiven und therapeutischen Effekt von (Hatha)-Yogaübungen im Hinblick auf eine Bandbreite von körperlichen und seelischen Beschwerden, psychosomatischen Problemen und Dysfunktionen. Hier können nur exemplarisch die Forschungsergebnisse einiger Autoren wiedergegeben werden. Martina Bley (1997) hat in einer kontrollierten Studie mit Probanden, die zum Teil jahrzehntelang an Schlafstörungen, chronischen Kopfschmerzen, Hypertonie und Rückenproblemen litten, herausgefunden, dass nach sechs Monaten 10 Prozent der Klienten beschwerdefrei waren und bei 50-80 Prozent die Schmerzen abgenommen haben. Die allgemeine Befindlichkeit hat sich bei zuvor extrem belasteten Patienten in Richtung höherer Selbstwert, emotionale Stabilität und mehr Lebensfreude verschoben, wodurch Yoga als komplementärer und alternativer Behandlungsansatz interessant ist.

Zwei ausgezeichnete Arbeiten hinsichtlich Yoga als Bewältigungshilfe für Stress und Belastungen seien noch kurz vorgestellt. Für Marcus Stück (1998) und Schell (1998) ist die Beziehung zwischen Belastung, z. B. durch permanenten Leistungsdruck und Beanspruchung nicht die eines simplen Ursache-Wirkungs-Zusammenhangs. Das Erleben der Beanspruchung hängt von individuellen Faktoren wie Bewältigungsressourcen und Trainingszustand des Organismus ab. So wie zwischen positiven und negativen Beanspruchungsfolgen wird auch zwischen akutem und chronischem Stress unterschieden, was zugleich der Unterschied zwischen Gesundheit und Krankheit ist. Zu lang anhaltende Stress auslösende Reize überfordern die Anpassungsfähigkeit des Körpers und führen zur Dauermobilisierung der psychophysischen Reserven. Die Folgen sind Angst, Reaktivierung von Störungen aus der Vergangenheit und Verlust der Erholungsfähigkeit. Da ein »entspannter Körper mit dem Affekt Angst unvereinbar ist« (Stück), setzen Stressbewältigungs- oder Copingverfahren bei der Erhöhung der Widerstandskraft des Individuums und der Sensibilisierung der privaten Selbstaufmerksamkeit an.

Hatha-Yoga und ähnliche Entspannungsmethoden wie die progressive Muskelrelaxation tragen zur psychomotorischen und vegetativen Harmonisierung wie der Aktivierung des Vagusnervs bei. Dieser ist der Gegenspieler der Stress- und Angstreaktion des vegetativen Nervensystems. Im Erwachsenenbereich existieren seit längerer Zeit wissenschaftlich evaluierte Yogaprogramme. Marcus Stück hat auf dem Gebiet »Kinder in Sondersituationen« (Prüfungsangst, familiäre Konflikte) Grundlagenforschung betrieben, die von anderen und ihm selbst fortgeschrieben wird. Für die genannten Forscher ist typisch, dass sie sowohl relative als auch absolute, d. h. keine Ausnahmen zulassende Gegenanzeigen und Nebenwirkungen klar benennen. Im psychischen Bereich sind schizophrene Psychosen bei Meditationen kontraindiziert und im physischen sollten bei hohem Blut- und Augeninnendruck, Geschwülsten in der Kopfregion und Schäden an der Halswirbelsäule bestimmte Asanas (Umkehrhaltungen) vermieden werden.

Zusammenfassende Einschätzung

Die Untersuchungsergebnisse zeigen, dass Hatha-Yoga-Trainingsprogramme sehr gut zur Stressbewältigung und Selbstregulation geeignet sind, wenn der Lehrende die individuellen psychischen und physischen Besonderheiten der Praktizierenden berücksichtigt. Dadurch werden besondere Ansprüche an das Kompetenzniveau von Yoga-Lehrern gestellt, worüber man sich im BDY bewusst ist. Dort bemühen sich Verantwortliche mit Erfolg um eine Professionalisierung der Ausbildung der Yogalehrenden. Qualitätsstandards werden durch das Europäische Mindestanforderungsprogramm (EMP) in pädagogischer, psychologischer, medizinischer, ethischer und spiritueller Hinsicht gesetzt. Selbstverständlich sind mit der engen Lehrer-Schüler-Beziehung Risiken verbunden, die in der Yoga-Szene mit hohem Institutionalisierungsgrad zur Guru-Problematik geführt haben und führen. Konflikte mit den primär tantrisch orientierten Gruppen und der frühen ISKCON im Westen zogen nicht nur eine Hinduismus-immanente Kritik nach sich. In letzter Zeit sorgt die Yoga-Schule von Heinz Grill, die Elemente der Anthroposophie enthält, im kirchlichen Raum für Spannungen. Von christlich-fundamentalistischer Seite werden Yoga-Praktiken in arroganter Anmaßung pauschal dämonisiert (Franzke 1999). Polemisch-undifferenzierte Kritik identifiziert Yoga generell mit Tantrismus und blendet damit völlig aus, dass im Konzilstext »Nostra aetate« in impliziter Form im Abschnitt über den Hinduismus die Margas der Bhagavadgita respektvoll als Wege zu Gott bezeichnet werden.

Im BDY und in der freien Szene lassen sich keine Anhaltspunkte eines Konformitätsdrucks der fest organisierten, dogmatischen Gruppen finden. Freier Informationsaustausch, kontroverse Diskussionen und ein sehr plurales Meinungsbild bestimmen die Beiträge der Verbandszeitschrift »Deutsches Yoga Forum«. Der Grundtenor ist nicht apologetisch, sondern selbstkritisch und reflektiert. Er schließt auch Hinweise auf potenzielle Fehlentwicklungen ein. In diesem Klima der Offenheit ist eine aktive Mitarbeit von Christen sehr gut vorstellbar.

Literatur: **Harald Baer**, Arischer Rassenglaube – gestern und heute, EZW-Text Nr. 129, Informationen, Stuttgart 1995 · **Karl Baier**, Yoga auf dem Weg nach Westen, Würzburg

Gruppen, Strömungen, Techniken

1998 · **Helena Blavatsky,** Die Geheimlehre, Bd. 1 Kosmogenesis, Bd. 2 Anthropogenesis (1888), Nachdruck Den Haag o.J. · **Martina Bley,** »Kobra«, übernehmen Sie!, in: Psychologie Heute 3/1997 · **Ulrich Dehn,** Warum Mediation? in: MDEZW 9/1999, S. 257-268. · **Margret Distelbarth,** Samkhya, in: Berufsverband Deutscher Yogalehrer (BDY) (Hg.), Der Weg des Yoga, Petersberg 1994 · **Anquetil Duperron/Mohammed Daraschekoh,** Das Oupnek'hat – Die aus den Veden zusammengefaßte Lehre von dem Brahm (übers. von Franz Mischel), Dresden 1882 · **Mircea Eliade,** Yoga – Unsterblichkeit und Freiheit, Zürich 1960 · **Edith Franke,** Religiöse Wandlungs- und Erneuerungsprozesse als Gegenstand empirischer Forschung in der Religionswissenschaft, in: Kristian Fechtner/Michael Haspel (Hg.), Religion in der Lebenswelt der Moderne, Stuttgart 1998 · **Reinhard Franzke,** Entspannungstechniken – Anti-Stress-Programme oder Magie, Lage 1999 · **Christian Fuchs,** Yoga in Deutschland, Suttgart 1990 · **Rudolf Fuchs/Margret Distelbarth,** Der achtgliedrige Yoga nach Patanjali, in: BDY (Hg.), Der Weg des Yoga, Petersberg 1994 · **Karl Gabriel,** Religiöse Individualisierung oder Säkularisierung, Gütersloh 1996 · **Gopikrishna,** Kundalini, Bern 1977 · **Eduard Gugenberger und Roman Schweidlenka,** Mutter Erde, Magie und Politik, Wien 1987 · **Friedrich Heiler,** Die Religionen der Menschheit, Stuttgart 1962 · **Reinhart Hummel,** Indische Mission und neue Frömmigkeit im Westen, Stuttgart 1980 · **Otto-Albrecht Isbert/Irene Horbat,** Yoga-Sadhana, Heft 7, Heidenheim/Brenz 1960 · **Ernst Issberner-Haldane,** Kosmische Religion – Yoga-Schulung und Diätetik der Seele, Berlin o.J. · **Ders.,** Yogha-Schulung für westliche Verhältnisse, Pforzheim 1928 · **Carl Gustav Jung,** Yoga und der Westen (1936), in: Gesammelte Werke, Bd. 11 · **Jörg Lanz von Liebenfels,** Theozoologie – Die Kunde von den Sodoms-Äfflingen und dem Götterelektron, Wien o.J. (Neuausgabe durch den Armanen-Orden) · **Ajit Mookerjee/Madhu Khanna,** Die Welt des Tantra, Bern 1978 · **Gerhard Oberhammer,** Die Gotteserfahrung in der yogischen Meditation, in: Walter Strolz und UEDA Shizuteru (Hg.), Offenbarung als Heilserfahrung im Christentum, Hinduismus und Buddhismus, Freiburg 1982 · **Patanjali,** Shree Bhagwan, Aphorisms of Yoga, translated by Prouhit, Shree Swami, London 1975 · **Ders.,** Die Wurzeln des Yoga – mit einem Kommentar von P.Y. Deshpande, Bettina Bäumer (Hg.), Bern 1982 · **Swami Prabhavananda/Christopher Isherwood,** Gotterkenntnis durch Yoga – Die Yoga Sutras des Patanjali, München 1962 · **Hans-Jürgen Ruppert,** Theosophie, Konstanz 1993 · **F. Jürgen Schell,** Yoga-Schlüssel zur Streßbewältigung, Petersberg 1998 · **Oskar A.H. Schmitz,** Psychoanalyse und Yoga, Darmstadt 1923 · **Marcus Stück,** Entspannungstraining mit Yogaelementen in der Schule, Donauwörth 1998 · **Mathias Tietke,** Beichten statt Yoga, in: Deutsches Yoga Forum 4/2000, S. 19f. · **Anna Trökes,** Hatha-Yoga, in: BDY (Hg.), Der Weg des Yoga, Petersberg 1994 · **Carsten Unger/Katrin Hofmann-Unger,** Yoga und Psychologie, Ahrensburg 1999 · **Dies.,** Fehlentwicklungen und Gefahren auf dem Übungsweg, in: Deutsches Yoga-Forum 4/2000 · **Michael Utsch,** Wozu meditieren?, in: MDEZW 4/2000, S. 107-119 · **André van Lysebeth,** Tantra, Fribourg 1988 · **Swami Vivekananda,** Raja-Yoga, Freiburg o.J. · **Benjamin Walker,** Tantrismus, Basel 1987

Internet: **Christian Fuchs,** Yoga im alten Indien, in: www.yoga.de; www.yrec.org

Von Schopenhauer zu den Anfängen des deutschen Zen-Buddhismus

Seit mehr als 100 Jahren fasziniert der Buddhismus in Deutschland immer mehr Menschen. Oft wird als historisches Datum des verstärkten Auftretens indischer Religiosität im Westen das Parlament der Weltreligionen in Chicago 1893 genannt. Deutschland hatte allerdings bereits vorher in Philosophie und Literatur deutlich buddhistisches Gedankengut rezipiert, wofür der Name Arthur Schopenhauer an prominentester, wenn auch nicht erster Stelle steht. Kant und Hegel sind bereits vor ihm zu nennen. Erst seit kurzem fängt die gründliche Aufarbeitung dieses Teils der deutschen Geistesgeschichte an. Wer jedoch in einschlägigen Lexika und Enzyklopädien nach bedeutenden deutschen Buddhisten sucht, wird meist enttäuscht.

In der ersten Auflage von Schopenhauers frühem Hauptwerk »Die Welt als Wille und Vorstellung« (erster Band 1814-1818) finden sich zahlreiche Anlehnungen an buddhistisches Gedankengut, noch bevor der Autor Bekanntschaft mit indischem Schrifttum machen konnte. So argumentiert Schopenhauer etwa im 46. Kapitel für eine pessimistisch-defätistische Sicht von Welt und Leben: »Das Leben stellt sich dar als ein fortgesetzter Betrug, im Kleinen, wie im Großen. Hat es versprochen, so hält es nicht; es sei denn, um zu zeigen, wie wenig wünschenswert das Gewünschte war: so täuscht uns bald die Hoffnung, bald das Gehoffte.«[84] Die Zeit lasse alle Dinge als nichtig und vergänglich erscheinen, alles zerrinne unter den Händen, und somit sei auch der Wille zum Leben »ein Streben, das sich selbst vereiteln muß«. Die Welt sei lieber nicht, als dass sie sei: Ihr Dasein sei ein Fauxpas des Schicksals. Diese pessimistische Weltsicht, die seiner Ansicht nach aus dem Brahmanismus und Buddhismus stammt, meint Schopenhauer auch im Neuen Testament zu finden, im Gegensatz zum lebensbejahenden und optimistischen Alten Testament. Schopenhauer wandte später seine Aufmerksamkeit der chinesischen Geisteswelt, insbesondere dem Taoismus zu und meinte, in Tibet den Hauptsitz der »Buddhaistischen Kirche« finden zu können. Für den Konfuzianismus hatte er eher Spott übrig.[85] Schopenhauers Buddhismus-Rezeption zeigt, dass er im Grunde Hinduismus und Buddhismus nicht voneinander unterschied, sondern als die eine indische Tradition betrachtete.

Darin, dass Buddhismus und frühes Christentum pessimistisch und nihilistisch seien und das Flair der Sinnlosigkeit verbreiteten, war Friedrich Nietzsche mit Schopenhauer einig. Nietzsche überwand die »Religion der Verneinung« vermeintlich mit dem »Willen zur Macht«.[86]

Deutsche Buddhisten des 19. und frühen 20. Jahrhunderts, die Schopenhauer den Impuls zum Buddhismus hin verdankten, lernten bald, sein verkürztes Buddhismus-Verständnis und insbesondere seinen Pessimismus zu kritisieren und zu korrigieren. Dies tat ausführlich etwa Georg Grimm [1868-1945] in seinem 1915 erstmalig erschienenen Buch »Die Lehre des Buddho«. Dennoch haftet bis heute dem Buddhismus der Geschmack des Pessimismus an. Damit wird auch übersehen, dass es bereits bei Schopenhauer in seinem Hauptwerk die Fortentwicklung zum Gedanken der »Vorstellung« gibt, d. h. der mit der buddhistischen »Erleuchung« vergleichbaren »Erkenntnis des wahren Charakters der Dinge«.

In Karl Eugen Neumann [1865-1915], Paul Carus [1852-1919], Friedrich Zimmermann [1851-1917] und Karl Seidenstücker [1876-1936] fand der deutsche Buddhismus bald Pioniere, die weithin sowohl Reisen nach Südasien (insbesondere Sri Lanka) gemacht hatten als auch den »Pali-Kanon«, das Korpus der Schriften des südasiatischen Therava-da-Buddhismus, im Original lesen konnten. Die wichtigste noch heute benutzte deutsche Übersetzung von Teilen des Pali-Kanon stammt von Neumann. Karl Seidenstücker grün-dete 1903 in Leipzig den Buddhistischen Missionsverein in Deutschland, der allerdings 1906 in Buddhistische Gesellschaft in Deutschland umbenannt wurde. 1921 wurde in München von Grimm und Seidenstücker die »Buddhistische Gemeinde für Deutschland« ins Leben gerufen, der 1924 in Berlin-Frohnau die Gründung des »Buddhistischen Hau-ses« durch Paul Dahlke [1865-1928] folgte, ein Haus, das der Arzt und Pali-Gelehrte Dahl-ke auf einem gestifteten Grundstück von den Grundsteinen auf nach buddhistischen Gesichtspunkten errichtete. So sind z. B. die Fenstergitter in Gestalt von Feigenbaum-ästen und -blättern gestaltet, als Bezug auf die Erleuchtungsgeschichte, nach der Buddha unter einem Feigenbaum die Erleuchtung erlangte. Heute ist das Haus in srilankischer Hand. Weitere wichtige buddhistische Gelehrte der ersten Stunde waren Nyanatiloka ali-as Anton Gueth [1878-1957] und Nyanaponika alias Siegmund Feniger [1901-1994]; bei-de sind auch als Übersetzer von Teilen des Pali-Kanons hervorgetreten. Von Nyanatiloka stammt das bis heute benutzte kurze und prägnante »Buddhistische Wörterbuch« (1941).

Der Vorrang, den damals der theravadische Buddhismus in Deutschland hatte, wurde bald durch den japanischen Zen-Buddhismus und schließlich verstärkt seit dem Exil des Dalai Lama 1959 durch den tibetischen Buddhismus abgelöst.

Für die heutige Gestalt des Buddhismus in Deutschland wie auch in den USA ist es sinnvoll, sich den Weg des Zen-Buddhismus von Japan her in Erinnerung zu rufen. Es war das bereits erwähnte Weltparlament der Religionen 1893, das nicht nur den neohin-duistischen Swami Vivekananda weltberühmt machte, sondern auch den japanischen Buddhisten Shaku Sôen [1859-1919] in die USA lockte. Der schickte später Suzuki »Dai-setz« Teitarô [1870-1966] sowie andere seiner Schüler in die USA und bereitete damit der Ausbreitung des Zen der Rinzai-Tradition in den USA und schließlich in Westeuropa den Boden.

Es ist insbesondere der unermüdlichen Vortrags- und Missionstätigkeit Suzukis zu verdanken, dass der Zen-Buddhismus rasche Ausbreitung fand und im Westen lange Zeit von Suzukis psychologisierender und stark stereotypisierender Interpretation geprägt war. Immer wieder betonte Suzuki die irrationalen und alle Logik durchbrechenden Elemente der buddhistischen Erleuchtung, die bestimmend für die einfühlsame Kultur Japans sei. Völlig unbeschreibbar und nicht analysierbar sei demnach letztlich das Erlebnis der Er-leuchtung (jap. satori); für Suzuki steht dies gemäß der Rinzai-Tradition im Rahmen der Meditation über einem »Koan«, das vom Meister erteilt wird: meist ein kurzes Zitat aus einem Gespräch zwischen Schüler und Meister, das zu »bedenken« ist. Das Resultat kann aber nur sein, dass es keine rationale Lösung hat, sondern die konventionellen Denkmög-lichkeiten sprengt. Diese »Sprengung« ist der Weg zum Erwachen aus dem »Schlaf« der verschleierten Sicht der Wirklichkeit.

Im Zuge seiner Zen-Mission, die aufgrund ihrer psychologischen Anteile schnell viele Anhänger in der westlichen Welt fand, schuf Suzuki auch weit reichende Interpretationen der japanischen Kultur und der Kontraste westlicher und östlicher Traditionen. Berühmt geworden ist sein auch auf Deutsch zugänglicher Vergleich zwischen der literarischen Form eines »Haiku« des berühmten japanischen Dichters Basho und einem Gedicht des Amerikaners Tennyson.[87] Den Texten ist die Betrachtung einer Blume gemeinsam. Im Falle von Basho sei es einfühlsame, betrachtende Zärtlichkeit, verstehendes Schweigen, bei Tennyson sieht Suzuki Aktivität und Analysebedürfnis, verstehen wollende Geschwätzigkeit. Tennyson pflückt die Blume, um sie – zärtlich – genau zu betrachten, aber dadurch auch zu zerstören, Basho belässt den Gegenstand der Betrachtung unberührt.

Mit dieser und anderen Kontrastierungen, die auch in seinem auf Englisch und Japanisch erschienenen Buch »Zen and Japanese Culture«[88] eine wichtige Rolle spielen, holt Suzuki sein westliches Publikum bei einer Zivilisationsverdrossenheit ab. Es wird empfänglich für das gänzlich andere Sanfte und Alternative aus dem »fernen Osten«. Dieses Syndrom verfehlt seine Wirkung bis heute nicht.

Die Rezeption des Zen-Buddhismus in Deutschland fand später statt und ging zumeist auf den Einfluss des Jesuitenpaters Hugo M. Enomiya-Lassalle [1901-1990] zurück. Neben den Strömungen eines »christlichen Zen«, für den besonders die Namen Willigis Jäger, Willi Massa und William Johnston stehen, hat es in den letzten Jahrzehnten auch in Deutschland genuin zen-buddhistische Gründungen gegeben, die häufig auf ethnische Buddhisten zurückgehen. Dafür, dass es neben dem von buddhistischer Seite gelegentlich monierten synkretistischen »christlichen Zen«[89] auch eine stärker esoterisierende Form des Zen-Buddhismus gibt, steht Karlfried Graf Dürckheim [1896-1988] und seine initiatische Meditation; hier werden Einflüsse aus Existentialtherapie und Transpersonaler Psychologie aufgenommen. Willigis Jäger steht neohinduistischem Gedankengut nahe mit seinem Modell der exoterischen Dimension der Religionen (Doktrinen, Riten etc.), die sie trenne, und der esoterischen Dimension (Mystik, Kabbala, Yoga, Zen, Sufismus), die sie vereine. Das Denken Jägers und anderer christlicher »Zen«-Meditierender führte zu der Kontroverse um Zen als buddhistisches Sondergut, das rein zu erhalten sei, oder Zen als interreligiöses oder gar religionsfreies Allgemeingut.[90] Diese Kontroverse schwelt weiter, sie schlägt sich in Japan nieder in der umstrittenen Stellung der Zen-Schule des Sambô Kyôdan und seines vor einigen Jahren verstorbenen Meisters Yamada Kôun, der sich in seinem Tempel in Kamakura westlichen Meditierenden öffnete.

Gegenwärtiger Buddhismus in Deutschland

Aufgrund der heutigen internationalen Mobilität und des gegenseitigen Austausches hat sich längst auch der Buddhismus in Deutschland ausdifferenziert. So wie einst das Christentum seine gesamte Gespaltenheit originalgetreu in die Missionsgebiete hineintrug, so ist heute fast jede buddhistische Strömung, einschließlich solcher, die im Konflikt miteinander liegen, auf deutschem Boden zu finden. Als einflussreiche Figuren für viele deutsche Buddhistinnen und Buddhisten werden der 14. Dalai Lama, der vietnamesische Zen-Buddhist Thich Nhat Hanh, der tibetische, in den USA lebende Sogyal Rinpoche und der dänische Lama Ole Nydahl genannt. Prägende Kraft hatte auch die 1997 verstorbene deutsche Buddhistin Ayya Khema, eine ehemalige Jüdin aus Berlin. Von den in Deutschland derzeit ca. 400 Zentren und Gruppen (Stand 1999) ist eine stetig steigende Zahl (derzeit ca. 45) in der 1955 zunächst unter dem Namen Deutsche Buddhistische Gesellschaft gegründeten und 1958 umbenannten heutigen Deutschen Buddhistischen Union (DBU) mit Sitz in München organisiert. Ihr gesellte sich 1985 die Buddhistische Religionsgemeinschaft in Deutschland (BRG) zu, die 1988 in die DBU überführt wurde. Versuche, den Status der Körperschaft des öffentlichen Rechts zu erlangen, scheiterten bislang. Die DBU und die meisten ihrer Mitgliedszentren gelten als aufgeschlossen und eine DBU-Mitgliedschaft somit meist auch als »Gütesiegel« in der Kommunikation. Ein Grund mehr, sie zu begehren (im Gespräch sind etwa Sôka Gakkai (s. u.) und New Kadampa Tradition) oder in Frage zu stellen (Ole Nydahl und die von ihm gegründeten Karma-Kagyü-Zentren). In diesem Sinne gab sich die DBU 1985 ein Buddhistisches Bekenntnis, das seitdem auch Bestandteil ihrer Satzung ist,[91] ein Schritt, der in Asien schwer denkbar wäre.

Der 14. Dalai Lama – Faszination und Kontroverse

Zahlreiche Gelegenheiten beweisen, dass der Buddhismus seine Faszination keineswegs nur unter seiner eigenen Klientel ausübt. Der Deutschland-Besuch des Dalai Lama im Herbst 1998 und seine einwöchige Lehrveranstaltung Ende Oktober in Schneverdingen/ Lüneburger Heide wurden zu einem kleinen »Buddhistischen Kirchentag« mit mehr als 10.000 Besuchern aus allen weltanschaulichen Bereichen. Das Medienecho stellte jeden ranghohen Staatsbesuch in den Schatten. Wenn der Dalai Lama an einigen Stellen als der kompetentere Verkündiger des christlichen Evangeliums gewürdigt wurde, zeigt dies deutlich, dass es neben dem traditionellen und bekennenden Buddhismus eine breite Suchbewegung nach tiefer und authentischer Spiritualität gibt, die selektiv sowohl aus solchen Quellen zu schöpfen bereit ist, als auch aus anderen.[92] Zur Beliebtheit einer großen charismatischen Gestalt gehören die Schattenseiten ebenfalls dazu, und so entbrannte wenige Monate nach dem Schneverdingen-Ereignis eine heftige Kontroverse um den Tibeter. Es ging um das Verständnis des zentralen Kalachakra-Tantra und des Shambhala-Mythos und um mutmaßliche sexuelle Praktiken, verbunden mit allgemeiner Frauenfeindlichkeit im tibetischen Buddhismus und Weltmachtgelüsten des Dalai Lama. Dieser wurde von dem Autorenehepaar Röttgen mit allen umstrittenen Erscheinungen des gegenwärtigen Buddhismus (u. a. Aum Shinrikyô, Ole Nydahl) in Verbindung gebracht. Der Vorstoß wurde von anderen unterstützt und ebenso von kompetenter Seite bestritten: Insbesondere die buchstäbliche bzw. psychoanalytisch orientierte Kalachakra-Tantra-Hermeneutik halte gängigen wissenschaftlichen Maßstäben nicht stand, so Michael von Brück u.a.[93] Dass die Verehrung gegenüber dem zwar nie von den Tibetern, jedoch umso mehr von den westlichen Medien zum »Gottkönig« gekrönten 14. Dalai Lama auch einmal in ihr Gegenteil umschlagen musste, war religionspsychologisch fast vorhersehbar. Nicht zufällig ging die »Enthüllungsaktion« von einem ehemaligen Dalai-Lama-Getreuen (Herbert Röttgen) aus. Nur eine Ernüchterung des Tibetbildes und der irrationalen Anteile der Wertschätzung gegenüber dem tibetischen Exilführer könnte weiteren Denunziationsexzessen vorbeugen. Auch wenn das Röttgen-Buch radikale Demontage will, bleibt abzuwarten, ob es zu einer Ernüchterung beiträgt.

Eine andere Kontroverse um den Dalai Lama kristallisierte sich bereits vorher an seiner Entscheidung um den Shugden-Kult. Durch die Präsenz der New Kadampa Tradition

in Deutschland (Dipankara-Zentren) wird diese Auseinandersetzung nun auch auf deut-
schem Boden ausgetragen. Bereits seit den siebziger Jahren hatte eine Kontroverse um den umstrittenen Kult der »niederen« Gottheit Dorje Shugden geschwelt, eine Dharma-Schutz-gottheit der Gelugpa-Tradition. Möglicherweise begann die Geschichte des Shugden-Kul-tes bereits mit dem 5. Dalai Lama [1617-1682], historisch nachweisbar ist er jedoch erst seit dem 19. Jahrhundert. Im Juli 1996 sprach sich der Dalai Lama eindeutig gegen den Kult aus mit dem Hinweis, dass nur die Zuflucht zum Buddha, zu Dharma (Lehre) und Sangha (Gemeinde) richtungweisend für Buddhisten sein könne, nicht der Kult einer un-tergeordneten Schutzgottheit. Der Kult wurde für die Umgebung des Dalai Lama, also für die Institutionen der Exilregierung verboten. Im Rahmen des Widerstandes der Shugden-Anhänger gründete der Gelugpa-Meister Geshe Kelsang Gyatso in England den neuen Orden New Kadampa, der sich auf die Kadampa-Traditon (11. Jahrhundert) als Vorläufer der Gründung von Gelugpa beruft. Die Auseinandersetzung um Shugden, die im Februar 1997 in der Ermordung von drei Shugden-Gegnern gipfelte, setzt sich in die westlich-buddhistische Szene fort, was für westliche Beobachter oft nur schwer nachvollziehbar ist.[94] Ebenso schwer nachvollziehbar ist die Anti-Dalai-Lama-Polemik der deutschen New-Kadampa-Anhänger, die seit Januar 2000 das Schloss Sommerswalde bei Schwante an der Oberhavel in Brandenburg zu einem großen tibetisch-buddhistischen Zentrum ausbauen.

Ole Nydahl

Bemerkenswert unangefochten durch nachhaltige Kontroversen scheint dagegen der le-bensfrohe Lama Ole Nydahl zu sein, der sich durch eine anti-monastische und säkularis-tische Lehre, einen überzeugten Playboy-Lebensstil und rechtsradikale Parolen auszeich-net. Die zahlreichen von ihm gegründeten Karma-Kagyü-Zentren (allein in Deutschland ca. 70) lehnen den von dem Regisseur Clemens Kuby (»Living Buddha«) dokumentierten 17. Karmapa Lama (Gyalwa), das Oberhaupt der Kagyü-pa, ab und plädieren für den von einer westlichen Lobby gesponserten Konkurrenz-Karmapa (Thaye Dorje). Es scheint, dass Nydahl erheblichen Anteil an der Spaltungsdynamik hatte: Er drängte seinerzeit (seit 1992) auf eine erneute Untersuchung des Prophezeiungsbriefs, der als Grundlage für die Auffindung des 17. Karmapa gedient hatte.
　　Seine Zentren haben sich den Organisationsnamen Karma-Kagyü-Dachverband e.V. gegeben. Nur das Kamashila-Institut der Karma Kagyü e.V. in Mechernich und vier wei-tere Zentren der gleichen Richtung halten dem 1985 geborenen und im Januar 2000 nach Indien geflohenen 17. Karmapa die Treue.[95]

Allgemeine Beobachtungen

Heute gibt es ca. 70.000 deutsche Buddhistinnen und Buddhisten, viele davon sind es seit Jahrzehnten und manche in der zweiten Generation. Hinzu kommen ca. 100.000 ethni-sche Buddhisten aus asiatischen Ländern. Das Alter buddhistischer Gruppen und Zen-tren auf deutschem Boden und die geschätzten Zahlen suggerieren, dass hier nicht mehr eine Sonderfrömmigkeit neben dem »normalen« Christentum vorliegt. Längst ist der deutsche Buddhismus dabei, die Kinderschuhe der Konvertitenreligion abzustreifen und alle Merkmale einer akklimatisierten Religionskultur anzunehmen.[96] Entsprechendes Selbstbewusstsein stellt sich ein. Ein erfreuliches Zeichen dafür ist etwa der von Alfred Weil, dem Sprecher der DBU (bis April 2001), herausgegebene Band »Brücken bauen ins nächste Jahrhundert«, der, diesmal von buddhistischer Seite initiiert, Buddhist(inn)en und Christ(inn)en mit thematisch orientierten Beiträgen ins Gespräch bringt.[97]

Zugleich gibt es jedoch auch das breite Segment einer suchenden Klientel, das zu weiten Teilen gleichzeitig in den New-Age-Markt hineinragt und entsprechende Meditationsangebote an verschiedenen Stellen wahrnimmt. Viele buddhistische Zentren distanzieren sich von diesem Milieu und beharren auf ihrer »Reinheit«. Sie weisen auch darauf hin, dass der Zulauf, der jetzt dem Buddhismus durch spirituell Suchende beschert wird, nicht nachhaltig ist und sich eines Tages auf diejenigen einpendeln wird, die es wirklich ernst meinen und regelrecht konvertieren.[98]

Zwei Merkmale scheinen dem Buddhismus in Deutschland zu Eigen zu sein. Im Unterschied zu seinen gegenwärtigen asiatischen Erscheinungsweisen wurde er bei uns durch seine Kontextualisierung in die hiesige Situation hinein zu einer Bekenntnisreligion. Auch in Thailand, Sri Lanka, Japan wird die Lehre Buddhas studiert und auf die unverzichtbaren Inhalte des Buddhismus hingewiesen, aber die Konfessionalität, die er in Deutschland und anderen westlichen Ländern annahm, ist spezifisch westlich. Möglicherweise ist auch die Shugden-Entscheidung des Dalai Lama in diesem Milieu verständlich.

Zugleich begegnet man vielfach einem Frömmigkeitstyp, der ein erbauliches und von historischer Kritik freies Bild des Buddha zeichnet. Auch die traditionellen Lebensdaten des Siddhartha Gautama (bürgerlicher Name des Buddha), die in der buddhistischen Welt als Grundlage für die Zeitrechnung dienen (624–544 v. Chr.), werden vielfach akzeptiert, obwohl die wissenschaftliche Forschung seit langem von einer bis um 200 Jahre verschobenen Datierung ausgeht: ca. 450–370 v. Chr.

Das Klischee, der Buddhismus sei im Westen die sanfte, gewaltfreie Nische mit den niedrigen Schwellen für Orientierungssucher, trifft nur noch sehr bedingt zu. Er bietet, und das macht ihn weiterhin für »Suchende nach der eigenen Mitte« attraktiv, einen Weg, der strukturiert ist und gelernt werden kann. Die Buddhisten nennen ihn den Achtfachen Pfad, und dahinter verbirgt sich eine ausgefeilte Methodik, die Menschen in einer Lehrer-Schüler-Beziehung an die Hand nimmt – eine Hand, die oft in den großen Volkskirchen zu fehlen scheint. Dies ist ähnlich in häretischen neureligiösen Bewegungen im Mahayana-Buddhismus wie etwa den japanischen Organisationen Sôka Gakkai oder Risshôkôseikai, die eine tägliche mantrische Praxis und ein organisiertes Gemeinschaftsleben mit Orientierung an einer Leitungsgestalt bieten. Insofern stellt der Buddhismus tatsächlich eine Attraktion dar, die die neuen volksmissionarischen Strategien der Kirchen in keiner Weise eingeholt haben – ja, die oft pauschal unter dem Schlagwort der »Guru-Abhängigkeit« denunziert wird.

Der Buddhismus bietet ferner das Argument der aufgeklärten Selbstbestimmtheit aufgrund der Lehre von Ursache und Wirkung, d. h. der Karmalehre, und stellt diese der Fremdbestimmtheit durch einen richtenden Gott gegenüber. Diese Argumentation, die oft bei deutschen buddhistischen Gesprächspartnern zu finden ist, lässt einige Fragen offen, denn gerade die indische Karmalehre hat oft zu Schicksalsergebenheit und Fatalismus geführt (vgl. den Abschnitt zu Reinkarnation).

Zeitschriften: BuddhaNetz-Info (Zeitschrift der Engagierten Buddhisten) · connection
special Nr. 40 o.J. · connection special 2-3/2000 · connection special 2-3/2001 · Lotusblätter – Zeitschrift für Buddhismus

Literatur: **Martin Baumann,** Deutsche Buddhisten. Geschichte und Gemeinschaften,
Marburg ²1995 · **Ulrich Dehn,** Hinduismus und Buddhismus, EZW-Texte 142, Berlin
²2000 · **Ders.,** Das Klatschen der einen Hand, Hannover 1999, S. 31-42 · **Frank Usarski,**
Buddhismus, in: HdR, VII

Internet: www.dharma.de (Homepage der Deutschen Buddhistischen Union)·
www.buddhanetz.de (Homepage »engagierte Buddhisten« in Deutschland)

Gruppen, Strömungen, Techniken

2.2 Streben nach Strenge und Struktur

2.2.1 Transzendentale Meditation

>»Transzendentale Meditation in ihrer reinen Form wird allen Menschen zu verschie-
denen Zeiten dazu verhelfen, das Leiden zu lindern und Beschränkungen und Unwissenheit aufzulösen.« (Maharishi Mahesh Yogi)

Die Transzendentale Meditation (TM) zeigt sich mit der ganzen Deutlichkeit des Spagats
zwischen Verhaftetsein in der indischen Tradition des vedischen und klassischen Hinduismus einerseits und dem Anspruch, eine wissenschaftliche Meditationsmethode und
-bewegung zu sein. Der Gründer und bis heute Leiter der Bewegung, Maharishi Mahesh
Yogi (MMY), mit bürgerlichem Namen Mahesh Prasad Varma, ist der wohl erfolgreichste
unter den indischen Gurus im Westen. Die vorübergehende Begeisterung der Beatles für
die TM verschaffte ihm schnell Bekanntheit. MMY wurde 1918 in Jabalpur in Nordindi-
en geboren, studierte an der Universität von Allahabad Physik. Er beschäftigte sich in
seiner Freizeit mit Sanskrit und soll bereits früh ein reges spirituelles Interesse gehabt
haben. Von seinem Physikstudium dürften sein fortwährendes naturwissenschaftliches
Interesse und der immer wieder auftauchende physikalische Jargon in seinen Schriften
herrühren. Er spricht von der »Mechanik« der Befreiung, von der »Mechanik« der Evolution etc. MMY trat in Kontakt mit Swami Brahmananda Sarasvati, dem Jagadguru des
Zentralklosters von Jyotir Math, das in der Shankara-Tradition stand. Er wurde damit
Schüler dieses in der klassischen Tradition des indischen Monismus stehenden Lehrers,
der ihn auch entscheidend prägte. Er erhielt von Brahmananda kurz vor dessen Tod 1953
den Auftrag, eine einfache Form der Meditation zu finden, die jeder schnell lernen und
ausüben könne. MMY zog sich für zwei Jahre nach Uttarkashi im Himalaya zurück, wo er
die Transzendentale Meditation entwickelte.

Im Dezember 1957 hatte er die Inspiration zur Gründung der Geistigen Erneuerungsbewegung (Spiritual Regeneration Movement, SRM). Im Januar 1958 fand seine erste
Reise in die USA statt, 1960 wurde aufgrund seines kurzen Besuchs in Deutschland die
erste SRM-Gruppe gegründet. Bald wurden immer mehr Lehrer zur Anleitung der wach-

senden Zahl von Meditationskursen gebraucht, für die es 1961 einen ersten internationalen Kurs unter der Leitung von MMY in Indien gab. 1962 existierten bereits 18 Meditationszentren in Westdeutschland.

In diesen ersten Jahren präsentierten sich MMY und die SRM/TM noch eindeutig als indisch und hinduistisch, was sich auch in den frühen Schriften bzw. Vorträgen MMYs niederschlägt. 1963 erscheint sein Hauptwerk »Die Wissenschaft vom Sein und die Kunst des Lebens« (WSKL), in dem er nun, wenn auch getränkt von klassischer hinduistischer Philosophie getreu seinem Lehrer Shri Guru Dev, die Transzendentale Meditation als religiös unabhängige und wissenschaftlich nachprüfbare Meditationsmethode darstellt.[99] Es wird ein vedantischer Seinsbegriff zu Grunde gelegt: »Das Sein ist die letzte Wirklichkeit von allem, was war, ist oder sein wird. Es ist ewig und unbegrenzt, die Basis aller Lebensphänomene im Kosmos. Es ist die Quelle von Zeit, Raum und Kausalität … Ich bin das ewige Sein, Du bist Das, und all dies ist in seiner eigentlichen Natur Das ewige Sein.« Der klassische Monismus des Shankara wird übernommen: »Die Realität der Zweiheit ist die Einheit.« Zugleich versucht MMY, in seinem Bemühen um eine Weltzugewandtheit, die ihn vom herkömmlichen Hinduismus trennt, sinnlich Relatives und Absolutes zusammenzudenken: »Hundert Prozent des Absoluten und hundert Prozent der relativen Existenz vereinigen sich zu hundert Prozent Leben in der Schöpfung. Man sollte sich vergegenwärtigen, dass manifestierte Schöpfung und unmanifestiertes Sein in Wirklichkeit ein und dasselbe sind, obwohl sie verschieden scheinen.« 1967 wurde die telegene Einweihung der Beatles vorgenommen, und noch im gleichen Jahr veröffentlichte MMY seinen Kommentar zur Bhagavad Gita (Kapitel 1-6), in dem er noch einmal ausdrücklich den hinduistischen Hintergrund der Bewegung dokumentierte, der allerdings auch in WSKL und anderen Veröffentlichungen mehr als deutlich hervortritt. Seit 1971 wurde von der »Wissenschaft der Kreativen Intelligenz« gesprochen.

In einigen neureligiösen Bewegungen besteht zumindest phasenweise eine idealistische, verzerrte Realitätswahrnehmung, die sich in bizarr klingenden Weltplänen und kosmischen Visionen und Welteinheitsideen äußert. Diese Visionen sind meistens weit entfernt von jeder Realisierungswahrscheinlichkeit und lesen sich mitunter als weltweite Herrschaftsansprüche. Normalerweise werden sie von einer realistischeren und dialogfähigeren Phase abgelöst, in der dann das vorher Proklamierte nicht dementiert, sondern als metaphorische Äußerungen erklärt wird. Die TM schuf sich in den siebziger Jahren einen »Weltplan« mit dem Höhepunkt im Jahr 1975 (»Morgendämmerung des Zeitalters der Erleuchtung«), von dem aus rückwirkend den Jahren seit 1957 (Gründung der SRM) je eine wichtige Phase der Geschichte der TM gewidmet wurde. Stereotyp erhält nun jedes Jahr die Bezeichnung »Maharishis Jahr der/des …«. So wurde z. B. das Jahr 1974 zum »Maharishi-Jahr der Verwirklichung des Weltplans«. In ihm wird der angeblich bereits 1960 entdeckte »Maharishi-Effekt« von »Wissenschaftlern« »belegt«, d. h. das Phänomen, dass sich die Lebensqualität in einer Stadt deutlich verbessere, wenn ein Prozent der Bevölkerung Transzendentale Meditation ausübe.[100] Konkreter: Es werden »Verbrechens-, Unfall- und Krankheitsraten in einer Stadt« reduziert, und dies »bedeutet wachsende Positivität in allen Bereichen des Lebens aufgrund der anwachsenden Reinheit des kollektiven Bewusstseins dieser Stadt«. Die Einführung des TM-Sidhi-Programms 1976, das u. a. zum yogischen Fliegen befähigen soll, verstärke den Maharishi-Effekt: Der »kohärenzschaffende Effekt« der yogischen Flieger sei so stark, dass nunmehr die Quadratwurzel aus einem Prozent der Bevölkerung ausreiche, um den gleichen Effekt zu erlangen.[101]

Zur Sidhi-Technik gehört auch die Fernwirkung, die bereits Bestandteil des Integralen Yoga des Sri Aurobindo ist und von Reiki und anderen östlichen Behandlungs- und Heilungsbewegungen behauptet wird. Zumindest indirekt werden beispielsweise die politischen Umwälzungen Europas 1989/1990 mit den Fernwirkungen der Sidhi-Technik in Zusammenhang gebracht.[102] Ähnlich hatte bereits Sri Aurobindo in seinem Ashram in Südindien (Auroville) von möglichen Beeinflussungen durch yogische Übungen auf den spanischen Bürgerkrieg oder den Zweiten Weltkrieg gesprochen.

1977 erlebte die TM einen Rückschlag in ihrem Versuch, sich als weltanschaulich neutrale, wissenschaftliche Meditationsbewegung zu etablieren. In den USA war es ihr gelungen, Eintritt in öffentliche Schulen zu erhalten und staatliche Fördermittel zu nutzen. Ein Gerichtsurteil in New Jersey erklärte sie jedoch zur religiösen Vereinigung und verschloss ihr damit in diesem Bundesstaat die Schultüren. Der Anspruch auf weltanschauliche Neutralität wird dennoch weiter aufrechterhalten und der Rückgriff auf die indische Tradition (im TM-Jargon durchweg als »vedische Tradition« bezeichnet) vielfach als Rückgriff auf ein allgemeines Kulturgut der Menschheit gerechtfertigt, der keinen religiösen Charakter begründe.

MMY kehrte 1980 nach Indien zurück und machte seine Stadt Maharishi Nagar zum neuen Zentrum der Bewegung. Mit einem großen Kongress wandten sich MMY und die TM 1988 der ayurvedischen Medizin zu. Als Folge entstanden weltweit zahlreiche Ayurveda-Zentren und Einzelpraxen niedergelassener Ärzte, die Ayurveda-Behandlungen anbieten. Eine Zeitlang schien TM die uralte indische Heilkunst auf der Basis des Ayurveda monopolisiert zu haben, inzwischen haben allerdings auch zahlreiche andere esoterische Bewegungen Ayurveda in ihr Programm aufgenommen. Darüber hinaus stößt aber auch das originale Ayurveda im Westen auf immer mehr Akzeptanz und Interesse. Dadurch ging dem »Maharishi-Ayurveda« ein guter Teil seines Marktes verloren. Beispielsweise haben prominente, der TM nahe stehende Alternativ-»Ärzte«, wie der indisch-stämmige Deepak Chopra mit eigenem Profil eine Anhängerschaft um ihr eigenes Ayurveda gesammelt.[103] Die Grundlagen des Ayurveda lauten, dass der Natur Intelligenz innewohnt und der Mensch ein Teil der Natur ist. Vollkommene Gesundheit bedeutet vollkommenes Gleichgewicht zwischen der Natur sowie Geist und Körper des Menschen. Die drei dynamischen Prinzipien (dosha) werden in Verbindung gebracht mit den drei Grundeigenschaften des Materie-Prinzips (prakriti). Die dosha müssen stets im Gleichgewicht sein, um Krankheiten zu verhindern.

Die Lehre der TM ist im Kern das Streben nach Vollkommenheit, die Rückkehr zum Wesen aller Dinge, zum reinen Bewusstsein. Wichtigste Grundlage ist neben MMYs »Die Wissenschaft vom Sein ...« sein Bhagavadgita-Kommentar, in dem sich noch einmal umso mehr die Treue zur indischen Tradition niederschlägt. Die Philosophie MMYs ist im Wesentlichen der klassischen Lehre des Advaita Vedanta verhaftet; sie versucht, Relatives und Absolutes in gleichwertiger Weise zusammenzusehen, also die Welt nicht abzuwerten, ein Anliegen, das dem Neohinduismus nahe steht. Gleichzeitig benutzt er in seinem Denken Begriffe des alten dualistischen Shamkya, legt sie aber monistisch aus und benutzt auch nicht den Begriff der maya (Illusion), sondern redet von Evolution. Leiden und Übel kommen nicht explizit in seiner Philosophie vor: Darin ist sie eher von Optimismus und Fortschrittsdenken geprägt.

MMY erkennt fünf Wege an, die aus dem Bereich des »Relativen« in das »Feld des Seins« zurückführen. Es sind dies

1. der »psychologische oder intellektuelle Weg« (Jnana Marga, Raja Yoga),
2. der »emotionale Weg« (Bhakti Marga),
3. der »physiologische Weg« (Hatha Yoga),
4. der »psycho-physiologische Weg« (Verbindung verschiedener Yoga-Formen; bevorzugter Weg der TM),
5. der »mechanische Weg« der inneren Wahrnehmung, der mit dem Karma-Yoga der Bhagavadgita identifiziert wird.

Insgesamt lässt sich der Weg der TM als eine Mischung aus Mantra- und Karma-Yoga mit Elementen des Bhakti-Yoga bezeichnen. Es geht um das Aufsteigen von groben in immer subtilere Bewusstseinszustände und schließlich in einen Zustand der absoluten Ruhe. MMY spricht vom Bereich der »schöpferischen Intelligenz«; gemeint ist die möglichst vollständige Mobilisierung des menschlichen Intelligenzpotentials – diesen Anspruch teilt TM mit mancher anderen Meditationsbewegung. Es soll in den Bereich des reinen Seins vorgestoßen werden, wo auch die Naturgesetze und das kosmische Gesetz ihren Sitz haben. Der Meditierende wird dazu befähigt, die Naturgesetze zu kontrollieren, er kann dies aber nur, indem er sich selbst der Natur unterwirft und sich völlig in den Prozess des kosmischen Gesetzes einordnet. Auch angeblich parapsychologische Phänomene werden ermöglicht, wie etwa die mutmaßliche Überwindung der Schwerkraft im »Sidhi-Fliegen«: dieses jedoch ist, so Kritiker, in dem Umfang, in dem es praktiziert und öffentlich dokumentiert wird, eben gerade unter Anwendung (nicht Aufhebung) der Naturgesetze mit etwas Übung und Konzentration möglich.

Der Weg in die TM hinein erfolgt in sieben Stufen:

1. kostenloser 90-minütiger einführender Vortrag (ohne Meditationsübung), als Werbeveranstaltung gedacht,
2. 90-minütiger Vorbereitungsvortrag, Einführung in die TM-Technik, Vertrautmachen mit Elementen des weltanschaulichen Hintergrundes der TM,
3. persönliches Gespräch mit dem/der TM-Lehrer/in (15 Minuten),
4. »Puja«, d. h. Initiation, Einführungsritual und Erlernen der Technik, Erteilung des persönlichen Mantra, d.h. des Klang- oder Wortgebildes, das den künftigen Gegenstand der Meditation bildet und diskret zu behandeln ist,
5. Überprüfen der Richtigkeit der Praxis,
6. Überprüfung und Bestätigung richtiger Erfahrungen in der Meditation, die täglich morgens und abends je 15-20 Minuten ausgeübt werden soll,
7. Mechanismen erkennen, womit Nutzen und Gewinn aus der Technik der TM zu stabilisieren sind.

Die Behauptung, das Mantra sei individuell ganz spezifisch auf den jeweiligen Meditierenden abgestimmt und streng diskret zu handhaben, um die Kraft nicht zu gefährden, hat naturgemäß den Eifer der Kritiker nur umso mehr angespornt, zu Widerlegungen zu schreiten. Hier und dort wurde mutmaßlich nachgewiesen, dass die Mantren doch nach Altergruppen erteilt würden, was jedoch dem Vollzug der Meditation nicht abträglich zu sein scheint.[104]

Mit der Gründung der »Naturgesetzpartei« am 15.3.1992 in Großbritannien betrat die TM die politische Bühne. Hier werden TM-philosophische, gesundheitliche und ökologische Einsichten aus Ayurveda und Naturgesetzphilosophie in umfassende politische Visionen mit erheblicher naiver Komponente umformuliert. Die Naturgesetzpartei tritt (mit wenig Erfolg) seit 1994 auch bei Bundestagswahlen an.

Ein Urteil des Oberverwaltungsgerichts Münster von 1985 untersagte der Bundesregierung wertende Äußerungen zur TM in ihrem Sektenbericht von 1980 (z.B. Einschätzung als »Jugendreligion«). Das Bundesverwaltungsgericht hob dieses Urteil 1989 auf und wies auf die potenziell destabilisierende Wirkung der Meditation hin, und auch das Bundesverfassungsgericht gab dem Revisionsantrag der TM nicht statt, stellte jedoch fest, dass das Anliegen der TM, im besagten Sektenbericht nicht genannt zu werden, »nicht offensichtlich unbegründet sei«. Der Sektenbericht wurde bis heute nicht veröffentlicht und schließlich durch die Arbeit der Enquete-Kommission (1996-1998) abgelöst, deren Zwischenbericht vom 7.7.1997 nach Auswertung von Gutachten zu einem abgewogenen Urteil über die Meditationspraxis der TM kommt. Angesichts dieses juristischen Hin und Her sollte die kritische Auseinandersetzung mit dieser Meditationsbewegung, die inzwischen mit Kliniken, »Universitäten« und Medienanstalten u.a. einen beträchtlichen auch wirtschaftlichen Aktionsradius entfaltet, sicherlich eher auf inhaltlicher Ebene erfolgen als anhand der Zitation von Gerichtsurteilen.

Das europäische Zentrum der TM wie auch die Residenz von MMY lagen bis Sommer 2000 im Kloster St. Ludwig im niederländischen Städtchen Vlodrop. 1998 scheiterte der Versuch, es nach Wegberg in Deutschland zu verlegen, und 1999 musste die TM aufgrund des Widerstands der lokalen Bevölkerung ihren Versuch aufgeben, im brandenburgischen Rheinsberg einen Klinik- und Universitätskomplex zu errichten.

In Deutschland kann von einer Zahl von ca. 50.000 bis 100.000 TM-Meditierenden, die in engerem bis hin zu sehr lockerem Kontakt zur TM als Organisation stehen, ausgegangen werden. Weltweit sind es ca. zwei bis drei Millionen. Die Zentren werden bezeichnet als Weltplancenter, Institut für vedische Wissenschaften, Residenz des Zeitalters der Erleuchtung etc.

Probleme und Schlussgedanken

Ein erhebliches Problem der Philosophie und des allgemeinen Programms der TM besteht in der offenkundigen Diskrepanz zwischen vollmundigen Versprechungen (körperliche und gesamtgesellschaftliche sowie kosmische Gesundungsprozesse unter Ausnutzung des Maharishi-Effekts, die Aussicht des »Sidhi-Fliegens«, das allenfalls, völlig in Übereinstimmung mit Schweregesetzen, ein Hüpfen darstellt usw.) auf der einen Seite und dem, was in konzentrierter mantrischer Meditation wirklich erreicht werden kann. Vergleichsuntersuchungen[105] haben konzentrationsfördernde Wirkungen bei seelisch stabilen Menschen nachweisen können, zugleich tritt, wie auch in anderen Meditationsbewegungen bis hin zum Zen-Buddhismus, das Phänomen der meditationsbedingten, oft dramatischen Destabilisierung bei ohnehin orientierungsgestörten bzw. depressiv veranlagten Menschen auf. Da der Anspruch, jede/r TM-Lehrer/in müsste ärztlich und/oder psychotherapeutisch ausgebildet sein, unrealistisch ist, besteht hier die Verantwortung, Problemfälle schnell in fachkompetente Behandlung zu überweisen – eine bisher uneingelöste Erwartung. Auf der anderen Seite gibt es unter den vielen TM-Ausübenden auch die große Menge derer, die ohne stetige Verbindung zum »Zentrum« ihren täglich zweimaligen Meditationen nachgehen und positive und stabilisierende Erfahrungen machen.

Unverständlich bleibt das Beharren der TM darauf, eine ausschließlich wissenschaftlich begründbare, säkulare Meditationsmethode zu sein. Der religiöse Hintergrund aus der klassischen indischen Religionsgeschichte, insbesondere wie sie sich in der Philosophie Shankaras niederschlägt, liegt auf der Hand, die religiösen Elemente sind überdeutlich und reichen bis in das Programm der Naturgesetzpartei hinein. Eine aufrichtige Begegnung mit der TM aus christlicher Sicht wird erst dann möglich sein, wenn in dieser Hinsicht Wahrhaftigkeit einkehrt und zugegeben wird, dass sie religionshaltig ist und ein ernsthaftes Adaptieren des weltanschaulichen Hintergrundes mit einer Trennung vom christlichen Glauben verbunden sein kann. Jeder TM-Praktizierende müsste die Frage beantworten: Wie verträgt sich die Aussicht der Teilhabe an einem kosmischen Prozess, die Möglichkeit einer meditativen Selbstbefreiung und schließlich die Vision der Weltbefreiung mit der christlich geglaubten Rechtfertigungsbedürftigkeit des Menschen durch Gott und mit dem befreienden Glauben daran, dass der Mensch dank der Liebe Gottes immer schon mehr ist als das, was er an sich selbst »vorfindet«.

Quellen: **Maharishi Mahesh Yogi**, Die Wissenschaft vom Sein und die Kunst des Lebens (engl. Erstausgabe 1963, deutsch 1967), ständige neue Auflagen · **Ders.**, Bhagavad Gita, aus dem Sanskrit ins Englische übertragen und neu kommentiert (Kapitel 1-6) (engl. Erstausgabe 1967, deutsch 1971)

Literatur: **HRGem**[5], S. 794-820 · **Ulrich Dehn**, Stichwort Transzendentale Meditation (TM), in: MDEZW 1/1998, S. 29-32 · **Reinhart Hummel**, Indische Mission und neue Frömmigkeit im Westen, Stuttgart u.a. 1980 · **Ders.**, GMS, S. 190-198 · **Helmut Langel**, Transzendentale Meditation, in: HdR, VIII-14, S.1-8 · **Helmut Obst**, Neureligionen – Jugendreligionen – New Age, Berlin 1990 · **Georg Schmid**, Wo das Schweigen beginnt. Wege indischer und christlicher Meditation, Gütersloh 1984

Internet: www.maharishi.de · www.ayurveda.de · www.naturgesetz.de · www.ref.ch/zh/infoksr/tm.html

2.2.2 Radhasoami-Gruppen

(Reinhart Hummel)

1861 wurde der Radhasoami Satsang vom nordindischen Mystiker Shiv Dayal Sing [1818-1878] in Agra gegründet. Daraus sind zunächst zwei Linien entstanden, eine in Agra und eine zweite in Beas (im Punjab). Beide konnten zwar schon früh westliche Anhänger gewinnen, für die Ausbreitung in den Westen wurden aber die Beas-Linie und ihre Verzweigungen wichtiger.

Im Westen haben einige Meister der Radhasoami-Tradition eine Anhängerschaft gewonnen und Organisationen gegründet. So vor allem der 1974 verstorbene Sant Kirpal Singh (der Gründer des Ruhani Satsang) und einige Schüler, die sich auf ihn berufen:

- Darshan Singh, ein Sohn Kirpals. Er gründete die Sawan-Kirpal-Ruhani-Mission sowie die »Wissenschaft der Spiritualität«. Nach seinem Tod 1989 folgte ihm sein Sohn Rajinder Singh.
- Thakar Singh schuf mehrere Organisationen: »Kirpal Ruhani Satsang Society«, »Kirpal Light« und die »Holosophische Gesellschaft«.
- Soami Divyanand gründete ein »Forum für die Universale Religion«.
- Unter der Leitung von Dr. Harbhajan Singh entstand »Unity of Man«.

Auch andere Radhasoami-Gruppen haben hier Anhänger gewinnen können. Eckankar, 1965 vom US-Amerikaner und zeitweiligen Kirpal-Schüler Paul Twitchell gegründet, gehört in den weiteren Umkreis der Radhasoami-Tradition im Westen, ebenso die 1960 in Indien gegründete »Divine Light Mission«, im Westen von Guru Maharaj Ji geleitet und später in »Elan Vital« umbenannt.

Die Radhasoami-Gruppen bezeichnen sich und ihre Lehre gern als »Sant Mat« (wörtlich: »Lehre der Heiligen«). Der Gründer Shiv Dayal Singh stand in der älteren Tradition der »Sants«, volkstümlicher indischer Heiliger der Zeit vom 13. bis 17. Jahrhundert wie Kabir und Guru Nanak (des Gründers der Sikh-Religion). Sie lehnten, unter dem Einfluss des Islam, Bilderverehrung und Kastentrennung ab und pflegten innere Gotteserfahrung sowie Guruverehrung. Die Radhasoamis sind weder Sikhs noch Hindus, obgleich sie oft als hinduistische Reformbewegung bezeichnet oder dem Sikhismus zugerechnet werden. Sie stehen diesem zwar nahe, viele von ihnen (nicht alle) waren früher Sikhs und tragen Bart und Turban; im Mittelpunkt ihres Glaubens steht jedoch der lebende Sadguru, der wahre Meister, nicht das heilige Buch der Sikhs (Adi Granth). Die vielen Spaltungen haben sich nicht an Unterschieden der Lehre und Praxis entzündet, sondern an Nachfolgeproblemen und der Frage, wer als der »Lebende Meister des Zeitalters« anzuerkennen ist.

Im Westen wie auch in Indien haben sie keine Tempel, sondern nüchterne Versammlungshallen. Puja, Zeremonien der Verehrung, gelten allein dem Lebenden Meister. Diese Reduktion auf den Meister und auf einen bestimmten Meditationsweg hat es dem Radhasoami Satsang leicht gemacht, sich dem Westen ohne wesentliche Veränderungen anzupassen. Er stellt ein Stück modernisierter indischer Religion mit universalem Anspruch dar, modern freilich im Sinne des 19. Jahrhunderts. Seine Wurzeln reichen ins indische »Mittelalter« zurück, in die Zeit um das Jahr 1500, als Kabir und Guru Nanak im Nordwesten Indiens wirkten.

Die Säulen der Radhasoami-Religion sind:

- die Kosmologie, d.h. die Lehre von den himmlischen Sphären, durch die die Seele aufsteigen soll,
- die Lehre vom Klangstrom oder Hörbaren Lebensstrom, der den ganzen Kosmos vernehmbar durchfließt,
- eine bestimmte Meditationstechnik, der »Yoga des Klangs und des Lichts«,
- der »Lebende Meister« und die Initiation durch ihn.

Kosmologie: Die Seele hat die Aufgabe, von ihrem Sitz im Dritten Auge durch verschiedene Sphären zur höchsten Gottheit »Radhasoami« aufzusteigen. Sie darf sich nicht von den Gottheiten der niederen Sphären aufhalten lassen; zu diesen gehören auch der Gott der Christen, der Muslime usw. Die untere Sphäre wird, fast dualistisch, als Herrschaftsbereich der »Negativen Nacht« bezeichnet. Die Kosmologie der Radhasoamis stellt also die Rangordnung der Religionen und Gotteserfahrungen dar, mit dem Radhasoami-Glauben an der Spitze.

Klangstrom: Der göttliche Energiestrom, oft mit dem Logos des Johannesevangeliums gleichgesetzt und als »Gotteskraft« bezeichnet, gilt als erste Manifestation der Gottheit im Schöpfungsprozess. Die Seele kann sich auf ihn einstimmen und sich von ihm zurück zur Gottheit führen lassen.

Meditationstechnik: Das geschieht durch den »Yoga des Klangs und Lichts« (auch als »Religion von Ton und Licht« bezeichnet, im indischen Bereich als »Surat Shabd Yoga«). Anhand der meditativ hervorgerufenen Klang-Auditionen und Lichtvisionen soll der Fortschritt beim Aufstieg überprüft werden können. Die Meditationshaltung unterscheidet sich von der üblichen Yoga-Haltung: Augen und Ohren werden mit den Fingern verschlossen, während die Ellbogen auf den Knien ruhen.

Der Lebende Meister: Damit die Seele exteriorisieren, d.h. den Körper verlassen und durch die Sphären aufsteigen kann, bedarf sie der Initiation und Leitung durch den »Sadguru«, den Lebenden Meister. Der Meister teilt die »Passworte« (Mantras) mit, die dazu nötig sind. Ohne den Lebenden Meister ist das höchste Heilsziel nicht zu erreichen. Er nimmt als Seelenführer im »Dritten Auge« des Schülers Platz, übernimmt das Karma seiner Jünger aus früheren Leben und verwaltet das Restkarma zu ihrem Besten. Meister aus früheren Zeitaltern wie z. B. Jesus seien dazu nicht in der Lage; sie gelten nur als Lebende Meister ihres jeweiligen Zeitalters.

Julian P. Johnson hat diesen Meditationsweg folgendermaßen (hier etwas gekürzt) beschrieben: »Die erste Übung besteht darin, seine Aufmerksamkeit im Dritten Auge (dem Sitz der Seele) zu konzentrieren. Er muss seine wandernden Gedanken zügeln, seinem ruhelosen Verstand Einhalt gebieten und ihn an einem Punkt festhalten. Die Aufgabe, sich zu konzentrieren, wird durch einen Vorgang, der Simran heißt, erheblich erleichtert. Simran ist die Wiederholung gewisser Wörter, die der Meister bekannt gibt. Wenn die Gedanken abschweifen, bringt die Wiederholung dieser Schlüsselwörter (Mantras) sie zum Augenzentrum, dem Dritten Auge, zurück. Im Zusammenhang mit dieser Meditation sprechen die Meister vom Schließen der neun Türen, die zur Außenwelt führen, nämlich der beiden Augen, Ohren, Nasenlöcher, des Mundes und der beiden unteren Organe. Wenn die neun Türen verschlossen sind und die ganze Außenwelt ausgeschlossen ist, dann sammeln sich alle Kräfte des Verstandes und der Seele in diesem inneren Zentrum. Gleichzeitig lauscht der Schüler der Musik des Klangstroms. Dadurch wird der ›Geiststrom‹, die Seele, langsam vom Körper zurückgezogen, zuerst von den unteren Gliedmaßen, die gefühllos werden, und dann vom übrigen Körper. Der Schüler wird wahrscheinlich zuerst Licht aufblitzen sehen und verschiedene Klänge hören« (Yoga des Klangs und Lichts). »Schließlich hat die Seele genügend Kraft, die so genannte Zehnte Tür zu durchdringen. Das ist eine Öffnung im subtilen Körper in der Nähe der Stirnmitte, welche in Wirklichkeit kaum der Dicke eines Schmetterlingsflügels entspricht. Zuerst schaut der Schüler nur durch diese Tür, aber nach und nach geht er durch sie hindurch, und die Seele mit ihren Astral-, Kausal- und Mentalhüllen verlässt den Körper vollkommen« (Exteriorisieren, Seelenreisen).

Er betritt eine neue Welt, die er nie zuvor gesehen hat. Der Körper verbleibt in der Stellung, in der der Schüler ihn verlassen hat. Er kann ihm stunden- oder sogar tage- oder wochenlang fernbleiben. Solange der Schüler seinen Körper verlassen hat, behält er Verbindung mit ihm, so dass er nach Belieben in ihn zurückkehren kann. An einem gewissen Punkt eben unterhalb der Astralwelt geschieht etwas, das seinen ganzen Lebensweg und ebenfalls die Methode seines weiteren Aufstieges ändert. Das ist die Begegnung mit seinem Meister in seiner allgegenwärtigen höheren Strahlengestalt. Von diesem Augenblick an sind beide während der ganzen Reise zu den noch höheren Regionen niemals mehr getrennt. Danach folgt er in Begleitung des Meisters dem Heiligen Pfad, bis der Meister ihn zum Ende des Pfades bringt, der Fünften Region, wo der Schüler mit seinem Gott, Sat Purush, dem Höchsten Herrscher, eins wird.«[106] Soweit Johnson.

Das Leben der »Satsangis« ist von diesem esoterischen Weltbild und tendenziell leibfeindlichen Menschenbild geprägt, vor allem durch das mindestens zweistündige tägliche Meditieren, das Ideal des Guru-Seva (Dienst für den Guru) und durch das vierfache Gelübde (Enthaltung von Fleisch, Alkohol, Drogen und unerlaubtem Sex). Besuchsreisen des Meisters im Westen haben einen hohen Stellenwert.

Die Radhasoamis halten ihren Yoga des Klangs und des Lichts für die »universale Religion« der Menschheit, für das verloren gegangene Zentrum aller Religionen, das es wieder zu entdecken gilt. Von daher werden die Religionen kritisiert, aber es wird auch die grundlegende Einheit der Religionen herausgestellt und auf Konferenzen zusammen mit anderen Religionen proklamiert. Fast alle Radhasoami-Gruppen haben interreligiöse Organisationen geschaffen, um die so verstandene Einheit der Religionen zu fördern. Jesus gilt als Lehrer der Reinkarnation und des Vegetarismus. Er soll nicht am Kreuz, sondern in Kashmir gestorben sein. Dem Christentum wird vor allem das Fehlen methodisch erlangter Gotteserfahrung (im Sinne des Klang-Yogas) vorgehalten. Diese Grundzüge der Radhasoami-Lehre und -Praxis haben sich im Westen trotz aller Anpassungen erhalten. Die Radhasoami-Gruppen sind (wie die ISKCON) kein Produkt westlicher Religiosität, sondern ein Stück indischer Spiritualität auf westlichem Boden. Bildlich gesprochen: Kein indisches Strandgut, das an den Ufern des Westens aufgelesen wird, sondern eine komplette Schiffsladung, von sendungsbewussten Kapitänen an Land gebracht.

Die Radhasoami-Meister machen überwiegend einen seriösen Eindruck. Sie haben meistens einen weltlichen Beruf ausgeübt, oft als Beamte, und legen Wert darauf, nicht für

Geld zu initiieren. Gewinnstreben für die eigenen Organisationen und Machtkämpfe um das Erbe verstorbener Meister sind freilich nicht ausgeschlossen. Der Klang-Yoga als Technik des Seelenreisens ist keineswegs risikolos, zumal wenn er ohne sorgfältige Anleitung von Menschen ausgeübt wird, die zu schizoiden Störungen neigen. Schwerwiegende Vorwürfe sind bisher nur gegen Thakar Singh erhoben worden, vor allem wegen der Kindermeditation mit verschlossenen Augen und Ohren (»von Geburt an«), die um 1990 herum auf seine Anweisung hin praktiziert worden ist (»Lichtheim-Kindergärten«), bis sie nach öffentlichen Protesten aufgegeben wurde.

Quellen: **Julian P. Johnson**, Der Pfad der Meister, Beas 1939 · **Kirpal Singh**, Der Meister spricht I. Die Nacht ist ein Dschungel, 1979 · **Ders.**, Der Meister spricht II. Herberge des Wahns, 1980 · **Ders.**, Die Lehren Kirpal Singhs, Bd. 1. Der heilige Pfad, 1978 · **Ders.**, Bd. 2. Selbstprüfung, Meditation, 1984 · Bd. 3. Das neue Leben, 1993 · **J. Klemp** u.a. (Hg.), Eckankar. Uralte Weisheiten für die heutige Zeit, 1995 · **Rajinder Singh**, Heilende Meditation, [2]1996 · **Thakar Singh**, Die Kraft der Gedanken, 1992

Zeitschriften: Die Botschaft der Meister (Wissenschaft der Spiritualität) · HGD aktuell (Thakar Singh) · Unity of Man

Literatur: **GMS**, S. 144-172 · **HRGem**[5], S. 824-866 · **Joachim Finger**, Gurus, Ashrams und der Westen, Frankfurt/M. 1987 · **Reinhart Hummel**, Indische Mission und neue Frömmigkeit im Westen, Stuttgart 1980, S. 29-44 · **Ders.**, Der Pfad der Meister (Teil 1), in: MDEZW 8/1981, S. 212-219 · **Ders.**, Der Pfad der Meister (Teil 2), in: MDEZW 9/1981, S. 244-251 · **David Christopher Lane**, The Radhasoami Tradition, o.O. 1992 · **Helmut Langel**, Radhasoami Satsang/Ruhani Satsang/Unity of Man, in: HdR, VIII-9, S. 1-9

2.2.3 Sri-Chinmoy-Bewegung

(Manfred Hutter)

Kumar Chinmoy Ghosh, geboren am 27. August 1931 in der Nähe von Chittagong (Bangla Desh), lebte vom 12. bis zum 32. Lebensjahr im Sri-Aurobindo-Ashram in Pondicherry (Südindien). Die Jahre im Ashram prägten den jungen Chinmoy unübersehbar, v. a. Aurobindos »Integraler Yoga« war Ausgangspunkt für den von Sri Chinmoy praktizierten und gelehrten Yoga-Weg. Seit 1964 lebt Sri Chinmoy in New York. Das erste Zentrum für seine Anhänger wurde am 22. Juli 1966 in Puerto Rico eröffnet, im Folgejahr setzten Aktivitäten größeren Umfangs in New York selbst ein, die bis heute andauern. Die europäischen Anfänge datieren aus dem Jahr 1972, als A. Beyer Kailash sich Sri Chinmoy als Guru anschloss und ein Zentrum in Zürich begründete, das – nach dem New Yorker Zentrum – der wichtigste organisatorische Anlaufpunkt der Bewegung ist.

Sri Chinmoys Yoga-Weg steht in der (neo)-hinduistischen Yoga-Tradition, wobei er von Sri Aurobindos Integralem Yoga das evolutive Element übernommen hat, das auch im Menschenbild eine Rolle spielt. Ansonsten lässt sich die Meditationspraxis an traditionelle Yoga-Techniken anschließen, allerdings legt Sri Chinmoy auf Atemtechniken und Körder bengalischen Bhakti-Frömmigkeit genährt, aber zugleich weiterentwickelt wird. Daraus resultiert folgendes Gottes-, Menschen- und Guru-Bild. Sein Gottesverständnis umschreibt Sri Chinmoy mit dem Begriff »Supreme«, der zwar eine der Bhakti-Frömmigkeit vertraute theistische Sicht ermöglicht, aber zugleich auch die Gestaltlosigkeit und Transzendierung indischer Gottheiten beinhaltet. Der Supreme wendet sich in Gnade dem suchenden Menschen zu, damit dieser sich durch Meditation selbst höher entwickeln kann, um zu höheren Welten emporzusteigen. Sri Chinmoy benennt diese Zusammenhänge so:

»Gottes Gnade sagt dem Sucher: ›Siehe, das Ziel ist erreicht.‹ Genau genommen beginnt Gottes Gnade schon ganz am Anfang ... Wenn Gottes Gnade nicht gewesen wäre, hätten wir das spirituelle Leben überhaupt nicht erst aufgenommen. Und wenn Gottes Gnade nicht gewesen wäre, hätten wir unseren spirituellen Meister nicht finden können. Aus Seiner unendlichen Güte heraus bringt Gott einen Sucher zu seinem Meister. Dann müssen der Sucher und der Meister ihre jeweiligen Rollen spielen.«[107]

Die Notwendigkeit eines Meisters (Gurus) auf dem Weg zum spirituellen Aufstieg in die höheren Welten ist für Sri Chinmoys Lehre nicht zu übersehen. Der Guru führt den Schüler zur Gottverwirklichung, sodass das Menschen- und Gottesbild im Idealfall auf den Punkt gebracht werden kann: »Es ist Yoga, der das höchste Geheimnis enthüllt: Der Mensch ist der Gott von morgen, und Gott ist der Mensch von heute.«[108]

Auf der »Gott-Werdung« ist der Guru seinem Schüler bereits ein großes Stück voraus, sodass die Schüler im Guru zu Recht einen Gott sehen, und Sri Chinmoy als der Guru schlechthin kann somit in unmittelbare Nähe zum Sat-Guru, zum Supreme, gerückt werden. Wenn daher von Sri Chinmoys Anhängern in der Mantren-Meditation neben dem Mantra »Supreme« auch der Name »Sri Chinmoy« verwendet wird, fasst die Meditationspraxis den Transzendenzbezug vom Gottes- und Menschenkonzept nochmals zusammen: Die völlige Hingabe in der Meditation an den Supreme schließt auch den göttlichen Guru mit ein, wobei die liebende Gnade des Supreme den Schüler nach und nach zu sich zieht. Als Mittler dieser Gnade fungiert der Guru, der dadurch den Kreislauf der Wiedergeburten abkürzt.

Die Umsetzung dieser Lehrinhalte in die Lebenspraxis räumt der innerweltlichen Verehrung des Guru einen wichtigen Platz ein. Die regelmäßige Meditation auf das Bild des Guru, die Einstimmung auf die Meditation mithilfe der von Sri Chinmoy komponierten Lieder, aber auch die nach Möglichkeit zu absolvierenden Besuche im New Yorker Zentrum, um die Nähe des Guru zu erfahren, führen zu einer engen Beziehung der Schüler zu ihrem Guru. Die Guruzentrierung ersetzt eine Institutionalisierung, die nur teilweise gegeben ist. Das Züricher Zentrum ist institutioneller Vermittler zwischen dem New Yorker Zentrum und den lokalen Zentren in Europa, an deren Spitze jeweils ein(e) von Sri Chinmoy ernannte(r) Leiter(in) steht. Die einzelnen Zentren sind direkt dem Guru zugeordnet, sodass jedes Zentrum Veranstaltungen (z. B. Meditationskurse, Ausstellungen, Friedensläufe) in Eigenregie durchführen kann, auch wenn es aus praktischen Gründen Kooperation gibt. Aus dieser Struktur resultiert auch, dass alle wichtigen überregionalen Kontakte zu öffentlichen Stellen oder Personen von Sri Chinmoy selbst ausgehen; bekannt sind seine zum Teil auch in den Medien groß aufgemachten Treffen mit Persönlichkeiten des öffentlichen Lebens oder seine Teilnahme am Weltparlament der Religionen in Chicago 1993. Solche Kontakte machen die Sri-Chinmoy-Bewegung ungleich stärker in der Öffentlichkeit präsent als die Größe der Zentren; denn in Deutschland, Österreich und der Schweiz gab es 1998 insgesamt nur etwas über 600 Mitglieder dieses Yoga-Weges.

Dem Streben nach spiritueller Entwicklung dienen u. a. sportliche Aktivitäten, z. B. der Weltfriedenslauf. Laufen soll zur Selbsttranszendierung und zum inneren Frieden des Einzelnen führen, aber auch einen Beitrag zum Weltfrieden leisten. Der gezielte Einbezug von Repräsentanten des öffentlichen Lebens wird von Kritikern als Propagandaversuch für Sri Chinmoys Anliegen gewertet; jedoch sollte abgesehen von der öffentlichkeitswirksamen »Nebenwirkung« das dahinter stehende Bemühen um des Friedens willen ernst genommen werden. Die sportliche Ertüchtigung fördert aber auch die Qualität des gottgeweihten Körpers, was durch eine Ethik der Reinheit noch verstärkt wird: Speisevorschriften genauso wie die Notwendigkeit, sich von Nikotin und Alkohol zu enthalten. Im Kontext dieses Reinheitsdenkens steht auch die völlige Meidung von Sexualität außerhalb und innerhalb der Ehe. Letzteres ist ein Punkt steter Kritik. Denn aufgrund dieses Ideals entstehen nicht nur Konflikte bei Paaren, von denen ein Partner nicht der Sri-Chinmoy-Bewegung angehört. Auch die relativ starke Fluktuation der Mitglieder ist nach Aussagen ehemaliger Anhänger hauptsächlich darauf zurückzuführen, dass die vollkommen asexuelle Lebensweise die eigene Entwicklung behindert hat, sodass nur der Weggang aus der Gemeinschaft möglich war. Auf Dauer könnte diese Lebensweise, sollte sich nicht ein Wandel vollziehen, den Bestand der Sri-Chinmoy-Bewegung infrage stellen.

Auch »Aussteiger« bestätigen die Glaubwürdigkeit Sri Chimnoys als überragender Guru im Kontext eines mit der Bhakti-Tradition verbundenen Yoga-Weges und Vermittler religiöser Erfahrung. Sri Chimnoy: »Gott schuf mich als einen bengalischen Samen. Dann machte er mich zu einer indischen Pflanze. Als nächstes machte er mich zu einem amerikanischen Baum. Nun hat er mich zu einer universalen Blume gemacht, um ihn zu lieben, ihm zu dienen, ihn zu verehren und weltweit offenbar zu machen.«[109]

Quellen: **Sri Chinmoy**, Samadhi und Siddhi. Die höchsten Höhen des Bewusstseins, Zürich ³1989 · **Ders.**, Veden, Upanishaden, Bhagavadgita. Die drei Äste am Lebensbaum Indiens, München 1994 · **Ders.**, India. My India, Mother India's Summit-Prides, New York 1997

Literatur: **GMS**, S. 136-144 · **Manfred Hutter**, Indische Spiritualität in Graz. Am Beispiel von Sahaja Yoga und Sri Chinmoys Yoga Weg, in: Katholisch-Theologische Fakultät der Universität Graz (Hg.), CD-ROM, in: Theologie interaktiv, Graz 1997 · **Horst Hüttl**, Die Sri-Chinmoy-Bewegung im deutschsprachigen Raum, Graz 1998

2.2.4 Sathya Sai Baba

(Reinhart Hummel)

Sathya Sai Baba, 1926 in Südindien geboren, ist ein bodenständiger indischer Guru mit überregionaler Ausstrahlung und Einfluss bis in hohe politische Kreise hinein. In den Westen ist er – im Unterschied zu anderen indischen Gurus – nie gereist. Er ist hier als umstrittener Wundertäter bekannt geworden, zu dessen Hauptashram in Puttaparthi/Südindien Heilungssuchende aus aller Welt kommen – also nicht primär junge Leute. Sai Baba werden angeborene (nicht durch Yoga-Praxis erworbene) Wunderkräfte (Siddhis) zugeschrieben, vor allem die Fähigkeit, Dinge zu »materialisieren«; am wichtigsten ist materialisierte »heilige Asche« (vibhuti), die als Zeichen seiner Macht und Gegenwart gilt. Auch seine offizielle Biografie schildert ihn als Wundermann: Nach mehreren gesundheitlichen Krisen soll der 13-Jährige Süßigkeiten und Blumen »materialisiert« und erklärt haben, er sei der Sai Baba. Eine Reihe von westlichen Autoren befasst sich mit diesem »modernen Wunder« (Haraldsson). Die Realität seiner Heilungen wird in der indischen Forschung und Presse angezweifelt, von Verehrern dagegen verteidigt. Jedenfalls spielen Heilungserwartungen eine wichtige Rolle in seinem Umgang mit Menschen, der von Betroffenen als ein intelligentes »Katz- und Maus-Spiel« charakterisiert worden ist.

Die Heilungssuchenden werden in Puttaparthi mit dem hohen religiösen Anspruch konfrontiert, den dieser Guru für sich selbst erhebt bzw. von seinen Anhängern erheben lässt: Als neuer Christus, als »integraler Avatar«, als Vereinigung der göttlichen Mutter (»Sai«) und des göttlichen Vaters (»Baba«), als Wiederverkörperung eines 1918 verstorbenen bekannten Gurus, des Sai Baba von Shirdi. 1961 rief er die »Sathya Sai-Ära« aus.

1976 proklamierte er schließlich die »Sai-Religion«, die sich als »Essenz aller Religionen« versteht. So fasst die Sai-Religion bekannte Inhalte eines modernisierten Hinduismus und vieler anderer Religionen in vereinfachter, zeitgemäßer Form zusammen: »Es gibt nur einen Gott. Er ist allgegenwärtig. Es gibt nur eine Religion, die Religion der Liebe. Es gibt nur eine Kaste, die Kaste der Menschheit. Es gibt nur eine Sprache, die Sprache des Herzens.« Sai Baba selbst drückt die »Einheit der Religionen in Liebe« in seiner Person aus: »Alle Religionen sind mein.« Die Meditationswege, die er lehrt, sind hinduistisch geprägt. Zu den Bildern des Göttlichen, die der Verehrung dienen, gehört – neben Krishna, Rama und Sai Baba selbst – auch Jesus. Passende Worte aus den heiligen Schriften aller Religionen werden häufig zitiert und finden sich auf Bauwerken in seinen Zentren eingraviert. Sathya Sai Baba präsentiert also in seiner Person das, was der harmonisierende Neohinduismus seit Swami Vivekanandas Zeiten theoretisch gelehrt hat: Die Synthese und Einheit der Religionen. Ein Austritt aus der Kirche bzw. aus der angestammten Religion wird nicht verlangt.

Die Aktivitäten in Indien fasst Sai Baba unter vier Rubriken zusammen, die seine Übereinstimmung mit dem traditionellen Hinduismus erweisen: Pflege 1. der vedischen Schriften, 2. der Wissenschaften, 3. der Gottesverehrung (Bhakti) und 4. des Dharma. Eigene Colleges (wie auch eigene Jugendorganisationen) dienen nicht zuletzt der religiösen Erziehung, viele Bhajan-Zentren lehren und praktizieren traditionelle Formen indischer Gottesverehrung. Im Westen sind diese pädagogischen Ansätze gelegentlich in Richtung auf Paradigmenwechsel und New Age ausgezogen worden. Auch hier sind »Sathya-Sai-Vereinigungen« entstanden, die werben, Literatur vertreiben usw. Es gibt auch eine zentrale Sathya-Sai-Organisation. Die westliche Anhängerschaft erscheint weniger reglementiert und organisiert als bei anderen Gurubewegungen.

Sathya Sai Babas »Wunder« sowie die ihn umgebende Atmosphäre der Verehrung üben offensichtlich auf viele Besucher einen Einfluss aus, dem schwer zu widerstehen ist. Wenn zurückgekehrte westliche Pilger äußern, sie hätten nun zum ersten Mal erfahren und verstanden, wer Christus eigentlich ist und was er gewollt hat, so zeigt sich darin der Einfluss dieser charismatischen Figur, aber auch die Stärke des westlichen Erfahrungshungers.

Neben der Sehnsucht nach religiöser Erfahrung spielt das Verlangen nach religiöser Einheit eine wichtige Rolle. Sie lässt sich auch bei den Radhasoami-Gruppen und bei Rajneesh beobachten, auf andere Weise auch bei der Vereinigungskirche. Sathya Sai Baba gehört zur gegenwärtigen Inflation von Messiassen, Avataras und »Vollkommenen Meistern des Zeitalters«, die sich eine epochale Bedeutung zuschreiben und eine neue Ära religiöser Einheit einzuläuten beanspruchen. Inhaltlich bringen diese synthetischen Guru-Religionen wenig Neues hervor. Es sind im Wesentlichen die alten überwiegend hinduistisch geprägten Aussagen in der vereinfachten, eingängigen Form einer »Essenz-Religion«, mit einer neuen Zentrierung auf den Guru als Heilbringer. Nach außen grenzen sich diese Guru-Religionen nicht exklusiv ab, sondern erheben einen inklusivistischen Anspruch. Sie wollen die anderen Religionen nicht unbedingt verdrängen, sondern dem Christen helfen, ein besserer Christ zu werden usw. Sie befürworten mehr oder weniger deutlich eine Doppelmitgliedschaft, sodass niemand das Gefühl hat, seine angestammte Religion verlassen zu müssen. In dem einen Guru sollen Menschen verschiedener Religionen einen Zugang zu ihrer je eigenen finden. Gerade darin erweist sich die »Sai-Religion« als hinduistisch.

Im Umkreis von Sathya Sai Baba ist der bekannte Vers Joh 3,16 auf ihn angewendet worden: »So sehr hat Sathya Sai Baba die Welt geliebt, daß er seinen Sohn, Jesus Christus, gesandt hat, damit alle, die an ihn glauben, gerettet werden.« Darin kommt die Rolle Sathya Sai Babas als Ersatz-Christus klar zum Ausdruck. Zu dieser grundlegenden Unvereinbarkeit kommen die gleichen Differenzen wie bei anderen Guru-Bewegungen: Reinkarnation, Karma, Gottesverständnis usw.

Quellen: **Howard Murphet**, Sai Baba – Der indische Psi-Meister, 1978 · **Sathya Sai Vereinigung e.V.** (Hg.), Sathya Sai Baba – Sein Leben und Wirken, 1986

Literatur: **GMS**, S. 107-115 · **HRGem**[5], S. 771-887 · **Helmut Langel**, Sathya Sai Baba/Sai-Religion, in: HdR, VIII-12, S. 1-7 · **Smriti Srinivas**, The Brahmin and the Fakir: Suburban Religiosity in the Cult of Shirdi Sai Baba, in: Journal of Contemporary Religion 2/1999, S. 245-261

Internet: www.sathyasai.org

2.2.5 ISKCON   (Reinhart Hummel)

Die »Internationale Gesellschaft für Krishna-Bewusstsein« (ISKCON) wurde 1966 von einem älteren Herrn aus Bengalen, mit Mönchsnamen A.C. Bhaktivedanta Swami Prabhupada, in New York gegründet, der im Rentenalter als Missionar des Krishna-Bewusstseins in die USA gereist war und bald unter Hippies erste Anhänger fand. Die ISKCON fällt aus dem Rahmen der indischen Gurubewegungen im Westen. Sie ist nicht vom vedantischen Hinduismus geprägt, sondern von der ekstatischen Frömmigkeit der Bhakti, der hinduistischen Gottesliebe. Im Zentrum steht die Verehrung nicht des All-Einen, sondern des »höchsten persönlichen Gottes« Krishna durch das gemeinsame »Chanten« des großen Hare-Krishna-Hare-Rama-Mantras. Die Verehrung von Götterbildern spielt eine zentrale Rolle. Krishna, seine Gespielin Radha, sein Bruder Balarama und andere krischnaitische Gottheiten und Heilige werden täglich in stundenlangem Tempeldienst mit traditionellem Zeremoniell verehrt.

Die heiligen Schriften der Krishna-Verehrung werden als Zentrum der vedischen Literatur angesehen und in möglichst wortwörtlicher Auslegung befolgt. Die Verbreitung und Kommentierung dieser Literatur sowie die Schriften des 1977 verstorbenen Gründers Srila Prabhupada in westlichen Sprachen wird mit großem Aufwand betrieben. Eine besondere Stellung nehmen die Bhagavadgita und vor allem das Bhagavata-Purana (»Srimad Bhagavatam«) ein. Die Hare-Krishna-Bewegung ist ein westlicher Ausläufer des auf Chaitanya [1486-1534] zurückgehenden bengalischen Zweiges der indischen Bhakti-Bewegung, des Gaudiya-Vaishnava-Sampradaya, und versteht sich bewusst als Teil dieser legitimen Tradition, als »bona-fide-Religion«.

Bereits in der zweiten Hälfte des 19. Jahrhunderts wurden im Gaudiya-Vaishnavismus die Weichen für die »Mission«, die Ausbreitung im Westen gestellt. Die ISKCON kann sich selbst als »missionarische Bewegung« bezeichnen. Dieses Sendungsbewusstsein geht auf einen »Missionsbefehl« Chaitanyas zurück: »Verkündet überall die Botschaft von Krishna!« Das hat die ISKCON auch in Afrika, in der Sowjetunion und in anderen Gebieten getan, wo es keine fetten Weiden abzugrasen gab. Die ISKCON hat eine religiöse Botschaft und eine religiöse Sendung. Das bedeutet auch, dass sie nicht als ein Produkt der neuen Religiosität des Westens, sondern von ihren indischen Wurzeln her verstanden werden muss, als ein Stück Hindu- (bzw. Krishna-) Mission im Westen.

Die Gurus, genauer: die Lehrer (Acharyas) der ISKCON wie Svami Prabhupada, verstehen sich als »äußere Manifestation der Überseele« und als Garanten der auf Krishna zurückgehenden Guru-Tradition, im Unterschied zu den »Pseudo-Yogis und Meditationsgauklern, den falschen Meistern und vergötterten Propheten«. »Wenn man etwas über das Unbegreifliche wissen will, muss man sich an einen geistigen Meister wenden, der einer anerkannten Nachfolge von geistigen Meistern angehört. Weil das Wissen ursprünglich vom Höchsten offenbart und dann in einer lückenlosen Folge von Meistern und Schülern überliefert wurde, ist es vollkommen.« Die ISKCON vertritt einen Traditionalismus mit deutlicher Tendenz zu einem fundamentalistischen Gebrauch ihrer heiligen Schriften.

Das Menschenbild der ISKCON ist das der Bhakti und ihres großen Theologen Ramanuja: Der Mensch ist von Gott zugleich getrennt und ungetrennt. Gott und Mensch verhalten sich zueinander wie Hand und Finger, wie das Ganze zum Teil. Beide gehören zusammen. Krishna-Bewusstsein wird definiert als »die Kunst, seine Aufmerksamkeit auf den

Höchsten zu lenken und ihm seine Liebe zu schenken«. »Die Menschen können nur dann wahrhaft glücklich werden, wenn sie lernen, Krsna zu lieben. Krsna kann die liebenden Neigungen aller Lebewesen in Vollkommenheit erwidern.« Der Mensch muss aufhören, sich mit seinem Körper zu identifizieren, er muss den materiellen Genüssen entsagen und »die ewige Beziehung der winzigen Seele zur Höchsten Seele, Krsna, Gott, verwirklichen«.

Die höchste Form der Hingabe ist die Liebe zu Krishna als dem Geliebten der Seele. »Geweihte des Herrn, die den Höchsten Persönlichen Gott in einer intimen Liebesbeziehung lieben möchten, erhalten die Gunst, Krsnas Frauen zu werden, und werden dann durch Sein gütiges Verhalten für immer an ihn gefesselt.

Krsna erwidert die Liebe jedes Gottgeweihten, der ihn von ganzem Herzen und ganzer Seele liebt, in solcher Weise, dass der Gottgeweihte unmöglich ohne Anhaftung an ihn bleiben kann. Der Austausch von Gefühlen zwischen Krisna und seinem Geweihten ist so anziehend, dass der Gottgeweihte an nichts anderes mehr denken kann als an Krsna.« Krishna-Bewusstsein ist also eine religiöse Liebesbeziehung, in der die Krishna-Anhänger die weibliche Rolle spielen.

Im gemeinsamen öffentlichen Singen und Tanzen, dem so genannten sankirtana, drückt sich die ekstatische Hingabe an Krishna aus; zugleich ist es ein wichtiges Mittel der Mission. »Es ist das Ziel der ISKCON, die ganze Welt mit dem sankirtana, mit dem Singen der heiligen Gottesnamen zu überfluten. Das sankirtana ist die eigentliche Grundlage der Lehren Caitanya Mahaprabhus und somit die eigentliche Grundlage der Hare-Krsna-Bewegung ... Gepriesen sei das Sri Krsna Sankirtana, welches das Herz von allem, seit Jahren angesammelten Schmutz reinigt. Es löscht das furchtbare Waldbrandfeuer des bedingten Lebens, der sich ständig wiederholenden Geburten und Tode. Die sankirtana-Bewegung wirkt sich segensreich für die ganze Menschheit aus, weil sie den höchsten Segen wie Mondlicht überallhin verbreitet. Sie ist das Leben aller transzendentalen Erkenntnisse, sie lässt den Ozean der göttlichen Wonnen immer mehr anwachsen und sie lässt uns die Fülle des Nektars der Ewigkeit kosten, nach dem wir uns unablässig sehnen.«

Als Voraussetzung für die Wirksamkeit des Chantens gilt freilich die strenge Einhaltung der vier Prinzipien der Lebensführung:

- Kein Genuss von Fleisch, Fisch und Eiern. Es wird erwartet, dass der Krishna-Verehrer nur »prasadam« zu sich nimmt, Nahrung, die zuvor Krsna geweiht worden ist.
- Kein Genuss von Rauschmitteln, einschließlich Alkohol, Drogen, Tabak, Kaffee und Tee.
- Kein Glücksspiel. Auch dieses Verbot wird extensiv ausgelegt: Es umfasst alle Arten von frivolem Spiel und Sport sowie jede Unterhaltung die nicht mit dem Krishna-Bewusstsein und der Erfüllung der Pflichten zu tun haben.
- Keine unerlaubte Sexualität. Damit ist jede sexuelle Betätigung gemeint, die nicht unmittelbar der Zeugung von Kindern dient, die im Krishna-Bewusstsein aufgezogen werden können.

Strenge Einhaltung der vier Grundprinzipien bildet die Voraussetzung für die Initiation. Dem Meister gegenüber verpflichten sich die Initianden zum Gehorsam, sie empfangen einen Sanskritnamen, der im Allgemeinen mit Das/Dasi (Knecht/Magd, Diener/in) endet, und werden in das Chanten eingeführt. Eine weitere Stufe ist die zweite, brahmanische Initiation, bei der die heilige Schnur als Zeichen – spirituell gedachter – Zugehörigkeit zur Brahmanenkaste verliehen wird.

Zum Leben der »Gottgeweihten« (in der Regel eine Übersetzung von »Vaishnava« bzw. »Vishnuit«) gehört auch das individuelle Chanten des Großen Mantra mithilfe der Gebetskette, insgesamt achtmal täglich mit 108 Perlen. Eine Reihe von Hindu-Festen wird gefeiert: die Erscheinungstage Radhas, Krishnas, Chaitanyas, Prabhupads; möglichst auch die öffentliche Feier des Wagenfestes nach dem Vorbild der Jagannath-Verehrung in Puri/Orissa. Diese Vorschriften, vor allem die Ernährung ausschließlich mit geweihter Speise, sind dazu geeignet, eine hohe rituelle Schranke zur Außenwelt aufzurichten.

Die ISKCON erkennt die Ordnung der Kasten und Lebensstadien (varnashrama dharma) an. Die Zugehörigkeit zu einer der vier Hauptkasten wird für sie freilich nicht durch Geburt, sondern durch Charakter und Verhalten bestimmt. In den Worten ihres Gründers: »Wir sind keine Hindus. Unsere wirkliche Identifikation ist varnasrama. Varnasrama sind diejenigen, die den Veden folgen und anerkennen, dass die menschliche Gesellschaft in acht Gruppen des varna und asrama eingeteilt ist ... Mit brahmana sind die wirklich intelligenten Menschen gemeint, diejenigen, die wissen, was das Brahman ist. Etwas weniger intelligent als die Brahmanen sind die ksatriyas, denen die Verwaltung obliegt. Dann folgen die vaisyas, die Kaufleute. Diese ganz natürlichen Einteilungen findet man überall. Das alles wurzelt in den vedischen Prinzipien, die wir vorbehaltlos akzeptieren.« »Diese Propaganda (für Krishna) ist dazu gedacht, in der ganzen Welt Brahmanen zu schaffen, denn das Brahmanenelement fehlt. Wer ernsthaft zu uns kommt, muss ein Brahmane werden.«

Die ISKCON möchte von Haus aus eine ideale, an den Veden orientierte Gesellschaftsordnung durchsetzen, die an der kastenmäßigen Viergliederung orientiert ist. Einer von Prabhupadas Nachfolgegurus, Harikesa Svami Visnupada, hat 1981 ein »Varnasrama-Manifest der sozialen Vernunft« geschrieben, in dem dieses Konzept im Detail ausgearbeitet wurde, bis hin zur Todesstrafe und zu den »Nuklear-Ksatriyas«, die für die Vernichtung der Feinde zuständig sind.

Inzwischen hat sich die ISKCON von diesem Buch und seinem Autor getrennt, ohne freilich ihren Anspruch auf die Gesamtgesellschaft aufzugeben. 1994 definierte sie sich auf einer Konferenz in Wiesbaden als eine »kulturelle Bewegung, die sich um eine Respiritualisierung der Gesellschaft bemüht. Das Ziel der ISKCON besteht darin, der Gesellschaft auf dem Gebiet der Religion, der Kultur, des sozialen Engagements sowie der Bildung und Erziehung positive Impulse zu verleihen.« Im Unterschied zu anderen Bewegungen indischen Ursprungs (nicht allen) orientiert sich die ISKCON nicht am religiösen Individualismus des Westens, sondern vertritt ein Konzept einer idealen Gesellschaft.

Die Stellung zum Christentum und zu anderen Religionen ist nicht rein negativ, sondern am Bhakti-Ideal orientiert. Prabhupada kritisierte zwar das Christentum, weil es nicht die Reinkarnationsvorstellung und den Vegetarismus propagiert, aber er bemühte sich auch, den christlichen Gottesglauben zu vereinnahmen. »Das Christentum ist also eine Form des Vaishnavatums, denn die Christen erkennen Gott an ... Die christlichen Priester sollten den Namen ›Christus‹ oder ›Christos‹ chanten und aufhören, Tiere zu schlachten.« Ravindra Swarupa Dasa (Dr. W. Deadwyler) hat diesen Ansatz zu einer »ökumenischen Theologie der Bhakti« fortgesponnen: »In der Bhagavadgita offenbart Sich Krsna als die Höchste Persönlichkeit Gottes, und in anderen heiligen Schriften offenbart Er Sich unter anderen Namen. Alle Offenbarungen sollen den Menschen jedoch zum gleichen Ziel führen: Gott und Dienst zu Gott (Bhakti).« Die negative Theologie der Mystik dagegen lehnt er ab. Leider sei »die reine Bhakti auch in den christlichen Traditionen durch die Jnana-Theologie der Verneinung stark verwässert und beeinträchtigt worden.« Jnana (Erkenntnis) lege Nachdruck auf das Schweigen und ersticke die Stimme der Lobpreisung und des Gebets. Der eigentliche theologische Gegner der ISKCON ist nicht das Christentum, sondern die All-Einheitslehre und die »Unpersönlichkeitslehre«, d.h. die Bevorzugung einer unpersönlichen Gottesvorstellung innerhalb und außerhalb des Hinduismus. Die ISKCON definiert ihr Verhältnis zum Christentum mit einer Mischung von Exklusivismus und Inklusivismus. Mit einem Statement vom Juni 1999 wurde ein Schritt in einen aufgeschlossenen interreligiösen Dialog angeboten.

Nach 25-jähriger Wirksamkeit hat Anfang der neunziger Jahre in der ISKCON eine Phase der Selbstkritik und Reform eingesetzt. »Gravierende Fehler« wurden mit Bedauern eingestanden, verursacht größtenteils durch »jugendliche Unreife, mangelndes philosophisches Verständnis und Kommunikationsschwierigkeiten«, vor allem im Umgang mit betroffenen Angehörigen, wie es heißt. Weitere Punkte betrafen die Stellung der Frau in der ISKCON, Machtmissbrauch in Schulinternaten (Gurukulas). Heute lebten die meisten Mitglieder der ISKCON außerhalb der Tempel, die meisten hätten geheiratet und Familie. Dialogbemühungen mit den Gegnern von gestern wurden eingeleitet. Auf dieser Basis konnten auch weitere kritische Fragen angesprochen werden: über das Verhältnis zu hindu-nationalistischen Kreisen in Indien und zum indischen Kastensystem. Über das Ausmaß an Wandlungsfähigkeit der ISKCON kann es nur Vermutungen geben. Es wurde aber eine Öffnung zum Dialog eingeleitet, der sogar über die ISKCON hinaus zur Pazifizierung im Bereich neureligiöser Gruppierungen beitragen kann.

Christlicherseits sollte man die Selbstkritik der ISKCON ernst nehmen, ihre Reformbestrebungen unterstützen, ihren religiösen Vereinnahmungsversuchen aber widerstehen. Die Vorstellung von Göttern und Halbgöttern, das endlose Chanten und die rituelle Bilderverehrung stellen weiterhin Streitpunkte dar, ebenso der massive Reinkarnationsglaube, die Abwertung der materiellen Welt und das viergliedrige Gesellschaftskonzept.

Quellen: **Akademie für Vaishnava-Kultur e.V.** (Hg.), 25 Jahre ISKCON-Deutschland (1994), o.O. o.J. · **A.C. Bhaktivedanta Swami Prabhupada**, Sri Isopanishad, [6]1971 · **Ders.**, Die Bhagavad-Gita, so wie sie ist, 1974 · **Ders.**, Christus, Krischto, Krsna, Schloß Rettershof 1975 · **Harikesa Swami Visnupada**, Varnasrama Manifesto for Social Sanity, 1981

Literatur: **GMS**, S. 199-209 · **HRGem**[5], S. 757-770 · **Ulrich Dehn**, Hare-Krishna-Bewegung, in: MDEZW 11/1998, S. 346-348 · **Ders.**, Internationale Gesellschaft für Krishna-Bewußtsein (ISKCON) »Hare Krishna-Bewegung«, Faltblatt der EZW, Juni 1998 · **Reinhart Hummel**, Indische Mission und neue Frömmigkeit im Westen, Stuttgart 1980, S. 49-60 · **Ders.**, 30 Jahre ISKCON, in: MDEZW 4/1999, S. 108-110 · **Ders.**, Zur Eintwicklung der ISKCON, in: MDEZW 11/1999, S. 335-342 · **Michael Jira**, Die Internationale Gesellschaft für Krishna-Bewußtsein – ISKCON – International Society for Krishna-Consciousness, in: HdR, VIII-6, S. 1-7

Internet: www.iskcon.org · www.prabhupada.de · www.vnn.org

Gruppen, Strömungen, Techniken

2.2.6 Sahaja Yoga

(Manfred Hutter)

Die unter der Bezeichnung »Sahaja Yoga« bekannte Richtung indischer Spiritualität heißt offiziell »Vishwa Nirmala Dharma«, die »Universelle Reine Religion«. Sie geht auf die am 21. März 1923 in Chindvara in Madhya Pradesh (Indien) geborene Nirmala Salve zurück, deren ehrfurchtsvolle Bezeichnung als Sri Mataji Nirmala Devi ihre Bedeutung aus der Sicht ihrer Anhänger widerspiegelt. Seit der offiziellen Etablierung dieser Yogapraxis am 5. Mai 1970 ist Nirmala für ihre Anhänger Guru und Mutter *(mataji)*, aber auch die für die Gegenwart vollkommenste Verkörperung der weiblichen Göttlichkeit *(devi)* und der Göttin Shakti. Seit der ersten Hälfte der 70er Jahre hat sie Anhänger in Europa, eine Art europäisches Zentrum ist ein Haus Nirmalas in Capella (Italien), der Hauptsitz der Bewegung ist Pune in Maharashtra (Indien), wo sie lebt.

Das Menschen- und Weltbild im Sahaja Yoga baut auf der Vorstellung von Nadis und Chakren auf. Nadis sind Energiekanäle des feinstofflichen Bereichs, die dem sympathischen und parasympathischen Nervensystem vergleichbar sind. Götter, individuelle Eigenschaften und biologische Erscheinungen sind diesen Kanälen zugeordnet. Die drei Hauptkanäle beginnen im Mooladhara-Chakra und kreuzen ihre Bahn im Agnya-Chakra (Ajna-Chakra), wobei der mittlere Kanal durch das Sahasrara-Chakra aus dem Körper austritt. Unter einem Chakra versteht man ein Zentrum feinstofflicher Energie, von den sieben Hauptzentren sind die drei genannten die wichtigsten. Die Chakren bilden eine Grundlage tantrischer Traditionen Indiens, bestimmen körperliche Erscheinungen, positive und negative Eigenschaften und sind von Gottheiten besetzt; genauso werden ihnen eine Reihe von Symbolen und Mantren zugeordnet. Entlang des mittleren Kanals und durch die sieben Chakren hindurch wird durch die Meditationstechnik im Sahaja Yoga die Kundalini-Energie emporgeleitet, um dadurch den Einzelnen zur Selbstverwirklichung zu führen. Die Kundalini-Energie symbolisiert jene göttlichen Kräfte, die jeder Mensch besitzt und die ihm die Selbstverwirklichung ermöglichen. Eine entscheidende Neuerung von Sahaja Yoga gegenüber anderen Kundalini-Yoga-Wegen liegt darin, dass der Ausgangspunkt der Kundalini nicht im Mooladhara-Chakra, dem Sitz der Sexualität, sondern erst darüber lokalisiert wird. Dadurch spielt Sexualität im Sahaja Yoga als Mittel zur Vervollkommnung keine Rolle, wodurch von der tantrischen Anthropologie abgerückt wird. Eine weitere Neuerung ist die Betonung, dass die Erweckung der Kundalini ein »spontaner« *(sahaja)* Yoga-Weg ist, der nicht mehr durch »Geheimwissen« einigen wenigen, sondern jedem möglich ist. Die aufsteigende Kundalini durchquert die einzelnen Chakren und tritt durch das Sahasrara-Chakra aus dem Körper heraus. Dies manifestiert sich in einer »kühlen Brise«. Diese in der Meditation erlebbare Erfahrung der Selbstverwirklichung interpretiert Nirmala als Wirken des Heiligen Geistes. Wer dies erlebt, erlangt einen höheren spirituellen Zustand und wird zum Guru für sich selbst und für andere.

Obwohl jeder sein eigener Guru werden soll, gilt Nirmala deswegen, weil sie diesen Weg zur Selbstverwirklichung gezeigt hat, als Guru par excellence für unsere Zeit; sie steht in einem klaren hierarchischen Verhältnis über ihren Schülern, die ihr – in Indien stärker als in Europa – mit der einer Gottheit entsprechenden Ehrfurcht begegnen. Denn für die Sahaja Yogis begann mit Nirmala ein neuer Abschnitt in der Geschichte, der das Werk früherer Religionsstifter(innen) zum Abschluss bringt. Weil Jesus durch seinen Tod das gesamte Karma der Menschen getilgt hat, spielen in der Lehr- und Lebenspraxis im Sahaja Yoga Karma-Vorstellungen keine Rolle mehr und ein selbstverwirklichter Yogi steht jenseits von Sünden- und Schuldbewusstsein. Wer daher den von Nirmala gezeigten Weg geht, lebt bereits in einer eschatologischen Zeit, die von den Anhängern manchmal als Zeitalter des Heiligen Geistes bezeichnet wird.

Aus diesen Lehrinhalten resultiert eine Lebenspraxis, in deren Mitte die regelmäßige Meditation steht: Man sitzt aufrecht, sodass die Kundalini aufsteigen kann. Vor dem Sitzenden steht häufig ein Bild Nirmalas, eventuell umgeben von Kerzen, Blumen und Räucherstäbchen. Vom Bild gehen wie vom persönlich anwesenden Guru Schwingungen aus, die die Kundalini erwecken. Dieser Art von Meditation wird auch therapeutischer Wert zugeschrieben, wobei körperliches Unwohlsein als Blockierung von Chakren gedeutet wird, was durch vermehrte Meditation behoben werden soll. Da deshalb grundsätzlich jeder Yogi auch Heilkompetenz beansprucht, mag hierin eine Gefahr liegen, eventuelle Krankheitsursachen falsch einzuschätzen. Die Überwindung von Schuldbewusstsein im Zustand der Selbstverwirklichung wirkt sich auf die ethische Seite der Lebensführung dahingehend aus, dass Extreme vermieden und Harmonie angestrebt werden. Daraus resultiert, dass das »Wie« der eigenen Entwicklung als entscheidender betrachtet wird als vorgegebene Regeln und Organisationsstruktur, sieht man von Nirmalas dominierender Rolle ab. Ihre Vorträge und Anweisungen legen für die Yogis die Parameter der Lebensgestaltung in Ehe und Partnerschaft, aber auch hinsichtlich gesellschaftlicher Rollen vor. Die Wahl des Ehepartners geschieht häufig auf Nirmalas Empfehlung, was bei westeuropäischen Anhängern nicht nur Zustimmung findet. Erklärbar ist Nirmalas Praxis aus ihrem indisch-traditionellen Hintergrund. Bezüglich des Frauenbildes verwendet Nirmala gerne einen Vergleich wie folgenden:

»Gott hat zwei Geschlechter aus gutem Grund erschaffen und ich denke, dass diese beiden Geschlechter wie zwei Räder an einem Wagen sind. Natürlich gibt es einen gewissen Abstand zwischen ihnen und – obwohl sie gleich oder ähnlich sind – sind sie nicht identisch. Eines ist auf der linken Seite und eines ist auf der rechten Seite. Wenn man versucht, das Linke rechts und das Rechte links zu montieren, so funktioniert es nicht ... Deshalb ist dieser Unterschied zwischen den Geschlechtern oder von gender roles (wie man heutzutage sagt) ein Teil der großen Vielfalt, die Gott geschaffen hat.«[110]

Um diese Vorstellungen zu verwirklichen, bemühen sich Nirmala und ihre Anhänger um die Herbeiführung einer »Sahaja-Kultur«. Diesem Ziel dienen bislang v. a. ein Kindergarten in Rom und eine Schule in Dharamsala in Nordindien. In diesen Institutionen sollen die Werte von Nirmala weitergegeben werden und zugleich der in manchem unerwünschte westliche Einfluss ferngehalten werden. Beide Einrichtungen sind dabei manchmal der Kritik von Eltern ausgesetzt, v. a. wenn ein Partner das Kind nicht in diese Einrichtung schicken möchte, um es nicht von den Eltern zu trennen. Solche kritischen Stimmen finden offiziell eher wenig Gehör. Abgesehen von diesem Spannungspunkt ist aber zu beobachten, dass die etwa 500 bis 600 Mitglieder von Sahaja Yoga im deutschsprachigen Raum versuchen, ihre Lebensgestaltung in die vorgegebenen Gesellschaftsformen zu integrieren.

Quellen: **Shri Mataji Nirmala Devi**, Meta Modern Era, Pune ²1996 · **Dies.**, Sahaja Yoga, Pune, o.J. · **Yogi Mahajan**, The Face of God. A Biography of Her Holiness Shri Mataji Nirmala Devi, Pune 1995

Literatur: **GMS**, S. 115-128 · **Judith Goney**, Sahaja Yoga. Socializing Processes in a South Asian New Religious Movement, Richmond 1999 · **Manfred Hutter**, Indische Spiritualitat in Graz. Am Beispiel von Sahaja Yoga und Sri Chinmoys Yoga Weg, in: Katholisch-Theologische Fakultät der Universität Graz (Hg.), CD-ROM, in: Theologie interaktiv, Graz 1997 · **Manfred Hutter**, Shri Mataji Nirmala Devi. Die göttliche Religionsstifterin und das Frauenbild im Sahaja Yoga, in: ders. (Hg.), Die Rolle des Weiblichen in der indischen und buddhistischen Kulturgeschichte, Graz 1998, S. 120-136

2.2.7 Sufi-Bewegung   (Ludwig Schleßmann)

Der Sufismus, die Mystik des Islam, ist in Deutschland einem größeren Publikum im Jahre 1995 durch den Friedenspreis des Deutschen Buchhandels an die Islamwissenschaftlerin Annemarie Schimmel bekannt geworden. Durch ihre zahlreichen Veröffentlichungen hat sie dazu beigetragen, dass der Sufismus als wesentlicher Bestandteil in der Geschichte des Islam wahrgenommen wird. Sufismus wird allgemein gerne mit einem »liberalen« Islam assoziiert, in dem die »inneren Werte« weit mehr zählen als die äußeren Formen der islamischen Glaubenspraxis. Gedacht ist dabei vor allem an das Freidenkertum, die religiöse Toleranz und die ungewöhnlichen Lebenswege der großen Mystiker wie Jalaluddin Rumi, von denen gleichsam unkonventionelle Lehrwege überliefert sind. Aus der Frühzeit des Islam weiß man nur von Einzelgestalten – Asketen, die einfache Gewänder aus Wolle (arab. sûf) trugen und der neuen Bewegung den Namen gaben, die aber erst ab dem 12. Jahrhundert christlicher Zeitrechnung Bedeutung erlangte. Ein entscheidendes Merkmal des Sufismus ist das Lehrer-Schüler-Prinzip. Die religiöse Autorität ist der Scheich (arab. Shaikh: »der Älteste«), der sich durch eine Traditionskette bis hin zum Propheten Muhammad legitimieren muss. Im Einzelfall kann er für seinen Schüler ungewöhnliche Maßnahmen treffen, damit dieser den Kampf gegen die als »trickreich« geltende, negative Triebseele (nafs) aufnimmt. Man darf also nicht übersehen, dass die spirituelle Entwicklung eines Schülers tatsächlich einer mehr oder weniger strengen Disziplin unterworfen ist. Ziel des Sufi-Weges ist Islâm (Hingabe zu Gott, in Liebe und Erkenntnis). Stationen und Zustände der mystischen Leiter sind von den Sufis in zahlreichen Bildern beschrieben worden, an deren Ende das mystische Entwerden (fanâ) im Zustand des Bleibens in Gott (baqâ) steht. Die wichtigste rituelle Handlung ist – neben den üblichen muslimischen Pflichten der »fünf Säulen«, der dhikr (wörtl. »Erinnerung«), eine meditative Anrufung Gottes mit seinen schönsten Namen.

Insbesondere dieser rituelle Teil, der mithilfe von Musikinstrumenten, Gesang und Tanz ekstatische Formen annehmen kann, mag eine gewisse Attraktivität auf westliche Schüler ausüben. Aber auch die religiöse Führerpersönlichkeit und die Anforderungen an den Schüler spielen hier eine Rolle, sowie die über Jahrhunderte gewachsenen Strukturen der Sufi-Orden (tarîqa, pl. turuq, »Weg«), die durchaus konservativ-orthodoxe Züge annehmen können. Sufismus steht nicht nur für eine liberale, offenherzige islamische Lebenshaltung, sondern auch für ein gewisses Streben nach Strenge und Struktur. Beide Seiten schließen sich nicht unbedingt aus, sie ergänzen sich vielmehr gegenseitig. Dennoch gibt es, in der islamischen Welt wie auch im Westen, stärkere Tendenzen in die eine oder andere Richtung.

Hier sollen die islamischen Sufi-Gemeinschaften in der Bundesrepublik Deutschland vorgestellt werden, denen vorwiegend Deutsche angehören. Nicht behandelt werden Migrantengruppen türkischer, marokkanischer oder iranischer Herkunft. Nur am Rande erwähnt sei eine speziell westlich-moderne Interpretation des Sufismus, die auch Neosufismus genannt wird. Hierbei handelt es sich um eine neureligiöse Bewegung mit universal-religiösem Charakter. Zu den wichtigsten Vertretern des universalen Sufismus zählt der Inder Hazrat Inayat Khan, der in den 1920er Jahren in Europa die »Sufi-Bewegung« gründete. Ebenso wie heute sein Sohn Vilayat Inayat Khan war er ein großer Verfechter der Einheit der Religionen und brachte diese Haltung in universellen Gottesdiensten zum Ausdruck. Den Anhängern der Bewegung ist es freigestellt, die religiöse Bindung ihrer Herkunft, sei sie islamisch, christlich oder einer anderen Religion, zu behalten. Andere Sufi-Lehrer betonen noch stärker die Loslösung vom Islam oder gar die Abkehr von jedweder religiösen Tradition. Diese lebensphilosophische oder psychologische Deutung von Sufismus vertreten insbesondere Idries Shah, Omar Ali Shah und Reshad Feild in ihren zahlreichen Veröffentlichungen.

Die islamischen Sufi-Orden sind erst seit Beginn der 1970er Jahre in Deutschland präsent. In Berlin sammelten sich um den Ägypter Dr. Salah Eid die ersten Schüler, die auf der Suche nach einem »authentischen« Sufi-Weg waren. Andere hatten sich – zunächst nur aus Interesse am Islam – auf zum Teil mehrjährige Reisen in orientalische Länder begeben und waren dort vor allem mit verschiedenen Sufi-Wegen in Berührung gekommen, so die Deutschen Abdullah Halis Dornbrach (zurück in Berlin seit 1971) und

Bashir Ahmad Dultz (zurück in Bonn seit 1983). Einen ersten Höhepunkt erreichte die neue Sufi-Bewegung Anfang der 80er Jahre in einem Zentrum in der Lüneburger Heide, wo mehrere hundert Deutsche zum Islam übertraten und »den Bund nahmen«, d.h. einem Sufi-Orden beitraten, vorwiegend der Burhaniyya. Das damals in seiner Konzeption für alle Sufi-Wege offene Haus Schnede stand unter der Leitung von Stefan Makowski alias Hussein Abdul Fattah, einem Weggefährten des früh verstorbenen Dr. Eid. Dieser gab auch die Zeitschrift »Sufi« heraus, die vergleichsweise aufwendig und professionell hergestellt wurde, aber nur kurze Zeit bestand.

Inzwischen hat sich die deutsche Sufi-Szene in ihrer Struktur gefestigt. Man kann im Wesentlichen von vier Sufi-Orden sprechen, denen vorwiegend Deutsche angehören: die größeren Gruppen Burhaniyya und Naqshbandiyya sowie die Sufi-Wege von Dornbrach und Dultz. Ein fünfter Sufi-Weg, eine extreme Gruppe namens »Murabitun« um den Schotten Abd al-Qadir as-Sufi al-Murabit (Granada/Spanien), die vor allem in Ostdeutschland aktiv ist, verschließt sich dem außenstehenden Beobachter.

Die Burhaniyya ist ein Sufi-Orden mit Sitz in Khartum/Sudan und wird auf zwei große nordafrikanische Ordenslinien zurückgeführt, Abul Hassan ash-Shadhili [gest. 1258] und Ibrahim ad-Disuqi [gest. ca. 1296]. Seit 1983 wird der Orden von Scheich Ibrahim al-Burhani geleitet, Sohn von Scheich Muhammad Uthman, der die Burhaniyya in Ägypten populär machte, dort aber Häresie-Vorwürfen und zeitweiligen Verboten ausgesetzt war. Die Burhaniyya gelangte über Salah Eid nach Deutschland und ist heute mit etwa fünfhundert initiierten Mitgliedern vor allem in Berlin, Hamburg und München vertreten. Das Haus Schnede, heute im Besitz des Ordens, ist Ort der jährlichen Treffen mit Scheich Ibrahim. Der Orden machte früher einen verschlossenen Eindruck und ist selbst Kennern der Islam-Szene in Deutschland wenig bekannt. Mitglieder der tarîqa betonen, man wirke eher im Stillen und verfolge keine politischen Ziele. In einem Faltblatt schreibt der Orden: »Die Burhaniya zählt zu jenen Orden, die den Rückzug aus der Welt ablehnen. Daher üben ihre Mitglieder normale Berufe aus und bemühen sich, ihre religiösen Pflichten und Übungen mit dem Alltag der Kultur, in der sie leben, in Einklang zu bringen.« Die wöchentlichen Zusammenkünfte zum dhikr (»Gottgedenken«) werden in der Burhaniyya hadra (»Anwesenheit«) genannt. »In der Hadra wird die unmittelbare Gegenwart und Liebe Gottes gesucht und in manchmal ekstatischer Weise erfahren. Die Hadra ist daher ein Ort besonderer Heiligkeit und Andacht. Die Teilnehmer sollen alle weltlichen Belange und Beschäftigungen hinter sich lassen und ihre Streitigkeiten beilegen, bevor sie im Zustand ritueller Reinheit in die Zeremonie eintreten. In der Hadra sind alle Teilnehmer gleich und verstärken ihre Andacht durch die Harmonie ihrer gemeinsamen Bewegungen und Gebete.«

Die zweite, nach der Mitgliederzahl in Deutschland ähnlich große Sufi-Gemeinschaft ist die Naqshbandiyya des zypriotischen Scheichs Nazim Adil al-Haqqani [geb. 1922]. Unter den Sufi-Orden der islamischen Welt nimmt die aus Zentralasien stammende, in Indien, China und im türkischen Raum verbreitete Naqshbandiyya eine gewisse Sonderstellung ein. Der Sufi-Weg gilt in erster Linie als Vervollkommnung der »Scharia«, der islamischen Lebensordnung. Auch in der meditativen Praxis zeichnet sich der Orden durch Nüchternheit aus; bekannt ist die Naqshbandiyya vor allen Dingen für ihr »schweigendes« Gottgedenken (dhikr khafi), das jedoch von den europäischen Schülern des Naqshbandi-Zweiges von Scheich Nazim kaum praktiziert wird. Scheich Nazim, Schüler einer aus dem Kaukasus stammenden Linie von Scheich Abdullah ad-Daghistani [gest. 1973 in Damaskus], hielt sich bereits in den 70er Jahren in London auf und war derjenige, der die Naqshbandiyya für westliche Schüler öffnete. Eine Berliner Gruppe von früheren Omar-Ali-Shah-Schülern (s. o.), unter ihnen der heutige »Deutschland-Scheich« Hassan Dyck, »nahm den Bund« zu Scheich Nazim. Dieser wird von seinen Schülern nach wie vor als Heiliger verehrt, als einer, der in geradezu perfekter Weise die »Sunna« (den Brauch) des Propheten Muhammad lebt. Insbesondere wird er zu allen wichtigen Lebensentscheidungen zu Rate gezogen. Nicht selten gibt es aber auch Meinungsunterschiede darüber, wie sich Scheich Nazim zu einzelnen Themen, zum Beispiel zum Geschlechterverhältnis oder zu Kleidungsvorschriften, geäußert hat und ob diese Äußerung an eine bestimmte Situation gebunden war. Von außen betrachtet ist es manchmal schwierig zu beurteilen, ob eine dem Schüler zugemessene erzieherische Maßnahme wirksam ist oder ob sich der Schüler selbst in seinem souveränen Entscheidungsvermögen beschneidet. Dies bezieht sich auch auf die zur Jahrtausendwende besonders stark artikulierte Endzeiterwartung mit allen Folgen für das alltägliche Leben. Besonders problematisch wird es in ethischen Fragen, wie der Fall des krebskranken Mukarim Emil zeigte, dessen Eltern, Schüler von Scheich Nazim, eine nach Aussage der Schulmedizin lebensnotwendige Augenoperation durch Flucht verhindern wollten. Es stellt sich zudem die Frage, inwieweit psychisch labile Personen, die dem Orden beitreten, hier genügend Unterstützung erfahren, etwa zu lernen, den eigenen Lebensunterhalt zu bestreiten. Zweifellos ist es die besondere Aufgabe eines Scheich-Nazim-Schülers, sich in der Gemeinschaft, zumal einer sozial heterogenen, zu bewähren. Heilende Wirkung erwartet man von der permanenten Auseinandersetzung mit der nafs, der niederen Triebseele. Auch ein Leben in einfachen Zusammenhängen, insbesondere auf dem Lande, wird empfohlen. Einige Schüler des über ganz Deutschland verteilten Ordens haben sich in die Eifel zurückgezogen, wo auch Hassan Dyck lebt. In Kall-Sötenich wurde eine »Osmanische Herberge« eröffnet, ein Veranstaltungshaus mit Gaststätte. Die Bildungsarbeit des Ordens besteht nach wie vor im Wesentlichen aus Predigten von Scheich Nazim. Die Publikationstätigkeit ist aber beachtlich, vor allem des Verlages »Gorski & Spohr« (Kandern/Schwarzwald), mit zum Teil hochwertigen Buchausgaben und neuerdings dem wöchentlichen, vierseitigen »Lichtblick«.

Nach der Burhaniyya und der Naqshbandiyya bleiben noch die zwei kleineren Gruppen mit nur wenigen Dutzend Schülern, deren geistige Führer aber sehr wirkungsvoll arbeiten. Sie sind weitgehend unabhängig von einem Mutterorden in der islamischen Welt.

Scheich Abdullah Halis Dornbrach [geb. 1945] hat nach eigenen Angaben die Lehrerlaubnis für fünf verschiedene Sufi-Wege aus der Türkei und aus Syrien. Nach Stationen in Berlin und Jünkerath/Eifel veränderte er sein Konzept der Sufi-Schulung mehrfach und beschränkte sich zuletzt auf den Sufi-Orden der Mevleviyye nach Maulana Jalaluddin Rumi [gest. 1273]. 1992 erwarb er einen ehemaligen Landwirtschaftsbetrieb in Trebbus/Brandenburg, den er seitdem zu einem großen Sufi-Zentrum ausbaut. Scheich Abdullah Halis betrachtet sich als Bewahrer einer inzwischen untergegangenen Tradition, die auch in den Heimatländern wie der Türkei und Syrien nicht mehr authentisch bestehe. Sein Zentrum soll gerade ein wichtiges Element der Sufi-Schulung, die Klausur, ermöglichen. Eine umfassende Ausbildung als Schüler des Mevlevi-Weges dauert etwa drei Jahre und ist für diese Zeit mit ständiger Präsenz im Ordenssitz verbunden. Scheich Abdullah Halis räumt ein, dass dieser Weg wohl nur für wenige Schüler in Frage kommt. Aber er gibt stets deutlich zu erkennen, dass er zu keinen falschen Zugeständnissen, etwa unter Zuhilfenahme »modischer« Formen der Psychotherapie, bereit sei. In seinen Schriften betont er immer wieder die hohen persönlichen Anforderungen, die mit dem Sufi-Weg verbunden seien. Einem westlichen Schüler falle es vor allen Dingen schwer, seinem Lehrer volles Vertrauen entgegenzubringen und dessen Anweisungen zu folgen. Dies sei jedoch eine Grundvoraussetzung für die Schulung der eigenen Wahrnehmung auf dem Weg der mystischen Läuterung.

Scheich Bashir Ahmad Dultz [geb. 1935], der mehr als dreißig Jahre in Libyen lebte, sieht ebenfalls viele strukturelle Probleme für die Ausbildung eines Sufi-Schülers in der westlichen Gesellschaft. Sein Sufi-Orden mit dem Decknamen »Tariqat as-Safinah« (»Schiffs-Weg«) stammt aus einem Zweig der nordafrikanischen Shadhiliyya-Alawiyya. Diese Tradition hat nach seinen Worten immer das Vorbild von Andalusien, des Dialogs der drei abrahamitischen Religionen, gepflegt. Im interreligiösen Dialog, verbunden mit politischem Engagement, sieht er ein großes Bewährungsfeld der spirituellen Entwicklung, einschließlich der Konversion. Den Dialog bezieht Scheich Bashir auf alle Lebenszusammenhänge, nicht zuletzt auch auf das Geschlechterverhältnis. Die dhikr-Zeremonien werden in einem Kreis stets von Frauen und Männern gemeinsam begangen, was auch unter islamischen Gruppen im Westen nach wie vor die Ausnahme ist.

Alle vier islamischen Sufi-Wege in Deutschland sehen in ihrer Tätigkeit in der Diaspora eine besondere Aufgabe, die langfristig auch Auswirkungen auf die islamische Welt des Nahen und Mittleren Ostens haben könnte. Das Weiterbestehen der Sufi-Orden in der Bundesrepublik Deutschland hängt entscheidend von den Führungspersönlichkeiten ab, die nach wie vor unersetzlich scheinen. Mit Wandlungsprozessen in allen gesellschaftlich relevanten Fragen muss bei diesen bislang marginalen Gruppen gerechnet werden, insbesondere, wenn es gelingt, eine neue Generation von Sufi-Schülern und Lehrern aufzubauen.

Literatur: **Alexandre Popovic/Gilles Veinstein** (Hg.), Les Voies d'Allah. Les ordres mystiques dans le monde musulman des origines à aujourd'hui, Paris 1996 · **Annemarie Schimmel**, Mystische Dimensionen des Islam. Die Geschichte des Sufismus, Köln 1985 · **Ludwig Schleßmann**, Sufi-Gemeinschaften in Deutschland, in: Cibedo-Beiträge 13. Jg., 1999, S. 12-22

2.2.8 Sôka Gakkai

»Den Kreislauf von Leben und Tod in den Neun Welten zu durchlaufen bedeutet, unbeholfen seinen Weg durch Schwierigkeiten und Härten zu finden. Es ist so, als ob man einen Weg voller Schlaglöcher entlang kurvt, manchmal fallen wir in eines hinein und können nicht mehr auf den Weg zurück, ein anderes Mal haben wir einen Unfall und verletzen uns. Leben und Tod in der Welt der Buddhaschaft zu erleben, ist

> dagegen wie in einem Auto mit hoher Leistung auf einer ebenen Autobahn entlang-
> zufahren; während wir die schöne Landschaft um uns herum genießen, handeln wir
> mit unendlicher Lebenskraft, um anderen zu helfen, glücklich zu werden.«
>
> (Daisaku Ikeda)

Die Sôka Gakkai[111] (SG) ist mit Abstand die größte religiöse Organisation Japans (Mitgliederzahl 8,12 Millionen Haushalte, (Stand Januar 2000[112]) und war ca. 40 Jahre lang
(1952 bis 1991) die Laienorganisation der erheblich kleineren Nichiren Shôshû. Seit 1975
besteht sie als weltweite Organisation und ist auch in Deutschland präsent. Ihr Gründer
Tsunesaburô Makiguchi wurde in der Familie Watanabe geboren, jedoch der Familie
Makiguchi zur Adoption überlassen, da hier ein männlicher Nachkomme vonnöten war.
Makiguchi wurde Lehrer und entwickelte revolutionäre pädagogische Thesen, mit denen
er viele seiner Kollegen überforderte. Zahlreiche Versetzungen von Schule zu Schule waren die Folge. 1928 trat er der Nichiren Shôshû bei und veröffentlichte ab 1930 seine
pädagogischen Ideen. Parallel dazu begann er mit der Sammlung von Gleichgesinnten
unter dem Namen Sôka Kyôiku Gakkai (Wissenschaftliche Gesellschaft zur Schaffung
von Werten der Erziehung), die sich 1938 organisierten. Die SG wuchs schnell, wurde
aber aufgrund ihres Widerstands gegen die Religionsgleichschaltungsgesetzgebung bald
verfolgt. 1943 wurden Makiguchi selbst und weitere 21 führende Mitglieder inhaftiert.
Makiguchi starb 1944 in der Haft an Unterernährung, sein überlebender Freund Josei
Toda übernahm nach dem Krieg die Leitung, die er bis zu seinem Tode 1958 innehielt.
Toda verschob den Schwerpunkt der SG von pädagogischen Fragestellungen auf religiöse
und strich das Wort Kyôiku (Erziehung) aus dem Namen. Er wurde 1960 von dem jungen
Daisaku Ikeda [geb. 1928] abgelöst, der von diesem Posten 1979 zurücktrat. Hiroshi Hôjô
wurde sein Nachfolger als Präsident, jedoch nur mit geschäftsführender Kompetenz, während die geistig-geistliche Führung weiterhin bei Ikeda als »Ehrenpräsident« liegt. Hôjô
starb bereits 1981 und wurde von Einosuke Akiya abgelöst, der bis heute amtiert. Ikeda
wurde 1975 der erste Präsident der weltweiten SG Internationale (SGI), die heute in ca.
80 Ländern aktiv ist, davon schwerpunktmäßig in den USA und Großbritannien.

1964 wurde die Kômeitô als politische Partei der SG gegründet – nach heftiger Kritik
an der Verknüpfung von Religion und Politik wurde jedoch 1970 durch eine interne Ver-
abredung die Ämterkumulation (Partei und SG) verboten. Die Kômeitô ist in der politischen Palette im rechtsliberalen Bereich einzuordnen und lehnt sich in der japanischen
Außen- und Verteidigungspolitik in der Regel der überwiegend herrschenden Liberal-De-
mokratischen Partei an, während unter den SG-Mitgliedern eine überdurchschnittlich pa-
zifistische Grundhaltung vorherrscht.[113] Nach einem lange anhaltenden politisch moti-
vierten Disput mit der Nichiren Shôshû trennten sich die Organisationen am 28.11.1991,
nach offizieller Version qua Ausschluss durch die Priesterschaft der Muttertradition.[114]

Wie auch ihre schärfste Rivalin, die Risshôkôseikai, beruft die SG sich auf Nichiren, den
japanischen Propheten und Religionsgründer aus dem 13. Jahrhundert. Nichiren eiferte
gegen die Verschiebung der Verehrung weg vom ursprünglichen Buddha Shakyamuni und
betrachtete soziale und politische Missstände Japans als Theodizeefrage. Sein Aufsehen
erregendes politisches Eingreifen brachte ihm die Todesstrafe, deren Vollzug abgewendet

wurde, und ein längeres Exil auf der unwirtlichen Insel Sado ein. Das sozio-politische Engagement haben die sich auf seine Tradition berufenden Religionsgemeinschaften geerbt.

Die Lehre der SG ist, wie auch die der Risshôkôseikai, stark an den Bedürfnissen einer demoralisierten japanischen Nachkriegsbevölkerung ausgerichtet gewesen und hat sich bis heute einen alltagsorientierten praktischen Zug bewahrt. Weniger als die Vier edlen Wahrheiten und der Achtfache Pfad des traditionellen Buddhismus spielen die Interpretation und Erforschung des zwischen dem 2. vor- und dem 2. nachchristlichen Jahrhundert entstandenen Lotus-Sutra eine Rolle, sowie die von Nichiren entfalteten »Zehn Welten«: Hölle, Hunger, Animalität, Ärger, Ruhe, vorübergehende Freude, Lernen, Teilerleuchtung, Bodhisattva und Buddhaschaft. Sie werden mit alltäglichen Lebensabläufen in Zusammenhang gebracht.[115] Buddhaschaft/Nirvana stellt keinen außernormalen, gar transzendenten Zustand dar, sondern einen Zustand der Abgeklärtheit, in der das Glück nicht mehr durch Leiden beeinträchtigt wird: »In jedem Moment der Gegenwart ergießt sich die ewige Lebenskraft des Kosmos wie ein gigantischer Brunnen der Energie«.[116] In dem seit 1980 erscheinenden Sôka Gakkai Nyûmon[117] (Einführung in die SG) wird die Zentralität der alles durchflutenden »Lebenskraft« (seimei) hervorgehoben, die auf eine Theorie von Toda zurückgeht. Grundlage der SG-Aktivitäten sind die Werke Nichirens, im SG-Jargon als gosho (Ehrwürdige Schriften) bezeichnet.

Zentrum der SG-Praxis ist das Gongyô (Rezitieren des 12. und 16. Kapitels des Lotus-Sutras) und das »Chanten« (auch Rezitieren) des Daimoku (Titelzeile des Lotus-Sutra)[118] vor dem Gohonzon, einem Mandala Nichirens, das in einer Kalligrafie des Daimoku und einiger Namen von Bodhisattvas und Shintô-Gottheiten besteht. Das Daimoku enthält nach Nichiren die gesamte Substanz des Buddhismus, seine mantrische Rezitation hat heilsbringenden Charakter. Das Gohonzon steht im Haushalt eines jeden SG-Mitglieds. Die zadankai (monatliche Gruppenversammlungen), die einmal monatlich in Privathaushalten stattfinden, werden mit einem gemischten Programm aus Gongyô, Daimoku, katechetischen Einlagen für Kinder und Jugendliche, persönlichen Berichten über die Glaubenswege Einzelner und eine kurze Dharma-Predigt (z.B. zu einem Lotus-Sutra-Text) des jeweils regional zuständigen SG-Funktionärs gestaltet. Die zadankai werden auch in den Zweigen der SGI durchgeführt.

Die SG versteht sich zunehmend als Sponsorin und Betreiberin kultur- und friedensfördernder Aktivitäten; in diesem Zusammenhang sind unter der Präsidentschaft Ikedas ununterbrochen neue Aktionszweige entstanden. 1963 entstand die Min-On Konzert Vereinigung, die es sich zur Aufgabe macht, Musik aus aller Welt, schwerpunktmäßig aus Ländern der »DrittenWelt«, in Japan bekannt zu machen. Im Gefolge des alten Erziehungsideals wurde 1971 die Sôka-Universität gegründet, auf deren Campus sich das Institut für orientalische Philosophie befindet. Die jüngste Gründung stellt das Toda-Institut dar, das am 11.2.1996 aus Anlass des 96. Geburtstags des Ikeda-Vorgängers seine Aktivitäten aufnahm. Verlage und andere Medienaktivitäten runden das Bild ab, auch eine SG-interne Tageszeitung mit hoher Auflage steht zur Verfügung. Die Fülle der Organe, je mit aufwendigen Räumlichkeiten ausgestattet, und die dicht an Personenkult heranreichende Verehrung, die Ikeda zuteil wird, lassen manche Frage aus der Sicht traditioneller Religiosität offen. Zugleich machen sich bei der SG als einem Veteran unter den »neuen Religionen« volkskirchliche Ermüdungserscheinungen bemerkbar: Sprösslinge in zweiter oder dritter Generation aus SG-Familien, die sich abwenden und nur noch Feste und Zeremonien in Anspruch nehmen. Andererseits sind die Aufnahmekriterien (der Empfang des Gohonzon gilt als Beitrittsakt) sehr strikt geworden:[119] Es geht der SG in den letzten Jahren mehr um Stabilität und Bewahrung als um Ausbreitung.

Die SG in Deutschland (SGI-D) hat nach eigenen Angaben ca. 2.300 Mitglieder mit derzeitigem nationalem Büro in Mörfelden-Walldorf. Zentrum der deutschen Aktivitäten ist die Villa Sachsen in Bingen am Rhein, ein ehemaliges Weingut, das mit Hilfe der SG-Mitglieder saniert wurde. Außer SG-internen Veranstaltungen wird die Villa Sachsen als Ort der Kultur- und Religionsbegegnung (auch für den innerbuddhistischen Dialog) benutzt. Die Dynamik der SGI-D wie auch anderer westlicher Zweige ist durch verstärkte Demokratisierungsbemühungen und Annäherungsversuche an die traditionelle buddhistische Welt geprägt: Mitarbeit in regionalen buddhistischen Zusammenschlüssen, Gespräche mit der Deutschen Buddhistischen Union und aktives Zugehen auf den interreligiösen Dialog sind Indizien für den liberalen Kurs der letzten Jahre.[120]

Die SG unterscheidet sich im Gefolge des eigenwilligen Propheten Nichiren mit ihren mantrischen und rezitativen Übungen deutlich vom Meditationsbuddhismus, der sonst im Westen vorherrscht. Die Rezitation (Chanten) des Daimoku erfolgt in atemberaubender Geschwindigkeit, ein befremdliches Erlebnis für Außenseiter. Schwieriger aber erscheint die praktisch kritiklose Bezogenheit auf die überragende Gestalt Daisaku Ikedas, der auch in keiner Ausgabe der Monatszeitschrift Forum der SGI-D fehlt. Hier wäre zu fragen, ob Personenverehrung bzw. -kult deutlich getrennt sind von einer evtl. damit verbundenen unkontrollierten Machtfülle Ikedas und den damit meist verbundenen Tendenzen zur Manipulierbarkeit der Mitglieder.

Quellen: **Shakubuku Kyôten** (Handbuch für Mission, 1951), Tokyo 1968 · **Sôka Gakkai Nyûmon** (Einführung in die SG, 1980), Tokyo 2000 · **Daisaku Ikeda**, The Human Revolution, New York 1972ff. · **Daisaku Ikeda**, Thoughts on Tolerance and Global Citizenship, Tokyo 1996 · **Daisaku Ikeda**, The SGI's Peace Movement, in: David W. Chappell (Hg.), Buddhist Peacework, Boston 1999, S. 129-138 · **Richard Causton**, Der Buddha des Alltags, o.O. 1998

Zeitschriften: The Journal of Oriental Studies (The Institute of Oriental Philosophy, Soka Universität) · SGI Quarterly · SGI-D, Forum (Monatszeitschrift)

Videos: Heiwa no Shinseiki he – Ningen Ikeda Daisaku. (Für ein neues Jahrhundert des Friedens – der Mensch Daisaku Ikeda; engl.: Daisaku Ikeda – Up Close)

Literatur: Ulrich Dehn, Neue religiöse Bewegungen in Japan, EZW-Texte, Information Nr. 133, Berlin 1996, S. 10f. · **Heinrich Dumoulin**, Politischer Buddhismus: Sôka Gakkai, in: Ders. (Hg.), Buddhismus der Gegenwart, Freiburg i.Br. 1970, S. 166-187 · **Phillip E. Hammond/David W. Machacek**, Soka Gakkai in America, Oxford 1999 · **Werner Kohler**, Die Lotus-Lehre und die modernen Religionen in Japan, Zürich 1962, S. 203-235 · **Clark B. Offner/Henry van Straelen**, Modern Japanese Religions, Leiden/Tokyo/New York 1963 · **Frank Usarski**, Soka Gakkai im Abschnitt »Buddhismus«, in: HdR, VII-2.2, S. 9-11 · **Bryan Wilson/Karel Dobbelaere**, A Time to Chant: The Sôka Gakkai Buddhists in Britain, Oxford 1994

Internet: www.sokagakkai.or.jp · www.sgi.org

> »Der Ursprung der Erde ist einer, der Ursprung der Welt ist einer, der Ursprung der Menschheit ist einer, der Ursprung aller Religionen ist einer.«
>
> (Kyôji, jap.: Lehrgebet)

Die Mahikari-Tradition (Tradition des Wahren Lichts) stellt heute mit all ihren Zweigen und insgesamt ca. einer Million Mitgliedern eine der namhaften neureligiösen Strömungen in Japan dar. Die größte Gruppierung der Mahikari-»Familie« ist Sûkyô Mahikari mit 567.992 Mitgliedern in Japan und 800.000 weltweit, gefolgt von Sekai Mahikari Bunmei Kyôdan mit 104.000 Mitgliedern in Japan (jeweils Stand: Januar 2000).[121] Einige zentrale Elemente verbinden Mahikari mit der Vorgängerorganisation Sekai Kyûseikyô. Der Gründer der Mahikari-Bewegung, Okada Yoshikazu (genannt: Kogyoku), war in den vierziger Jahren Mitglied und hochrangiger Funktionsträger bei Sekai Kyûseikyô gewesen, einer Gemeinschaft, die heute insbesondere durch den Vertrieb biologisch-dynamischer Landwirtschaftsprodukte und durch kulturelle Aktivitäten (religionsgeschichtliches Museum) sowie durch ihre Heilungsmethode Jôreihô bekannt ist.

Okada [1901-1974] rief 1959 aufgrund eines Berufungserlebnisses die neue Religionsgemeinschaft ins Leben. Aus der Vorgängerorganisation Sekai Kyûseikyô übernahm er deren Markenzeichen Jôreihô (= »Methode zur Reinigung des Geistes«, Heilungsmethode durch Handhalten). Okada nannte sich fortan Kôtama (Lichtkugel, Kô ist eine andere Lesung des Zeichens, das sonst »hikari« gesprochen wird) anstelle von Yoshikazu. Die Offenbarungen, die Okada, im Jargon der Gemeinde Sukuinushisama (Erlöser) genannt, im Laufe der ersten Jahre nach der Berufung erhielt, fasste er in den beiden Büchlein Goseigenshû (Sammlung heiliger Worte) und Yôkôshi Norigotoshû (Gebetbuch) zusammen. Sie bilden bis heute die Grundlage der Aktivitäten in den rivalisierenden Mahikari-Zweigen. Okada sieht sich in einer Reihe mit den großen Religionsstiftern, deren Offenbarungen er zusammenfasst und vollendet als der Paraklet nach Joh 16,13. Als er 1974 stirbt, beansprucht sein enger Vertrauter Sekiguchi Sakae die Leitung der Organisation, die ihm jedoch von der Okada-Adoptivtochter Sachiko streitig gemacht wird. Hier erfolgt die erste Spaltung der ursprünglichen Bewegung Sekai Mahikari Bunmei Kyôdan in die Nachfolgevereinigung gleichen Namens unter Sekiguchi und in Sukyô Mahikari, die sich bald als die um ein Vielfaches schneller wachsende erweisen sollte (unter Okada Sachiko, nun mit spirituellem Namen Okada Keishu). Die Lehre und Aktivitäten der Konkurrenten sind einander zum Verwechseln ähnlich. Eine weitere, auch in Deutschland präsente Gründung (eine Abspaltung vom ursprünglichen Sekai Mahikari Bunmei Kyôdan) stellt die Yôkôshi-tomo-no-kai mit einem deutschen Zentrum in Karlsruhe dar.[122] Dem Sekiguchi-Zweig wurde 1979 gerichtlich die rechtmäßige Nachfolge der Ursprungsgemeinschaft zugesprochen.[123] Damit erhielt er u.a. das Recht, einige Okada-»Reliquien« (z. B. Einrichtungsgegenstände) zu requirieren, die jetzt nicht mehr im Hikaru Memorial Museum in Takayama ausgestellt werden können. Die Zweige berufen sich unabhängig voneinander auf das Gründungsdatum 1959. Mitglieder nennen sich Yôkôshi (Kinder des Lichtes) oder Kamikumite (Hand in Hand mit Gott).

Markenzeichen der Mahikari-Tradition ist das Hand-Halten (Tekazashi) in dreißig Zentimetern Entfernung von der Stirn des »empfangenden« Gegenübers, das dazu dient, das von der Gottheit Su empfangene Wahre Licht (= Mahikari) weiterzugeben und seine heilende Wirkung entfalten zu lassen. Es ist Bestandteil der täglichen Praxis (Mahikari-nowaza). Zur Durchführung des Tekazashi ist jede/r berechtigt, der/die mindestens 10 Jahre alt ist und die erste Einweihung auf der Basis eines dreitägigen Einführungsseminars in einem der vielen lokalen Zentren hinter sich hat. Aus diesem Anlass wird ein Amulett (Ômitama) und damit verbunden die Mitgliedschaft erteilt. Der zweiten Einweihung im jeweiligen nationalen Zentrum kann eine dritte und abschließende Einweihung im »Weltzentrum« in Takayama folgen, der sich noch weiterführende Trainingsschulungen anschließen können. Jede Einweihung ist mit einem neuen Amulett verbunden.

Sitz von Sûkyô Mahikari ist das Welthauptquartier im Städtchen Takayama in den Bergen der Gifu-Präfektur. Dort wurde 1984 der »Welthauptschrein« (Suza = Sitz des Gottes, Sekaisôhonzan = Main World Shrine) vollendet, dem im Frühjahr 1999 die Vollendung des Hikaru Memorial Museums folgte. In der Nachbarschaft des Hauptschreins liegt die nationale und weltweite Hauptverwaltung der Religionsgemeinschaft. Okada Keishu hat hier ihren Sitz. Neben internationalen Konferenzen, zu denen der Welthauptschrein 1986 und 1989 genutzt wurde, wurde 1989 aus Anlass des 30-jährigen Gründungsjubiläums eine groß angelegte Pilgerreise mit internationalen Gästen veranstaltet.[124]

Die Lehre ist zusammengefasst in dem Text Kyôji (Lehre), der den Gebeten des Yôkôshi Norigotoshû vorgeschaltet ist: »Der Ursprung der Erde ist einer; der Ursprung der Welt ist einer.« der Ursprung der Menschheit ist einer; der Ursprung aller Religionen ist einer«.[125] Der gemeinsame Ursprung der Menschheit im Landstrich Hida, dem alten Namen für das Gebiet um Takayama, kann angeblich durch neuere archäologische Funde nachgewiesen werden, die im Museum ausgestellt werden. Der Schöpfergott Su, der durch das Medium Okada Keishu, genannt: Oshienushisama (verehrte Lehrerin) die Religionsgemeinschaft leitet, wird als gemeinsame Ursprungsgottheit aller religiösen Traditionen präsentiert.

Entsprechend diesem Anspruch des universalen Ursprungs bietet sich auch der Welthauptschrein als Ort für alle Menschen unabhängig von Religion, Nation und ethnischer Herkunft an, und das Zentrum des Mahikari-Glaubens, das »Wahre Licht«, wird auch allen anderen Religionen nachgewiesen. Es ist das in Joh 1,9 gemeinte »wahrhaftige Licht, welches alle Menschen erleuchtet, die in diese Welt kommen«, und es ist Gott als Licht des Himmels und der Erde in Sure 24,35. Mahikari sei eine real vorhandene, göttliche Licht-Energie, die keines Glaubens bedürfe; insofern könne sie auch ihre heilende Wirkung ohne subjektiven Glauben des Empfängers entfalten. Mahikari werde von Gott Su empfangen und im Tekazashi weitergegeben, es wirke als Lebensenergie und kristallisiere sich im Omitama. Yin und Yang werden als zwei dualistische Elemente in positiver und negativer Wertung interpretiert, die als Symbole für Weltzeitalter stehen: Wir stehen an der Schwelle zum (hellen) Yang-Zeitalter, vergleichbar dem Wassermannzeitalter der New-Age-Bewegung. Mahikari hat die Aufgabe, die Menschheit durch »Reinigung« diesem neuen Zeitalter und der Feuertaufe zuzuführen.

Als erweiterte Variante des Tekazashi gibt es die Reinigungszeremonie (okiyome) mit exorzistisch-schamanistischen Elementen, durchgeführt durch einen Priester in Schamanenfunktion, der mithilfe von Beschwörungsformeln den menschlichen Leib vom bösen Geist trennt und dem bösen Geist die Rückkehr in die Seelenwelt (tamashii) ermöglicht. Hier liegt wiederum ein Dualismus von Leib und Seele vor, der dem Shintô-Einfluss zuzurechnen ist. In diesem Zusammenhang benutzt Mahikari die ursprünglich indische Ausdrucksweise vom physischen Leib, Astralleib und Geistleib, die auch Bestandteil der Lehr-Präambel des Gebetbuchs ist.[126] Zur Erklärung von Krankheiten und bösen Widerfahrnissen wird auf die indische Reinkarnations- und Karmalehre zurückgegriffen: Gute und böse Werke verhallen nicht in der unmittelbaren Wirkung, sondern kehren als dem Wiedergeborenen anhaftende Krankheiten und böse Geister im nächsten Leben zurück in diese Welt. Der Karmagedanke wird dem Vernehmen nach auch als Druckmittel zum Erwirken von Wohlverhalten der Mitglieder benutzt.

Der Gott Su (mit vollem Namen Mioya-moto-su-mahikari-ômikami) schuf die Welt und ließ alle Kreaturen an seinem Geist teilhaben. »Die Silbe SU bedeutet hier die ewige schöpferische Kraft der Vereinigung von Gegensätzen und Unvereinbarem in der Welt. Die japanische Anrede ›Mioya Moto SU‹ bezieht sich auf den Doppelaspekt Gottes (Vatergott/ Muttergott) und wird als ein Elterngott verehrt und gepriesen. Gott ist eins, bevor er sich in die gewaltigen kosmisch-schöpferischen Ströme des Feuers, Wassers, Raumes und der Zeit teilt. Gott offenbart sich den Menschen als Licht, das als seine unendliche Liebe zu seinen Kindern betrachtet wird, als Strahlung seiner liebenden Gerechtigkeit und Wahrheit.«[127] Der Mensch bringt sich selbst mit der Praxis des Tekazashi in Resonanz mit dem göttlichen Du, er hat damit den göttlichen Funken in sich. Die Praxis des Mahikari-no-waza gilt als Gottesdienst in Erfüllung der Nächstenliebe.

Mit dem Rekurs auf einen Schöpfergott befindet Mahikari sich im Geist shintôistischen Denkens, wie es in den Chroniken Nihonshoki und Kôjiki formuliert ist, und bezeichnet sich auch selbst als »reformierte alt-shintôistische Religion« (im japanischen Kontext). Der Zentralität des Lichtes entspricht die Berufung auf die shintôistische Sonnengottheit, die einst das Regiment der Welt aus der Hand gab und es an die Mondgottheiten fallen ließ, die Materialismus, Konkurrenzdenken und Begrenztheit des Wissens herrschen lassen. Der Gott Su wird sich erneut offenbaren und die neue Zivilisation des Yang herauführen, in der Frieden, Gesundheit und Wohlstand walten werden. Dem allerdings geht eine Feuertaufe voraus, während die Wassertaufe in den dunklen und negativen Bereich des Yin gehört. Es gilt, das stellt der deutsche Zweig von Mahikari in seiner Satzung fest, »zu einer Zivilisation beizutragen, in der Gott in das Zentrum allen Lebens gestellt wird«.[128] Die Doktrin von Mahikari wird begleitet von einer bizarren Rezeption außerkanonischer Jesus-Traditionen: Jesus sei, nachdem er seiner Kreuzigung entkommen konnte, nach Japan zurück(!)gekehrt, wo er heiratete und im Alter von 106 Jahren starb. Nicht unerwähnt sollten die Beobachtungen des ehemaligen australischen Mahikari-Funktionärs Garry Greenwood bleiben, wonach in Mahikari auch von den antisemitischen »Zionistischen Protokollen« Gebrauch gemacht wird. Ferner meint Greenwood enge Verbindungen zum japanischen Kaiserhaus nachweisen zu können, die allerdings auf viele japanische Religionsgemeinschaften zutreffen.

Die monotheistische Struktur und die tägliche rituelle exorzistische Praxis des Mahikari-no-waza im Dôjô kommen dem Bedürfnis nach Verbindlichkeit (»Strenge und Struktur«) entgegen, zugleich reiht sich der Heilungsaspekt des Tekazashi in den breiten Strom der auf umfassende Heilung abgestimmten neureligiösen Angebote ein.

Das europäische Zentrum von Sûkyô Mahikari befindet sich in Luxemburg, das deutsche in Bremen. Die Gemeinschaft ist mit weltweit ca. 800.000 Mitgliedern in ca. 56 Ländern präsent, in Deutschland sind es ca. 200 und etwa 600, die einmal am dreitägigen ersten Seminar mit erster Einweihung teilgenommen haben.

Quellen: **Okada Kotama**, Goseigenshû (Sammlg. heiliger Worte), Takayama o.J. · **Yôkôshi Norigotoshû** (Gebetbuch), Takayama o.J. · **Mahikari-no-waza**, The Art of Spiritual Purification, Tokyo 1973 · **Satzung** des Vereins Sukyo Mahikari e.V. (Bremen, 13.7.1997) · **Andris K. Tebecis**, Mahikari: Thank God for the Answers at last, Tokyo 1982

Literatur: **Winston Davis**, Dojo: Magic and Exorcism in Modern Japan, Stanford 1980 · **Ulrich Dehn**, Neue religiöse Bewegungen in Japan, EZW-Texte (Information) Nr. 133, Berlin 1996, S. 14f. · **Peter Gerlitz**, Gott erwacht in Japan, Freiburg i.Br. 1977, S. 139-152 · **Peter Knecht**, The Crux of the Cross: Mahikari's Core Symbol, in: Japanese Journal of Religious Studies 22/1995, S. 321-341 · **Helmut Langel**, Mahikari, in: HdR, VIII-7, S. 1-6 · **Jean-François Mayer**, Japan als heiliges Zentrum der Welt: Erinnerungen an eine Pilgerreise mit Mahikari-Anhängern, in: Reinhard Hempelmann/Ulrich Dehn (Hg.), Dialog und Unterscheidung, EZW-Texte 151 (Sonderausgabe), Berlin 2000, S. 260-270 · **Stefan Pierre-Louis**, Mahikari: Ritual und Heilung in einer japanischen Neuen Religion, in: Zeitschrift für Religionswissenschaft 1/1997, S. 19-40

2.2.10 Vereinigungskirche (VK) – Familienföderation für den Weltfrieden (Reinhart Hummel)

Die VK, 1954 als »Gemeinschaft vom Heiligen Geist zur Vereinigung der Weltchristenheit« von San Myung Moon (»Rev. Moon«) gegründet, ist die einzige koreanische Neureligion, die sich weltweit ausbreiten konnte. Dabei hat sie sich und ihr Image häufig verändert. Was als eine Art koreanische Winkelsekte begann, wurde (vor allem in den USA) zu einer antikommunistischen Kaderorganisation mit zahlreichen Sympathisanten im politisch rechten Spektrum. Nach dem vermeintlichen »Sieg Rev. Moons über den Kommunismus« traten die Themen Vereinigung der Religionen, Frieden und Familie in den Vordergrund. Seit 1997 ist die »Familienföderation für Weltfrieden und Vereinigung« als zentrale Organisation an die Seite bzw. an die Stelle der VK getreten, verbunden mit einer Neudefinition wichtiger Inhalte und Riten. Die VK ist, vor allem wegen ihrer Rekrutierungsmethoden, von Angehörigen und Aussteigern erbittert kritisiert worden und galt lange als klassisches Beispiel einer »Jugendreligion« bzw. eines »destruktiven Kults«.

Trotz aller Wandlungen hat sie die Substanz ihrer Lehre, wie sie in den »Göttlichen Prinzipien« (bzw. dem »Göttlichen Prinzip« bzw. dem »Prinzip«) niedergelegt ist, kaum verändert. Moon war von Anfang an von der Frage besessen: Welches waren die »Verbrechen Satans« beim Sündenfall und wie können ihre Folgen überwunden werden? Die Antwort darauf war schon vorher in bestimmten christlichen Randgruppen Koreas auf ähnliche Weise gegeben worden: Der Sündenfall sei wesentlich sexueller Natur. Eva habe sich zuerst mit Luzifer/Satan sexuell eingelassen und sei danach mit Adam vorzeitig eine Verbindung eingegangen, eine Verbindung ohne Gott, mit Satan im Zentrum. Von daher ist satanisches Blut in die Menschheit gelangt; Aufgabe des Messias sei es, eine neue Blutlinie zu etablieren. Diese Version der biblischen Geschichte vom Sündenfall dient in Moons Predigt als Urbild des »freien Sex« und des Sittenverfalls der modernen Gesellschaft.

Als Moon 1960 zum zweiten Mal heiratete, deutete er das als »Hochzeit des Lammes«. Er und seine Frau gelten seitdem als »wahre Eltern« einer neuen Menschheit und Begründer einer neuen Abstammungslinie, an die alle sich »anpfropfen« sollen. Das geschieht in der »Heiligen-Wein-Zeremonie«, während die Zeremonie der »Segnung« vor allem dem Zusammenfügen von Mann und Frau in der Ehe dient. Beides wurde und wird in den medienträchtigen »Massenhochzeiten« vollzogen.

Nach der Lehre der Göttlichen Prinzipien soll die ursprüngliche Schöpfung »wiederhergestellt« werden; Wiedergutmachung für die Sünden der Menschheit muss geleistet werden, und zwar durch Dienen, wie es von den »Moonies« bzw. »Unifikationisten« verlangt wird, und durch Leiden, beispielsweise durch die Leiden dreier Weltkriege. Gott leistet dabei zwar 95 Prozent, der Mensch muss aber seine 5 Prozent hinzufügen und ist insofern verantwortlich, falls die göttliche Vorsehung wieder einmal scheitert. (»Du willst nicht, dass Gott in dir selbst versagt!«) In der »Vereinigungstheologie« ist es Sache des Menschen, Gott zu befreien und zu trösten, nicht umgekehrt.

Auch das Werk Jesu sei gescheitert, weil die Menschen um ihn herum versagt haben. Seine Mutter Maria habe versäumt, ihn rechtzeitig mit der Schwester Johannes des Täufers zu verheiraten. Dann hätten die beiden die »wahren Eltern« der neuen Menschheit werden können – wie es Moon und seine Frau jetzt geworden seien. Um dieses »Versagen« nachträglich zu korrigieren, soll die VK Jesus posthum ein koreanisches Mädchen angetraut haben.

Moon selbst gilt als derjenige, der nicht versagt, sondern sich dem Werk der göttlichen Wiederherstellung voll zur Verfügung gestellt und dadurch Satan besiegt hat. 1992 hat Moon das, was innerhalb der VK längst geglaubt wurde, öffentlich proklamiert: Er sei der Messias aus Korea, der »Herr der Wiederkunft«. Das Jahr 1992 gilt als »Wendepunkt der Wiederherstellung« und Beginn des »Zeitalters des Erfüllten Testaments«, das die früheren Zeitalter des Alten und des Neuen Testaments abgelöst hat. Nachdem Moon selbst die feindlichen Blöcke des Ostens und Westens »vereinigt« hat und nachdem »die erste vollendete Wahre Familie errichtet« worden ist (in Gestalt des Ehepaars Moon, seiner Kinder und Enkel), ist nun die göttliche Blutlinie fest etabliert. »Wir hoffen aufrichtig, dass Sie sich symbolisch an diesen Baum anpfropfen« und die Bemühungen unterstützen, »eine ideale Nation und Welt zu errichten,« hieß es in ganzseitigen Anzeigen in überregionalen Blättern.

Die VK ist also in doppelter Hinsicht eine familienorientierte Religion: Sie proklamiert nicht nur allgemeine Familienwerte, sondern betrachtet die Moon-Familie und die Blutsverbundenheit mit ihr als konstitutiv für die Erneuerung der Menschheit. Das entspricht der Hochschätzung von Familie und Familienwerten in Ostasien. Wie Ehen in Ostasien oft arrangiert worden sind, so hat Moon häufig Männer und Frauen aus seiner Anhängerschaft miteinander »gematcht«, d. h. zum Erschrecken der westlichen Öffentlichkeit miteinander zur Ehe bestimmt. Das geschah und geschieht in der »Segnung«, dem einzigen und entscheidenden Sakrament der VK. Die Segnung gilt als »Akt der Erlösung und ewiges Gelöbnis einander gegenüber und gegenüber Gott als drittem Partner in dieser Ehe«.

Früher waren Heirat und Segnung eine Belohnung für eine mindestens dreijährige Mitgliedschaft und für erfolgreiche Missionsbemühungen. Die Partner wurden in der Regel von Moon aus verschiedenen Nationen und Kulturen »gematcht« und bei den so genannten Massenhochzeiten von ihm und seiner Frau (mit Schamanenkronen geschmückt) rituell verheiratet. Die beiden wichtigsten Rituale sind dabei

1. die Heilige-Wein-Zeremonie, durch die das Paar von der »ursprünglichen Sünde« befreit, an Moons Abstammungslinie »angepfropft« und dadurch in die Lage versetzt wird, sündlose (d.h. von der Erbsünde befreite) Kinder zu haben;

2. Die Segnungszeremonie, das eigentliche, vom Ehepaar Moon vollzogene Hochzeitsritual. Die Paare geloben, eine »ewige Familie« im Sinne der Göttlichen Prinzipien zu errichten.

Seit 1992 ist die Segnung neu definiert und zu einem Angebot für alle gemacht worden, unabhängig von Kirchen- und Religionszugehörigkeit, unabhängig auch davon, ob die Partner bereits verheiratet sind. Die Segnung soll jetzt sogar von Nichtmoonies (beispielsweise Pfarrern der christlichen Kirchen) vorgenommen werden können, wenn die entsprechende »Autorisierung« vorliegt. Segnung und Mitgliedschaft werden also voneinander getrennt. Auch Nichtmitglieder können die Segnung empfangen. Weinzeremonie (als »Anpfropfung«) und Segnung können auch als Bekräftigung einer existierenden Ehe durchgeführt werden. Propagierung und Weitergabe der Segnung treten also an die Stelle der (bisher wenig erfolgreichen) Mitgliederwerbung. Was jetzt zählt, ist die Zahl der Gesegneten. Das Ziel sind 3,6 Millionen. Seit 1992 finden Satellitensegnungen statt – eine zentrale Veranstaltung mit dem Ehepaar Moon und gleichzeitig kleinere Veranstaltungen lokaler und regionaler Art, die per Satellit zugeschaltet sind. Es ist nur konsequent, dass die Vereinigungskirche neuerdings hinter die »Familienföderation« zurücktritt – was immer das organisatorisch bedeuten mag. 1996 wurde die »Familienföderation für Weltfrieden« gegründet. Speziell für diejenigen, die die Segnung empfangen haben, ohne Mitglieder zu werden, wurde 1997 die »Familienföderation für Weltfrieden und Vereinigung« ins Leben gerufen, die organisatorisch mehr und mehr an die Stelle der Vereinigungskirche tritt.

Neben der Vereinigungskirche hat sich die Vereinigungsbewegung entwickelt. Moon hat neben der VK eine Fülle von Paraorganisationen geschaffen, die nicht pauschal als Tarnorganisationen abqualifiziert werden sollten, obgleich sie sicher auch dazu dienen, Menschen zur Mitarbeit zu gewinnen, die sich nicht mit der umstrittenen VK identifizieren wollen. So gibt es im Umkreis Moons eine Menge partiell Engagierter, die sich für Teilziele einzusetzen bereit sind. In den siebziger und achtziger Jahren waren das vor allem politische Organisationen mit überwiegend antikommunistischer Ausrichtung (z. B. CAUSA, 1980 gegründet); ferner interreligiöse Organisationen, die sich für Verständigung der

Konfessionen und Religionen einsetzen (z.B. New ERA, ebenfalls 1980 gegründet). Seit 1972 wurden die ICUS-Konferenzen für die Einheit der Wissenschaften durchgeführt, wie viele andere von der 1968 gegründeten »Internationalen Kulturstiftung« (ICF) gesponsert. CARP, schon 1967 in Korea gegründet, dient hauptsächlich der Mitgliederwerbung und -schulung an Universitäten, Zeitungen wie die »Washington Times«, dienen der Beeinflussung der öffentlichen Meinung.

In den 90er Jahren wurden zahlreiche Friedensorganisationen geschaffen, so z. B. 1990 die »Interreligiöse Föderation für Weltfrieden« (IRFW), oft verbunden mit der Familien-Ideologie der VK (Familienföderation für Weltfrieden, 1996). Antikommunismus sowie Vereinigung der Konfessionen und Religionen sind Ziele, die in der Lehre der Göttlichen Prinzipien begründet sind. Alle diese Paraorganisationen zusammen werden, im Unterschied zur Vereinigungskirche, als Vereinigungsbewegung bezeichnet. Die Aktivitäten liefen also zweigleisig; die entbehrungsreiche Arbeit der Moonies beim »fund-raising« (Spendeneinwerbung) und in Moon-Betrieben diente auch dazu, aufwendige Konferenzen (inklusive Reise nach Hawaii u. ä.) zu finanzieren.

Die Beurteilung der VK darf sich nicht an früheren Konflikten orientieren, sondern muss neuere Entwicklungen und den offiziell eingeschlagenen Entradikalisierungsprozess berücksichtigen. Gegenwärtig leben die meisten deutschen Moon-Anhänger nicht mehr in missionierenden Wohngemeinschaften, sondern haben Familien. Ihre Kinder gehen zur Schule, Anpassungsprozesse sind unvermeidlich. Der frühere, militant klingende Wortlaut des Gelöbnisses ist geändert worden; die VK ist heute weniger exklusiv als früher. Der Übergang von der VK zur »Familienföderation« und die Neudefinition der Segnung weisen in diese Richtung. Der mit Recht kritisierte religiöse Antikommunismus der VK und ihr unverantwortliches Gerede vom Dritten Weltkrieg sind seit dem Zusammenbruch des Sowjetsystems Schnee von gestern. Was aus der mitgliederschwachen VK werden wird, wenn der 80-jährige Moon abtritt, und ob sie ihn lange überleben wird, ist ungewiss.

Damit verschiebt sich die Auseinandersetzung stärker auf die religiöse Ebene. Lehre und Ritual der VK, vor allem ihre Abwertung Jesu und die Aufwertung Moons zum Messias, demonstrieren, dass sie die Grenzen der christlichen Ökumene längst verlassen hat. Sie ist eine neue Religion mit christlichen, neuoffenbarerischen, messianischen sowie schamanistisch-spiritistischen Zügen und einem ostasiatischen Familienideal. Lange war sie eine autoritär geführte, hierarchisch strukturierte Blut-, Schweiß- und Tränenreligion. Ob sie das auch in Zukunft bleiben oder sich stärker wandeln wird, ist für das Verhältnis zwischen ihr und der Gesamtgesellschaft entscheidend.

Quellen: **Moon San-Myong**, Die Göttlichen Prinzipien, Frankfurt/M. (jeweils aktualisierte Auflagen) · **Young Whi Kim**, Die Göttlichen Prinzipien, Teil I – Studienführer, Frankfurt/M. 1973 · **Young Oon Kim**, Vereinigungstheologie – Eine Annäherung, Frankfurt/M. 1995 · **Ein Prophet spricht heute** – Die Worte des Rev. San Myung Mun, Frankfurt/M. 1976 · **Familienföderation für Weltfrieden** (Broschüre der Gründungsveranstaltung, 17.10.1996, Frankfurt/M.) · **Norbert Thiel**, Der Kampf gegen neue religiöse Bewegungen, Mörfelden-Walldorf 1986

Zeitschriften: Blessing (vierteljährlich) · Weltblick (Vereinigungskirche in Deutschland)

Literatur: HRGem[5], S. 426-454 (Lit.) · **Steven Hassan**, Ausbruch aus dem Bann der Sekten, 1993 · **Reinhart Hummel**, Vereinigungskirche – die »Moonsekte« im Wandel, Neukirchen-Vluyn 1998 (Lit.) · **Günter Kehrer** (Hg.), Das Entstehen einer neuen Religion, München 1981 · **Thomas Kern/Carsten Wippermann**, »Die Zeit der organisierten Religion ist vorbei!« (Interview mit Sun-Jo Hwang, Präsident der koreanischen »Familienföderation für den Weltfrieden«), in: MDEZW 1/1999, S. 13-22 · **Dies.**, Das »neue« Gesicht der Veinigungskirche San-Myung Moons, in: MDEZW 2/1999, S. 40-50 · **Helmut Langel**, Vereinigungskirche, in: HdR, VIII-16, S. 1-12 · **Niels-Peter Moritzen**, S.M. Muns Vereinigungskirche, Erlangen 1981 · **Nansook Hong**, Ich schaue nicht zurück, Bergisch Gladbach 1999 · **Frederick Sontag**, Sun Myung Moon und die Vereinigungskirche, Krefeld 1981

2.3 Die Weite von Harmonie und Freiheit

Nachdem die im letzten Abschnitt behandelten Traditionen weitgehend als Gruppen und Organisationen auftreten und Assoziationen an »Strenge und Struktur« wecken, haben wir es in diesem Abschnitt eher mit Angeboten und Klienten bzw. Kunden zu tun – einem Milieu, das zumindest von der religionssoziologischen Struktur her Freiheit und Unverbindlichkeit zu gewährleisten scheint und inhaltlich in erster Linie Harmonie und »Ganzheitlichkeit« suggeriert. Der japanische Religionswissenschaftler Susumu Shimazono spricht parallel zu dieser Unterscheidung von einem völlig neuen religiös-zeitgeistlichen Paradigma gegenüber dem der großen organisierten neureligiösen Bewegungen und traditionellen Religionen und ordnet dies dem Begriff des New Age unter.[129]

Die hier zu erörternden Ki-Bewegungen und anderen ursprünglich ostasiatischen Traditionen mit der Gemeinsamkeit einer überwiegend taoistischen Orientierung zeichnen sich durch hohe Fluktuation und Dispersion aus. Die Ki-Bewegungen nehmen inzwischen einen erheblichen Raum in der westlichen esoterisierten Meditations- und alternativen Gesundheitsszene ein. Sie haben viele Gemeinsamkeiten, wenngleich die öffentliche Wahrnehmung z. B. Qi Gong und T'ai Chi eher zusammensieht und als chinesische Bewegungslehren betrachtet (darunter der Bestseller »Die fünf ›Tibeter‹« als Sondervariante), Reiki als japanische Behandlungsmethode erfährt und Falun Gong als skandal- und schlagzeilenträchtige »Sekte« ansieht. Feng Shui wiederum kommt als kokette Architektur-Mode in den Blick, während Kinesiologie überwiegend als esoterisches Wissen um den menschlichen Körper erscheint. Auch in diesen weltanschaulichen Zusammenhang würden die chinesisch-japanischen Kampfkünste Jûdô, Karate, Kung-fu und Win tsun gehören, von denen Letztere als vergleichsweise straff organisiert und mit deutlicher weltanschaulicher Befrachtung erkennbar ist. Aus Gründen einer Begrenzung können die Kampfsportarten sowie die Kinesiologie und die »fünf ›Tibeter‹« hier nur erwähnt werden.

> Gerade heute sei nicht ärgerlich. Gerade heute sorge dich nicht. Ehre deine Lehrer, Eltern und die Älteren. Verdiene dein Brot ehrlich. Sei dankbar gegenüber allem was lebt. (Reiki-Lebensregeln – Dr. Mikao Usui zugeschrieben)

Reiki[130] zählt zu den am weitesten verbreiteten esoterischen Bewegungen im Westen und ist das wohl beste Beispiel für die Querschnittsdispersion weltanschaulicher Strömungen in alle religiösen und gesellschaftlichen Bereiche hinein. Das japanische Wort Reiki bedeutet wörtlich »geistige/geistliche Lebensenergie« aus den Bestandteilen Rei (Geist) und Ki (Lebensenergie, identisch mit dem Qi in Qi Gong).[131]

Ungeachtet einer Gründungslegende, die nach Japan führt und einen Dr. Mikao Usui als Stifter und Wiederentdecker erwähnt, ist die Verbreitung von Reiki in Japan so gering und ein Nachweis des Gründungsmythos so vage, dass eher von einer US-amerikanischen Bewegung mit ostasiatischem Hintergrund geredet werden sollte.

Der personale Gründermythos, der Reiki vor den anderen Ki-Bewegungen auszeichnet, kennt zwei wiederum je in Variationen vorgetragene Konkurrenzversionen. Die ältere und offenbar auf die mittelbare angebliche Usui-Schülerin Hawayo Takata zurückgehende Version geht von einem christlichen (evangelischen oder katholischen) Theologen Mikao Usui [1865-1929 bzw. 1926] aus, der in einer christlichen (Hoch-)Schule (Priesterseminar) unterrichtete und auf die Frage seiner Schüler/Studenten hin ein Aufbaustudium in Chicago auf sich nahm, um herauszufinden, wie Jesus heilen konnte. Usui kehrt mit einem Doktorhut zurück, jedoch ohne die Einsicht in Jesu Heilkünste. Ab hier weichen verschiedene Versionen erheblich voneinander ab und haben lediglich gemeinsam, dass Usui buddhistische Sanskrit-Texte studierte und dort »Schriftsymbole« entdeckte, die ihn auf den Weg setzten. Während einer letztlich 21-tägigen Meditation auf dem Berg Kuriyama hat er eine Lichtvision, sieht die betreffenden »Sanskrit-Symbole« in gleißendem Licht, erfährt eine Art Erleuchtung und kehrt nach dieser »Wiederentdeckung von Reiki« vom Berg zurück. Auf dem Rückweg ereignen sich drei Wunder als Beweis für die universale Energie, für die Usui nun »geöffnet« ist. Usui führt sein Leben weiter als Reiki-Lehrer, für einige Zeit in einem Slum in Kyoto. Sein Grab ist auf dem Friedhof des Tempels Saihôji in Tokyo, der zur buddhistischen Schule des Reinen Landes gehört, zu finden. Es ist flankiert von einem Gedenkstein, der kurz nach seinem Tode errichtet wurde und in den Usuis Kurzbiografie eingemeißelt wurde. Diese klingt nun erheblich anders als die bisher von der mehrheitlichen Literatur kolportierte (und oben zusammengefasste), wie der in Sapporo lebende Reiki-Meister Frank Petter herausfand.[132] Usui war demnach ein erfolgloser Geschäftsmann, kein Christ, wurde in der Gifu-Präfektur geboren und war in Shizuoka, ca. 150 km südwestlich von Tokyo, aktiv, bis er sich nach einem Erleuchtungserlebnis am Berg Kurama Reiki und dem Aufbau der Wissenschaftlichen Gesellschaft der Usui-Reiki-Therapie (Usui Reiki Ryôhô Gakkai) zuwendet. Er gründet 1921 eine Klinik im Stadtteil Harajuku in Tokyo und erwirbt sich Verdienste beim Großen Erdbeben von Tokyo 1923. Ferner wird über Reisen Usuis nach Indien und Tibet spekuliert und darüber, ob ihm am Berg Kurama der Bodhisattva Avalokitesvara erschienen sei.[133] Die fantasievolle Ausschmückung der Usui-Biografie in fast jeder Reiki-Veröffentlichung ist mit der Entdeckung des Usui-Grab-Gedenksteins keineswegs abgeschlossen.[134] Wie kommen die völlig unterschiedlichen Versionen zustande, wenn doch angeblich seit 1927 (Errichtung des Gedenksteins) jeder das Leben von Usui am Saihôji nachlesen konnte?

Weltanschaulicher Hintergrund

In Reiki fließt manche Tradition aus Ostasien in ihrer jeweiligen Reflexion durch den US-amerikanisch-esoterischen Markt zusammen, nicht erkennbar jedoch sind angebliche shintôistische Einflüsse.[135] Reiki-Autoren verweisen gerne auf den buddhistischen Hintergrund. Der scheint sich jedoch, nach einem gründlicheren Blick auf Reiki-Gedankengut, auf biografische Anteile bei Usui zu beschränken, wie etwa den Tempel Kurama der Tendai-Schule, in dessen Nähe (Berg Kurama) Usui meditiert haben soll, oder die Lokalität seines Grabes.[136] Grundlage ist die ganzheitliche Philosophie des Taoismus, in der neben dem dualen kosmischen Kräftespiel von Yin und Yang das kosmische Prinzip des Dao und der energetische Begriff des Ki dominierend sind. Der harmonische Ausgleich von Yin und Yang auf dem Weg über ein ungehemmtes Fließen der (Rei-)Ki-Energieströme ist das Ziel von Reiki-Behandlung. Was ist damit gemeint?

Die Lehrelemente sind weitgehend auf amerikanisch-esoterisch rezipierten Taoismus und yogische Physiologie (Chakra-Lehre) zurückführbar. Diesem Hintergrund widmen wir uns kurz, zumal er im Wesentlichen auch für die anderen Ki-Bewegungen gilt.

Yin und Yang[137] und das damit verbundene Symbol der beiden ineinander verschlungenen Tropfen sind zum unvermeidlichen Bestandteil der esoterischen Szene geworden. Dahinter steht die uralte Dynamik der beiden dualen Kräfte, die in ihrem Zusammenwirken den Kosmos am Leben erhalten: Alles, was lebt, ist auf Licht und Schatten, männlich und weiblich, Trockenheit und Feuchtigkeit, hell und dunkel etc. angewiesen. Insofern war mit Yin und Yang niemals in der Geschichte eine Wertung verbunden, die zu einem Dualismus oder Antagonismus geführt hätte, nie stand Yin für negativ und Yang für positiv. Jedoch gab es Phasen in der Geschichte Chinas, in denen kraft einer Dominanz des Weiblichen vom Matriarchat gesprochen werden konnte und in der Philosophie das Yin die Oberhand hatte, und umgekehrt zu anderen Zeiten das männliche Yang als überlegen betrachtet wurde.

Die Yinyang-Philosophie wird auf die menschliche Physiologie übertragen: Der Mensch als Mikrokosmos leitet sich vom Makrokosmos her und ist in die Polarität von Himmel und Erde eingebunden. So ist der obere und linke Teil des Körpers, weil dem Himmel näher, von Yang bestimmt, der untere und rechte, der Erde näher, von Yin dominiert.

Das Dao stellt demgegenüber den Begriff der vereinigenden Harmonie dar, die kosmische Ganzheit. Wenn Richard Wilhelm es in seiner Tao-Te-king-Übertragung[138] mit »Sinn« übersetzt, ist dies ein Versuch, es vor dem Hintergrund der westlichen Philosophiegeschichte verständlich zu machen. Fast noch weniger hilfreich ist die wörtliche Übersetzung mit »Weg«. Dao ist religionsgeschichtlich verwandt mit dem klassisch-hinduistischen brahman oder dem Leere-Begriff (sunyata) des Mahayana-Buddhismus. Ki wiederum kann als kommunizierendes Element betrachtet werden. Es wurde oft mit Wind und Atem assoziiert, aber auch mit dem durch den Körper pulsierenden Blut. Das zu

Grunde liegende Schriftzeichen bedeutet nach seinen Bestandteilen so viel wie »kochender Reis« – und meint das in Asien lebenswichtige Nahrungsmittel, Lebensenergie, Kraft. Das Zeichen des abziehenden Dampfes vom kochenden Reis wird im Japanischen auch für alte »Dampf-Lokomotiven« und »Dampf-Züge« verwendet: Ki-sha. Im Unterschied zum »Licht«, das unter Berufung auf die shintôistische Licht- und Sonnentradition im Zentrum von Mahikari steht, ist hier mehr an die Kosmisierung physiologisch-biologischer Prozesse gedacht. Im Menschen bewegt sich Ki bzw. Reiki in bestimmten Bahnen, den »Meridianen«. Hier nun vereinigen sich die taoistischen Vorstellungen mit der yogischen Physiologie und Chakrenlehre, wie sie aus dem Kundalini-Yoga bekannt ist. Chakren werden gedacht als Energieknotenpunkte entlang der im Wesentlichen sich mit der Wirbelsäule deckenden Achse. An dieser Achse sind sieben Hauptchakren (und viele weitere Chakren) beheimatet, vom Wurzel-Chakra im Genitalbereich bis zum Kronen-Chakra über dem Scheitel. Der Letztere hat eindeutig religiös-heilsrelevante Konnotationen. Mit Handauflegung werden Chakren geöffnet und der Fluss des Reiki aktiviert.

Immer wieder scheint der religiöse Anspruch durch: Autoren des Reiki sprechen mitunter sehr ungehemmt von Gott.[139] Die Chakra-Lehre mit ihrem Gipfelpunkt des Kronenchakra, das als Chiffre für Erleuchtung steht, wenn die »Schlange« (kundalini) sich ihren Weg bis zu dieser Spitze erkämpft hat, stammt aus dem Zentrum indischer Religiosität. Zugleich wird der religiöse Charakter von den meisten Autoren heftig bestritten. Dies jedoch hätte erhebliche Konsequenzen auch für Buddhismus, Taoismus, mystische Strömungen des Hinduismus etc., die letztendlich auf einem ähnlichen Niveau »religiös« sind wie Reiki. Auch wenn Reiki nicht mit letzter Sicherheit als religiöse Bewegung vereinnahmt werden kann, herrscht ein allzu großzügiges Hantieren mit religiösen Formeln. »Die Formulierungen sind unbestimmt und vermischen Weltanschauung, Religion und Medizin.«[140] Wir stehen vor einem ähnlichen Problem wie bei der Transzendentalen Meditation, allerdings mit erheblich größerer Diffusität der Aussagen. Das ursprüngliche Anliegen Usuis war, wie die oben zitierten Lebensregeln zeigen, eher ethisch-therapeutischer Art: Bei seinen Lebensregeln (s. o.) liegt der Gedanke an taoistische Wu-wei-Ethik nicht fern, d. h. an die Verhaltensweisung, dass nichts herbeizuzwingen sei, sondern es darauf ankomme, sich dem kosmischen Prozess der Dinge einzufügen und dementsprechend in Gelassenheit zu handeln. Dieses Lebensgefühl ist auch den anderen Ki-Bewegungen zu Eigen.

Im Gefolge der Verbreitung von Reiki wurden immer weitere Strömungen aus der gängigen Esoterik assimiliert. Reiki-Meister bieten[141] diverse »ganzheitliche Heilmethoden« wie Bachblüten, Homöopathie, Aromatherapie, Edelsteine und Kristalle, Aura-Soma etc. an, umgekehrt wird Reiki in das bestehende Programm von Osho-Zentren etc. aufgenommen. Dalberg verabschiedet sich völlig vom östlichen Hintergrund und bietet Grundkurse in Psychologie und westlicher Esoterik, bevor er im Detail auf die Reiki-Stufen und Symbole eingeht.[142]

Praxis und Einweihungsstufen

Gemäß der Philosophie, dass die universale Lebensenergie alles Lebende und Leblose durchflutet und am Leben erhält, erhebt Reiki einen umfassenden Anspruch von der Heilung des einzelnen Menschen durch gezieltes und eingeübtes Handauflegen bis hin zur Fernbehandlung und »Wiederbelebung« von Maschinen. In einigen Reiki-Veröffentlichungen werden Diagnosen und Therapievorschläge für zahlreiche gängige physische und seelische Krankheiten geboten. Die Diagnosen reichen von einleuchtenden psychosomatischen Erklärungen zu Kuriosa wie folgender Erläuterung zum Wirbelbruch: »Eine gebrochene Wirbelsäule zeugt von Unbeugsamkeit, Unflexibilität und Einseitigkeit in der geistigen Ausrichtung. Deine Haltung war zu starr, und so wurdest du vom Schicksal gebeugt, weil du dich vorher nicht freiwillig beugen wolltest.«[143] Oder zu Verbrennungen: »Auch eine Verbrennung ist eine Verletzung der Grenze zwischen dem Ich und der Umwelt. Um wirklich lieben zu können, muss diese Grenze fallen. Vielleicht ist es der Wunsch nach Liebe, der auf der Haut brennt, die du dir aber nicht leisten willst. Es kann auch ein falscher Umgang mit dem Feuer des Lebens dahinter stecken ...«[144]

Das Öffnen der Reiki-Kanäle und der Kompetenzen zum Umgang mit Reiki wird in dem ursprünglich dreistufigen Initiationssystem erworben, das inzwischen je nach Schulrichtung auf sieben Stufen anwuchs. Der erste Grad, meist in Gestalt eines Wochenendseminars, gibt in vier Einweihungen Zugang zur universellen Lebensenergie und bewirkt die Öffnung als Kanal. Der mehrtägige zweite Grad gibt weitere Mittel an die Hand, die Reiki-Behandlung zu intensivieren, befähigt zu Fernheilungen und verschafft Zugang zu den von Usui »wiederentdeckten« und benutzten geheimen Symbolen, der dritte Grad weiht in das vierte Symbol des Usui-Systems, das Meistersymbol ein. Im vierten Grad erfolgt die Initiierung zum Meister, und zur Befähigung, die Reiki-Kraft weiterzugeben. Die Ausbildung zu Lehrern ist seit der Auflösung des Großmeistertums 1988 jedem Lehrer und jeder Lehrerin möglich.

Naturgemäß hat sich eine schon in der Anlage so vage und diffuse Pflanze in viele Zweige entfaltet: In den USA entstand nach dem Tod von Takata (1980) und unter Berufung auf ihre ursprüngliche Lehre die American Reiki Association unter Barbara Ray, die seit 1982 American International Reiki Alliance (AIRA) heißt, und parallel dazu die Reiki Alliance (RA) von Phyllis Lei Furumoto, die sich 1992 von Ray trennte und nach wie vor das Großmeistertum in Sukzession von Usui her behauptet. Ray gab den Begriff Reiki wegen des angeblich um sich greifenden Missbrauchs auf und benutzt nun den Terminus »Radiance Technique« (Strahlentechnik), nach welchem auch AIRA in »The Radiance Technique Association International« (TRTAI) umbenannt wurde. Die TRTAI vertritt eine siebenstufige Ausbildungslaufbahn. In Gestalt eines Sondersystems sieht Gertrud Haid einen Grad 4 vor, der in das Herz-Symbol und das Chakra-Symbol einweiht, darauf aufbauend verleiht der nächste Grad 4b die Fähigkeit zur Einweihung und Grad 5 weiht in das Halschakra ein, 5b wiederum in die entsprechende Einweihungstechnik. Weitere Grade leiten über zur Channeling-Technik und ermöglichen einen Zugang zur »Akashachronik«.

Nach wie vor teilen sich RA und TRTAI das Terrain. In Deutschland ist die Reiki Alliance deutlich dominant. Daneben gibt es kleinere Vereinigungen und nicht organisierte Lehrer/innen. Mit noch stärkeren Anleihen aus der New-Age- und esoterischen Szene tritt die Reiki Alliance International (RAI) des Eckard Strohm auf, die vor allem den in der Regel hohen Preisen der Kurse entgegenwirken will.[145] Für die Gebühren galt die Faustregel: ein Tageslohn, ein Wochenlohn, ein Monatslohn. Der Meistergrad kostet(e) in jedem

Fall einen fünfstelligen Dollarbetrag. Nach reichlicher Kritik hat inzwischen auch bei den Anbietern der großen Schulen hier und dort ein Gebührenverfall eingesetzt. In Deutschland gibt es seit 1997 das der Reiki Alliance nahe stehende vierteljährliche Reiki Magazin (Berlin).[146] Weitere kleine Ausrichtungen sind etwa TERA-MAI™-REIKI bzw. SEICHEM™-REIKI, ein System, das von Andrea und Michael Wagner unter Berufung auf Kathleen Milner vorgeschlagen wurde. Auch hier gehe es um »den goldenen Heilsstrahl der Mutter Erde [Wagner-Terminus für Reiki-Ströme – U.D.], jedoch steht dem Anwender eine wesentlich umfangreichere und stärkere Energie zur Verfügung«. Die Fußeinweihung spiele eine wichtige Rolle. SEICHEM™-REIKI sei eine weiterentwickelte Form dessen und beziehe auch die »vier Elemente (Feuer, Erde, Wasser, Luft) und die sieben Heilfarben« ein.[147] Seit 1983 steht der US-Amerikaner David G. Jarrell für die Richtung Reiki Plus®. »Reiki energy comes from God through the Brotherhood of Light, the Masters of the Seven Rays, to the Reiki Hierarchy itself.«[148] Es ist auch ein Gebet um die Gegenwart Christi vorgesehen, und der siebenarmige Leuchter dient als grafische Veranschaulichung der gegenseitigen Balance der Chakren. Der Religionsgehalt von Reiki tritt hier noch einmal besonders deutlich zutage. Diese kleinen Splitterrichtungen sollen nicht unerwähnt bleiben, stellen aber neben der beherrschenden Stellung der Reiki Alliance von Phyllis Furumoto eine Quantité négligeable dar.

Reiki besticht durch seine vermeintlich niedrigen Schwellen. Die Zahl der Menschen, die inzwischen in den ersten Grad eingeweiht sind, ist kaum noch zu schätzen. Sie mag sich in Deutschland im Bereich von ca. einer halben Million Menschen bewegen, bei ca. 700 bis 1.500 Meister(inne)n im deutschsprachigen Raum.[149] Zumal in Anbetracht der überflutenden Literatur einschließlich solcher, die sämtliche Symbole wiedergibt und erklärt (Dalberg), wird auch von vielen autodidaktisch vorgegangen. Gleichzeitig wird von Reiki-Seite vor diesem Vorgehen und auch vor einem »Surfen« zwischen verschiedenen Einweihungssystemen gewarnt. Bis tief in christliche Kreise hinein wird von dem Angebot mindestens eines ersten Kurses Gebrauch gemacht. An Volkshochschulen werden Reiki-Kurse angeboten. Hier trifft in besonderer Weise eine der »Passungen«[150] neureligiöser Klientel zu: Die Oberflächenwahrnehmung des ganzheitlichen Gesunden und Wohlfühlens mit einigen kokett-magischen Elementen überdeckt das Vorhandensein eines weit reichenden chinesisch-indischen weltanschaulichen Hintergrunds (vgl. Einführung). Dass es hier in letzter Konsequenz zu Kollisionen mit dem biblischen Menschen- und Weltbild kommen kann, tritt kognitiv möglicherweise gar nicht in den Blick. Ähnlich wie die Transzendentale Meditation kann Reiki tendenziell übersteigerte Erwartungen weit reichender magischer Fähigkeiten wecken – ein Problem, das im Umfeld seriöser Meister und Meisterinnen normalerweise nicht auftauchen sollte. Letztendlich wird Reiki möglicherweise mit kaum anderen Wirkungen aufwarten als denen, denen auch die psychosomatische Medizin auf die Spur gekommen ist, oder dem, was jedes Kind erlebt, dem Mutter oder Vater liebevoll die Hände auf den wehen Bauch legen, und alles ist wieder gut.[151]

Quellen: **Bodo Baginski/Shalila Sharamon**, Reiki Universale Lebensenergie, Essen [15]1997 · **Andreas Dalberg**, Der Weg zum wahren Reiki-Meister, München 1997 · **Walter Lübeck**, Das Reiki Handbuch, Aitrang 1990 · **Ders.**, Reiki – Der Weg des Herzens,

Aitrang 1991 · **Ders.**, Rainbow Reiki, Aitrang 1994 · **Ders.**, Die Reiki Hausapotheke, Aitrang 1997 · **Frank A. Petter**, Das Reiki Feuer, Aitrang 1997 · **Ders.**, Reiki – Das Erbe des Dr. Usui, Aitrang 1998 · **Barbara Ray**, Der Reiki-Faktor, München 1997 · **Roland Stenglin**, Reiki – Energie und Weg, Aitrang 1994 · DAO – Magazin fernöstlicher LE-BENS-Kunst, Sonderhefte Reiki 1994, 1996 · **Dr. Mikao Usui/Frank A. Petter** (Hg.), Original Reiki-Handbuch des Dr. Mikao Usui, Aitrang 1999

Zeitschriften: Reiki Magazin (Berlin)

Literatur: **Ulrich Dehn**, Stichwort Reiki, in: MDEZW 7/1997, S. 221-224 · **Ders.**, Ki-Bewegungen und ihr Hintergrund, in: MDEZW 3/1998, S. 66-76 · **Reinhart Hummel**, Reiki – Heilungsmagie aus Japan, in: MDEZW 6/1991, S. 163-166 · **Helmut Langel**, Reiki, in: HdR, VIII-10, S. 1-6

Internet: www.reiki-magazin.de

2.3.2 Qi Gong

> »Der Mensch lebt inmitten von Qi, und Qi erfüllt den Menschen. Angefangen bei Himmel und Erde bis zu den zehntausend Wesen braucht alles das Qi, um zu leben.«
>
> (Huang Di Nei Jing)

Das meiste dessen, was über den Hintergrund von Reiki gesagt wurde, trifft auch auf Qi Gong zu. Hier jedoch ist der chinesische Ursprung unbestritten, zugleich wird nicht mit Eindeutigkeit auf eine Gründer- oder Entdeckergestalt verwiesen. Stärker als Reiki wird Qi Gong mit Bewegung identifiziert und mit einer Ausdifferenzierung von therapeutischen Methoden, die von der Bewegungstherapie in Einzelbehandlung und Gruppenformation über verschiedene Massageformen bis hin zu ausführlichen diagnostischen Gesprächen reichen können. Eine ebenso große Rolle im täglichen Leben Chinas spielen die Qi-Gong-Kugeln, die auch im Westen günstig erhältlich sind.

Erste Hinweise auf medizinische Ratschläge im Sinne von Qi Gong sind im Buch »Nei Jing« enthalten, das auf ca. 200 v. Chr. datiert wird. Die Ratschläge soll der Arzt Qi Bo dem »Gelben Kaiser« (Huang Di, ca. 2600 v. Chr.) erteilt haben. Hier werden Anleitungen zur Verlängerung des Lebens durch Mäßigung gemäß den Regeln des Yin und Yang gegeben, es heißt: »Man muss die Lebensessenz atmen, seine Atmung regulieren, um seinen Geist zu schützen und die Muskeln entspannt zu lassen.« Im Falle von Kreuzschmerzen wird geraten: »Aufrechtstehend, mit dem Gesicht nach Süden, morgens bei Tagesanbruch siebenmal einatmen, ohne an etwas anderes zu denken.«[152] In frühen Zeiten wurde der Ausdruck Dao Yin für alle Formen der Therapie verwendet, bevor eine Differenzierung in verschiedene Methoden einsetzte. Es hat je spezifische Ausprägungen des Qi Gong im Taoismus, im Konfuzianismus, im Buddhismus und im medizinischen Bereich gegeben sowie weitere Unterdifferenzierungen im Taoismus: das Wai Dan der »äußeren Übungen«, zu denen auch die Kampfkünste gehören. Sie dienten dazu, die Mönche körperlich und geistig für die Unannehmlichkeiten des harten chinesischen Alltags zu rüsten.

Das Shaolin-Kloster wurde zum telegenen Zentrum des Kung-fu, weltweit popularisiert durch Stars wie Bruce Lee und Jackie Chan. Weiterhin ist das Nei Dan zu nennen, das die Atemübungen und inneren Qi-Gong-Übungen umfasst, zu denen auch das Stille Qi Gong und T'ai Chi Qi Gong gehören. Im Rahmen von Qi-Gong-Behandlungsverfahren werden oft noch diverse andere Diversifizierungen in Anwendung gebracht, wie z. B. Übungen im Sitzen, Stehen und Laufen, Übungen des Nährens, Qi-Gong-Massage und Heilungsmethoden des Wai Qi.[153] Auch Shiatsu ist in diesem Massage-Repertoire zu finden. An der Verwendung von Massage-Methoden zeigt sich einer der wichtigen Unterschiede zu Reiki: Während dieses nur mit der Erteilung der Lebensenergie, sei es im Handauflegen, sei es in der Fernbehandlung, arbeitet, kennt Qi Gong eine Palette von Methoden, die auch mit Hilfe physischer Manipulation (aktive Übungen und Massage) zur Aktivierung des Ki-Stroms beitragen sollen, insbesondere in der Seitai-Spielart von Qi-Gong.

Die Qi-Gong-Behandlung beruht auf dem verzweigten System der taoistisch orientierten esoterischen Physiologie, die auch allgemein der Traditionellen Chinesischen Medizin (TCM, s. u.) zu Grunde liegt. Die Ki-Ströme fließen in »zwölf Hauptleitbahnen« (Transport des Ki und der nährenden Energie Yong Qi) und »acht Sonderleitbahnen«, die insbesondere zur inneren Harmonisierung von Yin und Yang dienen sollen und bei der Akupunktur benutzt werden. Die populärste Methode des Qi Gong sind die Qi-Gong-Kugeln, die in vier verschiedenen Größen angeboten werden (z. B. in esoterischen Buchhandlungen, asiatischen Tee- und Souvenirläden etc.). Sie sprechen die Ki-Reflexzonen in den Händen an. Neben den Übungsgrundformen des Rollens des Kugelpaares mit dem oder gegen den Uhrzeigersinn in der rechten oder linken Hand gibt es eine weit ausdifferenzierte Palette von Übungstechniken mit zahlreichen verschiedenen Arten von Kugeln,[154] und es fehlt in den Anleitungen nicht der Hinweis, dass auch Alt-US-Präsident Ronald Reagan und der Präsident des Internationalen Olympischen Komitees, Samaranch, schon kugeldrehend gesehen wurden.

Qi Gong gehört heute zu den unübersehbaren esoterischen Angeboten und ist auch in das Repertoire der Volkshochschulen vorgedrungen. Es gehört, anders als Reiki, in den Bereich der TCM, die auch von einzelnen Krankenkassen als Präventivmethodenpalette anerkannt ist und Anwendung in zahlreichen öffentlichen Kliniken findet.

Die Probleme im Behandlungsbereich liegen demzufolge auf der Hand: Therapieerfolge, die nachweislich über allgemein zugängliche westlich-schulmedizinische oder psychosomatische Mechanismen hinausgingen, sind schwer benennbar. Die Behandlungskosten jedoch unterliegen nicht den ärztlichen Kostenordnungen. Die Qualifikation der durchführenden Heilpraktiker beruht auf einem so genannten Binnenkonsens, d. h. auf einem Ausbildungsgang innerhalb einer TCM-Organisation ohne öffentliche Überprüfung nach allgemeinen wissenschaftlichen Kriterien. Etwas höhere Akzeptanz erfährt bisher die Akupunktur aufgrund der größeren Durchsichtigkeit ihres Verfahrens. Die auf dem gleichen weltanschaulichen Hintergrund beruhende Methode verspricht, mit gezielten Nadelstichen den Ki-Fluss durch die 12 »Meridiane« (Hauptleitbahnen) zu aktivieren.

Quellen: **Hans Höting**, Aktiv und gesund durch die magischen Qigong-Kugeln aus China, Baunach [10]1997 · **Ulli Olvedi**, Das Stille Qi Gong nach Meister Zhi-Chang Li,

Bern 1994 · **Yves Requena**, Qi Gong – Das geheime Übungssystem für Lebenskraft und Langlebigkeit, München 1997

Literatur: **Ulrich Dehn**, Ki-Bewegungen und ihr Hintergrund, in: MDEZW 3/1998, S. 66-76

Internet: www.qigong.de (im Aufbau begriffen)

Exkurs: Traditionelle Chinesische Medizin (TCM)

Diese im Westen entstandene Bezeichnung meint eine Gruppe von ursprünglich chinesischen, teilweise präventiven Therapieformen, die sich auf einen weithin gemeinsamen weltanschaulichen Hintergrund berufen. Der Begriff der »alternativen Heilverfahren« (nicht zu verwechseln mit den schulmedizischen Naturheilverfahren) ist weithin deckungsgleich mit der TCM. In China selbst gibt es eine staatlich anerkannte Wissenschaftliche Qi Gong Gesellschaft und ein Segment von ca. 10 Prozent der Bevölkerung, die sich nach traditionellen Methoden behandeln lassen. Als Forschungszweig wird die TCM auch im deutschen schulmedizinischen Bereich ernst genommen. Dies trifft insbesondere auf Akupunktur zu. Andere Schulrichtungen sind Qi Gong, T'ai Chi (Chuan) und verschiedene Methoden der Atmung und Bewegung, die den Qi-(Ki-) Fluss positiv beeinflussen sollen. Zur Zeit des Aufkommens dieser Methoden war in China das Sezieren verboten und waren nur geringfügige chirurgische Eingriffe möglich. Die Vorstellungswelt einer Balance der dualen komplementären Komponenten Yin und Yang, der Lebensenergie Qi und der Energiezentren entlang der Wirbelsäule entstammt somit einer Zeit, in der noch nicht Röntgenstrahlen oder die Ultraschall-Technik Einblicke in den menschlichen Körper gaben. Die Organe werden in Beziehung gesetzt zu den fünf Wandlungsphasen (Erde, Feuer, Holz, Wasser, Metall), zu den Jahreszeiten, Himmelsrichtungen, Farben und Geschmacksrichtungen.

Die Einführungen von Heilpflanzen und Nadeln als Therapieinstrument gehen auf die beiden legendären Kaiser Shen Nong und Huang Di (»Gelber Kaiser«) zurück, denen auch die beiden medizinischen Klassiker Shen Nong Ben Cao Jing und Huang Di Nei Jing aus dem Jahrtausend v.Chr. zugeschrieben werden.

Die Beibehaltung bzw. Wiederbelebung der TCM zu Zeiten, in denen sich auch in China die westliche Medizin durchgesetzt hat, beruht auf dem Anspruch, dass im Unterschied zur partiell und an Symptomen arbeitenden Schulmedizin die TCM ganzheitlich, d. h. die gesamte Lebenswelt des Menschen berücksichtigend, angewendet werde. In dieser wie auch in anderer Hinsicht trifft die Kritik des Stiftung-Warentest-Handbuchs »Die Andere Medizin« nicht zu.[155] Meditation und Gespräch, Ernährung, Massage, Atemübungen, Bewegungsabläufe, sportliche Paarübungen (Kampfsportarten), an kosmischen Konstellationen orientiertes Einrichten und Wohnen, Beziehungsklärungen u.a. gehören in das umfassende Repertoire der TCM, von dem längst auch zahlreiche Bestandteile in die westliche Therapie übernommen wurden. Beurteilungen reichen von Befürwortungen und klinischen Experimenten (in Deutschland mit zwei Kliniken und ca. hundert Ärzten mit TCM-Ausbildung) über die Zuversicht, dass immerhin kein Schaden angerichtet werde, bis hin zu Unterstellungen von Risiken (z. B. Infektionen aufgrund unsauberer Akupunk- turnadeln). Häufig ist der Vorwurf zu hören, dass die vielen, oft kostenintensiven, Behandlungen letztlich nur mit Placebo-Effekt arbeiten. Wissenschaftliche Untersuchungen stecken noch in den Anfängen. Es gibt Parallelen zum indischen Ayurveda und zum japanischen Kampô (wörtlich: »chinesische Methode«); Letzteres ist eine Fortentwicklung der TCM unter einheimischen und Ayurveda-Einflüssen.

TCM, wie sie in Deutschland vorkommt, ist bereits erheblich an den westlichen Kontext angepasst und bedient sich dabei des in der esoterischen Welt ohnehin üblichen Jargons.

Literatur: **Jürgen Bachmann**, Chinesische Heilkunst – Alles Gute kommt vom Osten, in: Jörg Martin (Hg.), PsychoManie – Des Deutschen Seelenlage, Leipzig 1996 · **Krista Federspiel/Vera Herbst**, Handbuch Die andere Medizin. Nutzen und Risiken sanfter Heilmethoden, Stiftung Warentest, Berlin [4]1996 · **Oepen u.a.**, S. 304-306 · **Thomas Ots**, Medizin und Heilung in China, Berlin [3]1999 · **DAO.** Magazin fernöstlicher Lebenskunst, Sonderheft Traditionelle Chinesische Medizin, Hamburg 1998

Internet: www.tcm.ch · www.ftcm.ch · Was ist Chinesische Medizin?, in: www.ftcm.ch/was_ist_tcm.htm

2.3.3 T'ai Chi

> Um den menschlichen Körper in Harmonie zu bringen, nimmt man als Maßstab die Gesetze der vier Jahreszeiten und der fünf Elemente. (Der »Gelbe Kaiser«)

Bei T'ai Chi (auch Taiji) bzw. T'ai Chi Chuan handelt es sich im Wesentlichen um eine Verwandtschaftskategorie von Qi Gong. T'ai Chi fällt durch die zahlreichen übenden Menschen in öffentlichen Parks ostasiatischer Länder auf (insbesondere China) und durch die zahlreichen Angebote westlicher Fitness-Zentren. Dabei überwiegt eindeutig der gymnastische Übungscharakter gegenüber dem Kampfsportcharakter oder dem des »Schattenboxens« und der Selbstverteidigung: T'ai Chi ist zunächst Bewegungstherapie um der körperlichen und seelischen Gesundheit willen, auch wenn eine seiner Ursprungslinien vermutlich im Bereich der Kriegskünste liegt. Der Begriff selbst bedeutet Firstbalken und wird in der religiös-philosophischen Verwendung zum Äußersten, Höchsten. Es kann auch als Äquivalent zu Dao gedacht werden. Der Legende nach liegt der Ursprung von T'ai Chi in einem Traum des taoistischen Meisters Chang San-Feng vor ca. 800 Jahren, die überlieferten Inhalte selbst können erheblich früher datiert werden, insofern als T'ai Chi im Wesentlichen aus dem Bereich der Heil- und Atemübungen der TCM stammt und erst später mit den Kampfkünsten assoziiert wurde. Mit großer Wahrscheinlichkeit gehen die Übungen auf kultische Tänze aus der Zeit des »Gelben Kaisers« (ca. 2600 v. Chr.) zurück. Das Auftreten als T'ai-Chi-Bewegung datiert aus dem 19. Jahrhundert.

Es existieren zwei große Familientraditionen: die ältere Tradition der Chen- und die weiter verbreitete Tradition der Yang-Familie. Die Chen-Linie war insbesondere auf Kampf und die Aktivierung und Entwicklung des (Ki-) Energieflusses ausgerichtet, die Yang-Tradition nimmt die Elemente der spirituellen Erleuchtung und der Gesundheit mit auf und kennt räumlich großzügiger angelegte Bewegungen.[156] Sie ist heute die am weitesten verbreitete. Darüber hinaus gibt es die Peking-Form, die als Kurzform (mit nur 24 Sequenzen) Gesundheit und Entspannung fördern soll, und den Wu-Stil, der eine Kombination aus Chen und Yang darstellt.

Die Übungen dienen im Unterschied zu westlich orientierter Gymnastik nicht dazu, die Muskeln des Körpers in Balance zueinander zu trainieren und zu kräftigen. Sie sollen vielmehr in ruhigen, bedächtigen Bewegungsabläufen den Fluss des Ki durch die Meridiane aktivieren, was eine Heilung von innen durch die Harmonisierung von Yin und Yang erwirke. Auch beinhaltet T'ai Chi im Unterschied zu Qi Gong keine weiteren Therapiemethoden. Es gibt eine Reihe von Bewegungsabläufen, die in den verschiedenen Büchern ausführlich und bebildert dargestellt werden. Um nur eine Auswahl zu nennen:

- die Achtfache elegante Übungsreihe (Brokat-Übung),
- die Bewegungsreihe zum Tageslauf der Krähe (acht Sequenzen),
- die Fünf Räder (auf der Basis der fünf Elemente Holz, Feuer, Erde, Metall, Wasser),
- die umfangreiche Übungsreihe Form (bei Crompton 143 Übungsabläufe) und
- die Partnerübung »Push Hands«.

Die Himmelsrichtung ist wichtig: So soll bei der Übungsreihe »Form« der Übende nach Süden ausgerichtet sein. Kreisförmige, zeitlupenartige Bewegungen sind die Regel. Ganz im Sinne der Wu-wei-Ethik soll keine Anstrengung oder schmerzhafte Überdehnung zu spüren sein. Sofern es als Kampfkunst verstanden wird – dann als »inneres Boxen« im Unterschied zum konventionellen »äußeren Boxen« –, zielt es darauf ab, sich in die Bewegungen des Gegners einzufügen wie der Yin-Tropfen dem Yang-Tropfen im Yinyang-Symbol. Es gilt das Prinzip des Nachgebens: Indem dem Angriff des Gegners kein Widerstand entgegengesetzt wird, wird seine Kraft neutralisiert, sie stößt ins Leere und erschöpft sich ohne Wirkung.[157] »Westlich« gesprochen wird bei der Verteidigung weniger physische Gewalt und Verletzung als Verblüffung und Entwaffnung eingesetzt.

Immer wieder taucht im Zusammenhang mit chinesischen Bewegungstherapien das Thema Unsterblichkeit, zumindest aber (tendenziell unendliche) Lebensverlängerung auf – dies besonders aufdringlich bei den »fünf ›Tibetern‹«.[158] Diese ist ja auch das Grundthema des Romans »Lost Horizon« von James Hilton, an dessen Mythos sich das Buch von Peter Kelder anlehnt. Dieses buchstäbliche Missverständnis von Unsterblichkeit, im Taoismus meist eine Metapher für Erleuchtung und nur selten als Verheißung physischer ewiger Jugend gemeint, ist zu einem exotischen Joker in der taoistisch geprägten esoterischen Szene geworden.

T'ai Chi bietet sich im öffentlichen Leben fast ausschließlich als unverfängliche Bewegungstechnik und -therapie an; es wird nicht nur in Fitness- und Sportzentren, sondern auch von vielen Volkshochschulen im Programm geführt. Unvermeidlich wird dabei auch ein Stück des chinesischen weltanschaulichen Hintergrunds transportiert, zumal »Qi«

und »Yin und Yang« schon fast zur neudeutschen Alltagssprache gehören. In welchem Umfang dies als gefährlich zu betrachten ist oder im Konflikt zum christlichen Menschen- und Weltbild steht, wird von Fall zu Fall zu entscheiden sein. Da die chinesischen Techniken teilweise Empfindungsbereiche des Menschen betreffen, die in der westlichen Medizin zu wenig beachtet werden, ist hierin sicherlich eine wichtige Herausforderung zu sehen.

Quellen: **Frieder Anders**, Chinesisches Schattenboxen T'ai Chi Chuan, Bern-München-Wien ⁴1979 · **Klaus und Barbara Moegling**, Tai Chi Chuan für Einsteiger, München 1996 · **Paul Crompton**, Praktische Einführung in das T'ai Chi, München 1996 · DAO – Das Asien-Magazin für Gesundheit und Lebenskunst, Sonderheft Taijiquan, Hamburg 2000

Literatur: **Reinhart Hummel**, T'ai Chi – Kampfsport, Therapie oder Religion? in: MD-EZW 7/1987, S.187-195

Internet: www.taichi.de

2.3.4 Falun Gong

> »Das Falun ist ein intelligentes Lebewesen. Nachdem das Falun gebildet ist, dreht es sich täglich automatisch am Unterbauch des Praktizierenden. Es sammelt ununterbrochen die Energie vom Kosmos und verarbeitet sie so schnell, dass sich diese Energie im Körper des Praktizierenden in Gong umwandelt.« (Li Hongzhi)

Die Bewegung Falun Gong (gesprochen: Falun Gung) trat durch ihre große Demonstration am 25. April 1999 (mit ca. 10.000 Anhängern) gegen ihre Unterdrückung in China und ihr Verbot am 22. Juli 1999 deutlich in das Bewusstsein der westlichen Öffentlichkeit. Chinesische Maßnahmen gegen Falun Gong (eine der Qi-Gong-Schulen) hatte es bereits seit 1995 gegeben. 1996 wurde die Meditationsbewegung durch die Sicherheitsbehörden als »böse und gefährliche« Sekte eingeschätzt. Dem Verbot vom Juli 1999 folgten verschärfte Maßnahmen: Festnahmen, Folter, Prozesse, Verurteilungen zu mehrjährigen Gefängnisstrafen, »Behandlungen« in psychiatrischen Kliniken, Todesfälle in der Haft etc. Erst am 30.10.1999 wurde das Verbot nachträglich durch einen Beschluss des ständigen Ausschusses des Nationalen Volkskongresses auf eine legale Basis gestellt. Die Repressalien geschahen und geschehen im Zuge eines allgemein schärferen Windes, der derzeit den Religionsgemeinschaften in China, einschließlich der christlichen Kirchen, entgegenbläst.

Die Lehre von Falun Gong (Falun = Rad des Dharma, chinesische Übersetzung von Sanskrit dharmachakra, Gong = Kraft, Energie) stellt eine Zusammenstellung aus buddhistischen Elementen, Taoismus, Konfuzianismus und allgemeinem chinesischem Volksglauben dar, insgesamt eine volkstümlich-synkretistische Mischung, mit der Li Hongzhi beansprucht, etwas »Neues« geschaffen zu haben. Symbol ist das bildlich dargestellte Falun, ein Kreis mit vier linksausgerichteten Swastikas (Hakenkreuzen, in Asien Symbol für indisch-stämmige Religiosität bzw. Buddhismus) und vier Yinyang-Symbolen, die sich um ein großes Swastika legen. Das Falun wird allerdings, im Unterschied zum Buddhismus, im buchstäblichen Sinne als Energie generierendes und verteilendes Instrument vorgestellt, das Meister Li den Gläubigen »in den Bauch einpflanzt«, wo es ohne Unterbrechung tätig ist (vgl. Zitat oben). Der deutsch-chinesische Video-Lehrfilm beginnt mit einer eindrucksvollen Demonstration des stetig kosmisch rotierenden farbenfrohen Falun. Das sich rechts, d.h. im Uhrzeigersinn drehende Falun absorbiert Energie aus dem Universum, das linksdrehende gibt Energie ab.[159]

Die hagiografisch geprägte Darstellung des Lebensweges Li Hongzhis, die auch in seinem Hauptwerk wiedergegeben wird,[160] datiert seine Geburt auf den 13.5.1951.[161] Ihm wird bereits im Kindesalter von Gleichaltrigen bescheinigt, dass er »sehr begabt und mitleidsvoll« war. Im Alter von vier Jahren wird ihm der Kultivierungsweg der drei zentralen Eigenschaften Zhen, Shan und Ren (Wahrhaftigkeit, Barmherzigkeit und Toleranz) durch den Meister Quanjue eröffnet. Dieser Kultivierungsweg wird später zum Kern der Falun-Gong-Praxis. Er erzielt mit acht Jahren das »hohe Gebot« und erwirbt sich übernatürliche Kräfte, die er bald in wundersamen Rettungsaktionen in Anwendung bringen kann. 1963 steht ihm ein Meister zur Seite, der ihm die taoistischen internen und externen Übungen einschließlich der Kampftechniken beibringt. Er erreicht dank der Schulung durch zahlreiche weitere Meister und Meisterinnen immer höhere »Kultivierungszustände«. Ab 1972 ist er Schüler des Qi-Gong-Meisters Chanbai, ab 1974 soll er über 20 weitere Meister gehabt haben. Er arbeitet von 1982 bis 1992 in einer Erdölraffinerie und vervollkommnet sich immer weiter. Er erlangt, so heißt es, Einsicht in die Wahrheit des Kosmos, d. h. er dringt bis zum Falun Dafa (Großes Gesetz des Gesetzesrades) bzw. Falun Fofa (Buddhagesetz des Gesetzesrades) vor. 1992 beginnt Lis öffentliche Wirksamkeit zur Propagierung von Falun Gong, und 1998 siedelt er in die USA über. Einem Auslieferungsanliegen Chinas Ende Juli 1999 haben die USA sich widersetzt.

1996 wird Li wieder aus der offiziellen Qi-Gong-Vereinigung ausgeschlossen, in die er 1992 aufgenommen worden war, und auch die Chinesische Buddhistische Vereinigung setzt sich 1997 gründlicher mit seinen Lehren auseinander, die nun als abweichend vom Hauptstrom eingeschätzt werden. Falun Gong wird von der chinesischen Regierung als »heterodoxe Lehre« (xiejiao) eingestuft, was nach offiziellem chinesischem Staats- und Gesellschaftsverständnis religiöse wie auch politische Konsequenzen haben muss.[162]

Lehre

Zentrale Pfeiler der Falun-Gong-Bewegung sind die fünf Übungen, deren Bewegungsabläufe präzise festgelegt sind und im Lehrfilm erläutert werden, sowie die drei Begriffe Zhen, Shan und Ren. Kern von Falun Gong ist der »Kultivierungsweg« (spiritueller Übungsweg zur Vervollkommnung der drei Merkmale), der in eine heilsgeschichtliche Dimension eingebettet ist: Der gegenwärtige Zustand der Menschheit ist ein Zustand des »Gefallenseins« auf eine niedrige Ebene und müsste eigentlich der Zerstörung anheimfallen.[163] »Mit der Endperiode des Dharma meint man, dass nicht nur der Buddhismus, sondern auch viele Räume, die sich unterhalb einer sehr hohen Ebene befinden, moralisch abgesunken sind.« Es tauchen Dämonen auf. Die »großen Erleuchteten« jedoch wollen den

Menschen noch eine Chance zur Errettung geben. Der Kultivierungsweg gibt dem Menschen die Möglichkeit, zu seiner ursprünglichen Natur zurückzukehren und damit der eigentlich verdienten Vernichtung zu entgehen. Aus einem Vortrag geht hervor, dass Li sich selbst eine Erlöserrolle zuschreibt, während die traditionellen Religionen an der Errettung der Menschen scheitern müssen. Seine Rolle ist der des im Buddhismus erwarteten Endzeit-Buddha Maitreya strukturell vergleichbar.[164] Inkarnationsvorstellungen und Selbstansprüche dieser Art sind nicht selten in der asiatischen Religiosität. Auch Identifikationen anderer religiöser Führungspersönlichkeiten in der Geschichte als Inkarnationen Maitreyas sind zahlreich gewesen.

Im Zuge der Kultivierung der geistigen Natur des Menschen (xinxing) und der Realisierung der drei zentralen Merkmale sammelt er gutes (de) oder schlechtes Karma (yeli) durch Handeln, das der moralischen Ordnung dient oder ihr zuwiderläuft. Gleichzeitig werden hier direkte Zusammenhänge des moralischen Standards mit Krankheit und Naturkatastrophen hergestellt. Die Bewegung bestreitet allerdings, dass es unmittelbare Zusammenhänge zwischen dem Praktizieren der Übungen und der Heilung von Krankheiten gebe.

Viel Wert wird auf ein präzises tägliches Befolgen der Übungen gelegt, und Li warnt ausdrücklich vor einem »Surfen« zwischen verschiedenen Schulrichtungen. Diese Strenge ist im Bereich der Ki-Bewegungen außergewöhnlich, sie macht aber möglicherweise im Sinne unserer Typisierung neureligiöser Bewegungen auch ein Stück der Attraktivität von Falun Gong aus.

Die fünf Übungen, die – wie auch in den anderen Qi-Gong-Richtungen – als langsame, unangestrengte Bewegungsabläufe konzipiert sind, dienen dem freien Fluss der Lebensenergie Ki (Qi). Sie sind wie folgt:[165]

1. »Buddha streckt Tausende von Händen aus« (Fo Zhan Qian Shou Fa): Diese Übung dient dem »Entfalten und Öffnen« und dem »Aufheben von Energieblockaden«, es werden Wärmeströme fühlbar und ein Energiefeld entsteht. Sie besteht im Wesentlichen im Ausstrecken der Hände in verschiedene Richtungen.
2. »Falun Pfahlstellung« (Falun Zhuang Fa): Hierdurch wird der Praktizierende auf eine höhere »Kultivierungsebene« gebracht, es findet Steigerung des Gongli (Kultivierungsenergie) und des Shentong (der göttlichen Energie) statt. Im Wesentlichen geschieht eine Parallelbewegung der Arme in gebogener Haltung.
3. »Die beiden kosmischen Pole verbinden« (Guan Tong Liang Ji Fa): Die kosmische Energie und die körperliche werden miteinander verbunden, u.a. durch Strecken je einer Hand zum Himmel.
4. »Falun-Himmelskreis« (Falun Zhoutian Fa): Indem der Körper Teil für Teil von den Armen und Händen umfasst wird, wird die Energie zum Fließen gebracht.
5. »Verstärkung des Shentong« (Shentong Jiachi Fa): Meditationsübung im Lotussitz, ebenfalls zum Verstärken des Shentong und des Gongli. Das Falun wird durch die Handgeste des Buddha gedreht.

Die Übungen können auch im Selbststudium mit Hilfe der Bücher von Li Hongzhi und des Falun Gong Lehrfilms angeeignet werden, es wird jedoch auch um der Präzision der Übungen willen empfohlen, an den Gruppenübungen und Gruppenlesungen teilzunehmen. Das Buch Zhuan Falun gilt als Grundlage und wird geradezu litaneiartig benutzt. Es sei »immer und immer wieder zu lesen«.[166] Wichtige Teile des Buches sind allerdings für Nichtchinesen schwer verständlich, ja die Anthropologie und die Kosmologie, die »sich auf Welten in anderen Existenzformen und übernatürlichen Fähigkeiten (beziehen), (müssen) westlichen Lesern abstrus und unverständlich erscheinen«.[167] Das Falun könne während der Praxis als rotierendes Rad wahrgenommen werden und sei auf höheren Ebenen der Kultivierung stets vor Augen.

Das eigentliche Ziel der Praxis jedoch besteht in der Verinnerlichung der drei moralischen Qualitäten Zhen, Shan und Ren, die als »universelles Gesetz« betrachtet werden.

Zum Repertoire der offiziellen Li-Hongzhi-Lehre gehören auch magische Wirkungen und Wunder. Eine der Wundergeschichten weiß zu berichten, dass trotz wolkenverhangenen und blitzenden und donnernden Himmels die Übung im Freien unter Lis Anleitung im Trockenen stattfinden konnte. Li kündigte am Ende der Übung an, dass es noch eine halbe Stunde lang für den Nachhauseweg trocken bleiben würde. Kaum hatte der nach genau einer halben Stunde zuletzt heimkehrende Schüler seinen Fuß über die Schwelle gesetzt, begann es in Strömen zu regnen.[168]

Wundergeschichten dieser Art gehören zum Genre der Biografien von Stiftergestalten, sie sind überreichlich auch von Reiki-Gründer Usui überliefert. Sie dürften in der Regel eher propagandistischen als historiografischen Charakter haben, können aber auch als Verheißung zu erlangender Fähigkeiten missverstanden werden und entsprechend Syndrome von Gefühlen des Scheitern und Versagens herbeiführen, wenn nichts Übernatürliches gelingen mag. Der hohe Stellenwert, der dem Buch Zhuan Falun und damit auch dem Meister Li Hongzhi zuteil wird, ist für Außenstehende schwer nachvollziehbar. Angesichts des hohen chinesisch-volksreligiösen Gehalts der Lehre dürfte sie westlichen Lesern ohne Erläuterungen kaum zugänglich sein. Die Orientierung auf Li ist stark, aber nicht wesentlich stärker als in vergleichbaren anderen Meditationsbewegungen.

Zahlen und Situation in Deutschland

Die Zahlenangaben sind sehr widersprüchlich. Der chinesische Geheimdienst, der mit einer Erhebung beauftragt war (morgendliche Flächenzählung von Qi-Gong-Praktizierenden in großstädtischen Parks), kam angeblich auf ca. 70 Millionen Anhänger in China, womit umso eindruckvoller Repressionsmaßnahmen begründet werden konnten. Diese Zahlen werden staatlicherseits nun auf ca. 2 Millionen herunterkorrigiert. Über den Organisationsgrad herrscht fantasieanregendes Unwissen: Von der Eigenangabe der Falun-Gong-Bewegung, dass sie (abgesehen von Kontaktadressenlisten) nicht organisiert sei, bis hin zu Vermutungen, dass zumindest in China doch ein hoher Organisationsgrad mit strenger Disziplin unter höchster Geheimhaltung herrsche, liegt ein weites Feld der Spekulation.[169] Die Übungen, oft unter freiem Himmel, und die sonstigen Angebote sind auf Gebot des Meisters hin gebührenfrei; auch das Grundwerk Zhuan Falun kann online gelesen bzw. heruntergeladen werden: Es steht vollständig in der Homepage, die ständig gut betreut und aktualisiert wird (s. u.).

Schätzungen über Anhänger in Deutschland belaufen sich auf ca. 1.000 in 10 bis 15 Ortsgruppen; aufgrund des Kommens und Gehens und einer Dunkelziffer, die mögli-

Quellen: **Li Hongzhi**, Zhuan Falun (dt.), Bad Pyrmont 1998 · **Ders.**, Falun Gong – Der Weg zur Vollendung, München 1998 · **Ders.**, Das Chinesische Falun Gong, Beijing 1996

Video: Falun Gong Lehrfilm.

Literatur: **Ulrich Dehn**, Falun Gong – eine neue Dimension unter den Ki-Bewegungen?, in: MDEZW 1/2000, S. 14-19 · **Melanie Hanz**, Falun Gong hält die Welt in Atem, in: Spirita 1/1999, S. 47-52 · **Christiane Haupt**, Gebotsräder im Unterbauch, in: Sakrament und Sakrileg 10/2000, S. 3-7 · **Thomas Ots**, Im Fieber der Heilserwartung, in: Der Spiegel 31/1999, S. 118f. · **Hubert Seiwert**, Falun Gong – Eine neue religiöse Bewegung als innenpolitischer Hauptfeind der chinesischen Regierung, in: Religion – Staat – Gesellschaft 1/2000, S. 119-144

Internet: www.falundafa.de

2.3.5 Feng Shui

> »Feng Shui ist die Kunst des Lebens in Harmonie mit unserer sichtbaren und unsichtbaren Umgebung. Leben in Harmonie bedeutet Gesundheit, Wohlbefinden, beruflichen Erfolg, persönliches Glück und spirituelles Wachstum.«
>
> (www.fengshuishop.de)

Während es Reiki, Qi Gong und T'ai Chi um den Menschen mit Leib, Seele und Geist geht, erhebt Feng Shui einen umfassenderen Anspruch, der die gesamte Wohnwelt und alle Lebensbereiche einbezieht. Auch hier ist die Idee das ungehinderte, nicht zu schnelle und nicht zu langsame Fließen des Ki-Energiestromes, eingebettet in die uralte duale Dynamik von Yin und Yang. Diese wird, wie auch manches andere in der Ki-Szene, auf den legendären »Gelben Kaiser« (ca. 2600 v.Chr.) und einen in seiner Umgebung entstandenen »Klassiker der Inneren Medizin« zurückgeführt.[170] Seit damals habe man sich die gesamte Natur als das Zusammenspiel einer »interaktiven Polarität« vorgestellt; Wesen in der Natur unterschieden sich darin, wie in ihnen die Gewichte zwischen Yin und Yang verteilt sind. Feng Shui (fang shue gesprochen), wörtlich Wind-Wasser, ist in seinem Kern die Kunst, Konstellationen zu vermeiden, die den Ki-Strom in ungünstiger Weise beeinflussen könnten; ein günstiger Ki-Fluss jedoch bewirkt tendenziell umfassendes Wohl- und Heilsein bis hin zu materiellem und wirtschaftlichem Erfolg: Wirtschaftsunternehmen, die ihre Eingangstüren auf Anraten eines Feng-Shui-Beraters verlegt oder ihre Verwaltungen aus dem Bereich eines in unerquicklicher Weise Ki reflektierenden Hochhauses entfernt hatten, kamen infolgedessen schnell aus den roten in die schwarzen Zahlen.[171] Auch würde Audi, so meint die führende Feng-Shui-Autorin Lillian Too, schnell den Umsatz steigern, wenn es sich von seinem taoistisch widersinnigen Logo der ineinander verschlungenen vier Ringe trennen würde.[172]

Assoziationen an die alte Wünschelrute oder Biotensor und Pendel in neuerer Zeit sind angebracht, denn sie können als Parallelerscheinungen gelten, ebenso wie die Geomantie mit Recht als westlich-esoterische Version von Feng Shui betrachtet wird. Auch Stonehenge, die Pyramiden und andere frühe und vorgeschichtliche Kulturdenkmäler finden sich im Umkreis des Denkens über »Kraftorte«, das kulturgeschichtlich in vielen Gegenden entstand: die Erde und der Kosmos als von Energieströmen durchweht und durchwebt (»Gaia-Hypothese«).

Weltanschaulicher Hintergrund

Die hinter Feng Shui stehende Ideenwelt ist von einer Komplexität, die einen großen Teil der chinesischen Glaubens- und Aberglaubensvorstellungen widerspiegelt. Die Welt der Drachen, Tiger und Geister und die ausdifferenzierte Geometrie-Magie sind je nach Schulen verschieden gewichtet und kaum systematisch darstellbar.

Als Koordinaten zur Feng-Shui-Beratung werden insbesondere die fünf Elemente der Ki-Energie (Feuer, Erde, Metall, Wasser, Holz), das magische Quadrat, die acht (Himmels-) Richtungen und die neun Ki-Jahreszahlen berücksichtigt. Brown nennt als die vier im Westen am weitesten verbreiteten Methoden die Kompass-Methode (acht Richtungen), die Acht-Häuser, den Fliegenden Stern und die Formen-Schule. Die Kompassmethode lotet mit Hilfe eines Kompasses die acht verschiedenen Zonen aus, die je verschiedene Energiedispositionen haben, und benutzt die unten zu erklärende chinesische Astrologie der Neun-Ki-Regel. Die Acht-Häuser-Schule macht »acht Häuser« im Bereich eines Gebäudes aus und benutzt außerdem astrologische Informationen, um festzulegen, wie sich ein Haus für seine Bewohner eignet. Die Methode des Fliegenden Sterns benutzt die energetische Ausrichtung der Gebäudefront sowie das Fertigstellungsdatum bestimmter Gebäudekomplexe. Die Formen-Schule arbeitet mit dem Schema aus neun Quadraten (Ba Gua, s. u.) und mit der Art und Weise, wie jemand ein Gebäude betritt: Der Haupteingang wird zum Ausgangspunkt der Überlegungen.

Die Neun-Ki-Astrologie und das Schema der neun Zahlen entstanden dem Mythos nach, als vor 6.000 Jahren der Weise Fu Hsi am Ufer des Lo-Flusses meditierte und eine Schildkröte vor ihm aus dem Wasser kletterte. Ihr Panzer wurde von einem Muster von schwarzen und weißen Punkten geschmückt, die in neun Gruppen Gruppierungen von 1 bis 9 erkennen ließen und in jeder Richtung in einer Linie je die Summe 15 ergaben. Diese Entdeckung Fu Hsis wurde zur Grundlage der Neun-Ki-Astrologie.[173] Daraus wurde der Kalender mit Neun-Ki-Jahreszahlen entwickelt: Folgen von je neun Jahren, die eine Ki-Zahl tragen, der Jahresbeginn orientiert sich am chinesischen Jahr (3.,4. oder 5. Februar). Die Ki-Zahlen steigen ab: Das Jahr 2000 ist ein 9-Jahr, das Jahr 2001 ein 8-Jahr. Aus der Ki-Zahl des Geburtsjahres eines Menschen und den damit verbundenen Einflüssen von Erde, Sonne, Mond usw. ergeben sich die Konstellationen für sein Ergehen parallel zum westlichen Horoskop anhand von Sternbildern. Auch das alte chinesische Weisheitsbuch I Ging wird verwendet: Außer der Zahl 5 wird jeder Ki-Zahl eine der acht Richtungen (vier Himmelsrichtungen und vier Zwischenrichtungen) zugeordnet, zusammen mit je einem eigenen Trigramm aus dem binären System der unterbrochenen oder ununterbrochenen Striche. Jeder Zahl im Richtungsachteck ist ein Element (z. B. Erde), ein

Symbol (z. B. Berg), ein Familienmitglied, eine Farbe und eine Tageszeit zugeordnet, ferner eine Eigenschaft (z. B. für die 4 das Sanfte) und eine Lebensdisposition (4: Reichtum, Wohlstand).[174] Der Richtung Osten entspricht z. B. der »älteste Bruder«, dem in einer ostasiatischen Familie die wichtige Rolle der Sorge für die Eltern und der künftigen Familienleitung zukommt: eine aktive, zielgerichtete Ki-Energie, die mit dem Symbol des Donners und des Morgens (= der aufgehenden Sonne), des Ehrgeizes, der Verwirklichung von Ideen verbunden ist. Ferner können die zwölf chinesischen Tiere[175] des chinesischen Horoskop-Systems den Jahren (und Monaten) sowie den Himmelrichtungen zugeordnet werden.

So komplex und im Laufe der chinesischen Geschichte ausdifferenziert die Feng-Shui-Koordinaten sind, so leicht haben sie auch ihre Anwender dazu verführt, gelegentlich zu unterschiedlichen oder gar einander widersprechenden Ratschlägen zu kommen, zumal wenn zum gleichen Problem verschiedene »Schulen« befragt wurden.

Zum Hintergrund von Feng Shui gehört auch aus der chinesischen Volksreligiosität heraus ein Pantheon von guten und bösen Geistern. Personengebundene Schutzengel und -geister sowie Schutzgeister eines Hauses oder Grundstücks sind in den Baumaßnahmen ebenso zu berücksichtigen wie Naturgeister und Elementare Geister, die den Menschen grundsätzlich wohlgesonnen sind. Als weniger freundlich gelten arealgebundene Naturgeister, die im Zusammenhang mit dem Bau eines Hauses wichtig werden, und Strukturgeister, die nach den sichtbaren oder unsichtbaren »Strukturen« heißen, an denen sie sich entlangbewegen. Mit den Strukturen können u.a. geomagnetische Strukturen, gerade Wege, (Abfluss-)Rohre, Brunnen, Schornsteine und Klimaanlagen gemeint sein. Entsprechend vielfältig ist das Spektrum der Geister: lineare Weggeister, lineare Fluggeister, Dachgeister, Brunnengeister, Tunnelgeister, Kellergeister. Das »geomagnetische Kubensystem« stellt eine feine Struktur im Erdmagnetfeld dar, an dessen Seitenwänden sich unerwünschte Geister aufhalten können.

Feng Shui in Anwendung

Wenn es also darum geht, unter Anwendung der o. g. Erkenntnisse den harmonischen Ausgleich von Yin und Yang in jedem Teil eines Gebäudes und Wohnraums zu erwirken, der zum ruhigen und ausgeglichenen Fluss des Ki-Stromes führen soll, dann sind zunächst einmal vorspringende Ecken zu meiden, die den Ki-Strom durcheinander wirbeln würden, z. B. dreieckige, L-förmige, U-förmige, H-förmige oder eckig unregelmäßige Grundstücke. Ein Fluss- bzw. Bachverlauf hinter dem Grundstück sei ungünstig wie auch ein Abfall nach hinten. Umgekehrt sei etwa ein nach hinten ansteigendes Grundstück ohne Wasser gut für den Ki-Fluss und mithin für das Wohlbefinden der Nutzer des Grundstücks. In einem L-förmig angelegten Restaurant sollte sich niemand in die Umgebung der vorstehenden Ecke setzen, weil sich dort die Ki-Ströme brechen. Die Homepage www.fengshuishop.de rät davon ab, Grundstücke zu bebauen, die vorher für einen Friedhof, eine Kirche oder einen Tempel, eine Polizeistation oder ein Krankenhaus genutzt wurden oder auf denen ein Haus abgebrannt ist. Im alten China wurde Feng Shui auch und gerade beim Bau von religiösen Gebäuden sowie anderen öffentlichen Unternehmungen wie Palästen und Straßen genutzt.

Ein günstiger Ort für ein Haus werde »Wohnort des Drachen« genannt. Voraussetzung sei das »Vorhandensein einer im Allgemeinen aus drei Bergen oder Hügelketten bestehenden u-förmig angeordneten Geländeformation mit einem Flusslauf an der geöffneten Seite. Am besten ist es, wenn die geöffnete Seite nach Süden weist und der Flusslauf von Westen nach Osten führt«, so die Homepage.

Eine ungute Beschleunigung des Ki-Stroms, wenn nicht gar das Entstehen des schlechten Sha-Chi, wird in Kauf genommen, sofern eine Straße z. B. im Falle einer T-Kreuzung direkt auf einen Hauseingang zulaufe, der dann durch eine geschickt angelegte Hecke geschützt werden müsse. Wichtig sei auch die menschliche Vorgeschichte eines Grundstücks oder Hauses. Beziehungsprobleme, Familienzerrüttung, Ehescheidungen, womöglich gar in Sukzession mehrerer Generationen, wirken sich bis auf die Nachbewohner aus.

Auch Spiegel können zur Brechung und Neutralisierung schlechter Energie und überbeschleunigter Ki-Flüsse dienen. Als Accessoire zur Optimierung der Lebensenergie sind auch lampenähnlich aufzuhängende Kristalle beliebt, die die Schwingungen im Haus harmonisieren, Klangspiele zur positiven Beeinflussung des Raumklimas, sowie Zimmerspringbrunnen und Windspiele.[176]

Die Literatur über Feng Shui ist inzwischen so zahlreich und in jeder Buchhandlung mit mehreren Titeln vertreten, dass Do-it-yourself-Maßnahmen leicht möglich sind; Beratungen werden nach Quadratmetern berechnet, ob allerdings der Berater mehr getan hat, als selbst einige dieser Bücher zu lesen, kann niemand wissen – standardisierte Ausbildungsgänge oder Prüfungen gibt es nicht. Der Spruch »Feng Shui ist so wirksam, dass es niemand ignorieren kann« hat, wie oft in der Dynamik der Ki-Bewegungen, ein wenig den Charakter eines Aktienwerbespruchs: Je mehr gepriesen, desto mehr kaufen und glauben die Menschen, und entsprechend steigen der Wert und die Wirkung der (Selbst-)Suggestion. Oft jedoch changieren die Ratschläge und Einsichten zwischen (für westliche Ohren) chinesisch-volksreligiöser Skurrilität einerseits, wenn es etwa um die reichhaltige Geisterwelt geht, und Banalität andererseits, wo auch der gesunde Menschenverstand nichts anderes geraten hätte. Das ostasiatische Tabu, mit dem Kopf nach Norden hin zu schlafen, ist in einem westlichen Kontext sicherlich schwer zu vermitteln, so wie umgekehrt der universitär geschulte Architekt das Wohlbefinden seiner Kunden vermutlich hinlänglich zu bedienen vermag, ohne dass es der Ausrichtung an der Harmonie von Yin und Yang bedürfte. Vieles spricht für eine metaphorische Dimension dieser kosmischen Dynamik und der Ki-Ströme, denen im Westen jeweils andere Metaphern entsprechen: das Fluidum, der Charme, die (stimmende oder nicht stimmende) »Chemie« oder andere, mutmaßlich bodenhaftende Kategorien. Umso problematischer ist dann allerdings die erhebliche Geschäftemacherei mit einem Gedankengut, das den Geruch von »des Kaisers neuen Kleidern« nicht von sich weisen kann.

Quellen: **Lillian Too**, Feng Shui konkret, München 1999 · **Dies.**, Schlüssel zum Glück mit Feng Shui, München 1999 · **Dies.**, Das Große Buch des Feng Shui, München 1997 · **Simon Brown**, Feng Shui – Was Sie wirklich darüber wissen müssen, München 1998 · **Wilhelm Gersting/Jens Mehlhase**, Das große Feng-Shui Gesundheitsbuch, Aitrang 1997 · **DAO** – Das Asien-Magazin für Gesundheit und Lebenskunst, Sonderheft Fengshui, 2000

3. Im Gespräch mit dem Evangelium

In der Begegnung zwischen neureligiösen Gruppen und Strömungen und Christen stellt sich neben der Notwendigkeit, genau zu wissen, worum es sich eigentlich handelt, auch immer die Frage, ob und wie sie denn mit dem christlichen Glauben zu vereinbaren seien. Diese Frage zielt nicht auf die »Sektenhaftigkeit« ab, d.h. danach, ob es in einer Religionsgemeinschaft mit Recht, Demokratie und Menschenwürde zugeht – vielmehr geht es zum einen um die praktische Frage, inwieweit eine Doppelmitgliedschaft möglich ist, zum anderen müssen Selbstdeutungen diskutiert werden wie diejenige, es handele sich nicht um eigenständige und absolute religiöse Traditionen, sondern um ein Dach, unter dem der jeweils eigene Glaube vertieft werden könne, so vertreten etwa von indischstämmigen Guru-Bewegungen wie Sathya Sai Baba oder Sri Chinmoy, von der Transzendentalen Meditation, aber auch von den japanischen Mahikari-Gemeinschaften. Ideengeschichtlich ist dieser Anspruch vergleichbar mit der Traditionslinie neohinduistischen Gedankenguts, wie es von dem indischen Weisen Ramakrishna und in seinem Gefolge von Swami Vivekananda am Ende des 19. Jahrhunderts vertreten wurde. Aber auch chinesisch-stämmige Ki-Bewegungen neigen dazu, alle Grenzen niederreißen zu wollen und sich als a-religiös oder die Religionsgrenzen übergreifend zu betrachten.

Die Begegnung muss je nach Gesprächspartner auf verschiedenen Ebenen stattfinden. Insbesondere für Reiki und für andere Ki-Bewegungen bietet sich eine pneumatologische Diskussion an, d.h. ein Versuch, auf der Ebene eines theologischen Verständnisses des Geistes Gottes herauszufinden, wie der Griff von Reiki nach sehr weit reichenden religionsgeschichtlichen Vergleichen wie prana, pneuma etc. zu beurteilen ist. Bei den indischen Guru-Bewegungen bietet sich eher eine anthropologische, zuweilen auch christologische Auseinandersetzung an. Wenn Sathya Sai Baba sich nicht nur als Avatar (Niederkunft, Inkarnation) bezeichnet, sondern als die Quelle des Inkarnierens, und damit z. B. über Jesus Christus stehend, so kann dies von Christen nicht mehr als Gesprächsangebot betrachtet werden, sondern nur als Vereinnahmung. Im Falle der Moon-Bewegung ist es der umfassende Anspruch der Überbietung des gescheiterten Weges Jesu, an dem sich eine redliche christliche Argumentation messen muss.

3.1 Versuche zum Tao, zum Ki-Begriff und zum Geist Gottes

Die Beliebtheit taoistisch-buddhistisch orientierter Bewegungen im Westen (Reiki, Qi Gong, T'ai Chi u. a.) steht in der Geschichte keineswegs isoliert da. In der Reihe der China-Rezeptionen im westlichen und besonders im deutschen Geistesleben der letzten 300

Jahre, in deren Verlauf engere Kontakte entstanden, gab es Faszination und Tabuisierung in bunter Abwechslung, aber insbesondere seit Ende des 19. Jahrhunderts überwog die exotisierende Begeisterung.[177] Lange war neben dem Tibetischen Totenbuch das Tao-te-king des Lao-tse in seiner Übersetzung durch Richard Wilhelm in Deutschland das meistgelesene Stück Literatur aus Ostasien. Gerade das Unbegreifliche an ihm zog die suchenden Leser an. Das Tao – oder nach gegenwärtiger chinesischer Lesart Dao – wurde mit vielen Hilfsbegriffen übersetzt, die mehr Projektionen westlicher Geistesgeschichte als Annäherungen an seine Bedeutung waren. »Das westliche Denken hat sich mit allen seinen traditionellen Begriffen auf das geheimnisvolle Tao gestürzt, wie z. B. Sinn, Gott, Weg, Prinzip, Logos, Vernunft, das Eine usw. und es nicht verstanden. Denn es ist mit dem tao gerade eigentümlich, dass es nicht durch einen menschlichen Begriff fixiert und repräsentiert werden kann. Wenn wir es begreifen, haben wir es nicht verstanden; wenn wir es nicht begreifen, sind wir auf dem Weg, es zu verstehen«, so sinniert Jürgen Moltmann in einem sensiblen Beitrag über das Tao-te-king.[178] Richard Wilhelm entschied sich in seiner klassischen Übersetzung für »Sinn« als Übertragung von Tao (Dao)[179] und für »Leben« als Übertragung von Te (de, oft mit »Tugend«, bei Falun Gong sinngemäß als positives Karma wiedergegeben). Daran, ob und wie das Dao theologisch zu verstehen ist und ob hier eine Kompatibilitätsnotwendigkeit zum christlichen Gottesgedanken besteht, entscheidet sich vieles. Sicherlich ist »Dao«, ähnlich wie das indische »brahman«, nicht als Pendant zum westlichen, weithin personal gefassten Gottesbegriff gemeint, sondern als Annäherung an ein unvorstellbares Umfassendes, das wiederum nicht statisch, sondern im Modus des »Weges« (heute übliche Bedeutung in der Alltagssprache Chinas, Japans u.a.) vorgestellt wird. Jedoch kann dieser »Monismus« – oder um mit de Groot zu reden: »Universismus«[180] – nicht unstrukturiert sein: Er wird zum Leben gebracht durch das komplementäre (keineswegs gegensätzliche, geschweige denn dualistische!) Zusammenspiel von Yin und Yang,[181] die beiden Aspekte der Welt, die alles am Leben erhalten und sich dazu des kommunizierenden Elementes Ki (Qi, Chi) bedienen. Moltmann versucht es mit der Formulierung, es handle sich um »komplementäre Übergänge und Rhythmen der Natur«, nicht um zwei verschiedene Kräfte.[182] Ki hat ebenfalls keine göttlichen Konnotationen, sondern kann als energetischer Hilfsgedanke betrachtet werden, der z. B. die Leben spendenden Facetten des menschlichen Körpers repräsentiert: Blut, Atem, Wasser. Es ist auch als metaphorische Hilfskonstruktion verständlich, die in vormedizinischer und vooperativer Zeit eine Sprache zur Verfügung stellte, über Gesundheit und Krankheit eines lebenden Organismus zu reden.

Religiöse Komponenten haben diese Sprachregelungen sowohl im chinesischen volksreligiösen Milieu als auch in der westlichen Esoterik erhalten, insbesondere durch die weitreichenden Assoziationen, die bei Reiki nahe gelegt werden und die besonders durch die Vergleiche mit »ruah« der hebräischen Bibel und »pneuma« des Neuen Testaments eine theologische Diskussion über den Heiligen Geist provozieren. Andererseits ergibt sich aus christlicher Tradition heraus die Frage, welche biblischen Inhalte und theologischen Gedankengänge sich dem Ki-Denken und seinen kosmologischen und universalen Aspekten anzunähern scheinen. Um mit Letzterem zu beginnen: Gott als der Allumfassende, als der All-Präsente, wird zum einen in Psalm 139,5.8 besungen: »Du umschließt mich von allen Seiten und legst deine Hand auf mich ... Steige ich hinauf in den Himmel, so bist du dort; bette ich mich in der Unterwelt, bist du zugegen.« Nie ist dieses Denken zum Hauptstrom im Christentum geworden, es blieb randständig und führte im Mittelalter zur Verurteilung von Mystikern und Mystikerinnen wie der Beginin Aleydis im Jahr 1236 und einiger Sätze Meister Eckharts [1260-1328]. In einer paradox zugespitzten Zusammenfassung seiner Lehre über Gott und Welt schreibt Eckhart:»1. Gott ist Seinsheit und Nichtsein. Gott ist eins und alles in allem. Die Welt ist Nichtsein und Allheit, ist eins und vieles, ewig und zeitlich. 2. Gott ist immanent und transzendent zur Welt, die Welt ist immanent und transzendent zu Gott. 3. Gott und Welt sind völlig ungleich. Gott und Welt sind völlig gleich.«[183] Dieses dem Pantheismus nahe kommende Denken ist eher mit dem Dao als dem energetisch beladenen Ki zu vergleichen. Zen-Buddhisten und der Zen-Meditation nahe stehende Christen haben in der Herausstellung des Nichtseins Gottes Parallelen zum Begriff der Leere (sanskrit: sunyata, jap.: kû) im Mahayana-Buddhismus gespürt. Während dieser Vergleich deutlich mit der erheblich stärkeren christlichen Tradition eines personalen Gottes (der jedoch nicht notwendigerweise »im Himmel« gesucht werden muss) als Gegenüber zur geschöpflichen Welt kollidiert, führen uns Spuren der Theologie des Heiligen Geistes in ihrer Nähe zu Ki möglicherweise weiter. Wieder ist es Moltmann in seinem bereits zitierten Beitrag, der Gemeinsamkeiten wie auch Unterschiede zwischen Ch'i (Ki) und Ruah sieht. Er schreibt zum Verhältnis von Tao und Ch'i: »Das Ursprüngliche und als Erstes aus dem Sein des Tao Hervorgehende ist das Leben des Ch'is. Es ist Lebenskraft und Lebensraum, Lebenszeit und Lebensbeziehungen in einem.« Er unterscheidet zwischen Yin-Ch'i und Yang-Ch'i. Mit Ch'i sei die Einheit selbst gemeint, während Yin-Ch'i und Yang-Ch'i die komplementären Kräfte des Ch'i bezeichneten. Seine Verhältnisbestimmungen von Tao, Yin, Yang und Ch'i sind nicht unumstritten und eher untypisch für chinesische Philosophie, sie können aber als Sicht mit »westlichen« Augen eines christlichen Theologen im Rahmen unserer Diskussion weiterhelfen. Er schreibt weiter über das Ch'i, es sei »die allgegenwärtige, formlose, aber alles formende Kraft des Daseins, alles Lebendigen und auch der Menschen ... Weil es das Zwischen allen Dingen ist, kann es die universale Sympathie aller Wesen wirken ... Ch'i ist eine Art Weltgeist, der alles belebt, bewegt, wandelt und befestigt«.[184] Sicherlich sind weder »ruah« in der hebräischen Bibel noch »pneuma« im Neuen Testament als kosmische Energie oder »Weltgeist« zu verstehen, sie stellen aber ein Wirkungsinstrument Gottes dar, das von der Einblasung des Lebens in den ersten Menschen (Gen 2,7) bis hin zum Pfingstereignis (Apg 2) als Leben schaffende, Geist bringende, heilende, und allgemein Gottes Gegenwart spürbar und erfahrbar machende Wirk-Macht wahrnehmbar wird. Dem lässt sich christlicherseits mit Passagen aus Moltmanns Pneumatologie entgegenkommen. Moltmann identifiziert »formative Metaphern« für den Geist Gottes, z. B. Lebenskraft und Energie.[185] Gott wird als die »Quelle des lebendigen Wassers« (Jer 17,13; Joh 4,14) beschrieben: Energien des lebendig machenden Gottes werden von den Betroffenen in leiblich spürbarer Form weitergegeben. Bewegungsmetaphern (Wind, Sturm, Feuer) weisen auf den Geist Gottes hin: Sturm geschieht nicht um seiner selbst willen, sondern wirbelt um der neuen Ordnung Gottes willen die Dinge durcheinander, so in der Pfingsterfahrung und am Berge Horeb in 1. Kö 19,11ff. Die Erfahrung der ewigen Liebe sowie die Dynamik zwischenmenschlicher Lebenserfahrung allgemein werden zu Momenten des Geistes.[186] Blitz und verzehrendes Feuer sind häufig verwendete Metaphern: Ps 79,5; Ps 89,47; Zeph 1,18; Hebr

12,29. In Ps 18,9 heißt es: »Dampf ging aus von seiner Nase und verzehrendes Feuer von seinem Munde, dass es davon blitzte.«

Mit dieser Geist-Rezeption (Moltmann nennt seine Pneumatologie ausdrücklich »ganzheitlich«) bewegen wir uns dicht an dem, was an Konnotationen für Ki (Qi) oder Reiki ins Feld geführt wird. Auch von Liebe und Wärme/Feuer ist die Rede, Aspekte, die für Reiki gerne in Anspruch genommen werden. Ein signifikanter Unterschied jedoch schiebt sich in die allzu große theologische Annäherung: Subjekt der »Instrumentalisierung« des Geistes Gottes ist Gott, nicht der Mensch, der nach einer spezifischen Stufe der »Einweihungen« Meister der Handhabung des Geistes geworden wäre. »Der Geist weht, wo er will; du hörst sein Brausen, weißt aber nicht, woher er kommt und wohin er geht«, so wird Nikodemus von Jesus belehrt (Joh 3,8). Der Geist ist souverän. Die Vermutung, dass der Geist Gottes in einer heilsamen und Leben schaffenden Erfahrung spürbar geworden ist,[187] ist unumkehrbar; die Erfahrung des Geistes und der Kraft Gottes ist nicht machbar. Sie kann nur Gegenstand des Gebetes sein. Auch widerstrebt die Vorstellung der weitgehend handwerklichen Zugänglichkeit von ganzheitlichem Wohlbefinden einschließlich spiritueller Zustände dem christlichen Glauben an die nur aus Gottes Gnade erteilte Gerechtigkeit und Ganzheit. Die Methodisierbarkeit des Heils, sofern sie in Gestalt eines disziplinierten Weges (wie etwa dem der Geistlichen Übungen des Ignatius von Loyola) gedacht wird, hat ihre Tradition auch im Christentum – in den Einweihungen von Reiki und in den fünf Übungen von Falun Gong allerdings findet eine Handhabbarkeit statt, die mit der paulinischen Abwehr des »Gesetzes« kollidiert: »Weil wir aber erkannt haben, dass der Mensch nicht durch Werke des Gesetzes gerecht wird, sondern durch den Glauben an Jesus Christus, sind auch wir dazu gekommen, an Jesus Christus zu glauben, damit wir gerecht werden durch den Glauben an Christus, und nicht durch Werke des Gesetzes« (Gal 2,16). Eberhard Jüngel weist unter Bezugnahme auf Luthers Entfaltung der Ambivalenz menschlicher Existenz in weltlichen Bezügen darauf hin, dass der Mensch als sich selbst entfremdet zu betrachten sei. »Insofern tut es der menschlichen Person gut, dass sie über ihr Personsein nicht selber verfügen kann. Der Mensch ist sich zu seinem eigenen Besten selbst entzogen.«[188] Insofern stößt auch die eigene Arbeit am Strömen des Ki-Flusses nach rechtfertigungstheologischer Überzeugung an deutliche Grenzen, sofern sie dem Menschen über die Grenzen des umfassenden Wohlgefühls hinweg in den Bereich dessen helfen will, was je nach religiöser Tradition als Erleuchtung, Heil, Erlösung, oder mit Paulus als Gerechtigkeit bezeichnet werden möge.

Ähnliches gilt auch für die »Chakrenarbeit«. Die Vorstellung der Chakren ist normalerweise Bestandteil der Ki-Bewegungen, und die Arbeit an den Chakren ist das Rückgrat jeder Reiki-Behandlung. Hier liegt eine vorwissenschaftliche Terminologie für körperliche Funktionen vor, die heute als Metaphorik verstanden werden kann und im Esoterik-Bereich breite Verwendung findet. Ihr kann keine »biblische« Physiologie entgegengehalten werden, jedoch werden Grenzen evangelischen Glaubens berührt, wenn vom »Kronenchakra« und von der Erlösungsfähigkeit des Menschen durch die Öffnung des Kronenchakra dank der entsprechenden Übungen die Rede ist. »Säkularisierte« Formen der Ki-Szene müssen diese Grenzen nicht berühren, und in einer weithin üblichen Version der Reiki-Behandlung kommen spirituelle Elemente auch nicht zum Tragen. Christen sollte aber gegenwärtig sein, dass es nicht das Handwerkszeug gut geübter Meditation

und einer definierten Zahl von Einweihungen in Zusammenhang mit der Chakrenlehre
ist, das den Menschen seinem Ganzsein vor Gott näher bringt.

Auch Luther hat von einem Eingebundensein des Menschen in ein kosmisches Bewusstsein gesprochen und wusste davon, dass im menschlichen Körper etwas »schwinge«
– nennen wir dies heute »Ki«? Damit hat er sich nahe an einem Denken bewegt, das uns
aus Ostasien begegnet, und dies zeigt einmal mehr, dass die Scheidung der Geister mit
sensiblen Messgeräten vorgenommen werden sollte.

3.2 Überreligion und die Redlichkeit des Glaubens

In mancher neureligiösen Bewegung findet sich ein spirituelles Muster, das strukturell
mit dem christlichen Glauben kollidieren muss: der Ansatz einer Überreligiosität, die
Enteignung von Eigentümlichkeiten, das Angebot eines »Daches«, unter dem sich die
Religionen der Welt finden könnten. Horst Hüttl zitiert in seiner Dissertation über die
Sri-Chinmoy-Bewegung den Ausspruch des indischen Gelehrten Rabindranath Tagore
aus dem Jahre 1914: »Deshalb müssen wir uns bemühen, Christus aus den sektiererischen Händen der Christen zu befreien, Vishnu aus den sektiererischen Händen der Vish-
nuiten, Brahman aus den sektiererischen Händen der Brahmanen ... Wir versuchen die
zentrale Botschaft des Christentums aufzunehmen. Diese ist für uns nicht eine Sache des
Christentums, sondern eine Sache des Menschen.«[189] Die Schärfe, mit der hier die »Enteignung« der traditionellen Religionen stattfindet, findet sich an anderen Stellen, auch
bei Sri Chinmoy, in moderaterem Ton wieder und geht bei Sai Baba über in eine »Gegen-
eroberung«: Während die Selbstbehauptung, ein »Avatar«, d.h. die Niederkunft/Inkarna-
tion eines Gottes zu sein, in der Welt der neuen Gurus weit verbreitet ist, stellt Sai Baba
sich eine Stufe darüber z. B. mit der Umformulierung von Joh 3,16: »So sehr hat Sathya
Sai Baba die Welt geliebt, dass er einen Sohn, Jesus Christus, gesandt hat, damit alle, die an
ihn glauben, gerettet werden.«[190] Auch die Benutzung des »trinitarischen Modells« mit
der Reihung Shirdi Sai, Sathya Sai und Prema Sai, innerhalb derer Sai Baba sich selbst als
Reinkarnation des Shirdi Sai betrachtet[191], liest sich nicht als eine Einladung unter ein
interreligiöses Dach und kann auch nicht mehr im Sinne einer neohinduistischen Religionskritik à la Tagore verstanden werden, sondern wirkt vielmehr als »feindliche Übernahme« und Anmaßung. Sri Chinmoy hingegen benutzt Vorstellungen, die in Anlehnung an ein Denken etwa des neohinduistischen Swami Ramakrishna und im Gefolge Sri
Aurobindos auch heute in Variationen in der »pluralistischen Religionstheologie« wiederzufinden sind. »Es gibt ein absolutes Höchstes. Alle Formen religiösen Glaubens verehren denselben Gott, aber sie nennen ihn unterschiedlich. Ein Mensch mag von dem
einen ›Vater‹ genannt werden, ›Bruder‹ vom nächsten und ›Onkel‹ wieder vom nächsten.
Und wenn er in sein Büro geht, wird er bei seinem Familiennamen genannt«,[192] und an
anderer Stelle heißt es: »Gott ist einer, aber gleichzeitig ist er viele. Ein Baum ist einer, aber
er hat viele Zweige. Wenn du dir einen Zweig anschaust, meinst du, das sei der Baum.
Wenn du dir ein Blatt anschaust, meinst du, das sei der Baum. In ähnlicher Weise kann
Gott aus verschiedenen Blickwinkeln unterschiedlich aussehen. Aber er ist derselbe Gott.
Alle Religionen sind Teil dieses einen Gott-Baums.«[193] In variierter Form könnte dieser

Gottesgedanke von christlichen Vertretern der pluralistischen Religionstheologie stammen, wie sie etwa von John Hick unter Hinzufügung kantianischer Elemente vorgetragen wurde. Laut Hick stellen »die großen ... Religionen verschiedene Möglichkeiten dar ..., eine höchste göttliche Wirklichkeit zu erfahren, in Begriffe zu bringen und in einer Beziehung zu ihr zu leben, wobei diese Wirklichkeit alle unsere unterschiedlichen Auffassungen von ihr transzendiert«.[194] Perry Schmidt-Leukel, der sich grundsätzlich für die »pluralistische Option« in ihrer Hickschen Version entscheidet, konkretisiert dies: »Die göttliche Wirklichkeit ist nicht völlig unerkennbar und unbestimmbar, sondern sie ist gerade als eine alle Endlichkeit der Form und der Vorstellung unendlich übersteigende Wirklichkeit richtig erkannt.« Es gelte, auch andere Erfahrungen dieser Wirklichkeit als die eigene authentisch ernst zu nehmen: »Nicht alle Transzendenzvorstellungen, nicht alle Mythen, nicht alle religiösen Handlungen dienen gleichermaßen gut als Ausdruck und Katalysator dieser Erfahrung. Aber daraus folgt nach pluralistischer Auffassung nicht, dass nur ein einziger oder einzig bester Ausdruck möglich ist: Es kann gleichermaßen Wahres, Gutes und Heiliges in unterschiedlicher Form geben«. Zugleich aber wehrt Schmidt-Leukel die Gleich-Gültigkeit ab: »Doch damit ist in keinster Weise gesagt, daß alle unterschiedlichen Formen gleichermaßen wahr, gut und heilig sind.«[195] Er führt aus, dass im interreligiösen Dialog die pluralistische Option die einzige sei, die verhindern könne, dass der andere Glaube von vornherein als nicht gleichwertig betrachtet werde. Es kämen daneben nur noch die von ihm deutlich verworfene exklusivistische und inklusivistische Option in Frage, d. h. eine Option, die einen exklusiven Wahrheitsanspruch für die Offenbarungsqualität des christlichen Glaubens erhebt (als Kronzeuge: Karl Barth), oder eine Option, die andere Religionen in quantitativer Berechtigung im Verhältnis zum eigenen christlichen Glauben sieht, aber das Christentum als ihre Erfüllung betrachtet. Zu dieser Option wird gerne der katholische Theologe Karl Rahner und sein Modell des »anonymen Christen« in anderen Religionen zitiert. Es kann hier nicht um eine ausführliche Auseinandersetzung mit der pluralistischen Religionstheologie gehen, die sich in großer Nähe zum Denken Sri Chinmoys befindet, es sei aber immerhin angemerkt, dass im Sinne einer Unterscheidung zwischen kognitiver Ebene und Glaubensentscheidung die pluralistische Option zur kognitiven Hilfe in Form einer Religionsphilosophie aus der Vogelperspektive heraus in der distanzierten Wahrnehmung werden kann. Dies enthebt den Dialogpartner aber nicht der Glaubensentscheidung, die eigene religiöse Identität und das eigene Bekenntnis als die für ihn authentische und unauswechselbare Option zu betrachten – oder sich im interreligiösen Dialog in eine unbeteiligte Beobachterrolle zu begeben. Diese beiden Wahrnehmungsvarianten, die kognitiv-rationale und die glaubensbezogene, müssten miteinander ausgehalten werden, sofern es gelingen sollte, die »pluralistische Option« in die christlich-theologische Arbeit zu integrieren.

Ähnliche Argumente gelten gegenüber den Ansprüchen, »Überreligionen« anzubieten, die einen »Übertritt« obsolet machen. Nichts anderes ist es, was in einer langen Traditionslinie von Ramakrishna über Tagore bis hin zu den neureligiösen indischen Meistern unserer Tage zumeist unter Rückgriff auf Sri Aurobindo gefordert wird.

Die Nagelprobe auf die Ernsthaftigkeit eines »Angebotes« dieser Art bestünde u. a. darin, zu fragen, ob auch Sri Chinmoy, dessen Denken dem indischen Hintergrund in zahlreichen Facetten verhaftet ist, bereit wäre, ein ähnlich geartetes Angebot mit christlichem, muslimischem oder sufischem Hintergrund zu akzeptieren. Die zahlreichen Anleihen seines Schrifttums bei mystischen Traditionen aus anderen Religionen sollen dies suggerieren, aber die starke Orientierung der Anhänger/innen an ihrem in New York residierenden Meister, die hinduistisch ausgerichtete Meditation und yogischen Übungen lassen wenig Zweifel daran aufkommen, dass hier indische Bhakti-Frömmigkeit (d. h. intensive Hinwendung zu Gott) gemeint ist und darüber hinaus eine spezifische Guru-Abhängigkeit, die interreligiös nicht zumutbar ist. Würde akzeptiert werden, dass für jemanden, der zur Sri-Chinmoy-Bewegung kommt, nur um das interreligiöse Dach in Anspruch zu nehmen, Sri Chinmoy etwas anderes und weniger wäre als für einen Anhänger im engsten Sinne? Interreligiöse Begegnung ist nur möglich und sinnvoll auf der Basis der jeweils eigenen Glaubensidentitäten, die auch gegenseitig anerkannt werden und nicht unter dem Dach eines gemeinsamen theologischen Konstrukts. Zudem werden die großzügigen spirituellen Angebote Sri Chinmoys, Sai Babas, der Transzendentalen Meditation u. a. nie den Verdacht abschütteln können, dass sie eher der Mission und dem Mitgliederzugewinn dienen als einem ernsthaften interreligiösen Anliegen.

3.3 Das Kreuz Jesu Christi und der messianische Anspruch des Moon San-Myung

Auch in den Aktivitäten der Vereinigungskirche/Familienföderation für Weltfrieden begegnet das »Angebot« interreligiöser Friedensarbeit; noch mehr aber als in den indischstämmigen Gruppen sind hier für einen Christen die theologischen Zumutungen ein Hindernis. Sei es der Anspruch Moons, die Abstammungslinie des Menschen aus der satanischen Verknüpfung (Eva und Satan) in die von ihm selbst gegründete neue Familie umzulenken, sei es die damit verbundene messianische Rolle, die Moon sich seit 1992 selbst gibt, sei es die repressive Anthropologie, die dem Menschen gegebenenfalls die Schuld zuweist, seine fünf Prozent Anteil an der Rettung der Welt nicht zureichend erfüllt zu haben und die sich damit definitiv vom reformatorischen Rechtfertigungsglauben entfernt. Dass Moon sich selbst messianische Qualität zuschreibt, ist weder von vornherein ethisch verwerflich noch religionsgeschichtlich ungewöhnlich; auch dass dieser Anspruch mit Exklusivität und mit organisatorischer Strenge verbunden ist, ist in sich noch nichts Skandalöses. Dass allerdings vermutet werden muss, dass diese Kristallisationsfigur gleichzeitig Waffenproduktion angeregt, antikommunistische bewaffnete Konfliktparteien über Jahrzehnte hinweg unterstützt und wirtschaftliche Transaktionen am Rande der Legalität getätigt hat, macht geistliche Ansprüche zur Anmaßung. Ebenso wird die ethische Integrität durch Moons ehemalige Schwiegertochter erheblich in Frage gestellt. Dies alles ist zwar nicht unbedingt Gegenstand einer theologischen Auseinandersetzung, stellt aber den Kontext einer Religionsvereinigung dar, die einen ausdrücklich christlichen Traditionsanspruch mit ethischen Dimensionen erhebt.

Hummel hat darauf hingewiesen, dass zentrale Kontroversthemen wie Bluttheologie, Reich-Gottes-Hoffnung und Dispensationalismus nicht unbedingt synkretistische Übernahmen aus dem außerchristlichen Bereich seien, sondern von christlichen Randgruppen in Korea stammen.[196] Einiges kann auch auf die Einflüsse zurückgeführt werden, die die Vordenkerin Kim Young Oom aus dem Denken Emanuel Swedenborgs empfangen hat. Wenn, wie Hummel zu Recht herausstellt, das zusammenhaltende Moment der Vereinigungstheologie der Glaube an die Messianität Moons und an die »Elternschaft« des Ehepaars Moon/Hak ist, so kollidiert dies deutlich mit der Zentralität Jesu Christi und des Errettungsereignisses in Kreuz und Auferstehung. Dieses Thema steht auch im Gespräch mit anderen, sich auf neue Offenbarungen berufenden Bewegungen (wie etwa der Johannischen Kirche des Joseph Weißenberg) auf der Tagesordnung. In diesem Sinne ist Moon in der Reihe der neuoffenbarerischen Religionsgründer sicherlich besser aufgehoben als in einem Vergleich mit Martin Luther.[197] Weiterhin ist die Verwurzelung des Denkens der »Göttlichen Prinzipien« im chinesisch-konfuzianischen Umfeld, im koreanischen Schamanismus sowie in zahlreichen anderen Elementen des ostasiatischen kulturellen Raumes nicht zu übersehen. Zum Teil ist dies nicht verwunderlich und auch legitim für eine kontextabhängige religiöse Bewegung, zum Teil werden Grenzen überschritten, die hätten beachtet werden sollen, zumal, wenn es sich um eine Bewegung handelt, die sich von ihrem Anspruch her ursprünglich als Reformbewegung des Christentums verstand und in letzter Zeit beharrlich den Dialog mit den christlichen Kirchen sucht. In Anbetracht des offenen Geschichtsdenkens, von dem der christliche Glaube lebt, der das Hereinbrechen und die Gestaltung des Reiches Gottes von Gott erwartet und keine »Geschichtsphasen« vorsieht, ist auch der Dispensationalismus der Vereinigungsbewegung mit seinem definitiv durch Moon geprägten Geschichtsbild ein Stolperstein im Gespräch – ein solches Gespräch würde es also schwerlich ohne »Vorbedingungen« geben können.

Bedingungen ähnlicher Art treffen – cum grano salis – auf die Begegnung mit zahlreichen Gruppen und Bewegungen aus dem ostasiatischen Raum zu, ebenso in etwas anderer Weise, wenn sie nicht ausdrücklich die Verwandtschaft zum Christlichen betonen wie Moon. Ein authentisches Gespräch wird sich nur dann als fruchtbar erweisen, wenn die eigene Glaubensidentität nicht um der »besseren Verständigung willen« partiell zur Disposition gestellt wird: Nur aus den Unterschieden heraus und aus gegenseitigem Respekt der Gesprächspartner entsteht eine Begegnung, die nicht zum monologischen Chor ausarten soll.

Reinhard Hempelmann:

V. Sehnsucht nach Gewissheit – neue christliche Religiosität

Einführung

Das Gesamtphänomen neuer Religiosität lässt sich nicht auf außerchristliche oder säkulare Formen einengen, vielmehr lenkt es den Blick auch auf die christlichen Kirchen. In den Groß- und Freikirchen – häufiger noch neben ihnen – entwickeln sich gegenwärtig christliche Frömmigkeitsformen, die unter den Begriffen »evangelikal« und »pfingstlich-charismatisch« zusammengefasst und deren Schattenseiten meistens unter dem Stichwort »christlicher Fundamentalismus« beschrieben werden. Mit »evangelikal« ist hier eine Glaubenshaltung beschrieben, die durch persönliche Entschiedenheit charakterisiert ist und die verpflichtende Bindung an die Bibel als das Wort Gottes hervorhebt. Pfingstler und Charismatiker unterstützen diese Anliegen auch, sie sind insofern ebenso evangelikal orientiert, darüber hinaus praktizieren sie jedoch eine auf den Heiligen Geist und die Gaben des Geistes (v. a. Zungenrede, Prophetie, Heilung) bezogene Frömmigkeit. Begriffe wie »randkirchliche Gruppen« sind zur Beschreibung dieser Gemeinschaften und Strömungen nur begrenzt geeignet. Pfingstlich-charismatische und evangelikale Gruppen müssen keineswegs randkirchlich sein. Auch trifft es nicht pauschal zu, dass hier hauptsächlich von Gruppen »neben den Kirchen« die Rede ist, zumal eine solche Deutung Wertungen enthält, die Selbstverständnis und Wandlungsprozesse dieser Gruppen oft zu wenig berücksichtigen und möglicherweise einen verengten Kirchenbegriff voraussetzen. Der gewählte Begriff »Neue christliche Religiosität« ist freilich auch nicht eindeutig und müsste weiter präzisiert werden. Unter der Chiffre »Neue christliche Religiosität« firmieren auch Ansätze feministischer und ökologischer Spiritualität, ebenso die »Taizéfrömmigkeit«. In diesem Kapitel bezieht sich diese Chiffre hauptsächlich auf Strömungen und Gruppierungen des protestantischen »Erweckungschristentums« und dessen Umfeld.

Das christliche Leben geschieht hier in konfessionsübergreifenden Strömungen und mehreren hundert Einzelgruppen, die sich durch ein hohes Maß an Verbindlichkeit, persönlicher Entschiedenheit und missionarischem Eifer auszeichnen. Hierzu gehören:

- freie Missionswerke,
- neue Gemeindegründungen,
- von der Vision christlicher Vollkommenheit bestimmte Einzelgruppen,
- Erneuerungsgruppen in den historischen Kirchen und den klassischen Freikirchen.

Im Folgenden können nur einflussreiche Strömungen dargestellt werden. Nicht berücksichtigt wurden diejenigen Gruppen, die noch vor dreißig Jahren als Sondergemeinschaften verstanden wurden, inzwischen jedoch ein eher freikirchliches Selbstverständnis entwickelt haben und nach ökumenischer Anerkennung suchen (z. B. Adventisten, Weltweite

Kirche Gottes, Gemeinde Gottes/Fritzlar). Sofern die Darstellung sich auf Einzelgruppen bezieht, geschieht dies in exemplarischer Absicht. Die Ausführungen möchten dazu anregen, die Wandlungsprozesse der christlichen Landschaft im Zusammenhang mit der religiösen Gegenwartskultur wahrzunehmen. Ebenso berücksichtigen sie diejenigen Phänomene und Gemeinschaftsbildungen, die sich häufig als Alternative zu traditionellen Ausprägungen des Christlichen begreifen. Für kirchliches Handeln stellen diese Wandlungsprozesse eine wichtige Herausforderung dar, zu der sowohl eine theologisch-apologetische Auseinandersetzung wie auch ökumenische Verständigung gehören müssen.

Aus der Distanz betrachtet gehört die Ausbreitung »pentekostal-charismatischer« und »evangelikaler« Frömmigkeit zu den »religionsproduktiven Tendenzen« der Postmoderne.[1] Die Globalisierung, die zunehmend von Politik, Ökonomie und Kultur bestimmt wird, hat auch religiöse, genauer christlich-religiöse Aspekte. Die weltweite Rückkehr der Religionen als Macht, die Menschen ergreift und öffentlichen Einfluss gewinnt, ist ein Vorgang, der auch innerhalb des Christentums erkennbar wird. Für viele Intellektuelle ist dies ein ebenso überraschendes wie irritierendes Faktum. Es fordert zur Überprüfung gängiger Religionstheorien heraus und nötigt im Blick auf den europäischen Kontext dazu, die Gleichzeitigkeit von fortschreitender Säkularisierung und Revitalisierung von Religion zu bedenken.[2]

Die Wurzeln des erwecklichen Christentums liegen in den Vereinigten Staaten, insofern ist es ein Import, begleitet von entsprechenden kulturellen Differenzerfahrungen. Historisch gesehen kommen mit ihm die einst aus Europa verdrängten spiritualistischen und »wiedertäuferischen« Strömungen zurück. Die Gestalt des Christentums, die sich im nordamerikanischen Kontext entwickelte, wird in ihrer globalen Bedeutung oft unterschätzt. Sie begegnet heute insbesondere in der Ausbreitung »pentekostaler« Bewegungen.[3]

In den historischen Kirchen werden erweckliche Erneuerungsgruppen teils als Hoffnungszeichen, teils als Störung und Provokation empfunden. Für ein christliches Selbstverständnis, das sich ganz eng mit der säkularen Kultur verbunden hat, sind beispielsweise charismatische Gemeinden und Gruppen ein Thema, das in direkten Zusammenhang mit der Fundamentalismusdiskussion gestellt und als Bedrohung für ein modernes, aufgeklärtes Christentum empfunden wird. Bei allen notwendigen Differenzierungen, die zwischen Pfingstlern, Charismatikern, Evangelikalen und Fundamentalisten gemacht werden müssen, verbindet sie der Protest gegen ein geheimnisleeres säkulares Wirklichkeitsverständnis und die oppositionelle Haltung gegenüber dem Weltverständnis der Aufklärung. Vor allem pfingstlich geprägte Bewegungen werden deshalb mit Recht als »eine christliche Variation gegenwärtigen religiösen Aufwachens in allen Religionen und Kulturen«[4] interpretiert. Allerdings hat dieser Interpretationsrahmen für pfingstlich-charismatische Bewegungen nur unter bestimmten Gesichtspunkten Gültigkeit. Einerseits grenzen sie sich deutlich gegenüber einem unorganisierten, individualisierenden und synkretistischen Religionsvollzug ab, wie er sich beispielsweise in der breiten Aufnahme esoterischer Anschauungen und Praktiken in westlichen Kulturen entwickelt hat (vgl. III.), und gehören von ihrem Bekenntnis- und Glaubensvollzug her zur großen Familie christlicher Gemeinden und Gemeinschaften. Andererseits gibt es zahlreiche Berührungen, teils als legitime Inkulturation, teils in Form einer Verzerrung christlichen Glaubensvollzugs. Hier wie dort geht es um den Protest gegen ein verkürztes Wirklichkeitsverständnis.[5] Hier wie dort geht es um die Erfahrbarkeit des Wunderhaften und Außergewöhnlichen, um die siegreiche Auseinandersetzung mit den Mächten des Bösen, um die Rückkehr zu einem Weltbild, in dem böse Geister und territoriale Mächte den Menschen bestimmen. Hier wie dort überlässt man den Bereich von Krankheit und Heilung nicht den Ärzten allein und macht entsprechende Erfahrungen mit Geistheilung und Kraftübertragung, wobei der Erfolgsdruck fragwürdige Vorgehensweisen und Interpretationen hervorrufen kann.

Wo evangelikale und pfingstlich-charismatische Frömmigkeitsformen Resonanz finden, werden religiöse Pluralisierungsprozesse beschleunigt. Dabei wird Christsein aufgrund von Tradition schwächer, während Christwerden durch persönliche Erfahrung und Entscheidung in seiner Bedeutung zunimmt. Der Abbruch christlicher Tradition sowie internationale Entwicklungen und Austauschprozesse mit der angloamerikanischen Welt unterstützen solche Veränderungsprozesse. Die chancenreiche Ausbreitung des protestantischen Erweckungschristentums resultiert jedoch nicht nur aus der beanspruchten Wiedergewinnung urchristlicher Glaubenserfahrung, sie profitiert von verschiedenen Rahmenbedingungen: vom Schwinden der Selbstverständlichkeit und kulturellen Abstützung christlicher Glaubenspraxis und von den anti-institutionellen Affekten junger Menschen.

Wo christliche Religion in intensiven Ausdrucksformen gelebt wird, ruft sie nicht nur Bewunderung und Zustimmung, sondern auch Distanz und Ablehnung hervor. Wo christlicher Glaube eine deutliche Gestalt gewinnt und mit großem persönlichem Einsatz und der Bereitschaft zu radikaler Christusnachfolge gelebt wird, treten auch Gefährdungen und Schatten ans Licht:

- Religiöse Hingabebereitschaft kann ausgenutzt und missbraucht werden,
- die Orientierung an charismatischen Führerpersönlichkeiten kann das Mündig- und Erwachsenwerden im Glauben verhindern,
- die Berufung auf den Geist kann funktionalisiert werden für ein problematisches Macht- und Dominanzstreben,
- das gesteigerte Sendungsbewusstsein einer Gruppe kann umschlagen in ein elitäres Selbstverständnis, das sich scharf nach außen abgrenzt, im Wesentlichen von Feindbildern lebt und Gottes Geist nur in den eigenen Reihen wirken sieht.

Die Ausbreitung des erwecklichen Christentums ist in den letzten Jahrzehnten von diesen Schatten begleitet worden. Natürlich ist es falsch, die Wahrnehmung dieser Bewegungen allein auf diese Schattenseiten zu konzentrieren. Jedoch kann eine Urteilsbildung nicht daran vorbeigehen, dass zum Beispiel pfingstlich-charismatische Gruppen auch als konfliktträchtige religiöse Bewegungen in Erscheinung treten. Zudem kann eine kritische Auseinandersetzung mit erwecklichen Frömmigkeitsformen an Kontroversen anknüpfen, die innerhalb solcher Bewegungen sichtbar werden, wie z. B. die neuerliche Diskussion über geistlichen Missbrauch.[6] Kritik an intensiven Formen christlicher Frömmigkeit ist insbesondere dann berechtigt und nötig, wenn die Alltagsfähigkeit etwa im Blick auf berufliche oder schulische Herausforderungen abnimmt und das, was als erlebte »Bekehrung« oder »Erfahrung des Heiligen Geistes« bezeichnet wird, den Menschen nicht für andere öffnet, sondern ihn kommunikationsunfähig macht. Neue Gruppen und Gemeinden müssen oft noch lernen, mit ihrem sozialen Umfeld angemessen zu kommunizieren. Wenn Missions- und Evangelisationsteams aus dem angloamerikanischen Bereich im deutschsprachigen Raum tätig werden, gilt dies umso mehr, weil sie oft sehr pauschale Wahrnehmungsmuster im Blick auf die kirchlichen und gesellschaftlichen Rahmenbedingungen mitbringen. Ein elementares Wissen über unterschiedliche konfessionelle Prägungen und Frömmigkeitsformen hat bei vielen zudem nachgelassen, während die Angst, dass religiöse Bindungen gefährlich werden könnten, gewachsen ist. Es scheint schwer geworden zu sein, zwischen einem authentischen christlichen Engagement und vereinnahmenden und gesetzlichen Formen erwecklicher Frömmigkeit zu unterscheiden. Gerade dieses Unterscheidenlernen und Unterscheidenkönnen ist jedoch nötig.

1. Rahmenbedingungen der Ausbreitung neuer christlicher Religiosität

Erweckungsbewegungen standen jeweils im Zeichen des Versuchs, dem reformatorischen Paradigma neue Dynamik zu verleihen. Dies geschah im Pietismus, im Methodismus, in der Heiligungsbewegung, im 20. Jahrhundert u.a. in evangelikalen und pentekostal geprägten Bewegungen, die ihr charakteristisches Gepräge im Zusammenhang mit erwecklichen Strömungen Nordamerikas entwickelten.

1.1 Die Bedeutung des amerikanischen Erweckungschristentums

Folgende Charakteristika können für diese Strömungen beobachtet werden:[7]

- Das Auftreten plötzlicher Bekehrungen, nicht selten unter intensiven psychischen und leiblichen Begleiterscheinungen,
- ein der Bekehrung folgender intensiver Vollzug eines heiligen christlichen Lebens (kein Alkohol, kein Drogenkonsum etc.),
- Gemeinschaftsbildungen von hoher Bindekraft, in einem zweiten Stadium die Entstehung verschiedenster Denominationen (Gruppen),
- gottesdienstliche Versammlungen mit elementaren Predigten und massenhaften Zuhörerschaften,
- Betonung eines Laienchristentums und Verwurzelung im Volk (finanzielle Eigenverantwortung der Gemeinden und Gruppen),
- starke Zersplitterung in der Gemeinschaftsbildung in zahlreichen Denominationen, zugleich Wettbewerb in gegenseitiger Hochachtung.

Insbesondere dem amerikanischen Christentum gaben Erweckungsbewegungen ein eigenes Gepräge. Im Kontext religiöser Globalisierungsprozesse nimmt ihr Einfluss auf das europäische Christentum kontinuierlich zu. Vielfältige Beziehungen und signifikante

Unterschiede bestehen zum Pietismus. Er blieb weitgehend im Umfeld kirchlicher Organisationen und landeskirchlicher Grenzen und behielt vielerorts bis heute den Charakter einer kirchlichen Erneuerungsbewegung. Erweckungsbewegungen aus dem angloamerikanischen Bereich überschreiten jedoch Konfessions- und Ländergrenzen. Ihre chancenreiche Ausbreitung kann heute von zahlreichen Entwicklungen und Rahmenbedingungen profitieren, unter denen kirchliches und gemeindliches Leben steht.

1.2 Gesellschaftliche und religiöse Pluralisierung

Der Religionssoziologe Peter L. Berger weist in seinen Studien immer wieder darauf hin, dass die zentrale Herausforderung für westliche Kulturen und Kirchen nicht nur Säkularisierung oder Säkularismus heißt, sondern eher mit dem Stichwort Pluralismus zu umschreiben ist. Pluralisierungsprozesse werden alltagsrelevant vom Gang zum Bäckerladen bis zum Einschalten des Fernsehprogramms erlebt. Immer kann, ja muss ausgewählt werden. Pluralisierungsprozesse betreffen alle Lebensbereiche der Menschen, sei es Wirtschaft, Politik, Recht oder Religion. Dem Einzelnen wachsen dabei ungeahnte Freiheiten zu, die zugleich »riskante Freiheiten« sind, insofern sie auch überfordernd wirken können oder durch gesellschaftliche Zwänge und öffentliche Regelsysteme gar nicht als solche wahrgenommen werden. »Modernität vervielfacht Wahlmöglichkeiten und reduziert gleichzeitig den Umfang dessen, was als Schicksal oder Bestimmung erfahren wird.«[8] Mit diesem Grundvorgang werden Monopole aufgehoben – auch religiöse – und Konkurrenzsituationen geschaffen. Das bezieht sich nicht nur auf den erwähnten Einkaufsgang und das Einschalten des Fernsehprogramms. Es bezieht sich auf wissenschaftliche Methoden und ihre Arbeitsergebnisse, auf Lebensstile und Wertorientierungen. »Modernes Bewusstsein zieht eine Bewegung vom Schicksal zur Wahl nach sich,«[9] sodass es nicht nur die Möglichkeit zur Wahl, sondern den Zwang dazu gibt. Das Subjekt, das Ich, das Individuum ist zur Entscheidung herausgefordert. Der Einzelne muss lernen, sich als Planungsbüro im Blick auf seinen eigenen Lebenslauf, seine beruflichen und ethischen Orientierungen usw. zu begreifen. Diese Beschreibung trifft auch auf das Verhältnis zu religiösen Orientierungen, zu Frömmigkeitsstilen und Gemeindezugehörigkeiten zu. Junge Erwachsene akzeptieren beispielsweise parochiale Gemeindestrukturen nicht mehr ungefragt. Sie wählen aus, in welche Kirche sie am Sonntag gehen und welche Liturgie ihren Ansprüchen genügt. Dabei ist das personale Angebot für sie entscheidend. Die gewachsene äußere Mobilität hat wichtige Bedingungen dafür geschaffen, dass diese Wahl realisiert werden kann. Die Vorstellung, dass man sich ein Leben lang an eine Gemeinde oder an eine Konfession bindet, gibt es für junge Erwachsene kaum noch. Das Individuum bestimmt selbst, zu welcher Gemeinde es gehört und wie lange die Zugehörigkeit andauern soll. Man mag dies beklagen als gefährliche Subjektivierung des Glaubensvollzuges, es dürfte jedoch zunehmend der Kontext sein, auf den sich gemeindliche und kirchliche Arbeit beziehen muss.

Im Zusammenhang von Pluralisierungs- und Individualisierungsprozessen verlieren traditionsorientierte Institutionen ihre Bindekraft. Religiöse Deutungsmuster werden weniger durch vorgegebene Muster, sondern durch individuelle Wahl gewonnen. Das bisher Übliche wird begründungspflichtig. An die Stelle der traditionsorientierten Einfarbigkeit tritt eine zunehmende Farbvielfalt. Die zentrale Veränderung im Leben des modernen Menschen besteht im »Verlust der Selbstverständlichkeit« (Peter L. Berger) des Vorgegebenen und der Entstehung von Alternativen. Man wird mit Recht darauf hinweisen können, dass sich in Deutschland bisher nur ein begrenzter religiöser Pluralismus entwickelt hat. Auch die Individualisierung bleibt dabei an gesellschaftliche Vorgaben gebunden und bedeutet nicht, dass das Individuum sich gleichsam von der Gesellschaft löst. »Individualisierung verläuft nicht ins Beliebige hinein, sondern ist nur in bestimmten Bandbreiten möglich, die kulturell vorgegeben sind.«[10] Gleichwohl führen die beschriebenen Entwicklungen dazu, dass die entscheidungsoffenen Anteile religiöser Lebensorientierungen zunehmen, während die entscheidungsverschlossenen abnehmen.[11] In religiöser Hinsicht bedeutet dies, dass insbesondere bei jungen Menschen sich individuelle Religiosität und kirchliche Religion entkoppeln und »nur eine mehr oder weniger große Schnittmenge gemeinsam haben«.[12] Von der heute bestimmenden, durch Misstrauen und Ablehnung geprägten Haltung gegenüber Institutionen sind die Kirchen nicht ausgenommen. Typisch für das moderne Grundverhältnis von Bürger und Kirche ist, »dass nicht mehr die Kirchen entscheiden, in welcher Weise der Bürger religiös ist, sondern die Bürger entscheiden, inwieweit die Kirchen seine Religiosität mitformen können«.[13] In dem Maße, in dem religiöse Orientierungen sich privatisieren und individualisieren, nimmt ihre institutionelle Formung ab.[14]

Dem steht freilich gegenüber, dass religiöse Identität in hohem Maße sozial konstituiert ist und der Einbindung in einen sozialen Bezugsrahmen bedarf. Menschliches Leben – auch im Bereich religiöser Orientierungen und Bindungen – ist institutionsbedürftig und verliert ohne solche Einbindung seine Stabilität und Kontinuität. Die institutionelle Form der religiösen Orientierung bewahrt den Glaubenden vor subjektiver Überforderung. Sie bietet ihm Sprach- und Ausdrucksformen an, in denen Erfahrungen aufbewahrt sind, in die er sich hineinbegeben kann, ohne sie schaffen zu müssen.

1.3 Individualisierung und Gruppenbildung

Gruppenbildungsprozesse sind kein neues Phänomen, auch wenn sie seit dem 20. Jahrhundert ein erstaunliches Ausmaß angenommen haben. Beispiele aus der Geschichte der Kirche belegen zahlreiche Erneuerungsgruppen, die durch lauten oder stillen Protest auf Vernachlässigtes und Vergessenes in der Kirche hingewiesen haben: so etwa die monastischen Bewegungen im Mittelalter, die gegen eine verweltlichte Kirche protestierten, die reformatorische Erneuerungsbewegung, die sich gegen Missstände der damaligen Kirche wandte, der Pietismus, der sich gegen orthodoxe Erstarrungen richtete. Anders als in den USA hat die Ausdifferenzierung des Protestantismus im nachreformatorischen Mitteleuropa in einer ersten Pluralisierungsphase nicht primär zur Entstehung von neuen Konfessionen und Denominationen geführt, sondern zu innerkirchlichen Gruppenbildungen. So gibt es innerhalb der großen Kirchen unterschiedliche Perspektiven und Visionen im Blick auf das, was heute Kirche heißen könnte und sollte. Innerhalb der evangelischen Landeskirchen gibt es – etwas vereinfachend gesprochen – eine volkskirchlich-pluralistische Vision von Kirche, eine missionarisch-evangelistische Vision, eine der missionarisch-evangelistischen verwandte charismatische Vision und eine ökumenisch-konziliare Vision von Kirche etc. Um die unterschiedlichen Visionen von Kirche entwickeln sich Milieus, deren Kommunikationsfähigkeit immer weiter abzunehmen scheint; d. h. die Milieus gehen immer weiter auseinander und lassen die Frage des Umgangs mit der Vielfalt sowie Chancen und Grenzen des innerkirchlichen Pluralismus virulent werden.

Gleichsam in einer zweiten Pluralisierungsphase entwickeln sich gegenwärtig jedoch außerhalb und neben den etablierten Kirchen und Freikirchen (!) alternative Formen christlicher Frömmigkeit, die ihren Ausdruck in eigenständigen Gemeinden, Denominationen und Konfessionen suchen, insbesondere im evangelikalen und pentekostal-charismatischen Kontext. In der Insidersprache redet man davon, dass »neuer Wein in neue Schläuche« gehöre, dass neue Frömmigkeitsformen sich chancenreich nur in neuen Strukturen verwirklichen können. Inzwischen sind zahlreiche Versuche in diese Richtung erfolgreich gestartet worden. In der Arbeitsgemeinschaft Christlicher Kirchen (ACK) und den Mitgliedskirchen der Vereinigung Evangelischer Freikirchen (VEF) ist nur noch ein Teil derjenigen Gruppen vertreten, die sich als Freikirchen bezeichnen. Neben ca. 250.000, die zu den Mitgliedskirchen der VEF gehören, ist die Zahl der sich als freikirchlich verstehenden Christen in Deutschland offensichtlich größer als bisherige Statistiken nahe legten. Wenn die Selbstbezeichnung »freikirchlich« sowie die Selbstunterscheidung zu den großen Kirchen und zu den Sondergemeinschaften (Neuapostolische Kirche, Mormonen, Jehovas Zeugen – vgl. VI.) als Definitionskriterien zu Grunde gelegt werden, ist die genannte Zahl 250.000 vielleicht zu verdoppeln. Präzise statistische Daten liegen nicht vor, es wird jedoch deutlich, dass sich in »neuen Freikirchen« vor allem ein evangelikaler und pfingstlich-charismatischer Frömmigkeitstyp ausbreitet, dessen weltweite Erfolgsstory auch im deutschsprachigen Kontext Westeuropas zunehmend erkennbar wird. Unabhängige Gemeinde- und Kirchenbildungen sind für diesen Frömmigkeitstyp zu einem wichtigen Verbreitungsprinzip geworden. Etwas verspätet wird damit das nachgeholt, was in der englischsprachigen Welt schon länger erprobt wurde.

Soziologen erkennen in diesen Entwicklungen die fortschreitende Fragmentierung und Pluralisierung der christlichen Religion, insbesondere des Protestantismus. Dabei scheint sich das »Überkonfessionelle« zunehmend zu institutionalisieren und Gruppen, die sich aus dem Gegenüber zu kirchlichen Strukturen herauslösen, machen selbst unweigerlich Verkirchlichungsprozesse durch. Wo sie ihre ekklesiologische Enthaltsamkeit verlieren und die innere Dynamik ihres Interaktionsverhältnisses zu den verfassten Kirchen und etablierten Freikirchen aufheben, werden sie selbst zu Institutionen. Damit aber verlieren sie den Charakter eines geistlichen Aufbruches und werden Teil des von ihnen kritisierten Erscheinungsbildes von Kirche.

Fortschreitende Individualisierungsprozesse moderner Gesellschaften rufen paradoxe Effekte hervor. Je mehr sich Glaubenssysteme individualisieren, desto größer wird das Bedürfnis nach Bestätigung des eigenen Glaubens durch eine Gemeinschaft. Auf gesellschaftlicher Ebene geschieht dies durch kommunitaristische Bewegungen, die dem »exzessiven Individualismus« moderner Gesellschaften durch eine Stärkung des Gemeinsinns etwas entgegenzusetzen versuchen. Im Kontext christlichen Lebens geschieht dies

u. a. in überschaubaren Gemeinschaften, wo die Vermittlung christlichen Glaubens und Lebens bezogen wird auf die jeweilige Lebensgeschichte und auf Erfahrungen im Alltag. Verbindliche Wahlgemeinschaften auf Zeit ermöglichen neue Formen religiöser Vergewisserung und schaffen Räume des Austausches von Erfahrungen. Modernitätskritik ist ebenso ein Merkmal dieser Frömmigkeitsformen wie das Bemühen um eine neue Inkulturation des Christlichen in den Kontext von Moderne und Postmoderne, in der die kontingenzverarbeitende Funktion der Religion ebenso in Erscheinung tritt wie die Sehnsucht nach Emotionalität und beziehungsreichen Gemeinschaftserfahrungen. Anziehungskraft und Attraktivität beziehen solche neuen Gemeinschaftsbildungen nicht nur aus der Intensität ihrer religiösen Erfahrung und ihrem Sendungsbewusstsein, sondern auch aus der zwiespältigen Wirkung von Modernisierungsprozessen und der manchmal fehlenden Innovationskraft der Kirchen.[15] Während die Systeme institutioneller Absicherung des Glaubens heute zunehmend in Frage stehen, nimmt die Bedeutung »emotional getragene(r) Gemeinschaftlichkeit«[16] für christliches Leben kontinuierlich zu. Gruppenbildungen dieser Art sind ein Protestphänomen gegen die fehlende Flexibilität etablierter Institutionen, gegen misslungene Inkulturationsprozesse und zugleich Antwortversuch auf die zurückgehende Bedeutung konfessioneller Identitäten. Für den Aufbau religiöser Identität hat die Mitgliedschaft in Gruppen häufig eine wichtigere Bedeutung als die Konfessionszugehörigkeit. Die offiziellen Lehren der Kirchen erhalten eine geringere Bedeutung und Zustimmung als die Erfahrung und theologische Ausrichtung, die konfessionsübergreifend mit Gruppen in anderen Kirchen geteilt wird.

1.4 Pfingstler, Charismatiker, Evangelikale, Fundamentalisten

Das Wort »evangelikal« bezeichnet eine Frömmigkeitsbewegung, für die u. a. charakteristisch ist:

- die persönliche Erfahrung der Bekehrung und Wiedergeburt, verbunden mit dem Empfang der Vergebung der Sünden und der Glaubens- und Heilsgewissheit,
- das Bewusstsein der Zusammengehörigkeit aller, die an Jesus Christus glauben,
- die Bereitschaft zum persönlichen Engagement in Evangelisation und Mission,
- die verpflichtende Bindung an die Bibel als dem inspirierten Wort Gottes.

Die pfingstlich-charismatische Frömmigkeit betont alle genannten Merkmale und ist insofern evangelikal orientiert, kennt jedoch darüber hinaus die Erfüllung bzw. Taufe mit dem Heiligen Geist als eine die Bekehrung vertiefende bzw. ihr folgende »zweite« Gnadenerfahrung, die zum vollmächtigen Zeugnis ermächtigt, wobei diese Erfahrung im Kontext der historischen Kirchen anders gedeutet wird als in den Pfingstkirchen. Geht man von einem weiten Begriff von »evangelikal« aus, kann ohne Übertreibung gesagt werden, dass, weltweit gesehen, weite Teile des Protestantismus evangelikal geprägt sind. Begreift man Pfingstbewegung und charismatische Bewegung als Teil des Evangelikalismus, was durchaus umstritten ist und von Seiten katholischer Charismatiker mit Recht hinterfragt wird, stellt diese Gruppe den gegenwärtig am schnellsten wachsenden Teil der

Weltchristenheit dar. In der englischsprachigen Welt hat sich teilweise die Wahrnehmung und Bezeichnung von Charismatikern als »evangelicals« eingebürgert, wie z. B. in der anglikanischen Kirche. Der Organisationsgrad dieser Gruppen ist ohnehin vergleichsweise schwach ausgeprägt. Insofern ist wichtig zu sehen, dass es sich bei der evangelikalen Bewegung um keine institutionell fassbare Größe handelt. Innerhalb der Freikirchen sind evangelikale Frömmigkeitsformen dominierend.

1.5 Typisierungen

Hinsichtlich des Evangelikalismus lassen sich verschiedene Typen und Ausprägungen unterscheiden:

1. Der fundamentalistische Typ, für den ein Bibelverständnis charakteristisch ist, das von der absoluten Irrtumslosigkeit (inerrancy) und Unfehlbarkeit (infallibility) der »ganzen Heiligen Schrift in jeder Hinsicht« ausgeht (vgl. Chicago-Erklärung[17]). Kennzeichnend ist ebenso sein stark auf Abwehr und Abgrenzung gerichteter, oppositioneller Charakter im Verhältnis zur historisch-kritischen Bibelforschung, zur Evolutionslehre, zu ethischen Fragen (Abtreibung, Pornografie, Feminismus etc.). Da ein fundamentalistisches Schriftverständnis unterschiedliche Frömmigkeitsformen aus sich heraus entwickeln kann, differenziert sich der fundamentalistische Typ in verschiedene Richtungen.

2. Der klassische Typ, der sich in der Evangelischen Allianz (gegründet 1846), der Gemeinschaftsbewegung und der Lausanner Bewegung konkretisiert und vor allem Landeskirchler und Freikirchler miteinander verbindet. Dieser Strang knüpft an die »vorfundamentalistische« Allianzbewegung an und stellt den Hauptstrom der evangelikalen Bewegung dar.

3. Der bekenntnisorientierte Typ, der an die konfessionell orientierte Theologie, die altkirchlichen und die reformatorischen Bekenntnisse anknüpfen möchte und sich in der Bekenntnisbewegung »Kein anderes Evangelium« und der »Konferenz Bekennender Gemeinschaften« konkretisiert.

4. Der missionarisch-diakonisch orientierte Typ, der die Notwendigkeit einer ganzheitlichen Evangelisation hervorhebt, in der Evangelisation und soziale Verantwortung in ihrer engen Zusammengehörigkeit akzentuiert werden. Dieser Typ ist u. a. in der »Dritten Welt« bei den »social concerned evangelicals« verbreitet, im deutschsprachigen Raum ist er eher unterrepräsentiert. Er konkretisiert sich in einem Arbeitskreis, der die Zeitschrift »unterwegs« herausgibt.

5. Der pfingstlich-charismatische Typ, dessen Merkmal eine auf den Heiligen Geist und die Gnadengaben bezogene Frömmigkeit ist und der sich seinerseits nochmals vielfältig ausdifferenziert.

Die genannten Ausprägungen berühren und überschneiden sich. Zu allen Typen gibt es entsprechende Gruppenbildungen. Erst in den letzten Jahren ist die Weitläufigkeit der evangelikalen Bewegung auch im deutschsprachigen Raum offensichtlich geworden, unter anderem durch die Annäherung zwischen Evangelikalen und Charismatikern.

Der evangelikalen Bewegung liegt das Konzept einer evangelistisch-missionarisch orientier-ten Ökumene zu Grunde, das konfessionelle Eigenheiten zurückstellt und im missionari-schen Engagement und Zeugnis den entscheidenden Ansatzpunkt gegenwärtiger gemein-samer christlicher Verpflichtung sieht. Evangelikalen und pfingstlich-charismatischen Gruppen geht es nicht um die offizielle Kooperation und Gemeinschaft von Kirchen wie dies in der Arbeitsgemeinschaft Christlicher Kirchen (ACK) geschieht, sondern um eine transkonfessionell orientierte Gesinnungsgemeinschaft auf der Basis gleichartiger Glau-benserfahrungen und -überzeugungen.

Zur ökumenischen Bewegung, wie sie durch den Genfer Ökumenischen Rat der Kir-chen (ÖRK) vertreten wird, hat der oben genannte Typ 4 die größte Affinität, während Typ 1 die größte Distanz zu ihr hat. In deutlicher Skepsis gegenüber der Ökumene stehen auch der Typ 3 und Teile des Typs 5, insbesondere der nicht konfessionsgebundene Teil der charismatischen Bewegung und große Bereiche der Pfingstbewegung.

Das Selbstverständnis zahlreicher Gemeinschaften und Gruppen als »überkonfessio-nell« oder »interkonfessionell« kann falsche Assoziationen wecken. Es suggeriert ökume-nische Weite, dabei geht es eher um ein bestimmtes christliches Profil und weniger um die Anerkennung von Vielfalt. Vor allem dann, wenn Vertreter evangelikaler oder pfingstlich-charismatischer Bewegungen dazu neigen, ihre Glaubensform absolut zu setzen und nur evangelikal orientierte Gläubige als Christinnen und Christen anerkennen, provozieren sie Vorbehalte und Unbehagen. Die Antwort auf die Frage »Wer ist ein Christ?« lässt sich angemessen nicht allein durch Bezugnahme auf eine besondere Frömmigkeitsform be-antworten.

Quellen: Aus **Reinhard Hempelmann** (Hg.), Handbuch der Evangelistisch-missionari-schen Werke, Einrichtungen und Gemeinden: Deutschland – Österreich – Schweiz, Stuttgart 1997, folgende Artikel: Glaubensbasis der Evangelischen Allianz Deutschland und Österreich (1972) · Glaubensbasis der Schweizerischen Evangelischen Allianz · Lau-sanner Verpflichtung (1974) · Chicago-Erklärung zur Irrtumslosigkeit der Bibel (1978) · Kreis Charismatischer Leiter (KCL), Was verbindet die Charismatiker? · **Fritz Laubach/ Helge Stadelmann** (Hg.), Was Evangelikale glauben. Die Glaubensbasis der Evangeli-schen Allianz erklärt, Wuppertal/Zürich 1989

Literatur: EKL[3] 1, Sp. 1186-1191 · **Gasper/Müller/Valentin**[6], Sp. 263-271 · RGG[4] 2, Sp. 1694-1699 · **Stanley M. Burgess/Garry B. McGee** (Hg.), Dictionary of Pentecostal and Charismatic Movements, Grand Rapids/Michigan [4]1990, S. 281-284 · **Helmut Burkhardt/Uwe Swarat** (Hg.), Evangelisches Lexikon für Theologie und Gemeinde 1, Wuppertal/Zürich 1992, S. 560-562 · **Roger J. Busch**, Einzug in die festen Burgen?, Han-nover 1995 · **Walter A. Elwell** (Hg.), Evangelical Dictionary of Theology, Grand Rapids/ Michigan [11]1995, S. 205-209, S. 379-382, S. 433-436 · **Reinhard Frieling** (Hg.), Die Kir-chen und ihre Konservativen, BenshH 62, Göttingen 1984 · **Günther Gaßmann** (Hg.), Neue transkonfessionelle Bewegungen. Dokumente aus der evangelikalen, der aktions-zentrierten und der charismatischen Bewegung. Ökumenische Dokumente III, Frank-furt/M. 1976 · **Alister McGrath**, Evangelicalism and the Future of Christianity, London

1993 · **Friedhelm Jung**, Die deutsche Evangelikale Bewegung, Frankfurt/M. 1991 ·
Eckhard J. Schnabel, Sind Evangelikale Fundamentalisten? Wuppertal 1995 ·
Schweizerische Kirchenzeitung-Sonderdruck, Katholikinnen und Katholiken vor der
evangelikalen Herausforderung, Luzern/Balgach 1995 · **Derek J. Tidball**, Reizwort Evan-
gelikal. Entwicklung einer Frömmigkeitsbewegung, Stuttgart 1999 · **Jürgen Wüst** (Hg.),
Reizworte des Glaubens. Argumente-Kontroversen-Positionen, Neukirchen-Vluyn 1994

Internet: www.relinfo.ch (kritisch)

2. Ausprägungen der Sehnsucht nach Gewissheit

Die folgenden Überlegungen setzen voraus, dass die »Sehnsucht nach Gewissheit« in doppelter Gestalt begegnet. Die eine Gestalt nimmt Bezug auf das unfehlbare Gotteswort in der
Bibel (biblizistische, literalistisch-legalistische Orientierungen), die andere Gestalt sucht und
findet Gewissheit in außergewöhnlichen Erfahrungen des Heiligen Geistes (enthusiastische, pfingstlich-charismatische, pentekostale Orientierungen).[18] Biblizismus und Enthusiasmus können gesteigert werden und gewinnen dabei die Gestalten von Wort- und Geistfundamentalismus. Für beide (!) Gestalten ist charakteristisch, dass sie sich auf die biblische Tradition berufen und dabei von der wörtlichen Inspiriertheit der Bibel ausgehen,
wobei das Bibelverständnis keineswegs einheitlich ist. Beide Gestalten können sich mit bestimmten Annahmen zur Entstehung der Welt und des Menschen verbinden (Kreationismus), ebenso mit entsprechenden Annahmen vom Ende der Welt (Millennarismus). Im
kreationistischen Gedankengut ist der Widerspruch zur darwinschen Abstammungslehre
zusammengefasst, in den millennaristischen Perspektiven und dem Glauben an das Tau-
sendjährige Reich (Chiliasmus) artikuliert sich der Protest gegen den Fortschrittsglauben
der Moderne. Beide Gestalten tendieren dazu, wertkonservative und gesetzesethische Lebensorientierungen zu vermitteln. In beiden Gestalten ist die Sehnsucht nach einem vollkommenen christlichen Leben wirksam. Enthusiastische Orientierungen machen sich vielfach auch biblizistische Anliegen zu Eigen. Die Berufung auf religiöse Erfahrungen, auf
Visionen, auf Worte der Erkenntnis, auf Glossolalie (Zungenrede), auf Heilungswunder,
auf unmittelbare Eingebungen Gottes ... ist der enthusiastische Weg zur Aufrichtung von
religiöser Autorität. Die folgende Darstellung zeigt, inwiefern von der Zusammengehörigkeit beider Gestalten auszugehen ist und was sie in charakteristischer Weise unterscheidet.

2.1 Die doppelte Gestalt fundamentalistischer Strömungen

»Wir verwerfen die Ansicht, dass die Unfehlbarkeit und Irrtumslosigkeit der Bibel
auf geistliche, religiöse oder die Erlösung betreffende Themen beschränkt seien, sich
aber nicht auf historische und naturwissenschaftliche Aussagen bezögen.«
(Chicago-Erklärung zur Irrtumslosigkeit der Bibel 1978)[19]

»Wunder, göttliche Krankenheilung, Dämonenaustreibung, Umfallen, Zittern, Lachen, Ekstase, spontaner Empfang des Sprachengebetes, übernatürlich ausgelöster Lobpreis all das sind Phänomene, die sich oft und deutlich in der Bibel finden lassen. Sie sind biblisch.« (Martin Benz)[20]

Die augenfälligsten Formen engagierter Christlichkeit finden sich heute in denjenigen Bereichen des Christentums, die aufklärungskritisch und konservativ geprägt sind. In seiner Berner Abschiedsvorlesung meinte der reformierte Theologe und Ökumeniker Lukas Fischer: »Der Traditionalismus in allen seinen Formen – Evangelikalismus, Fundamentalismus, Integrismus [Mit Letzterem sind fundamentalistische Ausprägungen innerhalb des Katholizismus gemeint. R.H.] – hat bessere Chancen. Alle Positionen, die mit einem klaren Profil herkommen, können von vornherein mit einem Vorsprung an Plausibilität rechnen und vermögen Menschen auch zu übergreifenden Projekten zu mobilisieren.«[21] Innerhalb der protestantischen Landschaft ist unübersehbar, dass sich erwecklich geprägte Strömungen, deren Ziel die Wiederentdeckung urchristlicher Missionsdynamik und Gemeinschaftsbildung ist, überaus schnell und wirksam ausgebreitet haben. Auch der Katholizismus hat durch die Akzeptanz charismatischer Frömmigkeit protestantischem Erweckungschristentum in sich Raum gegeben und es eklektisch aufgenommen. Zwar zeigen sich diese globalen Entwicklungen im deutschsprachigen Kontext eher gebremst, sie sind gleichwohl deutlich erkennbar. Während noch vor wenigen Jahrzehnten diese Strömungen von vielen »modernen Theologen« als eine im Wesentlichen vergangene Erscheinung angesehen und zu einer Fußnote der Geschichte degradiert werden konnten, zeigt sich immer deutlicher, dass es sich hierbei um ein dauerhaftes Phänomen handelt.

Man wird dem Phänomen der Ausbreitung evangelikaler und pfingstlich-charismatischer Strömungen nicht gerecht, wenn man es mit dem eindeutig negativ besetzten Begriff Fundamentalismus stigmatisiert. Die Konjunktur des Begriffs deutet zwar durchaus auf eine verbreitete Sache. Im Kontext pluralistischer Gesellschaftssysteme verstärken die Kompliziertheit und »neue Unübersichtlichkeit« des Lebens die Sehnsucht nach Einfachheit und Klarheit, nach Reduktion von Komplexität und geben fundamentalistischen Strömungen ihre Chancen. Der gegenwärtige Gebrauch des Fundamentalismusbegriffs, der inzwischen weit über den Bereich des Religiösen hinausreicht und ein wichtiges Wort in der Medienöffentlichkeit geworden ist, gibt jedoch berechtigten Anlass, differenzierende Begriffsverwendungen anzumahnen. Konservative Theologen, Evangelikale, Charismatiker, Pfingstler wehren sich mit Recht dagegen, mit religiösen Fanatikern in einem Atemzug genannt zu werden, die vor der Anwendung brutaler Gewalt nicht zurückschrecken, um ihre religiös-politischen Visionen zu verwirklichen. Es ist wenig hilfreich und sowohl in historischer wie auch phänomenologischer Perspektive nicht zutreffend, den christlichen Fundamentalismus pauschal z. B. mit der evangelikalen oder charismatischen Bewegung zu identifizieren, wie dies teilweise – sogar von christlichen Theologinnen und Theologen – geschieht. Christlicher Fundamentalismus muss auch vom christlichen Konservativismus unterschieden werden. Schon vor Jahren warnte der Erlanger systematische Theologe Wilfried Joest davor, den Begriff fundamentalistisch ins Unbestimmte auszuweiten: »Von einer vagen Ausweitung, die fundamentalistisch mehr oder weniger mit evangelikal oder pietistisch gleichsetzt, ist abzuraten.«[22] Zwar gibt es zwischen Evangelikalismus und Fundamentalismus vielfältige Zusammenhänge, der Hauptstrom des Evangelikalismus unterscheidet sich jedoch vom Fundamentalismus. Ein herkömmlicher kirchlich-theologischer Sprachgebrauch nimmt diese Selbstunterscheidung auf und bezeichnet mit fundamentalistisch denjenigen Bereich evangelikaler Frömmigkeit, der hinsichtlich des Bibelverständnisses die Auffassung ihrer wörtlichen Inspiriertheit mit den Postulaten Unfehlbarkeit und absolute Irrtumslosigkeit verbindet. Freilich bedarf auch eine solche Begriffsbestimmung weiterer Differenzierungen. So muss etwa unterschieden werden, ob jemand die christliche Glaubensüberzeugung mithilfe eines fundamentalistischen Bibelverständnisses zum Ausdruck bringt, sich aber offen und anerkennend in einer größeren Gemeinschaft von Christinnen und Christen bewegt und damit auch andere theologische Entscheidungen zur Bibelfrage gelten lässt, oder ob jemand den Heilsglauben derart eng mit einem fundamentalistischen Bibelverständnis verbindet, dass er anderen, nichtfundamentalistisch geprägten Christen, ihr Christsein schlicht abspricht.

Auch der Rekurs auf die Anfänge der fundamentalistischen Bewegung in den USA ist ein möglicher Weg, vorläufige Begriffsklärungen herbeizuführen. Um in historischer Perspektive von Fundamentalismus im engeren Sinn des Wortes sprechen zu können, reicht das Motiv der wörtlichen Inspiriertheit und Unfehlbarkeit der Heiligen Schrift als Definitionskriterium noch nicht aus. Es müssen weitere Motive hinzukommen: die konservative politische Gesinnung und der Wille, religiös begründete Überzeugungen auch politisch durchsetzen zu wollen. Dazukommen muss also die Verbindung von Politik und Religion bzw. die Rücknahme der Ausdifferenzierung der Gesellschaft in Recht, Politik, Ethos, Wissenschaft und Religion im Namen der Religion. Der christliche Fundamentalismus in diesem engeren Sinn stellt in Deutschland, anders als in den USA, keinen hoch organisierten und politisch einflussreichen Faktor dar. Insofern ist es richtig, wenn Martin Marty u. a. sagen, dass Deutschland zum »fundamentalismusschwachen Gürtel« gehöre, »der von Europa über Kanada und die nördlichen Teile der Vereinigten Staaten bis nach Japan reicht.«[23] In Deutschland artikulieren sich politisierte Formen des Fundamentalismus beispielsweise in christlichen Kleinparteien, wie der Partei Bibeltreuer Christen (PBC) oder der Christlichen Mitte (CM). Die PBC hat bezeichnenderweise einen Vorsitzenden, der aus der Pfingstbewegung kommt und wird u. a. von Pfingstlern und Charismatikern maßgeblich unterstützt. Die CM, die vor allem durch ihre anti-islamische Propaganda hervortritt, ist in rechtskonservativen katholischen Milieus verwurzelt. Aus allen bisherigen Wahlergebnissen wird sichtbar, dass beide Parteien politisch einflusslos bleiben. Diese Feststellung bedeutet nicht automatisch, dass christlich-fundamentalistische Orientierungen in ihren politischen Implikationen letztlich bedeutungslos sind und vernachlässigt werden können. Der christliche Fundamentalismus in seinen protestantischen oder katholischen Spielarten stellt sich jedoch in unserem Kontext vor allem als kirchenpolitische, seelsorgerliche und ökumenische Herausforderung dar. Die unverkennbare Tendenz der Auswanderung christlich-fundamentalistischer Orientierungen aus kirchlichen Strukturen in eigene Gemeinde- und Kirchengründungen dürfte längerfristig die Vereinigung Evangelischer Freikirchen (VEF) und die Arbeitsgemeinschaft Christlicher Kirchen (ACK) vor neue Aufgaben stellen. Da diese Gruppen ein christliches Bekenntnis vertreten, nicht pauschal als Sondergemeinschaften angesehen werden können und sich selbst in Wandlungsprozessen befinden, ist ihr Verhältnis zur organisierten Ökumene noch klärungsbedürftig.

Strukturen und Motive

Orientiert man die Begriffsbestimmung von »fundamentalistisch« nicht primär historisch, sondern geht von gegenwärtigen Konflikten und ihrer öffentlichen Diskussion aus, so tritt die dunkle Seite christlicher Erweckungsfrömmigkeit ins Blickfeld. Der Fundamentalismusbegriff dient dann als Bewertungsbegriff für Fehlentwicklungen christlicher Frömmigkeit, die keineswegs nur von außen, sondern auch von innen, bei Vertretern erwecklicher Frömmigkeitsformen wahrgenommen werden. Im Zusammenhang mit einzelnen christlichen Gruppen, die am Rande des evangelikalen und charismatischen Bereichs stehen oder aus ihm hervorgingen, zeigen sich fundamentalistische Motive in drastischer und unverkennbarer Gestalt, sodass eine kritische Verhältnisbestimmung zu solchen Gruppen auch bei denen zu finden ist, die selbst einem christlich-fundamentalistischen Spektrum zuzuordnen sind. Deshalb bringt der folgende Gedankengang diejenigen fundamentalistischen Motive und Strukturen zur Sprache, die im Zusammenhang mit der Wahrnehmung und der Auseinandersetzung mit solchen Gruppen ins Auge fallen. Beispiele dafür sind etwa die Christian Assemblies International/Europe (eine Abspaltung der australischen Revival Centers International), die Internationalen Gemeinden Christi (International Churches of Christ) und Einzelgemeinden im Umkreis pentekostal-charismatischer Frömmigkeit. Ein Grundprinzip, das innerhalb dieser Gruppen auffallend in Erscheinung tritt, ist das Prinzip der Übertreibung. An sich richtige Einsichten werden so übertrieben, dass sie das christliche Zeugnis verdunkeln, ja verkehren. Dies bezieht sich zwar zuerst und vor allem auf das zur Verbalinspirationslehre gesteigerte Schriftprinzip – verbunden mit der Annahme einer absoluten Unfehlbarkeit der Bibel in allen ihren Aussagen –, darüber hinaus aber auch auf andere Ausdrucksformen der Frömmigkeit.

Die Christian Assemblies Europe sehen es als mathematisch erwiesen an, dass die Bibel Gottes Wort ist und verbinden eine zurückgezogene pentekostale Frömmigkeitsform mit vereinnahmenden Gruppenstrukturen. Die Internationalen Gemeinden Christi schreiben das Prinzip konsequenter Jüngerschaft und geistlicher Autorität in der Weise groß, dass es allein dann als befolgt gilt, wenn sich Nachfolge Christi in der völligen Unterordnung unter einen anderen, durch die Gemeindeleitung delegierten Jüngerschaftspartner konkretisiert. Im Umkreis einzelner charismatischer Gemeinden werden Krankheiten (z. B. Arthritis, Bulimie) als Folge von Dämonisierungen gedeutet, sodass eine Heilung nur durch eine exorzistische Befreiung als möglich erscheint.

Auch wenn die genannten Gruppen in Deutschland eher begrenzte Resonanz finden, zeigen sie an, dass es mitten in einer durch Individualisierungsprozesse bestimmten Kultur nicht nur freie, unorganisierte und subjektbezogene Religiosität gibt, sondern auch ihr Gegenteil. Religiöse Identität wird durch Ich-Aufgabe und Ich-Verzicht gesucht. Junge Erwachsene sind teilweise ausgesprochen individualitätsmüde geworden und suchen Entscheidungs- und Verantwortungsabnahme.

- das wiederhergestellte christliche Leben:
Dieses Motiv kann sich auf die Glaubensexistenz des Einzelnen wie auch auf die Gemeinde beziehen. Seine Übertreibung führt dazu, dass die vielfältigen Ausdrucksformen des Glaubens zumeist als Fälschungen des Ursprungs wahrgenommen werden, während für die eigene Gemeindeform beansprucht wird, dass hier – und hier allein – das christliche Leben authentisch, überzeugend und in urchristlicher Vollkommenheit gelebt wird;
- die Unmittelbarkeit des göttlichen Handelns:
Kennzeichnend ist dabei, dass das Handeln Gottes etwa im Zusammenhang mit der Inspiration der Schrift oder mit den gegenwärtigen Manifestationen des Geistes in »unvermittelter Unmittelbarkeit« verstanden wird. Ein Unmittelbarkeitspathos verleugnet die Zusammengehörigkeit zwischen Gotteserfahrung einerseits und ihrer Deutung andererseits. Beanspruchte Gotteserfahrungen entziehen sich auf diese Weise einem Prozess der Prüfung und möglicher Korrektur;
- autoritative Vor- und Nachordnungen:
Diese werden als Zeichen wahren christlichen Lebens verstanden. Sie sind verbunden mit gesetzesethischen Lebensregulierungen. Dabei wird großer Wert auf strukturelle Vor- und Nachordnungen zwischen Eltern und Kindern, Mann und Frau, Pastor und Gemeinde ... gelegt. Zwar spielen Frauen im enthusiastisch geprägten Christentum eine weitaus wichtigere Rolle als in biblizistisch geprägten Ausdrucksformen des Glaubens. Ihre Aufgabe wird jedoch in der Regel als der »Autorität« des Mannes untergeordnet verstanden. In pentekostal-charismatisch geprägten Gemeinden und Kirchen ist Frauen das Amt der Gemeindeleitung häufig auch verwehrt. Die Hervorhebung einer starken Leiterschaft, die nicht institutionell abgesichert wird, sondern sich durch göttliche Bestätigung und erfolgreiches Handeln zeigt, ist ein wesentliches Charakteristikum zahlreicher Gemeinschaften. Insofern sich autoritative Vor- und Nachordnungen auf die Institution des Staates beziehen, ist hier ein Einfallstor für die Politisierung des christlichen Fundamentalismus gegeben;
- das Versprechen des geheilten und erfolgreichen Lebens:
Mit Versprechungen eines geheilten und erfolgreichen Lebens arbeitet die aus dem amerikanischen Kontext kommende Wort- und Glaubensbewegung, deren Gedankengut von einzelnen charismatisch-pentekostal geprägten Gemeinden und christlichen Zentren aufgegriffen wird. Diese Bewegung greift Überlegungen des Positiven Denkens (vgl. II. bzw. III.) auf und lehrt, dass, von der Erneuerung des menschlichen Geistes ausgehend, eine umfassende, auch körperliche, Heilung eines jeden Glaubenden möglich ist. Der Mensch wird dabei primär als Geistwesen verstanden, das mit Hilfe seiner Vorstellungskraft erneuernden und heilenden Einfluss auf Leib und Seele ausüben kann. Evangelium und Wohlstand bzw. Wohlergehen werden entsprechend in ein enges Verhältnis gebracht. Es wird davon ausgegangen, dass man mit Hilfe des Heiligen Geistes alle Probleme des Lebens in den Griff bekommen kann. Durch überzogene Versprechen kann es zu Realitätsverlusten und tiefen Enttäuschungen kommen;

- die Betonung der Greifbarkeit bzw. Verfügbarkeit Gottes und der Mächte des Bösen: Aus dem verständlichen Wunsch nach Zeichen der Gegenwart und Nähe Gottes wird das göttliche Handeln greifbar und beweisbar gemacht. Das Leiden an der Unsichtbarkeit Gottes verstärkt die Sehnsucht nach sichtbaren und nicht hinterfragbaren Zeichen seiner Gegenwart. Das Leiden an der Rätselhaftigkeit des Bösen führt dazu, es zu lokalisieren. Auch die Mächte des Bösen werden greifbar und verfügbar bis hin zu umfassenden Erklärungssystemen, die häufig darauf hinauslaufen, die Ursachen für Beschädigungen und Krankheiten im eigenen Leben heute in okkulten Praktiken früherer Generationen zu sehen;
- dualistische Strukturen bzw. ein weltbildhafter Dualismus – nicht selten verbunden mit der Überzeugung, die letzte Generation vor dem Weltuntergang zu sein: Die richtige Einsicht, dass zum christlichen Leben die Absage an die Mächte des Todes und der Selbstsucht und die entschiedene Option für Gott gehört, wird verkehrt in dualistische Vorstellungswelten, die die geschöpfliche Welt immer kleiner machen, während der Kampf zwischen göttlichen Mächten einerseits und dämonischen andererseits ganz in das Zentrum der Frömmigkeit rückt. Am deutlichsten wird der Dualismus in entsprechenden, zumeist prämillennaristisch orientierten Endzeitperspektiven, die durch deutlichen Weltpessimismus geprägt sind. Die Rettung wird nur der eigenen Gruppe zuteil, während die übrige Welt dem bevorstehenden Untergang anheim fällt;
- elitäres Selbst- und Wahrheitsbewusstsein, Abgrenzung von der Außenwelt: Aus der durch den Glauben an Christus gestifteten neuen Gemeinschaft, deren Bestimmung es ist, für andere da zu sein, wird eine exklusive Gruppe, die Identitätssicherung durch Abgrenzung betreibt. Wer nicht zur eigenen Gruppe gehört, wird abgeschrieben.

Dass Gruppierungen, die in dieser Form den christlichen Glauben verstehen und leben, separatistische Tendenzen aufweisen und sich in den weiteren Kontext einer christlichen Ökumene nicht einfügen lassen, auch nicht einer evangelikal orientierten Ökumene, versteht sich von selbst. Die genannten Beispiele stehen jenseits aller ökumenischen Bemühungen. Die aufgezählten Strukturen und Motive können als fundamentalistisch bezeichnet werden, auch wenn sie sich von den Strukturen und Charakteristika des klassischen Fundamentalismus teilweise unterscheiden. Ihre Kritikwürdigkeit hängt nicht allein davon ab, ob man den Fundamentalismusbegriff dafür verwendet oder nicht. Sie weisen auf Konfliktbereiche hin, die ihre Ursache in fundamentalistischen Orientierungen haben. Was in christlichen Randgruppen in drastischer Form ins Auge fällt, kann sich auch innerhalb kirchlicher und freikirchlicher Kontexte entwickeln und muss auch dort zur Kritik herausfordern. Die Gewichtung der genannten Motive ergibt sich u. a. daraus, mit welcher Intensität das zu Grunde liegende Motiv der Unfehlbarkeit der Heiligen Schrift sich mit ihnen verbindet.

Fundamentalistische Strömungen im Katholizismus weisen ähnliche Merkmale auf. Sie bleiben jedoch zugleich konfessionsspezifisch charakterisiert. An die Stelle der Unfehlbarkeit der Heiligen Schrift tritt die absolute Verbindlichkeit lehramtlicher Normen und nicht hinterfragbarer hierarchischer Autoritätsstrukturen. Als wesentliche Grundzüge eines katholischen Fundamentalismus werden etwa genannt: unnachgiebige Verteidigung von bestimmten Glaubenssystemen und Satzwahrheiten, Selbstisolierung durch ein übertriebenes Erwählungsbewusstsein, Autoritarismus, Dualismus des Weltbildes, Anspruch des Wahrheitsbesitzes, Diskursunfähigkeit.[24]

Aus der Vielfalt möglicher Ausprägungen des Fundamentalismus haben sich insbesondere zwei Typen ausgebildet, die im Folgenden näher erläutert werden.

Wort- und Geistfundamentalismus – streitende Geschwister

Für die gegenwärtige Wahrnehmung fundamentalistischer Orientierungen dürfte die Unterscheidung zwischen einem Wort- und einem Geistfundamentalismus von zentraler Bedeutung sein. Beiden gemeinsam ist, dass sie auf die menschliche Sehnsucht nach Vergewisserung antworten. Der Wortfundamentalismus sucht rückwärts gewandt die Glaubensvergewisserung durch den Rekurs auf das unfehlbare Gotteswort in der Vergangenheit. Der Geistfundamentalismus orientiert die Vergewisserung primär an sichtbaren Geistmanifestationen, die als unzweideutige Zeichen, Hinweise, ja Beweise der göttlichen Gegenwart angesehen werden (Heilungen, ekstatische Erfahrungen, etc.). Der Wortfundamentalismus sieht Christus preisgegeben, wenn Adam nicht als historische Person verstanden wird. Er sagt: »Wenn das Wort ›Tag‹ im Schöpfungsbericht nicht mehr Tag bedeutet, sondern irgendeinen völlig andersgearteten Zeitraum, dann ist die Auslegung der Heiligen Schrift ein hoffnungsloses Unterfangen.«[25] Der Geistfundamentalismus zitiert Mk 16,17 und 18: »Die Zeichen, die folgen werden, sind diese: In meinem Namen werden sie böse Geister austreiben, in Zungen reden, Schlangen mit den Händen hochheben, und wenn sie etwas Tödliches trinken, wird's ihnen nicht schaden. Auf Kranke werden sie ihre Hände legen, so wird's besser mit ihnen« und drängt auf wörtliche Imitation. Aus dem biblischen Bekenntnis im Gottesknechtslied Jes 53: »Er trug unsere Krankheit und lud auf sich unsere Schmerzen« und dem anderen Bekenntnis aus Ps 103: »Lobe den Herrn meine Seele und was in mir ist seinen heiligen Namen ..., der dir alle deine Sünden vergibt und heilet alle deine Gebrechen« wird gefolgert, dass für den Christen, sofern er nur wirklich auf Gott vertraut, ein Leben ohne Krankheit unbedingter göttlicher Wille und unsere Möglichkeit ist. »Du hast ein Recht, frei von Krankheit und Gebrechen zu leben ... Heilung ist Teil deines Erbes, ein Teil des Segens Abrahams; aber damit du in deinem Erbe leben kannst, musst du selbst deinen Glauben dafür einsetzen und es als Realität in deinem Leben annehmen.«[26]

Beide, Wort- und Geistfundamentalisten würden den so genannten fünf »fundamentals« des christlichen Fundamentalismus (Unfehlbarkeit der Heiligen Schrift, Jungfrauengeburt, Sühnetod, leibliche Auferstehung, sichtbare Wiederkunft Christi), wie sie im zweiten Jahrzehnt des 20. Jahrhunderts in den USA formuliert wurden, zustimmen, ebenso den grundlegenden Sätzen, die bereits im Vorfeld der Entstehung des protestantischen Fundamentalismus im so genannten »Niagara Creed« festgehalten wurden.[27] Der eine leitet daraus eine kreationistische Position ab und ist daran interessiert, eine alternative Biologie und Geologie aufzubauen, dem anderen liegt an einer christlichen Psychologie oder am Powermanagement in der Kraft des Heiligen Geistes. Der in einer bestimmten

Dispensationalismuskonzeption (mit der Entstehung des Kanons der Schrift ist die Zeit der Wunder zu Ende) begründete Ausschluss der Zeichen und Wunder für unsere heutige Zeit beruft sich ebenso auf die Schrift wie die emphatische Forderung, sie heute zur Normalität der Frömmigkeit werden zu lassen. Geist- und Wortfundamentalismus können als streitende Geschwister verstanden werden. Da der Geistfundamentalismus sich in nahezu allen Ausprägungen gegenüber einem Wortfundamentalismus inklusiv versteht und dessen Anliegen mitvertreten kann, ist hier Streit in grundsätzlicher Weise vorprogrammiert, wofür es in historischer Perspektive wie auch im Blick auf die gegenwärtige Situation zahlreiche Beispiele gibt. Der Geistfundamentalismus bietet alles, was der Wortfundamentalismus auch beinhaltet, kennt jedoch darüber hinaus ergänzende, steigernde Elemente.

Solche Differenzierungen zeigen, dass diejenigen Recht haben, die sagen, dass der Kern des christlichen Fundamentalismus nicht allein in dem Verständnis der Heiligen Schrift liegt, sondern in einer besonderen Art der Frömmigkeit, die vom Fundamentalisten als die einzig Richtige angesehen wird. »Fundamentalisten sind keine Buchstaben-Gläubigen oder zumindest keine konsequenten. Man könnte dagegen sagen, dass das Hauptproblem für einen fundamentalistischen Exegeten in der Entscheidung liegt, welcher Abschnitt wörtlich zu nehmen ist und welcher nicht.«[28] Damit ist auch ein wichtiger Hinweis für die Erklärung des Phänomens gegeben, dass die Ausbreitung christlich-fundamentalistischer Bewegungen Hand in Hand geht mit ständig neuen Abspaltungen und Denominationsbildungen. Wenn sich gegenwärtig ein Geistfundamentalismus als chancenreicher darstellt als ein reiner Wortfundamentalismus, liegt das u.a. darin begründet, dass er an Ausdrucksformen der religiösen Alternativkultur anknüpfen kann. In der so genannten »Dritten Welt« hat der Geistfundamentalismus zusätzliche kulturelle Anknüpfungsmöglichkeiten.

Exkurs: Perfektionistische Strömungen

Im Umfeld des christlichen Fundamentalismus sind auch perfektionistische Strömungen verbreitet. Ihr Einfluss erstreckt sich auf die etablierten Kirchen und Freikirchen. Für sie ist das Streben nach Vollkommenheit (lat. perfectio) und völliger Freiheit von der Sünde charakteristisch. Sie gehen davon aus, dass dies ganz oder teilweise erreicht werden kann. Geschichtlich betrachtet greifen sie Impulse der aus dem Methodismus kommenden und in der Mitte des 19. Jahrhunderts entstandenen Heiligungsbewegung auf, vor allem das Verständnis der Heiligung als »zweiter Gnade«, verbunden mit radikaler Hingabe an Christus. Das Verständnis christlicher Vollkommenheit kann sich dabei sowohl auf die Glaubensexistenz des Einzelnen beziehen wie auch auf das Leben der christlichen Gemeinschaft. Ist Ersteres im Blick, wird ein stark ethisch orientiertes Verständnis der Heiligung akzentuiert, das diese ablöst von der Rechtfertigung und insofern einen »Schritt über die Rechtfertigung hinaus« (Kurt Hutten) darstellt. Wird Letzteres betont, so ist die Suche nach der reinen Gemeinde bestimmend bzw. der Versuch, das urchristliche Lebens- und Gemeindeideal wiederherzustellen.[29]

Abgesehen von diesen gemeinsamen Grundausrichtungen der Frömmigkeit kann unter den Perfektionisten ein größeres Spektrum unterschiedlicher Ausrichtungen in Lehre und

Praxis beobachtet werden. Als klassische Beispiele für perfektionistische Gemeinschaften können Gemeinden gelten, für die die Suche nach der vollkommenen Gemeinde bestimmend ist. Sie haben sich weit über den amerikanischen Wurzelgrund hinaus ausgebreitet und nennen sich im Anschluss an den neutestamentlichen Sprachgebrauch Gemeinden Gottes (Churches of God) oder auch Gemeinden Christi (Churches of Christ; Christian Church). Zahlreiche dieser Gemeinden haben im Laufe der Zeit den perfektionistisch orientierten Heiligungsgedanken zurückgenommen, so etwa die »Gemeinde Gottes« (Anderson) und die »Kirche des Nazareners« (Church of the Nazarene; Nazarener), die in Deutschland seit 1992 Mitglied in der »Vereinigung Evangelischer Freikirchen« (VEF) ist.

Andere Gemeinschaftsbildungen sind darum bemüht, die Radikalität ihres Widerspruchs gegen ein angepasstes Christentum aufrecht zu erhalten und kontinuierlich zu pflegen. Dabei gewinnt der Kampf gegen die Sünde und die Suche nach einem vollkommenen christlichen Leben nicht selten die Gestalt neuer Gesetzlichkeit und elitären Anspruchs, wie bei den Smithianern (andere Bezeichnungen: »Freunde Smith's« oder »Norweger-Bewegung«, gegründet um 1910).

Perfektionistische Strömungen im weiteren Sinn beeinflussen zahlreiche Gruppen, insbesondere diejenigen, die ein bestimmtes Ideal von Gemeinde und persönlicher Frömmigkeit verabsolutieren. Dazu gehören neue christliche Gruppenbildungen wie die bereits erwähnten Internationalen Gemeinden Christi (International Churches of Christ, früher Boston Bewegung), die 1979 in Boston entstanden.[30] Unter der Leitung von Kip Mc Kean (geb. 1954) gewann diese Bewegung durch Aufnahme der »Shepherding«-Methode (auch »dicipling« genannt) eine klare Organisationsstruktur, die beinhaltet, dass jeder Christ unter der Autorität eines Hirten steht und zum aktiven Missionsdienst verpflichtet ist. Die Internationalen Gemeinden Christi tendieren zu einem ekklesiologischen Perfektionismus, der eine bestimmte Hierarchie im Aufbau der Gemeinde zur Norm erhebt und christliches Leben in gehorsamspflichtigen Abhängigkeitsverhältnissen versteht. Ihre aggressive Missionspraxis richtet sich vor allem auf studentische Milieus. Nur bei oberflächlicher Betrachtung entspricht ihr Frömmigkeitsprofil dem eines konservativen Evangelikalismus. Das exklusive Selbstverständnis lässt ökumenische Kontakte zu anderen Kirchen nicht zu.

Perfektionistisches Gedankengut bestimmt auch Gemeinschaftbildungen, die in der Konferenz für Gemeindegründung (KFG) zusammengeschlossen sind. Die Konferenz verfolgt das Ziel Gemeinden aufzubauen, die sich »konsequent am biblischen Vorbild der christlichen Urgemeinde orientieren«. Sie will Mut machen, Hauskreise oder Bibelkreise zu freien Gemeinden auszubauen, und Bibelschüler ermutigen, nach ihrer Ausbildung als Gemeindegründer tätig zu werden. Die Zeitschrift »Gemeindegründung« (ca. viermal jährlich) sowie verschiedene Seminare und Schulungsmaterialien stehen im Dienst dieser Zielsetzung. Beziehungen bestehen zu der nordamerikanischen Organisation »Independent Fundamental Churches« (IFCA). Die Konferenz unterhält Kontakte zu ca. 200 unabhängigen evangelikalen Gemeinden (u. a. Freie Brüdergemeinden, Freie Baptistengemeinden, Mennonitische Brüdergemeinden, Biblische Missionsgemeinden), die ausdrücklich nicht charismatisch geprägt sind. Sie versteht sich nicht als Gemeindebund. Man schließt sich bewusst keiner Kirche oder Freikirche an und sieht in landeskirchlichen Gemeinden »unbiblische Systeme«.

Neben solchen Gruppen und netzwerkartigen Zusammenschlüssen von Einzelgemeinden gibt es Einzelgänger, die Gruppen um sich scharen und in Schrifttum und bestimmten

Aktionen sehr öffentlichkeitswirksam auf sich aufmerksam machen. Hintergrund der Gemeinschaftbildungen um Ivo Sasek[31] und Horst Schaffranek[32] sind Idealbilder individuellen und gemeinschaftlichen christlichen Lebens. Bei Schaffranek verbindet sich das Idealbild von Gemeinde mit der Verabsolutierung eines bestimmten Verständnisses von Ortsgemeinde, das den Hintergrund für seine aggressive Infragestellung aller christlichen Gemeinschaften und Kirchen darstellt. Im Anschluss an Witness Lee und die Ortsgemeinde vertritt er die Auffassung, dass alle wahrhaft Wiedergeborenen eines Ortes Teil der einen Ortsgemeinde sein müssen. Der ekklesiologische Perfektionismus verbindet sich mit der prophetischen Einschätzung, dass jetzt nicht die Zeit ist, in der die wahrhaft Glaubenden entrückt werden (gegen das Missionswerk Mitternachtsruf), noch die Zeit der Erweckung (gegen Pfingstler und Charismatiker), sondern die Zeit der Gerichte des Herrn, der »göttlichen Verunsicherung seines Volkes«. Die vorausgesetzte Zeitansage stellt alle Lehre und Praxis in den Horizont einer mit prophetischem Anspruch vorgetragenen Drohbotschaft. Endzeitlich motivierte Kirchenkritik und eine strenge Heiligungspraxis charakterisieren nicht nur die Schaffranek-Gruppe und Obadja-Gemeinschaften (Organische Christus-Generation) Ivo Saseks, sondern zahlreiche Einzelgruppen.

Perfektionistische Strömungen begleiten die Christenheit seit ihren Anfängen. Zu ihren Entstehungsbedingungen gehört der Kontext eines angepassten Christentums, dem sie in biblizistischer Berufung auf das Neue Testament die Radikalität und Vollkommenheit urchristlichen Lebens entgegensetzen. Perfektionistische Strömungen unterschätzen den Wegcharakter christlicher Glaubensexistenz und die Gebrochenheit der individuellen und gemeinschaftlichen Gestaltungsformen des Glaubens.

Fundamentalismus und Moderne

Bereits der Entstehungszusammenhang der christlich-fundamentalistischen Bewegung macht deutlich, dass sie ein Kind der Moderne ist. Unter dem Einfluss rapider Urbanisierung und Pluralisierung entsteht der christliche Fundamentalismus als Reaktion auf den säkularen Humanismus und die ambivalenten Folgen von Modernisierungsprozessen. Man muss also die moderne Welt mit ihren »riskanten Freiheiten« (Ulrich Beck) in Augenschein nehmen, wenn man den Fundamentalismus verstehen will. Modernisierungsprozesse, von Soziologen vielfach beschrieben unter den Chiffren »Individualisierung« und »Pluralisierung«, bedeuten in vieler Hinsicht Aufhebung von Sicherheiten. Sie geben dem Einzelnen neue Freiheiten und forcieren Orientierungsbedürfnisse. Der Fundamentalismus reagiert auf diese Situation. Er schafft Eindeutigkeit und setzt der modernen Kultur des Zweifels eine feste Position entgegen. Er protestiert gegen kirchliche und theologische Kompromisse mit dem Zeitgeist und einem Wirklichkeitsverständnis, das geheimnisleer ist und die Dimension des Wunderbaren und Übernatürlichen ausschließt. Er bietet Gewissheit und Vergewisserung an: in den Grundfragen des Lebens, aber auch in Fragen der Lebensführung und der Politik. Als »patriarchalische Protestbewegung«[33] beruft er sich auf das göttliche Gesetz und begibt sich auf die Bühnen politischer Auseinandersetzung, vor allem auf dem Feld ethischer Fragen mit den Interessen und Themen: Schutz des ungeborenen Lebens, Kampf gegen den Feminismus,

Engagement für ein Pornografieverbot, für die Beibehaltung der Todesstrafe (im amerikanischen Kontext) etc. Fundamentalismus ist immer etwas Zweites, eine Art »Gegenmodernisierung«. Modernisierung und Fundamentalismus können als globale Gegenkonzepte verstanden werden. Die Moderne mit ihren Chancen und Ambivalenzen war freilich zuerst, ihr nachgeborener Stiefbruder, der Fundamentalismus, antwortet auf den Abbruch der Tradition und der damit verbundenen religiösen und kulturellen Identitätsgefährdung.

Vertreter fundamentalistischer Strömungen verkennen zumeist ihre innere Abhängigkeit von der Moderne. Sie verweigern einerseits Modernität, andererseits beschleunigen sie Modernisierungsprozesse. Die Segnungen des Medienzeitalters werden vom Fundamentalismus ganz ungehemmt in Anspruch genommen, auch wenn das Weltbild, das er vermittelt, antimodern ausgerichtet ist. Insofern ist es korrekt, vom Fundamentalismus als »modernem Antimodernismus«[34] zu sprechen.

Fundamentalismus – das wahre Gesicht des Christentums?

Der antimodernistische Affekt, der dem Fundamentalismus anhaftet, hat zu den Weiterungen beigetragen, die den Begriff in seiner gegenwärtigen Verwendung äußerst unbestimmt gemacht haben: Nicht jede modernitätskritische Bewegung ist eo ipso fundamentalistisch. In der Medienöffentlichkeit wird heute z. T. jede Form religiöser Hingabe unter Fundamentalismusverdacht gestellt. Je weiter Säkularisierungsprozesse fortschreiten, desto mehr wird das abgewehrt, was sich nicht nahtlos in den Geist von Modernität einfügt. Insofern gibt es in unserer gegenwärtigen Kultur nicht nur das Phänomen fundamentalistischer Verfestigungen, sondern auch »die Kälte und geheime Gewalttätigkeit der säkularen Welt«,[35] die vor allem diejenigen zu spüren bekommen, die sich den geheimen Dogmen gesteigerter Säkularität widersetzen. Fundamentalismuskritik nimmt schnell und manchmal unbemerkt die Gestalt grundsätzlicher Religionskritik an. Es gibt heute eine Reihe von Kirchen- und Religionskritikern, die die These vertreten, dass der Fundamentalismus nicht eine verzerrte Form des Christlichen darstelle, sondern das wahre, nämlich unterdrückerische und inhumane Gesicht des Christentums zeige; ja, jeder monotheistischen Religion, zu deren Offenbarungsverständnis Endgültigkeitsansprüche gehören.[36] Aus einer solchen Perspektive müssen alle Formen christlicher Frömmigkeit – von liberal bis evangelikal – auf die Anklagebank gesetzt werden. Der Fundamentalismus im Kontext einer spezifischen Religion erscheint als Folge dessen, was im Grundsatz der Religion bereits angelegt ist. Solche Zuspitzungen machen deutlich, dass das Phänomen bzw. Thema, das im Zusammenhang der Fundamentalismusdebatte mit zu behandeln ist, nicht allein dieser selbst sein dürfte, sondern auch »die moderne Welt« in ihren Ambivalenzen und Fragwürdigkeiten und ihrem ungeklärten Verhältnis zu religiösen Wahrheitsansprüchen. Insofern verdeutlicht fundamentalistischer Protest die Dialektik der Aufklärung. »Die Neuzeit setzt mit der Befreiung durch die Religion ein. Die Moderne dagegen versteht sich als Befreiung von der Religion.«[37] Das Aufkommen neuer religiöser Bewegungen und die Zunahme fundamentalistischer Strömungen zeigen, dass das Projekt Moderne die religiöse Thematik nicht einfach hinter sich lassen kann. Gewissermaßen kann gesagt werden, dass das Projekt Moderne ihr eigenes Gegenteil in Form des Fundamentalismus hervorbringt. Fundamentalistische Tendenzen nehmen in dem Maße zu, in dem ein unverbindlicher und »weicher« Beliebigkeitspluralismus zunimmt. Fundamentalismus einerseits und ein antidogmatischer Relativismus andererseits stehen sich streng gegenüber bei gleichzeitigen strukturellen Ähnlichkeiten. Die Stärke protestantischer Theologie und Kirche liegt insbesondere darin, sich auf den Geist der Moderne eingelassen zu haben, wobei diese Stärke zugleich ihre Schwäche ist. Der Nachweis von Modernitätsverträglichkeit als Zentrum gegenwärtiger christlicher Identitätsbestimmung ist in dem Maße kein zukunftsorientiertes Handeln mehr, in dem Ausdrucksformen der Modernität selbst in die Krise geraten. Aufgabe für eine zukunftsorientierte Theologie und Kirche kann deshalb nur sein, fundamentalistische Ideologisierungen der eigenen Glaubensbasis ebenso zu vermeiden wie eine Kapitulation vor den Dogmen gesteigerter Säkularität, die jeden religiösen Wahrheitsanspruch unter das Fundamentalismusverdikt stellt.

Hinweise zur kritischen Auseinandersetzung

Das Erstarken fundamentalistischer Strömungen bedeutet zwar nicht die Niederlage der Moderne, zeigt aber ihre Defizite an gemeinschaftsbildender Kraft, ethischer Verbindlichkeit und religiöser Orientierung auf. Bekräftigungsrituale für ein Bündnis mit Aufklärung und Rationalität allein dürften angesichts der Ambivalenzen der Aufklärungskultur und den kirchlichen Arrangements mit ihnen keine überzeugende Antwort sein. Der Fundamentalismus fordert dazu heraus, den Fragen nach eigenen religiösen Grundlagen und Orientierungen nicht auszuweichen. Er mahnt Themen an, die für eine zukunftsorientierte Kirche wichtig sind: missionarische Verantwortung, Deutlichkeit des christlichen Zeugnisses, Glaubensvergewisserung als Aufgabe pastoralen Handelns ... Die Antworten, die er anbietet, sind verkürzt, z.T. äußerst fragwürdig und falsch. Auch wenn seine Antworten falsch sind, kann doch die Sehnsucht, die hinter ihnen steht, nicht dementiert werden. Vor allem die Suche nach Glaubensvergewisserung muss offensichtlich entschieden ernster genommen werden, als dies durchweg in der pastoralen Praxis gegenwärtig geschieht.

Im christlichen Fundamentalismus kommen Aspekte zum Tragen, die den Protestantismus von Anfang an bestimmt haben: die Orientierung am Wort Gottes (sola scriptura), die Konzentration auf das Elementare und Fundamentale: das unbedingte Vertrauen auf den einen Gott, der sich in Christus den Menschen zuwendet. Diese für den Protestantismus charakteristischen Anliegen begegnen im Fundamentalismus wieder, allerdings in fragwürdiger Form. Insofern kann man sagen, dass Fundamentalismus eine Bewegung ist, die sich »im Zusammenhang mit Stärken und Schwächen des Protestantismus entwickelt«.[38] Er beantwortet die offenen Fragen protestantischer Lebens- und Glaubensgestaltung, jedoch in einer verzerrenden Weise, indem er etwa die wahre Auslegung der Bibel durch ein Verbalinspirationsdogma zu sichern versucht. Faktisch wird damit die Unverfügbarkeit des göttlichen Wortes eingeschränkt und die christliche Freiheit im Umgang mit der Bibel und der historischen Wissenschaft verleugnet.

Bei einer entwicklungsbezogenen Betrachtung fundamentalistischer Strömungen muss man berücksichtigen, dass es Prozesse gibt, die zu deutlicheren fundamentalistischen Verfestigungen führen und solche, die auf größere Kommunikations- und Dialogbereitschaft hinauslaufen, also Prozesse von »Fundamentalisierung und Entfundamentalisierung.«[39] Die Frage, ob Gruppen oder Personen als fundamentalistisch zu bezeichnen sind oder nicht, ist oft weniger wichtig als die, in welcher Dynamik sich eine Gruppe gerade befindet. Fundamentalistische Orientierungen sind bei einzelnen Personen und Gruppen eine z.T. vorübergehende Erscheinung. In modernen Gesellschaften, in denen kontinuierliche Glaubens- und Lebensgeschichten nicht mehr vorausgesetzt werden können, ist es schwierig Fundamentalist zu bleiben. Was Martin Marty im Blick auf Nordamerika sagt, dürfte auch im Blick auf Deutschland gelten: Im Laufe der Zeit werden viele Fundamentalisten zu Evangelikalen oder gehen auf im konservativen Spektrum des Protestantismus. Auch wenn ökumenischer Dialog - oder bescheidener: lernbereite Kontaktaufnahme mit anderen Glaubens- und Frömmigkeitsformen - kein Allheilmittel gegen fundamentalistische Orientierungen darstellt und in manchen Situationen auch nicht möglich ist, lehrt er doch über die eigenen Grenzen hinauszuschauen und den Tendenzen fundamentalistischer Verfestigung und Selbstabschließung zu begegnen.

Literatur: EKL[3] 1, Sp. 1404-1406 · **Gasper/Müller/Valentin**[6], Sp. 336-344 · LThK[3] 4, Sp. 224-226 · RGG[4] 3, Sp. 414-418 · **James Barr**, Fundamentalismus, München 1981 · **Wolfgang Beinert** (Hg.), »Katholischer« Fundamentalismus, Regensburg 1991 · **Erich Geldbach**, Fundamentalistischer Umgang mit der Bibel, in: Im Lichte der Reformation 35, Göttingen 1992, S. 101-132 · **Hansjörg Hemminger** (Hg.), Fundamentalismus in der verweltlichten Kultur, Stuttgart 1990 · **Herrmann Kochanek** (Hg.), Die verdrängte Freiheit. Fundamentalismus in den Kirchen, Freiburg i.Br. 1991 · **George Marsden**, Understanding Fundamentalism and Evangelicalsm, Grand Rapids/Michigan 1991 · **Martin E. Marty/R. Scott Appleby**, Herausforderung Fundamentalismus. Radikale Christen, Moslems und Juden im Kampf gegen die Moderne, Frankfurt/M. 1996 · **Thomas Meyer** (Hg.), Fundamentalismus in der modernen Welt, Frankfurt/M. 1989 · **Hubertus Mynarek**, Denkverbot. Fundamentalismus in Christentum und Islam, München 1992 · **Martin Riesebroth**, Fundamentalismus als patriarchalische Protestbewegung, Tübingen 1990 · **Ders.**, Die Rückkehr der Religionen. Fundamentalismus und der »Kampf der Kulturen«, München 2000 · **Ernest R. Sandeen**, The Roots of Fundamentalism. British and American Millenarianism 1800-1830, Chicago 1970

2.2 Kreationismus – Rückschau zum Anfang der Welt (Hansjörg Hemminger)

> »All things in the universe were created and made by God in the six literal days of the creation week described in Genesis 1:1-2:3, and confirmed in Exodus 20:8-11. The creation record is factual, historical, and perspicuous; thus all theories of origins or development which involve evolution in any form are false.«
>
> (Institute for Creation Research)

Der Kreationismus (creationism, creation science) war und ist Teil des protestantischen Fundamentalismus in den USA, der sich am Anfang des 20. Jahrhunderts herausbildete. Er war die »fundamentalistische« Antwort auf die Zumutungen des damals in den USA und in Europa kulturprägenden Wissenschaftsglaubens. In dem angeblich von der Wissenschaft fertig gedachten Weltbild gab es keinen Platz mehr für Gott und für die Religion. Wissenschaftliche Erkenntnisse galten als einziger Prüfstein der Realität, und den Eckstein dieses Weltbilds lieferte die Evolutionstheorie nach Charles Darwin. Dass die protestantische Erweckung in den USA darin einen Angriff auf ihre »fundamentals« sehen musste (vgl. 2.1), insbesondere auf die buchstäbliche Irrtumslosigkeit der Heiligen Schrift, leuchtet ein. Sie reagierte jedoch nicht mit Erkenntnis- oder Ideologiekritik, sondern sie übernahm – wie es für den Fundamentalismus insgesamt kennzeichnend ist – in einer Reaktionsbildung teilweise die Plausibilitäten des wissenschaftlichen Weltbilds und behauptete, die bessere Wissenschaft sei auf ihrer Seite. Dadurch wurde es zu einem Grundsatz der fundamentalistischen Bibelauslegung, dass die Bibel, vor allem in der Urgeschichte, auch die eigentlich wahre Grundlage der Wissenschaft liefert.

Gegen das wissenschaftliche Weltbild

Wie die Wissenschaftsgläubigen wollten auch die christlichen Fundamentalisten die Welt »fertig denken«, aber eben nicht durch Evolutionsgeschichten, sondern durch Bibelinterpretation. Sie erstellten in der Folge einen biblischen Geschichtsfahrplan von der Schöpfung bis zum Endgericht, mit den Stationen Engelfall, Sündenfall, Sintflut, Altem und Neuem Bund und Endzeit. In ihn wurde der Sturz Luzifers so konkret historisch mit Ablauf und Jahreszahl eingefügt wie die Kreuzigung Jesu; die Erschaffung der Welt aus dem Nichts wurde behandelt wie ein Laborbericht. Um dieses angeblich biblische Geschichtswissen führte und führt der Kreationismus einen erbitterten Kampf mit der naturwissenschaftlichen Geologie, der biologischen Evolutionstheorie und später (als auch die Kosmologie eine Entwicklung des Weltalls postulierte) mit der Astrophysik. Dabei versucht sich der Kreationismus mit den Mitteln wissenschaftlicher Argumentation zu behaupten, d. h. er beansprucht, nicht nur eine alternative, sondern die bessere Wissenschaft zu sein.

Entwürfe des Kreationismus

In der 100-jährigen Geschichte des Kreationismus bildeten sich verschiedene Systeme heraus:[40]

- Der Langzeit-Kreationismus (day-age-creationism) deutet die Schöpfungsgeschichte (Gen 1) so, dass jeder der sieben Schöpfungstage für einen Äon der Erdgeschichte steht. Wenn man diese Äonen hinreichend lang macht, lässt sich der naturwissenschaftliche und der kreationistische Zeitrahmen harmonisieren. Die Ergebnisse der Astrophysik und der Geologie, auch die Fossilfunde, lassen sich mit Zusatzannahmen einigermaßen erklären. Der Streit mit der Naturwissenschaft konzentriert sich dadurch auf die darwinsche Selektionstheorie, also das Zufallsprinzip der natürlichen Auslese. Dafür setzt der Langzeit-Kreationismus eine Folge von göttlichen Schöpfungsakten ein. Er ähnelt damit den so genannten Katastrophen-Theorien, die vor Darwin auch in der wissenschaftlichen Naturkunde dominierten.[41] Praktisch spielt der Langzeit-Kreationismus heute nur noch eine geringe Rolle, meist wird er als Kompromiss mit der Wissenschaft abgelehnt.

- Der Vorzeit-Kreationismus (gap creationism) geht davon aus, dass zwischen die ersten beiden Sätze der Schöpfungsgeschichte (Gen 1) eine lange Epoche einzuschieben ist. »Am Anfang schuf Gott Himmel und Erde.« Dann wurde diese erste Erde durch den Fall Luzifers zerstört. Äonen der Verwirrung folgten. Aus ihnen stammen die geologischen Schichten und die Fossilien ausgestorbener Lebewesen; am Ende dieser Zeit war die Erde »wüst und leer«. Erst dann folgte die zweite Schöpfung in sieben Tagen. Diese neue Erde war »sehr gut«, aber weil sich der Mensch von Luzifer verführen ließ, kamen Sünde und Tod in die Welt. Schließlich wurde durch die Sintflut die Welt geformt, in der wir heute leben. Der Vorzeit-Kreationismus kann ebenso wie der Langzeit-Kreationismus mit den Zeiträumen von Geologie und Paläontologie leben. Dass die heutigen Tiere und Pflanzen sich aus früheren Vorfahren entwickelten (Deszendenztheorie), muss er dagegen ablehnen, ebenso die Selektionstheorie. Insofern trägt er den Streit einen Schritt weiter ins feindliche Lager der Wissenschaft, allerdings für die heutigen Kreationisten ebenfalls nicht weit genug.

- Der Kurzzeit-Kreationismus (young earth creationism) beherrscht heute das Feld. Er fasst die sieben Schöpfungstage von Gen 1 als echte Tage auf und akzeptiert keine »Vorzeit«. Durch seinen engen Zeitrahmen von 10.000 bis 30.000 Jahren zwischen der Erschaffung der Welt und der Gegenwart sind seine Aussagen mit nahezu allen Feldern der Naturwissenschaft unvereinbar: Kosmologie, Geologie und Biologie stützen ihre Zeitmessungen auf gängige physikalische Methoden, sodass der Kurzzeit-Kreationismus gezwungen ist, nicht etwa nur die Evolutionstheorie abzulehnen, sondern die gesamte Physik neu zu konstruieren. An dieser Aufgabe scheitern seine Autoren in mehr oder weniger offensichtlicher Weise – trotzdem hat er sich in der fundamentalistischen Literatur weithin durchgesetzt. Über die Gründe – die nicht »wissenschaftliche Plausibilität« heißen können – wird noch zu sprechen sein.

Kreationismus und Politik

Einen ersten Höhepunkt seines Einflusses erlebte der Kreationismus in den USA in den 20er Jahren. Zwischen 1921 und 1929 wurden in 31 Staaten Gesetzesvorlagen eingebracht, die es verboten, die Evolutionstheorie an Schulen zu unterrichten. In einigen Südstaaten wurden die Vorlagen Gesetz. Es sei daran erinnert, dass dieselbe politische Grundstimmung damals die Zeit der Prohibition in den USA einleitete: Es ging um die Bibel als Quelle einer traditionellen bürgerlichen Moral. Zum nationalen Showdown der Befürworter und Gegner kam es beim so genannten Affenprozess von Tennessee.[42] Ein Lehrer namens John D. Scopes war angeklagt, entgegen dem Verbot die Abstammung des Menschen vom Affen gelehrt zu haben. Verteidigt wurde er von einem landesweit bekannten Juristen, und die Anklage ließ den Wortführer des damaligen Kreationismus, William J.

Bryan, auftreten. Dessen Ansichten entsprachen nicht dem heutigen, sondern eher dem oben beschriebenen Langzeit-Kreationismus. Scopes wurde verurteilt, aber für den Kreationismus stellte die nationale und internationale Debatte eine Niederlage dar. Das weiße, konservative Kleinbürgertum der Südstaaten, das ihn unterstützte, war dem wissenschaftsgläubigen Bildungsbürgertum im öffentlichen Diskurs nicht gewachsen. Allerdings übernahmen einige Sekten den Kreationismus der 20er Jahre in ihre Glaubenssysteme und schreiben ihn bis in die Gegenwart fort. Am wichtigsten sind dabei Jehovas Zeugen, die heute kreationistisches Kleinschrifttum in Millionenauflagen in aller Welt verbreiten.

Noch vor dem Zweiten Weltkrieg wurde es ruhig um den Kreationismus, und auch danach bewegten andere Themen das konservative Bürgertum. Daher kam es eher unerwartet, dass ab 1960 ausgerechnet ein aggressiver Kurzzeit-Kreationismus in den USA wieder einen politischen und religiösen Siegeszug antrat. Ausgangspunkt dieser Renaissance war das Buch von John C. Whitcomb und Henry M. Morris: The Genesis flood.[43] Zum Zentrum der Bewegung wurde das Institute for Creation Research (ICR) in San Diego mit dem Präsidenten Morris. Ein wesentlicher politischer Grund für den Erfolg war ein Wechsel der Strategie: Es wurde nicht mehr wie zu Scopes Zeiten versucht, die Evolutionstheorie als unamerikanisch verbieten zu lassen. Vielmehr wurden schulmäßige und kreationistische Naturwissenschaft als gleichberechtigte Möglichkeiten dargestellt, die in den Schulen gleichrangig behandelt werden müssten. Dieses »equal time argument« appellierte an den angelsächsischen Sinn für Fairness. Und es verschob die Debatte von politischen und moralischen Fragen auf Spezialfragen der Naturwissenschaft, die sich der Beurteilung der breiten Öffentlichkeit nur schwer erschließen.[44] Es genügte, plausibel wirkendes und didaktisch gut gemachtes Unterrichtsmaterial vorzulegen, um dem Kreationismus im Schulsystem der USA zu einer großen Verbreitung zu verhelfen. Für die Erstellung solcher Materialien ist der Kurzzeit-Kreationismus geeigneter als die anderen Formen. Daher setzte er sich trotz seiner naturwissenschaftlichen Unhaltbarkeit – die aber von Laien nicht leicht erkennbar ist – allgemein durch. Bis heute hat die Debatte um die »creation science« in der amerikanischen Öffentlichkeit deshalb einen sehr großen Stellenwert, der sich in Europa mit seinem anderen Bildungssystem nur schwer nachvollziehen lässt.

Wortführer des Kreationismus in den USA ist auch heute noch das Institute of Creation Science (ICS) in Santee, Südkalifornien, inzwischen mit dem Direktor John Morris, dem Sohn des Gründers. Das Institut hat als einzige kreationistische Organisation eine Anerkennung des Staats Kalifornien als Ausbildungsstätte und verfügt über einen enormen Einfluss auf die Massenmedien. Das Angebot an Kursen, pädagogischem Material, Forschungsprojekten usw. expandiert auch heute noch laufend. Die archäologische Suche nach der Arche Noah in Armenien, für die Henry M. Morris ebenfalls bekannt wurde, blieb allerdings trotz riesiger Investitionen bis heute vergeblich.

Zu erwähnen ist weiterhin die Creation Science Fellowship (CSF) in Philadelphia, die alle vier Jahre eine große internationale Konferenz veranstaltet. Beide, CSF und ICR bemühen sich ebenso ernsthaft wie vergeblich, den wissenschaftlichen Anspruch des Kreationismus in der Praxis einzulösen und pflegen einen relativ moderaten Stil der Auseinandersetzung – zumindest gemessen an amerikanischen Verhältnissen. Einen Gegenpol dazu bildet zum Beispiel die Organisation »Answers in Genesis« des Australiers Ken Ham mit Hauptsitz in Kentucky, die in allen englischsprachigen Ländern und in Japan präsent ist. Für ihn bilden fundamentalistische Mission, rechtskonservative Politik und Kreationismus eine weltanschauliche Einheit, die Antworten auf alle Fragen zu liefern imstande ist. Eine unduldsame Polemik gegen Andersdenkende nimmt viel Raum ein, die wissenschaftlichen Argumente kann man dagegen nur als tiefer gelegt charakterisieren.

Ähnlich agiert »The Creation Science Association for Mid-America« (CSA) in Kansas. Alle Übel der Welt, Kriminalität, Unmoral und sogar die »hundert Millionen Toten des Zweiten Weltkriegs« werden der so genannten Evolutionslüge angelastet. Der Anspruch, selbst »reborn christians« zu sein, verbindet sich im Mittelwesten anscheinend recht leicht mit einem politischen Fanatismus, der seinesgleichen sucht. Von daher entsprechen »Answers in Genesis« und die CSA eher als das ICR (und viel eher als die deutsche »Studiengemeinschaft Wort und Wissen«) dem Feindbild Fundamentalismus, wie es kirchlich-liberale und säkulare Kreise pflegen.

Kreationismus im deutschen Sprachraum

Der Kreationismus in Deutschland verdankt sich unmittelbar dem Einfluss der USA auf die evangelikale Bewegung. Da von ihm kaum politische Wirkung ausgeht, ist die öffentliche Aufmerksamkeit für die Kreationisten hierzulande gering. Der wichtigste Vertreter ist die »Studiengemeinschaft Wort und Wissen«,[45] die einen Schwerpunkt auf die theologische und wissenschaftliche Argumentation legt: »An vielen Stellen lässt sich schon jetzt zeigen, dass die vom biblischen Schöpfungszeugnis ausgehenden Deutungen wissenschaftlicher Erkenntnisse der Realität viel eher gerecht werden als Deutungsversuche im Rahmen der Evolutionslehre.«[46] Sie lehnt den Begriff Kreationismus als Selbstbezeichnung ab und bevorzugt Begriffe wie Schöpfungslehre oder Schöpfungswissenschaft. Polemische Exzesse, wie sie in den USA die Regel sind, findet man eher selten. Seit ihrer Gründung verzeichnet die Studiengemeinschaft ein moderates Wachstum und hat sich im freikirchlichen Raum als Autorität für die Ablehnung der Evolutionstheorie etabliert, hat darüber hinaus aber wenig Ausstrahlung. Das wichtigste Produkt ist das Schulbuch »Entstehung und Geschichte der Lebewesen« von Reinhard Junker und Siegfried Scherer,[47] das inzwischen in der 5. Auflage vorliegt. Dieses gut gemachte Lehrbuch kann nur in Privatschulen benutzt werden, da eine Anerkennung durch die Kultusministerien der Länder nicht erreichbar war und auch künftig nicht zu erwarten ist.

Weiterhin unterstützte »Wort und Wissen« den kreationistischen Film von Fritz Poppenberg »Hat die Bibel doch recht? Der Evolutionstheorie fehlen die Beweise«, in dem der Präsident Siegfried Scherer ebenso wie der bekannte Autor Werner Gitt u. a. zu Wort kommen. Der Film erzielte durch eine Ausstrahlung beim Sender Freies Berlin eine gewisse Wirkung, allerdings war dem Sender der Hintergrund wohl nicht bekannt: Die Firma Dreilinden-Film von Fritz Poppenberg steht in distanzloser Beziehung zu Jehovas Zeugen und hat vor allem Propagandafilme dieser Gruppe im Programm, die sich zum Beispiel gegen die Bluttransfusion richten oder das angebliche »AIDS-Dogma« als Verschwörung der Wissenschaft zu entlarven versuchen. Von daher lässt sich »Wort und Wissen« auf eine sehr fragwürdige Allianz mit einer Extremgruppe ein, die kirchlich und christlich nur schwer zu begründen sein dürfte.

Während sich die Studiengemeinschaft ansonsten durch Dialogfähigkeit auszeichnet, gilt das nicht für alle Wortführer des Kreationismus im deutschen Sprachraum. Von Werner Gitt, einem Wissenschaftler der Physikalisch-Technischen Bundesanstalt in Braunschweig, stammen auch anders lautende Zitate: »Im Altertum wurden den heidnischen Göttern der Kanaaniter vereinzelt Kinder als Menschenopfer dargebracht (5. Mose 12, 31). Die heutigen Götter der Evolution verlangen weit größere Opfer: Eine ganze heranwachsende Jugend wird nicht nur im Denken schizophrenisiert, sondern noch weit schlimmer ist der millionenfache Seelenmord an den Kindern, die nach diesem geistigen Mordprozess nicht mehr in der Lage sind, an den lebendigen Gott der Bibel zu glauben.«[48] Hier lässt der Stil der CSA über den Atlantik hinweg grüßen. Noch bedeutsamer als das (inzwischen ebenfalls unüberschaubare) Schrifttum von Werner Gitt waren allerdings für die Verbreitung des Kreationismus in Europa die zahlreichen Bücher des verstorbenen Arthur E. Wilder-Smith, der lange in der Schweiz lebte.[49]

In der evangelikalen Bewegung ist der Kreationismus inzwischen für viele Christen Teil ihrer Weltdeutung geworden. Es wird ohne Aufgeregtheit – aber auch ohne Interesse für die dadurch aufgeworfenen wissenschaftliche Fragen – angenommen, dass die Bibel Recht und die Naturwissenschaft Unrecht hat. Dabei verläuft die Einflussgrenze dort, wo der protestantische Fundamentalismus in der evangelikalen Bewegung starke Wirkung erzielt hat und wo nicht – insofern ist der Kreationismus so etwas wie ein Indikator dafür, wie weit die Amerikanisierung des deutschen Evangelikalismus reicht. In den pietistischen Gemeinschaften hat der Kreationismus zum Beispiel bis heute wenig Bedeutung. Hier wirkt immer noch nach, dass der Pietismus vor dem Zweiten Weltkrieg mit der Naturwissenschaft kaum im Streit lag. Ganz anders sieht das in den (meist neupfingstlerischen) freien Missionsgemeinden aus, die in den letzten zwanzig Jahren entstanden und sich direkt oder indirekt auf amerikanische Wurzeln stützen. Die meisten kritischen Auseinandersetzungen mit dem Kreationismus haben daher denselben Hintergrund: Evangelikal geprägte Protestanten, die aus der pietistischen Tradition kommen, setzen sich argumentativ von dem Amerika-Import ab.[50]

Es darf jedoch nicht übersehen werden, dass nicht jede Ablehnung der Evolutionstheorie vom amerikanischen Kreationismus motiviert ist. In der römisch-katholischen Kirche gibt es eine eigene Tradition der Anti-Modernität, die eine Kritik der Evolutionstheorie umfasst, und auf die hier nicht näher eingegangen werden kann. Da es dabei im Unterschied zum protestantischen Kreationismus nicht um die Verteidigung der Irrtumslosigkeit der Bibel geht, liegen auch die Argumente auf einer anderen Ebene.[51] Am ehesten lässt sich die verbreitete Ablehnung der Evolutionsidee im orthodoxen Judentum mit dem Kreationismus vergleichen, da dabei die wortwörtliche Geltung der Thora im Hintergrund steht. In Europa spielt diese Debatte kaum eine Rolle, wohl aber in den USA und in Israel.

Bei Meinungsumfragen ist naturgemäß kaum festzustellen, wovon die Ablehnung der Evolutionstheorie im Einzelfall motiviert wird, sodass Zahlen über die Verbreitung des Kreationismus mit Vorsicht zu genießen sind. Vor 10 Jahren gaben rund 28 Prozent der Befragten in Deutschland an, sie glaubten an die Erschaffung des Menschen durch Gott aus einem Erdenkloß, wie in der biblischen Urgeschichte berichtet wird. In dieser Stichprobe waren Katholiken deutlich in der Mehrheit, und sie beschränkte sich keineswegs her wenig geändert. Von daher wird man zwar auf eine verbreitete Skepsis gegenüber wissenschaftlichen Evolutionstheorien schließen können, man wird den Anteil »infor-mierter« protestantischer Kreationisten aber nicht allzu hoch ansetzen dürfen. Keines-falls denkt zum Beispiel die ganze evangelikale Bewegung kreationistisch.

Seltsame Verbündete

Die Kritik an der Evolutionstheorie reicht nicht nur über den protestantischen Funda-mentalismus hinaus, sie beschert dessen Wortführern auch manche seltsame Verbündete. So muss erwähnt werden, dass Jehovas Zeugen vermutlich mehr kreationistisches Schrift-tum verbreiten als alle anderen Organisationen zusammengenommen. Dass auch die Rael-Bewegung (eine skurrile UFO-Gruppe – vgl. III.) eifrig gegen die Evolutionstheorie pole-misiert, ist nur folgerichtig. Schließlich glauben die Raelianer, dass alle Lebewesen auf Erden einschließlich der Menschen durch die überlegene Biotechnik Außerirdischer – der so genannten Elohim – vor historisch kurzer Zeit produziert worden seien. Daher kommen ihnen die vorfabrizierten Argumente des Kurzzeit-Kreationismus (wie vielen anderen auch) gerade recht, um ihren UFO-Glauben zu verbreiten.

Ernster zu nehmen ist eine neuere Entwicklung, nach der auch die Esoterik-Bewe-gung immer mehr auf einen Kurs der Evolutionskritik einschwenkt. Allerdings geht es den Esoterikern nicht um biblische Texte, sondern wie dem Langzeit-Kreationismus vor-rangig um die Ablehnung der Selektionstheorie. Sie versuchen die Idee einer planvollen kosmischen Höherentwicklung, die Idee eines durchgeistigten Kosmos, gegen die Idee einer zweck- und zielblinden Selektion durchzusetzen. »esotera«, das deutsche Intelli-genzblatt der Esoterik-Bewegung, widmete diesem Vorhaben eine lange Artikelserie, in der wiederum die bekannten Argumente des amerikanischen Kreationismus auftauch-ten.[53] Nun kann man dem protestantischen Fundamentalismus kaum die Verantwortung dafür geben, dass seine Argumente auch von anderen genutzt werden. Der Vorgang zeigt jedoch die Absurdität der zumindest in den USA gängigen Vorstellung, das Verschwinden des Evolutionsdenkens würde automatisch zum biblischen Glauben zurückführen. Die Abkehr vom »wissenschaftlichen Weltbild« kann Menschen in ganz verschiedene Rich-tungen führen, darunter in solche, die selbst protestantische Fundamentalisten nicht als Verbesserung betrachten dürften.

Was sollen wir hierzu sagen?

Dem protestantischen Kreationismus geht es letztlich um die Geltung der Heiligen Schrift. Die Motive der Kreationisten sind nur von ihrem Anliegen her zu verstehen, die biblisch bezeugte Heilsgeschichte durch ihre Umdeutung in Welt- und Naturgeschichte gegen die Zersetzung durch die neuzeitliche Religionskritik und durch den Wissenschaftsglauben ab-zusichern. Diesem Anliegen kann man Verständnis entgegen bringen. Es wird allerdings da-durch verzerrt, dass der Kreationismus die Position seines Gegenübers unkritisch übernimmt, nämlich einen Rationalismus, der nur im wissenschaftlichen Argument einen Prüfstein für die Wirklichkeit erkennen kann. Dass die Gewissheit des Glaubens in ihrem tiefsten Grund von der Wahrheit lebt, die Mensch wurde, nämlich von Jesus Christus, und nicht von der Wahrheit, die Papier wurde, also von der Schrift, gerät dabei leicht in Vergessenheit.

Der Sündenfall des Kreationismus liegt aus der Sicht christlichen Denkens jedoch nicht zuerst in seinem antimodernen Rationalismus. Der Sündenfall liegt in der Verbrüderung mit der politischen Macht – und zwar mit einer fanatischen, gewaltbereiten rechtskonservativen Ideologie. Dadurch werden Andersdenkende von vielen Kreationisten als ungläubig diffamiert, kirchlich ausgegrenzt, polemisch niedergemacht und für alles Unglück der Welt zur Verantwortung gezogen. Wo diese schreckliche Verbrüderung mit einer fanatischen Weltrettungs-Ideologie Platz einnimmt und die Nächstenliebe auf der Strecke bleibt, kann die christliche Antwort nur in Widerstand bestehen. Wo sich der Kreationismus dagegen als Alternativwissenschaft darstellt, kann man ihm seine besondere Sicht der Dinge zwar nicht bestätigen, aber zugestehen. Schließlich ist die Echtheit und Tiefe des persönlichen Glaubens nicht unmittelbar mit dem wissenschaftlichen Erkenntnisstand eines Christen verbunden – wohl aber mit seiner Liebe zu Gott und den Menschen.

Literatur: **Gasper/Müller/Valentin**[6], Sp. 581-584 · **Horst W. Beck**, Christlicher Schöpfungsglaube im Kontext heutiger Wissenschaft, Weilheim-Bierbronnen 1993 · **Helmut Burkhardt/Uwe Swarat** (Hg.), Evangelisches Lexikon für Theologie und Gemeinde 2, Wuppertal/Zürich 1993, S. 1177-1178 · **Hansjörg Hemminger/Wolfgang Hemminger**, Jenseits der Weltbilder – Naturwissenschaft – Evolution – Schöpfung, Stuttgart 1991 · **Rolf Jeßberger**, Kreationismus, Berlin/Hamburg 1990 · **Alister E. McGrath** (Hg.), The Blackwell Encyclopedia of Modern Christian Thought, Oxford 1993, S. 94-97

Internet: www.wort-und-wissen.de

2.3 Millennarismus – Vorausschau zum Ende der Welt

> »Gott, der Architekt der Zeitalter, hielt es für richtig, uns in Bezug auf Seinen Plan für die Zukunft ins Vertrauen zu ziehen und hat Seine Absicht und Seinen Heilsplan detailliert im Wort offenbart.«[54]
>
> (J. Dwight Pentecost)

Millennaristische Erwartungen spielen im Kontext eines auf Modernitätsverträglichkeit ausgerichteten Christentums nur eine untergeordnete Rolle. Am Anfang des 20. Jahrhunderts konstatierte Ernst Troeltsch im Blick auf die Zukunftserwartung der zeitgenössischen Kirche und Theologie: »Das eschatologische Büro ist meist geschlossen.« Tendenziell mindestens dürfte er mit dieser Feststellung Recht gehabt haben. Die großen geistigen Mächte Aufklärung, Idealismus und Marxismus stellten die christliche Hoffnung auf ein ewiges Leben in Frage und ließen in ihren Auswirkungen auf Theologie und Kirche die

»letzten Dinge« zu peripheren Aspekten des Christlichen werden. Aus Kandidaten des Jenseits sollten Praktikanten des Diesseits werden. Ein modernes Christentumsverständnis versuchte jeden Verdacht des Verrates am Diesseits auszuräumen und konzentrierte sich auf Weltgestaltung und Humanisierung der Welt. Allerdings galt das Diktum Troeltschs nicht generell und für alle Ausformungen protestantischer Frömmigkeit. Mit einer gewissen Gleichzeitigkeit zu ent-eschatologisierenden Tendenzen in Kirche und Theologie im 19. und 20. Jahrhundert kam es auch zu intensivem Naherwartungsglauben und zu einem neuen eschatologischen Aufbruch, in dessen Zentrum der Chiliasmus, die Erwartung des Tausendjährigen Reiches, stand. Dieser Aufbruch fand einerseits in der Erweckungsfrömmigkeit des Protestantismus statt, aus der auch evangelikale und charismatische Frömmigkeitsformen erwuchsen, andererseits in zahlreichen christlichen Sondergemeinschaften (Jehovas Zeugen, Katholisch-apostolische Gemeinden, Mormonen, Adventbewegung – vgl. VI.-2). Insofern war und blieb das eschatologische Büro keineswegs generell geschlossen – im Gegenteil: In einzelnen christlichen Subkulturen machte es Überstunden.

Mit kreationistischen Ideen (s. 2.2) waren und sind gesteigerte Endzeiterwartungen insofern verbunden, als sie häufig in Anknüpfung an vorneuzeitliche Annahmen von einer ca. 6.000-jährigen Welt- und Menschheitsgeschichte ausgehen und von Adam bis Christus einen Zeitraum von 4.000 Jahren voraussetzen. Wenn ein Jahr in Gottes Zeitrechnung so lang ist wie 1.000 Jahre (vgl. 1. Petr 3,8), liegt es nahe anzunehmen, dass der siebte »Tag« unmittelbar bevorstehen könnte.

Endzeiterwartungen und Erweckungschristentum

Für alle Ausdrucksformen des Erweckungschristentums gilt, dass Endzeiterwartungen ein charakteristisches Merkmal darstellen. In biblizistischer Ausrichtung werden die prophetischen und apokalyptischen Sprach- und Vorstellungswelten der alt- und neutestamentlichen Texte reaktualisiert: Wehen der Endzeit, Trübsal, Entrückung, Schlacht von Harmagedon, Gericht, Wiederkunft Jesu, Tausendjähriges Friedensreich (Millennium), neuer Himmel und neue Erde. Sie werden in allernächster Nähe erwartet und häufig in eine konkrete Ereignisfolge gebracht. Mit der raschen Ausbreitung evangelikaler und pfingstlich-charismatischer Bewegungen im 20. Jahrhundert wurden auch ihre endzeitlichen Erwartungen bekannt gemacht. Beide Bewegungen sind transkonfessionell orientiert und haben wichtige gemeinsame Anliegen. Es wäre einseitig, generalisierend und falsch, in Charismatikern und Evangelikalen weltflüchtige oder hyperaktive Endzeitspezialisten zu sehen. Vorherrschend wird ein gesteigertes apokalyptisches Bewusstsein in evangelikalen und pfingstlich-charismatischen Bewegungen durchweg dort, wo fundamentalistische Motive wirksam werden (elitäre Abgrenzung gegenüber anderen Christen, Unmittelbarkeitspathos, beanspruchtes Wissen über die Zukunft, dualistisches Weltbild). Je mehr sich das apokalyptische Bewusstsein fundamentalistisch verfestigt und zu einem isolierten Merkmal der Frömmigkeit überhaupt wird, desto deutlicher trennt es sich von dem Hauptstrom der entsprechenden Konfession.[55] Von daher ist zu verstehen, dass ein gesteigertes apokalyptisches Zeitbewusstsein ein wichtiger Ausgangspunkt für die Entstehung zahlreicher christlicher Sondergemeinschaften werden konnte.

Evangelikale, Pfingstler und Charismatiker verstehen sich zuerst und vor allem als Teil einer weltweiten Missions- und Erweckungsbewegung. Gleichwohl ist in ihrer Frömmigkeit ein konkretes Erwarten des Reiches Gottes und der Wiederkunft Christi deutlicher ausgeprägt als in der kirchlichen Normalfrömmigkeit. Dabei wird die Kontinuität zum klassischen »heilsgeschichtlichen Missionsdenken« betont, das zwischen missionarischer Praxis und eschatologischer Erwartung ein enges Band entstehen lässt. Die eschatologische Perspektive unterstreicht die Dringlichkeit der evangelistischen Aufgabe gegenüber den noch Unerreichten, den Nichtglaubenden, wobei man hinsichtlich der Wahl der Mittel, vor allem der intensiven Nutzung der Kommunikationstechnologie nicht wählerisch ist. Fahrpläne für die Endzeit und Angst machende Szenarien finden sich in den Konsenstexten von Evangelikalen und Charismatikern nicht.[56] Eher tritt der ausdrückliche Wille in Erscheinung, in Kontinuität zum Glauben der Christenheit am Bekenntnis der Hoffnung festzuhalten. Dies allerdings in deutlicher Abgrenzung zu einer entmythologisierenden Auslegung und der Vergeistigung christlicher Hoffnung durch eine existentialistische Deutung biblischer Texte. Nicht alle Aussagen aus dem Bereich pfingstlich-charismatischer und evangelikaler Bewegungen über das Ende der Zeit und die Hoffnung der Christen sind freilich so gebremst und vergleichsweise ausgewogen wie sie in Konsenstexten begegnen.

Gesteigertes apokalyptisches Bewusstsein

Gesteigertes apokalyptisches Bewusstsein gibt sich nicht mit der Botschaft zufrieden, dass Gottes Reich, das in verborgener Weise im Leben, Sterben und Auferstehen Jesu begonnen hat, einmal endgültig und sichtbar kommen wird, sodass der Glaube zum Schauen wird. Es zielt zwar nicht unbedingt darauf ab, den genauen Termin für die Wiederkunft Christi zu benennen, will aber auskunftsfähig sein hinsichtlich der Frage, was im Zusammenhang der Parusie geschehen wird und wie spät es auf der Weltenuhr ist. Gesteigertes apokalyptisches Bewusstsein beansprucht, verlässliche Deutungen für gegenwärtige weltgeschichtliche Entwicklungen zu geben, vor allem in ihrer Bezogenheit auf den Nahen Osten und Israel. Es klammert sich dafür an die biblischen Texte (v. a. Danielbuch, Endzeitreden Jesu in den Evangelien, Offenbarung des Johannes) in ihrer Buchstäblichkeit und behauptet, ihre wahre Auslegung zu verwirklichen. Ausgangspunkt dieses gesteigerten apokalyptischen Bewusstseins ist die Überzeugung, dass Gott, »der Architekt der Zeitalter ... es für richtig (hielt), uns in Bezug auf seinen Plan für die Zukunft ins Vertrauen zu ziehen«, dass er »seine Absicht und seinen Heilsplan detailliert im Wort offenbart (hat)«.[57] Verbreitet ist es keineswegs nur in christlichen Rand- und Extremgruppen. Es reicht weit hinein in den Bereich evangelikaler, charismatischer und pentekostaler Frömmigkeit. Es ist in den protestantischen Kirchen und freikirchlichen Milieus in dem Maße präsent, in denen erweckliche Frömmigkeitsformen das christliche Leben bestimmen. Gesteigertes apokalyptisches Bewusstsein wird in seiner Problematik allerdings auch innerhalb evangelikaler und pentekostaler Frömmigkeitsformen wahrgenommen. Kritische Auseinandersetzungen mit »frommem Endzeitlotto« werden auch von Insidern geführt.[58]

Evangelikale und pfingstlich-charismatische Laienfrömmigkeit hat für Endzeitthemen schon immer ein großes Interesse gezeigt. Die kaum zu überblickende Anzahl von Buchtiteln und ihre Auflagenhöhe wie auch verbreitete Kassetten, Videos und Homepages im Internet zeigen, dass das Thema Endzeit von dauerhafter Aktualität ist. Nicht wenige Veröffentlichungen sind Übersetzungen, die dem anglo-amerikanischen Kontext entstammen. Sie konkretisieren die internationale Ausrichtung und Außenbestimmtheit transkonfessioneller Frömmigkeitsformen. Für manche Verlage und Einzelgruppen steht die Beschäftigung mit diesen Themen im Mittelpunkt ihres Interesses. Das gilt beispielsweise für den der Pfingstbewegung zugehörigen Leuchterverlag und für das »Missionswerk Mitternachtsruf«. Gegenüber klassischen Sondergemeinschaften, wie etwa den Zeugen Jehovas oder der Neuapostolischen Kirche, gibt es hier ein ausgeprägtes Differenzbewusstsein, obgleich man sich mit Themen und Meinungen zum Teil auf gleichem Terrain bewegt.

Das fraglos bekannteste und mit Abstand erfolgreichste Beispiel eines evangelikalen Endzeitautors ist Hal Lindsey. Auch wenn seine Schriften inzwischen vielfach veraltet und in ihren zeitgeschichtlichen Anspielungen durch den Lauf der Geschichte überholt sind, konnten sie sich über Jahrzehnte als marktbeherrschend behaupten. Ohne Übertreibung kann gesagt werden: Wer Lindsey kennt und gelesen hat, kennt fast alle anderen Endzeitautoren auch. Bekannt geworden ist er vor allem mit seinem Millionenbestseller »Alter Planet Erde wohin?«, der 1971 in Deutsch erschien und zahlreiche Auflagen erzielte.[59] Lindseys Buch gab es nicht nur in evangelikalen Buchhandlungen zu kaufen, sondern auch auf Flugplätzen und in Großkaufhäusern. In Nordamerika lag der Sachbuchbestseller sogar in Supermärkten aus, neben Wildwestromanen und Sience-Fiction-Literatur. Lindsey schreibt in einem eingängigen, kompetenten Stil. Auf amerikanisches Denken hat er bis in hohe Regierungskreise hinein großen Einfluss ausgeübt. Und auch im deutschsprachigen Raum dürfte es kaum einen Endzeitautor geben, der von ihm nicht mitbeeinflusst wäre. Lindsey gelang es, das Interesse an biblischer Prophetie überhaupt anzuregen. Bei ihm finden sich die Grundmuster gesteigerten Endzeitdenkens, denen zahlreiche Endzeitautoren in den Grundaussagen folgen:

- Die Geschichte ist Ereignung und buchstäbliche Erfüllung des prophetischen Wortes (dabei sind sowohl prophetische wie auch apokalyptische Texte der Bibel gemeint), das gesicherte Informationen über den Verlauf der Endereignisse enthält.
- Die jetzige Generation ist voraussichtlich die letzte vor den bevorstehenden Katastrophen.
- Dass wir uns in einer endzeitlichen Situation befinden, wird durch Schlüsselsignale belegt: Naturkatastrophen, Kriege, das verstärkte Interesse an Satanskulten etc.
- Die Gründung des Staates Israel und die Rückkehr der Juden in das »verheißene Land« sind zentrale Endzeitzeichen.
- Aus der kommenden Katastrophe wird die Gemeinde durch wunderbare Entrückung, die sich im Verschwinden einzelner Menschen ankündigt, gerettet.
- Die großen Machtblöcke greifen Israel in der Endschlacht von Harmagedon an. Auf dem Höhepunkt weltweiter Katastrophen muss alle gottlose Herrschaft weichen, weil der Friedefürst Christus mit seinen Heiligen kommt zur Aufrichtung seines Tausend-

jährigen Reiches (Offb 20). Am Ende dieses Zeitalters kommt es erneut zum Aufstand, der jedoch »niedergeschlagen« wird. Endgericht und ein neuer Himmel und eine neue Erde stehen am Ende.

Lindsey behauptet nicht, das Datum des Jüngsten Tages zu kennen. Auch räumt er gleich am Anfang seines Buches ein, dass er nicht zu denen gehöre, »die von Zeit zu Zeit mit Frau und Kind in die Berge flüchten, um dort der schrecklichen Dinge zu harren, die kommen sollen«.[60] Ausdrücklich ermahnt er den Leser am Ende seines Buches, Schule oder Arbeit nicht zu vernachlässigen und meint, dass wir »unser Leben so planen sollen, als hätten wir ein langes Leben hier auf Erden vor uns«.[61] Gleichwohl vermittelt er ein klares Bild des Ablaufs der Endereignisse und stellt unsere Gegenwart unter das Vorzeichen antichristlicher Wirksamkeit.[62]

Was Lindsey paradigmatisch als Endzeitszenario darstellt und mit großer Gewissheit vorträgt, findet sich in Aussage und Struktur bei zahlreichen anderen Autoren ähnlich, in den Konkretionen freilich mit anderen Akzenten versehen.[63] Endzeitautoren veranschaulichen nicht selten ihre eschatologischen Erwartungshaltungen auf Schaubildern, die die großen Kriegsmächte vor dem Endkampf zeigen, oder auf Tabellen, die die Endereignisse in ihrer Reihenfolge mit dem Hinweis auf entsprechende biblische Texte dokumentieren.

Dispensationalismus und Prämillennarismus

Die diesem Endzeitszenario zu Grunde liegende Auslegung biblischer Texte folgt einem fundamentalistischen Ansatz und knüpft an das geschichtstheologische Konzept des Dispensationalismus an. Ausgangspunkt ist die Annahme der Unfehlbarkeit der ganzen Heiligen Schrift auch in Einzel- und Randaussagen. Als wesentliches hermeneutisches Instrument gelten angenommene Zeitperioden (dispensations). Die meisten Endzeitautoren sind Dispensationalisten, genauer prämillennaristische Dispensationalisten. Sie gehen davon aus, dass die Wiederkunft Jesu sich vor dem Tausendjährigen Reich ereignet (Prämillennarismus). Angenommen werden meist sieben Zeitalter: 1. von Adam bis zur Vertreibung aus dem Garten Eden (innocence), 2. von der Vertreibung bis zur Sintflut (conscience), 3. von Noah bis zum Turmbau von Babel (human government), 4. von Abraham bis zur Versklavung in Ägypten (promise), 5. von Mose bis zum Heilswerk Gottes in Christus (law), 6. von der erlösenden Tat Christi bis zu seiner Wiederkehr (grace), 7. vom Tausendjährigen Reich bis zum Neuen Jerusalem (kingdom).[64] Da die biblischen Texte nach ihrer Überzeugung jeweils zu bestimmten Heilsabschnitten von der Schöpfung bis zur Vollendung gehören, ist es Aufgabe des Auslegers herauszuarbeiten, welcher Text zu welcher Zeitperiode gehört. Erst dadurch wird der geheimnisvolle Einblick in den Ablauf des göttlichen Plans möglich, der den Weg zum Ende dieser Welt und der Aufrichtung eines neuen Himmels und einer neuen Erde offenlegt. Die apokalyptisch gestimmte Geschichtsschau gewinnt ihre Konkretionen dann, wenn die biblischen Texte in ein bestimmtes Geschichtsbild eingeordnet und zu einem Puzzle zusammengefügt werden. Dabei werden Prophetie einerseits und Gegenwartsgeschichte andererseits so aufeinander bezogen, dass einzelne geschichtliche Vorgänge als unmittelbare Ereignung prophetischer Verheißungen verstanden werden. Die Auslegung der Bibel wird dadurch zu einer willkürlichen und spekulativen Angelegenheit. Denn welcher Text in welche Zeit gehört und auf welche vergangenen, gegenwärtigen oder zukünftigen Ereignisse ein Text hinweist, das bestimmt der Ausleger, sodass ganz unterschiedliche endzeitliche Ereignisfolgen entstehen. Je mehr man bei einem Vergleich der konkreten Endzeitabläufe ins Detail geht, desto vielfältiger und widersprüchlicher wird das Feld.[65] Im fundamentalistisch-buchstäblichen Schriftverständnis wird zwar behauptet, dass es in der Regel nur eine einzige Möglichkeit der Deutung gibt, faktisch bringt es jedoch sehr unterschiedliche Endzeitvorstellungen hervor. So gibt es Prämillennaristen, die die Wiederkunft Christi vor dem Tausendjährigen Reich erwarten und Postmillennaristen, die sie danach erwarten. Über den Zeitpunkt der Entrückung gibt es eine Fülle von kontroversen Ansichten. Neuerdings hat innerhalb des christlich-fundamentalistischen Kontextes die Ansicht Furore gemacht, dass die meisten der prophetischen Aussagen der Bibel (v.a. der Offenbarung des Johannes) bereits in der Zeit des Frühchristentums erfüllt wurden.[66]

Geschichtliche Vorläufer der dispensationalistischen Geschichtsschau liegen u. a. in den chiliastischen Strömungen des Mittelalters, im so genannten linken Flügel der Reformation, vor allem jedoch im Darbysmus. John Nelson Darby [1880-1882] war es, der ein streng fundamentalistisches Schriftverständnis und eine exklusivistisch bestimmte Ekklesiologie mit entsprechenden Heilsabschnitten verband und die endzeitlichen Glaubensaspekte mit höchster Autorität und geistlichem Anspruch vertreten konnte. Darbys dispensationalistisch ausgerichtete Hermeneutik ging ein in die Fußnoten der Scofield-Bibel (1909), die in fundamentalistischen Kreisen Standardbibel war, und wurde dadurch wirkungsvoll verbreitet.

Während evangelikal-fundamentalistische und pentekostale Ausprägungen des Dispensationalismus weitgehend im Bereich eines dezidiert christlichen Selbstverständnisses verbleiben, spielen dispensationalistische Konzepte auch eine signifikante Rolle im Zusammenhang der Entstehung von Neureligionen und Neuoffenbarungsgruppen (vgl. Neue Kirche Swedenborgs, Vereinigungskirche, Universale Kirche, New Age). Die Periodisierung der Geschichte göttlichen Handelns wird dabei zur Distanzierung genutzt gegenüber gegenwärtigen Gestalten des Christentums und ihrer evolutionären Überschreitung.

Die Lokalisierung des Bösen und Pro-Israel-Aktivitäten

In gesteigerten Formen apokalyptischen Bewusstseins wird nicht nur die für apokalyptische Erwartungen kennzeichnende Struktur einer vorübergehenden Distanzierung Gottes von der Geschichte und der damit zugelassenen Entfaltung des Bösen ausgesprochen. Das Böse und Antichristliche wird spekulativ identifiziert. Die apokalyptische Bildersprache der Bibel wird dabei ins Ultrakonkrete gezogen und ihres Geheimnisses entkleidet. Für Lindsey zeigt sich das Antichristliche im Zehnstaatenbund, der die Grundlage der Europäischen Gemeinschaft bildet. Für andere ist der Islam das große antichristliche System.[67] Nicht wenige Endzeitautoren erblicken den Antichristen im Papsttum der römisch-katholischen Kirche oder in der New-Age-Philosophie. Der Zusammenbruch des kommunistischen Systems hat diejenigen in eine schwierige Lage gebracht, für die feststand, dass Russland die zentrale antichristliche Macht ist. Als 1991 der Irak Raketen auf Israel abfeuerte, breiteten sich Angst und Endzeithysterie aus. Viele glaubten in Saddam Hussein den Antichristen erkennen zu können.

Die Lokalisierung des Bösen in bestimmten politischen und religiösen Machtsystemen führt zur Verschmelzung von apokalyptischen Erwartungen und politischen Haltungen. Sie schreibt Feindschaft fest. Mit antichristlichen Systemen kann man keine Verhandlungen führen und Verständigung suchen. Wer nicht Frieden, sondern Krieg und Chaos im Nahen Osten erwartet, kann eine Politik, die um Verständigung, Interessenausgleich und Frieden bemüht ist, nur als Störfaktor betrachten.

Endzeiterwartungen sind der Hintergrund für das in den letzten Jahrzehnten ständig gewachsene Israel-Engagement zahlreicher Evangelikaler, Pfingstler und Charismatiker, das sich überaus vielfältig konkretisiert (Unterstützungsaktionen für die Rückkehr jüdischer Familien nach Israel, Hilfe für Siedler, für messianische Juden etc.). Auch im deutschsprachigen Raum sind zahlreiche Gruppen aktiv. Genannt werden können u. a.: Ebenezer Hilfsfond, Brücke nach Jerusalem, Missionswerk Mitternachtsruf mit seiner weit verbreiteten Zeitschrift »Nachrichten aus Israel«, Der Weg zur Freude, Arbeitsgemeinschaft für das messianische Zeugnis an Israel, Internationale christliche Botschaft Jerusalem, Internationaler Bibellehrdienst, Fürbitte für Israel, die Israel-Arbeitsgruppe der Jesus-Haus-Gemeinde. Die Liste ließe sich erweitern. Ihrem Selbstverständnis nach sind diese Gruppen darum bemüht, jeder Form von Antisemitismus entgegenzutreten. Ihre Haltung zur Judenmission ist nicht einheitlich. Palästina als ständiger Krisenherd der Weltpolitik bietet viele Anknüpfungspunkte an globale politische Problemkonstellationen und ihre Verbindung mit biblischer Prophetie. Viele Evangelikale verstehen sich als Israelfreunde und tendieren zu einem christlichen Zionismus und einer antiarabischen Haltung. Von einigen wird ihre Pro-Israel-Haltung um den Preis der Dämonisierung der Palästinenser erkauft. In Berufung auf die Landverheißung wird ein Groß-Israel-Konzept unterstützt, wie es auch in national-religiösen Kreisen in Israel lebendig ist. Die Netanyahu-Regierung beispielsweise konnte in ihrer Politik mit der unbedingten Unterstützung durch zahlreiche evangelikale Organisationen rechnen. Anlässlich der Konferenz der Organisation »Voices United for Israel« zum 50. Jahrestag des Staates Israel in Washington D.C. teilte Netanyahu den 3.000 Teilnehmenden mit, dass sein Land keine besseren Freunde habe als diejenigen, die sich dort versammelt hätten. Die meisten von ihnen waren Evangelikale, unter anderem solche, die führend in der Christian Coalition tätig sind.[68] Die Pro-Israel Aktivitäten sind ein eindrucksvolles Beispiel für Wechselwirkungen zwischen religiösen und politischen Einstellungen. Die Koalitionen, die sich dabei ergeben, sind durch pragmatische Ignoranz auf beiden Seiten geprägt: Die jüdische Seite verzichtet darauf, die endzeitlichen Motive der Unterstützung zur Kenntnis zu nehmen, die evangelikal und pfingstlich geprägten Christen stellen ihr evangelistisches Engagement zurück und kooperieren mit unterschiedlichen politischen Gesinnungsfreunden.

Um zu wissen, wie spät es auf der Weltenuhr ist, müssen die Zeichen der Zeit verstanden werden. Dafür verweisen alle Endzeitautoren auf Israel. »Israel ist Gottes prophetische Uhr. Indem Er dem Volke Israel ihr Land zurückgab, hatte Er diese Uhr wieder in

Bewegung gesetzt. Nach langen Jahrhunderten des Schweigens schlug sie wieder die Stunden und zeigte Gottes Zeit an.«[69] Nun gilt in weiten Teilen der christlichen Ökumene die Rückkehr der Juden ins verheißene Land als Erweis der Treue Gottes zu seinem Volk. Für ein gesteigertes apokalyptisches Bewusstsein meint Israels Rückkehr jedoch mehr. Es ist Beweis des nahe bevorstehenden Endes, ein eindeutiges Zeichen für die beginnenden Wehen der Endzeit.

Die Zeitansage, dass es spät sei auf der Weltenuhr, hat Folgen für die Wahrnehmung und Analyse der Gegenwart. Das Denken im Kontext dieses Geschichtsverständnisses ist vor allem auf das Negative fixiert, auf Verfall und Überwältigtwerden durch die Mächte des Bösen. Für diese Sichtweise sieht man sich bestätigt durch tägliche Nachrichten von Naturkatastrophen, zunehmende Gewaltbereitschaft, hohe Scheidungsraten etc. Unsere Zeit wird als eine zunehmend vom Antichristen bestimmte gedeutet. In der Gegenwartskunst, der Gegenwartsmusik, der theologischen Wissenschaft, im innerkirchlichen Pluralismus sieht man antichristliche Kräfte am Werk. Gesteigertes apokalyptisches Bewusstsein verbindet die Endzeiterwartung mit einer umfassenden Dämonisierung von Mensch und Welt. Fundamentalistischer Dualismus muss die Welt verneinen und alles auf die apokalyptische Endschlacht Harmagedon zulaufen lassen. Während die geschöpfliche Welt immer kleiner wird, erscheinen Politik, Wirtschaft, Religion immer mehr im Licht widergöttlicher Machtergreifung. Weltvernichtung einerseits und Errettung der kleinen Schar der wahrhaft Glaubenden andererseits sind die zentralen Themen, auf die sich die Frömmigkeit konzentriert. Die Welt scheint nur noch dazu da zu sein, dass diabolische Mächte sich in ihr austoben. Der in der Gottebenbildlichkeit des Menschen begründete Auftrag, gestaltend in ihr mitzuwirken, findet keine Berücksichtigung mehr.

In Erwartung endzeitlicher Massenerweckungen

Zwischen pfingstlich-charismatischen und evangelikal geprägten Endzeitperspektiven gibt es, was Inhalte und Vorstellungen zur Abfolge endzeitlicher Ereignisse angeht, große Affinitäten und weit gehende Übereinstimmungen. Die Endzeiterwartung von Charismatikern und Pfingstlern zeigt allerdings einen weiteren charakteristischen Akzent: Die Ausgießung des Heiligen Geistes, wie sie in der Glaubenspraxis erlebt wird, kann selbst als Endzeitgeschehen im engeren Sinn begriffen werden. Viele Pfingstler und Charismatiker leben in der Erwartung endzeitlicher Massenerweckungen. In ekstatischen Geisterfahrungen wird nicht nur die Rückkehr in urchristliche Verhältnisse gesehen, sondern auch ein Zeichen göttlichen Erweckungshandelns. Wie Geistestaufe bzw. Geisterfüllung keineswegs nur individuelle Erfahrungen sind, sondern Strategie göttlichen Handelns in endzeitlicher Perspektive, entsprechend begreift und deutet man die rasante Ausbreitung pentekostaler Frömmigkeit als Hinweis darauf, dass Gott seinen Geist nun über alles Fleisch ausgießen wird (Joel 3,1ff.). Dafür lassen sich folgende Beispiele nennen:

- Die Wiederentdeckung des »prophetischen Dienstes« vollzog sich in der charismatischen Bewegung mit zahlreichen spekulativen Zukunftsvorhersagen und war mit Demonstrationen prophetischer Vollmacht verbunden. Paul Cain, Mike Bickle und Rick Joyner waren in den letzten Jahren Dauergäste im deutschsprachigen Bereich. In Berufung auf prophetische Eingebungen sagten Cain und Bickle unmittelbar bevorstehende Erweckungen voraus, die von England und Deutschland ausgehen sollten. Cain und Robert T. Kendall verkünden neuerdings die »post-charismatische Ära«, in der Wort und Geist verschmelzen und der triumphale Sieg pentekostal-charismatischer Frömmigkeit in der glorreichen Endzeit-Erweckung für alle unbezweifelbar wird.[70]

- Ekstatische Ergriffenheitserfahrungen (Ruhen im Geist, Lachen, Schreien, Weinen im Geist), die unter den Namen »Toronto-Segen« und »Pensacola-Erweckung« bekannt wurden und mit überaus regem religiösem Tourismus verbunden waren, werden von vielen als Anzeichen einer bevorstehenden Erweckung gedeutet.

- Der Leiter des pfingstlerischen Missionswerkes »Christus für alle Nationen« (CfaN), Reinhard Bonnke, versteht die Verteilaktion seiner Schrift »Vom Minus zum Plus« in verschiedenen Ländern als »endzeitliche Seelenernte«, als ein Auswerfen des Netzes, das sich an ganze Völker, Nationen, ja Kontinente wendet. »England, Germany, Canada, America shall be saved.« Bonnke ist ein siegesgewisser Aktivist. Offensichtlich plant er, sein Buch zum unübertreffbaren Weltbestseller zu machen. Nach den aus der Sicht von CfaN atemberaubenden Erfolgen Bonnkes in Afrika zeichnet sich mit dem Projekt »Vom Minus zum Plus« eine Erweiterung seiner Aktivitäten ab. Der Schwerpunkt der Arbeit soll Afrika bleiben. Zusätzlich sieht Bonnke sich beauftragt, die westliche Welt mit dem Evangelium zu erreichen.

- Jesusmärsche und Gebetsinitiativen (Wächterruf) gelten als strategisches Mittel, die territorial wirkenden Mächte und Geister zu vertreiben, um das Land einzunehmen und den Weg für eine bevorstehende endzeitliche Erweckung zu bahnen.

Hoffnung bleibt der Erde treu

Hinter den erwarteten Endzeitszenarios steht die Sehnsucht, das scheinbar Unberechenbare und Geheimnisvolle des Geschichtsverlaufs zu enträtseln. Gesteigertes apokalyptisches Bewusstsein erliegt jedoch der Gefahr, sich durch den Blick auf erwartete kosmische Katastrophen gefangen nehmen zu lassen und in Angst, Resignation und Passivität zu erstarren oder aber, wohl noch häufiger, in blinden Aktivismus umzuschlagen, der im Blick auf politische Konflikte auf friedensethische Perspektiven weitgehend verzichtet. Die Hingabe an Untergangsstimmungen und Ohnmachtsgefühle aber sind ein Verzicht auf Hoffnung. Euphorische Zukunftserwartungen und beanspruchtes Zukunftswissen verleugnen eigene Begrenztheiten. Natürlich kann man sagen, dass auch die Zerrbilder apokalyptischer Erwartungen die christlichen Kirchen an ihre eigenen vergessenen Themen erinnern. Millennaristische Erwartungen protestieren gegen die Apokalypseblindheit der Moderne. Sie decken gewissermaßen auf, dass »das ganze Feld der Hoffnung für die Kirchen zu einem Feld der Verlegenheit wurde«.[71] Sie verdecken jedoch durch geschichtsferne Spekulationen, katastrophensüchtige Vermutungen und unrealistische Erfolgswünsche die berechtigten Anliegen biblischer Apokalyptik.

Auch mit der Bibel in der Hand hören die grundsätzlichen Begrenzungen nicht auf, denen von Gott geschaffenes Leben unterliegt. Das prophetische Zeugnis der Bibel eignet sich nicht dazu, die fromme Neugierde zu befriedigen. Die christliche Hoffnung vermittelt kein privilegiertes Wissen. Was für alle Wahrsager gilt, trifft auch auf Endzeitspezialisten zu: Je konkreter sie werden, desto größer wird die Fehlerquote. Wenn zu häufig falscher Alarm geschlagen wird, führt dies unweigerlich zu Abnutzungserscheinungen und Glaubwürdigkeitseinbußen. Wer die Menschen mit immer neuen prophetischen Voraussagen konfrontiert, die nicht eintreffen, leistet auf seine Weise einen Beitrag dazu, die Verlässlichkeit des biblischen Zeugnisses infrage zu stellen. Prophetische Unmittelbarkeit steht spannungsvoll zum theoretisch bejahten Schriftprinzip. Erweckungsansagen gehören in zahlreichen charismatischen und pfingstlerischen Gemeinden und Gruppen zu Sprachritualen. Für den, der sie ernst nimmt, haben sie sich an der Realität längst verschlissen. Nur Erinnerungslosigkeit im Blick auf das gestern und vorgestern Prophezeite ermöglicht es, erneut den bevorstehenden Anbruch einer charismatisch orientierten Erweckung anzusagen. Dass dies immer wieder geschieht, liegt am Selbstverständnis der Bewegung, die zentrale Erweckungs- und Erneuerungsbewegung der gegenwärtigen Christenheit zu sein.

Zu wenig berücksichtigt ist in spekulativen Zukunftperspektiven, dass die christliche Prophetie und Apokalyptik auf das Christuszeugnis ausgerichtet bleibt. Die Hoffnungsaussagen der Bibel wurden gerade nicht durch den neugierigen Blick in die Zukunft gewonnen, sondern gründen in der Erfahrung der Glaubenden, dass der Gekreuzigte von Gott auferweckt wurde und lebt. Die prophetisch-apokalyptischen Texte sind vom Evangelium her und auf das Evangelium hin zu lesen. Weil die fundamentalistische Schrifthermeneutik keine Mitte der Schrift kennt, vergisst sie, dass auch die Endzeitbotschaft der Bibel das Evangelium verkündigen will. Die christliche Zukunftsperspektive kann deshalb nicht Unheilsverkündigung und Weltuntergangsprognose sein. Es entspricht nicht der christlichen Hoffnung, in Zuschauerhaltung auf bedrohliche Entwicklungen und immer neue Schreckensmeldungen zu starren und die Geschichte deterministisch ihrem unausweichlichen Ende entgegen laufen zu lassen, als seien Kriege und Hungerkatastrophen unabwendbare Naturkatastrophen. Der Stellungnahme Dietrich Bonhoeffers gegenüber einer solchen Haltung ist beizupflichten: »Es gibt Christen, die es für zu fromm halten, auf eine bessere irdische Zukunft zu hoffen. Sie glauben an das Chaos, die Unordnung ... und entziehen sich in ... frommer Weltflucht der Verantwortung für das Weiterleben, ... für die kommenden Geschlechter. Mag sein, dass der jüngste Tag morgen anbricht. Dann wollen wir gern die Arbeit für eine bessere Zukunft aus der Hand legen, vorher aber nicht.«[72]

Quellen: **Lothar Gassmann**, Die Zukunft findet doch statt. Die Krisen der Welt und die Zeichen der Zeit, Lahr-Dinglingen ²1992 · **Dave Hunt**, Die Frau und das Tier. Geschichte, Gegenwart und Zukunft der Römischen Kirche, Bielefeld 1995 · **Kurt Koch**, Tag X. Die Weltlage im Blick auf die Wiederkunft Jesu, Lahr-Dinglingen ¹⁷1991 · **Tim La Haye**, Nahostfriede – eine biblische Voraussage!, Erzhausen ²1991 · **Norbert Lieth**, Die Zeit ist nahe. Hinweise auf die Wiederkunft Jesu, Pfäffikon ²1995 · **Hal Lindsey/Carole C. Carlson**, Alter Planet Erde wohin? Im Vorfeld des Dritten Weltkriegs, Wetzlar ⁵1972 · **J. Dwight Pentecost**, Bibel und Zukunft. Untersuchung endzeitlicher Aussagen der Heiligen Schrift, Dillenburg 1993 · **Derek Prince**, Biblische Prophetie und der Nahe Osten. Israel – Gottes Zeiger an der Weltenuhr, Erzhausen [4]1994 · **Bruce Reekie**, Der Heilige Geist und Israel. Das Wirken des Heiligen Geistes in Gottes Bundesvolk, Erzhausen 1995

Zeitschriften: Nachrichten aus Israel (nai)

Literatur: EKL[3] 1, Sp. 655-658 · **Hutten**[15], S. 20-22 · LThK[3] 2, Sp. 1045-1048 · RGG[4] 2, Sp. 136-143 · **Helmut Burkhardt/Uwe Swarat** (Hg.), Evangelisches Lexikon für Theologie und Gemeinde 3, Wuppertal/Zürich 1994, S. 1970-1971 · **Evangelische Theologie** 59, 6/1999 · **Deutsche Evangelische Allianz** (Hg.), Zwischenbilanz. Evangelikale unterwegs zum Jahr 2000, Stuttgart 1991 · **Joachim Finger** (Hg.), Vom Ende der Zeiten. Apokalyptische Visionen vor der Jahrtausendwende, Freiburg/Schweiz 1999 · **Erich Geldbach**, Christliche Versammlung und Heilsgeschichte bei John Nelson Darby, Wuppertal [3] 1975 · **Ders.**, Artikel Endzeiterwartung, Evangelisches Gemeindelexikon, Wuppertal 1978, S. 139-142 · **Ulrich H. J. Körtner**, Weltangst und Weltende, eine theologische Interpretation der Apokalyptik, Göttingen 1988 · **Alister E. McGrath** (Hg.), The Blackwell Encyclopedia of Modern Christian Thought, Oxford 1993, S. 106-112 · **Franz Stuhlhofer**,»Das Ende naht!« Die Irrtümer der Endzeitspezialisten, Gießen/Basel 1992 · **Timothy P. Weber**, Living in the Shadow of the Second Coming, American Premillennialsm 1875-1982, Grand Rapids/Mich. 1983

Internet: www.segne-israel.de · www.israelheute.com · www.israelnetz.de

2.4 Enthusiastische Orientierungen

Innerhalb der Christentumsgeschichte werden als Enthusiasmus diejenigen individuellen und sozialen Formen christlicher Frömmigkeit bezeichnet, die pointiert das unmittelbare Moment der Erfahrung göttlicher Nähe (Visionen, Prophetien, Heilungserfahrungen, Glossolalie, Ekstase etc.) in Praxis und Verständnis von Glaube und Kirche hervorheben und für die die Berufung auf den Geist ein charakteristisches Merkmal ist. Sie können verbunden sein mit einer Relativierung äußerer Vermittlungsgestalten des Geistwirkens wie Bibel, Verkündigung und Sakramente, müssen dies jedoch nicht. Häufig stehen enthusiastische Strömungen im Zusammenhang mit der Bewältigung von Krisen des institutionell verfassten Christentums. Im 20. Jahrhundert haben sie durch die wirkungsvolle Ausbreitung pentekostaler Bewegungen neue Bedeutsamkeit erlangt und die theologische Reflexion wie auch das kirchliche Handeln herausgefordert. Pentekostal-charismatisch bestimmter Enthusiasmus setzt kulturell angepassten Formen des Christentums in biblizistischer Berufung auf das Neue Testament die Radikalität und endzeitliche Ausgerichtetheit urchristlichen Lebens entgegen. Er stellt die gegenwärtige Erfahrung des Geistes bzw. Jesu Christi in den Mittelpunkt der individuellen und gemeinschaftlichen Erfahrung. Zugleich zeichnet sich in enthusiastischen Bewegungen ein eigener Kirchen- und Frömmigkeitstypus ab, der die Entwicklung des neuzeitlichen Christentums zunehmend mitbestimmt.

Noch jenseits bestimmter Ausprägungen und Differenzierungen lässt sich gleichsam ide-altypisch ein pfingstlich-charismatischer Typ von Glaube und Kirche benennen, der viel-fältig Gestalt gewinnen kann. Darauf hat mit Recht bereits 1953 der reformierte Theologe Lesslie Newbigin in seinem Buch »The Household of God«[73] hingewiesen. Er unterschei-det drei verschiedene Typen im Verständnis von Kirche: den katholischen, den protestan-tischen und den pfingstlichen. Jeder dieser drei Typen gibt nach Newbigin eine eigene Antwort auf die Frage, wodurch das Kirchesein der Kirche konstituiert wird.

- Die Antwort des katholischen Typus lautet: durch die apostolische Verfassung;
- die Antwort des protestantischen Typus: durch die apostolische Botschaft;
- die Antwort des pfingstlichen Typus: durch die reale Erfahrung des Geistes.

In der Frage, wie Gottes Heil zum Menschen kommt, stehen sich bis heute ein priester-lich-sakramentaler, ein worthaft-personaler und ein auf prophetische Unmittelbarkeit drängender Ansatz gegenüber. Das Bewusstsein, diese Ansätze nicht nur in ihrer Unter-schiedlichkeit, sondern in ihrer Offenheit füreinander wahrzunehmen, ist dabei zweifel-los gewachsen.

Die historischen Kirchen haben pfingstliche Bewegungen lange Zeit als sektiererische Abspaltungen von den Kirchen wahrgenommen. Demgegenüber haben die Pfingstge-meinschaften in den großen Kirchen antichristliche Systeme gesehen. Ein in ökumeni-scher Hinsicht bedeutsamer Vorgang war die Ende der 50er, Anfang der 60er Jahre einset-zende Entwicklung charismatischer Erneuerungsbewegungen innerhalb der historischen Kirchen. Da die Charismatische Bewegung geschichtlich und phänomenologisch in ei-nem engen Zusammenhang mit der Pfingstbewegung steht, haben die anerkennenden Bewertungen charismatischer Bewegungen in den Kirchen die Haltung zu den pfingstle-rischen Bewegungen beeinflusst und verändert. An die Stelle des alten Bildes der Pfingst-ler als aus dem Protestantismus kommenden Sektierern tritt ein neues, das bemüht ist, sie zur Familie der sich ökumenisch begegnenden Kirchen gehörig anzusehen, auch wenn Strukturen und Formen der Begegnung und Gemeinschaft vielfach noch gesucht und aufgebaut werden müssen.

Man kann freilich darüber streiten, ob der pfingstliche Typ im engeren Sinn kirchen-bildend ist oder ob es sich eher um eine Bewegung oder einen Frömmigkeitstyp handelt, der in unterschiedlichen ekklesialen Kontexten wirksam wird. Auch Newbigin meinte mit dem pfingstlichen Typ nicht nur die Pfingstkirchen, sondern eine bestimmte Gestalt-werdung des Evangeliums, einen »dritten Strom christlicher Erkenntnis«[74] mit entspre-chenden Ausprägungen im Frömmigkeitsvollzug. Historisch ließen sich seine Hinweise vielfältig konkretisieren. Asketisch-spiritualistische Unterströme begleiten die abendlän-dische Christenheit seit ihren Anfängen. Im Montanismus des zweiten Jahrhunderts arti-kulierten sie sich in rigoristischer Askese und Kirchenzucht, verbunden mit einem kon-kreten Chiliasmus. Im Mittelalter zeigten sie sich in den monastischen Bewegungen und Orden. Während der Reformationszeit verschafften sie sich im so genannten linken Flü-gel der Reformation Ausdruck. Mit dem pfingstlichen Typ der Frömmigkeit ist der Pietismus insofern verbunden, als sein Ausgangspunkt ein erlebter »Geistesfrühling« war und er insgesamt als Bewegung »zur Erneuerung von Kirche, Theologie und Frömmigkeit aus der erfahrbaren Lebenskraft des Heiligen Geistes«[75] gesehen werden kann, wie Johannes Wallmann mit Recht feststellt. Allen Formen des Pietismus ist das Drängen und Warten auf ein neues, reicheres, individuell oder in Gruppen erfahrbares Wirken des Geistes gemeinsam, wie auch die Klage über die Geistesarmut der Amtskirche, über ein geistloses Gewohnheitschristentum sowie über die Geistlosigkeit einer sich in Polemik erschöpfenden Theologie.[76] Erkennbar wird im Pietismus auch eine gewisse Verlagerung des Akzentes von der Christologie auf die Pneumatologie bzw. von der Objektivität göttlicher Gnadenmitteilung auf die Subjektivität der Aneignung der Gnade. Zwar konzentriert sich der Pietismus wie das charismatische Erweckungschristentum darauf, dass der »Glaube ein göttliches Werk in uns sei, der uns zu ganz anderen Menschen macht, von Herzen, Mut, Sinn und allen Kräften und bringet den Heiligen Geist mit sich« (Martin Luther in seiner Römerbriefvorrede), es fehlt bei ihm jedoch die pointierte Hervorhebung von enthusiastischen und ekstatischen Geisterfahrungen, jedenfalls bei seinen Hauptvertretern. Der Pietismus sagt ja zur Möglichkeit außergewöhnlicher Geisterfahrung. Er nimmt aber auch die reformatorische Skepsis gegenüber einer unmittelbaren Berufung auf den Geist auf und warnt vor einer falschen Inanspruchnahme prophetischer Vollmacht bzw. drängt auf eine Unterscheidung der Geister, wobei Philipp Jakob Spener [1635-1705], offensichtlich im Blick auf die Beurteilung von Geisterfahrungen, nicht nur in dualistischen Alternativen (göttlicher oder dämonischer Geist) dachte, sondern zu differenzierteren Urteilen bzw. Urteilsenthaltungen kam.[77]

In seinen vielfältigen Ausprägungen beruft sich der »pfingstliche« Typ auf folgende biblische Zusammenhänge:

- die von Zeichen, Wundern und Dämonenaustreibungen begleitete Predigt Jesu und der Apostel (vgl. Mt 10,7ff.; Mk 16,15ff. u. a.);
- die in der Apostelgeschichte berichtete Pfingsterfahrung und die innerhalb der Urgemeinde gelebte Liebeseintracht (vgl. Apg 1 und 2);
- das Aufbrechen der Geistesgewissheit in den Charismen (Geistestaufe) sowie die pneumatische Gestalt des Gottesdienstes in Korinth in der Dynamik von Hymnus und Gebet, Lehre und Offenbarung, Prophetie und Sprachenreden (vgl. 1. Kor 12-14 bzw. 1. Kor 14,26);
- die Zusage des Kyrios in den johanneischen Abschiedsreden, dass der vom Vater ausgesandte Geist die Seinen in alle Wahrheit leitet (vgl. Joh 14-17).

Er wehrt sich gegen einen ritualisierten Gottesdienst, gegen die juridische Fixierung der Gemeindezugehörigkeit, drängt auf die Geistunmittelbarkeit jedes Glaubenden und akzentuiert die Autonomie der Einzelgemeinde. Er ist gefährdet u.a. durch die enthusiastische Überschätzung des Geistbesitzes (vgl. die Auseinandersetzungen des Paulus im 1. Korintherbrief), durch pseudoprophetisches Machtbewusstsein, durch eine Frömmigkeit, die am Sichtbaren orientiert ist und die Gebrochenheit christlichen Lebens unterschätzt.

Kulturelle Kontexte bestimmen die jeweiligen Ausprägungen von Glaube und Kirche immer mit. Gerade der »pfingstliche« Kirchentyp ist in unterschiedlichen Kontexten ein-

heimisch geworden und gibt darin seine interkulturellen, »schwarzen« Wurzeln zu erkennen, worauf Walter J. Hollenweger immer wieder hingewiesen hat. Die Gestaltwer-
dung von Glaube und Kirche geht dabei Hand in Hand mit dem, was im Anschluss an
die Studie »Religiosität, Religionen und Christlicher Glaube« als Konfessionalisierung
und Indigenisierung bzw. Inkulturation bezeichnet werden kann.[78] Die Vielfalt von Glau-
bens- und Kirchenformen zeigt einerseits den Reichtum der Gnade Gottes an. Sie ist
andererseits aber auch ein Zeichen der »Zerreißung des einen Leibes Christi«.[79] In den
konfessionellen Ausformungen ereignet sich nicht nur die Konkretion des christlichen
Zeugnisses, sondern auch seine Verdunkelung. Alle konfessionellen Traditionen berufen
sich dabei auf die Heilige Schrift und die Kirche des Anfangs. Sie sehen diesen Anfang
freilich perspektivisch, im Zusammenhang mit ihrem eigenen kirchlichen und kulturellen Kontext.

Ausprägungen

Das pfingstlich-charismatische Christentum ist nur eine Ausdrucksform des Erweckungschristentums, gegenwärtig zweifellos diejenige, die am meisten Aufmerksamkeit auf sich
zieht. Seit seiner Entstehung am Anfang des 20. Jahrhunderts hat es sich zu einem wichtigen Zweig der Weltchristenheit entwickelt. Durch die charismatische Erneuerung (Ende
der 50er/Anfang der 60er Jahre beginnend) fand die pfingstliche Frömmigkeit auch
Eingang in die historischen Kirchen und Freikirchen und führte zu entsprechenden Gruppenbildungen. Die charismatische Erneuerung ist gewissermaßen das Ereignis der
Pfingstfrömmigkeit in unterschiedlichen ekklesialen Kontexten. Während die klassische
Pfingstbewegung inzwischen mehr als zwei Generationen alt ist und teilweise an Dynamik eingebüßt hat, breitet sich pfingstlich-charismatisch geprägte Frömmigkeit heute auch
in Deutschland wirkungsvoll aus, vor allem in freien, nicht konfessionsgebundenen Gemeinden und Initiativen. Insofern stellen sich pfingstlich-charismatische Bewegungen auch
im deutschsprachigen Kontext vor allem als transkonfessionelle Erneuerungs- und Missi-
onsbewegungen dar, deren Erscheinungsbild freilich komplex und vielgestaltig ist. Geht
man von einem weiten Begriff des Pfingstlich-Charismatischen aus, können also drei verschiedene Ausprägungen unterschieden werden:

- die klassische Pfingstbewegung, die sich in Deutschland vor allem im Bund Freikirchlicher Pfingstgemeinden (BFP) bzw. im Forum Freikirchlicher Pfingstgemeinden (FFP)
  konkretisiert;
- die charismatische Erneuerung in den beiden Traditions- bzw. Volkskirchen (Geistliche Gemeinde-Erneuerung (GGE) in der evangelischen Kirche; Katholische Charismatische Erneuerung), ebenso in den Freikirchen (v. a. im Bund Evangelisch-Freikirchlicher Gemeinden und in der Evangelisch-methodistischen Kirche);
- der konfessionsunabhängige Bereich von Gemeinden und Missionswerken, der theologisch nicht selten eine Nähe zur Pfingstbewegung aufweist und deshalb als neupfingstlerisch bezeichnet wird. Zu diesem Bereich gehören verschiedene Zentren (z. B.
  Christliches Zentrum Frankfurt/München/Berlin), Gemeinden (z. B. Gemeinde auf

dem Weg, Berlin; Jesus Gemeinde, Dresden etc.) und Werke bzw. Gruppierungen (z. B. Jugend mit einer Mission, Christen im Beruf/Geschäftsleute des vollen Evangeliums, Fürbitte für Deutschland), die sich als »inter- und überkonfessionell« verstehen.

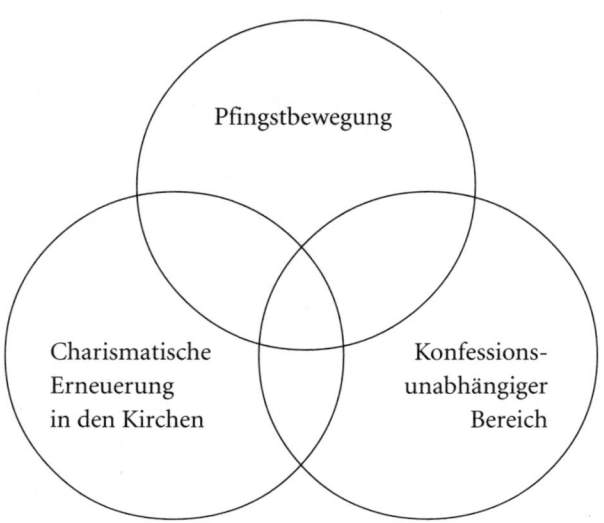

Eine große Nähe zu pfingstlich-charismatischen Bewegungen hat das messianische Judentum, das zahlenmäßig zwar kaum ins Gewicht fällt und in sich sehr vielfältig ist, jedoch am ehesten in diesem Kontext anzusiedeln ist. Es kann gewissermaßen als vierte Ausprägung gelten, der vor allem deshalb Bedeutung zukommt, weil in ihr die Betonung der Zusammengehörigkeit zwischen Christen und Juden sowohl in theologischer wie politischer Hinsicht ein besonderes, freilich umstrittenes, Profil gewinnt.

Differenzierungen zwischen den verschiedenen Ausprägungen pfingstlich-charismatischer Frömmigkeit sind wichtig und keineswegs zu vernachlässigen. Dennoch weisen sie eine innere Nähe und genetische Verbindungen auf. Die Ansätze sind netzwerkartig miteinander verknüpft und überschneiden sich wie Kreise, die teilweise übereinander liegen. Sie variieren das Ereignis und Verständnis charismatisch-pfingstlicher Frömmigkeit in unterschiedlichen kirchlichen Kontexten und missionarischen Aktionszusammenhängen. Der inneren Nähe unterschiedlicher Ausprägungen und ihrer fehlenden Trennschärfe entspricht die Unbestimmtheit der Begriffe: charismatisch, pfingstlerisch, pentekostal, pfingstlich, neupfingstlerisch, neocharismatisch etc. Der Versuch, den Begriff »charismatisch« exklusiv für Erneuerungsgruppen in bestehenden Kirchen zu verwenden, hat sich auch im europäischen Kontext nicht durchsetzen können, vor allem deshalb nicht, weil zahlreiche Gruppen ihn für sich in Anspruch genommen haben, die dem nicht konfessionsgebundenen Spektrum zuzuordnen sind. Im amerikanischen Kontext war der Begriff »Neupfingstler« durchaus als Bezeichnung für die katholischen Charismatiker üblich. Zugleich greifen Angehörige der klassischen Pfingstbewegung mit Recht den Begriff »charismatisch« als Selbstbezeichnung auf und vermeiden damit den negativen Beigeschmack, den das Wort »pfingstlerisch« im deutschsprachigen Kontext immer noch hat. Eine Unterscheidung zwischen charismatisch und pfingstlerisch ist dennoch möglich, insofern die Begriffe pfingstlerisch bzw. pentekostal in Aussagezusammenhängen gebraucht werden, die sich auf die klassischen Pfingstkirchen und ihre Lehrausprägungen beziehen.

Pfingstlich-charismatische Bewegungen als christliche Trendreligion

Die gegenwärtige weltanschauliche Situation ist nicht nur durch fortschreitende Säkularisierungsprozesse, sondern auch durch die Suche nach außergewöhnlichen Transzendenzerfahrungen bestimmt. Der gefühlsarme Alltag sucht einen gefühlsstarken Ausgleich und macht empfänglich für das Geheimnisvolle und Irrationale, das den Alltag Unterbrechende. Das Aufsuchen von »Kraftplätzen« ist genauso Teil dieser Empfänglichkeit wie die Sehnsucht nach ekstatischen Erfahrungen. Religiöser Tourismus zu Orten, wo übernatürliche Kraft wirkungsvoll erfahren werden kann, gehört inzwischen zu einer häufig beobachtbaren Ausdrucksform neuer Religiosität. Pfingstlich-charismatische Erweckungen wie der »Toronto-Segen« und die »Pensacola-Erweckung« sind eindrucksvolle Beispiele,[80] dass sich auch Teile der pfingstlich-charismatischen Bewegung von diesen die gesamte religiöse Szene bestimmenden Trends mitnehmen lassen.[81] In charismatischen Erweckungsgottesdiensten kann beobachtet werden, wie individualisiert die Rituale für das Erreichen nichtalltäglicher Bewusstseinszustände und wie vielfältig die Möglichkeiten sind, dass sich »starke Gefühle« ausdrücken können. Die Initiationswege und Ausdrucksformen charismatischer Frömmigkeit sind außerordentlich zahlreich geworden,[82] sodass jeder die seiner Person entsprechende Weise praktizieren kann, Ergriffenheit auch in körperlichen Phänomenen auszudrükken, zum Beispiel durch Zittern, Sich-Schütteln, Hüpfen, Tanzen, sehr häufig Umfallen (vorwärts, rückwärts, seitwärts). Bei Pubertierenden äußert sie sich in anderer Form als bei älteren Menschen. Erlebniserfahrene Gottesdienstteilnehmer verhalten sich anders als Neulinge. Manchen reicht es, einmal umgefallen zu sein oder einmal geschrien zu haben. Viele möchten dieses Erlebnis wiederholen. Zittern und Schütteln sind dabei auf den ekstatischen Zustand hin orientierte Rituale. Die Segnungsdienste geschehen überaus individuell und ausführlich. Die Körperstellen, an denen bzw. über denen Segenshandlungen vorgenommen werden, entsprechen meist den Stellen, an denen eine durch östliche Religiosität geprägte esoterische Anthropologie die seelischen Energiezentren (Chakren, bzw. Chakras) erkennt. Die Schnelligkeit, in der religiöse Erfahrungen möglich werden, ist dabei ebenso kennzeichnend wie ihre individuelle Struktur. Es scheint so, als wäre das, worauf etwa christliche Mystiker lange haben warten müssen, hier schnell erreichbar.

Im Kontext der Erlebnisgesellschaft[83] gilt auch für den Christen der kategorische Imperativ: Erlebe dein (geistliches) Leben! Während die Traditionskirchen große Schwierigkeiten haben, junge Menschen mit der christlichen Grunderfahrung vertraut zu machen, sind »überkonfessionell« orientierte Gruppen und Bewegungen flexibel, reagieren auf die gewachsenen Erlebnisansprüche und fügen sich in einen erlebnisorientierten Markt religiöser Angebote. Sie geraten dabei aber auch unter den Druck dieser Trends, die allesamt das Stigma des Veraltens tragen. Auch auf den Aufsehen erregenden »neuen Erfahrungen mit dem Heiligen Geist« ist das Verfallsdatum bereits eingeprägt. Erlebnisorientierte Ausdrucksformen geistlichen Lebens haben genau dieselben Schwierigkeiten, die im »Projekt des schönen Lebens« überhaupt liegen: Die Enttäuschungsrisiken und Unsicherheiten, ob das Richtige gewählt wurde, nehmen zu. Religiöse Erfahrungen werden planbar. Wenn sie eintreten, stehen sie unter dem Verdacht der Machbarkeit und der Selbstinszenierung.

Die chancenreiche Ausbreitung pfingstlich-charismatischer Frömmigkeit resultiert nicht nur daraus, dass sie ein mit biblischen Motiven erfüllter Aufbruch zur Wiedergewinnung urchristlicher Glaubenserfahrung ist. Ihr Protestcharakter und ihre Verbindung mit der religiösen Alternativkultur machen sie bei uns attraktiv. Anders ist dies in der so genannten Dritten Welt, wo sie an Elemente der einheimischen Kulturen anknüpfen, sie positiv aufgreifen und christlich interpretieren und umformen kann.[84] In der westlichen Welt verstehen sich pfingstlich-charismatische Bewegungen zwar in Opposition zu vielen gegenwärtigen Trends. Zugleich kommen sie religiösen Bedürfnissen entgegen und berücksichtigen die Sehnsüchte der Menschen. Eben darin dürfte ihre Attraktivität begründet sein.

- Enthusiastische Frömmigkeit gibt mit ihren Erfahrungsangeboten einen Antwortversuch auf die Vergewisserungssehnsucht der Menschen in einem durch religiöse und weltanschauliche Vielfalt (religiöser und kultureller Pluralismus) geprägten Lebenszusammenhang. Die einfache Antwort, die sie dem verunsicherten Zeitgenossen und Christen geben, lautet: »Du musst nicht die Vielfalt der Möglichkeiten ausprobieren oder intellektuelle Anstrengungen zur religiösen Identitätsfindung unternehmen. Du kannst Gottes Kraft konkret erfahren, indem du Jesus bzw. den Heiligen Geist anrufst und sichtbare und greifbare Zeichen des Berührtwerdens durch ihn erfährst (Glossolalie, Heilungen, Visionen und prophetische Eindrücke etc.).« Die Vergewisserung wird in sichtbaren Geistmanifestationen gesucht und gefunden, die als eindeutige Zeichen der göttlichen Gegenwart angesehen werden.
- Charismatiker und Pfingstler sprechen die emotionale Seite des Menschen an. Sie machen Mut zu einer ganzheitlichen Religiosität. Charismatischer Frömmigkeit geht es um ein Frommsein mit Begeisterung, um die »Enttabuisierung der Glaubensemotion« (Heribert Mühlen), die in Anwesenheit anderer ihren Ausdruck finden soll.
- Pfingstlich-Charismatische Frömmigkeit gibt der Dimension des Wunders bzw. des Wunderbaren einen zentralen Platz in ihrer Glaubenspraxis. Sie protestiert gegen ein Wirklichkeits- und Glaubensverständnis, das auf Modernitätsverträglichkeit bedacht, geheimnisleer geworden ist. Die Erfahrungsarmut des Alltags in säkularen Industriegesellschaften und der weit gehende Ausfall einer gelebten christlichen Spiritualität verschaffen diesem Anliegen entsprechende Resonanz. Deshalb kommt es nicht von ungefähr, wenn überstrapazierte Akademiker, Ingenieure und von den Zwängen der Leistungsgesellschaft bestimmte Geschäftsleute das Beten in nicht-rationaler Sprache (Glossolalie) für sich entdecken und ihr einseitiges, auf Berechenbarkeit konzentriertes Wirklichkeitsverständnis korrigieren; oder wenn angesichts der Grenzen der modernen Medizin der Kampf gegen Krankheiten durch das Heilungsgebet beherrschend in den Vordergrund tritt und sich mit der Erwartung verbindet, dass der wirklich Glaubende das Wunder auch empfängt.

Die pfingstlich-charismatische Frömmigkeit konzentriert sich neben ihren evangelikalen Anliegen (Bekehrung/Wiedergeburt, Gemeinschaft, Mission) auf Erfahrungen und Phänomene (Heilungen, Visionen, Befreiung von Besessenheit, ekstatische Bewusstseinszustände), die nicht einer einzelnen spezifischen Religion angehören, sondern religionsübergreifenden Charakter haben. Zugleich integriert sie Elemente von Volksreligiosität in die eigene Glaubenspraxis, was sich im katholischen Bereich auch in der Nähe zwischen marianischen und charismatischen Gemeinschaften ausdrücken kann. Im Eingehen der pfingstlich-charismatischen Frömmigkeit auf gegenwärtige Zeitströmungen und anthropologische Bedürfnisse liegt ihre Stärke, aber auch ihre Schwäche. Gefährdungen sind etwa ein überzogener Wunderglaube, der die Offenheit gegenüber dem göttlichen Willen verstellt oder die Suche bzw. Sucht nach außerordentlichen Geisterfahrungen, die blind macht für die Zweideutigkeit aller christlichen Erfahrung und Vorläufigkeit der christlichen Existenz. Wenn die Ausgießung des Geistes, wie sie in pfingstlich-charismatischer Frömmigkeit erlebt wird, selbst als Endzeitgeschehen im engeren Sinn begriffen wird, ist der Weg zu einem elitären Selbstverständnis vorprogrammiert, das blind macht für das Wirken des Heiligen Geistes in seinen vielfältigen Ausdrucksformen.

2.5 Pfingstbewegung

»As regards salvation by justification we are Lutherans. In baptismal formula, we are Baptists. As regards sanctification, we are Methodists. In aggressive evangelism, we are as the Salvation Army. But as regards Baptism in the Holy Spirit, we are Pentecostal!«
(Thomas B. Baratt)[85]

Rückblickend auf das 20. Jahrhundert kann man sagen, dass die Entstehung der Pfingstbewegung für die Christentumsgeschichte ein ähnlich folgenreiches Ereignis war wie die der ökumenischen Bewegung. Wie beide Bewegungen in ein sinnvolles und fruchtbares Verhältnis zueinander treten können, ist eine noch offene Frage und Zukunftsaufgabe, obgleich einzelne Pfingstkirchen seit 1961 Mitglieder des Ökumenischen Rates der Kirchen (ÖRK) geworden sind, David J. du Plessis als »Mr. Pentecost« die Anliegen der Bewegung in den ÖRK und die katholische Kirche getragen hat und es von Seiten des ÖRK in den letzten Jahren ein vermehrtes Bemühen gab, mit den Pfingstkirchen in einen Dialog einzutreten.[86]

Was für das gegenwärtige Christentum generell gilt, trifft auf die pfingstkirchlichen Bewegungen in besonderem Maße zu: Ihr Schwerpunkt liegt in der so genannten Dritten Welt. Die meisten ihrer Anhängerinnen und Anhänger sind Menschen, deren Lebensperspektiven durch Armut, Hunger und Analphabetismus drastisch eingeschränkt sind. Für viele, die sich den pentekostalen Bewegungen anschließen, verbindet sich dies mit der Hoffnung auf ein menschenwürdigeres Leben. Der ethische Rigorismus vieler Pfingstler, der aus der Perspektive europäischer Christentumskultur gesetzlich und fundamentalistisch erscheint, wird anderswo als Chance zu sozialem Aufstieg genutzt.

Anfänge

Ihre historischen Wurzeln hat die Pfingstbewegung in der Heiligungs- und Erweckungsfrömmigkeit der zweiten Hälfte des 19. Jahrhunderts, für die u.a. charakteristisch waren:

- ein starker missionarischer Antrieb (Großstadt- und Massenevangelisation),
- die Bildung eines erwecklichen Laienchristentums und
- die Betonung der Hoheit und Unabhängigkeit der Einzelgemeinde (Kongregationalismus und Independentismus), verbunden mit dem Ideal der Glaubenstaufe.[87]

Die Sehnsucht nach Glaubensgewissheit und Erweckung, der Hunger nach einem Mehr an Vollmacht in der missionarischen Praxis sowie die Suche nach Überwindung einer allzu nüchternen Glaubensfrömmigkeit waren für Entstehung und Entwicklung der Pfingstbewegung zentrale Momente. Man war offen dafür, dass sich göttliche Kraft in besonderen enthusiastischen und ekstatischen Erfahrungen manifestiert, die den Bereich des Rationalen übersteigen und als »übernatürlich« und wunderbar erlebt und angesehen wurden. In diesem Zusammenhang hat die Glossolalie in der Pfingstbewegung zentrale Bedeutung erlangt, sodass die zu Beginn des 20. Jahrhunderts entstehende Bewegung als »Zungenbewegung« bezeichnet werden konnte. Das Anliegen pfingstlicher Erweckung kommt in solcher Begrifflichkeit freilich nur reduziert und ausschnitthaft zur Geltung.

Donald Dayton hat in einer wichtigen Arbeit über die theologischen Wurzeln des Pfingstlertums dargelegt, dass in ihm vier fundamentale Lehren vertreten werden, die allesamt auch auf pastorale Handlungszusammenhänge bezogen sind: Erlösung, Heilung, Taufe im Heiligen Geist und die Erwartung der Wiederkunft Christi.[88] Seine Darlegungen unterstreichen die enge Verbindung zwischen Heiligungs- und Pfingstfrömmigkeit. Dass die Wiege der Pfingstbewegung in der Heiligungsbewegung steht, die sich in den 60er und 70er Jahren des 19. Jahrhunderts aus dem Methodismus entwickelt hatte, ist für ihr Verständnis historisch wie theologisch fundamental. Anliegen und Themen der Pfingstbewegung waren bereits in der Heiligungsbewegung vorgebildet. Das Flehen und Bitten um ein neues Pfingsten war Kennzeichen der Heiligungsfrömmigkeit und wurde zum bleibenden Charakteristikum der Pfingstbewegung. Die typisch pfingstlerischen Erfahrungen (Glossolalie, Heilungen, Prophetie; vgl. 1. Kor 12) wurden bereits im Zusammenhang der Heiligungsbewegung gesucht und gefunden. Ebenso vollzog sich bereits hier die begriffliche Explikation dieser Erfahrungen unter der Chiffre der Geistestaufe. Die pfingstliche Erfahrung des Durchströmtwerdens von einer heilenden, emporhebenden und zugleich erschütternden Kraft wurde hier erlebt. Die Heiligungsversammlungen waren das Urbild der pentekostalen Gottesdienste. Ihr interkonfessioneller bzw. »überkonfessioneller« Charakter wurde in der Geschichte der Pfingstbewegung weiter entfaltet. Die von einzelnen Forschern betonten »ökumenischen Anfänge« der Pfingstbewegung sind aus der »Überkonfessionalität« des amerikanischen Erweckungschristentums zu begreifen. Zwar entstand die Pfingstbewegung in einer gewissen zeitlichen Parallelität zur ökumenischen Bewegung, der ökumenische Gedanke verbreitete sich jedoch jenseits und außerhalb der Pfingstbewegung. Auch der interkulturelle Beitrag der Pfingstbewegung verdankt sich im Wesentlichen den Impulsen der methodistischen Erweckungsfrömmigkeit. So ist es verständlich, dass die ältesten Pfingstgemeinden Heiligungsgemeinden waren. In der Logik dieser Überlegungen liegt auch, dass das Pfingstlertum keinen neuen religiösen Entwurf liefert, keine neue christliche Religion oder sektiererische Neubildung darstellt, sondern in seinen vielfältigen Ausformungen in der westlichen Welt vor allem als gesteigerte Erweckungsfrömmigkeit zu begreifen ist. Die komparativische Struktur der Frömmigkeit bezieht sich vor allem auf die Intensität der als geistgewirkt verstandenen emotionalen Ergriffenheit und führt dazu, dass drastische Realitätsverluste – zum Beispiel durch einen überzogenen Wunderglauben – sehr nahe liegen konnten. Angesichts des Anspruchs der Pfingstbewegung, geistgewirkte Erweckung am Ende der Zeit zu sein, mussten die Verzerrungen des Christlichen in ihr besonders krass ins Auge fallen. Das Verständnis der Pfingstfrömmigkeit als gesteigerter Erweckungsfrömmigkeit kann aus verschiedenen Perspektiven – historisch, phänomenologisch und theologisch – erläutert, begründet und für das Verstehen der gegenwärtigen Ausbreitung pentekostal-charismatischer Frömmigkeit fruchtbar gemacht werden.

Sucht man nach historischen Kristallisationspunkten zur Entstehung der Pfingstbewegung, so ist vor allem auf zwei Ereignisse hinzuweisen, zunächst auf ein punktuelles:

- In der Bibelschule des methodistischen Heiligungspredigers Charles F. Parham in Topeka, Kansas, kam man bei der Beschäftigung mit dem Thema Glossolalie in der Apostelgeschichte zu der Erkenntnis: Glossolalie ist Zeichen und Erweis für die Taufe mit dem Heiligen Geist.[89] Die 18-jährige Agnes Ozman bat Parham darum, ihr die Hände aufzulegen, damit sie den Heiligen Geist empfange. Am 1.1.1901 erlebte sie die Glossolalie als Erkennungszeichen (initial physical sign) der ersehnten Taufe im Heiligen Geist nach intensiven Gebetsbitten und begleitet von ekstatischen Bewusstseinszuständen.
- Ein zweites, für die Entstehung der Pfingstbewegung zentrales Ereignis war die »Azusa-Street-Erweckung«, deren zentrale Figur der schwarze baptistische Heiligungsprediger William J. Seymour war. Seymour war Schüler von Parham geworden und wurde nach Los Angeles eingeladen. Seit dem 9. April 1906 entwickelten sich seine Heiligungsversammlungen zum Ausgangspunkt einer überaus wirkungsvollen weltweiten Verbreitung pfingstlerischer Frömmigkeit in bald eigenständigen Gemeinden, Gemeindeverbänden, missionarischen Unternehmungen, Glaubenswerken und Bibelschulen. Die ca. drei Jahre lang durchgeführten Gebets- und Heilungsversammlungen in einer ausrangierten Methodistenkirche wurden zum Vorbild pfingstlicher Erweckung. Die Versammlungen fanden von morgens 10 Uhr bis Mitternacht, zum Teil noch länger statt. In zahlreichen eindrucksvollen Zeugnissen ist das religiöse Ergriffensein beschrieben worden. Das dort erlebte »Pfingsten« äußerte sich in der ganzen Vielfalt ekstatischen Verhaltens. Den Höhepunkt bildete die Zungenrede, die bald als Fremdsprache (Xenoglossie) gedeutet wurde. Die jeweiligen Auslegungsworte unterstrichen vor allem das gesteigerte endzeitliche Selbstverständnis der entstehenden Pfingstbewegung. »Fast jeder, der anfängt, in Zungen zu reden, sagt zuerst: ›Jesus kommt bald! Macht euch bereit!‹«[90]

Noch im April 1906 kam das »Feuer Gottes« zu vielen anderen Gemeinden. Die Berichte über die damaligen Erfahrungen unterscheiden sich kaum von dem, was heute über den Toronto-Segen oder die Pensacola-Erweckung berichtet wird. »Männer und Frauen wurden unter der Macht niedergeworfen rings in der Halle.« Eine Dame »lag stundenlang auf dem Fußboden, während zeitweise der himmlischste Gesang von ihren Lippen strömte«. Dass beim Übergang dieser Bewegung in andere kulturelle Kontexte – wie zum Beispiel nach Indien im Jahre 1907 – die religiöse Emotionalität weiter gesteigert werden konnte, geht aus entsprechenden Berichten hervor. In Indien begannen mit dem Geist getaufte Mädchen, »in dem quälenden Bewußtsein ihrer Sündennot sich schrecklich zu schlagen. Ungefähr 30 Mädchen kamen auf einmal in einen Trancezustand, stundenlang bewußtlos für diese Welt, einige sogar 3 bis 4 Tage. Während dieser Zeit sangen sie, beteten, klatschten in die Hände, rollten umher oder saßen still.«[91]

Für außergewöhnliche religiöse Erfahrungen gab es auch in der damaligen Medienöffentlichkeit großes Interesse, sodass die Erweckung von Los Angeles sich in einem dramatischen Tempo verbreiten konnte. Mit dem Bekanntwerden dieses ersten Aufbruchs wurde er zu einem Anziehungspunkt für viele. Man pilgerte nach Los Angeles und trug die Erfahrungen in alle Welt. Für das Bewusstsein damaliger Pastoren wurde hier durch das Blut Jesu die Rassentrennung aufgehoben. Der die Schranken der Rassen überwindende Charakter der Pfingsterfahrung blieb in der Anfangsphase der Bewegung ein wichtiges Merkmal, verblasste aber wieder, indem sich verschiedene schwarze und weiße Pfingstkirchen bildeten.[92]

Walter J. Hollenweger sieht in der Azusa-Street-Erweckung den realgeschichtlichen Zugang zur Geschichte der Pfingstbewegung gegeben, dem er für seine Deutung des gesamten Phänomens die Präferenz gibt. Die Erfahrungen von Agnes Ozman im Kontext der Bibelschule stellen für ihn den ideengeschichtlichen Hintergrund dar, dem er nur sekundäre Bedeutung zuerkennen will.[93] Richtig an diesem Hinweis ist fraglos, dass die Azusa-Street-Erweckung für die Ausbreitung der »neuen Frömmigkeit« das größere Gewicht hatte. Hier wurde die Pfingsterfahrung in ihrer die Schranken von Kultur und Rasse überwindenden Ausprägung erlebt. Freilich verlegt nur eine schematisierende Darstellung den Beginn der Pfingstbewegung auf eines dieser Ereignisse. Wenig überzeugend ist es deshalb, in Seymour oder Parham die Gründergestalten dieser Bewegung zu sehen. Am Anfang der pfingstkirchlichen Bewegungen stand keine überragende Gründerpersönlichkeit mit theologischem Profil und organisatorischem Geschick wie Martin Luther, Jean Calvin, John Wesley oder Nikolaus Graf von Zinzendorf. Charles Parham, methodistischer, und William J. Seymour, ehemals baptistischer Heiligungsprediger, waren Leute, die ganz aus dem Erbe des nordamerikanischen Erweckungschristentums kamen und nur in einer lebensgeschichtlich begrenzten Phase für die Entstehung und Verbreitung der Pfingstbewegung bedeutsam wurden. Schon im Herbst 1906, als Parham die Erweckungsversammlungen der Azusa-Street besuchte, distanzierte er sich scharf von Seymours Versammlungen. Personenfixierung wurde erst später zu einem Merkmal einzelner Ausprägungen pfingstlerischer Frömmigkeit. Am Anfang stand ein individuelles und gemeinschaftliches religiöses Ergriffensein, ein im subjektiven und sozialen Erleben gründender Durchbruch zu einer tieferen Glaubensgewissheit und größeren Freiheit zum christlichen Zeugnis, der in der Dynamik der Heiligungsfrömmigkeit lag. Jedoch wurde dieser Durchbruch offensichtlich von Anfang an mit dem schematisierenden Deutungsmuster der Geistestaufe und der mit ihr verbundenen Konzentration der Geisterfahrung auf die Glossolalie reflektiert.

Soziologisch gesehen waren es eher die unteren Schichten und einfachen Leute, die in den ersten Versammlungen erreicht wurden. Sie suchten eine tiefere Begegnung mit dem auferstandenen Christus, wollten die Gegenwart des Heiligen Geistes in den Charismen erleben und dadurch zum missionarischen Zeugnis bevollmächtigt werden.

Die rasante Ausbreitung pfingstlich-charismatischer Bewegungen macht sie zu einer Art christlicher Trendreligion. Man muss freilich über Europa hinausblicken, um dies mit entsprechender Deutlichkeit zu erkennen. Dennoch tragen die pfingstlichen Bewegungen auch im europäischen Kontext mit dazu bei, die historischen Monopole des lateinisch-katholischen Südens und des protestantischen Nordens zu beenden. Mit Recht bezeichnet Michael Welker die pentekostal-charismatische Bewegung als »größte Frömmigkeitsbewegung ... in der Geschichte«.[94] Zum Beleg einer solchen Einschätzung darf man zwischen Charismatikern und Pfingstlern allerdings keine scharfen Trennlinien ziehen und muss von einer relativen Einheitlichkeit des Phänomens ausgehen, was durchaus umstritten ist. Das Bewusstsein, Teil einer weltweiten und in rasanten Wachstumsprozessen befindlichen Bewegung zu sein, ist jedoch für alle Pfingstler und Charismatiker – auch in Westeuropa – fundamental. Sie verstehen die dramatische Ausbreitung ihrer Glaubenspraxis als sichtbares Zeichen göttlichen Segens.

Nachfolgend einige Hinweise zur zahlenmäßigen Verbreitung. Weltweit: Die Statistiken David B. Barretts stellen den Siegeszug pentekostaler Frömmigkeit alljährlich eindrucksvoll vor Augen, auch wenn seine Zahlen eher Schätzungen sind. 1990 ging er von einer Weltbevölkerung von 5,3 Milliarden aus, davon zählte er 33,2 Prozent Christen (1,6 Milliarden), davon wiederum 372 Millionen Pentecostals/Charismatics.[95] Auch die deutsche Pfingstbewegung etwa in Gestalt des Forums Freikirchlicher Pfingstgemeinden (FFD), dem alle wichtigen Pfingstgemeinschaften angehören, verweist auf Barretts Zahlen, wie er sie etwa zur 17. Weltpfingstkonferenz in Jerusalem (1995) vorgelegt hat. Demnach gab es 464 Millionen Pfingstler und Charismatiker im Jahr 1995. Zum Vergleich gibt Barrett die Zahl der Baptisten mit 56, der Lutheraner mit 52 und der Methodisten mit 38 Millionen an. In der Statistik für 1997 geht er von 497 Millionen »pentecostals and charismatics« aus, inzwischen von über 500 Millionen.[96] Was meist verschwiegen wird, wenn Barretts Zahlen herangezogen werden, sind seine Hinweise auf die zahlreichen »Postcharismatiker«, also Christinnen und Christen, für die die Mitgliedschaft in einer charismatischen Gemeinde von vorübergehender Dauer war. Bereits 1990 rechnete er mit 90 Millionen. Entsprechend muss davon ausgegangen werden, dass es zahlreiche »Post-Pfingstler« gibt. Überhaupt ist es angebracht, solchen Zahlen mit einem gehörigen Maß an Skepsis zu begegnen. Das Rechnen mit großen Zahlen gehört für viele Ausprägungen pfingstlicher Frömmigkeit zu einem großen Glauben, mit dem man Gott loben will.

Deutschland: Im Blick auf Deutschland kann ein zahlenstatistischer Vergleich nur sehr bescheiden ausfallen. Die größte Pfingstgemeinschaft, der Bund Freikirchlicher Pfingstgemeinden (BFP), hat nach eigenen Angaben ca. 27.000 Mitglieder in 470 Gemeinden (davon ca. 50 ethnische Gemeinden). Alle anderen Pfingstgemeinschaften sind entschieden kleiner. Zum Christlichen Gemeinschaftsverband Mülheim/Ruhr (CGV), zur Gemeinde Gottes (Cleveland), zur Gemeinde der Christen »Ecclesia« und zur Volksmission entschiedener Christen (VMeC) gehören jeweils zwischen ca. 3.500 und 5.000 Mitglieder. Weitere pfingstlich geprägte Gruppen geben ihre Mitgliederzahlen zwischen 1.000 und 2.000 an, wie das Freikirchliche Evangelische Gemeindewerk (fegw), das zur International Church of the Foursquare Gospel gehört, oder das Jugend-, Missions- und Sozialwerk

(JMS), Altensteig, das inzwischen als Mitglied des Forums Freikirchlicher Pfingstgemeinden (FFP) geführt wird. Die Mitgliederzahl aller im FFP zusammengeschlossenen Pfingstgemeinschaften wird mit ca. 46.000 (bei 105.000 Zugehörigen) beziffert. Wie ein Vergleich mit Zahlen aus früheren Jahren zeigt, ist die Gesamtzahl der einer Pfingstgemeinschaft zugehörigen Christen in den letzten beiden Jahrzehnten relativ konstant geblieben. Wer zu höheren Zahlen kommen will, darf zwischen Charismatikern und Pfingstlern nicht differenzieren. Paul Schmidgall, der zum Vorstand der Gemeinde Gottes gehört, beziffert die Zahl aller Charismatiker und Pfingstler in Deutschland auf 300.000. 1996 hatte der Kreis Charismatischer Leiter (KCL) von 150.000 Charismatikern im weiteren Sinn des Wortes (Pfingstler teilweise mit eingeschlossen) gesprochen. Die zuletzt genannte Zahl dürfte die genauere sein. Jedenfalls kann von einer pfingstlich-charismatischen Erweckung in Deutschland oder in Westeuropa keine Rede sein, obgleich sie vielfach und von einigen fast routinemäßig mit prophetischem Anspruch angekündigt und vereinzelt auch schon ausgerufen wurde. Dennoch: Die Gesamtzahl von Charismatikern und Pfingstlern ist auch in Deutschland in den letzten Jahren kontinuierlich größer geworden. Der BFP kann sich mit Recht als eine Freikirche mit wachsenden Mitgliederzahlen und einer wachsenden Zahl von Gemeinden (inzwischen weit über 400) sehen, wobei das Wachstum des BFP in erheblichem Maße dadurch zustande kam, dass sich ihm zahlreiche Ausländergemeinden einerseits (u. a. Koreaner, Italiener und Filipinos) und Gemeindeverbände andererseits angeschlossen haben. 1988 trat die Volksmission e.C. dem BFP bei. 1991 erfolgte die Aufnahme von 13 Gemeinden in Ostdeutschland, die ihre Heimat zuvor aufgrund der politischen Situation im Bund der Evangelisch Freikirchlichen Gemeinden der DDR gesucht hatten. Auf der 101. Bundeskonferenz des BFP in Kirchheim (1997) wurde das Christliche Zentrum Berlin (CZB) nach jahrelangen Gesprächen und einer langen, kontroversen Diskussion als Mitglied aufgenommen. Im Jahr 2000 ist auch ein Teil der Ecclesia-Gemeinden dem BFP beigetreten.

Die Ausbreitung der Pfingstfrömmigkeit geschieht jedoch gegenwärtig auch in Deutschland weniger durch traditionelle Pfingstgemeinden, von denen viele mehr als zwei Generationen alt sind und teilweise an Dynamik eingebüßt haben, sondern eher durch freie, nicht konfessionsgebundene (überkonfessionelle) Gemeinden, charismatische Zentren und überkonfessionelle Initiativen, die in der Anfangsphase ihrer Entwicklung Wert auf eine Unterscheidung von der traditionellen Pfingstbewegung legen. Nicht selten sind sie für viele etablierte Pfingstgemeinschaften zu einer starken Konkurrenz geworden, auch wenn sie in Lehre und Frömmigkeitspraxis diesen sehr nahe stehen. Zugleich treten die Unterschiede zwischen Pfingstlern und freien Charismatikern zunehmend zurück, da auch etablierte Pfingstgemeinschaften eine neue Dynamik gewinnen können.

Die Pfingstbewegung im deutschsprachigen Kontext

1997 konnte die Pfingstbewegung in Deutschland auf 90 Jahre ihrer Geschichte zurückblicken und die Gelegenheit für eine Standortbestimmung und einen Blick in die Zukunft nutzen. In vier großen Festveranstaltungen (Hamburg, Velbert, Griesheim, Sindelfingen) gedachte man des Weges der Pfingstbewegung in Deutschland und feierte das

50jährige Jubiläum des BFP. Mit lauten und gleichwohl charakteristischen Worten fasste der Festredner von Hamburg, Reinhard Bonnke – der wohl international bekannteste deutsche Pfingstler –, das pfingstlerische Anliegen zusammen. In Anspielung auf die Feuerflammen von Apg 2,1ff. rief er den Besuchern immer wieder zu: »Für jeden Kopf hat Gott eine Flamme«, ein Energiekraftwerk, das zum christlichen Zeugnis anspornt, die Kranken heil werden lässt, die bösen Geister austreibt und die Zahl der Erweckten groß werden lässt. Mit diesem Anliegen ist das für die pfingstlerischen Bewegungen charakteristische Anliegen der Taufe im Heiligen Geist zusammengefasst, das sich als Angebot auch an alle nichtpfingstlichen Christen richten kann.

Bereits 1907 hatte die Pfingstbewegung Deutschland erreicht, wobei ihr Weg von Nordamerika über Norwegen ging und mit dem Namen des ehemaligen Methodistenpastors Thomas B. Barratt verbunden war. Der überschäumende Enthusiasmus der ersten Pfingstversammlungen in Kassel löste großes Erschrecken aus, konnte nicht entsprechend verarbeitet werden und führte in der damaligen Gemeinschaftsbewegung zu heftigen Auseinandersetzungen und Trennungen. In der Berliner Erklärung (1909) distanzierten sich 56 führende Vertreter der Gemeinschaftsbewegung und der Evangelischen Allianz von der neuen Bewegung, die sie als »nicht von oben, sondern von unten« ansahen. Es bildeten sich eigenständige Pfingstgemeinschaften, zunächst vor allem der Christliche Gemeinschaftsverband Mülheim/Ruhr, der in den folgenden Jahrzehnten die dominierende Gruppe der deutschen Pfingstbewegung war. Sehr bald entwickelten sich jedoch Gemeinden außerhalb dieses Verbandes: seit 1922 die Elim-Gemeinden (Heinrich Vietheer) v.a. in Ostdeutschland, seit 1928 die Freien Christengemeinden, seit 1934 die Volksmission entschiedener Christen (v.a. in Württemberg), seit 1937 die Gemeinde Gottes (Church of God, Cleveland).

1954 schlossen sich freie Pfingstgemeinden zur Arbeitsgemeinschaft der Christengemeinden Deutschlands (ACD), später (1982) Bund Freikirchlicher Pfingstgemeinden (BFP), zusammen mit der Zentrale, der Bibelschule Beröa und dem Leuchter-Verlag in Erzhausen bei Darmstadt. Zum Bund gehören mittlerweile zahlreiche missionarische und karitative Einrichtungen. Seit 1974 ist der BFP Körperschaft des öffentlichen Rechts in Hessen, inzwischen auch in zahlreichen weiteren Bundesländern.

In Österreich entwickelten sich Pfingstgemeinden von dauerndem Bestand erst nach 1946, hervorgerufen durch pfingstlerisch geprägte Flüchtlinge aus Osteuropa. Kontakte dieser Freien Christengemeinden zur Evangelischen Allianz wurden in den letzten Jahren intensiviert.

Das schweizerische Pfingstlertum formierte sich in der Schweizerischen Pfingstmission (1907 bzw. 1935 entstanden), der Gemeinde für Urchristentum (nach 1927 entstanden) und den Freien Christengemeinden (nach 1933 entstanden). Seit 1961 kamen die Prediger der verschiedenen Pfingstbewegungen zu einer Einheitskonferenz zusammen, die 1974 in den Bund Pfingstlicher Freikirchen der Schweiz mündete. Der Bund ist Mitglied des Verbandes Evangelischer Freikirchen und Gemeinschaften in der Schweiz (VFG).

Richard Krüger, Leiter der Bibelschule Beröa in Erzhausen bei Darmstadt, erinnerte 1997 in einem Artikel der Zeitschrift »Wort und Geist« (gemeinsame Zeitschrift des BFP, der VMeC, der Schweizerischen Pfingstmission und der Gemeinde für Urchristentum) an eine erste Konferenz freier Pfingstbrüder im Jahre 1947, die zur Keimzelle der 1954 offiziell ins Leben gerufenen Arbeitsgemeinschaft der Christengemeinden (heute BFP) wurde und sich als Glaubensgemeinschaft auf kongregationalistischer Grundlage und in enger Verbindung mit der größten amerikanischen Pfingstdenomination »Assemblies of God« entwickelte.

Das Forum Freikirchlicher Pfingstgemeinden (FFP), in dem die meisten Pfingstgemeinschaften seit 1979 in einem lockeren Verhältnis des Austausches und der Kommunikation stehen, veröffentlichte zum Jubiläum die Informationsbroschüre »90 Jahre Pfingstbewegung«, die Auskunft gibt über den Werdegang einzelner Gemeinschaften und in übersichtlicher Form über den jetzigen Stand der Dinge informiert.[97] Unter demselben Titel erschien 1997 auch eine Publikation von Schmidgall (Gemeinde Gottes), in der die deutsche Pfingstbewegung in geschichtliche Zusammenhänge gestellt und ein Überblick über Ausprägungen pfingstkirchlicher Bewegungen gegeben wird.[98]

Anlässlich des Jubiläums der Pfingstgemeinschaften definierte der Altpräses des BFP Reinhold Ulonska den Bund Freikirchlicher Pfingstgemeinden als »Gemeindebewegung« und machte darauf aufmerksam, dass dieser Weg zur freikirchlichen Struktur lange umstritten und nicht dominierend war.[99] Die überwiegende Mehrheit der frühen Pfingstler sammelte sich im Christlichen Gemeinschaftsverband Mülheim an der Ruhr, der in seinen strukturellen Ausformungen und seiner inhaltlichen Ausrichtung das Erbe der Gemeinschaftsfrömmigkeit zu wahren bemüht war, seinen Mitgliedern die Möglichkeit der Doppelmitgliedschaft einräumte und die Säuglingstaufpraxis der Landeskirchen zwar als defizitär betrachtete, sie gleichwohl anerkennen konnte. Anders war der Weg der freien Pfingstler, die die charismatische Grunderfahrung ganz in den Kontext eines freikirchlichen Profils stellten. »Die Väter der freikirchlichen Pfingstbewegung gingen ein Risiko ein, das wenig Zukunftsperspektiven sehen ließ. Sie wußten sich auf einen Weg gewiesen, der sie nicht nur ›außerhalb des Lagers‹ ihrer evangelikalen Brüder führte, sondern auch außerhalb des größeren Lagers der sich damals formierenden deutschen Pfingstbewegung.«[100] Heute ist es umgekehrt: Die Mehrheit der Pfingstler versteht sich in freikirchlichen Strukturen und auch die in den letzten Jahrzehnten kleiner gewordene Mülheimer Gruppe ist gegenwärtig dabei, sich ein eigenständiges freikirchliches Profil zu geben, freilich in Kontinuität zur eigenen Prägung und damit Unterschiedenheit zu den BFP-Pfingstlern. »Der Mülheimer Verband ist eine evangelische Freikirche in Deutschland auf der Grundlage einer evangelikal-charismatischen Frömmigkeit bzw. Theologie.«[101] Eine pfingstliche Lehre von der Geistestaufe im Sinne einer zweiten Gnadenerfahrung wird abgelehnt.[102] Der Mülheimer Verband steht von allen Pfingstgemeinschaften den Grundlehren der Reformation am nächsten. Er ist zugleich der ökumenisch Offenste. Die spezifisch pfingstlichen Charismen sind in den gottesdienstlichen Versammlungen eher zurückgetreten.

Zum Umfeld pfingstlerischer Bewegungen

Neben den pfingstkirchlichen Zusammenschlüssen und z.T. in enger Kooperation mit ihnen arbeiten pfingstlerisch geprägte Missionswerke wie z. B. »Christus für alle Nationen« (CfaN, Frankfurt), gegründet von Reinhard Bonnke, das »Missionswerk Arche«

(Hamburg), von Wolfgang Wegert aufgebaut, das von Siegfried Müller ins Leben gerufe-
ne Werk »Der Weg zur Freude« (Karlsruhe), das »Glaubenszentrum Bad Gandersheim«,
das seine Aktivitäten in den letzten Jahren wirkungsvoll ausweiten konnte und die »Biblische Glaubensgemeinde« (BGG, Stuttgart), deren sonntägliche Gottesdienste als Groß-
veranstaltung mit nicht selten über 1.500 Besucherinnen und Besuchern stattfinden. Die
genannten Werke sind etablierte Zentren, die die Ausbreitung pfingstlicher Frömmigkeit
fördern und seit Jahrzehnten in Deutschland und darüber hinaus tätig sind. Zum weiteren Umfeld der Pfingstbewegung zählen auch die »Vereinigten Pfingst-Gemeinden«, die
zur »Jesus-only-Bewegung« gehören, die zwar das einzigartige Erlösungswerk Jesu Christi bekennt, im Unterschied zu den meisten Ausprägungen der Pfingstbewegung das alt-
kirchlich-trinitarische Dogma jedoch ablehnt und die Taufe auf den Namen des dreieinigen Gottes als unbiblisch ansieht.

Pfingstlerische Glaubenslehren finden sich auch bei Gruppen, die in ihrem abgrenzenden Verhalten gegenüber anderen christlichen Kirchen den klassischen Sondergemeinschaften vergleichbar sind. Dazu gehören etwa die »Spätregenmission« mit verschiedenen Glau-
benshäusern und die »Christian Assemblies Europe« (andere Bezeichnung: Revival Centers International). Die Christian Assemblies Europe haben in ihr Glaubensverständnis
aufgenommen, »dass die Bibel die Angel-Sachsen identifiziert mit Israel« (British-Israel-
Theorie). In ihren Traktaten versuchen sie mathematisch-naturwissenschaftlich zu beweisen, dass hinter der Bibel eine göttliche Intelligenz stehen muss. Organisatorische Kontakte zum Forum Freikirchlicher Pfingstgemeinden bestehen hier nicht. Gleichzeitig haben
sich in Deutschland auch Ausdrucksformen der Pfingstbewegung etabliert, die sich selbst
ein fortschrittliches Gesicht gegeben haben und die Brücke zur charismatischen Bewegung schlagen.

Zum Profil pfingstkirchlicher Bewegungen

In ihren theologischen und frömmigkeitsmäßigen Orientierungen unterscheiden sich
Pfingstler nicht wesentlich von evangelikal und biblizistisch geprägten Christen. Charakteristisch für die Pfingstbewegung in ihren vielfältigen Ausformungen ist vor allem die
gesteigerte Erweckungsfrömmigkeit. Da sich die Steigerungen auch auf ekstatische und
visionäre Ergriffenheitserfahrungen konzentrieren, ergeben sich auffallende Entsprechungen zu anderen neuen religiösen Bewegungen, in denen das ekstatische Erlebnis als religiöses »Urphänomen« (Mircea Eliade) revitalisiert wird.

Das pfingstliche Profil ergibt sich aus der individuellen und gemeinschaftlichen Geisterfahrung, die in ein ausgeglichenes Verhältnis gebracht werden. Der Einzelne kann sich
aus den Zwängen der Gemeinschaft befreien und ungehemmt sein religiöses Erleben ausdrücken, zugleich wird er aus seiner Vereinsamung herausgeholt und kann in der Gemeinschaft seinen Platz finden. Die gemeinschaftliche Erfahrung des Geistes hat ihr Zentrum im pentekostalen Gottesdienst, in dem das freie Wirken des Geistes im Vordergrund
stehen und mit »der Herrschaft des Menschengeistes in den Versammlungen« ein Ende
gemacht werden soll.[103] Bereits im Vorfeld der Entstehung der Pfingstbewegung wird im
Zusammenhang der Erfahrungen der Erweckung in Wales von diesem freien Geistwirken

berichtet. »Nicht mehr der Geist der Pastoren und Prediger ist dort am Ruder, sondern die einfältigen Brüder in Wales haben den kühnen Mut aufgebracht, in Wahrheit zu glauben an die göttliche Leitung durch den Heiligen Geist in den Versammlungen der Glaubenden.«[104] Die Ansprachen sollten unter der unmittelbaren Leitung des Geistes erfolgen. Jeder hatte Raum zum Singen oder Beten, wie er glaubte, dass der Geist ihn dazu trieb. Dabei konnte es sich auch ergeben, dass mehrere gleichzeitig beteten. In den Berichten über die Waliser Erweckungsversammlungen kündigt sich der pfingstliche Entwurf bzw. Gegenentwurf gegenüber einem liturgisch strukturierten Gottesdienst in charakteristischer Weise an.

Bekehrung und Geistestaufe

Das Selbstverständnis pfingstlerischer Frömmigkeit hat seinen Kristallisationspunkt zweifellos in der Erfahrung und dem Verständnis der Geistestaufe. Für fast alle Ausprägungen pfingstlerischer Identität in der westlichen Welt ist die Annahme grundlegend, dass die Erfüllung mit dem Heiligen Geist (Geistestaufe) eine »eigene, eindeutige und von der Bekehrung unterscheidbare Erfahrung«[105] ist. Der Eintritt in die Pfingstbewegung erfolgt durch die pentekostale Initiationserfahrung der Geistestaufe, die die pietistisch-erweckliche Wiedergeburtserfahrung voraussetzt. Dabei kann als Struktur dieser Erfahrung beides beobachtet werden: das langsame Hineinwachsen in die pentekostale Frömmigkeit und die plötzliche, radikale Durchbruchserfahrung. Die Berichte, die die individuelle pentekostale Erfahrung umschreiben, sprechen von einem Durchströmtwerden des Körpers mit göttlicher Kraft, einem Ergriffenwerden, das sichtbar und überraschend in das christliche Leben eingreift und es verändert. Für den Pfingstler bedeutet die Geistestaufe vor allem die Ausstattung mit Kraft, die dem Bekehrten und Glaubenden in einem zweiten Schritt göttlicher Zuwendung zuteil wird. Die Wiedergeburt durch den Geist und die Taufe im Heiligen Geist werden innerhalb der pfingstlichen Normallehre klar unterschieden. »Aus dem Geist geboren zu sein verleiht die Macht und das Recht, Kind Gottes zu sein (Johannes 1,12). Im Heiligen Geist getauft zu sein verleiht die Kraft, ein wirksamer Zeuge Christi zu sein (Apostelgeschichte 1,8).«[106]

In der weiteren Geschichte der Pfingstbewegung konnte sich die Deutung der christlichen Gnadenerfahrung in einem dreistufigen (Bekehrung, Heiligung, Geistestaufe) oder zweistufigen (Bekehrung, Geistestaufe) Konzept ausprägen, wobei die Geistestaufe als zweite bzw. dritte Stufe der christlichen Erfahrung ausdrücklich nicht als heilsnotwendig, wohl aber als Voraussetzung für ein wirkungsvolles Zeugnis (»dienstnotwendig«) angesehen wird. Beide Ausprägungen haben ihre Begründung in der unterschiedlichen Aufnahme der Tradition der Heiligungsbewegung. Das zweistufige Konzept folgt dem »baptistischen« Heiligungsverständnis, das dreistufige dem »wesleyanischen«, welches der Heiligung als »zweiter Segnung« (second blessing) die Geistestaufe als dritte Stufe folgen lässt. Die dreistufige Ausprägung findet sich bei der Gemeinde Gottes (Cleveland), die zweistufige beim BFP in Anlehnung an die Assemblies of God, während die Mülheimer Richtung eine solche Schematisierung der christlichen Erfahrung ablehnt, was ihre Ausnahmestellung innerhalb des Pfingstlertums unterstreicht. Das skizzierte Verständnis der Geistestaufe ist ein verbindender Topos und ein wichtiges Charakteristikum der pfingstkirchlichen Bewegungen. Soziologisch betrachtet ist es in seiner Verknüpfung mit der Glossolalie ein gruppenspezifisches Merkmal zur Selbstkennzeichnung. Von der Mehrheit der Pfingstler wird die Geistestaufe als erstrebenswertes »Ziel« jedes christlichen Lebens angesehen. Die eigene »Pfingsterfahrung« schafft dabei die unmittelbare Anknüpfung an biblische Zeiten.

Für die Wahrnehmung anders geprägter Frömmigkeit folgt daraus: In dem Maße, in dem die Geistestaufe als Kriterium und äußerlich wahrnehmbares Zeichen eines geisterfüllten Lebens betont wird, im selben Maße ist man genötigt, ein christliches Leben ohne diese Erfahrung als defizitär anzusehen. Die Umkehrung gilt frei-.lich auch: In dem Maße, in dem Geistestaufe und Zungenrede in ein biblizistisch geprägtes Gesamtverständnis des Glaubens eingeordnet werden (als Ausprägung der Frömmigkeit und nicht als Weg zu einem Christsein der Extraklasse) und im Glaubensvollzug einen untergeordneten Stellenwert bekommen, im selben Maße eröffnet sich die Möglichkeit einer über die eigene Frömmigkeitsform hinausgehenden Gemeinschaft.

Glossolalie und Geistestaufe

Bevor die Verbindung zwischen Glossolalie und Geistestaufe näher bestimmt wird, sollen Phänomen und Praxis des Zungenredens in pfingstlerisch geprägter Frömmigkeit stichwortartig beschrieben werden:

- Glossolalie wird praktiziert vor allem als persönliche Gebetssprache, aber auch als Sprachengebet und -gesang (vgl. 1. Kor 14 und 15) im Gottesdienst.
- Sie ist unsemantisches, nicht verstehbares Sprechen oder Singen, wobei sich das Sprachgeschehen verselbständigt und Laute geäußert werden, die der Sprechende als durch seine Sprechorgane unwillkürlich hervorgebracht empfindet.
- Sie kann spontan auftreten und beginnen, häufig wird sie gelehrt (Kinn und Zunge lockern, Silbenfolgen oder fremdsprachliche Laute artikulieren ...), ersehnt und gelernt. Sie wird im Kontakt zu Gruppen gesucht und gefunden, die sie praktizieren und als etwas Besonderes ansehen.
- Weil in der Glossolalie melodisch und rhythmisch gestaltete Silbenfolgen artikuliert werden, die keiner Sprache angehören, sind Klang und Sprachfluss des in »anderen Sprachen« Redenden für Außenstehende von einer Fremdsprache nicht unterscheidbar.
- Anfang und Ende des Sprachengebets werden von dem, der es praktiziert, in der Regel selbst bestimmt. Der faszinierende Charakter dieser Gabe bezieht sich häufig vor allem auf die mit ekstatischem Ergriffensein verbundene Anfangszeit ihrer Praxis, tritt dann jedoch zurück, sodass die Glossolalie durchaus rituelle und liturgische Züge annehmen kann.
- Im Erlebnis der Glossolalie empfindet sich der Sprechende oder Singende als Werkzeug des göttlichen Geistes. Er fühlt sich ergriffen und durchströmt von göttlicher Kraft und deutet die Glossolalie als Zeichen der Rückkehr in »neutestamentliche« Verhältnisse, als persönliche Pfingsterfahrung, die nach der Schrift für die Endzeit verheißen ist. Er sieht darin eine Spracherweiterung im Blick auf den Lobpreis Gottes,

eine Vertiefung der Glaubenserfahrung, eine Entfesselung des begrenzten Sprachvermögens, einen Ausdruck der durch Freude geprägten Gottesbeziehung.

• Die pfingstlerische Frömmigkeit kennt die Unterscheidung zwischen der Glossolalie als erstmaligem Zeichen der Geistestaufe und als Charisma im Sinne von 1. Kor 12 und 14.

Bereits im ausgehenden 19. Jahrhundert wird von zahlreichen Gruppen der Heiligungsbewegung die Geistestaufe als ein Durchbruchserlebnis für eine neue Glaubenshaltung begriffen, als neue, höhere Stufe der Heiligung, als ein der Bekehrung folgendes Heiligungserlebnis, das zu neuer Gelassenheit und Glaubensfreiheit führt und vor allem eine neue Bevollmächtigung zum Zeugnis bedeutet. Auch die Verbindung zwischen Geistestaufe und Glossolalie lässt sich im Vorfeld der Entstehung der Pfingstbewegung beobachten, gegen Ende des 19. Jahrhunderts immer häufiger im Zusammenhang mit der Heiligungsbewegung. In der Pfingstbewegung kommt es nun freilich zu einer signifikanten Neuinterpretation der Glossolalie: Die Erfahrung des Redens in anderen Sprachen wird als wahrnehmbares Erkennungsmerkmal der erfolgten Geistestaufe begriffen. »Grundsätzlich gilt ..., dass in der Regel das Zungenreden das anfängliche Zeichen der Geistestaufe ist. Anfänglich meint: Andere Zeichen im Leben und Dienst müssen folgen.«[107] Nicht die Erfahrung der Glossolalie als solche, auch nicht ein bestimmtes Konzept von Geistestaufe, sondern die innere Verknüpfung von beiden und das Verständnis der Glossolalie als »anfänglichem Zeichen« (initial physical sign oder initial evidence) der Taufe im Heiligen Geist geben den entscheidenden Anstoß zur Entstehung der Pfingstbewegung. Die biblische Begründung dazu sieht man u.a. in Mk 1,8 par und jenen Stellen der Apostelgeschichte, die ein Erfülltwerden mit dem Heiligen Geist und das Reden in Zungen in einen Zusammenhang bringen (Apg 2,4 u. a.). Charakteristisch ist dabei der Entstehungsort dieser bis heute umstrittenen Lehre und Erfahrung: keine Erweckungsversammlung, sondern eine Bibelschule, in der neben der Erfahrung vor allem ihre Deutung interessierte. Logischerweise hatte dieses Verständnis der Glossolalie zur Folge, dass sich ein großes Verlangen nach ihr entwickelte.

Angesichts der Vielfalt möglicher Ausdrucksformen religiöser Ergriffenheit stellte die Konzentration auf die Glossolalie einen wichtigen Strukturierungsfaktor dar und gab der Bewegung ein unterscheidbares Erkennungsmerkmal. Da Glossolalie religionsgeschichtlich gesehen eine zentrale Ausdrucksform religiöser Ekstase ist und per se religions- und kulturtranszendierenden Charakter hat, war mit ihr ein wichtiges Element für die interkulturelle Kommunikationsfähigkeit pentekostaler Bewegungen gegeben.

Erlösung und Heilung

Im Glaubensbekenntnis und der Glaubenspraxis der Pfingstbewegung hat neben der Geistestaufe das Gebet um Heilung zentrale Bedeutung. Bereits von Parham waren Geistestaufe, Glossolalie und göttliche Heilung in einen engen Zusammenhang gestellt worden. Im letzten Jahrzehnt des 19. Jahrhunderts kam er in Kontakt mit perfektionistisch orientierten Ausprägungen der Heiligungsbewegung und ihrer Lehre von der »völligen Heiligung« (entire sanctification). Nach ausführlichem Schriftstudium nahm er die Leh-

re von der Glaubensheilung als Teil der Erlösung auf. In den Glaubensrichtlinien der frühen Pfingstbewegung ist diese Lehre durchgehend aufgegriffen worden, oft ohne jede
Einschränkung. Es gehörte zur Praxis zahlreicher Pfingstgemeinschaften, mit der Heilung des Leibes durch vollmächtiges Gebet zu rechnen. Die theologische Begründung
dafür findet man im Auftrag Jesu an seine Jünger zum Verkündigen und Heilen wie auch
in dem Charisma der Heilung (1. Kor 12,8), das etwa in Anknüpfung an Jak 5,13-16 praktiziert wird. Dabei wird ein enger Zusammenhang zwischen Heilung, Glaube und Erlösung vorausgesetzt. Zwar konnte innerhalb der pentekostalen Bewegung die genauere innere Verknüpfung zwischen Heilung und Erlösung bzw. Heilung und Sühnetod Christi
unterschiedlich bestimmt werden. Einzelne Pfingstler legen durchaus Wert darauf, beides
gerade nicht völlig zu identifizieren. Gleichwohl ist die Behauptung der engen Verbindung zwischen Heilung und Erlösung in nahezu alle pentekostalen »Bekenntnisse« eingegangen und bis heute Teil geblieben. Im Bekenntnis der Gemeinde Gottes (Cleveland)
heißt es: »Göttliche Heilung ist für alle in der Erlösung bereitgestellt.«[108] Die Glaubensrichtlinien des BFP formulieren: »Wir glauben, dass die Erlösung die Heilung von Krankheit durch göttliches Eingreifen einschließt. (Markus 16,17-18; Jak. 5,14-15).«[109] In den
Lehrgrundlagen der Volksmission e.C. wird als eigenständiges Thema die »göttliche Heilung von Krankheit des Leibes aufgrund des vollbrachten Erlösungswerkes von Golgatha« genannt.[110] Auch in der Heilungsfrage bietet der Mülheimer Verband im pentekostalen Kontext eine Ausnahme. Bezeichnenderweise findet sich hier nicht die enge Verknüpfung von Heilung und Erlösung. Zu einem isolierten Thema wird der Zusammenhang
von Heil und Heilung insbesondere in den zum weiteren Umfeld der Pfingstbewegung
gehörenden Heilungsbewegungen, die bis heute mit ihrem grenzenlosen Heilungsoptimismus kranken und behinderten Menschen Hoffnungen machen, die sich als unrealistisch herausstellen und Konflikte hervorrufen.

Gemeinde- und Kirchenverständnis

Das Kirchenverständnis der Pfingstbewegung nimmt seinen Ausgangspunkt bei der individuellen und gemeinschaftlichen pfingstlichen Erfahrung, die sich mit sehr unterschiedlichen Organisationsstrukturen verbinden kann, wie die Geschichte pfingstkirchlicher Bewegungen zeigt. Je älter Pfingstgemeinschaften werden, desto mehr gleichen
sie sich anderen Kirchen an und werden von der anfänglich nur schwach ausgeprägten
institutionellen Dimension gleichsam eingeholt. Es gehört zum Selbstverständnis der
meisten pfingstlichen Gemeinschaften (z. B. des BFP), überall »neutestamentliche Gemeinden (d. h. freikirchlich-, täuferisch-, pfingstlich-charismatische Gemeinden) zu
bauen« (Reinhold Ulonska). Entsprechend kann in der Entstehung charismatischer Kreise noch nicht die Verwirklichung biblischen Gemeindeaufbaus gesehen werden, wie die
langjährigen Gespräche zwischen Vertretern der charismatischen Erneuerung und der
Pfingstbewegung gezeigt haben.[111] Um »Ekklesia im biblischen Sinn« zu bauen, sehen
Pfingstler keinen anderen Weg als den jenseits großkirchlicher Strukturen, zu denen
sie – u. a. aufgrund ihrer Herkunft aus dem nordamerikanischen Erweckungschristentum – keinen inneren Bezug haben.

Die Akzentuierung der Autonomie der Ortsgemeinde und die Suche nach einem freikirchlichen Gemeindeverband stehen freilich in Spannung zueinander. Ersteres hat zur

Folge, dass Einzelgemeinden sich nur in begrenzter Verbindlichkeit im Zusammenhang der größeren Kirchengemeinschaft verstehen. Je deutlicher eine Profilierung als Freikirche versucht wird und – wie etwa im BFP – sehr unterschiedliche Gemeindeidentitäten in verbindlichere Kommunikationsformen eingebunden werden sollen, desto mehr bietet man Anlass zum Ausbruch aus solchen Strukturen, da diese zweifellos die pentekostale Erfahrung zähmen und ihre Dynamik begrenzen. Walter J. Hollenweger, der ja ein ausgewiesener Kenner der Pfingstkirchen und charismatisch geprägter Frömmigkeit ist, hat mehrfach angemerkt, dass diese im Laufe von drei bis vier Generationen verschiedene Phasen durchlaufen: »1. Phase: Ökumenische Gemeindeerneuerung, die allen Kirchen dienen will; lose fließende Organisationsformen. 2. Phase: Konsolidierung in lokale Gemeinden; Abgrenzung von den übrigen Kirchen ... 3. Phase: Regionale und nationale Institutionalisierung; Bau von Kirchengebäuden, Bibelschulen etc. 4. Phase: Internationale Institutionalisierung; Öffnung für die Ökumene und die wissenschaftliche Theologie; gleichzeitig Absplitterung von Gruppen, die wieder bei Phase 1 einsetzen.«[112]

Die Pfingstbewegung in Deutschland ist in den letzten Jahrzehnten nicht nur von der Charismatischen Erneuerung in den Kirchen geradezu überrascht worden. Sie hat auch hinnehmen müssen, von den freien, »wilden« Charismatikern gleichsam überholt zu werden, obgleich diese von der Erfahrung und Weisheit der älteren Pfingstbewegung sicher hätten profitieren und so vermeiden können, sich in manche Sackgassen einer fragwürdigen Power-Charismatik zu begeben. Segregation ist offensichtlich ein fundamentales Prinzip der Ausbreitung der Pfingstbewegung. Wie keine andere Erweckungsbewegung trägt sie dadurch zur Zersplitterung und Fragmentierung der protestantischen Christenheit bei, was u.a. in der hervorgehobenen Erfahrungs- und Erlebnisorientierung begründet liegt, aber auch in der Gemeindegründungsprogrammatik, durch die sie bestimmt ist. Solche Strukturen machen es anderen christlichen Kirchen nicht gerade leicht, zu pfingstkirchlichen Bewegungen in ein angemessenes Verhältnis zu treten. In ökumenischer Hinsicht werfen sie die Frage des Proselytismus auf.

Pfingstbewegung und Ökumene

Enthusiastisch geprägte Frömmigkeitsformen haben immer schon zu möglichen Ausprägungen christlichen Glaubens und Lebens gehört, weshalb das christliche Zeugnis, das von ihnen ausgeht, Anerkennung finden sollte. Insofern ist es unangemessen, die Pfingstgemeinschaften in ein sektiererisches Abseits zu stellen, wie dies heute immer noch geschieht. Da die Pfingstbewegung in ihrem »main stream« ihre Lehren streng biblizistisch – oft im Sinne eines fundamentalistischen Schriftverständnisses – entfaltet und keine Lehrbesonderheiten in einem häretischen Sinn aufweist, gibt es gute Gründe, pfingstlerische Gemeinden primär als Freikirchen zu verstehen und sie – jedenfalls im europäischen und nordamerikanischen Raum – in das vielgestaltige Spektrum einer konservativ-evangelikal geprägten Frömmigkeit einzuordnen. Die pfingstkirchlichen Bewegungen verstehen sich selbst im Zusammenhang der reformatorischen Entscheidungen zur Rechtfertigung allein aus Gnaden. Sie bejahen das trinitarische Glaubensbekenntnis und akzentuieren das Priestertum aller Gläubigen. In ihren ekklesiologischen und sakramententheologischen Orientierungen stehen sie freilich auf Seiten des linken Flügels der Reformation.

Die Stellung der Pfingstbewegung gegenüber der Ökumene ist distanziert, skeptisch, in großen Teilen streng ablehnend. Ihr eigenes Kirchenbewusstsein lässt kaum zu, in der Volkskirche einen Ort zu sehen, wo christlicher Glaube lebendig und authentisch gelebt werden kann. Sie leugnet nicht, dass es in den Großkirchen »wahre Christen« gibt und erhebt für sich selbst nicht den Anspruch, die einzig wahre Kirche Christi zu sein. Dennoch führt das Selbstverständnis zahlreicher Pfingstgemeinden als »biblische und neutestamentliche Gemeinde bzw. als Entrückungs- und Heiligungsgemeinde« dazu, sich von ökumenischen Bestrebungen der Kirchen abzugrenzen. Es sind vor allem endzeitlich-apokalyptische Perspektiven und die Berufung auf die reformatorische Identifikation Roms mit dem Antichristen, die Teilen der Pfingstbewegung den Zugang zur Ökumene überaus schwer machen.

Freilich darf eine solche Sicht nicht generalisiert werden. Einzelne Pfingstgemeinschaften arbeiten in der lokalen Ökumene mit. Gruppierungen wie der Mülheimer Verband oder das Christliche Zentrum Berlin sind aktive Mitglieder regionaler Arbeitsgemeinschaften Christlicher Kirchen (ACKs). Knapp 10 Jahre lang (von 1975 bis Ende 1984) war der BFP Mitglied der Arbeitsgemeinschaft Christlicher Kirchen im Gaststatus. Die Beendigung seiner Mitgliedschaft ist ein aus ökumenischer Sicht bedauernswerter und in der Geschichte der ökumenischen Bemühungen in Deutschland wohl auch bisher einmaliger Vorgang. Gleichwohl gibt es eine grundsätzliche Offenheit des BFP gegenüber anderen Kirchen, die sich heute darin ausdrückt, dass er seit 1991 Gastmitglied der Vereinigung Evangelischer Freikirchen (VEF) ist.

Die Konfliktfelder zwischen Landeskirchen und Pfingstgemeinschaften sind freilich zahlreich. Mit an erster Stelle dürfte die Tauffrage stehen. Die Kontroversen und Differenzen beziehen sich vor allem auf Fragen des Kirchen- und Schriftverständnisses, sie berühren jedoch auch die Verhältnisbestimmungen zwischen Rechtfertigung und Heiligung, Schrift und Prophetie, Wort und Geist, Heiligem Geist und Erfahrung. Da es in den letzten Jahren zunehmend auch in der Pfingstbewegung selbst respektable Versuche gibt, die pfingstliche Erfahrung in umfassenderen theologischen Zusammenhängen zu reflektieren, wird man hier durchaus auf interessierte und ernst zu nehmende Gesprächspartner treffen können. Überaus bemerkenswert ist der langjährige, intensive Dialog zwischen Pfingstlern und Katholiken, dessen Themen und Perspektiven in einer Zwischenbilanz vorgelegt worden sind.[113] Die zuletzt dokumentierte Dialogrunde beschäftigte sich insbesondere mit den Themen Proselytismus, Evangelisation und gemeinsames Zeugnis. Chancen und Schwierigkeiten der Verständigung werden in realistischer Weise benannt. Im Blick auf das Thema Proselytismus wird festgehalten, dass dies ein bleibendes »sensibles Thema« ist.[114] Der Gewinn des langjährigen Gesprächs wird wie folgt benannt: »Durch unseren jetzt 25 Jahre währenden Dialog haben wir ein tieferes Verständnis der Bedeutung des Glaubens an Jesus Christus bekommen und gegenseitigen Respekt füreinander gewonnen.«[115]

Die Einordnung der Pfingstgemeinschaften in das freikirchliche Spektrum erfordert freilich ihre Bereitschaft zur Selbstrelativierung und die Notwendigkeit der Selbstunterscheidung von Extremgruppen und Sonderlehren, die das Pfingstlertum von Anfang an begleiten. Eine weiter gehende ökumenische Gemeinschaft zwischen pfingstkirchlichen Bewegungen und organisierter Ökumene ist in dem Maße sinnvoll und möglich, in dem – von einem bestehenden fundamentalen Konsens ausgehend – bestehende Differenzen relativiert werden können, Lernbereitschaft vorhanden ist und Anerkennung nicht nur gesucht, sondern auch gewährt wird. Zur Entstehungsgeschichte des Pfingstlertums in Deutschland gehörten fraglos sehr drastische Feindbilder im Blick auf die bestehenden Großkirchen, denen auf der anderen Seite die Wahrnehmung der Pfingstler als Sektierer und Schwärmer entsprach mit den damit verbundenen Ausgrenzungen. Niemand sollte Interesse haben, bei solchen Klassifizierungen stehen zu bleiben.

Gegenwärtig zeichnet sich mit einiger Verspätung gegenüber den Entwicklungen in der englischsprachigen Welt eine stärkere Einbeziehung der Pfingstler in eine evangelikal geprägte »missionarisch-evangelistische Ökumene« ab. Auf der örtlichen Ebene kommt es zunehmend zu einer Zusammenarbeit zwischen Evangelikalen, Pfingstlern und Charismatikern. Missionarische Aktionen wie »ProChrist« werden auch von zahlreichen Pfingstgemeinden unterstützt – sehr zum Ärger konservativ-fundamentalistisch orientierter Evangelikaler, die darin eine Verfallserscheinung erkennen. Innerhalb der Pfingstbewegung kommt es gleichzeitig zu einem stärkeren Zusammenrücken, das auch von Seiten anderer Kirchen begrüßt und positiv bewertet werden kann. Außerdem entwickeln sich intensivere Kontakte zwischen Charismatikern und Pfingstlern.

Ein noch wichtigerer Vorgang dürfte sein, dass innerhalb der evangelikalen Bewegung eine größere Offenheit für die Pfingstbewegung entstanden ist, die sich 1996 in einem gemeinsamen Text artikulierte, der von zahlreichen Pfingstlern und Charismatikern als Aufhebung einer jahrzehntelangen Trennung und als »Jahrhundertereignis« gewertet wurde. Dass dieses Dokument ohne Beisein eines Vertreters der Mülheimer Richtung der Pfingstbewegung – die in historischer Kontinuität steht zu den von der Berliner Erklärung Angesprochenen – entstand, gehört allerdings zur »Ironie der Geschichte« (Erich Geldbach).

Sosehr es richtig ist, den enthusiastischen Typ der Frömmigkeit in den Dialog der sich ökumenisch begegnenden Fömmigkeitsformen und konfessionellen Orientierungen mit einzubeziehen, sosehr haben anders geprägte Christen die doppelte Aufgabe, von ihm zu lernen, ihn aber auch auf Einseitigkeiten hinzuweisen. Einseitig ist beispielsweise das biblisch nicht zu begründende Konzept der Geistestaufe, wobei es nicht primär um diesen Begriff, sondern seine inhaltliche Ausrichtung geht. Kritische Anfragen sollten in einer Form vorgebracht werden, die die gemeinsamen christlichen Orientierungen nicht außer Acht lässt und sensibel ist für das schwierige Erbe der Geschichte der Pfingstbewegungen in Deutschland. Pfingstlerischer Biblizismus hat nicht verhindert, dass die von Pfingstlern akzeptierte normative Funktion der Schrift eingeschränkt wurde. Die eigene Frömmigkeitsprägung wurde so sehr mit dem urchristlichen Idealbild in eins gesetzt, dass die biblische Relativierung der Glossolalie nicht mehr ins Auge fiel und die Vielfalt des biblisch bezeugten Geistwirkens nicht mehr hinreichende Berücksichtigung fand. Freilich lesen nicht nur die Pfingstler die Bibel mit konfessionellen Brillen. Deshalb gilt auch nicht nur für sie: Die ekklesiale bzw. frömmigkeitsbezogene Kontextualität, die jede Schriftauslegung mitbestimmt, darf sich nicht absolut setzen und gleichsam selbst zum Text erklären. Sie bleibt auf kritische Korrektur durch den biblischen »Text« angewiesen.

Quellen: **Frank Bartleman**, Feuer fällt in Los Angeles, Hamburg 1983 · **Stanley M.**
Burgess/Gary B. McGee (Hg.), Dictionary of Pentecostal and Charismatic Movements, Grand Rapids/Michigan [4]1990 · **Ludwig Eisenlöffel**, Ein Feuer auf Erden. Einführung in Lehre und Leben der Pfingstbewegung, Erzhausen 1963 · **Paul Schmidgall**, 90 Jahre Pfingstbewegung, Erzhausen 1997 · **Jakob Zopfi**, ... auf alles Fleisch. Geschichte und Auftrag der Pfingstbewegung, Kreuzlingen 1985

Zeitschriften: Wort und Geist (BFP gemeinsam mit der Schweizer Pfingstbewegung) · Die Stimme der Wahrheit (Gemeinde Gottes) · Gemeinde konkret (Mülheimer Verband Freikirchlich-Evangelischer Gemeinden) · Pneuma. The Journal of the Society for Pentecostal Studies

Literatur: · **EKL**[3] 3, Sp. 1162-1170 · **Gasper/Müller/Valentin**[6], Sp. 812-818 · **HRGem**[5], S. 134-164 · **Hutten**[15], S. 303-365 · **LThK**[3] 8, Sp. 183-187 · **RGG**[3] 5, Sp. 308-311 · **Helmut Burkhardt/Uwe Swarat** (Hg.), Evangelisches Lexikon für Theologie und Gemeinde 3, Wuppertal/Zürich 1994, S. 1556-1558 · **Donald W. Dayton**, Theological Roots of Pentecostalism, Michigan 1987 · **Walter J. Hollenweger**, Enthusiastisches Christentum, Wuppertal/Zürich 1969 · **Ders.**, Verheißung und Verhängnis der Pfingstbewegung, in: EvTh 53 (1993), S. 284ff. · **Ders.**, Charismatisch-pfingstliches Christentum, Herkunft – Situation – Chancen, Göttingen 1997 · **Kurt Hutten**, Hintergründe und Bedeutung der modernen Zungenbewegung, in: Morton T. Kelsey, Zungenreden, Konstanz 1970 · **Christian H. Krust**, 50 Jahre deutsche Pfingstbewegung Mülheimer Richtung, Nürnberg 1958 · **Alister E. McGrath** (Hg.), The Blackwell Encyclopedia of Modern Christian Thought, Oxford 1993, S. 428-434 · **Lucida Schmieder**, Geisttaufe. Ein Beitrag zur neueren Glaubensgeschichte, PaThSt 13, München u.a. 1982 · **WCC** (Hg.), Consultation with Pentecostal Churches, (Lima, Peru, 14-19 November 1994), Geneva · **WCC** (Hg.), Consultation With Pentecostals in the Americas (San José, 4-6 June 1996), Geneva

Internet: www.bfp.de · www.pfingstbewegung.de · www.muelheimer-verband.de · www.bgg-stuttgart.de · www.cfanusa.org/germany · www.gadw.org · www.glaubenszentrum.de

2.6 Charismatische Bewegung

(Oskar Föller)

»Die charismatische Spiritualität ist geprägt von dem Bewusstsein der lebendigen Beziehung zum Dreifaltigen Gott. Kennzeichnend sind u.a. die Betonung von Lobpreis und Anbetung Gottes (vor allem auch durch neues gemeinsames Liedgut); die Praxis von Segnungen und die Einbeziehung der Geistesgaben in gottesdienstlichen Zusammenkünften (u. a. auch die Praxis prophetischer Gaben, Sprachenrede und Auslegung derselben sowie Gaben der Heilungen).«

(Kreis Charismatischer Leiter in Deutschland) [116]

Ein Blick auf die gesellschaftlichen und geschichtlichen Rahmenbedingungen der Geistbewegungen alter und neuer Zeit zeigt: Die Geistkategorie wird immer in Zeiten des Umbruchs und der Krise virulent. Dies gilt auch für die Entstehung der Charismatischen Bewegung,[117] die geschichtlich und phänomenologisch in engem Zusammenhang mit der Pfingstbewegung steht.

Entstehungszusammenhänge

Die innerkirchliche Charismatische Bewegung wurzelt in einem Neuaufbruch pfingstlerischer Frömmigkeit in den USA Ende der 50er, Anfang der 60er Jahre des 20. Jahrhunderts (Neo-Pentekostalismus), angebahnt durch den sozialen Aufstieg von Angehörigen der Pfingstbewegung in die Mittelklasse und Geschäftswelt. War die Entstehung der klassischen Pfingstbewegung 1906/07 auch ein Protest unterer sozialer Schichten gegen die vorherrschende Gesellschaft und Kultur, grenzte man sich nun nicht mehr nur negativ ab, sondern arrangierte sich mit dem sozio-ökonomischen und sozio-kulturellen Umfeld der bürgerlichen Mittelschicht. Die pfingstliche Geisterfahrung erfasste gebildetere Kreise, Pfarrer, Universitätsprofessoren, Priester und Laien in den traditionellen Kirchen.[118] Im Neo-Pentekostalismus übernahm man weitgehend Praxis, Theologie und Terminologie der klassischen Pfingstbewegung mit ihren Stufentheorien und der Betonung der Glossolalie. Zugleich versuchte man, Lehraussagen und Gemeindestrukturen überkonfessionell offen zu halten. Das konfessionsüberschreitende Moment war typisch für die Anfangszeit.[119]

Historisch greifbarer Anfang der innerkirchlichen Charismatischen Bewegung sind die Geisttauf- und Glossolalie-Erfahrungen des episkopalen Pfarrers Dennis J. Bennett und seiner Gemeinde in Van Nuys/Kalifornien in den Jahren 1959-1960. Über persönliche Kontakte und eine ungewöhnliche Resonanz in den Medien wurden bald weitere Mainline-Kirchen und Denominationen erfasst.[120] Zur Überraschung vieler griff die Bewegung 1966/67 auch auf die römisch-katholische Kirche über (Duquesne-Universität, Pittsburgh), in der sie weite Verbreitung und offizielle Anerkennung fand.[121] In weniger als zehn Jahren nach den Ereignissen von Van Nuys bekannten etwa 2.000 Kleriker verschiedenster Kirchen in den USA, geistgetauft zu sein. Meist blieben sie in ihren Kirchen und wirkten dort als Multiplikatoren, sodass die charismatische Erfahrung zu einer weithin akzeptierten und integrierten Frömmigkeitsvariante der großen Denominationen wurde. Während die Geisterfahrung in der freikirchlich-missionarischen Ausrichtung der Pfingstbewegung zur Gründung von immer neuen Gemeinden und Verbänden führte, kehrte sich hier die Wirkweise um, in Richtung einer geistlichen Erneuerung vorhandener Gemeinden im vorgegebenen kirchlichen Rahmen.

Nach Deutschland kam die Charismatische Bewegung im evangelischen Bereich 1962/ 63 über den amerikanischen Lutheraner Larry Christenson und über Arnold Bittlinger, Leiter des Volksmissionarischen Amtes der Pfälzischen Landeskirche. Bei einer Tagung im Jahr 1963 in der Akademie der Landeskirche in Enkenbach (bei Kaiserslautern)[122] berichteten sie etwa 80 Verantwortlichen aus verschiedenen Gruppen (Marburger Kreis, Studentenmission Deutschland, Rufer-Bewegung) über die neue Bewegung. Die Teilnehmer machten unter Gebet und Handauflegung charismatische Erfahrungen und trugen diese in ihre Kreise und Gemeinden, sodass in kurzer Zeit etwa 150 charismatisch ausgerichtete Gruppen entstanden. Verstärkend wirkten die »Oekumenischen Kirchentage« in Königstein/Taunus (1965-69).[123] Schloss Craheim, in Wetzhausen bei Schweinfurt, seit 1968 »Ökumenisches Lebenszentrum für die Einheit der Christen«, wurde in den 70er Jahren zu einem wichtigen Kommunikations- und Informationszentrum für charismatische Gruppen. Wegen unterschiedlicher Interessen und Meinungsverschiedenheiten trennten sich die Gründer wieder, sodass Craheim nicht, wie beabsichtigt, zum Sitz und zur ständigen Einrichtung der Charismatischen Bewegung wurde.[124] Um den Eindruck eines Monopolanspruchs für das Charismatische zu vermeiden gab sich die Bewegung 1975 den Namen »Geistliche Gemeinde-Erneuerung« (GGE). Mit den »Würzburger Leitlinien«, die Arnold Bittlinger 1976 zusammen mit Pastoren und engagierten Laien erarbeitet hatte, war eine Hilfestellung zur Integration in die örtlichen Gemeinden gegeben.[125] Die Leitung des 1978 konstituierten »Koordinierungsausschusses« der Geistlichen Gemeinde-Erneuerung hatte Wolfram Kopfermann bis zu seinem spektakulären Austritt aus der Landeskirche im Jahr 1988 inne. Neuer Vorsitzender wurde der bayrische Pfarrer Friedrich Aschoff, der sich durch eine Vorruhestandsregelung inzwischen ganz den Anliegen der gesamtdeutschen GGE widmen kann.

In der damaligen DDR konnte die Charismatische Bewegung an geistliche Aufbrüche der 60er Jahre anknüpfen.[126] In den 70er Jahren gab es im Rahmen des »Volksmissionskreises Sachsen« vor allem unter jungen Menschen charismatische Aufbrüche.[127] Bedingt durch die politische Situation war die Arbeit stärker als in der BRD in die Volkskirche eingebunden. Führungsgestalt für viele Jahre war Paul Toaspern, Hauptabteilungsleiter im Diakonischen Werk und Geschäftsführer der Arbeitsgemeinschaft missionarischer Dienste in der DDR. Im Unterschied zum Westen begannen bereits 1976 theologische Gespräche mit Vertretern des Pietismus/der Gnadauer Gemeinschaftsbewegung über Fragen des Geistes und der Charismen. 1977 sammelte man sich im »Borsdorfer Konvent«, später »Arbeitskreis für Geistliche Gemeinde-Erneuerung (Ost)« unter dem Vorsitz von Pfarrer Gottfried Rebner. 1991 vereinigten sich die Leitungsgremien der GGE Ost und der GGE West zu einem gemeinsamen Koordinierungsausschuss (Vorsitzender: Pfarrer Friedrich Aschoff, stellvertretender Vorsitzender: Landespfarrer Wolfgang Breithaupt).

In der römisch-katholischen Kirche fasste die Charismatische Erneuerung ab 1971 durch Kontakte zu charismatischen Katholiken in den USA und über charismatische Zentren in Frankreich Fuß.[128] Die ersten Jahre der Bewegung im deutschsprachigen Raum wurden wesentlich durch den Paderborner Systematiker Heribert Mühlen geprägt, der aber zunehmend die Erneuerung der Gesamtpastoral betonte. Im Unterschied dazu stellte das 1987 von der Deutschen Bischofskonferenz bestätigte Papier »Der Geist macht lebendig« wieder die spezifische Gestalt als charismatische Erneuerung heraus. Mit der 1984 auch vom Rat der Bischofskonferenz angenommenen Ordnung bekam die Integration der Bewegung in die Gesamtkirche auch rechtlich eine klare Gestalt. Sowohl auf Gemeinde-, Diözesan- und Bundesebene wurden Gremien eingerichtet, die koordinierende und verbindende Aufgaben wahrnehmen. Sie verstehen ihre Tätigkeit »als Bruderdienst untereinander und zugleich als ›Dienst am Ganzen der Kirche‹«. In gleicher Offenheit und Selbständigkeit stehen die Gremien in Kontakt mit dem »Internationalen Rat der Charismatischen Erneuerung in der Katholischen Kirche« (ICCRS). 1993 ließ man den Anspruch fallen, ganze Parochial-Gemeinden charismatisch erneuern zu wollen und gab sich den

Namen »Charismatische Erneuerung in der Katholischen Kirche« (vorher: »Charismatische Gemeinde-Erneuerung«). Sprecher des Rates der Charismatischen Erneuerung in Deutschland ist Diakon Helmut Hanusch, Vorsitzender des Theologischen Ausschusses ist Norbert Baumert SJ (Professor an der Hochschule St. Georgen, Frankfurt).

Im freikirchlichen Bereich wurde der charismatische Impuls am stärksten bei den Baptisten aufgenommen, wo in den siebziger Jahren ein Drittel der Pastorenschaft charismatische Erfahrungen gemacht hatte.[129] 1975 rief die Leitung des Bundes Evangelisch-Freikirchlicher Gemeinden einen »Arbeitskreis Charisma und Gemeinde« ins Leben. Nach der Wiedervereinigung hat man die ostdeutsche Bezeichnung »Gemeinde und Charisma« übernommen. Bis 1985 fungierte Siegfried Großmann als Sprecher, danach Heinrich Christian Rust und seit 1995 Reiner Lorenz. In der Evangelisch-methodistischen Kirche (EmK) gab es charismatische Ansätze in der DDR schon seit den frühen 70er Jahren, in der Bundesrepublik erst in den 80er Jahren. Aus Tagungen konstituierte sich der »Arbeitskreis Geistliche Gemeindeerneuerung in der EmK«, der 1989 mit seinem Vorsitzenden Pastor Reiner Dauner offiziell von der Kirche anerkannt wurde.[130]

Anliegen und Organisationsformen

Die Charismatische Bewegung versteht sich als Teil des weltweiten charismatischen Aufbruchs.[131] Dieser vollzieht sich im Kontext einer globalen gesellschafts- und kulturübergreifenden (Neu-)Zuwendung zum Archaisch-Religiösen und Transzendenten. Zentrales Anliegen der Charismatischen Bewegung ist, dass der einzelne Mensch ganzheitlich erfasst wird und zu einer persönlichen, lebendigen Gottesbeziehung findet. Er soll die Kraft und Liebe Gottes erfahren. Charismatische Frömmigkeit akzentuiert erfahrungsorientiert[132] den Artikel vom Heiligen Geist.[133] Inhaltlich geht es um die bewusste Annahme a) der Rettungsgnade[134] und b) der Charismen[135] als Dienstgaben (vor allem Heilung,[136] Prophetie[137] und Glossolalie[138]). Über die individuelle Geisterfahrung hinaus geht es in der Charismatischen Bewegung auf der gemeinschaftlichen Ebene um die Erneuerung der Gemeinde, speziell des Gottesdienstes nach korinthischem Vorbild (1. Kor 14,26) bzw. noch weiter gehender um eine Erneuerung der Kirche.[139]

Zentrum und Kristallisationspunkt charismatischer Lehre und Frömmigkeit ist die »Taufe« bzw. Erfüllung mit dem Heiligen Geist. Hier überschneiden sich pfingstlerisches, frei-charismatisches und innerkirchlich-charismatisches Selbstverständnis.[140] Als Voraussetzung zum Empfang der Geistestaufe gelten Wiedergeburt und persönliche Glaubensentscheidung. Als Hauptwirkung wird die Bevollmächtigung zum Zeugnis genannt. Während in der Pfingstbewegung die Glossolalie bis heute als Anfangs- und Erkennungszeichen der Geistestaufe gilt, hat man in der Charismatischen Bewegung diese Konzentration und Fixierung gelockert und es finden sich vielfältigere Wege der Initiation. An die Stelle der Glossolalie können das »Ruhen im Geist« oder andere enthusiastische und z. T. ekstatische Erfahrungen treten.[141] Zu den klassischen evangelikalen Anliegen kommt in der Charismatischen Bewegung mit der Betonung von Heilungen, Visionen, Befreiung von Besessenheit[142] etc. eine starke Akzentuierung von außerordentlichen Phänomenen hinzu.

Im Unterschied zum liturgisch gebundenen und predigtorientierten Gottesdienst der Landeskirche ist der charismatische Gottesdienst durch vielfältige, z.T. stark expressive emotionale Elemente sowie den Raum für Spontaneität und die Beteiligung der Gemeinde geprägt. »Mit Lobpreis und Anbetung antwortet eine charismatische Gemeinschaft auf Gottes Offenbarung in Wort und Tat. Neue Lieder und Worte – spontan aus der Situation heraus kommende Gebete, Sprachengebete, Prophetien und Zeugnisse sowie eine ausdrucksvolle Körpersprache in Form von erhobenen Händen, Klatschen, Niederknien, sich vor Gott auf den Boden legen und Tanzen, sind typische Kennzeichen für Versammlungen.«[143]

Der »Lobpreis«[144] im ersten Teil des Gottesdienstes wird getragen von den eingängigen, leicht zu lernenden neuen Liedern und Chorussen. Hier hat sich eine eigene Musikkultur entwickelt. Eine Kontinuität zum traditionellen Liedgut besteht kaum. Man singt – meist begleitet von einer Band – weniger aus dem Liederbuch als vielmehr von der Leinwand, auf die die Texte mittels Overheadprojektor oder Beamer geworfen werden. Auf diese Weise ist u. a. eine größere Freiheit zum körperlichen Ausdruck gegeben. Die Lieder,[145] in denen das direkte »Du« als Anrede Gottes vorherrscht, akzentuieren das Jetzt und Hier, geben Raum zur Äußerung von Gefühlen und haben ein sehr persönliches unmittelbares Moment. Sie schaffen eine empfangsbereite gottesdienstliche Gemeinschaft und bewirken eine erwartungsvolle Haltung. »Aus der Anbetung heraus ergeben sich oft ganz natürlich ein Sprachengesang (oder -gebet) und tröstende oder ermutigende prophetische Äußerungen häufig in Form eines ›Bildes‹ oder ›Eindrucks‹.«[146]

Das prophetische Wort, in dem Einzelne oder die Gemeinde diagnostizierend, ankündigend oder beauftragend auch unmittelbar angesprochen werden, tritt neben die teilweise sehr ausführliche, meist sehr anschauliche, lebensnahe Predigt, die oft in freier Rede vorgetragen wird. Gottesdienst und Predigt finden ihren Höhepunkt und ihre Zuspitzung im Ruf zur Umkehr, in der Einladung zum Empfang des Heiligen Geistes und seiner Gaben, zur Segnung, zum Gebet um Heilung oder Befreiung oder zur Beichte. Hierzu stehen während des Gottesdienstes oder im Anschluss daran Seelsorger und Seelsorgerinnen bereit. Inzwischen haben manche Gemeinden mit spezifischen Heilungsgottesdiensten begonnen. Insgesamt ist der charismatische Gottesdienst bestimmt von Freude, Zuversicht und Hoffnung und der Gewissheit des Sieges in der Auseinandersetzung mit dem Bösen.

Die verbreitetste Sozialform der Charismatischen Bewegung und kleinste Zelle der Erneuerung vor Ort ist der Gebets- und Hauskreis. Im vertrauten und geschützten Rahmen trifft man sich zum Bibelgespräch, einem gegenseitigen geistlichen Austausch, praktiziert die Charismen, betet füreinander und andere und übt Seelsorge. Andere Gestaltungsformen der Bewegung dienen dazu, den charismatischen Impuls weiterzutragen. So bietet man Menschen, die Sehnsucht nach spiritueller Erfahrung oder einer Vertiefung ihres Glaubens haben, Glaubenskurse[147] und Einführungsseminare mit Grundinformationen zum Christsein an.[148] Ziel ist es, dass die Teilnehmer mit der Liebe Gottes des Vaters, mit dem gekreuzigten und auferstandenen Jesus Christus und dem Heiligen Geist grundlegende Erfahrungen machen.[149] Auf den Vertiefungstagungen geht es in Weiterführung des Grundkurses um konkrete Hilfen für die Nachfolge und die Praxis des Lebens im Heiligen Geist. In Seminaren und Schulungen für Mitarbeiter und Hauptamtliche wird ein breites Spektrum von Themen angeboten, die für den missionarischen und seelsorgerlichen Dienst an Menschen bzw. den Gemeindeaufbau von Bedeutung sind.[150]

Regionaltage sind »Schaufenster« vor Ort, an denen Interessierte die Bewegung näher kennen lernen können, und Tage der Begegnung für die, die sich bereits zugehörig wissen.[151] Auf Freundestagen treffen sich Freunde einer Region und solche, die es werden wollen, um über die missionarisch-seelsorgerliche Arbeit und die Förderung des charismatischen Anliegens zu beraten und zu beten. Multiplikatorentreffen[152] für aktiv Engagierte sollen die Kommunikation und Zusammenarbeit untereinander und im charismatischen Netzwerk verbessern, damit Kräfte, Gaben und Mittel so effektiv wie möglich eingesetzt werden.

Ein nachhaltiges Mittel der Verstärkung nach innen bzw. der Ausbreitung mit großer Öffentlichkeitswirkung sind die gut organisierten großen und kleineren Kongresse. Hier werden Themen aufgenommen, die international und national gerade bewegen bzw. in der Regel in nächster Zeit Bedeutung gewinnen. Referenten aus dem In- und Ausland, an denen die Querverbindungen deutlich werden, vermitteln lange nachwirkende Impulse.[153] Kongresse sind immer auch Schnittstellen, Treff- und Begegnungspunkte von Leitern und Anhängern der verschiedenen Richtungen von Pfingstbewegung und Charismatischer Bewegung und geben bei allgemeineren Themen die Möglichkeit zum Brükkenschlag zu Nichtcharismatikern.

Menschenbild und Weltanschauung

Was das Verständnis von Mensch und Welt angeht, versteht man die Aussagen der Bibel auch in weltanschaulicher Hinsicht als verbindliche und zutreffende Beschreibung der Wirklichkeit und grenzt sich gegen aufklärerisch-rationalistische Deutungen ab.[154] So sieht man die Welt und den Menschen als gefallene, von der Macht der Sünde und des Bösen bestimmte Schöpfung,[155] die unter dem Gericht Gottes steht und der Erlösung und Erneuerung bedarf. Diese ist in Jesus Christus geschehen, kann im Glauben ergriffen und im Heiligen Geist auch in außerordentlichen Phänomenen und Fähigkeiten erfahren werden. Im Blick auf das Böse finden sich teilweise stark dualistische Vorstellungen bzw. eine überstarke Beschäftigung mit dem Dämonischen.[156] Die Gefährdung durch eine zu negative Weltsicht wird konterkariert durch einen glaubensfrohen Optimismus, dass angesichts der verheißenen Vollmacht das Reich Gottes sich in jedem Fall durchsetzen wird. Auffällig ist in Teilen der Bewegung die Tendenz, Gottes Wirken vor allem mit dem Paranormalen zu identifizieren bzw. dieses bewusst antiaufklärerisch als Normalität zu vertreten.[157]

Im Bereich der Wertvorstellungen, Moral und Lebenspraxis hat die Charismatische Bewegung vieles gemeinsam mit den anderen Ausprägungen evangelikaler Frömmigkeit bzw. mit konservativen und bekenntnistreuen Gruppen. Die Heilige Schrift gilt als verbindliche, normgebende Richtschnur für Glauben und Leben. Insgesamt setzt man sich in den gesellschaftlichen Veränderungen für die Stärkung und den Erhalt christlicher Grundwerte ein.[158] Ehe und Familie haben einen hohen Stellenwert. Dies zeigen die Themen vieler Veranstaltungsangebote (Erziehung, Mann-Sein, Vater-Sein, Kommunikation in der Ehe etc.). Man engagiert sich in der Abtreibungsfrage und macht sich stark für den Schutz des ungeborenen Lebens.[159] Homosexualität sieht man als veränderbare sexuelle Fehlprägung, die nicht der Schöpfungsordnung Gottes entspricht und durch Umdenken und seelsorgerliche Unterstützung korrigiert werden kann.[160] Im Blick auf Menschen in seelischen Nöten hat man unterschiedliche Beratungs- und Hilfsangebote entwickelt. Diakonische Dienste geschehen in enger Zuordnung zum Evangelisationsauftrag. Für missionarische Projekte ist man bereit, große Opfer zu bringen. Inzwischen gibt es auch Ansätze zur Wahrnehmung gesellschaftlicher Verantwortung.

Gotteserfahrung

In der Charismatischen Bewegung wird die Glaubenserfahrung als leibhaftes Wirken Gottes am ganzen Menschen erlebt,[161] das auf alle Lebensbereiche ausstrahlt. Zur worthaften Verkündigung und zum existenziellen Vertrauen tritt die Erfahrung der Kraft (»dynamis«). Christliche Lehrinhalte sollen nicht nur geglaubt, sondern als Wirklichkeit erfahren werden. Man möchte die biblische Welt mit ihren Erfahrungen (Engel, Zeichen und Wunder, Visionen, Prophetien, Heilungen und Exorzismen) wiedergewinnen, wobei die Kraftwirkungen vielfach die Funktion eines Wahrheitsbeweises für den Glauben bekommen.

Positiv ist die charismatische Grundhaltung der Offenheit für Gott, das Rechnen mit seinem Eingreifen in der Gegenwart, das Gespür für die geistliche Dimension des Glaubens (Schriftlesung, Gebet, Gemeinschaft) sowie das Anliegen, Christsein ganzheitlich zu leben und auch die emotionale Seite des Menschen einzubeziehen. In der Frömmigkeitspraxis liegt die Betonung eher auf Herz und Gefühl, Intuition und Symbolik als auf Reflexion und Logik.

Kritisch zu hinterfragen sind Entwicklungen, in denen die Offenheit für und Suche nach erlebbarer Transzendenz zur Sucht nach Außerordentlichem wird, bzw. Tendenzen, die Wirksamkeit des Heiligen Geistes vor allem an spektakulären Manifestationen festzumachen und damit faktisch einzugrenzen. Hier nimmt man die Breite und Vielfältigkeit des Geisteswirkens nach dem biblischen Zeugnis nicht ernst. Die verbreitete Überzeugung, außerordentliche Manifestationen seien unzweideutige Zeichen der göttlichen Gegenwart, übersieht den Tatbestand der Zweideutigkeit und grundsätzlichen Deutungsbedürftigkeit aller Erfahrung.[162] Grundsätzliche Anfragen sind an eine einseitige Ausrichtung der Frömmigkeit auf Sichtbares und die Betonung der Sieghaftigkeit der Erlebnisse zu stellen. Der Glaube macht zwar Erfahrungen, hat aber seinen letzten Grund nicht in diesen,[163] und zur Nachfolge gehören auch Zeiten der Anfechtung, der Nacht und der Trockenheit. In diesen wird der Glaube vertieft und geläutert.[164] Ist das Rechnen mit Wundern eine der Stärken der Charismatischen Bewegung, gibt es andererseits z.T. überzogene Erwartungen und Fixierungen. Kritisch zu sehen sind Ausprägungen und Praktiken eines Wunderglaubens, der nicht mehr offen ist für Gottes Willen oder der die seelsorgerliche Verarbeitung von bleibenden Krankheiten und Behinderungen verweigert. Vor allem bei Massenveranstaltungen ist das Moment der Suggestion und Manipulation eine latente Gefährdung.

Im Vergleich zu anderen Ländern sind die Zahlen der Charismatischen Bewegung in Deutschland eher bescheiden[165] und speziell im innerkirchlichen Bereich stagnierend bis leicht rückläufig.[166] Auf katholischer Seite treffen sich z. Zt. etwa 11.000 Personen aller Altersgruppen in ca. 500 Gebetsgruppen, Hauskreisen und neuen geistlichen Gemeinschaften.[167] In den letzten 25 Jahren dürften im deutschen Sprachraum etwa 100.000 Katholiken von charismatischer Erneuerung erfasst und (mit-)geprägt worden sein.[168] Weltweit beträgt die Zahl charismatischer Christen in der katholischen Kirche über 70 Millionen.[169] Die Zuordnung und Einbindung der Bewegung in die Kirche auf Diözesan- und Bundesebene ist kirchenrechtlich geordnet (Koordinierungsgruppe, Sprecher). In den zurückliegenden Jahrzehnten gab es weltweit viele positive Stellungnahmen durch Bischöfe und Bischofskonferenzen. Auch der Papst hat die Charismatische Bewegung als eine der neueren geistlichen Bewegungen immer wieder als Hoffnungszeichen gewürdigt.

Mit dem »Katholischen Evangelisationszentrum Maihingen«, einem ehemaligen Kloster, bekam die Charismatische Erneuerung in Deutschland ein eigenes überregionales Zentrum. Darüber hinaus haben eine ganze Reihe von Klöstern und Tagungshäusern den charismatischen Impuls aufgenommen und bieten entsprechende Kurse und Einkehrtage an. Auch eine Anzahl von neuen »Gemeinschaften«, die sich der Charismatischen Erneuerung zugehörig sehen, sind in den letzten Jahren entstanden.[170] Die Charismatische Erneuerung veranstaltet gut besuchte deutschlandweite Jugendtreffen und Tagungen. Inzwischen gibt es eine eigene zeitgemäße kreative Jugend- und Kinderarbeit. Auch beim Katholikentag ist man regelmäßig vertreten. Der von der Koordinierungsgruppe herausgegebene, vom Sekretariat der Charismatischen Erneuerung in Karlsruhe versandte »CE-Informationsdienst« erscheint viermal im Jahr und hat eine Auflage von 4.000 Exemplaren; der im gleichen Rhythmus in Passau erscheinende »Rundbrief für Charismatische Erneuerung in der katholischen Kirche«, ein zweites Kommunikationsorgan der Bewegung, hat 3.500 Bezieher (u. a. auch in Österreich). Neben grundsätzlichen Lehrbeiträgen informieren beide über nationale und internationale Entwicklungen und bieten jeweils einen ausführlichen Veranstaltungskalender. Dieser beinhaltet auch konfessionsübergreifende Angebote. Gute Kontakte bestehen zur Geistlichen Gemeinde-Erneuerung in der evangelischen Kirche, aber auch zu pfingstkirchlichen und frei-charismatischen Gruppen.[171] Wie die Namen von Referenten und Trägerkreisen z. B. bei Großveranstaltungen zeigen, arbeitet man eng zusammen.

Auf evangelischer Seite gibt es keine Angaben über Teilnehmerzahlen an regelmäßigen Veranstaltungen. Schätzungen gehen von ca. 5.000 verbindlich Dazugehörigen und 50.000 vom charismatischen Impuls Inspirierten aus.[172] Einen Anhaltspunkt zur Verbreitung könnten Regionaltreffen geben, wobei wie auf katholischer Seite ein Nord-Süd-Gefälle deutlich wird. Am stärksten ist die GGE in den Evangelischen Kirchen in Württemberg, Bayern und Sachsen vertreten. Die Zeitschrift »Gemeinde Erneuerung« erschien 1999 als Quartalsschrift in einer Auflage von ca. 8.500 Exemplaren.[173] Der ebenfalls vierteljährlich erscheinende »Brief an die Freunde der GGE« geht an 2.000 Personen. Inzwischen sind sowohl die katholische CE als auch die GGE im Internet vertreten.[174] Zum engeren Kreis der »Multiplikatoren«, die sich verbindlich engagieren, gehören etwa 300-

350 Personen. Insgesamt kann man von bis zu 1.000 Pfarrern ausgehen, die mit der GGE sympathisieren und Elemente charismatischer Frömmigkeit in ihre Arbeit übernommen haben.[175] Die Bundesgeschäftsstelle der GGE im 5. Stock des St.-Petri-Hauses in der Hamburger City dient als zentrale Anlaufstelle für Vorstand, Leitungskreis, Freunde und die regionalen GGE-Büros.[176] Zu den Aufgaben gehören u.a. die Planung und Durchführung von Tagungen, Seminaren, Konferenzen und Kongressen sowie die Verwaltungs- und Öffentlichkeitsarbeit.[177] Mit der Übergabe von Stift Obernkirchen durch die Klosterkammer Hannover an die GGE bekam man eine eigene Tagungsstätte, die vor allem für den Norden (Region Niedersachsen und Ostwestfalen) von Bedeutung ist.[178] Ein wichtiges Zentrum für Bayern und den Süden ist Schloss Craheim, das zwar keine Einrichtung der GGE ist, aber – von Mitgliedern der GGE geleitet – im gleichen Sinn arbeitet. Seit einigen Jahren gibt es eine eigene Arbeit für Studierende der Theologie.[179] Ein regionales Netzwerk für Jugendarbeit (»Generation X«) ist im Aufbau begriffen.[180] Eine Straffung der Leitungsstruktur der GGE soll die Arbeit noch effizienter machen. Der siebenköpfige Vorstand[181] wird durch einen gegenüber früher verkleinerten »Leitungskreis« (jetzt 28 Mitglieder) und den neu geschaffenen Kreis von GGE-Multiplikatoren unterstützt.[182] In ganz Deutschland gibt es regionale Arbeitskreise. Gute Verbindungen bestehen zur katholischen CE, zu Pfingstkirchen, frei-charismatischen Gruppen und zunehmend zum nicht-charismatischen Zweig der evangelikalen Bewegung.[183]

Vonseiten der Kirchenleitungen wird die GGE, die ihren Auftrag weiter innerhalb der Landeskirchen sieht,[184] trotz vorgekommener Einseitigkeiten und Eigenwilligkeiten, zumeist positiv und anerkennend eingeschätzt. In einzelnen Landeskirchen gibt es regelmäßige Gespräche mit den jeweiligen Kirchenleitungen[185] und Unterstützung für Anliegen und Projekte (Gemeindepflanzung, Gemeindeaufbau). Konflikte und Spannungen sind auf der mittleren und unteren Ebene allerdings keineswegs selten. Auf Kirchentagen ist die GGE mit Gottesdiensten, Seelsorge- und Segnungsangeboten vertreten.

Glaubwürdigkeit und Kritikfähigkeit

Die Charismatische Bewegung vertritt berechtigte Anliegen und erinnert an verloren gegangene Themen der Theologie und der gelebten Frömmigkeit. Vor allem im Bereich der Seelsorge und des Gottesdienstes hat sie erneuernde Impulse vermittelt,[186] ihren Platz in den kirchlichen Strukturen gesucht[187] und Akzeptanz gefunden.[188] Dass es vor Ort immer wieder auch Irritationen und ambivalente Signale gibt, hängt, neben den oft involvierten menschlichen Faktoren, mit dem Bewegungscharakter und den übergreifenden Einflüssen bzw. der grundsätzlichen Offenheit für solche auch aus dem extrem-charismatischen Strom zusammen. Diese Gegebenheiten und das Drängen auf eine entschiedene Glaubenshaltung bzw. auf bestimmte Erfahrungen als christliche Normalität wird im großkirchlichen Kontext unvermeidlich immer wieder zu Konflikten und Diskussionen führen.[189] Hier besteht eine dialektische Spannung, die nur um den Preis der Selbstaufgabe aufzulösen wäre.[190] Zu einem konstruktiven Miteinander muss dieser Tatbestand respektiert werden. Es bedarf der gegenseitigen Wertschätzung. Hilfreich sind regelmäßige Gespräche und konkrete Vereinbarungen.[191]

Auf katholischer Seite war die theologische Reflexion der Geisterfahrung und das Bemühen um kirchliche Integration von Anfang an stark ausgeprägt, wovon die evangelische Seite viel profitierte. Ausgehend von der katholischen Natur-Gnade-Zuordnung hat man immer auch natürliche Zusammenhänge gesehen und wissenschaftliche Erkenntnisse aus Psychologie, Medizin und Soziologie zur Beurteilung mit herangezogen. Im Blick auf Gefährdungen und den Umgang mit der Bewegung und ihren Phänomenen konnte man aus dem reichen Schatz seelsorgerlicher Erfahrung lernen. In den offiziellen Stellungnahmen aus der Weltkirche gab es neben der Würdigung in der Regel auch die Seite der Abgrenzung, sodass sie von Anfang an auch korrigierend gewirkt haben.[192] In der CE geschieht dies heute bewegungsintern z.b. durch die Veröffentlichungen des Theologischen Ausschusses (Theologische Orientierung) zu aktuellen Fragen und Entwicklungen.[193] Auch auf Seiten der GGE gibt es Anfänge verstärkter Grundlagenarbeit.[194] Weil in der menschlichen Reaktion auf Gottes Wirken nur zu oft eine Vermischung von »Fleisch und Geist« stattfindet, wird die grundlegende Notwendigkeit von Korrektur und Kritik anerkannt und bei berechtigtem Anlass zur Offenheit dafür ermutigt.[195] Gegenüber der Anfangszeit hat die Fähigkeit zu theologischer Selbstkritik zugenommen. Bewegungsintern wirkt man mäßigend auf Extreme.[196] Deutliche Worte der Abgrenzung sind aber eher selten, was auch nach außen gegenüber extremen Erscheinungen und Ausprägungen des pfingstlich-charismatischen Stroms gilt.[197] Man weiß sich fundamental eins in der Geisterfahrung und in wesentlichen Anliegen wie Mission/Evangelisation, Empfang und Einsatz der Charismen, Heilung, Befreiungsgebet, Erweckung. Der Erhalt und die Ausbreitung der tragenden Spiritualität, das Streben nach dem Hoffnungsziel einer umfassenden Erweckung, nach den charismatischen und außerordentlichen Erfahrungen und die »Einheit im Geist« haben Vorrang vor lehrmäßiger Klarheit oder konfessioneller Abgrenzung.[198]

Wandlungsprozesse

Die Anfangsphase der Charismatischen Bewegung (etwa 1960-70) war gekennzeichnet durch die Faszination der überwältigenden Phänomene und Erfahrungen und die Aufsehen erregende Dynamik der Bewegung.[199] Ihr folgte als Hochphase der Bewegung (etwa 1970-80) die Zeit der großen kirchlich-theologischen Gutachten, der Beachtung und weit gehenden Anerkennung. In diesem Zeitraum fallen auch die beeindruckenden Großtreffen mit teilweise mehr als 50.000 Teilnehmern. Strukturen bildeten sich aus und man etablierte sich. Der bewusst ökumenischen Pionierphase folgte nun eine Phase der stärkeren Konfessionalisierung, der Beheimatung der Erneuerung in der eigenen Kirche und Tradition.[200] Der Neuheitscharakter des Charismatischen trat zurück. Die anfängliche Begeisterung kühlte ab, u. a. wegen der offensichtlichen Nichterfüllung vieler hochgespannter Erwartungen im Blick auf eine grundlegende und rasche Veränderung der Verhältnisse. Nicht wenige Mitglieder der innerkirchlichen Charismatischen Bewegung wandten sich, darüber enttäuscht, freikirchlichen Pfingstgemeinden oder frei-charismatischen Gruppen zu, die in den letzten Jahrzehnten ein stärkeres Wachstum verzeichneten.[201] Nachdem weltweit eine Unruhe über die Entwicklung zu beobachten war, trat die Charismatische Bewegung zu Beginn der 80er Jahre in eine Wandlungsphase ein, in der neue Themen in den Vordergrund rückten.

- So beeinflusste etwa das Erstarken des Fundamentalismus in den USA auch die Charismatische Bewegung und »die biblizistisch-rechtgläubige Thematik des ›wahren Christen‹ verdrängte [teilweise] die charismatische Thematik des ›geistlichen Lebens‹.«[202]
- Mit dem Motiv der »Weltevangelisation« nahm man dann ein Thema auf, das Evangelikale, Pfingstler, Neupfingstler und Charismatiker miteinander verbindet. Dies setzte mit dem immer wieder auch prophetisch angekündigten Hoffnungsziel einer »großen Erweckung« neue Aktivitäten frei.
- Mit der Betonung der Machterweise des göttlichen Geistes in der Evangelisation mit Zeichen und Wundern richtete sich das Interesse stark auf außerordentliche Phänomene und klassische Themen der Pfingstbewegung (»mitfolgende Zeichen«; Mt 16,17ff.).[203] In der Folgezeit wurde diese Akzentuierung über Tagungen und Kongresse durch Redner aus dem internationalen Bereich (vor allem aus England und den USA) weiter verstärkt, was die kirchliche Integration der Charismatischen Bewegung erschwerte.
- Parallel zu dieser Entwicklung kam es zu einer immer engeren Zusammenarbeit zwischen Charismatischer Bewegung und »Gemeindewachstums-Bewegung« (»Church Growth« – in Deutschland »Arbeitsgemeinschaft für Gemeindeaufbau«/AGGA).[204] Mit den die charismatische wie nicht-charismatische Landes- und Freikirchler und auch pietistische Gruppen gleichermaßen bewegenden Fragen der »Zukunft der Gemeinde« bzw. der konkreten Gestaltung der Gemeindearbeit vor Ort ergaben sich Kontakte über den bisherigen Rahmen hinaus. Gemeinsam führten GGE und AGGA in Nürnberg drei viel beachtete Gemeinde-Kongresse mit jeweils ca. 4.500 Teilnehmern durch (1991, 1993, 1995). Auch hier nahm man Impulse aus England und den USA auf. Diese Kongresse brachten eine spürbare Annäherung an die übrige evangelikale und pietistische Bewegung.[205] Charismatisch geprägte Christen wurden in leitende Gremien der Evangelischen Allianz und der Lausanner Bewegung berufen.

Eine deutliche Veränderung der bis dahin stark von Ablehnung und Konfrontation geprägten Gesamtsituation im evangelikal-pietistischen Bereich (»Berliner Erklärung« von 1909) brachte der Gesprächsprozess der Deutschen Evangelischen Allianz mit dem Bund Freikirchlicher Pfingstgemeinden, der 1996 seinen Abschluss in einer gemeinsamen Erklärung fand.[206] Mit diesem Grundkonsens in der Geistfrage gibt es nun auch theologisch eine Vereinbarung für die Zusammenarbeit bei Projekten, wie sie in den letzten Jahren verstärkt gemeinsam durchgeführt wurden (Christival, ProChrist, Spring-Konferenzen, Jesustag 2000). Hier entwickelt sich eine übergreifende »evangelistisch-missionarische Ökumene«. Auch innerhalb der Charismatischen Bewegung haben sich, unter bewusster Zurückstellung der Unterschiede, »Allianzen« mit weit reichender gegenseitiger Anerkennung und Kooperation gebildet.[207] So konstituierte sich 1993 im Anschluss an den 3. Wimber-Kongress (Hamburg 1992) und den Jesus-Marsch (1992) aus den Trägerkreisen der »Kreis Charismatischer Leiter« (KCL), dessen Mitglieder die Vielfalt der pfingstlich-charismatischen Bewegung repräsentieren. Basis der Zusammenarbeit bildet ein Grundlagenpapier von 1995.[208] Die Konsensformulierungen halten die Gesprächsmöglichkeit nach vielen Seiten – besonders zu den anderen Evangelikalen hin – offen. Für die CE/GGE haben die Kontakte im charismatischen Netzwerk zwei Seiten. Erhält man einerseits neue Motivation und Auffrischung und kann dazu beitragen, dass überzogene Ansprüche und Einseitigkeiten relativiert und korrigiert werden, steht man zugleich in der Spannung, sich mit problematischen Gruppen und Vorgängen identifizieren zu müssen und durch entsprechende Einflüsse die innerkirchliche Integrationsfähigkeit zu erschweren. Der maßgeblich von der GGE vorbereitete und durchgeführte Kongress »Jesus 2000« (Nürnberg, Mai 1999) brachte zum ersten Mal seit den Anfängen wieder Christen aus allen Konfessionen zusammen, die sich der Bewegung zurechnen (Pfingstkirchler, römisch-katholische Charismatiker, unabhängige Gemeinden).[209] Nach der konfessionellen Phase scheint in der Charismatischen Bewegung die ökumenische Ausrichtung wieder stärker in den Blick zu kommen.

Die GGE als Bewegung will weiter dem Anliegen der Erneuerung innerhalb der bestehenden Strukturen treu bleiben, darüber hinaus aber neue Gemeindemodelle in Angriff nehmen, die das flächendeckende Parochieangebot ergänzen (»Gemeindepflanzung«; Richtungsgemeinden).[210] Ein Schwerpunkt soll das Bemühen um die Einheit des Leibes Christi bleiben.[211] Mit der Neugewichtung des Auftrags der Evangelisation will man die starke innergemeindliche Orientierung (Seelsorge, Gottesdienst, Gemeindeaufbau) ausgleichen und die missionarische Herausforderung der Zeit aufnehmen.[212] Weitere Themen, die in den letzten Jahren zu den klassisch-charismatischen hinzutraten, sind: Aufarbeitung der Vergangenheit, stellvertretende Buße und Versöhnungswege,[213] Prophetie und das Volk Israel. Im Augenblick gewinnt lokal, regional und bundesweit das Thema Gebet[214] Aufmerksamkeit, das als wesentlicher Faktor für die ersehnte Erweckung bzw. für die »Transformation«[215] der geistlichen, politischen, sozial-ökonomischen Verhältnisse in einer Stadt/einem Land angesehen wird (Gebetswanderungen, 24-Stunden-Gebets- und Anbetungswachen, Gebet für unsere Nation).

Insgesamt ist das Erscheinungsbild der Charismatischen Bewegung durch das Entstehen immer neuer Gruppen sowie die Überschneidung und Überlagerung der Themen und Trends diffuser geworden. Die Dynamik hat sich geteilt, das Profil hat sich aufgesplittet. Die Charismatische Bewegung leidet an ihrer Diversifikation und in gewisser Weise an ihrem Erfolg und vor allem im innerkirchlichen Bereich hat man mit Ermüdungserscheinungen[216] und Identitätsproblemen[217] zu kämpfen. Von daher ist es nicht verwunderlich, dass man neben der Beschäftigung mit den neuen Themen und der Aufforderung, trotz ausbleibender Erweckung weiter zu beten und zu glauben, verstärkt wieder an die Ursprünge anzuknüpfen sucht.[218]

Quellen: **Norbert Baumert**, Gaben des Geistes Jesu. Das Charismatische in der Kirche, Graz 1986 · **Ders.** (Hg.), Jesus ist der Herr. Kirchliche Texte zur katholischen Charismatischen Erneuerung, Münsterschwarzach 1987 · **Gerhard Bially u.a.** (Hg.), Ich will dich segnen ... Einblicke in den charismatischen Aufbruch der letzten Jahrzehnte, Düsseldorf 1999 · **Larry Christenson**, Komm Heiliger Geist. Informationen, Leitlinien, Perspektiven zur Geistlichen Gemeindeerneuerung, Metzingen (Württ.)/Neukirchen-Vluyn 1989

Zeitschriften: Gemeinde-Erneuerung (Zeitschrift der GGE ev. Kirche) [=GE] · Rundbrief für Charismatische Erneuerung in der katholischen Kirche

Literatur: EKL[3] 1, Sp. 644-648 · **Gasper/Müller/Valentin**[6], Sp. 814-815 · **HRGem**[5], S. 158-164 · **Hutten**[15], S. 359-365 · LThK[3] 2, Sp. 1018-1022 · **RGG**[4] 2, Sp. 116-120 · **Stanley M. Burgess/Gary B. McGee** (Hg.), Dictionary of Pentecostal and Charismatic Movements, Grand Rapids/Michigan [4]1990, S. 130-160 · **Helmut Burkhardt/Uwe Swarat** (Hg.), Evangelisches Lexikon für Theologie und Gemeinde 1, Wuppertal/Zürich 1992, S. 656-657 · **Oskar Föller**, Charisma und Unterscheidung. Systematische und pastorale Aspekte der Einordnung und Beurteilung enthusiastisch-charismatischer Frömmigkeit im katholischen und evangelischen Bereich, Wuppertal/Zürich [3]1997 · **Reinhard Hempelmann**, Licht und Schatten des Erweckungschristentums, Stuttgart 1998 · **Walter J. Hollenweger**, Charismatisch-pfingstliches Christentum. Herkunft – Situation – Ökumenische Chancen, Göttingen 1997 · **Thomas Kern**, Zeichen und Wunder. Enthusiastische Glaubensformen in der modernen Gesellschaft, Frankfurt a.M. u.a. 1997 · **Erich Nestler**, Pneuma. Außeralltägliche religiöse Erlebnisse und ihre biographischen Kontexte, Konstanz 1998 · **Hans-Diether Reimer**, Wenn der Geist in der Kirche wirken will. Ein Vierteljahrhundert charismatische Bewegung, Stuttgart 1987 · **Ders.**, Für eine Erneuerung der Kirche. Aufsätze, Berichte, Fragmente, Gießen 1996 · **Francis A. Sullivan** (kath.), Die Charismatische Erneuerung. Biblische und theologische Grundlagen, Graz 1986 · **Wir über uns.** Vision-Theologie-Geschichte-Struktur-Service, GE 65, 3/97 · **Peter Zimmerling**, Die charismatischen Bewegungen, Göttingen 2001

Internet: www.erneuerung.de · www.gge-online.de

2.7 Der konfessionsunabhängige Bereich charismatischer Bewegungen

Seit den 80er Jahren ist die Charismatische Bewegung durch eine zunehmende Unübersichtlichkeit und eine nicht zu übersehende Schwerpunktverlagerung geprägt: Nicht mehr die landeskirchliche bzw. freikirchliche Ausprägung, sondern freie charismatische Zentren und neue Gemeinden stehen im Vordergrund. Seit den 70er Jahren sind in Deutschland mehrere hundert »konfessionsunabhängige« freie pfingstlich-charismatische Gemeinden entstanden, die teils klein und fast unbemerkt blieben, teils sich zu großen Zentren pentekostal-charismatisch geprägter Frömmigkeit mit weit ausstrahlender Wirkung entwickelten. Vor allem junge Erwachsene und junge Familien suchen und finden hier einen Ort, wo sie ihrem Glauben Ausdruck verleihen und ein Frommsein mit Begeisterung leben können, das bestimmt ist durch die Suche nach erfahrungsbezogener Glaubensvergewisserung und intensiver evangelistischer Praxis. Ein geografischer Schwerpunkt dieser Gemeindeneugründungen liegt in (groß)städtischen Kontexten, wo die Lockerung der Kirchenbindung und der Abbruch christlicher Tradition am weitesten fortgeschritten sind, und in Gebieten, die durch den Pietismus und erweckliche Frömmigkeitsformen geprägt sind, wo vor allem junge Menschen die traditionell pietistische Frömmigkeit verlassen und charismatische Ausdrucksformen des Glaubens aufgreifen.

Während jede kirchliche Ausprägung charismatischer Frömmigkeit Absprachen und Regelungen erforderlich macht, bleiben dem konfessionsunabhängigen Typ der Charismatischen Bewegung (nondenominational) viele mühsame Prozesse der Auseinandersetzung mit der kirchlichen Tradition erspart. Er entwickelt sich häufig jenseits von kirchlichem Liedgut, Traditionen und der Zeiterfahrung des Kirchenjahres. Freilich stehen auch die »neuen Freikirchen« früher oder später vor der Notwendigkeit der Traditionsbildung. Sehr bald erweist sich eine Kooperationsbereitschaft in einem Netzwerk freier charismatischer Gruppen als notwendig. In vieler Hinsicht erinnert und wiederholt der freie, nicht-konfessionsgebundene Bereich der Charismatischen Bewegung die Anliegen der Pfingstbewegung der Frühzeit. Zugleich verdeutlicht er, dass der Ansatz der charismatischen Erneuerung in den bestehenden Kirchen zwar wichtige Impulse vermitteln, aber nur eine begrenzte Wirkung entfalten konnte. Die Pfingstler haben den innerkirchlichen Charismatikern von Anfang an vorgehalten, nur eine reduzierte Form charismatischer Erneuerung zu praktizieren und sie aufgefordert, ihre Kirchenstrukturen zu verlassen, um »Ekklesia im biblischen Sinn« zu bauen. Dieselben Traditionsstränge, die frömmigkeitsgeschichtlich zur Entstehung der Pfingstbewegung führten, sind im konfessionsungebundenen Sektor der Charismatischen Bewegung erkennbar. Zugleich ist das gegenwärtige Erscheinungsbild dieses Sektors charismatischer Frömmigkeit am deutlichsten durch den Versuch bestimmt, Tendenzen der religiösen Alternativkultur aufzunehmen und auf die gesellschaftlichen Trends Individualisierung und Erlebnisorientierung einzugehen. Der ursprüngliche Ansatz charismatischer Frömmigkeit hat sich dabei in signifikanter Form verändert: Die Herbeirufung des Geistes ist weniger auf die Charismen als Dienstgaben zur Auferbauung des Leibes Christi bezogen, sondern auf besondere Geistmanifestationen und ekstatische Erfahrungen.

Für die skizzierten Wandlungsprozesse sind verschiedene Entwicklungen ausschlaggebend gewesen. Vor allem zwei international orientierte Bewegungen haben auch im deutschsprachigen Kontext maßgeblichen Einfluss ausgeübt: die Vineyard-Bewegung und die Wort- und Glaubensbewegung.

Die dritte Welle und Vineyard-Bewegung

Durch Kontakte zur so genannten »dritten Welle des Heiligen Geistes«, vermittelt durch die von dem kalifornischen Pastor John Wimber [gest. 1997] gegründete und inspirierte Vineyard-Bewegung (drei Wimberkongresse 1987/1988/1992), wurden die theoretischen und praktischen Konzepte von »power evangelism«, »power healing« und »power encounter«, mit gesteigerten exorzistischen Praktiken im Befreiungsdienst und der geistlichen Kampfführung, verbreitet. Die »induktive« Vorgehensweise John Wimbers und die Dynamik der Vineyard-Bewegung, die in Stil und Musik an einer Kontextualisierung in die Jugend- und Jungerwachsenenkultur orientiert ist, waren weltweit Trendsetter für eine moderne Form charismatischer Frömmigkeit. Neben John Wimber wäre C. Peter Wagner zu nennen, der den Begriff der dritten Welle prägte und publizistisch die Anliegen dieser Bewegung bekannt machte. Ende der 70er Jahre sieht Wagner die dritte Welle des Heiligen Geistes beginnen. Nach seiner Sicht der Dinge konkretisierte sich die erste Welle im Entstehen der Pfingstbewegung zu Beginn des 20. Jahrhunderts, die zweite in der charismatischen Erneuerung in den historischen Kirchen. Die dritte Welle ist nach Wagner vor allem der Vorgang der Pentekostalisierung der evangelikalen Bewegung.

Der Charakter der dritten Welle lässt sich stichwortartig so zusammenfassen: Das missionarische Konzept lautet »Evangelisation in der Kraft des Geistes«, d. h. mit Zeichen und Wundern. Das ekklesiologische Konzept zeichnet sich durch Flexibilität und Pragmatismus aus und ist u.a. bestimmt durch die »Church Growth-Bewegung«, deren Anliegen in Deutschland durch die AGGA (Arbeitsgemeinschaft für Gemeindeaufbau) bekannt gemacht wurden. Das weltanschauliche Konzept ist antiaufklärerisch ausgerichtet, denn es geht um den »Abschied vom aufgeklärten Christentum«.[219] Der moderne Ausschluss der Welt des Übernatürlichen, zu dem Wunder und Zeichen, Engel und Dämonen, Geister und kosmische Kräfte gezählt werden, soll korrigiert werden. Wagner nennt sieben Bereiche von Zeichen und Wundern, die – seinen Wahrnehmungen entsprechend – insbesondere auf den Missionsfeldern der dritten Welt geschehen: »das ungelernte Sprechen einer Fremdsprache, Naturwunder, das Plombieren von Zähnen, Beförderung durch den Geist Gottes, das Vermehren von Nahrung, die Erschaffung neuer Organe und das Auferwecken von Toten«.[220] Den Christen der westlichen Welt empfiehlt er, an ihrer Weltanschauung zu arbeiten und sie der göttlichen Sicht der Wirklichkeit anzupassen. Dabei identifiziert er das Paranormale mit dem göttlichen Wirken. Mit ähnlichen Beispielen wenden sich auch John Wimber, Jack Deere und Charles H. Kraft vor allem an ihre evangelikalen Freunde und rufen sie zu einer Perspektiverweiterung und einer Art weltanschaulichem Paradigmenwechsel auf: Die Realität von Gottes übernatürlichem Wirken in Zeichen und Wundern, in unmittelbaren Geisteseingebungen, in Dämonenaustreibungen etc. ist nicht allein im Blick auf die neutestamentliche Zeit zu glauben, sondern auch heute zu erwarten und zu erfahren. Wimber, Wagner und Deere waren evangelikal geprägte Dispensationalisten, die viele Jahre glaubten, dass die Zeichen und Wunder in die Anfangszeit der Kirche, nicht aber in unsere Gegenwart gehören. Ihren eigenen Glaubensweg vom evangelikal geprägten Anti-Pfingstlertum zu einem für übernatürliche Geisterfahrungen offenen Evangelikalismus empfehlen sie weiter, offensichtlich mit Erfolg. Dass ihre Anliegen nicht nur geeignet sind, biblische Motive zu erinnern, sondern auch die Türen für die Revitalisierung archaischer und mythologischer Formen von Religiosität zu öffnen, lässt sich nicht übersehen.[221]

Wer Theorie und Praxis der Vineyard-Gruppen kennen lernen will, findet eine die Vineyard-Theorie und Praxis treffend darstellende Einführung in den Publikationen von Wimber und Kevin Springer, ebenso bei Deere und Wagner.[222] Während manchen Publikationen aus dem pentekostalen Bereich die damit verbundene Glaubenspraxis nicht immer entnommen werden kann, beschreiben Wimbers Bücher die charismatischen Vorgehensweisen, zum Beispiel die »Techniken des Heilens«, in detaillierter Form und geben einen realistischen Einblick in die Glaubenspraxis der Bewegung.[223] Bezeichnend ist dabei u. a. die zentrale Funktion, die Worte der Erkenntnis (unmittelbare Eingebungen des Geistes) für die Diagnose von Krankheiten haben. Ebenso charakteristisch ist die enge Verbindung des Heilungsdienstes mit dem Gebet um Befreiung von dämonischen Mächten, die als Ursache zahlreicher Krankheiten, Zwänge und Störungen angesehen werden.

Die Vineyard-Bewegung hat nicht nur maßgeblichen Einfluss auf die innerkirchlichen baptistischen, methodistischen, evangelischen und katholischen Charismatiker ausgeübt, durch die Vineyard-Gemeinde in Bern und die mit ihr verbundenen Gemeinden hat sie auch institutionelle Ableger im kontinentalen Europa aufbauen können. Die Vineyard-Gemeinde Bern bildet dabei ein Kuriosum: Sie selbst versteht sich im Kontext der Kantonalkirche Bern, ist jedoch zugleich mit großem Engagement bemüht, auch neue unabhängige Gemeinden zu gründen und bietet bereits bestehenden Gemeinden ein gemeinsames Dach zur Kooperation.

Die Wort- und Glaubensbewegung

Eine für die gegenwärtige Praxis pfingstlich-charismatischer Frömmigkeit wichtige und zugleich umstrittene Strömung ist die durch die Erfolgstheologie Kenneth E. Hagins und Kenneth Copelands bestimmte Wort- und Glaubensbewegung. In der Glaubensbewegung (Faith-Movement/Positive Confession Theology) verbindet sich der pfingstlich-charismatische Impuls mit der Kraft des Positiven Denkens (Positive Thinking). Über Essek William Kenyon [1867-1948], der die Vertreter der Glaubensbewegung maßgeblich beeinflusste, kamen zentrale Anliegen von New Thought (Neugeist) in den Bereich pfingstlich-charismatischer Frömmigkeit. Kenyon hatte seine Ausbildung im Emerson-College, Boston, erhalten, einem Zentrum dieser Richtung, die die »Macht des Denkens« herausstellte und Einfluss auf Neugeist-Bewegungen wie »Christian Science« und »Unity« gewann. Wie Kenyon unterstreicht auch die Glaubensbewegung, dass der menschliche Geist das Menschsein des Menschen ausmacht. Der Geist ist zentrale Wirklichkeit des Menschen. Die Gesamtperson, ihre Identität und Eigenart, wird demnach durch die Summe der zugelassenen und bejahten Denkinhalte bestimmt, nach dem Motto: »Wie der Mensch denkt, so ist er.« Bewusstsein konstituiert Sein.

1979 wurde in Tulsa/Oklahoma eine »International Convention of Faith Churches« gegründet. Publizistisch äußert sich die Glaubensbewegung in den Schriften von Kenneth E. Hagin, Kenneth Copeland, Frederick K.C. Price, Paul bzw. David Yonggi Cho u. a. konkret. In Uppsala/Schweden ist es Ulf Ekman, der als Gründer des dortigen Word-of-Life-Bibelzentrums Theologie und Praxis der Glaubensbewegung durch zahlreiche Publikationen verbreitet hat. In Deutschland sind es, neben den Übersetzungen der englischsprachigen Autoren, vor allem die Schriften von Wolfhard Margies, Gemeinde auf dem Weg, durch die Theorie und Praxis der Glaubensbewegung bekannt gemacht wurden.

Ein biblisches Schlüsselwort, auf das sich die Glaubensbewegung beruft, ist Röm 10,9 (»Denn wenn du mit deinem Munde bekennst, dass Jesus der Herr ist, und in deinem Herzen glaubst, dass Gott ihn von den Toten auferweckt hat, so wirst du gerettet.«). Aus ihm wird die Technik des Positiven Denkens und Bekennens abgeleitet. Dem dort angesprochenen Zusammenhang zwischen »bekennen« und »glauben« wird ein allgemein für das christliche Leben geltendes Gesetz entnommen, dessen Beachtung zum Erfolg führen soll. Das Proklamieren der göttlichen Wahrheit und die Anerkennung der göttlichen Gesetzmäßigkeiten sind der Weg, durch den der Mensch Krankheit und Armut überwinden und seine Lebenssituation grundlegend verändern kann. »Du hast das Recht, frei von Krankheit und Gebrechen zu leben«, so verkünden es die Vertreter dieser Bewegung. »Gott hat beabsichtigt, dass jeder Gläubige völlig frei von Krankheit und Gebrechen leben soll. Es kommt auf deine Entscheidung an, ob du dies möchtest oder nicht.«[224] Das vorausgesetzte Glaubensverständnis löst den Glauben von seinem Gegenstand, der göttlichen Verheißung, ab und macht aus ihm eine göttliche Kraft im Menschen. Der Glaube verliert dabei sein Gegenüber in der Zusage des Evangeliums und wird zum Glauben an die in der geisthaften Existenz des Menschen begründeten Glaubensmacht.

Es ist die Überzeugung der Vertreter dieser Bewegung, dass Realität durch die Vorstellungskraft des Geistes und das Bekenntnis des Mundes geschaffen wird. Ausgangspunkt ist eine trichotomische Anthropologie, die den Leib als »Vorhof«, die Seele als »Heiligtum«, den Geist als das »Allerheiligste« des Menschen ansieht. »Die entscheidenden Einwirkungen der Person erfolgen vom Geist, der sie weiterreicht an Seele und Leib.«[225] Im nichtglaubenden Menschen ist der Geist zwar auch da, aber nur als »erstorbener Geist«, als Leichnam und »Wohnstätte teuflischer Aktivitäten«. [226] Das Ereignis von Bekehrung und Wiedergeburt bewirkt demnach eine substanzhaft verstandene Neuschöpfung, die dazu führt, dass der erneuerte Geist »wesensmäßig Geist aus Gottes Geist« wird, sodass es in ihm »keine Möglichkeit zum Bösen« mehr gibt.[227] Mit der wesensmäßigen Neuschöpfung des menschlichen Geistes sind jedoch noch nicht die Seele und der Leib des Menschen vom göttlichen Sein durchdrungen. Die trichotomische Anthropologie eröffnet einen stufenförmigen Heilsweg. Bekehrung, Wiedergeburt, neue Kreatur sind der erste Schritt, unabdingbar und grundlegend einerseits, aber zugleich noch nicht Beschreibung des ganzen Heilswerkes Gottes in Christus. Das Kommen des Geistes in die Seele und in den Leib wird als Pfingsterfahrung und Geistestaufe verstanden und gedeutet. Der Segen Gottes für die Seele bedeutet das Erfülltwerden mit Freude, Frieden. Die Segnung des Leibes konkretisiert sich in der Entspannung und Heilung des Körpers. Da Bekehrung immer die vollständige Inbesitznahme des menschlichen Geistes durch den Geist Gottes ist, kann nicht mehr der Geist, wohl aber können Leib und Seele der Ort der Dämonisierung des Menschen sein. Die Heilung des Leibes und der Seele (innere Heilung) ist entsprechend häufig mit exorzistischen Praktiken (Befreiungsdienst) verbunden.

Das vorausgesetzte trichotomische Verständnis des Menschen beschränkt sich keineswegs auf die Glaubensbewegung. Es hat breitere Akzeptanz in der charismatischen Bewegung erlangt, wofür das Buch von Dennis J. und Rita Bennett »Die Trinität des Menschen« ein eindrucksvolles Beispiel unter anderen abgibt.[228] Die konsequente Anwendung solcher Überlegungen auf das Verständnis des Todes Jesu dürfte hingegen eine Besonderheit der Glaubensbewegung darstellen. Denn sie geht davon aus, dass Jesu geistlicher Tod seinem physischen vorausgehen musste. »Dass Jesus lebendig gemacht wurde nach dem Geist, setzt voraus, dass er zuvor tot war nach dem Geist.« Er war der »erste Mensch, der aus geistlichem Tod zu neuem Leben aus Gott gebracht wurde,«[229] wodurch die »Überlegenheit des neuen Geistes über Satan und jede Macht der Finsternis« deutlich wird. Für die Vertreter der Glaubensbewegung wird daraus eine übergroße Ausstattung mit geistlicher Macht und Energie für die christliche Existenz abgeleitet.

Sie gehen von der Möglichkeit eines sieghaften und erfolgreichen Lebens aus und betonen die »Herrschaft« der Gläubigen über jede Art von Krankheit. Im Prinzip bezieht sich die Ausstattung mit göttlicher Kraft und Autorität auf alle Lebensbereiche. Die neu-testamentliche Aussage, dass »alle Dinge möglich sind, dem der da glaubt« löst man aus ihrem religiös-metaphorischen Sprachzusammenhang heraus und zieht sie ins Ultrakon-krete. Es sind keinesfalls verbale Ausrutscher, wenn Wolfhard Margies etwa beschreibt, dass er sich im Urlaub angesichts schlechten und stürmischen Wetters in seinem Bett um fünf Uhr morgens aufrichtete und in heiligem Zorn dem Sturm im Namen Jesu befahl aufzuhören. »Und siehe da, innerhalb von ganz wenigen Minuten hörte er auf und blieb weg.«[230] Bertold Becker, Leiter der Organisation Fürbitte für Deutschland, kam aufgrund dieses Machtbewusstseins zu der Aussage: »So haben wir bei einer Gebetsveranstaltung 1989 sowohl Honecker mit seiner Regierung abgesetzt und die Mauer eingerissen als auch Ceaucescu, den Tyrannen Rumäniens im Gebet abgesetzt.«[231] Wo Menschen in dieser Weise geistlich zu herrschen beanspruchen, verschwimmen die Grenzen der geschöpflichen Welt.

Seit den 70er Jahren hat die Glaubensbewegung im deutschsprachigen Raum einzelne charismatische Zentren, Gruppen und Gemeinden mit beeinflusst. Ein starker missiona-rischer Eifer und ein großes Engagement im Aufbau und der Gründung neuer Gemein-den sind Kennzeichen für diese Richtung. Große ausstrahlende Gemeinden, die Anliegen der Glaubensbewegung aufgegriffen haben, sind in Deutschland etwa die »Christliche Gemeinde Köln«, die »Gemeinde auf dem Weg« in Berlin, die »Biblische Glaubens-Ge-meinde« in Stuttgart, das »Gospel Life Center«, früher »Wort des Glaubens – Christliches Zentrum e.V.« in München (hier ist die Beziehung zur Glaubensbewegung am deutlich-sten ausgeprägt), das »Missionswerk Lebendiges Wort« in Hildesheim, das »Christliche Centrum Rhema« in Bayreuth. In der Schweiz ist es u.a. die »Zoe Evangelistische Vereini-gung« in Zürich, in Österreich u. a. »AGAPE Christliche Vereinigung« in Salzburg. In Deutschland finden zweimal im Jahr Pastorentreffen in Berlin und Stuttgart statt, auf denen Leiter dieser Gemeinden zusammenkommen. Auch wenn Vertreterinnen und Ver-treter dieser und anderer charismatischer Gemeinden sich nicht restlos mit der Wohl-standstheologie identifizieren wollen und teilweise angeben, sich von Lehren und Prakti-ken der Glaubensbewegung abzusetzen, sind Berührungen unverkennbar. Dies kann eine Beurteilung im Einzelfall schwierig machen, da sich Anliegen der charismatischen Er-neuerung mit problematischen Verzerrungen des christlichen Zeugnisses vermischen kön-nen und christliche Sprachformen (z. B. glauben, bekennen) mit Praktiken und Techni-ken verbunden werden, die dem christlichen Glauben fremd sind. In der Öffentlichkeit werden Gemeinden, die sich dieser Ausprägung zugehörig wissen, teilweise als konflikt-trächtige religiöse Bewegungen wahrgenommen, und zwar in dem Maße, in dem Lehre und Praxis von fundamentalistischen Motiven bestimmt werden.

Theologie und Praxis der Glaubensbewegung werden auch innerhalb der charismati-schen Bewegung kritisch gesehen,[232] der Mut zu deutlichen Abgrenzungen ist hier jedoch eher schwach ausgebildet. Die einseitige Geist-Anthropologie, die das Verständnis des christlichen Glaubens und die Deutung der biblischen Texte mitbestimmt, kann nicht für sich in Anspruch nehmen, Ausdruck eines authentischen christlichen Zeugnisses zu sein. Der fast grenzenlose Heilungsoptimismus unterschätzt die Gebrochenheit christlichen Lebens und die Verborgenheit Gottes in der Welt. Gegenüber der Heilungspraxis sind Bedenken vor allem deshalb anzumelden, weil Menschen, die keine Heilung erfahren, an ihrem Glauben verzweifeln und zusätzlich belastet werden.

Vineyard- und Glaubensbewegung haben die charismatische Erneuerung nachhaltig beeinflusst. Natürlich gibt es auch zahlreiche charismatische Gruppen, die unbeeinflusst von modischen Trends die berechtigten Anliegen einer geistlichen Erneuerung des Einzelnen, der Gemeinden und Kirchen betonen und überzeugend leben. Die großen Themen der Charismatischen Bewegung wurden in den letzten Jahren jedoch vor allem durch die Vineyard-Bewegung angestoßen, verbreitet, mindestens jedoch mit aufgegriffen: Ruhen im Geist, Befreiungsdienst, geistliche Kampfführung, Wiederherstellung des prophetischen Dienstes, Praxis der stellvertretenden Buße und Versöhnung, Toronto-Segen. In der Toronto-Bewegung gingen beide, Glaubensbewegung einerseits und Vineyard-Bewegung andererseits, eine Versuchskoalition ein, die allerdings bald wieder beendet wurde. Für beide Bewegungen ist – bei allen Unterschieden, die in Stilfragen und theologischer Ausrichtung durchaus bestehen – der Grundgedanke charakteristisch, dass die christliche Existenz sich in einem geistlichen Krieg befindet und es in diesem Krieg darauf ankommt an göttlicher Macht teilzugewinnen. Entsprechend ist in allen Bereichen der lehrmäßigen Orientierung der Machtbegriff zentral.[233] Das Wirken des Geistes wird in beiden Bewegungen primär dynamistisch verstanden. Der Geist wird als Machtstrom gesehen. Die Frömmigkeitspraxis ist vor allem darauf ausgerichtet, die göttliche Macht sichtbar darzustellen, an ihr teilzugewinnen und sie weiterzugeben.

Quellen zu »Die dritte Welle und Vineyard-Bewegung«: **Jack Deere**, Überrascht von der Kraft des Heiligen Geistes, Wiesbaden 1995 · **Charles H. Kraft**, Abschied vom aufgeklärten Christentum, Lörrach 1991 · **C. Peter Wagner**, Der gesunde Aufbruch, Lörrach 1989 · **Ders.**, Das offensive Gebet, Wiesbaden 1992 · **Ders.**, Der Kampf mit satanischen Engeln, Solingen 1993 · **John Wimber/Kevin Springer**, Heilung in der Kraft des Geistes, Hochheim ²1988
Zu »Wort- und Glaubensbewegung«: **John Angelina**, Wohlstand im Willen Gottes. Der Lebensstil des Gebens, München 1989 · **Gloria Copeland**, Gottes Wille für Dich, Bath/England 1990 · **Ed Dufresne**, Treue – Gehorsam & Integrität. Eine Anleitung zum erfolgreichen Dienst, München ²1989 · **Kenneth Hagin**, Nicht länger Unmündige, München ²1990 · **Charles Hunter/Frances Hunter**, Handbuch der Heilung, Remscheid 1989 · **Tommy L. Osborn**, 100 Tatsachen über Heilung, Regensburg ²1991 · **Billy B. Smith**, Dein Anteil an deiner Heilung, München 1992 · **Robert H. Schuller**, Es gibt eine Lösung für jedes Problem, München ²1992

Literatur zu »Die dritte Welle und Vineyard-Bewegung«: **Wolfgang Bühne**, Die Propheten kommen. Dritte Welle im Aufwind? Bielefeld ²1995 · **Martin Percy**, Power and Fundamentalism, in: Journal of Contemporary Religion, Vol. 10, No. 3, 1995, S. 273-282.
Zu »Wort- und Glaubensbewegung«: **Albert Betschel**, Verführerische Lehren der Endzeit, Hamburg 1991 · **Charles Colson/James I. Packer/Michael S. Horton** (Hg.), Power Religion. The Selling Out of the Evangelical Church, Chicago 1992 · **Dan R. McConnell**, Ein anderes Evangelium? Eine historische und biblische Analyse der modernen Glaubensbewegung, Hamburg 1990 · **Leonard Lovett**, Positive Confession Theology, in: Dictionary of Pentecostal and Charismatic Movements⁴, S. 718-720

Internet zu »Die dritte Welle und Vineyard-Bewegung«: www.vineyard.ch ·
www.vineyard.org · www.relinfo.ch (kritisch)
Zu »Wort- und Glaubensbewegung«: www.rhema.org · www.cfaith.com ·
www.relinfo.ch (kritisch)

3. Das Wort Gottes und die Vielfalt des Geistwirkens

Kritische Auseinandersetzungen mit biblizistischen und enthusiastischen Orientierungen
werden verschiedene Ebenen berücksichtigen müssen: seelsorgerliche, hermeneutische, psychologische, ethische. Die Vielfalt und Unterschiedlichkeit der skizzierten Gruppen und
Bewegungen sowie der Sachverhalt, dass Strömungen dieser Art das Christentum von
Anfang an begleiten und gegenwärtig nicht nur neben, sondern auch innerhalb verschiedener kirchlicher Kontexte wirksam sind, nötigen zu differenzierender Wahrnehmung und
Beurteilung. Zwischen Erneuerungsgruppen in Kirchen und Freikirchen und Endzeitge-
meinschaften oder Gruppen, die ein Wohlstands- und Gesundheitsevangelium verkündigen, bestehen grundlegende Differenzen, auch wenn es eine innere Nähe in den Ausdrucksformen der Frömmigkeit geben mag. Pauschale Orientierungen wird es für den Umgang
mit biblizistisch und enthusiastisch geprägten Gemeinschaftsbildungen insofern nicht geben können. Die Fragen, die von Charismatikern, Pfingstlern und Evangelikalen an unsere
Kirchen gestellt werden, müssen ernst genommen werden. Die religiösen Bedürfnisse, auf
die sie eingehen, deuten auf Vernachlässigtes hin. Ihr Engagement stellt die Kirchen vor die
Frage ihrer eigenen Erneuerungsfähigkeit und Offenheit gegenüber einer heutigen »Reformation« aus dem Geist Christi. »Die Herausforderung evangelikaler Bewegungen an
unsere Kirchen liegt darin, ... angesichts einer oft formellen, unverbindlichen Christlichkeit ... in den großen traditionellen Kirchen die Notwendigkeit persönlicher Entscheidung
und Verpflichtung zu erkennen und zu betonen; ... alle Formen kirchlichen Lebens, christlichen Zeugnisses und kirchlichen Dienstes ... unter die Norm der Heiligen Schrift zu stellen. ... Die Herausforderung der charismatischen Bewegung an die Kirchen besteht darin,
die oft unpersönlichen, konventionellen und starren Formen des Gottesdienstes zu verle-
bendigen, ... angesichts einer oft einseitig zweckorientierten, intellektualisierten Frömmigkeit der Dimension des Lobpreises – bis an die Grenzen unserer Sprachstrukturen – ein
größeres Recht einzuräumen; ... nicht nur in theologischen Aussagen, sondern auch im
Leben der Gemeinschaft dem Wirken des Heiligen Geistes mehr Raum zu geben, damit ...
das Glaubensleben des einzelnen wie der Gemeinschaft gestärkt wird.«[234]

Die Darstellung hat freilich auch die Schattenseiten und Einseitigkeiten erwecklicher
Frömmigkeitsformen in den Blick genommen: überzogenes Machtbewusstsein, antiintel-
lektuelle Affekte, Schwarz-Weiß-Denken, elitäres und perfektionistisches Verständnis des
Christseins, pädagogisch problematisches Verständnis von Leiterschaft etc. Landeskirchliche Gemeinden werden von erwecklich geprägten Christen als Ort geistlicher Erneuerung z. T. vorschnell abgeschrieben. Pauschalisierende Beurteilungen der geistlichen Kraft
der Kirchen verhindern eine differenzierte Wahrnehmung der Bemühungen um seelsor-

gerliche Begleitung und Evangelisierung auch der so genannten »Fernstehenden« in den
Landeskirchen sowie der komplexen religionssoziologischen Rahmenbedingungen kirchlicher Arbeit in unserer Gesellschaft. Identität wird einseitig nach abgrenzenden Mustern entwickelt, statt eine »Identität in Beziehung« und eine ökumenisch-konziliare Öffnung zur Gemeinschaft zu fördern.

In dem Maße, in dem dabei fundamentalistische Motive wirksam werden, geschieht die christliche Vergewisserungssuche so, dass die Einsicht in die Geschichtlichkeit des Glaubens verweigert, historische Bibelexegese streng abgelehnt wird und der Aufbau einer Gegenwelt mithilfe von kreationistischem, millennaristischem, teilweise auch perfektionistischem Gedankengut erfolgt. Die Erlebnisorientierung pentekostaler Religiosität geht darüber hinaus auf das die Moderne bestimmende Bedürfnis nach Sichtbarkeit und Greifbarkeit der religiösen Erfahrung ein. Sie »nimmt Rücksicht auf die nüchtern-kritische Einstellung des ›aufgeklärten Menschen‹, der Beweise haben will, um glauben zu können.«[235] Darin ist sie »moderner« als ein eher rationalistisch gefärbter Fundamentalismus, der den Beweis des Glaubens allein rückwärts gewandt durch ein Verständnis der Unfehlbarkeit und Irrtumslosigkeit der Heiligen Schrift zu erreichen versucht. Pfingstlich-charismatische Frömmigkeit ist mit diesem zwar in vielfacher Hinsicht verbunden. Sie vertritt durchaus dessen zentrale dogmatische und weltanschauliche Positionen. Sie bietet dem modernen Menschen jedoch nicht nur ein vermeintlich gesichertes und keiner Anfechtung ausgesetztes Wissen, sondern außerdem (!) ein konkretes Erlebnis- und Erfahrungsangebot an.

Die folgenden Hinweise greifen vier Themenbereiche auf, die im Blick auf die theologische Auseinandersetzung mit gesteigerten biblizistisch und enthusiastisch geprägten Orientierungen bedeutsam sind. Dass dabei dem enthusiastischen Typ besondere Bedeutung beigemessen wird, spiegelt sich auch in den sich anschließenden Überlegungen.

3.1 Die Unverfügbarkeit des göttlichen Wortes

In geschichtlicher Perspektive entstammen fundamentalistische Strömungen dem Traditionsstrang des Erweckungschristentums. Sie unterscheiden sich von anderen neuen religiösen Bewegungen, insofern sie ihr Selbstverständnis im Zusammenhang des christlichen Bekenntnisses artikulieren. Der christliche Fundamentalismus – in seiner literalistischen wie in seiner enthusiastischen Gestalt – hat von Anfang an den Anspruch erhoben, das Erbe der Reformation treu zu bewahren, auch und gerade in seiner Auffassung von der Bibel. Im Mittelpunkt theologischer Auseinandersetzungen werden deshalb immer auch Fragen der Bibelauslegung zu stehen haben. Eine theologische Kritik fundamentalistischer Strömungen wird deutlich machen müssen, warum ihre Denkformen und ihre Praxis zentrale Anliegen des christlichen Glaubens verfehlen.

Bereits die so genannten fünf »fundamentals«, auf die sich die anfängliche christlich-fundamentalistische Bewegung bezieht, artikulieren in der Themenauswahl das christliche Glaubensverständnis reduktionistisch. Sie beziehen sich auf das Bibelverständnis und das Verständnis Jesu Christi, bringen jedoch nicht die Fülle des christlichen Glaubens in seiner trinitarischen Struktur zur Geltung. In der Frage der Begründung der Glaubensgewissheit differieren reformatorisches und fundamentalistisches Bibelverständnis an einem entscheidenden Punkt. Die reformatorische Theologie verzichtete darauf, die Verlässlichkeit des göttlichen Wortes durch ein Verbalinspirationsdogma zu sichern. Ebenso verneinte sie eine prophetische Unmittelbarkeit, die sich vom Wort der Schrift und den »äußeren Mitteln« göttlicher Gnadenmitteilung loslöst, und bestand auf der Wortbezogenheit des Geistwirkens. Gegenüber einem Wortfundamentalismus hebt reformatorisch geprägte Theologie hervor, dass es Gottes heilvolle Nähe in seinem Wort nur in gebrochenen und vorläufigen Formen gibt. Was Paulus im Blick auf seinen Dienst sagt, gilt auch im Blick auf die Bibel: »Wir haben diesen Schatz in irdenen Gefäßen.« Die Bibel ist weder in den zentralen reformatorischen Bekenntnistexten noch in den altkirchlichen Symbolen Gegenstand des Heilsglaubens. Die heilvolle Nähe Gottes in seinem Wort gibt es nur in gebrochenen und vorläufigen Formen. In der Bibel lässt sich Gott durch Menschen bezeugen und spricht durch die fehlerhafte Grammatik menschlicher Sprache. Deshalb gibt es kein beweisbares, kein sichtbares Wort Gottes. Im christlichen Zeugnis wird der Unterschied zur Wahrheit, die es bezeugt, gewahrt. Das göttliche Wort gibt es nicht pur, es verbirgt sich im unzulänglichen Menschenwort und lässt sich darin zugleich finden. Fundamentalistische Strömungen leugnen solche Spannungen. Sie ersetzen Gewissheit durch Sicherheit und lassen sich von einer Vollkaskomentalität beherrschen, die die Wahrheit des Glaubens an den dreieinigen Gott der Anfechtung zu entziehen versucht. »Die Hauptmerkmale der fundamentalistischen Option – seines Offenbarungsbegriffs – haben zu tun mit einem zu zwanghaften Sicherheitsverlangen sich steigernden Gewissheitsbedürfnis angesichts einer vom Zweifel und vom ideologiekritischen Verdacht geprägten Vernunftkultur.«[236]

Demgegenüber ist festzuhalten: Jesus selbst und auch Paulus und Johannes waren, was ihren Umgang mit den hebräischen Schriften angeht, keine »urchristlichen« Fundamentalisten, auf die sich der moderne Fundamentalismus mit historischem Recht berufen könnte. Ebenso wenig lässt sich vom Neuen Testament her ein charismatischer Fundamentalismus legitimieren, der die Vorläufigkeit christlicher Erfahrung aufhebt. Das reformatorische Sola-Scriptura-Prinzip wird missverstanden, wenn es in den Buchstaben des Bibelbuches verfügbar wird oder für die Aufhebung von Gottes Verborgenheit in der menschlichen Erfahrung legitimatorisch eingesetzt wird.

Man wird sich klar machen müssen, dass die »um sich greifende Bibelschwindsucht der Moderne« (Gerhard Ebeling) nicht nur in zahlreichen aufgeklärten, sondern auch in fundamentalistischen Vorurteilen ihren Grund haben dürfte. Die Bibel wird nicht unbedingt attraktiv, wenn ihr Charakter als Glaubenszeugnis zurücktritt und man in ihr einen Vorrat zeitloser, unfehlbarer Wahrheiten und Fakten sucht und findet: zur Welterschaffung, zum Endzeitablauf, zum Ausschluss der Frauen aus dem Verkündigungsamt, zur Strategie, Krankheiten schnell und wirksam zu heilen. Das Zitieren von Bibelsprüchen wird dabei nicht selten zum Ersatz für das eigene Nachdenken. Die Bibel wird kaum überzeugend ins Gespräch gebracht werden können, wenn in ihr alles gleich gültig sein soll und von der Mitte der Bibel, dem Evangelium, keine Möglichkeit eröffnet wird, »Teile von geringerer und größerer Wichtigkeit« (Adolf Schlatter) zu unterscheiden bzw. von einer »Hierarchie der Wahrheiten« auch innerhalb der Bibel auszugehen, um Alles-oder-Nichts-Lösungen etwa in Fragen ethischer Urteilsbildung zu vermeiden. Um einen Wort-

oder auch Geistfundamentalismus aufzubrechen und zu öffnen, bedürfte es einer tieferen Wahrnehmung des Verhältnisses von Wort und Geist, für den fundamentalistische Strömungen blind sind, mit der Folge, dass die christliche Freiheit verdrängt, eingeschränkt und geleugnet wird.

Man kann sich bemühen, fundamentalistische Strömungen als Antwortversuch auf die Vergewisserungssehnsucht des Menschen in komplexen, unübersichtlichen Lebensverhältnissen zu verstehen. Jedoch kann dieser Versuch letztlich nur erfolglos sein, denn Glaubens- und Lebensgewissheit sind immer unverdientes Geschenk und menschlicher Verfügung entzogen. Die Bibel zeigt uns die Wahrheit des Glaubens nicht als festen Besitz, sondern den von der Wahrheit ergriffenen Menschen. Dieser Mensch ist nicht der, der auf alles eine Antwort hätte, dem sich eine nur autoritär überlieferte Wahrheit erschlossen hätte, oder der ein Leben frei von Krankheit und Gebrechen führen könnte. Der Glaubende ist vielmehr der Angefochtene, der um seine abgründige Entfremdung von der Wahrheit weiß, sich von dieser selbst aber auf einen Weg gestellt sieht.

3.2 Rückkehr ins Urchristentum?

Das Konzept »Rückkehr ins Urchristentum« ist kennzeichnend für alle Ausdrucksformen erwecklicher Frömmigkeit. Der Wort- wie der Geistfundamentalismus zitiert die Bibel, wenn auch jeweils andere Passagen und beruft sich auf sie. Auch pfingstlich-charismatische Spiritualität erhebt den Anspruch, sich am biblischen Urbild individueller und gemeinschaftlicher Geisterfahrung zu orientieren. Dieser Anspruch ist zu prüfen. Er provoziert den hermeneutischen Rekurs zum Stellenwert enthusiastischer Erfahrungen im Neuen Testament. Wie konstitutiv sind außergewöhnliche Erfahrungen des Geistes (Glossolalie, Offenbarungen etc.) für das christliche Leben? Mit welchen Bewusstseinszuständen sind sie verbunden? Inwiefern gehören »übernatürliche« Heilungserwartungen zur christlichen Existenz und exorzistische Praktiken zum seelsorgerlichen und missionarischen Auftrag der Christen?

Charismatisch-pentekostale Spiritualität sieht sich bestätigt und legitimiert durch zahlreiche biblische Hinweise auf »übernatürliches« Geisteswirken. Einzelne biblische Notizen werden dabei in unmittelbare Parallelität zu dem gesetzt, was sich in der Praxis charismatischer Frömmigkeit heute ereignet. Hinsichtlich der Heilungen und der exorzistischen Praktiken wird auf die Wundererzählungen der Evangelien und den ausdrücklichen Auftrag Jesu an seine Jünger, das Evangelium zu verkündigen, die Kranken zu heilen und die bösen Geister auszutreiben (vgl. Mk 6, 7ff.; Mt 10, 7f.; Lk 9, 1ff.) verwiesen. Beim Ruhen im Geist werden zahlreiche alttestamentliche Beispiele genannt; im Blick auf das Neue Testament weist man unter anderem auf das Zu-Boden-Fallen des Paulus bei seiner Bekehrung hin (Apg 9, 3ff.), das Niederfallen der Soldaten bei Jesu Gefangennahme (Joh 18, 6) und der Wachsoldaten am Grab Jesu (Mt 28, 4). Beben und Zittern sieht man vorgezeichnet in den Erfahrungen der Frauen angesichts des leeren Grabes (Mk 16, 5f. 8) und des Gefängnisaufsehers in Philippi (Apg 16, 29). Im Blick auf Verzückung und Ekstase beruft man sich auf das mehrfach berichtete In-Verzückung-Geraten von Petrus und Paulus (Apg 10, 10f.; 22, 17f.; 2. Kor 5, 13). Im Blick auf Entrückungen, Elevationen und Schwebezustände wird unter anderem auf den Entrückungsbericht des Paulus in 2. Kor 12, 2ff. verwiesen.[237] Die biblizistische Argumentationsfigur ist dabei immer dieselbe. Eine »Theologie der Wiederherstellung«[238] ermöglicht die Identifikation des gegenwärtig Geschehenden als biblisch und urchristlich und legitimiert es. Wendet man den Blick von den Phänomenen weg und fragt nach ihrer Bedeutung, so wird alles im Rahmen evangelikal geprägter Erweckungstheologie gedeutet.

Die theologische Konzeption der »Rückkehr ins Urchristentum« ist jedoch nicht geeignet, die konkreten Glaubenserfahrungen angemessen zu verarbeiten. Bereits in den Auseinandersetzungen mit dem korinthischen Enthusiasmus im Neuen Testament (vgl. vor allem 1. Kor 12-14) geht es im Kern um die Frage, was geistgewirkte Glaubenspraxis ist, worin sie ihre Begründung und ihr Ziel hat. Dabei weist Paulus darauf hin, dass Geisterfülltheit als Kriterium christlichen Lebens weiterer Präzisierung bedarf. Auch der Geist kann verfügbar und manipulierbar gemacht werden. Die bloße Berufung auf ihn ist keine Gewähr für seine tatsächliche Präsenz. Paulus interpretiert den Geist, indem er auf das Christusbekenntnis, den Dienst (diakonia), die Hoffnung und auf das Kreuz Christi verweist. Im Blick auf die so genannten außergewöhnlichen Charismen erinnert er die enthusiastisch geprägten Christen in Korinth an die Ambivalenz religiöser Erfahrung. Er erkennt eine äußere Verwandtschaft zwischen den außergewöhnlichen Geistesgaben und den religiösen Erfahrungen, die die Korinther in ihrer vorchristlichen Vergangenheit gemacht haben (vgl. 1. Kor 12, 2). Die Erfahrung des Hingerissenseins, des Ergriffenwerdens, des Außer-sich-Seins gibt es auch außerhalb des Von-Christus-Ergriffen-Seins. »Das in Korinth überbewertete ›Supranaturale‹ und Numinose garantiert noch keine Christlichkeit.«[239] Die Erfahrung einer hinreißenden Kraft kann in unterschiedlichen religiösen Kontexten erlebt werden. Ekstatische Erfahrungen sind religionstranszendierend. Alle Erfahrungen göttlichen Wirkens sind in unserer Welt dem Zweifel ausgesetzt. Auch die Glossolalie kann nicht als zweifelsfreie Gotteserfahrung gelten.

Charismatische Spiritualität, die sich in Berufung auf die Kirche des Anfangs von der allgemein-christlichen Erfahrung absetzt und für sich etwas Besonderes beansprucht, steht in Gefahr, Illusionen zu pflegen. Die Unterschiede zwischen »Charismatikern« und »Nicht-Charismatikern« sind – was die Glaubenserfahrung in der unvollkommenen Welt angeht – weitaus geringer, als Charismatiker anzunehmen und wahrzunehmen bereit sind. Es ist vor allem die »Theologie der Wiederherstellung«, durch die sie sich veranlasst sehen, ihr Anderssein zu kultivieren und die ökumenische Solidarität mit anderen Christen zu vernachlässigen. Ihre konkrete Glaubens- und Welterfahrung entspricht im Wesentlichen dem, was alle Glaubenden erfahren.

Für Paulus ist das Wirken des Heiligen Geistes für das christliche Leben überhaupt grundlegend. Für den Apostel ist deshalb selbstverständlich, dass jeder Glaubende von der Erfahrung der heilvollen Nähe Gottes bestimmt und mit dem Heiligen Geist getauft ist (1. Kor 12, 13). Die Bitte um das Kommen des Geistes ist damit freilich nicht zum Verstummen gebracht. Sie ist stets neu zu sprechen. Denn das Wirken des göttlichen Geistes reicht weiter als die Begründung der Glaubensgewissheit. Es ruft den Menschen zur Bewährung des Glaubens, zu einem Leben und Wandel im Geist (Gal 5, 25). Das christliche Leben gründet dabei stets in der Rechtfertigung. Es bedeutet zwar auch Wachstum, nicht aber Aufstieg zu einem »higher christian life«, sondern Abstieg in den Zusammenhang von Gotteserkenntnis und Selbsterkenntnis. Eine Abstufung der christlichen Erfahrung und eine Konzentration des Geistwirkens auf außergewöhnliche Gaben und Erfahrungen stellen demgegenüber eine Eingrenzung dar. Niemand muss sich deshalb das Bild eines defizitären Christseins aufdrängen lassen, wenn er nicht in Zungen redet bzw. die »Geistestaufe« als zweite Gnadenerfahrung nicht kennt. Gottes Gaben sind vielfältig. Keiner empfängt alle.»Reden alle in Zungen?« (1. Kor 12, 30).

Das Überwältigtwerden von göttlicher Kraft, das Paulus auch kannte, macht das menschliche Ich nicht klein und abhängig, sondern frei zum Dasein für andere. Söhne und Töchter Gottes sind aufgerufen zu verantwortlichen Entscheidungen, sind befähigt zur Urteilsfähigkeit im Blick auf das, was gut ist und dem Willen Gottes entspricht. Paulus verbindet das Geistwirken deshalb mit Früchten des Geistes (Gal 5, 22f.), die das Ethos der Liebe zum Nächsten beinhalten, ebenso mit dem Verstand, also mit kritischem Denken, das er für die Auferbauung der Gemeinde für unverzichtbar hält. Nirgendwo redet Paulus so oft vom Verstand wie in 1. Kor 14. Er ruft die Korinther zur Vernunft und tritt ihnen als reflektierender Charismatiker entgegen, der entschieden dafür plädieren kann, dass sich die individuelle und gemeinschaftliche christliche Existenz nicht kopflos der religiösen Erfahrung ausliefern darf.

3.3 Die Vielfalt der Erfahrung des Geistes

Die Geisterfahrung des Urchristentums konnte sich in sehr verschiedenen und mannigfaltigen Weisen äußern. Zu diesen Möglichkeiten gehörte fraglos auch das ekstatische Ergriffenwerden durch den Geist. Es spricht einiges dafür, dass außergewöhnliche Erfahrungen und Begabungen auch in einzelnen frühchristlichen Gemeinden besondere Wertschätzung empfingen. Aber Geisterfahrung oder Begabung durch den Geist konnte sich auch ganz unenthusiastisch und unekstatisch äußern. Vielstimmigkeit und Verschiedenheit sind deshalb für das neutestamentliche Zeugnis vom Wirken des Heiligen Geistes und die mit ihm verbundenen Erfahrungen charakteristisch. Nie gewinnen außergewöhnliche Erfahrungen des Geistes ein solches Gewicht, dass sie für christliches Leben als konstitutiv angesehen werden. Mit Vehemenz betreibt Paulus das, was man als eschatologische Relativierung der Geistesgaben bezeichnen könnte (1. Kor 13, 8-10). Nicht die Glossolalie ist das eigentlich Übernatürliche und Wunderhafte, vielmehr ist nichts größer als das Wunder jener Liebe, die sich selbst an den anderen weggeben kann. Die Geistesgaben, die Paulus als Dienst- und Gnadengaben versteht, werden erst dann richtig eingeordnet, wenn sie in ihrer Vorläufigkeit erkannt werden. Ekstatische Erfahrungen sind ein Nebenschauplatz christlicher Erfahrung. Selbst bei Lukas, der im Neuen Testament am wenigsten Vorbehalte gegenüber ekstatischen Erfahrungen äußert, bleiben sie eingeordnet in den Kontext der zentralen Äußerungen des Geistes im gottesdienstlichen Leben, missionarischen Zeugnis und diakonischen Dienst.

Die Mannigfaltigkeit der Geisterfahrung zeigte sich auch in den unterschiedlichen Lebensformen der Gemeinden. Historisch gesehen weist das Urchristentum eine Vielzahl von Gemeindeformen auf, die auch mit unterschiedlichen theologischen und frömmigkeitsmäßigen Orientierungen verbunden sind. So ist etwa zu unterscheiden zwischen einem urgemeindlichen Typus, der sich an die synagogale Verfassung anlehnt, und einem charismatischen Gemeindetypus, wie er etwa in Korinth vorauszusetzen ist. Fundamentalistische Frömmigkeitsformen verneinen und verleugnen Vielfalt und Freiheit. Sie setzen sich darüber hinweg, dass bereits im Neuen Testament eine Vielgestaltigkeit der Frömmigkeitsformen beobachtet werden kann. Der charismatische Gemeinde- und Frömmigkeitstyp ist nicht der einzige und ausschließliche; er ist einer unter anderen.

3.4 Ekstatisches Ergriffensein als Schöpfungsmöglichkeit

Obgleich unter dem Begriff Ekstase sehr unterschiedliche Zustände der menschlichen Psyche mit entsprechend unterschiedlichen Begleitphänomenen zusammengefasst werden, trifft er Wesentliches zum Verständnis und zur Erfassung der außeralltäglichen Erfahrungen wie sie in pfingstlich-charismatischer Frömmigkeit erlebt werden.[240] Die heute gebräuchliche Definition von Ekstase als einem »altered state of consciousness« stellt eine kulturelle Beziehungsdefinition dar, die den Vorteil hat, die substantielle Bestimmung des Ekstatischen weitgehend offen zu lassen. Sie hat zugleich den Nachteil, zu sehr auf die Bewusstseinsebene fixiert zu bleiben. Präziser wäre, vom ekstatischen Verhalten zu sprechen, das als außeralltägliches und außergewöhnliches Verhalten zu verstehen ist. In der Ekstase lernt sich der Mensch als Fremder kennen. Er gerät außer sich, ist nicht mehr bei sich selbst und wird auch für andere ein Fremder. Dieses Sich-selbst-und-anderen-fremd-Werden macht die Faszination ekstatischer Erfahrungen aus. Es kann sich mit unterschiedlichen religiösen und nichtreligiösen Erlebnis- und Vorstellungswelten verbinden. Die Struktur enthusiastischer und ekstatischer Erfahrungen lässt sich im Kern unter das Motto zusammenfassen: Kontaktgewinn mit der göttlichen Kraft durch tranceartigen Kontrollverlust. Für pentekostal-charismatisch geprägte Frömmigkeit gehört ein »altered state of consciousness« gewissermaßen zur Normalität christlicher Erfahrung. Die enge Verbindung der ekstatischen Erfahrung mit der heilvollen Gegenwart Gottes und seines Geistes, wie sie in pfingstlich-charismatischen Versammlungen mehr oder weniger intensiv und bewusst angestrebt wird, beruht jedoch auf einer Identifikation des Geistes mit dem Außerordentlichen. Gottes Wirklichkeit aber ist nicht so himmelweit von unserer Welt und Wirklichkeit getrennt, dass wir in einen außergewöhnlichen Bewusstseins- und Verhaltenszustand eintreten müssten, um ihm dort zu begegnen, und nicht so eng mit ekstatischen Erfahrungen verbunden, dass seine heilvolle Nähe darin eindeutig wäre. Wer beispielsweise die Erfahrung des Ruhens im Geist macht und eine Stunde auf dem Boden liegt, erfüllt von einem wunderbaren Gefühl des inneren Friedens und der Geborgenheit, und nicht mehr in der Lage ist aufzustehen, der hat sicher etwas Wunderbares erlebt, vielleicht auch etwas für ihn Heilsames. Das Wunder der gnädigen Zuwendung Gottes und seines Geistes hat freilich andere Zeichen und Kriterien, auch wenn nicht ausgeschlossen werden darf, dass sich Gott solcher Wege bedienen kann. Ekstatisches oder enthusiastisches Ergriffensein ist immer vieldeutig. Es gehört zu den Möglichkeiten geschöpflichen Existierens und ist in Versammlungen mit suggestiven Sprachformen, mitreißenden Gesängen sowie entsprechender Musik und intensiven Erwartungshaltungen leicht herbeizuführen. Vergleichbare Erfahrungen werden auch außerhalb der christlichen Gemeinde in religiösen und nichtreligiösen Kontexten gemacht. In therapeutischen Gruppen werden sie nicht als Gotteserfahrung, sondern als Begegnung mit dem eigenen Unbewussten gedeutet. Nur innerhalb eines bestimmten kognitiven Bezugsrahmens sind Erfahrungen wie Ruhen im Geist bzw. Umfallen, Lachen, Weinen, Zittern etc. als Wirkungen des Heiligen Geistes identifizierbar. Außerhalb der charismatischen Plausibilitätsstruktur sind sie als solche nicht erkennbar und vermittelbar.

Wie wichtig der theoretische Bezugs- und Deutungsrahmen für das Verständnis der körperlichen Manifestationen ist, wird auch dadurch bestätigt, dass bestimmte Phänomene, zum Beispiel Schreien oder starkes Zittern innerhalb charismatischer Frömmigkeit nicht nur als Manifestationen des Geistes, sondern auch als Wirkungen von Dämonen verstanden werden können.[241] Eine beurteilende Sicht ekstatischer Phänomene sollte sie weder pathologisieren noch dämonisieren. Was die Einordnung solcher Erfahrungen angeht, gibt es nicht die Alternative, sie entweder als reine Wirkung des göttlichen Geistes anzuerkennen oder als ausschließlich destruktiv abzuwehren. Die vorschnelle Divinisierung der geschöpflichen Erfahrung, vor allem wenn es um Grenzbereiche des Geschöpflichen geht, führt jedoch zwangsläufig dazu, das göttliche Wirken einseitig auf solche Erfahrungsbereiche festzulegen und damit auch einzugrenzen. Im Kontext der pfingstlich-charismatischen Bewegungen tritt der erste Glaubensartikel (Glaube an Gott den Schöpfer) zugunsten der Betonung des zweiten (Glaube an Jesus Christus) und des dritten Glaubensartikels (Glaube an den Heiligen Geist) in den Hintergrund. Deshalb kann der geschöpfliche Anteil charismatischer Erfahrungen kaum in den Blick treten und wird oft ausgeblendet. Dabei käme es darauf an, gerade diese Dimension nicht zu vernachlässigen. Wenn Menschen aus der Erfahrungsarmut ihres Alltags herauskommen wollen, in einem charismatischen Gottesdienst einmal losschreien und loslachen dürfen, so kann das durchaus eine therapeutische Wirkung haben und positive, tief greifende Gefühlserlebnisse hervorrufen. Für den, der sich zu seinen Gefühlen bekennt und bürgerliche Tabus durchbricht, kann sich ein Teil seiner Geschöpflichkeit erschließen. Zugleich kann die Erlebnisorientierung aber auch zur Erlebnissucht werden oder auch zu einem vergeblichen Fluchtversuch aus der geschichtlichen Existenz. Wie sehr man sich auf ekstatische Verhaltensweisen einlässt, ist freilich auch eine Typfrage und vor allem eine Frage des sozialen und kulturellen Milieus, innerhalb dessen man sich bewegt. In dem Maße, in dem ekstatisches Verhalten zum Symbol der Gruppenzugehörigkeit und zu einem starken emotionalen Band der Gemeinschaft wird, ist es schwer, sich solchem sozial vorgegebenen Verhaltensmuster zu entziehen.

Natürlich haben pfingstlich-charismatische Bewegungen Recht, wenn sie gegen die »emotionale Häresie«[242] und depressive Stimmung traditioneller Frömmigkeit protestieren. Natürlich haben sie Recht, wenn sie die umwandelnde Kraft des göttlichen Geistes betonen, dessen Wirken die ganze Person des Menschen ergreifen will. Was immer über die Geistmanifestationen im Umfeld pfingstlich-charismatischer Frömmigkeit zu sagen ist, in ihnen melden sich reale Bedürfnisse nach Gottes-, Geist- und Selbst- bzw. Körpererfahrung, die auch Folge von offensichtlichen Verdrängungsprozessen sind. Die Unterdrückung oder Leugnung religiöser Erfahrung hat weit reichendere Folgen, als dies in der Regel in unserer rationalitätsdominierten Kultur eingestanden wird.

Die christliche Erfahrung ist jedoch nicht primär in dem Bereich anzusiedeln, der ihr in zahlreichen Ausprägungen pentekostal-charismatischer Frömmigkeit zugewiesen wird. Die Aussagen des Neuen Testaments rechtfertigen gewiss nicht die schroffe Antithese »Theologie des Wortes« oder »Theologie der Erfahrung«. Zu fragen ist jedoch: Mit welchen Erfahrungen wird das Wirken des Heiligen Geistes verbunden? Zwar ist der göttliche Geist Zeichen und Angeld des kommenden Gottesreiches, aber zugleich hält er den Schrei nach endgültiger Erlösung wach und macht wahrnehmungsfähig und sensibel für die Leiden der Kreatur und die Spannungen und Gebrochenheiten, in denen von Gott erneuertes Leben sich vollzieht (vgl. Röm 8, 23). Die Geisterfahrung ist im Neuen Testament mit dem »Realitätsprinzip« gekoppelt. Je mehr Gewissheit zur Sprache kommt, desto wichtiger wird es, die Wirklichkeit des Menschen in seinem Angefochtensein und seinen unübersteigbaren Begrenzungen unverstellt wahrzunehmen. Paulus lehnte es deshalb ab, ekstatischen oder enthusiastischen Äußerungen der Frömmigkeit eine zentrale Bedeutung für den Aufbau der christlichen Gemeinde zuzumessen, obgleich das mysterienkultische Umfeld eine solche Konzentration durchaus nahe legte, er selbst diese Erfahrungen kannte und davon ausging, dass sie zu den unverrechenbaren Möglichkeiten Gottes gehören.[243] Dieser unpopuläre Weg des Apostels lässt ihn jenseits der damaligen und heutigen Trends stehen. Der Glaube an den gekreuzigten Jesus und die Erwartung des kommenden Reiches Gottes waren für ihn die entscheidende Bremse, solche Erfahrungen überzubetonen und Gottes heilvolle Nähe in ihnen zu suchen. Auch seine missionarische Verantwortung hielt ihn davon ab: Wenn ein Außenstehender in einen christlichen Gottesdienst kommt, soll er etwas verstehen und sich nicht nur über die Ergriffenen und »vom Geist Erschlagenen« wundern können (vgl. 1. Kor 14, 23-25). Der Streit über den Stellenwert enthusiastischer Erfahrungen zielt im Kern auf die Frage ab, wo der Ort der Antreffbarkeit Gottes in der Welt und der menschlichen Erfahrung ist. Dabei wird es auch darum gehen, eine angemessene Pneumatologie zu entfalten, die die Weite und Fülle des biblisch bezeugten Geistwirkens in den Blick nimmt[244] und gleichzeitig das unterscheidend Christliche festhält.

VI. | Exklusive Wege zum Heil –
die christlichen Sondergemeinschaften
und sog. Sekten

1. Christliche Sondergemeinschaften im Spektrum des Religiösen

Die traditionellen christlichen Sondergemeinschaften haben viel mehr Mitglieder als jene oftmals exotisch anmutenden Gruppen, die immer wieder in das Zentrum der öffentlichen Aufmerksamkeit geraten. Allein die größte Sondergemeinschaft, die Neuapostolische Kirche, ist mit rund 400.000 Mitgliedern in Deutschland größer als alle traditionellen evangelischen Freikirchen zusammen. Auch die Zeugen Jehovas können auf beachtliche Zahlen verweisen. Derzeit zählen sie rund 165.000 »Verkündiger«. Weitere 50.000 Sympathisanten finden sich im Umfeld. Vergleicht man die Zeugen Jehovas mit einer traditionellen Freikirche wie beispielsweise der Evangelisch-methodistischen Kirche, so stellt man fest, dass Jehovas Zeugen deren Mitgliederzahl um das Zweieinhalb- bis Dreifache übertreffen.

Damit sind die beiden wichtigsten und für die religiöse Landschaft in Deutschland einflussreichsten Sondergemeinschaften bereits genannt. Die Reihe lässt sich mit deutlich kleineren, aber nicht minder interessanten Gemeinschaften fortsetzen. Zu nennen ist die Kirche Jesu Christi der Heiligen der Letzten Tage (Mormonen), der in Deutschland etwa 36.000 Mitglieder angehören, die Christengemeinschaft (etwa 10.000 Mitglieder bei deutlich größerem Freundeskreis), die Christian Science (Christliche Wissenschaft) mit einem Freundes- und Mitgliederkreis von einigen tausend, die Gralsbewegung (etwa 3.000 Freunde), die Johannische Kirche (etwa 3.500 Glieder) usw. Eher regional tätig sind einige kleinere apostolische Gemeinschaften,[1] das Universelle Leben oder der »Orden« Fiat Lux.

1.1 Sind Sondergemeinschaften Sekten?

Als traditionelle, christliche Sondergemeinschaften bezeichnen wir jene Religionsgemeinschaften, die sich seit der Mitte des 19. Jahrhunderts vom protestantischen Mainstream abgespalten haben, die über ein religiöses Sondergut verfügen und die sich häufig über ihre Differenz zu den traditionellen christlichen Kirchen definieren.

Umgangssprachlich werden einige dieser Sondergemeinschaften auch als »Sekten« bezeichnet. Dieser Begriff ist jedoch wenig angemessen, weil er überwiegend negative Assoziationen weckt. Viele Menschen denken bei dem Wort »Sekte« an Manipulationstechniken, an Freiheitsentzug und Gewalt gegenüber Abhängigen. Solche Vorfälle sind jedoch nicht verallgemeinerungsfähig und in einigen Gemeinschaften völlig undenkbar. Schließlich verschleiert der Sektenbegriff die Unterschiede zwischen den einzelnen Gruppen. Vergleicht man beispielsweise die Christengemeinschaft mit den Zeugen Jehovas, so wird deutlich, wie tief der Graben zwischen beiden ist: In der Christengemeinschaft ist man an kulturellen Ereignissen und politischen Fragen sehr interessiert, während Jehovas Zeugen Kultur und Kunst weitgehend mit Desinteresse begegnen und politisches Engagement bewusst vermeiden. Viele Kirchen der Christengemeinschaft sind architektonische Meisterwerke, während die »Königreichssäle« der Zeugen Jehovas eher an sachliche Zweckbauten erinnern. Als im Herbst 1989 das ostdeutsche SED-Regime zu wanken begann, waren Mitglieder bzw. Freunde der Christengemeinschaft an den politischen Auseinandersetzungen maßgeblich beteiligt. Für Jehovas Zeugen wäre ein solcher Einsatz undenkbar: Im April 1991 schrieb der »Wachtturm« über das Engagement vieler Christen bei der friedlichen Revolution von 1989/90: »Jehovas Zeugen in Osteuropa ... freuen sich über die größere religiöse Freiheit, die sie jetzt haben. Aber sie benutzen sie nicht dazu, sich in politische oder soziale Auseinandersetzungen einzumischen. In Übereinstimmung mit dem Auftrag des Evangeliums ... folgen sie Jesu Beispiel, sich aus der Politik herauszuhalten, und verkündigen stattdessen die gute Botschaft von Gottes Königreich als einzige Hoffnung der Menschheit. Die Geistlichen der Christenheit – in Osteuropa und anderswo – sollten klugerweise dasselbe tun.«[2]

Ein diffuser Sektenbegriff ist also wenig hilfreich und sollte aus der Diskussion herausgehalten werden. Zu einem ähnlichen Ergebnis kam 1998 auch die Enquete-Kommission des Deutschen Bundestags »Sog. Sekten und Psychogruppen«, die staatlichen Stellen vorschlug, auf den Sektenbegriff vollständig zu verzichten.[3] Aus der Alltagssprache wird dieser Begriff jedoch kaum zu verbannen sein. Deshalb ist es hilfreich, sich die verschiedenen Ebenen zu vergegenwärtigen, in denen der Begriff »Sekte« genutzt wird:

- Die theologische Verwendung des Sektenbegriffs: Sekte bedeutet hier eine Abspaltung von einer großen Kirche. Aus der Sicht dieser Kirche hat die abgespaltene Gruppe den Boden des gemeinsamen Glaubens verlassen oder die alten Glaubenswahrheiten verändert und ist somit zur Sekte geworden. Meist verschlechtert sich die Beziehung zwischen beiden Seiten so weit, dass die Sekte ihrer Mutterkirche jegliche Glaubwürdigkeit abspricht und für sich selbst beansprucht, den einzig wahren Weg zu Gott oder zum Heil des Menschen zu kennen. Häufig fordert die Sekte im selben Atemzug von ihren Anhängern totale Unterordnung. Dieser Prozess der »Versektung« lässt sich am Beispiel der Zeugen Jehovas gut zeigen: Ursprünglich hatten sich lediglich einige über die Zeit- und Kulturlage besorgte Menschen zum gemeinsamen Gebet und zum Lesen der Heiligen Schrift zusammengefunden. Sie wollten keinesfalls eine neue Religionsgemeinschaft gründen. Nach internen Streitigkeiten konnten sich jedoch jene durchsetzen, die der Lesergemeinde ein exklusives Selbstverständnis vermittelten. So entstand die Überzeugung, dass nur hier das Wort Gottes angemessen gedeutet und verstanden werden kann und die großen Kirchen verdorben seien. Zunehmend definierten sich die »ernsten Bibelforscher« – so der alte Name der Zeugen Jehovas – über ihre Ablehnung all dessen, was den christlichen Kirchen wichtig war und ist: Sie lehnen die christlichen Feste und Sakramente ab, führten einen neuen Gottesnamen (Jehova) in die Heilige Schrift ein und behaupten, alle Kirchen und Weltreligionen seien Teil der »falschen Religion«. In theologischer Hinsicht sind Sekten also Gemeinschaften, welche die weltweite Ökumene der Christenheit ablehnen und für sich einen exklusiven Zugang zum Heil reklamieren.

- Die populäre Verwendung des Sektenbegriffs: Häufig wird der Begriff »Sekte« genutzt, um ein Anderssein zu benennen. Immer wieder werden Gemeinschaften als Sekte bezeichnet, weil ihre Mitglieder anders leben als der gesellschaftliche Mainstream. Das jedoch ist kein tragfähiges Kriterium. Schließlich lebt die plurale Gesellschaft davon, dass unterschiedliche Lebens- und Glaubensentwürfe möglich sind. Andererseits gibt es konflikträchtige Gemeinschaften, deren Lebenswirklichkeit mit den Werten des Grundgesetzes, also mit der Unantastbarkeit der Würde des Menschen und dem Recht auf freie Entfaltung der Persönlichkeit nicht vereinbar ist. Werden solche Gruppen als »Sekten« bezeichnet, dann verharmlost man das Problem, denn es handelt sich nicht um ein Anderssein in Glaubensfragen, sondern möglicherweise um einen Verstoß gegen geltendes Recht. Die populäre Verwendung des Sektenbegriffs steht also in einer doppelten Gefahr: entweder die eigentliche Problematik zu verharmlosen, oder aber, das Fremde unnötig zu stigmatisieren.

Mit zunehmender Säkularisierung geraten auch immer häufiger Gemeinschaften, die sich um Gebetspraxis und ein gutes gottgefälliges Leben bemühen, zu Unrecht in den Sektenverdacht. Aufgrund dieser Unschärfe wird der Begriff »Sekte« in der vorliegenden Publikation weitgehend vermieden.

1.2 Die Entstehungsbedingungen

Entstanden sind all diese Gemeinschaften vor dem Hintergrund tiefer Glaubenszweifel und Glaubensfragen religiös Suchender, die wir heute als die Gründer der Gemeinschaften wiederfinden. Keine dieser traditionellen Sondergemeinschaften ist entstanden, weil jemand völlig unvermittelt eine »Sekte« hätte gründen wollen: Bevor Joseph Smith zum Gründer der »Kirche Jesu Christi der Heiligen der Letzten Tage« (die so genannten Mormonen) wurde, rief er Gott in verzweifelten Gebeten an, welche Kirche denn nun die richtige sei. Zum Urheber der Ernsten Bibelforscher (die späteren Zeugen Jehovas) wurde Charles T. Russell, ein in Glaubensfragen umherirrender junger Mann, der am moralischen Verfall seiner Zeit litt und nach Gottes Eingreifen Ausschau hielt. Die Christengemeinschaft entstand, nachdem eine Gruppe evangelischer Theologen bei Rudolf Steiner neue Impulse für ihre Kirche gesucht hatte. Am Anfang stehen also immer Sorgen und Zweifel über die bestehenden Kirchen, tiefe existenzielle und religiöse Verunsicherungen. Für das Entstehen kleinerer Religionsgemeinschaften können vier unterschiedliche Entstehungsbedingungen bzw. Hauptmotive genannt werden:[4]

- Die Sehnsucht nach der Urgemeinde oder der »sündlosen« Gemeinde (z. B. Johan Oskar Smith [1871-1943], geistiger Vater der »Norweger«/»Smiths Freunde«),
- konkret terminierte Endzeitspekulationen (z. B. William Miller [1782-1849] oder Charles T. Russell [1852-1916], der geistige Vater der Zeugen Jehovas),
- Erneuerung kultischer Handlungen (z. B. Friedrich Rittelmeyer [1872-1938], Gründer der Christengemeinschaft),
- individuelle Glaubensereignisse, die wiederum wie folgt differenziert werden können:

- Visionen bzw. Offenbarungen (Joseph Smith [1805-1844], Gründer der Mormonen; Erika Bertschinger Eicke, geb. 1929, Gründerin von Fiat Lux; Gabriele Wittek, geb. 1933, »Lehrprophetin« des Universellen Leben; San Myung Mun, geb. 1920, Gründer der Mun-Bewegung);
- wundersame Heilungen (Mary Baker Eddy [1821-1910], Gründerin der Christlichen Wissenschaft);
- Berufungen (Joseph Smith [1805-1844], Gründer der Mormonen; Oskar Ernst Bernhardt [1875-1941], Gründer der Gralsbewegung; Joseph Weißenberg [1855-1941], Gründer der Johannischen Kirche);
- innere Stimmen (Emanuel Swedenborg [1688-1772]; Jakob Lorber [1800-1864]; Bertha Dudde [1891-1965]; Georg Riehle [1872-1962]; Johannes Widmann [1940-2000]).

Die in diesem Kapitel behandelten Sondergemeinschaften sind auf dem Boden des Christentums entstanden. Sie wollen Kirche, oft eine »erneuerte« oder auch »wiederhergestellte« Kirche sein. Sie berufen sich auf theologische Erkenntnisse, die entweder im Laufe der Kirchengeschichte »vergessen« wurden oder auf neuen Botschaften Gottes (»neue Offenbarungen«) gründen.

Allen gemein ist der Anspruch, an die »reine«, die »richtige«, die »unverfälschte Urgemeinde« wieder anknüpfen zu können. Beispielsweise geht die Neuapostolische Kirche davon aus, dass die wahre Kirche (wie zu Jesu Lebzeiten) von Aposteln geführt werden muss. Die Einrichtung bzw. Wiedereinrichtung des Apostelamts wird also als ein Zurückgehen auf die wahre und unverfälschte Kirche der Urgemeinde empfunden.

Zeugen Jehovas insistieren darauf, dass Jesus als Wanderprediger durch die Lande gezogen ist und vom Reich Gottes gesprochen hat. Deshalb gehen auch sie von Tür zu Tür und lehnen sämtliche traditionellen Organisationsformen und Ämter der Kirchen ab. Dass sie in den letzten 100 Jahren selbst einen Prozess der Institutionalisierung durchgemacht haben und zumindest rechtlich eine Gleichstellung mit den etablierten Kirchen anstreben, widerspricht diesem Pathos und wird in den eigenen Reihen nicht realisiert.

Auch die Mormonen legen großen Wert auf die Feststellung, dass die Kirchengeschichte eine Geschichte des Abfalls von Gottes Willen und seinen Geboten ist. Sie reklamieren für sich, die »wahre« Kirche wiederhergestellt zu haben und »die einzige wahre und lebendige Kirche auf dem ganzen Erdboden« zu sein.[5] Folgt man der mormonischen Geschichtsschreibung, dann hatte Jesus während seines irdischen Wirkens zwar seine Kirche gegründet, diese verfiel jedoch nach dem Tod der Apostel zunehmend. Anfang des 19. Jahrhunderts war die Zeit für das »große Werk der Wiederherstellung« gekommen: An eine Reformation der bestehenden Kirchen war nicht zu denken, vielmehr waren ab 1820 neue Offenbarungen nötig und damit eine Kirchenneugründung durch Joseph Smith.

Bei den christlichen Sondergemeinschaften handelt es sich um Abspaltungen, die ein Differenzbewusstsein gegenüber den großen christlichen Kirchen pflegen. Hierfür ein Beispiel: Zeugen Jehovas lehnen Geburtstagsfeste, Namenstage, Ostern, Pfingsten, Weihnachten usw., also viele in der christlichen Tradition beheimatete Feste, ab. Das Identitätsgefühl dieser Gemeinschaft konstituiert sich partiell über diese Ablehnung, während eine eigene Festkultur nicht entwickelt wurde. Der für die Selbstwahrnehmung wichtige Satz lautet also nicht: Wir sind die Gemeinschaft, die ein Fest gefunden hat, sondern diejenige, die bestimmte Feste nicht feiert.

Die traditionellen Sondergemeinschaften vermitteln ihren Mitgliedern ein (unterschiedlich laut artikuliertes) Erwählungs- und Exklusivitätsverständnis. Heil und Rettung kann der Gläubige finden, weil er der »Schlusskirche Christi« angehört (Neuapostolische Kirche), wenn er im »Predigtdienst« für »Jehovas wahre Organisation« steht (Zeugen Jehovas), weil er den neuen und als heilsnotwendig gedachten Tempelzeremonien beiwohnt (Mormonen), weil er sich im Kultus (der Christengemeinschaft) dem »gegenwärtigen Christus unmittelbar gegenüber« fühlen darf usw.

1.3 Zwischen Stagnation und Wachstum

In Deutschland und in vielen westeuropäischen Ländern stagnieren die Mitgliederzahlen bei allen traditionellen Sondergemeinschaften auf relativ hohem Niveau. Bisweilen sind leichte Rückgänge zu beobachten. Vereinfacht kann man sagen: In den letzten fünfundzwanzig Jahren ist es den Sondergemeinschaften gelungen, ihre Mitgliederzahlen halbwegs konstant zu halten. Dazu war jedoch ein beachtlicher Kraftaufwand nötig.

Dieser Befund gilt auch für die neuen Bundesländer. Trotz der massiven sozialen und weltanschaulichen Verwerfungen, denen die Menschen in den ersten Jahren nach 1989/ 90 ausgesetzt waren, haben sie sich nicht in nennenswertem Maße den traditionellen Sondergemeinschaften angeschlossen. Das ist als solches schon ein auffälliger Befund, da einige dieser Gemeinschaften im Laufe der Geschichte gestärkt aus Krisenzeiten hervorgegangen sind. So ist es nicht verwunderlich, dass 1990/91 von vielen Beobachtern für die neuen Bundesländer ein »Run auf die Sekten« vorhergesagt wurde. Die vorgetragenen Gründe schienen höchst plausibel: Muss nicht der Zusammenbruch eines ideologischen Systems, das nur eine Weltanschauung gelten ließ, den Bedarf nach neuen und ähnlich verbindlichen Weltdeutungssystemen erwarten lassen? Da der Marxismus-Leninismus in der früheren DDR mit quasi-religiösen Heilsversprechungen überhöht war und geradezu das »Paradies auf Erden« schaffen wollte, entstand die Frage, welche neue Heimat die Sehnsüchte der Menschen finden konnten. Mit Blick auf den Alltag vieler DDR-Bürger in der Umbruchzeit 1989/1990 hätte man auch einfacher fragen können: Schürt nicht allein der Umbau der Gesellschaft, der Verlust gewohnter Strukturen den Bedarf nach Inseln der Sicherheit, nach Halt gebender Orientierung, wie sie von kleineren Religionsgemeinschaften und so genannten Sekten in besonderer Weise versprochen wird? Schließlich ermöglichte die neue Freiheit vielen Ostdeutschen, bis dahin verbotene Gemeinschaften wie die Zeugen Jehovas oder die Christliche Wissenschaft kennen zu lernen. Ähnliches gilt für Weltanschauungssysteme, die zu DDR-Zeiten verpönt waren wie z. B. Anthroposophie und Waldorfschulen, Astrologie sowie neue Formen von »Jenseitskontakten« usw. Es schien also gute Argumente für einen »Run auf die Sekten« zu geben. Die Wirklichkeit sah jedoch anders aus: Von einzelnen Ausnahmen abgesehen, haben sich die Ostdeutschen den traditionellen Sondergemeinschaften und so genannten Sekten nicht in besonderer Weise zugewandt. Es gibt Indizien dafür, dass viele Ost-

Christliche Sondergemeinschaften im Spektrum des Religiösen

deutsche eher Interessen an Weltanschauungsangeboten wie Astrologie oder Esoterik entwickeln. Fragt man nach Ursachen für diese Entwicklung, so wird man auf die radikale Entkirchlichung vieler Menschen in der ehemaligen DDR hinweisen müssen. Die Missionsbemühungen vieler klassischer Sondergemeinschaften sind in erster Linie dort erfolgreich, wo zumindest auf Rudimente religiösen Denkens zurückgegriffen werden kann. Da in Ostdeutschland selbst diese weitgehend zerstört sind, greift die Mission oftmals nicht.

Anders ist die Lage in einigen Ländern Osteuropas und in der so genannten »Dritten Welt«. Hier verzeichnen die Sondergemeinschaften mitunter rasantes Wachstum. So konnte die Neuapostolische Kirche in den zehn Jahren zwischen 1988 und 1998 weltweit eine Verdopplung ihrer Mitgliederzahlen erreichen. Damit dürfte die Neuapostolische Kirche in jenem Jahrzehnt zu den am schnellsten wachsenden Religionsgemeinschaften gehören. Nach eigenen Angaben bekennen sich heute weltweit etwa 9,4 Millionen Menschen zum neuapostolischen Glauben. Allein in Indien konnten innerhalb der letzten 25 Jahre 1,5 Millionen Menschen für den neuapostolischen Glauben gewonnen werden. In den zentralafrikanischen Staaten Demokratische Republik Kongo (ehemals Zaire) und Sambia leben mehr als 2,6 Millionen Mitglieder der Neuapostolischen Kirche. In einigen Regionen sollen fast 50 Prozent der Bevölkerung neuapostolisch sein.[6] Vergegenwärtigen wir uns allein diese Zahlen, so wird deutlich, dass derzeit fast jedes zweite Mitglied der Neuapostolischen Kirche aus Indien oder aus einem der beiden genannten zentralafrikanischen Staaten kommt. Von den etwa 300 neuapostolischen »Aposteln« sind knapp einhundert allein in diesen drei Ländern tätig. Ein Befund, der vor dreißig Jahren noch völlig undenkbar gewesen wäre.

Von beachtlichem weltweitem Wachstum können auch die Mormonen berichten. Sie hatten bereits Anfang 1998 weltweit die 10-Millionen-Grenze überschritten. Knapp 60.000 Missionare sind für die Gemeinschaft im Einsatz. In den letzten Jahren konnten weltweit rund 300.000 Erwachsene jährlich neu für den mormonischen Glauben gewonnen werden. Im April 1997 umschrieb der Präsident der Mormonen, Gordon B. Hinckley, die rasante Entwicklung mit folgender Formel: »167 Jahre sind vergangen, seit die Kirche gegründet wurde. Seitdem wächst sie kontinuierlich ... Wir sind gewaltig viele geworden.«[7] Und 1999 konnte Hinckley in Salt Lake City festhalten: »Wir sind ein glückliches, gesegnetes Volk, und wir arbeiten daran, die Sache und das Reich Gottes auf der Erde aufzurichten ... Ich bin froh, ihnen sagen zu können, daß sich die Kirche in gutem Zustand befindet.«[8]

Weltweit verzeichnet auch die Wachtturmgesellschaft der Zeugen Jehovas stetiges Wachstum. Nach eigenen Angaben liegt die jährliche Zuwachsrate bei etwa 2 Prozent. Im Jahr 2000 waren weltweit 6 Millionen »Verkündiger« – das sind alle aktiven Zeugen Jehovas – in 235 Ländern der Erde im Einsatz. Blickt man auf die Zahl der Sympathisanten, so ist von etwa 14 Millionen Menschen auszugehen, die weltweit den Zeugen Jehovas nahe stehen.[9] Länder mit besonderem Wachstum sind die Ukraine, Russland, Kolumbien, Nigeria, Brasilien und Mexiko.[10]

Die christlichen Sondergemeinschaften sind Gemeinschaften mit relativ großen Mitgliederzahlen. Gemessen daran geraten sie verhältnismäßig selten in das Blickfeld der interessierten Öffentlichkeit. Wie ist das möglich? Viele dieser Gemeinschaften passen sich leicht an die bürgerliche Gesellschaft an. Im Gegensatz zur Esoterikszene findet sich hier kaum ein alternatives Potenzial. Die Wert- und Lebensvorstellungen sind eher unauffällig bis konservativ. In einer internen Anweisung der Wachtturmgesellschaft werden die missionierenden Zeugen Jehovas beispielsweise an Folgendes erinnert: »Das Predigen der guten Botschaft auf belebten Straßen und öffentlichen Plätzen erfordert, dass wir rücksichtsvoll sind, niemals laut oder aufdringlich und niemandem im Weg stehen. In der Wohnung von Interessierten sind wir verpflichtet, angemessene Anstandsformen zu wahren und uns als dankbare Gäste zu benehmen, indem wir Wertschätzung für ihre Gastfreundschaft zeigen. Kinder, die uns begleiten, sollten Respekt vor dem Wohnungsinhaber und seinem Eigentum zeigen, und sie sollten sich bei unserer Unterhaltung anständig verhalten und aufmerksam sein. Wenn Kinder ausgelassen sind, hinterlässt das einen ungünstigen Eindruck. Unsere persönliche Erscheinung sollte eindeutig erkennen lassen, dass wir Diener des Wortes Gottes sind. Unsere Kleidung und äußere Erscheinung sollte weder ungepflegt und schlampig sein noch auffallend und extravagant.«[11]

Diese Beschreibung lässt sich leicht auf andere Gemeinschaften übertragen: Wer einen Gottesdienst der Neuapostolischen Kirche besucht, der wird von mehreren Amtsträgern im schwarzen Anzug bereits an der Tür mit freundlichem Handschlag empfangen und mit ähnlicher Verbindlichkeit auch wieder verabschiedet. Vergleichbar, wenn auch durch amerikanische Mentalität verändert, ist die Atmosphäre bei den Mormonen. Wenn Missionare der Mormonen in den Fußgängerzonen einen Informationsstand aufbauen, dann fragen sich Passanten oftmals verwundert: Was sind das für freundliche junge Männer in schwarzen Anzügen, die so ideale Vorstellungen vom Familienleben haben?

Auf Außenstehende wirken die traditionellen Sondergemeinschaften häufig wie Felsen in der Brandung des Zeitgeistes. Bei genauerer Betrachtung zeigt sich jedoch, dass dieses Anderssein einen hohen Preis hat. Beispielsweise appellierte der Präsident der Mormonen am 5. April 1997 in einer Rede vor Jugendlichen wie folgt an seine Zuhörer: »Flieht vor den Begierden der Jugend. Haltet euch von Drogen fern. Sie können euch völlig vernichten. Meidet sie wie die Pest, denn das sind sie. Meidet üble, schmutzige Reden. Sie können euch vernichten ... Ihr könnt nicht rauchen, ihr dürft nicht rauchen. Ihr dürft keinen Tabak kauen. Ihr könnt keinen Alkohol trinken. Ihr tragt das Priestertum Gottes. Ihr müsst euch über all das erheben, was euch so verführerisch lockt. Betet immer ... Ihr steht vor großen Herausforderungen. Ihr bewegt euch auf eine Welt voll erbitterten Wettbewerbs zu. Ihr müsst euch eine so gute Ausbildung verschaffen, wie ihr nur könnt. Der Herr hat uns darin unterwiesen, wie wichtig Bildung ist.«[12]

Während für die Mormonen schon immer Bildungsziele ein hohes geistliches Ideal darstellten und eine Kindheit in der Christengemeinschaft ohne musische und literarische Bildung völlig undenkbar ist, haben die Neuapostolische Kirche und die Zeugen Jehovas traditionell ein eher gespaltenes Verhältnis zu höherer Schulbildung. Fachhochschulen und Universitäten wurden hier häufig als Orte der Glaubensgefährdung und des

Abfalls gesehen. Auch haben überzogene Endzeiterwartungen immer wieder dazu geführt, dass Jugendlichen der Verzicht auf höhere Schulbildung nahe gelegt wurde. So haben beispielsweise viele Zeugen Jehovas in den letzten Jahren vor 1975 auf höhere Schulbildung für ihre Kinder verzichtet, weil die Wachtturmgesellschaft das Ende der Welt (die so genannte »Schlacht von Harmagedon«) für den Herbst 1975 propagiert hatte.

Derzeit ist man bei den Zeugen Jehovas mit Endzeitdaten zurückhaltend. Aber dennoch wird schulische bzw. universitäre Bildung mit Distanz betrachtet. Im Wachtturm hieß es 1997: »Der Hauptzweck der Bildung sollte darin bestehen, einen jungen Menschen auszurüsten, ein wirkungsvoller Diener Jehovas zu sein. Und die wichtigste Bildung überhaupt ist die religiöse Bildung ... Eltern ist auch daran gelegen, dass ihre Kinder eines Tages finanziell unabhängig sind. Gebt euren Kindern daher Anleitung, helft ihnen, passende Schulfächer auszuwählen, und sprecht mit ihnen darüber, ob es klug wäre, eine zusätzliche Ausbildung ins Auge zu fassen oder nicht.«[13]

Es ist also kein Zufall, dass sich die Neuapostolische Kirche und die Zeugen Jehovas traditionell überwiegend aus Arbeiter- und Handwerkerkreisen rekrutieren. In der Frage der Schulbildung ist in den westlichen Ländern jedoch ein Umdenken zu beobachten. Man hat in den Leitungsetagen der Gemeinschaften erkannt, dass es durchaus von Vorteil sein kann, wenn Glieder ihrer Gemeinschaft in verantwortungsvolle bzw. einflussreiche Positionen gelangen. So wird es in letzter Zeit gern gesehen, wenn Mitglieder Journalistik, Medizin oder Jura studieren.

1.5 Die traditionellen Sondergemeinschaften und der Staat

Mit Ausnahme der Zeugen Jehovas stehen die Sondergemeinschaften dem Staat traditionell aufgeschlossen bis unkritisch gegenüber. Die Mormonen halten ihre Loyalität gegenüber dem Staat sogar im Glaubensbekenntnis fest. Auch im neuapostolischen Glaubensbekenntnis lautete der entsprechende Artikel bis vor einigen Jahren wie folgt: »Ich glaube, dass die Obrigkeit Gottes Dienerin ist uns zugute, und wer der Obrigkeit widerstrebt, der widerstrebt Gottes Ordnung, weil sie von Gott verordnet ist.« Von diesen Worten hat sich die Gemeinschaft auch während der beiden deutschen Diktaturen leiten lassen. In der Zeit des Nationalsozialismus war die Mehrheit der neuapostolischen Apostel in Deutschland Mitglied in der NSDAP. Auch in der DDR war die Neuapostolische Kirche für ihr vergleichsweise ungebrochenes Verhältnis zum SED-Staat bekannt. Ein Beispiel: An den »Wahlen« haben die neuapostolischen Amtsträger mit ihren Gemeinden nicht nur vollzählig, sondern, was den SED-Funktionären besonders wichtig war, bereits kurz nach Öffnung der Wahllokale teilgenommen. In internen Berichten der Staatsorgane wurde positiv hervorgehoben, dass sich die Amtsträger der Neuapostolischen Kirche darin von den Geistlichen der beiden großen Kirchen unterscheiden. Vereinzelt wurde von neuapostolischen Amtsträgern sogar die Zeit des sonntäglichen Gottesdienstes verändert, um der Gemeinde einen frühzeitigen Wahlgang zu ermöglichen.

In der heiklen Frage des Wehrdienstes gab es zwischen dem SED-Staat und der Neuapostolischen Kirche keine sichtbaren Differenzen. Mitunter wurde bei Gesprächen mit Vertretern des Staats von neuapostolischen Amtsträgern auf die Undenkbarkeit oppositioneller Zirkel in der Neuapostolischen Kirche hingewiesen. So betonte beispielsweise ein neuapostolischer Bischof in einem Gespräch mit dem DDR-Staatssekretär für Kirchenfragen: »Die Neuapostolische Kirche sei in sich eine Einheit und nicht in Interessengruppen aufgespalten wie die großen Kirchen, darin bestünde ihr Wert. Die Neuapostolische Kirche stünde den politischen Fragen nicht differenziert gegenüber.«[14]

Und noch Ende August 1989 empfahl sich die Neuapostolische Kirche der DDR-Regierung wie folgt: »Unsere Regierung hatte nie Schwierigkeiten mit der Neuapostolischen Kirche, sondern gerade in heutiger Zeit eine nötige Ruhe- und Friedensbasis.«[15]

Im Glaubensbekenntnis der Mormonen ist das Verhältnis zum Staat wie folgt benannt: »Wir glauben, dass es recht ist, einem König oder Präsidenten oder Herrscher, einer Obrigkeit untertan zu sein und den Gesetzen zu gehorchen, sie zu achten und für sie einzutreten.« Im NS-Staat konnten die Mormonen nur unter erschwerten Bedingungen tätig sein. In der DDR wurden die Mormonen ab Mitte der 80er Jahren von der SED auf Kosten anderer Religionsgemeinschaften protegiert. In einer Grußadresse der Mormonen vom 28. Oktober 1988 aus Anlass eines Treffens zwischen einer Mormonendelegation unter Leitung des 2. Ratgebers der Ersten Präsidentschaft, Thomas S. Monson, mit einer Delegation der SED unter Leitung Erich Honeckers heißt es: »Wir achten Sie als Repräsentanten unserer Heimat, unseres Staates, mit dem wir uns identifizieren, in dem wir leben und arbeiten … In der DDR sind alle Bürger in ihrem Bekenntnis gleichermaßen geschätzt … Heilige der Letzten Tage sind niemals ›Aussteiger‹, sondern positiv und optimistisch im Denken und Handeln … Die Kirche steht grundsätzlich niemandem zur Verfügung, der bei ihr eine Plattform oder ein Dach für Opposition sucht … Die jungen Männer kommen deshalb auch ihrer Pflicht zur Wehrdienstleistung nach.«[16] Bei der Beurteilung dieser Zeilen ist zu berücksichtigen, dass die Mormonen eine in vielen Ländern durchaus einflussreiche Gemeinschaft darstellen und die DDR im Herbst 1988 bereits von Krisen gezeichnet war.

Vorsichtig kritisch war zu DDR-Zeiten die Haltung der Christengemeinschaft zum SED-Staat. Ein Leipziger Pfarrer der Christengemeinschaft war dafür bekannt, dass er bei Vorträgen mit feinem Gespür die Widersinnigkeiten des SED-Menschenbildes angeprangert hat. In der DDR waren die Christliche Wissenschaft und die Zeugen Jehovas verboten. Über Letztere muss jedoch gesagt werden, dass sie trotz des Verbots unter großen Opfern fast immer aktiv waren. Das Widerstandspotenzial der Zeugen Jehovas gegen den SED-Staat und gegen das NS-Regime erklärt sich jedoch nicht aus einer politischen Gesinnung, sondern aus ihrer kritischen Haltung gegenüber allen weltlichen Institutionen. Die Zugehörigkeit zu Gottes (hier: Jehovas) wahrer, theokratischen Organisation verlangt den Bruch mit allen Organisationen, die dem Herrschaftsbereich Satans zuzurechnen sind. Insofern nehmen Zeugen Jehovas eine Sonderrolle unter den kleineren Religionsgemeinschaften ein.

Heute sind die Neuapostolische Kirche, die Mormonen, die Christengemeinschaft, die Johannische Kirche sowie die Christliche Wissenschaft in Deutschland als »Körperschaft des öffentlichen Rechts« anerkannt.[17] Um den Rechtsstatus der Zeugen Jehovas wird seit vielen Jahren prozessiert. Kleinere Gemeinschaften wie das Universelle Leben und Fiat Lux sind als eingetragene Vereine registriert. In Österreich sind die Mormonen und die Neuapostolische Kirchen gesetzlich anerkannte Kirchen (Körperschaft öffentlichen

Rechts – sui generis), kleinere Gemeinschaften wie die Christengemeinschaft und die Zeugen Jehovas sind als »staatlich eingetragene religiöse Bekenntnisgemeinschaft« registriert. In der Schweiz hat jeder Kanton eine eigene Rechtstradition bei der Anerkennung der Religionsgemeinschaften. Derzeit sind die Zeugen Jehovas, die Mormonen und die Neuapostolische Kirche privatrechtlich organisiert und damit als Vereine strukturiert. Es gibt jedoch in einigen Kantonen Bestrebungen, auch christliche Sondergemeinschaften öffentlich-rechtlich anzuerkennen und damit aufzuwerten.

1.6 Jüngste Entwicklungen

Einige der hier vorgestellten Gemeinschaften, z.B. die Christengemeinschaft, die Johannische Kirche oder die Christliche Wissenschaft, führen ein vergleichsweise stilles und unauffälliges Leben. Um andere, wie die Zeugen Jehovas, die Neuapostolische Kirche oder auch die Mormonen, wird vereinzelt heftig gestritten. Bislang wurde dieser Streit von den Gemeinschaften ignoriert; vereinzelte Buchpublikationen von kritischen Noch-Mitgliedern und so genannten Aussteigern führten oft genug ein Schattendasein. Das Internet veränderte dieses Milieu jedoch völlig, da es eine bisher ungekannte Vernetzung ermöglicht. So können kritische Informationen, Insiderwissen oder jüngste Entwicklungen in anderen Ländern zeitnah diskutiert werden. Aufgrund der Anonymität des Internet beteiligen sich keinesfalls nur ehemalige Mitglieder an Diskussionen, sondern immer häufiger auch unzufriedene Noch-Mitglieder der verschiedenen Gemeinschaften. Somit wird ein sozialpsychologisches Phänomen der traditionellen »Sektenbildung« unterlaufen: Man kann nicht mehr klar zwischen »innen« und »außen« trennen, zwischen »guten« Mitgliedern und »bösen« Abtrünnigen. Das Internet ermöglicht Transparenz und Austausch in Milieus, die noch vor zwanzig Jahren weitgehend ohne Außenkontakte lebten. Noch ist nicht auszumachen, welche Konsequenzen sich aus dieser neuen Entwicklung ergeben: Einige Gruppen versuchen unter dem Mantel der »neuen Offenheit« den Status quo hinüberzuretten, andere präsentieren sich zwar geschickt im Internet, warnen jedoch intern ihre Mitglieder, sich durch Informationen aus dem Internet nicht vom Glauben abbringen zu lassen. Auch wenn derzeit noch kein abschließendes Urteil möglich ist, kann gesagt werden: Seit das Internet in zahlreiche Haushalte Einzug gehalten hat, ist dieses Medium zu einem wichtigen Kommunikationsmittel kritischer »Noch-Mitglieder« und Aussteiger aus extremen Religionsgemeinschaften geworden. Wo bisher Gerüchte blühten und der freie Austausch von Informationen unterbunden blieb, ist jetzt eine Vernetzung über große Entfernungen leicht möglich. Das Internet wird die Diskussionskultur und die religiöse Landschaft verändern.

Literatur: EKL³ 4, Sp. 194-197 · TRE 31, S. 96-103 · Deutscher Bundestag (Hg.), Endbericht der Enquete-Kommission »Sogenannte Sekten und Psychogruppen«, Neue religiöse und ideologische Gemeinschaften und Psychogruppen in der Bundesrepublik Deutschland, Bonn 1998 · Ders. (Hg.), Neue religiöse und ideologische Gemeinschaften und Psychogruppen. Forschungsprojekte und Gutachten der Enquete-Kommission

»Sogenannte Sekten und Psychogruppen«, Hamm 1998 · **Hansjörg Hemminger**, Was ist 509
eine Sekte?, Mainz/Stuttgart 1995 · **Kurt Hutten**, Die Glaubenswelt des Sektierers, Hamburg 1962 · **Werner Thiede**, Sektierertum, RAT 12, Neukirchen-Vluyn 1999

Darstellungen

2. Darstellungen

Sucht man eine Typologie der christlichen Sondergemeinschaften, so bietet sich eine Dreiteilung an: Gemeinschaften wie Zeugen Jehovas, die Neuapostolische Kirche oder die Christliche Wissenschaft sind zwar in kritischer Reflexion auf die großen christlichen Kirchen entstanden, sind jedoch selbst Kinder der christlichen Tradition. In ihrem Selbstverständnis bezeugt die Heilige Schrift das Wort Gottes. Darüber jedoch, wer die Bibel auslegen kann und wie sie zu verstehen ist, gibt es tiefe Differenzen zwischen den Sondergemeinschaften und den traditionellen Kirchen. Daher ist in Kapitel 2.1 von Gemeinschaften im Gegenüber zur christlichen Tradition die Rede.

Eine zweite Kategorie bilden jene Gemeinschaften, die um neue Inkarnationen Gottes entstanden sind. Hier wird davon ausgegangen, dass Gott nach seiner Menschwerdung in Jesus Christus erneut Menschengestalt angenommen und auf dieser Erde gelebt hat. Es handelt sich also um eine radikale Infragestellung des biblischen Offenbarungsverständnisses (vgl. Kap. 2.2).

Schließlich gibt es einen dritten Typ christlicher Sondergemeinschaften: Sie berufen sich auf neue Offenbarungen und erweitern damit den Kanon der Heiligen Schrift um weitere Texte. Hier wird das biblische Wort Gottes als ergänzungsbedürftig erachtet und um neue Heilswahrheiten erweitert (vgl. Kap. 2.3).

2.1 Im Gegenüber zur christlichen Tradition

2.1.1 Die Neuapostolische Kirche

> »In der Neuapostolischen Kirche wird das von Jesu begonnene Erlösungswerk durch die von ihm gesandten Apostel vollendet.«[18]
> (Fragen und Antworten über den neuapostolischen Glauben)

Vorbemerkung

Die Neuapostolische Kirche (NAK) ist mit etwa 400.000 Mitgliedern die größte christliche Sondergemeinschaft in Deutschland. Sie hat wesentlich mehr Mitglieder als alle evangelischen Freikirchen zusammen und deutlich mehr als doppelt so viele Mitglieder wie die Wachtturmgesellschaft der Zeugen Jehovas.

In einer Auflage von 100.000 Exemplaren[19] erscheint die hauseigene Zeitschrift: »Unsere Familie« zweimal im Monat. Daneben gibt es das Kindermagazin »Wir Kinder«. Es erscheint monatlich in einer Auflage von etwa 10.000 Stück.

Gemessen an ihrer Größe gerät die NAK relativ selten in das Blickfeld der Öffentlichkeit. Dann jedoch berichten sensationsheischende Medien über »Angst hinter frommen Fassaden« in »Deutschlands unbekanntester Sekte«.[20] Das Interesse verliert sich jedoch meist schnell wieder, weil man die komplizierte Lebens- und Glaubenswirklichkeit einer Religionsgemeinschaft nicht auf einfache Formeln reduzieren kann.

Traditionell ist die NAK ein relativ abgeschlossener sozialer Organismus. Bücher, Zeitschriften und andere Veröffentlichungen der NAK wurden viele Jahrzehnte nur intern vertrieben. Seit 1999 können die hauseigenen Publikationen jedoch auch von Nichtmitgliedern erworben werden. Eine deutlich wahrnehmbare Mission findet hierzulande nicht statt. Geworben wird allenfalls im persönlichen Umfeld. Hierfür gibt die NAK jedoch konkrete Empfehlungen. Vereinzelt wird zu Konzerten eingeladen. Dagegen wird in den so genannten Missionsgebieten wie Osteuropa und Zentralafrika intensiv geworben.

Diese Abgeschlossenheit gründet in einem ausgeprägten Exklusivitätsanspruch: Die NAK versteht sich selbst als »Schlusskirche Christi«, als einzig wahre Kirche. Nur die eigenen Mitglieder werden als »Kinder Gottes« im eigentlichen Sinne des Wortes angesehen. Die NAK geht davon aus, dass der heilige Geist in der Fülle seiner Kraft nur in den eigenen Reihen lebendig ist.

Die Wurzeln der heutigen NAK

Die NAK hat eine komplizierte Entstehungsgeschichte. Sie ist nicht wie bei der Christengemeinschaft oder bei der Kirche Jesu Christi der Heiligen der Letzten Tage die Gründung einer charismatischen religiösen Gestalt, sondern sie wurzelt in unterschiedlichen religiösen Erneuerungsbewegungen: In England entstanden im 19. Jahrhundert vor dem Hintergrund sozialer und gesellschaftlicher Umbrüche (Französische Revolution, indus-trieller Aufschwung) vielerorts Gemeinschaften, in denen auf biblischer Grundlage und im Gebet über die geistige Lage nachgedacht wurde. 1826 trafen sich beispielsweise mehr als zwei Dutzend Vertreter erweckter Kreise in Albury Park, dem Landsitz des Bankiers Henry Drummond [1786-1860]. Einer der wichtigsten Teilnehmer an diesen Treffen, die bis 1830 regelmäßig fortgesetzt wurden, war Edward Irving [1792-1834]. Seine Londoner Predigten waren von ungewöhnlicher Kraft und beschäftigten sich mit der erwarteten Parusie Christi, der Ausgießung des Heiligen Geistes, und der Sorge um das Christentum bei zunehmender Entchristlichung des privaten und auch des öffentlichen Lebens.

In Irvings Gemeinde kam es im April 1831 zu Zungenreden und Weissagungen. Obwohl Irving schon bald in Konflikte mit seiner Kirche geriet, konnte sich die charismatische Gemeinde etablieren. Diese sah es als ihre Aufgabe an, die Kirche der Endzeit aufzubauen. Es wurde erwartet, dass diese Kirche der Endzeit gewisse Parallelen zur Urgemeinde aufweist, und so kam es zu Apostelberufungen. Dem Apostelamt wurde eine entscheidende eschatologische Bedeutung zugesprochen. Berufen wurden die Apostel durch »Propheten«. 1835 war die (biblische) Zwölfzahl der Apostel erreicht. Weitere urchristliche Ämter gemäß Eph 4,11 (Apostel, Propheten, Evangelisten, Hirten) folgten. Das Selbstverständnis dieser »Katholisch-apostolischen« Gemeinden war ein endzeitliches: Die Apostel sahen ihren Auftrag darin, die zerstreute Christenheit zusammenzubringen (deshalb der Name »katholisch« im Sinne von weltumspannend) und sie Christus bei dessen Wiederkunft entgegenzuführen.

Das zentrale Dokument dieser »Katholisch-apostolischen Bewegung« war das »Testimonium an die geistlichen und weltlichen Häupter der Christenheit« von 1836. Hier hieß es: »Ihr aber, ihr Fürsten und Herrscher der Christenheit, seid versichert, dass in der Wiederkehr der Herrlichkeit des heiligen Geistes zu der Kirche Gottes eure wahre Kraft liegt und die einzig sichere Rettung inmitten dieser Zeiten der Verwirrung. Und deshalb beschwören wir euch im Namen unseres Gottes ... steht fest im Glauben ...; wehret den Gottlosen; reinigt eure Höfe von Laster und Verderben; rufet in euren Dienst rechtschaffene, gläubige und gottesfürchtige Männer.«[21]

Als im Jahre 1855 drei der zwölf Apostel verstarben, ohne dass der Herr wiedergekommen war, stand man vor der Frage, ob neue Apostel berufen werden sollten. Das Apostelkollegium entschied sich dagegen, da man in der Heiligen Schrift keine Ermächtigung für einen solchen Schritt zu finden glaubte. Der Berliner »Prophet« Heinrich Geyer [1818-1896], einer der damals bekanntesten und wichtigsten Amtsträger der Katholisch-apostolischen Gemeinden in Deutschland, war damit nicht einverstanden. Er berief 1860 während der Apostelversammlung in Albury zwei neue Apostel, die jedoch vom Apostelkollegium nicht anerkannt wurden. Diese Berufungen sowie grundsätzliche Auseinandersetzungen um das Apostel- und das Prophetenamt führten zu harten Kontroversen, die 1862/63 mit dem Ausschluss Geyers aus der Katholisch-apostolischen Gemeinde endeten.[22] Geyer blieb jedoch in seinem theologischen Denken den Katholisch-apostolischen Gemeinden relativ nahe, weshalb er in Geschichtsdarstellungen der heutigen NAK übermäßig kritisch gesehen wird.

Anfang 1863 gründete Geyer zusammen mit anderen Ausgeschlossenen in Hamburg die »Allgemeine Apostolische Gemeinde« (später: »Allgemeine christliche Apostolische Mission«). Nach schwierigen Jahren einer allmählichen Konsolidierung brachen in einem Gottesdienst am 4. August 1878 erneut offene Konflikte aus: Geyer wurde abgesetzt und verließ mit etwa 250 Getreuen der etwa 300 Anwesenden und den zu ihm stehenden Amtsträgern den Saal. Der weitere Weg von Geyer soll uns an dieser Stelle nicht interessieren, wichtiger sind die etwa 50 im Kirchsaal verbliebenen Personen bzw. die ihnen zuzurechnenden apostolischen Gemeinden. In diesem Kreis war der Apostel Friedrich Wilhelm Schwarz [1815-1895] die zentrale Autorität. Unter seiner Führung gewannen jene Einfluss, die sich von den Katholisch-apostolischen Wurzeln der Bewegung entfernt hatten und einen neuen Kurs einschlugen. So wurden wichtige Elemente des Katholisch-apostolischen Erbes, wie beispielsweise die ökumenische Einstellung zu anderen Konfessionen oder auch die Hochschätzung charismatischer Gaben (insbesondere des Prophetenamts), nach und nach zurückgedrängt. Auch im Gottesdienst machten sich Veränderungen bemerkbar: Die reichhaltige, noch von den Katholisch-apostolischen Gemeinden übernommene Liturgie und die priesterlichen Gewänder wurden durch schlichte Formen ersetzt.

Der Wechsel hatte schließlich auch Auswirkungen auf das soziale Gefüge der Gemeinden: Waren in der Katholisch-apostolischen Gemeinde noch gesellschaftlich höher stehende Persönlichkeiten dominant, so übernahm nunmehr der Mittelstand die Führung. Handwerker, Kaufleute, Angestellte und Arbeiter prägten fortan das Gemeindeleben, das sich durch innige Frömmigkeit und strenge Moral auszeichnete.

Nach dem Tod des Apostels Schwarz im Jahre 1895 kehrte man sich auch immer mehr ab von dem Gedanken der Gleichheit der Apostel. Zu Pfingsten 1897 wurde Friedrich Krebs [1832-1905] zum so genannten »Stammapostel« ernannt. Die Bezeichnung war nicht neu. Auch in den Katholisch-apostolischen Gemeinden galt jeder Apostel als Apostel eines Stammes. Mit Krebs jedoch verschiebt sich die eher auf regionale Zusammengehörigkeit zielende Bedeutung des Wortes zu einer inhaltlichen: Nun versteht man unter »Stammapostel« gleichsam jenen Stamm, von dem alle anderen Apostel wie Zweige ausgehen; und ebenso wie die Zweige eines Baumes nicht aus sich selbst leben können, so leben die einzelnen (neuapostolischen) Apostel aus der Fülle des sie tragenden Stammapostels. Damit war der alte Konflikt zwischen Geist (Prophet) und Amt (Apostel) entschieden. Es ist bezeichnend, dass die Initiative zur Errichtung des Stammapostelamts von einem Apostel und nicht von einem Propheten ausging.

Krebs gilt in der NAK als »Vater der Einheit«. Er hat es verstanden, die zentrifugalen Kräfte zu bündeln und den Gemeinden ein exklusives Glaubens- und Selbstverständnis zu vermitteln. Obwohl es auch zu seiner Zeit Abspaltungen[23] von der Bewegung gegeben hat, erlebte die Gemeinschaft unter seiner Leitung eine erste nennenswerte Wachstumsphase.

Als eigentliche Geburtsstunde der NAK gilt die Einführung des Stammapostelamts neuapostolischer Prägung 1895/97 und damit das Ende des Kollegialitätsprinzips unter den Aposteln.[24] Neuapostolische Darstellungen sehen das anders: Hier wird eine Kontinuität der neuapostolischen Apostel bis zu John Bate Cardale und den anderen Albury-Aposteln unterstellt.[25] Das kann jedoch nicht überzeugen. Die NAK ist zwar aus den Katholisch-apostolischen Gemeinden erwachsen, jedoch können diese Apostel nicht als deren Vorläufer benannt werden. Dazu sind die theologischen Unterschiede zu groß und der personale Hintergrund zu gering. Von denjenigen, die ab 1878 Krebs gefolgt sind, hatte kaum einer Katholisch-apostolisches Gemeindeleben kennen gelernt, und es gab auch keinen einzigen wichtigen Amtsträger, der eine (wie auch immer geartete) Kontinuität hätte gewährleisten können.

In Darstellungen der NAK wird zudem die Rolle Geyers zu kritisch gesehen: Immerhin sind von ihm zwischen 1852 und 1862 fast alle Katholisch-apostolischen Amtsträger in Deutschland berufen worden. In den hauseigenen Darstellungen wird über den Aussonderungsgottesdienst vom 4. August 1878 so berichtet, dass lediglich die Unruhestifter den Saal verlassen hätten. Diese Version ist allerdings verkürzt, denn im Grunde sind Geyer und die Seinen die rechtmäßigen Erben der »Allgemeinen christlichen apostolischen Mission«. Die nach dem Auszug Geyers in Hamburg Zurückgebliebenen standen mit leeren Händen da. Damit war jedoch das Feld für die Entwicklung jener Gemeinschaft frei, die sich ab 1907 »Neuapostolische Gemeinde« und seit 1930 »Neuapostolische Kirche« nennt.

Die NAK im 20. Jahrhundert

Die Geschichte der NAK kann als die Geschichte ihrer Stammapostel erzählt werden. Als Krebs nach achtjähriger Amtszeit 1905 verstarb, wurde jener Mann sein Nachfolger, von dem 1897 die Initiative zur Errichtung des Stammapostelamts ausgegangen war: Hermann Niehaus [1848-1932]. Die weiteren Stammapostel im 20. Jahrhundert waren: Johann Gottfried Bischoff [1871-1960] – er amtierte in den Jahren 1930-1960; Walter Schmidt [1891-1981] war Stammapostel von 1960-1975; Ernst Streckeisen [1905-1978] bekleidete dieses Amt von 1975-1978, Hans Urwyler [1925-1994] von 1978-1988. Seit 1988 ist der Schweizer Richard Fehr der amtierende Stammapostel.

Eine ausführliche Würdigung der verschiedenen Stammapostel ist an dieser Stelle nicht möglich. Wir beschränken uns auf einige Aspekte in der Amtszeit von Johann Gottfried Bischoff, der die NAK von 1930 bis 1960 führte. In diese Zeit fallen zwei Problemfelder, die noch heute von Kritikern der NAK kontrovers betrachtet werden und die zu weiteren Diskussionen um die NAK beitragen. Es handelt sich um das Verhältnis der NAK zum Nationalsozialismus und um die so genannte »Botschaft« des Stammapostels von 1951.

Die NAK und der Nationalsozialismus: Während der Zeit des NS-Regimes waren von dreizehn deutschen Aposteln zehn Mitglied in der NSDAP. Der Stammapostel war zwar nicht Mitglied in der Partei, er stand dem NS-Regime jedoch nahe. Mit Beginn des Zweiten Weltkrieges fand sich in der Zeitschrift »Unsere Familie« eine Fülle von Kriegspropaganda bzw. antijüdischen Äußerungen. Nicht zuletzt mit dieser Politik ist es dem Stammapostel gelungen, ein drohendes Verbot abzuwenden. Sucht man nach Erklärungsmustern für die mangelnde Distanz, so wird man sich vergegenwärtigen müssen, dass weite neuapostolische Kreise im Führerprinzip Hitlers gleichsam das weltliche Gegenstück zur neuapostolischen Führung sahen: Der Führer führt die Gemeinde (bzw. das Volk) durch die Wirren der Zeit der Vorsehung entgegen. Die patriarchalische bzw. undemokratische Struktur der NAK scheint eine gewisse geistige Nähe zu autoritären politischen Systemen zu begünstigen. Um nicht missverstanden zu werden: Propaganda im Sinne der NS-Ideologie gab es in jenen Jahren vielerorts; auch die großen Kirchen haben sich der herrschenden Ideologie in weiten Teilen angeschlossen. Es geht an dieser Stelle nicht um eine moralische Bewertung des Anpassungskurses. Das Problem besteht darin, dass sich die heutige NAK ihrer Vergangenheit nicht hinreichend stellt. In einer hauseigenen Darstellung der Geschichte der NAK heißt es lapidar: »Es bedurfte oft der ganz besonderen Weisheit des Stammapostels Bischoff, das Schiff der Kirche sicher und ungefährdet durch die drohenden Klippen zu steuern, wovon die Mehrzahl der Kinder Gottes kaum etwas gemerkt hat.«[26] Das ist gewiss zu einfach.

Die »Botschaft« von 1951: Am Weihnachtsfest 1951 verkündete Stammapostel Bischoff in Gießen: »Ich bin persönlich überzeugt, dass die Zubereitung des königlichen Priestertums in der Zeit erfolgt, in der ich noch vorhanden bin, und dass die Reichsgottesarbeit im Weinberg des Herrn mit mir ihr Ende erreicht ... Ich bin der Letzte. Der Herr wird zu meiner Zeit kommen, die Seinen zu sich zu nehmen.«[27] Diese Verheißung ging als »Botschaft« in die Geschichte der NAK ein. Sie bedeutete, dass mit der Wiederkunft des Herrn gleichsam täglich zu rechnen war, zumal sich Bischoff damals bereits im hohen Alter von 80 Jahren befand. Der Stammapostel verknüpfte diese Botschaft mit der Autorität seines Amtes und seiner Person. Für Zweifel und Zweifler gab es keinen Raum. Ohne Übertreibung kann man sagen, dass diese Verheißung binnen weniger Monate zu einem heilsnotwendigen Dogma erhoben wurde. In der folgenden Zeit hat Bischoff wiederholt unterstrichen, dass ihm diese Erkenntnis in einer Offenbarung Gottes zuteil geworden sei. So schrieb er 1955 an Amtsträger im Apostelbezirk Düsseldorf: »Mir ist vom Herrn Jesus eine unmittelbare, persönliche Offenbarung geworden, mit der er mir selbst seine Wiederkunft zu meiner Lebenszeit mitgeteilt hat.«[28] Nicht nur die Botschaft als solche ist problematisch und unbiblisch (vgl. Mt 24,44; 25,13), sondern auch, wie mit ihr umgegangen wurde: Nachdem der Bezirksapostel Peter Kuhlen im Jahre 1954 zusammen mit weiteren Amtsträgern angeregt hatte, die Annahme oder Ablehnung dieser »Wahrheit« dem Gewissen des Einzelnen zu überlassen, wurden sie kurzerhand aus der NAK ausgeschlossen. Der Stammapostel starb am 6. Juli 1960. Damit war seine »Botschaft« des Irrtums überführt. Die Schuld für die Verirrungen und für das menschliche Leid, das die unsägliche Verheißung ausgelöst hatte, wurde jedoch nicht bei Bischoff gesucht, sondern kurzerhand Gott zugeschoben. In einer ersten Stellungnahme hieß es: »Wir stehen deshalb vor dem unerforschlichen Ratschluss unseres Gottes und fragen uns, warum er seinen Willen geändert hat. Der Stammapostel ... kann sich nicht geirrt haben, weil er immer das Wort des Herrn zur Richtschnur seines Handelns gemacht hat.«[29] Das ist auch heute noch die offizielle Haltung. Am 2. Mai 1995 schrieb Stammapostel Fehr über die »Botschaft« von 1951: »Die Nichterfüllung der Botschaft kann mit dem Verstand letztlich nicht erklärt werden. Der göttliche Charakter der Botschaft wird dadurch nicht in Frage gestellt. Wir halten daran fest, dass der Stammapostel sich nicht geirrt hat. Wenn der Herr wiedergekommen sein wird, wird die Frage, warum die Botschaft sich nicht erfüllt hat, vollends beantwortet werden.«[30]

Das Dilemma, in dem sich die Leitung der NAK befindet, liegt auf der Hand. Ermöglicht sie eine Diskussion um die Politik bzw. um die »Botschaft« des Bischoffs, dann folgt sofort die Frage nach der maßlos überzogenen Bedeutung des Stammapostelamts. Vermeidet man jedoch diese Diskussion, dann werden kritische Geister immer wieder die alten Wunden aufrühren.

Der Stammapostel und die anderen Ämter der NAK

Die NAK ist eine Kirche des Amtes. Wichtige Ämter sind: Diakon, Priester, Gemeindeevangelist, Gemeindeältester, Bezirksältester, Apostel und Bezirksapostel. An der Spitze der strengen Hierarchie steht der so genannte »Stammapostel«. Seit Mai 1988 hat dieses Amt der Schweizer Richard Fehr [geb. 1939] inne. Der Amtssitz ist Zürich.

Das Amt des Stammapostels ist mit höchster Autorität gefüllt. Er ist in allen kirchlichen Angelegenheiten oberste Instanz und gilt als »das sichtbare Haupt der Kirche Jesu Christi«, als »Repräsentant des Herren auf Erden«.[31]

Mit seinen weltweit etwa 300 Aposteln, die in 27 Apostelbezirken tätig sind, steht er für das Heil der Glaubensfamilie. In Deutschland amtieren derzeit 41 Apostel, in der Schweiz vier und in Österreich einer.

Die herausragende Stellung des Stammapostels wird bei der Lektüre der hauseigenen Zeitschrift »Unsere Familie« besonders deutlich: Im Zentrum eines jeden Hefts steht der Bericht über einen Gottesdienst, den der Stammapostel irgendwo in der weltweiten Kirche gehalten hat. Die Predigt ist abgedruckt, ebenso die sie flankierenden Worte der »mitdienenden« Amtsträger. Meist handelt es sich dabei um den zuständigen Bezirksapostel und weitere Apostel. Gerade diese Co-Predigten ermöglichen einen genauen Blick auf die besondere Dignität des Stammapostels: So erklärte Bezirksapostel Saur beim Stammapostelgottesdienst in Bangladesch Ende März 1998 der versammelten Gemeinde: »Ich bin sicher, dass ihr heute sehr glücklich seid, denn unser himmlischer Vater erfüllte euch heute einen Wunsch, den ihr hattet, seit ihr Kinder Gottes geworden seid. Ihr kennt unseren Stammapostel von Bildern oder Fotos ... Aber ihr habt gewiss den Wunsch gehabt, ihn einmal im Leben von Angesicht zu sehen. Heute ist das möglich geworden.«[32] Gelegentlich drängt sich der Eindruck von Unterwürfigkeit auf, wenn beispielsweise Apostel Wiktor in einem Gottesdienst in Hilversum am 16. November 1997 immer wieder den Stammapostel zitiert und mit eigenen Worten wiederholt, was dieser bereits ausgeführt hat.[33]

Der Dienst des Stammapostels wird mit Worten größter Dankbarkeit beschrieben: »Es gibt nichts Schöneres und für uns Bedeutsameres auf dieser Erde zu erleben, als Jesus im Stammapostelamt erkennen zu können.«[34] Mitunter finden sich Formulierungen, die theologisch problematisch sind. So erklärte beispielsweise Bezirksapostel Pos in einem Gottesdienst Anfang 1997: Der Stammapostel »(erhöht) in seinem Dienen den himmlischen Vater und seinen Sohn«, ja, er »offenbart in Wort und Tat den Willen des Sohnes«.[35] 1998 sagte Apostel Bott in einem Gottesdienst mit dem Stammapostel: »Der Vater, der Herr Jesus (hat) uns durch den Stammapostel an die Hand genommen.«[36]

Für kritische Reflexionen dieser Wertschätzung eines menschlichen Amtes besteht kein Raum. Das Wort des Stammapostels wird mit dem Wort Gottes identifiziert: »Es muss ja der Geist Gottes sein, der durch ihn spricht. Deshalb ist es für mich völlig unverständlich, dass es Menschen wagen, Kritik am Wort Gottes zu üben, denn es ist ja nicht das Wort eines Menschen, obwohl der Stammapostel ein Mensch ist, sondern das Wort Gottes!«[37] So ist es innerhalb des Glaubenssystems konsequent, wenn Apostel Bott festhält: »Es gibt sicher Menschen, die können im Stammapostel, im Apostolat, den Herrn Jesus nicht erkennen. Aber das liegt an ihnen.«[38]

Das Glaubensleben

Die NAK kennt – neben Taufe und Abendmahl – das Sakrament der Heiligen Versiegelung (vgl. Apg 8,14-17; 19,6). Dieses neuapostolische Sakrament wird als Spendung des Heiligen Geistes verstanden und ist eng an das Amt des neuapostolischen Apostels gebunden: »Wie in der Urkirche sind auch in der Neuapostolischen Kirche die Apostel Jesu tätig, den Heiligen Geist zu spenden.«[39] Gemäß der NAK wird der Gläubige erst durch die Versiegelung »zu einem Kind Gottes mit dem Anrecht auf das Erbe Christi«[40] Der Exklusivitätsanspruch der NAK ist also an die Lehre von der Versiegelung gebunden. »Nicht die Taufe, sondern die Versiegelung bildet ... das Tor in die Endzeitkirche Jesu Christi.«[41] Die anderen christlichen Kirchen kennen die Versiegelung nicht.

Das Glaubensleben in der NAK lässt sich gut in Metaphern beschreiben. Bezeichnend ist der Titel der hauseigenen Zeitschrift: »Unsere Familie«. Die NAK lebt wie eine (Glaubens-)Familie in einem »göttlich geordneten Haus«.[42] Hier findet jeder seinen Platz, jeder seine Aufgabe, und allen ist geholfen, wenn die gleichsam gottgegebene Ordnung nicht unnötig hinterfragt wird. In »Unsere Familie« hieß es dazu einmal: »Darin unterscheiden wir uns von den übrigen Christen, dass wir eine große Familie darstellen, wo eben der Jüngste so denkt wie der Älteste.«[43]

Zum Bild der Familie gehört das Bild der Beständigkeit. Das Lebensgefühl ist konservativ. Sieht man einmal von punktuellen Veränderungen in den letzten zehn Jahren ab, so ist man an Neuerungen wenig interessiert. Überspitzt, aber für die Gemeindebasis doch zutreffend, möchte man sagen: Vieles in der NAK ist so, wie es schon immer war.

Das Bild von der neuapostolischen Familie verweist auf die Stärke dieser Kirche: Sie vermittelt Geborgenheit wie kaum eine zweite Religionsgemeinschaft. Das neuapostolische Haus versteht sich als Fels in der Brandung des Zeitgeistes. Während die Welt von moralischen Katastrophen und Entgleisungen gezeichnet ist, findet der Gläubige hier Orientierung und Verlässlichkeit. Schon das jeweilige Titelbild der Zeitschrift »Unsere Familie« vermittelt Ruhe: Entweder zeigt es die Schönheiten von Gottes Schöpfung oder aber den Stammapostel bei seiner Arbeit. Hier ist kein Platz für sensationelle Aufmacher. Die neuapostolische Familie weiß sich herausgehoben: »Unter den Milliarden von Menschen hat sich der treue Gott etliche erwählt, mit denen er seinen Heils- und Erlösungsplan durchführen will.«[44] Bezeichnend ist auch, wie man in neuapostolischen Kreisen gern die Welt buchstabiert, in der Millionen Menschen abseits der neuapostolischen Familie leben: WELT = Wehe, Elend, Leid und Tod.

Dieser Erwählungsgedanke ist es, der den Blick nach innen lenkt: Die NAK ist eine herzliche Glaubensgemeinschaft in selbst gewählter Isolation, die sich unter einer besonderen Verheißung Gottes wähnt. Ganz im Gegensatz zur Wachtturmgesellschaft der Zeugen Jehovas, die gelegentlich die anderen Religionsgemeinschaften mit maßlosen Vorhaltungen überzieht, hat die NAK eine solche, der Selbstvergewisserung dienende Abgrenzung gar nicht nötig: Die an Gewissheit grenzende Verheißung »Schlusskirche Christi« zu sein, macht das Anderssein leicht. Mit dem in der NAK weit verbreiteten Sinn für griffige »Weisheiten« heißt es: »Wir sehen das Schwarze, aber wir sehen nicht schwarz.«

Doch die ideale Welt hat auch ihre Tücken: Kritische Gemeindeglieder fühlen sich im geordneten Haus eingeengt, hinterfragen die schöne Fassade. Ehemalige Mitglieder der NAK sprechen von subtilem Druck, der auf die Gemeindeglieder ausgeübt wird. Sie meinen, dass die Geborgenheit mit Kontrollmechanismen erkauft wird. Wieder andere stellen die theologischen Fundamente der NAK auf den Prüfstand: Lassen Wort und Geist der Heiligen Schrift es zu, das Heil an eine Organisation zu binden? Begegnet uns hier nicht ein unchristlicher Heilsegoismus? Ist es zutreffend, dass die wahre christliche Kirche von Aposteln geleitet werden muss? Wenn auf der NAK wirklich der Segen Gottes liegt, warum hat sie dann so viele Abspaltungen hervorgebracht wie keine zweite Religionsgemeinschaft im 20. Jahrhundert?

Die NAK in der Kritik

Seit Anfang der 90er Jahre des vergangenen Jahrhunderts sieht sich die Leitung der NAK immer häufiger mit kritischen Wortmeldungen aus dem eigenen Umfeld konfrontiert. Zwei Ebenen lassen sich benennen: Buchpublikationen ehemaliger Amtsträger und die Präsentation kritischer Informationen im Internet.

Eine der wichtigsten Publikationen eines ehemaligen Amtsträgers ist das von Siegfried Dannwolf 1996 vorgelegte Taschenbuch »Gottes verlorene Kinder«. Hier schildert der frühere Priester der NAK seine Erfahrungen in einer Kirche, die von einem Glaubenssystem getragen wird, »das Menschen zerstört statt aufrichtet, das aus der frohen Botschaft des Evangeliums subtil ein System der Angst zimmert, das einen grenzenlosen und liebenden Gott in die Mauern einer unfreien Institution sperrt und für deren Zwecke missbraucht«.[45]

Das Internet ermöglicht kritischen Mitgliedern der NAK einen umfangreichen Gedanken- und Dokumentenaustausch. Eine wichtige Rolle spielt derzeit der Arzt und ehemalige NAK-Priester Erwin Meier-Widmer. Er unterzieht die Theologie der NAK einer kritischen Prüfung. Meier-Widmer hat einen beachtlichen Kreis von Sympathisanten gefunden, die ebenfalls Missstände und Probleme in der NAK sehen, aber bisher keinen Weg in die Öffentlichkeit gefunden haben. Meier-Widmer nennt sich und seine engsten Mitstreiter »Freunde der reinen Jesulehre« und will mit diesem Namen darauf hinweisen, dass die NAK theologische Positionen vertritt, die mit der Botschaft Jesu Christi dem Neuen Testament entsprechend kaum vereinbar sind.

Die Leitung der NAK hat längere Zeit zu den Berichten geschwiegen und eine Politik des »Aussitzens« vorgezogen. Typisch ist folgender Auszug aus einer Predigt des Stammapostels vom 17. März 1991: »Wir leben in einer Zeit, in der sehr, sehr viel Kritik offenbar wird ... Kritik ist an der Tagesordnung, und das zeigt sich zur Zeit auch innerhalb des Werkes Gottes. Es ist nicht zu vermeiden, dass Strömungen von außen eindringen ... Geschwister, das Wort ›Kritik‹ kommt nicht ein einziges Mal in der Heiligen Schrift vor! Ich habe in einigen Konkordanzen nachgeschaut: Das Wort ›Kritik‹ steht nirgends in der Bibel. Also hat es bei uns im Werk Gottes auch nichts zu suchen.«[46] Formal ist das Votum zwar richtig, in der Sache jedoch ist der Befund ungenau, weil das Wort »Kritik« vom griechischen krinein (scheiden, unterscheiden, urteilen) kommt und somit durchaus einen zentralen Platz in der Heiligen Schrift hat (vgl. 1. Kor 12,10). Viel entscheidender jedoch ist die psychologische Wirkung eines solchen Votums: Jegliche Kritik an der NAK wird als vordergründiges Schlechtmachen abgestempelt. Hinter solchen Aussagen steht der hilflose Versuch, kritisches Denken aus der NAK rauszuhalten.

Am 8. Januar 1995 ging der Stammapostel erstmals in einem Gottesdienst direkt auf die erhobenen Vorwürfe ein.[47] Bereits ein Jahr später, am 20. Januar 1996, druckte die Zeitschrift »Unsere Familie« eine dreiseitige Stellungnahme zu den Vorwürfen ab.[48] Hier werden zwar Fehler von Amtsträgern und Mitgliedern eingeräumt, die Vorwürfe bezüglich psychischen Drucks, der Überwachung von Mitgliedern, des Absolutheitsanspruchs und undurchsichtigen Finanzgebarens etc. jedoch ohne Diskussion zurückgewiesen. Dass diese Proklamation halbherzig war, kann an einem Beispiel verdeutlicht werden: Eine häufig zitierte Klage besagt, die NAK überwache das Privatleben ihrer Mitglieder. Gemeint sind damit vor allem die regelmäßigen Besuche der Amtsträger in den Familien. Sie sind dabei angehalten, mittels eines »Meldebogens« nach »oben« zu berichten, ohne dass die Betroffenen davon erfahren. In der »Stellungnahme« von 1996 wird nun schlicht auf die damals relativ neuen »Richtlinien für Amtsträger« (1993) Bezug genommen, in denen es heißt: »Familienbesuche sind grundsätzlich im voraus anzumelden.« Verschwiegen wird jedoch, dass die bis 1993 gültigen Richtlinien unangemeldete Besuche ausdrücklich empfohlen haben: »In der Regel macht man die Besuche unangemeldet. Man sieht und erfährt dann manches, was auf den inneren Zustand der Geschwister und auch auf die äußere Ordnung in der Familie einen Schluss ziehen lässt.«[49]

Das exklusive Selbstverständnis

Vor knapp dreißig Jahren hieß es in einem internen Informationsblatt der NAK: »Wir sind nicht bestimmt, einmal – zu einem uns noch unbekannten Zeitpunkt – ... des Herrn Eigentum zu werden, sondern wir sind es: Gottes Kinder, seine Heiligen und Geliebten.«[50] Folgen wir diesem Selbstverständnis, so ist nur eine kleine Schar inmitten der Menschheit von Gott erwählt, und diese Schar findet sich – ausschließlich – in der NAK. Besonders deutlich drückt sich dieser exklusive Erwählungsgedanke in einem Lied aus, das dem Gesangbuch vorangestellt ist und dessen Aussage als typisch gelten kann. Darin heißt es:
»Über die Erde wandelt / eine heilige Schar; / sie tragen Kronen unsichtbar. / Es schreiten die Füße / durch Dornen und Dunkel; / auf den Häuptern ist's / wie Kronengefunkel. / Sie halten im Staub / leuchtend den Schild. / Durch Schmerzen und Nächte / blicken sie mild. / Ein Sonntag läutet in ihrer Brust / mit Glocken der Freude. / Sie lächeln ins Leben / und sind voller Mut, / begegnen den Menschen / hilfreich und gut. / Sie ziehn die Gesunkenen / liebend hinauf; / aus ihrer Liebe geht Liebe auf. / Sie führen die Erde / dem Himmel entgegen; / denn alles an ihnen ist Größe und Segen. / Wer sind diese Edlen? / Das sind die Getreuen / des Königs Jesu, / das ist seine liebe, holdselige Braut, / die er sich erwählet. / Ach, daß sie für immer festhielt' ihre Krone!«[51]
Die NAK versteht sich selbst als »das wiederaufgerichtete Erlösungswerk des Herrn«. In ihr wird »das von Jesus begonnene Erlösungswerk durch die von ihm gesandten Apostel vollendet«.[52] Die wahre Kirche ist also an das Amt des Apostels gebunden: »Es gibt heute viele Millionen Christen, die in ihren Gemeinschaften alle vom Wort Gottes hören – aber es ist nicht das Wort Gottes, das ihnen verkündigt wird ... Warum hat das Wort, das in so mancher Religionsgemeinschaft gepredigt wird, kein göttliches Leben? Weil jene Menschen nicht Gottes Eigentum sind. Wir sind aus Gnaden Gottes Kinder geworden. Der Herr Jesus hatte den Heiligen Geist ja nicht irgendwelchen Menschen verheißen, sondern seinen Aposteln.«[53] Der neuapostolische Apostel »ist der von Gott erwählte Bevollmächtigte Jesu Christi in seiner Kirche«, er spendet den Heiligen Geist.[54] Mehr noch: Der heilige Geist ist dem Apostelamt untergeordnet, da allein das Amt über die Geistesgaben verfügt.[55]
Folgen wir dieser Logik, dann ist Kirche im eigentlichen Sinn nur da möglich, wo Apostel sind. Dieser Befund ist für das theologische Selbstverständnis der NAK grundlegend – und muss an dieser Stelle entschieden in Frage gestellt werden. Das biblische Apostelamt war an die Beauftragung durch den irdischen Jesus bzw. – mit Blick auf Paulus – durch den auferstandenen Christus gebunden. Später ging das Apostelamt unter bzw. wurde durch andere Ämter ersetzt. Nach dem Verständnis der NAK müssten wir von einer heilsgeschichtlichen »Lücke« ausgehen, in der es 1700 Jahre keine Kirche Jesu Christi im Vollsinn gegeben hat (gerechnet für den Zeitraum zwischen dem Tod des letzten Urapostels und der Berufung des ersten Albury-Apostels). Mit ihrer Sicht der Dinge ver-

tritt die NAK eine Position, die von keiner christlichen Kirche oder Konfession auch nur annähernd geteilt wird. Mehr noch: Es entstehen neue Fragen. Wenn es tatsächlich Gottes Wille gewesen wäre, dass die Kirche durch die Jahrhunderte von Aposteln geleitet wird, warum sind dann Neuberufungen unterblieben? Warum ist die Geschichte des »wiedergefundenen« Apostelamts dann so widersprüchlich und voller Merkwürdigkeiten?[56] Die NAK hat unterschiedliche Antworten präsentiert, diese Aporien zu überwinden.[57] Wirklich überzeugen können sie jedoch nicht, zumal jede Erklärung einer heilsgeschichtlichen »Lücke« letztlich dem biblischen Befund in Mt 28,20 (»Und siehe, ich bin bei euch, alle Tage ...«) widerspricht.

Man kann noch weiter gehen und eine tiefe Kluft zwischen den neuapostolischen Aposteln und den biblischen Aposteln erkennen: Nach dem biblischen Befund wählte in der Urgemeinde jede Gemeinde ihre Amtsträger (Apg 6,5); in der NAK haben allein die Apostel das Recht, Amtsträger zu ernennen (vgl. 5. Glaubensartikel). Die Heilige Schrift kennt auch keine Hierarchie unter den Aposteln, keinen Stammapostel. Folgt man der Logik der NAK, dann wäre Petrus sozusagen der Stammapostel der Urgemeinde gewesen. Aber bereits Paulus hätte sich als – im neuapostolischen Sinn – schlechter Apostel erwiesen, weil er nicht in kontinuierlichem Kontakt zu seinem Stammapostel Petrus stand und ihm in Antiochien sogar öffentlich widersprochen hat (vgl. Gal 2,11f.). Mehr noch: Jesus hatte seinen Aposteln Anweisung und Vollmacht gegeben, Kranke und Aussätzige zu heilen, böse Geister auszutreiben und Tote aufzuerwecken (vgl. Mt 10,8). Kurt Hutten hat schon vor Jahren darauf hingewiesen, dass weder der Stammapostel noch einer der anderen neuapostolischen Apostel über diese Vollmachten verfügt.[58]

Die Auseinandersetzung mit der NAK bewegt sich im Kern um die Frage nach dem Amtsverständnis. Als evangelische Christen reden wir von der Rechtfertigung des Sünders allein aus Glauben. Dieser Glaube bedarf keiner heilsvermittelnden Institution, keiner – wie auch immer gearteten – Hierarchie. Gottes Wort erschließt sich dem Gläubigen unmittelbar aus der Heiligen Schrift und ohne ein besonderes »Amtsvermögen«.[59] Im Gespräch mit der NAK betonen wir aus evangelischer Sicht die »Freiheit eines Christenmenschen«, die keine Freiheit zur Beliebigkeit ist, aber eine Freiheit zur unmittelbaren Begegnung mit Gott. Die NAK hat zwischen den Einzelnen und Gott den Stammapostel geschoben. Damit entsteht für den Gläubigen zunächst das angenehme Gefühl, einem »geordneten Haus«, einer guten Familie anzugehören. Bei näherem Hinsehen taucht jedoch die Frage auf, ob die Abhängigkeit des Einzelnen von Gott durch eine Abhängigkeit vom Stammapostel bzw. von der neuapostolischen Hierarchie ersetzt wird. Wenn ein Amt in besonderer Weise den Anspruch erhebt, Sprachrohr des Heiligen Geistes zu sein, dann tritt dieses Amt praktisch an die Stelle Christi. Es ist aber eine Grundüberzeugung christlichen Glaubens, dass Christus seinen Geist der ganzen Kirche gegeben hat; der Geist ist nicht verfügbar, sondern »weht, wo er will« (Joh 3,8).

Neueste Entwicklungen

In die NAK ist Bewegung geraten. In einer Festschrift zum zehnten Amtsjubiläum des Stammapostels Fehr wurde dieser gefragt, was die wichtigste Neuerung seiner Amtszeit ist. Die Antwort lautet: »Eine gewisse Öffnung der Kirche, ohne dass sie – das ist wichtig –

die Identität verliert; die dürfen wir nicht verlieren.« Auf die Frage, wie die NAK zu den anderen großen christlichen Kirchen steht, heißt es: »Vorsichtig abwartend!«[60] Intern wird darüber nachgedacht, welche Vor- und Nachteile eine gewisse ökumenische Öffnung haben könnte. Das mag für Außenstehende wenig sein, ist jedoch für eine Kirche wie die NAK ein gewaltiger Schritt.

Neu ist auch, dass sich die NAK vereinzelt an wissenschaftlichen Diskussionen beteiligt und sogar einen Vertreter in Talkshows schickt. Zur Bewältigung dieser Aufgaben wurde 1996 die Stelle eines Medienreferenten eingerichtet. Auch hier zeigt sich, wie sehr die Dinge in Bewegung gekommen sind: Vor gut dreißig Jahren hatte der damalige Stammapostel in einem internen Rundschreiben jegliche Mitwirkung an Dialogveranstaltungen oder Podiumsdiskussionen strikt untersagt. Ausdrücklich hieß es: »Wir schweigen!« Diese Haltung wurde damit begründet, dass »der heilige Geist ... nicht auf Universität- und Hochschulwissen angewiesen (ist) und keine Belehrung nötig (hat) durch den Geist der hohen Schulen, denn er ist göttlichen Ursprungs«.[61]

Einen nicht zu unterschätzenden Anteil an der vorsichtigen Öffnung der NAK dürften die Publikationen des evangelischen Theologen Helmut Obst haben. Wie kein Zweiter ist Obst mit der NAK in ein theologisches Gespräch eingetreten. Damit hat er zahlreiche NAK-Mitglieder erreicht und in den Diskurs über Glaubensfragen einbezogen. Einen Höhepunkt dieser Kontakte stellt ein Interview mit Obst in der Zeitschrift »Unsere Familie« vom 20. März 2000 dar.[62] Dass man einem Kritiker drei Seiten in der hauseigenen Zeitschrift widmet, das ist nun wahrlich eine kleine Sensation.

Die weitere Entwicklung bleibt abzuwarten. Dabei darf nicht übersehen werden, dass es keinesfalls nur um ein einfaches »konservativ« oder »progressiv« geht. Die Faszination und der Charme der NAK liegt für viele langjährige Mitglieder ja gerade in dem ausgeprägten Erwählungsbewusstsein, in dem verinnerlichten Glauben, zu jener heiligen Schar zu gehören, die »mit unsichtbaren Kronen über die Erde schreiten«. Der Abschied von diesem Exklusivitätsanspruch wäre für die Gemeinden auch ein schmerzlicher Verlust. Vor diesem Hintergrund wird verständlich, dass einige Amtsträger inzwischen schon Ängste vor einer zu weiten ökumenischen Öffnung abbauen müssen und die Gemeinden mit dem Hinweis beruhigen, dass »unser Stammapostel ... der Garant dafür (ist), dass wir unsere neuapostolische Identität nicht preisgeben werden«.[63]

Quellen: Die deutschsprachige Literatur der NAK erscheint ausschließlich im Verlag Friedrich Bischoff in Frankfurt/M. Sie ist nicht über den Buchhandel erhältlich. Außenstehende können ihre Anfragen an den Verlag richten.
Neuapostolische Kirche International (Hg.), Fragen und Antworten über den neuapostolischen Glauben, Frankfurt/M. 1992 · Maran atha. Unser Herr kommt. Die Entwicklung des Werkes Gottes unter Stammapostel Richard Fehr 1988-1998, Frankfurt/M. o.J. ·
Neuapostolische Kirche – internationaler Apostelbund (Hg.), Neue Apostelgeschichte, Frankfurt/M. 1995

Zeitschriften: Unsere Familie, Die Zeitschrift der Neuapostolischen Kirche · Wir Kinder, Das Kindermagazin der Neuapostolischen Kirche

Videos: Lebendig wie das Christentum vor 2000 Jahren. Glaube und Leben in der Neuapostolischen Kirche, Frankfurt/M. 2000

Literatur: EKL³ 1, Sp. 223-225 · HRGem⁵, S. 338-350 · Hutten¹⁵, S. 470-512 · Obst⁴, S. 55-142 · RGG³ 4, Sp. 1407-1409 · TRE 18, S. 40-43 · TRE 24, S. 286-289 · **Siegfried Dannwolf**, Gottes verlorene Kinder. Ein Ex-Priester der Neuapostolischen Kirche klagt an, Gütersloh 1996 · **Andreas Fincke**, Die Neuapostolische Kirche im Umbruch. Zwischen Wachstum und Reformstau, EZW-Texte 146, Berlin 1998 · **Friedrich-Wilhelm Haack**, Neuapostolische Kirche, Münchner Reihe, München 1992 · **Helmut Obst**, Neuapostolische Kirche – die exklusive Endzeitkirche?, RAT 8, Neukirchen-Vluyn 1996 · **Johannes Albrecht Schröter**, Die Katholisch-apostolischen Gemeinden in Deutschland und der »Fall Geyer«, Marburg 1997 · **Olaf Stoffel**, Angeklagt: Die Neuapostolische Kirche. Erfahrungen eines Aussteigers, Gütersloh 1999

Internet: www.nak.org · http://waechterstimme.tripod.com/ (kritisch) · http://home.datacomm.ch/fdrj (kritisch)

2.1.2 Jehovas Zeugen   (Hans-Jürgen Twisselmann/Andreas Fincke)

> »Jehovas Diener sind ... damit beschäftigt, Gottes Botschaft zu verkündigen. Wie sehr sie sich doch von den falschen Boten der Christenheit unterscheiden!«⁶⁴
>
> (Der Wachtturm)

Vorbemerkung

Die Zeugen Jehovas gehören zu den bekanntesten Religionsgemeinschaften in Deutschland. Allein hierzulande kann die Gemeinschaft auf etwa 165.000 »Verkündiger« – das sind alle aktiven Zeugen Jehovas – verweisen und präsentiert damit eine Zahl, die eine klassische Freikirche wie die Evangelisch-methodistische Kirche um das Zweieinhalbfache übersteigt.

Nach Angaben des »Wachtturm« vom 1. Januar 2001 waren im Jahr 2.000 weltweit 6 Millionen Verkündiger in mehr als 200 Ländern der Erde aktiv. Damit sind die Zeugen Jehovas doppelt so groß, wie die ebenfalls in vielen Ländern der Erde tätige Heilsarmee.

Die meisten Zeugen Jehovas gibt es in den USA – dort wurden etwa 945.000 Anhänger gezählt. In Europa nimmt Deutschland hinter Italien (225.000 Verkündiger) eine herausragende Stellung ein. In der Schweiz gibt es nach eigenen Angaben etwa 18.000 Anhänger, in Österreich etwa 20.000.

Eine Steigerung der Mitgliederzahlen konnte allerdings in den letzten Jahren für diese Länder nicht mehr verzeichnet werden; eher ist von einem leichten Rückgang auszugehen. Anders sieht es in Osteuropa und einigen Ländern der so genannten »Dritten Welt« aus. Beachtlich sind beispielsweise die Zuwachsraten in Mexiko, Brasilien und Weißrussland. Rechnet man noch die Zahl der Sympathisanten hinzu, so ist weltweit von bis zu 14 Millionen Menschen auszugehen, die Jehovas Zeugen nahe stehen.⁶⁵ Weltweit liegt die Zuwachsrate bei etwa 2 Prozent im Jahr.⁶⁶ Zu diesen Zahlen gehört jedoch auch, dass jährlich Tausende die Organisation verlassen. Allein in Deutschland liegt die (geschätzte) Zahl ehemaliger Zeugen Jehovas bei mehreren Zehntausend.[67]

Institutionell zusammengeführt werden die Zeugen Jehovas von der Wachtturmgesellschaft (WTG).[68] Die beiden von der WTG vertriebenen Zeitschriften »Der Wachtturm« und »Erwachet!« dürften zu den auflagenstärksten religiösen Zeitungen der Welt gehören. (»Der Wachtturm«: 22 Mio. Exemplare in 134 Sprachen, »Erwachet!«: 20 Mio. Exemplare in 82 Sprachen.)[69]

Der hohe Bekanntheitsgrad der Zeugen Jehovas erklärt sich auch daraus, dass fast jeder schon von »Verkündigern« angesprochen wurde oder erlebt hat, wie die hauseigenen Zeitschriften »Wachtturm« oder »Erwachet« angeboten wurden. In merkwürdigem Gegensatz zu diesem hohen Bekanntheitsgrad steht, dass Nichtmitglieder kaum Vorstellungen vom Glaubensleben der Zeugen Jehovas haben. Die Erfahrungen der meisten Menschen mit dieser Gemeinschaft beruhen auf deren starker öffentlicher Präsenz, jedoch kaum auf einer näheren Kenntnis.

Fragt man Außenstehende, was sie von Zeugen Jehovas wissen, so werden meist die Endzeitspekulationen genannt: Wie keine zweite Religionsgemeinschaft haben die Zeugen Jehovas das Thema »Weltende« bzw. »Harmagedon« (vgl. Offb 16,16) in das Zentrum ihres Denkens gestellt. Diese Endzeitberechnungen sind auch ein erster Hinweis darauf, worin die Faszination dieser Gemeinschaft liegt: Zeugen Jehovas thematisieren die Angst vieler Menschen vor einem plötzlichen Ende der Welt, die Angst vieler Menschen vor Gottes Gericht bzw. die wichtige Frage, wie der Mensch vor Gott bestehen kann. Im Laufe ihrer etwa 100-jährigen Geschichte hat die WTG unterschiedliche Antworten auf diese Fragen gefunden. Auch wenn sie heute den Eindruck zu erwecken versucht, diese Antworten würden in Kontinuität zueinander stehen, so lässt sich schnell zeigen, welche gewaltigen Umbrüche und Kurskorrekturen die WTG im Laufe der Zeit vorgenommen hat.

Ein weiteres zentrales und bis heute nicht relativiertes Thema ist jedoch das exklusive Selbstverständnis: In der Wahrnehmung der WTG gibt es nur eine Religionsgemeinschaft, die nicht von den Mächten des Bösen instrumentalisiert wird und somit Gnade in den Augen Gottes findet: die Zeugen Jehovas.[70]

Werden und Wandlung der Wachtturm-Bewegung

Charles Taze Russell, der 1852 in Old Allegheny (Pennsylvania) geborene Gründer der WTG, wurde im kaufmännischen Beruf ausgebildet. Sein Vater, ebenfalls Kaufmann, hatte den begabten Jungen zwar in staatliche Schulen und Privatunterricht geschickt, ihm jedoch nie den Besuch eines Colleges ermöglicht. Russell war also, was sein späteres theologisches und schriftstellerisches Wirken angeht, Autodidakt. Schon in jungen Jahren erwies er sich als geschickter Kaufmann: Mit elf Jahren stieg er in das Geschäft seines Vaters ein und erwirtschaftete an dessen Seite ein beträchtliches Vermögen.

Wie sein beruflicher Werdegang, so sollten auch seine frühen Entscheidungen auf religiösem Gebiet für sein ganzes späteres Denken und Handeln und das seiner Anhänger bestimmend werden: Im presbyterianischen Glauben seiner Eltern erzogen, trat Russell schon als Jugendlicher zur Kongregationalistenkirche über. Er verließ sie jedoch wieder wegen ihrer Lehre von der Feuerhölle und der Vorverurteilung großer Teile der Menschheit zu »ewiger Verdammnis«. Nach kurzer Zeit in Distanz vom christlichen Glauben lernte Russell im Jahre 1870 die »Second Adventists« kennen. Einer der Prediger dieser vom adventistischen Mainstream abgesplitterten Gruppe,[71] Jonas Wendell, richtete Russells angeschlagenen Glauben an die göttliche Inspiration der heiligen Schrift wieder auf und vermittelte ihm die »biblischen Grundwahrheiten« dieser fundamentalistischen und apokalyptisch ausgerichteten Gruppe: Zunächst erwarteten Russell und seine Freunde für das Jahr 1872/73 das Ende der Welt und die sichtbare Wiederkunft Christi. Als dieser Zeitpunkt verstrichen war, hoffte man auf das Jahr 1874. Nachdem sich die Wiederkunft Christi auch da nicht ereignet hatte, intensivierte Russell seine Bibelstudien. 1876 lernte er Nelson H. Barbour kennen. Dieser faszinierte Russell mit der Idee, dass Jesus 1874 unsichtbar wiedergekommen sei und »seine Aufmerksamkeit der Erde zugewendet« habe, ehe er 1914 das Reich Gottes sichtbar auf dieser Erde errichten würde. N. H. Barbour hatte nach der Enttäuschung von 1873/74 nochmals den griechischen Urtext des Neuen Testaments studiert und versuchte nun nachzuweisen, dass das zumeist mit »Wiederkunft«, »Ankunft« oder »Kommen« übersetzte griechische Wort »parousia« (vgl. Mt 24, 27.37.39) mit »Gegenwart« wiedergegeben werden müsse. Daraus schloss Barbour, das Datum 1874 habe gestimmt; der Herr sei jedoch »unsichtbar gegenwärtig« und somit werde nun auch die von den »Second Adventists« angekündigte große »Wiederherstellung der Menschheit« in einer neuen Ära des Friedens und der Gerechtigkeit beginnen.

Das waren Klänge, die Russell faszinierten: Die »Wiederherstellung« wurde zeitlebens »sein Thema«. Eine letzte Gelegenheit, sich von Barbours Lehre der »unsichtbaren Gegenwart Christi seit 1874« zu trennen, ergab sich, als es nach kurzer Zeit der Zusammenarbeit zwischen beiden zu Lehrdifferenzen und schließlich zum Zerwürfnis kam.[72] Russell hielt jedoch an der Idee von der »unsichtbaren Gegenwart Christi« fest. Welch hohen Stellenwert er dieser Überlegung zusprach zeigt sich schon an der Titelwahl für die seit 1879 von ihm herausgegebenen Zeitschrift: »Zion's Watch Tower and Herald of Christ's Presence«.

Auf dem Weg in die Exklusivität

Mit seinem Sonderweg hat Russell nicht nur die verbliebenen Brücken zum Adventismus abgebrochen, sondern auch die Ablehnung durch andere christliche Gemeinschaften provoziert. Noch 1877 hatte er alle Pastoren und Prediger von Pittsburgh und Allegheny zu einem Gespräch eingeladen, um sie von der Richtigkeit der Lehre über das Jahr 1874 zu überzeugen. Die Begegnung scheint jedoch nicht sehr erfreulich gewesen zu sein: Rückblickend hielt er fest: »Alle weigerten sich, diese neu erkannte Wahrheit anzunehmen.«

Russell hielt die Zeit für gekommen, seinen Beruf aufzugeben und sich ganz und gar der Verbreitung der neuen Lehren zu widmen.[73]

Er gründete einen Schriftenmissionsverlag zur Verbreitung seiner Publikationen, die »Zion's Watch Tower Tract Society.«[74] Zugleich band er deren Leserschaft in kleine »Dawn-Circles«, »Ekklesias« oder »Bibelklassen« ein. 1881 rief er über den »Zion's Watch-Tower« dazu auf, sich als Prediger und Werber für seine Zeitschrift zu engagieren. Das ist die Geburtsstunde des bis heute für die WTG charakteristischen Vertriebssystems.[75] In der charismatischen Führergestalt ihres »Pastor Russell« sahen Russells Anhänger den »klugen und treuen Knecht«, der ihnen »(geistige) Speise gibt zur rechten Zeit« (Mt 24,45ff., Lk 12,42-48). Die zahlenmäßig kleinen Gruppen von zurückgezogen lebenden Bibelforschern fand sich wieder in den neutestamentlichen Bildern vom »schmalen Weg«, den wenige finden, und der »kleinen Herde«, von der Jesus sagte, der Vater werde ihr »das Reich geben« (Lk 12,32). Damit gab es in Russells Verständnis neben der im Millennium »wiederhergestellten« Menschheit eine zweite Klasse, die der »Auserwählten«, mit denen Christus Krone und Thron teilen wird (Offb 20,6). Um genau zu sein: Russells Bibelforscher sehen sich als der noch auf Erden lebende »Überrest« der »kleinen Herde«, von der die meisten schon früher ihren irdischen Lauf vollendet hätten, vor allem in apostolischer Zeit. Im Jahre 1878 habe der Herr beim »Kommen zu seinem (geistigen) Tempel« diese Entschlafenen auferweckt – 3 Jahre nach Beginn seiner »zweiten Gegenwart« im Jahr 1874, entsprechend des von Russell angenommenen Zeitraums von dreieinhalb Jahren zwischen der Taufe Jesu und der Tempelreinigung in der Zeit der ersten Gegenwart des Herrn. Bei seinem »königlichen Gericht am Hause Gottes« im Jahr 1878 seien die »so genannten Kirchensysteme« von ihm verworfen worden.[76] Das bedeutet, dass sie von da an »nicht mehr als Verkünder der Wahrheit gebraucht oder irgendwie anerkannt werden«[77]. So zeichnet sich schon unter Russell eine gewisse Neigung zur Exklusivität ab, obwohl er zeitgleich sagen konnte, »dass ich sowohl den Adventisten als auch anderen Denominationen Dank schulde«.[78] Gemeinsam mit diesen bekannte er sich zum gekreuzigten Christus, was u.a. im Kreuzeszeichen auf der Titelseite des damaligen »Zion's Wacht-Turm« zum Ausdruck kam. (Heute wird das Kreuzeszeichen von der WTG als »heidnisch« verworfen!)

Nicht zuletzt wegen dieser Übereinstimmungen kam es unter Russells Präsidentschaft noch nicht zur pauschalen Verurteilung anderer Kirchen und Religionsgemeinschaften. Auch die häufig übersehene Tatsache, dass Russell in Kirchengemeinden zu Vorträgen und Podiumsdiskussionen eingeladen wurde, zeigt deutlich den Unterschied zur späteren Haltung der WTG. Trotz seiner erklärten Skepsis gegenüber den großen »Kirchensystemen« zeichnete sich Russell durch eine gewisse Liberalität aus, die ihren Widerhall in den Bibelforschergemeinschaften fand. Diese überwiegend kleinen Gruppen waren nach kongregationalistischem Muster strukturiert und nur locker untereinander verbunden. Russell und seine Freunde wollten überkonfessionell wirken und keinesfalls den bestehenden »Kirchensystemen« eine weitere Sekte hinzufügen. Russell schrieb: »Eine Organisation, die mit göttlicher Autorität angetan ist, (existiert) überhaupt noch nicht, obwohl es heutzutage genug Organisationen gibt, die eine solche Macht für sich beanspruchen ... Jene unorganisierten Auserwählten ... bilden nur eine freiwillige Vereinigung von Gläubigen.«[79]

Dieses Kirchenverständnis des WTG-Gründers entsprach seinem Gottes- und Menschenbild: Gott ist für ihn in erster Linie der gute Vater, dessen »Charakterzüge« Liebe, Geduld und Gerechtigkeit sind. »Der Mensch ist, weil zum Bilde Gottes bestimmt, ein zur Freiheit und Unabhängigkeit bestimmtes Wesen«, frei, sich dem Willen seines Schöpfers zu übergeben, aber auch, sich »einem bösen Einfluss« zu unterwerfen.[80] Dieser Gefahr – so Russell – seien die »Kirchensysteme« der Namenchristenheit weitgehend erlegen, und darum seien sie dem göttlichen Gericht verfallen. Für das »große Babylon« erwartete er Gottes Gericht noch »ehe die Nationen das ihrige empfangen«, also vor 1914.[81] Für 1914 rechnete er mit der endgültigen Zerschlagung »aller nationalen Obrigkeiten«, der Aufrichtung des »Königreiches Gottes auf Erden«, sowie mit der Verherrlichung und Vollendung der »anerkannten Kirche«.[82]

Wie bekannt, gingen Russells Prognosen für 1914 jedoch nicht in Erfüllung: Die Bibelforscherbewegung geriet in eine schwere Krise. Viele wandten sich enttäuscht ab; den verbleibenden Anhängern drohte eine heillose Zersplitterung. Als Russell 1916 starb, kam zur geistigen und geistlichen Grundlagenkrise auch noch eine organisatorische: Wer wird sein Nachfolger?

Im Schatten des Krisenmanagers Rutherford

Nach internen Auseinandersetzungen um die Nachfolge Russells im Jahre 1917 ging Josef Franklin Rutherford [1869-1942] als Sieger hervor. Er war bereits ein kampferprobter Mann und ein gewiefter Jurist. Der 1869 auf einer Farm in Morgan County im Staat Missouri geborene Sohn baptistischer Eltern hatte schon als Teenager gelernt, »sich durchzubeißen«: Sein nicht allzu vermögender Vater hatte ihm den Besuch eines Colleges nur unter zwei Bedingungen gestattet: dass er sein Jurastudium selbst finanziere und auch einen Landarbeiter bezahle, der an seiner Stelle auf der elterlichen Farm half. Mit geborgtem Geld gelang es ihm, beide Forderungen zu erfüllen. Rutherfords Zielstrebigkeit und Durchsetzungskraft sollten ihm auch in dieser schwierigen Phase seiner WTG-Präsidentschaft zugute kommen: Seine neue Linie, die scheinbar an vertraute Ideen Russells anknüpfte, entfernte sich jedoch immer weiter von dessen geistigem Erbe: Der neue Kurs lässt sich mit folgenden Stichworten beschreiben: Zentralisierung, Abschaffung der demokratischen Strukturen und Verschärfung der Ideologie.

Bezeichnend ist die Art und Weise, wie nach Russells Tod in den Text der »Schriftstudien« eingegriffen wurde.[83] Der 7. Band, angeblich aus dem Nachlass zusammengestellt, bildete den Auftakt für eine Kampagne gegen die christlichen Kirchen. Es ist die Rede vom »geistigen Todesstoß«, von der »Bloßstellung Babylons«. Rutherford war fest entschlossen die »Zerschlagung« der Christenheit voranzutreiben. Die erhoffte Wirkung blieb jedoch aus. Rutherford und weitere Anhänger wurden wegen Aufwiegelung in den USA angeklagt. Sie wurden inhaftiert, aber schon im März 1919 gegen Kaution freigelassen.

Der Inhalt des 7. Bandes der »Schriftstudien« löste jedoch auch in den eigenen Reihen Empörung aus. Widerstand formierte sich. Rutherford verwies die Aufwiegler aus den eigenen Reihen. Zwar konnte er zahlreiche Abspaltungen nicht verhindern, aber innerhalb der Wachtturm-Anhängerschaft setzte sich sein scharfer Kurs durch. Begünstigt wurde die Entwicklung durch eine Satzung, die schon zu Russells Zeiten das Präsidentenamt mit sehr weit gehenden Vollmachten ausstattete. Diese Machtbefugnisse nutzte Rutherford skrupellos aus. 1938 hatte er die Zügel endgültig in der Hand: Jede Versammlung wurde gedrängt, auf ihre demokratischen Rechte zu verzichten. Eine Mehrheit der Ortsgruppen unterzeichnete ein Dokument, in dem es heißt: »Wir ... anerkennen, dass Jesus Christus ... den vollen Befehl und die volle Gewalt über die sichtbare Organisation Jehovas wie auch über die unsichtbare innehat und dass DIE GESELLSCHAFT der sichtbare Vertreter des Herrn auf Erden ist.«[84] In der Folge wurden die Amtsträger der WTG also nicht mehr gewählt, sondern »von oben« eingesetzt. Diese Praxis gilt bei Jehovas Zeugen bis heute als die einzig »biblische und theokratische« Verfahrensweise.

Folgenschwere Selbsterhöhung

Unter Berufung auf die angebliche Inthronisierung Christi im Jahr 1914 nahm die WTG eine Selbstinthronisierung als Stellvertreter Christi vor. Dabei begnügte sie sich nicht mit der Rolle als Repräsentant, sondern beanspruchte für sich, die Gottesherrschaft selbst zu leiten: »Die Theokratie wird gegenwärtig geleitet von der Watch Tower Bible and Tract Society.«[85] So festigte sie nach innen ihre Autorität und das Erwählungsbewusstsein der Zeugen Jehovas, nach außen aber bedeutete dieser Theokratie-Anspruch einen öffentlichen Affront gegen Kirche(n) und Staat: Leitet die WTG die Gottesherrschaft auf Erden, stehen alle anderen Christen außerhalb. Ist 1914 das Reich angebrochen, so wären fortan die politischen Systeme obsolet. Wurde die »Neue Nation« geboren, dann sind die alten Nationen überlebt. »Ihre Zeit ist um!« In diesem Sinne, so resümiert später Rutherfords Nachfolger Nathan Homer Knorr, haben die Zeugen Jehovas seit 1918 die Nationen gewarnt. Diese jedoch »haben sich geweigert, ... ihre Souveränität an Jesus Christus ... abzutreten«.[86] Solche Botschaften konnten in den Jahren nach 1918 den Verdacht der Staatsfeindlichkeit auslösen. Die bis 1932 von der WTG verkündete Erwartung, dass im Millennium Jerusalem zur »Hauptstadt der Welt«[87] wird, wurde später von den Nazis aufgegriffen. Sie strickten an der Legende, die Zeugen Jehovas seien in »jüdische Weltherrschaftspläne« involviert und versuchten, so ihre grausame Verfolgung der Zeugen Jehovas zu rechtfertigen.

Die Gleichsetzung von Theokratie und Organisation der WTG erfolgte auch noch in den 50er Jahren: im Wachtturm vom 1.11.1950 und 15.12.1951. Der Wachtturm titelt: »Mehrung der Theokratie« und meint die der Zeugen-Jehovas-Organisation.

1931 führte Rutherford unter Bezugnahme auf Jes 43,10.12 (»Ihr seid meine Zeugen, spricht der Herr«) die Bezeichnung »Jehovas Zeugen« ein. Die erste Bezeichnung der Anhänger Russells hatte »(Ernste) Bibelforscher« gelautet – ein Name der uns gelegentlich auch noch heute begegnet. Die Namenskorrektur verfolgte drei Ziele: Sie sollte erstens eine stärkere Abgrenzung von den bereits bestehenden Splittergruppen der Bibelforscher (»Russelliten«) bewirken, zweitens Distanz schaffen zum Desaster von 1925,[88] und drittens die Gemeinschaft theologisch aufwerten: War sie unter Russell eher ein »Hilfstrupp« zur Propagierung seiner Lehren und Schriften, so wurde sie nunmehr zur endzeitlichen Heilsgemeinde (vgl. oben). Mit dieser nominellen Aufwertung korrespondiert die bis heute übliche, schroffe Verwerfung aller anderen christlichen Kirchen und Religionsgemeinschaften.

Glanz und Elend unter renoviertem Tower

Auch für Zeugen Jehovas musste es anstößig klingen, dass eine Geschäftsfirma, wie Russell die WTG genannt hatte, nun zur Regentin der Theokratie aufgestiegen sein sollte. Deshalb waren die auf überzeugende Selbstdarstellung bedachten Nachfolger Rutherfords – er starb 1942 – um Schadensbegrenzung bemüht:

Der Theokratie-Anspruch wurde beibehalten, jedoch mit einer neuen Sprachregelung verbunden: Es sei, so heißt es heute, »jedesmal, wenn im Wachtturm ... von der Gesellschaft die Rede war, ... die Gruppe gesalbter Christen (gemeint), die diese gegründet hatte und sich ihrer bediente.«[89]

Demgemäß wird den Zeugen Jehovas nicht mehr gesagt, der WTG sei zu gehorchen, sondern dem »Mitteilungs- und Verbindungskanal« Gottes, dem »treuen und verständigen Sklaven« bzw. der ihn repräsentierenden »leitenden Körperschaft«. Um das kommerzielle Image der WTG loszuwerden, schaffte Nathan H. Knorr schon 1944 das Aktienwesen ab.[90] Die Selbstbezeichnung als »Geschäftsfirma« hatte die WTG schon unter Rutherford aufgegeben.

Ihre frühere Selbsteinschätzung als das »Kriegsheer, was Babylon stürzt«[91] lassen Knorr und dessen Nachfolger nicht mehr gelten. Das erwartete Gericht am »Weltreich der falschen Religion« vollziehen nun nicht mehr Zeugen Jehovas, sondern »die politischen Herrschaftssysteme«.

Diese Formulierung zeigt: Auch Rutherfords Lehre, dass alle Religion Teufelswerk sei, wurde fallen gelassen. Jetzt wird zwischen wahrer und falscher Religion unterschieden, wobei jedoch ausschließlich Zeugen Jehovas auf der Seite der wahren Religion gesehen werden.[92]

Trotz dieser und anderer Veränderungen ist es Knorr und seinen Nachfolgern nicht gelungen, das von ihnen übernommene Traditionsgefängnis zu überwinden. Geblieben ist vor allem die simple Schwarz-Weiß-Malerei: Hier die gute, moralisch hoch stehende »Organisation Jehovas«, dort die böse, sittlich verkommene »Organisation Satans«, bestehend aus den gesellschaftlichen Bereichen Politik, Kirche und Hochfinanz.

Zeugen Jehovas im 20. Jahrhundert

Zeugen Jehovas sind wie keine andere Gemeinschaft für ihre missionarischen Aktivitäten (»Predigtdienst«) bekannt. Jeder »Verkündiger« ist gehalten, kontinuierlich Predigtdienst zu absolvieren. Dieses hohe Engagement wird getragen von dem Bewusstsein, an einem großen internationalen Werk teilhaben zu können; es ist inhaltlich unterfüttert von der faszinierenden Vorstellung, an Gottes bzw. Jehovas Erlösungsplan mitzuarbeiten. Fünf Faktoren lassen sich benennen, die für einen Zeugen Jehovas von hohem Gewicht sind:

*   Ohne Predigtdienst kein Hinüberleben in das Paradies! WTG-Originalton: Wer möchte nicht »zu denen gehören, die es verdienen, beschützt zu werden«?[93]
*   Von dieser Überlebens-Chance sollen auch alle anderen Menschen erfahren. Sie nicht vor dem Blutbad von »Harmagedon« zu warnen, hieße Blutschuld auf sich zu laden![94]
*   Wer zum Predigtdienst geht, erfüllt sein Taufgelübde.[95]
*   Durch diesen Dienst glaubt man Anteil zu haben an der Erfüllung des Auftrags Jesu, das Evangelium vom Reich Gottes zu verkünden (vgl. Mt 24,14).[96]
*   Wer bei diesem Predigtdienst nicht mitarbeitet, also nicht Zeugnis ablegt, ist kein Zeuge. Das aber heißt dann ja auch: Indem sie die »gute Botschaft« in Wort und Schrift verbreiten und den »Jehova«-Namen bekennen, sollen sie sich als Zeugen Jehovas erweisen,[97] als Kronzeugen ihrer selbst und ihrer Exklusivität, als Gottes auserwähltes

Volk.[98] – Ein »hermeneutischer Zirkel«: Ihre Exklusivität begründet den »Predigtdienst« und dieser ihre Exklusivität!

Zu diesen, durch WTG-Schriften, Vorträge und die jährlichen Kongresse tief ins Bewusstsein eingeprägten Begründungen, kommen irrationale Motive, über die selten gesprochen wird: Viele Zeugen Jehovas sehen trotz der zur Schau getragenen Begeisterung dem »Tag der göttlichen Rache« mit Ängsten entgegen. In Süddeutschland wurde eine Zeugin stadtbekannt durch ihre oft wiederholte Devise: »Ich laufe um mein Leben.« Treibt sie und andere die Angst vor dem eigenen Ungenügen, vor dem Versagen oder gar vor der Resignation angesichts vielfältiger vergeblicher Mühen, sodass sie es am Ende doch nicht »verdienen, beschützt zu werden, am Tag der göttlichen Rache«? Fürchten sie, dem hohen Anspruch nicht zu entsprechen, Teil der »einzig wahren Organisation Gottes zu sein?«[99] Dieser Anspruch gründet sich ja nicht nur auf die im »Predigtdienst« vollbrachten Leistungen, sondern auch auf das hohe moralische Niveau der Zeugen. Wenn der Wachtturm sie als »reine, moralisch einwandfreie, gottergebene Menschen« beschreibt, die »in der Tat sehr begehrenswert« seien,[100] dürfte mancher redliche Zeuge Jehovas sich schlicht überfordert fühlen. Die von der WTG direkt oder indirekt gelehrte Exklusivität kann die einen in Größenfantasien, andere zur Verzweiflung treiben.

Die Endzeitberechnungen

Jehovas Zeugen gehören zu den christlichen Sondergemeinschaften, die die Naherwartung in den Mittelpunkt ihres Denkens stellen. Wie keine andere Religionsgemeinschaft sind sie dafür bekannt, dass sie wiederholt das Anbrechen der Endzeit und damit das Datum für die letzte Schlacht »Harmagedon« (vgl. Offb 16,16) berechnet haben. Mit dem Stichwort »Harmagedon« wird hier eine apokalyptische Endschlacht zwischen Gott (vertreten durch Jesus Christus) und den »gottfeindlichen Mächten«, d.h. den Staaten, den Kirchen, internationalen Wirtschaftsverbänden und anderen zwischenstaatlichen oder internationalen Einrichtungen (UNO[101]) bezeichnet. Dieser Schlacht soll ein tausendjähriges Friedensreich (Millennium) folgen, währenddessen auf der Erde paradiesische Zustände herrschen.[102] Die Schlacht von Harmagedon lässt jedoch ein unvorstellbares Gemetzel erwarten: »Ja, Blut wird in Strömen fließen, wenn Gottes Hinrichtungsstreitkräfte zur Tat schreiten. Die 69 Millionen Toten der zwei Weltkriege werden nichts sein im Vergleich zu den Opfern des Krieges Gottes von Harmagedon ... Die Menschheit wird weltweit durch brennende Geschosse, Feuerregen und andere verheerende elementare Kräfte, die mit dem Gericht Gottes einhergehen, in Schrecken versetzt werden ... Und Gottes Hinrichtungsstreitkräfte werden ohne Rücksicht auf Alter oder Geschlecht zuschlagen. Denn Gott gebietet ihnen, keine Barmherzigkeit zu zeigen.«[103]

Die zu erwartende Vernichtung trifft vor allem jene Bereiche der Welt, die von Zeugen Jehovas als von Gott abgefallen gedacht werden. »Satans gesamtes Weltsystem, angefangen bei der Christenheit, muss von Jehovas Becher der Rache trinken ... Es ist der Wille Jehovas, dass Jesus als sein Schwert handelt, wenn er Rache übt ... Keiner einzigen Nation wird es erspart bleiben, in dieser Weise vom Becher des Grimms Jehovas zu trinken ... Daher ist es für alle gerecht gesinnten Menschen höchste Zeit, sich von der Bosheit der

Nationen abzuwenden, bevor die vier Engel den verheerenden Sturm des Grimms Jehovas loslassen ... Und die von Jehova Erschlagenen werden schließlich an jenem Tag gewiss von einem Ende der Erde bis zum anderen Ende der Erde sein ... Ein wahrhaft schauriges Szenario! ... Echtes Entsetzen! Die Zornglut Jehovas wird auf jeden Fall ... zum Ausdruck gebracht werden ... Wenn sich der Sturm der großen Drangsal gelegt haben wird, werden wir uns in gleicher Weise auf der Erde umsehen können, voller Dankbarkeit dafür, dass wir am Leben sind und uns an dem Auftrag Jehovas beteiligen können, die gereinigte Erde in ein herrliches Paradies umzuwandeln.«[104]

In dieses Vernichtungsszenario ist Israel ausdrücklich einbezogen: »Das Judentum steht ebenfalls auf der Seite Groß-Babylons. Als eines der 138 jüdischen, arabischen, moslemischen, hinduistischen, buddhistischen, so genannt christlichen und kommunistischen Mitglieder der Vereinten Nationen befindet sich auch die Republik Israel unter dem Einfluss Groß-Babylons, der ›großen Hure‹ ... Im Jahre 70 u. Z. wurde Jerusalem, die Hochburg des Judentums, von den heidnischen Römern zerstört ... Die Zerstörung Jerusalems und seines Tempels und die Verwüstung des Landes Juda durch die Römer sind ein prophetisches Bild der Zerstörung und Verwüstung geworden, die in der bevorstehenden ›großen Drangsal‹ über die Christenheit kommen werden. Da das Judentum die Stellung beibehalten hat, die es im ersten Jahrhundert u. Z. einnahm und derentwegen es im Jahre 70 u. Z. von dem schrecklichen Unglück betroffen wurde, wird ihm das gleiche Geschick widerfahren wie seinem Gegenbild, der Christenheit.«[105]

Für die Endzeitberechnungen hatte C. T. Russell den Boden bereitet. Im ersten Band seiner »Schriftstudien« mit dem Titel »Der göttliche Plan der Zeitalter. Der Weg zu Leben und Glück« (1886) entwickelte er die bei Zeugen Jehovas bis heute verbreitete Auffassung, wonach der göttliche Heilsplan bis in alle Einzelheiten in der Bibel festgelegt ist und nur der Entschlüsselung bedarf. Es gibt bei den Zeugen inzwischen vier unterschiedliche Entschlüsselungs- bzw. Berechnungssysteme, die jeweils durch den Gang der Dinge überholt wurden.[106] Sie können hier nicht ausführlich dargestellt werden. Deshalb nur einige Hinweise mit Blick auf das letzte Endzeitdatum, den Herbst 1975. Die Überlegungen für 1975 wurden 1966/67 in dem Buch »Ewiges Leben in der Freiheit der Söhne Gottes« vorgestellt. Hier findet sich eine chronologische Übersicht wichtiger Daten der Menschheit. Die Tabelle suggeriert, dass im Herbst 1975 sechstausend Jahre Menschheitsgeschichte enden und folglich Harmagedon für jene Tage zu erwarten ist. Der »Wachtturm« berichtet in seiner Ausgabe vom 1. Januar 1967, dass das neue Buch »mit Begeisterung« aufgenommen wurde. Zitiert wird ein Leser mit den Worten: »Das neue Buch zwingt uns, zu erkennen, dass Harmagedon tatsächlich sehr nahe ist.« In den Versammlungen wurde der Termin sehr ernst genommen. Wer zweifelte, lief Gefahr, aus der Gemeinschaft ausgeschlossen zu werden. Zeitzeugen erzählen, dass ihre Eltern in Vorbereitung auf 1975 Lebensmittel in umfangreichen Mengen im Keller gestapelt hatten und persönliche Lebensplanungen wie Berufsausbildungen und Eheschließungen mit Blick auf das »Ende des Systems der Dinge« überdacht wurden. Manche Zeugen gaben ihr Geschäft auf oder verkauften Haus und Hof nachdem sie errechnet hatten, dass das Geld für die verbleibenden Jahre bis 1975 reichen würde.

Die neue Endzeitberechnung diente jedoch auch dazu, die Motivation der »Verkündiger« zu beflügeln, nachdem die Statistiken in den Jahren zuvor eher dürftig ausgesehen hatten. Aber die Fixierung auf 1975 barg auch Gefahren: Was ist, wenn der Termin verstreicht, ohne dass Endzeitereignisse eintreten? Wäre nicht der Image-Schaden enorm? Im »Wachtturm« vom 1. Januar 1967 wird deshalb WTG-Vizepräsident Franz wie folgt zitiert: »(Die chronologische Tabelle) zeigt, dass 6000 Jahre menschlicher Geschichte im Jahre 1975 ... enden werden. Was bedeutet das? Bedeutet es, dass Gottes Ruhetag 4026 v. u. Z. begann? Es könnte so gewesen sein ... Das Buch gibt lediglich die Chronologie an ... Bedeutet es, dass Harmagedon dann vorüber und Satan bis zum Jahre 1975 gebunden ist? Es könnte das bedeuten! ... Bedeutet es, dass Babylon die Große bis 1975 beseitigt ist? Es könnte das bedeuten. Bedeutet es, dass der Angriff Gogs von Magog auf Jehovas Zeugen stattfinden wird, um sie zu vernichten, und dass Gog dann selbst außer Tätigkeit gesetzt wird? Es könnte das bedeuten. Doch wir sagen das nicht. Alle Dinge sind bei Gott möglich. Doch wir sagen das nicht.«[107]

Dieses Lavieren hatte wohl nur einen Sinn: Dass man später sagen kann, die WTG hätte sich nicht verbindlich auf das Datum festgelegt. Es gibt jedoch genügend Aussagen, die keine Zweifel zuließen. Im Wachtturm hieß es beispielsweise 1968: »In der unmittelbaren Zukunft werden sich die Ereignisse überstürzen, denn dieses alte System geht seinem vollständigen Ende entgegen. Es dauert höchstens noch ein paar Jahre ...«[108] Oder 1972: »Das Zerschlagen, ja Zerschmettern dieses ganzen Systems der Dinge mit Einschluss der Christenheit wird mit absoluter Sicherheit innerhalb dieser Generation erfolgen.«[109] In einer Buchpublikation von 1971 konnten Zeugen Jehovas lesen: »Binnen kurzem wird noch in unserem zwanzigsten Jahrhundert ›die Schlacht am Tage Jehovas‹ gegen das neuzeitliche Gegenstück Jerusalems, die Christenheit, beginnen.«[110]

Nachdem das Jahr 1975 ohne die vorhergesagte Endzeitkatastrophe verstrichen war, brauchte die WTG fünf Jahre, um den Fehler (wenigstens teilweise) einzugestehen. Im »Wachtturm« vom 15. Juni 1980 hieß es: »(In dem) Buch Ewiges Leben ... wurden erhebliche Erwartungen bezüglich des Jahres 1975 geweckt. Es wurde damals und auch später erklärt, dies sei lediglich eine Möglichkeit. Unglücklicherweise wurden jedoch zusammen mit diesen vorsichtigen Äußerungen auch andere Erklärungen veröffentlicht, die durchblicken ließen, dass die Erfüllung solcher Hoffnungen eher wahrscheinlich als nur möglich ist. Es ist zu bedauern, dass diese späten Erklärungen offensichtlich die vorsichtigen überschatten und dazu beitrugen, dass die bereits geweckten Erwartungen noch gesteigert wurden.«[111]

Diese nachträgliche Erklärung kaschiert jedoch, wie massiv die WTG den Endzeittermin propagiert hatte. Bei Hunderttausenden ihrer Anhänger hat die WTG Erwartungen geweckt, die im Widerspruch zur Heiligen Schrift stehen, wo es heißt: »Der Menschensohn kommt zu einer Stunde, da ihr's nicht meint« (Mt 24,44). Oder: »Ihr wisst weder Tag noch Stunde« (Mt 25,13). Die Geschichte der Endzeitverheißungen der WTG ist nicht nur unchristlich und im individuellen Sinne tragisch, sie wirft auch die Frage auf, wie sich eine derart viel mit der Heiligen Schrift operierende Gemeinschaft so verirren kann. Diese Frage jedoch ist bei den Zeugen Jehovas mit einem Tabu belegt, weil sie letztlich die Frage nach der Fehlbarkeit der WTG ist. Solange die Wachtturmorganisation sich so verhält, als ob sie unfehlbar wäre, muss sie vor Fehlern die Augen verschließen.

Die Endzeitberechnungen der Zeugen Jehovas können jedoch auch lehrreich sein: Sie zeigen, wo die Theologie einer Glaubensgemeinschaft zur Ideologie wird und gleichsam

»versektet«: Man meint, genauer, besser und verbindlicher als alle anderen Gläubigen in Gottes Pläne und in den Gang der Welt eingeweiht zu sein. So dienen diese Berechnungen einerseits der Abwehr existenzieller Angst, indem man Gottes Plan mit den Menschen zu kennen glaubt, andererseits produzieren sie mit der Rede von der bluttriefenden Schlacht auch neue Ängste.

Heute gibt man keine konkreten Endzeittermine mehr aus. Gängig ist die Formulierung, dass »das Ende des gegenwärtigen bösen Systems nahe ist«[112] und die Beweise dafür »überwältigend«[113] seien. Seit Herbst 1995 ist in jedem Impressum der Zeitschrift »Erwachet!« die Formel zu finden, wonach »binnen kurzem« »das gegenwärtige böse und gesetzlose System der Dinge« abgelöst werden wird.

Die scharfe Verurteilung anderer Kirchen und Religionsgemeinschaften

Seit Rutherford kennt die WTG für die »heuchlerische« und »materialistische« Christenheit nur das eine Urteil: »Vernichtung in der Schlacht von Harmagedon«.[114] Im Februar 2000 konnte man im Wachtturm lesen, dass Jehova die Christenheit vernichten wird.[115] In der Wahrnehmung der WTG gibt es nur wahre oder falsche Religion, wobei der wahren Religion lediglich Zeugen Jehovas zuzurechnen sind. Folglich legt man nicht nur Wert darauf, »kein Teil der Christenheit« zu sein, sondern man verkündigt, »dass der falschen Religion Verwüstung bevorsteht«.[116]

Im April 1989 druckte der »Wachtturm« einen längeren Text, der wie kein zweiter den Exklusivitätsanspruch der WTG illustriert:

»Als JEHOVAS ZEUGEN legen wir folgendes Zeugnis ab: WIR VERABSCHEUEN die Schmach, die Babylon die Große und vor allem die Christenheit auf den Namen des einen wahren und lebendigen Gottes Jehova gebracht hat ... WIR VERABSCHEUEN das Festhalten der Christenheit an babylonischen Lehren, insbesondere an der Lehre von einem dreieinigen Gott, von der Unsterblichkeit der Menschenseele, von der ewigen Qual in der Hölle, von einem Fegefeuer, und das Festhalten an der Verehrung und Anbetung von Bildnissen – wie die Madonna und das Kreuz ... Wir verabscheuen gottfeindliche Philosophien und Praktiken, die in der Christenheit stark verbreitet sind, wie die Evolutionstheorie, Bluttransfusionen, Abtreibungen, das Lügen, Habgier und Unehrlichkeit ... Wir verabscheuen die Unmoral und die Freizügigkeit in der Christenheit und unter ihrer Geistlichkeit ... Wir verabscheuen die jahrhundertelange geistige Prostitution der Geistlichkeit Babylons der Großen, die mit den weltlichen Herrschern gemeinsame Sache gemacht hat, um zu Macht und Reichtum zu gelangen und um das allgemeine Volk tyrannisch zu beherrschen. ... Wir verabscheuen die gewaltige Blutschuld, die sich daraus ergibt, dass 100 Millionen Menschenleben allein in den Kriegen unseres Jahrhunderts geopfert wurden, und das weitgehend zufolge der Hurerei der großen Hure mit den politischen Mächten. Wir frohlocken darüber, dass die bestimmte Zeit nahe ist, wo Gott an Babylon der Großen die richterliche Strafe vollstrecken wird ...«[117]

Zwei Wochen bevor dieser »Wachtturm« veröffentlicht wurde, präsentierte bereits das Heft vom 1. April 1989 mehrere Beiträge zum Thema: »Wer ist die Hure Babylon, die Große?« Die Antwort ist eindeutig: »Ja, so schockierend es für einige aufrichtige religiöse Menschen sein mag – Babylon die Große, die Mutter der Huren, ist ein Symbol für Satans

Weltreich der falschen Religion.«[118] In den Text ist eine Zeichnung eingefügt, auf welcher Hitler, ein dickbäuchiger Kapitalist und (leicht verfremdet, aber gut erkennbar) Papst Johannes Paul II. abgebildet sind.

Völlig undifferenziert sind auch die Attacken gegen religiöse Autoritäten anderer Religionsgemeinschaften. In dem internen Informationsblatt »Unser Königreichsdienst« hieß es Anfang 1997: »die religiösen Führer (vermitteln) ihren Herden keine geistige Führung ... Die Geistlichkeit der Christenheit tritt nicht für die Bibel ein. Sie zieht es vor, die nichtigen Lehren von Philosophen und Theologen nachzuplappern oder soziale und politische Streitfragen aufzuwerfen, statt das Wort Gottes zu predigen. Viele religiöse Führer glauben nicht an die Bibel. Sie halten sie für antiquiert und fördern daher zu Unrecht die Evolutionstheorie statt die biblische Lehre über einen großen Schöpfer. Die meisten Geistlichen verwenden nicht einmal Gottes Eigennamen, und sie erheben keinen Einwand dagegen, diesen aus modernen Bibelübersetzungen zu streichen.«[119]

Es gibt keine zweite Religionsgemeinschaft in Deutschland, die andere Kirchen derart undifferenziert verurteilt und keinen Blick dafür hat, dass hinter den Institutionen Menschen mit persönlichen Glaubenserfahrungen stehen. Selbst wenn man in Rechnung stellt, dass die Geschichte vieler Kirchen auch eine Geschichte des Versagens und der Unzulänglichkeiten ist, befremdet die Arroganz der WTG: Woher nimmt sie das Recht, über eine fromme Frau in Sibirien, für die Christus in einer einfachen Ikone sichtbar wird, derart zu urteilen? Woher weiß sie, dass der Dalai Lama seinem Volk keine geistige Führung vermittelt? Mit welchen Recht sagt sie einem katholischen Priester nach, er habe das Wort Gottes vergessen? Hier möchte man die WTG an Jesu Worte aus dem Matthäusevangelium erinnern: »Richtet nicht, damit ihr nicht gerichtet werdet« (Mt 7,1).

Gnadenloser Rigorismus im Umgang mit Aussteigern

Die scharfen Töne zielen jedoch nicht nur auf andere Kirchen und Religionsgemeinschaften, sondern auch auf Menschen, die die WTG bzw. Jehovas Zeugen verlassen haben. Schon in den 50er Jahren des vergangenen Jahrhunderts hieß es über die so genannten »Abtrünnigen«: »(Sie) lassen ihren Namen zum Fluchwort zurück und werden hinausgeworfen. Ihr Tod verursacht daher keine Trauer unter Gottes Neuer-Welt-Gesellschaft.«[120] Wer jedoch glaubt, dass solche Äußerungen dem Geist vergangener Zeiten geschuldet sind, irrt. Im Oktober 1993 schrieb der Wachtturm: »Die Abtrünnigen zeigen zum Beispiel ihren Hass auf Jehova dadurch, dass sie sich gegen ihn auflehnen. Abtrünnigkeit ist in Wahrheit Rebellion gegen Jehova. Manche Abtrünnige behaupten zwar, Gott zu kennen und ihm zu dienen, aber sie lehnen Lehren oder Anforderungen ab, die in seinem Wort dargelegt werden. Andere behaupten, an die Bibel zu glauben, verwerfen jedoch Jehovas Organisation und setzen alles daran, deren Werk zu behindern. Wenn sie bewusst solche Schlechtigkeit wählen, obwohl sie wissen, was recht ist, und wenn ihnen das Schlechte so in Fleisch und Blut übergegangen ist, dass es einen untrennbaren Bestandteil ihres Wesens bildet, dann muss ein Christ sie als solche hassen (im biblischen Sinn des Wortes), die sich mit der Schlechtigkeit unlösbar verbunden haben. Wahre Christen teilen Jehovas Empfindungen gegenüber Abtrünnigen; sie möchten gar nicht wissen, was für Vorstellungen diese vertreten. Im Gegenteil, sie ›empfinden Ekel‹ gegenüber den-

zu üben.«[121]

Der WTG ist es in ihrem über 100-jährigen Bestehen nicht gelungen, kritischen und vielleicht auch nur zweifelnden Stimmen ein Lebensrecht einzuräumen. Wie anmaßend und überheblich diese Haltung ist, wird deutlich, wenn man einen der soeben zitierten Sätze genauer überdenkt: »Manche Abtrünnige behaupten zwar, Gott zu kennen und ihm zu dienen, aber sie lehnen Lehren oder Anforderungen ab, die in seinem Wort dargelegt werden.« Woher weiß die WTG so unfehlbar, welche Lehren in Gottes Wort dargelegt sind? Mit welchem Recht ignoriert sie Bibelstellen, die vergleichsweise eindeutig sind, wie z. B. Mt 28,19, wo es klar und deutlich heißt: »Gehet nun zu allen Völkern ... tauft sie im Namen des Vaters und des Sohnes und des heiligen Geistes.« Die Taufe der Zeugen Jehovas ignoriert diese Worte Jesu, man tauft ganz bewusst nicht mit dieser trinitarischen Formel. Heißt es in Apostelgeschichte 15 »enthaltet euch vom Blut«, so wird diese Stelle nicht nur als Speiseverbot gehört, sondern als eines, das auch Bluttransfusionen einschließt, obwohl es Bluttransfusionen im Weltbild des Neues Testaments gar nicht gibt.

Der gnadenlose Umgang mit »Abtrünnigen« ist der Preis für den Exklusivitätsanspruch. Die WTG fasziniert viele Zeugen Jehovas, oft sie ein geordnetes Glaubenssystem präsentiert, das (scheinbar) keine Fragen offen lässt; in Wirklichkeit jedoch lässt dieses System keine Fragen zu.

Die scharfe Verwerfung von Kritikern aus den eigenen Reihen, ihre pauschale Verurteilung als »Abtrünnige«, ist ein ganz entscheidender Grund dafür, dass die Literatur von Aussteigern oder ehemaligen Zeugen Jehovas oft voller Bitterkeit ist.[122] Keine zweite Religionsgemeinschaft hat in den letzten Jahren eine solche Fülle von »Aussteigerliteratur« hervorgebracht.

Ausblick

Trotz vielfältiger Veränderungen und der zaghaften Anpassung an die Moderne fand in der WTG seit dem Tode Russells keine geistige Erneuerung statt. Ob in einer menschlichen Gemeinschaft (welcher Art auch immer) Freiheit und Menschenrechte etwas gelten, erweist sich immer im Leben des einzelnen Mitglieds. So sind denn auch die Umkehr zu Gott, der Glauben an Christus und das von Gott Angenommensein als ein zu Freiheit und Mündigkeit berufenes Kind stets individuelle Erfahrung. Durch dieses Geschenk, dass Gott mich – paulinisch gesprochen – »gerecht macht aus Gnade«, ohne mein eigenes Verdienst, bekommt mein Leben seine einzigartige Würde und seinen unendlichen Wert.

Die WTG hat dem Gros der Zeugen Jehovas – allen, die zur »irdischen Klasse« gehören – den Zugang zu diesem Gnadengeschenk Gottes versperrt,[123] was eine Ent-Individualisierung zur Folge hat, die im Ertragen des Organisationskults und ihres gnadenlosen Rigorismus gipfelt. In dieser »Aussperrung« von Millionen von Zeugen Jehovas wird offenkundig, dass der Rutherford-Schüler Nathan H. Knorr zwar mit viel Geschick eine »Tower-Renovierung« erreichte, aber keine geistliche Erneuerung. Reformen sind noch keine Reformation. Die Folgen für die Zeugen sind verheerend: Weil ihnen die rettende göttliche »Gerechtigkeit aus Gnade« versagt bleibt, geraten sie fast zwangsläufig auf den Irrweg der »eigenen Gerechtigkeit« (Röm 10,3), die auf verdienstliche Aktivitäten bzw.

moralische Qualitäten setzt und Zuflucht sucht unter den Fittichen einer exklusiven Kollektivheilsanstalt.[124]

In jüngster Zeit scheint sich eine neue Tendenz abzuzeichnen: Die WTG erklärte einige Fragen, so z.B. die Teilnahme an politischen Wahlen oder am Zivildienst, zu einer Sache des individuellen Gewissens.[125] Zugleich aber legte sie die Messlatte durch die von ihr genannten Kriterien so hoch, dass kaum ein Zeuge Jehovas von seinem Stimmrecht Gebrauch macht.

Dennoch stellt die Bereitschaft der WTG, Entscheidungen von solchem Rang in die Zuständigkeit des individuellen Gewissens zu verweisen, für Jehovas Zeugen eine Trendwende dar: Selbst wenn taktische Motive dahinter vermutet werden können, so ist doch durch die »Freigabe« des Wahlrechts und der Ableistung des Zivildienstes unterschiedliches Denken und Handeln in den Reihen der Zeugen Jehovas möglich geworden. Die Praxis zeigt zwar, dass diese neuen Freiheiten kaum genutzt werden, aber der Abschied vom Einheitshandeln ist eingeläutet.

Im Interesse vieler redlicher Zeugen Jehovas ist zu hoffen, dass die WTG die »Zeichen der Zeit« erkennt und einen Umbau des Wachtturms ermöglicht. Dringend überdacht werden müsste der unbiblische und unchristliche Exklusivitätsanspruch, die schroffe Verwerfung anderer Religionsgemeinschaften und die unsachgemäße Interpretation zentraler biblischer Texte. Die nächsten Jahre werden zeigen, ob die Geschichte des Wachtturms entweder wie die Geschichte des Turmes zu Babel in totaler Sprachverwirrung endet, oder ob ein geistlicher Neubeginn möglich wird.

Quellen: Die deutschsprachige Literatur der Wachtturm-Gesellschaft wird in Selters/Ts. gedruckt. Sie ist nicht im Buchhandel erhältlich und wird intern vertrieben.
Charles Taze Russell, Schriftstudien, 7 Bde., 1886-1917 · **Wachtturm Bibel- und Traktat-Gesellschaft (WTG)**, Jehovas Zeugen in Gottes Vorhaben, Wiesbaden 1960 · **Dies.**, Ewiges Leben in der Freiheit der Söhne Gottes, Wiesbaden 1967 · **Dies.**, Du kannst für immer im Paradies auf Erden leben, Selters 1989 · **Dies.**, Jehovas Zeugen. Verkündiger des Königreiches Gottes, Selters 1993 · **Dies.**, Einsichten über die heilige Schrift, 2 Bde., Selters o.J. · **Dies.**, Erkenntnis, die zu ewigem Leben führt, Selters 1995 · **Dies.**, Neue-Welt-Übersetzung der heiligen Schrift mit Studienverweisen, Selters o.J. · **Dies.**, Watchtower-Library-CD, Ausgabe 1999 (dt)

Zeitschriften: Der Wachtturm (1879-heute) · Das Goldene Zeitalter (1922-1937) · Trost (1938-1946) · Erwachet! (1947-heute)

Literatur: EKL[3] 2, Sp. 804-806 · **Hutten**[15], S. 80-135 · **Obst**[4], S. 409-454 · **RGG**[3] 6, Sp. 1903-1906 · **Raymond Franz**, Der Gewissenskonflikt, München 1991 · **Andreas Fincke**, »Wir sind kein Teil der Christenheit«, Zeugen Jehovas heute, in: MDEZW 5/2000, S. 138-156 · **Detlef Garbe**, Zwischen Widerstand und Martyrium. Die Zeugen Jehovas im ›Dritten Reich‹, München 1999 · **Ders.**, Glaubensgehorsam und Märtyrergesinnung, in: EZW-Texte 145, Berlin 1999 · **Friedrich-Wilhelm Haack**, Zeugen Jehovas, Münchner Reihe, München 1993 · **J. Gordon Melton** (Hg.), Encyclopedia of American Religions, 4th Edition, S. 791f. · **Günther Pape**, Ich war Zeuge Jehovas, Augsburg 1988 · **Klaus-Dieter Pape**, Die Angstmacher. Wer (ver)führt die Zeugen Jehovas?, Leipzig 1998 · **Sigrid Raquet**,

Keine Angst vor Zeugen Jehovas. Argumente für das nächste Gespräch, Moers 1998 · **Hans-Jürgen Twisselmann**, Vom Zeugen Jehovas zum Zeugen Jesu Christi, Gießen, Basel 1991 · **Ders.**, Der Wachtturm-Konzern der Zeugen Jehovas, Gießen 1995 · **Ders.**, Satans System oder Gottes Zulassung auf Zeit, EZW-Texte 145, Berlin 1999

Internet: www.watchtower.org · www.jehovaszeugen.de · www.infolink-net.de (kritisch) www.bruderdienst.de.(kritisch)

2.1.3 Die Christliche Wissenschaft (Helmut Obst)

> »Christian Science erklärt alle Ursache und Wirkung für mental, nicht für physisch. Sie hebt den Schleier des Geheimnisses von SEELE und Körper. Sie zeigt die wissenschaftliche Beziehung des Menschen zu GOTT, entwirrt die verworrenen Vieldeutigkeiten des Seins und befreit den gefangenen Gedanken. In der göttlichen Wissenschaft ist das Universum, einschließlich des Menschen, geistig, harmonisch, und ewig.«[126]
> (Mary Baker Eddy)

Es ist ein hoher Anspruch, den die Christliche Wissenschaft erhebt. In ihm spiegelt sich ihr Selbstverständnis wider. Sie versteht sich nicht in erster Linie als »Heilungsbewegung«, sondern will »Religion und Medizin mit göttlicheren Wesensmerkmalen und Inhalten« erfüllen.[127] Die Entstehungsgeschichte der Christlichen Wissenschaft und ihr Erfolg ist jedoch eng mit der Problematik von Heil und Heilung verbunden. Mitgliedszahlen im strengen Sinne können nicht genannt werden. Zur Zeit ist die Christliche Wissenschaft in 70 Ländern vertreten. In Deutschland gibt es 87 Zweigkirchen und Vereinigungen.

Mary Baker Eddy und die Frühgeschichte der Christlichen Wissenschaft

Mary Morse Baker wurde am 16. Juli 1821 in Bow (New Hampshire) als sechstes Kind in einer calvinistischen Farmerfamilie geboren.[128] Von Jugend an war sie kränklich, so dass sie den Schulbesuch abbrechen musste. Unbefriedigt von der Strenge im calvinistischen Glauben ihres Vaters war sie eine religiös Suchende.[129]

Nach der Eheschließung mit dem Bauunternehmer George Washington Glover am 10. Dezember 1843 in Tilton folgte sie ihrem Mann in den Süden der USA nach Charleston (South Carolina). Als ihr Mann nach wenigen Monaten auf einer Geschäftsreise starb, kehrte sie in ihr Elternhaus zurück. Dort gebar sie am 11. September 1844 einen Sohn. Die Geburt brachte für sie große gesundheitliche Probleme mit sich. Am 21. Juni 1853 ging Mary Baker eine zweite Ehe mit dem Zahnarzt Daniel Patterson ein. Die Ehe war unglücklich und wurde 1873 geschieden. Ihre gesundheitlichen Probleme nahmen zu. Ärztliche Behandlung und Kuren brachten keine Besserung. Sie entschloss sich, alternative Heilmethoden anzuwenden.

Einer der bekanntesten alternativen Heiler an der Ostküste der USA war Phineas Parkhurst Quimby [1802-1866]. Seine Heilmethoden stehen im Zusammenhang mit den Theorien des deutschen Arztes Dr. Franz Anton Mesmer [1734-1815]. Mesmer war überzeugt, ein das ganze All durchströmendes, dem Mineralmagnetismus ähnliches »Fluidum« entdeckt und experimentell nachgewiesen zu haben. Dieses Fluidum durchstrahle nach bestimmten Gesetzen auch den Menschen. Komme es zu Störungen der magnetischen Strömungen im Menschen, trete Krankheit auf. Diese Störungen und Stauungen könnten durch andere Menschen, besonders solche, die selbst in hohem Maße über magnetische Kräfte verfügen, beseitigt werden, indem sie dem Körper des Kranken magnetische Kraft zuführen. Quimby, der Mesmers Heilmethode in Theorie und Praxis kennen gelernt hatte, entwickelte und praktizierte in Auseinandersetzung mit Mesmer eine eigenständige Theorie des geistigen Heilens.

Im Oktober 1862 suchte Mary Baker Quimby in Portland auf. Seine Diagnose war, sie sei »von den Ansichten ihrer Familie und Ärzte in Banden gehalten, und ihr Lebensgeist spiegle seinen Kummer auf ihrem Körper wider und nenne ihn Rückenmarksleiden«.[130] Innerhalb einer Woche fühlte Mary Baker sich von Quimby geheilt. Sie blieb in enger Verbindung mit ihm und studierte seine Schriften. In welchem Maße sie und die Christliche Wissenschaft von ihm beeinflusst wurden, ist strittig. Zweifellos gingen von der Begegnung mit Quimby wichtige Impulse aus.

Am 1. Februar 1866 stürzte Mary Baker auf vereister Straße, zog sich erneut ein schweres Leiden zu. Nach medizinischem Urteil habe keine Aussicht auf Genesung bestanden. Doch sie heilte sich selbst. Ihr Unfall sei, so bekennt sie rückblickend, »›der fallende Apfel‹, der mich zu der Entdeckung führte, wie ich selbst gesund sein und anderen zur Gesundheit verhelfen konnte«.[131]

»Im Jahr 1866 entdeckte ich die Wissenschaft des Christus oder die göttlichen Gesetze von LEBEN, WAHRHEIT und LIEBE und nannte meine Entdeckung Christian Science. GOTT hatte mich während vieler Jahre gnädig vorbereitet, diese endgültige Offenbarung des absoluten göttlichen PRINZIPS des wissenschaftlichen mentalen Heilens zu empfangen.«[132]

Es dauerte noch fast zehn Jahre, bis Mary Baker 1875 ihre theoretischen und praktischen Erkenntnisse in einem Buch vorlegte. Es trug den programmatischen Titel »Science and Health with Key to the Scriptures« (Wissenschaft und Gesundheit mit Schlüssel zur Heiligen Schrift). 1910 erschien die siebente, von Mary Baker bearbeitete und autorisierte Auflage. Veränderungen, so ihre testamentarischen Festlegungen, dürfen nicht daran vorgenommen werden, auch muss bei einer Übersetzung in andere Sprachen stets die englische Originalausgabe parallel gedruckt werden. In seiner Bedeutung wird »Wissenschaft und Gesundheit« von den Anhängern der Christlichen Wissenschaft neben die Bibel gestellt. Das Buch gilt als göttlich autorisiert. Es ist, so betont Mary Baker, der Schlüssel zu »Macht und Herrlichkeit der Heiligen Schrift«.[133]

»Wissenschaft und Gesundheit« bildete die Voraussetzung und die Grundlage der Gemeinde- bzw. Kirchengründung durch Mary Baker. Am 4. Juli 1876 wurde die »Christian Scientists' Association« gegründet. Zu ihren Gründungsmitgliedern gehörte auch Asa Gilbert Eddy [1832-1882], mit dem Mary Baker am 1. Januar 1877 eine dritte Ehe einging. Trotz mancherlei innerer und äußerer Schwierigkeiten wuchs die Bewegung und entwickelte sich erfolgreich. 1879 erfolgte in Boston die Gründung der »Church of Christ, Scientist«. Mary Baker Eddy stand als »Präsident« an ihrer Spitze, 1881 wurde sie auch zur Pastorin dieser Kirche ordiniert.

Um die Christliche Wissenschaft lehren zu können und ihre praktische Umsetzung zu fördern, eröffnete sie 1881 in Boston eine Lehranstalt für mentales Heilen. Der Zulauf war groß. »Schüler aus allen Teilen unseres Kontinents und aus Europa überfluteten die Schule.«[134]

In den 80er Jahren hatte sich die »National Christian Scientists' Association« in allen Teilen der USA verbreitet. Am 13. Juni 1888 fand in Chicago eine Landesversammlung statt und Mary Baker Eddy predigte vor achthundert Delegierten über den 91. Psalm. Auf dem Höhepunkt ihres Erfolges kam es jedoch zu einer ernsten Krise in der Bewegung. Von der Tagung in Chicago zurückgekehrt, musste Mary Baker Eddy feststellen, dass in ihrem Institut für mentales Heilen Einflüsse der amerikanischen Neugeistbewegung an Boden gewonnen hatten. Es kam zu Spannungen und Streitigkeiten, in deren Folge am 28. Oktober 1889 die Methaphysische Lehranstalt von Massachusetts aufgelöst wurde.

Unter dem Eindruck dieser Vorgänge zog sich Mary Baker Eddy stärker ins Privatleben zurück und versuchte, die Christliche Wissenschaft von organisatorischen Einengungen zu befreien, deren Ausübung stärker zu individualisieren sowie die Bedeutung ihrer Person für die Bewegung einzuschränken. Doch musste sie bald erkennen, dass ohne feste organisatorische Strukturen die Bewegung zerfließen würde. Mit 71 Jahren begann sie deshalb 1892 die Christliche Wissenschaft in Form einer zentralistisch aufgebauten Kirche neu zu gliedern. Die »Mutterkirche« (The First Church of Christ, Scientist) der Bewegung wurde 1892 in Boston gegründet. 1895 konnte in Boston ein großes Kirchengebäude eingeweiht werden. Das im selben Jahr erschienene Kirchenhandbuch (Manual of The Mother Church, The First Church of Christ, Scientist) regelt bis heute Organisation und Aufbau der Christlichen Wissenschaft als Religionsgemeinschaft. Die »Zweigkirchen« in aller Welt sind mit der Mutterkirche in Boston verbunden, verwalten sich jedoch selbst. Die Mutterkirche wird von einem fünfköpfigen Vorstand geleitet. Um eine Zweigkirche zu gründen, sind mindestens 16 Personen sowie ein anerkannter »Ausüber« der Christlichen Wissenschaft notwendig. Wer Mitglied wird, muss sich von anderen kirchlichen Bindungen lösen. Der Christian Science Publishing Society in Boston überließ Mary Baker Eddy die Rechte an ihren Schriften, bis heute liegt dort die Verantwortung für das weltweite Verlagswesen der Christlichen Wissenschaft. Zu den im Kirchenhandbuch festgelegten Bestimmungen gehört auch, dass jede Zweigkirche einen öffentlichen Leseraum mit der Bibel, den Schriften Mary Baker Eddys und Veröffentlichungen der Christian Science Publishing Society unterhalten muss.

Die neue, 1895 festgelegte Organisationsform der Christlichen Wissenschaft festigte sich in der Folgezeit. Die Bewegung verbreitete sich nun weltweit. Verschiedentlich kam es zu Abspaltungen. In Deutschland konnte 1898 in Hannover die erste Zweigkirche gegründet werden. »Der Herold der Christlichen Wissenschaft« erschien hier ab 1903.

Mary Baker Eddy zog sich nach 1895 zunehmend aus der Öffentlichkeit zurück, blieb aber in ihrer Kirche aktiv und war die führende Persönlichkeit der Bewegung. Ein großer öffentlicher Erfolg war ihr im hohen Alter 1908 mit der Gründung der Tageszeitung »The Christian Science Monitor« beschieden. Mit dem Ziel, wahrheitsgetreu zu berichten, »keinem Menschen zu schaden, sondern die ganze Menschheit zu segnen«, erschien am 25. November 1908 die erste Nummer von »The Christian Science Monitor«. Die Zeitung brachte es in den folgenden Jahrzehnten zur Weltgeltung weit über den Kreis der Christlichen Wissenschaft hinaus. Am 3. Dezember 1910 starb Mary Baker Eddy 89-jährig in Boston. Sie gehört zweifellos zu den herausragenden Frauen in der amerikanischen Geschichte des 19. Jahrhunderts. Am 14. Oktober 1995 wurde sie in die »National Women's Hall of Fame« in den USA aufgenommen. Auch ihr Eintreten für die Rechte der Frauen findet in neuerer Zeit Beachtung und Würdigung.[135]

Gott als Wissenschaft aller Wissenschaften

Neben Ellen Gould White [1827-1915], der führenden Persönlichkeit der Siebenten-Tags-Adventisten, gehört Mary Baker Eddy zu den neuzeitlichen »Prophetinnen«, denen es im 19. Jahrhundert gelang, heute weltweit verbreitete Religionsgemeinschaften ins Leben zu rufen. Ihren prophetischen Anspruch hat sie selbst unaufdringlich, in der Sache jedoch klar und eindeutig erhoben.[136] Ihre Anhänger sind überzeugt, Jesu Verheißung vom Kommen des endzeitlichen Parakleten (Joh 14,16-17) habe sich »in dem Lebenswerk Mary Baker Eddys erfüllt«.[137] Ihre Schriften sind deshalb neben der Bibel Lehr- und Lebensgrundlagen der Christlichen Wissenschaft. Die Bibel wird allerdings geistig interpretiert. Dadurch ergeben sich weit reichende Abweichungen vom traditionellen Bibelverständnis und der Bibelauslegung christlicher Kirchen.

Die Lehre der Christlichen Wissenschaft ist ein intellektuell anspruchsvolles religiös-philosophisches System. Allerdings, so wird betont, erschließt es sich in seinen Tiefen nicht einem rein intellektuellen Zugang, sondern in der meditativen Vergegenwärtigung (Gebet) der »Wahrheit des Seins«. In Gott sieht Mary Baker Eddy das zentrale Prinzip der »Wissenschaft aller Wissenschaften«. Von diesem Gottesbild aus entfaltet sich das System der Christlichen Wissenschaft. Alles Unvollkommene und Böse, einschließlich der Materie, gehört nicht zur Wirklichkeit Gottes. Legt der Mensch den verhängnisvollen Irrtum von der Wirklichkeit des Bösen und der Materie ab, macht er sich frei von dem Wahn, die Materie sei etwas »Tatsächliches«. Dann tritt er in Harmonie mit Gott, und es zeigt sich, dass alle Übel, Krankheit und Leid, nichts sind.[138]

Wer die Materie als Realität anerkennt, verleugnet Gott. Diese Grundthese der Christlichen Wissenschaft ist aus der Sicht traditioneller christlicher Theologie auch ihr Grundirrtum und steht im fundamentalen Widerspruch zum Schöpfungsglauben. »Und Gott sah an alles, was er gemacht hatte; und siehe da, es war sehr gut.« (1 Mose 1,31)

Zentrale Unterschiede zur herkömmlichen christlichen Lehre treten vor dem Hintergrund des Gottesbildes auch in der Christologie, in der Erlösungslehre und im Verständnis von Sünde und Krankheit hervor. Jesus gilt als Urbild des christlichen Wissenschaftlers. Er »bewies, dass das PRINZIP, das die Kranken heilt und Irrtum austreibt, göttlich ist«.[139] Zu den Besonderheiten der Christologie Mary Baker Eddys gehört auch die Unterscheidung zwischen Jesus und Christus. »Jesus ist der menschliche Mensch und Christus ist die göttliche Idee.«[140]

Die neutestamentliche Lehre vom stellvertretenden Leiden und Sterben Jesu wird umgedeutet und abgelehnt. Jesus litt, um das »Prinzip des Seins«[141] zu zeigen. Endzeitliche Ereignisse wie die Wiederkunft Christi und das Jüngste Gericht sind nicht zu erwarten. Die apokalyptischen Texte der Bibel werden spiritualistisch gedeutet.

Dem Weltbild der Christlichen Wissenschaft entspricht es auch, dass der Tod seinen Schrekken, wenn auch nicht seine persönliche Bedeutsamkeit, verliert. Er ist ein »Weitergehen«, ein Wechsel der Daseinsebenen auf dem Weg der Persönlichkeit – die übrigens nicht von Gott geschaffen ist – zur Vollkommenheit. Darüber hinaus ist auf weitere erhebliche Unterschiede zur herkömmlichen christlichen Lehre, etwa der Bedeutung von Krankheit und Leid, zu verweisen.[142]

Institutionalisierung

Der Raum, in dem die Lehren der Christlichen Wissenschaft entfaltet werden, ist die Kirche der Christlichen Wissenschaft. Im Zentrum des sonntäglichen Gottesdienstes stehen Lektionen aus der Bibel und aus »Wissenschaft und Gesundheit«. Über die Texte wird nicht gepredigt. Die Versammlungen am Mittwochabend dienen der Mitteilung von Glaubenserfahrungen und von Zeugnissen über erfolgte Heilungen. Zweimal jährlich finden »Kommunionsfeiern« ohne Brot und Wein statt, bei denen die »Glaubenssätze der Mutterkirche« verlesen werden. Sakramente im herkömmlichen Sinn kann es im System der Christlichen Wissenschaft nicht geben.

Im Innen- wie aber besonders auch im Außenleben der Christlichen Wissenschaft kommt den »Praktikern« (früher »Ausüber«) eine sehr wichtige Rolle zu. Voraussetzungen ihrer Tätigkeit sind ein zweiwöchiger »Klassenunterricht« bei einem Lehrer der Christlichen Wissenschaft«, der Nachweis von Heilerfolgen, eine vorbildliche Lebensführung sowie die offizielle Akkreditierung zum Praktiker durch Eintragung ins »Christian Science Journal« der Mutterkirche in Boston. Die Praktiker sollen denen, die sich an sie wenden, umfassend helfen, indem sie ihnen den Weg zu Gott zeigen. Dieser Weg schließt die Heilung ein. Parallele Behandlung durch einen Arzt ist nicht erlaubt, notwendig ist auch der Verzicht auf Medikamente. Es waren und sind in erster Linie ihre Heilerfolge, durch die die Christliche Wissenschaft bekannt wurde und weltweit Anhänger gewann.

In dem Maße, wie im 20. Jahrhundert alternative, religiös motivierte Heilweisen und Heilmethoden unterschiedlicher Art an Bedeutung gewannen, Glaubensheilungen (z. B. Pfingstbewegung) neben und sogar in den »alten« Kirchen zunahmen, verlor die Christliche Wissenschaft an Ausstrahlungskraft. Das schlägt sich konkret in Zahlen nieder. Lag 1936 die Zahl der »Ausüber« weltweit bei 11.000, so sind es heute lediglich 1.900. In Deutschland wirken ca. 60 Praktiker. In mehreren Bundesländern hat die Christliche Wissenschaft den Status einer Körperschaft des Öffentlichen Rechts. 1937 bis 1945 musste sie in Deutschland ihre Arbeit einstellen, in der DDR wurde sie 1951 verboten. Innerhalb der deutschen Zweigkirchen ist vielfach eine Überalterung der Mitglieder festzustellen.

Ausblick

Die dogmatische Fixierung auf das Werk Mary Baker Eddys und die von ihr festgelegten Organisationsformen haben in einer sich stark wandelnden religiösen Welt, in der eine Vielzahl alternativer Heilmethoden Hochkonjunktur hat, zu Erstarrung und Stillstand auf Positionen des 19. Jahrhunderts geführt. Wachsende postmoderne Skepsis gegen Fortschritts- und Wissenschaftsgläubigkeit, die einen Ausdruck im Esoterik- und New-Age-

Denken findet, lässt heute manche ehemals neuartige und anregende Ansätze der Christlichen Wissenschaft ins Leere laufen. Die von Mary Baker Eddy durch den Anspruch, das ursprüngliche Christentum mit seiner Praxis des Heilens wiederentdeckt zu haben, aufgeworfenen Grundfragen von Heil und Heilung sind zweifellos nach wie vor hoch aktuell und werden weiter an Bedeutung gewinnen, nicht zuletzt für die Kirchen. Dabei kann die kritische theologische Auseinandersetzung mit der Christlichen Wissenschaft im Lichte des ersten Artikels des Apostolischen Glaubensbekenntnisses Gefahren neuer Heilungsbewegungen aufzeigen, aber auch zu einer theologisch verantwortbaren neuen Sicht des biblisch klar bezeugten Zusammenhanges von Sünde, Heil und Heilung beitragen.

Quellen: **Mary Baker Eddy**, Wissenschaft und Gesundheit mit Schlüssel zur Heiligen Schrift, Boston 1997 · **Dies.**, Rückblick und Einblick, Boston 1973 · **Gillian Gill**, Mary Baker Eddy, Reading 1998 · **The Christian Science Publishing Society** (Hg.), Mary Baker Eddy. Eine umfassende Würdigung, Boston 1967 · **Dies.**, Healing spiritually: renewing your life through the power of God's law, Boston 1996

Zeitschriften: Der Herold der Christlichen Wissenschaft (erscheint seit 1903) · The Christian Science Journal

Literatur: **EKL**[3] 1, Sp. 683f. · **Hauth**[10], S. 298-322 · **HRGem**[5], S. 286-296 · **Hutten**[15], S. 382-401 · **Obst**[4], S. 316-350 · **RGG**[4] 2, Sp. 258f. · **TRE** 8, S. 62-64 · **J. Gordon Melton** (Hg.), Encyclopedia of American Religions, 4th Edition, S. 667f. · **Hans-Diether Reimer**, Methaphysisches Heilen, Stuttgart 1966 · **Stefan Zweig**, Die Heilung durch den Geist: F. A. Mesmer, M. B. Eddy, S. Freud, Frankfurt/M. 1982

Internet: www.tfccs.com · www.christian-science.de

2.1.4 Die Christengemeinschaft

(Sieglinde M. Ruf)

> »Durch Pflege eines erneuerten kultisch-sakramentalen Lebens und durch Streben nach Durchdringung der Religion mit dem Licht freier Geisterkenntnis vereinigte sie [die Christengemeinschaft] von Anfang an in sich die Errungenschaften sowohl der katholischen als auch der protestantischen Aera und konnte sich als die werdende dritte Kirche empfinden.«[143]
> (Emil Bock)

Einleitung

Die »Christengemeinschaft« gehört in den Reigen derjenigen Bewegungen, die sich nach dem Ersten Weltkrieg, erschüttert von den Ereignissen und unbefriedigt von der Theologie ihrer Zeit, um eine Erneuerung des christlich-religiösen Lebens bemühten.[144] Als Gründungsmoment der Christengemeinschaft gilt das erste Zelebrieren der »Menschen-Weihehandlung« am 16. September 1922 im Goetheanum (Dornach/Schweiz), dem Zentrum der anthroposophischen Bewegung. An dieser Tatsache lassen sich bereits zwei Charakteristika der Christengemeinschaft ablesen, nämlich ihre Konzentration auf den Kultus und ihr Verhältnis zur Anthroposophie.

Friedrich Rittelmeyer[145] [1872-1938], protestantischer Theologe und Prediger an der Neuen Kirche in Berlin, vollzog den neuen Kultus in Anwesenheit Rudolf Steiners[146] [1861-1925] nach Ritualtexten, die dieser »aus der geistigen Welt« vermittelt hatte. In den folgenden Tagen wurden die Mitbegründer (3 Frauen[147] und 41 Männer), darunter weitere evangelische Pfarrer und Theologiestudierende, von Rittelmeyer zu Priestern der »Bewegung für religiöse Erneuerung«[148] geweiht. Vorausgegangen war ab Frühsommer 1921 eine relativ kurze Phase der Sammlung von Interessierten und deren Unterweisung durch Rudolf Steiner in drei Vortragsreihen (Priesterzyklen[149]). Anlass dazu war eine schriftliche Anfrage von ca. 20 Studierenden gewesen, in der sie Steiner nach der Zukunft christlich-religiösen Wirkens gefragt und zugleich ihre Bereitschaft zu einem eventuellen Engagement signalisiert hatten.[150]

Die Struktur der geistlichen Hierarchie, durch die die Bewegung geleitet werden sollte, war bei der Gründung bereits festgelegt und besteht bis heute nahezu unverändert. Die Ausbreitung erfolgte rasch und in verschiedenen Städten gleichzeitig, sehr früh auch im Ausland (in England ab 1929). Stuttgart wurde zum Zentrum der Bewegung. Alle Organe der Christengemeinschaft haben hier ihren Sitz. Seit 1933 besteht das Seminar zur Ausbildung der Priester (Freie Hochschule der Christengemeinschaft). In der Zeit des Nationalsozialismus war die Christengemeinschaft ab 1941 verboten. Heute ist sie in ca. 30 Ländern Europas, Nord- und Südamerikas, Afrikas und in Australien vertreten. Für den asiatischen Raum wurde die Christengemeinschaft im Jahr 2000 in Tokio gegründet.

In Deutschland gehören ihr ca. 10.000 tragende Mitglieder in etwa 150 Gemeinden an, dazu ein Freundeskreis von ca. 50.000 Personen. International gibt es ca. 20.000 Mitglieder in ebenfalls etwa 125 Gemeinden mit einem Freundeskreis von ca. 80.000 Personen.[151] Damit ist die Christengemeinschaft fast 80 Jahre nach ihrer Gründung eine eher kleine Religionsgemeinschaft.

Selbstverständnis und Glaubenspraxis

Die Christengemeinschaft versteht sich ganz und gar vom Kultus her. Ihren Existenzgrund erlebt sie im christlichen Gottesdienst in einer durch Offenbarung erneuerten Gestalt, ihren Daseinszweck in der Pflege und Ausbreitung dieses Kultus. Er ist ihr nach eigener Überzeugung von der »geistigen Welt« selbst durch die Vermittlung des Eingeweihten Rudolf Steiner anvertraut. Durch seine besondere Befähigung habe er die Texte der Rituale in einem Akt göttlicher Gnade »aus der geistigen Welt herunter geholt«. Von daher wird die ungewöhnliche Wertschätzung der Christengemeinschaft für die Ritualtexte verständlich. Sie werden innerhalb der Priesterschaft nur individuell und unmittelbar vor der Weihe weitergegeben, indem sich jeder Anwärter sein Ritualbuch mit eigener Hand abschreibt. Die Worte gelten als Hüllen für lebendige geistige Inhalte, denen nur das bewusste Sprechen im konkreten kultischen Vollzug gerecht zu werden vermag. Für die Priesterschaft wird das Bild des Gefäßes[152] verwendet, in das diese Inhalte eingegossen worden sind. Öffentlich sind die Texte stets in dem Sinne gewesen, dass die kultischen Handlungen (außer der Beichte und der Letzten Ölung) für jedermann ohne Voraussetzung zugänglich sind. Seit einigen Jahren liegen sie im Rahmen der »Priesterzyklen« auch gedruckt vor.[153]

Bis in die äußere Gestaltung hinein (Wortlaute, Gesten, Gewänder, Altarschmuck etc.) gilt der Kultus als das Abbild des urbildhaften himmlischen Kultus für die jetzige Zeitepoche. Diese ist, in anthroposophischer Terminologie, die Zeit der »Bewusstseinsseele«, in der sich die »Wiederkunft Christi im Ätherischen« ereignet. »Das Wesentliche geschah in der geistigen Welt selbst; so wie das Christentum einstmals entstanden ist durch das Christus-Geschehen auf der Erde, so löst in unserer Zeit das zweite Christus-Ereignis, die geistige Wiederkunft Christi, eine Neubelebung, ja Neuschöpfung des Christentums aus.«[154] Von dieser geglaubten Neuschöpfung des Christentums im Angesicht des wiederkommenden Herrn her begreift sich die Christengemeinschaft als die »neue, dritte Kirche«[155], die das Beste des Katholizismus (petrinisches Christentum) – nämlich die rituell-sakramentale Kraft – und das Beste des Protestantismus (paulinisches Christentum) – nämlich die Unmittelbarkeit des freien Menschen zu Gott, das Priestertum aller Gläubigen – in einer höheren Synthese verbinden und weiterführen will (johanneisches Christentum).[156]

Zur Vollgestalt des kultischen Lebens gehören, wie in der römisch-katholischen und orthodoxen Tradition, sieben Sakramente: Taufe, Konfirmation, Menschen-Weihehandlung (Altarsakrament), Beichte, Trauung (Ehesakrament), Priesterweihe und Letzte Ölung (Sterbesakrament). »So erscheinen in der Christengemeinschaft die Sakramente zwar wieder in ihrer Siebenzahl und mit den herkömmlichen Bezeichnungen ..., auch lebt in ihnen die Substanz des Uranfangs fort, die von Christus selbst kommt; aber fast alles hat nun eine neue Gestalt und neue Lebendigkeit gewonnen, die den Kräften des heutigen Menschen, der ›Bewusstseinsseele‹ angemessen sind, d. h., sie tragen der Tatsache Rechnung, dass die Menschheit aus einem mehr kindlich-gläubigen Verhältnis zum religiösen Leben herausgewachsen ist und heute ein erkennendes, selbständigeres Verhältnis dazu sucht; auch ist es heute notwendig, in der religiösen Übung mehr ein Mittätigsein als nur ein Hinnehmen der geistigen Tatsachen anzuregen.«[157]

Das zentrale Sakrament ist die Menschen-Weihehandlung. »Dieser – zunächst ungewohnte – Name will sagen: Mensch wirst du erst durch die Hilfe Christi, der seine heilende Kraft dem schenkt, der ihn suchen, erkennen und ihm folgen will.«[158] Das äußere Erscheinungsbild dieses religiösen Rituals erinnert an die vorkonziliare, römisch-katholische Messfeier, wobei grundsätzlich in der jeweiligen Landessprache zelebriert wird. Der Priester und die beiden Ministranten tragen schlichte liturgische Gewänder. Sie bewegen sich im Altarraum nach einer bestimmten Choreografie. Weihrauch wird verwendet. Der Verlauf der kultischen Handlung ist klar gegliedert. Am Beginn und am Ende des Gottesdienstes steht das so genannte Zeitengebet, das – wie die Farben an den Gewändern und am Altar – entsprechend den christlichen Festen im Jahreslauf wechselt. Dazwischen spannt sich stets unverändert der Bogen der vier Hauptteile: Verkündigung (Evangelienlesung und Predigt), Opferung, Wandlung und Kommunion. Das Abendmahl wird unter beiderlei Gestalt (Brot und Wein, verwendet wird Traubensaft) denjenigen Menschen gereicht, die zum Altar treten. In der Substanz der gewandelten Elemente teilt sich »die Christuswesenheit« dem Gläubigen bis in die Physis seiner Leiblichkeit hinein mit. Das Altarsakrament ist die »heilende Arznei« zur »Überwindung der Sündenkrankheit« und zur Verwandlung des Menschen und der Erde (»Durchchristung«). Ein Zeichen des Friedens – individuelle Berührung an der Wange durch den Priester – schließt als Geste des Segens die Kommunion ab. Durch andächtiges Mitvollziehen des Kultus und inneres Mitsprechen sollen die Glaubenskräfte der anwesenden Gemeindeglieder gestärkt und die Erkenntnis gleichermaßen angeregt werden. Die Spaltung zwischen Glauben und Wissen soll hier überwunden werden. Die Gemeinde wird in ihrer innerlichen Haltung durch zurückhaltende Musik unterstützt, sie singt wenige, zumeist sehr getragene Lieder. Zu Wort kommt sie innerhalb der Menschen-Weihehandlung nur in den stellvertretenden Antworten des Ministranten.

Hohe Bedeutung hat in der Christengemeinschaft auch das Beichtsakrament. Als Einzelbeichte ist es ein Gespräch zwischen Gläubigem und Pfarrer, das mit einem rituellen Teil endet. Der Empfang der Kommunion bei der nächsten Weihehandlung rundet das Geschehen ab. Inhalt des Gespräches können alle Erfahrungen des Lebens sein. Die Beichte wird verstanden als »Schicksalsberatung«, durch die die ordnende und wandelnde Macht Christi im individuellen Schicksal bewusst werden kann (Seelsorge als »Ich-Sorge«).[159]

In der Christengemeinschaft werden allgemein verbindliche Glaubenssätze und Lehraussagen abgelehnt. Die Priester haben Lehrfreiheit, die Mitglieder Bekenntnisfreiheit. Jeder Priester muss nur das vertreten, was er selbst als wahr erkannt hat. Jedes Gemeindemitglied soll nur das glauben, was sich ihm selbst als wahr erschlossen hat. So wird auch der in der Weihehandlung gesprochene Credo-Text, der dem traditionellen Glaubensbekenntnis nachgestaltet ist, nicht als Bekenntnisformel verstanden, sondern als eine Beschreibung »geistiger Tatsachen«, die zum Umgang mit diesen Inhalten anregen will. Vorausgesetzt werden allerdings Aufgeschlossenheit für neue Erkenntnisse und ernsthaftes religiöses Bemühen des Einzelnen. Dieses äußert sich neben dem Besuch des Gottesdienstes u. a. in regelmäßigem Gebet, in Meditation und im Lesen der Bibel (vor allem des Neuen Testamentes) sowie in der Lektüre religiöser Literatur.[160]

Ihren Mittelpunkt und Maßstab findet diese Art der Lehr- und Bekenntnisfreiheit im erneuerten Kultus, besonders der Menschen-Weihehandlung. Kein Pfarrer darf lehren, was dem Kultus widerspricht. Er hat sich bei seiner Weihe durch ein Gelübde an den Wortlaut der liturgischen Texte gebunden, den er keinesfalls verändern darf. Täglich setzt er sich der prägenden Wirkung ihrer Inhalte aus, indem er die Menschen-Weihehandlung zelebriert oder meditiert.

Neue Gemeindeglieder haben oft einen längeren Weg der religiösen Suche hinter sich. Als »Schicksalsgemeinschaft« vertraut die Christengemeinschaft darauf, dass innerlich bereite Menschen den Weg zu ihr finden. Sie tritt bislang kaum werbend in Erscheinung. Nur gelegentlich wird man auf öffentliche Vorträge und Tagungen aufmerksam. Interessierte stoßen meist im Umkreis von Waldorfschulen oder einer anderen anthroposophischen Einrichtung auf die Christengemeinschaft. Der Beitritt als Mitglied erfolgt in der Regel nach einer längeren Zeit des Kennenlernens der Sakramente und der Annäherung an die Gemeinde. Er setzt die Wahrnehmung voraus, dass man sich dieser Gemeinschaft und dem, was sie erstrebt, innerlich zugehörig fühlt, sowie den bewussten Entschluss, dass man sich mit ihr verantwortlich verbinden will. Deshalb ist die Mitgliedschaft erst für volljährige Erwachsene möglich und nicht schon mit Erreichen der Religionsmündigkeit. Das gilt auch für junge Menschen, die in der Christengemeinschaft aufgewachsen sind. Der Beitritt wird in einem Aufnahmegespräch mit dem Pfarrer vollzogen und durch die Teilnahme an der Kommunion in der darauf folgenden Zeit bekräftigt. Wer die Mitgliedschaft anstrebt, sollte christlich getauft sein. Wiedertaufen werden abgelehnt.[161] Ein Kirchenaustritt wird nicht verlangt, aber dem Neuling wird deutlich gemacht, dass auf Dauer ein gleichrangiges Mitleben in zwei verschiedenen Kirchen kaum möglich ist und er deshalb eine Entscheidung für sich zu fällen hat. Die Entscheidung zur Doppelmitgliedschaft wird gegebenenfalls akzeptiert.

Die religiöse Erziehung der Kinder erfolgt nach der Taufe in der Familie. Mit der Einschulung beginnt die Teilnahme an der so genannten Sonntagshandlung für die Kinder[162] und am Religionsunterricht. Großer Wert wird auf die Gestaltung der christlichen Feste in der Gemeinde gelegt, die am jeweiligen Sonntag mit einer besonderen Feier im Anschluss an die Weihehandlungen begangen werden. Kinder- und Jugendgruppen sowie Ferienlager werden angeboten. Neben religiösen Elementen werden hierbei künstlerische und musische Tätigkeiten sowie Naturerfahrung angeregt. Mit der Konfirmation, die im Rahmen einer Menschen-Weihehandlung gefeiert wird, beginnt die religiöse Selbsterziehung des jungen Erwachsenen.

Organisation und Aktivitäten

In der Gestaltung ihres geistigen, rechtlichen und wirtschaftlichen Lebens orientiert sich die Christengemeinschaft konsequent an dem Ideal der »Sozialen Dreigliederung« (Rudolf Steiner). Sein Dreh- und Angelpunkt ist das einzelne Individuum, das aus eigener Einsicht, freiem Entschluss und mit voller Verantwortlichkeit seine Kräfte einbringt in die Gemeinschaft, die sich zur Erfüllung einer gemeinsamen Aufgabe zusammengefunden hat und ihrerseits den Einzelnen trägt.

In geistlicher Hinsicht liegt die Gesamtleitung der Christengemeinschaft bei drei »Oberlenkern«, von denen einer als »Erzoberlenker« eingesetzt ist. Er ist Mittelpunkt der Priesterschaft, nicht Oberhaupt der Kirche.[163] Diese drei bilden gemeinsam mit vier »Lenkern« ein ständiges Führungsorgan, den so genannten »Siebenerkreis«. Er nimmt all die Aufgaben wahr, die aus der höchsten gemeinsamen Aufgabe der Christengemeinschaft, nämlich der »Vollbringung des Kultus«, entstehen. Insofern ist der Siebenerkreis die letzte Instanz in Fragen der kultischen Praxis, der Ausbreitung (Entschlüsse zur Priesterweihe, Neugründungen, Kirchenbauten), finanzieller Belange (z. B. Ausgleich zwischen den Regionen) und in Personalfragen (Entsendungen, Disziplinar-, Beurlaubungs- und Suspendierungsfragen). Ein Lenker ist zuständig für alle Fragen des Zusammenwirkens von mehreren Gemeinden, die in einer Region zusammengefasst sind. Er sorgt dafür, dass auf dieser Ebene die übergeordneten Aufgaben wahrgenommen werden. Derzeit gibt es etwa 20 Lenker. Sie treten je einmal pro Jahr auf Länderebene zusammen und treffen sich in der weltweiten allgemeinen Lenkerkonferenz.

Die Aufgabe des Pfarrers ist die Gemeindebildung und das Gemeindeleben. Er genießt dabei ein Höchstmaß an geistiger Autonomie (Lehrfreiheit bei gleichzeitiger Bindung an den Kultus). Zugleich pflegt er in sich selbst die Gesinnung, sich mit seiner ganzen Existenz »diesem Wirken aus der Christuskraft« anschließen zu wollen. »Nur diese Gesinnung ermöglicht es der Hierarchie, ihre Aufgaben wahrzunehmen; d. h. die Möglichkeit des Wirkens erhält die Hierarchie allein aus dem Willen der Priesterschaft, welche die Notwendigkeit dieses Wirkens als geistig notwendig anerkennt und deshalb selbst will.«[164]

Mehrmals im Jahr treffen sich die Pfarrer zu regionalen Synoden. Die weltweite Pfarrerschaft, derzeit ca. 320 Pfarrer, kommt jährlich in einer allgemeinen Synode zusammen. Diese hat die Aufgabe, die Beschlüsse des Siebenerkreises vorzubereiten bzw. konsensfähig zu machen sowie der Fortbildung und Begegnung der Pfarrer zu dienen.

Jede Gemeinde ist sozial und finanziell autonom. Sie gestaltet das Gemeindeleben eigenverantwortlich und finanziert die Erfordernisse für das Zelebrieren des Kultus (Pfarrergehälter, Gebäude, Gewänder etc.) aus freiwilligen Spenden und Zuwendungen.

In einer Region sind mehrere Gemeinden zusammengefasst. In Deutschland ist die Christengemeinschaft als Körperschaft des öffentlichen Rechts anerkannt. Die einzelnen Körperschaften haben sich zusammen geschlossen im »Körperschaftsverband der Christengemeinschaft in Deutschland«. Weltweit ist die Christengemeinschaft in der »Foundation The Christian Community International« zusammengefasst. Diese ist zuständig für übergeordnete finanzielle Aspekte, wie sie die Priesterausbildung, Leitung der Priesterschaft und Unterstützung der Ausbreitung mit sich bringen.

Die Ausbildung der Pfarrer geschieht für Studierende unterschiedlicher Nationalitäten am Priesterseminar (Freie Hochschule der Christengemeinschaft) in Stuttgart.[165] Die Ausbildung umfasst in der Regel sieben Semester und beinhaltet theologische und kirchengeschichtliche Aspekte, allgemeinbildende kulturelle Themen sowie die Lektüre anthroposophischer Hauptwerke. Zahlreiche praktisch-künstlerische Fächer anthroposophischer Prägung (Eurythmie, Sprachgestaltung, bildende Künste) dienen der ganzheitlichen Schulung. Die Einübung in die kultische Praxis geschieht im täglichen Mitfeiern der Menschen-Weihehandlung, in der Anleitung zum eigenen Meditieren und in einem einsemestrigen Gemeindepraktikum. In Einzelgesprächen werden jeweils am Beginn des Semesters persönliche Studienziele vereinbart. Am Ende wird neu über den Verbleib eines jeden Studenten entschieden. Für die Finanzierung kommen die Studierenden selbst auf, in besonderen Fällen kann auf einen Förderfonds zurückgegriffen werden.

Soziales Engagement gilt der Christengemeinschaft als eine christliche Grundgesinnung. Sie unterhält Alters- und Pflegeheime, Behinderteneinrichtungen, Kindergärten, Jugendheime sowie Freizeit- und Tagungsstätten. Im Sommer werden seit vielen Jahren große Kinder- und Jugendferienlager durchgeführt. In den Gemeinden bestehen je nach örtlicher Möglichkeit auch Sozialkreise, die häusliche Krankenpflege und Einzelfallhilfe etc. übernehmen. In den Regionen werden diese Aktivitäten von den Sozialwerken verantwortet. Ihr Zusammenschluss, der »Verband der Sozialwerke der Christengemeinschaft«, koordiniert die Arbeit und sorgt für Ausbildungsmöglichkeiten (Jugendleiter, Pflegekräfte etc.). Es besteht Mitgliedschaft im Deutschen Paritätischen Wohlfahrtsverband.

Ein eigener »Verlag der Christengemeinschaft« wurde bereits 1925 von Friedrich Rittelmeyer als »Kanzel der Öffentlichkeit« gegründet. In den 30er Jahren wurde er in »Verlag Urachhaus« umbenannt und unter diesem Namen bekannt. Heute ist die Christengemeinschaft dem »Verlag Freies Geistesleben & Urachhaus GmbH« als einer von drei Partnern treuhänderisch verbunden. Hier wird ihre religiöse Literatur veröffentlicht und die Monatsschrift »Die Christengemeinschaft« mit einer Auflage von etwa 7.000 Stück herausgegeben.

Die Christengemeinschaft kann mit Recht als Tochter der anthroposophischen Bewegung betrachtet werden.[166] In dieser Hinsicht ist Rudolf Steiner ihr geistiger Vater. Sie ist aber mit dieser Herkunftsbeschreibung nicht ausreichend bestimmt. Mit demselben Recht kann sie als Tochter der Evangelischen Kirche angesprochen werden.[167] In dieser Hinsicht könnte man Friedrich Rittelmeyer ihren geistigen Vater nennen. Diese »doppelte Elternschaft« bringt bis heute zahlreiche Spannungen, Missverständnisse und Konflikte auf allen Seiten mit sich.

So sah sich beispielsweise bald nach der Gründung Rudolf Steiner selbst veranlasst, innerhalb der Anthroposophischen Gesellschaft klärende Worte über die unterschiedlichen Intentionen zu sprechen: »Die anthroposophische Bewegung wendet sich an das Erkenntnisbedürfnis und bringt Erkenntnis; die Christengemeinschaft wendet sich an das Auferstehungsbedürfnis und bringt Christus.«[168]

Von ihren Kritikern wurde die Christengemeinschaft als »Kirche der Anthroposophen« bezeichnet, die Anthroposophie wurde für ihre Theologie gehalten, ihr Kultus ist als »ritualisierte Anthroposophie« gedeutet worden. Sie wurde mit der Anthroposophie identifiziert und mit ihr als neuoffenbarerisch, neugnostisch, synkretistisch, synergistisch und zuletzt als unchristlich verurteilt.

Im Verhältnis zur evangelischen Kirche[169] traten konkrete Probleme in den 20er und 30er Jahren zunächst als Einzelfälle auf, und zwar allgemein im Bereich des Kirchenrechtes und speziell im Dienstrecht. In den Akten der Kirchenarchive[170] sind beispielsweise Konflikte belegt, die durch Amtshandlungen entstanden, die von evangelischen Pfarrern nach dem Ritus der Christengemeinschaft vollzogen wurden. Es ergaben sich Fragen nach der Rechtmäßigkeit solcher Handlungen, nach der Beibehaltung oder Aberkennung der so genannten Rechte des geistlichen Standes für solche Pfarrer oder nach dem angemessenen Verhalten gegenüber Kirchengliedern, die sich der Christengemeinschaft öffneten und etwa ihre Kinder dort taufen lassen wollten.

Nach dem Krieg standen sich mit der Konstituierung der Christengemeinschaft als K.d.Ö.R. zwei in rechtlicher Hinsicht gleichgestellte Partner gegenüber, deren Verhältnis zueinander nach Klärung verlangte. Unter Leitung von Wilhelm Stählin nahm 1948 die Kommission »Kirche und Anthroposophie« ihre Arbeit auf.[171] Nach gründlichen Beratungen und einem Treffen mit Repräsentanten der Christengemeinschaft, darunter der Erzoberlenker Emil Bock, konnte diese Arbeitsgruppe am 20. März 1949 dem Rat der EKD ihren Schlussbericht vorlegen. Sie zog darin das Fazit, die Taufe der Christengemeinschaft könne nicht als »rite« vollzogen anerkannt werden, gleichwohl aber solle die Aufnahme in die Arbeitsgemeinschaft Christlicher Kirchen (ACK) nicht verwehrt werden, wenn die Christengemeinschaft sie anstrebe. Der Rat der EKD fasste daraufhin am 31. Mai 1949 den knappen Beschluss, die Taufe nicht anzuerkennen, und empfahl ihren Gliedkirchen eine Abgrenzung von der Christengemeinschaft mit geistlichen und seelsorgerlichen Mitteln. Diese Haltung wurde nach scharfem Protest der Christengemeinschaft und erneutem Gespräch im März 1951 bestätigt und argumentativ verstärkt.

Nach Jahren des Schweigens gab es zwischen 1962 bis 1969 in loser Folge einige Gespräche auf verschiedenen Ebenen. Sie führten gerade in der Tauffrage zu neuen Differenzierungen, ohne grundsätzliche Änderungen zu bewirken.[172]

In den Jahren 1991 bis 1993 trafen sich Vertreter der Evangelischen Zentralstelle für Weltanschauungsfragen, des Konfessionskundlichen Institutes des Evangelischen Bundes und der Christengemeinschaft zu neuen Gesprächen. Sie stellten sich der Frage, ob sich die Situation gegenüber 1949 soweit verändert habe, dass offizielle Gespräche empfohlen werden könnten. Die Ergebnisse sind unter dem Titel »Evangelische Kirche und Christengemeinschaft. Bericht einer gemeinsamen Gesprächsgruppe« veröffentlicht.[173]

Die kontroversen Themenbereiche im Gespräch der Evangelischen Kirche mit der Christengemeinschaft ergeben sich zum größten Teil aus dem innigen Verhältnis der Christengemeinschaft zur Anthroposophie. Man könnte sagen, dass die Anfragen an die Christengemeinschaft und diejenigen an die anthroposophische »Geisteswissenschaft« nahezu gleich lautend sind.[174] Die strittigen, in sich komplexen Topoi sollen hier stichwortartig benannt werden:[175]

Themenbereich	Anfragen
Taufe	Vollzug: trinitarisch – auch ohne ökumenische Taufformel?; verwendete Elemente (Asche, Salz, Wasser); Taufintention? (Inkarnationshilfe)
Offenbarung	Bibelverständnis; zusätzliche Offenbarungsquelle? (Akasha-Chronik); Rolle Rudolf Steiners als »Offenbarungsmittler« und Rolle der Anthroposophie als »Geisteswissenschaft«
Gottesbild	Personalität?; Trinitätsverständnis; gnostische Elemente?
Christologie	Inkarnation: Doketismus? (zwei Jesus-Knaben); Gottessohnschaft: Christus als »hoher Sonnengeist«; Christus als »Herr des Karma«
Anthropologie	Gottebenbildlichkeit – in welchem Sinn?; »Wesensglieder«; Reinkarnation und Karma: ICH – ewige Individualität in ständiger Entwicklung?, Erde als Ort einer kosmischen Pädagogik?
Sündenlehre	Sündenfall als Evolutionsgeschehen; Sünde als »Sündenkrankheit«; »subjektiver« und »objektiver« Aspekt der Schuld
Soteriologie	Heilstat Christi (gespaltene Vergebung[176]); Gnadenverständnis; Karma: Selbsterlösung?, Synergismus? (reingewährte Leistung[177])
Eschatologie	»Wiederkunft Christi im Ätherischen«?; Jüngstes Gericht?; Weiterentwicklung der Menschheit zur »zehnten Engelhierarchie«?
Wirklichkeitsverständnis	Verhältnis von Geist und Materie; Geistverständnis: »Verdinglichung« des Geistes, Materie nicht qualitativ überwunden[178]?
Sakramentsverständnis	rituelle Magie?
Selbstverständnis als Teil der Christenheit	»Dritte Kirche«: Exklusivität?; kein Leiden an den Spaltungen der Christenheit?

Diese im Dialog strittigen Themenbereiche sind im Kern Fragen nach der Hermeneutik der Christengemeinschaft: Wie gewinnt sie ihre Einsichten? Woher bezieht sie ihre Erkenntnisse? Welchen Stellenwert haben de facto die biblischen Überlieferungen und die christliche Tradition? Und: Wäre tatsächlich ein Priester der Christengemeinschaft denkbar, der die anthroposophischen Grundauffassungen (zumindest bezüglich des Menschenbildes samt seiner Auswirkung auf die Christologie und bezüglich der zyklischen Weltentwicklung) nicht teilt? Oder auch: Wenn jemand die Anthroposophie nicht kennte, aber die Menschen-Weihehandlung intensiv mitfeierte, welche theologischen Auffassungen würde dieser Mensch entwickeln?

Bezüglich des Verhältnisses von Christengemeinschaft und anthroposophischer »Geisteswissenschaft« werden in dem Bericht einer gemeinsamen Gesprächsgruppe folgende Feststellungen getroffen: »(16) Die von Rudolf Steiner begründete Anthroposophie stellt vor allem für die christologischen und anthropologischen Aussagen in der Christengemeinschaft eine Erkenntnishilfe dar. Die Anthroposophie ist nicht ein beliebiger, sondern ein wesentlicher, wenn auch nicht ausschließlicher Verstehenshorizont. Sie gilt nicht als eine für die Gemeinschaft verbindliche theologische Wahrheit.« An anderer Stelle heißt es: »(9) Der biblische Kanon wird in der Christengemeinschaft in seiner Vorrangstellung anerkannt. Neben dieses unveränderbare Zeugnis der Ursprungszeit des christlichen Glaubens können nicht andere Zeugnisse, Lehren oder ›Offenbarungen‹ von gleichem Rang treten ... (10) Die weiteren Bezeugungen der Christuswahrheit im Verlauf der Christentumsgeschichte können abgestuft als nachrangige ›Offenbarungen‹ bezeichnet werden. Dazu gehört das entscheidende Ereignis, das zur Gründung der Christengemeinschaft geführt hat.«[179]

Abschluss und Ausblick

Die gegenseitigen Verletzungen der Anfangsjahre, als die Christengemeinschaft ihr Selbstbewusstsein auch aus der abwertenden Abgrenzung gegenüber den beiden großen Konfessionen gezogen hat – zu einer Zeit, als die Evangelische Kirche sich um die Anerkennung ihrer Taufe durch die römisch-katholische Kirche bemühte und die ACK eben gegründet war –, sind zumindest bei denen, die sich im Gespräch und im Wahrnehmen der gottesdienstlichen Feiern begegnet sind, längst überwunden. Die inhaltlichen Anfragen an die Christengemeinschaft in Bezug auf ihre Theologie bedürfen der weiteren Entwicklung und Klärung im Gespräch. Auch wenn man ihre oben zitierte Selbstpositionierung im Verhältnis zur Anthroposophie beim Wort nimmt, bleibt doch erklärungsbedürftig, wie ihr der Spagat zwischen (angeblich) vollkommener Lehr- und Bekenntnisfreiheit einerseits und dem (gründungsbedingt) existenziellen Verstehenshorizont Anthroposophie andererseits vor dem Anspruch der biblischen Überlieferung gelingen kann. Unterdessen bleibt die Christengemeinschaft als Gesprächspartnerin für andere Konfessionen interessant. Ihre Betonung der Verwandlung des Menschen und der Welt durch freiwillige, aktive Hingabe an Christus und ihre konsequente Ausrichtung auf den auferstandenen und wiederkommenden Herrn sind hier wichtige Aspekte. Bedeutend erscheinen auch die in ihr gepflegten Formen der Frömmigkeit, wie etwa das bewusste Leben mit den christlichen Festen im Jahreslauf, die individuelle Meditation als eine Form des Gebetes, sowie die konkrete Lebenshilfe aus den Sakramenten.

Die Christengemeinschaft sollte sich selbst nicht nur von der anthroposophischen Seite ihrer Elternschaft her begründet sehen. Sie wird in dieser Absicht nicht nur religiöse, sondern auch vermittelbare theologische Substanz bilden müssen. Eine Ausdeutung des Christentums, die sich auf spiritualistische Traditionen »johanneischen« oder »paulinischen« Selbstverständnisses beruft, ist legitim, insofern sie die biblische Begründung zu leisten vermag. Dies zu zeigen wäre Aufgabe einer Exegese, die in der Lage sein müsste, ihre hermeneutischen Prinzipien offen zu legen und gesprächsfähig zu machen.

Quellen: Das Neue Testament (übers. von Emil Bock), Stuttgart 1980 · **Emil Bock**, Das Evangelium, Betrachtungen zum Neuen Testament, Stuttgart 1984 · **Rudolf Frieling**, Gesammelte Schriften zum alten und neuen Testament, 4 Bde., Stuttgart 1983 ff. · **Wolfgang Gädeke**, Die Christengemeinschaft heute, Flensburger Hefte 35, Flensburg 1991· **Ders.**, Anthroposophie und die Fortbildung der Religion, Flensburg 1990 · **Hans-Werner Schroeder**, Die Christengemeinschaft, Stuttgart 1990 · **Ders.**, Dreieinigkeit und Dreifaltigkeit, Stuttgart 1986

Zeitschriften: Die Christengemeinschaft. Monatsschrift zur religiösen Erneuerung

Literatur: EKL[3] 1, Sp. 668-670 · HRGem[5], S. 266-280 · Hutten[15], S. 687-720 · Obst[4], S. 575-606 · RGG[4] 2, Sp. 178-180 · TRE 8, S. 10-13 · **Andreas Binder**, Wie christlich ist die Anthroposophie?, Stuttgart 1989 · **Helmut Obst**, Evangelische Kirche und Christengemeinschaft, in: MDEZW 9/1995, S. 258-267 · **Joachim Ringleben**, Über die Christlichkeit der heutigen Christengemeinschaft, in: ZThK 93/1996, S. 257-283; **Wilhelm Stählin** (Hg.), Evangelium und Christengemeinschaft, Kassel 1953 · **Klaus von Stieglitz**, Reinkarnation und Auferstehung, in: Michael Bergunder (Hg.), Religiöser Pluralismus und das Christentum, Göttingen 2001, S. 125-141 · **Gerhard Wehr**, Friedrich Rittelmeyer. Sein Leben – Religiöse Erneuerung und Brückenschlag, Stuttgart 1998 · **Helmut Zander**, Friedrich Rittelmeyer. Eine Konversion vom liberalen Protestantismus zur anthroposophischen Christengemeinschaft, in: Friedrich W. Graf/Hans Martin Müller (Hg.), Der deutsche Protestantismus um 1900, Gütersloh 1996, S. 238-297

Internet: www.christengemeinschaft.de

2.2 Neue Inkarnationen Gottes

Das Neue Testament sieht in Jesus Christus das endgültige und letzte Wort Gottes (vgl. Hebr 1,1). Folglich ist nach biblischem Verständnis eine neue Menschwerdung (=Inkarnation) Gottes nicht zu erwarten und nicht notwendig (Joh 14,9; Phil 2,6 ff.; Kol 1,15-20). Dennoch sind immer Menschen aufgetreten, die in bzw. durch ihre Botschaft den Anspruch der Göttlichkeit für sich erheben. Im 20. Jahrhundert galt das in besonders wirkungsvoller Weise für den Gründer der Gralsbewegung Oskar Ernst Bernhardt [1875-1941], für den Gründer der Johannischen Kirche Joseph Weißenberg [1855-1941] und für San Myung Moon [geb. 25. 2. 1920].[180]

> »In einfachen Worten erklärt sie lückenlos die Zusammenhänge und gibt einen Ge-
> samt-Überblick über alles Schöpfungsgeschehen.«[181]   (Abd-ru-shin)

Die Entstehung der Gralsbotschaft fällt in die Umbruchzeit zwischen den beiden Welt-
kriegen des 20. Jahrhunderts, in der die alten religiösen und gesellschaftlichen Systeme
zerbrachen und außerkirchliches und außerchristliches Gedankengut an Popularität gewann. Nach eigenem Anspruch vermittelt die Gralsbotschaft Erklärungen zu den Gesetzen, die die Welt im Innersten bestimmen, und Hilfen für den Entwicklungsweg durch
die verschiedenen Schöpfungsebenen zurück zur geistigen Heimat. Für die Anhänger der
Gralsbotschaft hat sich der Ausdruck »Gralsbewegung« eingebürgert. Die Gralsbewegung
versteht sich als eine freie Gemeinschaft von Menschen, die sich in ihrer Weltanschauung
auf die Gralsbotschaft von Abd-ru-shin beziehen.

Gründer und Gründungszeit

Der Begründer der Gralsbewegung, Oskar Ernst Bernhardt, wurde am 18. April 1875 in
Bischofswerda östlich von Dresden geboren. 1897 heiratete er in Dresden und gründete
dort ein Handelsunternehmen. Ab 1900 machte Bernhardt Weltreisen, die er schriftstelle-
risch verarbeitete. Bei Ausbruch der Ersten Weltkriegs wurde er in London als deutscher
Staatsangehöriger verhaftet und auf der Insel Man interniert. 1919 kehrte er nach Dresden zurück. Nach der Scheidung der ersten Ehe heiratete er 1924 Maria Freyer [1887-
1957]. Mit ihr und ihren drei Kindern zog er 1924 nach Tutzing (Bayern) und 1928 auf
den Vomperberg bei Schwaz (Tirol).

Ab 1923 veröffentlichte Bernhardt Texte zu religiösen Themen. Als Autorennamen
wählte er Abd-ru-shin, was Sohn, Knecht oder Diener des Lichts bedeuten soll.

Am 29. Dezember 1929 offenbarte Abd-ru-shin seine göttliche Sendung. Da immer
mehr Anhänger in seine Nähe zogen, entstand auf dem Vomperberg eine »Grals-Siedlung«. Zu ihr gehörte auch eine Halle für ca. 300 Gäste, in der Abd-ru-shin Sonntagsan-
dachten abhielt und die drei jährlichen Gralsfeiern. Er selbst bildete mit seiner Frau und
ihrer Tochter Irmingard das göttliche Trigon, dem ein irdisches Trigon entsprach und das
ein irdischer Hofstaat umgab. Nach dem Anschluss Österreichs an Nazi-Deutschland wurde
die Grals-Siedlung 1938 enteignet. Bernhardt musste Österreich nach mehrmonatiger
Haft in Innsbruck verlassen. Überwacht von der Gestapo, lebte er mit seiner Familie zunächst bei Görlitz, dann in Kipsdorf (Erzgebirge). In dieser Zeit der Isolierung überarbeitete er die Gralsbotschaft. Dieser Text liegt nach Angaben der Gralsbewegung seinem
Wunsch gemäß allen heutigen Ausgaben zugrunde.

Oskar Ernst Bernhardt starb am 6. Dezember 1941 in Kipsdorf und wurde in seiner
Geburtsstadt bestattet. Nach Kriegsende gab die französische Besatzungsmacht den Besitz auf dem Vomperberg an Maria Bernhardt zurück. 1949 erlaubten die Behörden der
Sowjetischen Besatzungszone die Überführung des Sargs zum Vomperberg, wo ein Grab-
mal in Pyramidenform den Sarg aufnahm. Bis heute blieb der Sitz der Internationalen

Gralsbewegung auf dem Vomperberg, wo eine 1952 eingeweihte Halle, durch An- und Umbauten erweitert, den Gralsfeiern und Andachten dient.

Weltanschauung

Das grundlegende Werk der Gralsbewegung ist die Sammlung »Im Lichte der Wahrheit. Gralsbotschaft«, die 168 zwischen 1923 und 1938 entstandene Vorträge von Abd-ru-shin vereinigt: »In einfachen Worten erklärt sie lückenlos die Zusammenhänge und gibt einen Gesamt-Überblick über alles Schöpfungsgeschehen.«[182] Entgegen dieser Verheißung ist die Synthese aus biblisch-christlicher Begrifflichkeit (Gott, Christus, Immanuel, Schöpfung, Fall), östlichem Gedankengut (Karma), naturwissenschaftlichen Anklängen (Strahlung) und Alltagsweisheit nicht immer leicht zu lesen und in sich stimmig.

Die ganze Welt besteht aus Strahlungen, die sich mit zunehmendem Abstand von ihrem göttlichen Ursprung bis zur Stofflichkeit verdichten.[183] Aus dem komplexen System seien nur die wichtigsten Stufen genannt: göttlich-wesenhaft, geistig-wesenhaft, wesenhaft, feinstofflich, grobstofflich. Die beiden stofflichen Ebenen unterliegen dem Zerfall. Mit dem literarisch bedeutungsschwangeren Begriff Gral bezeichnet Abd-ru-shin den Verbindungspunkt zwischen dem Göttlichen und den anderen Ebenen der »Schöpfung«. Jedes Jahr am Tag der Heiligen Taube erscheine eine Taube über dem Gral, der Augenblick der Kraftzufuhr für die gesamte Schöpfung. In Analogie dazu gibt es auch Schleusen zwischen den anderen Ebenen. Von zentraler Bedeutung sind drei Gesetze, die neben anderen ewig, unabänderlich und gleichermaßen für die ganze Schöpfung gelten:[184] das Gesetz der Wechselwirkung bzw. Gesetz vom Säen und Ernten, das Gesetz von der Anziehung der Gleichart und das Gesetz der Schwere.

Menschenbild und Lebenspraxis

Der Mensch, den wir im Alltag wahrnehmen, ist die Verbindung aus einem Geistkeim und dem Stofflichen.[185] Eigentlich gehört der Geistkeim zur Ebene des Geistig-Wesenhaften. Um sich seiner bewusst zu werden, durchläuft er aber die ganze Schöpfung bis hin zur Stofflichkeit und macht sich dann auf den Heimweg. In der Stofflichkeit findet sich durch die größte Entfernung vom Göttlichen die größte Gefährdung, aber auch die größte Chance, sich in der Auseinandersetzung mit den Herausforderungen der Welt selbst zu entdecken. Der Übergang in die mittlere Grobstofflichkeit (»Astralleib«) ermöglicht dem Geistkeim »in der Mitte der Schwangerschaft« die Verbindung mit der menschlichen Hülle, wodurch eine »Vereinigung der grobstofflichen Welt mit der feinstofflichen Welt bis hinauf in das Geistige« entsteht.[186] Hatte sich der Geistkeim bis zu diesem Zeitpunkt eher bewahrend entwickelt, kommt er in einem Mädchen zur Welt, war er eher aktiv, als Junge.

Unglücklicherweise kam es zu einem »Fall«, seit dem das Geistige des Menschen durch den Verstand dominiert wird. Die Aufgabe des Verstandes wäre gewesen, dem Geistkeim, der keine Vorstellung von Raum und Zeit hat, das Handeln in der Grobstofflichkeit zu ermöglichen. Nun aber hat sich der Verstand von dieser Dienstfunktion gelöst und bindet den Geistkeim an die Grobstofflichkeit.

Die Aufgabe des Menschen ist weiter die Entwicklung nach oben. Während die Empfindungen noch am ehesten in die alte Heimat hineinreichen, bleiben Denken, Wollen und Handeln dem Erdensein verhaftet. Wer sich also irdisch-materiellen Strebungen hingibt, wird nach den drei Schöpfungsgesetzen immer mehr in der Stofflichkeit gebunden, wer sich auf Schönheit, Harmonie und Geistigkeit hin orientiert, hat hingegen die Chance zum Aufstieg. Zum »schöpfungsgemäßen« Leben gehört auch gesundheitsbewusstes Leben. Geschlechtlichkeit ist ganz Teil der Grobstofflichkeit und bedarf darum einer besonderen Kultivierung. Damit der Geistkeim bestimmungsgemäß nach oben zurückkehren kann, muss der Mensch alles Schlechte seines Lebens, sei es in dieser oder in anderen Energieebenen, abarbeiten. Dabei ist eine Reinkarnation in die grobstoffliche Ebene zur besseren Abarbeitung schlechten Karmas möglich.

Gottesbild

Das Gottesbild der Gralsbotschaft verbindet personale und nicht-personale Elemente. Nicht-personal ist es zum Beispiel in der Metaphorik von Strahlung und Energie, personal in Namen und Eigenschaften, die ein Echo der christlichen Tradition bilden. Hier sind besonders der »Gottessohn« Jesus Christus und der »Menschensohn« zu nennen, die Verkörperungen von »Gottliebe« und »Gottwillen«. Da viele Geistkeime in der Unreife gefangen blieben, sollte Jesus Christus durch die Verbreitung der Schöpfungsgesetze einen neuen Impuls zur Befreiung bzw. Höherentwicklung in die Welt bringen.[187] Doch die Mission scheiterte am Widerstand der Verstandesmenschen, besonders auch der religiösen Führer. Da sich der Jesus-Geistkeim zu schnell vom Geistig-Wesenhaften ins Grobstoffliche bewegt hatte, konnte er sich der Kreuzigung nicht widersetzen. Sie ist damit letzte Verdeutlichung des Scheiterns. Im Unterschied dazu hat sich der Geistkeim, der sich in Oskar Ernst Bernhardt bewusst wurde, einer jahrhundertelangen Schulung in allen Ebenen gestellt, bevor er in eine menschliche Hülle einging.[188] Obwohl hier deutliche Unterschiede zur klassischen christlichen Dogmatik bestehen, verstehen sich viele Gralsanhänger als christlich, da sie das Anliegen der Nächstenliebe in den Vordergrund stellen.

Institutionalisierung

Die Gralsbewegung sieht sich als freier Zusammenschluss von Menschen, die der Gralsbotschaft folgen, jedoch nicht als Kirche oder Religion im herkömmlichen Sinn. Wichtige Anlässe für Treffen auf dem Vomperberg sind das Fest der Heiligen Taube am 30. Mai (der Tag, an dem die Taube über dem Gral erscheint und dem All neue Energie zufließt), das Fest der Reinen Lilie am 7. September (Mahnung, der in der Lilie symbolisierten Reinheit nachzueifern) und das Fest des Strahlenden Sterns am 29. Dezember (Kommen des Menschensohnes). Die Gesamtzahl derer, die zur internationalen Gralsbewegung als Kreuzträger in engerer Beziehung stehen, wird seit Jahren mit über 20.000 angegeben, davon 8.000 in Europa.

Für die Gestaltung von Andachten, Feiern und Gralshandlungen liegen von Abd-ru-shin verbindliche Angaben vor. Die von ihm eingesetzten Gralshandlungen versinnbildlichen im Irdischen ein geistiges Geschehen und werden im Wesentlichen während der drei Gralsfeiern durch besonders Beauftragte vollzogen. Dazu gehört vor allem die Versiegelung, bei der nach dem ausdrücklichen Bekenntnis zur Gralsbotschaft den Bekennenden ein Kreuzzeichen mit Wasser auf die Stirn gezeichnet und ein Kreuz übergeben wird. Weitere Gralshandlungen begleiten Schwellen des Lebens wie Taufe, Trauung oder Tod. Die Beisetzung, bei der Ansprache und Handlung in erster Linie den Verstorbenen gelten, die ihren Weg in der feinstofflichen Welt fortsetzen, ist gegebenenfalls auch der Öffentlichkeit zugänglich.

Das Hauptwerk Abd-ru-shins wurde nach dem Kriegsende im Verlag Maria Bernhardt, Vomperberg/Tirol publiziert. 1950 wurde die Stiftung Gralsbotschaft gegründet, die die weltweite Verbreitung der Gralsbotschaft »in allen lebenden Sprachen und in allen Ländern der Erde« betreibt.[189] Der Vorstand der Stiftung ist auch Geschäftsführer der Verlags-GmbH »Verlag der Stiftung Gralsbotschaft« in Ditzingen bei Stuttgart, der die Werke Abd-ru-shins und die »GralsWelt – Zeitschrift für Geisteskultur und ganzheitliche Zusammenhänge« verlegt.[190]

In den deutschsprachigen Ländern wurden je nach Rechtslage Stiftungen bzw. Vereine gegründet, die die Gralsbewegung in der Öffentlichkeit vertreten und Einrichtungen wie Verlage und Versammlungsorte tragen: 1951 die Stiftung zur Verbreitung der Gralsbotschaft Riehen[191], 1960 die Grals-Verwaltung für Deutschland e.V. München, 1962 der Verein zur Förderung des Gralsgedankens Wien. Wie weit Gralskreise über Andachten und den internen Austausch hinausgehen und öffentlich in Erscheinung treten, hängt von den örtlichen Mitgliedern ab.[192]

Ausblick

Die Gralsbewegung gehört zu jenen kleineren Interessenvereinigungen, denen es durch eine geschickte Präsenz im Internet und mittels einer gut gemachten Zeitschrift in den letzten Jahren gelungen ist, drohenden Attraktivitätsverlust abzuwenden. Inhaltlich gehört die Gralsbewegung jedoch nicht mehr in den Bereich einer kirchlich-christlichen Tradition, sondern ist »eher ein nachchristlicher Neuentwurf mit stark gnostisch-esoterischem Einschlag«.[193]

Quellen: **Abd-ru-shin**, Denkst Du daran? Eine Zusammenstellung von Zitaten aus der Gralsbotschaft, Stuttgart 1989 · **Ders.**, Die zehn Gebote Gottes. Das Vaterunser den Menschen gedeutet von Abd-ru-shin, o. O. 1990 · **Ders.**, Im Lichte der Wahrheit, 3 Bde., Stuttgart 1990 · **Richard Steinpach**, Weshalb Gott das alles zuläßt, Stuttgart 1995 · **Ders.**, Wieso wir nach dem Tode leben, Stuttgart 1992

Zeitschriften: Gralswelt. Zeitschrift für Geisteskultur und ganzheitliche Zusammenhänge, erscheint seit 1996

Literatur: **Gasper/Müller/Valentin**[6], Sp. 408-412 · **HRGem**[5], S. 574-587 · **Hutten**[15], S. 531-549 · **Obst**[4], S. 546-574 · **RGG**[3] 3, Sp. 1245 · **Helmut Obst**, Außerkirchliche religiöse Protestbewegungen der Neuzeit, Berlin 1990, S. 102-105 · **Ders.**, Die »Christologie« der Gralsbewegung, in: Reinhard Hempelmann/Ulrich Dehn (Hg.), Dialog und Unterscheidung, EZW-Texte 151 (Sonderausgabe), Berlin 2000,

S. 271-279 · **Karin Verscht-Biener/Hans-Diether Reimer**, Die Gralsbewegung, Orientierungen und Berichte Nr. 18 der EZW, Stuttgart 1991

Internet: www.grailmessage.com/willpage.htm · www.gralsbotschaft.de.

2.2.2 Die Johannische Kirche

> »Ich glaube an Gott den Vater, ich glaube an Gott den Sohn, ich glaube an Gott den Heiligen Geist und an Gottes Offenbarungen durch Mose, Jesus Christus und Joseph Weißenberg.«
> (Aus dem Glaubensbekenntnis)

Die Johannische Kirche ist eine der kleinsten christlichen Sondergemeinschaften in Deutschland. Sie entstand Anfang des 20. Jahrhunderts im Kontext christlich-spiritistischer Bewegungen.[194] Heute hat sie etwa 3.500 Mitglieder und ist nur in einigen Regionen verbreitet. Einen Schwerpunkt hat die Gemeinschaft in der Fränkischen Schweiz, das Berliner Zentrum ist im so genannten »St. Michaels-Heim« in Berlin-Grunewald, die Kirchenverwaltung in Berlin-Nikolassee. Das eigentliche, geistige Zentrum der Kirche ist die so genannte »Friedensstadt«, etwa 30 Kilometer südlich von Berlin, in der Nähe der Kleinstadt Trebbin.

Joseph Weißenberg

Am Anfang der Gründung der Johannischen Kirche stand der Heilpraktiker (»Heilmagnetiseur«) Joseph Weißenberg [1855-1941]. 1903 eröffnete Weißenberg in Berlin (Prenzlauer Berg) eine Praxis, in der er mittels Handauflegen, Gesundheitstees, weißem Käse und anderen Hausmitteln Patienten behandelte. Die Patienten wurden angehalten, zusätzlich das Vaterunser und den 1. Psalm zu beten. Es wird berichtet, dass Weißenbergs Behandlungen recht erfolgreich waren, was seine Popularität stetig erhöhte.

1904 gründete Weißenberg in Berlin die »Christliche Vereinigung ernster Forscher von Diesseits nach Jenseits, wahrer Anhänger der christlichen Kirchen«. In den Versammlungen traten Medien (»Sprechwerkzeuge«) auf, die so genannte »Geistfreundreden« hielten. Diese Geistfreundreden wollte Weißenberg keinesfalls im Kontext spiritistischer Praktiken sehen, er verstand sie als Analogie zu pfingstlichem Reden »in anderen Zungen« (vgl. Mk 16,15-18; Apg 2,4; 1. Kor 12,1-10). Weißenberg war eine kantige und unbequeme Persönlichkeit. Er führte einen entschiedenen Kampf gegen den Spiritismus sowie gegen die liberale Theologie seiner Zeit. Mehrfach forderte er Kaiser Wilhelm II. auf, die preußische Landeskirche vom Pfad des Liberalismus zurückzuholen. Auch soll er den Kaiser auf ein drohendes Attentat hingewiesen haben. »Die von Weißenberg trotz seiner konservativ-nationalen politischen Grundhaltung vielfach geübte Kritik an kirchlichen und staatlichen Institutionen, Ton und Inhalt seiner Briefe an den Kaiser, seine spektakulären Heilungen und Versammlungen erregten zunehmend die Aufmerksamkeit der Behörden und brachten ihm eine Fülle von Schwierigkeiten.«[195] Auch die Boulevardpresse nahm sich seiner an. 1908 verließ ihn seine Frau. Über diese Ehe schrieb Weißenberg später: »Ich hatte eine Frau, die aber nicht mit mir im gleichen Glauben stand. Sie sagte: ›Du kannst auf Maurerarbeit gehen, aber nicht Kranke heilen!‹ Sie hatte mitunter mein Schild überhängt und darauf geschrieben: Mein Mann kann wohl Häuser bauen und mauern, aber keine Katze gesund machen.«[196]

Während des Ersten Weltkriegs wurde Weißenberg ohne Angabe von Gründen verhaftet. Acht Wochen später konnte er das Gefängnis, mit der Auflage, sich jeglicher religiösen Tätigkeit zu enthalten, verlassen. Nach Kriegsende trat eine ruhigere Phase ein. Weißenberg gründete die »Christliche Siedlungsgenossenschaft ›Waldfrieden‹« und begann in den Glauer Bergen bei Trebbin mit der Errichtung einer beachtenswerten sozialen Wohnsiedlung.

Mitte der 20er Jahre gerieten Weißenberg und seine Anhänger in zunehmende Konflikte mit der evangelischen Kirche. 1926 kam es zum Bruch und zur Gründung der »Evangelisch-Johannischen Kirche nach der Offenbarung St. Johannis«, welche in den nächsten acht Jahren auf eine Mitgliederzahl von immerhin 100.000 anwuchs.

Der Machtantritt Hitlers wurde von Weißenberg und den Seinen begrüßt. Man erhoffte sich eine Erneuerung Deutschlands, geriet jedoch schnell in Konflikte mit den neuen Machthabern. 1934 entfachte Goebbels eine Pressekampagne gegen die »Evangelisch-Johannische Kirche«, die ein Jahr später mit dem Verbot der Gemeinschaft endete. Es folgte die Enteignung der Friedensstadt, und im Mai 1935 wurde der fast 80-jährige Weißenberg wegen angeblicher »staatsfeindlicher Tätigkeit« verhaftet. Nach der Verbüßung mehrjähriger Haftstrafen wurde er schließlich nach Schlesien verbannt. Hier starb Weißenberg in Obernigk am 6. März 1941.

Institutionalisierung

Das nationalsozialistische Verbot der Kirche, die Enteignung der Friedensstadt und der Tod Weißenbergs in der Verbannung bedeuteten für die Kirche große Rückschläge. Nach 1945 bemühte sich Weißenbergs Tochter Frieda Müller [geb. 1911] um einen Neuanfang. Die Teilung Deutschlands stellte die Gemeinschaft jedoch vor neue Probleme. In Berlin (West) entstand 1957 das »Kirchenzentrum« im St. Michaels-Heim, das DDR-Zentrum befand sich im »Kirchenzentrum Blankensee«, unweit der Friedensstadt. Die eigentliche Friedensstadt wurde auch 1945 nicht an die Gemeinschaft zurückgegeben. Sie blieb fast 50 Jahre von sowjetischen Truppen besetzt. Erst 1994 konnte die Johannische Kirche sie nach dem Abzug der Besatzungstruppen wieder in Besitz nehmen. Die jahrzehntelange militärische Nutzung hat die Friedensstadt weitgehend zerstört. Der Aufbau der ruinengleichen Reste dauert noch an.

1975 hat die »Evangelisch-Johannische Kirche nach der Offenbarung St. Johannis« den Namen »Johannische Kirche« angenommen. An der Spitze der theokratisch aufgebauten Kirche steht Weißenbergs Enkelin das »Oberhaupt« Josephine Müller [geb. 15.7.1949]. Die Kirche zeichnet sich durch beachtliches soziales Engagement aus.

Theologie und Glaubensvorstellungen

Joseph Weißenberg ist nicht nur Gründer der Johannischen Kirche, er gilt hier vielmehr als personenhafte Offenbarung Gottes. Traditionell geht die Johannische Kirche davon aus, dass Gott sich (in Analogie zur Trinität) dreimal offenbart: in Mose als Vater, in Jesus Christus als Sohn und in Weißenberg als Heiliger Geist. In jüngster Zeit wird dieses Verständnis dahingehend differenziert, dass Gott sich durch Mose, Jesus Christus und Weißenberg offenbart hat. Weitere Offenbarungen werden für möglich gehalten. Weißenberg wird als der im Johannesevangelium verheißene Paraklet verstanden (vgl. Joh 14,16f.;16,12ff. usw.). In den Kirchen der Johannischen Kirche befinden sich im Altarraum die Abbildungen bzw. die Namen von Jesus Christus und Joseph Weißenberg.

Weißenberg hatte eine »Endreformation«, also die Wiederherstellung der Urkirche Jesu Christi im Sinn. Diese Urkirche wird als »johannische« Kirche im Sinne von Offb 21,1-5 verstanden. Hier ist die Rede von der »Hütte Gottes bei den Menschen«. Die Johannische Kirche will diese Hütte Gottes in der Endzeit sein. Andere Kirchen und Konfessionen werden als andere Wege zu Gott respektiert. 1905 schrieb Weißenberg: »Gott lässt nun jedem Menschen in Bezug auf seine Gedanken und sein Streben eine gewisse Freiheit, sodass jeder nur durch eigene Erfahrung wahrhaft überzeugt werden kann, und so können wir nie für alle Menschen gleiche Regeln und Gesetze aufstellen. Denn wie zu einer Stadt aus ihrer Umgebung verschiedene Wege führen, so hat auch Gott verschiedene Mittel und Wege zur Führung des Menschengeschlechts.«[197] Auf einem Gedenkstein für Weißenberg steht der für die Gemeinschaft wichtige Satz: »Johannische Christenheit, erkenne dein Ziel in der Überbrückung der Konfessionen durch die Liebe.«

In der Frühzeit der Gemeinschaft spielten die bereits erwähnten Geistfreundreden eine große Rolle. Vermutlich war man überzeugt, unmittelbar aus dem Jenseits geführt zu werden. Einige der so entstandenen Predigten erlangten höchste Autorität. Die Geistfreundreden haben auch heute noch eine große Bedeutung in der Verkündigungspraxis der Kirche. An vielen Festtagen wie Pfingsten, Geburtstag Weißenbergs, Kirchentag, Totensonntag und Silvester werden Geistfreundreden gehalten.

Die Gemeinschaft kennt vier Sakramente: eine Taufe, die nur durch Handauflegung ohne Wasser vollzogen wird, ein Abendmahl, das einmal jährlich gefeiert wird, das »Sakrament der geistigen Heilung«, das unter Handauflegung möglichst einmal im Monat zu empfangen ist und das »Sakrament des Sterbens«. Letzteres soll »der Seele den Übergang von dieser in die jenseitige Welt erleichtern und ihr helfen, noch bestehende Bindungen an das Irdische zu lösen, um im Vertrauen auf seine Gnade vor Gott treten zu können«.[198]

Die eigentliche Zumutung der Johannischen Kirche besteht in ihrem Verständnis Joseph Weißenbergs als Inkarnation Gottes. Die ökumenischen Kirchen müssen diesen Anspruch entschieden zurückweisen. Damit bleibt jedoch eine für die Begegnungen mit der Johannischen Kirche typische Aporie: Dem Besucher der Friedensstadt begegnen weltoffene und freundliche Menschen im besten Sinne des Wortes. Mit ihrem Verständnis Weißenbergs als menschgewordener Gottheit hat sich die Johannische Kirche jedoch von den anderen christlichen Kirchen und vom biblischen Offenbarungsverständnis sehr weit entfernt.

Quellen: **Johannische Kirche** (Hg.), Johannisches Gesangbuch, Berlin 2000 · **Dies.**, Ich aber und mein Haus wollen dem Herrn dienen, Berlin 1982 · **Dies.**, Johannische Kirche

– Kurzdarstellungen, Berlin 1994ff. · **Gerhard Moll** (Hg.), Joseph Weißenberg. Zeugnisse seines Wirkens, 3 Bde., Berlin 1969ff.

Zeitschriften: Weg und Ziel. Wochenzeitung der von Joseph Weißenberg gegründeten Johannischen Kirche

Literatur: EKL³ 2, Sp. 843f. · HRGem⁵, S. 323-337· Hutten¹⁵, S. 514-531 · Obst⁴, S. 517-545 · RGG³ 2, Sp. 792f. · **Andreas Fincke**, Rückgabe von Immobilien der »Friedensstadt«, in: MDEZW 6/1994, S. 174f. · **Ulrich Linse**, Geisterseher und Wunderwirker. Heilssuche im Industriezeitalter, Frankfurt/M. 1996

Internet: www.johannische-kirche.de

2.3 Neuoffenbarer und Neuoffenbarungsbewegungen   (Matthias Pöhlmann)

Neue Offenbarungen wenden sich gegen die kirchlich vertretene Auffassung, dass die Offenbarung Gottes in Jesus Christus ihren unüberbietbaren Abschluss gefunden hat: »Zwar kennt auch die Theologie ein immerwährendes Offenbarungsgeschehen; doch versteht sie es so, dass Gottes Wesen, Wirken und Wille durch den Glauben im Leben des Menschen offenbar werden wollen. Die Vertreter einer ›fortschreitenden Offenbarung‹ dagegen meinen die Offenbarung neuer Wahrheiten, eine neu geoffenbarte Lehre.«[199]

Die neuen direkten Mitteilungen Gottes, die der jeweilige Empfänger niederschreibt oder in Versammlungen jeweils aktuell empfängt, sollen – so der erhobene Anspruch – die biblische Botschaft ergänzen, vertiefen oder korrigieren. Vielfach beruft man sich auf die Aussage Jesu in Joh 14,26: »Der Tröster, der heilige Geist, den mein Vater senden wird in meinem Namen, der wird euch alles lehren und euch an alles erinnern, was ich euch gesagt habe.« Die Neuoffenbarungen werden als geistige Wiederkunft Jesu auf diese Erde betrachtet. Sie seien, wie es heißt, für die Menschen geradezu notwendig: Wie ein Lehrer seinen Schülern in der ersten Klasse nur wenige grundlegende Dinge sagen und ihnen erst mit ihrem Älter- und Reiferwerden von Klasse zu Klasse mehr beibringen könne, so übermittle Gott über auserwählte Werkzeuge den Menschen von Zeit zu Zeit neue Einsichten. Neue Offenbarungen weisen formale und inhaltliche Ähnlichkeiten auf:

- Die Botschaften beanspruchen universale Geltung und sollen über die Bibel hinausführen, sie ergänzen oder korrigieren.
- Die Botschaften sind durchgängig im Ich-Stil abgefasst: Gott bzw. Jesus Christus gilt als unmittelbarer Urheber der empfangenen Worte.
- Besonders ausführlich gehen die übermittelten Kundgaben auf die Schöpfung und auf die letzten Dinge (Tod, Jenseits, ewiges Leben) ein. So wird die stoffliche, sichtbare Welt auf den kosmischen Luzifersturz zurückgeführt, der detailliert beschrieben wird.
- Die kirchliche Trinitätslehre wird scharf verurteilt.
- Eine zentrale Rolle spielt der individualistische Ansatz: Es geht um persönliche Vervollkommnung und Erlösung des Einzelnen. Die Gemeinschaft der Glaubenden spielt dagegen fast keine Rolle.[200]

- Als Ziel höheren Strebens gilt die Annahme der neuen Erkenntnisse und die damit ermöglichte direkte geistige Verbindung mit Christus. Den Sakramenten (Taufe und Abendmahl) wird ein nur geringes Interesse entgegengebracht.

Das Spektrum heutiger Bewegungen, die sich auf göttliche Offenbarungen berufen, umfasst Einzelgänger, aber auch Leserkreise ohne (Bertha Dudde, Anita Wolf) bzw. mit lockerer Organisationsstruktur (Lorber-Bewegung) sowie feste Gemeinschaften ohne (Lichtkreis Christi) bzw. mit kultischen Ausformungen (z. B. Universelles Leben, Fiat Lux). Neue Offenbarungen haben auch zum Entstehen von Neureligionen beigetragen, die aufgrund ihrer neuen Quellen, die sie neben bzw. über die Bibel stellen, fernöstliches Gedankengut (Karma, Reinkarnation) in ihren Glaubenskodex aufgenommen haben und auf diese Weise eine neue Form des Synkretismus (d. h. eine Mischreligion) bilden, so z. B. Universelles Leben und Fiat Lux.

Der Empfang neuer Offenbarungen kann über Stimmen (Auditionen), Schau (Visionen) oder durch Trancezustand erfolgen, wobei die jeweilige Mittlerperson als Werkzeug dient. Als Neuoffenbarung im engeren Sinn werden die Schriften von Empfängern bezeichnet, die sich auf eine innere Stimme, auf das so genannte Innere Wort, beziehen und damit in der Tradition des Neuoffenbarers Jakob Lorber stehen. Oftmals wird von den Anhängern neuer Offenbarungen die Ansicht vertreten, persönliche Einflüsse des jeweiligen Empfängers seien infolge der übernatürlichen, göttlichen Übermittlung ganz zurückgedrängt bzw. ausgeschlossen. Botschaften anderer Empfänger, die der eigenen Auffassung widersprechen, werden in ihrem Anspruch stark relativiert bzw. auf den Einfluss geistig tief stehender bzw. irrender Wesen zurückgeführt. Die Schriften Emanuel Swedenborgs und Jakob Lorbers zählen aufgrund ihres Umfangs und ihrer Wirkungsgeschichte zu den bedeutendsten Neuoffenbarungen.

2.3.1 Emanuel Swedenborg

(Matthias Pöhlmann)

»In der Kraft der Wahrheit bezeuge ich, dass der Herr sich mir, Seinem Diener, geoffenbart und mich zu diesem Dienst ausgesandt hat, dass Er danach das Gesicht meines Geistes öffnete, mich so in die geistige Welt einließ, mir gestattete, die Himmel und Höllen zu sehen und auch mit Engeln und Geistern zu reden ... Ebenso bezeuge ich, dass ich vom ersten Tage jener Berufung an gar nichts, was die Lehren jener Kirche betrifft, von irgendeinem Engel empfangen habe, sondern vom Herrn allein, während ich das Wort las.«[201]

(Emanuel Swedenborg)

1688 als Sohn des lutherischen Hofpredigers und späteren Bischofs von Skara geboren, beschäftigte sich Swedenborg vor allem mit Mathematik, Naturwissenschaft und Technik. Später kamen Politik und Wirtschaft hinzu. Er veröffentlichte zahlreiche Werke zu naturwissenschaftlichen Themen. Im Alter von 35 Jahren lehnte der hochgebildete Swedenborg den Ruf auf eine Professur für Mathematik an der Universität Uppsala ab, um Mitglied im Aufsichtsrat der schwedischen Bergwerke zu werden. Über 25 Jahre hatte er dieses Amt inne. Dann ließ er sich immer häufiger beurlauben, ging auf Reisen und arbeitete wissenschaftliche Manuskripte aus. Religion und Philosophie zogen sein besonderes Interesse auf sich. Es kam zu einem Wendepunkt in Swedenborgs Leben: das Ergebnis einer religiösen Krise, die bereits 1736 einsetzte und von Träumen und Lichtvisionen begleitet wurde.[202] In der Folgezeit widmete sich Swedenborg immer mehr dem Bibelstudium und der Enträtselung seiner Träume. 1744 hatte er eine visionäre Begegnung mit Christus. Ein Jahr später erlebte er in London seine Berufungsvision, in der ihm »die Augen seines Geistes« aufgeschlossen wurden: »Gott, der Herr, der Welt Schöpfer und Erlöser« habe ihn – Swedenborg – erwählt, »den Menschen den geistigen Sinn der Heiligen Schrift auszulegen«. Gott kündigte an, er werde ihm selbst diktieren, was er »über diesen Gegenstand« schreiben soll: »In der nämlichen Nacht wurden mir, um mich zu überzeugen, die Geisterwelten, die Hölle und der Himmel geöffnet.«[203] Swedenborg berichtete, dass er von nun an »imstande war, bei völligem Wachen zu sehen, was in der anderen Welt vorging, und ganz wach mit Engeln und Geistern zu reden«. Im Alter von 59 Jahren legte er sein Amt als Bergrat endgültig nieder und blieb zeit seines Lebens ehelos, um sich intensiver mit der geistigen Welt befassen zu können. Als er 1772 starb, hinterließ er insgesamt 16 Bände über seine Visionen, mehrere Manuskripte über die Bibel sowie ein geistliches Tagebuch in fünf Bänden. Für Swedenborg ist die sichtbare Welt das Resultat einer absteigenden Entfaltung, die aber von einer aufwärts strebenden Entwicklung überlagert wird. Eigenen Angaben zufolge hat der Seher » Himmlische Geheimnisse, welche in der Heiligen Schrift enthalten und nun enthüllt sind« sowie »Himmel und Hölle«, so die einzelnen Buchtitel, geschaut. Swedenborg selbst wollte keine neue Kirche gründen, da er den Anbruch des »neuen Zeitalters« für die ganze Christenheit erwartete.[204] 15 Jahre nach seinem Tod entstand 1787 in London mit der New Jerusalem Church erstmals eine Körperschaft der Neuen Kirche.

1810 wurde in England die Swedenborg-Society als Schriftenmission gegründet. Schon vorher war es in den USA zu Gemeindegründungen gekommen. Seit 1874 bildeten sich auch in Deutschland und der Schweiz die ersten Gemeinden. Die Entwicklung wurde vom Schweizerischen Bund der Neuen Kirche angeregt. 1952 entstand in Zürich die Swedenborg-Gesellschaft als Nachfolgeorganisation. Die erste deutsche Gemeinde wurde 1900 in Berlin gegründet.[205] Nach 1945 entstanden weitere in Detmold und Freiburg i. Br. In Berlin, Lüneburg und Zürich (Schweiz) gibt es ein so genanntes Swedenborg-Zentrum. Vor allem in England und außerhalb Europas existieren größere Gemeinden (USA, Afrika). In Zürich verbreitet der Swedenborg-Verlag die Schriften; die Auslieferung für Deutschland hat die Verlagsgemeinschaft Zluhan, die auch die Schriften Lorbers verlegt, übernommen. Da die Swedenborg-Freunde im deutschsprachigen Raum weit verstreut sind, haben sie sich über eine Swedenborgliste im Internet ein eigenes Kontakt- und Austauschforum geschaffen.[206]

Die Berufungsvision Swedenborgs gilt nicht nur als Beginn der Geschichte des modernen Okkultismus – hier wurde erstmals ein »modernes Jenseits« in Form von Bewusstseinszuständen geschaffen – sondern auch als Auftakt für den Konflikt um die Gültigkeit neuer Offenbarungen und um die rechte Schriftauslegung.[207] Die Gedanken Swedenborgs haben darüber hinaus eine Vielzahl neuer religiöser Bewegungen beeinflusst (u. a. Mun-Bewegung, New-Age-Bewegung).

Quellen: **Emanuel Swedenborg**, Himmel und Hölle (1758), Zürich 1992 · **Ders.**, Himmlische Geheimnisse (1749-1756) · **Ders.**, Die wahre christliche Religion (1771) · **Friedemann Horn**, Er sprach mit den Engeln, Zürich 1993

Zeitschriften: Offene Tore – Beiträge zu einem neuen christlichen Zeitalter (seit 1991 mit Beilage: Neukirchenblatt)

Literatur: EKL³ 3, Sp. 672f. · **HRGem⁵**, S. 227-233 · **Hutten¹⁵**, S. 560-583 · **LThK³** 9, Sp. 1149-1150 · **TRE** 32, S. 472-476 · **Ernst Benz**, Emanuel Swedenborg, München 1948 · **Immanuel Kant**, Träume eines Geistersehers (1766), Stuttgart 1987 · **Olof Lagercrantz**, Vom Leben auf der anderen Seite, Frankfurt/M. 1997 · **Hans-Jürgen Ruppert**, Swedenborg und die »neue Religiosität«, in: Reinhard Hempelmann/Ulrich Dehn (Hg.), Dialog und Unterscheidung, EZW-Texte 151 (Sonderausgabe), Berlin 2000, S. 108-116

Internet: www.swedenborg.de · www.swedenborg.ch

2.3.2 Jakob Lorber

(Matthias Pöhlmann)

> »So sprach der Herr zu und in mir für jedermann, und das ist wahr, getreu und gewiss: Wer mit Mir reden will, der komme zu Mir, und Ich werde ihm die Antwort in sein Herz legen; jedoch die Reinen nur, deren Herz voll Demut ist, sollen den Ton Meiner Stimme vernehmen.«[208]
>
> (Jakob Lorber)

Vom Musiker zum Schreibknecht Gottes

Jakob Lorber wurde 1800 in Maribor, in einem kleinen Dorf im heutigen Slowenien, als Kind von Weinbauern geboren. Er wurde katholisch erzogen und wirkte im Chor- und Ministrantendienst mit. Als er 1829 in Graz die Ausbildung zum Hauptschullehrer abschloss, erteilte er hie und da Geigen-, Klavier- und Gesangsunterricht, nachdem seine Hoffnung auf eine feste Anstellung als Lehrer fehlschlug. Doch die Liebe zur Musik war nur eine Seite Lorbers. Er beschäftigte sich intensiv mit Astronomie und Mathematik. Aber auch die unsichtbare Welt begann ihn zu interessieren. So las er Bücher von Emanuel Swedenborg und Justinus Kerner, Schriften von Jung-Stilling, Jakob Böhme und Johann Baptist Kerning. Doch die Autoren, die dem christlichen mystischen Spiritualismus zuzuordnen sind, konnten Lorbers Wissensdurst nicht stillen, spielten aber für seinen weiteren Lebensweg eine wichtige Rolle. 1840 wurde Lorber, der zeit seines Lebens ehelos blieb, die Stelle eines zweiten Kapellmeisters im nahe gelegenen Triest angeboten. Mitten in den Umzugsvorbereitungen kam es zu dem einschneidenden Erlebnis: »Er hatte am 15. März 1840 um 6 Uhr morgens – so erzählte er nachher seinen Freunden – gerade sein Morgengebet verrichtet und war im Begriffe, sein Bett zu verlassen, da hörte er links in seiner Brust, an der Stelle des Herzens, deutlich eine Stimme ertönen, welche ihm zurief: ›Steh auf, nimm deinen Griffel und schreibe!‹ – Er gehorchte diesem geheimnisvollen

Rufe sogleich, nahm die Feder zur Hand und schrieb das ihm Vorgesagte Wort für Wort nieder.«[209]

Lorber lehnte das Stellenangebot ab und widmete sich fast ununterbrochen dieser inneren Stimme, die ihm tagtäglich geheimnisvolle Dinge in die Feder diktierte. 1858 schrieb er an einen Freund: »Bezüglich des inneren Wortes, wie man dasselbe vernimmt, kann ich, von mir selbst sprechend, nur sagen, dass ich des Herrn heiligstes Wort stets in der Gegend des Herzens wie einen höchst klaren Gedanken, licht und rein, wie ausgesprochene Worte vernehme. Niemand mir noch so nahe stehend, kann etwas von irgendeiner Stimme hören. Für mich erklingt diese Gnadenstimme aber dennoch heller als jeder noch so materielle Ton.«[210]

Lorber bezeichnete sich als »Schreibknecht Gottes«. Er war davon überzeugt, dass Christus der Urheber dieser Worte war. Bis zu seinem Tod 1864 schrieb Lorber alles nieder, was ihm die innere Stimme eingab. Als er nach über zwei Jahrzehnten seiner Schreibtätigkeit erkrankte, diktierte er seinen Freunden die göttlichen Kundgaben vom Bett aus. Ab 1862 nahmen Lorbers geistige Kräfte stark ab. Todesahnungen stellten sich ein. Am 19. Juli 1864 musste er seine Schreibarbeiten endgültig abbrechen. Wenige Wochen später, am 24. August, verstarb Lorber in Graz.

Zum Inhalt der Neuoffenbarung

Zwischen 1860 und 1864 schrieb Lorber insgesamt 20.000 Manuskriptseiten nieder. Die dabei entstandenen Schriften wurden noch zu seinen Lebzeiten publiziert. Er selbst schien wohl nicht an eine Veröffentlichung gedacht zu haben. Auf Geheiß der inneren Stimme besorgten dies die engsten Freunde Lorbers. Thematisch lässt sich das Schrifttum in vier Bereiche unterteilen:

- die »Neuoffenbarung« apokrypher, angeblich verschollener urchristlicher Quellen (Laodizenerbrief, Briefwechsel Jesu mit Abgarus von Edessa),
- das Hauptwerk »Das Große Evangelium Johannes« (zehn Bände),
- Werke über die Schöpfung: »Erde und Mond«, »Der Saturn«, »Die geistige Sonne«,
- Werke über das Jenseits und das Fortleben der Menschen nach dem Tod.

Lorbers Schrifttum umfasst 25 größere Bände und einige kleinere Druckschriften. Sie werden noch heute vom Lorber-Verlag im württembergischen Bietigheim-Bissingen publiziert. Die Kundgaben Lorbers wollen einen Einblick in die »Geheimnisse der Himmel und der Welt« geben und protestieren gegen eine moderne, rational erfassbare Welt, gegen die Weltweisheit des nachaufklärerischen Zeitalters. Lorber schrieb 1840 über den Zweck der Neuoffenbarung: »Was den Zweck aller dieser Eröffnungen betrifft, so besteht dieser darin, dass dadurch fürs Erste eurem hochgelehrten Weltverstande gezeigt wird, wie gar so töricht sein Bestreben ist, Dinge erforschen zu wollen und sie ins Bereich (sic!) seiner unaussprechlichen Verhältnis-Beschränktheit zu ziehen ... Kurz und gut, es soll und muss alles offen werden vor der Welt, damit dann ein jeder wisse, wie er daran ist. Ja es soll der Mittelpunkt der Erde so offen vor der Welt Augen aufgedeckt werden wie eine verdeckte Speise vor den Gästen zur stärkenden Nahrung.«[211]

Lorbers Neuoffenbarung berichtet von einer ursprünglichen Schöpfung in geistiger Form. Gott als unendlicher, ewiger Geist rief vor Urzeiten auch Geistwesen ins Dasein. Schon bald brachte der satanische Aufruhr die göttliche Ordnung durcheinander. Es kam zum Sündenfall, zum Sturz Luzifers und seines Anhanges. Gott aber leitete sein Rettungswerk ein. Die Schaffung der grobstofflichen Welt, der Materie, dient den Abgefallenen als Möglichkeit für die Heimkehr in die ursprünglich geistige Welt. Ziel des Menschen ist es, in das reingeistige Sein zurückzukehren. Nach Lorber verfügt der Kosmos über gewaltige Ausmaße. Er gleicht einer großen Erlösungsanstalt, in der die göttliche Liebe sich durchzusetzen beginnt. Detailliert wird in Lorbers Büchern auch das Leben auf fernen Planeten beschrieben. Dort werden reumütige Seelen belehrt und auf das Leben in höheren Ebenen vorbereitet. Das neuoffenbarte Johannesevangelium berichtet ausführlich über das irdische Leben Jesu. Er hatte die Aufgabe, die abgefallenen Geistwesen in das himmlische Vaterhaus zurückzuführen. Jesus gilt an vielen Stellen als fleischgewordener Gott, der den Menschen den Weg der Rückkehr ermöglicht und ihnen einen »gerechten, sicheren Weg« bahnt. Die Menschenseele hat sich erst allmählich durch die Ablösung vom Luziferischen auf dem Weg durch das Mineral-, Pflanzen- und Tierreich konstituiert. In ihr befindet sich der »Gottesgeistfunken«, der den Aufstieg aus der Materie ermöglicht. Gott gibt dazu einen unterstützenden Liebesfunken, der den Menschen in seinen redlichen Bemühungen unterstützen und führen soll.

Sehr ausführlich schildern die Schriften Lorbers das Jenseits und das Schicksal des Menschen nach dem Tode.[212] Der Verstorbene wechselt in die feinstofflichen Jenseitssphären über, um dort geläutert und in der göttlichen Wahrheit unterrichtet zu werden. Das menschliche Leben gleicht einer Schulklasse: Hat der Mensch das Klassenziel erreicht, darf er weiter vorrücken, wenn nicht, muss er die entsprechende Stufe wiederholen. Reinkarnation ist dabei prinzipiell möglich: Der Mensch kann sich freiwillig oder auch gezwungenermaßen auf der Erde oder auf anderen Planeten wiederverkörpern, um sich höhere »Befähigungen« anzueignen. Ziel des aufwärts strebenden Geistwesens ist die Schau Gottes, der Eingang in den allerhöchsten Liebehimmel, wo die Einheit mit dem Vater wiederhergestellt ist. Die göttliche Bergungsaktion führt dazu, dass der Anhang Luzifers, der die verdichtete Materie repräsentiert, sich aufzulösen beginnt. Am Ende wird auch die Allversöhnung, die Rückkehr des einst gefallenen Engels (Luzifer), möglich.

Lorber-Bewegung

Die Schriften Lorbers wurden zunächst in handschriftlicher Form, später in Buchform verbreitet. Dafür sorgten Verlage, deren Inhaber sich zu den Lorber-Anhängern zählten. 1924 wurden die Neusalems-Gesellschaft und der Jakob-Lorber-Verlag (vorher Neutheosophischer Verlag, dann Neusalems-Verlag) ins Leben gerufen. Die Nationalsozialisten verboten 1937 die Neusalems-Gesellschaft, kurz darauf auch den Verlag. 1949 wurde die Lorber-Gesellschaft neu gegründet. Sie hat ihren Sitz seit 1986 im oberbayerischen Hausham (zuvor Bietigheim) und setzt sich für die Verbreitung des Schrifttums ein. Ihr geschäftsführender Vorsitzender ist derzeit der Heilpraktiker Manfred Peis. Darüber hinaus gibt es mehrere Lorber-Kreise in Deutschland, Österreich, der Schweiz, aber auch in den USA und in Brasilien. Hier wird die Neuoffenbarung studiert und diskutiert. Die geschätzte Zahl der Lorber-Freunde dürfte in der Bundesrepublik etwa 2.000 bis 3.000 be-

tragen. Das 1987 im Umfeld des Lorber-Verlages gegründete Jakob-Lorber-Förderungs-
werk setzt sich für die Übersetzung der Schriften Lorbers ein. 1997 erschienen 22 Neu-
Übersetzungen der Schriften Lorbers, u.a. in Englisch, Französisch, Italienisch, Spanisch,
Niederländisch, Griechisch, Tschechisch, Slowenisch, Litauisch und Lettisch. Im Jahr 2000
hat der Lorber-Verlag eine CD-ROM mit den Werken Lorbers veröffentlicht. Seit 1992
besteht der Verein Sonnenlicht, der es sich zur Aufgabe gemacht hat, die Herstellung der
bei Lorber empfohlenen Sonnenheilmittel zu unterstützen.[213]

Ein fester Zusammenschluss wird unter den Lorber-Freunden bewusst abgelehnt.
Lediglich eine lockere Organisationsstruktur lässt sich erkennen: Die so genannte Lorber-
Bewegung[214] umfasst den Lorber-Verlag (Friedrich Zluhan), die Lorber-Gesellschaft und
einzelne Lorber-Kreise in Deutschland, Österreich und der Schweiz, aber auch in den Nie-
derlanden, in Brasilien, den USA und verschiedenen Ländern Osteuropas. Sie dienen dem
Studium und dem gegenseitigen Austausch. Die Zeitschriften »Das Wort« des Lorber-Verlages und »Geistiges Leben« der Lorber-Gesellschaft interpretieren die Aussagen Lorbers für
die Gegenwart und sorgen für den geistigen Zusammenhalt unter den »Geistgeschwistern«.
Außerdem existiert im Internet seit 1998 ein eigenes Lorber-Diskussionsforum mit über 100
Teilnehmern. Einzelne Lorber-Freunde nutzen in letzter Zeit das neue Kommunikations-
medium verstärkt mit eigenen Internetseiten für die Verbreitung der Neuoffenbarung.[215]

Die Lorber-Bewegung unterhält freundschaftliche Kontakte zu den Swedenborg-Freun-
den, obwohl die Niederschriften Lorbers einen höheren Stellenwert als die Aussagen des
schwedischen Visionärs beanspruchen.[216] Der Einfluss der Neuoffenbarung reicht aber
deutlich über die Lorber-Bewegung hinaus. Die Lorber-Bewegung fordert keinen Kirchenaustritt und kennt auch keine feste Mitgliedschaft. Im Vergleich zu anderen Neuoffenbarungsbewegungen stellt sie einen Sonderfall dar. In ihr zeigt sich allerdings ein breites Meinungsspektrum. Es lässt sich erkennen, dass die Lorber-Freunde prinzipiell gegenüber neuen, über Lorber hinausführenden Offenbarungen aufgeschlossen sind. Somit gibt
es innerhalb der Kreise keinen abgeschlossenen »Neuoffenbarungskanon« verbindlicher
Schriften. Dies hatte und hat zur Folge, dass – wie ein Lorber-Freund klagt – »so manche
Geistesfreunde, die das wahre Wort Gottes durch Jakob Lorber kennen gelernt haben,
dieses zur Seite schieben und sich neuoffenbarungsähnlichen Kreisen oder Sekten zuwenden, in denen ein Medium ein scheinbares Wort Gottes kundgibt«.[217] Neuerdings lässt
sich bei manchen Lorber-Freunden eine Offenheit gegenüber dem Buch Mormon beobachten;[218] im Einzelfall werden auch die Channeling-Botschaften der Mitbegründerin der
New-Age-Gemeinschaft im schottischen Findhorn, Eileen Caddy, rezipiert.[219]

Innerhalb der Lorber-Bewegung zeigt sich ein breites Meinungsspektrum. Dies hängt
v.a. mit den vielfältigen Interpretationsvarianten des Neuoffenbarungsschrifttums zusammen. In der direkten Begegnung wird das Gespräch mit Neuoffenbarungsfreunden vor
allem dadurch erschwert, dass sie die Bibel mit Hilfe der Schriften Lorbers erklären, ergänzen und letztlich relativieren wollen.

Weitere Neuoffenbarungen in der Tradition des Inneren Wortes

Mit dem Tod Lorbers im Jahre 1864 blieb »Das Große Evangelium Johannes« unvollen-
det. Doch das Innere Wort ist auch nach Lorbers Tod nicht verstummt. Noch zu Lebzei-

ten soll Christus angekündigt haben: »Ebenso werde Ich von Zeit zu Zeit Menschen erwecken, denen Ich alles das, was jetzt bei dieser Meiner Gegenwart ist, geschieht und gesprochen wird, durch ihr Herz in die Feder sagen werde, und es wird dann das einfach Geschriebene auf eine eigene, den dermaligen Menschen wohl bekannte kunstvolle Art in einer ganz kurzen Zeit von einigen Wochen und Tagen in vielen Tausenden gleich lautenden Exemplaren können vervielfacht und so unter die Menschen gebracht werden; und da die Menschen in jener Zeit beinahe durchgängig des Lesens und Schreibens wohl kundig sein werden, so werden sie die neuen Bücher auch selbst wohl lesen und verstehen können. Und diese Art der Ausbreitung Meiner neu und rein wiedergegebenen Lehre aus den Himmeln wird dann um vieles schneller und wirksamer zu allen Menschen auf der ganzen Erde gebracht werden können denn so wie jetzt durch die Boten in Meinem Namen von Munde zu Munde.«[220] So knüpften noch im 19. Jahrhundert Prophetinnen und Propheten an diese Aussagen an, die – mit den Schriften Lorbers in Berührung gekommen und vom Inneren Wort getrieben – diese Tradition fortsetzten.

- Innerhalb der Lorber-Bewegung erfreut sich Gottfried Mayerhofer [1807-1877] großer Wertschätzung mit seinen Werken »Lebensgeheimnisse«, »Schöpfungsgeheimnisse« und den 53 »Predigten des Herrn«. Sechs Jahre nach dem Tod Lorbers im Jahr 1870 vernahm er das Innere Wort in sich. Nachdem er den Militärdienst quittiert und mit seiner Familie nach Triest umgezogen war, verlegte er sich ganz auf die Landschaftsmalerei. Dort kam er auch mit dem Lorber-Kreis in Berührung und begann handschriftliche Abschriften einzelner Kundgaben des »Schreibknechtes« anzufertigen. Wie Lorber schrieb der in München geborene Offizierssohn und spätere Major die Diktate aus einem inneren Zwang nieder: »Der Herr gibt mir in Seiner Gnade oft nur das, was zum Teil meinen Freunden hier verständlich, teils auch vielleicht einst – wer weiß wann und durch wen – in geregelter Folge zur stufenweisen Ausbildung dienen soll; und so kommen oft Diktate, die zwar nichts Neues sagen, sondern nur früher Dagewesenes unter einer andern Form vortragen; denn ich bin immer ganz passiv bei solchen Mitteilungen, weiß höchst selten, um was sich's handelt. Es befasst mich gewöhnlich eine nicht zu erklärende Unruhe, ich muss mich dann zum Schreibtische setzen, und erst, wenn ich den Bleistift in die Hand nehme, erfahre ich, was der Herr will, und auch da noch weiß ich weder Anfang noch Folge, noch Ende; ja nicht ein Wort früher als das andere.«[221]
- 1891 fühlte sich Leopold Engel [1858-1931] dazu berufen, das Hauptwerk Lorbers, »Das Große Evangelium Johannes«, zu vollenden. In Petersburg geboren, war er von Kindesbeinen an durch seinen Vater mit den Werken des »Schreibknechtes« vertraut. Im Alter von 22 Jahren ging Engel zur Bühne. Doch die Laufbahn als Schauspieler genügte ihm nicht. 1898 kehrte er der Bühne endgültig den Rücken. Am 8. November 1931 starb Engel in Berlin-Mahlsdorf. Zwischen 1891 und 1893 verfasste er, einem inneren Zwang nachgebend, den Schlussband zum »Großen Evangelium«. Innerhalb der Lorber-Bewegung ist die Frage umstritten, ob der von Leopold Engel niedergeschriebene Band als Abschluss des Lorberschen Hauptwerkes gelten kann bzw. ob Engel in der gleichen Weise wie Lorber berufen war, das göttliche Wort zu empfangen.[222] Andererseits wird der Text von Lorber-Freunden sehr geschätzt.

In der Folgezeit gab es seit Ende des 19. Jahrhunderts mehrere Frauen und Männer, die sich in der Tradition Lorbers auf das Innere Wort beriefen, ohne jedoch eigene Kreise zu bilden:[223] Dazu zählen Johanna Ladner, Ida Kling, Max Seltmann, Richard Erler, Helene Möller, Erika Petrick, Franz Schumi und Georg Riehle.

- Bertha Dudde [1891–1965] berief sich ebenfalls auf das Innere Wort und empfing ab 1937 über 9.000 Kundgaben. Erst später kam sie in Kontakt mit den Schriften Lorbers und fand darin eine nachträgliche Bestätigung ihrer Neuoffenbarungen. Dudde sah ihren Auftrag vor allem darin, die Menschheit auf die nahen Endzeitereignisse vorzubereiten. In Deutschland existiert ein kleiner Freundeskreis, der die Schriften der »Prophetin der Endzeit«[224] neu herausgibt und kostenlos an Interessierte verschickt. Im Internet werben die Dudde-Freunde für die Neuoffenbarungsschriften. Darüber hinaus gibt es dort zwei Diskussionsforen. Im Oktober 2000 veröffentlichten einzelne Anhänger eine Gesamtausgabe ihres Schrifttums auf CD-ROM unter dem Titel »Wort Gottes – empfangen von Bertha Dudde«.
- In Ditzingen existiert ein Freundeskreis, der es sich zur Aufgabe gemacht hat, »die universelle Gottesoffenbarung durch Anita Wolf« [1900-1989] zu verbreiten. Im thüringischen Greiz geboren und im evangelischen Glauben erzogen, kam Anita Wolf schon früh mit der Neuoffenbarung Lorbers in Berührung.[225] 1949 schrieb sie ihr Hauptwerk »UR-Ewigkeit in Raum und Zeit« nieder, das 1960 veröffentlicht wurde. Wolf schrieb das nach ihren Angaben »intuitiv« Empfangene direkt in die Schreibmaschine. Erst danach nahm sie orthografische Verbesserungen vor. Der Anita-Wolf-Freundeskreis, der sich noch zu ihren Lebzeiten bildete, vertreibt heute die rund 30 Einzeltitel. Zudem gibt er in loser Folge die Zeitschrift »Ur – Das wahre Ziel« heraus und unterhält darüber hinaus im Internet eine einschlägige Homepage.[226]
- Ein kleiner Kreis hatte sich um Johannes Widmann [1940-2000] im süddeutschen Raum gebildet. Widmann wurde 1940 in Friedberg bei Augsburg geboren. Er wuchs im katholischen Glauben auf und begann nach der Volksschule eine Handwerkslehre. Schon früh befasste er sich mit Kunst, Psychologie und fernöstlichen Themen. Die Schriften von Lorber und Dudde waren ihm bekannt. Im Alter von 20 Jahren erhielt Widmann eigenen Angaben zufolge religiöse Inspirationen, die er Jesus zuschrieb. Stil und Inhalt ähnelten stark der Neuoffenbarung Jakob Lorbers, von der er sich inhaltlich aber in den letzten Jahren in zunehmendem Maße zu lösen begann. Seine Kundgaben, die er der katholischen Lehre entsprechend als »Privatoffenbarungen« betrachtete, kursierten zunächst in Abschrift unter seinen engsten Freunden. Die Kundgaben Widmanns werden in verschiedenen Neuoffenbarungskreisen und insbesondere in Teilen der Lorber-Bewegung nach wie vor hoch geschätzt.
- Einen eigenwilligen Weg schlug 1971 der Lorber-Freund Harald Stößel mit der Gründung des Lichtkreises Christi e. V. in Übersee am Chiemsee ein. Zusammen mit »Schwester Maria Ruth« gründete er eine »überkonfessionelle Offenbarungsgemeinschaft«. Sie knüpft an die Neuoffenbarung Lorbers an, geht aber weit darüber hinaus. Die Gruppe hat sich 1976 als Grundlage die »Neue Bibel« gegeben, die durch Stößel direkt von Gott übermittelt wurde und zusammen mit dem Alten und dem Neuen Testament die »Heilige Drei-Einheit« bilden soll: »Genauso wie Das Neue Testament zum Alten Testament

gehört und beide erst die Bibel bilden, wie sie die Welt bis jetzt kennt, genauso wird nun nach Gottes Heiligem Willen das bestehende Werk der Bibel vollendet durch diese Neue Bibel für die Neue Zeit auf Erden, damit bildend eine Heilige Drei-Einheit.«[227] Von der »Neuen Bibel«, die ursprünglich in zwölf Bänden erscheinen sollte, liegt allerdings nur ein Band vor. Er wurde ins Englische, Französische und Schwedische übersetzt. Seit dem Tod Stößels im Jahre 1994 ist Edgar Kaucher der neue Leiter des Lichtkreises Christi; die Gemeinschaft führt weiterhin regelmäßig »geistige Schulungen« durch, in denen fortlaufend »Offenbarungen Gottes« gegeben werden.[228] Als Periodikum erscheint unregelmäßig »Die Stimme des Herrn« als »Zeitung der reinen, absoluten Wahrheit«.[229]

Quellen: **Jakob Lorber**, Bischof Martin. Die Entwicklung einer Seele im Jenseits, Bietigheim [3]1960 · **Ders.**, Briefwechsel zwischen Abgarus Ukkama, Fürst von Edessa und Jesus von Nazareth, Bietigheim-Bissingen [9]1992 · **Ders.**, Die Jugend Jesu, Bietigheim-Bissingen [11]1997 · **Ders.**, Die Haushaltung Gottes, 3 Bde., Bietigheim [4]1961-1964 · **Ders.**, Jenseits der Schwelle. Sterbeszenen, Bietigheim-Bissingen [7]1992 · **Ders.**, Johannes – Das Große Evangelium, 10 Bde., Bietigheim [7]1981-1986 · **Kurt Eggenstein**, Der Prophet Jakob Lorber, München 1992 · **Leopold Engel**, Johannes – Das Große Evangelium, Bd. 11, Bietigheim 1987 · **Peter Güllekes**, Die Himmel geben Antwort, Bietigheim-Bissingen 1999 · **Ralf Schuchardt**, Allein die Bibel? Bietigheim-Bissingen 1997 · **Lorber-Verlag** (Hg.), CD-ROM zur Offenbarung durch Jakob Lorber sowie Leopold Engel und Gottfried Mayerhofer, Bietigheim-Bissingen 2000 · **Lorber-Verlag/Lorber-Gesellschaft** (Hg.), Die Offenbarungsschriften durch Jakob Lorber in Faksimilé alter Ausgaben (CD-ROM), Bietigheim/Hausham 2000

Zeitschriften: Das Wort – Zeitschrift für ein vertieftes Christentum (Lorber-Verlag) · Geistiges Leben – Zeitschrift für Freunde der Neuoffenbarung Jesu durch Jakob Lorber (Lorber-Gesellschaft)

Literatur: **HRGem**[5], S. 214-226 · **Hutten,**[15] S. 583-669 · **Obst**[4], S. 233-265 · **Andreas Fincke**, Jesus Christus im Werk Jakob Lorbers (Diss. theol.), Halle 1992 · **Matthias Pöhlmann**, Lorber-Bewegung – durch Jenseitswissen zum Heil?, RAT 4, Konstanz 1994

Internet: www.j-lorber.de · www.jakob-lorber.de · www.jakob-lorber.org · www.neuoffenbarung.de · www.lichtkreis.de · www.anita-wolf.de · www.berthadudde.de

2.4 Von der Neuoffenbarung zur Neureligion (Matthias Pöhlmann)

Während sich um die oben genannten »Träger des Inneren Wortes« nur lose Anhängerkreise gesammelt haben (vom Lichtkreis Christi abgesehen), traten Mitte der 70er Jahre zwei Frauen auf, die als »Lehrprophetin der Jetztzeit« und als »Sprachrohr Gottes« auf der Basis von neuen Offenbarungen feste und verbindliche Gemeinschaftsstrukturen entwickelten: das Universelle Leben (bis 1984 Heimholungswerk Jesu Christi) und der Orden Fiat Lux. Beide Gruppen grenzen sich scharf voneinander ab – mit dem Hinweis, man verfüge in Gestalt der jeweiligen Gründerin über den reineren bzw. unverfälschten Kanal des göttlichen Wortes.

2.4.1 Universelles Leben (Matthias Pöhlmann)

> »Häufig entspricht das Wort Gottes durch Seine Propheten nicht der Bibel ... die Priesterkaste hat sich das Wort Gottes angeeignet, es vielfach verdreht und zu ihrem Nutzen aufbereitet. So kann man sagen: Die Bibel entspricht manchem Schlachtfeld zur Zeit der Kreuzzüge, in der Menschen im Namen des Kreuzes hingemetzelt wurden, wenn sie sich der Zwangschristianisierung widersetzten.«[230]
>
> (»Der Prophet«)

Treffen aller Gottsucher

»Jeden Sonntag, 10.00 Uhr Ort urchristlicher Begegnung ... Nichts Katholisches, nichts Lutherisches, einzig Christus. Keine Mitgliedschaft, ohne Kosten, losgelöst von Priestern, Pfarrern, Bischöfen, Kardinälen, Exzellenzen und Eminenzen. Wir haben keinen ›Heiligen Vater‹, nur einen Vater, der im Himmel ist. Wir sind Brüder und Schwestern im Geiste des Christus.«[231] So wird über Internet zur »Kosmischen Lebensschule« des Universellen Lebens (UL) an über 60 verschiedenen Orten »urchristlicher Begegnung« in Deutschland eingeladen.[232] Auf einem Handzettel heißt es: »Die Veranstaltung wird von Würzburg aus in fast alle größeren Städte Deutschlands, Österreichs und der Schweiz und weltweit in viele Städte auf allen Kontinenten übertragen. Jeder urchristliche Begegnungsort kann sich telefonisch in das Gespräch einschalten.« Über Mittel- und Kurzwelle sendet der UL-eigene Sender Radio Santec – die kosmische Welle »Geistige Hilfen für den Tag« sowie einschlägige Vorträge und Diskussionsrunden (»Glaubens-Fernheilung: Das Urlicht«). Vor allem im süddeutschen Raum lädt die umstrittene Glaubensgemeinschaft mit Zeitungsinseraten und Plakatwänden zu Vorträgen und zum »Treffen aller Gottsucher« ein. Nach wie vor bietet das UL eine Vielzahl von Veranstaltungen und Vorträgen an. Im Blick auf die wirtschaftlichen Aktivitäten scheint neuerdings eine Stagnation eingesetzt zu haben. In Unterfranken, im Raum Würzburg/Marktheidenfeld, finden sich zahlreiche »Christus-Betriebe«, darunter die »Naturheilklinik Michelrieth« und das »Einkaufsland Alles für alle« im Gewerbezentrum von Altfeld. Deutlich zugenommen hat hingegen das Engagement des Vertriebs von Bioprodukten über Direktversand (»Lebe Gesund!«). Außerdem gibt es einige Höfe »Gut zum Leben – Die Güter Neu-Jerusalem«, die ihre Bioprodukte auf verschiedenen Wochenmärkten in Süddeutschland anbieten.

1998 wurde von Gabriele Wittek ein »weltweites Gebets- und Glaubensheilzentrum des Jesus, des Christus« als »Zentrum des Urchristlichen Heilens« ins Leben gerufen. Seither wirbt das Universelle Leben verstärkt mit Angeboten zur »Ganzheits-Heilung« in der Öffentlichkeit (u. a. »Weltweites urchristliches Heilgebet«, »Urchristliche Glaubens-Fernheilung«).[233]

Seit Ende des Jahres 2000 zeichnen sich beim UL neue, dramatische Entwicklungen ab.[234] Sie deuten auf einen internen Säuberungs- und Radikalisierungsprozess hin, dessen Folgen sich zum gegenwärtigen Zeitpunkt noch nicht abschätzen lassen. Es ist die Rede davon, dass der ewige Geist den letzten Schritt zur Vollendung des großen Bogens eingeleitet habe: Nur mit wenigen Menschen, die die Voraussetzungen für das aktive Mitwirken erfüllen, werde das Friedensreich entstehen können.

Die bisherige Zeitschrift »Das Weiße Pferd« erhielt nach vier Jahren den neuen Titel »Das Friedensreich«. In der Redaktion arbeiten Christian Sailer, Matthias Holzbauer, Dieter Potzel und Silke Dziallas mit. Im Dezember 2000 wurde die »Gabriele-Stiftung – Das Saamlinische Werk der Nächstenliebe an Natur und Tieren. Dein Reich kommt, Dein Wille geschieht, Bete und arbeite« gegründet. »Saamlin« – so heißt es in einer einschlägigen Broschüre – »ist der Begriff für göttliche Wesen der Natur, die im Auftrag des Ewigen auf unserer Erde für Natur und Tiere tätig sind.«[235] Am 8. Dezember 2000 wurde die Gabriele-Stiftung als Stiftung Verwaltungs-GmbH ins Handelsregister eingetragen. In der Satzung heißt es: »Zweck der Gesellschaft ist die Verwaltung einer Stiftung mit dem Stiftungszweck: Schaffung von Lebensraum für Tiere und Pflanzen durch Förderung a) des Naturschutzes, des Landschaftsschutzes und der Landschaftspflege im Sinne des Bundesnaturschutzgesetzes und der Naturschutzgesetze der Länder, b) des Tierschutzes, insbesondere der naturgemäßen Hege und Pflege von Tieren, c) der naturgemäßen Entwicklung von Pflanzen, d) des Umweltschutzes ... e) Die Stiftung fördert die Pflege hilfsbedürftiger und kranker Menschen und Tiere, insbesondere den Bau von Betreuungseinrichtungen einschließlich von Sterbehospizen.«[236] Als Geschäftsführer werden Harald Dohle und Gert-Joachim Hetzel genannt. Im Editorial der Erstausgabe von »Das Friedensreich« beklagte die »Lehrprophetin der Jetztzeit«, Gabriele Wittek, unter ihren Anhängern »einen sehr großen Wechsel unter den so genannten Urchristen – und ich bezeichne sie bewusst als so genannte Urchristen, denn so mancher erwies sich vielmehr als Unchrist, der es auf sein Gewissen nahm, das Werk des Herrn nicht nur zu belasten, sondern auch zu schädigen«.[237] Auch die Bundgemeinde Neues Jerusalem wird in diesem Zusammenhang nicht geschont: »Bei so manchen der Gemeindeglieder zog die Trägheit ein, die ihn vergessen ließ, dass das Friedensreich vor der Tür steht ! ... Die meisten Menschen in der gegründeten Bundgemeinde Neues Jerusalem sprechen wohl von dem, was geschehen soll, doch sie selbst sind nicht unter denen, die sich dafür voll einsetzen, damit es geschehen kann.«[238]

Lehrprophetin der Jetztzeit

Gegründet wurde das Heimholungswerk Jesu Christi, das 1984 die Selbstbezeichnung »Universelles Leben« erhielt, 1977 von Gabriele Wittek, die von ihren Anhängern als »Lehrprophetin der Jetztzeit«, als »Posaune Gottes in dieser Zeit« und als »Instrument Gottes« bezeichnet wird. Im Unterschied zu Künderpropheten, durch die aus der Sicht des UL der Geist lediglich »allgemeine, mahnende und aufbauende Worte« weitergab, sei es ihr als Lehrprophetin vorbehalten, die Gesetze Gottes zu übermitteln und auszulegen:[239] »Wir behaupten nicht nur, sondern wir wissen, dass sie nach Jesus von Nazareth der größte Prophet ist.«[240]

Gabriele Wittek wurde 7. Oktober 1933 in Wertingen bei Augsburg als Tochter katholischer Eltern geboren. Sie wuchs in bescheidenen Verhältnissen auf. An naturwissenschaftlicher, theologischer, philosophischer oder esoterischer Literatur zeigte sie nach eigenen

Angaben keinerlei Interesse. Im Alter von 16 Jahren sang sie im Kirchenchor mit, doch blieb ihr der Zugang zu echtem Glauben verschlossen. Nach einer dreijährigen Ausbildung arbeitete Wittek als Kontoristin in München. Dort heiratete sie im Alter von 22 Jahren den Bauingenieur Rudolf Wittek. 1964 wurde die einzige Tochter Michaela geboren. Als die Familie aus beruflichen Gründen des Mannes von München nach Würzburg umziehen musste, fühlte sich Gabriele Wittek während dieser Zeit, in der ihr Ehemann häufig auf Reisen war, oft allein. Als ihre Mutter 1970 verstarb, stürzte sie in eine tiefe seelische Krise. Übersinnliche Erfahrungen stellten sich ein. 1974/75 soll es auch zu den »ersten Impulsen des ›Inneren Wortes‹« gekommen sein.[241] Über eine Nachbarin kam Gabriele Wittek mit einem spiritistischen Zirkel in Kontakt. Dort sprach der Geist Gottes über eine medial veranlagte Frau direkt zu ihr und wies sie auf eine bevorstehende gewaltige Aufgabe hin. An einem Weihnachtsabend 1974 meldete sich erstmals ihr geistiger Lehrer Bruder Emanuel, der »Cherub der göttlichen Weisheit«, in ihr. In der frühen Schrift des Heimholungswerkes Jesu Christi »Ein ehemals geistig unwissender Mensch auf dem Pfad zu Gott« von 1980 berichtet sie rückblickend über den Durchbruch des Inneren Wortes am 6. Januar 1975. Es war gegen 18 Uhr abends, als sie im Gartenzimmer saß und an ihren Vater und die zurückliegenden Jahre dachte. Während dieser Gedanken stiegen in ihr Worte auf: »Tue alles im Namen Jesu Christi und fürchte dich nicht, denn die rein-geistige Welt ist um dich.«[242] In der Folgezeit wurde sie von der inneren Stimme, die sie »Bruder Emanuel« nannte, über Gott und die jenseitigen Welten unterwiesen. Zunächst trat die Prophetin nur vor ihrem Ehemann und drei Bekannten in ihrem Würzburger Privathaus auf, später vor einem kleineren Kreis in Nürnberg. Sie berichtete:»Ich spürte plötzlich, je mehr Menschen um mich herum waren, um so stärker wurde die Lichtschwingung des Geistes.«[243] Immer neue Geschwister kamen hinzu. In Bad Reichenhall, Burghausen und München entstanden nach einer Offenbarung, die Wittek empfing, so genannte Christuszellen. Das Heimholungswerk Jesu Christi (HHW) war entstanden. Allmählich wurde auch eine lockere Organisationsstruktur erkennbar. Der Fachhochschulprofessor für Wirtschaftsrecht, Walter Hofmann, wurde 1979 auf die Prophetin aufmerksam. Schon vorher hatte er sich intensiv mit fernöstlicher Spiritualität, u. a. auch mit der Transzendentalen Meditation (vgl. IV-2.2), befasst. Neun Monate erforschte er eigenen Angaben zufolge die Prophetin im Hause Wittek und ist seither ihr überzeugter Anhänger:»Es ist die reine Wahrheit aus dem urewigen Gottesgeist, die sich durch die Prophetin offenbart.«[244] Seither nahm offensichtlich auch der Einfluss fernöstlichen Gedankengutes (Karma- und Reinkarnationsvorstellung) auf die Offenbarungen von Wittek zu. Gleichzeitig kam es zur Aufwertung ihrer Person. Sie gilt seither als Gottes »Lehrprophetin der Jetztzeit«, die den Inneren Weg, den Weg der Selbsterkenntnis und Läuterung, allen Menschen voran selbst beschritten habe. Ihre Aufgabe sei es, »die Einzelheiten des ewigen Gesetzes Gottes nun für alle Teilbereiche des Lebens in diese Welt zu bringen, die Details der göttlichen Gesetze für das Zusammenleben der Menschen in Familie und Beruf, in Wirtschaft und Gesellschaft, für die Kindererziehung und die sozialen Dienste sowie für das Heilsein von Seele und Leib.«[245] Nach ihr werde es, so die göttliche Mitteilung, keine »schöpfenden Lehrpropheten« mehr geben. Wie es heißt, würden die Menschen in der Gemeinschaft des UL nach der Erdenzeit der Lehrprophetin direkt zu Gott finden und »vom Menschen zum Gottmenschen« emporsteigen.[246]

»Das Universelle Leben ist eine urchristliche Glaubensgemeinschaft von Menschen, die sich täglich bemühen, die Zehn Gebote Gottes und die Bergpredigt – das ewige Gesetz Gottes – in allen Lebensbereichen zu verwirklichen und mehr und mehr zu erfüllen. ... Sie empfangen in dieser unserer Zeit – einer Zeit des gewaltigen Aufbruchs und Umbruchs – für alle Lebensbereiche umfassende Offenbarungen des Christus-Gottesgeistes direkt durch einen Menschen, eine Frau, die Gott als Seine Prophetin und Botschafterin dient.«[247] So sieht sich die Gemeinschaft selbst. Das UL stützt sich in Lehre und Praxis ausschließlich auf die neuen Offenbarungen durch Gabriele Wittek. Die Bibel gilt aus der Sicht des UL als entstellt und verfälscht. Sie wird ersetzt durch die angeblich von Christus selbst inspirierten Texte, die die »Urchristen« des UL als höchste Offenbarungen betrachten. Hieraus erklären sich auch die zahlreichen nichtchristlichen bzw. von der Bibel abweichenden Lehrinhalte und Glaubensvorstellungen dieser Glaubensgemeinschaft. Im Sommer 2000 stellte das UL beim Bundesministerium für Jugend und Familie den Antrag, die Bibel auf die Liste der jugendgefährdenden Schriften setzen zu lassen.

An die Stelle der Bibel tritt für die Gemeinschaft die 1989 durch Gabriele Wittek offenbarte Schrift »Das ist Mein Wort A und Ω« – auch als »Das Evangelium Jesu«, als »Die Christus-Offenbarung, welche die Welt nicht kennt«, bezeichnet. Der Text basiert auf dem »Evangelium des vollkommenen Lebens«, das nach der Version des UL ursprünglich von den Aposteln Christi verfasst und von deren Nachfolgern aus Angst vor Verfälschung in einem tibetischen Kloster versteckt wurde. 1881 sei es auf medialem Weg dem an theosophischen Fragen interessierten Gideon J. R. Ouseley [1835-1906] übermittelt worden.[248] Für das UL enthält diese ursprüngliche Fassung menschliche Fehler; doch Christus habe es als Grundlage auserwählt, »weil es der Wahrheit dessen, was war, immer noch am nächsten kommt.«[249] Dementsprechend heißt es an vielen Stellen in der Neuausgabe des Ouseleyschen »Evangeliums des vollkommenen Lebens«, die »im Prophetischen Wort durch unsere Schwester Gabriele« kommentiert worden ist: »Ich, Christus, erkläre, berichtige und vertiefe das Wort.«

Als »mächtiges geistiges Lehrwerk« und als »Heiliges Buch« gilt für die Anhänger des UL die Schrift »Die großen kosmischen Lehren des Jesus von Nazareth an Seine Apostel und Jünger, die es fassen konnten«, die als Schulungsbuch betrachtet und nach eigenen Angaben um zukünftige Texte der Lehrprophetin ergänzt werden wird.

Diese Botschaften entstammen nach Aussagen der Glaubensgemeinschaft dem All-Vater-Schöpferkraft und Heiligem Geist, Jesus Christus sowie verschiedenen Engelwesen, die als göttliche Wesenheiten und Eigenschaften Gottvaters gelten. In der Frühzeit der Glaubensgemeinschaft spielten auch Eingebungen von Wesen aus teilmateriellen Welten eine Rolle[250] (vgl. III.-2.2).

Die Kosmogonie (die Lehre von der Entstehung des Kosmos) nimmt, ähnlich wie in der Neuoffenbarung Lorbers, in den Schriften des UL breiten Raum ein. Teilweise finden sich analoge Begrifflichkeiten (Inneres Wort, Urzentralsonne). Nachweisbar sind Übereinstimmungen mit dem Gedankengut der anglo-indischen Theosophie.[251]

Gott gilt aus Sicht des UL als ewiger Geist, als fließende Energie, die als Ursubstanz der ganzen Schöpfung betrachtet wird.[252] Sie wird auch als »unpersönlicher Gott« bezeichnet. Durch verschiedene Emanationen ging die Schöpfung hervor, zunächst Gott-

Vater, der persönliche Gott, als Produkt des Schöpfergeistes. Gott-Vater rief wiederum Gott-Sohn, Christus, ins Dasein sowie die himmlische Schöpfung und die »geistigen Naturreiche« (Mineral-, Pflanzen- und Tierreiche). Gleichzeitig entstanden die reinen Geistwesen, die ursprünglich in der Liebe Gottes lebten. Diese ursprüngliche Harmonie wurde durch Satana bzw. Luzifer gestört. Die Rebellion führte zur Abspaltung von Gott. Es kam zum Himmelssturz. Luzifer und sein Anhang wurden der himmlischen Welten verwiesen. Um den reinen Himmel bildete sich eine Strahlungsmauer. Außerhalb dieses Bereichs entstanden sieben Teilebenen, die so genannten Fallebenen, deren unterster Bereich die Erde darstellt. Die stoffliche, sichtbare Welt ist somit keine gute Schöpfung Gottes, sondern im Kern das Ergebnis der Rebellion Luzifers.

Vor 2000 Jahren stieg der Sohn Gottes auf diese Erde hinab, umhüllte sich mit dem »Menschenkleid« des Propheten Jesus von Nazareth. Auf Golgatha übertrug er den »Erlöserfunken« auf die Menschen – als Hilfe für das Innere einer Menschenseele. Dadurch wird aus Sicht des UL der Läuterungs- und Erlösungsprozess, die Heimholung der verlorenen Seelenfunken, ermöglicht.

Der Mensch gilt als gefallenes Geistwesen. Er führt ein verschattetes Dasein. Um der göttlichen Gnade teilhaftig zu werden, muss er in sein Innerstes wandern. Das UL sieht hier als Erlösungsmöglichkeit den so genannten Inneren Weg vor. Er wurde angeblich »offenbart von Bruder Emanuel, dem Cherub der göttlichen Weisheit, gegeben und erläutert durch die Prophetin Gottes Gabriele – Würzburg«. Die Gemeinschaft betrachtet ihn als göttlichen Pfad zu wahrem Leben und als Kernstück der Christlichen Mysterienschule. Dabei soll das menschliche Bewusstsein so weit gereinigt werden, dass der »Christus in uns« ungehindert wirken könne. Der »geistige Schulungsweg« setzt ein mit einem 6-monatigen Vorbereitungskurs. Er umfasst zwölf Meditationen und soll das Bewusstsein erweitern und stabilisieren. Daran schließt sich ein 9-monatiger Meditationskurs an. Er soll die Seele für den Inneren Weg vorbereiten und in weiteren zwölf Meditationen die göttlichen Energien im Einzelnen wecken und zur Gesundung von Seele und Mensch beitragen.

Es folgt die »Intensivschulung«; sie kann entweder als Fernkurs oder als persönlicher Kurs absolviert werden. Sie ist der eigentliche Beginn des Inneren Weges und umfasst die vier unteren Stufen: die Ordnung, den Willen, die Weisheit und den Ernst. Hat der Einzelne die vierte Grundordnung durchlaufen, gilt er als »Geistig Getaufter« und hat »von Christus die göttliche Weihe empfangen, das ›Vollbracht‹«.[253] Christus selbst soll den Menschen durch die drei letzten Stufen (der Geduld, der Liebe und der Barmherzigkeit) zur ewigen Vollendung führen. Damit wird er vom Natur- zum reinen Geistwesen, wie die Cherubim und Seraphim und alle anderen Engel. Nach eigenen Angaben hat Gabriele Wittek diesen Zustand bereits erreicht; sie wird daher auch als fleischgewordener »Seraph der göttlichen Weisheit« bezeichnet.[254]

Das Gesetz von Ursache und Wirkung (Karma und Reinkarnation) ist ein fester Bestandteil im Glaubenssystem des UL. Alles, was der Mensch getan hat, wird er in diesem oder in einem anderen Leben ernten. Auf diese Weise erklärt das UL jede Krankheit, jedes Leid, das einem Menschen widerfährt. So heißt es in der Veröffentlichung des UL über »Glaubensheilung – die Ganzheitsheilung«: »Krankheit ist die Folge unseres falschen Denkens und Verhaltens.«[255] Auf dem Inneren Weg könne, wie es heißt, der Einzelne dieses Gesetz für sich außer Kraft setzen. Die Furcht vor negativen Karma-Übertragungen führt im UL dazu, Blutübertragungen und Organtransplantationen abzulehnen: »Die karmische Verknüpfung zwischen Spender und Empfänger wird im Seelenreich oder in einem weiteren irdischen Leben zum Tragen kommen.«[256]

Das UL weist eine konzentrische Struktur auf. Eine zentrale Rolle spielte bislang die 1987 gegründete Bundgemeinde Neues Jerusalem. Mittlerweile umfasst sie nach eigenen Angaben rund 800 Mitglieder. Die Bundgemeinde entstand auf der Grundlage einer angeblich göttlich offenbarten Gemeindeordnung. Diese enthält Zeremonien und Regeln für eine Art Kindertaufe, die als Akt der Namensgebung vorgenommen wird, für Eheschließung und Bestattung. Die Bundgemeinde bildete bislang »die für alle Aktivitäten im UL verantwortliche und den übrigen Urgemeinden gegenüber weisungsbefugte Zentralorganisation«.[257] Seit Gründung der Gabriele-Stiftung im Jahr 2000 dürfte ihr Einfluss allerdings zunehmend schwinden. So genannte Urchristliche Gemeinden existieren in München, Nürnberg, Würzburg, Stuttgart, Karlsruhe, Köln-Zollstock, Frankfurt am Main, Salzburg, Linz, Bregenz, Wien, Basel und Zürich.[258] Die Zahl der Anhänger weltweit wird mittlerweile auf unter 10.000 geschätzt.[259] Nach eigenen Angaben leben allein rund 3.000 Anhänger in der Würzburger Umgebung.[260] Seit 1990 haben sich Führungs- und Schulungsaufgaben weitgehend nach Marktheidenfeld-Altfeld verlagert.

Beim UL handelt es sich um eine synkretistische Neureligion, die zahlreiche nichtchristliche Vorstellungen in ihr Glaubenssystem integriert hat. Aus kirchlicher Sicht ist der scheinbar urchristliche Anspruch, mit dem sich die Gruppe schmücken möchte, hinfällig. Kritisch hinterfragt werden muss insbesondere der Totalanspruch der Offenbarungen von Gabriele Wittek, der vereinnahmende Schulungsweg und das problematische Menschenbild des UL. Inzwischen scheint sich das für Außenstehende nur schwer durchschaubare Geflecht der verschiedenen wirtschaftlichen Aktivitäten des UL weiter auszubilden. Stark zugenommen haben außerdem die kirchenfeindlichen Aktionen und die Prozessfreudigkeit[261] der umstrittenen Glaubensgemeinschaft gegenüber Kritikern, die dem UL eine totalitäre Struktur, einen Absolutheitsanspruch und vereinnahmende Methoden innerhalb der Organisation vorwerfen.

Quellen: **Universelles Leben** (Hg.), Das ist Mein Wort A und Ω, Würzburg ²1993 · **Dass.**, Der Innere Weg. Gesamtausgabe. Meditationen, Grundstufen, Würzburg 1994

Zeitschriften: Das Friedensreich · Der geistige Revolutionär Christus · Der Prophet · Der Theologe

Literatur: **HRGem**⁵, S. 476-500 · **Hauth**¹⁰, S. 373-423 · **Wolfgang Behnk**, Abschied vom »Urchristentum«? Gabriele Witteks Universelles Leben zwischen Verfolgungswahn und Institutionalisierung, München 1994 · **Wolfram Mirbach**, Universelles Leben. Die einzig wahren Christen?, Freiburg i.Br. 1996

Internet: www.universelles-leben.org · www.kosmische-lebensschule.de · www.daswort.com · www.glaubensheilung.org · www.gabriele-stiftung.de · www.dasfriedensreich.de · www.kirchenopfer.de · www.lebeGesund.de · www.michelrieth.de/frames (kritisch)

»Die Verwirrungen müssen einmal entwirrt werden. Aus diesem Grunde hat seit einigen Jahren der Ewige Vater dieses Übermittlungsmedium für Sein Wort gewählt. Ihr dürft es nun miterleben. Nur durch ein Sprachrohr, das in diese absolute Tief- oder Volltrance versetzt wird, kann die Wahrheit heute verkündet werden.«[262]

(Erika Bertschinger Eicke alias Uriella)

Dem »Orden Fiat Lux« wurde in den letzten Jahren ein großes Medieninteresse zuteil. Vor allem die Gerichtsprozesse gegen die Gründerin und die konkreten Endzeiterwartungen für das Jahr 1999 und 2000 führten dazu, dass die beiden maßgeblichen Personen der Gruppe, das Ehepaar Erika und Eberhard Bertschinger Eicke alias Uriella und Icordo, wiederholt in Talkshows und Fernsehberichten auftraten und ihre Glaubensüberzeugungen vorstellen konnten. Für öffentliches Interesse hat nicht nur die häufige Medienpräsenz, sondern offensichtlich auch die Exotik dieser Neuoffenbarungsgruppe gesorgt, die sich eigene Kleidervorschriften (»helle bis weiße Kleidung« und »offenes Tragen des Kreuzes und Marienmedaillons«[263]) gegeben hat und für ihre Anhänger »Ordensnamen« verleiht. Der hohe Bekanntheitsgrad der umstrittenen Gemeinschaft in der Öffentlichkeit überrascht umso mehr, als die Gruppe mittlerweile nur noch 450 Anhänger haben dürfte. Davon lebten im Jahr 1996 eigenen Angaben zufolge »etwa hundert in den Ordenshäusern im Südschwarzwald, in Kärnten und in der Schweiz«.[264] Inzwischen dürfte ihre Zahl auf etwa 60 gesunken sein. Dazu gehört ein weiterer, zahlenmäßig nicht genau zu ermittelnder Sympathisantenkreis in Deutschland, Österreich und der Schweiz.

Sprachrohr Gottes

Erika Bertschinger Eicke (»Uriella«) bezeichnet sich selbst als »Volltrance-Sprachrohr«, durch das sich Jesus Christus und Maria offenbaren würden. Sie gilt als »Barmherzigkeit selbst«, als »die Mutter der Erde«.[265]

Erika Bertschinger Eicke wurde 1929 in Zürich geboren und wuchs in einem römisch-katholischen Elternhaus auf. Sie wollte zunächst Nonne werden, kam aber von diesem Entschluss wieder ab. Im Alter von 19 Jahren ging sie nach England und gründete eigenen Angaben zufolge eine Sprachschule für Ausländer, die sie fünf Jahre lang leitete. Längere Auslandsaufenthalte in Italien, USA und Japan schlossen sich an.[266] Dort arbeitete sie als Direktionssekretärin und Dolmetscherin. Mit ihrem Ehemann, dem Maschinenfabrikanten Bertschinger, wohnte sie später in Egg bei Zürich.

In England kam sie mit spiritistischen Medien in Kontakt. Während ihres Aufenthalts in den USA hörte sie aus dem Munde eines Volltrance-Medium, dass ihr eine große Aufgabe bevorstünde. In den Jahren 1967 und 1970 hielt sie engen Kontakt mit der spiritualistischen Vereinigung Geistige Loge Zürich von Beatrice Brunner. 1967 kam sie auch in Berührung mit der im selben Jahr von Frieda Maria Lämmle gegründeten Neuoffenbarungsgruppe Lichtzentrum Bethanien.[267] Dort empfing sie Weihnachten 1975 ihre erste

Offenbarung in Volltrance. Seither bezeichnet sie sich als »Sprachrohr Gottes«. In Egg bei Zürich rief sie 1977 ihr Heiligtum Lichtquell Bethanien ins Leben, wo sie seither Neuoffenbarungen empfängt und eigene Gottesdienste abhält.

Seit 1971 ist Erika Bertschinger darüber hinaus als Geistheilerin und Lebensberaterin tätig. 1973 erhielt sie eigenen Angaben zufolge nach einem Reitunfall »die geistigen Gaben des Hellempfindens, Hellfühlens, Hellhörens, Hellsehens, der Präkognition sowie der Bilokation«. 1984 heiratete sie den ehemaligen römisch-katholischen Pfarrer Kurt Warter (»Uriello«). Im gleichen Jahr trat sie erstmals mit ihren Botschaften an die Öffentlichkeit. Ihr Ehemann nahm bis zu seinem Tod im Jahre 1988 auf die Systematisierung und Verbreitung der Neuoffenbarungen großen Einfluss. 1991 heiratete Erika Bertschinger den früheren Diplomkaufmann Eberhard Eicke (»Icordo«), der 1940 in Einbeck/Niedersachsen geboren wurde und der Gemeinschaft seit Herbst 1987 angehört.[268] Seit 1990 ist er nach eigenen Angaben Geschäftsführer der Rohkost-Eremitage der Stiftung Bethanien und mit einem Kosmetikversand selbständig tätig. Gleichzeitig vertritt er als Pressesprecher die Interessen vom Orden Fiat Lux in der Öffentlichkeit. Darüber hinaus arbeitet er seit Mai 1991 als »honorarlos tätiger Lebensberater und Rechtsbeistand«. Außerdem gehört er seit 1999 dem Gemeinderat von Ibach an.

Es wird darauf hingewiesen, dass infolge des Tieftrance-Zustandes das göttliche Wort durch Uriella rein und unverfälscht fließen könne, weil bei ihr – im Unterschied zu Jakob Lorber – das »Tagesbewusstsein« ausgeschaltet sei.[269] Wie es in der ersten Offenbarung vom 7. Mai 1977 heißt, verkünde Christus über sein Sprachrohr »die absolute göttliche Wahrheit«.[270] Diesen Neuoffenbarungen gegenüber sind die Anhänger zum Gehorsam verpflichtet. Zweifel am Anspruch und Inhalt der Kundgaben wird als Sünde wider den Heiligen Geist bezeichnet.[271] Dem, der die Gemeinschaft verlässt, wird mit den Worten gedroht: »Jene, die sich von Meinem Orden trennen oder auch nur scheinmäßig distanzieren, begehen die größte Sünde in ihrem Leben, weil sie an den wahren Lebensquell … geleitet wurden und sich willentlich von ihm lösten.«[272]

Der Orden Fiat Lux versteht sich als »Träger des wahren Urgeistchristentums, nach den Grundsätzen der Bergpredigt, und als Schlüssel zur kosmischen Religion«. Er wurde nach eigenen Angaben am 12.1.1980 direkt von Jesus Christus über Erika Bertschinger Eicke bzw. »Uriella« gegründet. In einer Selbstdarstellung vor 1996 heißt es: »Im Namen des Ordens Fiat Lux darf daher gar nichts geschehen, das Seinem Sprachrohr Uriella nicht zur Kenntnis gebracht wird.«[273]

In der Offenbarung von 1980 war zunächst von einem »Geheimorden« die Rede, der den Namen »Fiat Lux« (Es werde Licht!) erhielt. Dabei standen endzeitliche Erwartungen im Vordergrund: »Es wird so weit kommen, dass ein jedes, das in Meinen Orden hier aufgenommen wird, die Kraft besitzt, seinen Körper zu dematerialisieren, dass er also unsichtbar wird, wenn die Gefahren lauern und viele Menschen der Vernichtung anheimfallen werden.«[274] 1995 ist in einer Offenbarung von einem »Kreuz- oder Gebetsorden« die Rede.

In Strittmatt-Görwihl (Südschwarzwald) entstand 1985 die erste Ansiedlung von Fiat Lux-Anhängern, 1990 wurde Lindau-Ibach »zum Haussitz des Heiligtums im Anwesen der Stiftung Bethanien.« Weitere »Gemeinschaftszentren« bestehen in Egg bei Zürich sowie im österreichischen Gallizien/Kärnten. Großer Wert wird auf die Spagyrik, auf eine naturgemäße Lebens-, Ernährungs- und Behandlungsweise gelegt. In Ibach befindet sich

auch eine Rohkost-Eremitage. Im Oktober 1994 wurde als »Internationales Hilfswerk für
Not leidende Familien« der Verein »Adsum – Ich bin bereit« gegründet, der auch Hilfstransporte in osteuropäische Staaten (Polen, Rumänien, Moldawien und Ukraine) durch-
führt.[275] Für Aufsehen sorgte Fiat Lux auch durch die Werbung und den Verkauf einer
dreifach verwandelbaren Rotkäppchen-Puppe (Rotkäppchen, Großmutter, Wolf). Die
Ordensmitglieder wurden 1995 über das Sprachrohr Gottes dazu angehalten, sich für den
Verkauf dieser »Offenbarungspuppe« einzusetzen, um auch weiterhin die Hilfstransporte gewährleisten zu können.[276]

Lehre und Praxis

Die alleinige Grundlage für Lehre und Praxis von Fiat Lux bilden die Neuoffenbarungen,
die Christus bzw. Maria durch sein Volltrancemedium Uriella übermittelt.

Die Bibel gilt aus der Sicht von Fiat Lux als entstellt. Verantwortlich dafür seien angeblich »die Schriftgelehrten und Schriftabschreiber, weil sie mit der Ratio gearbeitet haben und nicht mit dem Herzen«.[277] Zur Zeit des Alten Testaments seien die Menschen in
Ungewissheit gehalten und alles Mystische abgetan worden: »Sehr wohl fanden frequente
Kontakte u.a. mit der unguten Geisterwelt statt.«[278] An anderer Stelle heißt es, dass die
Menschen zur Zeit Jesu der höheren Einweihungen noch nicht würdig waren, um »in
diese tiefen Zusammenhänge zwischen Makro- und Mikrokosmos eingeführt zu werden.«[279]

Gott wird als das »Ur-Licht«, die »Ur-Intelligenz« bezeichnet, der sich selbst erschau-
en wollte und deshalb das »Ur-Primärlicht«, seinen Sohn Jesus Christus, erschuf. In beiden war die Polarität bereits angelegt. Luzifer bildete mit Luzifera (Satana) den Erstling
der Schöpfung, an der beide unterstützend mitwirken sollten. Engelkinder wurden über
»Herzstrahlen« ins Dasein gerufen. Luzifer begann sich gegenüber Gott zu widersetzen
und entfernte sich mit seinem Anhang von der reinen Lichtquelle. Es kam zum Himmelssturz und zur Entstehung der sichtbaren Welt. Christus starb für die Ursünde. Von Luzifer erhielt er dadurch die Zusicherung, dass dieser »alle bereuenden und ins Licht wollen-
den Seelen frei lassen muss«. Die Rückkehr zum reingeistigen Sein vollzieht sich seither
über Zwischenreiche. Dabei spielt der angeblich urchristliche, von kirchlicher Seite elimi-
nierte Karma- und Reinkarnationsgedanke[280] eine zentrale Rolle. In einer Offenbarung
ist die Rede davon, dass die Anhänger dazu aufgefordert werden, nicht nur ihr eigenes
Karma, »sondern auch jenes der deutschen Völkerrasse, ja, aller Nationen, Länder und
Kontinente«[281] abzutragen.

Das Leben innerhalb der Gruppe wird durch die »Offenbarungen des Heilands« gere-
gelt. So ist der Konsum von »Fleisch, Alkohol, Kaffee, Schwarztee, Nikotin, konservierte
Lebensmittel und Farbstoffe sowie Pharmazeutika« untersagt. »Fiat-Lux-Träger« bevor-
zugen »vegetarische Rohkost« als die einzig erlaubte Ernährungsform. Hinzu kommen
über 80 Fastentage im Jahr. In der Gruppe ist »weltliche Lektüre« ebenso verpönt wie das
Fernsehen oder der Hörfunk, wenngleich Uriella und Icordo die Massenmedien für eigene Zwecke intensiv nutzen (Fernsehauftritte, Werbevideo-Produktion).

Besonders stark ist die Gemeinschaft von endzeitlichen Erwartungen geprägt. Es
heißt, die Erde müsse gereinigt werden, bevor etwas Neues entstehen könne. Die Endzeit-

ereignisse wurden bereits 1991 in einem Vortrag von Eberhard Bertschinger Eicke unter dem Titel »Gottes Glocken läuten Sturm« detailliert dargelegt. Darin wird davon ausgegangen, dass rettende Raumschiffe ein Drittel der Menschheit, darunter alle »Fiat-Lux-Träger«, »entrücken« und schließlich auf die gereinigte Erde zurückbringen würden. Für den Sommer 1998 wurden konkrete Endzeitdatierungen vorgenommen, die später korrigiert und relativiert werden mussten. Mit dem Jahr 2000 ging Icordo jedoch von einem definitiven Ende des apokalyptischen Aufschubs aus.[282]

Inhaltlich gibt sich der Orden Fiat Lux als eine Neureligion[283] zu erkennen, die auf der Basis neuer Offenbarungen eine Vielzahl unterschiedlicher religiöser Ideen und Vorstellungen – von Astrologie über Esoterik bis hin zu ufologischen Überzeugungen – in Lehre und Praxis vereint. Es ist nicht auszuschließen, dass noch weitere hinzukommen. Bei Anhängern ist die Gefahr der Manipulation gegenüber den nicht hinterfragbaren Neuoffenbarungen und – was oft noch schwerer wiegt – der gesundheitlichen Gefährdung im Fall der angeblich göttlichen Heilungsanweisungen von Uriella gegeben.[284]

Quellen: **Der Orden Fiat Lux stellt sich vor**, Dezember 1996 (Ms.) · **Geistesschulung durch unseren Himmlischen Vater in Jesus Christus** (Ms.) · **Eberhard Bertschinger Eicke**, Gottes Glocken läuten Sturm, November 1991 (Ms.)

Zeitschriften: Der heiße Draht (bis Nr. 76/77, September 1997) · Der reinste Urquell (ab Nr. 78, Oktober 1998)

Videos: Uriellas Abenteuer mit Gott im Orden Fiat Lux, VHS-Videokassette (90 Minuten), 1995

Literatur: HRGem[5], S. 455-475 · **Wolfgang Behnk**, Uriella und die Wunderheilungen, in: MDEZW 11/1995, S. 329-336 · **Erwin Tanner**, »Alarmstufe Rot!« für Uriellas Orden Fiat Lux, in: Joachim Finger (Hg.), Vom Ende der Zeiten, Freiburg/Schweiz 1999, S. 68-113

Internet: www.relinfo.ch/ofl (kritisch)

2.4.3 Mormonentum – die erste Neureligion   (Werner Thiede)

»Wer zu Christus kommen will, muss auch zu seinem Tempel kommen.«[285]

(Lowell D. Wood)

Wer sich dem Mormonentum nähert, stößt auf Gemeinschaften engagierter, bei allem Konservativismus betont optimistisch gestimmter Menschen, die sich religiös geborgen und dabei keineswegs weltfremd fühlen. Die hier verschiedentlich anzutreffenden Amerikanismen bilden nur eines von vielfältigen Anzeichen dafür, dass man es mit einer spürbar vom Geist der Neuzeit geprägten Religiosität zu tun hat. Neben die christliche Bibel, deren richtigen Text der Gründungsprophet wiederherzustellen beanspruchte,[286] stellen sie das umfangreiche »Buch Mormon« (1830), dem das Mormonentum seinen (Spitz-)Namen verdankt; hinzu kommen meist wenige weitere, kleinere Bücher – je nach Einzelgruppe bzw. Abspaltung.

Der bewaldete Hügel Cumorah ist die auffälligste Erhebung in der lieblichen Landschaft nördlich der amerikanischen Finger-Seen. Hier im Staat New York begann jener mormonische »Mythos«, dem heute über elf Millionen Menschen weltweit anhängen. Es ist die Geschichte von den goldenen Tafeln, die jahrhundertelang auf besagtem Hügel vergraben gewesen und durch eine Engelsoffenbarung im Jahr 1827 angeblich wiedergefunden worden sein sollen. Vorübergehender Empfänger und dann auch magisch inspirierter »Übersetzer« der fremdartigen Textzeichen ins Englische will der Farmersohn Joseph Smith [1805-1844] gewesen sein, der schon zuvor durch visionäre Begabungen aufgefallen war. Die Platten, die nach der Übertragungsarbeit wieder an den Engel zurückgegeben werden mussten, enthielten angeblich das »Buch Mormon«: Es beansprucht, religiöse Urkunden der Ureinwohner Nordamerikas (einschließlich der Erscheinungen des auferstandenen Jesus Christus in der Stadt »Bountiful«) darzustellen – was sich durch historische Forschung als völlig haltlos erwiesen hat.[287]

Bald nach der Veröffentlichung des Buches Mormon gründete Smith mit ersten Anhängern am 6. April 1830 »The Church of Christ«, die rasch wuchs und aufgrund einer seiner Offenbarungen acht Jahre später den Namen »The Church of Jesus Christ of Latter-day Saints« (»Kirche Jesu Christi der Heiligen der Letzten Tage«) erhielt. Die junge Glaubensgemeinschaft, die sich als Neugründung und nicht als Abspaltung von einer christlichen Kirche bzw. Sekte verstand, wurde von ihrer Umwelt misstrauisch aufgenommen; es kam zu diversen Konflikten. So gründeten zahlreiche Mormonen 1839 am Mississippi die Stadt Nauvoo, die bereits nach fünf Jahren größer war als Chicago und eine eigene Schutztruppe unterhielt. Joseph Smith wurde ihr Bürgermeister und sein Bruder Hyrum einer ihrer prominentesten Räte.

Beide Brüder wurden im Sommer 1844 verhaftet und von einer aufgebrachten Volksmenge gelyncht, nachdem Joseph Smith entsprechend einer Offenbarung von 1843 heimlich in Polygamie gelebt und damit zunehmend Anstoß erregt hatte.[288] Konkreter Auslöser war die vom Stadtrat beschlossene Zerstörung der Druckerpresse einer neu gegründeten Zeitungsredaktion gewesen, die in ihrer Erstausgabe einschlägige Vorwürfe gegen Smith erhoben hatte.

Abspaltungen nach dem Tod Joseph Smiths

Die meisten Mormonen verstanden die Ermordung ihres Gründerpropheten als Märtyrertod und blieben seinen Grundlehren treu. Allerdings spalteten sie sich bald in etliche Gemeinschaften auf, deren Zahl mittlerweile eine dreistellige Höhe erreicht haben dürfte. Auf die wichtigste, die Utah-Mormonen, wird im Folgenden näher eingegangen. Die bedeutendste Abspaltung der Utah-Mormonen ist die »Reorganized Church of Jesus Christ of Latter-day Saints« (»Reorganisierte Kirche Jesu Christi der Heiligen der Letzten Tage«), die seit 1860 besteht und zunächst von Josephs Smiths Sohn geleitet wurde.[289] Heutzutage umfasst sie weltweit eine Viertelmillion Mitglieder; um sich von den Utah-Mormonen deutlicher abzugrenzen, lehnte sie die Selbstbezeichnung »Mormonen« ab und nennt sich seit kurzem »Community of Christ«. Theologisch steht sie der christlichen Tradition näher, als das bei den Utah-Mormonen der Fall ist – entsprechend aufgeschlossener ist sie gegenüber der Ökumene. In Deutschland zählt sie etwa 800 Getaufte.

Erwähnenswert ist hier auch »The Church of Christ – ›The Church With The Elijah Message‹« (»Die Kirche Christi – ›Die Kirche mit der Elias-Botschaft‹«), die 1929 von Otto Fetting [1871-1933] gegründet wurde. Mit einem kleinen Teil ihrer ca. 12.000 Mitglieder ist sie auch in Deutschland präsent. Sie bezieht sich auf angebliche Neuoffenbarungen von Johannes dem Täufer an Fetting und seinen Nachfolger W. A. Draves [1912-1994].

Die Weltorganisation der Utah-Mormonen

Knapp drei Jahre nach dem Tod des Gründers führte Brigham Young [1801-1877], gelernter Zimmermann und enger Mitarbeiter von Joseph Smith, eine Großzahl von Mormonen aus Nauvoo in das Becken des großen Salzsees – ein Fußmarsch von fast 2.000 Kilometern in einem Zeitraum von fünf Monaten. Dort wurde Salt Lake City gegründet und zum neuen Zentrum der »Kirche Jesu Christi der Heiligen der Letzten Tage« erklärt. Young übernahm das Präsidentenamt und erhob nach innen wie nach außen den Anspruch auf die offizielle Nachfolge Smiths. Mit großem Organisationstalent führte er dreißig Jahre lang die Geschäfte der vor allem im Territorium von Utah wachsenden Kirche. Der anhaltende Zuzug nach Salt Lake City speiste sich insbesondere durch Neubekehrte aus Europa, vor allem aus England.

Nach Youngs Tod konnten sich die Mormonen weiter etablieren: 1896 wurde Utah als 45. Staat in die Vereinigten Staaten von Amerika aufgenommen. Vorbedingung dieser Entwicklung war, dass Präsident Wilford Woodruff [1807-1898] die seit 1852 öffentlich vertretene und konfliktträchtige Vielehe im Jahr 1890 für seine Glaubensgemeinschaft definitiv abgeschafft hatte. Heute lebt die Praxis der Polygamie nur noch in kleinen Splittergruppen des Mormonentums fort.

Das Wachstum der Utah-Mormonen (so lässt sich die größte Mormonen-Gemeinschaft abgekürzt nennen) hat sich international stark beschleunigt. Weltweit erreichten sie im Jahre 1947 die Millionengrenze. Seither ging die Zahl immer steiler nach oben. 1963 wurde die zweite Million erreicht, die fünfte im Jahr 1982. Als es zehn Jahre später zur achten kam, waren nur noch knapp die Hälfte davon Amerikaner. Stolz berichtete die Mitgliederzeitschrift »Der Stern« in der ersten Ausgabe von 1992: »Die Wachstumsrate beträgt derzeit rund 1.500 Menschen pro Tag ...« Ende 1997 war die 10-Millionen-Marke überschritten. Heute ist man bei über elf Millionen angelangt und in ca. 150 Ländern der Erde präsent. Die Zahl der weltweit in Betrieb befindlichen Tempel hat die Hundertermarke erreicht. Große Erfolge werden vor allem in Südamerika und Ostasien errungen; aber auch in Osteuropa ist man aktiv. Viel verspricht man sich im Übrigen davon, dass Salt Lake City den Zuschlag für die erste Winter-Olympiade im neuen Jahrtausend (9.-24. Februar 2002) erhalten hat.

Zur internationalen Ausbreitung tragen weit über 50.000 Missionare bei, die meist als junge, konservativ-dunkel gekleidete Männer (seltener auch Frauen) für eineinhalb oder zwei Jahre in verschiedenen Ländern unterwegs sind und sich dabei aus eigenen Mitteln finanzieren. In Deutschland arbeiten derzeit ca. 700 Missionare. Die Zahl der Utah-Mormonen stagniert hierzulande seit Jahren bei 36.000 und verteilt sich auf ca. 180 Gemeinden. Je ein Tempel befindet sich in Freiberg/Sachsen und in Friedrichsdorf/Hessen. In Österreich leben rund 4.000 Mitglieder, in der Schweiz, wo 1955 in Zollikofen der erste europäische Tempel eingeweiht wurde, annähernd 7.000.

Die internationale Führung liegt bei insgesamt 15 (männlichen!) Mormonen, die als »Apostel« ordiniert sind, nämlich drei der »Ersten Präsidentschaft« und der »Rat der Zwölf«. Sie haben sämtliche Schlüssel der ihnen übertragenen Priestertumsvollmacht inne und können diese delegieren – bis hinab auf die einzelnen Missions- und Zweigpräsidenten. Zu den Generalautoritäten gehören außerdem als Missionsgremium der »Rat der Siebziger« und die »Präsidierende Bischofschaft«. Die kirchliche Aufsichtsmacht – »die Regierungsform des Reiches Gottes auf Erden«[290] – wird sozusagen stellvertretend für Gott ausgeübt. In den Einzelgemeinden werden die Ämter von Laien ausgefüllt, die sich nach dem Rotationsprinzip abwechseln. Vom Priestertum sind Frauen ausgeschlossen. Jeder würdige erwachsene Mann kann das »Melchizedekische Priestertum« erhalten. Es umfasst als Hauptgruppen Älteste, Siebziger und Hohepriester und berechtigt dazu, heilige Handlungen im Gottesdienst zu vollziehen – beispielsweise zum Austeilen des Abendmahls, das mit Jesusworten aus dem Buch Mormon eingesetzt und in Gestalt von Brot und Wasser gereicht wird. Insbesondere die Geistes- oder Feuertaufe durch Handauflegung bleibt diesem Höheren Priestertum vorbehalten. Daneben gibt es auch das Niedere, das »Aaronische Priestertum«, das bereits ab dem zwölften Lebensjahr empfangen werden kann und in die Ämter des Diakons, Lehrers und Priesters gegliedert ist. Die Taufen anderer Kirchen erkennen Utah-Mormonen nicht an. Umgekehrt sehen heutzutage die evangelischen Kirchen in Deutschland wie in Amerika in der Mormonentaufe keine christliche Taufe.

Die wöchentlichen Gottesdienste sind in der Form eher schlicht gestaltet. Wichtig ist u. a. der Familienabend, der seit 1915 an jedem Montag begangen wird und für Spiel, Gesang, Gespräch und geistliche Belehrung reserviert ist. Außerdem gibt es für Kirchenmitglieder jeden Alters Aufgaben in der Gemeinde oder in Einrichtungen zur Wohlfahrtspflege bzw. zur Weiterbildung. Starke und heiße Getränke sowie der Genuss von Tabak und größeren Fleischmengen ist untersagt, was den Mormonen einen überdurchschnittlich hohen Gesundheitsstandard eingebracht hat. Die Gesamtorganisation finanziert sich durch Abgabe des »Zehnten«. Außerdem werden »freiwillige Spenden« erwartet. Die Gelder fließen im Wesentlichen nach Salt Lake City; Kassenberichte werden nicht veröffentlicht.

Tempelkult

Von zentraler Bedeutung sind die Tempelbesuche, die Außenstehenden verwehrt sind. Die heiligen Rituale werden geheim gehalten;[291] sie sind heilsnotwendig und können auch stellvertretend für andere vollzogen werden. Zu ihnen gehören vor allem eine einführende geistliche Segnung beim ersten Tempelbesuch (Endowment), die Möglichkeit einer Siegelung ewiger Ehe und das Sakrament der Totentaufe. Einige geheime Erkennungszeichen und andere Einzelheiten des Endowments haben unübersehbare Parallelen zu Zeremonien, die bei der Aufnahme neuer Mitglieder in Freimaurerlogen durchgeführt werden; das erklärt sich daraus, dass Joseph Smith vor Einführung dieser Elemente selbst

Freimaurer geworden war. Da er davon ausging, dass die Tempelrituale Praktiken des salomonischen Tempels rezipierten, konnte er auf die Freimaurertradition zurückgreifen, die beansprucht, eben jene Rituale über die Jahrtausende hinweg treu bewahrt zu haben. Was die stellvertretende Taufe für Tote betrifft, so bezog sich Smith auf 1 Kor 15,29 in der Überzeugung, auch damit eine verloren gegangene Tradition des Urchristentums wiederherzustellen. Das Taufritual lässt nach mormonischem Verständnis den Totengeistern die freie Entscheidung, ihre Wirkung anzunehmen oder nicht. Um dennoch Doppeltaufen zu vermeiden, wurden 1894 genealogische Forschungsstellen eingerichtet, deren Ergebnisse die Utah-Mormonen für Ahnenforscher äußerst wichtig werden ließen. »Ohne die Toten können wir nicht vollkommen gemacht werden, auch sie ohne uns nicht«, hatte der erste Mormonen-Prophet Joseph Smith 1842 formuliert. Daher gelten die Totentaufen für die mormonischen Gläubigen als wichtigste Aufgabe im Diesseits, die der Plan des himmlischen Vaters für sie vorsieht und für deren Durchführung keine Kosten gescheut werden. Heute besteht die Datensammlung der Genealogischen Gesellschaft in Utah aus rund zwei Millionen Rollen mikroverfilmten, fast gänzlich unveröffentlichten Manuskriptmaterials aus allen Teilen der Welt, wobei der Mikrofilmbestand um jährlich 50.000 Rollen zunimmt. Der Katalog ist per Computer verfügbar; die über zehn Millionen Namen umfassende Ahnenkartei und der Internationale Genealogie-Index mit seinen rund 200 Millionen Geburts- und Heiratsbescheinigungen liegt auf Disketten vor. Aus theologischer Sicht stellt sich die Frage, ob christliche Kirchen die Ahnenforschung der Utah-Mormonen bei der Mikroverfilmung ganzer Kirchenbücher unterstützen sollen, was immerhin mit dem Anreiz verbunden ist, ein kostenloses Exemplar der Verfilmung zu bekommen. Die Originalfilmrollen werden in der Nähe von Salt Lake City in einem Urkundengewölbe gelagert, das sich in einem Canyon unter einer Schicht von 200 Metern festem Granit befindet. Bislang wurde in dieser Frage kirchlicherseits unterschiedlich entschieden. Von mormonischer Seite existiert das Angebot, sich vertraglich zu verpflichten, keine pauschalen, listenmäßigen und stellvertretenden Totentaufen aufgrund der Benutzung der verfilmten Kirchenbücher zu vollziehen. Doch dürfte dies theologische Bedenken gegen die massenweise »Auslieferung« der Daten christlich getaufter Verstorbener zum Zweck der genannten Tempelrituale kaum ausräumen können.

Gottes- und Menschenbild

Die akademisch-theologische Auseinandersetzung ist dadurch erschwert, dass es keine systematische Darstellung der Gottes- und Heilslehre in den von der Gemeinschaft kanonisierten Schriften gibt. Einzelne Publikationen prominenter Mitglieder gelten nicht als verbindliche Lehraussagen. Dennoch lassen sich ein paar Grundlinien benennen:

Gott-Vater wird als ein Mensch verstanden, der zu Vorzeiten gestorben und auferstanden ist. Er bildet also ein körperliches, insofern begrenztes Wesen, dessen Thron sich in unmittelbarer Nähe eines großen Planeten der Sternengruppe Kokaubeam befinden soll. Obgleich er daher »die führende Intelligenz ist, so kann weder Er hier sein, noch werden andre höhere Wesen gesandt, um selber das Werk zu überwachen ... Damit nun die Erdenarbeit in bevollmächtigter Weise getan wird, hat Gott den Menschen die dazu notwendige Vollmacht erteilt. Die Priesterschaft besteht aus denen, welche diese Voll-

macht empfangen haben, und die in Dingen, welche die Kirche oder sie selbst betreffen,
für Gott auf Erden handeln können.«[292]

Jesus wird als natürlich gezeugte Person betrachtet, die von Gott und einer himmlischen Mutter stammt.[293] Dieser Sohn Gottes gilt als Schöpfungsmittler. So fügt Smith bei seiner Bibel-»Übersetzung« gemäß einiger neutestamentlicher Stellen ins erste Kapitel des Alten Testaments ein: »Ich bin der Anfang und das Ende, der allmächtige Gott. Durch meinen eingeborenen Sohn habe ich diese Dinge geschaffen.«[294] Auch der Heilige Geist wird als eine natürliche, allerdings körperlose Person aufgefasst. Dem Trinitätsverständnis der ökumenischen Kirchen steht hier ein ausgesprochener Tritheismus gegenüber, auch wenn das Zusammenwirken der drei göttlichen Personen betont wird.

Das Menschenbild impliziert, dass sich jedermann geistlich weiterentwickeln kann. Jeder ist befähigt, Gott gleich zu werden, wenn er die Gebote der Kirche einhält. Utah-Mormonen glauben, dass der Keim ihrer Entwicklung in göttlichen Sphären zu suchen sei. Den Zweck ihrer Reise in und durch die Sterblichkeit erblicken sie in dem großen Plan, sich durch Erfahrung – gerade auch durch die widerständige Erfahrung mit dem Grobstofflichen des Irdischen und den satanischen Versuchungen – fortzuentwickeln. Als Gotteskinder von Gott-Vater und einer himmlischen Mutter geboren, werden manche sogar den jetzigen Entwicklungsstand ihrer Erzeuger erreichen – und selbst ein Gott werden!

Nach dem Tod gelangt der vom Körper befreite Geist in ein Zwischenreich, in dem zwischen Guten und Bösen geschieden wird und das bis zur allgemeinen Auferstehung währt. Es gliedert sich in drei qualitativ unterschiedliche Abstufungen: Neben der obersten, »celestialen« Herrlichkeit stellt man sich noch eine »terrestriale« und eine »telestiale« vor. Die höchste himmlische Herrlichkeit ist jenen Mormonen vorbehalten, die die Tempelrituale vollzogen haben.

Zum Gnadenverständnis

Der Sündenfall wird bei den Utah-Mormonen positiv interpretiert, nämlich als notwendiger Schritt auf dem Weg in die Fülle des himmlischen Reiches. Sünde kann folglich nichts Tragisches sein. Ihre Vergebung durch das Sühneopfer des Messias gilt ebenso als in vorirdischen Bereichen geplant wie der Sündenfall selbst. Und eine sündenresistente Existenz wird prompt für möglich, ja zur Rettung unserer Gesellschaft für nötig gehalten.

Dem entspricht die im mormonischen Bekenntnis fixierte Ablehnung jedweder Erbsündenlehre. Aus ihr folgt, dass dem natürlichen Menschen jenes Maß an eigener Freiheit im Blick auf Gott zugestanden werden muss, das er der traditionellen christlichen Theologie zufolge im paradiesischen Urstand besessen hat. Die theologischen Konsequenzen liegen auf der Hand: Das Gewicht der Gnade wird reduziert. Zwar reden Mormonen durchaus von »Gnade«, doch sie höhlen diesen Begriff innerlich aus, indem sie ihm – analog zu Tendenzen der Theologie des Aufklärungszeitalters – das zentrale Gewicht rauben, das ihm im Christentum seit den Ursprüngen zugekommen ist. Gnade wird von führender Seite definiert als »göttliche Hilfe« und eine von Gott gegebene »Kraft, die uns befähigt«: »Wenn wir alles tun, was wir können, steht er uns bei und gibt uns, was uns noch fehlt. Damit ist in gewisser Hinsicht definiert, was Gnade bedeutet.«[295]

Ist es als Überbleibsel aus der vom calvinistischen Glauben geprägten Kindheit des

Gründers zu erklären, dass Mormonen noch heute meinen: »Wenn wir die Gnade des Herrn Jesus Christus erlangen können, diese göttliche, befähigende Kraft, die uns beisteht, dann sind wir in diesem Leben erfolgreich ...«?[296] Auf das »Erlangen der Gnade« kommt es ihnen an, und dieses selbst muss ja dann logischerweise ohne Gnade gelingen. Durch was? Durch Glauben, wie man hört – womit der Glaube selbst offensichtlich nicht als Gnadengabe, sondern als Leistung aus freiem Willen verstanden wird. Tatsächlich ist mormonischer Religiosität insgesamt eine auffällige Gesetzlichkeit anzumerken: »Nur unter dem Gesetze sind wir frei.«[297] Hatte Paulus seinen Gnadenbegriff gerade aus der Abgrenzung von einer betonten Gesetzesfrömmigkeit heraus entwickelt, so fällt mormonische Heilslehre hinter diese neutestamentliche Grundeinsicht zurück, indem sie besagt, Gebote halten sei die Bedingung dafür, dass man hinreichend Gnade empfange. Damit ist der neutestamentliche Gnadenbegriff geradezu auf den Kopf gestellt.

Im Buch Mormon finden sich die Vorgaben dazu: »Denn wir wissen, dass wir durch Gnade errettet werden – nach allem, was wir tun können« (2 Nephi 25,23). Zwar unterstreicht das Buch Mormon die neutestamentliche Lehre vom Sühneopfer Christi am Kreuz in geradezu schablonenhafter Weise. Entsprechend sieht das mormonische Glaubensbekenntnis im dritten Artikel die Rettung aller Menschen dem Sühneopfer Christi verdankt. Doch im selben Atemzug wird die Erlösung zugleich vom Befolgen der Gesetze und Verordnungen der mormonischen Religion abhängig gemacht. Dieses Wenn und Aber im Reden von der Gnade hält sich im Mormonentum durch.

Mormonentum und andere Religionen

Da das Mormonentum einen eigenen Bestand an heiligen Schriften hat, stellt es eine eigenständige Religion dar. Obwohl sich Mormonen in ihrem zentralen Bezug auf Jesus Christus als Christen verstehen,[298] gibt es keine Mitgliedschaft in der christlichen Ökumene. Offener ist das Verhältnis zur Ökumene der Religionen insgesamt. Die Utah-Mormonen sind Mitglied im 1936 gegründeten Weltbund der Religionen und haben religiöse Toleranz in ihrem Glaubensbekenntnis festgeschrieben. Theologisch sind sie überzeugt, dass Gott zu allen Völkern gesprochen hat. Aus der Sicht christlicher Theologie freilich ist dem Urteil beizupflichten, das der Historiker Eduard Meyer in einer vorzüglichen Untersuchung schon 1912 ausgesprochen hat: »Die einzigartige Stellung des Mormonentums, durch die es sich von allen andern auf christlichem Boden erwachsenen Bildungen unterscheidet, besteht darin, dass es nicht etwa eine neue Sekte ist, sondern eine neue Offenbarungsreligion.«[299]

Quellen: **Stephen E. Robinson**, Sind Mormonen Christen?, Bad Reichenhall 1993 · **Joseph Smith**, Das Buch Mormon. Ein weiterer Zeuge für Jesus Christus (1830), Frankfurt o.J. · **James E. Talmage**, Jesus der Christus, Frankfurt/M. 1965 · **John A. Widtsoe**, Eine vernunftgemäße Theologie, Frankfurt/M., 4. Aufl. o.J

Zeitschriften: Der Stern (bis 12/1999) · Liahona (ab 1/2000) · Church News

Literatur: EKL³ 3, Sp. 547-549 · **HRGem**⁵, S. 411-425 · **Hutten**¹⁵, S. 433-470 · **Obst**⁴, S. 266-315 · RGG³ 4, Sp. 1138-1141 · TRE 23, S. 311-318 · **Einar Anderson**, Ich war ein

Mormone, Konstanz 1967 · **Hans-Martin Friedrich**, Die gefälschte Offenbarung, 1997 · **Friedrich-W.** Haack, Mormonen, Münchner Reihe, ⁵1989 · **Rüdiger Hauth**, Die Mormonen, Freiburg i.Br. ²1995 · **Ders.**, Tempelkult und Totentaufe – Die geheimen Rituale der Mormonen, 1985 · **J. Gordon Melton** (Hg.), Encyclopedia of American Religions, 4th Edition, S. 617f. · **Eduard Meyer**, Ursprung und Geschichte der Mormonen, Halle 1912 · **Gerald und Sandra Tanner**, Mormonism – Shadow or Reality?, 1982 · **David Trobisch**, Mormonen – die Heiligen der letzten Zeit?, RAT 11, Neukirchen-Vluyn 1998

Internet: www.LDS.org · www.familysearch.org · www.mormonen.de (kritisch)

3. Zwischen göttlicher Autorität und verbindlicher Gemeinschaft

(Matthias Pöhlmann/Andreas Fincke)

3.1 Im Gespräch mit christlichen Sondergemeinschaften

Begegnungen

Wenn man als evangelischer oder katholischer Christ einen Angehörigen einer der dargestellten Gemeinschaften trifft, dann erhält man häufig folgenden ersten Eindruck: Man begegnet freundlichen und engagierten Menschen, denen ihr Glaube viel bedeutet und die sich um ein gottgefälliges Leben bemühen. Kommt man intensiver ins Gespräch, beteiligt man sich an Newsgroups im Internet oder besucht man gar eine Veranstaltung der Gemeinschaft, dann wird schnell Fremdheit spürbar. Die Mitglieder von Sondergemeinschaften und die Anhänger von Neuoffenbarungsbewegungen haben wenig bis gar keine Vorstellungen vom Glaubensleben in den großen Kirchen, mitunter tragen sie simple Feindbilder in sich und zeigen nur geringes Interesse an Gesprächen über religiöse Fragen. Oft genug sprechen sie den großen Kirchen und deren Mitgliedern jedes authentische Bemühen um ein gottgefälliges Leben und glaubwürdige Christusnachfolge ab. Gerade Begegnungen mit Jehovas Zeugen und mit Mormonen, also mit missionarisch aktiven Gemeinschaften, sind oft frustrierend. Ein wirklicher Dialog und ein echtes Zuhören sind nicht vorgesehen. Wer es dennoch versucht, findet sich schnell in bizarren Missionsveranstaltungen wieder: Das so genannte »kostenlose Bibelstudium« der Zeugen Jehovas beginnt mit der Lektüre des Hauptartikels im neuesten »Wachtturm«, und das Gespräch mit den Mormonen über Jesus Christus will auch nicht so recht zum eigentlichen Thema kommen, weil fortwährend im Buch »Mormon« geblättert wird. Spätestens nach einer Stunde findet sich der »Kirchen-Christ« in bedrängter Lage wieder. Er soll sich für die Sünden aus 2000 Jahren Kirchengeschichte rechtfertigen und erlebt, dass keines seiner Argumente ernst genommen wird. Falls er in der glücklichen Lage ist, seinerseits heikle Punkte aus der Geschichte der Gemeinschaft seiner Gesprächspartner zu kennen, so muss er verblüfft hören, dass »alles in Wirklichkeit ganz anders gewesen ist«. Oft enden solche Gespräche in zermürbender Sprachlosigkeit. Was ist geschehen?

Die hier genannten Gemeinschaften sind vor dem Hintergrund der traditionellen christlichen Kirchen entstanden. Ob sie sich nun als kirchliche Erneuerungsbewegung verstehen und zurück zu den »reinen« Wurzeln wollen, oder ob sie davon überzeugt sind, dass der Geist Gottes sie durch neu offenbarte Texte, durch einen Gottmenschen, einen Propheten usw. führt. Sie sind in kritischer Reaktion auf die etablierten Kirchen und die vorgefundene soziale Wirklichkeit entstanden. Das Pathos der eigenen Existenz, die Dynamik der ersten Jahrzehnte gründet in dem Anspruch, der verdorbenen, der abgefallenen, der sündig gewordenen Kirche und Gesellschaft den Rücken gekehrt zu haben und nun der Gemeinschaft »wirklicher Gotteskinder« anzugehören. In der Sprache der Neuapostolischen Kirche heißt das: Wir sind die »heilige Schar, die über die Erde wandelt«. Die Mormonen sagen: Wir sind Teil der »wiederhergestellten Kirche«, und Jehovas Zeugen betonen, wie sehr sie sich von der »falschen Christenheit« unterscheiden. In anderen Gemeinschaften äußert man sich eleganter. Der geistige Vater der »Christengemeinschaft«, Rudolf Steiner, attestierte der evangelischen und der katholischen Kirche schon vor 80 Jahren, dass sie demnächst aussterben werden und wollte damit die Bedeutung seiner Bewegung hervorheben.[300] Solche Aussagen leben von der Verheißung, dass die Fülle des Heils nur in der »richtigen« Gemeinschaft zu finden ist. Von dieser Haltung ist es nur ein kleiner Schritt zu der Feststellung, dass die Grenzen des Heils mit den Grenzen der eigenen Organisation zusammenfallen. So faszinierend dieser Gedanke für jene, die sich auf der Seite des Heils wähnen auch sein mag – er ist falsch und unbiblisch.

Ist eine Gemeinschaft jung und steckt sie gleichsam noch in den Kinderschuhen, dann erfolgt die Abgrenzung von den großen Kirchen oft besonders lautstark. Das kann man seit einigen Jahren am »Universellen Leben« (UL) beobachten: Das UL lässt an den beiden großen Kirchen kein gutes Haar und deutet die Geschichte der abendländischen Kirchen lediglich als eine Abfolge von Fälschung, Mord, Lüge und Intrige. Wie irrational diese Haltung werden kann, wurde im Sommer des Jahres 2000 deutlich. Anhänger des UL versuchten, in Deutschland die Bibel auf den Index jugendgefährdender Schriften setzten zu lassen. Mit Recht registrieren Außenstehende solche Aktionen mit Kopfschütteln. Aus der Sicht des UL hat dieses Vorgehen jedoch eine gewisse innere Logik. Da Gott angeblich durch die Prophetin Gabriele Wittek spricht, wähnt man sich im Besitz von Gottes aktuellem Wort für die »Jetztzeit«. Dieses aktuelle Wort besitzt im UL eine höhere Dignität als die Bibel. Die entstandene Situation ist paradox, denn die biblische Tradition könnte ein guter Schutz vor solchen Größenfantasien sein. Sie kennt zahlreiche Bilder, die einen exklusiven Erlösungs- und Machtanspruch abwehren (Gen 11,1ff.; Joh 3,8). Insofern ist der Versuch des UL, die Bibel verbieten zu lassen, einerseits abwegig, andererseits aber auch erhellend für das geistige Klima in einer versekteten Neuoffenbarungsbewegung.

Andere Gemeinschaften, und hier kann man beispielsweise an die Wachtturmgesellschaft der Zeugen Jehovas denken, sind zwar längst den Kinderschuhen entwachsen, sie treten aber immer noch so auf, als hätten sie den Schwung der ersten Jahre konservieren können. Inzwischen sind sie jedoch längst selbst »Kirche geworden«, haben dunkle Schatten über ihrer Vergangenheit und sind oft genug dem eigenen Anspruch nicht gerecht geworden. Immer wieder wird in den Schriften der WTG der Eindruck vermittelt, der

Einzelne könne sich dem Einfluss der Sünde und des Bösen entziehen, wenn er nur fleißig den »Wachtturm« lese und die Versammlungen im Königreichssaal besuche.[301] Das jedoch ist eine totale Verkennung der Wirklichkeit des Bösen, das sich gerade nicht aus irgendeiner Gemeinschaft, Institution oder aus einem Bereich des Lebens ausschließen lässt (vgl. Röm 5-7).

Verbindliche Schriftauslegung?

Bei der Beschäftigung mit unterschiedlichen religiösen Phänomenen taucht schnell die Frage auf, ob es ein Motiv gibt, das die unterschiedlichen Sondergemeinschaften und Neuoffenbarungsbewegungen miteinander verbindet. Kurt Hutten hat in seinen Vorträgen und Büchern wiederholt folgende Geschichte erzählt: Wenn in der auf Swedenborg zurückgehenden »Neuen Kirche« ein Pfarrer ordiniert wird, dann wird ihm die Bibel in die rechte und Swedenborgs Hauptwerk »Die wahre christliche Religion« in die linke Hand gelegt. Diese Handlung versinnbildlicht, dass die »Neue Kirche« auf zwei Säulen ruht: auf der Heiligen Schrift sowie auf Swedenborgs Hauptwerk. Hutten spricht in diesem Zusammenhang von »Nebenbibeln«.[302] Um bei diesem Bild zu bleiben: Alle christlichen Sondergemeinschaften greifen auf »Nebenbibeln« zurück.

Am offensichtlichsten zeigt sich das bei den »Mormonen«, die neben die Bibel »einen weiteren Zeugen für Jesus Christus« gestellt haben: die drei Schriften »Das Buch Mormon«, »Lehre und Bündnisse« sowie »Die köstliche Perle«. Diesen drei Büchern wird eine höhere Offenbarungsqualität zugesprochen als der Bibel, denn diese gilt gemäß dem Mormonischen Glaubensbekenntnis nur als Autorität, »soweit sie richtig übersetzt ist«. Aber welche Bibelübersetzung ist schon »richtig«? Bedeutet nicht jede Übersetzung auch eine Interpretation des Textes? Ist damit nicht das Primat der mormonischen Schriften über die Bibel festgeschrieben?

Eine »Nebenbibel« kennt auch die »Christliche Wissenschaft«: Das Hauptwerk Mary Baker Eddys, die »Wissenschaft und Gesundheit mit Schlüssel zur Heiligen Schrift«, ist hier kanonisiert. Es gilt als göttlich inspiriert und enthält unfehlbare Wahrheit. Bereits die bloße Lektüre soll Krankheiten heilen.[303] Ähnlich wie die Neuoffenbarer in der Tradition Lorbers sagt Mary Baker Eddy: Nicht ich habe das Buch geschrieben, »nicht ich selbst war es, sondern die göttliche Macht der Wahrheit und Liebe, unendlich hoch über mir, die das Buch ... diktierte.«[304] In den Gottesdiensten der »Christlichen Wissenschaft« werden denn auch – neben biblischen Texten – Abschnitte aus diesem Werk gelesen. Die Bibel wird also durch die Schriften Mary Baker Eddys gedeutet. Sollte es nicht vielmehr umgekehrt sein?

In der Johannischen Kirche genießen die Schriften, Briefe und Aussagen Joseph Weißenbergs höchste Autorität. In den Gottesdiensten werden so genannte »Geistfreundreden« gehalten, die als inspiriert gelten. Auch hier findet sich also eine zusätzliche Offenbarungsquelle.

Die Neuapostolische Kirche kennt zwar keine »Nebenbibel« im Sinne eines schriftlich vorliegenden Buches, aber sie bindet die Interpretation der Heiligen Schrift an die neuapostolischen Ämter: Der Heilige Geist ist hier in das Korsett eines so genannten »Amtsvermögens« eingezwängt. Folglich sind nur die Amtsträger fähig, die Bibel auszulegen.[305] Man spricht vom »lebendigen Jesu- und Apostelwort«. Das »zeitgemäße« Wort Gottes kommt also aus dem Mund des Stammapostels, der Apostel und vom Altar. »Wir müssen an eine Offenbarungsstätte gehen, nicht an eine Gedächtnisstätte! … Nicht Konserven mit farbenfreudigen Aufdrucken, sondern frisches, vitaminreiches Obst – das ist das Wesentliche!«[306]

Verwundern dürfte, dass auch die extrem fundamentalistischen Zeugen Jehovas eine zusätzliche Offenbarungsquelle kennen. Diese fließt durch die »Theokratische Organisation« der »Wachtturmgesellschaft« und wird in den hauseigenen Publikationen, den Zeitschriften und Büchern sichtbar. So wird die biblische Botschaft durch die Brille der Wachtturmgesellschaft gelesen und verstanden. Beispielsweise heißt es in einem 1993 erschienenen Buch: »Jehovas Zeugen heute betrachten die Zeitschrift Der Wachtturm und ähnliche Publikationen als das Mittel, … um geistige Speise auszuteilen … sie betrachten (diese) als den einen Kanal, dessen sich der Herr in den letzten Tagen dieses Systems der Dinge bedient.«[307] Mit anderen Worten: Gott (hier Jehova) benutzt einen besonderen »Kanal«, sich den Menschen mitzuteilen.

Diese Beispiele mögen genügen. Für die ökumenischen Kirchen ist es von zentraler Bedeutung, dass allein die Heilige Schrift des Alten und Neuen Testaments Quelle und Norm ihrer Verkündigung ist (sola scriptura). Es mag sein, dass aus einigen der aufgezeigten »Nebenbibeln« moralisch Hochstehendes, vielleicht sogar Interessantes und Ungewöhnliches fließt, aber solche Texte sind der Bibel niemals gleichzusetzen. Wer das tut, der überblendet mit neuen Botschaften die Wahrheit des Wortes Gottes. »Damit, dass eine Sekte aus ihrer Mitte heraus ein Buch zu einer Heiligen Schrift erhebt, tut sie dem Wort Gottes Gewalt an. Sie setzt ihr eigenes Buch Gott zum Vormund.«[308]

Oftmals argumentieren die Gruppen mit der Bibel, um die Notwendigkeit neuer Offenbarungen zu unterstreichen, weil es in Joh 21,25 heißt: »Es gibt noch vieles andere, was Jesus getan hat. Wenn alles einzeln aufgeschrieben würde – ich denke, die ganze Welt könnte die Bücher nicht fassen, die dann geschrieben werden müssten.« Gewiss gibt es noch vieles zu sagen, aber dennoch müssen sich die außerbiblischen Texte und »Offenbarungen« an der Bibel messen lassen. Denn in Christus wohnte die Fülle (Kol 1,19). Allein die Heilige Schrift kann Maßstab und Kriterium eines biblischen Offenbarungsverständnisses sein. Wie notwendig und unaufgebbar diese Prämisse ist, kann an vergleichsweise einfachen Beispielen gezeigt werden: In ihrer über 100-jährigen Geschichte haben Jehovas Zeugen häufiger verkündet, sie wüssten, wann mit »Harmagedon« (Off 16,16) das Ende der Welt anbreche. Vor rund 50 Jahren wurde auch in der NAK die unmittelbar bevorstehende Wiederkehr Christi prophezeit. Diese Ankündigungen widersprachen jedoch dem biblischen Befund, wo es heißt, dass »den Tag oder die Stunde, wann das Ende da ist, niemand kennt« (Mk 13,32).

3.2 Über die Bibel hinaus? – Im Gespräch mit Neuoffenbarungsbewegungen

Neuoffenbarungen als Ergänzung der Schrift?

Auch Neuoffenbarungen tragen einen hohen Anspruch in sich. Ihre Empfänger berufen sich auf besondere Berufungs- oder Sendungserlebnisse in Gestalt von Eingebungen, die sie in Visionen und Auditionen, über das so genannte »Innere Wort« oder in Tieftrance empfangen haben wollen. Sie betrachten die Botschaften als neue Offenbarungen, als Gottes aktuelles Wort für die Gegenwart oder – wie im Fall des Gründers der Mormonen, Joseph Smith – als Wiederherstellung des im Lauf der Christentumsgeschichte verfälschten biblischen Textes.

Das breite Spektrum, die oftmals kaum vergleichbaren »Offenbarungen« und die teilweise einander widersprechenden Aussagen und Lehrinhalte neuer Offenbarungen erfordern für eine theologische Beurteilung ein hohes Maß an Differenzierung. Was hat es zu bedeuten, wenn sich der »Prophet« Jakob Lorber kritisch über den »Propheten« Joseph Smith äußert? Beide berufen sich auf die Stimme Gottes. Ist damit einer des Irrtums überführt? Oder beide? Mit einer gewissen Plausibilität grenzen sich die Anhänger des Schrifttums Jakob Lorbers, die sich keine eigene Organisationsstruktur gegeben haben, von den Glaubensüberzeugungen und Praktiken des Universellen Lebens ab. Auch die durch Neuoffenbarungen hervorgegangen Neureligionen unterscheiden sich in Lehre und Praxis voneinander erheblich.

Von nicht zu unterschätzender Bedeutung für eine differenzierte Betrachtung sind die jeweiligen Entstehungsbedingungen und der geschichtliche Ort der Neuoffenbarungen. Waren es im 19. und beginnenden 20. Jahrhundert – von wenigen Ausnahmen abgesehen: Ellen G. White und Mary Baker Eddy – insbesondere Männer, denen in der Tradition des Inneren Wortes göttliche Diktate zuteil wurden, so handelt es sich in der Folgezeit bis in unsere Tage hinein überwiegend um Frauen, die sich als Übermittlerin, Lehrprophetin oder Sprachrohr Gottes bezeichnen. Von der individuellen Berufung als Neuoffenbarer werden unterschiedliche Ansprüche abgeleitet. Der jeweilige Empfänger kann ganz hinter die Botschaft zurücktreten (»Schreibknecht Gottes«), oder das jeweilige Medium beansprucht noch zu Lebzeiten unmittelbar göttliche Autorität. Somit gehen von diesen Neuoffenbarungssystemen unterschiedliche Wirkungen und Ansprüche auf Menschen aus, die sich für die Lektüre und Weitergabe solcher Texte interessieren.

Anhänger von Neuoffenbarungen (Neuoffenbarungsfreunde, Geistgeschwister) pflegen in den höchsten Tönen von diesen zum Teil sehr umfangreichen Texten zu sprechen. Sie betrachten sie als reines, unverfälschtes göttliches Wort, als Licht aus den Himmeln, als Weg zur wahren Gotteskindschaft oder als neue Bibel. Gegenüber kritischen Einwänden wird auf den übernatürlichen Empfang der Botschaften bzw. auf den Umfang dieser Enthüllungen sowie auf die besondere Dignität des Empfängers verwiesen: Er gilt demzufolge als unvorbereitetes und daher besonders geeignetes Instrument neuer Offenbarungen. Häufig werden psychologische Einwände abgewiesen mit dem Hinweis auf die Einzigartigkeit des jeweiligen Neuoffenbarungsempfängers. Personen, die in der Tradition Lorbers stehen, beziehen sich auf die alttestamentliche Prophetie und auf die Abschiedsreden Jesu im Johannesevangelium (z. B. Joh 16,12f.). Die Anhänger dieser Texte sehen in beidem eine Bestätigung für die Legitimität neuer Offenbarungen bzw. als Erfüllung der geistigen Wiederkunft Christi. Den Kirchen der Reformation wird vorgeworfen, dass sie einen Gott lehrten, der sich im biblischen Wort umfassend und abschließend geäußert habe und seitdem schweigen würde: »Ist Gott wirklich solch ein treuloser Vater, dass er uns ein Buch in die Hand gibt, in dem alle seine Lehren und Anweisungen enthalten sind, und uns dann mit all unserem Unverstand, unseren Nöten und den schrecklichen Vorkommnissen in der Welt sich selbst überlässt?«[309]

Viele Neuoffenbarer in der Nachfolge Swedenborgs vertreten eine pneumatische Schriftauslegung, d.h. sie legen die Bibel durch das prophetische Wort aus.[310] Somit wird zwar auf die Heilige Schrift hingewiesen, ihre Bedeutung wird jedoch geschwächt. Neureligionen, die durch Neuoffenbarungen entstanden sind, stellen die Bibel in Frage, beschränken sich auf ausgewählte Teile oder versuchen ganz auf sie zu verzichten. Neureligionen auf der Basis von neuen Offenbarungen erheben einen universalistischen Anspruch. Er resultiert aus dem Bewusstsein, dass das Christentum versagt hat, weil es nicht die volle Wahrheit besaß, sie unterdrückte oder verfälschte oder weil die Menschen die Wahrheit nicht verstanden haben oder verstehen konnten.

Jenseitsbotschaften oder selbst induzierte Offenbarungserlebnisse?

Man darf nicht übersehen, dass auch von (para-)psychologischer Seite Erklärungsversuche für das Zustandekommen von Jenseitsbotschaften vorgestellt werden. Man sollte sich jedoch davor hüten, die Empfänger vorschnell zu pathologisieren. Bernhard Grom weist zu Recht auf die Grenzen psychologischer Forschung hin, wenn er schreibt: »Die Psychologie hat nicht die Kriterien zu bestimmen, nach denen religiösen Erlebnissen objektiver Erkenntniswert zu- oder abzusprechen ist. Sie kann auch nicht ausschließen, dass solche Erlebnisse auf außerordentliche, wunderbare Weise von einer übermenschlichen Ursache bewirkt werden. Sie muss aber darauf hinweisen, dass die akute Gewissheit in den genannten Intensiverfahrungen sparsamer und höchst subjektiv erklärt werden kann.«[311] So ist eine religiös-weltanschauliche Realitätsprüfung erforderlich, die vor allem den besonderen Ort und die zeitgeschichtliche Situation des »Mediums«, aber auch die biografische Vorgeschichte, die meist durch eine intensive religiöse Suche bestimmt ist, in ihre Überlegungen einbezieht.

Empfänger von Jenseitsbotschaften und deren Anhänger stehen in der Gefahr, dass sie »ihre Intensiverfahrungen ungeprüft zum Inhalt ihrer Überzeugungen machen, sodass ihre Glaubensüberzeugung und ihr Erleuchtungsanspruch ausschließlich emotions- und bewusstseinszustandsbestimmt ist.«[312] Neuoffenbarer haben insbesondere lehrhafte Offenbarungserlebnisse. Im Zentrum ihrer Botschaften stehen religiös-ethische Fragen, die sie einer ichfremden Quelle zuschreiben, und die aus psychologischer Sicht als »themenbezogene parallele Informationsverarbeitung«[313] bezeichnet werden können. Ihren Empfängern wird eine besondere Bedeutung – die Rolle eines Lehrers – zuteil. Zu Recht schreibt Hummel: »Die neuen Offenbarer sind Menschen unterschiedlicher Herkunft und Altersstufe. Gemeinsam ist ihnen, dass sie Laien und somit gezwungen sind, sozusagen die Hintertreppe zur Kanzel zu benutzen.«[314] Gleichzeitig dürfen die besondere Entstehungszeit und der individuelle Entstehungsort solcher Neuoffenbarungen nicht übersehen werden, die vor diesem Hintergrund als religiöse Bewältigungsversuche in einer Zeit der Verunsicherung und als besondere Sensibilität für bislang noch nicht allgemein zu Bewusstsein gekommene Probleme betrachtet werden können, so z. B. »die Spannung zwischen dem traditionellen Weltbild des christlichen Glaubens und dem naturwissenschaftlichen Weltbild ... oder die nativistische Spannung zwischen europäischer Tradition und einer sich unterlegen fühlenden einheimischen Kultur«.[315] Neben diesen psychologischen und geistesgeschichtlichen Kriterien, die für eine umfassende Bewertung und Einordnung von

Neuoffenbarungen nötig sind, bedarf es aber auch grundlegender theologischer Überlegungen.

Zur theologischen Beurteilung von Neuoffenbarungen

Der Anspruch von Menschen, von Gott unmittelbare und verbindliche Botschaften zu empfangen, begleitete die Geschichte des Christentums von Anfang an. Der früheste Fall ereignete sich in der Mitte des zweiten Jahrhunderts im phrygischen Ardabau (Kleinasien). Dort trat Montanus als endzeitlicher »Paraklet« (im Anschluss an Joh 14,16) mit zwei Prophetinnen auf. Bei den Montanisten handelte es sich um eine enthusiastische Erneuerungsbewegung. Sie rechnete mit einem baldigen Weltende und forderte rigorose Kirchenzucht. Doch die Offenbarungen der Montanisten stießen auf energischen kirchlichen Widerstand. Erinnert werden sollte in diesem Zusammenhang auch an christlich-theosophische Strömungen, deren erste Anfänge im linken Flügel der reformatorischen Bewegung bzw. bei den so genannten Spiritualisten greifbar sind. Ihnen gegenüber hat Luther darauf hingewiesen, dass der Heilige Geist ohne das gepredigte Wort bzw. ohne die Rückbindung an die Heilige Schrift nicht wirkt. Die radikalen Spiritualisten betonen hingegen die unmittelbare Beziehung zu Gott durch den Geist und werten eine äußere dingliche Vermittlung, z. B. durch Sakramente oder Bibel, ab oder halten diese insgesamt für überflüssig.[316]

Heutige Neuoffenbarungen erweisen sich überwiegend als traditionskritisch. Sie wollen einem als rein materialistisch-rationalistisch empfundenen und fraglich gewordenen Christentum neue Impulse verleihen. Die Neuoffenbarungen setzen mit ihrer Traditionkritik insbesondere bei der Interpretation der Heiligen Schrift und der so genannten Kanonbildung ein. Sie wollen von ihrem Anspruch her die Bibel ergänzen, vertiefen und korrigieren. Dementsprechend betrachten ihre Anhänger sie als Fortsetzung und Erfüllung der biblischen Prophetie. Kurt Eggenstein, der sich seit langem für die Verbreitung der Schriften Jakob Lorbers einsetzt, betrachtet die literarische Hinterlassenschaft des Grazer Musikers als Erläuterung und Ergänzung des Evangeliums. Demnach habe Jesus seinen Jüngern nur wenig über die Geheimnisse der Schöpfung berichten können, da ihnen hierfür das nötige Verständnis gefehlt hätte. Jesus habe seinen Jüngern gewisse Kenntnisse nur »unter dem Siegel der Verschwiegenheit« weitergeben dürfen.[317] Die Vorstellung, es gäbe eine »Geheimlehre« Jesu, ist auch in der modernen Esoterik immer wieder anzutreffen.[318] Lorber-Freunde betrachten das Schrifttum des »Schreibknechtes Gottes« als christliche Prophetie.

Das Alte Testament verwendet die Bezeichnung »Prophet« für Personen, die im göttlichen Ich reden und das Wort Gottes verkünden, ohne dass dies für den Hörerkreis eine zusätzliche Deutung erfordert. Bei den unterschiedlichen hebräischen Begriffen des Propheten kann es sich um Seher, Gottesmänner, aber auch um Propheten mit institutioneller Verwurzelung am Hof oder Heiligtum handeln (»Kultprophetie«). Andererseits gibt es solche, die darauf beharren, institutionell ungebunden zu sein (Am 7,10-17). Der Wortempfang einzelner Propheten setzt individuelle Erfahrungen voraus, die allerdings nicht näher beschrieben werden (vgl. Jer 23,9). Dies hängt mit der Tradierung der Texte zusammen, die ursprünglich in freier Rede öffentlich vorgetragen wurden. Die Verschriftung des mündlichen Wortes war erst ein sekundärer Vorgang bzw. eine Notmaßnahme. Es fällt auf, dass die Propheten infolge ihres Auftrages existenziell betroffen waren. Ihr Leben, ihr Schicksal war eng mit der Botschaft verknüpft.

Im Neuen Testament werden in der Gestalt Johannes des Täufers die wichtigsten Kennzeichen der alttestamentlichen Prophetie noch einmal greifbar: Er kündigt das bevorstehende Gericht über Israel an und ruft zur Umkehr auf; diese gilt als die einzige Überlebens- und Zukunftshoffnung angesichts der kommenden Katastrophe. Auch das Wirken Jesu stand für seine Zeitgenossen im Rang eines Propheten. Für die frühen Christen war die Hoffnung lebendig, dass der erhöhte Christus den Seinen den Heiligen Geist als Gabe der Endzeit verliehen und damit die in Israel erloschen geglaubte Prophetie neu begründet habe (Apg 2,4.17f.). Die Prophetie war damit nicht mehr einzelnen Auserwählten vorbehalten, sondern grundsätzlich zu einer Möglichkeit für alle Glaubenden geworden, wenngleich es nicht ausgeschlossen war, dass Einzelne, besonders Disponierte als Propheten in Erscheinung traten. Hierzu bedurfte es in frühchristlicher Zeit aber auch der Hilfe zur Beurteilung, die von Neuoffenbarungsfreunden allerdings übergangen wird: Im 1. Kor 12,28 wird bei Paulus der wohl älteste literarische Beleg für die Existenz urchristlicher Propheten greifbar. Während im Judentum sich die Überzeugung durchsetzte, dass mit Esra der prophetische Geist erloschen sei und es lediglich in der Endzeit zu einer Wiederkehr der Propheten kommen würde, lebte die Prophetie in den Gemeinden des frühen Christentums – wohl unter palästinischem Einfluss – wieder auf. In der korinthischen Gemeinde gab es neben dem Lehrer- und Apostelamt auch das Prophetenamt. Die Propheten sollten demnach der »Auferbauung der Gemeinde« dienen. Paulus setzt zwar voraus, »dass die Propheten in ihrer gottesdienstlichen Versammlung aufgrund spontaner Eingebungen des Geistes Offenbarungen (1. Kor 14,30) aussprechen, d. h. Kundgaben des bislang verborgenen Gotteswillens für die Gegenwart, doch dringt er zugleich darauf, dass solche Spontaneität in den Kontext gemeinschaftlicher verstehender Reflexion eingeordnet bleibt«.[319] Doch gleichzeitig fordert der Apostel die Unterscheidung der Geister, d. h. die Prüfung der Kundgaben durch »alle zur Deutung Befähigten«: »Ihre Aufgabe ist es, durch Zustimmung oder Ablehnung die Übereinstimmung der verschiedenen kundgewordenen Offenbarungen mit den Grundaussagen des christlichen Glaubens zu bezeugen.«[320] Die Botschaft eines Propheten muss demnach mit dem Christusbekenntnis der Gemeinde (1. Kor 12,3) übereinstimmen. Ein weiteres Kennzeichen kann die jeweilige Lebensführung eines Propheten sein, dessen legitimer Anspruch sich darin zeigt, dass er »Früchte bringt« (Mt 7,16). Schon Paulus bringt in der Auseinandersetzung mit der Gemeinde von Korinth zwei Arten von religiöser Erfahrung ins Spiel. Demzufolge unterscheidet er zwischen einer Art privater Religiosität (etwa die Himmelsreise in 2. Kor 12) und solchen Erfahrungen, die für das christliche Bekenntnis und für den Aufbau der Gemeinde von zentraler Bedeutung sind.[321]

Subjektive Erlebnisse oder das Gefühl des persönlichen Ergriffenseins können Neuoffenbarern nicht abgesprochen werden.[322] Dennoch muss die religiöse Deutung des individuellen Widerfahrnisses und der daraus unmittelbar abgeleitete Anspruch kritisch hinterfragt werden: Dient das Offenbarungserlebnis dazu, sich selbst zu rühmen, um sich als quasi-göttliche Autorität zwischen Gott und die Glaubenden zu drängen, sodass am Ende der eigentliche Anspruch, Offenbarungsmedium zu sein, zum zentralen und verbindlichen Glaubensinhalt wird?

Die Texte von Neuoffenbarern beanspruchen kirchliche Relevanz. In der christlich-theo-
logischen Auseinandersetzung mit und über neue Offenbarungen ist besondere Sorgfalt
angebracht, um nicht aneinander vorbeizureden. So hat Hummel bereits vor einigen Jahren auf den Unterschied zwischen Offenbarungsgeschehen und Offenbarungsinhalt hingewiesen: »Es ist etwas anderes, ob auch noch heute durch Visionen, Auditionen, Träume,
Entrückungen usw. Erfahrungen vermittelt werden, wie wir sie aus den Prophetengeschich-
ten des AT und aus der Schilderung des Paulus in 2. Kor 12 kennen; oder ob das, was im
NT ›Evangelium‹ heißt, durch andere Offenbarungen ergänzt oder verdrängt werden
kann.«[323]

Neuoffenbarungen als Glaubens- und Lebenshilfe?

Neuoffenbarungen wollen geglaubt werden. Vielleicht liegt für Suchende gerade darin die
Attraktivität und Faszination. Sie erwarten sich Hoffnung in Lebensangst, Hilfen für den
eigenen Glauben, aber auch einen neuen Zugang zur Schrift. Von Lorber-Freunden hört
man in Diskussionen immer wieder den Satz: »Seit ich die Bücher des Schreibknechtes
Gottes gelesen habe, verstehe ich die Bibel besser.« Die Neuoffenbarung wird dann zum
göttlich autorisierten Bibelkommentar. Andere gehen weiter und betrachten die neuen
Texte als Ergänzung, Vertiefung oder Korrektur der biblischen Aussagen. Für manche
scheint der Blick hinter den Vorhang, der Einblick in göttliche Geheimnisse, besonders
reizvoll zu sein. Neue Offenbarungen gehen weit über die Bibel hinaus, und sie tragen
zum Teil auch der Fabulierlust ihres Empfängers Rechnung. Die neuen Schriften behandeln oft elementare Fragen, wie z.B. Fragen der Schöpfung und des Weiterlebens nach
dem Tod. Neuoffenbarungen entwerfen eine universale Schau, geben ihren Anhängern
konkrete Antworten auf die Frage nach dem Woher und Wohin des Menschen in kosmischer Perspektive. Gerade im Lorberwerk werden jedoch auch Fragen des Alltags ausführlich behandelt. So spricht der Jesus Lorbers über Erziehungsfragen, technische Fragen, Probleme der Berufswahl, des Militärs usw. Mitunter führt dieses Überwissen, das
aus der Lektüre des einschlägigen Schrifttums resultiert, gegenüber den »nur Glaubenden« zu einer überheblichen, ja geradezu elitären Haltung.

Neuoffenbarer gehen über das Prinzip des »sola scriptura« hinaus. Sie sehen in der
Heiligen Schrift die alte Offenbarung, an deren Seite sie die Lorber-Schriften, die Neuoffenbarung stellen wollen. Der biblische Sprachgebrauch verwendet den Begriff Offenbarung für die Selbsterschließung Gottes in Jesus Christus. Demzufolge muss zwischen der
Offenbarung in Jesus Christus und der Bibel als Trägerin dieser Offenbarung unterschieden werden.

Eine inhaltliche Prüfung neuer Offenbarungen aus biblischer Perspektive muss auch
auf Unterschiede im Gottes- und Menschenbild und insbesondere auf die Person Jesus
Christus und dessen Erlösungswerk hinweisen. Häufig wird Jesus dort lediglich als Prophet, Übermittler und Lehrer geschildert. Um ein Beispiel zu nennen: In Lorbers Beschreibung der Bergpredigt (vgl. Mt 5-7) lesen wir, dass Jesus zuerst »mehrere Bänke und
Tische« aufstellen lässt, damit die Evangelisten seine Rede ordnungsgemäß mitschreiben
können.[324] Die eigentliche Bergpredigt ist bei Lorber eine detailreiche Ansprache, in der
unnötig theoretisiert wird, abstrakte Fragen zur Diskussion stehen und intellektuelle Be-

schaulichkeiten breiten Raum einnehmen. Das ist nicht der Jesus der neutestamentlichen Überlieferung! Dessen Sprache ist bildhaft, kurz und prägnant. Bei Lorber hat man unwillkürlich das Gefühl, als säße ein Professor auf dem Katheder und würde seinen Hörern die Dinge in erstens, zweitens usw. zerlegen.[325] Jesu Rolle als Erlöser und Heiland ist bei Lorber in ihrer Tiefe nicht erfasst. Für viele Neuoffenbarer bedarf der Mensch nur der richtigen Belehrung, um die Sünde der Gottesferne zu überwinden. Dies ist jedoch zu einfach, da wir der Erlösung durch Gottes Menschwerdung bedürfen. So verwundert es nicht, dass die reformatorische Lehre von der Rechtfertigung des Sünders allein aus Glauben von vielen Neuoffenbarern vehement bestritten wird.

Schließlich zeigt sich bei Neuoffenbarungsanhängern ein »Unverständnis für das Wesen der biblischen Offenbarung als (abschließender) persönlicher Selbsterschließung Gottes in seinem Sohn Jesus Christus im Glauben jedes einzelnen Christen. Man meint daher, durch Ausschaltung der individuellen Betroffenheit durch diese Selbstoffenbarung Gottes eine reinere und unter Umständen neue, darüber hinausgehende Offenbarung erhalten zu können.«[326] Die innere Stimme wird dann oft nicht kritisierbar und hinterfragbar. Im schlimmsten Fall kann sie zum absoluten Diktator über den jeweiligen Träger oder – was in seiner Eigendynamik oft noch problematischer ist – zur absoluten Autorität innerhalb einer Gruppe werden, die das individuelle Leben stark reglementiert.

Neureligionen wie das Universelle Leben oder Fiat Lux haben sich von zentralen christlichen Glaubensauffassungen distanziert. Lediglich das in den Schriften verwendete Vokabular lässt noch an einen christlichen Hintergrund denken. Die Begriffe werden in außerchristliche Zusammenhänge eingefügt. Es erweckt den Eindruck, als sollten die in dem jeweiligen Glaubenssystem verwendeten Begriffe als Köder eingesetzt werden, um Menschen, die mit dem christlichen Glauben wenig vertraut sind, anzulocken und von einem vermeintlichen »Sprachrohr Gottes« oder einer »Lehrprophetin« abhängig zu machen. Christinnen und Christen sind zur Freiheit berufen und nicht zu einer neuen Abhängigkeit gegenüber stark geltungssüchtigen Menschen, die sich zwischen Gott und den Einzelnen schieben wollen. Nicht selten gibt es unter Neuoffenbarungsfreunden einen radikalen »Neuoffenbarungsfundamentalismus«, der den ursprünglich angestrebten direkten Zugang zur Schrift bzw. zum Evangelium regelrecht verstellen kann.

Im Bemühen um die Abwehr der totalitären Ideologie des Nationalsozialismus hat 1934 die Bekenntnissynode von Barmen eine maßgebende Formulierung gefunden, die den Macht- und Offenbarungsanspruch neuer (politischer) Führer, neuer »Werkzeuge der Offenbarung«, neuer »Lichtgestalten der Vorhersehung« abwehren sollte: »Jesus Christus, wie er uns in der Heiligen Schrift bezeugt ist, ist das eine Wort Gottes, das wir zu hören, dem wir im Leben und im Sterben zu vertrauen und zu gehorchen haben. Wir verwerfen die falsche Lehre, als könne und müsse die Kirche als Quelle ihrer Verkündigung außer und neben diesem einen Worte Gottes auch noch andere Ereignisse und Mächte, Gestalten und Wahrheiten als Gottes Offenbarung anerkennen.«[327] Diese Feststellung hat an Aktualität nichts eingebüßt.

Die christlichen Sondergemeinschaften sind vielfach als Gegenbewegung zu den etablierten Kirchen entstanden. Sie sind mit glühendem Eifer, gewaltigem Pathos und nicht selten hoher Leidensbereitschaft angetreten. Oft genug sind sie von Außenstehenden und den etablierten Kirchen als wirre Enthusiasten abgetan worden, und viel zu selten wurde der Rat des Apostels Paulus befolgt, »alles zu prüfen, und das Gute (zu) behalten« (1. Thess 5,21). Die großen Kirchen tragen also auch eine gewisse Mitschuld an der weit verbreiteten Sprachlosigkeit zwischen den christlichen Sondergemeinschaften und den Kirchen. Die Kirchen haben sich den Anfragen dieser Gemeinschaften in der Vergangenheit oftmals nicht hinreichend gestellt, denn gewiss sprechen die Sondergemeinschaften auch berechtigte Anfragen aus. So thematisieren beispielsweise Jehovas Zeugen – bei aller Problematik der Wachtturmgesellschaft – mit ihrer Rede von »Harmagedon« ein Endzeitbewusstsein, das in den Kirchen oft verschüttet ist. Ist uns der tiefe Ernst der zweiten Bitte des »Vater Unser« bewusst, wenn wir beten: »Dein Reich komme«? Thematisiert die »Christengemeinschaft« mit ihrer Hochachtung von Kultus, Ritual und Jahresfestkreis nicht das tiefe Bedürfnis nach sinnhaltigen Ritualen und Rhythmen? Ist unsere Gesellschaft nicht auch deshalb voller Ersatzrituale, weil gute und tragfähige Rituale fehlen? Lässt sich von der Neuapostolischen Kirche nicht etwas über verbindliches Gemeindeleben lernen? Häufig wird die NAK mit theologischen Argumenten kritisiert. Aber liegt nicht die lebenswirkliche Faszination dieser Kirche im Zusammengehörigkeitsgefühl? Gewiss – Kritiker beschreiben die Schattenseiten dieses Gefühls. Sie reden von Gruppendruck, von gegenseitiger Kontrolle und unklaren Strukturen. Diese Kritik ist auch berechtigt, aber dennoch müssen wir feststellen, dass viele Menschen ihr Leben in der NAK als Bereicherung und als Halt gebend empfinden.

Selbst jenen Gemeinschaften, die neue Gottmenschen oder neue Offenbarungen in das Zentrum ihres Glaubensleben stellen, kann man mit geduldigem Verständnis begegnen, indem man sich vergegenwärtigt: Wir leben in einer Welt, in der jedes Computerprogramm nach einigen Jahren ein neues Update erhält und jedes Handy zügig durch ein neueres ersetzt wird. Ist es da nicht menschlich verständlich, wenn nach einem neuen »Update der Menschwerdung Gottes« gefragt wird? Sollten wir, anstatt Befremden zu artikulieren, nicht besser geduldig erklären, warum wir die Selbstoffenbarung Gottes in Jesus Christus für unüberbietbar ansehen und somit keiner »Updates« bedürfen (z. B. Kol 2,9: »Denn in ihm allein wohnt die ganze Fülle Gottes«)?

Aber auch den Angehörigen der kleineren Sondergemeinschaften ist eine Aufgabe gestellt. Sie müssen eine Kultur der Selbstreflexion entwickeln. Dazu reicht es nicht, wenn Medienexperten die Öffentlichkeitsarbeit übernehmen, sondern dazu bedarf es zweier Schritte: Die Gemeindeleiter, Prediger, Ältesten usw. brauchen ein Mindestmaß an theologischer und seelsorgerlicher Kompetenz. Das Gespräch mit den genannten Gemeinschaften ist ja auch deshalb so schwer, weil vielfach die theologische Ausbildung als überflüssig, wenn nicht gar als schädigend angesehen wurde. Es zeigt sich jedoch immer mehr, dass ein interreligiöses Gespräch nur auf der Basis gewisser Mindeststandards möglich ist. Keinesfalls sollte der Dialog mit Andersglaubenden nur den Öffentlichkeitsexperten überlassen werden. Wir brauchen vielmehr einen Dialog auf allen Ebenen. Es ist ein Anachronismus, wenn die Wachtturmgesellschaft sich im Internet weltoffen präsentiert und Jehovas Zeugen an der Haustür so reden, als sei die Welt vor dreißig Jahren stehen geblieben. Jeder religiöse Glaube verkommt in »monologischer Öde«,[328] wenn ihm die Möglichkeit zum Dialog, zur Auseinandersetzung und zur Befruchtung genommen wird. Das Christentum ist von seinen Wurzeln her eine Religion des Gesprächs und der Begegnung. (z. B. Apg 17,23 ff.) Eberhard Jüngel schrieb in einem Aufsatz: »Der christliche Glaube ist seinem Wesen nach auf Öffentlichkeit bedacht.«[329] Zwar glaubt der Christ mit seinem Herzen (Röm 10,9f.), aber dieser Glaube will und muss in die Öffentlichkeit. Gemäß 1. Petr 3,15 sollen die Christen in der Lage sein, »gegenüber jedermann Rechenschaft zu geben über die Hoffnung, die in ihnen ist«. »Gegenüber jedermann« – also öffentlich, coram omnibus – ist die Auseinandersetzung um die Wahrheit des Evangeliums zu führen. Diese Öffentlichkeit und Transparenz bewahrt den Glauben vor sektiererischer Enge und dem Anspruch exklusiver Heilswege.

Literatur: **Gasper/Müller/Valentin**[6], S. 742-746 · **Hutten**[15], S. 606-619 · **LThK**[3] 7, Sp. 768f. · **WdC**, S. 909 · **Reinhart Hummel**, Neue Offenbarungen: Woher kommen sie, und was bedeuten sie?, in: MDEZW 11/1995, S. 321-329 · **Kurt Hutten**, Die Glaubenswelt des Sektierers, Hamburg 1962 · **Eberhard Jüngel**, Strukturwandel der Öffentlichkeit. Herausforderung und Chance für die universitäre Theologie, in: Michael Bergunder (Hg.), Religiöser Pluralismus und das Christentum, Göttingen 2001, S. 9-26 · **Wolfgang Kommer/Friederike Valentin**, Neuoffenbarung und neue Offenbarungen. Darstellung und Kritik, Werkmappe »Sekten, religiöse Sondergemeinschaften, Weltanschauungen« Nr. 67, Wien 1993 · **Helmut Obst**, Außerkirchliche religiöse Protestbewegungen der Neuzeit, KGE III/4, Berlin 1990 · **Ders.**, Neuoffenbarungen als Zugang zur Schrift?, in: Helmut Gehrke u.a. (Hg.), Wandel und Bestand, Paderborn/Frankfurt/M. 1995, S. 103-110

Reinhard Hempelmann
Einleitung

1. Vgl. dazu: Religionen, Religiosität und christlicher Glaube. Eine Studie, hrsg. im Auftrag der VELKD und der Arnoldshainer Konferenz, Gütersloh 1991, S. 17f.
2. Ebd., S. 18.
3. Ebd., S. 15.
4. Vgl. dazu auch Christoph Schwöbel, Interreligiöse Begegnung und fragmentarische Gotteserfahrung, in: Concilium 37, 2001, S. 92-104.
5. Michael N. Ebertz, Neu!, in: Klaus Hofmeister/Lothar Bauerochse (Hg.), Machtworte des Zeitgeistes, Würzburg 2001, S. 100.
6. Hans-Joachim Höhn, Zerstreuungen. Religion zwischen Sinnsuche und Erlebnismarkt, Düsseldorf 1998, S. 16 (Anm. 10) im Anschluss an Franz-Xaver Kaufmann.
7. Rodney Stark/William S. Bainbridge, The Future of Religion, Secularization, Revival and Cult Formation, Berkeley 1985, S. 24ff. Vgl. dazu auch Reinhart Hummel, Religiöser Pluralismus oder christliches Abendland, Darmstadt 1994, S. 71ff.
8. Hans-Joachim Höhn, Zerstreuungen. Religion zwischen Sinnsuche und Erlebnismarkt, Düsseldorf 1998.
9. Hans-Otto Wölber, Kirche und New Age-Bewegung. Interview mit Hans-Otto Wölber, in: MDEZW 12/1989, S. 366.
10. Winfried Gebhardt/Ronald Hitzler/Michaela Pfadenhauer (Hg.), Events. Soziologie des Außergewöhnlichen, Opladen 2000, S.19.
11. Reinhart Hummel, Religiöser Pluralismus oder christliches Abendland, Darmstadt 1994, S. 92.
12. Darauf verweist mit Recht die Studie: Gestaltung und Kritik. Zum Verhältnis von Protestantismus und Kultur im neuen Jahrhundert, Hannover 1999, S. 26. Sie verweist dazu u.a. auf die prophetische Kultkritik, die von Jesus betonte Unterordnung der Religionsgesetze unter ihren humanen Zweck, das urchristliche Verständnis des Todes Jesu als Ende von sakralen Opferritualen.
13. Vgl. dazu Maria Widl, Sehnsuchtsreligion. Neue religiöse Kulturformen als Herausforderung für die Praxis der Kirchen, Frankfurt/M. 1994.
14. Karl Barth, Kirchliche Dogmatik, IV, 4, Zürich 1967, S. 31

Michael Nüchtern
Die Weihe des Profanen – Formen säkularer Religiosität

1. Thomas Luckmann, Die unsichtbare Religion, Frankfurt/M. [2]1993, S. 132.
2. Vgl. Martin Henkel, Seele auf Sendung, Berlin 1998; Arno Schilson, Medienreligion, Tübingen/Basel 1997.
3. Vgl. Henry Mintzberg u.a., Strategy Safari, Wien 1999, bes. S. 379ff.
4. Michael Ebertz, Die Dispersion des Religiösen, in: Hermann Kochanek (Hg.), Ich habe meine eigene Religion, Zürich/Düsseldorf 1999, S. 210ff.; vgl. auch Hans-Joachim Höhn, Zerstreuungen. Religion zwischen Sinnsuche und Erlebnismarkt, Düsseldorf 1998.
5. Vgl. auch: Hermann Lübbe, Religion nach der Aufklärung, Graz 1987.
6. Hermann Vierling, Die profane Alltagsreligion, Frankfurt/M. 1994.
7. Christoph Hennig, Reiselust, Frankfurt/M. 1997.
8. Detlef Pollack, Was ist Religion?, in: Zeitschrift für Religionswissenschaft 3/1995, S. 163ff.
9. Franz Xaver Kaufmann, Religion und Modernität, Tübingen 1989, S. 82ff.
10. Die Bekenntnisschriften der ev.-luth. Kirche, Göttingen [6]1967, S. 560.
11. Johann Jacob Christoffel von Grimmelshausen, Simplicius Simplicissimus, München 1975, S. 71f.
12. Carsten Wippermann, Religion, Identität und Lebensführung, Opladen 1998, S. 220.
13. Hartmut Zinser, Der Markt der Religionen, München 1999.
14. Vgl. auch Volkhard Krech, Religionssoziologie, Bielefeld 1999, S. 26ff. und S. 75.
15. Karl Ernst Nipkow, Volkskirche und Neue Religiosität, in: Funkkolleg Religion, Studienbegleitbrief 11, Frankfurt/M. 1984, S. 11ff.
16. Theo Sundermeier, Was ist Religion?, Gütersloh 1999, S. 27.

17. Thomas Nipperdey, Deutsche Geschichte 1800-1866, München 1983, S. 403ff.; ders., Deutsche Geschichte 1866-1918, Bd. 1, München 1990, S. 428ff., bes. S. 521ff.; vgl. auch Heinz Robert Schlette, Religion außerhalb der Religionen, in: Einführung in das Studium der Religionen, Freiburg i.Br. 1971, S. 158 ff.

18. Erik Voegelin, Die politischen Religionen, München 1938.

19. Vgl. Peter Gross, Die Multioptionsgesellschaft, Frankfurt/M. 1994.

20. Ulrich Beck, Risikogesellschaft, Frankfurt/M. 1986, S. 206.

21. Albrecht Schöne, Säkularisierung als sprachbildende Kraft, Göttingen ²1968.

22. Peter Gross, Ich-Jagd, Frankfurt/M. 1999.

23. Ulrich Beck/Elisabeth Beck-Gernsheim, Individualisierung in modernen Gesellschaften, in: dies. (Hg.), Riskante Freiheiten, Frankfurt/M. 1994, S. 19.

24. Gott wird wählbar. Interview mit Ulrich Beck, in: epd-Dokumentation 10/2000, S. 8.

25. Hans-Joachim Höhn, Gegen-Mythen, Freiburg i.Br. u.a. 1994.

26. Vgl. Michael Nüchtern, Kirche in Konkurrenz, Stuttgart 1997.

27. Heinz Kleger/Alois Müller (Hg.), Religion des Bürgers. Zivilreligion in Amerika und Europa, München 1986.

28. Vaclav Havel, Rede vor der 55. Jahrestagung von IWF und Weltbank am 25.9.2000 in Prag, in: FAZ, 26.9.2000.

29. Walter Benjamin, Paris, die Hauptstadt des XIX. Jahrhunderts, in: ders., Illuminationen. Ausgewählte Schriften, Frankfurt/M. 1977, S. 175f.

30. Gerhard Schulze, Die Erlebnisgesellschaft, Frankfurt/M. ⁵1995; ders., Kulissen des Glücks, Frankfurt/M. 1999.

31. Norbert Bolz, Die Wirtschaft des Unsichtbaren, München 1999.

32. Pierre de Coubertin, Die philosophischen Grundlagen des modernen Olympismus (1935), in: ders., Der olympische Gedanke, Lausanne/Stuttgart 1966, S. 150.

33. Gerhard Hortleder/Gunter Gebauer (Hg.), Sport – Eros – Tod, Frankfurt/M. 1986.

34. Günter Thomas, Medien – Ritual – Religion, Frankfurt/M. 1998; ders., Beobachtungen einer öffentlichen Religion, in: Praktische Theologie 34 (1999), S. 54ff.

35. Arno Schilson, Das Fernsehen als Hausaltar, in: Klaus Hofmeister/Lothar Bauerochse (Hg.), Die Zukunft der Religion, Würzburg 1999, S. 155ff.

36. Jo Reichertz, Die Frohe Botschaft des Fernsehens. Kulturwissenschaftliche Untersuchung medialer Diesseitsreligion, Konstanz 2000.

37. Christoph Hennig, Reiselust. Touristen, Tourismus und Urlaubskultur, Frankfurt/M. 1997, S. 11.

38. Ebd.

39. Ebd.

40. Ebd., S. 94.

41. Noch in connection special 8-9/2000, S. 86, wird für gechannelte Botschaften Dianas geworben.

42. Norbert Bolz/David Bosshard, Kult-Marketing, Düsseldorf 1995.

43. Ders., Die neuen Götter des Marktes, in: Tutzinger Blätter III (1996), S. 20 ff.; vgl. auch: ders., Wenn die Sehnsucht gekauft wird (Interview vom 22. November 1996), in: Publik-Forum 22/1996, S. 32f.

44. Jochen Hörisch, Gott und Geld, Frankfurt/M. 1996, hat in einer spannenden Studie gezeigt, wie zunächst Geld und dann die neuen Medien das Abendmahl beerben.

45. Georg Seeßlen, König der Juden oder König der Löwen, EZW-Texte, Information Nr. 134, Berlin 1996, S. 2-10.

46. Vgl. zwei ausführliche und gelungene Analysen zu diesem Clip Bernd Schwarze, Die Religion der Rock- und Popmusik, Stuttgart u.a. 1997, S. 203-223; Andreas Mertin, Videoclips im Religionsunterricht, Göttingen 1999.

47. Vgl. zu diesem Themenkomplex Gotthard Fermor, Die irdische Religion der Liebe. Glaube und Liebe in aktuellen Beispielen der Popmusik, in: EvErz 44 (1994), S. 123-137.

48. Vgl. hierzu Victor Turner, Vom Ritual zum Theater, Frankfurt/M. u.a. 1989.

49. Vgl. Gotthard Fermor, Ekstasis. Das religiöse Erbe in der Popmusik als Herausforderung an die Kirche, Stuttgart u.a. 1999.

50. Vgl. Michael Rudloff, Die Entstehung des Jugendweihegedankens am Beispiel Leipzigs, in: Mitteldeutsches Jahrbuch für Kultur und Geschichte, Bd. 6, Weimar 1999, S. 108.

51. Vgl. zahlreiche Festreden sowie das Buch von Joachim Chowanski/Rolf Dreier, Die Jugendweihe. Eine Kulturgeschichte seit 1852, Berlin o.J.

52. Der vielschichtige Begriff »Ideologie« und seine Begriffsgeschichte können hier nicht näher dargestellt werden; siehe hierzu u.a.: Hans Joachim Lieber (Hg.), Ideologie, Wissenschaft, Gesellschaft, Darm-

stadt 1976; ders., Ideologie, Paderborn 1985; Ulrich Dierse, Art. Ideologie, in: Geschichtliche Grundbegriffe, Bd. 3, Stuttgart 1982, S. 131-169; Helmut Kuhn, Ideologie und Hydra der Staatenwelt, Köln 1985.

53. Vgl. Johann Baptist Müller, Die politischen Ideenkreise der Gegenwart, Berlin 1992.

54. Siehe hierzu u.a.: Gottfried Küenzlen, Der Neue Mensch, Frankfurt/M. 1997; Friedrich H. Tenbruck, Die Glaubensgeschichte der Moderne, in: ders., Die kulturellen Grundlagen der Gesellschaft. Der Fall der Moderne, Opladen ²1990, S. 126-142; Jean-Pierre Sironneau, Sécularisation et religions politiques, La Haye u.a. 1982.

55. Eric Voegelin, Die politischen Religionen (1938), München ²1996, S. 5.

56. Siehe Gottfried Küenzlen, Der Neue Mensch, Frankfurt/M. 1997, bes. S. 11ff., 57ff., 64ff., 269ff. – Insbesondere ist festzuhalten, dass von säkularer Religion im Konstrukt eines funktionalen Religionsverständnisses zu reden, ganz unsinnig wäre: Die säkular-religiösen Hoffnungsziele und Heilsversprechen moderner Ideologien traten mit eigenen Inhalten und Ansprüchen auf, die sich etwa einer Theorie »funktionaler Äquivalente« vollständig entziehen.

57. Jakob L. Talmon, Politischer Messianismus, Köln/Opladen 1963, S. 11.

58. Auch wenn eine gültige, das Ganze umfassende Untersuchung noch aussteht, mehren sich doch die Arbeiten zum Nationalsozialismus als »politischer Religion«; vgl. z. B. Joachim C. Fest, Hitler: Eine Biographie, Frankfurt/M./Berlin 1987; Michael Prinz/Rainer Zitelmann (Hg.), Nationalsozialismus und Modernisierung, Darmstadt 1991; Michael Ley/Julius-H. Schoeps (Hg.), Der Nationalsozialismus als politische Religion, Bodenheim 1997; Claus Ekkehard Bärsch, Erlösung und Vernichtung. Dr. phil. J. Goebbels. Zur Psychologie und Ideologie eines jungen Nationalsozialisten, München 1998.

59. Adolf Hitler, Mein Kampf, München 1942, S. 780.

60. Joseph Goebbels, Tagebücher 1924-1945, 5 Bde., erw. Sonderausgabe, 2000.

61. Ebd., S. 98; Eintrag vom 7. Juli 1924; - vgl. hierzu: C. E. Bärsch, 1987.

62. Ebd., S. 162; Eintrag vom 27.9.1924.

63. Ich habe selbst noch eine ältere Dame gekannt, die erzählte, wie sie als Kind dem »Führer« die Hand gab; die Hand wurde alsdann wochenlang nicht mehr gewaschen: Sie sollte so nicht mehr entweiht werden.

64. Der kulturtheoretisch wichtigen Frage kann hier nicht eigens nachgegangen werden, nämlich: Ob nicht jede Gesellschaft, auch die demokratisch verfassten Gesellschaften, zu ihrer Selbstintegration »zivilreligiöser« Rituale usw. bedürfen.

65. Max Weber, Wirtschaft und Gesellschaft, Tübingen ⁵1976, S. 726. – Das Thema dieses Beitrags ließe sich in kultursoziologischer Perspektive auch am Leitfaden des Weberschen Charisma-Begriffs entfalten; vgl. hierzu: Winfried Gebhardt/Arnold Zingerle/Michael Ebertz (Hg.), Charisma. Theorie, Religion, Politik, Berlin/New York 1993.

66. Siehe Alphonse Aulard, Politische Geschichte der französischen Revolution, 2 Bde., München/Leipzig 1924; Lynn Hunt, Symbole der Macht, Macht der Symbole, Frankfurt/M. 1989.

67. Siehe Stephan Breuer, Art. Ideologie, in: Gebhardt/Zingerle/Ebertz, Charisma, S. 165f.

68. Vgl. hierzu die inhaltsreiche Arbeit von Heiner Grote, Sozialdemokratie und Religion, Tübingen 1968.

69. Emilio Gentile, Die Sakralisierung der Politik, in: Hans Maier (Hg.), Wege in die Gewalt. Die modernen politischen Religionen, Frankfurt/M. 2000, S. 168.

70. Ebd., S. 169.

71. FAZ, 7. 7. 1999, S. N 6.

72. Siehe hierzu die eindrucksvollen Arbeiten von Klaus-Peter Riegel, insbes.: Konfessionsrituale im Marxismus/Leninismus, Graz u.a. 1985.

73. Hans Freyer, Schwelle der Zeiten, Beiträge zur Soziologie der Kultur, Stuttgart 1965, S. 298.

74. Friedrich Nietzsche, Die fröhliche Wissenschaft, Aphorismus 124.

75. Vgl. dazu die durch von Braun autorisierte Lebensbeschreibung aus der Feder von Bernd Ruland, Werner von Braun, Mein Leben für die Raumfahrt, Offenburg 1969.

76. Vgl. dazu das Buch von Frank White, Der Overview-Effect. Die erste interdisziplinäre Auswertung von 20 Jahren Weltraumfahrt, München 1989.

77. In anderer Weise und ausdrücklich von »Apologetik« abgegrenzt sieht Günter Thomas bei der religiösen Funktion des Fernsehens zunächst den Bedarf »einer Selbstaufklärung der modernen Gesellschaft«; vgl. Günter Thomas, Beobachtungen einer öffentlichen Religion, in: Praktische Theologie 34 (1999), S. 64.

78. Carsten Wippermann, Religion, Identität und Lebensführung, Opladen 1998, S. 369.

79. Ebd., S. 373.

80. Reinhard Slenezka, Apologetik als Auftrag der Kirche in öffentlicher Verantwortung, in KuD 41 (1995), S. 13 ff.

81. Ebd., S. 16.

82. Dietrich Bonhoeffer, Ethik, München [7]1966, S. 128ff.

83. Evangelische Kirche in Deutschland/Vereinigung Evangelischer Freikirchen, Gestaltung und Kritik. Zum Verhältnis von Protestantismus und Kultur im neuen Jahrhundert, Hannover 1999, S. 20.

84. Vgl. Giacomo Marramao, Die Säkularisierung der westlichen Welt, Frankfurt/M. 1996, S. 116f.

85. »Positionswechsel« lautet eines der von Gerd Theißen herausgefundenen »Basismotive«, die eine Art Grammatik des christlichen Glaubens bilden. Sie sind für die Apologetik von hoher Bedeutung; vgl. Gerd Theißen, Die Religion der ersten Christen, Gütersloh 2000, S. 368ff.

Michael Utsch
Ekstase, Erfolg, Erneuerung, Orientierung – vier Versprechen der Psychoszene

1. Aus dem Einbandtext von PsychoManie: Des Deutschen Seelenlage, Leipzig 1996.

2. Peter D. Kramer, Glück auf Rezept, München 1995; kritisch dazu John Horgan, Der menschliche Geist, München 2000, S. 158ff.

3. John Horgan, Der menschliche Geist, München 2000, S. 16.

4. Eva Jaeggi/Robert Rohner/Peter Wiedemann, Gibt es auch Wahnsinn, hat es doch Methoden, München 1990, S. 68ff.

5. Vgl. zum Thema Erfolgstraining II.-2.2.4.

6. Michael Wirsching, Jenseits vom Schulenstreit, Frankfurt 1998, S. 257.

7. Ebd., S. 21.

8. Vgl. Paul Vitz, Psychologie als Religion, Gießen 1995 oder Hans-Peter Weis, Exodus ins Ego, Düsseldorf 1998.

9. Buchtitel von James Hillman und Michael Ventura, Düsseldorf 1995.

10. Vgl. Wolfgang Schmidbauer, Vom Umgang mit der Seele, Therapie zwischen Magie und Wissenschaft, München 1998.

11. Michael Wirsching, Jenseits vom Schulenstreit, S. 10.

12. DIE ZEIT Nr. 22 vom 26.5.1997.

13. Heinz Schepank, Psychogene Erkrankungen der Stadtbevölkerung, Berlin 1987.

14. Das »Be-Round-Institut« arbeitet beispielsweise »seit 15 Jahren mit neuesten und vielseitigen Methoden mit Menschen zusammen, die bereit sind, selbstbewusst Verantwortung für ihr Wohlbefinden zu übernehmen«. Zur Anwendung kommen Kinesiologie, Energie-Körperarbeit, Transformative Bewusstseinsarbeit, NLP, Traumdeutung, Visualisation/Imagination (vgl. www.be-round.de).

15. Walter Andritzky, Alternative Gesundheitskultur, Berlin 1997.

16. Hilarion Petzold/Ilse Orth, Die Mythen der Psychotherapie, Paderborn 1999, S. 227.

17. Die Frage nach der Abgrenzung einer fachlicher begründeten Psychotherapie von einem Angebot der Psychoszene ist auch deswegen schwierig, weil manche niedergelassenen TherapeutInnen »Etikettenschwindel« betreiben, indem sie im (Finanzierungs-)Rahmen einer anerkannten Behandlung magisch-esoterische Techniken anwenden (vgl. Eva Jaeggi, Psychotherapie und Esoterik, in: Praktische Theologie 35/2 [2000], S. 137-146). Zum Beispiel promovierte die approbierte Psychotherapeutin Karin Lachenmeir bei der renommierten Christoph-Dornier-Stiftung in Münster über eine naturwissenschaftliche Fragestellung. Parallel dazu bot sie »astrologische Lebensberatung« an und publizierte das Buch »Das Silberrad der Sterne – Eine Astrologie der Sterne« (Freiburg 1999), das sie der Göttin Arianrhod widmete.

18. Alfred Adler wurde wegen inhaltlicher Unvereinbarkeiten und Kritik an der klassischen Psychoanalyse von Sigmund Freud aus seinem Kreis verstoßen. Die Deutsche Gesellschaft für Individualpsychologie (DGIP) bildet heute nach wissenschaftlich überprüfbaren und kassenärztlich anerkannten Kriterien Psychotherapeuten aus. Dennoch gab und gibt es immer wieder Individualpsychologen, die das im Adler'schen Theoriegebäude zentrale Konzept des Gemeinschaftsgefühls sozialtopisch idealisierten und mittels manipulativer Gruppendynamik herzustellen suchten, zum Beispiel Rattner und Ammon, aber auch andere wären zu nennen; vgl. Michael Utsch, Psychotherapie – ein Religionsersatz? in: Zeitschrift für Individualpsychologie 23/4 (1998), S. 323-339.

19. Vgl. Kap. II-2.4.

20. Vgl. www.yoga-vidya.de; s. auch Sukadev Volker Bretz, Die Yogaweisheit des Patanjali für Menschen von heute, Petersberg 2001.
21. Vgl. www.HeinzGrill.de. Auch Werner Vogel, der Verleger des Via-Nova-Verlags in Petersberg, bietet »Spirituelle Yogaseminare« in Anknüpfung an Aurobindo an, in denen »die Wirkung des Supramentalen Lichts als Kraft erlebt, neue Lebensperspektiven eröffnet, Sinn vermittelt und Transformationsprozesse eingeleitet« werden sollen (Einladungsprospekt, dem Verlagsprogramm 2001 beigelegt).
22. Vgl. www.eigenewegefinden.de.
23. Vgl. www.wave77.de/koerpertherapie/hakomi; vgl. auch II-2.1.
24. Agnes Wild-Missong, Focusing als moderner Schamanismus, Blickpunkt EFL-Beratung, 2/2000, S. 27.
25. Hilarion Petzold/Ilse Orth, Die Mythen der Psychotherapie, S. 225.
26. Klaus Grawe, Psychologische Therapie, Göttingen 1998, S. 110.
27. Vgl. Wolfgang Senf/Michael Broda (Hg.), Praxis der Psychotherapie, Ein integratives Lehrbuch, Stuttgart ²2000.
28. Vgl. Marc Galanter, Cults. Faith, Healing and Coercion New York ²1999.
29. Vgl. dazu II-1.4.
30. Hansjörg Hemminger/Joachim Keden, Seele aus zweiter Hand, Stuttgart 1997, S. 7.
31. Damit ergibt sich eine inhaltliche Nähe zu den beiden folgenden Kapiteln III und IV.
32. Vgl. Felix Helg, Psychotherapie und Spiritualität, Düsseldorf 2000.
33. Modifiziert nach Hansjörg Hemminger/Joachim Keden, Seele aus zweiter Hand, Stuttgart 1997.
34. Vgl. hierzu auch die Ursachenbeschreibung in Kap. I-1.3.
35. Joachim Süss/Renate Pitzer-Reyl, Religionswechsel, München 1996, S. 137ff.
36. Rainer K. Silbereisen/Laszlo A. Vaskovics/Jürgen Zinnecker (Hg.), Jungsein in Deutschland, Opladen 1997, S. 117.
37. Annelise Heigl-Evers/Alexander Böhle/Jürgen Ott, Der Begriff Menschenbild und die psychoanalytisch-interaktionelle Theorie, in: Michael Schlagheck (Hg.), Theologie und Psychologie im Dialog über ihre Menschenbilder, Paderborn 1997, S. 56.
38. Ulrich Beck, Die Risikogesellschaft, Frankfurt 1986, S. 108.
39. Eva Jaeggi, Zu heilen die zerstoßnen Herzen, Reinbek 1995, S. 289.
40. Vgl. Kap. I-2.1.
41. Der Spiegel 41/2000, S. 254.
42. Ebd.
43. Magaret Thaler Singer/Janja Lalich, Sekten, Heidelberg 1997; Robert Jay Lifton, Terror für die Unsterblichkeit, München 2000, dazu kritisch: Gordon Melton/Massimo Introvigne, Gehirnwäsche und Sekten, Marburg 2001.
44. Vgl. Hansjörg Hemminger, Psychische Abhängigkeit in extremen religiösen und weltanschaulichen Gemeinschaften, Sonderdruck Nr. 25 des MDEZW, Berlin 1999.
45. Harold G. Koenig, The Healing Power of Faith, New York 1999.
46. Vgl. II-2.2.
47. Connection special 41 (1999), S. 2. Die Musik der ersten Rajneesh-Meditationen wurden von Georg Deuter komponiert und gespielt. Heute lebt der Musiker in Santa Fe, New Mexico und produziert weiterhin Meditationsmusik (vgl. www.dehypno.de).
48. Vgl. z.B. Michael Wirsching, Psychosomatische Medizin, München 1996.
49. Aus einer Selbstvorstellung in connection special 47, S. 54.
50. Ebd.
51. Vgl. www.aquawellness.com.
52. Vgl. www.aquanetz.de.
53. Vgl. www.institut-hawaii.de.
54. Zur Gestalttherapie vgl. Christiane Bünte-Ludwig, Leben heißt wachsen, in: Hilarion Petzold, Wege zum Menschen, Bd. 1, S. 217-308, Paderborn 1984; Helmut Quitmann, Humanistische Psychologie, S. 102-139, Göttingen 1996.
55. Alexander Lukoschik/Ernst Bauer, Die richtige Körpertherapie, München 1989, S. 18.
56. Peter Gross, Die Anbetung des Fleisches, in: Psychologie Heute 12/2000, S. 28; ausführlicher vgl. ders., Ich-Jagd, Frankfurt 1999, S. 139ff.
57. Ein Beispiel dafür ist der Ansatz »Living-Gestalt und Körperbewusstsein« des Amerikaners Leland Johnson [geb. 1932], der den gestalttherapeutischen Ansatz mit Elementen des Rolfing, Yogatechniken und der transpersonalen Psychologie verbindet und sich darüber hinaus als Schüler Muktanandas bezeichnet (vgl. www.living-gestalt.de). Zwischen Augsburg und Ulm befindet sich sein deutsches Ausbildungszen-

trum »Integra«, wo dreijährige, verschieden konzipierte Ausbildungen angeboten werden. Darüber hinaus gibt er eine Zeitschrift zu dieser Thematik heraus (»Kompendium, Guide für transformative Erfahrung, Erkenntnis, Übung«). Seit 2000 ist Leland Johnson Gründungsmitglied des von Ken Wilber ins Leben gerufenen Integral Institutes, das ihn mit einem internationalen Netzwerk von 100 einflussreichen transpersonalen Wissenschaftlern verknüpft (vgl. http://wilber.shambhala.com).

58. Wolf Büntig, Körperpsychotherapie, in: Roland Asanger/Gerd Wenninger (Hg.), Handwörterbuch der Psychologie, Heidelberg 1992, S. 348f. Büntig gründete Anfang der siebziger Jahre das »Zentrum für Individual- und Sozialtherapie« (ZIST) in Penzberg (vgl. www.zist.de) und leitet es seitdem. Das ZIST bietet ein reichhaltiges Seminarangebot in der humanistischen Therapietradition und darüber hinaus.

59. Vgl. Hilarion Petzold, Die neuen Körpertherapien, München 1992, S. 243f.

60. Ebd., S. 244.

61. Wolf Büntig, Körperpsychotherapie, a. a. O. (Anm. 58), S. 345.

62. Tilmann Moser und Günter Heisterkamp sind Psychoanalytiker, die körpertherapeutische Elemente mit in die analytische Behandlung integrieren; vgl: Tilmann Moser, Psychoanalytische Körperarbeit und Andacht, in: Edith Zundel/Pieter Loomans (Hg.), Im Energiekreis des Lebendigen, S. 31-43; Günter Heisterkamp, Heilsame Berührungen, Stuttgart 1995.

63. Alle seriösen Ausbildungsinstitute warnen vor der kommerziellen Verwertung und unverantwortlichen Anwendung hypnotischer Trance.

64. Helmut Brenner, Autogenes Training Oberstufe – Wege in die Meditation. Wie Sie AT und östliche Meditation ideal kombinieren und davon noch mehr profitieren, Stuttgart 1999.

65. Zur TCM vgl. Ilona Daiker/Barbara Kirschbaum, Die Heilkunst der Chinesen, Reinbek 1997; Klaus Dieter Platsch, Psychosomatik in der chinesichen Medizin, München 2001; vgl. auch www.dgtcm.de und www.tcm.ch.

66. www.aurasoma.com/news.html vom 12.02.01.

67. Bei den vielfältigen Interpretationsmöglichkeiten ist der Neu-Anwender überfordert – bei 101 Balanceölen in vierfacher Abstufung an sieben Chakren kann es zur Unübersichtlichkeit und Verwirrung kommen. Ein findiger Hamburger Aura-Soma-Lehrer bietet für DM 1.500,- eine Computersoftware zur Unterstützung bei der Auraanalyse an (vgl. http://home.t-online.de/home/Klaus-John/auraana.htm).

68. Iris Rebilas, Aura Soma, in: Reiner Böning/Bernhard Nauwald (Hg.), Handbuch für ganzheitliche Therapie und Lebenshilfe, Gschwend 1999, S. 250.

69. Vgl. www.gbpev.de.

70. Vgl. Mona Lisa Boyesen, Erogenetik – neue Aspekte in der Biodynamischen Psychologie, in: Edith Zundel/ Pieter Loomans, Im Energiekreis des Lebendigen. Freiburg 1995, S. 186-219.

71. Selbstdarstellung in der Broschüre des IIBS.

72. Connection special 30 (1996), S. 55.

73. Osho-UTA-Institut, Programm 2001, S. 47.

74. Vgl. www.rebalancing.de.

75. Connection special 30 (1996), S. 18.

76. Connection special 41 (1999), S. 52; vgl. zum Seminarangebot Halbigs auch www.elraanis.de.

77. Ebd., S. 55.

78. Vgl. www.therapeuten.de.

79. Als angeblich weltweit größtes Institut für Kinesiologie wirbt eine Freiburger Firma um Kursteilnehmer (vgl. www.iak-freiburg.de).

80. Vgl. John Thie, Gesund durch Berühren – Touch for Health, München 1992.

81. Dietrich Klinghardt, Lehrbuch der Psycho – Kinesiologie, Freiburg 1996.

82. Vgl. Jürgen Fischer, Energie – Meditation – Exstase, Saarbrücken 2000.

83. Vgl. Wilhelm Teschler, Mehr Energie durch Polaritätsmassage, München 1999 und www.polarity-online.de.

84. Aus einer Selbstvorstellung in connection special 47 (2000), S. 65.

85. Vgl. Premartha/Svarup, Die zweite Geburt – Heilung durch ganzheitliche Primärtherapie, Köln 2000.

86. Bernd Joschko, Synergetik-Therapie, in: Reiner Böning/Bernhard Nauwald (Hg.), Handbuch für ganzheitliche Therapie und Lebenshilfe, Gschwend 1999, S. 413.

87. Vgl. www.synergetik-therapeuten.de.

88. Vgl. Barbara Gundlach-Sonnemann, Religiöser Tanz, Marburg 2000, S. 65.

89. Stan Grof, Das holotrope Atmen, in: connection special 41 (1999), S. 41.

90. Ebd.

91. Hilarion Petzold, Die neuen Körpertherapien, S. 246.

92. Programmbroschüre 2001, S. 3.

93. Dürckheim zit. nach: Pieter Loomans, Initiatische Therapie nach Graf Dürckheim, in: Edith Zundel/ Pieter Loomans (Hg.), Psychotherapie und religiöse Erfahrung, Freiburg 1994, S. 137-158, hier S. 138.

94. Ebd., S. 143.

95. Vgl. die religionssoziologische Befragung von Rütte-Therapeuten durch Christel Gärtner, Konversion in der rationalisierten Gesellschaft, in: Hubert Knoblauch u.a. (Hg.), Religiöse Konversion, Konstanz 1998, S. 223-246.

96. Vgl. MDEZW 6/99, S. 186ff.

97. Vgl. www.elraanis.de.

98. Vgl. www.universaldances.de.

99. Vgl. www.ayurveda-reisen.de. Selbst eine ausgewiesene Psychomarkt-Kritikerin findet nach einem Eigenversuch positive Aspekte (vgl. Bärbel Schwertfeger, Ölmassagen und heißes Wasser, in: Skeptiker 13/4 [2000], S. 189-192).

100. Connection special 30 (1996), S. 35.

101. DAO-Sonderheft »Tantra« (1999), S. 69. Beide leiten ein Tantra-Institut (vgl. www.orgoville-mitte.de).

102. Vgl. zu den Körpertherapien den vorigen Abschnitt.

103. Osho, Vom Sex zum kosmischen Bewußtsein, in: Osho Times International 15/1992, S. 5.

104. Vgl. Marima Lau, Die neuen Sexfronten, Berlin 2000.

105. Richard Kämmerlings, Lustverlustanzeige, F.A.Z., 6.12.2000, S. 57.

106. Gunter Schmidt (Hg.), Kinder der sexuellen Revolution. Kontinuität und Wandel studentischer Sexualität 1966-1996, Gießen 2000.

107. Richard Kämmerlings, Lustverlustanzeige, F.A.Z., 6.12.2000, S. 57.

108. Vgl. www.welt-des-tantra.de.

109. Lucian Loosen, Sex als Medizin, in: connection special 45 (1999), S. 26.

110. Ebd., S. 29.

111. Edward Conze, Der Buddhismus, Stuttgart 1962, S. 173; Benjamin Walker, Tantrismus, Basel 1987, S. 17f.

112. Dagyab Kyabgön Rinpoche, Tantra, in: Buddhismus im Westen, Schriften der DBU, Bunte Reihe, S. 57.

113. A.a.O., S. 45.

114. Stufenweise ins Abenteuer, Interview mit Michael Plesse, in: connection special 21 (1994), S. 82.

115. Dagyab Kyabgön Rinpoche, Buddhismus als Konsumgut, in: connection 10/1994, S. 23.

116. A.a.O., S. 24.

117. Agehananda Bharati, in: Benjamin Walker, Tantrismus, S. 159.

118. So auch Almuth und Werner Huth, Praxis der Meditation, München 2000, S. 131-144.

119. Mookerjee, in: Benjamin Walker, Tantrismus, S. 161.

120. Purohit Swami, in: Benjamin Walker, Tantrismus, S. 163.

121. Gopi Krishna, in: Benjamin Walker, Tantrismus, Basel 1987.

122. Vgl. www.refugium-online.de/bodymeeting.html.

123. »Man muss alles gemacht haben«, Interview in: »Was ist Erleuchtung?« Nr. 2 (1999), s. S. 46ff.

124. Vgl. zur ausführlichen Kritik Harald Baer, Himmlische Erotik, in: Reinhard Hempelmann/Ulrich Dehn (Hg.), Dialog und Unterscheidung (EZW-Text 151), Berlin 2000, S. 235-250.

125. Margot Anand, Tantra oder die Kunst der sexuellen Ekstase, München 1989, S. 43.

126. Vgl. »Was ist Erleuchtung« Nr. 2 (1999), S. 70-75.

127. Ebd., S. 73.

128. »Wenn meine Lehre von einem anderen zitiert, ausgeschmückt oder interpretiert wird, verliert sie ihre spirituelle Kraft ... Meine tantrischen Lehren sind nur für den Einzelnen, für dich persönlich. Wenn du meine tantrischen Lehren für den Versuch benutzt, andere zu lehren, dann missbrauchst du sie und führst die Menschen in die Irre.« in: Was ist Erleuchtung, Nr. 4 (2000), S. 47; vgl. auch www.barrylong.org.

129. Erich Fromm, Die Kunst des Liebens, Frankfurt a. M. 1981, S. 84.

130. Ray Kurzweil, Homo s@piens, Köln 1999, S. 237ff.

131. Vgl. hierzu und dem Folgenden Georg Schmid in www.relinfo.ch/tantra/infotxt.html.

132. L. Ron Hubbard, Saint Hill Special Briefing Course, Los Angeles 1990, nach einem Vortrag vom 24.3.1964.

133. L. Ron Hubbard, Das Handbuch für den ehrenamtlichen Geistlichen, Kopenhagen 1983, S. 192.

134. A.a.O., S. 293.

135. Die 8 Dynamiken sind die Ebenen, auf denen laut Hubbard der Überlebenskampf des Thetan abläuft, und auf denen man über viel oder wenig Ressourcen verfügen kann. ARC steht für Affinität, Realität

und Kommunikation, laut Hubbard die drei Teile eines richtigen Bezugs zur Umwelt, der den Scientologen befähigt, seine Probleme zu »handeln« (handhaben).

136. Zitat von Norman Vincent Peale, in: Jens Dittmar (Hg.), Esoterik-Almanach 1988/89, S. 235.

137. Anstöße gaben in den USA R. W. Emerson und die »Transzendentalisten«, der Gründer des »New Thought Movement«, Phineas Parkhurst Quimby [1802-1866], R.W. Trine, P. Mulford u.a. sowie Masaharu Taniguchi in Japan. In Europa entstand ein teilweise unabhängiger Zweig aufgrund des Mesmerismus und der Lehren von Émile Coué, der 1919 gegründeten »Biosophische[n] Bewegung« sowie in den 20er und 30er Jahren des Neugeist-Bunds (Karl Otto Schmidt), vgl. Hutten[15], S. 406 ff.

138. Napoleon Hill, Die Philosophie des Erfolgs, Bonn 1993 S.195.

139. Nikolaus B. Enkelmann/Roland Arndt, Der erfolgreiche Weg. Begleitbuch zu Video- und Audiokassetten, Rentrop Verlag Bonn 1996, S. 37 und S. 5-6.

140. Sven Tönnies, in: Psychologie Heute 11/1988, S. 27.

141. Solche Fälle aus seiner psychologischen Praxis beschreibt Günther Scheich, Positives Denken macht krank, Frankfurt/M. 1997.

142. Insofern folgt die Theorie des NLP den mehr oder weniger trivialen Grundsätzen des gemäßigten Konstruktivismus.

143. Vgl. Wolfgang Walker, Eine kurze Geschichte des NLP, MultiMind 1/1998, S. 6-11.

144. R. Amsler, Unsinn mit Unsinn kurieren, ManagerSeminare 38/1999, S. 85-87 (Interview mit Bandler).

145. Rolf Winiarski, Stichwort NLP, München 1997, S. 9.

146. Ebd., S. 12.

147. Vgl. www.ganlp.de.

148. Rupprecht Weerth, NLP & Imagination – Grundannahmen, Methoden, Möglichkeiten und Grenzen, Paderborn 1992.

149. Wie unsinnig eine solche »Neutralitäts-Behauptung« ist, bedarf eigentlich keiner Begründung, s. dazu jedoch Martin Ludwig/Ernst Plaum, »Glaubensüberzeugungen« bei Psychotherapeutinnen/Psychotherapeuten, in: Zeitschrift für Klinische Pychologie, Psychiatrie und Psychotherapie 46/1 (1998), S. 58-83.

150. R. Amsler, Unsinn mit Unsinn kurieren, ManagerSeminare 38/1999, S. 85-87 (Interview mit Bandler).

151. Britta Möller, NLP: Ein Erlebnisbericht, EZW-Texte, Impulse, Nr. 40, Stuttgart 1995.

152. Wolfgang Walker, Eine kurze Geschichte des NLP, MultiMind 1/1998, S. 6-11.

153. Zwei Beispiele: »Erst jetzt – analog zu unseren Zielen und Wünschen – wächst in uns auch der Glaube, der Berge versetzt.« (Enkelmann a.a.O., S.28) und: »Spüren Sie die große (Zu)-Gabe Gottes, die jeder Mensch in sich hat? Entdecken Sie Ihren wertvollen inneren Berater, der nur darauf wartet, Ihre Wünsche zu erfüllen.« (Arndt a.a.O., S. 113/114).

154. Zum Beispiel Werner Küstenmacher in: Erfolg. Kirche im Rundfunk, 9. April 49/2000, Nr. 97-102.

155. Harry Palmer, Die Kunst befreit zu leben, Bielefeld 1995, S. 124.

156. Lozowick wurde 1942 in New York geboren und hatte es zu einer leitenden Stellung in der Silva-Mind-Control-Bewegung gebracht, als er 1973 nach eigenen Angaben als Erleuchteter aufwachte. Er wurde Schüler des südindischen Gurus Ramsuratkumar und gründete die spirituelle »Hohm Community«. In dem Buch »Heilige Narren« von Georg Feuerstein (Frankfurt 1996) wird er neben Gurdjeff, Crowley, Osho, Chögyam Trungpa und Da Free John/Adi Da als Lehrer von »verrückter Weisheit« vorgestellt.

157. Seit 1983 erscheint die deutschsprachige Übersetzung von José Silva als Taschenbuch »Silva Mind Control« in unzähligen Auflagen und verspricht die Steigerung der Kreativität, Rauchentwöhnung, geistiges Heilen u.v.a.m.

158. Mindestens zwei Bücher Lozowicks sind in deutscher Übersetzung verfügbar, vgl. Lee Lozowick, Spirituelle Erziehung, Petersberg 1998; ders., Transformation von Liebe und Sexualität, Petersberg 2000.

159. Vgl. Bernhard Wolf, Betrifft Psychogruppe The Event, Athanor Europe, in: MDEZW 4/1997, S. 121f.

160. Trainingseinheit eines Anthony-Robbins-Power-Seminars, vgl. www.treeseminars.com.

161. Konsequenzen 6/1999 S. 2-4.

162. S. die Artikel zum Thema »Aktienhandel, globale Finanzmärkte« in Evangelische Kommentare 8/2000, S. 6ff.

163. Vera F. Birkenbihl, Das Birkenbihl Alpha-Buch. Neue Ein-Sicht-en gewinnen. Landsberg 2000.

164. S. die Beschreibung eines Motivationstags von Jürgen Höller von Eric Breitinger, Der Schöpfer ist unter uns!, Deutsches Allgemeines Sonntagsblatt Nr.21 vom 26.5.2000; Jürgen Höller, Sag ja zum Erfolg – der Weg zu Reichtum und persönlicher Freiheit, München 2000.

165. Bodo Schäfer, Der Weg zur finanziellen Freiheit, Frankfurt 1998.

166. Dafür gibt es sogar eine pseudo-psychologische Begründung: Die »Schicksalspsychologie« (James Hill-

man, The Soul's Code, New York 1996; dt. Berufung – Vorladung des Schicksals, in: Psychologie Heute 5/1998, S. 20-27). Es handelt sich um eine modernistische Variante einer humanistischen und transpersonalen Persönlichkeitspsychologie.

167. Alfred Stielau-Pallas, Erfolgs-Botschaft, in: Pallas-Magazin 1995, S. 12.

168. Pallas-Magazin 1995, Editorial von Gisela Pallas und Alfred Stielau-Pallas.

169. Gerken leitet das Institut für Zukunftsberatung in Worpswede bzw. Miami, wo er die von ihm geschaffene Methode »Mind Design«, eine Mischung aus NLP und suggestiver Gruppendynamik, als Management-Instrument anwendet (vgl. Gerd Gerken, Trance-Märkte, Düsseldorf 1998).

170. Zu Scientology und Avatar siehe 2.2.1 bzw. 2.2.3; zu Landmark Education: www.relinfo.ch/landmark.htm; zu Heide Fittkau-Garthe siehe den Aussteiger-Bericht »Spirituelle Abwege«, in: MDEZW 2/2001, S. 64-72.

171. Christoph Deutschmann, Die Verheissung des absoluten Reichtums. Zur religiösen Natur des Kapitalismus, Frankfurt/M. 1999.

172. DIE ZEIT Nr. 37 vom 9.9.1999, S. 21 (Petra Pinsler).

173. Werner Küstenmacher, Erfolg. Ev. Morgenfeier 2.4.2000. Kirche im Rundfunk 49/Nr. 8 vom 9.4.2000, S. 98.

174. Werner Küstenmacher a.a.O., S. 99.

175. Werbeblatt o.D. (vermutl. 1995) von Exodus-Management by the Holy Spirit (Winfried Fuchs).

176. Prognose des englischen Wirtschaftsanalytikers Edward Ludbrook, Network Press 14/1999, S. 60f.

177. Network Press, vgl. www.networkpress.de.

178. Jean-Daniel Strub, Amway, in: Informationsblatt der Ev. Informationsstelle Kirchen-Sekten-Religionen, März 1999, Greifensee (Schweiz), S. 12-18.

179. Jean-Daniel Strub, Marketingkulte – commercial cults, in: Informationsblatt der Ev. Informationsstelle Kirchen-Sekten-Religionen, März 1999 Greifensee (Schweiz), S. 18-19.

180. Paragraph 6c UWG: »Wer es im geschäftlichen Verkehr selbst oder durch andere unternimmt, Nichtkaufleute zur Abnahme von Waren, gewerblichen Leistungen oder Rechten durch das Versprechen zu veranlassen, ihnen besondere Vorteile für den Fall zu gewähren, dass sie andere zum Abschluss gleichartiger Geschäfte veranlassen, denen ihrerseits nach der Art dieser Werbung derartige Vorteile für eine entsprechende Werbung weiterer Abnehmer gewährt werden sollen, wird mit Freiheitsstrafe bis zu zwei Jahren oder mit Geldstrafe bestraft.«

181. Aus: Schneeball rollt auf Niedersachsen zu, Göttinger Tageblatt, 4.8.1999.

182. Günter Ammon, Der mehrdimensionale Mensch, München 1986, S. 33.

183. Hans Zygowski, Psychotherapeutische Methoden, in: Georg Hörmann/Wilhelm Körner (Hg.), Klinische Psychologie – ein kritisches Handbuch, Reinbek 1991, S. 192ff.

184. Josef Rattner, Psychotherapie als Menschlichkeit, Frankfurt/M. 1974, Werbetext auf der 4. Umschlagseite des Fischer TB.

185. Zum VPM vgl. Gasper/Müler/Valentin[6], Sp. 1123-1126; Ingolf Elfler/Holger Reile, VPM – die Psychosekte, Reinbek 1995; Hansjörg Hemminger, VPM, München 1994; Eugen Sorg, Lieblings-Geschichten, Zürich [2]1991.

186. Internet-Präsentation der Dynamischen Psychiatrie http://www.dynpsych.de/dynam-psych.htm vom 4.1.2000.

187. Neurotische Störungen, d.h. (in modernerer Ausdrucksweise) Symptome psychischer Belastung unterhalb der Ebene schwerer Persönlichkeitsstörungen, gibt es in Ammons Sichtweise überhaupt nicht. Durch diese diagnostische Verengung war auch die methodische Verengung vorprogrammiert.

188. A.a.O.

189. Hansjörg Hemminger, Das therapeutische Reich des Dr. Ammon, Stuttgart 1989.

190. Bert Hellinger, Psychotherapie, Religion, Seelsorge, München 2000, S. 213.

191. Vgl. www.hellinger.com.

192. Bei Letzteren wirkt der Familientherapeut Prof. Fritz Simon mit, früher ein erklärter Kritiker der Familienaufstellungen – aber auch Geschäftspartner von Weber (vgl. www. simon-weber.de).

193. Vgl. Rupert Sheldrake, Das Gedächtnis der Natur, München 1997.

194. Bertold Ulsamer, Ohne Wurzel keine Flügel, München 1999, S. 64.

195. So der Titel von Hellingers Hauptwerk (Heidelberg 1993).

196. Micha Hilgers, Alte Ordnungen, Deutsches Allgemeines Sonntagsblatt Nr. 40 (6.10.2000), S. 29.

197. Ebd.

198. Bertold Ulsamer, Ohne Wurzel keine Flügel, München 1999, S. 145.

199. Praxis der Systemaufstellung 1/2000, S. 10.

200. Osho, Jenseits der Grenzen des Verstands, Köln 1997, S. 92.
201. Vgl. Ingrid Riedel/Michael Mildenberger, Bhagwan Shree Rajneesh, Informationen Nr. 78, der EZW, Stuttgart 1980.
202. Vgl. www.tyohar.org.
203. Vgl. Reinhart Hummel, Gurus, Meister, Scharlatane, München 1996, S. 98f.
204. Vgl. Osho, Jenseits der Grenzen des Verstands, Köln 1997 S. 150-192.
205. Zit. nach: Reinhart Hummel, Gurus, Meister, Scharlatane, S. 99.
206. Joachim Süss, Bhagwans Erben, München 1996, S. 59.
207. Der Hoffman-Quadrinity-Prozess hat sich als ein radikaler Gruppenmarathon einen zweifelhaften Namen gemacht (vgl. Hansjörg Hemminger, Kathartische Tiefenpsychologie, neu aufgelegt, in: MDEZW 6/1989, S.189-192 oder www.relinfo.ch). Colin Goldner versteht ihn als Mischung zwischen Primärtherapie und Bonding (siehe dazu 2.1, Ideologische Ansätze Nr. 7 und Nr. 18; vgl. Colin Goldner, Die Psychoszene, Aschaffenburg 2000, S. 303).
208. Zu Avatar vgl. Abschnitt 2.2.3
209. Connection special Nr. 44 (1999), S. 28.
210. Vgl. www.wildgoose.net; vgl. auch Michael Utsch, Vollkommene Freiheit?, in: MDEZW 1/1998, S. 8-12.
211. Vgl. www.vision-der-freude.de; www.transzendenzprozess.de.
212. Vgl. www.weisserlotus.co.at/verein/. Für die österreichische Sektenkritikerin El Awadalla hat das Meditationszentrum von Kiegeland das Stadium eines Guru-Kults erreicht (El Awadalla, Kraftorte – Geldquellen: Österreichischer Sekten- & Esoterik-Atlas, Wien 2000, S. 78).
213. Vgl. www.orgoville.de.
214. Zusammen mit Joachim Galuska in dem Institut TransIT.
215. Vgl. www.iucis.edu.
216. Connection special 44 (1999), S. 94; Gemeinschaftsanzeige im Osho-UTA-Programm 2001, S. 60.
217. Osho-Times 10/1999, S. 57.
218. Im Herbst 2000 wurde der »Bundesverband freier Schulen für ganzheitliche Heilkunde« gegründet, in dem sich ehemalige Thalamus-Heilpraktikerschulen und andere neu formiert haben.
219. Vgl. z. B. Felix Helg, Psychotherapie und Spiritualität, Düsseldorf 2000, S. 216.
220. Vgl. Reinhart Hummel, Gurus, Meister, Scharlatane, S. 99ff.
221. Vgl. Kap IV-2.2.
222. Konrad Meisig, Shivas Tanz, Freiburg 1996, S. 178.
223. Ebd.
224. Vgl. Fritz-Reinhold Huth, Das Selbstverständnis des BhagwanShree Rajneesh in seinen Reden über Jesus. Frankfurt 1993, S. 224.
225. Felix Helg, Psychotherapie und Spiritualität, Düsseldorf 2000, S. 216.
226. Aus: David Godman (Hg.), Ramana Maharshi, München 1991.
227. Vgl. dazu den vorigen Abschnitt.
228. Joachim Süss, Bhagwans Erben, S. 130.
229. Osho-UTA-Programm 2001, S. 50.
230. Ebd.
231. Konrad Meisig, Shivas Tanz, Freiburg 1996, S. 89.
232. Vgl. Cederic Parkin, Die Geburt des Löwen, Freiburg 1998, S. 389.
233. Peter Gerlitz, Art. Mystik I, in: TRE 23 (1993), S. 536.
234. Vgl. z.B. Cederic Parkin, Die Geburt des Löwen, S. 68ff.
235. Shankara, zit. nach: Parkin (a.a.O.), S. 9.
236. Parkin (a.a.O.), S. 383.
237. Joachim Süss, Bhagwans Erben, S. 58.
238. Die dafür bekannteste Ausbildungsstätte ist die von dem früheren Suchttherapeuten Denny Yuson (»Vareesh«) gegründete und geleitete Universität in den Niederlanden (vgl. www.humaniversity.nl).
239. Vgl. www.MitenDevaPremal.com.
240. Parkin-Interviewäußerung in connection special Nr. 50 (2000), S. 43.
241. Peter Gerlitz, Art. Mystik I, in: TRE 23 (1993), S. 538.
242. Zit. in: connection special Nr. 50 (2000), S. 45.
243. Vgl. www.gut-schermau.de.
244. Vgl. www.ost-seminare.de.
245. In Deutschland wird Varner von ihrem Berliner Schüler Veit Lindau gemanagt (vgl. www.terra-libra.de).
246. Vgl. www.andrewcohen.de und www.was-ist-erleuchtung.de.

247. Vgl. www.satsang-allionce.de.
248. Vgl. www.satsang.de. Der Freiburger Lüchow- und der Bielefelder Kamphausen-Verlag bieten dazu eigene Reihen an, Videos vertreibt die Firma Bliss-Video in 88131 Lindau.
249. Vgl. zur Einführung Gerhard Ruhbach/Josef Sudbrack(Hg.) Christliche Mystik, München 1989; detaillierter Bernard McGinn, Die Mystik im Abendland (4 Bände), Freiburg 1994ff.
250. Vgl. zu besonderen Gotteserfahrungen die vielfach aufgelegten Textsammlungen Richard Bucke, Kosmisches Bewußtsein, Frankfurt 1993 (Erstausgabe New York 1901); William James, Die Vielfalt religiöser Erfahrungen, Frankfurt 1997 (Erstausgabe Cambridge 1902); Peter Sloterdijk (Hg.), Mystische Zeugnisse aller Zeiten und Völker, München 1993 (Erstausgabe hrsg. von Martin Buber als »Ekstatische Konfessionen«, Leipzig 1909).
251. Vgl. dazu beispielsweise die vielfach aufgelegten Briefe des Karmelitermönchs Laurentius, Die Gegenwart Gottes, eine wirkliche Erfahrung, Bietigheim o.J.
252. Protagonisten sind z. B. Michael von Brück (theorieorientiert), Willigis Jäger (praxisorientiert, vgl. www.spirituelle-wege.de) oder Raimon Panikkar (vgl. Manuel Gogos, Raimon Panikkar, Mainz 2000).
253. Institut für Spiritualität Münster (Hg.), Grundkurs Spiritualität, Stuttgart 2000, S. 338.
254. Kallistos Ware, Weisen des Gebets und der Kontemplation in der Ostkirche, in: Bernard McGinn u.a. (Hg.), Geschichte der christlichen Spiritualität, Erster Band, Würzburg 1993, S. 394-412, hier S. 398.
255. Bernhard Fraling, Aufhebung aller Pluralität? SdZ 34 (2000), S. 225.
256. Ware, a.a.O., S. 401.
257. Parkin, a.a.O., S. 31.
258. Vgl. Leon Wurmser, Die zerbrochene Wirklichkeit, Berlin 1989.
259. Felix Helg, Psychotherapie und Spiritualität, Düsseldorf 2000, S. 303.
260. Was ist Erleuchtung? 3/1 (2000), S. 21.
261. Balsekar-Interviewäußerung, in: Was ist Erleuchtung? 3/1 (2000), S. 139.
262. Lance Nelson, zit. in: Was ist Erleuchtung? 3/1 (2000), S. 20f.
263. Andrew Cohen, in: Was ist Erleuchtung? 3/1 (2000), S. 21.
264. Ebd.
265. Helg, a.a.O., S. 246.
266. Vgl. Jack Kornfield, Frag' den Buddha und gehe den Weg des Herzens, Frankfurt 1995.
267. Helg, a.a.O., S. 247.
268. Helg, a.a.O., S. 301.
269. Abraham Maslow, Psychologie des Seins, Frankfurt 1985, S. 11f.
270. Vgl. Edith Zundel/Pieter Loomans (Hg.), Psychotherapie und religiöse Erfahrung, Freiburg 1994, S. 7.
271. Zu klassischen Textsammlungen vgl. Fußnote 251.
272. Vgl. dazu II-2.1.
273. Zu C.G. Jung vgl. Murray Stein, C.G. Jungs Landkarte der Seele, Düsseldorf 2000; kritisch: Raimar Keintzel, C.G. Jung, Stuttgart 1991 und Renate Höfer, Die Hiobsbotschaft C.G. Jungs Rotenburg 1997.
274. Mark Waldman, Transpersonale Psychologie. in: Transpersonale Psychologie und Psychotherapie, 2. Jg. (1/1996), S. 5.
275. Nach Charles T. Tart, Bewußtsein aus psychologischer, transpersonaler und parapsychologischer Sicht, in: Psychische Studien 1 (3/2000), S. 118-125 (http://www.psychische-studien.de).
276. Ken Wilber, Die drei Augen der Erkenntnis, München 1988.
277. Vgl. http://wilber.shambhala.com.
278. Das holotrope Atmen wird in Abschnitt 2.1 als Körpertherapieverfahren näher vorgestellt.
279. Vgl. transpersonal.com/ruette-forum sowie www.duerkheim-ruette.de.
280. S.E.N. steht für »Spiritual Emergency Network«, das ins Deutsche mit »Spiritueller Krisendienst« übertragen werden kann (vgl. www.transpersonal.com/sen).
281. Vgl. www.transpersonal.com/dktp.
282. Im Rahmen des 42. Kongresses der Deutschen Gesellschaft für Psychologie (DGPs) in Jena wurde unter der Leitung von Harald Walach erstmalig eine Postergruppe »Transpersonale Psychologie« angeboten, wo die aktuellen Forschungsbemühungen der Fachöffentlichkeit präsentiert wurden. Bezeichnenderweise hatte die »Arbeitsgruppe Religionspsychologie«, die schon seit einigen Jahren in der DGPs etabliert ist, es abgelehnt, dem transpersonalen Ansatz in ihrer Veranstaltung Raum zu geben.
283. Ingo Jahrsetz, Holotropes Atmen, Stuttgart 1999, S. 259.
284. Alfred Adler, Der Sinn des Lebens, Frankfurt 1973, S. 78.
285. Vgl. Ronald Wiegand, Psychotherapeutische Grundorientierungen, in: Zeitschrift für Individualpsychologie 23/4 (1998), S. 348.

286. Jerome Kagan, Die drei Grundirrtümer der Psychologie, Weinheim 2000, S. 262.
287. Vgl. hierzu die herausfordernden Thesen des Vereins Christen im Gesundheitswesen (www.cig-online.de/thesen.html).
288. Richard Webster 1995, zit. nach: Der Spiegel 25 (1998), S. 197.
289. Manfred Pohlen/Margarethe Bautz-Holzherr, Psychoanalyse – das Ende einer Deutungsmacht, Reinbek 1995, S. 34f.
290. Michael Wirsching, Jenseits des Schulenstreits, Frankfurt 1998, S. 66.
291. Rolf Degen, Beihilfe zum Selbstbetrug, 1996, in: Jörg Martin (Hg.), Psychomanie, Frankfurt 1996, S. 132 ff.
292. Vgl. Manfred Pohlen/Margarethe Bautz-Holzherr, Psychoanalyse – das Ende einer Deutungsmacht, Reinbek 1995, S. 38.
293. Hilarion Petzold/Ilse Orth, Die Mythen der Psychotherapie, Paderborn 1999, S. 108.
294. Zit. nach: Barbara Supp, Wie ich Ich werde, Spiegel Reporter Nr. 7 (2000), S. 26.
295. Wirsching, a.a.O., S. 229.
296. Hansjörg Hemminger, Kindheit als Schicksal? Reinbek 1986; Dieter E. Zimmer, Tiefenschwindel, Reinbek 1990; Ursula Nuber, Der Mythos vom frühen Trauma, Frankfurt 1995; Jerome Kagan, Die drei Grundirrtümer der Psychologie, Weinheim 2000; Rolf Degen, Lexikon der Psycho-Irrtümer, Frankfurt 2000.
297. Cornelie Becker/Peter Wiechens, Wer anfängt, gewinnt, in: Jörg Martin (Hg.), PsychoManie, Frankfurt 1996, S. 104.
298. Zit. nach: Ursula Nuber, Der Mythos vom frühen Trauma, Frankfurt 1995, S. 220.

Hans-Jürgen Ruppert
Suche nach Erkenntnis und Erleuchtung – moderne esoterische Religiosität

1. Vgl. Hubert Cancik, Art. Esoterik, in: HRWG 2, Stuttgart 1990, S. 345f.; Christoph Bochinger, »New Age« und moderne Religion, Gütersloh 1994, S. 372ff.; Andreas Resch, Welt- und Menschenbilder der Paranormologie, in: ders. (Hg.), Die Welt der Weltbilder, ImM 14, Innsbruck 1994, S. 73.
2. Wouter J. Hanegraaff, New Age Religion and Western Culture. Esotericism in the Mirror of Secular Thought, Leiden u.a. 1996, S. 384f. – Lévi hat »l'ésotérisme« möglicherweise aus Jaques Matters »Histoire du gnosticisme« (1828) übernommen; vgl. Hanegraaff, New Age Religion and Western Culture, S. 385f.
3. So Peter Sloterdijk, Die Geburt der Magie oder Suche nach dem Anderswo, in: F.A.Z. magazin Nr. 836 vom 8.3.1996, S. 22.
4. Georg Schmid, Im Dschungel der neuen Religiosität. Esoterik, östliche Mystik, Sekten, Islam, Fundamentalismus, Volkskirchen, Stuttgart 1992, S. 55.
5. Hans-Dieter Leuenberger, Sieben Säulen der Esoterik, Freiburg 1989, S. 22.
6. Zur Begrifflichkeit vgl. Edmund Runggaldier, Philosophie der Esoterik, Stuttgart 1996, S. 125.
7. Von diesem Sachverhalt ausgehend verwendet Karl R. H. Frick im »Kursbuch der Weltanschauungen« (Frankfurt u.a. 1980, S. 245ff.) im Blick auf die moderne Esoterik auch den Begriff des »modernen Illuminismus«. Wegen der leichten Verwechselbarkeit mit der Bezeichnung »Illuminaten« ist dieser Begriff aber keine befriedigende Alternative zu »Esoterik« und »Okkultismus« (vgl. auch Frick, Die Erleuchteten, Graz 1973; Licht und Finsternis, 2 Bde., Graz 1975/1978).
8. Vgl. Hans-Jürgen Ruppert, Art. Okkultismus, in: LThK[3] 7, Sp. 1011f.
9. Kurt Hutten, Die Herausforderung der Theologie durch die Okkultbewegungen, Impulse Nr. 4 der EZW, Stuttgart 1969, S. 6ff.; vgl. ders., Sehnsucht nach der Überwelt. Protestbewegungen gegen den Säkularismus, Information Nr. 11 der EZW, Stuttgart 1964, S. 6ff.
10. Wouter J. Hanegraaff, New Age Religion and Western Culture, S. 423.
11. Ebd., S. 517f.
12. Norbert Bolz, Die neuen Götter des Marktes, in: Universitas, S. 618.
13. Vgl. Hartmut Zinser, Art. Esoterik, religionswissenschaftlich, in: RGG[4] 2, Sp. 1581.
14. Vgl. z.B. Michael Baigent/Richard Leigh, Verschlusssache Jesus. Die Qumranrollen und die Wahrheit über das frühe Christentum, München 1991; dies., Der Heilige Gral und seine Erben. Ursprung und Gegenwart eines geheimen Ordens, Bergisch Gladbach 1994; dies., Unter den Tempeln Jerusalems. Pharaonen, Freimaurer und die Entdeckung der geheimen Schriften Jesu, Bern 1997; Jan van Helsing, Geheim-Gesellschaften und ihre Macht im 20. Jahrhundert oder Wie man die Welt nicht regiert. Ein Weg-

weiser durch die Verstrickungen von Logentum mit Hochfinanz und Politik, Lathen 1993; ders., Buch 3: Der dritte Weltkrieg, Lathen 1996. – Kritisch dazu: Eduard Gugenberger/Franko Petri/Roman Schweidlenka, Weltverschwörungstheorien. Die neue Gefahr von rechts, Wien/München 1998; Matthias Pöhlmann, Endzeit oder Wendezeit? Esoterisches Überwissen an der Schwelle vom alten Kosmos zum neuen Zeitalter, in: Gymnasialpädagogische Materialstelle der Ev.-Luth. Kirche in Bayern (Hg.), Wer schreibt Geschichte? Erlangen 1999, S. 85-102.

15. Vgl. Rodney Stark/William S. Bainbridge, The Future of Religion. Secularization, Revival and Cult Formation, Berkeley 1985, S. 24ff.; Hartmut Zinser, Der Markt der Religionen, München 1997, S. 120ff.

16. Einteilung nach Bernhard Grom, Esoterik heute, in: StZ 6/1986, S. 364-368.

17. Vgl. Reinhart Hummel, Synkretismus, in: HRGF, S. 460 unter Bezug auf Eliade und Lanczkowski.

18. Im Anschluss an die Definition von »Postmoderne« im Sinne unaufhebbarer, radikaler Pluralität der Werte und Wahrheiten als Zukunfts-Signatur vgl. Hans Joachim Türk, Postmoderne, Reihe Unterscheidung, Mainz/Stuttgart 1990, S. 13; 115.

19. S.o. Hanegraaff (Anm. 2, 10 u. 11) sowie Johann Figl, Die Mitte der Religionen. Idee und Praxis universalreligiöser Bewegungen, Darmstadt 1993, S. 139f.; 169ff., zur ambivalenten Haltung neureligiös-esoterischer Strömungen gegenüber der Moderne.

20. Peter Sloterdijk (wie Anm. 3).

21. Dazu Hartmut Zinser, Der Markt der Religionen, S. 149ff.

22. Bernhard Grom, Faszination Esoterik. Kriterien für einen verantwortlichen Umgang, in: StZ 4/2000, S. 260, unter Bezug auf J. Schroth, Bücher zum Glück, in: Börsenblatt des Deutschen Buchhandels 166 (1999) Nr. 36, S. 24-26.

23. Beispiele nach Werner Thiede, Wenn der Mondengel das Christusbewusstsein aktiviert. Esoterik auf dem Weg zur neuen »Zivilreligion«?, in: Homiletisch-Liturgisches Korrespondenzblatt NF 12, 1994/95, S. 419.

24. Friedrich Kluge, Etymologisches Wörterbuch der deutschen Sprache, Berlin [19]1963, S. 483.

25. Andreas Resch, Art. Magie, in: Gasper/Müller/Valentin[6], Sp. 618.

26. Ebd., Sp. 624.

27. Andreas Resch, Art. Mantik, in: Gasper/Müller/Valentin[6], Sp. 636f.

28. Hans Biedermann, Handlexikon der magischen Künste von der Spätantike bis zum 19. Jahrhundert, Bd. 2, Graz [3]1986, S. 278.

29. Clemens Zintzen, Art. Zauberei, Zauberer, in: Der Kleine Pauly. Lexikon der Antike, Bd. 5, München 1979, Sp. 1461.

30. Bill Schul/Ed Pettit, Die geheimnisvollen Kräfte der Pyramide, München [7]1987, S. 49.

31. Hartmut Zinser, Der Markt der Religionen, S. 65.

32. Vgl. z.B. David Luczyn, Magisch Reisen – Deutschland, München 1991; kritisch: Ulrich Magin, Geheimwissenschaft Geomantie. Der Glaube an die magischen Kräfte der Erde, München 1996.

33. Vgl. Harald Achilles, Der Geist der Pyramide. ETORA – Ein esoterisches Ferien- und Therapiezentrum auf Lanzarote, in: MDEZW 7/1992, S. 206ff.

34. »Urlaub in der Spaßfabrik«, in: »stern«, 22.4.1993, S. 34f.; zu ähnlichen Angeboten im »Club Mediterranee« vgl. Eduard Gugenberger, »Mystic Journeys«: Spiritueller Ausverkauf im New Age-Supermarkt, in: MDEZW 1/1995, S. 17.

35. Hartmut Zinser, Der Markt der Religionen, S. 78.

36. Ebd., S. 79.

37. Hans-Joachim Höhn, City-Religion. Soziologische Glossen zur »neuen« Religiosität, in: Hessisches Pfarrerblatt 6/1989, S. 188-191.

38. Ebermut Rudolph, Magisch-mediales Heilen im oberdeutsch-alpenländischen Raum unter besonderer Berücksichtigung des Spruchheilens, in: Wiener Dialog über Ganzheitsmedizin, Wien 1988, S. 341.

39. Zur Abgrenzung von Esoterik und »Aberglaube« vgl. Hansjörg Hemminger, in: Hansjörg Hemminger/ Bernd Harder, Was ist Aberglaube?, Gütersloh 2000, S. 12ff.

40. Hemminger, ebd., S. 18.

41. Vgl. Friedrich-Wilhelm Haack, Scientology – Magie des 20. Jahrhunderts, München 1982; Werner Thiede, Scientology – Religion oder Geistesmagie?, RAT 1, Neukirchen-Vluyn [2]1995.

42. Hartmut Zinser, Traumreisen und Schamanisieren. Beobachtungen zum »New Age«-Schamanismus, in: MDEZW 9/1988, S. 249-260.

43. Heinz Stark, Heilsame Rückkehr der Ahnen. Schamanische Elemente in Familienaufstellungen, in: connection special 6-7/2000, S. 14ff.

44. Christian Rätsch, Techno-Schamanen, in: connection special 6-7/2000, S. 46.

45. connection 5/2000, S. 9.

46. esotera 4/2000, S. 96.

47. Zit. nach: MDEZW 5/1987, S. 143.

48. Hans-Joachim Höhn, City-Religion, a. a. O., S. 191.

49. Joseph Murphy, Kernreligion, Eschwege 1965, S. 7.

50. Ebd., S. 9.

51. Bereits 1989 in 42. Auflage!

52. Joseph Murphy, Kernreligion, S. 17f.

53. Ebd., S. 36.

54. esotera 1979, S. 640.

55. Joseph Murphy, Kernreligion, S. 48.

56. Ders., TELE-PSI. Die Macht Ihrer Gedanken, Seeshaupt 1979, S. 102; kritisch zu Murphy u.a.: Rudolf Lang, Positives Denken. Möglichkeiten und Grenzen – Wie unterscheidet es sich vom Beten?, Schriftenreihe Grenzgebiete 15, Öhringen ²1993; Günter Scheich, »Positives Denken« macht krank, Frankfurt/M. 1997.

57. Näheres s. Wolfram Janzen, Wahrsagen, Reihe Unterscheidung, Mainz/Stuttgart 1994, S. 41ff.

58. Eberhard Bauer, Art. Parapsychologie. I. Allgemein, in: LThK³ 7, Sp. 1374f.

59. Ebd., Sp. 1375f.

60. Vgl. Hans Bender, Unser sechster Sinn, Stuttgart 1971; Walter von Lucadou, Wie »hell« sehen Hellseher?, in: Zeitschrift für Parapsychologie und Grenzgebiete der Psychologie 33, 3-4/1991, S. 237-249.

61. Ernst Bloch, Das Prinzip Hoffnung, Bd. 3, Frankfurt/M. 1968, S. 1396.

62. Näheres s. Hans-Jürgen Ruppert, Helena Blavatsky – Stammutter der Esoterik, EZW-Texte 155, Berlin 2000.

63. Zu Croiset vgl. auch: Günter Ewald, »Ich war tot«. Ein Naturwissenschaftler untersucht Nahtod-Erfahrungen, Augsburg 1999, S. 89; 98; 112; 154.

64. Zu T. Ring vgl. Hannelore Schilling, »Wie oben so unten, wie unten so oben«. Grundformen der Astrologie, in: MDEZW 1976, 36.

65. Vgl. »Handelsblatt«, 31.12.1998, S. 60.

66. Vgl. H.-J. Ruppert, Vom Sternenkult zum Computerhoroskop, EZW-Texte 150, Berlin 1999, S. 1ff.

67. Wolfram Janzen, Astrologie oder christlicher Glaube?, in: Hermann Kochanek (Hg.), Horoskop als Schlüssel zum Ich, Leipzig 1995, S. 114.

68. Nach Hans-Jürgen Ruppert, Art. Magie: IV. Praktisch-theologisch, in: TRE 21, S. 701f.

69. Kurt Hutten, Überweltpropheten gegen Diesseitigkeitsapostel, in: Eberhard Bauer (Hg.), Psi und Psyche (FS Hans Bender), Stuttgart 1974, S. 91. – Neuerdings fordert der lutherische Theologe Hans-Martin Barth die Integration von »Parapsychologie und Psi-Forschung«, ja sogar von »Grenzwissenschaften« wie Astrologie, in die Arbeit einer »post-säkularen« Theologie. Vgl. Hans-Martin Barth, Theologie der Säkularisation heute: Post-säkulare Theologie, in: NZSTh 39, 1/1997, S. 36.

70. Ernst Benz, Christlicher Glaube und Parapsychologie (Vortrag beim 15. Deutschen Ev. Kirchentag 1973), in: ders., Parapsychologie und Religion, Freiburg 1983, S. 20ff.

71. Andreas Resch, Art. Mantik, in: Gasper/Müller/Valentin⁶, Sp. 634.

72. Gerd Theissen, Soziologie der Jesusbewegung, München ⁵1988, S. 104.

73. Johannes Mischo, Okkultismus und Seelsorge, in: Joachim Müller u.a., New Age – aus christlicher Sicht (= Weltanschauungen im Gespräch 1), Freiburg (Schweiz)/Zürich 1987, S. 163.

74. Karl Rahner, Visionen und Prophezeiungen. Zur Mystik und Transzendenzerfahrung um einen Anhang erw. Neu-Ausgabe der 2. Auflage, hg. v. Josef Sudbrack Freiburg 1989, S. 28; 97.

75. Ebd., S. 87f.

76. Dies wird empirisch bestätigt durch die im Juli 2000 bekannt gewordenen Ergebnisse einer international vergleichenden Umfrage zur Astrologie. Für die auch Ost- und Westdeutschland umfassende Ländergruppe resümiert Edgar Wunder: »In diesen Ländern ist das Immunisierungspotenzial der christlichen Religion gegen die Astrologie vollends zusammengebrochen, was mit der starken Marginalisierung des christlichen Glaubens ... zusammenhängen dürfte, der ... ganz damit beschäftigt ist, sich gegen die übermächtig werdende säkulare Strömung noch zu erwehren.« (Ist Astrologie Glaubenssache? Neue international vergleichende Bevölkerungsumfrage zur Astrologie, in: Meridian 6/2000, S. 40)

77. Norbert Bolz, Forever young – die alterslose Gesellschaft, in: Universitas 7/2000, S. 669.

78. Bernhard Grom, Gesundheit und »Glaubensfaktor«. Religiosität als Komplementärmedizin?, in: StZ 6/1998, S. 413.

79. Vgl. Alexander Ernst, New Age – ein neuer Weg zu körperlicher und seelischer Gesundheit?, in: MDEZW 1/1991, S. 15-25.

80. Zit. nach: Stiftung Warentest (Hg.), in Zusammenarbeit mit Krista Federspiel/Vera Herbst, Die andere Medizin, Berlin/Stuttgart 1991, S. 193.

81. Vgl. Hans-Jürgen Ruppert, Okkultismus. Geisterwelt oder neuer Weltgeist?, Wiesbaden/Wuppertal 1990, S. 100; 264ff.
82. Vgl. DGH-Info 1/1995, S. 3.
83. Zit. bei: Harald Wiesendanger, Das große Buch vom geistigen Heilen, München 1995, S. 74.
84. Allan Kardec, Das Buch der Geister, Freiburg 1987, S. 304.
85. Karl Marx/Friedrich Engels, Werke, Bd. 23, S. 85, Anm. 25, zit. nach: Hans-Jürgen Ruppert, Okkultismus, Wiesbaden/Wuppertal 1990, S. 64.
86. Ernst Benz, Gebet und Heilung im brasilianischen Spiritismus, in: ders., Parapsychologie und Religion, S. 108.
87. Begriff nach Massimo Introvigne, Il Cappello del Mago, Mailand 1990, S. 52.
88. Vgl. »Schlussbetrachtung« in: Allan Kardec, Das Buch der Geister, S. 300ff.
89. Rudolf Tischner, Mesmers Bedeutung für die Metapsychik, in: Hans Bender (Hg.), Parapsychologie, Darmstadt 1966, S. 49.
90. Vgl. Hans-Jürgen Ruppert, Okkultismus, S. 232ff.; 248; 249. – In seinem Roman »Am Jenseits« setzt sich Karl May auch mit dem seit der heutigen »Thanatologie«-Welle so populären Thema der »Todesnähe-Erfahrungen« auseinander; vgl. dazu Eckard Etzold, Karl May – Am Ort der Sichtung. Ein literarisches Todesnähe-Erlebnis (Sonderheft der Karl-May-Gesellschaft Nr. 81), Hamburg 1989.
91. Vgl. Ernst Benz, Gebet und Heilung im brasilianischen Spiritismus, in: ders., Parapsychologie und Religion, S. 108.
92. Ebd., S. 113.
93. Vgl. die Forschungen Mischos, Zinsers u.a. (Literaturverzeichnis).
94. Elisabeth Kübler-Ross, Über den Tod und das Leben danach, Melsbach ⁶1986, S. 9, zit. nach: Rüdiger Sachau, Die eine christliche Kultur und die vielen religiösen Lebenswelten, in: Hans-Christoph Goßmann/Gabriele Lademann-Priemer/Jörn Möller (Hg.), Identität und Dialog (FS Bendrath), Hamburg 1995, S. 153; vgl. auch Rüdiger Sachau, Elisabeth Kübler-Ross: Über die Grenze des Todes hinaus?, in: MDEZW 11/1987, S. 313-323.
95. Vgl. Kenneth Ring, Den Tod erfahren – das Leben gewinnen, Bergisch Gladbach 1984, S. 334f.; Werner Thiede, Die mit dem Tod spielen. Okkultismus – Reinkarnation – Sterbeforschung, Gütersloh 1994, S. 93ff.
96. Vgl. auch Ewalds Beitrag: Hat Religion eine biologische Basis? Über Nahtod-Erfahrungen, in: Reinhard Hempelmann/Ulrich Dehn (Hg.), Dialog und Unterscheidung (FS Reinhart Hummel), EZW-Texte 151 (Sonderausgabe), Berlin 2000, S. 157-166.
97. Hubert Knoblauch, Berichte aus dem Jenseits. Mythos und Realität der Nahtod-Erfahrung, Freiburg 1999.
98. Vgl. Hans-Jürgen Ruppert, Channeling, in: MDEZW 12/1990, S. 357ff.
99. Vgl. Matthias Pöhlmann, »Ein Kurs in Wundern« – Streit um Urheberrechte, in: MDEZW 10/1999, S. 306ff.
100. Vgl. Ulrich Kaiser, Esoterik im Internet, München 1997, S. 109.
101. David Spangler, New Age. Die Geburt eines Neuen Zeitalters (Aus dem Amerikanischen v. Susanne Schaup), Frankfurt/M. 1978, S. 50.
102. Massimo Introvigne, Il Cappello del Mago, S. 57ff.; 74ff.
103. Hans-Jürgen Ruppert, Okkultismus, S. 241.
104. Ulrich Linse, Art. Spiritismus, in: Metzler Lexikon Religion, Bd. 3, Stuttgart/Weimar 2000, S. 357; zur Rolle weiblicher »Medien« s. auch: Ann Braude, Radical Spirits: Spiritualism and Woman's Rights in Nineteenth-Century America, Boston 1969; Alex Owen, The Darkened Room: Women, Power and Spiritualism in Late Victorian England, Philadelphia 1990; Catherine Wessinger (Hg.), Women's Leadership in Marginal Religions: Explorations Outside the Mainstream, Urbana, Illinois 1993 (Rez. v. Ellen Eisenberg, in: Syzygy 3,1-2/1994, S. 174ff.).
105. Vgl. Massimo Introvigne, Il Cappello del Mago, S. 17; 74; 87ff.; 422. – »Damanhur« soll ursprünglich der Name einer unterirdischen Stadt in der Nähe von Alexandria in Ägypten gewesen sein, wo eine esoterische Schule bestanden haben soll (vgl. Friedrich-Wilhelm Haack, Die Lebensgottheit und der Bibelgott. New Age, Okkultismus, Christenglaube, München 1988, S. 64).
106. Nach Introvigne, ebd. S. 17.
107. Lt. Rainer Flasche, Art. Umbanda, in: EKL³ 4, Sp. 1007f.
108. Hubert Seiwert, Art. Caodaismus, in: RGG⁴ 2, Sp. 57.
109. Vgl. Massimo Introvigne, Il Cappello del Mago, S. 59ff., zur Distanzierung des orthodoxen Kardecismus von Umbanda.
110. Ebd., S. 61.

111. Ebd., S. 60.
112. Vgl. EAR[5], S. 650.
113. Helena P. Blavatsky, Der Schlüssel zur Theosophie (1889), Satteldorf [3]1995, S. 98.
114. Wichtig dessen Kritik an Blavatsky: vgl. dazu Hans-Jürgen Ruppert, Helena Blavatsky – Stammutter der Esoterik, S. 24, Anm. 7.
115. Vor allem Swedenborg und der unter seinem Einfluss stehende nordamerikanische Spiritismus Davis'scher Richtung.
116. Vgl. dazu Peter Michel, Die Botschafter des Lichtes, Bd. 1, Forstinning 1983, S. 207ff., zur Reinkarnationsauffassung Blavatskys.
117. Zu den Beziehungen Maria Montessoris zur »Theosophischen Gesellschaft« (Adyar) vgl. Rüdiger Blankertz, Erziehung zur Sachlogik II. Von den weltanschaulichen Grundlagen der Montessori-Pädagogik, in: Das Goetheanum 78, 12/1999, S. 213.
118. Rudolf Steiner, Anthroposophische Leitsätze, GA 26 (1924-25), Dornach 1962, S. 14 (»Erster Anthroposophischer Leitsatz«).
119. Ders., Theosophie, GA 9, S. 134.
120. Ders., Die Geheimwissenschaft im Umriss, GA 13, S. 29f.
121. Ders., Das Lukas-Evangelium, GA 114, S. 22; 20.
122. Ders., Mein Lebensgang, GA 28, S. 301.
123. Ders., Grundbegriffe der Theosophie, GA 53, zit. nach: Wiederverkörperung. Themen aus dem Gesamtwerk 9, S. 56.
124. Ebd., S. 70f.
125. Ders., Die Offenbarung des Karma, GA 120, zit. nach: Wiederverkörperung, S. 39.
126. Ders., Vorträge und Kurse über christlich-religiöses Wirken 1, GA 342, S. 100.
127. Ders., Christus und die geistige Welt, S. 72.
128. Ders., Aus der Akasha-Forschung. Das Fünfte Evangelium, GA 148.
129. Jan van Rijkenborgh (Pseud. v. Jan Leene), Die Gnosis in aktueller Offenbarung, Haarlem 1956, S. 136.
130. Vgl. das nachstehende Literaturverzeichnis. Für die folgenden Ausführungen vgl. die ausführlichere Behandlung zeitgenössischer religiöser Ufologien in: Andreas Grünschloß, Wenn die Götter landen ... Religiöse Dimensionen des UFO-Glaubens, EZW-Texte 153, Berlin 2000.
131. In der vorliegenden Darstellung werden diese unterschiedlichen *nicht-religiösen* »UFO-Forschungsgemeinschaften«, die sich auch im Internet darstellen, nicht weiter berücksichtigt. *Positiv* auf die Existenz von UFOs bezogen sind z. B. die »Gesellschaft zur Untersuchung von anomalen und Radar-Erscheinungen« MUFON-CES e.V. (www.mufon-ces.org), ein europäischer Zweig des »Mutual UFO Network« MUFON (www.mufon.com) sowie von Dänikens »Ancient Astronaut Society«, heute meist »Gesellschaft für Archäologie, Astronautik und SETI« (www.aas-fg.org). Kritisch eingestellt sind Gruppen wie z. B. die »Gesellschaft zur Erforschung des UFO-Phänomens« GEP e.V. (www.ufo-forschung.de), die »Gesellschaft zur wissenschaftlichen Untersuchung von Parawissenschaften« GWUP e.V. (www.gwup.de) oder das »Centrale Erforschungsnetz für außergewöhnliche Himmelsphänomene« CENAP (www.alien.de/cenap). In Deutschland bot zunächst die (auch von Kontaktler-Ufologien mitinspirierte) »Deutsche UFO/IFO Studiengesellschaft« DUIST e.V., Wiesbaden lange Zeit einen regen Umschlagplatz für ufologische Informationen und Aktivitäten (u.a. auch int. UFO-Kongresse). Die Nachschlagewerke von Jerome Clark, aber auch viele entsprechende Internetseiten liefern Informationen zu diesen verschiedenen UFO-Forschungsgemeinschaften (vgl. noch NICAP, CUFOS, APRO, BUFORA u.a.), aber auch zu einschlägigen Kommissionen, Dokumentationsprojekten oder Gremien (Project Blue Book, Project Sign, Project Grudge, Condon Report, etc.) und diesbezüglichen Publikationen.
132. Vgl. dazu kritisch aus naturwissenschaftlicher Perspektive Markus Pössel, Phantastische Wissenschaft. Über Erich von Däniken und Johannes von Buttlar, Reinbek 2000.
133. Erich von Däniken, »Erhielten unsere Vorfahren Besuch aus dem Weltall?«, Dokumentarbericht – 7. Internationaler Weltkongreß der UFO-Forscher in Mainz 1967, Wiesbaden 1968, S. 94–97 (hier: S. 97). Vgl. den ersten Bestseller dieses international erfolgreichen »Prä-Astronautik«-Autors: Erinnerungen an die Zukunft. Ungelöste Rätsel der Vergangenheit, Düsseldorf 1968 (Neuausgabe: 1992).
134. Mit »Euhemerismus« bezeichnet man die weltweit verbreitete, nach Euhemeros von Messana benannte religionskritische Theorie, der zufolge es herausragende Menschen waren, die wegen ihrer Verdienste allmählich in den Rang unsterblicher Götter erhoben wurden (Apotheose).
135. Erich von Däniken, Auf den Spuren der Allmächtigen, München 1993, S. 189; vgl. auch S. 122ff.
136. Walter-Jörg Langbein, Götter aus dem Kosmos, Rastatt 1998, S. 257.

137. Vgl. den Überblick von John A. Saliba, in: James Lewis, The Gods Have Landed, Albany/New York 1995, S. 15-64.

138. Vgl. neben Ernst Benz, Außerirdische Welten, auch Burkhard Gladigow, Andere Welten – andere Religionen?, in: Fritz Stolz (Hg.), Religiöse Wahrnehmung der Welt, Zürich 1988, S. 245ff.

139. Einen ausführlichen bibliografischen Überblick liefern J. Gordon Melton und G.M. Eberhart, The Flying Saucer Contactee Movement, 1950–1994: A Bibliography, in: James Lewis (Hg.), The Gods Have Landed. Knappe Informationen zu einzelnen Kontaktlern und ihrer Wirkungsgeschichte (Lit.), in: Jerome Clark, The UFO Encyclopedia, Vol. 1 u. 2, Detroit ²1997. Einschlägige ufologische Buchtitel in Deutschland über den Ventla Verlag in Gütersloh (gegr. v. Karl Veit); vgl. auch die z.Zt. zweimonatlich erscheinenden UFO-Nachrichten (Obergünzburg).

140. Die erste Durchsage »Ashtars« an den Kontaktler George Van Tassel begann mit den Worten: »Heil euch Wesen von Shan (=Erde)! Ich grüße euch in Liebe und Frieden, ich bin Ashtar, Kommandant des Quadra Sektors, Überwachungsstation Schare, alle Projektionen und Wellenbereiche. Grüße durch den Rat der Sieben Lichter! Inspiriert mit dem inneren Licht seid ihr einst hierher gebracht worden, um euren Mitmenschen zu helfen. Ihr seid Sterbliche und andere Sterbliche können nur so viel verstehen, wie ihre Mitmenschen begreifen können. In einem gewissen Sinn ist es der Zweck dieser Organisation, die Menschheit vor sich selbst zu retten. Vor einigen Jahren (nach eurer Zeitrechnung) sind eure Astrophysiker nämlich in das ›Buch des Wissens‹ eingedrungen und haben die Atomexplosion entdeckt.« (18. Juli 1952)

141. Auch in dieser Bezeichnung ist die Kontinuität zu der amerikanischen I AM-Bewegung der Theosophie erkenntlich (begründet von Guy Ballard alias Godfré Ray King).

142. Eine gleichnamige esoterische UFO-Gruppe »The Ground Crew« bzw. »Ground Crew Project« wurde von mir an anderer Stelle beschrieben. Vgl. Andreas Grünschloß, »›When we enter into my Father's spacecraft‹ – Cargoistic hopes and millenarian cosmologies in new religious UFO movements«, in: Marburg Journal of Religion 3:2, 1998 (online zugänglich unter: »www.uni-marburg.de/fb03/religionswissenschaft/journal/mjr/ufogruen.html«).

143. Vgl. die ZDF-Fernsehdokumentation »Endzeitfieber« aus dem Jahr 1998.

144. Der heiße Draht 47/1996, S. 17.

145. Der heiße Draht 76-77/1998 (= Sonderausgabe »Die Umwandlung«), S. 39; 42; 69.

146. Hubbards Sciencefiction-Romane erfreuen sich nicht nur nebenbei großer Beliebtheit bei Scientology-Mitgliedern, und die Organisation bemüht sich auch sehr um die Verbreitung von Hubbards Veröffentlichungen in diesem Genre. Vgl. in der Online-Bibliografie von Marco Frenschkowski, L. Ron Hubbard and Scientology: An annotated bibliographical survey of primary and selected secondary literature, in: Marburg Journal of Religion 4:1, July 1999; »www.uni-marburg.de/fb03/religionswissenschaft/journal/mjr/frenschkowski.html«, die virtuelle Seite 2 für einen kommentierten Überblick über »Hubbard's literary output (fiction)«; ders., Hubbard, Lafayette Ronald (›Ron‹), in: BBKL 16 (ebenfalls online abrufbar unter: www.bautz.de/bbkl/h/hubbard_l_r.shtml).

147. Vgl. für zwei plakative Textbeispiele Andreas Grünschloß, Wenn die Götter landen .., S. 35f.

148. New Era Publications International (Hg.), Was ist Scientology? Basierend auf den Werken von L. Ron Hubbard (1993), Kopenhagen 1998 (engl. Orig.: Church of Scientology International 1992, 1993, 1998). Ich benutze das Kürzel WIS 1998 für diese Selbstdarstellung.

149. L. Ron Hubbard, Scientology – Grundlagen des Denkens (1956), Kopenhagen 1992, S. 97.

150. Ebd.

151. Dieser Gedanke wird v. a. in Hubbards, A Hymn of Asia. An Eastern Poem (1965; Ms. v. 1955/56), New Era Publications 1984, breit entfaltet: »Am I Metteyya? ... I come to bring you all that Lord Buddha would have you know of life, Earth and Man.«

152. Trevor James Constable identifizierte die angeblichen Aliens der Kontaktler-Szene als »verkleidete Dämonen«, »Diener der Dunkelheit« und des Antichristen; John A. Keel sah in den angeblichen Außerirdischen letztlich »ultraterrestrials«, d. h. dämonische Wesen aus einer anderen »ätherischen« Sphäre. Vgl. Jerome Clark, The UFO Book, S. 429ff.; 492ff. – Diese dämonologische Interpretation, bei der »Dämonen in Raumanzügen« an die Stelle von »Engeln in Raumanzügen« (Clark) gesetzt werden, fand Eingang in verschiedene ufologische Diskurse. Dabei wurden auch motivgeschichtliche Verbindungen zwischen den »modernen« Ufonen und eher herkömmlichen Wesenheiten aus der numinosen Halbwelt der populären Folklore (Geister, Zwerge, Kobolde, Elfen etc.) postuliert: z. B. spukhaftes Auftauchen und Verschwinden, Entführungsgeschichten mit z. T. sexueller Komponente, elfengleiche Hilfeleistungen und koboldhafte Umtriebe, Herkunft von den Sternen (Sternelütli). Vgl. Sergius Golowin, Götter der Atom-Zeit. Moderne Sagenbildungen um Raumschiffe und Sternenmenschen, Bern ²1980.

153. Noch ein halbes Jahr vor dem kollektiven Suizid stieß ein Ehepaar zu Heaven's Gate, das über das Inter-

net auf die Gruppe aufmerksam geworden war. Während der Mann schon bald wieder ausstieg, konnte die Frau tatsächlich für die radikale apokalyptische Vision der Gruppe gewonnen werden (vgl. arte-Dokumentation »Leben und Sterben der Heaven's Gate Sekte« 1998).

154. Die alten Körper (»vehicle«, »container«) würden dann zurückgelassen und durch bessere ersetzt werden, was die Heaven's-Gate-Internetseite »How a Member of the Kingdom of Heaven might appear« mit einer geradezu topischen Alien-Büste illustriert. – Die letzte wissenschaftliche Abhandlung über Heaven's Gate vor den Ereignissen des Jahres 1997 stammt aus der Hand von R. Balch (der zur Zeit eine Buchpublikation zu Heaven's Gate vorbereitet). 1993 beobachtete er bereits »an apocalyptic tone that was much more dramatic than anything I had heard in 1975«; offenbar ging die Gruppe bereits 1993 davon aus, dass der Big Beam (lift-off) nun innerhalb der allernächsten Jahre zu erwarten sei (vgl. R. Balch, Waiting for the Ships ..., in James Lewis, The Gods Have Landed. Vgl. auch Andreas Grünschloß, »When we enter into my Father's spacecraft« (wie Anm. 142).

155. Vgl. die von Sebastian Murken im Auftrag des Ministeriums für Kultur, Jugend, Familie und Frauen (Rheinland-Pfalz) verfasste Studie »Jahrtausendwechsel: Endzeit, Wendezeit, Neue Zeit? Zur psychologischen Bedeutung von Endzeiterwartungen«, Mainz 1999.

156. Vgl. die mit ufologischen Themen und Erlebnissen gespickte Autobiografie des Yogananda-Schülers Norman Paulsen, Sunburst – Return of the Ancients. An Autobiography, Goleta/CA 1980.

157. Die ursprünglichen Publikationen Raels – Das Buch, das die Wahrheit sagt, sowie: Die Außerirdischen haben mich auf ihren Planeten mitgenommen (frz. Orig. 1974 und 1975) – wurden mittlerweile in einem Buch zusammengefasst: Rael, Das wahre Gesicht Gottes, o.O. 1998. Das Buch: Empfangt die Außerirdischen (frz. Orig.: Accueillir les Extra-Terrestres, 1979), ist derzeit als dt. Übers. in Vorbereitung.

158. Vgl. z. B. die Ausführungen zu dieser dezidiert materialistischen Anthropologie in Rael, Die sinnliche Meditation. Die Erweckung des Geistes durch die Erweckung des Körpers, Weiden 1994, S. 39-56. (Überschrift: »Der Mensch: ein sich selbst programmierender und in sich selbst fortpflanzender biologischer Computer«).

159. Neben diesem schon lange anvisierten Projekt für menschliches Klonen plant die Gruppe z. Zt. den Bau einer kostspieligen »Weltraum-Botschaft«, in der die Kulturheroen von einst würdig empfangen werden können. Zu diesem Zweck wurden bereits Versuche unternommen, entsprechenden Baugrund möglichst nahe bei Jerusalem zu erwerben. Einen Einblick in die ufologischen Hintergrundannahmen von »Clonaid« und Rael bieten aber nicht nur die Informationen auf den Internetseiten der Rael-Bewegung, sondern auch der in der Nähe von Montreal (Kanada) gelegene Themenpark »Ufoland«, der über das Internet eine »virtuelle Tour« ermöglicht (www.ufoland.com). Ein vergleichbares, wenngleich größeres »Paläo-Seti«-Erlebniszentrum wird von Erich von Däniken in der Schweiz geplant.

160. Durchsage eines Raumpiloten an den Kontaktler Howard Menger aus dem Jahr 1954, zit. nach: G.S. Leona, Karl und Anny Veit, Evakuierung in den Weltraum. Außerirdische Raumschiffe im Einsatz am Ende der Zeit, Gütersloh ⁴1996, S. 96.

161. Ebd. S. 246ff. – Vgl. hierzu in der Botschaft des Außerirdischen »Alan« an Dan Fry, UFO-Erlebnis von White Sands, Wiesbaden ⁴1988, S. 73ff. und 80: »An eurer materiellen Wissenschaft ist nichts wirklich Falsches. Sie wird fortschreiten und sich zu noch nie geträumten Horizonten ausdehnen, wenn eure Leute nur eine tragfähige [geistige] Grundlage schaffen wollten.«

162. Auch in dem jüngsten Star-Wars-Prequel »Episode I« wird eine gleichsam naturwissenschaftliche Erklärung der Jedi-Religion mit ihrem Glauben an die geheimnisvolle »Macht« des Universums geliefert: Es sind Mikroorganismen im Blut der Lebewesen, die miteinander kommunizieren. Wer eine hohe Konzentration dieser Organismen im Blut besitzt (wie Anakin Skywalker), und bereit ist, innerlich ruhig zu werden, der ist fähig, auf die Macht zu »hören« bzw. sie zu »nutzen«.

163. Susanne Gaschke, »Selbstverständlich alles Fiktion. Und dennoch ... Die westliche Unterhaltungsindustrie nutzt die allgemeine Verunsicherung ihrer Klientel und verkauft ›Wahrheit, irgendwo da draußen‹«, in: DIE ZEIT, 22. Aug. 1997, S. 47.

164. Ebd.

165. Vgl. in diesem Sinne bereits Ernst Benz, Außerirdische Welten, S. 131.

166. Vgl. die kulturpsychologischen Beobachtungen und Analysen von Christopher Lasch, Das Zeitalter des Narzissmus (US-Orig.: The Culture of Narcissism, 1979), München 1982, 1986.

167. Vgl. hierzu Ted Peters, Exo-Theology: Speculations on Extraterrestrial Life, in: James Lewis, The Gods Have Landed, S. 187–206. Vgl. ders., UFOs – God's Chariots? Flying Saucers in Politics, Science, and Religion, Louisville 1977 sowie: Art. Außerirdische Wesen, in: RGG⁴ 1, S. 996f.

168. Vivianne Crowley, Naturreligion. Was Sie wirklich darüber wissen müssten, München 1998, S. 12; 25.

169. Berthold Röth, Neues Jahrtausend – neuer Glaube. Naturreligion und »Witchkraft«, in: Magie & Mythos 1/1999, S. 7.
170. Geza von Nemenyi, Heidnische Naturreligion. Bergen-Dumme 1993, S. 10.
171. So z. B. Michael Rister, Neuheidnisches Testament. Sehnsucht der Betrogenen, Hannover 1999, S. 10.
172. Stefanie von Schnurbein, Göttertrost in Wendezeiten, München 1993, S. 86f.
173. Hans-Jürgen Ruppert, Neuheidentum: Definition und Übersicht, in: MDEZW 4/1991, S. 120.
174. Vivianne Crowley, Naturreligion, München 1998, S. 12f.
175. Ebd., S. 54.
176. Die Gemeinschaft der Fellowship of Isis wurde 1976 von Lawrence, Pamela und Olivia Durdin-Robertson gegründet und hat nach eigenen Angaben rund 18.000 Anhänger weltweit. Auch in Deutschland gibt es einzelne Mitglieder.
177. Der Steinkreis – Pagan Network, Überarbeitete Satzung vom 22.6.1996, S. 1.
178. Geza von Nemenyi, Neuheidnische Gemeinschaften, Berlin 1993, S. 24.
179. Armanen-Orden, Leitbild und Aufbau des Armanen-Ordens (Ms.), S. 3.
180. Vgl. hierzu insgesamt: Uwe Puschner/Walter Schmitz/Justus H. Ulbricht (Hg.), Handbuch zur »Völkischen Bewegung« 1871-1918, München u.a. 1996.
181. Vgl. insgesamt Stefanie von Schnurbein, Religion als Kulturkritik. Neugermanisches Heidentum im 20. Jahrhundert, Frankfurt/M. 1992.
182. Hans-Peter Hasenfratz, Die religiöse Welt der Germanen. Ritual, Magie, Kult, Mythos, Freiburg i.Br. ²1994, S. 9f.
183. Franziska Hundseder, Wotans Jünger. Neuheidnische Gruppen zwischen Esoterik und Rechtsradikalismus, München 1998, S. 45.
184. Verfassungsschutzbericht des Landes Nordrhein-Westfalen 1999, S. 105f.
185. Armanen-Orden, Leitbild und Aufbau des Armanen-Ordens (Ms.), S. 1.
186. Geza von Nemenyi, Neuheidnische Gemeinschaften, S. 5.
187. Selbstdarstellung der Germanischen Glaubens-Gemeinschaft (Ms.), S. 11.
188. Vgl. Rüdiger Hauth, Hexen, Gurus, Seelenfänger (1994), Wuppertal/Zürich ³1999, S. 198ff.
189. Die Goden (Hg.), In Verantwortung für den Menschen: Die Goden e.V., Herford o.J., S. 9.
190. Geza von Nemenyi, Neuheidnische Gemeinschaften, S. 23.
191. Oswald Eggenberger, Die Kirchen, Sondergruppen und religiösen Vereinigungen. Ein Handbuch, Zürich ⁶1994, S. 294.
192. Vgl. hierzu insbesondere Rüdiger Sünner, Schwarze Sonne. Entfesselung und Missbrauch der Mythen in Nationalsozialismus und rechter Esoterik, Freiburg i.Br. 1999, S. 141ff.
193. Vgl. insgesamt Nicholas Goodrick-Clarke, Die okkulten Wurzeln des Nationalsozialismus, Graz/Stuttgart 1997. – »Der Spiegel« brachte im August 2000 eine Titelgeschichte zu den Wikingern. Darin fand sich auch ein kurzer Beitrag unter der Überschrift »Met und Party für Odin«. Wörtlich heißt es dort: »Wie schon das Hitler-Regime bedient sich auch die Neonazi-Szene am Mythenfundus der Wikinger. Die Nordmänner sind Kult in der braunen Szene« (Der Spiegel 32/2000, S. 190).
194. So z.B. Franziska Hundseder, Wotans Jünger, München 1998.
195. Ebd., S. 167.
196. Vgl. Burkhard Schröder, Neonazis und Computernetze, Reinbek 1995.
197. Harald Baer, Wotans Wiederkehr, Weltanschauungsinfo 43, S. 24; HRGem⁵, S. 569, geht von bis zu 25.000 Anhängern aus.
198. Hexe Sandra, Weiße Magie, schwarze Magie, Satanismus, München 1999.
199. Janet u. Stewart Ferrar, Acht Sabbate für Hexen und Riten für Geburt, Heirat und Tod, Soltendieck 1994, S. 5.
200. Gisela Graichen, Die neuen Hexen. Gespräche mit Hexen (1986), München 1999.
201. Ebd., S. 11.
202. Ebd., S. 12.
203. Adresse: www.hexe.org.
204. Reinhard Lassek, Wenn der Mond im siebten Hause steht, in: LM 3/1999, S. 24.
205. Allen Scarboro/Philip Andrew Luck, The Goddess and Power: Witchcraft and Religion in America, in: Journal of Contemporary Religion 1/1997, S. 69.
206. Janet u. Stewart Ferrar, Acht Sabbate für Hexen, Soltendieck 1994, S. 5.
207. HRGem⁵, S. 589.
208. Stefanie von Schnurbein, Neuheidnische Religionsentwürfe von Frauen, in: Otto Bischofberger u. a., Das neue Heidentum, Freiburg/Schweiz 1996, S. 88.

209. Luisa Francia, zit. nach: Anja Malanowski/Anne-Bärbel Köhle, Hexenkraft. Macht und Magie der weisen Frauen heute, München 1998, S. 65.

210. Ebd., 102.

211. Starhawk, Der Hexenkult als Ur-Religion der Großen Göttin (1983), München 1992, S. 25.

212. Von dort gingen – vermittelt über Schüler von Gerald B. Gardner – auch die Einflüsse auf das US-amerikanische neue Hexentum aus; vgl. Helen A. Berger, A Community of Witches. Contemporary Neo-Paganism and Witchcraft in the United States, Columbia 1999, S. 11f.

213. Janet u. Stewart Ferrar, A Witches' Bible, London 1996; dies., The Witches' Goddess, London 1987; dies., Spells and How They Work, Custer/Washington 1990; J.u.St. Ferrar/Gavin Bone, The Healing Craft, London 1999.

214. Vivianne Crowley, Wicca, Bad Ischl 1993, S. 51, schreibt hierzu: »Einiges Crowley-Material taucht in den Texten des Wicca auf, was den okkulten Schriftsteller Francis King zur Annahme veranlasst hat, dass Crowley Gardners Buch der Schatten selbst geschrieben habe. Jene, die den Stil Crowleys und den des Buchs der Schatten kennen, werden feststellen, dass dies nicht der Fall ist, auch wenn einige der Rituale tatsächlich Crowley-Material enthalten.«

215. Ebd., S. 22.

216. Janet u. Stewart Ferrar, Acht Sabbate für Hexen, S. 9.

217. Internet-Adresse: http://dianic.faithweb.com/dianic.html.

218. Vivianne Crowley, Wicca, S. 23.

219. Ebd., S. 55.

220. Ebd.

221. Janet u. Stewart Ferrar, Acht Sabbate für Hexen, S. 6.

222. Vivianne Crowley, Naturreligion, München 1998, S. 23.

223. Anton Szandor LaVey, Die Satanische Bibel, Berlin ²1999, S. 50.

224. So Guido u. Michael Grandt, Satanismus, Düsseldorf 2000.

225. Hans-Jürgen Ruppert, Satanismus. Zwischen Religion und Kriminalität, EZW-Texte 140, Berlin 1998, S. 44.

226. Ebd., S. 1.

227. Ingolf Christiansen, Satanismus. Faszination des Bösen; Gütersloh 2000, S. 40ff., nennt: ritueller (Ordens)-Satanismus, rationalistischer Satanismus, okkultistisch-traditioneller Satanismus, Luziferismus, Acid-Satanismus, psychotischer Satanismus, Privatsatanismus, krimineller Pseudosatanismus, jugendzentristischer Satanismus sowie Black Metal als eine Form des Kultursatanismus.

228. Massimo Introvigne, Auf den Spuren des Satanismus, in: MDEZW 6/1992, S. 161-178; MDEZW 7/1992, S. 193-202.

229. Daniela Tandecki, Nachtsaiten der Musik. Grauzonen und Braunzonen in der schwarzen Musikszene, Schriftenreihe der Konrad Adenauer Stiftung, Berlin 2000, S. 19.

230. Vgl. Ingolf Christiansen, Satanismus, S. 93ff.

231. Hans-Jürgen Ruppert, Satanismus, S. 7.

232. Aleister Crowley, zit. nach: H.-J. Ruppert, Satanismus, S. 15.

233. Vgl. Eckhard Türk/Massimo Introvigne, Satanismus. Zwischen Sensation und Wirklichkeit, Freiburg i.Br. 1995, S. 102ff.

234. Karl Popper, Mannheimer Forum 1975/76, S. 8.

235. So auch Bodinger (Anm. 1), S. 523; 530. Helena Blavatsky weist nachdrücklich sogar auf die *freigeistigen* Wurzeln der »Theosophischen Gesellschaft« hin: »Freidenkertum ... ist nach den Regeln unserer Gesellschaft das Sine qua non wahrer Theosophie ... Obwohl wir dem Materialismus nicht nahe stehen, ihn sogar ablehnen, sollte die Theosophische Gesellschaft nie vergessen, was sie Freidenkern verdankt.« (Collected Writings, Bd. 11, S. 410f., zit. nach: Helena P. Blavatsky, Die Geheimlehre, Adyar-Studienausgabe, Satteldorf 1999, S. 592f.). Die Präsidentin der TG, Annie Besant, kam nach ihrer Scheidung von dem anglikanischen Geistlichen Frank Besant über das Freidenkertum zur Theosophie.
    Die heutige Stagnation der *freireligiösen Gemeinschaften* im engeren Sinn hängt mit der Ausbreitung der Esoterik zusammen, die deren Funktion unter heutigen religiös-kulturellen Bedingungen mitbedient. Deshalb gehören sie auch nicht in das »Panorama der *neuen* Religiosität« und verstehen sich auch selbst weithin als deren alte Vorläufer, wie eine Stellungnahme von Thomas Lasi im Organ des »Bundes Freireligiöser Gemeinden Deutschlands e.V.« – »Der Humanist« (1989) – zeigt: »Vieles was New Age als neu verkauft, sind alte freireligiöse Überzeugungen, wie z. B. die Einsicht, dass die ganze Natur göttlich ist.« (Zit. nach: MDEZW 12/1989, S. 374).

236. Gottfried Küenzlen, Pluralismus, Toleranz und Wahrheit. Der liberale Verfassungsstaat und die »Sekten«, in: MDEZW 2/2000, S. 44; ders., Religion und Kultur in Europa, in: MDEZW 4/1999, S. 105.

237. Wouter J. Hanegraaff, New Age Spiritualities as Secular Religion: a Historian's Perspective, in: Social Compass 2/1999, S. 145.

238. Zum Beispiel. »Die Andere Realität«; »MUFON UFO Journal«. Andererseits erzielte Deutschlands führender Verlag im Bereich Esoterik, der Freiburger Hermann Bauer-Verlag, 1999 noch einen Jahresumsatz von 27 Millionen DM (lt. Forum Perspektiven 1/2000, S. 5).

239. Das ist gut beobachtet von Edgar Wunder, der andererseits darauf hinweist, dass nach den Erhebungen des »International Social Survey Program« (ISSP) zwischen 1991 und 1998 der Glaube an Wunderheiler und an Astrologie *in der Bevölkerung* deutlich zugenommen hat (der Glaube an den Einfluss von Sternzeichen und Glücksbringern in Westdeutschland z. B. von 25 Prozent 1991 auf über 40 Prozent 1998!) – worin man einen Ausdruck von »Verzögerungseffekten zwischen dem so genannten ›kultischen Milieu‹ und dem öffentlichen Meinungsbild« erblicken könnte (Forum Perspektiven 1/2000, S. 4). Auch dürfte sich im Zeitalter des Internet das allgemeine Zeitschriftensterben auch im Esoterik-Sektor auswirken.

240. Hubert Knoblauch, Esoterik/New Age, in: Metzler Lexikon Religion, Bd. 1, Stuttgart/Weimar 1999, S. 299.

241. Gernot Böhme, Philosophie und Esoterik: Konkurrenten um die geistige Orientierung der Zukunft, in: Norbert Bolz / W. van Reijen (Hg.), Heilsversprechen, München 1998, S. 15.

242. epd, 9.6.2000, S. 16.

243. Zum Beispiel unter Hinweis auf die an sich richtige Erkenntnis von Detlef Pollack, dass der Mitgliederschwund traditioneller religiöser Institutionen nicht durch einen wesentlichen Zuwachs an Anhängern neureligiöser Bewegungen kompensiert wird; vgl. dazu FAZ, 31.3.1999, S. N5.

244. Helena P. Blavatsky, Die Geheimlehre (1888), 3 Bde. u. 1 Indexband, Den Haag o.J. (Nachruck der Ausgabe Leipzig 1898-1901).

245. Rudolf Steiner, Die Geheimwissenschaft im Umriss (1910), Dornach [30]1989.

246. Ders., Ursprungsimpulse der Geisteswissenschaft. Christliche Esoterik im Lichte neuer Geist-Erkenntnis (1906/07), Dornach [2]1989.

247. Taschenbuch-Reihe des Wilhelm Heine Verlags. S. auch die von Hans Meiser hg. Esoterik-Reihe des Bastei-Verlags: »Atlantis. Das verborgene Wissen der Welt«.

248. Esoterik-Serie der BILD-Zeitung: »Körper, Geist & Seele. Das große Lexikon vom anderen Wissen«, Sommer 2000.

249. Thorwald Dethlefsen, Schicksal als Chance. Das Urwissen zur Vollkommenheit des Menschen, München [31]1990.

250. Fritjof Capra, Das neue Denken. Die Entstehung eines ganzheitlichen Weltbildes im Spannungsfeld zwischen Naturwissenschaft und Mystik, Bern u. a. 1990 (engl. Orig.: Uncommon Wisdom. Conversations with Remarkable People, 1987).

251. In welche Abgründe solche Ansprüche auch führen können, zeigt die Diskussion um »Scientology« (sinngemäß = »Lehre vom Wissen«); zur Bedeutung dieses Namens: Werner Thiede, Scientology – Religion oder Geistesmagie?, RAT 1, Neukirchen-Vluyn [2]1995, S. 10ff.

252. Gottfried Küenzlen, Der Neue Mensch. Eine Untersuchung zur säkularen Religionsgeschichte der Moderne, München 1994, S. 86.

253. Thorwald Dethlefsen, Schicksal als Chance, München [31]1990, S. 26f.

254. Gottfried Küenzlen, Der Neue Mensch, S. 259.

255. Vgl. Hans-Jürgen Ruppert, Einssein mit dem Ganzen. New Age als Herausforderung an die Kirchen unserer Zeit, in: Zeitwende 62, 1/1991, S. 23-35.

256. Marilyn Ferguson, Die sanfte Verschwörung. Persönliche und gesellschaftliche Transformation im Zeitalter des Wassermanns, Basel 1982, S. 175.

257. Nach Michael Fuss, Hoffnung auf den Wassermann. Endzeitmystik der begrenzten Zeit, in: Hans Gasper/Friederike Valentin (Hg.), Endzeitfieber, Freiburg i.Br. 1997, S. 98.

258. Julia Iwersen, Was ist New Age? – Was ist Esoterik?, in: ZRGG 52, 1/2000, S. 24.

259. Vgl. z. B. Martin Lambeck, Esoterik und Physik, EZW-Texte 141, Berlin 1998.

260. So einige »Beurteilungskriterien« bei: Colin Goldner, Psycho. Therapien zwischen Seriosität und Scharlatanerie, Augsburg 1997.

261. Christoph Bochinger, Auf der Rückseite der Aufklärung. Gegenwärtige religiöse Bewegungen als Thema religionswissenschaftlicher Forschung, in: Berliner Theologische Zeitschrift 12, 2/1996, S. 229-249.

262. Gottfried Küenzlen, Der Neue Mensch, S. 266.

263. Ders., Das Unbehagen an der Moderne: Der kulturelle und gesellschaftliche Hintergrund der New Age-Bewegung, in: Hansjörg Hemminger (Hg.), Die Rückkehr der Zauberer, Reinbek 1987, S. 211.

264. Gernot Böhme, Philosophie und Esoterik, in: Norbert Bolz/W. van Reijen (Hg.), Heilsversprechen, S. 14f.

265. Ebd., S. 17.

266. Klaus Bannach, Anthroposophie und Christentum. Eine systematische Darstellung ihrer Beziehung im Blick auf neuzeitliche Naturerfahrung, FSÖTh Bd. 82, Göttingen 1998, S. 359, vgl. Gernot Böhme, Philosophie und Esoterik, S. 20.

267. Gernot Böhme, Philosophie und Esoterik, S. 17 (These 2).

268. Klaus Bannach, Anthroposophie und Christentum, S. 357.

269. Gernot Böhme, Philosophie und Esoterik, S. 20.

270. Vgl. Rudolf Steiner, Die Theosophie des Rosenkreuzers (1907), Dornach [7]1985, S. 147: »Der Mensch wird den Menschen aussprechen.« – Unter dem »rosenkreuzerischen Weg« versteht Steiner die Einbeziehung modernster Wissenschaft in die esoterische Kultur, gemäß dem ursprünglichen Rosenkreuzertum.

271. Das ist ein wichtiger Kritikpunkt Bannachs an der Anthroposophie Steiners (vgl. Klaus Bannach, Anthroposophie und Christentum, S. 541f.) in seiner ansonsten teilweise zu unkritischen Habilitationsschrift – z.B. was den Gedanken der »Selbsterlösung« in der Anthroposophie betrifft, den er »mit Sicherheit ausschließen« möchte (S. 562). Abgesehen von Äußerungen Steiners, die dies widerlegen, widerspricht sich Bannach damit auch selbst und seiner eigenen Kritik an Steiners Projekt der »Selbst-Erschaffung« des Menschen im »Vulkanzustand«, das ja auf nichts anderes als auf seine »Selbst-Erlösung« hinausläuft (s.o. Anm. 270)!

272. Gernot Böhme, Philosophie und Esoterik, S. 18f.

273. S.o. die Bobachtungen von Mutschler, (I – 2) zur funktionalen Auffassung menschlichen Bewusstseins als »Computer« sowie zur Leibfeindlichkeit von »Computer-Freaks« und »Hackern« und der prognostizierten »Ausrottung« des herkömmlichen Menschen durch den Computer.

274. Gernot Böhme, Philosophie und Esoterik, S. 23f.

275. Vgl. Gerd Gerken, Die 18 Elemente der kommenden Wiederverzauberung, in: Hans-Jürgen Ruppert, New Age. Endzeit oder Wendezeit?, Wiesbaden [6]1988, S. 145.

276. Gerald L. Eberlein, Was ist Esoterik? Überblick über ein unübersichtliches Terrain, in: EK 12/1993, S. 716.

277. Rudolf Steiner, Reinkarnation und Karma, vom Standpunkt der modernen Naturwissenschaft notwendige Vorstellungen (zuerst in »Lucifer-Gnosis« 1903), in: ders., Reinkarnation und Karma, Ges. Aufsätze 1903-1923, Stuttgart[2] 1961. Vgl. dazu: Helmut Zander, Reinkarnation und Christentum. Rudolf Steiners Theorie der Wiederverkörperung im Dialog mit der Theologie, Paderborn u.a. 1995, S. 57ff.

278. Zit. nach: Christoph Lindenberg, Rudolf Steiner. Eine Chronik. 1861-1925, Stuttgart 1988, S. 235.

279. Vgl. Hans-Dieter Mutschler, Physik, Religion, New Age, Würzburg 1990, S. 41; 153ff.; 239; 242 u.ö.

280. Vgl. z.B. Rudolf Steiners 6-bändige Karma-Studien: »Esoterische Betrachtungen karmischer Zusammenhänge« (GA 235-240) mit über 80 Vorträgen aus dem Jahr 1924!

281. Wouter J. Hanegraaff, On the Construction of »Esoteric Traditions«, in: Antoine Faivre/Wouter J. Hanegraaff (Hg.), Western Esotericism and the Science of Religion, Löwen 1998, S. 11ff.

282. Edmund Runggaldier, Philosophie der Esoterik, Stuttgart u.a. 1996, S. 27.

283. Ebd., S. 193.

284. Klassisches Beispiel: Die Abspaltung der »Anthroposophischen Gesellschaft« unter Steiner von der »Theosophischen Gesellschaft« 1912/13 infolge der »Krishnamurti-Affäre« (vgl. dazu Hans-Jürgen Ruppert, Der biblische und der esoterische Christus, in: MDEZW 8/1997, S. 236ff.).

285. Beispiel: der moderne theosophische Synkretismus. So erklärte der deutsche Theosoph Hermann Rudolph: »Die ›Theosophische Verbrüderung‹ ist die eine christliche Kirche, welche die Grundlage aller Konfessionen usw. bildet.« (Zit. nach: Hans-Jürgen Ruppert, Theosophie, S. 84). Weitere Beispiele (Sri Chinmoy; Sathya Sai Baba) vgl. IV-3.2.

286. Reinhart Hummel, Reizwort Synkretismus, in: MDEZW 9/1986, S. 252-259.

287. Paco Rabanne, Das Ende unserer Zeit. Aufbruch in das Wassermann-Zeitalter, München 1998, S. 217.

288. Nach Birgit Seidel-Dreffke, Blick nach Osten – Wohl oder Wehe. V.S. Solov'evs Auseinandersetzung mit E. P. Blavatskaja, in: Frank Göpfert (Hg.), FrauenLiteraturGeschichte Bd. 2, Wilhelmshorst 1995, S. 131.

289. Vgl. dazu sowie zur esoterischen Bibelinterpretation insgesamt: Thomas Weiß, Bibel für Besserwisser, oder: Vom Nutzen und Gebrauch der Heiligen Schrift im Zeichen des Wassermanns, in: Deutsches Pfarrerblatt 5/1998, S. 269ff. Weiß unterscheidet drei Formen des Umgangs mit der Bibel im Bereich von Esoterik und New Age, die man zusammenfassend charakterisieren könnte als: »Neu schreiben«, »Hineinlesen« und »Synkretistisch vereinnahmen«.

290. Vgl. Karl Löwith, Weltgeschichte und Heilsgeschehen (1953), Stuttgart [7]1979.
291. Hutten[15], S. 617.
292. Johann Figl, Die Mitte der Religionen. Idee und Praxis universalreligiöser Bewegungen, S. 2f.
293. Vgl. Hans-Jürgen Ruppert, Die neue Weltreligion? Zum schwierigen Dialog mit der Esoterik, in: Christian Herrmann/Eberhard Hahn (Hg.), Festhalten am Bekenntnis der Hoffnung (FS Reinhard Slenczka), Erlangen 2001, S. 289-301.
294. Reinhart Hummel, Den Gott unseres Nächsten lieben? Christlicher Glaube im Pluralismus der Religionen, in: MDEZW 2/1992, S. 41.
295. Vgl. Rudolf Passian, Licht und Schatten der Esoterik, München 1991, S. 92.
296. Michael von Brück, Religionen – Sekten – Psychokulte? Zum Religionsbegriff in der Pluralistischen Gesellschaft, in: Zeitschrift für Religionskultur 2/1999, S. 15.
297. Ebd., S. 21.
298. Reinhart Hummel, Dialog mit neuen religiösen Bewegungen aus Asien?, in: MDEZW 8/1992, S. 231.
299. Weitere Hinderungsgründe für den Dialog mit der Esoterik bei: Edmund Runggaldier, Philosophie der Esoterik, S. 27f.; 200f. Allerdings kann seine Begründung des fehlenden Interesses der Esoterik »an einem echten Diskurs im Sinne gemeinsamer Wahrheitssuche« durch den Hinweis auf deren »Opposition« zur »Kultur und Weltanschauung der etablierten Gesellschaft« nicht überzeugen, da sie inzwischen selbst als durchaus »etabliert« anzusehen ist und »Wissenschaftsgläubigkeit« kein Kriterium ist, durch das sie sich von der übrigen Gesellschaft besonders abhebt.
300. Kritisch dazu: Friedrich Heyer, Anthroposophie – ein Stehen in Höheren Welten, RAT 3, Konstanz 1993, S. 81f.
301. Reinhart Hummel, Religiöser Pluralismus oder christliches Abendland? Darmstadt 1994, S. 74.
302. Religionen, Religiosität und christlicher Glaube. Eine Studie, Gütersloh 1991, S. 29.
303. Hartmut Zinser, Der Markt der Religionen, S. 151.
304. Ebd., S. 91.
305. Ebd., S. 155.
306. Gottfried Küenzlen, Pluralismus, Toleranz und Wahrheit, in: MDEZW 2/2000, S. 43.
307. Die Zeitschrift »Psychologie Heute« spricht diesbezüglich von »Einfachst-Esoterik«; vgl. Rainer Kakuska, Esoterik goes Disneyland, in: Psychologie Heute 3/1997, S. 68.
308. Nach MDEZW 6/1992, S. 188ff.
309. Entscheidungen der Finanzgerichte 1988, Nr. 6, S. 271 (Entscheidung Nr. 298).
310. Begriff von Reinhart Hummel, Sektiererische Selbstvernichtung: Ein Rückblick auf das Ende des Sonnentempler-Ordens, in: MDEZW 2/1998, S. 52.
311. Vgl. Jean-François Mayer, Der Sonnentempel. Die Tragödie einer Sekte, Freiburg/Schweiz 1998, S. 11.
312. Ders., Tödliche Hoffnung. Endzeiterwartung im Orden des Sonnentempels, in: Hans Gasper/Friederike Valentin (Hg.), Endzeitfieber, S. 146f.
313. Vgl. Hansjörg Hemminger/Walter Schmidt, Das Paradies und die Planeten. Einblick in die Glaubens- und Erlebenswelt von Heide Fittkau-Garthe, in: MDEZW 3/1998, S. 77ff.; »Der Spiegel« 4/1998, S. 34ff.
314. Vgl. zu dieser Thematik auch: Hartmut Zinser, Selbstmord, Tod und Töten in neureligiösen Gruppen, in: humanismus aktuell 4/1999, S. 27-34.
315. Hubert Knoblauch, Esoterik/New Age, in: Metzler Lexikon Religion, Bd. 1, Stuttgart/Weimar 1999, S. 296.
316. Thomas Rentsch, in: Hans-Joachim Höhn (Hg.), Krise der Immanenz. Religion an den Grenzen der Moderne, Frankfurt/M. 1996 (zit. nach: MDEZW 9/1996, S. 277).
317. S.o. Karl Popper; vgl. auch: Semen L. Frank, Die Häresie des Utopismus, Impulse Nr. der 17 der EZW, Stuttgart 1983.
318. Das wird veranschaulicht in Wladimir Solowjows »Kurzer Erzählung vom Antichrist«: vgl. dazu Hans-Jürgen Ruppert, Universalreligiöse Bestrebungen moderner Theosophen, in: MDEZW 6/2000, S. 192f.
319. »Zur Freiheit hat uns Christus befreit. So stehet nun fest und lasset euch nicht wiederum in das knechtische Joch fangen!«
320. Zum praktisch-seelsorglichen Umgang mit Problemen der Esoterik s. die Schriften von Adolf Köberle, Das geheimnisvolle Reich der Seele. Erfahrungen der Psyche in den Grenzbereichen des Lebens, Freiburg i.Br. 1984; Universalismus der christlichen Botschaft, Darmstadt 1978; Rechtfertigung und Heiligung, Leipzig [2]1929 (mit Exkursen zu Anthroposophie und Christengemeinschaft; Neuauflage, Gießen 1987).
321. Edmund Runggaldier, Philosophie der Esoterik, S. 132.
322. Ebd., S. 116.

323. Ebd., S. 122.
324. Vgl. ebd., S. 147.
325. Vgl. ebd., S. 118; 201f.
326. Ebd., S. 188; vgl. S. 136.
327. Zu diesem Aspekt vgl. Friedrich-Wilhelm Haack, Die Lebensgottheit und der Bibelgott. New Age, Ok-kultismus, Christenglaube, München 1988; Michael York, The Emerging Network. A Sociology of the New Age and Neo-Pagan Movements, London 1995.
328. Die Bekenntnisschriften der evagelisch-lutherischen Kirche, Göttingen[5] 1963, S. 511f.
329. Hans Joachim Türk, New Age und christlicher Glaube, in: StZ 10/1988, S. 677.

Ulrich Dehn
Suche nach der eigenen Mitte – östliche Religiosität im Westen

1. Vgl. hierzu Werner Thiede, Alle reden von »Spiritualität«, in: MDEZW 12/1997, S. 353-364.
2. Norbert Copray, Wenn Spiritualität heilsam wirkt, in: Alfred Weil (Hg.), Brücken bauen ins nächste Jahrtausend – Buddhistisch-christlicher Dialog für eine lebenswerte Zukunft, Berlin 1999, S. 204-230; S. 212f.
3. Vgl. eine Analyse dieses Vorgangs bei Reinhart Hummel, Indische Mission und neue Frömmigkeit im Westen, Stuttgart u.a. 1980, S. 14ff. Brisant an der Einschätzung als missionarische Gegenbewegung ist, dass der Begriff der Mission in weiten Teilen der religionswissenschaftlichen Diskussion als ausschließ-lich christliches Phänomen betrachtet wird – bis dahin, dass ein entsprechender Artikel im HRWG 4 völlig fehlt. Im Blick auf missionarisches Verhalten einer Religion spielt es in der Diskussion inzwischen keine Rolle mehr, ob die betreffende Religion ex- oder inklusivistisch sei.
4. Paramahamsa Yogananda, Autobiographie eines Yogi, Weilheim[7] 1971.
5. Joachim G. Piepke, Sekten und Neureligionen. Eine Herausforderung für Kirche und Christentum heute, in: NZM, 3/1998, S. 193-216; S. 195.
6. Hansjörg Hemminger, Was ist eine Sekte? Mainz/Stuttgart 1995.
7. Max Weber, Gesammelte Aufsätze zur Religionssoziologie, Bd. I, Tübingen[9] 1988, S. 211f.
8. Irving Hexham/Karla Poewe, Understanding Cults and New Religions, Grand Rapids 1986, S. 59 (Über-setzung aus dem Amerikanischen: U.D.).
9. Vgl. Reinhart Hummel, Indische Mission und neue Frömmigkeit im Westen. Religiöse Bewegungen In-diens in westlichen Kulturen, Stuttgart u.a. 1980, S. 12f.
10. Vgl. hierzu die erhellenden Ausführungen von Hans Gasper, Konfliktreiche religiöse Bewegungen – Zur Rezeption eines Begriffs, in: Reinhard Hempelmann/Ulrich Dehn (Hg.), Dialog und Unterscheidung, EZW-Texte 151 (Sonderausgabe), Berlin 2000, S. 18-30.
11. Vgl. Frank Usarski, Die Stigmatisierung Neuer Spiritueller Bewegungen in der Bundesrepublik Deutsch-land, KVRG 15, Köln/Wien 1988.
12. Der Begriff wurde eingeführt durch Friedrich-Wilhelm Haack, Die neuen Jugendreligionen (1974), Mün-chen[5] 1976. Im Zuge der Kritik an diesem Begriff wurden auch neue Vorschläge gemacht (v. a. durch Reinhart Hummel), die sich aber nicht nachhaltig durchsetzten (s. u.).
13. Vgl. insbesondere die Studie von Sebastian Murken, Soziale und psychische Auswirkungen der Mitglied-schaft in neuen religiösen Bewegungen unter besonderer Berücksichtigung der sozialen Integration und psychischen Gesundheit, in: Deutscher Bundestag, Enquete-Kommission »Sogenannte Sekten und Psy-chogruppen« (Hg.), Neue religiöse und ideologische Gemeinschaften und Psychogruppen. Forschungs-projekte und Gutachten der Enquete-Kommission »Sogenannte Sekten und Psychogruppen«, Hamm 1998, S. 298-354. Einzelne Gruppen wie etwa die ISKCON verweigern Interessenten, die sich als instabil erweisen, die Aufnahme und verlangen, dass erst eine konsolidierte Lebensphase erreicht sein soll.
14. Thomas Körbel, Wunsch nach Heil und Heilung. Techniken und Angebote des parareligiösen Marktes, in: Herder Korrespondenz 1/1999, S. 33-37, S. 33f.
15. Möglicherweise wird die Pluralisierung und Beliebigkeit des »Marktes der Religionen« von Hartmut Zinser in seinem gleichnamigen Buch (1997) überbewertet. Es scheint nach wie vor eine deutliche Mehr-heit zu geben, die die Sicherheit gewährenden Selbstverständlichkeiten und sozialisatorisch überkomme-nen Gepflogenheiten einem »Schnuppern« auf dem »Markt« vorziehen.
16. Vgl. Wilfried Veeser, Radikale christliche Gruppen der ersten Generation, in: Deutscher Bundestag (Hg.), Enquete-Kommission »Sogenannte Sekten und Psychogruppen«. Neue religiöse und ideologische Ge-

meinschaften und Psychogruppen, S. 40-105. »Mit dem Begriff Passung wird der beobachtbare Umstand beschrieben, dass die Beheimatung von Menschen in spezifischen Gruppen aufgrund einer hohen Übereinstimmung ihrer dominanten biografischen oder persönlichkeitsbedingten Strukturen mit der spezifischen Gruppenkultur erfolgt. Eine relative Passung liegt auch dann vor, wenn für die nicht unmittelbar zur Gruppenkultur passenden biografischen und persönlichkeitsbedingten Strukturen und Bedürfnisse gruppeninterne Nischen oder gruppenexterne Bezugssysteme gefunden werden, in denen das Gruppenmitglied seine strukturell bedingten Bedürfnisse hinreichend befriedigen kann.«

17. Vgl. hierzu den Überblicksartikel von Aleida und Jan Assmann, Mythos, in: HRWG 4, S. 179ff.; Jan Assmann, Ägypten. Theologie und Frömmigkeit einer frühen Hochkultur, Stuttgart u.a. ²1991, bes. fünftes Kapitel (Mythos), S. 135-177; Ernst Cassirer, Philosophie der symbolischen Formen II. Das mythische Denken, Darmstadt ⁷1977; Christoph Elsas, Mythos, Mythologie, in: EKL³ 3, Sp. 586-592; Fritz Stolz, Mythos/Mythologie, in: LeRe, S. 441-446; Carl-Friedrich Geyer, Mythos, München 1996.

18. Aleida und Jan Assmann, Mythos, in: HRWG 4, S. 179f.

19. Yasar Kemal, Memed mein Falke (Memed I), Zürich 1980; ders., Die Disteln brennen (Memed II), Zürich 1983; ders., Das Reich der Vierzig Augen (Memed III), Zürich 1997.

20. Peter Nemeshegyi, New Religions in the Cultural Context of Japan, in: Michael A. Fuss (Hg.), Rethinking New Religious Movements, Rom 1998, S. 469-482; bes. S. 470-474.

21. U.a. bei Simon Brown, Feng Shui – Was Sie darüber wissen sollten, München 1999, S. 13f.

22. Lediglich in mystischen Traditionen ist eine vergleichbare Methodisierung zu beobachten. So geben auch die Geistlichen Übungen des Ignatius sehr detaillierte Hinweise zur Bewerkstelligung des geistlichen Fortschritts; die Yoga-Sutras des Patanjali sind ein klassisches Beispiel für religiöse methodisierte Praxis. Aus dem alten Buddhismus ist die Anekdote überliefert, dass Ananda, der Lieblingsschüler des Gautama Buddha, erst nach dem Tod des Meisters und am Vorabend des ersten buddhistischen Konzils die Erleuchtung erlangte (eine detaillierte Schilderung seines Erleuchtungserlebnisses ist überliefert) und deshalb als Arahant (Heiliger) vom Konzil geehrt werden konnte (Hans Wolfgang Schumann, Der historische Buddha, Köln 1988, S. 295).

23. Vgl. Peter Nemeshegyi, New Religions in the Cultural Context of Japan, S. 469-482.

24. Mit der Unterscheidung von Religionen unter dem Beziehungsaspekt und kosmistisch orientierten asiatischen Religionen lehne ich mich an Mircea Eliades Differenzierung in historische und kosmische Religionen an, meine aber im Blick auf mythisch-legendarische Traditionen und Epen auch den kosmisch ausgerichteten Traditionen die historische Dimension nicht völlig absprechen zu können.

25. Vgl. Joachim Süss, Religiöse Pluralisierung seit dem 19. Jahrhundert zwischen Akzeptanz und Sektenfurcht, in: HdR, I-5.2, S. 13f.

26. Der Film »Klingende Millionen« (Chanting Millions) über die japanische neobuddhistische Religionsgemeinschaft Sôka Gakkai dokumentiert die Aussagen einer japanischen Familie, die nach Beitritt zur SG einen deutlich sichtbaren geschäftlichen Erfolg (Friseursalon) zu verzeichnen hatte und dies dem regelmäßigen Chanten des SG-Mantra zuschreibt.

27. Vgl. Peter Nemeshegyi, New Religions in the Cultural Context of Japan, S. 469-482.

28. Vgl. insbesondere VELKD/Akf (Hg.), Religionen, Religiosität und christlicher Glaube. Eine Studie, Gütersloh ²1991, bes. S. 14-19.

29. Ein unerfreuliches Beispiel für diesen Mechanismus ist Andris K. Tebecis mit seinem Buch Mahikari (Kapitel 9, S. 344ff.), Tokyo 1981 (s.u. Abschnitt »Mahikari«). Auch zu nennen sind die Versuche von Reinkarnationsverfechtern, dem Christentum seine Geschichte der »Unterdrückung des Reinkarnationsglaubens« von jesuanischen Zeiten bis in die Gegenwart hinein vorzuhalten – bis hin zu der gelegentlich vorgetragenen Behauptung, eine starke Minderheit des katholischen Kardinalskollegiums seien Anhänger von Reinkarnationsvorstellungen (so Trutz Hardo alias Tom Hockemeyer, in: Wiedergeburt – Die Beweise, München 1998, S. 9).

30. Dies bis hin zu der Vermutung, dass östliche und westliche Reinkarnationsvorstellungen unabhängig voneinander seien, so insbesondere Rüdiger Sachau, Westliche Reinkarnationsvorstellungen, Gütersloh 1996.

31. Sogyal Rinpoche, Das tibetische Buch vom Leben und vom Sterben, Bern/München/Wien ¹⁵1995, bes. S. 110ff.

32. So etwa der Rückführungstherapeut Trutz Hardo alias Tom Hockemeyer, Wiedergeburt – Die Beweise, München 1998. Hardo kam ins Gerede, als er in seinem 1996 erschienenen Roman »Jedem das Seine« die Ermordung der europäischen Juden durch die Nazis auf höhere »karmische Gerechtigkeit« zurückführte und Hitler als Vollstrecker des Karma bezeichnete. Hardo wurde im Mai 1998 wegen Volksverhetzung, Beleidigung und Verunglimpfung des Andenkens Verstorbener verurteilt. Sein Roman durfte nicht wei-

ter vertrieben werden (vgl. Hans-Jürgen Ruppert, Esoterik-Autor verurteilt, in: MDEZW 7/1998, S. 210-213; S. 210).

33. Vgl. Helmut Zander, Geschichte der Seelenwanderung in Europa, Darmstadt 1999, S. 568.

34. Goethe Werke, Bd.1 Gedichte (Jubiläumsausgabe), West-Östlicher Divan, Frankfurt a.M./Leipzig/Darmstadt 1998, S. 50.

35. Vgl. hierzu u.a. Ronald Zürrer, Reinkarnation, Zürich ²1992, S. 275-311 zum Thema Reinkarnation im Christentum. Zürrer steht der Hare-Krishna-Bewegung nahe.

36. Helmut Zander, Geschichte der Seelenwanderung in Europa, Darmstadt 1999, S. 25.

37. Vgl. Hans-Peter Hasenfratz, Die religiöse Welt der Germanen, Freiburg i.Br. ²1994, S. 72-75.

38. Vgl. Paul Arnold, Das Totenbuch der Maya, Bindlach 1991; Linda Schele/David Freidel, Die unbekannte Welt der Maya, Augsburg 1994, S. 600f.

39. Vgl. Erich Frauwallner, Geschichte der indischen Philosophie, Bd. 1, Salzburg 1953, S. 49ff.; Helmut Zander, Geschichte der Seelenwanderung in Europa, Darmstadt 1999, S. 25f.

40. Vgl. George Chemparathy, Der Mensch im Wesenskreislauf, in: Andreas Bsteh (Hg.), Der Hinduismus als Anfrage an christliche Theologie und Philosophie, Studien zur Religionstheologie, hg. vom Religionstheologischen Institut der Theologischen Hochschule St. Gabriel, Bd. 3, Mödling 1997, S. 179-206; S. 183ff.

41. Vgl. H.v. Glasenapp, Die Religionen Indiens, Stuttgart 1943 u.a., S. 103ff.

42. Vgl. Majjhimanikaya 38 I, S. 261. Zur Gier als Triebfeder der Wiedergeburten vgl. Mahavagga des Vinayapitaka 1, 6, 20 Vin I,10. Vgl. Hans Wolfgang Schumann, Buddhismus. Stifter, Schulen und Systeme, Olten 1976, S. 76-79; Michael von Brück, Buddhismus. Grundlagen – Geschichte – Praxis, Gütersloh 1998, S. 99-106.

43. Francesca Fremantle/Chögyam Trungpa (Hg.), Das Totenbuch der Tibeter (übers. von Stephan Schumacher), München ¹³1991. Vgl. dazu u.a. Reinhart Hummel, Reinkarnation. Weltbilder des Reinkarnationsglaubens und das Christentum, Mainz/Stuttgart ²1989, S. 60-67.

44. Vgl. Francesca Fremantle/Chögyam Trungpa (Hg.), Das Totenbuch der Tibeter, München ¹³1991, S. 69.

45. So auch Zander, Geschichte der Seelenwanderung in Europa, Darmstadt 1999, S. 479.

46. Helena Petrowna Blavatsky, Die Geheimlehre. Die Vereinigung von Wissenschaft, Religion und Philosophie, Bd. 2 Anthropogenesis, Leipzig 1899, S. 320, zitiert bei: Zander, Geschichte der Seelenwanderung in Europa, Darmstadt 1999, S. 481f. Zander antwortet auf die Frage nach dem asiatischen oder europäischen Einfluss auf Blavatskys Denken mit der salomonischen Einschätzung: »Meines Erachtens kommt man ihrem Konstruktionsvorgang relativ nahe, wenn man davon ausgeht, dass sie die asiatischen (und die vermittels Asien rezipierten europäischen) Vorstellungen durch eine europäische Hermeneutik wahrnimmt und alles letztendlich in einen europäischen Horizont einbaut« (S. 481).

47. Vgl. zentral Steiners Schrift: Wiederverkörperung und Karma und ihre Bedeutung für die Kultur der Gegenwart. Aufsätze, Fragenbeantwortungen und Vorträge 1903-1912, Dornach 1985. Zu Steiner u.a. vgl. Zander, Geschichte der Seelenwanderung in Europa, Darmstadt 1999, S. 490-494; Rüdiger Sachau, Westliche Reinkarnationsvorstellungen, S. 137-156.

48. Vgl. Ronald Zürrer, Reinkarnation, Zürich ²1992, S. 353.

49. Thorwald Dethlefsen, Das Leben nach dem Leben. Gespräche mit Wiedergeborenen, München/Wien 1974; ders., Das Erlebnis der Wiedergeburt. Heilung durch Reinkarnation, München/Wien 1976.

50. Vgl. exemplarisch Hansjörg Hemminger, Reinkarnationstherapie – kritisch betrachtet, in: Hermann Kochanek (Hg.), Reinkarnation und Auferstehung, Freiburg i.Br. 1992, S. 119-133.

51. Oft anzutreffen sind »Rückführungen« in Szenarios, die der weithin bekannten Geschichte entstammen und an Filme wie Ben Hur oder Quo vadis erinnern, viele »Einnerungen« spiegeln das »bunte, populäre Geschichtsbild des Duchschnittsbürgers« wider (Hansjörg Hemminger, Reinkarnationstherapie, S. 129). Hardo gibt einen Bericht aus einer Gruppenrückführung wieder, in dem eine Frau sich »erinnert«, der englische Fliegerpilot Phillip Morris gewesen zu sein, der im Zweiten Weltkrieg über Berlin abgeschossen worden sei, einschließlich einer Kenntnis seines Geburts- und Todestages. »Einige Monate später« habe sie anlässlich eines Spaziergangs mit ihrem Mann an der Berliner Heerstraße Gelegenheit gehabt, sich auf dem dortigen englischen Soldatenfriedhof zu vergewissern, dass dort der besagte Fliegerpilot lag und eine Liste am Eingang des Friedhofs auch die Daten enthielt, an die sie sich »erinnert« hatte (Trutz Hardo, Wiedergeburt – Die Beweise, München 1998, S. 92). Hier liegt der Verdacht der nachträglichen Konstruktion besonders nahe.

52. Karl Hoheisel, Durch Überwindung des Lebens den Tod überwinden. Zur Wiederverkörperungslehre in Ost und West, in: Christoph Elsas u.a. (Hg.), Tradition und Translation (FS Carsten Colpe), Berlin/New York 1994, S. 521-537; S. 535.

53. Hansjörg Hemminger, Reinkarnationstherapie, in: Hermann Kochanek (Hg.), Reinkarnation oder Auferstehung, Freiburg i.Br. 1992, S. 131f.

54. Shirley MacLaine, Zwischenleben, München 1984.
55. Vgl. Helmut von Glasenapp, Indische Geisteswelt, Bd.1, Baden-Baden 1958.
56. Vgl. Mircea Eliade, Yoga – Unsterblichkeit und Freiheit, Zürich 1960.
57. Karl Gabriel, Religiöse Individualisierung oder Säkularisierung, Gütersloh 1996.
58. Margret Distelbarth, Samkhya, in: Berufsverband Deutscher Yogalehrer (BDY) (Hg.), Der Weg des Yoga, Petersberg 1994.
59. Vgl. Friedrich Heiler, Die Religionen der Menschheit, Stuttgart 1962; Rudolf Fuchs/Margret Distelbarth, Der Weg des Yoga, Petersberg 1994.
60. Peter Schreiner, Begegnung mit dem Hinduismus, Freiberg 1984.
61. Friedrich Heiler, Die Religionen der Menschheit, Stuttgart 1962.
62. Rudolf Fuchs/Margret Distelbarth, Der Weg des Yoga, Petersberg 1994; Swami Prabhavananda/Christopher Isherwood, Gotterkenntnis durch Yoga, München 1962.
63. Gopikrishna, Kundalini, Bern 1977; Ajit Mookerjee/Madhu Khanna, Die Welt des Tantra, Bern 1978; Benjamin Walker, Tantrismus, Basel 1987; André van Lysebeth, Tantra, Fribourg 1988.
64. Anna Trökes, Hatha-Yoga, in: Berufsverband Deutscher Yogalehrer (BDY) (Hg.), Der Weg des Yoga, Petersberg 1994.
65. Anquetil Duperron/Mohammed Daraschekoh, Das Oupnek'hat – Die aus Veden zusammengefaßte Lehre von dem Brahm (übers. von Franz Mischel), Dresden 1882.
66. Ebd.
67. Heinz Bechert/Georg von Simon, Einführung in die Indologie, Darmstadt 1979.
68. Karl Baier, Yoga auf dem Weg nach Westen, Würzburg 1998.
69. Ebd.
70. Otto-Albrecht Isbert/Irene Horbat, Yoga-Sadhana, Heft 7, Heidenheim/Benz 1960.
71. Mircea Eliade, Yoga – Unsterblichkeit und Freiheit, Zürich 1960.
72. Helena Petrowna Blavatsky, Die Geheimlehre, Bd. 1 Kosmogenesis (1893), Nachdruck Den Haag o.J., S. 122f.
73. Karl Baier, Yoga auf dem Weg nach Westen, Würzburg 1998.
74. Helena Petrowna Blavatsky, Die Geheimlehre, Bd. 1 Kosmogenesis, S. 332.
75. Dies., Bd. 2 Anthropogenesis (1883), Nachdruck Den Haag o.J., S. 210.
76. Vgl. hierzu: Eduard Gugenberger/Roman Schweidlenka, Mutter Erde/Magie und Politik, Wien 1987; Hans-Jürgen Ruppert, Theosophie, Konstanz 1993; Harald Baer, Arischer Rassenglaube – gestern und heute, in: EZW-Texte, Information Nr. 129, Stuttgart 1995; Karl Baier, Yoga auf dem Weg nach Westen, Würzburg 1998.
77. Jörg Lanz von Liebenfels, Theozoologie – Die Kunde von den Sodoms-Äfflingen und dem Götterelektron, Wien o.J. (Neuausgabe durch den Armanen-Orden).
78. Karl Baier, Yoga auf dem Weg nach Westen, Würzburg 1998.
79. Ernst Issberner-Haldane, Yogha-Schulung für westliche Verhältnisse, Pforzheim 1928, S. 6.
80. Ebd., S. 7.
81. Andere nationalistische Yoga-Autoren sowie die Stellung der Antroposophen müssen unberücksichtigt bleiben.
82. Karl Baier, Yoga auf dem Weg nach Westen, Würzburg 1998.
83. Mathias Tietke, Beichten statt Yoga, in: Deutsches Yoga-Forum 4/2000, S. 19f. unter Berufung auf Gopikrishna.
84. Arthur Schopenhauer, Die Welt als Wille und Vorstellung. Arthur Schopenhauers Werke in fünf Bänden, Bd. 2, Zürich 1988, S. 666.
85. Ders., Über den Willen in der Natur. Arthur Schopenhauers Werke in fünf Bänden, Bd. 3, Zürich 1988, S. 306ff.
86. Vgl. u.a. Friedrich Nietzsche, Der Antichrist. Werke in zwei Bänden, Bd. 2, Darmstadt 1973, S. 483ff.
87. Vgl. Daisetz Teitarô Suzuki, Über Zen-Buddhismus, in: Erich Fromm/Daisetz Teitarô Suzuki/R. de Martino, Zen-Buddhismus und Psychoanalyse, Frankfurt/M. 1971, S. 9-100, bes. S. 9-13.
88. Ders., Zen and Japanese Culture (1936), überarb. Neuaufl., New York 1959. Vgl. auch Suzuki Daisetsu Zenshû (dt.: Suzuki Daisetz Gesamtausgabe), 32 Bde., Tokyo 1968-1971.
89. Vgl. Rainer Meyer, Christen und buddhistische Praktiken, in: Lotusblätter – Zeitschrift für Buddhismus 3/1994, S. 67f.
90. Vgl. Leserbriefkontroverse in: Lotusblätter 3/1995, im Anschluss an den o.g. Artikel von Rainer Meyer; auch Reinhart Hummel, Auch Buddhisten streiten über »christliches Zen«, in: MDEZW 3/1996, S. 86-89.

91. Vgl. Die Deutsche Buddhistische Union (DBU) und ihre Mitglieder, München 1991.

92. Zum Thema vgl. Michael von Brück, Zur Faszination des Dalai Lama im Westen, in: HerKorr 10/1999, S. 506ff.; Ulrich Dehn, Gewinnendes Lächeln. Der Buddhismus fasziniert die westliche Welt, ZdZ/LM 6/1999, S. 20-22.

93. Vgl. Victor und Victoria Trimondi (alias Herbert und Mariana Röttgen), Der Schatten des Dalai Lama, Düsseldorf 1999; Colin Goldner, Der Dalai Lama – Fall eines Gottkönigs, Aschaffenburg 1999; Michael von Brück, Religion und Politik im Tibetischen Buddhismus, München 1999. Die Kontroverse wird in der Homepage www.trimondi.de aus der Sicht von Herbert und Mariana Röttgen dokumentiert.

94. Vgl. die ausführliche Hintergrunddarstellung bei von Brück, Religion und Politik im Tibetischen Buddhismus, S. 158-210. Auch Herbert und Mariana Röttgen versuchen die Shugden-Affäre etwas unbeholfen für ihre Zwecke zu verwenden (Victor und Victoria Trimondi, Der Schatten des Dalai Lama, S. 549-559).

95. Vgl. das Heft connection special 2-3/2000), Buddhismus und Christentum, dort u.a. Ole Nydahl, der etwas andere Lama (S. 93), Frank Usarski, Vajrayana, in: HdR VII - 2.3, S. 3-6.

96. Insofern sollte auch der Mediendauerbrenner »Was fasziniert Deutsche (eigentlich) am Buddhismus?« seine besten Zeiten hinter sich haben.

97. Alfred Weil (Hg.), Brücken bauen ins nächste Jahrhundert, Berlin 1999. Beteiligt sind Lisa Freund, Josef Götz, Maria Jepsen, Hans Küng, Johannes Lähnemann, Klaus Lefringhausen, Ulli Olvedi, Claudia Rom, Perry Schmidt-Leukel u.a.

98. Vgl. sinngemäß Georg Evers, Bleibende Fremdheit? Buddhisten und Christen im Dialog, in: HerKorr 1/2000, S. 11-18.

99. Maharishi Mahesh Yogi, Die Wissenschaft vom Sein und die Kunst des Lebens: Transzendentale Meditation (TM), Bielefeld 1998; vgl. auch Georg Schmid, Wo das Schweigen beginnt. Wege indischer und christlicher Meditation, Gütersloh 1984, S. 60-67.

100. Dr. Bevan Morris, 40 Jahre des Wissens, Vorwort zu WSKL, S. XVIII-XXXVIII, S. XXV.

101. Ders., S. XXVI.

102. Elaine und Arthur Aron, Der Maharishi Effekt, München 1991, S. 209.

103. Deepak Chopras Buch: Ayurveda. Gesundsein aus eigener Kraft (engl. Orig. 1978), München 1989, hatte noch ganz im Dienste der TM gestanden.

104. Vgl. u.a. Friedrich-Wilhelm Haack, Transzendentale Meditation, München ⁴1979, S. 11.

105. Vgl. u.a. Klaus Engel, Meditation. Geschichte – Systematik – Forschung – Theorie, Frankfurt/M. u. a. 1999; ders., Meditative Wege – eine empirische Untersuchung, in: Transpersonale Psychologie und Psychotherapie Heft 1/2000, S. 84-103.

106. Julian P. Johnson, Der Pfad der Meister, Beas ¹1939, S. 222ff., ein Standardwerk westlicher Radhasoami-Literatur.

107. Sri Chinmoy, Veden, Upanishaden, Bhagavadgita. Die drei Äste am Lebensbaum Indiens, München 1994, S. 49.

108. Ebd., S. 115.

109. Manfred Hutter, Indische Spiritualität in Graz. Am Beispiel von Sahaja Yoga und Sri Chinmoys Yoga-Weg, in: Katholisch-Theologische Fakultät der Universität Graz (Hg.); CD-ROM in: Theologie interaktiv, Graz 1997, S. 116.

110. Shri Mataji Nirmala Devi, Meta Modern Era, ²Pune 1996, S. 62 (übers. von Manfred Hutter).

111. Vgl. u. a. Ulrich Dehn, Neue religiöse Bewegungen in Japan, EZW-Texte, Information Nr. 133, Berlin 1996; Heinrich Dumoulin, Buddhismus im modernen Japan, in: ders. (Hg.), Buddhismus der Gegenwart, Freiburg i.Br. 1970; Inoue Nobutaka u.a. (Hg.), Shinshûkyôjiten (Handbuch der neuen Religionen), Tokyo 1990.

112. Entnommen: Shinshûkyô Kenkyûkai (Forschungsgemeinschaft Neureligionen) (Hg.), 100 Shinshûkyô (A Guide Book for New Religions), Tokyo 2000, S. 236; auch S. 14ff.

113. Vgl. Robert Kisala, Prophets of Peace: Pacifism and Cultural Identity in Japan's New Religions, Honululu 1999, bes. S. 73ff. sowie Interviews mit SGI-Vizepräsident Kitano, SGI-Abteilungsleiter Kadoguchi etc. in Tokyo, 11.4.2000.

114. Vgl. Trevor Astley, A Matter of Principles: A Note on the Recent Conflict Between Nichiren Shôshû and Sôka Gakkai, in: Japanese Religions, Vol. 17, July ²1992, S. 167-175. Im Hintergrund stand die Absicht der Kômeitô, sich stärker politisch ins Rampenlicht zu bringen und auch in das Regierungslager überzuwechseln.

115. Vgl. Richard Causton, Einführung in den Buddhismus Nichiren Daishonins (Orig.: The Buddha in Daily Life, London 1993), o.O. (SGI Deutschland) 1998, S. 33-75.

116. Ebd., S. 74, Zitat Ikeda ebd.

117. Dies gilt als Nachfolgepublikation zu dem umstrittenen Shakubuku Kyôten, das seit 1951 die Aktivitäten der SG bestimmte: ein Büchlein, in dem die Lehren der SG gegen die anderer Religionsgemeinschaften, insbesondere die Risshôkôseikai, profiliert werden, und das aufgrund scharfer öffentlicher Kritik ausgehend von Berichten in einer Tageszeitung in Osaka in den sechziger Jahren aus dem Verkehr gezogen wurde.

118. Aus der »Erläuterung der grundlegenden Begriffe« in jeder Ausgabe der Monatsschrift Forum der SGI-Deutschland, Mörfelden-Walldorf.

119. Die Bedingungen lauten u.a.: Aufnahmeempfehlung durch mindestens zwei SG-Mitglieder, Bestätigung des festen Eintrittswillens des Betroffenen, mindestens drei Monate Abonnement der SG-Mitgliederzeitschrift, mindestens zweimal Teilnahme an zadankai, Teilnahme an der monatlichen Aufnahmezeremonie eines SG-Zentrums; im Falle des Wohnens in einer Familie deren Zustimmung, im Falle von Minderjährigen die Zustimmung der Erziehungsberechtigten (vgl. Shinshûkyô Kenkyûkai (Forschungsgemeinschaft Neureligionen) (Hg.), 100 Shinshûkyô (A Guide Book for New Religions), Tokyo 2000, S. 19).

120. Auch die Eiszeit in der Beziehung zum Erzfeind Risshôkôseikai soll zum Tauen gebracht werden: einer der 300 (!) Vizepräsidenten der SG wurde mit der Kontaktaufnahme mit der rivalisierenden buddhistischen Laienorganisation beauftragt.

121. Vgl. Shinshûkyô Kenkyûkai = Forschungsgemeinschaft Neureligionen (Hg.), 100 Shinshûkyô (dt.: 100 Neureligionen), Tokyo 2000, S. 102ff. und S. 153ff.

122. Vgl. Inoue Nobutaka u.a. (Hg.), Sinshûkyôjiten (Handbuch der neuen Religionen), Tokyo 1990, S. 86ff.

123. Dieser Vorgang wird in dem in Mahikari als »korrekte Information« anerkannten Buch von Andris K. Tebecis, Mahikari, Thank God for the Answers at last, Tokyo 1982, diskret unterschlagen, sodass dem aufmerksamen Beobachter auch der Aufschluss über die Namensänderung von Sekai Mahikari Bunmei Kyôdan (bei gleichzeitiger Weiterexistenz einer Organisation diesen Namens) zu Sûkyô Mahikari fehlt. Es ist von einer »offiziellen Übergabe seiner göttlichen Missionen« an seine »Tochter« (eigentlich Adoptivtochter) Sachiko am 13. Juni 1974 die Rede (Tebecis, S. 29). In einem offiziellen Anschreiben des deutschen Zweiges (17.5.1999) wird der Abspaltungsvorgang geschildert.

124. Vgl. Jean-Francois Mayer, Japan als heiliges Zentrum der Welt. Erinnerungen an eine Pilgerreise mit Mahikari-Anhängern, in: Reinhard Hempelmann/Ulrich Dehn (Hg.), Dialog und Unterscheidung, EZW-Texte 151 (Sonderausgabe), Berlin 2000, S. 260-270.

125. Yôkôshi Norigotoshû (Gebetbuch), Takayama o.J., S. 4.

126. Andris K. Tebecis, Mahikari, Tokyo 1982, S. 41.

127. Anschreiben von Sukyo Mahikari Deutschland e.V. an die EZW vom 17.5.1999, S. 1.

128. Satzung des Vereins Sukyo Mahikari Deutschland e.V. (Bremen, 13.7.97), § 2 (2).

129. Vgl. Susumu Shimazono, Introduction to Part 4, in: Marc R. Mullins/Susumu Shimazono/Paul L. Swanson (Hg.), Religion and Society in Japan, Berkeley 1993, S. 221-230; ders., Seishin sekai no yukue: Gendai shakai to shinrisei undô (Die spirituelle Welt: Die moderne Gesellschaft und die Bewegung der neuen Spiritualität, Tokyo 1996.

130. Vgl. den Klassiker von Barbara Ray, Der »Reiki«-Faktor (amerik. Orig. 1988), München 1997 sowie den »Klassiker« im deutschsprachigen Raum: Bodo J. Baginski/Shalila Sharamon, Reiki Universale Lebensenergie, Essen [15]1997; kritische Darstellungen: Ulrich Dehn, Stichwort: Reiki, in: MDEZW 7/1997, S. 221-224; ders., Ki-Bewegungen und ihr Hintergrund, in: MDEZW 3/1998, S. 66-76; Bernd Dürholt, Reiki – Heilende Hände? München 1999; Peter Gerlitz, Reiki, in: Gasper/Müller/Valentin[6], Sp. 883-886; Helmut Langel, Reiki, in: HdR, VIII-10.

131. Bei rei wie auch bei ki überwiegen dabei die kosmisch-energetischen Konnotationen, sowohl vom japanischen Bedeutungsfeld her als auch im Sinne der Benutzung im westlich-esoterischen Kontext. Es ist im Übrigen nicht ratsam, allzu viel ursprünglich Japanisches im Hintergrund von Reiki zu vermuten. Spiritistische Assoziationen (Helmut Langel, Reiki, in: HdR, VIII-10, S. 1 zitiert: Reinhart Hummel, Reiki – Heilungsmagie aus Japan, in: MDEZW 6/1991, S. 163-166) liegen nicht auf der Hand.

132. Vgl. Frank A. Petter, Das Reiki Feuer, Aitrang 1997; ders., Reiki – Das Erbe des Dr. Usui, Aitrang 1998; Dr. Mikao Usui/Frank A. Petter (Hg.), Original Reiki-Handbuch des Dr. Mikao Usui, Aitrang 1999. In Letzterem ist auch die im Gedenkstein eingemeißelte Usui-Biografie wiedergegeben. Darüber, wie stark dieser eingemeißelte Text bereits das Ergebnis von Mythenbildung ist, kann nur spekuliert werden.

133. Vgl. Jay Arjan Falk, Reiki: Verraten und verkauft, in: Wege und Visionen 2/1993, S. 10-13.

134. In Deutschland schloss sich der Reiki-Autor Walter Lübeck der Petter-These an. Noch in seinen Büchern Reiki – Der Weg des Herzens, Aitrang 1991 und Rainbow Reiki, Aitrang 1994, hatte er engagiert die Kyoto-Version des Theologen Usui vertreten.

135. Über Beziehungen zum Sektenshintô wird spekuliert bei Friedrich-Wilhelm Haack, Gotteskraft aus Menschenhänden, München 1988, S. 57. Auch bei Petter taucht die Behauptung auf, Reiki sei »eine buddhistische Variante des Qi Gong, die vom Shintoismus beeinflusst wurde« (Frank A. Petter, Das Reiki Feuer, S. 20).

136. Vgl. etwa Dr. Mikao Usui/Frank A. Petter (Hg.), Original Reiki-Handbuch des Dr. Mikao Usui, Aitrang 1999, der vom Verweis auf den Tempel Kurama ausgehend einen Exkurs über den Tendai-Buddhismus bietet und das Herz-Sutra im Wortlaut wiedergibt. Dieser Abschnitt (10-13) steht in keinem Zusammenhang mit dem Rest seines Buchs, das eine Darstellung und Kommentierung der pragmatischen Anweisungen aus dem angeblichen Usui-Handbuch enthält.

137. Allgemein zum Taoismus vgl. u.a. Werner Eichhorn, Die Religionen Chinas, RM 21, Stuttgart u.a. 1973; John Blofeld, Der Taoismus oder die Suche nach Unsterblichkeit, Köln 1986; Roman Malek, Das Tao des Himmels. Die religiöse Tradition Chinas, Freiburg i.Br. 1996; Heiner Roetz, Die chinesische Ethik der Achsenzeit, Frankfurt/M. 1992.

138. Laotse, Tao te king. Das Buch vom Sinn und Leben (übers. und mit einem Kommentar von Richard Wilhelm), München 1978.

139. Zum Nachweis der Religionshaltigkeit von Reiki vgl. Ulrich Dehn, Reiki als »spirituelle Heilungs- und Meditationsbewegung«, zur Veröffentlichung geplant in: Hartmut Zinser/Inken Prohl (Hg.), Japanische Religionen in Europa, Tübingen 2001.

140. Helmut Langel, Reiki, in: HdR, VIII-10, S. 2. Norbert Kuhl aber möchte Reiki eher als »geistige Techniken oder religiöse Praktiken« denn als Naturheilverfahren betrachtet sehen (Respektvoll miteinander umgehen, in: Reiki Magazin 1/2000, S. 22f.).

141. Wolfgang Distel/Wolfgang Wellmann, Der Geist des Reiki, München 1995; dies., Das Herz des Reiki, München 1995.

142. Andreas Dalberg, Der Weg zum wahren Reiki-Meister, München 1997.

143. Bodo J. Baginski/Shalila Sharamon, Reiki Universale Lebensenergie, Essen [15]1997, S. 196.

144. Ebd., S. 186.

145. Eckard Strohm vertritt eine »Fortsetzung« von Reiki namens »Arolo« und »Tifar«, die er auf Atlantis zurückführt sowie eine Reihe stärker magisch orientierter Elemente (vgl. Karin Worms, Die große Inflation der Meisterschaften, in: esotera 2/1997, S. 36-40 und www.reiki-magazin.de). Er sei selbst direkt von Usui eingeweiht worden: Darin äußert sich nun doch ein spiritistisches Element!

146. Das Reiki Magazin stellt sich regelmäßig den Veröffentlichungen von Frank Petter zur Verfügung, bleibt aber gleichzeitig in seiner Homepage (www.reiki-magazin.de) in einem Einführungstext von Jürgen Kindler der alten Usui-Biografie treu.

147. Vgl. M. Wagner, TERA-MAI™-REIKI, o.O. o.J.

148. David G. Jarrell, Reiki Plus, o.O. o.J., S. 9.

149. Angaben nach Jürgen Kindler, Was ist Reiki?, in: www.reiki-magazin.de.

150. Vgl. den Bericht der Enquetekommission des Deutschen Bundestages »Sogenannte Sekten und Psychogruppen« (Hg.), Neue religiöse und ideologische Gemeinschaften und Psychogruppen. Forschungsprojekte und Gutachten der Enquete-Kommission »Sogenannte Sekten und Psychogruppen«, Hamm 1998.

151. Ob es sich bei den Wirkungen von Reiki tatsächlich nur um so genannte Placebo-Effekte handele (so Oepen u.a., S. 256), ist nicht erwiesen und wird von Reiki-Vertretern natürlich bestritten.

152. Zitiert bei: Yves Requena, Qi Gong. Das geheime Übungssystem für Lebenskraft und Langlebigkeit (frz. Orig. 1989), München 1997, S. 21.

153. Vgl. Ulli Olvedi, Das Stille Qi Gong nach Meister Zhi-Chang Li, Bern 1994, S. 51.

154. Silberfarbene/goldfarbene Normalkugeln, Kugel mit Gravur, Kugel mit Cloisonné, Kugel mit Oberflächenbearbeitung, Steinkugel, Zwillingskugel, Klangkugel, Magnetkugel, Stollenkugel (vgl. Hans Höting, Aktiv und gesund durch die magischen Qigong-Kugeln aus China, Baunach 1997, S. 32).

155. Vgl. Krista Federspiel/Vera Herbst, Die Andere Medizin. Nutzen und Risiken sanfter Heilmethoden, Berlin [4]1996, S. 164. Der Vorwurf, die TCM sei keine »Ganzheitsmedizin« wie auch die Behauptung, sie kenne keine »seelischen« Krankheiten, ist in Anbetracht der Methodenpalette und des Anspruchs der TCM bizarr. Von anderen Seiten wird gerne der umgekehrte Vorwurf erhoben, die TCM führe zu viele Symptome auf seelische Ursachen zurück. Ebenso stellt die Behauptung »TCM behandelt nur die Symptome und zielt nicht auf die Veränderung krank machender Ursachen und Probleme ab« wie auch andere Teile der Kritik der Autorinnen den Versuch dar, die Auseinandersetzung im Modus des Spießumdrehens zu führen. Bereits die verzerrte Darstellung der chinesischen Geisteswelt (Yin und Yang als »Gegensätze«, gemeint ist vermutlich der Singular, S. 161) dämpft Erwartungen an eine kompetente Darstellung.

156. Vgl. Paul Crompton, Praktische Einführung in das T'ai Chi, München 1996, S. 4; Klaus und Barbara Moegling, Tai Chi Chuan für Einsteiger. Ein Lehrbuch, München 1996, S. 10ff.; beide Bücher folgen dem Yang-Stil.

157. Vgl. hierzu bereits Frieder Anders, Chinesisches Schattenboxen Tai Chi Chuan, Bern u.a. 1977; Reinhart Hummel, T'ai Chi – Kampfsport, Therapie oder Religion? in: MDEZW 7/1987, S. 187-195.

158. Vgl. Peter Kelder, Die fünf »Tibeter«, Wessobrunn 1989; Wolfgang und Brigitte Gillessen (Hg.), Erfahrungen mit den Fünf »Tibetern«, Wessobrunn 1991.

159. Vgl. Li Hongzhi, Falun Gong – Der Weg zur Vollendung, München 1998, S. 86f.

160. Li Hongzhi, Zhuan Falun (dt. Version), S. 345.

161. Nach regierungsamtlichen Angaben vom 7.7.1952. Falun-Gong-Anhänger erklärten dazu, das Datum sei während der Kulturrevolution (1966-1976) aufgrund eines Verwaltungsfehlers falsch registriert worden (Melanie Hanz, Falun Gong hält die Welt in Atem, in: Spirita 1/1999, S. 47-52; S. 47).

162. Vgl. die Ausführungen bei Hubert Seiwert, Falun Gong – Eine neue religiöse Bewegung als innenpolitischer Hauptfeind der chinesischen Regierung, in: Religion – Staat – Gesellschaft 1/2000, S. 119-144, u.a. S. 136f.

163. Hier greift Li Hongzhi Gedanken aus dem buddhistischen Konzept der Endzeit des Dharma (chines.: mofa, jap. mappô) auf (Zhuan Falun [dt.], S. 7), füllt es aber mit heterodoxen Elementen (vgl. auch Hubert Seiwert, Falun Gong, S. 131f.).

164. Vgl. Hubert Seiwert, Falun Gong, in: Religion – Staat – Gesellschaft 1/2000, S. 131 und S. 140 unter Berufung auf Li Hongzhi, Falun Fofa – Zai Beimei shoujie fahuishang jiang fa, Xining 1999, S. 32f.; S. 54.

165. Ausführliche Demonstration und Beschreibung im Lehrfilm sowie in dem Buch Li Hongzhi, Falun Gong – Der Weg zur Vollendung, S. 93-131.

166. Vgl. www.falundafa.de (Einführung).

167. Hubert Seiwert, Falun Gong, S. 126.

168. Li Hongzhi, Zhuan Falun (dt.), S. 350.

169. Vgl. Roman Malek, Latente Religiosität und ihre religionspolitische Relevanz: die falun-gong-Bewegung, in: China heute, 2/1999, S. 35f.

170. Vgl. Simon Brown, Feng Shui – Was Sie darüber wissen sollten, München 1999, S. 36. Andere Auskünfte verweisen auf die erste Erwähnung von Yin und Yang im Kommentar Hzi-tz'u des I Ging (Buches der Wandlungen); vgl. Lexikon der östlichen Weisheitslehren, Bern/München/Wien ³1995, S. 456).

171. Erfolgsgeschichten aus der Feng-Shui-Beratung gehören zum Grundbestandteil der Literatur. Zum Beispiel wird bei Lillian Too, Das große Buch des Feng Shui, München 1997, S. 40 u.a. von einer Investment-Firma in Hongkong berichtet, in der nichts so recht laufen wollte: schlechte Firmenatmosphäre, Intrigen, schlechtgelaunte Mitarbeiter, abspringende Kunden, rote Zahlen. Nach Umgestaltung des Transaktionsraums auf eine Feng-Shui-Beratung hin kam die Firma innerhalb von drei Monaten in die schwarzen Zahlen, und der Chef wurde überzeugter Feng-Shui-Anhänger. Ein wie hoher Anteil der kostspieligen Beratungen zu keinen spürbaren oder messbaren Erfolgen oder gar zu Negativergebnissen führt, wird leider nicht erwähnt.

172. In »Glück ist kein Zufall«, in: Focus 21/1998, S. 212.

173. Vgl. Simon Brown, Feng Shui, München 1999, S. 13; S. 55.

174. Lillian Too, Das große Buch des Feng Shui, München 1997, S. 76ff.; Simon Brown, Feng Shui, S. 55-79.

175. Es sind dies Pferd, Schaf, Affe, Hahn, Hund, Schwein, Ratte, Ochse, Tiger, Kaninchen, Drache, Schlange; vgl. Lillian Too, Feng Shui konkret. Ba Gua und Lo Shu – die Hauptwerkzeuge der Feng-Shui-Praxis, München 1999, S. 199-267.

176. Vgl. Stephan Cezanne, Wenn Wind und Wasser neue Kraft geben, in: Saarbrücker Zeitung vom 8.8.2000.

177. Vgl. Knut Walf, Wege des Dao in den Westen, in: Orientierung Jg. (64/2000), S. 168-173.

178. Jürgen Moltmann, Laotse's Tao-tê-king mit westlichen Augen gelesen, in: Dieter Becker (Hg.), Mit dem Fremden leben. Perspektiven einer Theologie der Konvivenz, Teil 2: Kunst – Hermeneutik – Ökumene, Erlangen 2000 (FS Theo Sundermeier), S. 123-138; S.123.

179. Laotse, Tao te king. Das Buch vom Sinn und Leben (übers. und mit einem Kommentar von Richard Wilhelm, München 1989. Wilhelm bezieht sich auf Goethes Faust I für die Wiedergabe des dao mit »Sinn« (S. 24).

180. Vgl. den bis heute einflussreichen, jedoch von der Forschung überholten Klassiker von Jan Jakob Maria de Groot, Universismus. Die Grundlage der Religion und Ethik, des Staatswesens und der Wissenschaften Chinas, Berlin 1918, der vom späten Max Weber bis hin zum Indologen Helmuth von Glasenapp rezipiert wurde.

181. Vgl. Michael Kotsch, Grundprinzipien östlicher Heilmethoden, in: idea Dokumentation 10/2000: Alter-

native Heilverfahren, S. 3-7; S. 5. Hier ist einerseits (korrekt) von »zwei einander ergänzenden Aspekten« und andererseits (falsch) von einer dualistischen Welterklärung die Rede. Ähnlich verzerrend spricht das Handbuch »Die andere Medizin« (Stiftung Warentest) über den angeblichen Dualismus von Yin und Yang (vgl. Anm. 155).

182. Die andere Medizin (Stiftung Warentest), S. 136.

183. Zitiert in: Hugo M. Enomiya-Lassalle, Zen und christliche Mystik, Freiburg i.Br. ³1986, S. 334.

184. Ebd., S. 136.

185. Jürgen Moltmann, Der Geist des Lebens. Eine ganzheitliche Pneumatologie, München 1991, S. 281.

186. Ebd., S. 291ff.

187. Vgl. dazu auch Michael Welker, Gottes Geist. Theologie des Heiligen Geistes, Neukirchen-Vluyn 1992, S. 17 u.a.

188. Eberhard Jüngel, Das Evangelium von der Rechtfertigung des Gottlosen als Zentrum des christlichen Glaubens, Tübingen ³1999, S. 212.

189. Aus der Weihnachtsbotschaft Tagores 1914, zitiert bei: H. Hüttl, Die Sri-Chinmoy-Bewegung im deutschsprachigen Raum (Eigenverlag), Kalsdorf 1998, S. 126.

190. Zitiert bei: Hummel, GMS, S. 112.

191. Er selbst gedenkt sich in der zukünftigen Gestalt »Prema Sai« zu reinkarnieren. Die Anhänger des 1918 verstorbenen Fakirs Shirdi Sai lehnen Sai Baba als Reinkarnation ihres Meisters ab.

192. Sri Chinmoy, God is ..., New York 1997, S. 182f. (Übersetzung aus dem Englischen: U.D.).

193. Ebd., S. 179 (Übersetzung: U.D.).

194. John Hick, Religion. Die menschlichen Antworten auf die Frage nach Leben und Tod (engl. Orig. 1989), München 1996, S. 257.

195. Perry Schmidt-Leukel, Theologie der Religionen, Neuwied 1997, S. 579.

196. Reinhart Hummel, Vereinigungskirche – die »Moon-Sekte« im Wandel, Neukirchen-Vluyn 1998, S. 158.

197. Vgl. M. Darrol Bryant/ Herbert W. Richardson (Hg.), A Time for Consideration: A Scholarly Appraisal of the Unification Church, New York/Toronto 1978.

Reinhard Hempelmann
Sehnsucht nach Gewissheit – neue christliche Religiosität

1. Vgl. dazu Karl Gabriel, Christentum zwischen Tradition und Postmoderne, QD 141, Freiburg 1988, S. 157ff.

2. Vgl. Martin Riesebroth, Die Rückkehr der Religionen. Fundamentalismus und der »Kampf der Kulturen«, München 2000, S. 9ff.

3. The Globalisation of Pentecostalism. A Religion made to Travel, Murray Dempster/Byron D. Klaus/Douglas Petersen (Hg.), Oxford 1999.

4. Walter J. Hollenweger, Art. Charismatische Bewegung, in: Ökumenelexikon, hrsg. von H. Krüger u.a., Frankfurt/M. 1983, S. 213-215, hier S. 214.

5. Auf die Parallelität zwischen esoterischer und charismatischer Spiritualität hat mit Recht Hansjörg Hemminger verwiesen: Ders., Religiöses Erlebnis – Religiöse Erfahrung – Religiöse Wahrheit, EZW-Texte, Impulse Nr. 36, Stuttgart 1993.

6. David Johnson/Jeff VanVonderen, Geistlicher Missbrauch. Die zerstörende Kraft der frommen Gewalt, Wiesbaden 1996. Zu dieser Thematik allgemeiner: Hansjörg Hemminger, Psychische Abhängigkeit in extremen religiösen und weltanschaulichen Gemeinschaften, MDEZW Sonderdruck Nr. 25, Berlin 1999.

7. Vgl. dazu auch Hans Küng, Christentum. Die religiöse Situation der Zeit, München 1994, S. 722f.

8. Peter L. Berger, Der Zwang zur Häresie. Religion in der pluralistischen Gesellschaft, Frankfurt/M. 1980, S. 43f.

9. Ebd., S. 24.

10. Karl-Fritz Daiber, Religiöse Gruppenbildung als Reaktionsmuster gesellschaftlicher Individualisierungsprozesse, in: Religiöse Individualisierung oder Säkularisierung. Biographie und Gruppe als Bezugspunkte moderner Religiosität, Karl Gabriel (Hg.), Gütersloh 1996, S. 86-102, hier S. 97.

11. Vgl. Karl Gabriel, Christentum zwischen Tradition und Postmoderne, S. 150.

12. Gestaltung und Kritik. Zum Verhältnis von Protestantismus und Kultur im neuen Jahrhundert, Hannover 1999, S. 42.

13. Vgl. Paul Michael Zulehner, Auswahlchristen, in: Volkskirche – Gemeindekirche – Parakirche. Theologische Berichte 10, Zürich u.a. 1981, S. 109-137, hier S. 118.

14. »Der Umbruch von der bürgerlich-modernen Industriegesellschaft zur entfalteten Moderne geht einher mit einschneidenden Prozessen der De-Institutionalisierung christlicher Religion. De-Institutionalisierung bedeutet, dass es der etablierten, institutionell verfassten, christlichen Religion nicht mehr in gleicher Weise gelingt, religiöse Orientierungen, Empfindungen und Verhaltensweisen in ein institutionell festgelegtes und vorgegebenes Muster zu binden wie bisher.« So Karl Gabriel, Christentum zwischen Tradition und Postmoderne, QD 141, Freiburg i.Br. u.a. 1992, S. 146.

15. Vgl. ebd., S. 188ff.

16. Daniéle Hervieu-Léger, »Kritik nur von innen heraus«, in: HK 5/1998, S. 235-240, hier S. 238.

17. Vgl. die Chicago-Erklärung, abgedruckt in: Reinhard Hempelmann (Hg.), Handbuch der Evangelistisch-missionarischen Werke, Einrichtungen und Gemeinden, S. 370ff.

18. Von dieser doppelten Gestalt geht auch Martin Riesebroth aus und diskutiert ausführlich die Frage, worin beide übereinstimmen und worin sie differieren. Vgl. ders., Die Rückkehr der Religionen. Fundamentalismus und der »Kampf der Kulturen«, München 2000, S. 97ff.

19. Der Text ist abgedruckt in: Reinhard Hempelmann (Hg.), Handbuch der Evangelistisch-missionarischen Werke, Einrichtungen und Gemeinden, S. 372.

20. Martin Benz, Wenn der Geist fällt. Das ungewöhnliche Wirken des Heiligen Geistes – einst und jetzt, Metzungen 1995, S. 49.

21. Lukas Vischer, Wachsende Gemeinschaft – die ökumenische Bewegung zwischen Illusion und Hoffnung, in: EvTh 53 (1993), S. 186f.

22. TRE Bd. 11, S. 732.

23. Martin Marty/R. Scott Appleby, Herausforderung Fundamentalismus. Radikale Christen, Moslems und Juden im Kampf gegen die Moderne, Frankfurt/M. 1996, S. 214.

24. »Katholischer« Fundamentalismus, hrsg. von Wolfgang Beinert, Regensburg 1991, S. 66f.

25. Werner Gitt, Das biblische Zeugnis der Schöpfung, Neuhausen-Stuttgart 1983, S. 41.

26. Kenneth Copeland, Willkommen in der Familie Gottes, München ³1992, S. 25.

27. Der Text findet sich bei Ernest R. Sandeen, The Roots of Fundamentalism. British and American Millenarianism 1800-1830, Chicago 1970, S. 273. Im sog. Niagara Creed (einer bekenntnisartigen Formulierung der Niagara-Konferenz 1878) heißt es: »Wir glauben, ›dass die gesamte Schrift durch Inspiration von Gott eingegeben ist‹ / 2. Tim 3, 16 /. Wir verstehen darunter das ganze Buch, genannt die Bibel. Wir bekennen dieses nicht in dem Sinne, wie man zuweilen törichterweise sagt, dass Werke menschlichen Geistes inspiriert seien, sondern in dem Sinne, dass der Heilige Geist vor alters den heiligen Männern die genauen Wörter der heiligen Schriften eingab, und dass seine heilige Inspiration nicht in unterschiedlichen Abstufungen erfolgte, sondern in völliger Gleichheit und Fülle in allen Teilen dieser Schriften, den historischen, poetischen, lehrhaften und prophetischen, und auch das kleinste Wort betrifft, selbst die grammatische Flexion des Wortes, vorausgesetzt dass dieses Wort in den Originalmanuskripten enthalten ist.« Vgl. dazu auch Hubert Kirchner, Wort Gottes, Schrift und Tradition, Göttingen 1998, S. 52.

28. James Barr, Fundamentalismus, München 1981, S. 77.

29. Vgl. dazu EKL³ 3, Sp. 1120-1122, Gasper/Müller/Valentin⁶, Sp. 804-806, Hutten¹⁵, S. 260-303.

30. Vgl. dazu Reinhard Hempelmann (Hg.), International Churches of Christ (ICC). Texte zu einer neuen christlich-religiösen Bewegung, MDEZW Sonderdruck Nr. 29, Berlin 1999.

31. Zu Ivo Sasek vgl. die Information bei www.relinfo.ch (kritisch).

32. Zu Horst Schaffranek vgl. MDEZW 1993, S. 81-85. Zur Ortsgemeinde (Local Church) vgl. MDEZW 1987, S. 261-269; MDEZW 1990, S. 202-205.

33. Vgl. Martin Riesebroth, Fundamentalismus als patriarchalische Protestbewegung, Tübingen 1990.

34. Gottfried Küenzlen, Feste Burgen, in: MDEZW 11/1992, S. 313-343, hier S. 318.

35. Karl Lehmann, Glauben bezeugen, Gesellschaft gestalten, Freiburg i.Br. u.a. 1993, S. 616.

36. Vgl. Hubertus Mynarek, Denkverbot. Fundamentalismus in Christentum und Islam, München 1992.

37. Wolfgang Huber, Der Protestantismus und die Ambivalenz der Moderne, in: Religion der Freiheit, München 1990, S. 29-65, hier S. 32.

38. Joachim Track, Fundamentalismus im Christentum, Pastoraltheologie 81 (1992), S.138-155.

39. Reinhart Hummel, Religiöser Pluralismus oder christliches Abendland, Darmstadt 1995, S. 135.

40. Hansjörg Hemminger, Fundamentalismus und Wissenschaft am Beispiel Kreationismus. In: Hansjörg Hemminger (Hg.), Fundamentalismus in der verweltlichten Kultur, Stuttgart 1990, S. 168 ff.; dort englische Quellen.

41. Ernst Mayr, Die Entwicklung der biologischen Gedankenwelt. Berlin/Heidelberg/New York 1984.

42. Arthur N. Strahler, Science and earth history – the evolution/creation controversy, Buffalo, N.Y. 1987, S. 66.

43. Philadelphia 1961.

44. Auch hier ist nicht der Ort, um die naturwissenschaftliche Argumentation nachzuvollziehen. Dafür sei auf die am Schluss angeführte Literatur verwiesen.

45. Die Studiengemeinschaft »Wort und Wissen« ist mit diesem Namen sehr ausführlich im Internet präsent.

46. Studiengemeinschaft »Wort und Wissen« (Hg.), Schöpfung und Wissenschaft. Neuhausen-Stuttgart 1988, S. 8.

47. Vgl. Reinhard Junker/Siegfried Scherer, Entstehung und Geschichte der Lebewesen, Gießen 1988, ab der 4. Auflage 1998 mit dem Titel: Evolution – ein kritisches Lehrbuch.

48. Werner Gitt, Das biblische Zeugnis von der Schöpfung, Neuhausen-Stuttgart 1985, S. 131.

49. Arthur E. Wilder-Smith, Die Naturwissenschaften kennen keine Evolution, Basel/Stuttgart 1978; ders., Evolution im Kreuzverhör, Neuhausen-Stuttgart 1983; u.v.a.

50. Edith Gutsche/Peter C. Hägele/Hermann Hafner (Hg.), Zur Diskussion um Schöpfung und Evolution. Porta-Studie 6, Studentenmission in Deutschland SMD, Marburg 1988, 4. veränderte Auflage 1998. S. auch die umfangreichen Publikationen der Karl-Heim-Gesellschaft zu diesem Thema.

51. Beispiele sind: Robert Spaemann/Reinhard Löw, Frage wozu? München/Zürich 1981; Joachim Illies, Schöpfung oder Evolution? Zürich 1979; Marian Machinek, Die Idee des Kreationismus in der philosophisch-theologischen Tradition Polens, in: PQ 148,3 2000, S. 281-287.

52. Nach einer Umfrage des Demoskopischen Instituts Allensbach von 1989.

53. Reinhard Eichelbeck, Der Jahrhundert-Irrtum, Esotera 6/1999 bis 9/1999 (vier Teile).

54. J. Dwight Pentecost, Bibel und Zukunft. Untersuchungen endzeitlicher Aussagen der Heiligen Schrift, Dillenburg 1993, Vorwort.

55. Vgl. Werner Thiede, Die Johannes-Apokalypse in der Deutung christlicher Sekten, EZW-Texte, Informationen Nr. 130 (1/1996), v.a. S. 4ff.

56. Vgl. die Lausanner Verpflichtung abgedruckt u.a. in: Horst Marquart/Ulrich Parzany, Evangelisation mit Leidenschaft, Neukirchen-Vluyn 1990, S. 320ff. oder das Manila-Manifest, abgedruckt in: Horst Marquart/Ulrich Parzany, Evangelisation mit Leidenschaft, S. 329ff., hier S. 347.

57. J. Dwight Pentecost, Bibel und Zukunft. Untersuchung endzeitlicher Aussagen der Heiligen Schrift, Dillenburg 1993.

58. Vgl. das Heft Nr. 9/1996 der Zeitschrift »dran« zum Thema Endzeit. Vgl. ebenso: Franz Stuhlhofer, »Das Ende naht!« Die Irrtümer der Endzeitspezialisten, Gießen/Basel 1992.

59. Hal Lindsey/Carole C. Carlson, Alter Planet Erde wohin? Im Vorfeld des Dritten Weltkrieges, Wetzlar ⁵1972.

60. Ebd., S. 7.

61. Ebd., S. 223.

62. »Was heute in der Welt geschieht, ist Wegbereitung für das Auftreten des Antichristen.«, Ebd., S. 133.

63. Vgl. Franz Stuhlhofer, »Das Ende naht!« Die Irrtümer der Endzeitspezialisten, Gießen/Basel 1992; Russell Chandler, Der Tag X. Werden wir das nächste Jahrtausend noch erleben?, Neuhausen-Stuttgart 1996. Stuhlhofers Buch informiert über zahlreiche Autoren im deutschsprachigen Bereich. Der amerikanische Kontext wird in dem Buch von Chandler dargestellt. Beide Publikationen kommen aus evangelikalen Verlagen.

64. Vgl. auch Eleonore Pieh, »Flight Like David – Run Like Lincoln«, Münster 1998, S. 28.

65. Einen umfassenden Einblick in alle nur denkbaren Fragen und Themen der Endzeit, jedoch ohne kritische Distanz, gibt J. Dwight Pentecost, Bibel und Zukunft, a.a.O.

66. Vgl. das Buch von David Chilton, Die große Trübsal, Hamburg 1996, zu dem Thomas Schirrmacher das Vorwort geschrieben hat.

67. Vgl. Marius Baar, Frieden für Jerusalem – um jeden Preis?, Lahr 1994, S. 175ff.

68. Vgl. dazu Timothy P. Weber, How Evangelicals Became Israel's Best Friend, in: Christianity Today, Oktober 1998, S. 39-49.

69. Derek Prince, Biblische Prophetie und der Nahe Osten. Israel – Gottes Zeiger an der Weltuhr, Erzhausen ⁴1994, S. 19.

70. Paul Cain/Robert T. Kendall, Wort und Geist. Die Wiederherstellung einer starken Einheit, Fürth 1997, S. 74ff.

71. Hutten[15], S. 18.

72. Dietrich Bonhoeffer, Widerstand und Ergebung, München 1970, S. 25f.

73. Lesslie Newbigin, The Household of God, London 1953. In deutscher Übersetzung erschienen unter dem Titel »Von der Spaltung zur Einheit«, Stuttgart 1956, vgl. bes. S. 116ff.

74. Ebd., S. 116.
75. Johannes Wallmann, Geisterfahrung und Kirche im frühen Pietismus, in: Charisma und Institution, hrsg. von Trutz Rendtorff, Gütersloh 1985, S. 132-144, hier S. 132. Vgl. dazu auch: Oskar Föller, Pietismus und Enthusiasmus – Streit unter Verwandten, Wuppertal 1998.
76. Ebd., S. 132ff.
77. Ebd., S. 143f.
78. Vgl. Religionen, Religiosität und christlicher Glaube: eine Studie, hrsg. im Auftrag der VELKD und AKf, Gütersloh 1991, S. 108-117.
79. Ebd., S. 113.
80. Zum Toronto-Segen und zur Pensacola-Erweckung vgl. Reinhard Hempelmann, Licht und Schatten des Erweckungschristentums, S. 135ff.
81. Auf die Parallelität zwischen neuer Religiosität und charismatischer Frömmigkeit hat mit Recht Bernhard Wolf hingewiesen. Vgl. das Vorwort der Neuauflage des Buches von Morton T. Kelsey, Trance, Ekstase und Dämonen. Zur Unterscheidung der Geister, München 1994, S. 15f.
82. Darin unterscheidet sich die Charismatische Bewegung von der Pfingstbewegung am Anfang dieses Jahrhunderts. Durch die Lehre von der Geistestaufe mit dem anfänglichen Zeichen der Glossolalie erfolgte eine starke Konzentration und Fixierung der Geisterfahrung.
83. Vgl. Gerhard Schulze, Die Erlebnisgesellschaft. Kultursoziologie der Gegenwart, Frankfurt/New York 1992.
84. Vgl. dazu André Corten, The Growth of the Literature on Afro-American, Latin American and African Pentecostalism, in: Journal of Contemporary Religion, Vol. 12, No. 3, 1997, S. 311-334. Vgl. dazu auch: David Martin, Tongues of Fire, Oxford 1990 und Harvey Cox, Fire from Heaven, New York 1995.
85. Wird genannt bei Nils Bloch Hoell, The Pentecostal Movement, Oslo 1964, S. 175.
86. Vgl. Consultation with Pentecostal Churches, (Lima, Peru, 14-19 November 1994), WCC, Geneva; Consultation with Pentecostals in the Americas (San José, 4-6 June 1996), Hubert van Beek (Hg.), WCC, Geneva.
87. Vgl. Hans-Diether Reimer, Art. Pfingstbewegung, in: Praktisches Lexikon der Spiritualität, Freiburg i.Br. 1988, S. 961-963.
88. Vgl. Donald W. Dayton, Theological Roots of Pentecostalism, Grand Rapids, Michigan 1987, S. 21ff.
89. Klaude Kendrick bemerkt dazu, dass das Ergebnis der Bibelstudien zum Thema Zungenrede die »einmütige Schlussfolgerung (war), dass das Zungenreden der biblische Beweis für die Taufe des Heiligen Geistes sei«. Vgl. ders., Vereinigte Staaten von Amerika, in: Die Pfingstkirchen, hrsg. von Walter J. Hollenweger, a.a.O., S. 29.
90. Belege bei Paul Fleisch, Die Pfingstbewegung in Deutschland, Hannover 1957, S. 9ff., hier S. 15.
91. Paul Fleisch, S. 9ff., hier S. 18.
92. Vinson Synan, The Holiness-Pentecostal Tradition. Charismatic Movements in The Twentieth Century, Grand Rapids, Michigan, ²1997, S. 167ff.
93. Walter J. Hollenweger, Priorities in Pentecostal Research: Historiographie, Missiologie, Hermeneutics and Pneumatology, in: Jan A.B. Jongeneel, Experiences of Spirit, Frankfurt 1991, S. 8-12. Ders., Charismatisch-pfingstliches Christentum, Göttingen 1997, S. 33ff.
94. Michael Welker, Gottes Geist. Theologie des Heiligen Geistes, Neukirchen-Vluyn 1992, S. 21.
95. Vgl. David B. Barrett, Annual Statistical Table on Global Mission, in: International Bulletin of Missionary Research, Vol. 14, No. 1, S. 26f.
96. Ebd., Vol. 21, No. 1, S. 24f.
97. 90 Jahre Pfingstbewegung in Deutschland, hrsg. vom Forum Freikirchlicher Pfingstgemeinden, Freudenstadt 1997.
98. Paul Schmidgall, 90 Jahre Pfingstbewegung, Erzhausen 1997.
99. In der »Zeitung zum Kirchenjubiläum«, Mai 1997, S. 1f.
100. So Reinhold Ulonska, ebd., S. 1.
101. So heißt es in einem neueren Text, der das veränderte Selbstverständnis des Mülheimer Verbandes ausspricht: »Selbstverständnis des Mülheimer Verbandes freikirchlich-evangelischer Gemeinden«, Mülheim 1998, S. 7.
102. Ebd., S.15 heißt es: »Der Heilige Geist ermöglicht den Glauben, das Christsein. Jeder Christ hat bei seiner Wiedergeburt den Heiligen Geist empfangen und ist damit geistgetauft.« Zugleich wird auch gesagt: »Der MV anerkennt dankbar die vielfältigen Gaben Gottes in seinen Menschen, seien es die ›praktischen‹ Gaben oder die ›transrationalen‹ Gaben der neutestamentlichen Gabenlisten nach Römer 12 und 1. Korinther 12.« Auf der lehrmäßigen Ebene dürfte hier eine Konvergenz mit evangelisch-landeskirchlichen Charismatikern vorliegen.

103. Christian H. Krust, 50 Jahre Pfingstbewegung, Altdorf/Nürnberg, S. 37f.

104. Ebd., S. 38.

105. Ray H. Hughes, Was ist Pfingsten?, Urbach 1992, S. 37.

106. Ebd., S. 19.

107. Reinhold Ulonska, in: Wort und Geist 6/1992, S. 3. Vgl. auch ders., Geistesgaben in Lehre und Praxis, Erzhausen 1983.

108. Lehre – Bekenntnis – Aufbau der Freikirche Gemeinde Gottes, hrsg, von der Gemeinde Gottes e.V., Urbach 1989, Das Glaubensbekenntnis, S. 2.

109. MDEZW 5/1983, S. 140.

110. Missionarisch in die Zukunft. 50 Jahre Volksmission entschiedener Christen, Stuttgart 1995, S. 152.

111. Vgl. MDEZW 4/1983, S. 120f.

112. Walter J. Hollenweger, Verheißung und Verhängnis der Pfingstbewegung, in: EvTh 53 (1993), S. 284.

113. Norbert Baumert/Gerhard Bially (Hg.), Pfingstler und Katholiken im Dialog, Düsseldorf 1999.

114. Ebd., S. 89.

115. Ebd., S. 87. Vgl. dazu die treffende Darstellung des Dialoges zwischen Pfingstlern und Katholiken von Hans Gasper; ders., Die Kraft des Heiligen Geistes – Zum Dialog von Pfingstlern und Katholiken, in: Una Sancta 4/1999, S. 314-321 und S. 360.

116. Aus: Was verbindet die Charismatiker? Eine Stellungnahme des Kreises Charismatischer Leiter (KCL) in Deutschland (1995), abgedruckt in: Reinhard Hempelmann, Licht und Schatten des Erweckungschristentums, S. 272.

117. »7. Der charismatische Aufbruch wird vielfach als Gottes Antwort auf die Entchristlichung unserer Zeit und die um sich greifende Resignation begriffen. Die durch das Wirken des Heiligen Geistes erneuerten Christen leben in der Zuversicht, dass Gott auch unsere Gesellschaft verändern wird, sei es durch sein machtvolles Eingreifen, sei es durch sein kontinuierliches Wirken (Sauerteigprinzip).« – Faltblatt »Eine Erstinformation. GGE in der Evangelischen Kirche«.

118. An der Vermittlung pfingstlerisch-charismatischer Frömmigkeit über die Grenzen der Pfingstbewegung hinaus waren Heilungsevangelisten wie Oral Roberts und die »Vereinigung der Geschäftsleute des vollen Evangeliums«, (gegr. 1952 durch Demos Shakarian; in Deutschland jetzt auch »Christen im Beruf«) maßgeblich beteiligt. – Weitere Schlüsselfiguren für die Verbreitung charismatischer Frömmigkeit waren Tommy L. Osborn, Kathryn Kuhlman und später Pat Robertson mit großen Zeltmissionen und weit reichenden evangelistischen Radio- und Fernsehprogrammen. – In Deutschland fand die neu-pfingstlerische Bewegung Eingang durch David Wilkerson (Teen-Challenge Drogenarbeit; Buch: Das Kreuz und die Messerhelden) und die Jesus-People.

119. Die Anhänger blieben meist Mitglieder ihrer angestammten Kirche, besuchten daneben aber »interkonfessionelle« charismatische Gebetsgruppen, Gottesdienste und Sonderveranstaltungen. Sie trugen die »charismatische« Erfahrung in ihre eigenen Kirchen und Gemeinden.

120. Lutheraner (1962), Presbyterianer (1962), Baptisten, Methodisten (1967) und Mennoniten.

121. Vgl. Hans-Diether Reimer, Wenn der Geist, S. 23-26. Träger der Bewegung in der römisch-katholischen Kirche waren nicht erweckliche Kreise, sondern meist Pfarrer und Ordensleute.

122. 21.-25.8.1963 – Thema: »Das Wirken des Heiligen Geistes heute« – Nachfolgend: Gründung eines ökumenischen Koordinierungsausschusses 1964 auf Schloss Schwanberg; vgl.: Ich will dich segnen, S. 17f.; S. 22; Komm Heiliger Geist, S. 33; Hans-Diether Reimer, Wenn der Geist, S. 16-18 und S. 26-28.

123. 1. Königsteiner Treffen: 6.-10.7.1965 Thema: »Kirche und Charisma« – Themen der übrigen Tagungen in: Ich will dich segnen, S. 17f.

124. Zu Craheims Geschichte und Gegenwart vgl.: GE 70, 2/98, S. 13-17; Ich will dich segnen, S. 30-37.

125. In den »Würzburger Leitlinien« (1976) heißt es u.a.: »4. Jeder Christ, der durch Glauben und Taufe wiedergeboren ist, lebt in dieser charismatischen Wirklichkeit. Der Heilige Geist wohnt in ihm und will bei ihm sichtbar werden zur Erbauung der Gemeinde und zum Dienst an der Welt.« – »7. Jede Rangordnung der Charismen ist undenkbar ...« – »8. Alle Charismen sind Zeichen der erneuerten Schöpfung, nicht ein ›übernatürliches‹ Geschehen.« – »10. Bei der Ausübung geht es nicht um die äußere Erscheinungsform, sondern um ihre Funktion für den Aufbau des Reiches Gottes.« – »Durch die charismatische Erneuerung wird eine Volkskirche in Frage gestellt, die durch die Passivität und Gleichgültigkeit der meisten ihrer Glieder bestimmt ist. Die CE steht aber in der Mitte der Kirche und in der Kontinuität ihrer Lehrtradition. Sie sucht den Dialog mit allen theologischen Richtungen, die beitragen zur Erneuerung der Kirche. Ihr Ziel ist die charismatisch erneuerte Kirche, die eine eigene Charismatische Bewegung überflüssig macht.« – 1998: »Sehr bewusst versteht sich die GGE als innerkirchliche Erneuerungsbewegung, auch wenn sie viele Außenkontakte pflegt. Im Erbe der charismatischen Bewegung ist die

ökumenische Weite angelegt. Die Konfessionen werden darum auch als Gaben verstanden, die einander dienen sollen« (GE 72, 4/98, S. 7).

126. Solche Aufbrüche gab es in Bräunsdorf in Sachsen, im Schniewindhaus in Schönebeck-Salzelmen bei Magdeburg, im Rüstzeitenheim in Slate/Mecklenburg. (Vgl.: Charismatische Erneuerung und Kirche, S. 19ff.; Hans-Diether Reimer, Wenn der Geist, S. 37-41; Komm Heiliger Geist, S. 335-337.

127. Großhartmannsdorf bei Freiberg, Karl-Marx-Stadt/Chemnitz, Leipzig, Dresden; Komm Heiliger Geist, S. 335-337.

128. Hans-Diether Reimer, Wenn der Geist, S. 41-46.

129. Dies ist in etwa auch für die Gegenwart zutreffend. Zahlenmäßig sind es eher mehr, aber das Charismatische wird heute nicht mehr so dezidiert vertreten.

130. Vgl.: »Viele Gaben – ein Geist«. Eine Arbeits- und Orientierungshilfe zur Begegnung mit der charismatischen Bewegung, EmK-heute, Heft 76/1992. – Eine Reihe von Gemeinden der EmK in Deutschland haben inzwischen charismatische »Elemente« (z.b. Lobpreis) aufgenommen. Eine stärkere, spezifische »charismatische« Ausrichtung findet sich aber nur bei wenigen Gemeinden (Dresden und Berlin). – Auch bei den Mennoniten fand das charismatische Element Aufnahme (vgl. Bernhard Ott, Der Heilige Geist. Biblisch-theologische und gemeindepraktische Stellungnahme zu Fragen um das Wirken des Geistes Gottes, Bienenberger Studienhefte 2/1996). – Die Herrnhuter Brüdergemeine sah sich auf dem Hintergrund notvoller Auseinandersetzungen ebenfalls zu einer Stellungnahme genötigt (Martin Theile, Herrnhuter Brüdergemeine und charismatische Bewegung. Eine Orientierung aufgrund des Denkens von N. L. von Zinzendorf, Herrnhut 2000).

131. Die GGE sieht diesen als eine Antwort Gottes auf die zunehmende Säkularisierung und Entchristlichung.

132. »Was ich zutiefst suchte, war eine persönliche Erfahrung.« (Komm Heiliger Geist, S. 17) – Zitate wie »Der Herr heilte sie ...« – »Der Heilige Geist leitete uns ...« – »Gott vergab mir« sind genauso oft zu hören wie »Ich spürte seine Liebe und Vergebung ...« – »Ich empfand eine Freude, die ich nie zuvor gekannt hatte ...« – »Ich fühlte seine Gegenwart« (Komm Heiliger Geist, S. 22). – In der GGE rechnet man »damit, dass Jesus Christus, der gekreuzigte und auferstandene Herr, heute in seinem Heiligen Geist erfahrbar wirkt« (in: GE 65, 3/97, S. 5).

133. Das steht nicht im Widerspruch zur Aussage, dass charismatische Frömmigkeit zugleich Jesus-Frömmigkeit ist. – »Immer wieder stoßen Menschen – oft zu ihrem Erstaunen – darauf, dass die Erneuerung in der Kraft des Heiligen Geistes in Wirklichkeit erfahrene Jesus-Spiritualität ist. Die Geisterfahrung ist in Übereinstimmung mit der Bibel Jesus-Erfahrung.« (GE 37, Juli-Sept. 1990, S. 22; vgl. auch Friedrich Aschoff: Der Heilige Geist, in: GE 70, 2/98, S. 4-7).

134. In pietistisch-evangelikaler Tradition geht es um die Gewinnung einer entschiedenen Lebenshaltung (»Lebensübergabe« – Bekehrung). – Vor allem im katholischen Bereich wird die Verbindung zum Taufsakrament betont (»Geist-Erneuerung« oder »Tauf-Erneuerung«, verstanden als Bekehrung und neue Offenheit gegenüber Jesus Christus als dem Herrn; 1. Kor 12, 3). Im Mittelpunkt steht das Bekenntnis zu Jesus Christus. Hierauf wird der Einzelne in der Regel durch einen Glaubenskurs vorbereitet. Im Zentrum steht die erlösende Liebe des Vaters, die Einladung zur Umkehr und zum glaubenden Ergreifen des Heils. – Eng verbunden mit diesem wird Zusage und Angebot geistlicher und seelischer Heilung und das Geschenk der Charismen.

135. »Die Erfahrungen, die Menschen mit Jesu und dem Wirken des Heiligen Geistes vor etwa 2000 Jahren gemacht haben, sind heute ebenso möglich. Und in der GGE werden sie bewusst erbeten. Dann wird erfahren, dass der Geist Gottes Menschen neu berührt, zum Glauben führt, den Glauben immer mehr vertieft und Charismen (Gnadengaben) entfaltet« (GE 65, 3/97, S. 3).

136. Vgl. GE 74, 2/99, S. 20-29; Friedrich Aschoff/Paul Toaspern, Heilung, Werkstattheft, Hamburg 1992.

137. »In Seelsorge und Gemeindeaufbau, beim Beten mit Kranken und bei politischen Entscheidungen, bei Geschäften und evangelistischen Gesprächen sind Christen, die bewusst im Kraftfeld des Heiligen Geistes leben, auf die verschiedenen prophetischen Begabungen angewiesen, durch die Gott persönlich Verbindung hält, den Weg beschreibt, Mut macht und Aufträge gibt.« (GE 37, 3/90, S. 25); vgl. Friedrich Aschoff u.a., Prophetie, Werkstattheft, Hamburg 1992.

138. Glossolalie – die Sprache der Kinder Gottes: »Weil uns der Geist Jesu vom Leistungsstress des religiösen Machers befreien möchte, schenkt er uns das entspannte, erwartungsvolle, bisweilen hilflose Sprechen in Worten, für die es weder Wörterbuch noch Grammatik gibt, in dem wir aber weit offen und sehr nahe bei Gott sind. Niemand muss ›in Sprachen beten‹, aber vielen vertieft es den Glauben und schenkt sogar skeptischen Erwachsenen eine ›zweite Naivität‹.« (GE 37, Juli-Sept. 1990, S. 25) – vgl. Friedrich Aschoff u.a., Sprachengebet, Werkstattheft, Hamburg 1992.

139. Die GGE möchte »Wegbereiterin einer Erweckung innerhalb der Landeskirchen sein« (GE 78, 2/00, S. 2). – Dies ist bescheiden gegenüber den z.T. sehr hochgespannten Sehnsüchten und Hoffnungen im Blick auf eine immer wieder für einzelne Länder oder die ganze Welt prophetisch angekündigte, unmittelbar bevorstehende große »Erweckung«.

140. »Sicher hat Gott viele Möglichkeiten, einem Menschen den Heiligen Geist zu geben bzw. ihm mehr davon zu schenken. Sehr häufig wird überall dort in der Welt, wo Gott gebeten wird seinen Heiligen Geist einem oder mehreren Menschen zu schenken, eine Erfahrung gemacht, die man etwa so umschreiben kann. – Ein Mensch, der mit Jesus Christus in Kontakt gekommen ist oder ein Christ, der wieder neu die innere Beziehung zu Jesus aufgenommen hat, öffnet sich darin zugleich dem Heiligen Geist. Er möchte, dass der Heilige Geist ihn ›berührt‹; er spürt das Verlangen, häufig und intensiv mit Jesus Christus ›zusammen zu sein‹ – so wie ein Verliebter mit seiner Geliebten. Er bittet darum, ›mit dem Heiligen Geist erfüllt zu werden‹, ihn als ›Dauergast‹ empfangen zu können. Das Geheimnis, das ›Nichtverstehbare‹ an dem Kommen des Geistes‹ ist, dass er sich dem so Bittenden unsichtbar, aber durchaus mit Folgewirkungen nähert, ja, den Menschen mitunter – im wahrsten Sinn des Wortes – ›begeistert‹, ihn anrührt, so dass er sogar körperlich auf die Anwesenheit des Heiligen Geistes reagiert (etwa ›vor Freude zittert‹ oder Freudentränen vergießt). Aber der Heilige Geist kann auch ganz still kommen, sozusagen ohne emotionale Begleiterscheinungen. Doch ohne Veränderungen bleibt kein Mensch, der vom Geist Gottes angerührt wurde. – Bei dem Phänomen der Geistausgießung ist mindestens häufig, nicht ausnahmslos, ein Kontaktgeschehen beteiligt zwischen wenigstens zwei Menschen: einem, der im Rahmen eines Gebetes um den Geist bittet und dies mit einem anderen Christen zusammen tun möchte, und jemand, der ihm dabei solidarischer Mitmensch, priesterlicher Helfer und ›Werkzeug‹ des Heiligen Geistes zugleich ist. Meist legt dieser Mitchrist dann dem oder der Bittenden die Hände segnend auf Kopf oder Schulter und spricht ihm/ihr zu: ›Empfange den Heiligen Geist‹. Eingebettet in dieses Gebet ist meist die Vergebung der Sünden im Namen Jesu und die Übereignung des Lebens an Jesus Christus. – Oft beten auch mehrere Christen für eine(n) um den Heiligen Geist Bittende(n). Dies geschieht oft in so genannten Segnungsgottesdiensten.« (GE 37, Juli-Sept. 1990, S. 10f).

141. »Ich lebte schon einige Jahre mit Jesus, doch fehlte mir oft die nötige Antriebskraft. Doch diesmal [auf einer Freizeit] durften wir alle das wunderbare Wirken des Heiligen Geistes erfahren: Bei einer Bibelarbeit war ich so tief angerührt, dass ich die Taufe im Heiligen Geist empfing. Jesus hatte schon vorher mit mir geredet und mir meine Ängste genommen. Ich wusste, es wird so werden, dass ich es auch verkraften kann. Gott wirkt nur so viel oder so stark, wie wir es auch zulassen. So ging ich dann anschließend bei der Segnung mit nach vorne und erlebte das Wirken so stark, dass es mich buchstäblich ›umgehauen‹ hat. Ich empfand dieses ›Ruhen im Geist‹ als sehr wohl tuend und auferbauend. Die Liebe Jesu durchströmte mich. Ich hatte ein Bild: Wie Jesus in den Wolken war und mir seine Hand entgegenstreckte und sagte ›Komm!‹ – Ich ergriff diese Hand, kam zu Jesus und durfte mich bei ihm ausruhen. Das war für mich ein den Glauben stärkendes Erlebnis, wovon ich heute noch profitiere und was mir die Gewissheit gab, einmal bei Jesus zu sein.« (GE 68, 6/97, S. 8 – vgl. auch: GE 55, 2/95, S. 9: Wie ich mit dem Geist erfüllt wurde).

142. Vgl. Graham Dow, Befreiungsdienst, Werkstattheft, Hamburg 1992.

143. Komm Heiliger Geist, S. 29.

144. »Was bewirkt der Lobpreis? – Im Lobpreis kommen Menschen in die Anbetung. Sie begegnen dem lebendigen Gott. Wenn ein etwas kühner Vergleich erlaubt ist: Was die Mystiker in früheren Jahrhunderten im Alleingang oft sehr langsam und mühsam erlangten, kann im Lobpreis in relativ kurzer Zeit erreicht werden. Die Menschen öffnen ihr Herz für den lebendigen Gott, sie spüren seine Nähe, sie erklären ihm, dass sie ihn lieben ... Menschen bereuen Dinge, die sie getan haben, sie nehmen Gefühle an sich wahr, die sie nicht kannten. Verhärtungen, die in der Seele verborgen waren, weichen auf. Die Auswirkungen können bis zu körperlicher Heilung und Befreiung von Belastungen reichen.« (Gerhard Kelber, in: GE 65, 3/97, S. 13).

145. Vielfach Bibelworte, Gebete oder prophetischer Zuspruch.

146. GE 65, 3/97, S. 18.

147. Der »Grundkurs des Glaubens« (6-9 Abende) vermittelt Grundinformationen über den christlichen Glauben und hat das Ziel, »zu einer Lebenshingabe an Jesus Christus und zu einem gelebten Glauben im Miteinander mit anderen Christen in der Gemeinde zu kommen. Im Abschlussgottesdienst wird dieser innere Entschluss oft konkret vollzogen.« GE 65, 3/97, S. 19 – Für Kursleiter bietet die GGE schriftliche Arbeitsmaterialien und acht Videoclips gleichen Inhalts für den häuslichen und privaten Rahmen an. – Das flexible Modell des Grundkurses hat in dem aus England übernommenen »Alpha-Kurs« mit einer neuen Pädagogik eine wirkungsvolle Weiterentwicklung erfahren. Er zielt auf Menschen, die kaum eine

Kirche betreten würden. Viele Kurse finden nicht in kirchlichen Räumen statt, sondern z. B. im Neben-raum einer Gaststätte. »Durch das gemeinsame Essen am Anfang eines jeden Abends wird eine freund-liche Atmosphäre geschaffen ... Höhepunkt ist ein Wochenende, an dem um die Erfüllung mit dem heiligen Geist gebetet werden kann. Viele erfahren dabei die Realität Gottes.« (a.a.O.) – Zum Alpha-Kurs vgl.: GE 57, 4/95, S. 28-31; GE 61, 4/96, beigeheftet: Alpha-Report 1; GE 69, 1/98, S. 9ff.; GE 73, 1/99, S. 30-33. Die Rechristianisierung wird wieder denkbar.

148. Themen sind u.a.: Glauben, was ist das? – Jesus, der Mann aus Nazareth – Der Heilige Geist, Gott unter uns.

149. Einführungsseminare haben Exerzitiencharakter. Es geht nicht nur um Wissensvermittlung, sondern wesentlich darum, ein inneres Verständnis und eine neue Haltung zu gewinnen. In ihnen sind biblische Lehre, Gruppenarbeit, Seelsorge, geistliche Prozesse und Gottesdienste in charismatischer Tradition mit-einander verbunden. (Hans-Diether Reimer, Wenn der Geist, S. 31; 75).

150. Zum Beispiel: Lobpreisleitung, Seelsorge, Familie, Ehe, Leiterschaft, Konzeptionelle Gemeindeplanung, Problemlösung, Führung und Management. – Besonders die Seelsorgeseminare finden starken Zuspruch. Schwerpunkte derselben sind psychische und physische Heilung, Erneuerung von Beziehungen sowie der Umgang mit dem Bösen.

151. »Neben einem Basisvortrag zu einem aktuellen Thema werden in Arbeitsgruppen die Hauskreisarbeit, die Lobpreisgottesdienste, der Segnungsdienst, die Seelsorge und der Umgang mit den neutestamentlich bezeugten Charismen vorgestellt.« (GE 65, 3/97, S. 18).

152. GE 76, 4/99, S. 18.

153. »Die drei Gemeindekongresse in Nürnberg, an denen jeweils rund 4.500 Besucher teilnahmen, gaben entscheidende Impulse auf folgenden Gebieten: Evangelisation, Gemeindeaufbau und Gemeindewachs-tum, sowie Versöhnung im innerkirchlichen Bereich mit Israel und den Völkern, die unter dem deut-schen Nationalsozialismus gelitten haben.« (GE 65, 3/97, S. 20).

154. So grenzt man sich z. B. gegen das ideologisch eingeengte Wirklichkeitsverständnis der historisch-kriti-schen Bibelforschung ab (Komm Heiliger Geist, S. 145ff.). – Diese bereits in der Pfingstbewegung vorhan-dene Tendenz wurde verstärkt durch den Einfluss der Power-Evangelisationsbewegung, deren führende Vertreter eine weltanschauliche Perspektiverweiterung bzw. einen grundsätzlichen Paradigmenwechsel fordern (Charles H. Kraft: »Abschied vom aufgeklärten Christentum«). Das Übernatürliche soll im christ-lichen Leben und Dienst zur Normalität werden. – In der Power-Evangelisation haben z. B. »Worte der Erkenntnis« (unmittelbare Eingebungen des Geistes) eine zentrale Funktion für die Diagnose von Krank-heiten. Ebenso besteht eine enge Verbindung des Heilungsdienstes mit dem Gebet um Befreiung von dämonischen Mächten, die als Ursache zahlreicher Krankheiten, Zwänge und Störungen betrachtet wer-den.

155. Nach kath. Verständnis ist die gefallene Natur des Menschen zwar durch die Sünde gestört, aber sie ist nicht grundsätzlich der Sünde unterworfen. Evangelischerseits sieht man die menschliche Natur durch die Sünde als vollends verdorben und unfähig zum Guten. – Auch in der Weltsicht zeigt sich dieser Unterschied des Verständnisses der Erbsünde.

156. Problematisch wird es, wenn der Dualismus für den Frömmigkeitsvollzug beherrschend wird und im Kampf gegen Geister und Dämonen über das Schriftzeugnis hinausgehende Praktiken und Lehren ent-wickelt werden.

157. »Von der ›extremen‹ Charismatik (z.B. John Wimber und Reinhard Bonnke) wird dem Wunder in unse-rer Kultur eine besondere Rolle zugewiesen: Es soll die geschlossene Wirklichkeit des so genannten mo-dernen Weltbilds aufbrechen und damit Glauben möglich machen, es soll die säkulare, entgöttlichte und geheimnislose Wirklichkeit der Zeitgenossen infrage stellen und die christliche Alternative attraktiv machen. Für die charismatische Gemeinschaft selbst haben die Wundererlebnisse eine ähnliche Funkti-on. Sie stabilisieren die sonderkulturelle Wirklichkeit, in der man lebt, gegen den Druck der säkularen Umwelt.« (Hansjörg Hemminger, Religiöses Erlebnis – Religiöse Erfahrung – Religiöse Wahrheit, EZW-Texte, Impulse Nr. 36, Stuttgart 1993, S. 21).

158. Vgl. die Artikel: Werte – Wertewandel – Werteverfall (GE 74, 2/99, S. 12-15). Zwischen Widerstand und Anpassung. Wertewandel und christliche Gemeinde (GE 73, 1/99, S. 4-9).

159. GE 70, 2/98, S. 24-32 – Themenkreise des Gebetstages für Deutschland am 3. Oktober 1998 waren: Schutz der Familie und Einheit der drei Generationen, Schutz des ungeborenen Lebens, Arbeitslosigkeit und Überforderung, Deutsche und Ausländer, Armut und Wohlstand in Deutschland (GE 70, 2/98, S. 22f.).

160. Vgl. Brief an die Freunde der GGE September 2000, S. 4; Stellungnahme der GGE: »Homosexuelle in der Kirche«, in: Theologische Texte der GGE 1, Hamburg 1994, S. 50 – Die Gemeinsamkeit mit bekenntnis-treuen Gruppen in ethischen Fragen kommt in der Mitunterzeichnung einer Stellungnahme des Ge-

meindehilfsbundes zum sog. Lebenspartnerschaftsgesetz zum Ausdruck (Eine massive Diskriminierung der Ehe, Walsrode November 2000).

161. Gott, der vor allem als der liebende Vater gesehen wird, zeigt seine Gegenwart und reale Zuwendung im Geschenk von: Geisterfüllung, Glossolalie, Heilung und Befreiung, intuitiver Erkenntnis, Prophetie, Geistesleitung, u.a.

162. Zeichen sind mehrdeutig und müssen gedeutet werden. Da es keine »unvermittelte« Unmittelbarkeit gibt (Heribert Mühlen) sind sie kein unwiderlegbarer »Beweis«. – Nicht das Wunder bewirkt den Glauben, sondern der Glaube macht fähig, das Wunder zu erkennen bzw. in ihm ein Zeichen von Gottes Macht und Liebe zu erkennen (Hansjörg Hemminger, a.a.O., S. 22f.).

163. Hier stößt man auf ein unauflösbares Spannungsverhältnis der Theologie, das im Kontext der Erlebnisgesellschaft neu in Erinnerung zu bringen ist: »Der Glaube gründet nicht auf Erfahrung, aber er macht Erfahrungen. Der Glaube basiert nicht auf Gefühlen und doch bezieht er die Welt der Gefühle mit ein. Der Glaube lebt nicht vom Erleben und doch will und muss er erlebt und gelebt werden.« (Landesbischof Ulrich Fischer, in: Über die Schwelle treten. Missionarische Herausforderungen in der Zeitenwende, Bad Herrenalb 13. April 2000).

164. Hier ist an das paulinische »Wir leben im Glauben, nicht im Schauen« – »Wir sind gerettet, doch auf Hoffnung« zu erinnern (2. Kor 5, 7; Röm 8, 24). – Der Christ ist in der Konfrontation mit der unerlösten Wirklichkeit in sich selbst und um ihn herum, in Misserfolgen, Ohnmacht, Bedrängnis, Verfolgung, Leid und Tod gefordert, an der erkannten geistlichen Wahrheit festzuhalten.

165. Reinhard Hempelmann sieht als plausibelsten Grund für die relativ schwache Ausprägung pfingstlichcharismatischer Frömmigkeit in Deutschland, dass die Perspektive einer geistlichen Erneuerung durch den stärker kirchlich beheimateten Pietismus bestimmt ist. Diesem geht es ebenso um die Erfahrung des Geistes und seiner Kraft, allerdings unter Verzicht auf enthusiastische und ekstatische Erfahrung.

166. Dies hat u. a. auch damit zu tun, dass für manche Mitglieder die Veränderungen nicht schnell oder radikal genug vorangehen und die innerkirchliche CE/GGE nur eine Art »Durchlauferhitzer« im Übergang zu freikirchlichen und extrem-charismatischen Gruppen ist. – Kann man vom Gesichtspunkt des Wachstums im Allgemeinen von Stagnation sprechen, sind andererseits örtliche/regionale Aufbrüche zu vermerken, so z.B. in Sachsen.

167. Eine Fragebogenaktion (CE-Infodienst, III/99, S. 2f.) ergab, dass über 50 % der Gebetsgruppen in den südlichen Diözesen liegen. Unter den regelmäßig wiederkehrenden Elementen in den Gruppen steht an erster Stelle der Lobpreis. Als Veränderung wurde festgestellt: »Anders als vor 15 Jahren ist die primäre Ausdrucksform von CE nicht mehr ausschließlich der Gebetskreis. Es haben sich daneben neue Formen und Strukturen gebildet. Viele Modelle von Gemeinschaftsleben sind entstanden. Auch in der Jugendarbeit hat sich in den letzten Jahren eine neue Struktur entwickelt ... Die Vielfalt hat zugenommen.« – Mit gewisser Sorge beobachtet man eine »Überalterung in den Gruppen?« und macht sich Gedanken zur »Aktivierung der 65-plus Generation« (CE-Infodienst, II/2000, S. 8).

168. Vgl. Norbert Baumert: Anstößig oder Anstoß? Zur charismatischen Erneuerung, Passau o. J. (1999), S. 13 – Baumert erwähnt auch den Anteil vieler »Post-Charismatiker«, für die die CE nur ein Durchgang war.

169. Vgl. Informationsbroschüre: CE – Was ist das?

170. Ca. 30 an der Zahl (vgl. Baumert, Anstößig, S. 10-12).

171. Vgl. die Namen und konfessionelle Zugehörigkeit im »Kreis charismatischer Leiter« (R. Hempelmann, a.a.O., S. 276f.) – Die CB erlebte sich von Beginn an als ökumenisch, da die Christen in den Gebetsgruppen ein neues Gefühl von Einheit und Zugehörigkeit erlangten, das sehr viel tiefer geht als Gemeinsamkeiten mit nicht an der CB beteiligten Mitgliedern der eigenen Kirche.

172. Baumer, Anstößig oder Anstoß, S. 14.

173. GE 76, 4/99, S. 3 – Man plant eine konzeptionelle Änderung, weg von längeren Grundsatzartikeln in Richtung Allgemeinverständlichkeit und lockerer Aufmachung. Wegen der finanziellen Schwierigkeiten überlegt man, »neue Partner mit ins Boot zu nehmen«. Die Zeitschrift soll noch mehr für Laien und Interessierte gestaltet werden und mehr persönliche Erfahrungsberichte, Interviews, Biografien und Modelle gelebten Glaubens enthalten (Brief an die Freunde, Sept. 2000, S. 6).

174. www.erneuerung.de; www.gge-online.de.

175. Die meisten haben Grundkurse besucht oder sind durch die Theologie-Studierenden-Arbeit gegangen. Viele führen Alpha-Kurse durch, bieten Lobpreisgottesdienste an, haben Segnungselemente übernommen oder praktizieren das Krankenheilungsgebet.

176. Regionale GGE-Büros – meist verantwortet von einem Mitglied des Leitungskreises – gibt es in Nordbayern (Bayreuth), Niedersachsen (Obernkirchen), Hessen-Nassau (Darmstadt), Nord (Hamburg), West-

falen (Sprockhövel), Württemberg (Reutlingen). In Südbayern hat man einen regionalen Verein ins Leben gerufen, der seine guten Kontakte nutzen und in der Öffentlichkeit wie gegenüber Synode und Kirchenleitung das Anliegen der GGE deutlich vertreten soll. (vgl. GE 65, 3/97, S. 22; Faltblatt »Erstinformation«).

177. Dazu gehört auch die Redaktion der Zeitschrift, Erstellung und der Versand der Arbeitsmaterialien und Druckerzeugnisse.

178. Obernkirchen ist vor allem Seelsorgezentrum (vgl. GE 73, 1/99, S. 26-29).

179. Vgl. GE 57, 4/95, S. 32-35; GE 59, 2/96, S. 29.

180. Vgl. GE 78, 2/00, S. 36f.; Brief an die Freunde, Sept. 2000, S. 6.

181. Friedrich Aschoff, der 1. Vorsitzende, hat die Chance zur Frühpensionierung genutzt und kann sich nun noch intensiver um die Anliegen der GGE kümmern.

182. Vgl. GE 76, 4/99, S. 8.

183. So hat die Bundesgeschäftsstelle in den letzten Jahren die Organisation mehrerer Großveranstaltungen übernommen bzw. gemeinsam mit anderen vorbereitet und durchgeführt (z.B. Willow-Creek-Kongresse; Kongress christlicher Führungskräfte; Jesus-Tag 2000).

184. »Die GGE bleibt ihrer Berufung treu, sich für die Erneuerung in den verfassten Kirchen mit all ihren Kräften einzusetzen.« (Friedrich Aschoff, in: GE 55, 2/95, S. 23) – »Die GGE ... möchte Wegbereiterin einer Erweckung innerhalb der Landeskirchen sein. Ihr Ziel ist eine im Heiligen Geist erneuerte Kirche ... Die GGE versteht geistliche Erfahrungen grundsätzlich von der Lehrüberlieferung der Kirche her. Sie achtet aber auch darauf, dass die Berufung auf diese Tradition die Gültigkeit des biblischen Zeugnisses nicht in Frage stellt.« (Impressum GE).

185. So etwa in Baden.

186. Zum Beispiel Segnungspraxis, Segnungsgottesdienste, Gebet für Kranke, Gebet um innere Heilung, Gebets-Seelsorge, Lobpreislieder, neue Gottesdienstsformen.

187. Die GGE ist sehr bemüht, das Vertrauensverhältnis in den Kirchen und in der Gesellschaft zu stärken. Friedrich Aschoff spricht von einem hohen Maß an Gesprächs- und Leidenschaft, das die Entscheidung erfordere, an der Treue zur Kirche festzuhalten; besonders angesichts der Tatsache, dass viele charismatisch geprägten Christen lieber den Weg in die Freikirche gehen und man innerkirchlich vielen Vorbehalten begegnet. (GE 76, 4/99, S. 5).

188. Die GGE versteht sich als geistliches Organ in der Landeskirche, sieht sich aber nicht als die einzige Erneuerungsbewegung (GE 72, 4/98, S. 7). – Beim Thema Erweckung weiß man bei allem Wünschen und allem Bemühen, sie durch intensive Arbeit etc. vorzubereiten um die Unverfügbarkeit und den Geschenkcharakter (vgl. GE 68, 6/97, S. 13).

189. Gleiches gilt für evangelistische Arbeit in der pietistisch-evangelikalen Bewegung. – »Die charismatische Bewegung wird sich nur dann in die Volkskirche integrieren lassen, wenn sie auf ihren Anspruch als die christlichere, ja als die eigentliche christliche ›Alternativkultur‹ verzichtet und sich an diesem Punkt klar von der extremen Charismatik absetzt.« (Hansjörg Hemminger, a.a.O., S. 30). – Ingesamt ist man in der CB/GGE unter Beibehaltung der Grundanliegen im Auftreten bescheidener geworden. Überhöhte Töne der Anfangszeit aus der Überzeugung, mit der CB komme das Reich Gottes, haben sich verloren. Man ist realistischer geworden und vertritt seine Anliegen nicht mehr so exklusivistisch.

190. Beide Seiten haben es nötig, ein Verständnis für das gegenseitige Aufeinander-verwiesen-Sein zu entwickeln (Charisma und Amt).

191. Hemminger sieht Konflikte da vorprogrammiert, wo Charismatiker die Praxis zwar »integrativ« definieren, aber »alternativ« ausschließend gestalten. Als Problem auf Seiten der Kirche sieht er, wenn die Offenheit für die Charismatiker betont wird, aber nicht gesagt werden kann, wo und wie sich in ihr ein Raum der Praxis eröffnet. (ebd.) – Die CB sollte nach Hemminger »ihre gegen die säkulare Kultur gerichteten Elemente so in die Volkskirche einbringen, dass sie die Kerngemeinde stärken, ohne die volkskirchlichen Kirchenfernen zu verprellen.« Das sei möglich. Man könne alternative Frömmigkeit leben ohne ständig darauf zu bestehen, dass alle anderen ebenso alternativ sein müssen. (ebd.).

192. So z. B. die Abgrenzung von pfingstlerischen Vorstellungen, Lehren und Praktiken wie: einem dynamistischen Geistverständnis und drängerischen Vorgehen bei der Vermittlung von Geistwirkungen, fundamentalistischen Tendenzen, der Überbewertung einzelner charismatischer Erscheinungen.

193. Vgl. die Veröffentlichungen zu den Toronto-Phänomenen, zur Propheten-Bewegung, zu Endzeit-Spekulationen, zur Laienbeichte.

194. Vgl. Theologische Texte der GGE, Klärungen-Wege-Positionen 1, Hamburg 1994; Annegrit und Gottfried Wenzelmann (Hg.), Geist und Gemeinde – Beiträge zu Charisma und Theologie I, Hamburg 1998.

195. So heißt es in der maßgeblichen Selbstdarstellung: »In der menschlichen Reaktion auf das Handeln

Gottes finden wir nur zu oft eine Vermischung von ›Fleisch und Geist‹ ... Wo Kritik oder Korrektur an der CE angebracht ist, sollten wir darauf eingehen. Eine Erneuerung, die wirklich vom Geist Gottes stammt, kann nur gestärkt werden, wenn sie den eigenen Fehlern und Schwächen ehrlich ins Gesicht schaut ...« (Komm Heiliger Geist, S. 19).

196. So etwa Friedrich Aschoff im Interview mit der Zeitschrift »Praxis« zu den Stichworten: Geistliche Kampfführung, Befreiungsdienst, Erweckungserwartung, u.a. (Praxis. Das Magazin für Gemeindeentwicklung, 3/96, S. 5-7).

197. In der GGE ist man sehr bemüht auch um den »innercharismatischen« Konsens.

198. Konkret heißt das, man muss seinen eigenen Weg gehen im Spannungsfeld von Infragestellungen aus dem kirchlich-konservativen bzw. -liberalen Lager, von Seiten pietistisch-evangelikal-bekennender Kreise und dem pfingstlich-freikirchlichen Ansatz.

199. Dies war die Zeit heftiger grundsätzlicher Diskussionen und mancher Übertreibungen. (Hans-Diether Reimer, Wenn der Geist, S. 46ff.).

200. Aufkommen der konfessionellen Treffen.

201. Von daher der Vorwurf, die CB sei nur »Durchlauferhitzer«. – In der innerkirchlichen CB versucht man die dialektische Spannung von Amt und Charisma auszuhalten, die Lebensgesetze einer Bewegung zu respektieren und strebt nicht danach, den Enthusiasmus der Anfangszeit wiederherzustellen. In der weiteren Entwicklung kann man folgende Horizonterweiterung und Vertiefung feststellen: von den einzelnen Charismen zum Grundcharisma, zum Verständnis der Charismen als Dienstgaben, zur Breite des Lebens aus dem Geist, zur Beschäftigung mit der Bibel und theologischer Arbeit über den Heiligen Geist. In dieser Phase tritt der charismatische Gottesdienst als der eigentliche Gestaltungsraum der Erneuerung in den Blick.

202. Hans-Diether Reimer, Wenn der Geist, S. 55 – Erhard Griese einer der Mitautoren der »Würzburger Leitlinien« kritisiert im Nachhinein als damalige Entwicklung in der CHARGE/GGE, die er nicht mehr mittragen konnte, »dass ausgesprochen evangelikal-biblizistisch orientierte Kräfte mit einer extrem naiven Vorstellung vom Einwirken Gottes das Charismatische sozusagen in ihre Finger bekommen haben. So ist auf einmal ›charismatisch‹ ein Begriff geworden, der so viel bedeutete wie ›hyper-evangelikal‹, also die Tendenz zur Verbalinspiration und zu einem vollmundigen Reden von einem direkten Eingreifen Gottes in tausend Kleinigkeiten, ohne dass man dabei auch die jetzige Welt noch gesehen hätte – und das auch noch von großer Begeisterung getragen. Das hat der Bewegung ein extremes Gesicht gegeben, das vielleicht auch viele nicht mehr mit vollziehen konnten, wie ich auch.« (Ich will dich segnen, S. 54f.).

203. Diese Akzentuierung der Elemente: vollmächtiges Gebet, Glaubensheilung, gebietender Befreiungsdienst, hatte man im Zug der kirchlichen Anerkennung in der westlichen Welt mehr in den Hintergrund treten lassen zugunsten der mehr seelsorgerlichen Komponente (Segnung, innere Heilung, Wort der Erkenntnis, Herzensschau u.a.). Nun bekamen sie neues Gewicht und lösten entsprechende Kritik und Widerspruch aus.

204. In den USA waren die verschiedenen Ströme schon früher ineinander geflossen.

205. Auch wenn der stellvertretend vollzogene sog. »Schulterschluss« (Nürnberg 1991) auf evangelikal-pietistischer Seite sehr umstritten war, hat sich in der Folgezeit einiges verändert. – In der persönlichen Begegnung in den Gremien der Ev. Allianz und der Lausanner Bewegung kann direkt gefragt und geantwortet werden und Vorurteile können abgebaut werden.

206. »Kasseler Erklärung« 1.7.1996 – Gemeinsame Abschlusserklärung zu den Gesprächen über die Lehre vom Heiligen Geist und die Praxis der Geistesgaben zwischen dem Hauptvorstand der Deutschen Evangelischen Allianz (DEA) und dem Präsidium des Bundes Freier Pfingstgemeinden (BFP).

207. Bereits in den Anfängen der CB war die gemeinsame Geisterfahrung stärker als die konfessionellen Bindungen. Pfingstler, Neu-Pfingstler und Charismatiker verschiedener Mainline-Kirchen erlebten eine tiefe innere Zusammengehörigkeit. – Das gegenwärtige starke Bemühen um »Einheit« hat u. a. seinen Grund auch in der Überzeugung, dass sie als Voraussetzung für das Kommen der ersehnten Erweckung gilt.

208. Was verbindet die Charismatiker? Eine Stellungnahme des Kreises Charismatischer Leiter (KCL) in Deutschland, abgedruckt in: Reinhard Hempelmann, Licht und Schatten des Erweckungschristentums, S. 268-277.

209. Vgl. Ich will dich segnen, S. 221-241.

210. Friedrich Aschoff: Die GGE wird ihren Schwerpunkt weiterhin darin sehen, »eine Gottesdienst- und Seelsorgebewegung zu sein mit Öffnung zur Gemeindepflanzung« (Praxis 3/96, S. 6). – Vgl. auch: GE 72, 4/98, S. 7; GE 69, 1/98, S. 18ff.

211. Dieses Thema ist der GGE seit dem Austritt von Wolfram Kopfermann aus der Landeskirche besonders wichtig geworden. Während die Einheit zwischen Ost-West in der GGE gut gelungen ist, sieht man die

Einheit der Christen im Land nur langsam wachsen. – Nach eigener Einschätzung ist der GGE inzwischen eine »Brückenbauerfunktion zwischen den Konfessionen« zugewachsen (Jesus 2000).

212. Vgl. GE 68, 6/97, S. 3; GE 68, 6/97, S. 11-13; 19 (Alpha-Kurse, Pro Christ, Willow-Creek).

213. Gesellschaftlich haben nach eigener Einschätzung die Versöhnungswege 1994/95 der GGE spürbare Akzente gesetzt und in einigen Ländern politische Klimaverbesserungen bewirkt. »Was sich in der unsichtbaren Welt ereignet hat, das können wir noch gar nicht ermessen.« (vgl. GE 54, 1/95, S. 26f.; GE 56, 3/95, S. 3-15).

214. GE 76, 4/99, S. 8-10; GE 73,1/99, S. 20f.; 22-24 – Prophetische Worte und Verkündigung des Uganders John Mulinde, z.b. in der FCJG-Lüdenscheid und anderen frei-charismatischen Gemeinden, haben eine Gebetsbewegung ausgelöst, in der Gedankengut der »geistlichen Kampfführung« wiederkehrt.

215. »Transformation« meint die Veränderung der geistlichen Wirklichkeit in der unsichtbaren Welt durch Gebet, die dann politische, soziale, ökonomische Veränderungen zum Guten in einer Stadt, einem Land nach sich zieht.

216. Trotz theologischer Akzeptanz, trotz der vielen Gemeindeneugründungen, landesweiter Jesusmärsche (z.B. 23.5.92 in Berlin – mehrere zehntausend Teilnehmer), aufwendiger Kongresse und wachsender Werke ist die verheißene und erwartete Erweckung nicht in Sicht.

217. Die innerkirchliche CB muss im Spannungsfeld zwischen eigener Kirche/traditioneller Gemeinde und extremen Pfingstlern, freikirchlichen und unabhängigen Charismatikern das eigene Profil bewahren.

218. Ich will euch segnen, S. 244 (Zu den Basics zurückfinden, die für die CB prägend waren, z.B. Ausstrecken nach der Geistestaufe und nach den Geistesgaben, Bibellese, Gebet, Zeugnis.) – Charismatische Grunderfahrungen neu gefragt. Zurück zum Sprachengebet, Christoph von Abendroth, in: GE 73, 1/99, S. 16-19; 25.

219. So der Titel eines Buches von Charles H. Kraft, Lörrach 1991.

220. C. Peter Wagner, Der gesunde Aufbruch, Lörrach 1989, S. 140.

221. Vgl. etwa C. Peter Wagner, u.a., Der Kampf mit satanischen Engeln, Solingen 1993; Ders., Das offensive Gebet, Wiesbaden 1992.

222. Jack Deere, Überrascht von der Kraft des Heiligen Geistes, Wiesbaden 1995.

223. Beispielhaft wird hier das Buch genannt: John Wimber/Kevin Springer, Heilung in der Kraft des Geistes, Hochheim ²1988.

224. Kenneth Copeland, Willkommen in der Familie Gottes. Eine Anleitung zur Errettung, zur Erfüllung mit dem Heiligen Geist und Heilung, München ³1992, S. 27.

225. So Wolfhard Margies, Heilung durch sein Wort 1, Urbach ⁴1985, S. 41.

226. Ebd., S. 46ff., hier S. 51.

227. Ebd., S. 42.

228. Dennis J. Bennett/Rita Bennett, Die Trinität des Menschen, Erzhausen ²1990.

229. Hartwig Henkel/Wolfhard Margies, Der Aufstand der Beter, Berlin 1992, S. 18ff., hier S. 20.

230. Wolfhard Margies, Glaube, der Wunder wirkt, Berlin ²1992, S. 106.

231. Ebd., S. 109.

232. Dan R. Mc Connell, Ein anderes Evangelium?, Eine historische und biblische Analyse der modernen Glaubensbewegung, Hamburg 1990; Leonard Lovett, Positive Confession Theology, in: Dictionary of Pentecostal and Charismatic Movements, Grand Rapids/Michigan ⁴1990, S. 718-720.

233. Martin Percy, Power and Fundamentalism, in: Journal of Contemporary Religion, Vol. 10, No. 3, 1995, S. 273-282.

234. Günther Gassmann/Harding Meyer, Neue transkonfessionelle Bewegungen, Frankfurt/M. 1976, S. 39.

235. Kurt Hutten, Hintergründe und Bedeutung der modernen Zungenbewegung, in: Morton T. Kelsey, Zungenreden, Konstanz 1970, S. 16.

236. Jürgen Werbick, Einleitung, in: ders. (Hg.), Offenbarungsanspruch und fundamentalistische Versuchung, QD 129, Freiburg i.Br. u.a. 1991, S. 26.

237. Belege für diese Berufungen finden sich in zahlreichen Publikationen aus dem pentekostal-charismatischen Bereich. Vgl. u. a. John Wimber/Kevin Springer, Heilung in der Kraft des Geistes, a. a. O., S. 204ff.; Martin Benz, a.a.O., S. 17ff.

238. Vgl. dazu James I. Packer, Auf den Spuren des Heiligen Geistes. Im Spannungsfeld zwischen Orthodoxie und Charismatik, Basel 1989, S. 226ff.

239. Wolfgang Schrage, Der erste Brief an die Korinther, EKK VII/3, Zürich/Neukirchen-Vluyn 1999, S. 113.

240. Vgl. dazu F. Pfister, Art. Ekstase, in: RAC, Bd. IV, Stuttgart 1959, S. 944-987; Hans Wißmann, Art. Ekstase, in: TRE 9 (1982), S. 488-491; Hartmut Zinser, Art. Ekstase, in: Hubert Cancik/Burkhard Gladigow/ Matthias S. Laubscher (Hg.), Handbuch religionswissenschaftlicher Grundbegriffe, Bd. II, Stuttgart u.a. 1990, S. 253-258; Felicitas D. Goodman, Ekstase, Besessenheit, Dämonen, Gütersloh 1991.

241. Abgedruckt in: Martin Benz, a.a.O., S. 196. Wolfhard Margies lehnt Tierlaute und Tiergehabe ab. »So fangen in manchen Gemeinden und Konferenzen die Beteiligten an, zu meckern, zu bellen, zu zischen und zu grunzen. Hier liegt Betrug in Reinkultur vor.« A.a.O., S. 169. Auch »Hustensalbung« und »Schreisalbung« werden ausdrücklich abgelehnt, da sie »Synonyme für dämonische Aktivität« sind. A.a.O., S. 170.

242. Eugen Biser, Glaubensprognose. Orientierung in postsäkularistischer Zeit, Graz u.a. 1992, S. 9ff. Biser bemerkt in diesem Zusammenhang:»Denn der Glaube wird nicht nur durch dogmatische Fehlinterpretation und moralisches Fehlverhalten gefährdet, sondern nach aller Erfahrung weit mehr noch durch einen religiösen Defätismus, der ihm keine lebens- und zukunftsgestaltende Energie zutraut und im Sinn einer Vertrauenskrise an ihm irre wird.« Ebd., S. 13.

243. Vgl. Jürgen Roloff, Persönliche religiöse Erfahrung und Theologie des Kreuzes. Bibelarbeit über 2. Kor 12, 1-10, in: Horst Reller und Manfred Seitz (Hg.), Herausforderung Religiöse Erfahrung. Vom Verhältnis evangelischer Frömmigkeit zu Meditation und Mystik, Göttingen 1980, S. 143-168.

244. Vgl. dazu Klaus Berger, Theologiegeschichte des Urchristentums. Theologie des Neuen Testaments, 2. Auflage, Tübingen/Basel 1995; Yves Congar, Heiliger Geist, Freiburg i.Br. 1982; Siegfried Großmann (Hg.), Handbuch Heiliger Geist, Wuppertal 1999; Claus Heitmann/Heribert Mühlen (Hg.), Erfahrung und Theologie des Heiligen Geistes, Hamburg/München 1974; Jürgen Moltmann, Der Geist des Lebens. Eine ganzheitliche Pneumatologie, München 1991; Michael Welker, Gottes Geist, Neukirchen-Vluyn 1992.

Andreas Fincke
Exklusive Wege zum Heil – die christlichen Sondergemeinschaften und sog. Sekten

1. Ausführliche Darstellungen zu den genannten Gemeinschaften finden sich in: HRGem[5]; Hutten[15]; Obst[4].
2. Der Wachtturm vom 1.4.1991, S. 30.
3. Vgl. Deutscher Bundestag (Hg.), Endbericht der Enquete-Kommission »Sogenannte Sekten und Psychogruppen«: Neue religiöse und ideologische Gemeinschaften und Psychogruppen in der Bundesrepublik Deutschland, Bonn 1998, S. 35f.
4. Vgl. auch: Rüdiger Hauth, Art. Sekten, in: TRE 31, S. 96-103.
5. Kirche Jesu Christi der Heiligen der Letzten Tage (Hg.), Lehre und Bündnisse der Kirche Jesu Christi der Heiligen der Letzten Tage, Frankfurt/M. 1980, S. 1 und 30.
6. Sämtliche Zahlen sind Angaben der Gemeinschaft. Vgl. Unsere Familie, 10/1998, S. 4.
7. Gordon B. Hinckley am 5. April 1997 in Salt Lake City. Hier zitiert nach: Der Stern, 7/1997, S. 4.
8. Ders. am 3. April 1999 in Salt Lake City. Hier zitiert nach: Der Stern, 7/1999, S. 4.
9. Diese Zahl orientiert sich an den Teilnehmern der jährlichen »Gedächtnismahlfeier«.
10. Vgl. Der Wachtturm vom 1. Januar 2001, S. 18ff.
11. Unser Königreichsdienst 9/1996, S. 1.
12. Der Stern 7/1997, S. 49.
13. Der Wachtturm vom 15.8.1997, S. 21.
14. Protokoll des Treffens vom 1.11.1966, Bundesarchiv Potsdam DO-4/450.
15. Schreiben von Pusch an das Presseamt beim Vorsitzenden des Ministerrats am 24.8.1989, Bundesarchiv Potsdam, DO-4/1537.
16. Grußadresse zitiert nach: Neues Deutschland vom 29.10.1988.
17. Die Verleihung des Titels ist Ländersache. Somit sind einige der genannten Gemeinschaften nicht in allen Bundesländern Körperschaft des öffentlichen Rechts.
18. NAK, Internationaler Apostelbund Zürich (Hg.), Fragen und Antworten über den neuapostolischen Glauben, Frage 171, S. 79.
19. Man unterscheidet zwischen der großen Ausgabe und der sog. »Miniausgabe«. Die große Ausgabe erscheint in deutscher, englischer, französischer, spanischer, portugiesischer, niederländischer und indonesischer Sprache, die sog. »Miniausgabe« in weiteren 24 Sprachen bei einer Auflagenhöhe von insgesamt 163.000 Stück (Schreiben des Medienreferenten der NAK, Peter Johanning, an die EZW vom 28. September 1998).
20. Zum Beispiel Holger Reile, NAK, Angst hinter frommen Fassaden, in: Kirche Intern, 8/1997; vgl. den Artikel Extrem streng, in: Der Spiegel vom 30.10.1995; Hans Meiser (Talkshow) am 15.11.1995 auf RTL.
21. Das Zeugnis der Apostel an die geistlichen und weltlichen Oberhäupter der Christenheit, aufgestellt im Jahr 1836, S. 168. Das Testimonium wurde 1932 vom »Apostelkollegium der Neuapostolischen Gemein-

den« neu herausgegeben. Diese Ausgabe wird im Vorwort als ein »Auszug aus dem ›Zeugnis der Apostel‹« beschrieben, muss aber als Fälschung bezeichnet werden: Wesentliche Stücke und Passagen wurden gestrichen oder verändert; gelegentlich sind sogar sinnverändernde Ergänzungen eingefügt. Vgl. Hans-Diether Reimer, Dokumentenfälschung?, in: MDEZW 9/1990, S. 261f.

22. Dieser Vorgang ist als der sog. »Fall Geyer« in die Geschichte eingegangen. Vgl. hierzu die grundlegende Darstellung von Johannes Albrecht Schröter, Die Katholisch-apostolischen Gemeinden in Deutschland und der »Fall Geyer«, Marburg ²1998.

23. Zum Beispiel wurde 1902 der Bezirksälteste Julius Fischer von Krebs wegen Lehrdifferenzen ausgeschlossen. Fischer gründete das »Apostelamt Juda«, das später ebenfalls Spaltungen erlebte.

24. Helmut Obst, Neuapostolische Kirche – die exklusive Endzeitkirche?, S. 37.

25. Vgl. NAK, Internationaler Apostelbund Zürich (Hg.), Neue Apostelgeschichte, Frankfurt/M. 1985, S. 414 sowie dies., Fragen und Antworten über den neuapostolischen Glauben, Frage 168, S. 78.

26. Geschichte der Neuapostolischen Kirche, Frankfurt 1987, S. 125f.

27. Stammapostel Bischoff bei einem Gottesdienst in Gießen, in: Unsere Familie, 5/1952, S. 101f.

28. Schreiben des Stammapostels Bischoff vom 18.1.1955.

29. Schreiben vom 7. Juli 1960.

30. Aus einem Rundschreiben der Neuapostolischen Kirche International vom 2. Mai 1995.

31. NAK, Internationaler Apostelbund Zürich (Hg.), Fragen und Antworten über den neuapostolischen Glauben, Frage 177, S. 82.

32. Bezirksapostel Saur in Dhaka, in: Unsere Familie, 12/1998, S. 14.

33. Vgl. Gottesdienst in Hilversum, in: Unsere Familie, 3/1998, S. 13f.

34. Bezirksapostel Engelauf in Wiesbaden am 29.4.1984 in: Unsere Familie, 16/1984, S. 429.

35. Bezirksapostel Pos in Managua am 26.1.1997, in: Unsere Familie 9/1997, S. 12.

36. Apostel Bott in Wilhelmshaven am 19. Juli 1998, in: Unsere Familie, 20/1998, S. 13.

37. Bezirksapostelhelfer Horn in Andernach am 14. 3. 1999, in: Unsere Familie, 10/1999, S. 11.

38. Apostel Bott in Wilhelmshaven am 19. Juli 1998, in: Unsere Familie, 20/1998, S. 13.

39. NAK, Internationaler Apostelbund Zürich (Hg.), Fragen und Antworten über den neuapostolischen Glauben, Frage 220, S. 102.

40. Ebd., Frage 218, S. 101.

41. Helmut Obst, Neuapostolische Kirche – die exklusive Endzeitkirche? Neukirchen-Vluyn 1996, S. 131.

42. Zum Beispiel Hans-Diether Reimer, Das Heil im eigenen Hause. Die neuapostolische Glaubensfamilie, in: MDEZW 9/1985, S. 252-262.

43. Apostel Weinmann in Hannover am 7. Oktober 1973, in: Unsere Familie, 24/1973, S. 652.

44. Der Stammapostel in einem Gottesdienst am 24. Oktober 1971, in: Unsere Familie, 5/1972, S. 116.

45. Siegfried Dannwolf, Gottes verlorene Kinder, Gütersloh 1996, S. 9.

46. Stammapostel Fehr bei einem Gottesdienst in Aarau, in: Unsere Familie, 12/1991, S. 7.

47. Anfeindungen beirren uns nicht!, in: Unsere Familie, 8/1995, S. 17.

48. Stellungnahme zu den Vorwürfen gegen die Neuapostolische Kirche, in: Unsere Familie, 2/1996, S. 17f.

49. Richtlinien für Amtsträger (alte Auflage von 1963) zit. nach: Siegfried Dannwolf, Die NAK (Ms.), 3. Oktober 1995, S. 11.

50. Wächterstimme vom 15.5.1975.

51. Neuapostolisches Gesangbuch, Frankfurt o.J., S. 2.

52. NAK, Internationaler Apostelbund Zürich (Hg.), Fragen und Antworten über den neuapostolischen Glauben, Frage 167, S. 77 und Frage 171, S. 79.

53. Bezirksapostel Kraus in Caracas (Venezuela), in: Unsere Familie, 23/1991, S. 13.

54. NAK, Internationaler Apostelbund Zürich (Hg.), Fragen und Antworten über den neuapostolischen Glauben, Nr. 126, S. 58 und Frage 220, S. 102.

55. Dies., Nr. 191, S. 89.

56. Vgl. Helmut Obst, Neuapostolische Kirche – die exklusive Endzeitkirche?, S. 194f.

57. Ebd., S. 189ff. sowie Hutten[15], S. 490ff.

58. Vgl. Hutten[15], S. 492.

59. Vgl. NAK, Internationaler Apostelbund Zürich (Hg.), Fragen und Antworten über den neuapostolischen Glauben, Frage 5, S. 11.

60. Maran atha. Unser Herr kommt. Die Entwicklung des Werkes Gottes unter Stammapostel Richard Fehr 1988-1998, Frankfurt o.J., S. 83ff.

61. Schreiben von Ernst Streckeisen vom 1. März 1966 an die priesterlichen Ämter des Apostelbezirks Stuttgart.

62. Vgl. Unsere Familie, 6/2000, S. 13-15.

63. Monatsrundschreiben für priesterliche Ämter, Bezirksapostel-Bereich Norddeutschland, 8/2000.

64. Der Wachtturm vom 15.1.1997, S. 8.

65. Diese Zahl orientiert sich an den Teilnehmern an der jährlichen »Gedächtnismahlfeier«.

66. Vgl. Der Wachtturm vom 1.1.2001, S. 18ff.

67. Dazu existieren im »Wachtturm« nahezu keine Angaben. Ein vorsichtiger Hinweis war am 15. Juli 1999, S. 9 zu finden: »In einigen Ländern, wo sich viele neue Jünger taufen ließen, war allerdings keine entsprechende Zunahme an Königreichsverkündigern zu beobachten ... In den letzten Jahren sind jedoch sehr viele aus irgendeinem Grund abgefallen.«

68. Die Rechtsgestalt der WTG ist kompliziert. Mit Blick auf die leichtere Lesbarkeit reden wir hier vereinfachend von der Wachtturmgesellschaft.

69. Angaben der WTG vom August 2000.

70. In diesem Zusammenhang wird gern auf das WTG-Buch »Neue Himmel und neue Erde« (Wiesbaden 1955) hingewiesen. Hier heißt es auf S. 326: »Auf Erden ist heute die Neue-Welt-Gesellschaft die einzige Bewegung, die wahre Aufbauarbeit tut. Alle anderen, die ein Teil dieser Welt sind ... werden ihr Schicksal mit jenen teilen, ›die die Erde verderben‹.«

71. Aus der nordamerikanischen »Erweckung« ging um 1840 die Bewegung der Adventisten hervor, als deren Begründer der frühere Baptistenprediger William Miller gilt. Unter seinem Einfluss hatten diese (»ersten«) Adventisten für 1844 die sichtbare Wiederkunft Christi erwartet. Aus den Erschütterungen von 1844 und der Folgezeit ging die »Gemeinschaft der Siebenten-Tags-Adventisten« hervor, die weltweit den heutigen Hauptstrom des Adventismus darstellt.

72. Barbour und Russell glaubten, dass Christus für uns gestorben ist. Im Gegensatz zu Russell aber glaubte Barbour nicht, dass Christus an unserer Statt starb (Vgl. WTG (Hg.), Jehovas Zeugen – Verkündiger des Königreiches Gottes, Selters 1993, S. 131). Deswegen trennte sich Russell von ihm.

73. Vgl. Charles Taze Russell, Das vollendete Geheimnis, in: ders., Schriftstudien (1917), Bd. 7, S. 59f. (in späteren Ausgaben S. 68).

74. Diese »Geschäftsfirma«, wie Russell sie am Schluss seiner »Schriftstudien« nannte, erlangte 1884 den Status einer eingetragenen (Aktien-)Gesellschaft. Für zehn Dollar pro Aktie konnte jeder Mitgliedschaft und Stimmrechte erwerben. 1944 wurde das Aktienwesen durch Satzungsänderung abgeschafft.

75. »Zion's Watch-Tower« April 1881, S. 7 unter der Überschrift »1000 Prediger gesucht!«. Zit. nach: WTG (Hg.), Jehovas Zeugen in Gottes Vorhaben, Wiesbaden 1960, S. 28.

76. Charles Taze Russell, Die Zeit ist herbeigekommen, in: ders., Schriftstudien, Bd. 2 (1912), S. 231.

77. Ebd., S. 227.

78. Zitiert nach: WTG (Hg.), Jehovas Zeugen – Verkündiger des Königreiches Gottes, Selters 1993, S. 44; vgl. auch Der Wachtturm, März 1914, S. 42: »Die eine Benennung besaß eine Saite an der »Harfe Gottes«, eine andere Benennung eine andere Saite. Eine ... vertrat die Gnadenwahl, eine andere die freie Gnade, eine andere die Taufe, eine andere das zweite Kommen Christi ...« Das sind Aspekte, die im heutigen WTG-Schrifttum nicht mehr so gesehen werden.

79. Zions Wacht-Turm 1908, S. 104f.; vgl. auch Charles Taze Russell, Dein Königreich komme, in: ders., Schriftstudien, Bd. 3 (1926), S. 173-175.

80. Charles Taze Russell, Die Neue Schöpfung, in: ders., Schriftstudien, Bd. 6 (1920) S. 577.

81. Der Wacht-Turm 1914/1, S. 6. Hier wird ausdrücklich darauf hingewiesen, das habe der englische Wachtturm »seit 33 Jahren dargelegt«.

82. Charles Taze Russell, Die Zeit ist herbeigekommen, in: ders., Schriftstudien, Bd. 2 (1912), S. 73.

83. Vgl. Hans-Jürgen Twisselmann, Der Wachtturmkonzern der Zeugen Jehovas, Gießen 1995, S. 78ff.

84. WTG (Hg.), Jehovas Zeugen in Gottes Vorhaben, Wiesbaden 1960, S. 148f.

85. »Consolation«, der Vorläufer von »Erwachet!« vom 4.9.1940, S. 25, (nur in der englischen Ausgabe).

86. Nach Harmagedon Gottes neue Welt, Wiesbaden 1954, S. 13. Hier wird auf eine Rede Knorrs bei einem Kongress in New York im Jahre 1953 Bezug genommen.

87. WTG (Hg.), Der Weg zum Paradiese (1924), S. 215. – Ausführliches über historische und lehrmäßige Hintergründe der ZJ-Verfolgung: Detlef Garbe, Zwischen Widerstand und Martyrium. Die Zeugen Jehovas im ›Dritten Reich‹, München 1999 sowie Hans-Jürgen Twisselmann, Der Wachtturm-Konzern der Zeugen Jehovas, Gießen 1995.

88. Für 1925 war ebenfalls das Anbrechen der Endzeit erwartet worden. Vgl. Hutten[15], S. 97.

89. Der Wachtturm vom 15.3.1998, S. 18.

90. Offizielle Begründung: Die bisherige Praxis wäre unvereinbar mit »theokratischen« Grundsätzen. Der Wachtturm von Dezember 1945, S. 12-14.

91. Der Wachtturm von 1927, S. 80.
92. WTG (Hg.), Was hat die Religion der Menschheit gebracht?, Wiesbaden 1953, S. 351f. Der Wachtturm vom 15.7.1996, S. 3-7.
93. Der Wachtturm vom 15.5.1974, S. 318.
94. Zum Beispiel der Wachtturm vom 1.7.2000, S. 10.
95. Die Taufe wird als »äußeres Zeichen« bedingungsloser Hingabe verstanden, »um den Willen Jehovas zu tun«. Vgl. Unterredungen anhand der Schriften, Selters 1985, S. 404.
96. Der Wachtturm vom 15.8.1997, S. 14f.
97. Erwachet! vom 8.5.1995, S. 20f.
98. Ihr »Belegtext« Jes 43,10.12: »Ihr seid meine Zeugen, spricht Jahwe« wendet sich an das auserwählte Gottesvolk des Ersten (»alten«) Bundes.
99. Der Wachtturm vom 15.1.1995, S. 13.
100. Ders. vom 15.5.1988, S. 16.
101. Im Wachtturm vom 1. Mai 1999 (S. 17) werden die Vereinten Nationen mit dem scharlachroten Tier aus Offb 17,3.8 identifiziert.
102. Vgl. z.B.: Erkenntnis, die zum ewigen Leben führt, Selters 1995, S. 182ff.
103. Der Wachtturm vom 1.2.1985, S. 4ff.
104. Ders. vom 1.3.1994, S. 21-23.
105. WTG (Hg.), Rettung aus der Welt Bedrängnis steht bevor!, Wiesbaden 1975, S. 235f.
106. Zu den Einzelheiten vgl. z.B. Hutten[15], S. 96ff.
107. Der Wachtturm vom 1.1.1967, S. 22f.
108. Ders. vom 1.8.1968, S. 464.
109. Ders. vom 15.7.1972, S. 425.
110. WTG (Hg.), Die Nationen sollen erkennen, daß ich Jehova bin, Wiesbaden 1971, S. 217.
111. Der Wachtturm vom 15.6.1980, S. 17.
112. Zum Beispiel WTG (Hg.), Erkenntnis, die zum Ewigen Leben führt, Selters 1995, S. 99.
113. Erwachet! vom 22.6.1995, S. 12.
114. Der Wachtturm vom 1.8. 1955, S. 455 und 732.
115. Ders. vom 1.2.2000, S. 13.
116. Erwachet! vom 22.6.1991, S. 8 und Der Wachtturm vom 1.5.1999, S. 18.
117. Der Wachtturm vom 15.4.1989, S. 18f.
118. Ders. vom 1.4.1989, S. 4.
119. Unser Königreichsdienst, 1/1997, S. 1.
120. Neue Himmel und eine neue Erde, Wiesbaden 1955, S. 325f.
121. Der Wachtturm vom 1.10.1993, S. 19.
122. Vgl. z.B. Günther Pape, Die Zeugen Jehovas – Ich klage an. Bilanz einer Tyrannei, Augsburg 1999.
123. »Die ›große Volksmenge‹ ... benötigt ... keine Rechtfertigung durch den Glauben, auch nicht die zuge-schriebene Gerechtigkeit, wie sie die 144.000 ›Auserwählten‹ erlangt haben« (WTG-Buch »Ewiges Le-ben in der Freiheit der Söhne Gottes«, Wiesbaden 1967, S. 387.
124. In der Sprache der WTG: »Jehovas rettende Einrichtung« (z.B. Wachtturm vom 1.2.1957, S. 84), Gottes »wunderwirkende Organisation« (Wachtturm vom 1.8.1956, S. 454.), »Glaube an eine siegreiche Orga-nisation«! (Titel des Wachtturms vom 1.6.1979), »In der Welt herrscht Abneigung gegen die Führung durch andere ... Aber in Gottes Organisation herrscht kein unabhängiges Denken vor« (Wachtturm vom 15.9.1989, S. 23). Einen Gesamtzusammenhang stellt ausführlich dar: Hans-Jürgen Twisselmann, Vom Zeugen Jehovas zum Zeugen Jesu Christi, Gießen 1995, S. 26-52.
125. Der Wachtturm vom 1.11.1999 unter »Fragen von Lesern«. In der Frage, ob ein Zeuge Jehovas Zivil-dienst leisten dürfe, hatte Der Wachtturm vom 1. Mai 1996 im Prinzip dieselbe Antwort gegeben: der Christ müsse hier »eine persönliche Gewissensentscheidung treffen«.
126. Mary Baker Eddy, Wissenschaft und Gesundheit mit Schlüssel zur Heiligen Schrift, Boston 1998, S. 114.
127. Ebd., S. 107.
128. Vgl. dazu Mary Baker Eddy, Rückblick und Einblick, Boston 1973; Gillian Gill, Mary Baker Eddy, Rea-ding 1998; Hutten[15], S. 382-395; Obst[4], S. 316–350, Hans-Diether Reimer, Methaphysisches Heilen, Stutt-gart 1966.
129. Vgl. Mary Baker Eddy, Rückblick und Einblick, S. 31.
130. Lyman P. Powell, Mary Baker Eddy. Ein lebenswahres Bild, Wolfenbüttel/Berlin 1933, S. 77.
131. Mary Baker Eddy, Rückblick und Einblick, S. 24.

132. Dies., Wissenschaft und Gesundheit, S. 107.

133. Dies., Rückblick und Einblick, S. 84.

134. Ebd., S. 47.

135. Vgl. Gillian Gill, Mary Baker Eddy, Reading 1998.

136. Vgl. Mary Baker Eddy, Rückblick und Einblick, S. 9; dies, Wissenschaft und Gesundheit, S. XI.

137. Floyd C. Shank, Mary Baker Eddy, Gründerin, in: The Christian Science Publishing Society (Hg.), Mary Baker Eddy. Eine umfassende Würdigung, Boston 1967, S. 25.

138. Vgl. Mary Baker Eddy, Wissenschaft und Gesundheit, S. 113ff.

139. Ebd., S. 473.

140. Ebd.

141. Ebd., S. 25.

142. Vgl. Hutten[15], S. 388-395.

143. LKA Stuttgart, Altregistratur 176a, 1930-1952. Brief von Emil Bock am 4. Dezember 1945 an das Ministerium des Innern, Stuttgart, bezüglich der Zuerkennung der Körperschaftsrechte für die Christengemeinschaft.

144. Näheres s. Walter Birnbaum, Das Kultusproblem und die liturgischen Bewegungen des 20. Jahrhunderts, Bd. II: Die deutsche evangelische liturgische Bewegung, Tübingen 1970 (zur Christengemeinschaft s. S. 60-73).

145. Näheres zur Biografie s. z. B. Gerhard Wehr, Friedrich Rittelmeyer. Sein Leben – Religiöse Erneuerung und Brückenschlag, Stuttgart 1998

146. Näheres zur Biografie s. o. III-2.2.2, »Anthroposophie«, S. 260f.; ferner z. B. Gerhard Wehr, Rudolf Steiner. Leben – Erkenntnis – Kulturimpuls, München 1997.

147. Für die Christengemeinschaft war das gleichberechtigte Priestertum der Frau von Anfang an eine Selbstverständlichkeit.

148. Der vollständige Name lautet: »Die Christengemeinschaft – Bewegung für religiöse Erneuerung«.

149. Rudolf Steiner, Vorträge und Kurse über christlich-religiöses Wirken, 6 Bde., Dornach/Schweiz 1993-1995, Bibliografie-Nr. 342-346.

150. Dokumentiert in Hans-Werner Schroeder, Die Christengemeinschaft. Entstehung – Entwicklung – Zielsetzung, Stuttgart 1990, S. 58ff.; die zweite überarbeitete Auflage erscheint 2001.

151. Nach eigenen Angaben der Christengemeinschaft, die auf Schätzungen beruhen.

152. Hans-Werner Schroeder, Die Christengemeinschaft, Stuttgart 1990, S. 76.

153. Die Texte wurden ab 1993 gegen den ausdrücklich erklärten Willen der Christengemeinschaft von der Rudolf-Steiner-Nachlassverwaltung (Dornach) veröffentlicht. Die Christengemeinschaft betont nach wie vor, dass es sich nicht um Lehrtexte, sondern um Worte für das lebendige, ehrfurchtsvolle Vollziehen des Kultus handelt. Sie richten sich nicht in erster Linie an den Verstand, sondern an den ganzen sich hingebenden Menschen. Der bisherige Umgang der Christengemeinschaft mit den Ritualtexten wurde immer wieder als »Geheimhaltung« kritisiert, der eine konstruktive Auseinandersetzung unmöglich mache. Seit ihrer Veröffentlichung wurden die Texte allerdings kaum rezipiert.

154. Hans-Werner Schroeder, Die Christengemeinschaft, S. 47.

155. Ebd., S. 120ff.

156. Vgl. das einleitende Zitat.

157. Hans-Werner Schroeder, Die Christengemeinschaft, S. 69.

158. Aus der Broschüre »Die Christengemeinschaft. Eine erste Orientierung«, Text von Erhard Kröner, Hannover 1988, o.S.

159. Hans-Werner Schroeder, Die Christengemeinschaft, S. 149ff.

160. Bevorzugt wird eine Übertragung des NT von Emil Bock. Weitere wichtige Autoren der Christengemeinschaft sind neben dem Begründer Friedrich Rittelmeyer beispielsweise Rudolf Frieling, Kurt von Wistinghausen, Friedrich Benesch, Johannes Lenz, Hans-Werner Schroeder. Zu nennen sind hier auch die sog. Evangelienzyklen von Rudolf Steiner einschließlich des Bandes: Aus der Akasha-Forschung. Das Fünfte Evangelium (Bibliografie-Nr. 148).

161. Bezüglich einer Taufe von Erwachsenen gehen die Auffassungen auseinander; vgl. MDEZW 9/93, S. 272.

162. Die Sonntagshandlung für die Kinder ist eine kurze Ritualhandlung voller Ernst, die die Seele des Kindes erheben soll »zu dem Geiste der Welt«. In ihrem Verlauf verspricht das Kind per Handschlag, den »Gottesgeist« zu suchen.

163. Hans-Werner Schroeder, Die Christengemeinschaft, S. 75.

164. Ebd., S. 77f.

165. Die Ausbildung erfährt derzeit eine Umgestaltung. Alternative Ausbildungsgänge mit mehr Praxisbezug

sollen in Hamburg und in England etabliert werden. Früher gab es bereits ein Seminar in Leipzig, das nach der Wende aufgegeben wurde, sowie zeitweilig andere Initiativen zur Priesterausbildung.

166. Wolfgang Gädeke, vgl. Die Christengemeinschaft heute. Flensburg 1991, S. 24f. unter Verweis auf ders., Anthroposophie und die Fortbildung der Religion, Flensburg 1990.

167. Helmut Obst, vgl. MDEZW 9/95, S. 259.

168. Friedrich Rittelmeyer, Meine Lebensbegegnung mit Rudolf Steiner, Stuttgart ⁹1980, S. 149f. Ein weiteres Beispiel für diese Problematik ist die bereits erwähnte Veröffentlichung der so genannten Priesterzyklen mitsamt der Ritualtexte. Eine differenzierte Untersuchung des Verhältnisses liegt vor in Wolfgang Gädeke, Anthroposophie und die Fortbildung der Religion, S. 292ff. Rudolf Steiner selbst war zeitlebens nie Mitglied der Christengemeinschaft.
[MI0]

169. Die katholische Kirche hat die Christengemeinschaft bisher kaum offiziell wahrgenommen. Die Auseinandersetzung mit der Anthroposophie allgemein findet in einigen Veröffentlichungen katholischer Autoren statt. Zu nennen sind hier z.b.: Richard Geisen, Anthroposophie und Gnostizismus, Paderborn u.a. 1992; Bernhard Grom S.J., Anthroposophie und Christentum, München 1989; Zur Menschen-Weihehandlung vgl. Bernhard Lang, Heiliges Spiel. Eine Geschichte des christlichen Gottesdienstes, München 1998, S. 384ff.; Helmut Zander, Friedrich Rittelmeyer. Eine Konversion vom liberalen Protestantismus zur anthroposophischen Christengemeinschaft, in: Friedrich Wilhelm Graf/Hans Martin Müller (Hg.), Der deutsche Protestantismus um 1900, Gütersloh 1996.

170. Zum Beispiel LKA Stuttgart, besonders Altregistratur 176 a; EZA in Berlin, besonders Bestand 7/4115.

171. Dokumentiert in Wilhelm Stählin, Evangelium und Christengemeinschaft, Kassel 1953.

172. Gesprächspartner waren neben anderen namentlich Kurt Hutten, damals Leiter der EZW, und Hilmar von Hinüber, Pfarrer der Christengemeinschaft. Huttens Überarbeitung des betreffenden Artikels in dem Standardwerk »Seher – Grübler – Enthusiasten« war ein Ergebnis dieser Phase.

173. Die Veröffentlichung geschah gleichlautend in: Die Christengemeinschaft, 10/1993, S. 473-481; MdKI 4/1993, S. 91-94; MDEZW 9/1993, S. 266-275 (alle folgenden Zitate aus dem Bericht beziehen sich auf diese Quelle). – Der Bericht endet mit den Worten: »Wir empfehlen nun aufgrund unserer intensiven Gespräche, die EKD und die Christengemeinschaft möchten offizielle Gespräche aufnehmen, um bei Respekt vor der bleibenden Identität jeder Gemeinschaft einen offenen Umgang ohne Diskriminierung zu erreichen.« – Allerdings wurden die empfohlenen Gespräche bis zur Abfassung dieses Artikels nicht aufgenommen.

174. An dieser Tatsache lässt sich auch ablesen, wie wenig die Christengemeinschaft bisher als Kultusgemeinschaft in christlicher Tradition wahrgenommen wurde. Weiterführende Fragen und Einsichten stellten sich vor allem dann ein, wenn die evangelischen Partner bereit waren, die kultische Lebenswirklichkeit der Christengemeinschaft zur Kenntnis zu nehmen. Das Ergebnis zeigt sich z.B. in dem Sondervotum des Kommisionsmitgliedes Otto Heinrich von der Gablentz (10.12.1949), im Vortrag von Kurt Hutten vor dem Rat der EKD (13. Juni 1968) und im gemeinsamen Bericht der jüngsten Gesprächsgruppe.

175. Vgl. die ausführlichen Besprechungen des gemeinsamen Berichts durch Joachim Ringleben, Über die Christlichkeit der heutigen Christengemeinschaft, in: ZThK 2/1996, S. 257-283 sowie durch den württembergischen Arbeitskreis »Anthroposophie und Evangelische Landeskirche« in seiner Veröffentlichung »Christengemeinschaft, Anthroposophie und evangelische Kirche. Versuch einer Klärung im interkonfessionellen Gespräch« (nur erhältlich beim Amt für Information der Evangelischen Landeskirche, Augustenstr. 124, 70197 Stuttgart). Die Argumentation entlang der strittigen theologischen Topoi führt in diesen beiden Texten zu entgegengesetzten Ergebnissen.

176. Dieser Ausdruck stammt von Klaus von Stieglitz, Einladung zur Freiheit. Gespräch mit der Anthroposophie, Stuttgart 1996, 96f.

177. Siehe dazu Andreas Binder, Wie christlich ist die Anthroposophie? Standortbestimmung aus der Sicht eines evangelischen Theologen, Stuttgart 1989, S. 198.

178. Diese Kritik findet sich bereits 1928 bei Paul Tillich in seinem Vortrag »Natur und Sakrament«; veröffentlicht in: ders., Religiöse Verwirklichung, Berlin 1930, S. 152f.

179. MDEZW 9/1993, S. 269; S. 267f.

180. Vgl. Darstellung zur Vereinigungskirche bei Reinhart Hummel in IV-2.2.

181. Ausgewählte Vorträge aus: Verlag der Stiftung Gralsbotschaft (Hg.), Im Lichte der Wahrheit. Gralsbotschaft von Abd-ru-shin, Stuttgart 1983, S. 8.

182. Ebd.

183. Vgl. dazu: Im Lichte der Wahrheit. Gralsbotschaft, Vomperberg ⁸1978: Der Heilige Gral, S. 388-393; Schöpfungsentwicklung, S. 427-434; Das Leben, S. 621-630; Es werde Licht, S. 897-907.

184. Ebd.: Erwachet, S.31-39; Die Welt, S. 77-84; Irrungen, S. 138-150; Verantwortung, S. 215-219; Schicksal, S. 220-225; Schöpfungsgesetz Bewegung, S. 693-700.

185. Ebd.: Die Erschaffung des Menschen, S. 226-231; Der Mensch in der Schöpfung, S. 232-235; Erbsünde, S. 236-237; Das verbogene Werkzeug, S. 654-664.

186. Ebd., S. 228.

187. Ebd.: Aufstieg, S. 48-52; Der Stern von Bethlehem, S. 85-89; Weltgeschehen, S. 408-418; Auferweckung des irdischen Körpers Jesu Christi, S. 470-478.

188. Ebd.: Der Fremdling, S. 197-205; Der Menschensohn, S. 483-488.

189. Sitz der Stiftung war bei Gründung Schwäbisch Gmünd, seit 1963 Stuttgart, Lenzhalde 15, D-71092 Stuttgart.

190. Nach Angaben der Gralsbewegung hat die Gralsbotschaft heute eine Gesamtauflage von 1 Million Exemplaren in 13 Sprachen. Die mit Unterbrechungen seit 1950 erscheinende Zeitschrift Gralswelt hat etwa 5.000 Abonnenten und bis zu 5.900 verkaufte Exemplare (Stand: Sommer 2000).

191. Sonnenweg 28 a, CH-3073 Gümligen.

192. In Erlangen gibt es seit Jahrzehnten Vorträge des Gralskreises. Ähnlich zeigte sich in den 90er Jahren die Arbeit im Münchner Forum LebensWerte mit monatlichen Veranstaltungen und seit 1996 Seminarwochenenden.

193. So Hans-Diether Reimer in: Gasper/Müller/Valentin[6], Sp. 411.

194. Vgl. III-2.2 in diesem Buch.

195. Obst[4], S. 522.

196. Ebd.

197. Ein Brief Joseph Weißenbergs aus dem Jahr 1905, in: Johannisches Gesangbuch, Berlin 2000, S. 473f.

198. Schreiben von Ulrike Gehde (Kirchenbüro der Johannischen Kirche) vom 21. September 2000 an den Autor.

199. Hans-Diether Reimer, Art. Offenbarungen, neue, in: Volker Drehsen u.a. (Hg.), Wörterbuch des Christentums, Gütersloh 1988, S. 909.

200. Vgl. Walter Schmidt, Botschaften aus dem Jenseits? Geisterseher und Gottsucher, Stuttgart 1998, S. 107.

201. Emanuel Swedenborg, Die wahre christliche Religion, Bd. 3, Zürich o.J., S. 940.

202. Vgl. Ernst Benz, Emanuel Swedenborg. Naturforscher und Seher, München 1948, S. 164ff.

203. Zitiert nach Hutten[15], S. 563.

204. Hans-Jürgen Ruppert, Art. Neue Kirche, in: Gasper/Müller/Valentin[6], Sp. 735; HRGem[5], S. 227-233.

205. Vgl. hierzu Matthias Pöhlmann, 100 Jahre Neue Kirche in Deutschland, in: MDEZW 1/2001, S. 29-31.

206. Vgl. Thomas Noack, Swedenborg im Internet, in: Offene Tore 4/1999, S. 208.

207. Hans-Jürgen Ruppert, Art. Neue Kirche, in: Gasper/Müller/Valentin[6], Sp. 734.

208. Jakob Lorber, Die Haushaltung Gottes, Bd. 1, Bietigheim [5]1981, S. 11.

209. Karl Gottfried Ritter von Leitner, Jakob Lorber. Lebensbeschreibung, Bietigheim [4]1969, S. 18.

210. Ebd., S. 19f.

211. Jakob Lorber, Himmelsgaben, Bd. 1, Bietigheim-Bissingen [3]1995, S. 100.

212. Vgl. hierzu Jakob Lorber, Jenseits der Schwelle, Bietigheim-Bissingen [7]1990.

213. Jakob Lorber, Die Heilkraft des Sonnenlichts, Bietigheim-Bissingen [6]1996.

214. Vgl. insgesamt Matthias Pöhlmann, Lorber-Bewegung – durch Jenseitswissen zum Heil?, RAT 4, Konstanz 1994.

215. Vgl. hierzu die Internet-Adressen im Anhang.

216. So heißt es bei Jakob Lorber über Swedenborg in einer Aussage, die Jehova zugeschrieben wird, in: Himmelsgaben, Bd. 1, Bietigheim-Bissingen [3]1995, S. 16: »Er ward von Mir erweckt und wurde von Meinen Engeln geführt in alle ihre Weisheit aus Mir, je nach Graden ihrer Liebe. Und was er sagt, ist gut und wahr. Meine Lehre und Mein lebendiges Wort aber, das zu euch kommt aus Meinem Munde durch die Liebe in euch, steht höher denn alle Propheten und alle Weisheit der Engel! – Denn die Liebe ist das Erste und Höchste, hernach kommt erst die Weisheit.«

217. Gerd Kujoth, Was können wir als Neuoffenbarungs-Freunde tun?, in: Das Wort 3/2000, S. 109-126, hier S. 122.

218. Ralf Schuchardt, Allein die Bibel?, Bietigheim-Bissingen 1997, S. 140 (Anmerkung): »Wer sich jedoch die Mühe macht, diese alte Glaubenschronik (sc. das Buch Mormon; der Verf.) vorurteilsfrei zu prüfen, der wird feststellen, dass die prophetischen Offenbarungen des Buches Mormon in jeder Hinsicht bibelkonform sind und mit den eigenwilligen Lehren der Mormonenkirche nicht verwechselt werden dürfen. Dies betrifft vor allem auch das Gottesbild. ... Es wäre schade, wenn dieses prophetische Christuszeugnis weiterhin so sehr verkannt würde.«

219. K.K. Arche, Hoffnung auf dem Weg ins Dritte Jahrtausend, Bietigheim-Bissingen 1999, S. 128-138.

220. Jakob Lorber, Großes Evangelium Johannes, Bd. 9, Bietigheim-Bissingen ⁷1985, S. 207.
221. Brief Gerhard Mayerhofers vom 28. August 1870 an einen Freund; das Zitat findet sich auf der Homepage www.j-lorber.de/jl/lorber/in-wort.htm.
222. Leopold Engel – Lebensbeschreibung, in: Lorber-Verlag (Hg.), CD-ROM zur Offenbarung durch Jakob Lorber sowie Leopold Engel und Gottfried Mayerhofer, Bietigheim-Bissingen 2000.
223. Vgl. hierzu Hutten[15], S. 620-669 sowie Matthias Pöhlmann, Lorber-Bewegung – durch Jenseitswissen zum Heil?, S. 116-126.
224. Vgl. hierzu die Broschüre »Wer war Bertha Dudde?, hg. von den Freunden der Neuoffenbarung« (1975), S. 39.
225. Josef Brunnader/Jürgen Herrmann, Universelle Gottesoffenbarung durch Anita Wolf. Ihr Leben und ihr Werk, Stuttgart o.J.
226. Adresse: www.anita-wolf.de.
227. So der Hinweis auf der Homepage: www.lichtkreis.de.
228. Satzung des Lichtkreises Christi e.V. vom 12. April 1982.
229. Ebd.
230. Der Prophet 13/1998, S. 61.
231. www.kosmische-lebensschule.de/de/igck.html.
232. www.glaubensheilung.org/de/orte/index.html
233. www.glaubensheilung.org/de/heilzentrum.
234. Vgl. hierzu Andreas Fincke, Neue Zeitschrift »Das Friedensreich«, in: MDEZW 2/2001, S. 75-76.
235. Gabriele-Stiftung (Hg.), Gabriele-Stiftung – Das Saamlinische Werk der Nächstenliebe an Natur und Tieren, Marktheidenfeld 2000, S. 4 (Fußnote).
236. Volksblatt vom 22.12.2000.
237. Das Friedensreich 12/2000, S. 5.
238. Ebd., S. 6.
239. Universelles Leben (Hg.), Sie lebt unter uns, Würzburg 1986, S. 43ff.
240. Dass., Die großen kosmischen Lehren des Jesus von Nazareth an Seine Apostel und Jünger, die es fassen konnten, Würzburg ²1992, S. 8.
241. Heimholungswerk Jesu Christi, Die Prophetin Gottes in unserer Zeit, Würzburg 1983, S. 2.
242. Dass., Ein ehemals geistig unwissender Mensch auf dem Pfad zu Gott, Würzburg 1980, S. 9.
243. Ebd., S. 14.
244. Vorwort von Prof. Dr. Walter Hofmann, in: Heimholungswerk Jesu Christi, Ein ehemals geistig unwissender Mensch, Würzburg 1980, o.S.
245. Universelles Leben (Hg.), Das ist Mein Wort A und Ω, S. 1100.
246. Ebd., S. 964 (Fußnote).
247. Universelles Leben, Die großen kosmischen Lehren des Jesus von Nazareth an Seine Apostel und Jünger, die es fassen konnten, Würzburg ²1992, S. 281.
248. Zu den Hintergründen vgl. Joachim Finger, Jesus – Essener, Guru, Esoteriker?, Mainz/Stuttgart 1993, S. 23ff.
249. Universelles Leben, Das ist Mein Wort A und Ω S. 51.
250. Heimholungswerk Jesu Christi (Hg.), Auch die Brüder aus teilmateriellen Bereichen des Universums dienen im Erlöserwerk des Sohnes Gottes, Würzburg 1980.
251. Vgl. hierzu insgesamt Wolfram Mirbach, Universelles Leben, Originalität und Christlichkeit einer Neureligion, Erlangen 1994.
252. Vgl. hierzu Wolfram Mirbach, »Universelles Leben«. Die einzig wahren Christen?, Freiburg i.Br 1994, S. 43ff. sowie HRGem⁵, S. 480ff.
253. Universelles Leben (Hg.), Der Innere Weg. Gesamtausgabe, Würzburg 1994, S. 1188.
254. Dass., Das ist Mein Wort, S. 407.
255. Gabriele/Würzburg, Glaubensheilung – die Ganzheitsheilung, Würzburg 1999, S. 39
256. Universelles Leben, Ich, ich, ich. Die Spinne im Netz, Würzburg 1996, S. 262
257. HRGem⁵, S. 497.
258. www.glaubensheilung.org/de/gemeinden.html.
259. Vgl. Michael Fragner, Universelles Leben (UL) – Neue Aktivitäten aus dem Würzburger Raum, in: MDEZW 10/2000, S. 359-364.
260. HRGem⁵, S. 495.
261. Michael Fragner, Universelles Leben (UL), in: MDEZW 10/2000, S. 361f.
262. Kundgabe von Uriella alias Erika Bertschinger Eicke, abgedruckt in: Der reinste Urquell. Monatsschrift des Ordens Fiat Lux, 98/2000, S. 11.

263. Fiat Lux, Spiegelbild des Ordens Fiat Lux (Ms.), Faltblatt o.J.

264. Der Orden Fiat Lux stellt sich vor (Ms.), Dezember 1996.

265. Offenbarung von Jesus Christus vom 30. Juli 1995, in: Geistesschulung 548/103, S. 8.

266. Diese Angaben beziehen sich auf: Kurzer Lebenslauf von Erika Bertschinger Eicke (Ms.).

267. Zu den Neuoffenbarungen Frieda Maria Lämmles vgl. Hutten[15], S. 647-654.

268. Diese und die folgenden Angaben beziehen sich auf: Kurzer Lebenslauf von Eberhard Eicke (Ms.).

269. Geistesschulung durch unseren Himmlischen Vater in Jesus Christus (Ms.), Heft 2, S. 28.

270. Offenbarung vom 7.5.1977, in: Geistesschulung, Heft 1, S. 1.

271. Offenbarung vom 13. August 1995, in: Geistesschulung 549/104, S. 5.

272. Offenbarung vom 28. Juli 1996, in: Geistesschulung 562/117, S. 4.

273. Ebd.

274. Gottesdienst vom 12.1.1980, in: Geistesschulung durch unseren Himmlischen Vater in Jesus Christus, Heft 22 (ca. 1980/81), S. 3.

275. Vgl. hierzu: Auskunftsbogen von »ADSUM – Ich bin bereit« vom 18.4.1997 (EZW-Archiv).

276. Vgl. hierzu: Matthias Pöhlmann, »Fiat Lux« – Hilfstransporte nach Osteuropa, in: MDEZW 2/1996, S. 55-57.

277. Offenbarung vom 8.9.1988, in: Geistesschulung 411, S. 9.

278. Offenbarung vom 17. Dezember 1995, in: Geistesschulung 555/110: 555, S. 1.

279. Offenbarung vom 29. Oktober 1995, in: Geistesschulung 553/108: 553, S. 2.

280. Offenbarung vom 27.11.1988, in: Geistesschulung 2: 417.

281. Offenbarung vom 11. Juni 1995, in: Geistesschulung 546/101: 546, S. 5.

282. HRGem[5], S. 466.

283. Vgl. zum Selbstverständnis der Neuoffenbarungsgruppe den Beitrag: Ist Fiat Lux eine neue Religion?, in: Der reinste Urquell Nr. 100 (August 2000), S. 22-27.

284. Holger Reile, Die todsichere Heilung. Die Geschäfte des Ordens Fiat Lux, in: MDEZW 3/1992, S. 75-82; bes. S. 81.

285. Lowell D. Wood, Kommt zu Christus, in: Der Stern 7/1993, S. 87.

286. Vgl. David Trobisch, Mormonen – die Heiligen der letzten Zeit?, RAT 11, Neukirchen-Vluyn 1998, S. 67ff. und 74f.

287. Ebd., bes. S. 55ff. Wenn Trobisch argumentiert, dass freilich auch im Neuen Testament etwa Jungfrauengeburt und Auferstehung Jesu historisch-kritisch »wenig wahrscheinlich« seien (S. 56), so übersieht er, dass es sich hierbei um keine historisch widerlegten Glaubensinhalte handelt wie im Falle vieler Angaben des Buches Mormon. Offenkundig ungeschichtlich ist übrigens auch die Annahme im Buch Mormon, dass bereits viele Menschen in Amerika an Christus glaubten, lange bevor Jesus von Nazareth geboren wurde. Zu denken gibt nicht zuletzt, dass Smiths Anspruch, einen alten ägyptischen Papyrus inspirativ als »Buch Abrahams« in zutreffender Weise übersetzt zu haben, mittlerweile klar widerlegt ist (Trobisch, S. 66f.).

288. Ebd., S. 30ff.

289. Ebd., S. 77ff.

290. Gordon B. Hinckley, Die Kirche ist auf Kurs, in: Der Stern 119, 1/1993, S. 51-53, hier S. 53.

291. Dennoch sind ihre Inhalte mittlerweile weithin bekannt geworden: vgl. Rüdiger Hauth, Tempelkult und Totentaufe. Die geheimen Rituale der Mormonen, Gütersloh 1985; ders., Die Mormonen. Geheimreligion oder christliche Kirche? Freiburg i.Br. 1995.

292. John A. Widtsoe, Eine vernunftgemäße Theologie, Frankfurt/M., 4. Aufl. o.J., S. 91.

293. Zur mormonischen Christologie vgl. James E. Talmage, Jesus der Christus, Frankfurt/M. 1965.

294. Zitiert nach: David Trobisch, Mormonen – die Heiligen der letzten Zeit?, S. 70. Zur theologischen Thematik vgl. Werner Thiede, Die Zukunft des kosmischen Christus, Gütersloh 2001.

295. Gene R. Cool, Durch die Gnade des Herrn göttlichen Beistand erhalten, in: Der Stern 7/1993, S. 77-79, hier S. 77. Vgl. auch: ders., Die Gnade des Herrn, in: Der Stern 4/1993, S. 17. Analog dazu John A. Widtsoe, Eine vernunftgemäße Theologie, Frankfurt/M., 4. Aufl. o.J.

296. Cool, ebd. S. 77. Nächstes Teilzitat ebd.

297. John A. Widtsoe, Eine vernunftgemäße Theologie, Frankfurt/M., 4. Aufl., o.J.

298. Vgl. das Buch des Mormonen Stephen E. Robinson, Sind Mormonen Christen?, Bad Reichenhall 1993.

299. Eduard Meyer, Ursprung und Geschichte der Mormonen, Halle 1912, S. 1. Zu erwägen wäre, die in Deutschland existierenden beiden Abspaltungen (s.o.) als christliche »Sekten« einzustufen (zum Sektenbegriff vgl. Werner Thiede, Sektierertum – Unkraut unter dem Weizen? Gesammelte Aufsätze zur praktisch- und systematisch-theologischen Apologetik, Neukirchen-Vluyn 1999, S. 17ff.).

300. Vgl. Klaus v. Stieglitz, Einladung zur Freiheit, Stuttgart 1996, S. 10.

301. Vgl. Königreichsdienst 11/1991, S. 1: »Wenn wir die Anweisung, die wir durch Gottes Kanal erhalten, genau und ganzherzig befolgen und uns eifrig an den Versammlungsaktivitäten beteiligen, sind wir vor Satans listigen Anschlägen geistig geschützt.«

302. Vgl. Kurt Hutten, Die Glaubenswelt des Sektierers, Hamburg 1962, S. 95.

303. Vgl. Mary Baker Eddy, Wissenschaft und Gesundheit mit Schlüssel zur Heiligen Schrift, S. 446

304. Zit. nach: Peter J. Henniker-Heaton, Mary Baker Eddy: Schriftstellerin, in: The Christian Science Publishing Society (Hg.), Mary Baker Eddy. Eine umfassende Würdigung, Boston 1967, S. 57.

305. Vgl. Frage 5 in: NAK, Internationaler Apostelbund Zürich (Hg.), Fragen und Antworten über den neuapostolischen Glauben, Frankfurt o. J., S. 11.

306. Unsere Familie, 18/1956, hier zit. nach: Kurt Hutten, Die Glaubenswelt des Sektierers, S. 99.

307. WTG (Hg.): Jehovas Zeugen, Verkündiger des Königreiches Gottes, Selters 1993, S. 626.

308. Kurt Hutten, Die Glaubenswelt des Sektierers, S. 103.

309. Ralf Schuchardt, Allein die Bibel? Die Widerlegung einer christlichen Legende, Bietigheim-Bissingen 1997, S. 9.

310. Helmut Obst, Neuoffenbarungen als Zugang zur Schrift? Bibel und Neuoffenbarungen in der Sicht neuzeitlicher religiöser Sondergruppen, in: Helmut Gehrke u.a. (Hg.), Wandel und Bestand, Paderborn/Frankfurt am Main 1995, S. 104.

311. Bernhard Grom, Religionspsychologie, München/Göttingen 1992, S. 227.

312. Ebd., S. 228.

313. Ebd., S. 313: »Manche Menschen lernen, zu bestimmten Zeiten und Themen – das heißt kontrolliert und absichtlich, nicht nur unter dem Einfluss einer überwältigenden Emotion ... – die willentliche Ich-Aktivität und kritische Distanz zurückzunehmen und sich auf ein unzensiertes, kreatives und intuitves Kommenlassen von Einfällen zu einem Thema einzustellen. Sie lassen ›es‹ – autonom – Vorstellungen und Gedanken entwickeln, lassen sich inspirieren. Die absichtliche Steuerung beschränkt sich darauf, dass sie umschalten auf eine ›parallele Informationsverarbeitung‹ (E.R. Hilgard), deren Gedankengänge unwillkürlich und unbewusst, nämlich dissoziiert vom ichbewussten zentralen Kontrollsystem, ablaufen und – bei echter Halluzination – mit unmittelbarer (ungeprüfter) Gewissheit erlebt und als Kundgaben einer anderen Intelligenz verstanden werden.«

314. Reinhart Hummel, Neue Offenbarungen: Woher kommen sie, und was bedeuten sie?, in: MDEZW 11/1995, S. 328.

315. Ebd., S. 329.

316. Vgl. hierzu insgesamt Robert Emmet McLaughlin, Art. Spiritualismus, in: TRE 31, S. 701-708.

317. Kurt Eggenstein, Der Prophet Jakob Lorber, München 1992, S. 77.

318. Vgl. insgesamt Joachim Finger, Jesus – Essener, Guru, Esoteriker?, Mainz/Stuttgart 1993.

319. Jürgen Roloff, Die Kirche im Neuen Testament, GNT 10, Göttingen 1993, S. 141.

320. Christian Wolff, Der erste Brief des Paulus an die Korinther, ThHK[3] 7, Berlin 1996, S. 340.

321. Reinhard Hempelmann, Licht und Schatten des Erweckungschristentums, Stuttgart 1996, S. 228.

322. Hans-Jürgen Ruppert, Art. Neuoffenbarung, in: Gasper/Müller/Valentin[6], Sp. 745.

323. Reinhart Hummel, Neue Offenbarungen, in: MDEZW 11/1995, S. 322.

324. Jakob Lorber, Das Große Evangelium Johannes, Bd. 1, Bietigheim [7]1981, S. 111.

325. Vgl. die Beschreibung bei Kurt Hutten, Seher, Grübler, Enthusiasten, Stuttgart [11]1968, S. 384. In den späteren Auflagen ist diese Bemerkung gestrichen.

326. Hans-Jürgen Ruppert, Art. Neuoffenbarung, in: Gasper/Müller/Valentin[6], Sp. 745.

327. Zit. nach: Alfred Burgsmüller/Rudolf Weth (Hg.), Die Barmer Theologische Erklärung. Einführung und Dokumentation, Neukirchen-Vluyn [3]1984, S. 34.

328. Hutten[15], S. 14.

329. Eberhard Jüngel, Strukturwandel der Öffentlichkeit. Herausforderung und Chance für die universitäre Theologe, in: Michael Bergunder (Hg.), Religiöser Pluralismus und das Christentum, Göttingen 2001, S. 11.

Altes Testament

Gen 1   432f.
Gen 1,1–2,3   431
Gen 2,7   403
Gen 11,1ff.   584
Gen 37ff.   243
Ex 7,8–12   221
Ex 17,5–6   221
Ex 20,8–11   431
Lev 19,26.31   242
Dtn 12,31   436
Dtn 18,9–14   242
1. Kö 3,5–15   243
1. Kö 19,11ff.   403
Hiob 33,13ff.   243
Ps 18,9   404
Ps 23   57
Ps 79,5   403
Ps 89,47   403
Ps 103   425
Ps 139,5.8   402
Spr 10,22   167
Jes 6   243
Jes 8,12   90
Jes 43,10.12   526
Jes 53   425
Jer 17,13   403
Jer 23,9   589
Hes 1   233, 243
Dan   243
Joel 3,1ff.   445
Am 7,10–17   589
Zeph 1,18   403

Neues Testament

Mt 5–7   591
Mt 5,39   239
Mt 7,1   532
Mt 7,16   590
Mt 10,7f.   493
Mt 10,7ff.   450
Mt 10,8   519
Mt 16,17ff.   481
Mt 17,27   243
Mt 24,14   527
Mt 24,27   270
Mt 24,27.37.39   523
Mt 24,44   514, 530
Mt 24,45ff.   524
Mt 25,13   514, 530

Mt 28,4   493
Mt 28,19   533
Mt 28,20   519
Mk 1,8   466
Mk 2,8   243
Mk 4,35ff.   243
Mk 6,7ff.   243, 493
Mk 11,2   243
Mk 11,12–14.20ff.   243
Mk 12,41–44   239
Mk 13,26   270
Mk 13,32   586
Mk 14,15.18.30   243
Mk 16,5f.8   493
Mk 16,15ff.   450
Mk 16,15–18   554
Mk 16,17f.   425, 467
Lk 5,4ff.   243
Lk 9,1ff.   493
Lk 10,19   243
Lk 12,32   524
Lk 12,42–48   524
Lk 17,24   270
Joh 1,12   464
Joh 2,24f.   243
Joh 3,8   404, 519, 584
Joh 3,16   405
Joh 4,14   403
Joh 4,17   243
Joh 8,32   29
Joh 14–17   450
Joh 14,9   549
Joh 14,16   589
Joh 14,16f.   538, 556
Joh 14,26   557
Joh 16,12f.   587
Joh 16,12ff.   556
Joh 18,6   493
Joh 21,25   586
Apg 1–2   450
Apg 1,8   464
Apg 2   403
Apg 2,1ff.   461
Apg 2,4   466, 554
Apg 2,4.17f.   590
Apg 3,1–11   243
Apg 5,1–11   243
Apg. 6,5   519
Apg 9,3ff.   493
Apg 9,32ff.   243
Apg 9,36ff.   243
Apg 10,10f.   493
Apg 16,29   493

Jan Badewien,
geboren 1947, Dr. theol., Direktor der Ev. Akademie Baden und landeskirchlicher Beauftragter für Weltanschauungsfragen, seit 2001 Mitglied des Kuratoriums der Ev. Zentralstelle für Weltanschauungsfragen, Berlin.

Harald Baer,
geboren 1949, Dipl.-Theologe, Referent für Sekten und Weltanschauungsfragen der Katholischen Sozialethischen Arbeitsstelle der Deutschen Bischofskonferenz (Hamm).

Hansjörg Biener,
geboren 1961, Dr. theol., 1981-1993 Studium der Evangelischen Theologie, Philosophie
und Soziologie, 1993-1995 Referent beim Oberkirchenrat des Kirchenkreises Ansbach-
Würzburg, 1995-2000 Pfarrer in Amberg, seit 2000 Koordinator einer Kommission für
Friedenserziehung.

Ulrich Dehn,
geboren 1954, Dr. theol. habil., Pfarrer und Religionswissenschaftler, 1986-1994 Studienleiter am Tomisaka Christian Center in Tokyo, seit 1995 Referent für nichtchristliche Religionen der Ev. Zentralstelle für Weltanschauungsfragen, seit 1997 Privatdozent an der
Humboldt-Universität zu Berlin.

Gotthard Fermor,
geboren 1963, Dr. theol., nach Studium der Ev. Theologie in Wuppertal, Tübingen und
Bonn 1992-1993 post-graduate studies am Princeton Theological Seminary/USA. Zur
Zeit Pfarrer in Bonn-Endenich und Lehrbeauftragter an der Ev. Fachhochschule Bochum.

Andreas Fincke,
geboren 1959, Dr. theol., Pfarrer, Beauftragter für Sekten- und Weltanschauungsfragen
der Ev. Kirche der Kirchenprovinz Sachsen. Seit 1992 Referent der Ev. Zentralstelle für
Weltanschauungsfragen im Referat für christliche Sondergemeinschaften.

Oskar Föller,
geboren 1948, studierte Theologie an der Universität Heidelberg und promovierte 1994
zum Dr. theol. mit einer Arbeit zum Thema »Charisma und Unterscheidung«. Seit 1974
Mitglied der Kommunität Adelshofen und Dozent am dortigen Theologischen Seminar.
Seit 1999 Leiter des Lebenszentrums, eines freien Missionswerks im Rahmen der Ev. Landeskirche in Baden.

Andreas Grünschloß,
geboren 1957, Dr. theol. habil., 1984 M. A. in Religionswissenschaft (Chicago), 1986 Mag.
theol. und 1992 Promotion (Heidelberg), seit 1998 Hochschuldozent für das Fach Religi-

onswissenschaft und Missionswissenschaft im Fachbereich Ev. Theologie an der Universität Mainz.

Hansjörg Hemminger,
geboren 1948, Dr. rer. nat. habil., 1984 bis 1996 wissenschaftlicher Referent der Ev. Zentralstelle für Weltanschauungsfragen, 1996 bis 1998 sachverständiges Mitglied der Enquete-Kommission des Deutschen Bundestages zum Thema »Sogenannte Sekten und Psychogruppen«. Seit 1997 Beauftragter für Weltanschauungsfragen der Evangelischen Landeskirche in Württemberg.

Reinhard Hempelmann,
geboren 1953, studierte Evangelische Theologie in Bethel und Heidelberg, promovierte 1989 in Heidelberg zum Dr. theol. in systematischer Theologie. Er ist Pfarrer der Evangelischen Kirche von Westfalen. Seit 1992 Referent, seit 1999 Leiter der Ev. Zentralstelle für Weltanschauungsfragen.

Reinhart Hummel,
geboren 1930, Dr. theol. habil., 1966-1973 Rektor eines theologischen Colleges in Kotapad/ Indien, 1979 Habilitation in Religionsgeschichte und Missionswissenschaft, 1981-1995 Leiter der Ev. Zentralstelle für Weltanschauungsfragen.

Manfred Hutter,
geboren 1957, Studium der Kath. Theologie (Dr. theol. 1984), Vergleichenden Sprachwissenschaft und Orientalistik (Dr. phil. 1991), Professor für Vergleichende Religionswissenschaft an der Philosophischen Fakultät der Universität Bonn.

Wolfram Janzen,
geboren 1940 in Breslau; Dr. theol., berufliche Tätigkeiten: Pfarrer, Gymnasiallehrer, Erwachsenenbildung, Ausbildung von Theologen, ReligionslehrerInnenfortbildung. Buch- und Zeitschriftenveröffentlichungen zu religionspolitischen Themen, Okkultismus, christlicher Spiritualität.

Gottfried Küenzlen,
geboren 1945, Prof. Dr. rer. soc. Dr. phil. habil., 1982-1994 wissenschaftlicher Referent und 1991-1994 stellvertretender Leiter der Ev. Zentralstelle für Weltanschauungsfragen, seit 1995 Inhaber des Lehrstuhls für Ev. Theologie unter besonderer Berücksichtigung der Sozialethik an der Universität der Bundeswehr in München.

Gabriele Lademann-Priemer,
geboren 1945, Dr. theol., Studium der Evang. Theologie in Hamburg und Heidelberg, religionswissenschaftliche Feldforschungen in KwaZulu/Südafrika, Promotion in Marburg, Pastorin, seit 1992 Beauftragte für Sekten- und Weltanschauungsfragen der Nordelbischen Ev.-Luth. Kirche, seit 2001 Mitglied des Kuratoriums der Ev. Zentralstelle für Weltanschauungsfragen.

Hans-Dieter Mutschler,
geboren 1946, Dr. phil. habil., Studium der Philosophie, Theologie und Physik in München, Paris und Frankfurt, seit 1987 Mitarbeiter mit Forschungsauftrag in der interdisziplinären Gruppe »Technik und Ethik« an der Universität Frankfurt am Main, ab 1991 Lehrbeauftragter an der phil.-theol. Hochschule St. Georgen Frankfurt/Offenbach und Lehrbeauftragter an der J. W. v. Goethe-Universität Frankfurt am Main, seit 2000 hauptamtlicher Mitarbeiter am »Tübinger Zentrum für Wissenschaftskulturen« (TZW).

Michael Nüchtern,
geboren 1949, Dr. theol., Pfarrdienst im Schwarzwald, erst Studienleiter, dann Akademiedirektor an der Evangelischen Akademie Baden, 1995-1998 Leiter der Ev. Zentralstelle für Weltanschauungsfragen, seit 1998 Oberkirchenrat in Karlsruhe.

Helmut Obst,
geboren 1940, ist Professor für Ökumenik u. Religionswissenschaft in Halle; Mitglied des Kuratoriums der EZW; Vorsitzender des wissenschaftlichen Beirates des Konfessionskundlichen Institutes Bensheim; Mitglied des Vorstandes der Studienstiftung des Deutschen Volkes.

Matthias Pöhlmann,
geboren 1963, Dr. theol., Pfarrer, 1992-1999 Assistent am Institut für Praktische Theologie an der Universität Erlangen-Nürnberg, seit 1999 wissenschaftlicher Referent der Ev. Zentralstelle für Weltanschauungsfragen, zuständig für Esoterik, Okkultismus und Spiritismus.

Sieglinde M. Ruf,
geboren 1962, Mag. theol., Masseurin/med. Bademeisterin und Theologin, Studium in Marburg und München, von 1996 bis 2000 Mitarbeiterin des Landeskirchlichen Beauftragten für Weltanschauungsfragen der Ev. Landeskirche in Baden, seit Juli 2000 Verantwortung im Bereich Aus- und Weiterbildung in einem Handelsunternehmen.

Hans-Jürgen Ruppert,
geboren 1945, Dr. theol., Pfarrer der Ev. Kirche in Hessen und Nassau, 1981-2001 wissenschaftlicher Referent der Ev. Zentralstelle für Weltanschauungsfragen.

Ludwig Schleßmann,
geboren 1963, Lehramtsstudium in Köln. 1994-1999 wissenschaftlicher Mitarbeiter am Lehrstuhl für Religionswissenschaft, Friedrich-Schiller-Universität Jena. Mitglied im Vorstand der Christlich-Islamischen Gesellschaft e.V., Köln. Z. Zt. Fertigstellung der Dissertation über Sufismus in Deutschland.

Georg Seeßlen,
geboren 1948, studierte Malerei, Kunstgeschichte und Semiologie in München. Filmpublizistische Arbeit u. a. für: Die Zeit, Tagesspiegel, Frankfurter Rundschau, epd Film. Lehr-

auftrag für Filmanalyse und Populärkultur an der Universität Salzburg. Rundfunk-Features zur Ethnologie des Alltagslebens.

Werner Thiede,
geboren 1955, Pfarrer Dr. theol. habil., war 1984-1990 Akad. Rat an der Universität Regensburg. 1990 Promotion in München, 1991-1996 wiss. Referent der EZW in Stuttgart und 1996-1998 Mitarbeiter am »Institut zur Erforschung der religiösen Gegenwartskultur« der Universität Bayreuth. 2000 Habilitation in Erlangen, dort seitdem Privatdozent für Systematische Theologie.

Hans-Jürgen Twisselmann,
geboren 1931, Pastor i. R., nach Studium der Theologie in St. Chrischona bei Basel, Hamburg und Preetz, lange Jahre Pastor an der ev. Thomaskirche in Elmshorn, u.a. Schriftleiter- und Seelsorgearbeit im »Bruderdienst«. Ab 1.1.1986 hauptamtlich als »Pastor für Seelsorge an Sektenopfern« im Bereich der EKD; seit 1990 ähnlicher Dienstauftrag der Nordelbischen Evang. Kirche bis zur Erreichung der Altersgrenze 1996.

Michael Utsch,
geboren 1960, Dr. phil., Dipl.-Psych., Psychotherapeut, nach klinischen Tätigkeiten seit 1997 EZW-Referent für religiöse Aspekte der Psychoszene, weltanschauliche Strömungen in Naturwissenschaft und Technik, Scientology.